U0603455

语言学经典文丛

上古音系

（第二版）

郑张尚芳 著

上海教育出版社

出版说明

上海教育出版社成立六十年来，出版了许多语言学专著，受到学界的欢迎。为满足读者的需要，我们从历年出版的著作中精选了一批，辑为“语言学经典文丛”。《上古音系》(第二版)原为“中国当代语言学丛书”的一种。此次出版，我们按照学术著作出版规范的国家标准，对编入文丛的著作进行了体例等方面的调整，还对个别差错予以改正。其他均保持原貌。

上海教育出版社

2018年8月

出版者前言

《中国当代语言学》丛书是上海教育出版社的重点出版项目之一。本丛书于1990年春由游汝杰(复旦大学)、张洪明(美国威斯康辛大学麦迪逊校区)和唐发铙(本社)策划,并开始组稿和编辑工作。当初拟定的丛书编辑宗旨如下:

> 中国语言学在20世纪二三十年代开始摆脱传统小学的樊篱,进入现代语言学的新阶段。半个多世纪以来,中国语言学已经积累了可观的研究成果,特别是最近十多年来,许多领域在海内外又有了长足的发展。这套丛书希望总结中国当代语言学各个分支学科领域的研究成果,特别是反映最新的研究进展,以期收到承前启后、继往开来的效果,促进中国语言学的现代化。丛书作者则不限国别地域,不限门户学派,唯求高明独到,力争每一本书都能达到当代该学科的最高水平。

1992年6月组稿者将丛书的编辑宗旨、计划和撰稿人名单告知当时在美国访问的朱德熙先生,请他为本丛书撰写总序。朱先生十分赞赏丛书的编辑宗旨,并且认为撰稿者也都是"一时之选",欣然答允为序。孰料朱先生病情日益加剧,天不假年,未及提笔就不幸逝世。丛书的总序也因此暂付阙如。

从2000年开始,刘丹青(中国社会科学院语言研究所)、张荣(本社)也参加了丛书的编辑工作,编辑和出版的方针也有所调整。本丛书原拟五年内出齐,结果未能如愿,因为有的作者忙于其他工作,未能按计划完成书稿；有的作者虽然已经完成书稿，但是希望有时间反复修改，使之完善，而不想匆匆交稿。考虑到学术研究需要艰苦的劳动和大量的时间，限定出版时间，不利保证书稿质量。又考虑到学术研究的特点是学无止境、与时俱进、推陈出新，丛书的出版工作也应该是册数开放、不设时限、常出常新。基于上述认识，我们将不设本丛书终止出版的时限，即没有出完的一天。我们不想追求轰动效应，只要优秀书稿不断出现，我们就不断出版。

本丛书将成为一套长期延续出版的丛书。希望本丛书的编辑和出版方针，能对学术著作的出版工作走上健康发展的道路有所贡献。

上海教育出版社

2003年10月

Preface

The series *Contemporary Chinese Linguistics* is one of the important projects of Shanghai Educational Publishing House. The planning of the series and the soliciting of contributions began in the spring of 1990 with the joint efforts of Rujie You (Fudan University), Hongming Zhang (University of Wisconsin at Madison) and Fanao Tang (Shanghai Educational Publishing House), who were brought together to edit the series by such following common grounds.

Not until the twenties and thirties of 20th century could Chinese linguistics break down the barriers of the traditional Chinese philology and enter its modern stage. Since then, and especially in the last ten years, rapid progress has been made in various different fields of Chinese linguistics and considerable wealth of research achievements have been accumulated. The series tries to present these achievements so as to stimulate the further research.

In June 1992 the editorial committee apprised Prof. Dexi Zhu of the target and the policy of the series with a name list of contributors and invited him to write a preface for the series. Prof. Zhu appreciated the target of the series and the contributors, and promised to write a preface. But his cancer situation turned worse and worse day by day, and did not allow him to write it. So the preface remains unfinished, it is a great pity.

Prof. Liu Danqing of Sciences and Mr. Zhang Rong, the editor of the Shanghai Educational Publishing House, joined the editorial committee from the year of 2000, and the policy of editing and publication has been adjusted since then. We planned to publish the serials within 5 years at the beginning, but the plan was not realized because some authors were too busy with some projects else, and did not finish writing according to the schedule, while others who had finished the manuscripts would like to revise them to perfect. Considering academic study needs hard work and a plenty of time, if we set deadline, the quality could not be guaranteed, and it is the feature of academic study that there is not limit to knowledge and the old should be weeded through while the new should be brought forth, we will not restrict the number of series volumes and their dates of publication. We would not like to pursuit sensational effort, and what we want to do is to publish qualified manuscripts whenever we have.

This series will be published successively in China. We hope our policy and publication would make contribution to the publication of academic works healthily in China.

目　　录

第一章　绪　　论

第一节　研究上古音系的意义

上古音系所研究的是上古汉语的语音系统、音节结构，包括声韵母内部的组合结构、变化和变化的功能，以及它与《切韵》系统联系的规律（语音演变规则和发生机制），乃至在方言与亲属语言音韵中的反映。

我们研究上古音系，是为了了解汉语语音史的源头状况，为了解释上古文字和文献中各种不易理解的语音现象和与语音相关的词汇、语法现象；此外还为了进一步了解现代汉语普通话和方言中一些现象的来龙去脉。

前者例如甲金文中“立”与“位”通用及“史/吏、异/舉、老/考、益/溢、荼/茶”等字的转注关系；“音乐”之“乐”与“快乐”之“乐”的异读关系；“各/洛、监/蓝、谷/欲、每/悔”的谐声关系等。又如《诗经・关雎》“左右采之”与“琴瑟友之”叶韵、《诗经・燕燕》“远送于野”与“泣涕如雨”叶韵、《诗经・击鼓》“爰居爰处”与“爰丧其马”叶韵之类后人觉得费解的押韵关系。此外还有有关构词构形的四声辨义，以及“吾/我、汝/尔”之别等等。

关于后者，也有人以为研究方言语音的源流，只要从《切韵》去理解就够了。实践表明，那是远远不够的。只凭《切韵》解释不了方言遗存中的上古音层次，连北京话“脸”读 liǎn、“踝”读 huái，广州话“连/联”不同音都解释不了，更不用说分析客方言“倨”就是“我”、赣方言“蔸”就是“株”的古音遗留现象，以及闽方言为什么“有”说得像官话“无”一样之类的问题。

当然，《切韵》音系更解释不了“手、首”同音之谜，如果上古也像中古《切韵》音那样把这二字混为一音，古人可怎么分得开“斩首”和“斩手”？这要弄混了可是性命攸关呢！所以可以说，凡是把“首、手”拟为同音的上古拟音系统，它的声母系统设计上就是不完善的，存在着拿中古音往上推的弊病。而一个好的上古音系拟测还应该对《切韵》音系所具有的问题都有所解答，例如“四等的起源”“三等韵为何特多，并且要分三类”“声调的起源”“平声字的数量为何超过其他三声的字”等等。

所以，上古音系的研究对于汉语史、汉语音韵学、汉语方言学非常重要，对于研究古汉语其他学科如文字、训诂、语法，以及汉藏比较语言学也都很重要，此外对于涉及汉语古文献典籍的古典文学、哲学、考古学、古史地研究，中外交通史、民族史、古民族语研究，古译名学、古地名学研究等等方面来说，也都是少不了的。

有些水平很高的文史学家的考证文章，因为所取古音拟音不可靠，或以今代古，就不免引出错误的论断，令人惋惜。例如说“胡”是“匈奴”的急读或“匈”字失去韵尾的变音，那就是因为不知道“胡”上古声母为[g]，韵母为[aa]，也不知道“匈”古属清擦音、“胡”古属浊塞音才这么说的。讨论匈奴而不明其汉代读音，怎么能得出足以服人的结论呢？高亨、李镜池先生都是训解《周易》爻辞的大家，却都说“明夷”通假为“鸣鹈”，此说并且被《汉语大词典》所采用。“夷”通“鹈”不错，可他们不清楚“明”古属阳部，读[mraŋ]，“鸣”古属耕部，读[mreŋ]，其韵母之别犹如今之“忙”与“鸣”，是不便于通假的。这两字要到中古“明”转到梗摄后才能相通，不能随意推至上古（“明夷”实即“明鹈”，指锦鸡，“明”谓其毛羽鲜明，亮丽夺目，本无须以通假释之）。又有人以周代景王、敬王相继，说周代已有以音高为特征的声调且其辨义功能巨大，其实上古“景”属阳部，“敬”属耕部，元音不同才是两者的主要区别，“景”也是到中古转梗摄以后方与“敬”音近的。唐兰《西周时代最早的一件铜器利簋铭文解释》(《文物》1977.8)释“歳鼎”为夺鼎，说“戉与夺音近可通用”。实际上“歳”所从声符之“戉”其声基属喉，“夺”声基则属舌[①]，无由可

① 声基，指声母的基本辅音，不包括前冠音。甲文“歳”本近“戉”，《说文》作“戌声”是误据“歳”“戌”都有 s-冠音。

通。黄侃《尔雅音训》说："古字义相反者多同声：天地、男女、生死、阴阳、玄黄、鳏寡、古今、多少、好恶、文武、明晦之类皆是。"依谐声分析看来，其中"陰陽、天地"皆前字属喉音后字属舌音，"多少"则前字属舌音后字属唇音，都不宜用为同声之例。黄氏此乃就中古音立论，不合于上古。黄氏大家，亦不免受累于后代之音。所以科学的上古音知识对于一切与汉语史有关的领域都是必需的。

第二节　研究上古音系的根据和方法

古人早已逝去，怎样研究他们的语言，又怎样证明所得结果的可靠性？我们研究中古音尚有《切韵》一系的韵书、韵图，如《切韵》《广韵》《集韵》《韵镜》《七音略》等可作依据，那么研究上古音依靠什么呢？

我们认为，古人虽然已经逝去，但是当时的语音现象总会反映在文字上，反映在相邻语言的借词和对音中，并可能会在后世方言中留下遗迹，所以可以根据这三个方面的材料来探索。幸得我国文字发生甚早，并留下丰富的古文献（尤其是地下发掘出来的未经改窜的文献），又幸得语音演变发展有规律性，所以我们可以从这三个方面通过内部、外部互证的方法来研究上古语音。有人说研究上古音是画鬼魅，那是误会，画鬼魅全是凭空想象的，我们则是像古生物学家根据化石复原猿人和恐龙那样进行科学的研究。根据科学规则，一颗牙齿、一鳞半爪都可以帮助人们了解古生物的面貌，更何况我们研究古音的材料是那么丰富，历史语言学在理论和方法上是那样地长足发展，复原上古汉语音系的面貌是完全可以科学地实现的。

研究上古音系，在内部可以根据以下资料进行研究：

1. 古文字本身的谐声、转注（即"立/位、史/吏、老/考、益/溢"这类由同一字根分化的同源异式字）现象。同声符及同字根的字，其读音自应相同，或者相近（作为其变式），可排成一个个谐声系列，这是最为重要的、基本的根据。《说文》有些谐声定得不准，可依甲金文校正，但许氏所定至少可表示其汉代读音较相近。

2. 古文献中文字本身的通假、异读，以及先儒训释中的读若、直音等材料。异文、声训等经严格甄别后也可作为旁证。

3.《诗经》《楚辞》等古诗词韵文叶韵的归部，它们划出了韵母的押韵范围，反映了韵母间的相近关系。

4. 中古《切韵》音系与上古韵部、谐声系统间的语音分合所表现的对应关系，这种对应关系是推定上古音类的主要根据（尤其在韵类分等开合方面）。

5. 现代汉语方言中的古音遗留层的探索。

清儒的古音研究偏重于《诗经》韵读，但韵读只能得出《诗经》叶韵的韵辙系统，他们所分出的韵部也还只是属于语文学范畴，是一种对上古韵文进行分“韵”（rhymes）的研究，而并非是上古“韵母”（finals）系统的研究。由于历史条件的限制，他们自然不可能进行音系分析，得出上古韵母系统的全貌，更不可能了解声母系统。当然，清儒的古音学成就也多立足于《唐韵》与古韵的比较，所以上面第 4 条显得尤为重要。由于语音的演变非常有规律，《切韵》系统又是汉语史上已被确认为文学语言（书音）的音韵系统，并且已有比较可信的拟音，可以通过《切韵》系统与上古谐声系列及韵部的比较研究其分合变化关系，从而推定上古的声母、韵母系统。要知道汉语古代虽也有方言，但文字主要反映文学语言，故而雅言书音是一脉相承的，所以书音音系基本结构也是一脉相承的。上古和中古之间语音有规律的继承，使我们研究和构拟上古音系成为一种可能。

研究上古音系，在外部可以通过相邻地域的非汉语文献中的译音与借词来印证，尤其是梵文和中亚古语的译音。例如梵文 buddha 汉代译为“浮屠、浮图”，可见当时“浮”读 bu，“图、屠”读 da（1923 年汪荣宝的名篇《歌戈鱼虞模古读考》就是依据梵汉对译、中外古译名考定“读歌戈收 a 者，唐宋以上之音；读鱼虞模收 a 者，魏晋以上之音”）；hinduka 译为“天竺、身毒”，可见“天、身”当时的声母为 h。又如德宏傣文“午”s-ŋa^{4}、“未”mot^{8}、“戌”met^{8}（西双版纳 sĕt^{7}、克慕语 s-met）显示了十二地支借词中的古声母。又如朝鲜文、日本文、越南文中除了具有全套的中古汉语对音外，都还含有上古汉语对音层次，例如：

朝鲜文：锁 soai，磨石磨 mais，器 kɯrɯs

日本文：廛 tana，郡 kuni，假借 kasi

越南文：蛾 ngai，磨 mai，瓦 ngoi，刷 loat，针 kim，井 gieng

它们都可以相互比证。此外还可以观察汉语中的外来词，例如"酪"本指醋，其乳酒义系借自狄、匈奴的 a rak；"鳄"出日南，则可比较越南文 ngac[ŋak]、泰文 ŋɯak。

外部比证材料最需要重视有古文字的亲属语，尤其是藏文、缅文、泰文中的同源词，例如①：

	汉语古音	藏　文	缅　文	泰　文	孟　文
巷	* groongs	grong 村庄、市镇	krongh 路	glɔɔŋ 路道	glong[kloŋ] 道路
江	* kroong	klung 江河	khjongh 河溪	glɔɔŋ 河港、渠、路	krung[krəŋ] 河川
谷	* kloog	grog 深谷	khjok 山谷	glɔɔk 道路(古)	

这是一组同族词("谷"本指山间水道，"巷"是居里内通道)，都具有 KL 型复声母及舌根尾。跟方言中的古音遗留层次一比照，就使我们了解晋语"巷"称 xəʔ-lɒ̃和吴语称巷子为"弄"$loŋ^6$，原来都是* groongs的分化遗留，完全可以互证。

第三节　上古音系的研究范围和音系性质

明清时代研究上古音的学者主要依据《诗经》叶韵，所以长期以来"上古音"的常规意义是指先秦两周时期的语音。但是现在我们的研究范围则要大得多，上至原始汉语，下至三国(甚至像王力先生在《汉语史稿》里所主张的最晚到五胡乱华之前)，都可以纳入上古音系的研究范围。

① 藏文、傣文，及东南亚的缅文、泰文、孟文、柬文、占文等原文都使用印度字母系统书写，为印刷及阅读方便，本书都转写为拉丁字母(声母后加-h 皆表送气，双写字母表长元音，转写表附于书后)，并以"藏文""泰文"等指书面转写形式，以与"藏语""泰语"等现代语言相区别。

纳入这一范围的语音标准有三：(1) 占元音系统中最低位置 a 的为鱼部字(即中古《切韵》的模、鱼、麻三韵读同一元音 a)；(2) 三等韵腭介音尚未产生；(3) 作为音高特征的声调尚未取代-ʔ、-s 尾的音位功能。凡材料反映有这类表现的皆可列为上古音。这样从史前到魏甚至西晋，可以分为四个时期：

远古——原始汉语，指史前期的远古汉语。

前古——上古前期，指约当殷商的前上古汉语。

上古——上古中期，指约当两周的上古汉语。

次古——上古晚期，指约当秦汉魏的次上古汉语。

“原始汉语”是参照了从亲属语比较所得的原始汉藏语形式来修改上古汉语形式所得的结果，它是“前古”汉语的某种重拟式。“前古”汉语则以谐声、通假作为主要根据，重点是复声母系统的研究；“上古”汉语各种根据最为充分，自然是上古音研究的主体；“次古”汉语则有梵汉对译、古汉越语、古汉朝语等对音材料相比证。①

各个时期只是大约表示先后，并不太严格，而且下一期总还有发展较慢处留有上期遗存的现象。

有人认为上古也有方言，反映在古文献中的语音可能不是同质的，尤其《切韵》系统不一定是直接继承《诗经》音韵系统的；因此，从《切韵》音系倒推上古音就是走了错误的道路。可是他们忽视了以下这一点，即汉语虽然方言众多，但是从未形成过真正的方言文学和方言书面语，自古以来都是依中州雅言为标准来记录语言的。这跟周人继承殷商文字从而接受殷人书面语的史实密切相关。学习汉字必须出于师授，老师教的中州音自然成为标准，书面语也就取得了士族共同语的地位而被尊为“雅言”。孔子尽管生活在东鲁，但是《论语》明载教学生《诗》《书》也好，执礼也好，都是用雅言而不用齐鲁方言的。

《切韵》音系的性质，其实著者之一的颜之推已经说得很明白，就是依据金陵及洛下士族的语音；而且金陵音指的是东晋时南下的洛阳移民的南派洛音，而决非当地土著庶民的吴语。《切韵》用同一种中州

---

① 以“次古”表示“次上古”，是仿用了陆志韦《古音说略》第一章把中古和上古之间的音称为次古音的叫法。“秦”还可扩及战国。

雅言的两派读音折合出未分派之前的音韵系统，含有同一方言内部构拟的意味，足以代表南北朝的共同书面语读音，而决不是像有些先生那样称之为杂糅、综合南北方言的音系，这样的音系在今天的条件下都还搞不出来，更不用谈当时了。

从上古直到近代，汉语的书面语一直是以中州音为标准音的，这是存在着几千年的雅言传统，虽然不同的作者可能会在文中夹杂某些方言成分，不过为了保持交际功能，语言主体是不可能变的。直到今天，汉语各方言尽管分歧巨大，而其读书音的文读系统也总是靠拢中州雅言语音标准的。因此汉语史所研究的历代音系，除非特别选择，都是以中州雅言的书音音系为对象的，本书所研究的上古音系的性质当然也是如此。所以在排除上述误解与疑惑后，我们可以大胆地把上古音系视为内部统一的古雅言音系。

第四节　亲属语与方言在古音研究中的作用

在我们的研究中，特别重视亲属语与方言，它们是今天可以查证的活材料。语言在迁徙传播中不断分化，系统较近的形成方言，较远的形成亲属语(注意这并不与民族融合或分化同步，畲族采用汉语所形成的畲话方言属近于客方言的分支，白族的白语则是汉语的同语族语言)。不管怎么变，都会含有反映古音状态的层次，例如白语“之、职、蒸”三部保留[ɯ]元音，幽部豪肴韵的字与宵部豪肴韵的字不混，去声和入声都读紧元音，“老、流、聋、两(二)、卵(睾丸)”等字说 k 声母等，保留着大量古老的语音现象，可以给我们提供很多古音信息。又如“计”字前人都归脂部，王力改质部，惜无所举证，而泰文 gid(思虑、计算)就可为证。

有人认为搞汉藏系语言比较不行，因为亲属语的文字藏文、缅文、傣文、泰文等都很晚，连最早的藏文，创制时代也只相当于唐代，不足以与汉语上古音比较。这是一种误会，历史语言学并不认为只有同时代的语言才能进行比较，语言的历史比较决不是绝对时代的比较。语言的发展跟它所处社会的发展相联系，因而各亲属语的发展是不平衡的，是分阶段的。在历史上，藏语的发展肯定比汉语慢些，公元7世纪时所制定的藏文没有声调，声、韵母中有大量复辅音成分，动词有三时一式和自动、使动的屈折变化，尤其是与古汉语鱼部字对当的“鱼 nja、五 lnga、苦 kha、咀 za(吃)”都还是 a 元音，这些方面都是相当于上古汉语阶段的语音表现。更晚些的缅文、傣文、泰文也含有不少复辅音、前加音成分，和古汉语鱼部对当的字很多，而且也还作 a。如缅文“鱼 nga、五 ngaah、苦 khaah、辅 paah、补 phaa、虎 kjaa < klaah、咀 caah(吃)”，泰文“五 haa' < hngaa'、虎 khlaa'、卤 raa'、贾 gaa'(商)、弩 hnaa'、布 phaa'、涂 daa、渡 daah、赌 daa'、余 raa(我们)”。当 a 元音不变时，元音系统中其他元音相对的位置变动也就较小，因此这些语言的各种语音表现都可供我们构拟上古语音参考(辨识亲属语言的发展阶段，看 a 元音对当哪一个韵很重要。在汉语发展史上，上古以 a 对鱼、模、麻韵，中古以 a 对歌、麻韵，近现代以 a 对麻二韵为其时代特征)。

国内学界一般遵从20世纪30年代赵元任、李方桂所提出的主张，汉语跟藏缅、侗台、苗瑶三语族组成汉藏语系，以这些语族的语言为我们的亲属语言。美国学者白保罗则主张侗台、苗瑶语跟南岛语关系更密切，应当与南岛语一起另立为澳泰语系。80年代王敬骝、陈相木考论傣文时则指出侗台语与南亚语系孟高棉语和缅语关系密切。1990年法国学者沙加尔在第23届国际汉藏语言学会议上提出了“汉语南岛语同源论”，邢公畹先生予以赞同并主张合并成汉藏泰澳语系，郑张尚芳同样主张以“华澳语系”作为汉藏、南亚、南岛三语系的上位语系，在1993年夏威夷亚洲大陆与海岛语言关系研讨会、1995年香港中国语言起源研讨会上提出了华澳语系的意见。郑张尚芳认为沙加尔所提出的南岛语词根在末音节，应该以此跟汉语字音相对应的意见，同样可以从南岛语中占语、回辉语音节简化而保留末音节为主的现象中得到证实。这样亲属语言的比较，可以更扩大到孟文、柬文、占文等古文字文献，以及越芒语族、孟高棉语族、印尼马来语族的大量现代语言，这些语言的丰富的前加音形式，对古汉语的复声母研究可提供很有意义的帮助。此外，白保罗和郑张尚芳都主张白语是汉语最接近的兄弟语，应该跟汉语合为“汉白语族”，这样，白语在亲属语比较中应具更重要的地位。

现代汉语众多的方言，也由于发展不平衡，不少方言中保留有古音沉积层次，上古声母甚至复辅音、前加音，上古韵母和韵尾也都留有反映形式，给我们构拟古音提供了宝贵的佐证和帮助。第一节所说北京“脸”读 liǎn、“踝”读 huái，广州话“连、联”不同音，客方言“我”说“俀”，赣方言“株”说“蔸”，闽方言“有”说得像官话“无”一样等，都是古音遗留，所以古音研究要非常重视丰厚的方言材料。

但是有人却把方言作为取消古音研究的借口，说是中国自古就方言众多，那么古文献中那些从中古音角度看来诡异费解的现象，都可以看作古方音的表现，既不必深究，也不能据以研究语音变化。这种观点很有影响，但实际上似是而非。它貌似强调方言的地位，实际上是取消了方言现象的来源和变化规律的研究，因而是有害的。

据记载，上古后期汉语确实是有不少方言了，但是方言既然是语言的地方变体，源流上跟共同语出自同一祖语，它跟祖语之间当然就存在一定的变化规律，正需要用古音形式阐明它从祖语分化的机制。古音学就是构拟各方言的祖语的状态的，正是要凭它来阐述这些分化规律，怎么能拿方言来否定古音研究的必要呢？除非是根本不想了解方言分化的过程。我们知道，解释方音变异本来就是古音研究的目的之一，因此今天的古音研究一定要在这个方面发挥作用，对古今方音的分化、发展、演变进程要能作出合理的解释。如果古音学连古方言都解释不了，那么这个古音构拟系统就是失败的，还能指望它来解释今方音吗？所以一味推诿于古方言并不是根本的解决难题的方法。例如从《释名》所记，可知东汉时候“天”字青徐一带读舌头音（坦也），豫司兖冀一带读舌腹音（显也）。如果只是说上古音“天”本有 th、h 两个声母，等于没去解决问题。上古音系应该说明这两个声母都是从哪个祖语形式发展来的。简单地判定 th 变出 h 来也不对，因为其他的 th 声母字并没这样变，而且从《山海经·海内经》以“天毒”、《后汉书》《续汉书》的西域传等以“天竺、身毒”翻译古伊朗语的 hinduka，《艺文类聚》引《白虎通》“天者，身也”来看，当时“天”字是以中州（豫司兖冀）的擦音声母 h 为正读的（同今白语）。只有另行构拟一个同时满足既能变 h、又能变 th、又能通 hj（身）这样条件的祖语形式——例如 * hl'（或 qhl'，天声吞泰文 klɯɯn），才能最终解决问题（hl 习见于今宣州吴语定母，非罕见音）。这样才能说沿海的青徐方言变得比中州快，所以 hl' 变 th 比较早；而且这跟同书所记“风”字的情况相一致，即中州尚读“横口合唇”的 * -ɯm 韵母，青徐则早已变读“踧口开唇”的 * -uŋ 韵母。否则岂非今“天、风”等字的读法都来自青徐而不来自中州了？事实自然该是它们都来自共同的祖语形式，沿海发展较快，起变化较早，随后中州也依此规则变化，古方言的地理变异正是同样反映了汉语的历史演变过程。

今、古方言资料对于古音构拟研究都应该起同样的作用，所以我们应该重视古方言的存在，并利用它解释古音、解释它本身在发生发展中产生的各种现象。但是把古音问题简单地解释为古方言原有分歧，而不去解决，则是不足取的。

第二章　上古音研究小史

汉语音韵学是我国具有悠久研究传统的学科，从汉末至清代历经一千七百余年的发展，在传统的语文学研究“小学”中要算是一门显学。不过，传统音韵学虽然取得了极大的成就，对分析汉语历史音类做出了独特的贡献，却主要是为文献上的通经定音服务的，始终未能摆脱经学附庸的地位。20 世纪初以来，由于吸收了西方语言学理论和研究方法，汉语音韵学方始走上科学化和中西结合的道路，形成了独立的以研究汉语语音史为目的的现代音韵学。传统音韵学在 20 世纪更新改造转型为现代音韵学，是我国语言学史上的重大变革，这段历史非常值得我们回顾。

现代音韵学产生以来取得了许多重大的进展，尤其是上古音研究，其进展更是惊人。今日人们对于汉语上古语音的了解程度，是上世纪初根本梦想不到的。因此在叙述我们的上古音韵拟音系统之前，有必要先介绍这个领域中各家的既有成就，以及在一些没有完满解决的热点问题上各家的看法和进展。同时，这对于了解我们的拟音体系产生的历史背景和我们现在解决了哪些热点问题也是有意义的。我们的拟音体系当然不是无源之水，正是在前人已有的基础上，博采众长，参以己见而得出来的。

第一节　上古音研究概况

1.1　两类古音研究

在汉语音韵研究中，上古音的研究是相当早的。因为我国历代重视读经，读经的第一步就要求念出字音。而时移音改，用后世音来读先世典籍常觉扞格不通，解经者想给生徒或读者解释这些现象，就要研究古音。但由于历史条件限制，前人无法正确掌握古音，往往以歪曲的形式表示。汉人的"读为""读若"，梁人沈重的"协句"，隋释道骞及陆德明的"协韵"，唐玄宗的改《尚书·洪范》"无偏无颇"为"无偏无陂"，宋人朱熹的"叶音"，都是这种表现。直至明清，古音学者除了区分古韵韵部以外，还用今音比况、直音，以注其所拟古音，如明人陈第说"母"读"米"、"马"读"姥"、"京"读"疆"、"明"读"芒"、"邱"读"欺"、"家"读"姑"、"瓜"读"孤"，顾炎武友人傅青主用顾氏古音拟读打趣，把"天明了"说成"汀芒矣"之类。这些是不正确的，但又隐含着一定的合理成分。清人苗夔《歌麻古韵考》中所说的"河古读若怀""何古读若回""坷古读若魁""那当读若内平声"等，虽然混开为合，但是隐含歌部字古音有-i尾，则是不错的。

由于缺乏科学标音工具，明清古音研究的成果也只能以划分韵部为主，明清学者并非没有拟音，而是不可能准确拟音。所以只能是考古功深，审音功浅，虽然分出了韵部，也不能明白其具体音值。著名的古音学家、《六书音均表》的作者段玉裁，直至晚年还不知道他自己所分出的"支、脂、之"三部应该怎么读，而在《答江晋三论韵书》的信中慨叹："足下能确知所以支、脂、之分为三之本源乎？……仆老耄，倘得闻而死，岂非大幸也?"此外，所谓"韵部"，也还只是古诗的押韵系统，相当于后世的韵辙儿。因为押韵有宽有严，古音学家分部标准也宽严不一，所以各家分部多寡各异，很难一致。而就算分得最严、部数最多的韵部系统，跟古音系中真正的韵母系统也还差好大一截儿。这就好像今天的十三辙乃至《中华新韵》的十八部根本代替不了现代汉语韵母系统一样，拿韵部分析代替古音系研究是很粗疏很幼稚的。但是在历史语言学理论和方法未输入之前，也只能做到这个程度。

由于汉字不是直接标音的，长于表意而拙于表音，这就给古音研究造成了很大的困难；西方语言学植根于拼音文字的土壤里，由于其表音方面所占的优势，因而总能从不同视角给予汉语音韵学领域以重要的启迪。汉唐时代梵文悉昙的学习就曾经促进反切和韵图的产生。而20世纪西方历史比较语言学、音系描写方法的输入，又促使我国古音研究改变面貌，走上科学的道路。

这里我们主要介绍古音研究上的这一重大变革及变革后这些年来所取得的成绩，至于此前传统音韵学的成就，可参看张世禄《中国古音学》(商务印书馆 1930)、《中国音韵学史》(商务印书馆 1938，上海书店 1984 重印)，王力《清代古音学》(中华书局 1992)等书。

上古音研究可以分为两类：一类是用传统音韵学的方法继续考订韵部、声纽的分合，进行补证和修订，如上一世纪成就较大的章炳麟、黄侃、曾运乾等氏的古音研究；一类是运用历史语言学的方法，从汉语语音史的角度，构拟上古音系，研究上古语音系统的结构和变化，语音演变的规则和发生机制，以及不同的古音结构、变化在后世汉语方言音韵中的反映等。是否使用科学的明确的音标来具体表示作者所拟定的上古音系，则是区别两类研究的明显标志。本章重点即在介绍后一类研究所取得的成就，说明现代音韵学在上古音研究方面所走过的道路和所获得的巨大进展。从 20 世纪 20 年代以来，有数十位中外学者致力于汉语上古音系的重拟。

1.2　高本汉等的新路

虽然在 19 世纪就已经有欧洲的汉学家对汉语古音做过拟测，但是真正有价值的研究还是在 20 世纪初。我国五四新文化运动的前后，欧洲有两位汉学家的汉语古音研究走出了新路子，他们就是法国学者马伯乐(H. Maspero)和瑞典学者高本汉(B. H. Karlgren)。马伯乐的《安南语音史研究》(1912，《远东法文学院学报》BEFEO，河内)、《唐代长安方音》(1920，BEFEO)，高本汉的《中国音韵学研究》(1915—1926)运用历史比较语言学，结合汉语音韵已有的成果来研究隋唐音系，用汉越语、汉朝语、日语吴音、日语汉音等域外汉字音和各地汉语方音进行比证来拟构古音，取得了可信的成果，这使长期在古籍中打圈的国内学人耳目一新。稍后还有德国西门华德(Walter Simon)的《关于上古汉语收尾辅音的拟测》(1927－1928，MSOS 30)、苏联龙果夫(A. A. Dragunov)的《古汉语的构拟探讨》(1927，《通报》26)也参加了汉语古音构拟的讨论。

其中尤其是高本汉，写出了《原始汉语为屈折语说》(1920，JA 15)、《中日汉字分析字典》(1923，巴黎，赵元任曾译序论的“谐声的原则”部分为《高本汉的谐声说》，刊 1927 清华研究院《国学论丛》1 卷 2 号)、《汉字谐声的原则》(1925，

AM 2)、《语文学和古代中国》(1926,部分涉及上古音,贺昌群译本称《中国语言学研究》,商务印书馆1934)、《上古中国音当中的几个问题》(1928,JRAS,赵元任译文见史语所集刊1本3分,1930)、《藏语及汉语》(1931,《通报》)、《诗经研究》(1932,瑞典《远东考古博物馆集刊》BMFEA 4,有周祖谟译本,未刊)、《老子韵语考》(1932,GHA 38: 3)、《汉语词族》(1933,BMFEA 5,张世禄译本称《汉语词类》,商务印书馆1937)、《诗经颂的用韵》(1935,GHA 41)、《论周代文字》(1936,BMFEA8)、《汉文典》(1940,BMFEA 12,北京1941影印称《中日汉字形声论》。1957,修订BMFEA 29,潘悟云等编译本,上海辞书出版社1997)、《中上古汉语音韵纲要》(1954,BMFEA 26)、《谐声系列的同源字》(1956,BMFEA 28)、《上古汉语的声调》(1960,BMFEA 32)、《汉语上古韵尾-d和-r》(1962,BMFEA 34)、《先汉典籍中的假借字》(1963—1967,BMFEA 35—39)等一系列论著,为重建汉语上古音系打下了一个良好的基础,在国际汉语研究中产生了重大的影响,从而成为现代汉语古音学的奠基人。高氏的上古音著作中最重要的是《中日汉字分析字典》《汉语词族》《汉文典》和《中上古汉语音韵纲要》。尤其后两种是他上古音拟构的集大成之作。《汉文典》是一部古音字典,依他的古音26部分部、分声符排列,每字列出古文字字形,上古、中古和现代的读音、意义和出处。此书原名Grammata Serica,其中汉字的编号(GS几号)常被国际汉学界引用为汉字代码。因长期无译本,国内学者曾分别引称为《汉字谐声谱》(闻宥)、《中国文字学》(王力、邢公畹)等,20世纪60年代周法高等始一致称为《汉文典》。80年代中,潘悟云等编译了本书修订本,书中瑞典方言字母改为国际音标,补出书证原文,校正古文字,现代音由威妥玛式改为汉语拼音,加上单字索引,质量更为提高,于1995年出版。《中上古汉语音韵纲要》则是高氏古音研究成果的最新总结,《汉文典》的上古26韵部此书改分为35韵部。此书俞敏称为《上中古汉语音略》,50年代周达甫已译为《上古及中古汉语音韵学简编》,由北京大学油印,惜流传不广,1968年张洪年译为《中国声韵学大纲》,由香港中文大学研究院出版,又1972年在台北由中华丛书编审委员会出版;1987年齐鲁书社出版聂鸿音的新译本流传更广。

高氏作为一个外国人,对汉语音韵学竟如此热中投入,坚持不懈,并取得巨大成功,这激发了国内一大批学者急起直追,投入科学的古音研究。从20世纪20年代至40年代有林语堂、李方桂、王静如、罗常培、赵元任、钱玄同、魏建功、王力、陆志韦、董同龢、周法高、俞敏等一批优秀学者参加了这一领域的研究，各取得不同的成就。从此，使用科学的国际音标标音，采用历史比较法、内部拟测法、译音对勘法等新的方法来拟音的现代音韵学逐步建立起来了，而揭开这一变革序幕的标志性事件则是 20 世纪二三十年代关于汉语上古音的论战。

1.3　古音大论战

1923 年在北京大学研究所国学门担任导师的俄国人钢和泰(B.von Stael-Holstein)发表了《音译梵书与中国古音》(胡适译，《国学季刊》第 1 卷)，指出研究历代读音，除反切、韵表、方音，以及日、越、朝汉字音以外，还有汉字在外文中的译音与外文在中文里的译音也是一项重要的材料。他尤其强调应该注意到梵文的密咒译音最严密，如跟原文对照，便可知道译字的实际读音。汪荣宝(1878—1933)的《歌戈鱼虞模古读考》(1923，《国学季刊》第 1 卷第 2 号)就是依这个译音对勘法进行研究，以梵译和日本译音为证，并取得巨大成功。文章指出："近世学者据谐声偏旁及经典中有韵之文以考古韵，所得甚多。……若古某部之当读某音，其与今读之差别如何，则虽遍稽旧籍，无由得确实之证明。……夫古之声音既不可得而闻，而文字又不足以相印证，则欲解此疑问者，惟有从他国之记音文字中求其与中国古语有关者而取为旁证而已。"汪氏用译音对勘的结果表明："唐宋以上，凡歌戈韵之字皆读 a 音，不读 o 音；魏晋以上，凡鱼虞模韵之字亦皆读 a 音，不读 u 音或 ü 音也。"他还自信地说："南山可移，此案必不可改！"此文以可以复按的材料为拟测古音开辟了道路，确定了中古歌、麻韵在 a 音，而上古鱼部(含鱼、模韵及部分虞、麻韵)在 a 音的重要定位，纠正了陈第等"家读姑、马读姥、夸读枯、者读诸"及顾炎武等"古无麻韵""麻韵 a 音来自西域"的误解。而且鱼部古今音变化最大，它的 a 音的考定，就为上古元音系统中其他元音的定位建立了坚实的基础，也为后来各家改正高本汉鱼部拟音提供了依据。但因时代局限，汪文未能说明麻韵上古有歌、鱼两部来源，虞韵上古有鱼、侯两部来源的情况，也未能分别说明在鱼、虞、模韵读 a 音的上古时代，歌部的歌、麻韵字应另有读法(今知是 ai＜al)，从而惹人疑虑，贻人口实。汪文的发表当即引起一场大论战，两三年中参加论战的文章有十几篇。坚持传统方法的章炳麟、徐震等极力反对，而钱玄同、林语堂、唐钺、李思纯、洪瑞钊等则大力支持。这场新旧两说冲突的结果是新派取得胜利，同时论战形成一股传播新说的动力，使新的理论、观点和方法深获人心，从而标志着传统音韵学开始向现代音韵学迈进。

魏建功 1926 年曾在《京报》副刊和《北京大学研究所国学门月刊》上写了《古音学上的大辩论——〈歌戈鱼虞模古读考〉引起的问题》，对这场重要的古音论战作了总结性的评述。1930 年张世禄《中国古音学》(商务印书馆“国学小丛书”)在历叙吴棫、郑庠、陈第、顾炎武、江永、段玉裁、戴震、钱大昕、孔广森、严可均、江有诰、王念孙、张惠言、刘逢禄、章炳麟、黄侃各传统音韵学家的学说之后，最末一章“最近对于古读之考证”也专章分节介绍了这次论战，最后的结论说：“今后考证古音，必将尽量应用西洋发音学上、语言学上种种原理，或采取西洋学者研究中国古音之方法，使中国古音学完成为一种公认的科学。”1935 年魏建功还写成一本 30 万字专论研究古音系的新的材料、方法和条件的《古音系研究》(北京大学出版，1996 中华书局重版)，并在后序中评价说：“那次辩论战的意义可算是科学化的音韵学开辟了新纪元。”

在古音论战中，革新派对歌、戈韵读 a 都一致肯定，但对鱼、虞、模韵颇有疑虑，钱玄同、林语堂、唐钺都认为鱼、虞、模韵既然跟歌、戈韵区别，当读开 o，这一见解同于高本汉的看法(今知这是高氏上古拟音系统重要失误之一，所反映的其实是上古晚期变化趋向)。而对高本汉研究成果的介绍和研究随后也引起了讨论，形成又一股传播新说的动力。早在高氏著作被译成中文之前，他的学说已在国内学界有所传播和反响。1927 年，赵元任译《中日汉字分析字典》序论的一部分为《高本汉的谐声说》(刊《国学论丛》1 卷 2 号)，1930 年又译出《上古中国音当中的几个问题》(《史语所集刊》1 本 3 分)，向国内更多的汉语研究者介绍了高氏的学说，尤其是后一篇中所提的用语音体系中**不对称的空档**来研究上古音是很重要的观点。高氏提出那么具体的古音体系和拟音方法，引起了人们广泛的兴趣，很多中国学者就此展开了讨论，既给予高氏高度的评价，又据自己的研究在一些方面提出不同的看法或新的拟音意见，其中有王静如为《上古中国音当中的几个问题》作长跋并论冬、蒸二部，朱芳圃作《珂罗倔伦谐声原则与中国学者研究古声母之结论》(1929，《东方杂志》26卷21期)。而林语堂、李方桂的文章最多，林氏的《古音中已遗失的声母》(1928，《语丝》4卷，42期)、《支脂之三部古读考》(1930，《史语所集刊》2本2分)，李氏的《切韵 â 的来源》(1931，同上3本1分)、《东冬屋沃之上古音》(1932，同上3本3分)、《论中国上古音的 *-i̯wəng(蒸)，-i̯wək(职)，-i̯wəg(之)》(1935，同上5本1分)等都很重要。李氏的文章还引起了高本汉的辩难，林氏的《古音中已遗失的声母》一文也引来叶光球、汤炳正的反驳，又激发了30年代的讨论上古音热，至1941年陈梦家也曾写下《关于上古音系的讨论》(附录高本汉《中国文法绪论》及其他)一文。

1.4 国人创立的两派拟音体系

随着研究的深入，高氏体系的许多缺点也暴露出来了，于是一些中国学者开始不满足于照搬高氏的成说，而致力于建立自己的上古拟音体系。最早在30年代钱玄同开始为上古韵部拟音，40年代董同龢、陆志韦也提出了自成系统的上古音体系。50年代王力，60年代方孝岳、严学宭、周法高，以后70年代李方桂、张琨、陈新雄，80年代余迺永、李新魁、何九盈、郑张尚芳也相继提出了各自的拟音体系，其中王力、李方桂两位的拟音则是近年来海内外最有影响的体系。中国学者的拟音可以分为两派：钱玄同、王力、方孝岳、陈新雄、李新魁、何九盈、郑张尚芳为一派，持阴阳入三分、阴声韵不带塞音韵尾说；其余各家为另一派，他们或者承袭高氏阴声韵带浊塞尾之说(甚至变本加厉改为全带尾的闭音节语言)，或者是仿西门华德改塞音尾为浊擦音流音尾，如周法高、余迺永和严学宭(早期)。

高本汉的古韵26部(高氏原拟26部只有部次而不立部名，王力在《中国音韵学》引述时曾代立部名，从夏炘22部加"谷、铎、瑞、没"4部)，因分等构拟不同的元音，致使元音众多，有 ɑ、a、ɔ、o、ə、e、æ、ɷ、u，及 a、o、e、ɷ、u 的短音共14个(这些短音和 a、æ 大多用于表示二等)。元音虽多，但主元音中没有 i。i 只和 i̯(j)、w 表介音，而重纽也没能表示出来。阴声韵除歌、鱼、侯三部外都加浊塞音韵尾，脂、微及少数歌部字有-r 尾。声母33个，浊塞音分送气、不送气两套，送气的表全浊，不送气的 g、d、b

表次浊的喻三、喻四，而 dz 表邪母，分章组为 ȶ、庄组为 tʂ，另有复辅音声母 19 个，而除 CL 式外，xm-、sn-甚至 ɕn-、tʻn-、kʻs-等皆不成系统，而似临时随机杂凑而成。

钱玄同在 1918 年北大讲义《文字学音篇》“三代古音”一章中肯定黄侃的 19 纽 28 部之说，后乃作《古韵廿八部音读之假定》(1934,《师大月刊・师大 32 周年纪念专号》)，最早分阴、阳、入韵部拟音，并首创依对转原则将相对的阴、阳、入韵部拟为相同元音。有 9 个元音 ɔ、u、o、ə、ɐ、ɑ、a、ɛ、æ，分布于：鱼铎阳 ɔ、侯烛钟 u、幽觉冬 o、咍德登 ə、佳锡耕 ɐ、宵 ɑu、歌月元 a、微(脂)物文 ɛ、质真 æ、盍谈 ɑ、侵缉 o。其后又作《古韵“鱼宵”两部音读之假定》改为鱼 ɒ、宵 ɔ，则增至 10 个元音了。声母方面，在《中国声韵学讲义》中对 19 纽的构拟是：喉音“影、晓、匣”作 ʔ、h、ɦ，“並、定、从”为浊母加-ɦ，其余依常规构拟。

董同龢《上古音韵表稿》为史语所单刊甲 21(1944 年四川李庄石印，1948 年重刊于《史语所集刊》18 本)，1954 年在台湾出的《中国语音史》(中华文化出版事业委员会出版，后增改为《汉语音韵学》，1968，学生书局)也讲了上古音。所拟上古元音最多，达 20 个。ə、o、ɔ、a、u、ɐ 各分纯的和带 ˆ 号表较“关”(开口度小)的两种，一等元音全加此号以与二等区别。ə、o、ɔ、a、e 又分出加 ˘ 号表松(短)元音的一类，甚至 ə 还有兼有上加帽下加点的，结果弄得满目符号，分辨为艰。其实主要不过以 ə、u、o、ɔ、a、ɐ、ɛ、e 八元音来变化。分 35 个声母，知并入端、庄并入精，分章(照三)组为 ȶ、c 两组(原文以 t、k 加 ˆ 帽表示)。首设清鼻音声母 m̥ 表晓母与明母相谐声的字，改鱼、阳韵部为 a 类元音，采用王力之说为脂 e、微 ə 分部，都是其主要贡献。但是他仍然继承高氏的介音系统，以及浊塞音声母两分，d、g 表喻母之说。

陆志韦说见《古音说略》(1947，哈佛燕京学社《燕京学报专号》20)及《诗韵谱》(1948，哈佛燕京学社)。虽然曾批评高氏拟音过繁，但是他的系统也有 13 个元音：ɑ、ʌ、ɘ、ə、u、o、ɔ、ɯ、ɛ、æ、a、ɐ、ĕ。元音定位上，鱼阳 ɑ、a，侯东 o、ɔ，跟后人的研究比较接近，幽中 ɯ、ɘ 以及宵 ʌ 的拟音都独具特色。声母以中古、上古不变的 22 母为准，加上 f——相当于董氏的清鼻音 m̥。此外，他的浊塞音不送气。依谐声立 CL 类及 ns-等复辅音声母。陆氏原学心理学，因而能参用心理学的方法，以数理统计研究谐声声符相遇次数，比较客观科学，以后这也成为古音研究上的一种新方法。

王力《汉语史稿(上)》(1957，科学出版社，1958 年二版修订)的系统为《诗经》时代 29 部，冬、侵合一，战国《楚辞》时代 30 部，冬、侵两分。有 ə、o、ɑ、a、e、i、u 七元音，但主元音只有 5 个，i、u 是作韵尾的。元音定位：之职蒸、侵缉 ə，侯屋东 o，鱼铎阳 ɑ，歌月寒、谈叶 a，支锡耕 e，脂质真 ei，微物文 əi，幽觉 əu，宵药 au。强调每部只有一个元音。介音以零 0、u 表一等，e、o 表二等，首先摆脱了高氏以元音分一二等的羁绊；三等用 ĭ、四等用 i，合口则都用 w。声母大致袭用高氏，但不送气浊母只留下一个 d 表喻四，喻三并入匣母 ɣ；影母修订本由 ʔ 改零 0(按影母为全清，元音开首则属浊，此举混淆清浊之大界，不妥)；庄改 tʃ，是其特色。在进一步研究并听取别人(包括郑张尚芳)的意见后，1963 年《汉语音韵》开始改动，经 1978 年《同源字论》、1980 年《音韵学初步》，至 1985 年《汉语语音史》(中国社会科学出版社)，已减 ɑ 加 ɔ 改为 6 个主元音，原来的鱼 ɑ、歌 a 改为鱼 a、歌 ai，原来的幽 əu、宵 au、侯 o 改为幽 u、宵 o、侯 ɔ，喻四改定为 ʎ，同时取消浊塞母的送气号。此外，王力认为古无去声，入声元音分长短，去声由长入变来。

方孝岳 1962 年写成《汉语语音史概要》(未能即刊，后在台湾商务印书馆出版)，其《上古音概述》(1978，《学术研究》2 期)也在“文革”后始得作为遗著刊出。方氏分 30 摄(韵部)，有 ɐ、u、ɔ、ɑ、o、ɒ、ɛ 七个主元音，i 出现于韵尾。元音定位：之 ɐ、幽 u、宵 ɔu(药 ɔk)、侯 o、鱼 ɒ、歌(元、谈)ɑ、支 ɛ、脂 ɛi、微 ɐi。改称韵部为“韵摄”，认为每摄可包括(或方音可有)一些同类元音的韵母。声母分系大致依高氏而各系声母都分硬、软两套，软的带 j，如喻四作 j、喻三作 ɣj，章组作 tj 类，轻唇来自 pj 类。也赞同古无去声，去声由入声、上声变来。

严学窘先发表《上古汉语声母结构体系初探》(1962，《江汉学报》6 期)、《上古汉语韵母结构体系初探》(1963，《武汉大学学报》2 期)，后综合为《周秦古音结构体系》(1980 年中国音韵学研究会首届论文，1984 年刊于《音韵学研究》1 辑，中华书局)。有 7 个元音：ə、e、i、a、u、ɔ、o，7 个元音各分松紧，二等用松元音(上加 ˘ 号表示)，而四等则用下加点而表开口度较关的 ə、e、ɑ、o，这样实际上不止 7 对元音了。元音定位：之职蒸、侵缉、微术谆

ə，脂质真 i，支锡耕 e，鱼铎阳、歌月祭元、盍谈 a，幽沃冬 o，宵药 ɔ，侯屋东 u。阴声韵原带 w、l、x 尾，后又改回高氏的 b、d、g 尾。没有元音性介音，但有声韵两栖的辅音性 j 和表声母圆唇化的 w。一、二、四等无介音，合口用 w，三等有 j、wj 介音。有单声母 21 个，知、章并端，庄并精，主张因后接韵母不同而在中古分化。喻四、邪都由 dj（船、禅）分化出来，但可暂写作 r、z 以便识别。书母则自 thj、stj、sk 等发展而来。认为原始汉语无声调，后由元音松紧产生高低调作伴随现象而形成声调，故早期只有平、上声和入声，去声来自上声、入声。严氏重视参照民族语言，热情地构拟了大量复辅音，还认为原始汉语有复韵尾 -mp、-nt、-ŋk，上古复声母有二合、三合到四合的辅音群。其所拟的复辅音中，带-l、冠鼻音、冠咝音、冠喉音等都是不错的，但是杂凑的也不少，像“彭 bts-、颠 tts-，稽 pkt-、帅 xsd-，裔 xknd-、羡 xsdl-、绥 xsnth-”这样的辅音群，很难看出其中的音变条例，摸不清其中的构拟规则，反而使人觉得复辅音过于玄虚，起了反作用。

李新魁《汉语音韵学》（1986，北京出版社）分“歌、祭、曷、寒”及“戈、废、月、桓”为二，又以去声的“祭、废、至、队”为独成一类的“次入韵”，所以共有 36 个韵部。以相对的阴、阳、入韵部称为一“类”，共分 12 类。认为上古元音丰富，每类常包括两个元音，12 类共有 14 个元音 ɪ、e、ø、ɛ、œ、a、ə、ɐ、ʌ、u、o、ɔ、ɒ、ɑ，比高氏还要繁多。其中 ə、o、ɒ、ɛ、ɑ、ɔ、ɐ 七个是主要的，每类元音分洪细（细音以常变为中古四等韵为主）。元音定位：之类 ə/ɪ、侯类 o、鱼类 ɒ/ʌ、支类 ɛ/e、歌（祭、曷、寒）类 ɑ/a、戈（废、月、桓）类 ɔ/œ，脂（至、质、真）类 ɐi/ei、微（队、术、文）类 oi/øi，幽类 ɐu/eu/ ᵊu、宵类 ɑu/au，侵类 ɐ/e/ ᵊu、谈类 ɑ/a。次入韵 4 类加-ʔ 尾：祭 ɑʔ/aʔ、废 ɔʔ/œʔ、至 ɐʔ/eʔ、队 oʔ/øʔ。无介音，如现代广州话，而声母各分硬、软两套（软音腭化带 j），p-、k-系又分出唇化的一套，t-、ts-系又分出卷舌化（加-r）的一套，故有 68 个声母。鼻音全拟为带同部位塞音的，其带送气的后变送气塞音及晓母，如 mph-＞xw-。但三等知、章都从 tj-分出（部分章作 kj-），上古 dj-可变中古澄、船、禅、邪、喻四五母，邪还有从 dzj-、gj-来的，gj 变群禅邪喻三四母。还有浊送气的 d-、g-，其中 gh-作晓母而 dh-作部分心母的来源，而 dhj-是书母、ghj-是另一部分书母及喻四的来源。这样就把清浊、擦塞的界线全打破了。大胆是够大胆了，但变化的机制叫人难以掌握。

其学生麦耘后来作《诗经韵系》(1995，《音韵与方言研究》，广东人民出版社)则简化为 ɒ、a、o、ə、e、i、u 七元音：鱼谈 ɒ/a、侯 o、之 ə、支 e，歌祭 ɒi/ai、微队 oi/əi、脂寘 ei/i，宵 ɒu/au、幽 u/ou/əu/eu，侵 ə/e、冬 u/o (-m)。次入韵改为三个，仍加喉塞 ʔ。

何九盈在《古韵通晓》(1987，与陈复华合著)及《上古音》(1991，商务印书馆)中分 30 部，大框架如王力。改为之 ə、幽 ɤ、宵 ʌ、侯 ɔ、鱼 a、支 æ 六元音，歌、脂、微分别为 a、æ、ə 带 i 尾。幽、宵、侯接近陆志韦，脂、质、真用 æ 则依钱玄同。介音分二等 ɪ、三等 j，四等有元音 i，合口 w。32 个声母：端、知不分，精、庄分 ts-、tʃ-。章组作 ȶ-，喻四作 ʎ，喉音作 x、ɣ、0，也同王氏。

郑张尚芳 1981 年以来写了二十来篇有关上古音的论文，其中最主要的是《上古韵母系统和四等、介音、声调的发源问题》(《温州师院学报》1987 年第 4 期，中国人民大学复印报刊资料《语言文字学》1988－1)和《上古汉语声母系统》(1995，ICCL－4/NACCL－7 论文，威斯康辛大学，见会议论文集，其纲要已见前一文的 79 页，及《语言研究》1991 年增刊的《上古声母系统及演变规律(摘要)》)。此二文最近已由 L. Sagart 译为英文，合编为 The Phonological System of Old Chinese，2000 年在法国出版。前者是作者 30 年古音研究的一个小结，总括《汉语上古音系表解》(1981 年浙江语言学会首届年会论文，1982 年修改油印稿曾在第 15 届国际汉藏语言学会议上分发，1982 年杭州大学《语言学年刊》选载了其中《古汉语流音系统与汉藏比较举例》部分)、《上古音构拟小议》(1983 年北京大学上古音讨论会书面发言，刊 1984 年《语言学论丛》14)等论文，以及上一世纪 60 年代、80 年代与王力、李方桂先生通信商榷的成果(王氏采纳歌部拟 ai、赞赏喻四拟 ð 拟 ʎ 的意见)。文章主要论证如何填补王、李二氏系统中的空档，拟了一个长短六对元音的系统：脂 i、之 ɯ、幽 u、支 e、鱼 a、侯 o。认为 30 韵部中“一部一元音”的规则只适用于收喉各部(含开尾韵)，收舌、收唇各部则因一四等重出皆含两个或三个元音，因此还得再细分：歌祭元谈宵 a、e、o，微队文 ɯ、u，侵 ɯ、i、u，幽(-w/u 尾部分)ɯ、i。“歌、微”按早晚期分别带-l/-i 尾(“脂”早期含开尾、-l 尾)，“至、祭、队”带-s/-ih 尾。指出一、二、四等韵同来自长元音(四等韵即是一等韵的前元音部分，两者互补，二等则是一、四等的带 r 部分)，而三等韵则具有与其相对的短元音；三等韵中重纽四等是其前元音部分，重纽三等及庚、蒸等韵是其带 r 部分，从而解释了四“等”及介音的来源，r 和 l 介音出现的条件。认为上古没有元音性介音，只有后垫于声母的半通音 r、l、j、w。其中 r、l 又分出一种塞化音（开始写ˈl，后改为 l’）用以解释 K1’-、P1’-变端、知组的现象。没有声调，认为上声字有-q/ʔ/’ 尾，去声字有-s/h/‘尾。其系统虽以王氏阴、阳、入三分为基础，在综合李氏并加上大陆以外和其本人研究新成果后，异于王氏说 22 处。丁邦新(1994)说：“郑张和 Baxter 各自的结果有许多相同的地方，尤其在离析韵部方面看法非常一致，而两人的论据却不相同，很值得重视。”又长短元音在各等的分布也与后来 Starostin 的拟构一致而论据不同。后一篇立 25 声母，r 表来，l/ʎ 表喻四，m、n、ŋ、r、l 各分两套，以加-h 的一套表送气清鼻流音，并主要论证复声母的结构及演化规则；分复声母为前冠、后垫两类，限定前冠为咝、鼻、喉、塞 4 类；垫介音为 j、w、r、l(r’、l’)。其中 r、l 限在 P、K 系，w 限在 K 后出现，j 则 P、T、K 后都可出现而形成章类。后来又接受潘悟云“影、晓、云”为小舌音 q、qh、ɢ 之说，并创古无塞擦音声母说，在近作《汉语的同源异形词和异源共形词》(1999 年首届汉语词源学研讨会论文，刊《汉语词源研究论文集》第 1 辑)中曾综括说明上古音系，前冠增 r-，又以 sl’、sh/shl、z/zl 作为“精、清、从”的前古音。郑张尚芳修正李氏系统的有些主张，也跟后来龚煌城汉藏比较所得的结果接近。

改革开放以后，大陆以外的华人学者的古音著述也相继传入，李方桂体系的影响尤大。

李方桂的《上古音研究》初为 1968 年台湾大学油印的《上古音讲义》，1971 年《清华学报》新 9 卷 1—2 期合刊方公开发表，1980 年北京商务印书馆出版的单行本还收入《几个上古声母问题》《中国上古音声母问题》等文。李氏融合新旧成果，建立了一个 ə、a、i、u 四个单元音，iə、ia、ua 三个复元音的拟音体系，22 部的元音定位是：之、蒸、幽、中、缉、侵、微、文 ə，鱼、阳、宵、叶、谈、歌、祭、元 a，脂、真、佳、耕 i，侯、东 u。阴声除歌部及少量微部字带-r 外全带浊塞尾。阴、阳、入又都有圆唇舌根音韵尾（吸取日本赖惟勤说）。二等有 r 介音（从雅洪托夫的 l 介音说而改动），三等 j 介音、四等 i 介音；以 x、h 分别作上声、去声的标记(部分吸取奥德里古氏原始汉越语声调标志)。他论证了只出现于三等的声母皆属后起,应该并入相应声类,章为 tj-、krj-而知为 tr-、庄为 tsr-,改晓母为 h,设立了成套清鼻流音 hN(也从雅洪托夫改来)。流音 r 除作二等介音外也作声母,拟喻四作 r-、邪母作 rj-是其创见。李氏和严学宭一样,i、u 都可作主元音,注意到元音系统必须具备元音三角,纠正了从高本汉到王力、方孝岳 i 不作主元音的缺陷,也是其高明之处。

周法高的《论上古音》(1969)、《论上古音和切韵音》(1970)、《上古汉语和汉藏语》(1972),先后发表于香港中文大学《中国文化研究所学报》2-1,3-2,5-1 期,后合编为《中国音韵学论文集》(1984,香港中文大学出版社);周氏又领导其学生张日升、林洁明等合编《上古音韵表》(1973,台北三民书局,1980 年在北京影印出版)。他的上古拟音要点是以 a、ə、e 为三个主元音(以 e 代替李氏的 i、u),而 i、e 可用于介音,主元音减少而介音和韵尾系统复杂,取消 i、u 的结果是取消元音三角,实为倒退之举。介音二等为 r-、三等分 j-、i-(章 tj-而知 ti-、庄 tsi-,喻四有 r、ɣr 两值[后者表跟喉牙音通谐者],加 j-的就入邪母),四等用 e-。介音 i-可用在 r-、j-后,w-又可在它们之后而构成-riw-、-jiw-、-ew-等复杂介音,共达 13 种介音组合之多。他改李氏的-gw、-kw、-ŋw 尾为-wɣ、-wk、-wŋ 尾,所以侯、东拟测为 ewɣ、ewŋ。他也仿西门华德的办法,用-ɣ、-r 来替换高氏的阴声韵的浊塞尾 g、d。复声母有"xm-黑、st-书、zd-神"等。

张琨与夫人张谢蓓蒂合著有《原始汉语韵母系统与切韵》(1972,史语所单刊 A26)和《汉语* s-鼻音声母》(1976,史语所集刊 47-4)两篇论文,前一篇又载张贤豹译编的《汉语音韵史论文集》(1987,台北联经出版公司,武汉华中理工大学出版社),后一篇 1985 年刘宝俊节译,刊于《音韵学研究通讯》7。张氏强调古音研究中要注意方言差异。声韵大框架近似李氏,但分原始汉语(前上古)和上古(《诗经》)两期,前上古为 4 元音,上古 a 分为 a 和 â[ɑ],用以分辨重纽及重韵、某些谐声区别。改歌部为开尾,幽、觉、中三部为 əu 元音,宵、药为 au 元音,除中(中古冬、东三韵)为 əu 外,并认为中古的"废、元、月、严、凡、业、乏"等韵也来自前古 əu 元音,上古才经 u 变 ɑ,这是最特别的构思(实跟后来最新派所拟的 o 接近),并拟"微、殷、文、迄、物"及部分侵韵(如"今"声字)为 u 元音,说侵韵依谐声可分为“心”-jim、“音”-jəm、“今”-jum 三类，上古才合并为 jəm。这些构拟向前人普遍只作 a、ə 二分的收舌、收唇韵部开了刀，认为还要再行细分，是其贡献。声母把喉音拟为 ʔ、h、h̲[ɦ]，也是合理的。

陈新雄《古音学发微》(1972，台湾嘉新水泥公司“文化基金会研究论文”187 号)依王力三分体系加黄侃的添、帖两部，分 32 部，脂、微亦为 i 尾韵，设 ə、a、ɑ、ɐ 4 元音，定位为：之、蒸、侵、微、谆 ə，歌、元 a，鱼、阳、谈 ɑ，支、耕、脂、真、添 ɐ，侯、东 ɑu，宵 ɐu，幽、冬 əu。元音虽少，因多属 a 类，显得不太自然。介音也同王氏。全浊声母送气。声母受黄侃合并说影响大，知、章组都并入端组，因此连书母也混同透母，但认为群母、喻三应并入匣 ɣ-，后还写了《群母古读考》(1981，《辅仁学志》10，中研院《国际汉学会议论文集》)，把喻三改为 ɣj-。

余迺永《上古音系研究》(1985，香港中文大学出版社)以金文为主要材料研究上古音，也认为要分谐声、《诗经》两个时期。《诗经》为 31 部而谐声为 41 部，即盍、谈要分出“帖、添”，废、月、元要分出“介、薛、仙”，宵、药要改为“宵、豪、卓、沃”，阴声韵再增析收唇的“隶、荔、盖”，共增 10 部。他以-ɦ、-ɦw、-v、-l 来改李方桂阴声韵尾-g、-gw、-b、-d，以 o 来改 ə、以 e 来改 ia、以 u 来改 ua 等，成立 i、e、a、o、u 的普通五元音体系。认为到《诗经》时代才转到李氏的四单三复的七元音系统，唇音尾-v 也转入-l(按：这个转音有点怪)。脂微拟 il、ol 看来不错，但跟废 al、ul、介 el 韵尾无别，却不能解释何以后者只限去声韵部的原因了。介音除 r、j 外，还加一个 l 来表示重纽 B 类及麻三昔三类字，是其巧思。声母也把喉音拟为 ʔ-、h-、ɦ-，有成套清鼻流音 hN，又设 sk-、skh-、sg-表示喉牙音来源的端、知、照组字，并吸收上去声来自-ʔ、-s 之说。

除前述各家外，重要的还有：

梅祖麟的《中古汉语的声调与上声的起源》(1970，HJAS 30)、《四声别义中的时间层次》(1980，《中国语文》6)、《跟见系字谐声的照三系字》(1982，《中国语言学报》1)、《说上声》(1982，台湾《清华学报》14－1，2)、《上古汉语 s-前缀的构词功用》(1989，中研院第二届国际汉学会议论文集)等。首篇有 1974 年黄宣范译文，刊幼狮 40－6，见幼狮月刊社《中国语言学论集》(1977)其他各篇为中文。主要论证了奥德里古氏、蒲立本氏去声为-s、上声来自-ʔ的理论，尤其对上声为-ʔ作了有力论证（梅氏自说其论述也受美国汉学家罗杰瑞的影响）。

丁邦新有《魏晋音韵研究》（1975，史语所单刊65），并有《汉语上古音韵研究》手稿，还有《论上古音中带l的复声母》（1978，《屈万里先生七秩荣庆论文集》，台北联经出版社）、《汉语上古音的元音问题》（1994，《中国境内语言暨语言学（二）》，史语所，台北）等论文，1998年编为《丁邦新语言学论文集》（北京商务印书馆出版），但遗憾的是未收《汉语上古音中的*g、gw、ɣ、ɣw》（1977—1978，MS 33）。《魏晋音韵研究》还拟测汉代韵系并对高、董、陆、王、蒲、周、李各家之说进行述评，指出好几家元音虽多，却都没有i元音，“实在是相当奇怪的系统”。他服膺李说而定汉代幽为og、侯为uag，变佳、耕为ie，脂、真为i，脂、微的-d尾东汉变-i，歌则失去-r。说魏晋时期鱼部变o，之部变əɯ，幽、宵变ou、au，支、脂为ei、əi，但脂、祭去声仍收-d尾。之部变əɯ跟郑张尚芳所拟ɯ变əɯ也相合。

龙宇纯有《上古音刍议》（1998，《史语所集刊》69－2），还有《上古清鼻音声母说检讨》（1978，《屈万里先生七秩荣庆论文集》，台北联经出版社）、《有关古韵分部内容的两点意见》（《中华文化复兴月刊》11－4）、《上古阴声字具辅音韵尾说检讨》（1979，《史语所集刊》50－4）、《再论上古音-b尾说》（《台大中文学报》创刊号）等。分古韵22部，持阴声韵无塞尾说，但也不同意清鼻音和圆唇喉牙音，全浊声母送气，这两点比较保守。立4元音，定位为：之、蒸、侵ə，鱼、阳、谈、元、歌a，佳、耕、真e，侯、东u，幽、中əu，宵au，脂ei-et、微əi-ət、祭ai-at都是收-i跟收-t合部，只有歌部收-r。声母分p、t、k、ʔ、ts五系21个，喉音为ʔ、h、ɦ。章系（含日母）以s、z和s、z加舌音表示，喻四作zɦ。介音二等为r、三等为j、四等为i，认为r后来变e，以调和李方桂、王力二氏之说。

1.5　国外学者的研究进展

以上各家新系统的提出都和海外汉藏比较研究和原始汉语、古汉语音系研究的发展有关。高本汉的中古拟音成就较大而上古拟音问题太多，他自己说过有些问题有待汉藏语言比较研究的进展来解决。20世纪50年代以来，汉语方言、汉藏亲属语言历史比较和汉外译音的研究不断深入，取得了巨大的成就，各个拟音系统都在这些成果面前接受了检验，出现的差距暴露出了构拟上的缺陷，如语音系统中的不对称空档，元音、辅音的类型和出现条件，韵尾与音节类型的转化关系等方面的差异，都促使大家由此入手革新拟音，从而推动汉语古音研究不断取得突破性进展。而在西方学者当中，法国奥德里古、俄国雅洪托夫、加拿大蒲立本、美国包拟古等成就最大。可惜因历史条件限制，他们的成果不能及时输入国内，直至改革开放后，学术交流才得以广泛进行。

法国奥德里古（A. G. Haudricourt）重要论文有《越南语声调的起源》（1954，JA 242）和《怎样拟测上古汉语》（Word 10）。前者有冯蒸 1986 年译文，见《民族语文研究情报资料集》7（1986）；后者有马学进译文，见幼狮月刊社《中国语言学论集》（1977，台北）。奥氏的论文主要是论证了越南语和汉语中声调的发生、发展。去声来自-h<s，上声来自-ʔ<x 尾。

俄国雅洪托夫（S. E. Yakhontov）有《上古汉语的韵母系统》（1959）、《上古汉语的复辅音声母》（1960）、《上古汉语的唇化元音》（1960）、《上古汉语的起首辅音 L 和 R》（1976）、《上古汉语的起首辅音 W》（1977）等重要论文，1986 年唐作藩、胡双宝编入雅氏的《汉语史论集》（北京大学出版社）。雅氏的主要成就是论证了：二等带-l-（1970 年改-r-）；s- 和响辅音（鼻流音）结合的复声母变出 x-、ɕ-、ʂ-、th-、ʈh-诸母；歌元、文侵各部合口有唇化主元音韵母，如 or、on，ur、un、um；拟云母为 w 声母。

加拿大蒲立本（E. G. Pulleyblank）有《上古汉语的辅音系统》（1962—1963，AM 9）、《关于汉语词族的一些新假设》（1973，JCL 1）、《上古汉语的韵尾辅音》（1977—1978，MS 33）等。其中最有影响的是第一篇，它有力地论证了去声上古带-s 尾，上声上古带-ʔ 尾；跟雅洪托夫一样，证明了二等带-l-（后改-r-）、圆唇化元音韵母 on、un、om、um；最早提出来母在亲属语言中对 r-，而喻四对 l-（开始拟 ð-，1973 年改拟 l-）；此外还有圆唇喉牙音、送气鼻流音等。又设想部分三等舌面介音为后起，来自介音-l-或前重型长元音。该文有潘悟云、徐文堪译本，中华书局 1999 年出版。蒲氏后又提出上古 a、ə 两元音说，而其元音的大简化是以-k、-ŋ 尾再分纯的、j 化的、w 化的和 ɥ 化的 4 套为代价的，这么复杂的韵尾系统是难以叫人相信和接受的。其实这样做在拟音上反而是一种倒退。

美国包拟古(N. C. Bodman)有《汉藏语中带 s-的复辅音声母在汉语中的某些反映形式》(1973)、《原始汉语与汉藏语》(1980)、《上古汉语中具有 l 和 r 介音的证据及相关诸问题》(1985)等重要论文，1995 年由潘悟云、冯蒸译编为《原始汉语与汉藏语》，中华书局出版。其中第二篇最重要，主要论证复辅音结构 Cr 变二等而 C-r 变来母，l-变定母、喻四，而 C-l-变端、透、定。设想三等 j 介音有原生性、次生性两种，前者在藏缅语中就有，后者是汉语发展过程中后起的，从而形成 A、B 两类音节。包氏强调"比较构拟"，即拟音与亲属语形式密合才可信，所引诸多亲属语同源形式足资参考。

日本藤堂明保(Akiyashu Todoo)有《中国语音韵论》(1957)、《汉字语源辞典》(1965)、《上古汉语的音韵》(1969)，还编有《汉和大字典》(1978)、《中国语学论集》(1987)，都在东京出版。他的阴声韵带-g、-d、-r 尾(-r 用于歌、脂、微)，基本元音 6，定位：之、蒸、侵、微、文 ə，支、耕、脂、真 e，鱼、阳、歌、元 a，宵 ɔ，幽、冬 o，侯、东 u。二等全以元音加 ˘ 号表示，四等除 e 外全以 a 上加 ¯ 号，o、ɔ 上加两点 ¨ 号表示。三等有 3 个介音，多数作-ɪ-，章组加-i-(在 t、k 组后)、庄组加-ï-。知和庄二并入端、精，由介音规定变化，因此音节显得较简洁。喉音声母作 ʔ-、h-、ɦ-，但喻四邪母作ḍ-与定母 d-、禅母 dh-对立，书母作 th-与透母 t'-对立，比较怪，可能是受越南汉字音的影响。

瑞典高本汉(B. H. Karlgren)1954 年于 BMFEA 刊出总结和改订其古音构拟的《中上古汉语音韵纲要》，前面已经提到。

此外值得参考的西方学者的论著还有：美国白保罗(P. K. Benedict)《汉藏语言概论》(1972，剑桥大学出版社)、《再论汉藏语系》(1976，JAOS 96)、《上古汉语声母》(1987，香港中国语文学会《王力先生纪念论文集》英文卷)。前二种 1984 年由乐赛月、罗美珍合译为《汉藏语言概论》(署：本尼迪克特著，马提索夫编，中国社科院民族所出版)。其中 39～48 节讲汉语，因原稿写于 20 世纪 40 年代，所以古音大抵用高本汉旧说，但在汉藏同源比较及形态学(前缀、后缀、交替)方面常有创见，并深刻影响了杨福绵的 s-词头系列复声母研究(他俩并合编《上古汉语词汇》)。白氏设想有前缀 s-和复辅音成分 s+的区别，前者中古声母为咝音 s 或喉音 x 、ʔ，后者使声干舌齿塞音化(“虎”s-khlo∶“摅”skhli̯o 的构拟人们尚可理解，但“影”s-kli̯ăŋ、“余”sgli̯o 之类的构拟却难有令人信服的音理依据)。ʔ词头加浊塞变鼻母的设想则颇具巧思，可与台语相印证。

法国沙加尔(L. Sagart)《论去声》(1986, JCL11.1)有 1988 年郭建荣简译，见《语文研究》该年第 3 期。1990 年以后有论述汉语与南岛语关系的系列论文：先是 1990 年第 23 届汉藏语言学会议论文《汉语南岛语同源论》，邢公畹先生于 1991 年《民族语文》上分第 3、4、5 期摘要予以述评补证，其后为 1991 年第 6 届国际南岛语言学会议论文《汉语与南岛语间亲属关系的证据》(JCL21－1, 1993)，1995 年郑张尚芳、曾晓渝译为《论汉语、南岛语的亲属关系》(见石锋编《汉语研究在海外》，北京语言学院出版社)。又 1993 年《汉语上古音新见》(Diachronica10－2)、1994 年《上古汉语与原始南岛语》(OL 33.2)、1995 年《关于汉语源流的意见》(JCL 单刊 8)以及《藏缅语 * MLIY 的汉语同源词》(1985, CLAO14－2)等尚未译介。其主要观点为：在同源词中汉语音节与南岛语单词末尾的重读音节相对应，南岛语-s 与汉语去声、-q 和汉语上声(-b、-d、-g 与鼻尾韵上声)具有对应关系，汉语一些介音可能与中缀有关。最近又出版了《上古汉语的词根》(1999，John Benjamins 出版公司)一书，参照白一平的系统加构词词缀(很多是前缀)，以词根理论为上古汉语拟音。

美国柯蔚南(W. S. Coblin)有《说文读若声母考》(1978, JCL6)、《东汉音注的声母系统》(1977—1978，华裔学志 33)、《汉代佛经方言》(1981，台湾，中研院国际汉学会议论文集)、《西汉音注的声母系统》(1982，台湾《清华学报》14－1, 2)、《东汉音注手册》(1983，香港中文大学出版)、《汉藏语系词汇比较手册》(1986，华裔学志丛书 18)等。李玉译了第二篇，刘宝俊译了末一种的导论及原始汉藏语音系两部分，分别刊于《音韵学研究通讯》4 与 19—20 期。柯氏主要论证了上古音晚期的汉代音系复辅音，并根据李方桂、白保罗及个人的比较研究，重建原始汉藏语音系。《汉藏语系词汇比较手册》提供不少比较的语例，但将腭介音分为 y、j 是对蒲氏、白氏 A、B 音节的改制，实质是倒退；又在 r、l 中分出 ɍ、ł 以表示在汉语中不再保持 r、l 的部分。关于这一点，虽然多数语例已经随着近年来学界认识到李氏上古音体系中 r、l 应该互易而失去区别意义，但 * ł->d-(牒甜)、* hł->th-(舔)之类的设想仍具启发性。

1.6　最新的拟音系统

海外学者往往在研究方法上和汉藏语言比较上具备优势，内地学人则在国学功底上和熟悉汉语方言上具有优势，而且内地学人也有重视汉藏语言比较的。他们发挥各自的优势，对前人的拟音系统作出改订，提出新的构拟系统。据美国白一平（W. H. Baxter）《汉语上古音手册》813 页注 4 所列举，修订高本汉上古、中古拟音的有 14 家，依音序为：董同龢、李方桂、李荣、陆志韦、梅祖麟、蒲立本、薛斯勒、邵荣芬、斯塔罗斯金、王力、雅洪托夫、余迺永、郑张尚芳、周法高；当然还应加上白氏他自己，也包含他的老师包拟古（N. C. Bodman），他俩体系大体相同。丁邦新《汉语上古音的元音问题》(1994，收入 1998 年《丁邦新语言学论文集》)一文除董同龢、陆志韦外，又列表比较了"有代表性的"8 家系统：李方桂、周法高、张琨、蒲立本、余迺永、王力、郑张尚芳、B・B(包拟古和白一平)。以上白一平、丁邦新所列各家中，除李荣、邵荣芬二氏偏重中古音外，其余 14 家中薛斯勒(1987)、郑张尚芳(1987)、斯塔罗斯金(1989)、白一平(1992)的拟音体系是近十多年上古音研究中引起海内外同行注意的最新成果。较之旧体系，他们的体系有好些共同的新拟构，例如都采用-s 或-h表去声而用-ʔ 或-' 表上声，-r-表二等，以 r-表来母，而以 l-表喻四及定母(郑张用 l')等。他们分别用不同的新材料论证但却达成共识。其中郑张已见前述，下面介绍一下其他三家的论著。

薛斯勒(或译许思莱 A. Schuessler)《早周汉语字典》(1987，夏威夷大学出版)概括了他 1974 年以来系列论文的观点，如 1974 年《上古汉语的-l 尾》(JCL2－1)、《上古汉语的 R 与 L》(JCL2－2)、《上古汉语的前缀》(ZDMG 124)，1976 年《原始汉语的词缀》，1985《早周汉语去声的功能》(PL, C87)等(薛氏"早周汉语"指《尚书》《诗经》及周武王至康王的金文语言)。薛氏主要论证了二等有-r-介音，四等有-l-介音，来母为 r-而喻四为 l-，歌、微、脂三部收-l，以及前缀和后缀问题。所论 l 至汉代变 ʎ 甚有见地，但四等有-l-介音证据薄弱。

斯塔罗斯金(S. A. Starostin)《古代汉语音系的构拟》(1989)是莫斯科 Nauka 出版的一本 728 页的巨著，分绪言及"中古音系""上古晚期声母系统”(联系原始闽语)、“上古汉语声母系统”(有谐声及藏缅语、卢舍依语等例证)、“上古韵母系统”、“上古汉语史的语音变化分期”等五章。附录“上古诗歌的押韵”“上古音节构拟比较表”二种，后者含前上古，上古早期，西汉、东汉、上古晚期和中古的拟音，现代音，及高、董、周、藤堂等诸家拟音。斯氏除吸取其老师雅洪托夫学说的精华外又有独创发展，他从库克钦语言(卢舍依语等)比较中独立得出的三等上古为短元音，一、二、四等上古为长元音的结论，与郑张尚芳(1987)不谋而合，被柯蔚南评论为国际学界殊途同归的妙例。章组并端组，即用后接短音表示，显得简洁，为其特色。斯氏比较的范围广博，他相信汉藏语与叶尼塞、北高加索语言间有亲缘关系，发表有多篇论文。他又相信罗杰瑞原始闽语浊声母分三套的构拟，因此所拟全浊、次浊音声母都分不送气、送气两套，比较复杂。[①] 该书第四章第一节的“上古音系的介音和长短元音的对立”部分已有谢纪锋译文，刊于《民族研究信息》1994 年 3 期。

白一平《汉语上古音手册》(1992)是柏林、纽约 Mouton de Gruyter 出的 Trends in Linguistics 系列论著第 64 本，是一本 922 页的巨著，总括其 1977 年以来系列论文的成果，尤其是《汉语上古音的几项建议》(1980)、《上古汉语拟构——包拟古、白一平体系》(1984，17 届汉藏语会议)、《上古汉语新韵部》(1986，19 届汉藏语会议)等的成果。本书分“绪论”、“中古音系”、“古韵分部证据”、“传统古韵研究”、“上古音节概貌”、“辅音声母”(单声母、复声母)、“介音与主元音”(一、四等为 0，二等为-r-，三等为-j-、-rj-)、“韵尾(-j、-w、-m、-n、-ŋ、-p、-t、-k、-wk)及后韵尾(-s→-H 去声、-ʔ→-X 上声)”、“《诗经》文本与文字”、“新的上古韵部”等十章，附录有“上古至中古音韵的演变”“《诗经》韵谱”“《诗经》韵字”三种。白氏除汲取其师包拟古学说外又有独创发展，并吸取其他多家新成果。其重纽三等带-rj-介音的新见，受到包括其师包拟古在内的许多学者的肯定和引用。

① 但罗氏构拟原始闽语全浊声母分三套，不能解释也有相似现象而字分布不同的徽语，所以应是后来历史层次变异而不是上古语的，郑张 1992—1993 指出闽语“来”母“以”母读 s 应是 r、l→z→s 常见音变，也属白读历史层次变异，清化是后起而非上古的。见《汉语方言一些语言现象的历史解释三题》(首届国际汉语言学会议，新加坡)，《古来母以母今方言读擦音塞擦音问题》(第 7 届方言学会论文)，此二文修订稿刊于《语言》2 卷、3 卷，首都师范大学出版社。

白氏体系跟郑张最接近，1982 年第 15 届汉藏语会议上，郑张送 1981—1982 年论文给白氏，结果彼此都惊异在拟音方面相同点之多。但白氏未能很好处理汉语原生的-j-与次生的-j-，因此有些音类相同而演变异常的字音，只好用大、小写字母作形式上的区别：如 kj-逢演变中有照组和见组对立时，腭化为舌面音照组的用声母大写 Kj-表示，不腭化的用介音大写 kJ-表示，ja 只表变成中古鱼韵 io 的，而变成中古麻三、昔三 jæ、jek 的另用 jA 表示。这在郑张取消次生的三等-j-介音，只保留照三组及麻三、昔三的原生的 j 以后已经不成问题(白氏 1995 年也曾著文宣称放弃三等 j 介音，而采用郑张和斯氏次生的-j-来自短元音说)。白氏此书是近年海外影响较广的书，大有后来居上之势，惜国内尚未译介。新近他又与沙加尔合著《上古汉语构词》(1998，Packard 编《汉语构词新趋》，柏林)，研究上古词根和前缀、中缀、后缀的构拟问题。

1.7　其他学者的贡献

由于本章重点在于说明上古拟音系统所取得的进展，所以对上述几家新系统(尤其是白氏、斯氏及郑张)予以着重介绍。其实还有王静如、俞敏、邢公畹、喻世长、黄典诚、邵荣芬、龚煌城、竺家宁、金有景、潘悟云、杨剑桥、麦耘、施向东、郑再发等先生及欧、美、日学者富励士(A. A. D. Forest)、罗杰瑞、赖惟勤、平山久雄等先生对于上古拟音的贡献，在下面分论中还要介绍到。要特别指出的是，俞敏氏的构拟建立在梵汉对音与汉藏对比的基础上，尤其值得重视，只是他的拟音散见在《后汉三国梵汉对音谱》(1984，《中国语言学论文选》，东京，光生馆)和《汉藏同源字谱稿》(《民族语文》1989-1，2)中，未能写成一个完整的系统。

近些年所出的上古音专书中有几本较为重要：

郭锡良的《汉字古音手册》(1986，北京大学出版社)将王力先生的拟音落实到八千字上，但是未用王氏新拟歌部 ai，声母则已将喻四改为 ʎ。李珍华、周长楫《汉字古今音表》(1993，中华书局)收九千字，也用王氏体系，但歌部为 ai，宵部为 au，幽部为 əu，侯、东为 ɔ、喻四为 ʎ，处理得更好。向熹《诗经古今音手册》(1988，南开大学出版社)方便于检索《诗经》古韵，已采用王力歌 ai、幽 u、宵 o、侯 ɔ 新系统，但馀母作 dʻ不合。陈复华、何九盈《古韵通晓》(1987，中国社会科学出版社)，其中重点是“古韵三十部归字总论”，已发表于1984年《音韵学研究》第一辑(中华书局)。

李玉《秦汉简牍帛书音韵研究》(1994，当代中国出版社)对战国至汉的简帛通假异文统计分析甚详，发现汉代复辅音从有趋无的变迁迹象；并认为汉代仍有31韵部，而非罗常培、周祖谟的27部。

杨剑桥《汉语现代音韵学》(1996，复旦大学出版社)共12章，其中近一半篇幅即其1、3、8、9、11章都说上古拟音新进展问题。李葆嘉《当代中国音韵学》(1998，广东教育出版社)第7、8、9章分述传统及现代的古音研究，第11章概述建国以来的音韵学研究时也涉及上古音。两书都可参阅。潘悟云新著《汉语历史音韵学》(2000，上海教育出版社)21章中更有15章(上古篇)介绍上古音研究的前沿状况、国内外学者的新成果和新方法。

因为着重叙述拟音进展，对于其他方面的上古音研究进展不免疏略漏落，读者可参阅以下文章：张世禄《〈中国音韵学史〉重印后记》(1983—1984，上海书店)，喻世长《汉语音韵学的回顾和前瞻》(1982，《语言研究》2)，李新魁《汉语音韵学研究概况及展望》(1980—1984，《音韵学研究》1)，潘悟云《高本汉以后汉语音韵学的进展》(1988，《温州师院学报》2)，李新魁《四十年来的汉语音韵研究》(1993，《中国语文》四十周年纪念刊文章)，冯蒸《中国大陆近四十年汉语音韵研究述评》(冯著《汉语音韵学论文集》，1997，首都师范大学出版社)，唐作藩、耿振生《20世纪的汉语音韵学》，徐通锵、陈保亚《20世纪的中国历史语言学》(二文见1998年《20世纪的中国语言学》，北京大学出版社)等。这些文章各个方面的介绍都有涉及，皆较全面，有的评介甚详，冯文且注明出处，寻索甚便。潘悟云在上述1988年文中不但报道了诸家新进展，并指出：“近年来汉语音韵学逐渐接受现代科学思潮和方法的影响，我们相信第三代的汉语音韵学一方面将以通过广泛的历史比较建立汉语历史形态学为其特征，另一方面语音规则的研究将具有更多的定量思想、演绎思想，更大的解释能力。”这也是我们对上古音研究的展望。

第二节　上古音内部的分期问题

“上古音”一词，前人笼统指先秦古音，主要是以《诗经》韵为主，后又加上谐声、假借、通假、转注等通谐关系的分析。段玉裁在《六书音均表》中倡言“同声必同部”“古假借必同部”，虽然大致相符，但是例外也不少。现在我们从谐声、假借分析中知道，它所表现的现象要比《诗经》韵早。例如谐声、假借显示“位、内、退(古从内声)、世”这些后世的去声字应收唇音尾，《诗经》却与舌音尾押韵了，如《大雅・假乐》“位”韵“塈”(《释文》许器反)，《荡》“内”韵“类”、“世”韵“揭、害、拨”，《小雅・雨无正》“退”韵“遂、瘁”。旧说是-b>-d，新说是-bs(>-ds)>-s，反正谐声时代跟《诗经》时代的音系已经有了明显变化，自应分为早、晚层次而不能混为一谈。各家拟音的分歧中，有的就是因为着眼点不同，或侧重诗韵现象或侧重谐声现象而产生的。分期描述，就可以免除这类困惑。余迺永(1985)因此也与张琨一样把上古音分为两期：

1. 谐声时期 Proto-Chinese：殷至西周(1384BC—771BC)41 部

2.《诗经》时期 Early Old Chinese：东周至秦末(770BC—207BC)31 部

金有景《上古韵部新探》(《中国社会科学》1982－5)第 1 节“上古音的不同层次问题”则再往上增加，分为三期：

1. 远古汉语时代(约公元前 15 世纪以远)

2. 谐声时代(约前 10～前 15 世纪)

3.《诗经》时代(约前 5～前 10 世纪)

他是从王力的 29 部的入声中，分出后来变为去声的长入 9 部，故为 38 部。认为远古无声调，至谐声时代阴声韵都有浊-b、-d、-g 尾，《诗经》时代则失去-b，但阴声韵-d、-g 可以自由变音，读元音尾，长入则保持-d、-g 尾不变。以此作为分期依据。

王力(1957)说到汉语史的分期，认为上古期可包括公元 3 世纪以前(五胡乱华以前)，那么下限可及西晋了；又说甲骨文以前的时代可叫“太古期”，但既无文献就“没有什么意义”。

经过学者们的研究，汉代音韵跟《诗经》音韵的差别还不是太大(尤其是西汉。可以看丁邦新(1975)第 5 章上古、西汉、东汉、魏晋、南北朝、《切韵》时期的韵母变化对照表，以及斯塔罗斯金“上古音节构拟比较表”中的前上古、上古早期、西汉/东汉/上古晚期、中古拟音的对照)，把它列为上古音的晚期是没有问题的。

任铭善《汉语语音史要略》(1984,河南人民出版社)首章就谈"汉语语音的历史分期问题",分先秦、秦汉、魏晋过渡期、南北朝至唐、金元南宋、明清、现代等七期。认为雅言规范"到晋代以后才有了变化",汉语到南北朝时确立了四声,谐声、假借明显停止发展,并出现了韵书和文言的新规范。

郑张尚芳在《汉语方言异常音读的分层及滞古层次分析》(2000,第3届国际汉学会议,台北,中研院)中以低元音a韵的分布为标志,把汉语语音史分为10期:上古三期"模、鱼、麻"合为鱼部读a、中古三期(六朝至五代)及近古(宋代)"歌、麻"读a、近代二期(金、元至明、清)及现代是"麻二"读a。其中所分的上古部分为:

上古前期(简称前古):殷及早周,依据甲、金文中的谐声假借;

上古中期(简称上古):周,依据《诗经》等先秦文献;

上古后期(简称次古):秦汉魏,依据当代文献及梵汉、中亚语译。

汉魏时期鱼部读a是依据俞敏《后汉三国梵汉对音谱》,如"姑、屠、卢、于"。当时鱼部跟侯部有合韵现象(据李玉《秦汉简牍帛书音韵研究》认定汉代仍有31部,鱼、侯两部虽近但并未合并),应已向后ɑ或ɒ方向变化,但是既然译经中可与a对译,应该还未脱离低元音范围。歌部也对a,如"加、陀、罗、和"则应是前a或俞敏的al,后汉三国时期鱼歌两部同样读a的现象正是上古后期应有的向中古音过渡的准备。我们现在知道,《切韵》的审音标准是隋初论定的,它所审定的应是南北朝末期南北两都的读书音,即前期中古音的正音规范。参考王力、斯塔罗斯金等所说,晋代理应属于上古以后的前中古过渡期(《字林》音注表明鱼韵合口已入虞韵,同于《切韵》)。

甲骨文以前的汉语虽没有文献可据,但可用汉语上古音结合汉藏各语言同源词比较来重建其原始形式,这样所得的拟音可称"原始汉语"或"远古期汉语"。它不是没有意义的,现在已经有人在做这方面的重建工作,例如俞敏、邢公畹、张琨、白保罗的比较,而柯蔚南《汉藏语系词汇比较手册》(1986)已用两个星号表示所比较的词的原始形式,沙加尔《上古汉语的词根》(1999)也以专书来作最早的词根、词缀构拟。

上古时候中国南北都满布着说不同语言的许多部族,汉语则是在中原形成然后向全国传播的。因各地语音发展不平衡,当甲地一些音类已发展到下一阶段时，乙地可以滞留不变，或者向不同方向变化。其他部族接受汉语取代其固有语言时，也可能用固有语言的发音代替部分相近的汉语语音。由此二途，于是产生了汉语方音。由此可见，纵向的各期语音历史演变常常反映在横向的各地方音地理分布上，这正好可以作为我们研究古音的一种证据。有的先生却把古音中不容易解释的地方一股脑儿都推到方音身上，这是不足取的。我们不否认上古的中后期汉语已经有方言，但是不管哪种情况发展出来的古代、现代汉语方言，一层层追溯上去，它们的源头祖语都是上古前期的中原汉语，由这一共同源头分化出来的才是汉语的方言。因此一切早期的方音变化都应该在上古拟音中有所解释，因为解释方音分化的音理本来就是我们研究古音学的目的之一嘛！说不出方音变化所以形成的音理机制，只能表明拟音的失败。

东汉刘熙《释名》说“天”字中原的豫司兖冀一带读为舌腹音，故声训为“显[h-]”，青徐一带读为舌头音，故声训为“坦[th-]”；“风”字兖豫司冀发合唇音是“氾[-m]也”，青徐发开唇音是“放[-ŋ]也”。方音一变就连其得名的理据都变了，自然说明刘氏这样的词源推测没有意义，但是这一记录表明了，东汉时候沿海的青徐方言发展较快，“天、风”两字的语音特点都已接近中古音，而中原方言则比较保守，两字的语音特点还是跟上古一样(这跟今天济南-n 尾已发展到有些韵失去韵尾变成鼻化，而河南、河北仍保留着传统-n 尾的情形相似)。有人引今方音也有 th 变 h 的现象来解释“天”读“显”，其实那是很晚起的音变(因为那个方言的 th 母都是这样擦化的，不限于“天”一个字)。如果说汉代就有了这种音变，那就不能解释为什么中原方言韵尾十分保守，声母却变得比青徐方言更快了；也不能解释为什么当时中原方言已经由 th 变 h(用“天竺”译 hinduka 可证)，以后 h 又变回 th(中原音是历代的正音标准，汉代以后中原“天”字一直读 th 是无疑的)。所以“天”读 h-音只能早于而不能晚于 th-，需要另行研究其上古变化机制，光想利用后世晚起的方音变化轻易地解释上古音中的这类特殊现象，决非有效的妙方。

引用这一事实是为了说明，我们所拟的是上古中原正音，即“天”应读 h-母(后代变 th 另由其所带垫音来解释)，“风”应收-m 尾(后代变-ŋ另由其韵尾异化来解释)的时地范围。由于材料性质的限定,在涉及谐声与复辅音声母时,我们叙述上古前期音可能要多一点,在涉及《诗经》韵部与叶韵问题时,我们叙述上古中期音就多一些。上古音内部既然有分期,也不妨通叙其变化情况。

第三节　音节类型研究

音节分析是汉语和其他汉藏语言音韵研究的核心。在20世纪关于上古音构拟的争议中,阴声韵带韵尾与否和复辅音这两个问题是最大热点,这两个问题都关系到上古汉语的音节类型、音节结构理论问题。它们实际上涉及三个方面:一、上古汉语是否所有音节全以辅音收尾,因而属于CVC(辅音-元音-辅音)结构的闭音节语言。二、上古汉语是否单音节词占优势(包括CVC、CCVCC),复辅音与多音节词之间有无转化关系。三、汉语有无不同韵律类型对立的音节。现分说如下。

3.1　CV和CVC

由于要解释古韵中阴声韵和入声韵的叶韵现象,高本汉认为上古汉语绝大多数音节属CVC结构,陆志韦、李方桂进一步改为阴声韵全部收-b、-d、-g的纯CVC结构。但是王力、俞敏都说没有见到过全用闭音节的语言,很难相信上古汉语偏偏是这样的语言。陆志韦自己也说:“上古汉语没有开音缀的结论,有的人一定以为怪诞不经。世上哪里会有这样的语言呢?姑不论说话,随意翻一句古书来念,例如:井灶门户、箕帚臼杵,读成-ŋ、-g、-n、-g,-g、-g、-g、-g,何等的聱牙。”但是他又说:“我们断不能从诗韵、谐声划出一部分来,把他们跟入声割裂,绝对证明他们是上古的开音缀。我们的结论尽管是不近情的,然而这样的材料只可以教人得到这样的结论。……心里不妨存一疑问,上古语是有开音缀的,可是不知道哪些字是的。”西门华德《关于上古汉语收尾辅音的拟测》(1928)主张入声韵依藏文收-b、-d、-g,阴声韵改收浊擦音-ß、-ð、-ɣ(后来周法高、余迺永也接受浊擦尾说),但是带浊擦尾也还是CVC结构。

林语堂《支脂之三部古读考》(1930)反对高氏上古之部收-g 说，王力《上古汉语入声和阴声的分野及其收音》(1960,《语言学研究与批判》2)反对把上古汉语拟成 CVC 语言，龙宇纯《上古阴声字具辅音韵尾说检讨》(1979,《史语所集刊》50－4)也极力主张："一个重要的原则，阴声字必须是开尾的。"还指出现代粤剧唱词就有塞尾的入声韵跟开尾的阴声韵混押互叶的现象，不能就此而说那些阴声韵是带塞尾的。1983 年在北京大学为李方桂来校而召开的上古音讨论会上，王力的口头发言，郭锡良、何九盈、唐作藩和郑张尚芳的书面发言(皆见《语言学论丛》14)全都反对 CVC 拟法。郭文指出高氏等用阴声韵带-b、-d、-g 尾解释阴入通押，但是阴入通押在《诗经》里不到 3%，不值得为此一种"不完全韵"拟出两套相近的塞尾。何文用两读、上古归调不同来解释通韵的字。与此相反，丁邦新则专门写了《上古汉语的音节结构》(1979,《史语所集刊》50－4)、《上古阴声字具辅音韵尾说补证》(1987,《师大国文学报》16)，此外还有两篇(皆见 1998《丁邦新语言学论文集》)，以汉藏同源词、台语借词论证，支持李氏 CVC 说甚力。不过所举例子大多数是上、去声字，现新说各家已拟上声收 -q/-ʔ，去声收 -s/-h(前古-bs、-ds>上古-s，前古-s、-gs>上古-h)，则上、去声本是 CVC 音节，《诗经》出现-q、-ʔ、-h 尾与-k 尾合韵(如《桑柔》"垢-ʔ"韵"谷"，《烝民》"赋-h"韵"若"，《关雎》"芼-h"韵"乐")，-s 尾与-t 尾合韵(如《七月》"岁-s"韵"褐"，朝鲜文及上一世纪缅文的 s 尾都可变读 t 尾，参 1810 Leyden《缅马泰对照词汇表》)，应该不奇怪。这样，绝大部分阴入合韵问题已经可以排除。只有阴声韵的平声字上古当为 CV 开尾字，据平山久雄(1991,《语言研究》总20)，"平入相押"在《诗经》里只有 10 次，与"去入相押"154 次比，可说是偶然。而且多数属于收喉的塞尾与开尾相押，可以用收音部位相同来理解(余迺永把收喉的阴声韵拟为 -ɦ 尾，从音位观点看，ɦ 尾跟元音尾其实是一样的。像今天吴语的 ɦ 声母实际是阳调字的一种发声状态，也可直接以元音开首表示，加不加 ɦ 其实无所谓。所以余氏形式上是闭音节派，实际的拟音则如他所说是舒音，已接近非闭音节派了)。这样，陆志韦的疑问，现在可以回答了：上古汉语的开音节，在阴声韵的平声字当中。

丁邦新先生(1979)肯定阴声韵全有塞尾，上古汉语是 CVC 结构的语言时，结论中也曾自己设问：世界上还有别的语言有这样的音节结构吗？他说有，老孟语和台湾邵语就是，“元音之后总有一个喉塞音，只是在音位上可以不必辨认而已”。其实这是一种误解，因为这类喉塞也是一种元音的发声状态(傣语开尾短元音也有类似现象)，既然没有音位意义，则跟真正的塞音韵尾音位-b、-d、-g并非同类，不能作为闭音节语言的证据。汉语方言中逢音节起首位置的ʔ-、ɦ-，在无音位对立时常被处理为零声母，而在韵尾位置上即使有类似的成分，如无音位意义，同样也可以看作开尾韵(例如很多方言上声所附ʔ因跟声调并存而失去音位意义)。

把阴声韵全都一刀切地加上浊塞音韵尾，有时是自找麻烦，反而带来各种问题，如收-g的各韵都分平、上、去，收-d的“祭、泰、夬、废”为何没有一个平、上声字？“豆、媪”加上-g尾，跟-n尾的“短、温”岂非隔得更远？又马重奇《试论上古音歌部的辅音韵尾问题》指出，歌部与支部古多通谐，依高氏、李氏支部收-g，恐怕得把歌部分出一部分来收-g才行，歌部另一部分与微相通，则这一部分还得收-d才行(《古汉语研究》1993－3)。这就是CVC说惹的麻烦。若依新说，歌、微上古早期收-l而后期都收-i，支部为e，并无-g尾，歌部ai>e是常见现象，就容易解释了。

还有元音V的变化速度，前后不受阻的元音要快于受阻的，也即在语音演变中有韵尾和介音的cVc的V比单纯的V慢。例如“鱼、铎、阳”相对转，上古都是a元音，现在则分别是y、o、a元音。“阳”因一直有鼻尾，故三千年未变，曾带塞尾的“铎”慢了一步，“鱼”则变得跟a非常悬殊了。如果阴声韵的“鱼”也有塞尾，能变得这样快吗？(鱼部中的麻韵字今仍读a不变是因为麻韵有r-之故。)古音学家以前不注意解释语音变化幅度及快慢的原因，而斤斤计较韵文叶韵问题，不免是抓小头失大头了。

由于平声字较上、去、入声字多，平声的阴声韵拟为不带辅音尾的开尾韵以后，汉语也就是CVC(仄声、阳声韵平声)与CV(阴声韵平声)两类音节并存的正常状态的语言了。丁邦新先生在《汉语声调源于韵尾说之检讨》(1981，中研院《汉学会议论文集》)中举了双音节并列语总用平声居前仄声居后，没有平声则用上声居前的大量例子，然后质疑说：若上古无声调而只有韵尾，何以-n尾音节要居-ʔ、-s前，而-ʔ居-p、-t、

-k 前？其实，这里遵从的是“先平后仄、先喉后别”的原则：元音尾和鼻流音尾的平声字是可以延长的乐音，纯乐音的-n 自应居于噪音尾的-nʔ、-ns/nh 前，收喉音的-0、-ʔ、-h 自应居于收腭、舌、唇音的-k、-t、-p之前。这比声调说更显得自然，因为调形的高低升降很难说有天然的先后次序。

汉语的兄弟语藏语 7 世纪时就有了拼音文字，记录了古藏语的语音面貌。据瞿霭堂《藏族的语言和文字》(1996，中国藏学出版社)，古藏语的音节结构基本式是 FY(辅音-元音)，加后加字是 FYF(即 CVC)，而前后的 F 都可再加“前加字、上加字、下加字、再后加字”来扩展，最全的可构成(FF)F(F)Y(FF)的结构。我们知道，在藏文中括弧内的这些附加辅音都还是活的，可以作为形态、派生手段，根据构词、构形的需要来增减变换。例如：

“嗅闻”nom，未来时(将事)mnam、过去时(既事)mnams

“聚集”ɦdu，过去时(既事)ɦdus；“集合”sdud，未来时(将事)bsdu、过去时(既事)bsdus、命令态 sdus；“集会、会议” ɦdun

“鼻子” sna；“鼻涕” snabs

“病”na(动)、nad(名)、“使伤”snad、“伤害”gnod、“痛苦”mnar、“脓”rnag。

上古汉语的音节结构应与此相似，形态变化也相对活跃。潘悟云《谐声现象的重新解释》(1987，《温州师院学报》4)就以形态变化来解释非同音字间的谐声行为。这个解释同样可用于貌似不和谐的叶韵，因为古代许多形态成分没有记录下来，当时和谐的叶韵在后代看来却不和谐了。丁邦新 1994 年曾质疑：如以-ʔ、-s 作上、去声韵尾，《诗经・汉广》“广-aŋʔ、泳-aŋs，永-aŋʔ、方-aŋ”就显得韵尾不协难以相信了。其实这里的“方”字是行舟义，后世转注写成“舫”字，本来就是读去声甫妄切、补旷切的，这样“广-aŋʔ、泳 aŋs，永 aŋʔ、方(舫)aŋs”更显出奇偶句各自相对、参差相和之妙。

因此，新派各家都认为：没有音位性声调，是上古汉语区别于中古汉语的分期特征之一，上、去声当时是闭音节，早期后加-q、-s，后期弱化为-ʔ、-h。它们加在元音后是收-c 的音节，加在鼻音尾或塞音尾后是收-cc 的音节。如果把$-g^w$ 也看成-cc，那么李方桂宵、幽部去声的

-gwh(<-gws)甚至是收-ccc复辅音尾的音节了。

3.2　上古音节最全结构

丁邦新(1979)说:“由于谐声字的显示,学者都承认上古有复声母的存在,因此完整的上古汉语的音节结构是: cCcssVC(s 指半元音。原加括弧的改以小写表示,可以看得更清楚些——引者)。”把前引藏文完整结构(FF)F(F)Y(FF)折合作 ccCcVcc 一比,差异是后者主结构是 CV,前加、后加 c 较多,而 C 的后垫音 c(藏文中半元音也视为 c)则较少。依前面所说以及新派的复声母研究结果,上古汉语的完整音节结构应调整为: ccCccVcc。

复声母 ccCcc 的性质与来源目前尚在讨论之中。在藏缅、侗台、苗瑶语族的兄弟语中复声母 Cc(kr、pl、kj、kw 类)现在还常见,Ccc(klj、kwr 类)也还有之,这些后垫式复辅音应是最基本的复声母类型,大家一般没有怀疑。ccC 则藏、羌、苗等语支较多见,其性质与来源问题逐渐引起学界关注。因为自从白保罗提出侗台语与南岛语同源于澳泰语说、沙加尔提出南岛语与汉语同源说以来,所谓多音节的南岛语与单音节的侗台语、汉语间绝不相关的鸿沟已被除灭,邢公畹先生在 1991 年《民族语文》第 3 期评述沙氏时提出可统一为“汉藏泰澳语系”(注明郑张建议称“华澳语系”)。郑张在 1995 年《汉语与亲属语同源根词及附缀成分比较上的择对问题》(《中国语言起源》JCL1995 单刊 8)指出南岛语既然词根在末,前面的非词根音节应与藏语的前缀音同类,有的甚至同源。这类前加音可以成音节也可以不成音节(嘉戎语就有这么两种),还可视需要增减变换。潘悟云《汉藏语中的次要音节》(1999,《中国语言学的新拓展》,香港城市大学出版社;又《汉语历史音韵学》有“上古汉语的音节类型”一章)指出藏文前加字的性质实际是带有短混元音的次要音节,跟南亚语的前置音、晋语粤语“一个半”音节中的半个音节同类。潘氏提出,音节结构有其“响度规则”: 音节峰响度最大,向音节边缘递减到最小;发音强度则与响度成反比。各种音的响度和强度依次是“清塞-浊塞-清塞擦-浊塞擦-清擦-浊擦-鼻音-流音-半元音-高元音-低元音”(后舌位辅音强度较弱,h 类擦音可比鼻流音更弱)。复声母中后响序列的 pl、bz 等是合于响度规则的;前响序列的 sp、mp、lt 等则不合(等于一个音节里出现小大两响度峰),所以前响部分实际上是前加的次要音节、半音节,有这类复声母的音节应属于一个半音节结构。潘氏并建议对次要音节可不标出无音位价值的含混元音,而用小圆点·表示(可自成音节的鼻流音、咝音则不加;王敬骝等记南亚语早已省去元音而用隔音符号ˈ标示前置音)。明白复声母中前冠音的性质及兄弟语言前冠音的面貌,对于我们了解原始汉语的音节构成和同源词变化非常有益。南亚南岛语的前加次要音节种类繁多,但类型基本是c-(南亚还有后响式的cr-)、c·c-,后一种的后c是鼻音,除m外多跟主音节声母同部位,跟藏语鼻冠前加字的出现规则完全相同,更贴近主声母。举华澳各语几个ŋ母词根的同源词为例,可见前冠音节的增减变换,以及跟后面主音节融合的情况:柬埔寨语"日"th·ŋai、孟文t·ŋee跟佤语s·ŋaiʔ太阳、ŋai日子、嘉戎语草登话t·ŋi太阳、sŋi日子以及汉、藏、缅语的"日"明显同根,即使古藏文的g·nji也和南亚系的布朗语"日"k·ŋiʔ很近。由柬埔寨语"鹅"k·ŋaan,才能明白佤语ha̱n、泰文haanh中h-的来历,及它们和藏文ŋaŋ、缅文ŋanh、汉语"雁"的同源关系。由占语支雷德语"臂"k·ŋan,才能相信把同语族的印尼语tangan[t·ŋan]、占语taŋɯn臂跟布朗语khɛin臂、泰文khɛɛn臂、古汉语"肩"keen联系起来是合理的;并可明白汉语及其兄弟语的有些后世单音节的声母并非主音节固有的,而是来自前冠音(主音节是强度较弱的半通音声母时,常有可能被前冠音吞没,从藏文"八"brgjad、"百"brgja看,汉语、台语"八、百"的p-声母原来也是从前冠音来的)。

由此潘悟云在上引文和1995年《对华澳语系假说的若干支持材料》(《中国语言起源》JCL单刊8)中提出,复辅音声母有的是由双音节、多音节词缩减而成的。施向东《也谈前上古汉语的音节类型和构词类型问题》(《语言研究》1998增刊·音韵学研究专辑)针对潘说,以藏文联绵词是由词根CVC前叠加一cac音节为例,提出复辅音扩展为双音节联绵词的想法。郑张《原始汉藏语音节结构拟构通则》(1996,南开大学"汉藏语系研究理论和方法问题研讨会"论文)据邢公畹《红河上游的傣雅语》一书中以p‘、k‘开头的复声母为例,指出它们有声干、前缀、前音节等不同的来源。如p‘laat来自泰文blaad滑,是复辅音声干;p‘kaat来自泰文phakkaad蔬菜,大菜,是表类名、大名的前音节减缩;k'lai 来自泰文 kra-dai 梯,p'tu 来自泰文 pra-tuu 门是前缀或前冠音缩减。而同样"滑"在老挝说 pha-laat,则是 blaad 中的复辅音 bl 的分裂扩展。可见复辅音声母在汉藏语中可以具有缩减和扩展两种变化,也就是说从跟汉语音节类型更像的台语看来,汉语早期大概也含有同样的音节类型,而潘、施二氏说的两种变化都该有才是。

在汉藏或华澳语系中,汉语是发展最快的语言,要拟测它的原始面貌,应多多观察发展慢的兄弟语言的情况。从存留原始性质较多的兄弟语言看来,大多是元音简单而声母复杂。所以早期拟音者把上古汉语拟成元音复杂而声母简单的系统,那是与此背道而驰的。

新派的研究进展,大多是在 V 前后的 cc 的定位上取得的。目前的结论是上古汉语音节属于 cc· CccVcc 型,前冠音可以是单纯辅音或带微弱模糊元音,就像藏文那样。此外还须了解,即使各个成分都齐全了的最全结构,也还算一个音节(或一个大音节),在上古的四言诗中这样的音节仍是一"言",不会出现有些人所担心的情况,即一个复声母音节含三个辅音就读为三"言",那是不懂复辅音者的杞人之忧。

再就上古音节内部结构说明一下:音节的核心是 CV,可表示词根。音节内部可两分为声母、韵母,V 以前为声母,V 及其后成分为韵母,其结构层次是(依丁氏用 s 表后垫半元音 j,而 w 则以圆唇化辅音包含在 c 里):

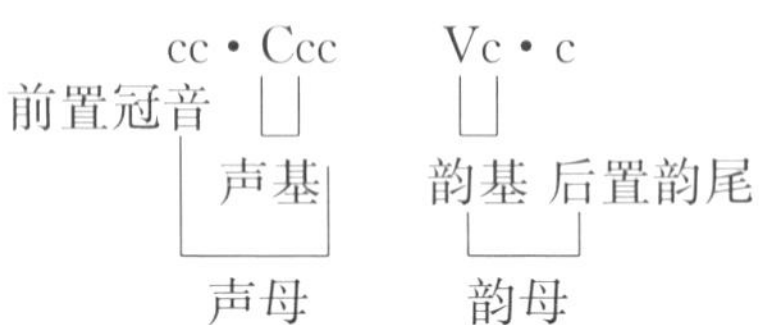

因此单个 CV,是基辅音 C 后声尾 c、及主元音 V 后韵尾 c、均处于零位状态的词根。

3.3 依 i 介音分两类音节说

汉语有大量带 i 介音的字,这在汉藏语言里显得十分特殊,即使认为《切韵》四等韵所带的 i 介音是后起的,三等韵带 i 介音的还是非常多,研究《切韵》音系的各家还都把三等细分为三至四类，而一、二、四等字则没有这样的。因此，有的学者想在音节结构层面上来解决这个问题。

蒲立本 1962 年将汉语音节分为 A 类（不带 i 介音）、B 类（带 i 介音）两类，并设想 B 类由长元音变来。蒲氏后又发表《中古汉语之甲乙类音节的上古由来》(1994, JCL22 - 1)，以缅甸的 Sizaŋ 钦语为证，提出韵律对立的新看法，说一类是下降的声调落在头一个韵律单位（mora），另一种是上升的声调落在后一个韵律单位。但沙加尔省 i 介音后直接将 a、b 上标于音节前作为区分。他最新解释是 a 类声母比 b 类强，但此一类型语言实为罕见。

但声调本来就是后起的，韵律差异可能不是原始现象，远不如长短元音在汉藏语言中普遍存在。既然现在郑张、斯等都已找出三等来自上古短元音的证据，非三等为长元音又有元音链移为证，蒲氏这种两类音节假说也就不必深究了。

第四节　声母系统研究

在上古音研究中，声母一直是个薄弱环节。很多人只是拿中古声母拟音往上推，依着钱大昕“古无轻唇音”“古无舌上音”，章太炎“娘日二纽归泥”，曾运乾“喻三归匣”“喻四归定”的学说，归并归并来对付的。结果所拟上古声母系统和中古的面貌很相似，体系变化不大。20 世纪后半叶，情况就有很大变化，尤其近十余年来这方面有了突破性进展，特别令人振奋。过去声母研究材料少，只在文献中的谐声、假借、通假、异文、异读这个范围内转，现在随着汉藏语言比较的进展，同源词比较扩大到藏缅、侗台、苗瑶、南亚、南岛等语族，眼界大展，并了解到它们之中复声母分化的多种形式及汉语方言如粤语、晋语一个半音节的本质。此外郑张还强调开发“转注字”（即同一字根的变形分化字，如“史吏使、荼茶、益溢、老考、林森”等）在上古音研究中的作用，增添了一类新的材料。

上古声母系统应包括组成单声母和复声母的辅音种类，复声母的组合成分、结构方式和类型。此外，还应交代与中古声母的对应转变关系。

4.1　单声母

先说单声母，也即基本声母。

高本汉、王力都是拿中古 36 声母往上推，上古声母几乎是中古的翻版。只是高氏将章、昌、船、日上古音拟为 ȶ-类，匣并入群，这样就较中古音省 5 母，而另加不送气浊音 5 母来更替三类喻母及禅母、部分邪母的拟音，合为 34 母。王力则减去不送气的 b-、dz-、ȡ-、g-，却不规则地保留了 d-表喻四(后改拟 ʎ-)，船、匣仍同中古作 ʑ-、ɣ-，故为 32 母。整体看跟中古差别太小，对 z-、d-等母为何不拼无 j 介音韵母的洪音空档现象，提不出解释。

李方桂把高氏 34 母中分配特殊、受限制(限出现于三等 j 介音前)的 15 母划出，认为它们并非上古声母而是后来分化的，从而留下 19 母(匣、群合并为 g-)，这就与黄侃的古本声十九纽看法基本相似。又认为喻四来自舌尖闪音 r，因此是 20 声母。此外李氏还加一套圆唇化喉牙音 kw、khw、gw、ŋw、·w[ʔw]、hw，一套与浊鼻流音相配的清鼻音 hm、hn、hŋ、hŋw、hl，共计 11 母，合起来是 31 母。

十九组中“帮滂並明、见溪群疑、端透定泥、心”13 母上古属基本声母，大家没有分歧，“影、晓、喻、来”的音值，“匣”与“群、喻三”的分合，“精、清、从”是否早就存在，则是近年来上古声母讨论中的要点。下面分叙这些问题及喻四、圆唇喉牙音、清鼻流音研究进展情况。

4.1.1　来、喻、邪——来母在高、王、李的系统中都跟现代、中古一样拟为 l-，似乎几千年不变。但这不能解释闽北 s-、乡话 z-、dz-、白语 ɣ-/h 及 j/ɕ(<zi)这类对应。台语中布依语 r->z-/s，壮语 r->ɣ-都属于 r-母的常见变化现象而非 l-母。古汉越语也是 r-而非 l-。

高氏用一套不送气浊塞类音①表示喻、邪两母(g-表喻三[“于、王”]，d-、b-及 z-表喻四[“榆”d-、“聿”b-、“羊”z-]，邪 dz-，另外还有禅 ȡ-)，但是这套音只拼细音，洪音全成空档。王力保留 d-而取消 g-、b-、dz-、ȡ-，这样更出现了四个不送气浊声母空档(为了消除不系统现象，以后才改用 ʎ 表喻四)。李方桂指出它们应为闪音，改以 r-表喻四、rj-

① 合指塞音、塞擦音，下同。

表邪，改变了这一面貌。蒲立本(1962)虽也拟来母为 l-、喻四为 ð-，但指出从汉藏对应上看，来母多对 r- 而喻四多对 l-；薛斯勒(1974b)专文肯定来母 r->l-、喻四 l->j-；雅洪托夫(1976)、包拟古(1980)、梅祖麟(1981)、郑张(1981，1983—1984)都论证肯定了这一拟音，梅祖麟在《方言》(1981－3)文中明确提出喻四应改为 l-，邪母应改为 lj-，也就是说李氏拟音中 r-与 l-的拟音应互换。这一点目前在新起诸家中已成为共识。龚煌城(1990)也专节讨论来、喻二母，肯定了 r-、l-互换，说明在李氏系统影响最广的台湾学者中也认同了这一点。喻四、邪、来三母主要来自上古流音已得普遍认可(喻四、邪还含有从上古云母/喻三来的字，后详)，并在摆脱"喻四归定"旧说影响后提出部分"定母归喻四"来。

富励士(R. A. D. Forrest)1964、1967 年在《通报》发刊《高本汉上古声母商榷》，拟喻母为 ʎ-，与来母 l-相对，后来又设 rj-，认为"涌"rj-与"汹"r̥j-同源。王力和郑张也都有过喻四拟为 ʎ-的设想，当王力先生看到郑张《上古音系表解》后还曾致函作者，为作者放弃喻四 ʎ-的构拟而采用 l-表示惋惜(作者 60 年代初拟喻四为 ð-，后改 rj-、ɹ-、ʎ-，曾蒙王氏函许，梅祖麟则曾对 ɹ-感兴趣)，其实作者并非放弃 ʎ-，而是认为 ʎ-应为上古后期之音，即 l->ʎ->j-(郑张 1983—1984：46)。这可以解释东汉译经中喻四对应梵文清浊硬腭擦音 ç、j 的现象。斯氏(1989)喻四有部分字拟为ʒ̂[dʒ]，其实那也是对这类后起音变的反映，不是最早的。

蒲立本以 ð-(1973 年后改为 l-)表喻四及定、船等母，雅洪托夫等也都认为 l-在一、四等变定母，在三等带-j-变为喻四。但这一分化条件在亲属语比较上并无充分的依据，如龙州壮语"洞"luŋ^{6}："峪(谷)"luk^{8}，泰文"睇"lɛɛ："易"lɛɛk(交换，变更)，其 l-分别对应汉语的定母和喻四，但是后者并无 j 而元音与对定母者全同。藏文"畋"liŋs 罗网，猎："田"zjiŋ<ljiŋ 田地、"甜"zjim<ljim 都对定母，却更多带 j。因此郑张提出流音分塞化不塞化说，像闽语那样塞化的 l'-变定母，而一般的 l-则变 ʎ->j-为喻四。塞化 l-写作 l'-或 ll-，郑张说由于重读，潘悟云(1998)解释塞化来自同部位前冠成分重合融成，即 Cl·l->cld->d-故认为 ll-合理(杨剑桥曾设想用 rl-表示)。而李方桂关于藏文前缀的研究推测藏文有 ɦ·l>ld 现象。

4.1.2 影、晓、匣、喻(云)——黄侃以影、晓、匣为古本声，认为"古今同”。高氏拟这喉音四母为 ʔ-、x-、gh-、g-。李氏改为 ʔ-、h-、g-，把匣、云与群并而为一。但是这样一来引起很多冲突（“狂、王”不分；“琼、荣”同音）。蒲氏早说匣母要分 g-、ɦ-。丁邦新《上古汉语 *g、*gw、*ɣ、*ɣw》（1977—1978，MS33）提出将部分匣母及云（喻三）另拟为 ɣ/ɣw，喻世长《用谐声关系拟测上古声母系统》（1980—1984，《音韵学研究》1）意见相同，但无详细论证。邵荣芬《匣母字上古一分为二试析》（1991，《语言研究》1）据谐声、梵文对音和方言，提出匣母上古应分 g-、ɣ-二类，分别相当于群、云二母的洪音。郑张在《切韵 j 声母与 i 韵尾的来源问题》（1990，纪念王力先生九十诞辰研讨会论文，刊 1992 年山东教育出版社的纪念文集）也分匣母为二类：g、gw 及 ɦ（“乎、兮、协、号”）、ɦw（“华、缓、萤”），后者与云母互补相配。又雅氏、斯氏主张云母为单 w，看起来很不错，但不能解释东汉译音以“于、越、曰、云”对 h-、闽南方言“雨、云、远、园”、湘南土话、畲话及越南音“有”读 h-的事实。

影、晓两母拟 ʔ-、h-（或 x-）好像没有争论，王力后来把影母拟为元音起首的零声母，也还属于喉音系统（虽然作元音起首便当归次浊，与影母属全清不合）。但“景”分化转注为“影”，“关”通转为“弯”弯弓，把它们说成是 k-、ʔ-互变，音总嫌远一点。上声韵尾-ʔ，郑张和沙加尔考证都认为有-q 来源，那么声母 ʔ-是否也有 q-来源呢？蒲立本举过汉代“影、云”译 q-的例；潘悟云《喉音考》（1997，《民族语文》5）提出“影、晓、云”三母应来自上古小舌塞音 q-、qh-、ɢ-，这是非常值得重视的建议，并很好解释了云母既与群母纠缠又有区别的问题，解释了“熊”字朝鲜语借作 kom，“右”字泰文作 khua 之类云母对应塞音的现象，ɢ-后期擦化为 ɦ-又可以解释梵译及方言念 h-的现象。李新魁《上古音“晓匣”归“见溪群”说》（1963，《学术研究》2）提出见、晓两系古音相通，所举事实也可由潘氏新拟得到解释。潘文发表前已向笔者提出这一建议，故郑张（1995）说声母系统时已吸收了潘氏这一新说，在上古声母中添上小舌音一系。

4.1.3　塞擦音——大家都认为中古塞擦音章 tɕ- 组后起，而精 ts-组好像自古就有，因为藏文也有，黄侃也把精组列为古本声。张均如《壮侗语族塞擦音的产生和发展》（1983，《民族语文》1）则证明台语 ts-组后起。李方桂 1976 年论证了精组有些字从 s-加塞音变来，包拟古（1980）

也举了不少。郑张(1995)指出精(庄)组是上古后期才增加的,甚至俞敏《后汉三国梵汉对音谱》中后汉三国音也还缺乏精、清、从母。除 s-冠塞音外,精组主要由心母及 sl-、sr-后的 l、r 塞化,加清浊喉音作用而形成:精庄 sl'-、sr'-,清初 shl'-、shr'-,从崇 sɦl'-、sɦr'-,邪俟 sɦl-、sɦr-(1998,《汉语塞擦音声母的来源》,首届汉语语言学国际研讨会论文,论文集由中国社会科学出版社出版)。1999 年后又参照缅文改清母为 sh-、从母为 z-,于是更简化成:清 sh-、shl-、初 shr-,从 z-、zl-、崇 zr-,邪 sɢl-、俟 sɢr-。“庄”sr'aŋ 同源于藏文 sraŋ 街道、村庄,“晶”sl'eeŋ 是“星”sleeŋ 的初文,可证。2001 年又据白保罗、李方桂对藏文 s 带 ɦ-等前缀音变塞擦音的观点,增加 ʔs 变精的来源。其他的来源除复声母 st-、sth-、sd-等 sC-结构外,还有 i 元音前的 dz-,如“自”dzj-<ɦzj-<ɦlj-<ɦblj-,i 元音前的 s-,如“四”sj-<hzj-<hlj-<pli-(比较藏文 bzji<blji,门巴语 pli)。

较独特的是斯氏用 c、ch、ʒ 表示 ts-组,上加 ′ 号表示 tɕ-组,而认为 ts-组来自 tɕ-组(金理新(2002)也认为精组有部分与藏文 tɕ-组对应)。

4.1.4　圆唇喉牙音——蒲氏、李氏构拟了一套圆唇喉牙音,肯定上古只限喉牙声母才含 w 成分。这非常对,跟今天粤语、温州老派方言相合,新起各家一致采纳了。但藏文、缅文、泰文等同语系的古老拼音文字都以 j、w、r、l 作为声母后置辅音处理,用一个后置 w 表示一套圆唇喉牙音,从音位角度看可以大大减省声母总量,因此基本声母表可把圆唇和不圆唇喉牙音合为一套,不另标名,但可明确规定 w 只在喉牙音后出现,即只有舌根、小舌/喉音才可有带 w 的复声母。2002 年潘悟云的学生金理新著《上古汉语音系》,又提出这套见系圆唇音由小舌音来,而影组则是由前缀 ɦ-造成的假说。

4.1.5　清鼻流音——高本汉为“黑、悔”设立了 xm-、为“慝、叹”设立了 thn-,都不成系统。董同龢改 xm-为清鼻音m̥-,很有见地,但仍不成系统,即其他清的鼻音皆表现为空档。雅洪托夫(1960)把两类合一,假设它们都来自 s-头的鼻流音:xm-来自 sm-,thn-来自 sn-,再加ɕɲ̊-<sɲ̊-、xŋ-<sŋ-、ʂl-<sl-,成为清鼻流音系列。蒲氏(1962)改为送气鼻流音 mh-、ŋh-、nh-、lh-等。富励士 1967 年提出成套的m̥、n̥、ɲ̥、ŋ̊、l̥、r̥(“汹、畜”)。李方桂采纳了这种构想,并指出苗语n̥-听起来很像n̥th-,所以中间不是 thn-而是 hnth-,建立了一套清鼻流音,以 hm-、

hn-(hnj-)、hŋ-、hl-来表示m̥、n̥、ȵ̥、ŋ̊、l̥等。指出 hl-是“獭、宠”等等，近于蒲氏 lh-而与雅氏 sl-有异。但李氏演变规则不统一：

变擦音 h-、ɕ-的——hm-、hŋ-、hnj-

变送气塞音 th-的——hn-、hl-

尤其 hn-、hnj-声干同为 n 而变化方向差异如此之大，不可解释。张永言《关于上古汉语的送气流音声母》(1980—1984，《音韵学研究》1)指出变擦音 h 的自成系列，清化由送气造成，故写作：

mh-悔　nh-熯　ȵh-阋　ŋh-许　lh-胁　ɬh-史

但是“胁、虎”等写作 lh-，以后变 h-，而“史、飒”等写作 ɬh-，以后变 s-，规则仍然不一。

郑张(1981，1983—1984，1995)指出前述清鼻流音实应分两套(各注一例字。后加-h 表送气，严格些是写上标-ʰ)：

A. 送气的变送气塞音：mh-抚　nh-帑　ŋh-哭　lh-胎　rh-宠

B. 带有 h 冠音的变 h：hm-悔　hn-汉　hŋ-謼　hl-咍　hr-脅

A 类属基本声母，王力《同源字典》指出“抚摸、抚怃”同源；而“帑”藏金帛秘室，家人妻儿与藏文 naŋ 内室、秘室、家人、妻婢同源，“哭”(从“獄”得声)与藏文 ŋu、缅文 ŋou 哭同源，则其 m-、n-、ŋ-显然都是基本单声母。B 类是带前冠音的复声母，冠音常会吞没浊声干，因此就只留下 h-了。hnj-“恕、摄”变书母则属于 hj->ɕ-的后起变化，“sl 飒、sr 史”另为一套。这样，结构与演变规则都较清楚，能够解决问题。

4.2 复声母

虽然还有少数人怀疑，但是上古汉语存在复辅音声母也已成了共识，即使持否定态度且影响很大的王力先生，在《同源字典》中也说：“黑”的古音可能是 mxək，故与“墨”mək 同源(253 页)。现在的问题是要弄清复声母有哪些成分、结构规则及演变条例，高本汉的 xm-、王力的 mx-、李方桂的 hm-、张永言的 mh-，到底应取哪一形式为是，也应有定论和说法。从林语堂提出《古有复辅音说》(1924，《晨报》六周年纪念增刊)至今七十余年，近年来这方面的研究进展最为迅速，1998 年北京语言文化大学出版社出版了赵秉璇、竺家宁编，严学窘序的《古汉语复声母论文集》，收林语堂、陈独秀至竺家宁、何九盈海内外论文 22 篇，其中三分之二以上是 80 年代以来的新著，5 篇是近十年内发表的。该书是上一世纪 90 年代以前这方面重要论文的结集。同年冯蒸《论汉语上古声母研究中的考古派与审音派——兼论运用谐声系统研究上古声母特别是复声母的几个问题》（1998，《汉字文化》2）一文综述了复声母研究的九种材料，指出应以谐声为主，及重视复声母的互谐条例，提出重视这种条例的研究者为审音派，否则为考古派，并简评了近年复声母研究中审音派的成就。

早年，林语堂已提出“孔”kl-、“团”tl-、“貍、风”bl-等，陈独秀《中国古代语音有复声母说》（1934，《东方杂志》34 卷 20—21 号）除 gl-、dl-、bl-外，已构拟了鼻冠的 mbl-、nd-、md-、mn-，鼻音送气的 mh-、nh-等，并已引民族语、方言为证。但是当时都在讲复声母的类型，还未达到对各个具体的字拟订具体复声母音值的阶段。

严学宭先生对复声母研究也很早，1962 年就写了《上古汉语声母结构体系初探》（《江汉学报》6），1981 年又有第 14 届汉藏语言学会议论文《原始汉语复声母类型的痕迹》，所构拟的复声母形式也最为丰富复杂，从二合、三合一直到四合。但是除了 Cl、SC、NC 等组合外，好些形式只是几个不同音读的凑合（严氏在《古汉语复声母论文集・序》中也觉得自己“构拟常由中古声母拼合而成，有任意性和简单化的倾向”），如“酒”（酉声）dts-、“岑”（今声）kdz-、“烘”（共声）xg-、“毳”nttsh-、“改”zkd-、“鱟”ɣkdl-、“矞”xknd-。他解释四合例说，“矞”字有休必切 x-，古穴切 k-，女律切 n-，允律切 d-四读，所以是 xknd-，那个“鱟”字有下江切 ɣ-，古巷切 k-，徒冬切 d-，力中切 l-等，所以是 ɣkdl-。照这种办法，那么五合、六合、七合都可能拼得出来。而 xknd-何以用 x-开头不用 n-开头，其次序也没有规则可言。ɣkdl-中其实 ɣ-今都拟 g-，与 k-谐声本不成问题，d-、l-也是同一类音，徒冬切用两合的 gl' 就可表示，不必构成四合的。今天汉藏语言确实是有四合音，不过其形式是主塞音配以久音的 ŋkwr-、splj-、nspr-之类，极为有序，决非 xknd-之类。所以关键是应规范为有一定数量的组合成分和有一定排列次序的组合模式。

从汉藏语言的复辅音结构看，二合音、三合音这种形式的分类，也不能揭发其组合结构的本质区别。复辅音声母都是由基本声母（声干）前加、后加其他语音成分构成的，而前面第三节即说过，二合音中后加式与前加式的性质绝不相同，根本不能并列看待。后加式最常见，是基本的复辅音，其中的后置辅音（郑张简称垫音）数目有限，是封闭的；前加式中的前置辅音（郑张简称冠音）则种类繁多，是难以封闭的，有的还能自成音节（半音节）。**谐声声符一般反映基本声母或所带流音，而不反映冠音。**把两类不同性质的复辅音结构同样归到二合、三合里去，不但没有意义，反而乱人耳目。现按后加、前加分述于下。

4.2.1 后加式

汉藏语的古老文字藏文、缅文、泰文中垫音都很简单，只有-j-、-w-、-r-、-l-四种（后代活语言中还可有擦音 ʐ/ʂ、ʒ/ʃ、ʑ/ɕ、z/s，一般是-r-、-j-、-l-的后起变式）。所以郑张指出古汉语垫音也应限于这四种（r'、l' 只是 r、l 的塞化变式）。这四种都属于通音，也被人视为辅音性介音，其出现的音韵条件近年来都已经被推定，这是声母研究中最突出的成就。同时，在后加式中应注意 j、w 是可以与 r 或 l 一起出现的。

（1）后垫-w- 也即声母唇化。在中古收喉各韵中，-w-只在喉牙音声母后出现，而在中古非收喉各韵中，-w-的出现则不受限制。经各家研究，已知古唇音声母不分开合，齿舌音合口来自圆唇元音（雅洪托夫），所以在唇音、舌齿音后面出现的-w-都是后起的。自李方桂设限圆唇舌根音及喉音后，新起各家-w-都限于喉牙音（郑张—潘悟云含小舌音）。因此后垫-w-上古限于喉牙音声母后出现的条件已明确无疑。新近金理新《上古汉语音系》又提出圆唇喉牙音（舌根音及喉音）声母更古是由小舌音转化而来的观点，但这不能解释有的民族语中圆唇舌根音和圆唇小舌音并立的现象。

（2）后垫-j- 也即声母腭化。李方桂把高本汉照三组上古的拟音ȶ-等改为 tj-等，邪母改为 rj-，这样可以说明为何它们只出现于三等，很有理致。但这是他把 i 介音改为 j 相推来的，而三等韵里 j 介音的出现就没边际了。郑张(1983-1984,1987)提出取消三等韵的 i 或 j 介音，认为那是短元音滋生软化来的，而保留章组（照三）tj-的构拟，并改李氏的 rj-为 lj-，krj-为 klj-。这样 j 出现的条件就很明确：（A）章组：tj-、klj-、kj-等都因 j 腭化为章组。（B）邪母及麻三、昔三韵的章、精组字：

这些都由 lj-或带-lj-而形成。这样也解决了白一平要用大小写字母硬性区别的那些问题(如尺遮切的“车”,白一平写作 KHjA,以区别于九鱼切的“车”k(r)ja(480 页),郑张只要分别写作昌母 khljaa 和见母 kla 就行了,“车”的声基带-l-则可以从“车、舆”同源推知)。

章组中旧说以船母为塞音,以禅(常)母为擦音,这不合上古谐声、通转的表现及梵汉对音,陆志韦首先提出两者“地位颠倒”了,应定床三(船)母为纯擦音。邵荣芬除在《切韵研究》中给以互换外,还写有专文《试论上古音中的常船两声母》(1984,罗常培纪念论文集)。李方桂的拟音两母并而不分,不合适。郑张依声符改禅母为 dj-或 gj-、glj-,而将异读多念喻四的船母拟为更近喻四的 ɦlj-,这样还可与非鼻音来源的书母 hlj-清浊相对。白一平也写禅母为 dj-、gj-,而写船母为 L-(又是用大小写来与喻四 l-作视觉而非听觉的区别),这样一来反跟他的书母 hlj-不大相配了。

梅祖麟《跟见系谐声的照三系字》(1982,《中国语言学报》1)支持李氏 krj-型构拟,而说它们有 krj-＞kj-和 krj-＞ trj-＞ tj-＞tɕ-两种变化(但梅氏也怀疑其中间过程将会与知系合流。郑张认为李氏 krj-变章而 trj-变知不变章,同一-rj-的变化规则不一,说不通。郑张所拟中古见系字上古无 j、只有章系字带 j 才有 kj-/klj-＞tj-＞tɕ-变化,就没有这一麻烦了)。潘悟云《章昌禅母古读考》(1985,《温州师专学报》1)、杨剑桥《论端、知、照三系声母的上古来源》(1986,《语言研究》1)都通过 kl-＞t-的变化,论证章组大都来自 klj-等,说明章组内见系来源字比一般想象要多得多。郑张认为还应加上 pj-、plj-型如“帚、杓”等字;日母也有 nj-“入、乳”、ŋj-、ŋlj-“儿、绕”、mj-、mlj-“柔”三类上古带 j 垫音的来源。

(3) 后垫-r-、-l-　基本声母后带流音 r 或 l,是最常见的复声母基本形式。从林语堂、陈独秀起,人们最早讨论的也是这种形式,甚至杰出的传统音韵学家曾运乾也在《古语声后考》(遗著,《湖南师大学报・古汉语专辑》1986 增刊)中把《经典释文》所说的《公羊传》“邾娄”的“娄”为“声后”跟这类复辅音联系起来。但是流音出现的条件一直定不下来。虽然高本汉提出过 A、B、C 三式(A. 各 kl-∶洛 l-,B. 各 k-∶洛 kl-/gl-,C. 各 kl-∶洛 gl-),哪个最适宜也难定,是 C 优还是 A 优,高氏和董同龢氏见解不同。直到雅洪托夫(1960)才论定这类 l 规则地出现于二等字中。李方桂在其体系里用了二等一律带 r 的构拟，并用以解释庄、知二组的形成，现已得到新起各家的公认。白一平、郑张都把 r 从二等字扩展至重纽三等字，所据为上古汉语内部及汉藏语言比较，俞敏氏《等韵溯源》(1980—1984，《音韵学研究》1)则据梵汉对音得到同样的结论。但在二等字和重纽三等字以外，一、三、四等都还有一批跟流音相通谐的字，它们怎么解释？那真正该是 l 了。所以郑张(1983-1984)提出了后垫 r 与 l 分别出现的条件：

r(中古变-ɣ-)—— 二等，三等 B[即重纽 B 类韵(重纽三等)及庚、蒸、幽韵的喉牙唇音]

l(中古消失)—— 一、四等，三等 A[即重纽 A 类韵(重纽四等)及一般三等韵]

前者与来母通谐，如"角"读"㢟"；后者与喻四通谐，如"谷"读"峪"。前者有 r 是必然的，这是二等、三等 B 形成的条件，后者却要有与流音来母、以母通谐的表现时才拟 cl-，没有这一现象时就只是单纯的 c-。也即 l 垫音与零垫音出现条件相同，须凭谐声、通假等来决定是否带 l，当然有时兄弟语的同源词、借词也可提供有无 l 垫音的证据，例如"孔"* khlooŋʔ、"风"* plum。由于垫音中 l 消失比 r 要早，所以它不像 r 那样妨碍后来基辅音的腭化、唇化(轻唇化)等现象的发生。

关于 r 在三等的分布，郑再发《上古 r、j 两介音的分布》(1983，《史语所集刊》54—3)说李氏的知 trj-、庄 tsrj-、章 krj-等的 rj 与介音 ji 互补，作用相同，建议改李氏 ji 为介音 rj。这样一来就使好些 rj 的分布与郑张 1983—1984 表中的规律相同。但因李氏 ji 不专用于重纽三等，像"民、敝、面"等重纽四等字也用，所以他的建议就不能完全符合郑张表中的规则。1995 年 5 月台湾师大举行的声韵学研讨会专题讨论重纽，除郑张外，丁邦新、龚煌城等也都论证和赞同重纽三等带 r 介音而不涉及重纽四等，各家已对此达成共识。

施向东《上古介音 r 与来纽》(1984-1994，《音韵学研究》3)从研究玄奘译音中所得重纽三等有 ɹ 的现象出发，赞同重纽三等上古带 r 说，但同时又将 r 用于轻唇化各韵，这也曾经是郑张(1981)的观点，这样就引起了"笔"和"弗"都拟成 priət 的后果。从"笔、冰、丙、谬"后代保持重唇，可见-r-有抗轻唇化的作用，因此郑张(1983-1984)已确定轻唇音与流音有关的字应改为 pl-(或者说有过 pr-与 pl-的交替变化,从“筆”pr-初文作“聿”l-可见)。这样“风”* plum 后代轻唇化,而“品”* phrum 后代没有轻唇化才可得到解释。

丁邦新《论上古音中带 l 的复声母》(1978,《屈万里先生七秩荣庆论文集》),张世禄、杨剑桥《论上古带 r 复辅音声母》(1986,《复旦学报》5)值得注意,因为文中不但汇集了众多语例,还提出了演变规则。丁文提出高本汉关于 CL 型复声母的 A、B、C 三式的分布,认为以来母字作其他声母字的声符的,应用 A 式(“龚”kl-∶“龙”l-),用其他声母字作来母字的声符的,应用 C 式(“各”kl-∶“洛”gl-)。这很有理致。郑张(1991-1995)则进一步指出,在垫音分 r、l 后,高氏的三式已不够用,应作:

各声:[一等]各 kl-貉 gl-　　[二等]格 kr- 垎 gr-

[来母]洛 r-<ɦgr-<ɦkr

龙声:[三等]龚 kl-　　[二等]庞 br-、泷 sr-

[来母]龙 r-(原始 ɦbr-)<ɦpr

张、杨二氏文提出复声母有四种演变:(A) 分裂为双音节,(B) 依等分化,(C) kr、pr>t,(D) 不同方言留 c 留 r 方向不一。这是有意义的。

竺家宁《上古汉语带舌尖流音的复声母》(1990,《中正大学学报》1—1)分 6 类复声母。其中 tl-一类,在亲属语多为后起,郑张以 l 塞化表示。喻世长、陈新雄都不同意李氏知三 trj 的构拟,郑张认为知三中大多数字直接为 t-,与端母洪细互补相配,可不带 r。

(4) 后垫塞化 l、r　张、杨文 C 项所说的现象,区别于一般 KL-、PL-变 K-、P-或 L-的现象,未说原因。包拟古(1980)写成k-l,p-l,也未解释其实质,看来是意图强调 l 为声干(比较 k-r>l)。郑张(1983-1984,1987)因而提出 KL-、Pl-有前重、后重之分,后重的 L 是一种塞化流音,特别写作 l'、r'(或作 ll、rl,参本节上文 4.1.1)。这样可以较简单地解释“庚”kraaŋ∶“唐”gl'aaŋ,“合”kluub∶“答”kl'uub的谐声关系,也有利于说明“唐”gl'aaŋ 庙廷之路与“行”glaaŋ 大路之间的孳生关系。

上古声母后垫音 j、w、r、l 现在大家也称之为“介音”,郑张指出上古只有这类辅音性垫介音,而没有元音性介音。

4.2.2　前加式

从亲属语看，前加的冠音有咝冠、喉冠、鼻冠、流冠、塞冠五类，它们在演变中或零化、喉化，或取代、改变声干，或分裂而自成音节。从近年来的复声母研究来看，这些种类的前冠音和演变模式在上古汉语中同样也存在。可参看潘悟云《汉藏语历史比较中的几个声母问题》(1987，《语言研究集刊》，复旦大学)。

藏文、泰文中的复声母其现代语都有分为两个音节的，即由前冠音或CL式前辅音带上一个短促模糊的元音而形成，邢公畹《原始汉台语复辅音声母的演替系列》(1980—1983，语言论集)中以 $F_1F_2Y > F_1Y + F_2Y$ 公式表示台语中这类变化，与张、杨文A项所说相同。赵秉璇《汉语瑶语复辅音同源例证》(1987—1989，第20届汉藏语言学会论文，《晋中教育学院学报》1989-2)比较了晋语所谓“嵌l词”pə-l-、kə-l-与瑶语相应的复辅音词，陈洁雯《上古复声母：粤方言一个半音节的字所提供的佐证》(1984，《方言》4)也提出了粤语中有“胳”kəlɐk、“笔”pəlɐt 等字例，说明不同复辅音痕迹存在于今方言中。

潘悟云(1998)则认为前加音本质上就是一种次要音节，带前加音的字其实都是一个半音节，后加式响度由边缘小向中心音节峰(主元音)增大是顺的，前加式响度前大后小则不合音节结构的响度规则，这些达到一定响度峰值的前置辅音都应该是半个音节。这种说法把汉语与所谓多音节的南岛语(重音音节前的一两个半音节都属前加音)之间的亲缘关系拉得更近了。而国外学者(如白保罗)更强调前加 s-等还要分辨哪些是词根声母本有的，哪些是前缀。

前加音与声干何者在中古会消失，中古塞、擦、清浊由何者决定，这些规律及条件必须讲清楚，这是能否由中古声母推出上古声母的关键。如 st->ts-、sd->dz-，清浊是有序的，mp->p-、mb->m- 清浊在塞音声干是否会被同部位的冠音所取代这一点上是关键性的。喻世长(1980—1984)复声母构拟中 mp->m-、nt->n-，清浊 sdj-、stj-都变清擦音 ɕ-，就没有重视这个问题。郑张提出：演变中前冠音会吞没后面的次浊以至全浊声干，如 sl->s“锡”、hŋ->h-“许”、ŋg->ŋ-“岸”、mg->m-“袂”；后面的声干也能影响前冠音的发音，如 hm->hw-“晦”、sm->sw-“戌”、sr->ʂ-“史”。这说明演变规则对于复辅音中两个辅音采取哪一种拟音序列是很要紧的。下面分 5 类来说：

（1）前冠音 s——s 是一种常见冠音，好多先生用它作为解决变化异常的工具。如李氏曾经将照三的部分字拟为 skj-“支”、skhj-“赤”、sgj-“肾”，又把审母拟为 sthj-，结果歌部一个“施”字的二读（审母、喻四）竟拟成 sthjiar、rarh，变成两不相干的样子。白保罗、杨福绵则给予它以舌化 sk-＞t-，齿化 st-、sk-＞ts-，喉化s-k-＞ʔ-，s-kh-＞x-等不同的作用（参《语言研究》1991—1 总 20 期杨氏文）。梅祖麟《上古汉语 s-前缀的构词功用》（中研院第二届国际汉学会议论文集）则使它有塞音擦化的作用：skh-＞x-（如“墟”kh-，“虚”skh-）、sth-＞ɕ-（如：“聽”th-、聖 sth-）。其中齿化作用最合音理，包拟古（1980）又给了不少汉藏比较例，如 sdud 对“卒”、sdod 对“坐”。李方桂（1976）声明放弃将 s-用于照三组，宣布“从 s 词头来的字只有切韵的齿音字”，并将照三改拟 krj-等，书母改 hrj-，这才使“施”hrj-：r- 二读拟音合理化了。这说明将 s-限于精庄组是合理的。郑张《上古汉语的 s-头》（1990，《温州师院学报》4）以 149 例 s-、h-头字例说明这样拟构较好，可以从中古是否属精庄组来推断有无 s- 冠音，是否晓母字来推断有无 h-冠音。如此，sC-遇塞音变 ts-、tsh-、dz-，遇鼻流音、喉擦音变 s-、z-，即可推出中古声母。

郑张（1990）指出 s-和 h-有交替现象，施向东后有专文《上古汉语声母 * s-与 * x-的交替》（1998，《语言研究》增刊）论述这类交替。

（2）前冠喉音 ɦ、h、ʔ——ɦ-见于藏文，h-见于缅文、泰文，ʔ-见于泰文。藏文 ɦ-在浊塞音前现代变为同部位鼻冠音，这启发人设想汉语鼻冠音是否也有同样的来历，但此前还无人如此构拟。h-广泛见于缅文清鼻流音、泰文阴调鼻流音，在安多藏语则是藏文包括 s-及其他多种前加音的今值（也作 ɣ）。雅洪托夫设想 sm-＞xwm-、sŋ-＞xŋ-等是符合音理的，但是将这一设想绝对化则实际上会阻碍其他的比较（如“货”hŋ-对应于藏文 dŋos 物品），李方桂改为 hm-、hŋ-等，改得好。但上文已经指出透母字应另作 nh、lh 等，h-冠鼻流音应只限晓母字。白保罗、杨福绵系统设想 ʔ-冠会引起塞音变鼻母，虽然这一点可以由台语中先喉塞音变鼻音的常见变化作为证明，但台语只限于浊音 b-、d-前，并不包括清的 p-、t-、k-。严学宭氏也拟了 ʔ-、x-、ɣ-冠音，除鼻流音前的以外，多属拼凑式。因此，郑张（1983-1984，1995）提出将喉冠音 ʔ-、

h-、ɦ-先限在鼻流音前。这样一来严氏的很多例都可采用了。看 ʔm->ʔw-"颋",hm->hw-"悔、薨",ɦm->ɦw-"鬻",它们语音演化规则非常一致,可见这一构想比较合适。当然,白保罗、李方桂认为冠 ɦ 的 s 还会转化为塞擦音,金理新提出 ɦ 冠音会导致喉音影组的产生,由此看来,喉冠音的作用还有进一步探索的广阔余地。

(3) 前冠鼻音——从藏文看,应分 m-及同部位鼻冠音 N(来自 ɦ-)两种。后者的音值随声干的发音部位而变,前者可出现于一切塞类音前,音值不变。严学宭、尉迟治平《汉语"鼻-塞"复辅音声母的模式及其流变》(1982—1986,《音韵学研究》2)专说同部位鼻冠音,郑张则将"袂、貉(貊)"等拟为 mg-,如"貉"在"下各切"为 gl-,而"莫白切"为 mgr-(因冠音吞没浊塞音 g-而变为 m-)。竺家宁的博士论文《古汉语复声母研究》(1981,中国文化大学中文研究所)曾拟为 KN/ʔN 类的 km-/ʔm-。如果这样拟,按照"悔、荒"xm->xw-的演变规则,"貉"的中古音要读成合口才对得上。

在有些兄弟语言中,前冠鼻音是活跃的形态成分,是浊声母产生的一个源流,它们在上古汉语中的表现,还有待更深入的探索。

(4) 前冠流音——藏文有 r、l 两种,而在汉语古音构拟中采用冠流音的较少见。但在我们的拟音体系里,因为根据亲属语言的常规,垫音 r、l 只限 K、P 组及咝音后出现,所以凡是与端组通谐的知组字,我们改拟为带 r 冠的 rt-、rth-、rd-、rl-,最末的 rl-声母是表示那些与以母通谐的澄母字"茶、泽、雉"的。龚煌城(1995)在标音中也表示了这样的构想。

(5) 前冠塞音——藏文有 b、d、g 三种,严氏也设立了 p-b-、t-d-、k-g-三组。很怪的是 t-d-只出现在齿音前,跟藏文全异,拼凑性较明显;pt->p、kt->k 也大异于藏文,在藏文中这样的结构在演变中前冠音是要消失的,如依藏文应作 tp、tk 才是。郑张(1995)指出,上古汉语以 p-冠音最为可信,如阜阳汉简《诗经》写"永"为"柄"p-Gʀaŋ,帛书《周易》写"亨" p-hraŋ 作"芳"p-hlaŋ,而"烹"是 p-hraŋ(qh->h-亨)、"蘤"p-hwa(qh->h-花)也是清楚的。此外有的浊 CL 中的 C(如"盐"g-、"聿"b-)常失落,郑张认为是前冠音 ɦ-影响所致,而潘悟云则认为就是前加音节 g·、b·在 r、l 前脱落。白一平、沙加尔《上古汉语构词》(1998,

Trends in Linguistics 系列，第 105 本）还提出有前加的 k-（如“尹：君”、“域：国”）、t-（如“育：粥”、“碾：展”）及有浊化作用的 N-（如“付：附”、“张：长”）。

4.3　复声母结构的推出

复声母研究是上古声母研究中的难点，也是热点。最要紧的是，如何从中古声类凭借演化规律及谐声材料等推出其结构来。

目前这一点已经基本上可以做到了。因为上面已经论定各种垫音和各种冠音的分布条件，许多分歧也逐渐取得统一。像章系中来源于 k-的字，河野六郎在 1950 年，藤堂明保在 1965 年《汉字语源词典》就提出 k-在上古曾有第一次腭化的说法，李方桂则为它设置了 krj-，但 r 是抗腭化的，郑张(1982-1983)改为 klj-，龚煌城 1993 年在第二届国际汉语言学会议专文讨论这“第一次牙音腭化”，也独立得出以 klj-表示的主张。而在郑张主张 j 不作三等介音，专表章系垫音后，就可以用 kj-、klj-两种形式来表示这类音，并可兼采河野、藤堂有用的旧说。

更重要的是，以前对辨认复辅音的声干（主辅音）漫无标准，拟定声干很不容易，所以前人难以断定“黑”拟 xm 跟拟 mx 的优劣。而现在知道**谐声声符就是指示共同声基、韵基的标志**，以求声符的共同声基为准，就能确认只有 xm(hm)是对的，那声干是 m，如用 mx，则声干是 x，就跟声干是 m 的“墨”没关系了。

我们基本上已可以从声符定出声基 C、Cr，再依中古音读音演变规律推定复声母的垫音和冠音形式。

第五节　韵母系统与“声调”研究

韵母系统包括元音、韵尾的种类及它们的组合方式、配合关系，并包括与前边垫介音的配合关系。

5.1　韵部问题

韵母系统跟上古韵部绝非一回事。由于古音研究开始是从《诗经》韵脚入手的，因此清儒各家着重分部的讨论，取得的成就主要也在这方面。但韵部实际是上古韵文的韵辙(rhyme)，做诗的人押韵或宽或严，各家也有重分重合的不同观点，结果连韵部的数目都难以定下(这个问题本不好定，连现代音的韵辙也有民间的13辙、黎锦熙的18辙和11辙、王力的16辙、高元白的10辙等不同分法，更甭说上古韵辙了)。20世纪影响最大的是王力主张阴、阳、入三分，定为29—30部，李方桂阴声韵和入声韵合为一部，则分22部。据郭锡良《也谈上古韵尾的构拟问题》(1983-1984，《语言学论丛》14)统计，《诗经》阴入通押实占2.6%，最多的宵部也不过9%，说明阴、阳、入三分更合理。韵部是韵母系统在诗歌韵脚上的粗略反映，对于研究韵母轮廓有好处，但绝不能以此代替韵母研究；前儒没有元音分析的概念与条件，今天应将韵部作为韵母大类看，而不要斤斤计较于分部。高本汉前后所分即相差9部：《汉文典》分26部是阴入合部的，《中上古汉语音韵纲要》则分35部——用了王氏阴、阳、入三分，但脂微不分，又将去声的祭、队、至、暮、裕独立成部，从歌部另分出带r的瑞部(高氏未定部名，参用旧部名及王氏《汉语音韵学》代为定名)，故成35部。李新魁《汉语音韵学》(1986，北京出版社)分36部，主张去声韵独立，立为带-ʔ的祭、废、至、队四部(麦耘《诗经韵系》同)。歌、月、元三部分为ɑ类歌、曷、寒，ɔ类戈、月、桓六部，比王氏29部增加7部，故为36部。蒲立本等都已论定祭、至、队部是-s尾并非-ʔ尾，-s擦尾不同于塞尾，故可以考虑高、李二氏让祭、队、至独立成部的主张。至于ɔ类的戈、月、废、桓，据近年研究因歌、月、祭、元四部不但包含o/ɔ类，又包含e/ɛ类元音，用韵辙观点来要求，可不必再细分。因此，在分部问题上，**可在王氏30部基础上加祭、至、队部而为33部**。

高氏为解释阴入合韵，把阴声韵部除了侯、鱼、歌的部分字外，都加上浊塞韵尾。陆志韦、李方桂更全部加浊塞尾。觉得此举不妥的学者，后改以擦音、流音代替，如蒲立本以-ɣ、-ð/l，周法高以-ɣ、-r，余迺永以-ɦ、-l代替。-ɦ尾实与开音节元音收尾无多大区别，都属于收喉(比如藏文字母不标a元音，遇复声母有易误解作韵尾的则加-ɦ，故-ɦ尾也与开音节元音收尾同音位)。至于收舌的祭、至、队部，新说已以收-s<ds取代(在缅文、朝鲜文中s尾能与t尾变读，可见上古s尾跟t尾相叶应无问题)，所以可以不必多此一举，再拟为-d。丁邦新1987

年曾著文为阴声韵部的辅音尾作补证，笔者曾与之商讨，指出李的-g尾能广泛分布于平、上、去声字，-d尾为何只有去声而无平、上声，这是浊尾说解释不了而只有-s尾说才可解释的。

高本汉每部元音太多是其大疵，王力、李方桂一反其道改为每部只有一个元音。俞敏(1984)批评两者都走了极端，指出：不能说“一块儿押韵的元音准一样”，民间艺人押十三辙，不可能一辙是一个元音，拿十三辙当北方话韵母系统拟元音，跟拿《诗经》韵部当上古韵母系统拟元音同样荒唐。郑张则提出不应该一刀切，“每部一元音”在一、四等不并存的收喉各部是完全正确的；在一、四等并存的收舌、收唇(包括收-w)各部，则每部实含二至三个元音，应该再行细分：i、ɯ、u为一类，a、e/ɛ、o/ɔ为一类。

5.2　元音问题

5.2.1　高氏拟了14个主元音(不包括只作介音的i)，董同龢更增至20个主元音，过于繁复，因为他们都用元音不同来分“等”。王力《汉语史稿》受汉越语启发，e、o除作主元音外还作二等开口和合口介音，分等由介音负担后，一下减为5个主元音加i、u作介音或韵尾的系统。20世纪60年代初郑张函请王先生注意所拟a、ɑ只在鱼、歌二部有对立，建议改歌为ai，鱼为a，合为一个音位。王先生采纳了此见，成为四个主元音的系统。李方桂将王力的主元音e、o全并入i、u，所以也得到四元音系统，但是另立三个复元音，实质上是七元音系统。王力《音韵学初步》(1980)、《汉语语音史》(1985)改复元音əu、au为单元音u、o，改原来表侯部的o为ɔ，也成为七元音系统。余迺永改o为u，ə为o，得到五元音系统；周法高改o为ew，得三元音系统；蒲立本(1977-1978，《上古汉语韵母系统》MS 33)则更只留ə、a二元音(详丁邦新《汉语上古音的元音问题》)。由于周氏、蒲氏减少主元音是以加繁介音和韵尾为代价的，实际整个系统反而复杂化了。

喻世长《汉语上古韵母的剖析和拟音》(1984，《语言研究》1，总6)还像高氏那样每部依等分元音，故设12元音，包括很怪的以不规则元音œ、ɜ表四等，侯部、东部包括ɔ、u这样两个元音，音不免差得太远。其系统实际近于表示较晚的前中古音。又其上古外转以ɑ、ɛ、i为主导，内转以ə、o、u为主导(除ɛ、i外多表一等字)。隐隐表示a、ɛ、i、ə、o、u六元音是主体。

新起诸家都认为应保持元音三角i、u、a为主元音,增加e、o及一个央元音。包拟古、白一平、郑张、斯塔罗斯金都如此。只是央元音包拟古、白一平作ɨ,郑张作ɯ,斯氏仍作ə。俞敏归纳汉代梵译结果相同,是i、u、a、e、o加一个ɐi。ɐi郑张作单元音ɯ,同黄典诚《关于上古汉语高元音的探讨》(1980,《厦门大学学报》1),认为这个元音汉语方言较习见,而且壮、黎、独龙、僜等语也都是六元音系统,其偏央元音都是ɯ。壮侗ɯ的长音变式正是ɐɯ,跟俞敏推测的ɐi近似。

郑张与斯氏都是长、短六对元音系统,而非六个元音。他们各自从不同语言、方言的对比中得出相同的结论,认为一、二、四等来自长元音,三等来自短元音。以前高本汉等的长、短元音是没有系统的,后来学者们认识到要跟一定的等相联系:蒲立本1962年有三等来自长元音说;马学良、罗季光也曾在1962年《中国语文》第6期的《〈切韵〉纯四等韵的主要元音》一文中提出四等来自长i元音而与三等短i元音对立说;敦林格(P. B. Denlinger)1976年在《通报》上的《汉语里的长短元音》提出内转一、三等为短元音,外转二、四等为长元音说。这些提法虽跟郑张与斯氏有所不同,但都有启发作用。

除元音长短外,分等也跟声母是否带r有关:

非带r长元音	带r长元音	非带r短元音	带r短元音
(钝)一等 (锐)四等	二等	(钝)三等 (锐)重纽四等	(钝)庚三、蒸、幽韵的p、k组 (锐)重纽三等

他们都认为上古三等字没有i介音。斯氏说任何汉藏语带j的字从来不占多数,汉语中三等字却超过押韵字半数。这的确不正常。白一平在1995年第28届汉藏语言学会议(ICSTLL)上专文修正自己体系,其第一点就是宣布放弃上古三等j介音,改从郑张、斯的短元音之说。

郑张认为随着长元音的复元音化,为均衡音节,短元音前也增生了过渡音。这增生的过渡音开始是ɯ,后变ɨ>ĭ,因此在中古音里二等有 r 变来的 ɣ 介音，三等则出现 ɨ 介音而非 j 介音(1996,《汉语介音的来源分析》,《语言研究》增刊)。潘悟云《三等腭介音的来源》(1998,《李新魁教授纪念文集》,中华书局)深化了以上看法，更详细地阐述了这一过程。

下面说元音分布，主要说新起各家(白、郑张、斯)的新说安排。

5.2.2　单元音韵母

(1) a　新说各家一致拟鱼部为 a，认为高氏所拟 o 是汉代以后的音。藏、缅、泰语发展慢于汉语，与汉语鱼部字相对应的词大多还为 a 未变(例如“五”)；鱼部念 a 不变，其他各部音就有了相对基准，这对汉藏语言比较很重要。各家收喉音尾的 aŋ、ag(ak)则皆对阳、铎两部。闭音节鼻尾韵元音变化最慢，故汉语阳、谈、寒等部 a 元音也至今未变。

(2) i、u　新说各家一致认为元音三角的 i、u 应作主元音，而且都定 i 在脂部、u 在幽部。收喉音尾的 uŋ、ug 对冬、觉两部。iŋ、ig 在郑张所拟的音中也有，认为以后并入真、质两部(与此相对应，前古脂部也分 i、il)。

(3) e、o　新说各家一致改定 e 在支部、o 在侯部，同王力。收喉音尾的 eŋ、eg 和 oŋ、og 分别对耕锡、东屋四部。

(4) ɯ　之部的主元音，郑张用 ɯ，白氏用 ɨ，斯氏仍用 ə。此部旧说多依从高氏作 ə，唯林语堂 1930 年《支脂之三部古读考》认为之、尤两韵相关而拟 ü [y](咍为 eü)，黄典诚《关于上古汉语高元音的探讨》(1980,《厦门大学学报》1)及郑张(1981)都依方言拟为 ɯ。王力在 1983 年北大上古音讨论会上说：“大家都认为上古之部的元音是 ə，但是现在的方言和《广韵》里都不念 ə。……(拟测作 ə)那么解释阴阳对转就好说话了，之蒸对转就好解释了。”郑张在《汉语史上展唇后央高元音 ɯ、ɨ 的分布》(1998,《语言研究》增刊)指出武鸣壮语读“伺” $sɯ^{5}$、“拭” $sɯk^{7}$、“升” $sɯŋ^{1}$，可见拟为 ɯ 同样能解之、职、蒸对转，而更有方言、民族语的根据。用 ə、ɨ 都不易解释之部何以中古变出-u、-i 两个韵尾，而用 ɯ 则容易说明这一演变过程，试看：

ɯɯ＞əɯ＞ɐɯ＞ʌɨ＞ʌi“咍”(wɯɯ＞wʌi“贿”)

wɯ＞wu＞ɨu“有”

其中间变化段 əɯ＞ɐɯ＞ʌɨ 也跟林氏所拟 eü、俞敏所拟 ɐi 的想法接近。收喉音尾的 ɯŋ、ɯg 对蒸、职两部。

5.2.3 复韵母

(1) 歌、微——郑张作 ai、ɯi，等同于白氏的 aj、ɨj、斯氏的 aj、əj。歌部包括 oi，微部包括 ui，三家亦同。但郑张歌部还含有 ei/ɛj，如"地"叶支锡部；白、斯也另有 ej，都含"此"声字，说"此"声后来才变入支部。

高本汉、李方桂曾为歌、微两部拟-r 尾，藤堂明保的歌、微、脂部也全拟 -r 尾，蒲立本(1962—1977)由 -ð 改-l，薛斯勒(1974)据汉藏比较建议改为 l 尾，这样不但对汉语，就是对有些汉藏语言变 j 尾的词也更好说明。俞敏(1984)从梵汉对音中得到同样的结论。后来潘悟云、郑张都采用俞说，认为 -j 尾是从更早的 -l 变来的(郑张 1992)。吴叠彬《上古汉语的边音韵尾》(1998，汉语语言学第 5 届国际研讨会论文)也从各方面肯定了 -l 尾与 -n、-i 通变较容易，胜于-r 尾。高本汉把脂部并入微部，故也部分拟 -r，白、斯两氏改为 ij，其实更早应该有从 il 来的。

(2) 元、月、祭——新说都一分为三：a、o/ɔ、e/ɛ。圆唇元音的 on、ot 是从雅洪托夫说，也与李新魁的设想相同。en、et 董同龢也指出过，以"山、仙 A、先"韵 ɛn 与"删、仙 B、元"韵 an 相对。郑张指出：一、四等互补，凡旧说同一部中含一等、四等两个韵者，都应分一等为 a，四等为 e。谈部、宵部也该这样三分。

(3) 文、物——新说都一分为二：如文部分 ɯn(白氏 ɨn，斯氏 ən)与 un 两类，与真部 in 相配。斯氏还分出部分与微部通谐的文部字另作 -r 尾是其特色(如"先、斤"等字，又元部"单、端"等，因这些字高氏也有拟 -r 的)。又李方桂认为舌齿音后的 ən 会变成合口 uən，若变四等则用复元音 iən，这与四等韵 i 介音后起说相违(上古、近现代都有 -i-，中古却没有了，忽然又有了，说不过去)。郑张则提出一新说：舌齿(锐音)声母后的长 ɯɯn 中的 ɯ 容易锐化为 i 而直接变入四等(这可以解释为何"吞"又读他年切，"屑"有苏骨、先结二切)，并且同样音变也见于侵缉部、幽觉部(1992，第七届中国音韵学研究会年会论文《切韵四等韵的来源与方言变化模式》，刊于《东方语言与文化》2002，东方出版中心)。

(4) 侵缉、幽觉(w 尾类，新说幽、觉部含 u 与 uw 两类)——白氏一分为三：ɨ、i、u，郑张和斯氏 uw 并入 u，斯氏缺 um。郑张定舌齿音后长音

ɯm、ɯu 变四等，故一等覃、沃韵舌齿字自要推为 um、u 韵。白氏、斯氏则四等作 im、iw，但这样在同一幽部中 u 与 iw 押韵不太自然。照郑张说是幽、觉原有单元音 u 与 ɯu 两类，单元音 u 一类后来也发生复元音化而读 ɯu，因此能合为一部押韵，白氏、斯氏之 iw 多数应改为 ɯu(ɯw)。

(5) 谈叶、宵药——也一分为三：a、e、o。潘悟云《上古收-p、-m 诸部》(1992，《温州师院学报》1)分析很细，这也与黄侃《谈添盍帖古分四部说》部分相当，新说则分六部。梅祖麟《谈谈上古音》(1995，LCCL-4)对新说 om、op，im、ip 表示赞同。宵部王力先拟 au 后拟 o，李方桂的 agw 也即 aw，合于俞敏梵汉对音所得的 au。除四等类拟为 eu/ew 外，郑张还提出 ou(夭声字"沃、饫"皆与 o 音相关)。从冯蒸《上古汉语的宵谈对转》(1993，《古汉语研究》3，又见所著《汉语音韵学论文集》)一文可见宵、谈两部的关系。

5.3 介音问题

高本汉的拟音有 i̯、j i̯、i、w 等介音，董同龢作 j、i、w、u，陆志韦作 ɪ、i、w，都是就高本汉系统改的。除合口外，开口三、四等由不同的介音区分，但一、二等则由不同的元音来区分。这样中古的四个等就有两个不同的上古原因形成。王力在 i̯、i、w、u 外增加二等介音 e、o(可能是受汉越语的启发。又四平天主教堂的一种教会罗马字是以官话为基础兼表《广韵》分类的方案，其开口介音就是二等 e、三等 y、四等 i，也很相似)。把二等由不同元音所致的思路改为跟三、四等一样的介音原因，这是一种进步(其实高本汉早期曾给二等设计过一个弱 i 介音，后来遭人反对就匆匆放弃了)。李方桂改二等介音为统一的 r，更是改变了二等有开合 e、o 两个不同介音的面貌，并从元音性介音推至辅音性介音。但李氏加 w 及三等 j、四等 i 外，还有 ji、rji(如"悲"pjiəd、"群"gwjiən、"邪"grjiag)等复杂的介音形式。周法高接受二等介音 r-，而三等介音分 j、i，四等介音用 e。其介音 i 可用在 r、j 后，w 又可在它们之后，从而构成 -riw-、-jiw-、-ew- 等复杂形式，共达 13 种介音组合。这使得介音系统越来越复杂，越发让人难以掌握。郑张认为照藏缅等兄弟语言古文字看来，元音系统都很简单，元音性介音都不发达，因此上古汉语除声母有垫音 w、j、r、l 外，韵母应该非常简单，没有任何元音性介音才对。这与好多先生所证明的中古四等介音后起，及郑张所证明的三等多数介音后起的说法是互相一致的。没有这些研究，取消上古元音性介音的设想就不可能实现。

5.4　韵尾问题

上古有 -m、-n、-ŋ 鼻音韵尾各家没有争议。相对的塞音韵尾多数拟 -p、-t、-k。俞敏(1984)发现汉魏时代多用入声字译梵文 -g、-bh、-v、-d、-dh、-r、-l，认为当时的入声应收浊塞音，同藏文一样是 -b、-d、-g。郑张(1982-1983，1987)外，又作《上古入声韵尾的清浊问题》(1990，《语言研究》1)一文专门论证上古应为浊塞尾(有今方言的证据)。这样对说明以后 -d>-r(唐西北方言)、-l(朝鲜译音)也更方便。由于新说排除了阴声韵收浊塞音，所以这两者不会引起冲突。阴声韵不加浊塞尾问题详见第五章第五节。此外 -j 尾由流音 -l 尾转化，-w 尾除原生的外，蒲立本还设想由 -ʁ 转化。觉、药部李方桂设想有唇化舌根音尾，这原是日本赖惟勤《上古中国语的喉音韵尾》(1953，《人文科学纪要》3)中的提法。这种韵尾在现今达斡尔语中也有；但是汉方言常表现为 -uk，所以白氏改为-wk，郑张改为-ug(< -wɢ，-ɢ 前易生 w)，只有斯氏未改。

新说都认为上古汉语没有声调，一致采用奥德里古、蒲立本上声来自 -ʔ、去声来自 -s(-h)的仄声起源于韵尾的说法，所以又增 -ʔ、-s两尾。

-s 尾更得拥护，1997 年全广镇《试论原始汉藏语有无复辅音韵尾》(第 30 届国际汉藏语会议论文)就主要论述汉语去声字跟藏文 -gs、-bs、-s、-ŋs、-ms 相对应的字例。郑张还指出更早时候 -ʔ 来自 -q，而 -s 稍后变-h(而斯氏直接写-h)；郑张以为 -s、-gs 变 -h 时，-bs 并入 -ds>s，故-h与 -s 曾经同时存在，这也可作为高氏暮、裕两部与祭、队、至三部并列的新解释。他并且指出 -s 向去声转化时，同佤语、南岛语一样，先要变成 -ih，因此祭、队诸部才都增生了 -i 尾。

郑张更指出，《诗经》押韵常见同声调相押，其实首先与同韵尾有关，其次才与伴随声调有关，当时因 -ʔ、-s 尚存，伴随声调还无音位意义。丁邦新(1994)文曾引郑张(1987)下表说明声调与韵尾的关系，并指出这与白氏(1992)很接近。

	平　声	上　声	去　声	入　声
后置尾	-0	-ʔ	-s→h	
鼻　尾	-m -n -ŋ	-mʔ　-nʔ　-ŋʔ	-ms　-ns　-ŋs	
塞　尾			-bs　-ds　-gs	-b　-d　-g
伴随调	33	35	31	3

平山久雄《汉语声调起源窥探》(1991,《语言研究》1)认为《诗经》"平声和入声,上声和入声之间则通押极少",平入相押只10次,主要为去入相叶,提出上古无声调音位,上声为紧喉元音,去声为紧喉i、ɯ、u尾,伴随调为平声44、上声35、去声31、入声31(短)。与沙加尔《论去声》(1986)上声带喉塞尾、去声为紧元音的设想相近,而位置正好相反。

李新魁《从方言读音看上古汉语入声韵的复韵尾》(1991,《中山大学学报》4)也接受了-s尾说。而认为-ps、-ts、-ks>-ʔs>-ʔ,从而把他原先设想的次入韵韵尾-ʔ列为-s的后阶段。藏文-s>-ʔ音变倒可以与这一说法相佐证。

5.5　韵母系统问题

元音与韵尾配合成韵母,其分布从汉藏各语看一般都比较对称整齐,组合上并无限制,所以上古汉语的拟音系统如在分布上出现空档,就需解释其发生的原因。郑张(1987,1983-1984)曾列表指出王力韵母系统有26个空档,李方桂有14个空档。陈新雄《李方桂先生〈上古音研究〉的几点质疑》(1993,《〈中国语文〉四十周年纪念刊文集》)将阴入分列,更得18个空档。说明有待解释处不少。

新说各家则空档减少很多。现将斯、白、郑张三家韵母系统列表如下,可以互相比较,以见这方面研究的进展情况。

表中○表示空档,×表示不便相拼(易跟其他组合相混)之处。郑张表中所注小字是该韵类的代表字,也可以看成"分部"的代称。斯、白两家系统的详细情况请看原作。

1. 斯塔罗斯金韵母系统(分 57 韵类)

	-p	-m	-t	-n	-r	-k	-ŋ	-0	-ć	-j	-kw	-w
i	缉$_{B}$	侵$_{B}$	至	真	○	○	○	○	脂$_{F}$	脂$_{B}$	沃$_{B}$	幽$_{B}$
e	叶$_{B}$	谈$_{B}$	月$_{B}$	元$_{B}$	○	锡	耕	支	祭$_{B}$	脂$_{D}$	药$_{B}$	宵$_{B}$
ə	缉$_{A}$	侵$_{A}$	质$_{A}$	文$_{A}$	文$_{C}$	职	蒸	之	脂$_{E}$	脂$_{A}$	○	○
a	叶$_{A}$	谈$_{A}$	月$_{A}$	元$_{A}$	元$_{D}$	铎	阳	鱼	祭$_{A}$	歌$_{A}$	药$_{A}$	宵$_{A}$
u	○	○	质$_{B}$	文$_{B}$	文$_{D}$	沃$_{A}$	中	幽$_{A}$	脂$_{G}$	脂$_{C}$	○	○
o	○	○	月$_{C}$	元$_{C}$	元$_{E}$	屋	东	侯	祭$_{C}$	歌$_{B}$	○	○

2. 白一平韵母系统(分 53 韵类)

	-j	-t/ts	-n	-0	-k	-ŋ	-w	-wk	-m	-p
a	歌	月/祭	元	鱼	铎	阳	宵	药	谈	盍
e	(歌)	月/祭	元	支	锡	耕	宵	药	谈	盍
o	歌	月/祭	元	侯	屋	东	○	○	谈	盍
u	微	物	文	幽	觉	冬	○	○	侵	缉
i	脂	质	真	○	职→质	蒸→真	幽	觉	侵	缉
ɨ	微	物	文	之	职	蒸	○	○	侵	缉

3. 郑张尚芳韵母系统(分 58[64]韵类)

	-0	-g	-ŋ	-u	-ug	-b	-m	-l/-i	-d	(-s)	-n
i	脂$_{\text{豕}}$	质$_{\text{节}}$	真$_{\text{黾}}$	幽$_{\text{黝}}$	觉$_{\text{弔}}$	缉$_{\text{揖}}$	侵$_{\text{添}}$	脂$_{\text{齐}}$	质	[至]	真
ɯ	之	职	蒸	幽$_{\text{萧}}$	觉$_{\text{肃}}$	缉$_{\text{涩}}$	侵$_{\text{音}}$	微$_{\text{尾}}$	物$_{\text{迄}}$	[队]$_{\text{气}}$	文$_{\text{欣}}$
u	幽$_{\text{媪}}$	觉$_{\text{睦}}$	终	×	×	缉$_{\text{纳}}$	侵$_{\text{枕}}$	微$_{\text{畏}}$	物$_{\text{术}}$	[队]	文$_{\text{谆}}$
o	侯	屋	东	宵$_{\text{夭}}$	药$_{\text{沃}}$	盍$_{\text{乏}}$	谈$_{\text{赣}}$	歌$_{\text{戈}}$	月$_{\text{脱}}$	[祭]$_{\text{兑}}$	元$_{\text{算}}$
a	鱼	铎	阳	宵$_{\text{豪}}$	药$_{\text{乐}}$	盍	谈	歌	月$_{\text{曷}}$	[祭]$_{\text{泰}}$	元$_{\text{寒}}$
e	支	锡	耕	宵$_{\text{尧}}$	药$_{\text{的}}$	盍$_{\text{夹}}$	谈$_{\text{兼}}$	歌$_{\text{地}}$	月$_{\text{灭}}$	[祭]	元$_{\text{仙}}$

郑张把-s 分列则为 64 韵类,2001 年把前古塞尾带 s 的全列上则

达 81 韵类，那是除 -ds/s 外再依 1981 年补列 -gs/h、-wgs/h、-bs/h 三类（去声）韵尾，各与六元音结合成韵，代表字为：

-gs：　i 谥　ɯ 代　u 奥　o 窦　a 暮　e 赐

-ugs<wGs：　i 吊　ɯ 啸　o 暴　a 貌　e 溺

-bs：　i 挚　ɯ 位　u 内　o 会　a 盖　e 荔

比较三表，同样为六元音系统，有许多共同处，也各有千秋。总的说来，郑张表中空档已被补足。除收喉部外，其他各部都含不止一个元音，上面这些新拟体系都支持这一观点。麦耘《〈诗经〉韵系》（1995，《音韵与方言研究》）33 部中一般拟两元音，幽、觉部因含单、复两种元音，也有四个元音（如果用长短元音体系，收喉各部每部一个元音就足够了）。

第六节　上古拟音的应用

经过海内外同行的努力，近年来上古音研究取得了重大进展，尤其是拟音上，这种进展表现为：

1. 构拟意见逐步趋同，许多问题已取得共识，如关于复辅音声母、部分介音后起等，相信的人已比怀疑的人多。

2. 一些难点已经取得突破或提出解释，如二等和重纽三等带 r、三等韵为何比一、二、四等韵多、平声字为何比上、去、入声字多（无标记）。

3. 上古声类韵类的拟音及其推知规律已经比较清楚。

4. 发现更多的汉藏兄弟语言的同源词，新的上古汉语拟音形式已与汉藏语言联系更紧，并开始了原始汉藏语甚至华澳语的构拟。

5. 由于研究的深入，前加音、后加音在构词法、词族派生上的意义已得到重视，重建汉语原始面貌已有可能。

上古拟音的成果除了用于建立汉语史、解释各种历史语音现象和方言现象外，还可以在其他语言学领域得到应用。

首先是在语法学、词汇学，好些先生已在上古拟音新进展的基础上研究语音屈折及前加音、后加音的语法功能，将语音和语法研究结合起来，在更深层次上揭示上古汉语的面貌，这一点特别重要。在王力《古汉语自动词和使动词配对》(1965)、《汉语滋生词的语法分析》(1980)之后,喻世长有《邪喻相通和动名对转》(1982—1986,《音韵学研究》2),严学宭有《论汉语同族词内部屈折的变换模式》(1979,《中国语文》2),俞敏有《汉藏虚字比较研究》、《古汉语派生新词的模式》(1984,《中国语言学论文选》,东京,光生馆),潘悟云有《上古汉语使动词的屈折形式》(1991,《温州师院学报》2)分别说到上古前缀、后缀及由声母或介音交替形成构词音变。在最热门的 s-头、-s 尾研究中,梅祖麟成绩尤为突出,除《四声别义的时间层次》(1980,《中国语文》6)已成名篇外,还有《上古汉语 s-前缀的构词功用》(1989,中研院《第二届国际汉学会议论文集》)。严学宭《原始汉语韵尾后缀 s 试探》(1979,《华中师院学报》1)、舒志武《上古汉语 s 前缀功能试探》(1988,《中南民院学报》6)、郑张《上古汉语的 s-头》(1990,《温州师院学报》4),也都属于 s 缀研究。郑张《汉语声调平仄之分与上声去声的起源》(1994,《语言研究》增刊)及《汉语与亲属语同源根词及附缀成分比较上的择对问题》(JCL1995 单刊《汉语的源流》),则指出汉语的亲属词("父、母、子、女、姊、弟、舅、嫂")、身体词("首、脑、耳、口、手、肘、掌、指、乳、股、踵、趾")古多用上声字表示,说明-q/-ʔ有表亲切的类似爱称的作用,也属构词后缀,可加在阴声韵和阳声韵后(还可在形容词中指趋小,如"小、少、寡、矮、短、浅、歉、减、简、褊、扁、下")。在 1997 年赵元任中国语言学研究中心学术年会"构词法与语音介面"专题讨论中,他又作《汉语古音和方言中一些反映语法变化的音变现象》,综述古音中语音屈折及附加词缀的情形,说明上古曾以声母辅音的清浊、前冠或后垫成分、元音长短、韵尾变化等手段进行构词构形变化。新近还有吴安其《与亲属语相近的上古汉语的使动形态》(1996,《民族语文》6),金理新《汉藏语的名词后缀-n》、《汉藏语中两个性质不同的-g 韵尾》(《民族语文》1998 - 1,1998 - 6)从汉语和藏语同源词比较出发,指出-n 有变动词为名词的作用,所谓韵尾"通转"实质是"形态变换关系",以此证明潘悟云《谐声现象的重新解释》(1987,《温州师院学报》4)所提出的谐声字语音参差本质上乃形态表现的观点。可惜自高本汉《汉语词族》以后,除王力《同源字典》(1982,商务印书馆)外,很少有这方面值得称道的专书。最近沙加尔《上古汉语的词根》一书值得一读,薛斯勒对它有述评(2000,《语言暨语言学》1—2,台北中研院语言学研究所)。

今后上古音研究除要更注重历史形态方面的研究外，还要加强汉藏语言比较；从高本汉、西门华德以来，汉语与藏语的关系最受重视，高氏 1931 年已有《藏语与汉语》(《通报》)，西门氏 1929 年就有《汉藏语比较词汇集》(MSOS 32)，王静如、李方桂、俞敏、张琨、白保罗、柯蔚南、龚煌城等先生都致力于此，柯蔚南《汉藏语词汇比较手册》(1986，华裔学志丛书)、俞敏《汉藏同源字谱稿》(《民族语文》1989－1、2)影响最大。最新还有全广镇《汉藏语同源词综探》(1996，台湾学生书局)、施向东《汉语和藏语同源体系的比较研究》(2000，华语教学出版社)、薛才德《汉藏语同源字研究》(2001，上海大学出版社)。与缅语比较的有黄树先《汉缅语比较研究》(2003，华中科技大学出版社)。但是汉台、汉苗及南亚、南岛方面的比较研究还要加强，因为这些方面比起汉语与藏缅语的比较要薄弱些。邢公畹先生的汉台语比较所取得的成果与理论方法值得重视，先生文章多见于《民族语文》、南开大学《语言研究论丛》及新著《汉台语比较手册》(1999，商务印书馆)。芭苹(Prapin Manomaivibool)《汉泰对应词研究》(1975，华盛顿大学博士论文)、龚群虎《汉泰关系词的时间层次》(2002，复旦大学出版社)则都列有极长的对比字表，值得重视。郑张最近已完成汉语与白语的比较，他认为白语与汉语同属汉白语族，有数十页的同音字表可证(1999，《中国语言学的新拓展》，香港城市大学出版社)。又新出吴安其《汉藏同源研究》(2002，中央民族大学出版社)，丁邦新、孙宏开主编《汉藏语同源词研究(一)》(2000，广西民族出版社)，对汉藏诸语言比较研究作了综述。《汉藏语同源词研究(二)》(2001，广西民族出版社)则收入了邢公畹先生、陈其光先生的汉藏、汉苗瑶同源词专题研究。瞿霭堂、劲松《汉藏语言研究的理论和方法》(2000，中国藏学出版社)，江荻《汉藏语言演化的历史音变模型》(2002，民族出版社)则主要就藏缅语比较进行了历史语言学的理论和方法探索。以上这些对比研究都要用到汉语古音构拟(以王、李氏拟音为主，也有用了郑张的)。

近二三十年来，国内外汉藏语比较研究的论著不断涌现，取得了可喜的进展。可有人却无视这些学者新的成果，老还在人云亦云，重复前辈学者当年一些对汉藏语比较是否可行的怀疑，这无助于学术的进步。我们应以时不我待的精神，与时俱进，努力推动汉藏语比较研究，以求进一步发展。在这方面，汉语古音研究与汉藏语言比较研究正是可以互相促进的。新派上古拟音体系因为更接近兄弟语言的音系结构，对亲属语比较研究更为有利了（比较一下新拟的“二”* njis：藏语 gnis，“三”* suum：藏语 gsum，“九”* kuʔ：藏语 dgu，“土”* hl'aaʔ：泰语 hlaaʔ 大地、藏语 sa 就可知道。郑张（1995）将王辅世先生《苗语方言声韵母比较》所选苗语词与汉语比较，认为“借”韵有 17 字对汉语鱼铎部、月部、盍部，“疮”韵有 31 字对汉语阳部、谈部等，这些皆是成批而非零散的对应，邢公畹先生（1995）基本予以肯定）。

对于上古时用汉字记录的各族语词，也可用上古音来解读复原。郑张已用它解读了一些用汉字记录的民族古文献，如《越人歌》等，它们就是因为汉字古音未定才长期不能复原，成为千古之谜的（《越人歌的解读》[1991，CLAO 20—2，译文见《语言研究译丛》7，1997]、《上古缅歌—白狼歌的全文解读》[《民族语文》1993—1、2]、《勾践“维甲”令中之古越语的解读》[《民族语文》1999—4]）。郑张还对古越语人名、地名、书名作了解读，如对比泰文，勾践谥号“菼执”的意思是太祖太宗，“会稽”的意思是矛山，“盱眙”是善道（好道路），“越绝”是越国之记录等，见《中华文化通志·吴越文化志·古越语章》（1999，上海人民出版社），这对古民族史研究很有意义。

上古拟音新的进展对文字学也很有意义。有些谐声、通假、转注问题以前老是引人起疑，现在可以释然了。例如设定清鼻流音有送气、前冠两类后，可判定朱骏声“漢”* hnaans、“灘”* nhaan 从暵声* hnaans是对的，而“退”* nhuubs 古从内声 * nuubs、“哭”* ŋhoog 古从狱声* ŋoog、“癡”* ŋhl'ɯ 从疑声* ŋɯ，“杵”* ŋhjaʔ 是从本字“午”* ŋaʔ 分化的转注字，“蠆”* mhraads 是从本字“萬”* mlans 分化的转注字等，都可无疑。对“鬩”* hŋeeg 从兒声 * ŋee、“蘇”* sŋaa 从魚声* ŋa（汉简《诗经》还通“御”），“史”* srɯʔ、“吏”* rɯs、“事”* zrɯs 同源相通等也都更容易理解了。

在方言学方面，今方言“脸”* kramʔ 读“敛”、“巷”* grooŋ 读“弄”、“谷”* kloog 读“峪”、“尾”* mlɯiʔ 读“遗”等，现在也可由所拟上古音形式明白今音原来是上古复声母后半拉垫音的遗留。

古文献、古文字中反映的各种历史语音现象，方言和兄弟语言中活着的今音，译音、对音对勘还原的古音投射，现在都可熔为一炉，共同来重铸起汉语上古音系。古人已经不在，不可能说哪一家的学说是最真实的，只能说结构规律性越强、能解释的现象越多就越好。在我们回顾上古音研究百年来的进展之际，可以欣慰地说，现今我们对上古音系的声韵结构框架和变化规则大都已经明了并取得了共识，因此其解释能力也空前提高，这是 20 世纪初所不敢想象的。

各种学说都是观察研究客观材料并从中归纳规律得出的，如果材料得当、方法科学，所得结果自会相近。新学说也是经过这一历程来的，它还要继续充分吸收前人的优秀成果。几代人的努力，积累了不少研究成果，我们也要用新说的科学观点来检验、扬弃古音学方面的各种旧说，取其精华、弃其糟粕。我们不忽视旧说中哪怕有一点合理的部分，如以前有人以循环论证讥笑黄侃的古本韵和古本纽互证，其实考察声韵分布规律正是符合内部构拟法的，李方桂考察中古、上古基本声母的分布同样得到 19 纽就是证明（至于李氏作 31 纽则是时代认识的发展，那自是黄氏时代所难企及的）。所以我们要重视汲取已有成果中一切可用的东西，用以丰富和完善我们的古音体系。

新的古音学说，已经引起学界的重视和应用，不但在语言学论文中得到运用，还走上了一般教授古代汉语的讲堂，中国社会科学院语言所古代汉语室编的《实用古代汉语》（1991，北京出版社）上古音部分已收入白一平、郑张新说即是一例（2009 中华书局《新编古代汉语》（周及徐主编）也收纳了郑张古音构拟），新的古音学说将会越来越为大家所熟悉。

第三章　上古、中古声韵母表

在进行详细的音系分析之前，先简要地介绍一下我们所构拟的上古声韵母系统的概貌。这样读者就可对上古汉语音系结构有一个基本印象，以便理解讨论声母时会牵涉到的韵母情况，或讨论韵母时会牵涉到的声母情况。下面先列出声母表和韵母表，它们也可作为后面分论中详细讨论的总纲。

第一节　上古声母表

辅音及基本声母——有 30 个辅音，其中 25 个为基本声母（后加 -h皆表送气，严格些是作上标 ^{h}），另外 j、w 只作垫音，ʔ、h、ɦ 可作喉冠音使用。表中/号后是较晚变体：

k 见	kh 溪	g 群匣	ŋ 疑	ŋh 哭		
q/ʔ 影	qh/h 晓	ɢ/ɦ 云匣				
p 帮	ph 滂	b 並	m 明	mh 抚		
t 端	th 透	d 定	n 泥	nh 滩	l 以	lh 胎
s 心	sh/tsh 清	z/dz 从			r 来	rh 宠

注：

(1) 清鼻流音及舌齿复声母——lh、rh 表送气清流音[l̥^{h}、r̥^{h}]，ŋh、mh、nh 表送气清鼻音[ŋ̊^{h}、m̥^{h}、n̥^{h}]。中古透、彻、昌、滂、敷母字所谐声符为鼻流音的，可依声符本音分归于各清鼻流音声母，如：rh-"獭、體、郴、瘳、螭"，lh-"通、畅、汤、滔、笞"，nh-"帑、聃、慝、丑、恥、退(内声)"，mh-"攺、奅、瞶"，mhr'-"虋"，ŋh-"髡、甈"，ŋhl'-"癡"，ŋhj-"杵"。精母 ʔs、sl'-、邪母 lj-及知、章、庄组和部分端组字都来自复声母，见下面的说明。

(2) 后垫音——4 个后加垫音形成基本复声母：-j（在章组和邪母）、-w(在见系合口)；-r(在二等及三等 B 类，加在心组后形成生、初、崇母)、-l(在其他各等，限跟以母、来母通谐的字)；r、l 还有塞化变体：-r'(塞音化的 r，可使喉牙唇音变成知组二等)、-l'(塞音化的 l，使喉牙唇音变成端、知三组，使心母变成精母：sl'/ts)。-l' 主要变为中古端组，各母的来源分布是：端 pl'、kl'、ql'、ʔl'，透 phl'、khl'、qhl'、hl'，定 bl'、gl'、Gl'、ɦl'，泥 ml'、ŋl'(在鼻流音前 ʔ、h、ɦ 还有别的塞音来源，故 ʔl 组与 ql 组分列，最常见的 ɦl' 可简化作 l')。

中古章组由后加垫音 -j 各母来：见、帮、端三组加 j 依发音方法不同分别形成章、昌、禅、日母，但影组(带 l 或不带 l)的 qlj/ʔlj 变章母，而 qhlj/hlj 变书母，Glj/ɦlj 变船母，lj 变邪母。带清喉冠音的鼻音 hŋj-"烧"、hnj-"恕"、hmj-"少"也变书母。

(3) 前冠音——复声母带有 5 类前加冠音(偶或带轻短元音)：咝冠 s-，喉冠 ʔ-、h-、ɦ-，鼻冠 m-、n-、ŋ-，流冠 r-，塞冠 p-、k-、t-。

见、帮、端三组冠 s-依发音方法变成精、清、从母，影组 sq 变精而 sqh、sG 变心、邪。喉冠音使鼻流音变影、晓、云匣母；ʔ-使擦音 s、z 变精母，也使 Cl、Cr 中的流音塞化；ɦr' 变澄母，可简为 r'；ɦ-还能使 br、gr 中的浊音 b、g 脱落。鼻冠音也使浊的 b、g、d 母脱落。r-加在同部位的舌音前也形成知组二等(rd、rl 都变澄母)。p-能使喉音形成帮、滂、並母：p-h"烹"。t-、k-则变端组和见组。

第二节　上古韵母表

(1) 元音——有 6 对元音，i、ɯ、u、e、a、o，各分长短(长元音用双写字母表示)：

i　脂部　　ɯ　之部　　u　幽部
e　支部　　a　魚部　　o　侯部

中古一、二、四等韵上古为长元音(一、四等是钝元音和锐元音互补)，三等韵为短元音(上古均无 i 介音，仅麻、昔、海、齐各韵长元音的三等字前有 j)。二等、三等 B 类前有 r- 垫介音。

常见的变式是 ɯ>ə，e>ɛ，在唇舌韵尾前 o>oa，例如"童"dooŋ 不变，"疃"thoon 变 thoan。

(2) 韵尾——有 5 个乐音韵尾 -m、-n、-ŋ、-l/i(后变-i)、-w(等于-u)及开音节韵尾 0，6 个噪音韵尾-b、-d、-g、-wG/-ug、-q/ -ʔ、-s/-h。六对元音都可与所有韵尾结合。

上古无声调。后来乐音尾形成**平声**，浊塞尾形成**入声**，-q(-ʔ)尾可加在乐音尾后形成**上声**，-s(-h)尾可加在乐音尾及塞音尾后形成**去声**(只是-bs 并入-ds 变-s，再变-ih，入中古祭、泰、夬、废等韵，其他都直接变 -h)。上古中后期上声已经以-ʔ 为主(ʔ 也可标成表紧喉的 ')。

(3) 韵类——分 30 韵部 58 韵类，连塞尾带 -s 者共为 81 韵类(据《汉语上古音系表解》(1981)改一些分部代表字。其中-wG 后变-ug)：

	-0	-g	-gs/h	-ŋ	-w/-u	-wG	wGs/h	-b	-bs/-s	-m	-l/-i	-d	-ds/-s	-n
a	鱼	铎$_1$	铎$_2$ 暮	阳	宵$_1$ 高	药$_1$ 虐	药$_4$ 貌	盍$_1$	盍$_4$ 盖	谈$_1$	歌$_1$	月$_1$ 曷	月$_4$/祭$_1$ 泰	元$_1$ 寒
e	支	锡$_1$	锡$_2$ 赐	耕	宵$_2$ 尧	药$_2$ 的	药$_5$ 溺	盍$_2$ 夹	盍$_5$ 荔	谈$_2$ 兼	歌$_2$ 地	月$_2$ 灭	月$_5$/祭$_2$ 祭	元$_2$ 仙
o	侯	屋$_1$	屋$_2$ 窦	东	宵$_3$ 夭	药$_3$ 沃	药$_6$ 暴	盍$_3$ 乏	盍$_6$ 会	谈$_3$ 赣	歌$_3$ 戈	月$_3$ 脱	月$_6$/祭$_3$ 兑	元$_3$ 算
ɯ	之	职$_1$	职$_2$ 代	蒸	幽$_2$ 萧	觉$_2$ 肃	觉$_5$ 啸	缉$_1$ 涩	缉$_4$ 位	侵$_1$ 音	微$_1$ 尾	物$_1$ 迄	物$_3$/队$_1$ 气	文$_1$ 欣
i	脂$_2$ 豕	质$_2$ 节	质$_4$ 谥	真$_2$ 黾	幽$_3$ 叫	觉$_3$ 吊	觉$_6$ 吊	缉$_2$ 揖	缉$_5$ 挚	侵$_3$ 添	脂$_1$	质$_1$	质$_3$/至 至	真$_1$
u	幽$_1$ 媪	觉$_1$ 睦	觉$_4$ 奥	终	×	×	×	缉$_3$ 纳	缉$_6$ 内	侵$_2$ 枕	微$_2$ 畏	物$_2$ 术	物$_4$/队$_2$ 队	文$_2$ 谆

第三节　中古音系声韵调表

因为在讨论上古音的时候总要讲到跟中古《切韵》系统的对应关系，而《切韵》音系的拟音从高本汉到王力、李荣、邵荣芬各家都有所不同，本文的拟音于各家都有所采择扬弃，因此也需要将我们的拟音系统概要地介绍一下。应该注意《切韵》所代表的是南北朝的书音音系，为中古音前期音，而唐代为中期，晚唐五代为晚期。《韵镜》《七音略》等韵图则代表晚期音系，以帮组和非组分化、庄组和章组并为照组、日母从鼻擦音变为流擦音（与来母同属半舌半齿音），四等韵带 i 介音为特征，跟《切韵》音系已有很大变异。

1.《切韵》声母表（37 母）：

帮滂並明	p	ph	b	m		
端透定泥来	t	th	d	n	l	
知彻澄娘	ʈ	ʈh	ɖ	ɳ		
精清从心邪	ts	tsh	dz		s	z
庄初崇生俟	tʃ	tʃh	dʒ		ʃ	ʒ
章昌禅日书船	tɕ	tɕh	dʑ	ɲ/ɲʑ	ɕ	ʑ

见溪群疑	k	kh	g	ŋ	
影晓匣(云)以	ʔ	h	ɦ		j

注：

(1) 三等韵的唇音帮、滂、並、明四母在 ɨ 介音唇化为 ʉ→ʋ 的影响下，后期变为非、敷、奉、微 pf、pfh、bʋ、mʋ 四母。

(2) 浊塞类声母原不送气，中唐以后变为送气。

(3) ʈ 组实际部位是舌尖面混合音，与 ʃ 同部位。也可如《切韵音系》那样写为 ȶ 组而说明与 ʃ 同部位，实际是非 ʈ 非 ȶ 的中间音(云南福贡阿依怒语 ʈ 组的音值也如此)，缺合适音标。

(4) 依陆志韦、邵荣芬所考，并据上古来源，列船母为擦音，禅母为塞擦音。

(5) 章组后期同庄组并混，合为照组 tʃ。日母后期由 ȵʑ 变 ɲʒ，邵雍《皇极经世声音图》表明日母至宋初尚为次浊，没有变全浊擦音。

(6) 依喉牙分类，定晓母 h、匣(云)母 ɦ 为喉擦音，不作舌根擦音，匣母三等云母后期与以母合并为喻母 j。

(7) 见系一、四等合口为圆唇声母：kw、khw、gw、ŋw、ʔw、hw、ɦw。

2.《切韵》韵母表(95 韵，区分“支盐葉仙薛祭宵脂侵缉真质”重纽 A、B 两类则为 107 韵，再区分“魂没灰”之外的合口则为 151 韵)：

等	一	三	三	二	三	二	三四	四	三四	一	三	一	二	三	一	三	一	三
元音	ɑ			ɣa	ia	ɣɛ	ɣiEB	e	ɣiɪB	ə	ɨ	ʌ	ɣʌ		uo		u	
		ɨɑ	ɨɐ	(ɣæ	ɣiæ)		iEA	→ie	iɪA					ɨʌ		ɨo		ɨu
-0	歌	歌		麻	麻	佳	支		脂		之			鱼	模	虞	(侯)	尤
-ŋ-k	唐铎		阳药	庚陌	庚陌	耕麦	清昔	青锡		登德	蒸职		江觉		冬沃	锺烛	东屋	东屋
-m-p	谈盍		严业 [凡乏]	衔狎		咸洽	盐葉	添帖	侵缉			覃合						
-n-t	寒曷		元月	删辖		山黠	仙薛	先屑	臻栉 真质	痕没 魂没	殷迄				(魂没)			文物
-i	泰		废	夬		皆	祭	齐			微	咍灰			(灰)			
-u	豪			肴			宵	萧	幽	侯								
	低元音					前元音				央元音		后元音						

注：

(1) 元音——《切韵》有元音 11 个：ɑ、ɐ、a、ɛ、e、ɪ、ə、ɨ、ʌ、o、u。

元音/ɛ/在二等较开，近于 æ，在三等较闭，近于 E；

元音 ɪ 即是/i/，是在介音 i-ɣ-后的开化变体(臻韵作 ɣɪ)。

庚韵晚期变 æ。鱼韵中期变 ɨə/ɨɤ，晚期变 ɨɯ。东韵晚期变开口 əu-。

(2) 介音——有腭介音 3 个：二等 ɣ-(由上古 r 垫音变来，晚期又变 ɯ(ɰ)-，它引起古高元音低化或央化，因此在《切韵》非 i 元音前出现时就成为“外转”的标志)，三等 ɨ-(遇唇音及圆唇喉牙音介音变 ʉ，在锐元音 ɪ、ɛ 前变 i)，四等晚期增生 i-。(重纽三等介音 ɣi-后期变 ɨ-，混同于一般三等介音 ɨ-)。

有合口介音 2 个：w-、u-。w 见于见系一、四等，后并入 u，模韵 uo 据日语又《唐五代西北方音》千字文“土图”作 uo。三等合口有 ɨu、iu 复合介音。低元音与前元音栏的非 -m、-p、-u 尾各韵皆分开合口，央元音栏的登、德、职、微韵也分开合。连魂、没、灰韵在内，共计有合口韵 54

个。其中一等带 u- 的灰韵、魂韵各有元音圆唇化的变读 uoi、uon，故与咍、痕不同韵。

3.《切韵》声调表（4 调）：

四声依沈约等定名，附注唐释处忠《元和韵谱》、明释真空所传《玉钥匙门法》口诀解释。

平声 33——平声哀而安；平道莫低昂

上声 ʔ35——上声厉而举；高呼猛烈强

去声 41——去声清而远；分明哀远道

入声 3——入声直而促；短促急收藏

中期已依声母清浊各分阴阳，分化为 4 声 8 调，阳调调值低于阴调。晚期口语 4 声 7 调，全浊上声并入阳去。

中期 8 调拟值如下（据日释安然《悉昙藏》所记惟正、智聪音，破折号后摘引其描写该调之原文。“金”声则指朝鲜金礼信所传吴音，其调值接近《切韵》，去、入不分，平、上则已分调，而阳上已读顿折调，近似 22ʔ4）：

阴平（平声轻）33——金平声直低，有轻有重。（以后 1287 日释了尊《悉昙轮略图抄》变为初昂后低 43）

阳平（平声重）11——（释了尊云：初后俱低）

阴上（上声轻）43ʔ5——似相合金声平轻上轻，始平终上突呼之（了尊云：初后俱昂 45）

阳上（上声重）22ʔ4——似相合金平声轻重，始重终轻呼之（不突呼，了尊云：初低后昂 24）

阴去（去声轻）42——去有轻重，重长轻短；似自上重角引为去（了尊云：初昂后偃）

阳去（去声重）232——音响之终，直止为轻，稍昂为重（了尊云：初低后偃）

阴入（入声轻）4——入有轻重，重低轻昂（了尊云：初后俱昂）

阳入（入声重）2——（了尊云：初后俱低）

全浊上声归去声可能是因为后来阳上受浊母影响，调尾弱化而为 233，于是并于阳去 232；也可能因去声降调前产生一个短的升调头，变为 342、232，因调头趋近上声而相混。此系据汉越语去声调值 34、331 推想。

关于上古到中古音系的演变要点，可参看本书第五章第八节古音演变小结。

第四章　上古声母系统

第一节　概　　说

1.1　声母系统拟音概要

上古声母系统包括组成单声母和复声母的辅音种类、复声母的组合成分及其配合关系、结构方式和类型，还有它们与中古声母的对应转变关系。

这里首先将我们对上古汉语声母系统的拟音内容概要介绍一下，后面再细说拟构根据：

上古音系有 30 个基本辅音，25 个可单独作声母：p ph b，t th d，k kh g，q/ʔ　qh/h　ɢ/ɦ，s sh z(后期还增 ts tsh dz)，m mh n nh ŋ　ŋh，r rh l lh(后加-h 乃表送气，严格些是作上标-^{h}，凡带送气的鼻流音都是清音)，另加作介音的 j w，前列斜线后的 ʔ、h、ɦ 是小舌音的稍后变体，但此前另有喉冠音 ʔ h ɦ。

复声母有“后垫式”、“前冠式”及“前冠后垫式”三种结构。其中由后加垫音 r、l、j、w 构成的后垫式是基本复声母，前置冠音分“咝”、“喉”、“鼻”、“流”、“塞”五类，可加在基本单声母及基本复声母前，构成“前冠式” 及“前冠后垫式”。

垫音-r 生成二等各母及三等 B 类唇喉牙音，此外各等则为 -l 垫音和零垫音。-j 生成“章”组；-w 生成“见系”合口；作垫音的流音塞化 -l’、-r’ 生成“端”“知”组一部分。

冠音常吞没次浊、消去全浊、类化其他各种基辅音来形成中古声母：s- 生成“精”“庄”组一部；ʔ-、h-、ɦ-生成“影”组一部，在 s 前生成精母；m-生成“明(微)”母一部；r-生成“知”组大部；p-生成“帮”母一部(和 w 相交替)。“来”母“以”母除单 r、l 外，与“船”母一样有“ɦb、ɦg＋流音”的来源。“邪”母由 lj 和 sɢw/sɦw 合并而来。

1.2　复声母问题

由于近代和现代汉语已缺乏复声母，所以前人的研究大都集中在基本声母上，黄侃的古本声十九纽说，就属于基本声母的研究。旧时曾形成一种风气，学者常爱说《切韵》的某母应并入某母，只究其合而不究其分，结果所得上古声母越来越少。后来影响较大的王力的上古音系统也不设复声母，其上古声系跟中古声系相差不多。有些先生囿于闻见，常对汉语上古有复声母持怀疑态度，他们对复辅音声母的认识也常限于西方语言的复辅音形式。但是近年来汉语方言和民族语言的深入调查，使我们对汉语及兄弟语言辅音声母发音方法、类型及结合形式的多样性有了更多认识，例如浙沪、粤西、海南的先喉塞音 ʔb、ʔd 以至上海的 ʔɟ 的发现，皖南宣州吴语带强清擦气流的 hv、hz、hr、hl，吴语紧喉鼻流音与松喉带浊流的鼻流音两套对立，闽南话塞化鼻流音和山西文水、中阳等晋语方言的塞化鼻音及鼻擦音 nz 的报道等。又如威宁苗语浊声母分浊送气与不送气两套，三洞水语鼻音分 ʔm、m̥、m 三套，龙里苗语除鼻音三分外，流音也分 ʔl、l̥、l，黔东养蒿苗语更能分出 l̥ 与 l̥h，而嘉戎语各方言复声母可达二百至三百个，都使人大开眼界。

既然同为汉藏语系的藏缅、侗台、苗瑶各语族都是复声母丰富的语言，惟独汉语例外没有复声母是说不过去的，不然汉语就成了与其他兄弟语言都不一样的怪胎了。观察时代较早的藏文、缅文、傣文、泰文，书面拼式中保留的复辅音声母今读常常单声母化，说明这些语言都经历了或正在经历复声母简化的过程。因此认为汉语上古阶段有复声母以后才单声母化，该是合理的推测；汉语应是整个汉藏语言复声母简化过程中发展较快、完成较早的一个模式。看泰文一个复声母词 mled 种子、核仁、粒，今音在简化后已分化为：(A) maʔ -led、(B) med、(C) led 三式。比较汉语，虽以(B)式最常见(李方桂认为 mled 与汉语“米”同源)，但是粤语中的“一个半音节”(陈洁雯(1984))还很近复辅音(如“角”kəlɔː k,“笔”pəlɐt,前面的半音节带轻 ə),晋中所谓“分音词”或“嵌 l 词”(如“棒”pəʔ-lɒ̃꜄,“巷”xəʔ-lɒ̃꜄)也相当于上述(A)式;而湘语口语音“爬”la、“罅”la,官话“脸”(睑)变 liǎn,吴语“巷”称 loŋ꜅便相当于(C)式。闽语“岁”文读 sui,白读 hue,白读来自复声母 *sqhw,则是又一类(C)式变化。所以不但在亲属语言中,而且在现代方言中也有着和亲属语言相平行的复声母变化情况。

应注意“流音塞化”是古声母转化的重要因素,也是复声母简化的另一方式。白保罗建立侗台语与南岛语同源关系的同源词例子中最出名的为 ta 眼、taai 死(如印尼语 * mata、matai),现在侗台语的内部比较已经证明其中 t-来自复声母 * pr-(如石家语 pra、praai)。这说明后世的单辅音声母中必定含有一定数量的从原始复辅音声母简化来的部分,在变化多端的舌齿音中尤其要注意流音塞化。所以对含流音的 CL 式复声母还要分为流音不塞化的 CL 和流音塞化的 CL' 两类。《释名》“天”青徐读舌头“坦也”,豫司兖冀读舌腹“显也”,也是 h 后流音塞化造成的,比较同一谐声的“吞”,泰文为 klɯɯn,傣文为 lɯn[2],武鸣壮语作 klwan[1] 或 tan[1],就可明白“天”字声母 hl 的塞化过程。

1.3　复声母结构通则

从汉藏语言研究可知,复声母不是几个辅音的随意凑合,而是有着很规则的结构方式。拥有数百个复声母的嘉戎语,尽管有二合、三合以至四合复声母,但后置的垫音只限於-r、-l、-j、-w 四种通音,前置的冠辅音只限于通音 j-、w-,鼻音 m-、n-、ŋ-,咝音 s/z-、ʃ/ʒ-,流音 r̥/r-、l-,塞音 p/b-、k/g-五类(清浊依基辅音清浊而变,只算一个音位),其西部方言还可加喉音类 h/ɣ-。

藏文、泰文、古缅文同样都只有-r、-l、-j、-w 四种垫音(今缅文 l 已与 j 合并)。藏文的冠音有流音 r-、l-,鼻音 m-,咝音 s-,塞音 b-、d-、g-,喉音 ɦ-五类,在今安多藏语中,除了 ɦ-、m-大抵失落,只在浊塞音前变为同部位鼻冠音外,其他冠音都转化为 h-。缅文、泰文则都只保留次浊声母前的 h-冠音一种,而且泰文今读只作为阴调标记了(h-今虽仅为阴调标记,但从“五”* hŋa、“六”* hrok今变 ha、hok 看,h 在历史上应是发音的)。这一事实表明,它们都经历过各种冠音简化为喉冠音的过程。

试比较：

藏 sna 鼻——缅 hnaa 鼻——泰 hnaa' 脸

藏 smje 火(古)——泰 hmai' 烧(古汉语焜 * hmɯiʔ)

藏 dŋos 物品——缅 hŋaa 物品(古汉语 * hŋoois 货)

藏 rnja 借——缅 hŋaah 借

因此构拟复声母应符合于后有 r、l、j、w 四种垫音，前有若干种冠音的通则。高本汉曾构拟过一些上古复声母，其中有些就是无规律的硬凑，如“丑”t‘n-，“佥”k‘s-，汉藏语言常见 nt‘-、sk‘-，但不怎么说 t‘n-、k‘s-。王力偶然地把“黑”构拟成 mxək，不同于高本汉的 xmək。到底是 mx-还是 xm-？由于别无 nx、ŋx 或 xn、xŋ 配成系统，也令人惘然不知所从(李方桂(1935)就说“悔”字不知处在什么形式中，“高本汉建议作 xm-，但是同样也可以是 mx-，甚至是清音 m̥”，总之很难确定起首辅音是什么)。另还有些热心于复声母说的学者根据声训、读若、谐声等不同材料构拟了大批复声母，可惜结构庞杂、拼凑因素过多，以致有些形式太不习见，尤其系统性不强，到中古的演变规律不清，因而未能取信于人。所以在构拟时必须突出复辅音结构规则及系统性，并辅以相关兄弟语同源词比较作佐证。

同源词的证据从下面的例子可以看出其重要性。例如遇鼻音与塞音谐声有人就都拟为鼻冠塞音。鼻冠塞音是符合结构规则的，但并非都能这么拟。如“银”从“艮”声，好像可拟 * ŋg-，但这样一来基辅音就成了塞音 g 了。而与藏文 dŋul，嘉戎语 rŋəl，缅文 ŋwei 一比较，可见该字基辅音是 ŋ 不是 g，这类谐声或可以用鼻音塞化来解释。

1.4 复声母型式及演变规则的推定

李方桂(1976)提出，从 s- 头来的只限《切韵》齿音字。郑张(1981，1983)提出鼻流音前 ʔ-、h-、ɦ-冠影响声母变入影、晓、匣母，而变送气塞音的应该是带-h 的送气清鼻流音，于是晓母“黑、悔”应拟为 * hm-，而“抚、奅”则是 * mh-，晓母“汉、蘸”应拟为 * hn-，而“丑、滩、态”则是 * nh-。这样一来，至少 * s-、* h-、* ʔ-、* ɦ-等冠音可以从中古精、影两组有规律地推出。李方桂(1935)质疑的 x 前 x 后、孰浊孰清问题，也终于有了定着。

自从雅洪托夫提出二等带-l 介音，李方桂氏改为-r（白一平(1980)、郑张(1983)扩展到重纽三 B 类），二等带-r 介音已有定论。李氏将以、邪二母拟作 r-、rj-不合适，梅祖麟(1981)改为 l-、lj-是合适的。李氏定-rj可在见系各母出现，生成章系的一部分，郑张改为章系全从带 -lj 或-j 腭化而来（如果用-rj 则会抗腭化），而将-l-限在一、四等和非重纽 B 类三等里出现（因郑张用短元音表示三等，不用-j-，故短元音前见系三等 kl-与章系 klj- 不致冲突）。李氏又定-w 只在见系合口出现。这样一来，复声母四种垫音 r、l、j、w 都已有了基本定位，可以从中古音按规则推导出来了。从中古音有规则地推出上古声母这一大家追求的目标，从而有了实现的可能。

董同龢(1944)对下列字作了两种复声母拟测：

(1)		(2)
羊 gd-：姜 k-：祥 gz-		羊 gd-：姜 kz-：祥 z-
欲 gd-：谷 k-：俗 gz-		欲 gd-：谷 kz-：俗 z-
遗 gd-：贵 k-：隤 gt‘-		遗 gd-：遗 kt‘-：隤 t‘-

但以何者为好难以定夺，其中还包括 gz-、gd-之类仿自藏文的结构。但是这些前冠音在藏文里也并不相通。据前面所述，我们实际可改拟为很常见的基本复声母形式：

羊 lang：姜 klang：祥 ljang

欲 log：谷 kloog：俗 ljog

遗 lul：贵 kluls：隤 gl’uul>duui(l’ 表塞化流音)

可比较藏文同源词（注意有人认为藏文 lg-、rg-来自 gl-、gr-移位，lk、lp、lb 同）：

羊 ra：姜 lga 生薑：祥 g-jang[①]

欲 ro 肉欲、滋味：谷 grog 沟谷。同族词 rung、lung 山谷。龙州壮语 luuk 山谷：俗 lugs 习俗

遗 lus 遗留：贵 gus 尊敬：隤 rgud 衰颓

通过这几项结构规则与演变规则的确定，将使今后复声母构拟跳出 t‘n-、mx-、gz-之类的迷雾，不再是无序地任意凑合，并且可能与对应的兄弟语同源词进行有规则的比较了。

---

① “姜”为姓氏，没有藏文同源词，暂以同音的“薑”代替。

1.5 谐声分析

构拟古音的通常做法是依托中古《切韵》音系为定音基础，先就上古韵部予以初步离析，韵母的细分及声母的离析则还要依靠形声声符的谐声分析来进行。上古韵文押韵字数量有限，又不反映声母，但段玉裁的“凡同声者必同部”说（按：也有少数是邻部的）已经指出形声字声符与韵部表现的一致性。结合声符分析就可以把绝大多数的汉字的上古声韵母的声基、韵基确定下来。声符分析尤其是研究上古声母系统包括复声母的主要依据（“形声字”中包含纯谐声字和“转注”分化字两部分，后者即指因词根变形导致原字形变体累增的同字根分化字，如“太、勾、荼，森、麥、墨，包、溢、影、暮、熟、腰、蓑”之类）。通假、异读等则可作为次要依据，因为它们只出现于一部分字，不如谐声范围广泛。

声符往往代表了**词根**的语音形式，因此同声符字之间的通谐显示了彼此具有共同的基本语音形式，即谐声、通假这类通谐行为都是以语言中的共形词为基础的。如武威汉简《礼》中“壁臂＞辟、钩＞句、缩＞宿、酬＞州、膳＞善”今声母同类，“糗＞臭、答＞合、墨＞黑、摄＞聂”今声母异类。后者既然同声符，反映基本声母相同，区别应该在所带的垫音、冠音有异。例如“糗”kh-：“臭”khj-，“墨”m-：“黑”hm-，“聂”n-：“摄”hnj-。“合”* kuub 跟“答”，不是垫音的差异就是冠音的差异，是垫音可拟作 * kl'uub，是冠音可拟作 * t-kuub。以谐声来确认词根，其分析结果就不外如此。

谐声字从本源上说应该是同音的。段玉裁说的“凡同声者必同部”，不但韵部，照理说连声母也该相同才是。但实际不是这样，有的差别还很大。潘悟云（1987）根据亲属语言的情况指出多数变异出于古代的形态变化。同一个汉字有可能代表具有几个变形的一个词，一字异读就是其明显遗迹，所以相谐的可以是其中的一个形式。像“败”薄迈切为自毁，补迈切为“毁之，毁他”，一字而语音异形。谐“贝”声是“补迈切”比“薄迈切”更近，但偏偏“补迈切”后世就没有“薄迈切”通行。有些变形后世失传，字书也没有记录，后人就不容易理解其通谐关系了。从上面的例子也可以看到，**通谐要在共形词**

根的基础上进行，而声母清浊、元音长短、韵尾及冠音、垫音等都是其变异的手段。

以冠音为例："袂"读弥弊切而从夬声，其词根声基同"夬"，《广韵》古穴切正有其同源异形词"襦"* kweed，所以该拟 * m-gweds，沙加尔(1999：98)拟为 * k-met、* Cə-met-s，声基就定错了。"碾"以"展"* tenʔ作声基，所以应是"碾"作 * ndenʔ<ntenʔ(参同源词"辗")，而不是"展"作 t-nen。"耽、枕、髧、沉、沈"以"冘"(以周 * lu、馀针 * lum 二切)为声基，所以要依 l 声系列构拟"耽"* ʔluum、"枕"* ʔljum、"髧"* ɦl'uum、"沉"* ɦl'um、"沈"* hljum，即在 l 前加不同喉冠音构成。同样，"鬻、粥"是 * lug、* ʔljug，古籍通"育、鞠"* lug、* klug 也就容易理解了。

从声母说，同部位相谐一般可以认为正常(也包含更古的形态变化，比如由冠音引致的发音方法改变，详 2.1 节)，**异部位就要考虑复辅音因素**。例如"可"声字有溪、见、匣、晓、影母等读音，"可"字本身后来用于许可义读溪母 * kh-，原本却为"歌"字的初文(《集韵》"歌，古作可"，古文字即为声气出口为歌之象)，应读见母 * k-，简帛常通借为"何、荷"，读匣母 *g-，影、晓为 *q-、*qh-，不但部位近，更古还可能有 ʔ-冠音因素。"砢"读来可切，则需要借助"疴、齖、跒"等麻韵字 * khraai 的复声母才能解释。

需要说明，谐声声符未必尽谐所有音素，尤其有的以 cr/l 为声基的词根，本身就带流音垫音，即有以流音相谐的。例如知道二等和重组三等声母为 Cr 后，就可明白"龙"roŋ："宠"rhoŋʔ："庞"brooŋ："泷"srooŋ："龚"kloŋ 五字间即依各自所含流音成分用"龙"字作谐声声符。当然别有根据的，如据藏文也可把"龙"拟出一个前古形式 * ɦbrong来(藏文"龙"ɦbrug)，而"泷"却不一定非要拟出个 * sproong。也才能理解为何梁 * raŋ 从刅 * shraŋ 声，粎 * ŋrɯns 从來 * rɯɯ 声，才能理解"肸"羲乙切 * hrɯd 许讫切 * hlɯd 以"佾"声(《集韵》许讫切，《说文》以为八声 * pr-)，而《集韵》又兵媚切同鄪 * prɯds。《淮南子·说林训》："头虱与空木之瑟，名同实异也。"高诱注："其音同，其实则异也。"说明至少在西汉"虱""瑟"两字同音 * srig/d，"瑟"不必依声符"必"plig/d 拟为 *sprig/d。如《玉篇》所收"蝨"字别体就从"瑟"声，如果

"瑟"据谐声拟作 * sprid，跟"蟋"就不好通了。那样构拟貌似细密，反而可能顾此失彼。但其所以谐"必"声跟-rig 则是密切相关的。《周颂·维天之命》"假以溢我"，"溢"是 * lig，《说文》"誐"字下引为"誐以謐我"，"謐"也从必声，是 * mlig，《左传·襄公二十七年》又引作"何以恤我"，"恤"是 * sqhwlig(从《集韵》引《庄子》"洫"音"溢"，可知血声字有垫音 l，故有异读 * lig)，"溢、謐、恤"三字除韵母全同外，也是因为声母都含有垫音 l 才能相通谐。但这种通谐立足于其语音成分严格一致的基础上，跟一声之转毫不相干。

此外，《说文》标明的谐声不全是可靠的，段玉裁、朱骏声等都曾经指出。如"彖"声有支部、元部两读，段玉裁云本是两字两源；"漢歎難"不从"堇"声而另从"暵" * hnaan 省声(朱云暵从日从堇会意)。甲金文字体也已纠正了不少许慎据后起形体定的所谓形声字。如"戹厄"象车轭形，不是许所说的"乙"声。又如"朝"《说文》从倝舟声，甲文实际从日月在草中表早晨，金文加水表潮水，皆非舟声(《说文》的"舟"是误认了"月"或"水")。"朝"是宵部字，跟幽部的"舟"无关，古音为 * r'ew，故与"廟" * mrews声基共形而谐声通假(金文"王格于太廟"写作"各于大朝")，而跟幽部的"舟"无关。"求"读幽部，"裘"读之部，从甲文可知两者原为不同的象形字："求"象多足虫，为"蛷"的初文，"裘"象衣外多毛，则改从"求"声是后起的。故而我们在决定声基时不能一味依照《说文》，还要依据音韵规则进行辨认选定。当然更不要受后世所造字的干扰，误认谐声，例如"煖"本况袁切，读乃管切是训读为"煗" * noonʔ；"鍘"不但是后起字，连"貝"也是异体中"算"的讹变，就跟"則"声符一点关系也没有了。

也有部分谐声系列出现跟《诗经》韵部不一致的情况，这时应依据该谐声系列在语音演变上的表现来确定韵母。例如"姊秭"因跟脂部字叶韵可归脂部，但"㑾笫胏"读"阻史切"变之部，说明该系列应属收喉的脂$_2$而非收舌的脂$_1$，这里音韵定位就重于叶韵，否则就解释不了语音变化。此外，一个谐声系列虽以同部为主，但并非绝对的，例如"母"声字以入之部 ɯ 为主，但它可假借转注为"毋"(又《诗·蝃蝀》叶雨)，可见又读鱼部，而母声的"侮"则归侯部，"母"声字至少可分读入三部。一声一部只是个通则，并不是不可逾越的禁条。

第二节　基 本 声 母

2.1　基本声母系统

基本声母可以单独与韵母结合构成音节，或作为复声母附加垫音及冠音的基干，它们是声母表的基础。

在亲属语言中，p、t、k 三部位的塞音和鼻音，流音 l，擦音 s、h 最为常见，它们应是声母的最基本的部分。塞音 p、ph、b，t、th、d，k、kh、g 的三级对立，在较古老的亲属语言文字如藏文、缅文、泰文、傣文中也都已存在，所以中古音系中所表现的这类对立一般也可以推至上古。但有人设想原始汉藏语没有三级对立，也许是无标记的 p 变 ph，而有标记的 sp 变 p，或者 ph、b 都是加标记的形态变化形式所衍生的，例如 hp、sp 变 ph，而 ɦp、ɴp 变 b。在兄弟语言里可以看到这类形态变化。它们虽然可能是远古汉语范畴内的语音现象，但有的还可滞留到上古。指出这一点，是要预先说明即使是那些基本塞音声母，在涉及形态变化时，也不能把它们的读音看得过死过实。尤其在解释谐声上（潘悟云认为谐声异常主要是形态问题），比如写的是 p 与 b 相谐，也可视为在深层结构上是反映 p 与 ɦp、ɴp 相谐。

在具体到各个声母时，还需要先行辨识一下，在中古的 36（加俟母为 37）声母中，哪些是上古传承下来的基本声母，而哪些是由语音演变或复声母简化而来的。这在韵图上界划分明，一、四等是一类，19 母；二等是一类，也是 19 母，但端组变知组，精组变照（庄）组；三等又另是一类，则多至 33 母，这一类除了同二等的 19 母及保留精组 4 母外，还增加照（章）组 5 母及群、日、邪、俟、喻四 5 母。二、三等所增各母中，除了群、喻和知组三等是语音演变所致外，知二、照组及日、邪、俟母都是由复声母简化形成的。其中一、四等的 19 母是基本声母研究的基础。

中古一等韵、四等韵所配的 19 声母是：

见	溪	疑	端	透	定	泥	精	清	从	心	帮	滂	並	明	晓	匣	影	来
k	kh	ŋ	t	th	d	n	ts	tsh	dz	s	p	ph	b	m	h	ɦ	ʔ	l

* 晓匣高本汉作 x、ɣ，但影组既是喉音，就不宜作舌根擦音，故当改为喉擦音 h、ɦ。

黄侃承邹汉勋之说，已指称这十九母为“古本声”或“古本纽”，认为是上古本有的声母，而二等“知彻澄，庄初崇生”则分别是“端透定，精清从心”的变式（“今变声”）。李方桂氏对高本汉所拟上古 34 声母系统作了分析，把只配三等、配合关系特殊的 15 声母除外，剩下的也是这 19 母。李氏的基本声母系统保留了这 19 母（不过他认为匣母上古应并于群，改为塞音 *g），并认为这是远远不够的，上古基本声母并不只 19 母，此外还应增 *r（喻四＝以母），并将见系分出一套圆唇音（kw-、hw-等 6 母），鼻流音分出一套清的（hm-、hn-、hng-、hngw-、hl-），共增 12 母，总计达 31 个基本声母。

李氏所拟基本声母系统大致是合适的，尤其对“见溪群疑、端透定泥心、帮滂並明”13 母的音值，各家拟音都无歧见。增加清鼻流音系列和圆唇喉牙音系列，则是上古声母研究的重要进展（后者蒲立本(1962)就已提出）。但简单合并匣、群问题最多，其他声母的拟值后面还要详议。因为最近提出有关见系及其圆唇音的值得注意的两个新说，下面先分别说一下。

曾晓渝(2003)从水语等有 k-、q-对立的民族语言中，发现古见母的汉语借词有三等作 k-、非三等作 q-的倾向，故认为汉语见母古值可能有二：非三等是 q-而三等是 k-。我们认为，这种现象正好证明了我们上古三等与非三等元音分两类的设想；但既然在等的分布（即后接语音条件不同）上互补，那么即使有别，也只能说是一个 k 音位的两个变体，不能说见母有两个音位。而且要说三等、非三等的区别源自上古声母部位的前后，则需要在所有声系里都要有类似反映才行，不能仅限于见系。但我们认为这种现象的提出本身还是有积极意义的，可能表明见系 k-历史上一度真有过一个阶段性的音位变体 q-。曾文说的这些汉语借词，多半是上古晚期借的，这时三等韵母已处在产生 ɯ～ɨ 介音的萌发阶段，它们会使见类声母部位较前，而非三等则相对较后；而由于原来影组 q-声母这时已喉音化，q-成空位，于是便有可能在这个阶段一度成为见母非三等的音位变体。可以注意在古突厥语中，也有舌根音 k-、g-跟小舌音 q-、ɢ-分别与前元音和后元音相搭配的情况。说见系 k-在非三等一度有 q-变体还有一个好处是，更易解释跟见母相对的浊塞音 * g-母之非三等字为何后来出现擦化为喉音匣母的特殊变化，就因为它可能也曾经过 ɢ-变体阶段，所以向匣母 ɦ-变化更容易。

关于上古有无圆唇舌根音喉音即 kw-系声母问题，从上古收喉（赅元音舌根音尾）各部观察，合口只见于见系，表明 w 与 k 系的确密不可分；今粤语、徽语、早期温州话等，同样都是合口只与见系结合，侗台、苗瑶一些语言也是这样的，故分立 kw-系声母是完全对的。金理新（2002）又进一步提出一种新见：kw-系是由原始 q-系转化来的。虽然依此假说似乎更能简化音系，音理上也可行，但是湘西苗语、道孚语等都有 k-、kw-、q-、qw-四系对立，例如湘西苗语腊乙坪与汉语对当的词中，“齕”ku⁷ 啃、“屈”ŋkhu⁷ 弯曲，“假”qɑ³ 借牛、“鸠”ɴqo¹ 鸽子，“瓜”kwɑ¹ 黄瓜、“广”kwen³ 宽，“魂”qwen¹ 鬼、“越”qwei⁸ 逃脱，其“开合”的分布跟汉语完全相同。假如说这个分布格局是在汉语影响下形成的，那就要证明该语言这四系声母中有两系，比如 k 系及 qw 系的所有词都是后来的借词，先予以排除，而后才能留下符合金氏所说的 q、kw 两系。但这是难以做到的，单是上面这些词，在王辅世《苗语古音构拟》中都是经过严格挑选，作为各苗语共同的固有词来比较的，即它们跟汉语是同源而非借词。因此，q-变 kw-这种转化，在亲属语言分散的音值变化中是有的，而在音系结构总观上，就缺乏有力的根据而难以成立。所以仍不能动摇上古音系内具有 kw-系声母的设想。

不过，为了整个声母系统的简约，我们认为可仿照藏文、缅文、泰文，在音位上把它们处理为带后垫音 -w 为好。这样做只要增加一个音位，却能省去一列多达 7 个的独立声母（由于我们不同意群、云合并，所以比李氏要多一个圆唇声母）。但是我们并不否定上古实际上有 k-和 k^w-两类声母。

李氏声母系统还有几处不妥，即 19 母里除 13 母外还有 6 母的音值需要讨论改订：匣母、云母 * g-应分两类；影组各母的音值要重审；来母 l-、以母 r-音值应互换；精组拟音虽各家大多相同，但古无塞擦音，精组的塞擦音应是上古后期音值，原值也需重拟。此外清鼻流音还应分为基本与前冠两类。这些改订将在下面分小节再予详论。

在作了上述改订之后，我们的基本声母将是 25 个（/ 后是上古晚期音）：

塞音 p、ph、b，t、th、d，k、kh、g，q/ʔ、qh/h、ɢ/ɦ（帮、滂、並，端、透、定，　见、溪、群，　影、晓、云）

擦音 s、sh/tsh、z/dz（心、清、从。晚期增加：精 ʔs > ts、清 sh>tsh、从 z>dz）

鼻音 m、n、ŋ，清鼻音 mh、nh、ŋh（明、泥、疑，　抚、滩、哭）

流音 r、l/ʎ，清流音 rh、lh（来、以，　宠、胎）

跟中古相同的沿用了旧称，但“透”字上古本身是 lh 母，“晓”字上古本身是 hŋ 母，严格地说是代表不了 th、qh 的，必要时可以换称 th 秃母、qh 呼母。

2.2　匣、云母应分两类

匣母上古主要是读塞音 *g-、*gw-。直到后汉梵译里“恒河”“阿含”还译 g-。不少吴语方言匣母字在口语白读中仍念作 g-母，例如温州话的“含”gaŋ^{2}、“颔”gø^{4}、“厚”gau^{4}、“衔、何、怀、环”ga^{2}、“擐”ga^{4}、“馅”ga^{6}（其中“怀、环、擐”最老派读 gwa）；开化话“蝦蟆”ga^{2}ma^{2}。保留浊塞音的浦城石陂闽北话也有“衔”gæ^{2}、“寒”guæ̃^{2}、“悬”gỹŋ^{2}、“猴”gao^{2}等字。在湘语长沙话群母的“穷、竞”清化读 tɕin 是常规变化，可益阳话匣母“形、刑、型”以至云母“雄、熊”都读 tɕin 就很奇特，反映了它们也都有过读 gin 的阶段。

但有些字，如语气词“乎、兮”等拟 *g-似乎不妥，还应读 * ɦ 母为宜。郑张(1991)曾用泰文解读春秋时的《越人歌》，其中“滥兮”对泰文 glamx　ɦɛɛ（夜哎），“缦予乎”对泰文 mɔɔm　la　ɦaa（污秽的我啊），“兮、乎”就正对泰文的 ɦɛɛ、ɦaa。还有，如果全拟为 * g-，在谐声上对于与晓母相谐的匣母字，如“号：枵，乎：呼，缓：谖”的解释反而不利。所以匣母上古应分为塞音 g-（“胡、匣、寒、现”）、gw-（“弧、怀、县、畦”），跟通音 ɦ（“乎、兮、号、协”）、ɦw（“华、缓、萤、嵘”）两类。注意，匣母还是以读 g-、gw-为主，这样对解释见、匣通谐的例子更有利，比如《荀子·王制》“伛巫跛击之事”注：“击读为觋，男巫也。”“觋”geeg、“击”keeg 音才近。而读 ɦ 的字，除语助词外，限于谐声上与云母、晓母相关的字。丁邦新(1980)、喻世长(1984)、邵荣芬(1991)都有类似的主张(只是 ɦ 作 ɣ)。

李氏把匣母、云母跟群母合并为 g-，以致在他的拟音里，“狂”和“王”、“琼”和“荣”都变为同音字，这对解释后世语音的演变很是不利。云母后世主要表示为次浊，归于喻三，把它并入 gw-母，就不能恰当解释 gw-和 gj-为什么有次浊云母和全浊群母这样截然不同的变化，人为地造成大量变化例外(李氏“琼、荣”都标 gwjing，并在“荣”字后注明“声母韵母皆不合规则”)，实在是失策之举。

我们认为上古有 ɦ、ɦw，除含不多的匣母字外，主要即表示云母即喻三(单独用的 j、w 也包含在 ɦ、ɦw 内)。这样“荣”ɦwreng：“琼”gweng 就都合于规则了(“荣”为庚三应有 * -r-)。据俞敏《后汉三国梵汉对音谱》，早期梵译云母和匣母合口字都可对梵文 v，比如“卫、会”vas，“曰、越、和”vat，如果像李氏那样拟 * gw，既难对 v，也不易解释“有：贿，韦：讳，于：盱，羽：诩，鴞：枵，爰：谖”相谐声的现象。而且云母在汉越语中多数也对 v，比如“云”即是 vân，v 和 ɦw 正可相对(有些语言与方言的-w 实际读-v，比如温州话，这种情况的 ɦw 实际就等于 v。所以拟 * ɦw 比起有些先生拟的 * ɣw 也更合适)。汉越语还有少数云母字为 h，比如“有、右”hu'u、“矣”hi、“熊、雄”hung。“熊、雄”在今北方方言中也同样读为晓母。又闽南话云母字“云、远、园、雨”白读 h 母，浙江西南吴语如庆元“远、园”白读也是 h 母；安徽旌德徽语“芋”芋头白读如“候”xi^6，“有”字湘南土话如江永读作 hou^4、闽南连城客家话 $hɤ^3$、广东增城粤语 $hɐu^4$、浙江畲话 ho^6，都读 h 母。这个现象也跟《后汉三国梵汉对音谱》“云、越”hul、“曰”ha、“于”ha 对译相一致，可见云母上古应有喉音成分。雅洪托夫提出干脆把云母(多为合口)拟成简单的 w，虽然听来不错，对译 v 既更方便，又可使单 w 在声母系统上不致形成空档，可惜这与后世变喉音 h 的现象不合，因而我们还是把云母写成 ɦw-，而认为它有单 w 的变体。

2.3　部分喻四字古归云母

必须指出，有一部分谐声跟云母或见系合口相同的字，比如“营、颖、役、尹、匀、捐、鹬”等，韵图却归入喻四，而且反切上字也表明声母是喻四。但谐声表明它们上古跟云母是一类，原来应属喻三才是。那为什么在中古变了声母呢？注意这类字只在重纽三四等韵脂真质、支清昔、祭仙、宵韵中出现，这些韵都是前元音韵。1995年我在《重纽的来源及其反映》中已指出它们实际应是与云母三等相对的云母重纽四等字，因为中古三等增生 ɨ 介音时重纽四等韵在 e、ɪ 前增生了 i 介音，在此影响下 ɦi-、ɦwi-就前化并入喻四 ji-、jwi-了（《广韵》喻四字“衍”上声以浅切，而去声作于线切，是并混实例）。所以凡合于中古重纽各韵条件的喻四合口字，谐声同于喻三的，上古本都应划回喻三云母（上古 i、e 元音各部喻三合口都无字，正好互补）。喻四合口的“营、尹”，唐五代藏文注音《千字文》注为“营”ɦwe、“尹”ɦwin，跟云母“炜”ɦwe、“员”ɦwen 相似，而与以母注 j-不同，可见中古还有方言仍读成云母。

《经典释文》注《尔雅》“鹬”字有于必、余律二切，注《诗》“[illegible]”字有于小、以沼二切，“鷕”字有于水、羊水二切，虽然用字有云母以母之别，代表了先后音值原有差异，中古以下实际趋同合并为一。困扰大家很久的“鷕”的谐声问题，除了“小”“水”形近致讹带来的韵母混乱外（《说文》段注：“《释文》引《说文》以水反、《字林》于水反，皆古音也，其云以小反者，字之讹。”），声母的云、以相乱则根据我们的提法就可以解决了。现在可以认定：“隹”古有微部舌音 * tjui＜tjul 和脂部喉音 * ɦwiʔ＜ɢwilʔ 两个来源，前者即“短尾鸟”，后者即“唯”，应是雉鸣义的“鷕”的初文。《说文》释为“唯，诺也。从口隹声”，既把会意字误为形声字，又弄混了不同的谐声系列，需要好好地予以厘清。所以古云母的“惟、维、帷”等字皆当由“唯”得声。要知道“惟、维”不但在《后汉三国梵汉对音谱》中对梵文 vi、vai，有趣的是直到《蒙古字韵》《中原音韵》还读 vi[ʋi]，读同“微”而跟一般的脂、支合口字读 uei 有别。本来这也是个谜，现在这些谜团都可一起解开了。

卜辞“隹叀”相通，有“叀”与“勿隹”对贞的（如《合集》18353），它们都不应读章母，而正是隹读云母“唯”而叀读如匣母“惠”，其相通的语音基础就是* ɦwi-＜ɢwi-。

这样，像《广韵》列喻四的“鴪”* ɦwid、“匀”* ɦwin、“颖”* ɦweŋ、“役”* ɦweg 与见系“穴、均、顷、殺呼臭切”之间的谐声关系才能解释。《尔雅・释草》称花初生为“芛”，《广韵》有二读：羊捶切 * ɦwelʔ、徐律切 * ɦwid，但五代《尔雅音图》注“芛”音苇，相当《广韵》的于鬼切，而不同于羊捶切，用云母字注音，也指示了它原读喻三。“捐”列喻四声母与专切，跟今音念“绢”平声 juān 差得很远，以前一直说不清这音变关系，知其古音是* ɦwen＜ɢwen，跟“绢”* kwens 就很近了，它是和“娟”* qwen 一样由影组转来见组的。此音跟“環”也很近，更便于理解《尔雅・释器》“環谓之捐”。“叡”，以芮切，音* ɦweds＜ɢweds，《大戴礼・五帝德》“幼而叡齐”，《史记》叡作“徇”* sɦwins＜sɢwins，“璿”又作“璇”* sɦwen＜sɢwen，毛诗《击鼓》洵 sqhw-韩诗作敻 qhw-这一切也能明白了。

重纽韵非合口的喻四字中也有少数从云母来的，如“窯、敫”等，谐声异读都只表现为见系。

以上这些喻四字本质上都是云母重纽四等字。“喻四归定说”影响很大，好像喻四都来自舌音，可是这些字就说明那话是不准确的。

不过，ɦ、ɦw 在上古早期应是 ɢ、ɢw，详下节。用潘悟云喉音 ʔ、h、ɦ 来自小舌音 q、qh、ɢ 的观点，就更能明白与此相关的系列通谐现象，如：

“惟、维”中古腭化为 j-，跟同韵的“水”* qhwljiʔ 腭化为 ɕ 相似，是 i 元音本身也有类似 j 的腭化作用，也能把其他见系字变为章系。《说文》：“水，準也。”《广韵》：“準，均也。”从前人旧的拟音不容易看清这些声训所反映的词源词族关系，知道古音是“水”* qhwljiʔ、“準”* qwjinʔ、“均”* kwrin，那么其关系就不言而喻了。“準”中古为章母字，为何用心母字“隼”为声符，以前也费解，现在“隼”古音拟作* sqhwinʔ，就属于 skw-、sqw-类上古最常见的声母类型了，跟“準”* qwjinʔ 的关系也一目了然。连带地，“鸢”跟“捐”同音与专切，原来也应为* ɢwen，就可推想它跟“隼”* sqhwinʔ 是同源异形关系（《尔雅音释・释鸟》鸢音玄亦一证，“鸢”之从“弋”可能由巡猎会意，或借为“橛”声，而决非从“弋”与职切得声）。

2.4 喉音影晓匣云各母的古值

我原认为上古的喉塞韵尾ʔ有-q的来源，我友潘悟云教授《喉音考》把q扩展至声母，认为整个喉音都来自小舌音：ʔ影＜q-，晓h-＜qh-，云ɦ＜ɢ-，这是很好的提法，那么喻三（云母）作为基辅音（ɦ冠音来源更复杂）可来自前古*ɢ-。ɢ比g更易向喉音转化，所以它可以解释下例云母字现象：

“熊”*ɢwɯm：朝鲜语kom，日语kuma，缅文wam，藏文d-om，格曼僜语kum，潮州话him，泉州话khim，广州话hoŋ，越南语hum虎

“云”*ɢwɯn：白语ŋv，梵译hul，仫佬语kwən¹雨，傣文fun¹雨，厦门话hun

“雨”*ɢwla：怒语rua，缅文rwa，仫佬语kwa³云，傣文fa³云，福州话hou，潮州话hou，大瑶山罗香hɔu

“右”*ɢwɯs：泰文khua，仫佬语fa¹，侗语wa¹ʹ，缅文jaa，藏文g-jas，汉越语hɯu

上面2.2节节引益阳湘语“熊”读tɕin²，表明原音应近于gin，这使我们想到在汉语最近的亲属语白语中“熊”也是tɕĩ（比较同为侵部的“风”为pi），它们如果上古只是ɦ-，没有经过ɢ-/g-阶段，就难以解释为什么会腭化为tɕ的。

闽语匣母今既有读塞音k-（浦城石陂g-）的，如“猴、厚、行、寒、汗、县”，又有读零声母（石陂ɦ及h）的，如“喉、红、闲、旱、河、鞋”，而“後”石陂读hy。这也许反映了前古g-与ɢ-的差别（可比较藏文“旧”gog，“後、下”ɦog）。但可惜还是没法做到把它们截然分开，比如闽南语读k-的“厚”kau⁶、“怀”kui² 和读零声母的“馅”ã⁶、“颔”am⁴，温州话白读却都为g-母，没有像石陂那样两分。北京话中匣母的“完、丸、芄、纨、皖”今读零声母，但长沙“皖”户版切读khõ³，“完”读xõ²，湖南浏阳“完纳粮称完粮”读xøy²，都反映了原来是有过ɢ-类声母的。至少，这些匣母字应该曾在ɢ-＞ɦ-阶段停留过较长的时间，从而在方言中留下痕迹。

见组与影组可以谐声、转注、异读、通假，如“工”作“红”声符，“景”转注派生“影”，“公”与“翁”同根，“关弓”之“关”读“弯”，“鬼”通“畏”。虽舌根、小舌部位相近，但不同部位声母可相通谐，还是一种特殊情形。金理新(2002)提出见组前冠ɦ-缀产生影组的设想，值得考虑。在

我的系统里，也可设想更古时有过见组前冠ʔ-产生影组的变化。

2.5　来母与以母的古值

中古以后，来母都是 l-，以母（喻四）都是 j-。但这是语音演变的结果，上古来母应作 * r-而以母应作 * l-（再经 ʎ 变 j，喻四是次浊流音不能“归定”，则已被确认，参今温州永强鹞 lyə^{6}、建阳痒 liɔŋ^{5}、丽水舀 liʌ^{3}）。理由薛斯勒（1974）、包拟古（1980）、梅祖麟（1981）、郑张（1983）已举了很多，这里先列三种关于来母、以母分对 r-、l-的证据：

A. 对音：

越南语中古汉语借词很多，来母字上古层用 r-，如“帘”rem^{2}、“炼”ren^{2}、“龙”rông^{2}、“乱”ron；中古层用 l-，如“镰、帘”liêm^{2}、“炼”lyên^{6}、“龙”long、“乱”loan^{6}。

以母字上古层用 l-，如“蝇”lăng^{2}、“悠”久 lău、“遗”漏 loi^{6}、“窬”lô^{4}；中古层用 d-[ð]，如“蝇”dăng、“悠”du、“遗”di、“窬”du。

先秦至汉的外语译名，也常用来母译 r-，用以母译 l-，如《逸周书·克殷解》记周武王斩纣用的“轻吕”剑（《汉书·匈奴传》译为“径路”刀），即突厥语 qingraq 的古译；匈奴称天为“撑犁”，即 tengri 的古译，称马乳酒为“酪”，即 arak 的古译，因为古狄语、匈奴语跟突厥语同族，还能找到原语的遗留形式；“乌弋山离”为 Alexandria 古译；《后汉书·西羌传》“羌人谓奴为无弋”，相当于藏文 milag 仆人的古译。

B. 亲属语言同源词：

单 r-为来母，单 l-为以母，在亲属语言中大多也是这样对应的，如藏文 rud 对汉语“劣”、rong 农区、川地对汉语“垄”垄亩属于来母，而 lus 对汉语“遗”、long 对汉语“涌”、longs 对汉语“用”属于以母。泰文 rongh 畦对汉语“垄”、ruah 对汉语“漏”属于来母，而 lɛɛk 交换对汉语“易”、hlak 对汉语“杙”属于以母。当然同源词对应中也有 r 与 l 相交替的，那毕竟占少数，此就多数而言。①

---

① 流音 r、l 因音相近，语言内部本也有交替现象，如汉语“笭”r-、“籯”l-同源，“樂”r 与“藥”谐声（《方言》十“愮、療，治也”皆表医治；《说文》篱作杝，也声，唐本音“力支切”，“相”以声或体梩里声。）“抽”《说文》正体从“留声”；“喻” * lo 对泰文 lu 知晓或 ruu' 知晓两可；“酉” * luq 对泰文 lau' 酉，又 hlau' 酒，对布依语 ru^{4} 酉，又 lau^{3} 酒；“孕” * lɯŋs对藏文 rum 或 lhums 两可。

拟来母为 r 以母为 l，则“捋”＊ruud 对泰文拉捋 ruud，“鬲”＊reeg 对武鸣壮语锅 rek[8]；“易”＊leeg 对泰文交换 lɛɛk，“养”＊laŋʔ 对泰文 liaŋ'，就更妥切了。

C. 异读及转注（指同源异形词）：

异读：角 roog 角里，地名。又五音之一，别作从龠录声/角 kroog 牛角　乐快乐 raaug/乐音乐 ŋraaug　鬻余六切 lug/鬻居六切 klug　谷峪余蜀切 log/谷 kloog　亦腋 laag/胳 klaag（峪腋兼转注）

转注：来 rɯɯ/麦 mrɯɯg　令 reŋs/命 mreŋs　廪 rɯm/禀 prɯm　舁 la/举 klaʔ　易 leg/赐 slegs 锡 sleeg　溢弋质切 lig/益 ʔleg 又通赐

其中“禀、廪”与藏文 brim 分配，“亦、胳”与藏文 lag 手，“赐”与藏文 legs 礼品，“益”与藏文 leg 善、好分别同源。同样是 r、l 分对“来、以”的。

来母 r 中古变 l，而据威莱弯报道，中部泰语和石家语的 r 现在也正处于变化到 l 的状态。l 后又由以母 l>ʎ>j，如朝鲜“料”理变 jo-，赣语高安“两”个变 j-。

金理新(2002)对 r、l 的这种分布提出异议，认为依藏文对应词看，上古来母读 r-限于三等，一、四等应仍拟 l-。有质疑就值得我们检验。但看他所举藏文 l 对应汉语一、四等字的词义多为《广雅》或笺注中的僻义，如“鲁，道也”对藏文 la-mo 上山路（实际是以“鲁”对山坡），“令，完也”对藏文 liŋs-po 全部，“来，犹反也”对藏文 log-pa 返，诸如此类的择对很难令人采信。有的像“朗”对藏文 laŋ-ba 天亮则为粗似，似是而非，因为藏文指清晨日出放明，更切合的应对汉语“昜”＊laŋ，《说文》“日出也”，而“朗”之初义则指月明。

藏文 r 对汉语一、四等字的实际并不少，现举十来例常用词：ram 蓝靛：“蓝”，ral-pa 破、坏：“烂”，ral-pa 套索：“罗”，ras 布：“纑”，ru 牧牛、牧村：“牢”，rul 溜落：“礧”，reg 接触：“历”，ro 尸体：“髅”，rogs 友：“僚”，roŋ 山谷：“巃”。最末一例是金氏用来对 luŋ-pa 的，藏文恰好有一对 r-、l-同族词。

金理新还主张二等的介音 r 也改为 l，而 r 专用于三等。虽然他举的藏文 kr-对汉语二等有 10 例，而对三等的有 12 例，却说 gr-对二等太少，所以不足信，还说 grong 对“巷”不如对“里”。又说藏文 cl-系列不如 cr-系列完整，故而找了一批藏文 l-母字对汉语见系二等。其实这样做是不谨严的，谁知道这些 l 声母词的原始形式前面有没有辅音，是

k-还是 p-？如以 long-bu 踝对“胻”，不顾对“胻”已有音义更合适的 rkang。说藏文 cl-系列不如 cr-系列完整是对的，可是说 cl-系列中的 c-都是前缀音就过分了，藏文塞音前缀音中只有 b、d、g，哪里有 k-、bk-呢。其实 kr-对汉语二等，除金氏所举“搅、诫、甲、患、皆、梗、降、骰、娴、幻”（“娴”字不确）外，还可加十余例：

bkra 彩色闪光：“霞”，bkrag 光彩夺目：“赫”，bkral-ba 指派税赋：“加”，khra 花纹斑斓：“花、华”，khren-pa 悭贪：“悭”，khros-pa 发怒：“哮”，ɦkhrug-pa 争斗、口角：“角”，ɦkhrun 界限：“限”，ɦkhruŋs 虹：“虹古巷切”，gruŋ-po 智者：“学”，groŋ 村庄：“巷”，gros 议论、谈话：“话”

至于匣母二等对 gr-例少，是因为汉藏比较并非清浊整齐相对，匣母并不专对藏文 g-，上面“霞、华、限、学”就对 k、kh，而khrol、grol 解放对“缓”还兼有二式（kr-、gr-有对一等的，如 kruŋ 雁对“鸿”，grog-po 对“谷”，就像 klung 对“江”，上面说过少量 r、l 交替不奇怪）。

还有 pr-对汉语二等的如：

dpral-ba 额：“颁”，sprad-pa 赠予：“颁”，phru 子宫：“胞”，phrug 幼兽：“豰”蒲角切，小豚，ɦphro 放弃：“抛、摽”，ɦphrog、phrogs 劫夺、剥夺：“剥”，bra-ma 贵人：“伯”，brad-pa 抓搔：“爬”，bran 奴仆、属民：“龚”贱事貌，braŋ 胸：“胉膀”，braŋ 住处、旅舍：“棚”，bru-ba 剥：“剥”，bru-ba 挖：“掊、刨、跑”，brgja 百：“百”，brgjad 八：“八”，brgjan-pa 装饰：“扮”，brgjaŋ 绷开：“绊、绷”

光是“八、百”这类无可置疑的例子就可肯定汉藏共同语的二等应该是 r 了。以上检查表明，我们的构拟是牢靠的。

2.6　精组的古值

精组除心母字有一部分来源于 s 及 s 冠外，多数更是上古后期才成为塞擦音的。

亲属语言史研究显示塞擦音声母多属后起。张均如(1983)专文论《壮侗语族塞擦音的产生和发展》，1991 年社科院民族所《藏缅语语音和词汇》（孙宏开执编）导论也说：“藏缅语族各语言塞擦音的发展是后起的。”那么汉语塞擦音是否后起的问题也是很值得探讨的，俞敏《后汉三国梵汉对音谱》的东汉音系就缺 ts-组。

由于这个问题牵涉较广，下面准备再分几个小节来说。

2.6.1 在结构较古老的汉藏语言中，垫音 r、l 一般只在 k 类、p 类和擦音 s、z 后出现，而不在 t 类塞音和 ts 类塞擦音后出现。如果出现于后者，一般是后起的。例如藏文的 dr-常由 gr-来（参“六”drug，错那门巴语 kroʔ，独龙语、景颇语 kruʔ），故在原始汉藏语中不应当构拟这类复声母，像前人在上古汉语拟音中设置的 tr-、tsr-，tl-、tsl-都应视为晚起形式，可施于上古晚期，而不可用于早期。

在没有塞擦音的兄弟语言中可见到擦音 s、z，也有送气擦音 sh [s^h]，我们认为这代表较早的格局，可以分别对当汉语的心精 s、清 sh、从 z。没有塞擦音而只有擦音跟-r -l 结合，更合于后垫复辅音声母的古老构造状态。

2.6.2 苗语方言中有好多 ts-、tʂ-在方言比较中表明更早的形式是 pj-、pr-，还能见到 pz-、pts-、pʐ-、ptʂ-之类的中间形式（王辅世《苗语古音构拟》把这些带齿音的中间形式看作原始形式，这不合汉藏语言的复辅音常规结构），这类音自然是后起的，跟原始精类 ts-无关。但王辅世先生的苗语古音体系拟有塞擦音 ts-，而且构拟了 42 灶 *ts-、43 千 *tsh-、44 钱 *dz-、45 早 *nts-、46 糙 *ntsh-、47 瘦 *ndz-六个古声母。不过在所列方言点今音中，塞擦音只是部分点的读法，并不都占优势，如灶母 8 点有 4 点读擦音 s-，千母 9 点有 6 点读擦音 sh-、s-、ɕ-，钱母 9 点有 5 点读擦音 s-、z-。千、钱两母如果改拟做 sh-、z-，一点儿也不成问题。不过灶母如果拟 s-，会与 48“送”母 *s-冲突（此母今音读 s-、sh-，这个问题当同汉语精、心母的区别一样处理）。王氏韵名标目用字已注意到，这些组的例词中多数正好跟汉语精组是同源的，但它们除在部分点读 ts-、tsh-、dz-外，多数却是读 s-、sh-、z-的。如：

A. 无冠音

灶母 * ts	凯里养蒿	贵阳高坡甲定	紫云绞坨	黄平枫香	布努
灶	so^5	so^5	$so^{5'}$	sou^5	$θhɔ^5$（巴哼-$sɔ^5$）
接	sei^7	se^7	se^7	$sɛ^7$	$θhai^7$
借	—	se^7	se^7	$sɛ^7$	so^5
鬃	$soŋ^1$	$soŋ^1$	$saŋ^1$	$tsoŋ^1$	$ɲ̊oŋ^1$

千母 * tsh	凯里养蒿	贵阳高坡甲定	紫云绞坨	黄平枫香	布努
千	shaŋ^{1}	shɛ^{1}	tɕein$^{1'}$	ɕen^{1}	sen^{1}（巴哼 sɛ^{5}）
疮	shaŋ^{1}	shoŋ^{1}	sua$^{1'}$	—	θhəŋ^{1}（标敏 saŋ^{1}）
漆	shei^{7}	she^{7}	se$^{7'}$	ɕɛ^{7}	θha^{7}（金门 sat^{7}）
粲米	shɛ^{3}	shəŋ^{3}	soŋ$^{3'}$	ɕoŋ^{3}	θhuŋ^{3}
锡	—	sha^{7}	sa$^{7'}$	ɕa^{7}	-θhai^{7}

钱母 * dz	凯里养蒿	贵阳高坡甲定	紫云绞坨	黄平枫香	福泉野鸡坡	布努
一钱	saŋ^{2}	sɛ^{2}	sæin^{2}	sen^{2}	zen A	θiŋ^{2}
惭羞	—	soŋ^{2}	sua^{2}	soŋ^{2}	zen A	—
凿	so^{6}	sɑ^{6}	so^{6}	sou^{6}	zu C	θau^{6}
造到	so^{6}	—	—	sau^{6}	zu C	θhu^{5}

送母 * s	凯里养蒿	贵阳高坡甲定	紫云绞坨	黄平枫香	福泉野鸡坡	布努
送	shoŋ^{5}	shɑŋ^{5}	saŋ$^{5'}$	saŋ^{5}	soŋ C	θhoŋ^{5}
蓑	sho^{1}	shi^{1}	—	—	su A	—

B. 带冠音

早母 * nts	凯里养蒿	贵阳高坡甲定	紫云绞坨	黄平枫香	福泉野鸡坡
早	so^{3}	nzə	ntso^{3}	—	nʔtsu B
葬坟	saŋ^{5}	nzoŋ^{5}	ntsua^{5}	zoŋ^{5}	—
咂嗜血	—	nze^{7}	—	zɛ^{7}	—（布努 nta^{7}）

糙母 * ntsh	凯里养蒿	贵阳高坡甲定	紫云绞坨	黄平枫香	福泉野鸡坡
粗糙	sha^{1}	nshɑ^{1}	ntsi$^{1'}$	ntsha^{1}	nʔtsha A
峻陡	shoŋ^{1}	nshɑŋ^{1}	ntsaŋ$^{1'}$	—	nʔtshoŋ A（布努 ɬəŋ^{5}）

瘦母 * ndz	凯里养蒿	贵阳高坡甲定	紫云绞坨	黄平枫香	福泉野鸡坡
瘦	su^{5}	nzo^{6}	ntso^{6}	zou^{6}	—（布努 ntθa^{6}）

（以上有大小字的词条，所对大字是郑张择对的汉字，小字为原义，下同。）

在这些点里，A 组精、清、从母都可读擦音（注意清母黄平读 ɕ-，从母福泉读 z-），但 B 组一带上鼻冠音，精母不但高坡、黄平变浊母 z-，而且紫云、福泉都变为塞擦音，清母连黄平也变塞擦音。可见前冠音、送气这类语音条件对塞擦音的产生有促成作用。

王氏又另拟有 77 甑 * tʂ-、78 车 * tʂh-、79 匠 * dʐ-，那是据毕节、威宁有舌尖后音定的，但除花垣吉卫读 tɕ-外，其他点仍以读 s-为主。77、78 高坡、紫云、黄平读 s-、凯里读 ɕ-；79 紫云读 s-、高坡读 sh-、凯里读 ɕh-、黄平、毕节读 ɕ-。福泉则 77 读 ts-、78 读 tsh-、79 读 z-。其中凯里全读 ɕ-类是一如花垣那样腭化，黄平独独在送气类读 ɕ-才值得注意。而 80 眨 * ɳtʂ-、81 清 * ɳtʂh-除凯里仍读擦音 ɕ-、ɕh-，高坡、紫云、黄平、福泉的读法全同 B 表。可见 * tʂ-并不是原始形式，应是从 tɕ-<tsj-来的，实在是 * s-类的腭化式（这些组主要也对应汉语精组，77 甑母的“甑、纵（释放）”，78 车母的“新、垦（灰烬，《集韵》又作爑，从火节声）”，79 匠母的“匠、七”，80 眨母的“眨、稷高粱、醝盐”，81 清母的“清、虱”都是。跟 42～47 各母可以合并观察）。

2.6.3 梁敏、张均如《侗台语族概论》构拟的原始侗台语没有塞擦音，而拟了 153 *s-、155 *sl-、157 *ɕ-、164 *z-、166 *zl-、168 *ʑ-等，其中也有许多词是跟汉语对当的。其 z-、ʑ-乃依今读阳调拟构，但部分词方言有读阴调的，故也可能归 s-，我放在方括号内。另有 197 *st-、211 *zd-，主要依据有些 s-、z-声母词仫佬、佯黄两语说 t-、th-而拟的。但此两语汉语的精组借字也读 t-、th-，说明该语言中本有齿音舌化现象，这些词都仍以拟 s-、z-为宜，故也附在后面（其中“养、匠、狞”武鸣读 ɕ-，故附于 ʑ-一类。又 *s 还含书母：“书、说”，邪母：“寻庹”）：

* s——**心、生母：** 信、洗、双、晒、山隆起之脊、山，* sl-索绳（如泰文双 sɔɔŋ^{1}，柳江壮语洗 sɯɯi^{5}）

精母： 载装、卒末尾、𪏭舂，* sl-欶吸、尖，* st-接（如泰文完、末尾 sud，装 saih）

清母： * st-粲白米（如泰文 saan）

崇母： * st-谍教（如泰文 sɔɔn）

* z——**心、生母：** 先前天、沙（如泰文沙 saai^{2} < draai，前天 sɯɯn^{2}<zɯɯn）

清母：茟切（如傣语 sɔi²）

［**精母**：溅，* zl 左］（如泰文左 saai⁴<zaai⁴）

* ɕ——**清、初母**：参聚、焌燃、憯痛、枪、催、叉（如临高话催 soi¹，龙州壮语催 ɕooi¹，武鸣壮语叉 ɕa¹）

精母：雀、接、檝楔、咂、蘸（如布依语楔 ɕiim¹，莫语蘸 saam³）

* ʑ——**从、邪母**：字名、渍浸、筰或用緒，绳、象，* zd 匠、坐、牸雌（如武鸣壮语绳 ɕaak⁸，毛南语坐 zuui²）

［**精母**：早、佐助，**生母**：使用，**心母**：* zd 线］（如武鸣壮语助 ɕooi⁶，毛南语线 soon⁵）

从上表看，除*z-散不成列，*s-主要对当精、心母，*ɕ-主要对清、初母，*ʑ-主要对从、邪母。按《概论》分拟 s-、ɕ-两类，本意是要把武鸣、布依读 ɕ-的词分出来。但看汉语对应词，ɕ-对送气音为主（还可加汉语借词"寸"ɕoon⁵、"千"ɕiin¹）、ʑ-对浊音为主，由上面苗语送气的 43 千母黄平枫香也特别变 ɕ-，可知这是一种特定语音条件引致的方言变异。所以 ɕ-、ʑ-实即在演变中出现送气等区别成分的 s-、z-（武鸣、布依 s-今音实际读 θ，从汉语借词"寸"也变 ɕ-看，ɕ-原来可能也来自 θh-而不是 sj-，否则不好解释一等字的"寸"怎么多出个-j 来；侗语 sən⁵ 而仫佬语 thən⁵ 中的 th-当然也来自 θh-），在构拟原始形式时尽可合并，合并的结果自然是* s-、* sh-、* z-（θ-是后期变异）。

越南北部有形式较古老的台语——石家语，精组字主要也以 s-表现，注意这个 s-就可随意发为 ts-（还有少数字精母对 c 如："姊"、"爵（杯）"，有的词如"要"siʔ⁶、ciʔ⁶ 随便说）。如**心、生母**：三 saam¹、索绳 saak⁵、双 sɔɔŋ²、芟割禾 sian⁴，**精、庄母**：佐助 sooj⁵、抓找 saw⁵，**清、初母**：千十万 sɛɛn³＝缅文 sinh、清凉 seeŋ³、幒裤，《广韵》且勇切、《集韵》取勇、笋勇切义裈。《说文》注职茸切是误取松音 sooŋ⁵、酨《说文》从韱，酢 sam³、创建 saaŋ³，**从、崇母**：睉斜眼 sɔɔl²、甑盘 saam⁶。

2.6.4 苗瑶、侗台语对当词都反映精母可读擦音，都有跟心母相混的现象，藏文看来也相类似。藏文虽然有 ts-、tsh-、dz-、s-、z-之分，但是这代表了 7 世纪的情况，不代表更古的状态。除了另有来源的 rts-、rdz-，藏文 ts-、dz-的词汇量很少，跟 tsh-、s-、z-的词汇量不成比例，这一现象令人注意。藏文有的 s-、tsh-声母词还有互读现象，如"节、滓"sigs、tsihigs，"滓"还另有异式词 zegs，说明藏文 ts-组字并不稳定。缅文与它对当的则今音读 s-、sh-、tθ-＜θ-(另有 z-、zh-多为巴利语借词)，其中 tsh-、s-两母对得很整齐：

藏文 tsh-大量对缅文的 sh-：　盐 tshwa∶shah，油脂 tshi∶shii，节 tshigs ∶ shas，山羊 tshe ∶ shit，肥胖 tsho ∶ shuu，商铺 tshoŋ∶shouŋ。

藏文 s-整齐地对缅文的 θ-：　新 gsar∶θas，三 gsum∶θũm，渗 sim∶θim'，细碎 sil∶θeih，雹 ser∶-θiih，生命 srog∶θak，牙 so∶θwaah，香气 bsaŋ∶θaŋh。

而 ts-、dz-、z-对得不很整齐，如：洁净 gtsaŋ∶saŋ、强有力 btsan∶θan、药、漆 rtsi∶shei；聚齐 ɦdzom∶sũm、扎刺 ɦdzug∶suuh(刺 shuuh 为名词)；吃 za∶saah、豹 gzig∶θas、凿 gzoŋ∶shok。

这透露了塞擦音 ts-与 s-，dz-与 z-彼此纠缠的关系。缅文 θ-从巴利文、藏文来源看，无疑应是擦音，但今音读 tθ-，可见 s-可塞擦化在藏缅语言里是不争的事实。

藏文的 ts-、dz-母字不但量少，除可能是借词的"葱"外，也没有明显与汉语精组对当的，但 s-母词中却有一批是跟汉语精、庄，清、初母字对当的。

其中跟汉语精、庄母相对的有：

sigs(-ma，又 tshigs)节——"节"，子结切，《说文》"竹约也"。

sigs(-ma)灰烬——"堲"，资悉切、子力切。《礼记·檀弓上》"夏后氏堲周"，郑玄注引《弟子职》："右手折堲。"《释文》作"即"："即周，本又作堲。……管子云：'左手执烛，右手折即。'即，烛头烬也。"《管子·弟子职》今本作"栉"："右手执烛，左手正栉。有堕代烛，乃取厥栉。"《集韵》质韵子悉切："堲，一曰烛烬。"职韵节力切、屑韵子结切都另收从火節声的㸅，释为"烛烬"，"烬谓之㸅"。《广雅》"㸅，炧也。"

sug(-pa)四肢、手、兽足——"足"，即玉切，《说文》："人之足也。"

seg(又 sle-ba)歪斜——"仄、侧"，阻力切，《说文》："仄，侧倾也。"《诗·宾之初筵》："侧弁之俄。"

seg(-ma)编的、sle-ba 织编——"绩"，则历切，《说文》："缉也。"《诗·

东门之枌》:“不绩其麻。”

seg(-ma)竹席——“箦”,阻厄切,《说文》:“床栈也。”《史记·范雎列传》:“雎详死,即卷以箦置厕中。”

sel(-pa)清除、使洁——“湔”,子仙切,《说文》:“一曰手浣之。”《韩诗外传》卷九:“污辱难湔洒。”

srang 街道、村落——“庄”,侧羊切,《尔雅·释宫》:“一达谓之道路……六达谓之庄。”《左传·襄公二十八年》:“得庆氏之木百车于庄。”

sras 儿子——“子”,即里切。《方言》有异形词“崽”山皆切,《集韵》又子亥切。

sri(又 srin)精灵、魔鬼——“精”,子盈切,《论衡·无形》:“老父授张良书已化为石,是以石之精为汉兴之瑞也。”《搜神记》卷 19:“汝等何精? ……呵格之化为二蛇。”韵尾有变。

sring(-mo)姊——“姊”,将几切,《说文》:“女兄也。”《诗·泉水》:“问我诸姑,遂及伯姊。”韵尾交替。

sreg(-pa)焚烧——“堲”,资悉切、子力切,《礼记·檀弓》“夏后氏堲周”郑玄注:“火熟曰堲。”《集韵》子悉切:“堲,一曰烧土。”“㸄,博雅:煨也,通作堲。按今本《广雅》无。”

sro(-ba)烤,bsro-khang 暖室厨房——“灶”,则到切,《说文》:“炊灶也。”《吕氏春秋·谕大》:“灶突决。”

sro(-ma)虮子——“蚤”,子皓切,《说文》:“啮人跳虫。”《韩非子·说林上》:“亦将视子犹蚤虱也。”

gsor(-ba)钻子——“鑽”,子算切,《说文》:“所以穿也。”《管子·轻重乙》:“一鑽一凿。”

跟汉语清、初母相对的有:

sad 察看、辨别——“察”,初八切,《说文解字系传》:“覆审也。”《易·系辞上》:“俯以察于地理。”

sings(-po)清淡,薄酒,seng(又 gseng)稀薄——“清”,七情切,《说文》:“朗也,澄水之貌。”《周礼·天官·酒正》《周礼·天官·膳夫》皆以“清”称薄酒。

seg(gseg-ma)石子、沙砾——“碛”,七迹切,《说文》:“水陼中有石者。"张衡《西京赋》:"烂若碛砾。"

sog 聚集——"蔟",千木切,《说文》:"行蚕蓐。"《尚书大传》卷一:"蔟以为八。"郑玄注:"蔟犹聚也。"

sor(-mo)手指、寸——"寸",仓困切,《说文》:"人手却一寸动脉谓之寸口。"寸起源于古以手指量物。

gses(-pa)等次——"次",七四切,《左传·桓公十三年》:"乱次以济,遂无次。"

bsil 凉、冷——"凄",七稽切,《庄子·大宗师》:"凄然似秋,煖然似春。"

bsen(-pa)亲爱——"亲",七人切,《书·尧典》:"克明俊德,以亲九族。"

seg 对"绩、箦、碛"皆锡部精类字,sigs 对"节、塱",sreg 对"塱",seg 对"仄侧"皆职部精类字,都形成了异源共形词的系统对应,不是偶然一词对当,可见汉语塞擦音确有可能由擦音变化而来。但这不能取代 s-对心母,因为毕竟藏文 s-对心、生母的数量还是最多的:

sangs(po)清醒、洁净,sang 明天——"爽",疏两切,《说文》:"明也。"《左传·昭公元年》:"兹心不爽,而昏乱百度。"《书·牧誓》:"甲子昧爽,王朝至于商郊牧野。"

sar, gsar-pa 新——"鲜",相然切,《书·益稷》:"奏庶鲜食。"孔传:"鸟兽新杀曰鲜。"

sib-pa 渗入——"渗",所禁切,《说文》:"下漉也。"《史记·司马相如列传》:"滋液渗漉。"而 sim-pa 休息对"寝"。

seg 涩——"濇",所力切,《说文》:"不滑也。"《素问·通评虚实论》:"脉虚……滑则生,濇则死也。"

sems 心意,bsam 心灵——"心",息林切,《说文》:"人心。"藏文词义抽象,也可能对汉语的"性、想"等同族词。

ser(-po)黄色,gser 金子——"铣",苏典切,《说文》:"金之泽者。"《国语·晋语一》:"玦之以金铣者。"

ser(-ba)雹子——"霰",苏佃切,《说文》:"稷雪也。"《九章·涉江》:"霰雪纷其无垠兮。"

so 守望——"伺",相吏切,《说文》新附:"候望也。"《三国志·曹爽传》:“将兵屯洛水浮桥,伺察非常。”

so(-ba)谷麦——“粟”,相玉切,《说文》:“嘉谷实也。”《书·武成》:“发钜桥之粟。”元音和塞尾交替。

som松树——“杉”,所咸切,《太平御览》918引东吴沈莹《临海异物志》:“杉鸡黄冠青绥,常在杉树下。”

sil(-ma)碎屑——“细”,苏计切,《说文》:“微也。”

sri丝——“丝”,息兹切,《说文》:“蚕所吐也。”

sri吝啬——“啬”,所力切,《说文》:“爱濇也。”《战国策·韩策》:“啬於财。”元音和塞尾交替。

sru姨、妗、婶、嫂——“嫂”,苏老切,《说文》:“兄妻也。”

srun谦逊——“逊”,苏困切,《说文》:“遁也。”《国语·晋语三》:“(庆)郑也不逊。”

sla(-mo)稀——“疏”,所葅切,《说文》:“通也。”《老子》:“天网恢恢,疏而不漏。”

slang(-ba)锅——“湘”,息良切,《诗·采蘋》:“于以湘之,维锜及釜。”传:“亨(烹)也。”

slo(-ma)蒲篮——“筲”,《说文》作“箾”(山枢切)或“箾”(所交切):“饭筥也,受五升。”《论语·子路》:“斗筲之人何足算也。”

gsad宰杀,bsad-pa杀戮——“杀”,所八切,《说文》:“戮也。”

slad末后——“煞”,所八切,由“杀”结束生命义分化。周密《齐东野语·降仙》:“未审是甚时结煞。”

gsal(-pa)分离——“散”,苏旰切、苏旱切,《易·说卦》:“风以散之。”

gse(-ba)劈开——“斯”,息移切,《说文》:“析也。”《诗·墓门》:“墓门有棘,斧以斯之。”

gsum三——“三”,苏甘切,《诗·硕鼠》:“三岁贯女,莫我肯顾。”

gsol(-ba)饮食——“飧”,思浑切,《诗·大东》:“有饛簋飧。”传:“飧,熟食,谓黍稷也。”

bsal-ba清除、除垢——“洒”,所卖切,《说文》:“涤也。古文以为洒扫字。”《诗·山有枢》:“弗洒弗扫。”

bsil(-ba)清洗——“洗”,先礼切,《说文》:“洒足也。”洗涤原作“洒”。

bse 犀牛——“犀”，先稽切，《说文》：“南徼外牛，一角在鼻，一角在顶。”《左传·宣公二年》：“犀兕尚多。”

bse-mo 一种鼬鼠——“鼪”，所庚切，《庄子·徐无鬼》：“藜藋柱乎鼪鼬之迳。”韵尾交替。

bseng(-ba)唤醒——“醒”，苏挺切，《说文》新附：“醉解也。”《楚辞·渔父》：“众人皆醉我独醒。”

而且还有一批心、生母常用词对应藏文 sj-[ɕ]，如：“死”sji、“虱”sjig、“薪”sjing 木、“悉”sjes 知、“遷”原无辶旁，《集韵》又相然切：升高也。后并入“遷”，《诗·伐木》“出自幽谷，遷于乔木”。sjer 升起、“腊”sja 肉、“析”gsjags 劈裂。所以应肯定这些词是擦音 s-的主流。

这些词缅文、克伦语大都也读为 θ-类，而前述藏文 s-，缅文以对 θ-为主，这使人不禁要拟精母为 * s-而拟心母为 * θ-。问题是藏缅语中很少语言有 θ-，缅文的 θ-似是与克伦语一起产生的区域性特征。克伦语中特殊变化较多的唐吐语不但“三”读 θ-，连“六、八”也读 θ-，那显然对应于藏缅语词 r 母，应从 r 清化而来，很难认为是汉藏语言的原始声母。但缅文足可帮助我们确认 s/θ 类是擦音，tsh/sh 类是送气音，现在我们只需要认定 dz-和 ts-的来源。

藏文的 z 母词也正有一批跟汉语从、崇母字对当的，如(注“又”的是同源异形词)：

za(-ba)吃——“咀”，慈吕切，《说文》：“含味也。”司马相如《上林赋》：“咀嚼菱藕。”

zin(-pa)完毕——“尽”，慈忍切，《说文》：“器中空也。”此亦对泰文 sin' 完尽。

zem(又 gzem-pa)羞惭——“慚”，昨甘切，《说文》：“愧也。”

zeng(-bo，gzeng-pa)竖起——“竫”，疾郢切，《说文》：“立竫也。”张衡《思玄赋》“竫”字注：“《字林》：立也。”

zog(又 zong)货物——“财”，昨哉切，《周礼·天官·宰夫》：“其财用之出入。”韵尾交替。

zud(-pa，又 gzud-pa)插入——“椊”，昨没切，《广韵》：“椊杌，以柄内孔。”

gzan 残暴、害，gzan-po 用坏——“残”，昨干切，《说文》：“贼也。”《墨子·天志下》：“残其城郭。”

gze(-ma)蒺藜——“荠”，疾资切，《说文》：“蒺藜也。”《尔雅·释草》《诗·墙有茨》作“茨”，亦疾资切。

gzo(-ba)酬报，报答——“酢”，在各切，《说文》原作“醋”：“客酌主人也。”《诗·行苇》：“或献或酢。”元音和塞尾交替。

gzong 凿——“凿”，在各切，《墨子·备城门》：“无得挟斧斤凿锯椎。”韵尾鼻音和塞音交替。

gzod 才、初始——“才”，昨哉切，《说文·才部》：“草木之初也。”韵尾有变，比较藏文 tshod 菜、猜，tshos 彩。

zam 桥——“欃”，士懺切，《广韵》：“水门。”《集韵》：“《字林》‘水门也’。”

zla 帮助者、伙伴——“助”，床据切，《说文》：“左(佐)也。”

还可以注意有一些字对清音，或兼有清、浊两音，这类字多数是带前冠音的：

bzang(-po)善美——“臧”，则郎切，《说文》：“善也，从臣戕声。”此字又有“库藏”义，后加草头转注为“藏”，昨郎切，藏文 zang-zing 财物也可能跟库藏义相关。

bzo(-ba)作，做——“作”，则洛切，《说文》：“起也。”甲金文原只作“乍”，曾宪通(1992)《作字探源》认为“乍”本象以耒起土，与“耤”字同源。“乍”，锄驾切* zraags(《集韵》又存故切* zaags)，“耤”，秦昔切* zljaag，都是浊音从母或崇母。韵尾为开尾和塞尾交替。另藏文 zog 假装，也有可能对应“乍”声字的“诈”(侧驾切)。

bzung(-ba)执、捉——“捉”，侧角切，《说文》：“搤也。”《三国志·马超传》：“阴欲突前捉曹公。”韵尾鼻音和塞音交替。

gzi(-ma，又 ze)睫毛——“睫”，即葉切，《释名·释形体》：“插于眼匡而相接也。”《礼记·内则》：“豕望视而交睫，腥。”韵尾有变。

gzir(-ba)挤压——“挤”，子计切，《说文》：“排也。”《左传·昭公十三年》：“挤于沟壑矣。”

gzim(-pa)寝、睡(又 sim-pa 休息)——“寝”，七稔切，《说文》：“卧也。”《诗·斯干》：“乃寝乃兴。”

这类 z-在一些藏缅兄弟语中已变成 dz-，如“吃”，怒语、哈尼语、傈傈语 dza；“桥”嘉戎语-ndzam①、独龙语 dzam、纳西语 dzo；“凿”，哈尼语 dzɔ、嘉戎语-ndzə、僜语-dzoŋ。可见 dz-可由 z-塞化而来。

s-、s^h-、z-并列在藏语康方言巴塘话、德格话，安多方言夏河拉卜楞话、泽库话、祁连阿力克话都是常见的（藏文无冠音的 s-今常读 s^h-）。在苗语黔东方言也是常见的。如果设定从母古读*z-，清母古读*s^h-，精母古读*s-，而心母古读*θ-，那就和缅文的格局相似了。但前面已经说明 θ-不宜作原始声母，只应是*s-的后起变值，这类变值还有 ɕ-和 x-。前面提到苗语，精母字湘西（花垣吉卫）作 ts-（细音 tɕ-）者，黔东（凯里养蒿）还作 s-（ɕ-），如花垣吉卫“鬃”tsoŋ^{4}、“灶”tso^{1}、“纵”tɕaŋ^{5} 放走、“甑”tɕe^{5}、“蕉”tɕə^{1}，凯里养蒿分别作 soŋ^{1}、so^{5}、ɕaŋ^{5}、ɕi^{5}、ɕo^{1}。心母字有的花垣作 s-凯里作 sh-，如花垣吉卫“蓑”so^{1}、“送”soŋ^{5}，凯里养蒿作 sho^{1}、shoŋ^{5}，跟清母混为一类；有的花垣作 ʂ-凯里则作 xh-，如花垣吉卫“新”ɕi^{1}、“搜”ʂo^{1}、“数”ʂə^{5}，凯里养蒿作 xhi^{1}、xho^{1}、xhi^{5}。藏文无冠音的 s-在今康方言、安多方言也都变 sh-（如“土”sa＞sha），而 ɕ-变 xh-（如“死”ɕi＞xhi、xhə）情况与之相似。其机制跟有些学者设想的原始无冠清辅音后变送气的规律可能是一致的。所以 θ-、ɕ-、x-的变化正是增强了心母字原就是擦音而且是无冠擦音的拟测，而我们要为变精母的那部分**s 另找分化根源，其关键可能就与带冠无冠相关。

2.6.5　注意 2.6.2 节表精母字中，花垣无鼻冠音的词高坡、紫云也都仍对擦音 s-，有鼻冠音的词，如“早”ntso^{3}、“盐”ntɕɯ^{3}，则对高坡读 nzə^{3}、nzæ^{3}，紫云读 ntso^{3}、ntsæ^{3}，而“粗”ntshɑ^{1}、“泚”ntsha^{1} 洁净，则对高坡读 nshɑ^{1}、nshi^{1}，紫云读 ntsi^{1}、ntsei$^{1'}$。充分反映了擦音先是因鼻冠音而浊化、后则塞擦化的过程。紫云的塞擦化甚至使清母字的送气都给挤没了，黄平清母字则无冠音者读 ɕ-，有冠音者读 ntsh-，差别非常明显，可见冠音对塞擦化有不可忽视的作用。

李方桂和白保罗在藏文研究中都提出过擦音带喉冠音可引致塞擦音的规则，李氏 1933 年在《藏文前缀音对于声母的影响》一文中举

① 小短横表示省略了前面的次要音节，下同。这里 ndzam 前面省略的是 ta。

出＊ɦ-s-＞ɦtsh-，ɦ-ɕ-＞ɦtɕh-，ɦ-z-＞ɦdz-，ɦ-ʑ-＞ɦdʑ-。我的系统已经吸取此文所说藏文可能有＊ɦ-l-＞d-l-＞dl-的流音塞化设想，这里再引入带冠擦音塞化的规则来解决精组塞擦音的问题应该也是可行的。白保罗（1972）论藏缅语的声母辅音时也指出，藏文咝音 s、z 在前缀 ɦ、m、r 后变为塞擦音，rtsa＜rsa 根，ɦtɕhi＜ɕi 死，ɦtɕhar＜ɕar 升起。他认为藏文的小阿 ɦ-冠音原先就是 ʔ-冠，在白保罗（1976）文中又举出藏文＊ʔɕ-＞ɦtɕh-，ʔr-＞ɦdr-，ʔl-＞ld-，ʔlj-＞ɦdʑ-等这类规则，以说明汉语"爪"ʔsōg 和"搔"sôg 的同源关系。小阿 ɦ-在现代藏语方言大都变为鼻冠音，所以上述现象跟苗语的鼻冠塞化正相类似，而前引福泉野鸡坡苗语的鼻冠还都带 ʔ，读作 nʔts-。

上古鼻流音类久音声母前可加喉冠音，s、z 这类久音前也应可加，所以精母可拟为 ʔs-、ʔsl-，庄母可拟成 ʔsr-。于是精/庄组塞音可拟成：

精 ʔs-　清 sh-[sʰ-]　从 z-
精 ʔsl-　清 shl-[sʰl-]　从 zl-（跟来母、以母通谐的）
庄 ʔsr-　初 shr-[sʰr-]　崇 zr-

必须说明，推理上原来应有系列带喉冠的原始复声母＊ʔs-、＊ʔz-，＊hs-、＊hz-，＊ɦs-、＊ɦz-，但因后来都分别并入精 ts-、清 tsh-、从 dz-而无法再行辨识了。举例说，依据藏文 bzaŋ 善，可以推测汉语最初有可能是"臧"＊ʔzaaŋ/"藏"＊zaaŋ，而比较藏文 gsaŋ 隐藏，又可以推测汉语最初可能是"臧"ʔsaaŋ/"藏"ɦsaaŋ，但是难以确定哪个更合适。依据藏文 gsum 三，在夏河方言读 hsəm、道孚语读 xsu，似乎汉语"三"在读＊s-之前也有过＊hsuum 的阶段。这些推测在做远古汉语研究时都是必要的，但也容易引致拟音无定的混乱。从保证上古拟音的稳定性考虑，我们只能暂依后代读法为推定依据，仍以精 ʔs-、清 sh-、从 z-、心 s-作为主流，但为了上面这类通谐关系比较的需要，只把＊ʔz-定为精母的另一变值。这对解释下列这类同源异形词有好处："增"＊ʔzɯɯŋ/"层"＊zɯɯŋ，"载"＊ʔzɯɯs/"儎"＊zɯɯs，"葬"＊ʔzaaŋs/"藏"＊zaaŋ。还有一点要申明，汉语具有带冠擦音的词不可能一一与亲属语冠音相对应，因为带冠音与否只是一种变异手段，各语言根据自己的语言表达需要，本就可以有不同的变式（前举藏文已有很多例子），现代各自留下其变化形式之一，不一定正好相合。

藏文有 sts-，四个词两个同 s-（stsel＝sel 拔除使洁，stsogs＝sogs 等等）故不排除前冠 s-s>sts>ts 也作为精母来源的可能。

2.6.6　依此构拟许多汉语古音上和亲邻语言比较上的问题，可以得到较好的解决。

（1）心母字分化出精母的现象，从下面例子可以看到，“晶”原本同“星”，“蚤、爪”都起于动词“搔”，“尖”来自“铦”。

① 甲骨文“星”* seeŋ（泰文 sɛɛŋ 光线）原写作“晶”，后分化作“晶莹”的“晶”* ʔseeŋ。“晴”* zleeŋ（泰文 lɛɛŋ' 旱）原写作“星”。“星”、“旌”都从生声* sreŋ，但与“生”意义无关，是共形词谐声。“青”* shleeŋ 从生得声，跟“生”音义相关，是同族词分化。

② “爪”* ʔsruu、“搔、瘙”* sluu、“蚤”* ʔsluu 同源。[①] “爪”，今定二等字带有 r 垫音，故与白保罗构拟不同。“蚤”可比较藏文 sro 虮，武鸣壮语 rau 蚤，泰文 hau<hrau 蚤。

③ “尖”* ʔslem、“剡”* lem（泰文 hlɛɛm）、“铦”* slem 同源（都有尖利义）。《说文》“铦”* slem 读若棪* lem、镰* rem，乃流音性垫音相谐。

（2）通假难题。1970 年武汉发现了环有《诗经·硕人》铭文的神兽镜，罗福颐鉴定为汉末鲁诗镜，李学勤考为吴镜，陆锡兴更定为建安初吴郡张氏（元公）作品，属于汉末的吴镜。胡平生对比阜阳汝阴侯墓的《诗经》残简，认为判定为鲁诗证据不足。

镜诗前 12 句是脂微合韵，与今本毛诗比较异文很多，除“姨”作“夷”这类异文是同音通假外，有好几处令人费解的异文都和精组字有关：今本“齐侯”它作“夷侯”，“柔荑”作“濡凄”，“蝤蛴”作“狩夷”（阜阳《诗经》为“鰌鮧”）；又“瓠犀”作“会师”（阜阳《诗经》为“会訨”，鲁诗作“瓠栖”），“螓首”作“陨首”（上字胡氏释读为“缜”，阜阳《诗经》为“湔”，《说文》作“頳”）。

“齐、蛴、凄、夷、荑、犀、师、栖”都是上古脂部字，“螓、缜、湔”都是真部字，这些字元音虽都是 i，但声母不同。尤其从母的“齐、蛴”通常拟* dz，而“夷”是以母，高本汉拟* d-是塞音，李方桂拟* r-，包拟古作* l-，王力拟* ʎ-，郑张作* l->ʎ-，则是流音，都跟 dz-不相近，为何通假

① “蚤”是引起抓搔的虫。

令人费解。陆文曾怀疑齐国因在东夷之地而别称“夷”，但这不能解释下文的“蛴”也通“夷”，显为曲解。越南汉字音“夷”读 di[zi<ði]，暗示汉末“夷”可能也读接近擦音 zi 的音比如 ʑ-——“夷”的拟值* ʎi 和越南音 zi 正都跟 ʑ 相近。今温州郊区方言恰有把“齐、夷”都读 zɿ 的，那是建立在吴语从母邪母不分都读 z-，以及以母 j-逢 ɿ 读 z-两个基础上的。后者虽然晚起，从母读如邪母 z-，却是吴语悠久的语音特色，《颜氏家训》“南人以钱为涎……以贱为羡”指明南北朝时吴音读法就是如此。《集韵》脂韵“鮧”有两读，延知切一读释为“鱼名”，才资切一读释为“鱼名，鲇也，江东语”，表明此字以母从母两读声母交替的基础也是江东吴音。神兽镜既是吴镜，南北朝吴音从母读 z-的特点就可以追溯到汉末以至上古，则“齐”* zii 与“夷”* ʎi/ʑi 相通假就可理解了。如从母古音拟* z-，则吴音即承袭古音了。

镜诗又有“凄”(清母 tsh-，塞擦音)通“荑”之例，这表明清母也应是擦音。所以镜诗中的“齐荠、凄”应该拟为* zlii、* sʰlii①。《说文》：“荠，蒺梨也。”也说明“齐”声字后有流音，古读拟为* zlii 不错。清母拟 sʰ-后，“凄”古音 *sʰlii 就是擦音声母，镜诗“凄、荑”通假就容易理解了。至于诗中的其他通假，则是：

“瓠犀”gwlaa-sli——会师 gwaas-sri——会抴 gwaas-ʔli

“蝽首”zin-qhljuʔ——湔首 ziin-qhljuʔ——顁首 zeŋs-qhljuʔ——缜首 kljinʔ>kzjiʔ>tsinʔ-qhljuʔ

末例“缜”的拟音中-lji->-zj-是在关中发生的一种变化，有如《集韵》真韵秦组(旧称小韵)有“晨”，《说文》“霣读若资”。

(3) 古人生活中的常用词有几个精组字是好些亲邻语言都相同的，从新的构拟更易看出。如古汉语白米称“粲”*shaans，此正对缅文 shan，又对布依语 saan¹、南部侗语 saan¹′，北部侗语 haan¹′则正表示其有送气。泰文-saar、越南北部拉哈语 saal，则表示其原为边音尾，正与朝鲜语 ssar<bsaar 同(ss 是紧辅音，表示原有冠音。宋《鸡林类事》记为“菩萨”，说明确实带冠音)。又对苗语凯里 shɛ³、福泉(野鸡坡，旧材料称复员)tshaŋᴮ。又如“葱”*shooŋ 对藏文 tsoŋ、独龙语 su、勉瑶-tshoŋ，巴

---

① 今建阳“齐”꜀lai。脂部本有-l 尾，后因变-i 尾，与元音 i 合并。

哼语-soŋ、临高话 suŋ¹、武鸣壮语 ɕoŋ¹、毛南语 sɔŋ¹、tshɔŋ¹(后一音是汉语借词,说明读 s-的是更古的固有词)。而古占语 lisun、拉德语 esum、回辉语 sun 则应是跟“蒜”同源,不过从汉语“蒜”* soons、“葱”* shooŋ 古音看,两字显然也是同族词。

《广雅·释器》:“䱹,盐也。”《广韵》候韵仓奏切“䱹,南夷名盐。”此字音* shooh,是上古后期明明白白记录的南方民族语词,它可对德昂语 sɔɔʔ(比较汉语“句、曲”对德昂语 kɔɔʔ 弯),又对缅文 shaah、藏文 tshwa(藏文 a 对汉语侯部字的还有:“羺”rna 胡羊、“口”kha、“沟”rka、“刍”rtsa 草、“雏”tsha 孙子、“寇”dgra 敌,注意 khu 乃对“宄”),并对勉瑶 dzau³、标敏瑶 dza³,苗语花垣 ntɕɯ/dʑɯ³、凯里 ɕi³、黄平 zei³、高坡 nzæ³、紫云 ntsæ³,声调表明它本属阴调,一些方言读浊乃是冠音影响所致(带冠音与否,古代本较自由)。这确是一个广泛分布的民族词。

(4) 缅文称中国为 sin' 或 sina,和梵文 cina、欧洲诸语 sin-同源,一般认为是汉语“秦”的对音。但“秦”* zin>dzin 是浊音,此等语言并不缺浊音,为何全都对译作清音呢?令人不解。中西交通史告诉我们,最初印度及西方人是通过中亚人得知中国的,而中亚人则是从北方草原的胡人(狄、匈奴)处得知中国的。从北方草原南下最初碰到的应是周初时分封于北边的“晋”ʔsin,过三百年又碰到平王时分封的“秦”zin。秦晋两国相邻,古音又相近,可能胡人就据最初印象是“晋”而混称为清音 sin 的(犹如后称中国为“契丹”,及“大魏”转音的“桃花石”,也都先由北国得名,进而传为全国之称)。

2.6.7 精、庄二组古本不分,一字多音如“参”,一字转注分化如“生/姓,囱/窗”,皆音兼精、庄。是以李方桂设精 ts、庄 tsr,要比高本汉 ts、tʂ,王力 ts、tʃ 强。但复辅音最丰富的几种藏缅语都只有擦音 sr、zr 系列而无塞擦 tsr、tshr、dzr 系列(嘉戎语唯一tsr不成系列)。故 tsr 这类结构应是上古后期的音,早期不会有。今藏语 tʂ-类主要来自藏文 kr-、pr-系列,但有部分藏文 sr 今拉萨也变读塞擦 tʂ(如 srab 薄、sro 虮、sreg 油炸),部分 sl-德格今变 ts(如 slop 教学、sla 稀;容易)。相对于 sr 仍读 s 的例(如 sru 姨母、sraŋ“斤两”的“两”),这类sr→tʂ、sl→ts 中的 r、l 显然具有塞化作用,可用 r'、l' 分标这种塞化流音。

汉语有不少庄、初、崇母字对当兄弟语 sr-、sl-,如:“庄”* ʔsraŋ对藏文 sraŋ 村庄、街道，“创”* shraŋs 对泰文 sraaŋ’ 创造，“崇”* zruŋ 对泰文 sruaŋ 高天，拜祭，可比较“爽”* sraŋʔ 对泰文 sraaŋh 康复、醒。“助”* zras对藏文 zla。在古汉语及方言中，精组字也常有带流音 r(来母)、l(以母)的痕迹。如“旌”又从令声，“進”从閵声。“算、筭”实为弄声，皆出来母 r。“囱、窗”与甬声的“通”同源，“酒”由“酉”转注分化，“迹”从亦声，皆出以母* l，厦门“迹”白读犹作 liaʔ。邪母* lj-中古变 z-入精组，以母、来母闽语白读变 s-阳调＜z-(类似壮语 r-在布依语中变为 z-)，都可见齿音与流音关系很深。可以设想汉语这么多的 sl-、sr-也可能会出现流音塞化，导致塞擦音产生。中古心、生母字北京也有今读塞擦音的，如“燥、赐、伺、产、竣、浚”，也许来自古代另一带塞化流音的别读。闽南话来母今读塞化 l’ 近 d，[①]其心、生、书母读塞擦音也最多(如厦门“笑”tshio⁵、“生”tsh$\tilde{\text{ĩ}}$¹、“春”tseŋ¹、“试”tshi⁵)，也可依塞化解释。精、庄带塞化流音可解释好些通变现象，如：

① sl-、sr-以变心、生母为主，有变精、庄母的也可标为塞化流音，如“酒”当以“酉”* luʔ 为词根，故应作* sl’uʔ，试比较泰文的“酒”hlau’，越南语 rɯəu(重声)。

② “史”* srɯʔ 转注为“吏”* rɯs、“事”* zrɯs，“使”* srɯʔ 谐吏声，“行使”又作“行李”* rɯʔ。“李”谐“子”sl’ɯʔ 声，“子”分化为“崽”：山皆切 srɯɯ、子亥切 sl’ɯɯʔ。育子为“字”zlɯs(厦门白读 li⁶)。

郑张(1999)曾把这种来源的字设想得很广，遍及大量精、清、从母字，现在改变了想法，把这种来源的字限制在以来、以、邪母字为声符或字根的范围里。例如“酒”* sl’uʔ、“進”(说文閵声)sl’ins，表明其词根是 l-、r-，而 s-是冠音，由词根重读而引起流音声母塞化。

白一平《上古汉语* sr-的发展》还提出一种关于 sr-分化的设想：“青、彩、粗、蔡”等字为 sr-＞tsh-，说 sr-后有介音 j 时变生母，无介音 j 时 r 清化为 hr＞th，从 sth-而变清母。这种设想虽具巧思，但未能全面

① 方言中也有流音塞化现象，来母发音近 d 或 ld。《汉语方言概要》(2 版)239 页厦门声母说明：“l 是舌尖中的边音，舌头用力极软极松，舌两旁的通气空隙很小，所以听起来好像是闭塞很软的 d。厦门人学外语也往往用‘老’字注 d 音。”湖北通城大坪“六”读 diuʔ、“列”读 deʔ(张规璧说)。罗常培《临川音系》记来母细音读 t，有人如 ld(“驴”ti²/ldi²)。敦煌《藏汉对照词语》残卷“镰 ldem、狼 lda”，可见此现象今古方言皆有。

考虑“庄、创、崇、腥”的安排(上文已举“庄、创、崇”兄弟语皆是 sr-,它们都是三等字,据白一平说是有 j 的,却并未变成生母;而四等字的“星、腥、胜”也谐生声,并且“胜、腥”义即生肉,是“生”的分别字,应也是 sr-,四等字无 j 却没有变成清母)。我们这些字都作 sh-,就不必一一考究它们是否都带流音了。

2.6.8　中古精庄组还有擦音邪、俟二母,它们都来自复声母。邪母有舌音、喉音两个来源,舌音由以母 * l 加垫音 j 来(李方桂拟 rj-,梅祖麟(1981)改为 lj-),lj->ʎ->ʑ->z-邪(建阳斜。lia)。喉音由 * ɢ 加前冠 s 来,sɢ->sɦ->z-邪,其中多数是 * sɢw-,所以中古常为邪母合口。“俟”所得声的“矣”是云母三等 * ɦrɯ(r 分布于二等、三等 B 类)。ɦr 前加 s-时就形成俟母:“俟”字为 * sɦrɯ。而 sɦ 即邪母喉音来源的上古后期读法。详下文论后垫式-j、前冠式 s-部分。另一俟母字“漦”从 * hrɯ 声,除 * sɦrɯ 外,还可比照邪母 lj 而拟作 * rjɯ。

此外,精、庄组还有 st-、sk-、skr-、sp-、spr-来源,如“载、井、岑、匠、眨”等,也都详下文论前冠 s-处。

2.6.9　精组在上古 i 元音前还有另一种来源,即 ʔlj-、hlj-、ɦlj-的腭化音。一般元音前 ʔlj-变章母,hlj-变书母,ɦlj-变船母,但在前腭元音 i 母前,ʔli-、hli-、ɦli-也腭化为章、书、船母;而ʔlji-、hlji-、ɦlji-中的 lj 则像邪母那样变 zj-,从而使 ʔlji-变精母(如“椒”ʔljiu>ʔzjiu 变 tsieu),ɦlji-变从母,hlji-变心母。故“自(“鼻”的初文)”由 ɦblji>ɦlji>ɦzji 变 dziɪ,“四、死”由 pli>hlji>hzji 变 siɪ(比较“四”,藏文 bzji、门巴语 pli,“死”,拉珈语 plei、石家语 praai)。

2.7　清鼻流音声母

董同龢最早在上古音中构拟清鼻音声母,但只拟了一个 m̥,不成系统,故为人诟病。李方桂拟了成套的清鼻流音系统,这就对了。但李氏所拟变化不整齐,hm-、hngw->xw, hng-、hr->x 都变擦音晓母,而 hn-、hl-洪音则变送气塞音透母、彻母,细音 hnj-、hrj-又变擦音书母,使人难以理解其变化机制。郑张(1981、1983)主张将清鼻流音分为二类,其中变擦音的另属于前带喉冠音 h-的复声母一类:

hm-悔　hŋ 谑　hn-汉　hr-嘐　hl-咍——后变晓母

hmj-少　hŋj 烧　hnj-摄　　　　hlj-舒——后变书母

而变送气塞音的则自成一套独立的送气清鼻流音声母，它们才是基本声母。其中 ŋh-、mh-、nh-表送气清鼻音[ŋ̊ʰ-、m̥ʰ-、n̥ʰ-]，lh-、rh-表送气清流音[l̥ʰ-、r̥ʰ-]，这套基本声母是超越《切韵》系统之外的，所以得按代表字另行取名如下：

mh[m̥ʰ]抚　　　　ŋh[ŋ̊ʰ]哭①　　　　nh[n̥ʰ]滩

rh[r̥ʰ]宠　　　　lh[l̥ʰ]胎

民族语中清鼻音也往往带有轻送气，周文煜《两种阿昌语》(云南大学中文系，1980，油印)就把阿昌语的m̥、ŋ̊、n̥记作 mx、ŋx、nth。台江苗族自称m̥hoŋ^{1}，但在平寨，50 岁以下已变 phoŋ^{1}(1984，《民族语文》3)。这种情况正和这里所拟相类似。因为这套声母中古都变入次清滂、溪、透母及三等敷、彻、昌母等送气声母，所以我们不单作清鼻流音，而标出-h，这样也可省却下标加圈的麻烦。滂、敷、溪、昌、透、彻诸母字中所谐声符为鼻流音的，可依声符本音分归于各清鼻流音声母，如：透、彻母：rh-"獭、體、郴、瘳、離"，lh-"通、畅、汤、滔、笞"，nh-"帑、聃、慝、丑、耻、退(内声)"，ŋhl'-"癡、漯(古作濕，他合切)"，mhr'-"蠆"；滂、敷母：mh-"奅、窌、瑁、派"，ŋh-"髡、甈"；昌母：ŋhj-"杵(今建瓯音 khy^{3})"。

《诗·曹风·下泉》"忾我寤嘆"，阜阳汉简作"气我吾難"。我们拟"嘆"为* nhaans，与"難"* naan 相通就很自然了。《史记·天官书》"魁下六星两两相比者，名曰三能"，集解引苏林："能音台。"这是读* nhɯɯ>thɯɯ。"杻"敕久切，是"丑"的转注字，自是* nhɯwʔ。"墲"表规度墓地，有普胡、莫胡、武夫三切，不论其语源是与"模"* maa 或与"墓"* maags同源，其普胡切皆当拟* mhaa。《说文》新附字："喫，食也。从口契声。"郑珍新附考："《说文》'齧，噬也'即喫字。从口犹从齿，契声与韧声一也。唐人诗始见此字，盖六朝以降俗体。"字是《世说新语·任诞》"一生未曾得喫"里已用了；但是由"齧"五结切* ŋeed 到"喫"苦击切* ŋheeg>kheeg，还要由 ŋh 母过渡才能说得明白。水语开ŋ̊ai^{1} 正当对閰。

关于"丑"字还有一点说明。从古文字看"丑"与"手"明显同根，词

① "哭"《说文》"从狱省声"。藏文 ŋu、缅文 ŋoɯ、浪速话 ŋuk，可见其词根为 ŋ。

根都是 nɯw，所以应拟为* nhɯw，这样才能解释所有"丑"声符字都指向 nɯw。但泰文表干支的汉语借词"丑"却作 plau，其声母不是 n，这又如何解释呢？我们认为这可能不是原音。大概最初借用时通过越南，由于台语 hnuu 指老鼠，为避免混淆，就另用"丑"的属相"牛"的越南音 plau（今音是 trau）来代替。所以台语其他干支字对我们拟构古音有帮助，但"丑"的 plau 要另作处理，这就如藏文"七"bdun 别有来源，对我们比较两语数词没有用处一样。

注意"滩、態、臒、丑、耻"等字列为 nh-母虽跟李方桂列 hn-相似，但其系统所属是不一样的。我们所以拿送气音而非擦音作基本声母，一个重要原因是，只有把这套清鼻流音立为基本声母，才能更好地解决鼻音及流音来源的昌母字的构拟问题，如"痈"读赤占切* nhjam 从"冉"声* njam，"杵"* ŋhjaʔ 的初文是"午"* ŋaaʔ。因为送气的 nhj-、ŋhj-就相当于 thj-、khj-，在垫音 j 的影响下按音变规律正应变入章系。另外也好解决鼻音来源的清母字构拟问题。如"七"* snhid与"二"* 同源（'七'门巴 nis，独龙 snit），"千"* sn^{h}iin从"人"* njin 得声（如果"人"是* ŋjin 而"千"是* sŋhiin 也同样合于规律。此还可解释越南语"千"说 nghin。注意在客、粤方言中都有日母作 ŋ 的，"人"正作ŋin）。因为 snh-、sŋh-即相当于 sth-、skh-，都应变清母（如果像有些先生那样拟为 ntsh，反不能显示"七、千"的字根为"二、人"了）。

涉及清、昌两母的还有：白保罗（1972）认为"七"在原始汉藏语是* s-nis，源于原始的"五"加"二"，按景颇语、独龙语 s-nit，仙岛语 nit，错那门巴语 nis 显示词根确跟"二"接近，故上古汉语清母的"七"也应拟为* snhid，这样还能解释"叱"从"七"声而读昌栗切，那也是音* nhjit。如果按照中古音看，"叱""七"韵母虽同，声母却分属舌音和齿音，是没法谐声的。

同样，清流音"彖"尺氏切* lhjelʔ（《说文》读若弛* hljalʔ，"地"* l'jeels 籀文作墬，即以彖为声符）属昌母，而"諑"仓甸切则是* slheens，属清母。

第三节　复声母结构

3.1　复声母结构的成分及位置

对韵母的分析一般分为介音、主元音、韵尾三种成分，分处于韵头、韵腹、韵尾三种位置。声母如果是复合的，也该分为冠音、基辅音、垫音三种成分，分处于声首、声干、声尾三种位置。

各个单辅音一般都可能作基辅音，前后添加其他语音成分构成复声母。**作为词根声干的基辅音，通常就是谐声系统的声符（即主谐字）的声母辅音**，在进行复声母结构分析时，应该先行辨识出其声干，例如"虻、罔、荒、丧"都以声符"亡"maŋ 的 m 为声干。有垫音后加于声尾的称"后垫式"，例如"虻 mr-、罔 ml-"；有冠音前加于声首的称"前冠式"，例如"荒 hm-、丧 sm-"[①]。我们认为，前冠式跟词根无关，没有主谐功能；但后垫式有一部分属于上古词根形式，则其声基中的后垫音也能在谐声上起作用，例如"罔"有-l，即由它作"岡 kl"的主谐声符推知，"刚"对藏文 mkhraŋ 坚强、"惘"对藏文 glaŋ，显示"罔、岡"是在声基都带-l 的基础上相谐的，下节将对后垫的流音也有主谐功能问题再行详述。

3.2　基本复声母——后垫式

后置的垫音，前面说过一般为流音 r、l，半元音 j、w 这类通音成分，藏文、缅文、泰文、傣文都是如此。其中 w 实际表圆唇喉牙音，故 w、j 可同时出现，如 kwj-，它们也可与 r、l 同时出现，如 kwr-、klj-。

后垫式是复声母中最基本的常规形式，在亲属语言中也最常见。一个复声母系统已经简化的语言，如果还留下一套复声母，那往往会是后垫式声母。

后垫式有两个来源。一种就来自词根本身原有形式，它也可以作为声基在谐声上反映出来（尤其是所垫流音成分）。另一种是添附性的，作为中缀插入词根的语音成分，这种具有派生作用的、可以增减的构词构形成分，在谐声上则不具备主谐功能。

在上古汉语中，词根的声母大概有单声母或后垫流音的复声母两种形式（可总称声基），所以在通谐关系上，有的后垫式声母也起着跟单声母相似的作用。尤其在谐声行为中，后垫式中的流音也可起主谐功能，或者在通假、转注行为中有相似的功能。比如"龚"* kloŋ 是"共（供）"的转注派生字，复声母 kl 跟"共"声干相同，并可与"恭"通假依朱

---

① 依甲文丧初非亡声，加亡声符较晚，这里先依《说文》。

骏声，但它又谐龙声 * roŋ，又跟“用” * loŋs 通假依朱骏声，说明其后垫 l 是词根声母的重要部分。同样“庞” * brooŋ、“泷” * srooŋ 也都谐龙声，说明其后垫 r 也是主谐成分，如把这些 l、r 看作可以省去的附加音，就不能解释“龙”声系列中的这类通谐行为了。因此我们说后垫式是基本复声母。这一点跟前加式有本质区别，因为前冠音一般不作为通谐行为的依据（除非到后期它已吞并原声干，上升为声母主干）。所以“龚”“庞”“泷”也不适宜分析为词根“龙”加前冠 k、b、s，因为那样就不能解释“龚”与“供、恭”的同根关系。“庞”音跟原始汉藏语“龙” * ɦbroŋ相似，因藏文是 ɦbrug，其 b 则是声干；生母“泷”的湍急义跟来母“泷”的滴雨义无关，而和“漴、淙” * zrooŋ、* srooŋs 的急雨、飞流、水冲义相关，应该同根，那么此词 s-也该是词根的声基成分，而声基是不包含前加音的。

亲属语的后垫复声母前后辅音结合得很紧，中间没有任何停顿，所以这是真正的复辅音声母，跟前冠式有本质的不同。但这不妨碍一个后垫复声母，在其后的发展中分裂转化为前冠式复声母，比如“笔”>“不律”，“角”>“角落”，“孔”>“窟窿”，及今天一些方言里所谓的“分音词”。

3.3　前置复声母——前冠式及其变化

前置的冠音（包括有构词作用的前缀音），比垫音复杂多了，可分“咝”、“喉”、“鼻”、“流”、“塞”五类。它们能加在声基（基本单声母及基本复声母）前，构成“前冠式”及“前冠后垫式”，故前加式实际包含了两类复声母：

前加式＝冠音＋声基（基本单声母＋后垫式基本复声母）

这是更复杂的复声母类型，而且也是真正的附加性复声母。因为它由词根添附前冠语音成分增生而来，其前冠音是可选的，能增减变换的（如藏文 bri、ɦbri 写，lbu-ba、dbu-ba、sbu-ba 水泡）。潘悟云（2000）指出，后垫式的辅音结构序列是符合响度顺序原则的，是顺向，前加式则跟响度顺序不符，是逆向的。这也可表明前冠音是外附于原词根的添加成分，所以往往是可以游离的。在复辅音声母趋于简化的进程中，前冠式也往往最早简化或消失。

由于前冠音消失早，我们关于它的知识，更多来自保留前冠音较多的亲属语言，所以首先要了解亲属语言前冠音的特点及结构变化方式，尤其是跟汉语有同源对应或类似变化的情况。

从亲属语言看，前冠音有两种语音型式，有单辅音型，也有带短弱模糊元音的准音节型。但后者所带的这类元音或者含混，或者随辅音部位、随基干音节元音而变，没有定值，没有音位意义。其所形成的短弱“音节”实际不成为一个真正的音节，研究亲属语的学者便称之为前附的“次要音节”“半个音节”，常常省标其元音，故其功能仍相当于一个前冠辅音。不管采取哪种音型，在发音者语感里，带前冠音的音节仍可视为一个单一音节（至多把带有弱元音冠音的算一个大音节），在讲究字数整齐的民歌中一般只算一字（一言，如《诗经》的四言诗）。只有在某些韵律特殊需要时才强化为双音节（由带一前挑的响度小峰的音节转成两个独立的响度峰的音节），这时才算两个字（如《诗经》的“无念尔祖”的“无念”、“大庖不盈”的“不盈”，其后《淮南子·齐俗》“治抏秃”的“抏”，及“蟋蟀、马蛟、蚂蚁”中的前字也有相似来源）。

在语言里，有时两种前冠类型可以只是快读、慢读的区别。例如孙宏开(1982)所记独龙语：

	月	獭	鼻	孕
慢读式	sɯ-lɑ	sɯ-ɹăm	sɯ-nɑ	sɯ-bɯm
快读式	slɑ	sɹăm	snɑ	sbɯm
藏　文	zla	sram	sna	sbrum

其中快读形式跟罗常培《贡山俅语初探》相同，也和藏文更相近。因为藏文较古，罗氏记录比孙氏早，所以快读式不会是前音节缩减来的，它正反映了前冠音可以任意带或不带元音的本来面貌。

邢公畹先生《红河上游傣雅语》报道了傣雅几个带有前冠 ph-、kh- 的复声母，这里把它们跟泰文比较，可见这些复声母相当于泰文前冠次音节甚至前音节的急读弱化，也显示了两种前加音的快慢读互变现象：

	雀	梯	门	白菜	滑
傣雅	khtɕok	khalai/khlai	phtu	phkaat	phlaat
泰文	kraʔ-cɔɔk	kraʔ-ʔdai	braʔ-tuu	phak 菜-kaad	老挝 phalaat

温州方言自成音节的否定语素“呒(唔)”常读轻声,还常随后音节声母部位改变音值,听来就像带同部位鼻音的复声母的单一音节:“呒奔不至于”mpaŋ[5],“唔胆不敢”nta[3],“唔冇没有”nnau[3]。只有因强调而慢读时,才发为双音节。

本书的前冠音不标元音,但在语言比较时,它和带弱元音的准音节前加音是对等的。这从亲属语言的语族内部比较看就是如此。例如藏文“月”zla 对独龙语 sla、sɯ-la、嘉戎语 tsə-la,“五”lŋa 对错那门巴语 le-ŋe,“九”dgu 对错那门巴语 tu-ku、独龙语 dɯ-gɯ;柬埔寨文“九”thmiig 对孟文 ta-mi,“内”knoŋ 对斯丁语 kə-noŋ(也跟藏文 nang 同源),“年”chnam 对孟文 hnam、巴那语 snam、斯丁语 ʃə-nam(也跟汉语“稔”同源),“日、天”thŋai 对孟文 tŋee[ŋoa]、比尔(Pear)语 hŋek、克木语 sŋiʔ、拉佤语 sə-ŋeʔ、嘉戎语草登话 sŋi、卓克基话 sȵi、景颇语 ʃă-ni(也跟汉语“日”同源)。各前冠音可以变换部位,或加上元音,但性质仍是一样的。我们无法把它们截然分开,说一些是有前冠音的复声母单音词,而一些带弱元音的另是一种前加次要音节的双音词。正如潘悟云(2000)所说,逆向的前加音本来都应带有短暂元音,所以记为辅音或记为次要音节只是依语言发音习惯的快慢来的(马提索夫(1973)指出白保罗的藏缅语前缀音实际也是一个半音节,俞敏《汉藏同源字谱稿》例言引吐鲁番古藏文献,指出就有把 mkhyen 写成 makhyen 的)。这样,在说明前冠音的性质以后,我们仍可把它看成复声母的一部分,只是强调指出其性质是外附的复声母,而后垫式才是词根内部的真正的基本复声母。

但前冠音跟后垫音之间也不是绝对不相关的,亲属语比较表明,汉语的有些后垫音是由兄弟语言的前冠音转化或影响而产生的。上面汉语“稔”* njɯmʔ、“日”* njig＞njid 的 j 有可能跟兄弟语多带舌音前冠有关。汉语“耳”* njɯʔ 对藏文 rna,“壤”* njaŋʔ 对藏文 rnaŋ 田地、克木语 rə-na 田,印尼注地 ranah,其 j 似也跟 r 冠音有关;汉语“马”* mraaʔ对古藏文 rmaŋ,“银”* ŋrɯn 对藏文 dŋul(吐蕃简牍 rŋul)、道孚语 rŋəl,“宜”* ŋral对藏文 dŋar 甘美,“泯”对藏文 dmaŋ,“贫”* brɯn 对藏文 dbul(阿昌语为 phran),其垫音 r 也似与舌音前冠相关。

因各语言简化进程不同,前置冠音在亲属语言中表现不一,从五类到一类不等。但如果只留有一类口辅音的，多属喉冠音，如泰文 h-、缅文 h-、巍山彝语 ʔ-。从藏文各类冠音到今安多藏语的演化看，除 ɦ-、m-并成同部位鼻冠音外，r-、l-、s-、b-、d-、g-都并成 h-(有的地点 b 为 w)，这种演化表明：喉冠音确实可作为多种原始口冠音的简化代偿形式。这个音变规则对于我们做语言比较和构拟汉语上古冠音成分相当有用。比如把藏文 dŋo、dŋos 与汉语“浒”“货”前冠音 h-比较，就参照了藏文 d-在今方言变 h-的事实。而藏文 gdoŋ 脸、鼻梁既可对汉语“容”* loŋ、“颂”* ljoŋ/sɢloŋ，也可对带喉音前冠的泰文 ʔdaŋ'、印尼语 hiduŋ 鼻梁。比较藏文 sna 鼻对缅文 hna 鼻，又可对汉语“腮”* snɯɯ、泰文 hnaa' 脸。在南亚语，则有高棉语、克木语的多种前冠音在佤语合并为 s-的现象，在南岛语，则有古占语各种前冠音在拉德语分别简并为 s、m>h，　p>m，　t、k、c>k，　r、l、c>e 的现象，这些都是喉音化或脱落的前奏，但汉语、台语中一些声母的变化，却要从这些冠音的变化链环中得到解释。

注意在亲属语言中前冠音并不止一个，而可有二三个叠加为首末相连的复冠音形式。孟高棉语“末冠音”(第二冠音)多为鼻流音，如克木语 sə-m-pɔʔ“帚”、tə-m-kah“(岔)口”、cə-ŋ-khrɔʔ“(蛋)壳”、cə-n-draih“雷”、kə-l-ʔ ɛ̆k(胳)腋、pə-r-jɔŋ“龙”。高棉语 dɔ-m-bɔŋ“棒”、ʔɔ-m-bəl 盐、ʔɔ-n-daat“舌”、kɔ-n-tuj 尾、tɔ-n-le 江、ʔɔ-ŋ-guj 坐、cɔ-ŋ-ʔiɛt“隘”。[①] 注意末冠音如是鼻音，一般都和后面的基辅音同部位，只有 m-不受此限制，这跟藏文的 ɦ-冠音后来读同部位鼻音，而原有 m-冠音不受限制的情况完全一样，所以其性质仍是冠音，是跟基辅音更贴近的通音性冠音，内含两种来源的 m-。有的学者把它作为前加音的韵尾处理，这样将使前加音结构更像音节，并不合适；嘉戎语记录一般是把首冠音加弱元音而末冠音属后作复声母处理，看起来要清楚些，但要明白它们实际都属于冠音，只为双冠音结构。

了解末冠音的情况对亲属语言比较非常有意义。因为这样，就会觉得汉语“耳”与藏文 rna 固然近，对嘉戎 tə-r-na、古占语 ta-ri-ŋa、印尼语 te-

① 克木语、高棉语这些词大都跟汉语同源，如加有引号的“帚、口、壳”等词。又高棉语的“盐、尾、坐”应该对汉语的“鳊、脽、跪”。

li-ŋa 也不远，后者不过是把首末前冠音都写出元音来而已。“舐”与缅文 ljak、藏文 ldag 固然近，而与音义相似的孟语 li-tak、印尼语 li-dah 舌也很近（克木语 n-dak、德昂语硝厂沟话 s-daʔ、曼俄话 k-tak 舌、景颇语 m-ta̱ʔ 舐也只是冠音变换），那么高棉语 ʔɔ-n-dat、尼科巴群岛的南格雷语 ga-le-tak 舌则都不过是再叠加冠音的形式。那种说南岛语等是多音节语，汉语藏语等是单音节语，语言性质截然不同的论调，乃是出于误解。其实南岛语、南亚语、汉藏语其词根都是以单音节为主，所属不少语言也都有叠加冠音的现象，不过发达程度不同罢了。印尼语 pe-pak 咀嚼其词根同古占语 bah 口、泰文 paak 口、缅文 paah 颊、汉语“辅”* baʔ颊，都是单音节词根，而佤语 s-baʔ 颊、嘉戎语 tə-ʒ-ba 颊增添了一二个前冠音，嘉戎语的茶堡话 tə-ɣ-m-ba 颊甚至叠加了三个前冠音，成三冠音结构。

嘉戎语的末冠音还包括唑音、半元音，比较下列数词（括号表不同源）：

	一	二	三	四	五
藏　文	gtjig	gnjis	gsum	bzji	lŋa
嘉戎语	kə-tᴇk	kə-nᴇs	kə-sɑm	kə-w-di	kə-m-ŋo
景颇语	（la-ŋai	la-khoŋ）	ma-sum	ma-li	ma-ŋa
古汉语	* ʔlig	* njis	* sum	* h-ljis	* ŋaaʔ
	六	七	八	九	
藏　文	drug	（bdun）	brgjad	dgu	
嘉戎语	kə-tʂ̥ok	kə-ʃ-nəs	wə-rjɑt	kə-n-gu	
景颇语	kʒu̱ʔ	sa-nit	ma-tsa̱t	tʃa-khu	
古汉语	* rug	* s-nhid	* preed	* kuʔ	

其中嘉戎的形式最整齐，各数词除“八”外都统一带 k-冠音作为数词标志，末冠音有 w、m、n、s 等半通音，其中“八、四”的 w-对藏文冠音 b-，所以“八”的 w-应是失去首冠音 k-后才由末冠音提升上来的。藏文则只有头三个数保留 g-冠音，后面各数则转换为 b-、d-等。景颇语大多转换为与 b 同类的 m-，其 s-、tʃ-也应来自末冠音。汉语跑得最快，多数冠音已经消失，只留一个 s-和由 b 转化的 h-，而且把藏文的 g-t、b-r 都转化为后垫式。

前冠音后接的基辅音为半通音及喉音时，有时能占夺吞没基辅音而上升为主声母，有的还转化为后垫式。藏文“熊”dom，比较一下门巴语 ɔm（文浪话 wom、邦金话 hom）、缅文 wam̃、载瓦语 vam、嘉戎语 tə-wam，就可以看出藏文是前冠音 d-占夺了基辅音。又如古苗瑶语“舌”* mblet 跟古汉语* ɦbljed 最近，在瑶语和川黔滇苗语都还保留 b 为声干，湘西苗语“舌”作 mra/mja$^{8/4}$ 却是由前冠音 m 填位，取代了声基 b（黔东苗语 m 进一步腭化变 ni^{8}）。侗水语变 ma^{2}（以上各语动词“舐”亦皆同韵同调，但声母从垫音 lj 变化），声母更是简化（简化后还可另加冠音，如湘西苗语“舌”qo-mra，南岛语卑南 sə-maʔ、排湾 sə-ma，和嘉戎语“舌”tə-ʃ-miᴇ（日部话进一步变 s-n̥i，一如黔东），都是在 m 简化的基础上再加冠音，犹如加罗语 sre 舌、srak 舐是在缅文 lj 的基础上加冠音）。又如藏文“八”b-r(g)jad 变缅文 h-rac、勉瑶 hiet 还是前冠擦化，变汉语 preed、泰文 pɛɛd，则是冠音夺主了。印尼“米”be-ras 在古占语作 bras、拉德语作 braih，也是形成新的 br 声母，而与汉语“粝”* (m)ras 同源。泰文“甩”语根 vad，带前冠为 kra-vad＞kvad，形成 kv 声母后正与汉语“抗”（“穴”旁或作“冒”旁）* ɢwrɯd同源（此词拉珈语作 hwit^{7}，今广泛见于浙南方言如丽水 ɕyeʔ^{7} 和客家话如梅县 fit^{7}，但皆读清音似来自* qhwrɯd）。在泰语中甚至还有 ʔd 被前冠音占位而形成 cl 的情况，如“铃”kra-ʔdiŋh＞kriŋh，“梯”kra-ʔdai 变傣雅 khlai。

前冠音占位还能形成新的单声母。上面数词比较表中汉语的“一、七”就是，这在苗瑶语与藏缅语的比较中也能看到。下表中金门是海南苗族说的瑶语，逢 1 调省略不标，“三”不同源，未列：

	一	二	四	五
独龙语	tiʔ	a-ni	a-bli	pɯ-ŋa
金门	ʔaa^{2}	ʔii	pjei	pjaa
勉瑶	jet^{8}	i	pjei	pja
	六	七	八	九
独龙语	kruʔ	sɯ-nit	ɕat	dɯ-gɯ
金门	kjoo$^{1 \cdot 7}$	njii^{6}	zjaat^{8}	duu^{2}
勉瑶	tɕu^{7}	sje^{6}	h-jet^{8}	dwo^{2}

很明显，瑶语“二、五、七、九”的声母跟汉藏语有异处都是前冠音占位所致，并且连 g 母也有被取代的（除“九”外，勉瑶“屎”gai^{3} 金门变

dai^{3}，由于“干的”gaai 的 g 仍不变，可见非声干问题，此词华澳诸语大多作喉牙音，由格曼僜语 tɯ-khrɯi、印尼语 ta-hi 有异形词 da-ki 污秽 看，也应是前冠问题。平行的前冠变化表明苗瑶语跟藏缅语也有深层联系）。相仿的，藏文“狗”khji、缅文 khwei、阿昌语 xui，都对汉语“犬”* khwiinʔ，而高棉语 ch-kai、独龙语 dɯ-gɯi 有前冠，则克伦语作 thui，就可能源自 t-xui（与此类似的，印尼语“年”tahun 占语、回辉语作 thun，这提醒我们有些 ph-、th-、kh-声母也可能是冠音占位与 h 合并形成的）。印尼语“额”dahi 对拉德语 dhɛi、回辉语 thai 即与汉语“题”相关。俞敏先生拿汉语“頭”* doo 对藏文 dbu，也含有 d 冠音占位的味道，但这样还得证明豆声字词根都来自 bu，恐怕不能成立。泰文“针”khem、德宏傣语 xem、越南 kim 都对汉语“针”* kjɯm，但水语 sum、毛南语 səm，则可能与克木语 sə-kam 带 s-前冠音有关。

泰文一些 h-声母字也来自前冠音转化，例如与汉语同源的数词“五”haa’<h-ŋaa’，“六”hok<h-rok，以及“鹅”（对汉语“雁”）haanh<hŋaanh 来自高棉语 kŋaan。类似的还有“手臂”khɛɛn（对汉语“肩”）与拉德语 kŋaan 同源。最令人注目的是泰文 h 冠鼻流音、水语 ʔ 冠音或清化鼻流音字，在拉珈语大量转化为 k-、kh-，h-、ʔ-声母（注意大都是单数阴调字，表中例词读第 1 调的省略不标调类）：

词义	拉珈语	泰文 hm	词义	拉珈语	水语 ʔm、ʔn
线	kũi	hmai	熊	kũːi	ʔmi
猪	khũ	hmuu	尿	kjĩːu^{5}	ʔniu^{5}
狗	khwõ	hmaa	冷	kjĩːt^{9}	ʔnit^{7}
蚤	khwãt^{7}	hmat	雪	kjãi	ʔnui
词义	**拉珈语**	**泰文 hn**	**词义**	**拉珈语**	**泰文 hl**
鼠	kjiːu^{3}	hnuu	酒	khjaːu^{3}	hlau’
蛆	kjũːn	hnɔɔn	铁	khjãk^{7}	hlek
脸	kjɛ̃^{3}	hnaa’	孙	khjaːn	hlaan
脓	khjãu	hnɔɔŋ	尾	kjieŋ	haaŋ

末例“尾”，武鸣壮语是 riəŋ，所以泰文 h-应来自 hr-。还有拉珈

"不"hwãi 对泰文 hmai,"五"ʔɔ̃^{4} 对泰文 haa' <h-ŋaa',"愚"ʔaːŋ^{5} 对毛南语 ʔŋaŋ^{5}。这类读 h-、ʔ-的只占少数,变 k-、kh-最多(有如仫佬语 kh-),似处于不同的扩散阶段。其演变规则为,元音鼻化是原鼻音声母遗迹,w/u 是表明原声干部位为唇音,j 是表明原声母部位为舌音的后起垫音,读阴调表明古有清音前冠(泰文、水语无前冠的阳调字,拉珈语即仍读鼻流音不 k-化,如"蚁"mot^{8}、"水"num^{4}、"猴"liŋ^{2}。但少数泰文无 h-、水语无 ʔ-读阴调的 l-母字[柳江壮语读 hj-的]也 k-化,如"偷"kjak^{8}、"拉"kjaak^{8};又 hn-有变 ts-的,如"厚"tsã、"重"tsak^{7} 则是 kj-的后续变化,与汉语借词 kj-"九、镜、锯、嫁、价、桥、裙"变 ts-同)。知道它们来自冠音,对我们的比较研究大有好处,这样就不会误以它们为拉珈语声干来与汉语比较,比如把 khwõ对"犬"、把 kjɛ^{3} 对"脸",或认 kh-为"酒、孙"的原始声干。拉珈语"鸡冠"kuon 对泰文 hŋɔɔn,倒暗示我们要考虑从"元"得声的"冠"读 k-是否也是* k-ŋoon 中冠音占位的结果。上表泰文 hl-声母的"酒、铁、孙"在仫佬语作 khɣ-、侗语作 khw-、水语作 h-/kh-/qh-,以前令人疑惑(《侗台语族概论》还把"铁"分列为 146 l̥、202 skl 两源),现在明白是前冠音占位造成的。

水语清鼻音有 ʔ-冠、h-冠两类,后者今读清化鼻音m̥、n̥等,但阳安话合并为鼻化的 h-,如"狗"h̃wa、"新"h̃wai^{5}、"鼠"h̃o^{3}、"弓弩"h̃a^{3},这也是前冠音占位的结果,混淆了原来基辅音的区别。在汉代,汉语一些晓母字在通假、读若上出现混淆声符系列的现象,如:

"许"hŋaʔ 通"鄦"* hmaʔ;"戲"* hŋral 通"麾"* hmral,《汉书·卫青传》"为戲下搏战获王",颜注:"戲读曰麾,又音许宜反。"

"沬"* hmaads>hwaas,《左传》"曹刿",《史记》作"曹沬",司马贞索隐:"沬音颒,声相近而字异。""劌"音居卫切* kwads>kwas,"颒"音呼会切* qhwaads>hwaas。

"⿰黑隶"许介切* hrɯɯls,《说文》:"隶* lɯls 声,读若虺* hŋuul。""旭"许玉切* qhug>hug,《说文》:"从日九声,读若勖* hmug。"

"勳",《汉书·百官公卿表·光禄勳》如淳引胡公曰:"勳* qhun>hun之为言阍* hmɯɯn 也。"

"饷"与"饟"混,《汉书·西南夷传》"载转相饟",颜注:"饟古饷字。"实际上《说文》"饟,周人谓饷曰饟。"人漾切* njaŋs,跟向* hlaŋs声的"饷"式亮切* hljaŋs 原本不同，后来大概"饟"也读式亮切* hnjaŋs 而混同了。

我们以前对这些现象很不理解，现在明白汉代的汉语大概和阳安水语的发展阶段差不多，前冠音占位合成了h̃或 h，所以就可以相通了。

3.4 复声母结构式

如以大写 C 代表声干基辅音，小写 s-代表各种冠音，-l 代表各种垫音，那么上古汉语复声母有如下三种结构模式(前一种是基本式，后两种是前加式)。例字所注是本人拟音，上声收紧喉"q/ʔ/' "，去声收 s/h。

基辅音	后垫式 Cl	前冠式 sC	前冠后垫式 sCl
午 ŋaa'	牙 ŋraa 邪 ljaa	浒 hŋaa' 蘇 sŋaa	朔 sŋraag
御 ŋas/h	逆 ŋrag 杵 ŋhja'	许 hŋa' 胥 sŋa	卸 sŋjaas/h

我们主要依照谐声系列的主谐声符来识别声基，此表据"午、逆、牙、疋、鱼"等鱼部疑母声符字，显示了一个以 ŋ 作基辅音的词根 ŋa 所能出现的各种声母变化模式。它对于我们了解谐声、通假、转注、异读间的转化变式的范围及种类是很有意义的。依上表所示，则干支字"午"傣文作 s-ŋa，布依语作 sa；阜阳汉简《诗经·女曰鸡鸣》"琴瑟在御"作"在蘇"，"蘇"何以从鱼得声；"蘇"与"迕(逆)、寤"等字相通假的问题，就都较易理解了。在上古语言里，冠音、垫音常可作为灵活的构词构形手段进行增减，理解这一点也是很重要的。

关于冠音、垫音的构词构形作用(即作为前缀或词头、中缀或词嵌)，国内外都已经有不少学者予以探讨，取得不少成绩；现在我们是在音系层面讨论，故只是偶有涉及，这方面还要另行深入研究。还须注意，"黑：墨"h-、"森：林"s-、"史：吏"s-、"叵：可"p-、"入：内"-j 等不但有关构词，还造成文字学上的"转注"关系。

讲复声母分析结构式非常重要。王力先生在《汉语语音史·先秦音系》引高本汉所拟复辅音声母 19 种，说依此拟法还可有多种，因此再举 19 例，说明自己不接受高氏复辅音拟测的原因即是声系不能“这样杂乱无章”。现在按结构分析一下，高氏所举 gl、kl、sl、bl、pl 等 11 种 cl 结构及 sn 是常见的，可无疑。“tʻl宠、tʻn叹、xm昏”现知当为清鼻流音 rh、nh 及 hm，而“ɕl烁、ɕn恕”现知属 j 化清鼻流音 hlj、hnj。“kʻs佥、ȶn準”跟王氏另举的 19 例可归为两种后垫式，两种前冠式：

1. cj：读章系的“旨支氏枢川势”的入 kj 类，“诣岐跂训執”仍入 k 类，不必作 ȶk 式(準是 kwj 式，毴是 ŋkwj 式，準根本不须拟 ȶn。)

2. cl：“唐饕多”是 cl 的流音塞化式，“宜”是 ŋr-，由-r 谐“多”的-l，不必拟 tŋ。

3. sc 式：读心、生母的“薛朔产歲”读邪母的“彗松”读清母的“佥”都冠 s-，不过视后接声干清浊，送气而变音，而“慧孽翙刿秽”只是喉牙音。“岁刿翙秽”原都为戉声字，不必如王氏所想作“松 ks、刿 sk、翙 sx、秽 sʔ”的。

4. pC 式：“更”不读 pk，而是所从“丙”读 pC 式(参见 5.6 节)。

经过结构式分析，可见复辅音声母结构非常规则，杂乱无章的疑虑应可排除。

第四节　后垫式复声母

4.1　四种后垫音及双垫音结构

跟各亲属语一样，古汉语只有流音 r、l 和通音 j、w 四种后垫音。其中 w 只与见系(喉牙音)K-结合，j 只在章组 * Cj-及邪母 * lj-出现。但由于 kw-类声母相当于圆唇化单声母，故也还能跟-r、-l、-j 结合，比如“憬” * kwraŋ，又由于章组有的来自 Clj-、Cwj-，比如“车” * khljaa、“潏、衸” * ɢwjid，所以通音性垫音不但能两个同时出现，也能与流音性垫音同时出现，形成双垫音结构；这也与兄弟语言的复声母垫音结构方式符合。

从有古老文字的亲属语言藏文、缅文、泰文看，流音 r、l 垫音主要与唇、喉牙即 p-、k-两系声母结合，而不和同部位的舌音即 t-系结合。潘悟云《非喻四归定说》已指出各亲属语原来只有 kr-、pr-系列，藏文孤零零不成系列的 dr-由 gr-来。藏文 dr-不成系列，确实由于它是从别系转来的，如“六”drug，门巴语、独龙语等都是 kr-，因此大多数 dr-字有 gr-的异读，如“乳牛”drus-ma 即 grus-ma，对应汉语的“㝅”取牛乳；台语中的石家话有 tr-和 tl-，但其他侗台语作 kr-、kl-，如“鱼鳞”tlɛk 泰文作 klet，对应汉语的“介”* kreeds。孟文的 dr-今变 h-r-，说明 d-只是冠音。此外，藏文 s-、z-也能跟 l、r 结合。嘉戎语主要方言 Cl 型复声母共有的声干也是 P-、K-系和 s-、z-，汉语 r、l 垫音的出现范围，应当与之相同。

垫音 r 和 l 出现的条件以前是不清楚的，雅洪托夫(1960)始从二等字与来母的关系论定二等字带 l(1976 年又改为 r)，李方桂(1971)年充分阐明了二等带 r 对庄、知组声母的形成、二等韵母的形成上的作用，得到大家公认。以后蒲立本、白一平、俞敏、郑张都证明带 r 的范围还应扩及三等重纽字，带 r 即是形成中古二等和重纽三等的条件。由于 r 与 l 在上古声母中有时可以交替，因此在确定 r 的分布后，遇一、四等和重纽三等之外的三等字跟来母、以母通谐和异读时，就定为带 l 垫音。

四种垫音分布表：

	长　元　音		短　元　音	
	一、四等	二等	三等、重纽四等	重纽三等
K-系	l，　w、wl	r，　wr	l、j、lj，　w、wl、wj、wlj	r，　wr
P-组	l	r	l、j、lj	r
S-组	l	r	l、lj	r

4.2　垫音-w

垫音-w 涉及的是圆唇舌根音、喉音系列，包括舌根音 kw-、khw-、gw-、ŋw-和喉音 ʔw-、hw-、ɦw-。前面说过，后者早期分别是 qw-、qhw-、ɢw-，中古全反映为见系声母合口，即见、溪、群、疑、影、晓、匣、喻等母的合口字。

在中古，有些 kw-系列字在后接圆唇韵系时混并于 k-系，例如

* gwa“瞿、衢、懼”跟* go“劬、具”都读群母虞韵系 ɨo,它们上古不同部,还好分辨;像* gwa“弧、狐、壶、户、護”跟* ga“胡、互”都读匣母模韵系 uo,它们上古都属鱼部,有无 w 垫音就要依照通谐关系来确定了。比如“弧、狐”都从瓜声,还很好辨认;“壶”是从“瓠”演化来的,“瓠”是“夸”声,本应为 gw,也还易辨;而“户、鼓”从声符上就没法辨认。不过《说文》“鼓”声训为“郭也”,《释名》“鼓,廓也,张皮以冒之”,都表明“鼓”与“鞹”同源,因此,“鼓”当是* kwaaʔ,与“股”* klaaʔ 不同音(《汉书·陈汤传》)“斩宛王毋鼓之首”(《西域传》作“毋寡”亦可证)。这样《考工记·磬氏》依磬面大小分“股为二,鼓为三”,其语音才能分得开。“户”,《说文》声训“護也”,又扬雄《蜀都赋》通“濩”;其同声字“扈”用同“護”,作地名又同于“鄠”,“扈”又通“簄”(海中取鱼竹网),与《集韵》黄郭切“擭”(捕兽机槛)、“籊”(取鱼竹器)同源。如此即可确认“户”为* gwaaʔ,但得多花点工夫。

不过这一确认对汉语和藏语比较也有帮助。因汉语鱼部一般对藏文 a,如果对藏文 o,则声母属圆唇的多,如喉牙音合口字“芋”对 gro-ma,“桦”对 gro,“羽”对 sgro,“往、于”对 ɦgro,“越”对 bgrod,“圆”对 gor,“丸”对 goŋ,“鞹”对 ko-ba,“钁”对 rko-ma,“郭”对 glo 近旁;唇音字“巫”对 mo,“病”对 bro,“方”方向对 phjogs,“伯”兄对 pho-bo。这样,“户”* gwaaʔ 对 sgo 就更合规律了。再延伸下去,把藏文 rko(阿力克藏语 kak、嘉戎语 kɐk)对壮语“钁”kvak[7],把藏文 mo 对泰文“巫”hmɔɔ 也就顺理成章了。

4.3　垫音-j

4.3.1　垫音-j 属于辅音成分,与中古三等介音 ĭ 不是一回事。三等韵在上古是短元音,ĭ 是后来短元音复化时的一种增生成分(实际为 ɨ,越南语或表现为 ɯ),上古汉语中尚未出现。所以那时见母三等“车”是 kla,没有腭介音,昌母“车”是 khljaa,才有垫音 j(可以比较缅文同源词 ka 象舆,khjaa 纺车的平行现象)。凡带垫音 j 的上古声干,不管舌音、喉牙音、唇音,除 lj-和 s-j-变邪母、心母外,其他到中古都腭化变为章组,就像现代汉语的 tɕ-由近代汉语的 k-腭化来一样。所以日本一些学者称上古到中古的这一变化为“第一次腭化”。藏文 tɕ-组声母主要来自 tj-，而 kj-、pj-组拉萨等现代方言也读 tɕ-组了，可见这是汉藏声母一项平行的演化。藏文鸟 bja＞tɕa 由不丹宗卡话变 bdʑa 尚可见演化过程。

4.3.2　理论上章系 6 母来源有唇、喉牙、舌的塞音，还有清鼻流音与塞化流音，注意带冠的各腭化流音，ʔlj 变章母、hlj 变书母、ɦlj 变船母，自成系列。塞音部分见于章昌禅：

章母来自 tj-（“戰、燭、朱”）、pj-、plj-（“帚、辟”）、kj-（“支、伀、甄、钊”）、klj-（“蒸”）、qj-、qlj-（“䵣、雪”）等，也有 qwj-，如职悦切的“準”* qwjed。《说文》指出“章，乐竟为一章”，“竟，乐曲尽为竟”，所以章母字“章”和见母字“竟”两字是音义相关的同源异形词，闽南“麞”还说 khĩũ，可见“章”声字都应作 kj-。章母字带 l 与否是看它有无跟来、以、定、澄母字通谐（这跟“车”因跟“舆”* la 是同源异形关系而拟 kl-同理）。

还有 ʔlj-，则是从边音 lj-前冠 ʔ-来的（例如“讋、慴、褶”其声干跟“習、袭”同）。它跟 hlj-、ɦlj-另自组成一个流音来源系列。

章母字有一部分越南口语音是 gi[ɟ]，例如“诸、遮、者、蔗”gia、“纸”giây5、“捶”gioi6、“正”giêng 正月、“種”giông5 籽 giông2 植，还有禅母的“时”giơ，使人不禁要认为那是上古 * kj-的遗存。但除“纸”外，多跟谐声所示不符，令人困惑，那是更原始的音还是后起的音呢？按越南语 gi-声母多数对汉语见母二等，此等字介音从 r 变 j 是中古后期的事，何况又混有精、庄、知组的“贼”giăc、“床”giường2、“谗”giem、“争”gianh、“接”giap、“戢阻立切”giâp、“嘲”giêu4、“持”giư、“张”giương 等字，此等声母跟章组相混更早不了，尤其“贼、谗、争”都属洪音，其中的 i 只能是中古晚期庄、章两组合为照组 tʃ-以后才能有的（其中还有“也”gia4、da4、“解”da4、gia4 之类更新的混写）。所以这个 gi-应同老吴语中的[ʔɟ]一样，是古越南人拿自己的先喉塞舌面音不准确地对译中古照类和见母腭化音的结果（老吴语也是这些音），而非上古音的反映，在上古章系来源考订上不足为证。

昌母来自 thj-（“阐、觸”）、khj-（“枢、臭”）、khlj-（“车、侈、赤”）（理论上还可有 phj-、phlj-），及送气清鼻流音 mhj-（“麨”）、nhj-（“叱”）、ŋhj-（“杵”）、lhj-（“醜、尺”）、rhj-（“滷”）等。

禅母来自 dj-（“蝉、殊”）、bj-、blj-（“勺”）、gj-、glj-（“臣、肾”）等。

《庄子·齐物论》“鸱鸦耆鼠”是以渠脂切的“耆”写常利切的“嗜”，“嗜”自应音*gji。中古禅母应依陆志韦、邵荣芬作浊塞擦音。这样如“折”读浊塞音 dj-，才好对清塞音 tj-(折声字中有帮组字，也许更早有 plj-、blj-来源)。邵荣芬(1982：108)指出湖南城步金水乡苗族所说汉语，其禅母只读塞擦音，船母只读擦音。

4.3.3　船母中古为浊擦音，来自上古小舌音 ɢj-(“鞨”)、ɢwj-(“秫”)、ɢlj-(“葚、食”)，及冠 ɦ 的复声母 ɦlj-(“蛇”)、ɦblj-(“绳、赎”)、ɦglj-(“麝”)等。其中 ɢ 后来也都变 ɦ，例如 ɢlj-变 ɦlj-。但依声干分析，船母原来应有喉、舌两源。

ɢ 表示喉音声干者，如 ɢwj-是中古术韵食聿切中“穴”声的“秫”及 5 个“矞”声字(如“潏”*ɢwjid 等)的声母，后者都又音馀律切，前面 2.3 节分析过，原应属云母重纽合口四等 ɢwid；“潏”最常见是读古穴切*kwiid，依此拟音，则“古穴、食聿、馀律”三读非常接近。《汉书·五行志》注：“《逸周书》曰‘知天文者冠鹬冠。’……《礼图》谓之術氏冠。鹬音聿，又音術。”而《庄子·田子方》作“冠圜冠者知天时”，“鹬”*ɢwid，又音“術”指读食聿切*ɢwjid，“圜”音*ɢwen，三音也很近。这些 ɢ 来源的字要和 2·3 节所说的放在一起看，喻母合口四等中主谐声符为云母的来自 ɢwi-(“潏、鹬”)，所以容易跟 ɢwj-(“潏”)形成异读。

“示”可作“祁”*gril 的声符，应为喉音，又是“视”*glil 的使动式，也应该是喉音 ɢ。“谥”(神至切)从益(伊昔切)*qleg 得声，又音“益”，自应属喉音*ɢligs。后人因声母变化跟“益”不协，改“諡”取兮为声，说明那是因为其声母变化读为 ɦli 跟“兮”ɦe 相近而来的。别家拟音把船母定为 dj-或 gj-，就不易解释所有这些变化。

“船”字与“沿、兖”同根，应含有 l，《集韵》有或体“舩、舡”，古音合当为*ɢljon。

原先的舌音来源字，我们用冠音 ɦ-表示其后成分为原声干，如“蛇”有弋支切又读，其初文“它”读讬何切，声干自然是舌音 l，应为*ɦljai。“神”本是“申、电”的同源字，“申”又与“引”同源；“食”又读羊吏切，作徦母“饬”的声符，它们的声干也都应为舌音 l。

“舌”*ɦljed<ɦblj-，闽北政和 lyɛ^{6}、洋墩 lie^{7}、石陂和建阳 lye^{8}，还是 l 声母。其动词“舐”*ɦljeʔ，闽北口语音政和 lai^{7}，洋墩、石陂、建阳

la[7]，福州也说 liaʔ[7]，而俞敏《后汉三国梵汉对音谱》"舐"对 hi，表明声母确有喉音成分。"舌"在各亲属语中声母多作 bl-、mbl-（如长坪瑶语 blet[8]、紫云苗语 mple[8]、察隅扎话 mbla、格曼僜语 blai），所以前古应是 * ɦbljed。（沙加尔采纳薛斯勒因"舌舐"拟船母为 m-l，但难解两次浊怎会合成全浊，且"睦文尾蜜"显皆 ml-，并不变船母）。还有"射" * ɦljaag对德昂语、错那门巴语 bla、景颇语 p-la、内瓦里语 bala、加罗语 bra、桑孔语 mba、缅文 hmraah 箭（藏文也塞化为 mdaɦ，又苏龙珞巴语 m-tak。道孚语 ɣʑə 箭 则擦化，音近"舌" vʑɛ），可能原是 * ɦbljaag。"麝" * ɦljaags 的声符"射"有以母羊谢切读法，但"麝"又跟藏文 gla 同源，所以有可能原是 * ɦgljags。

中古船母字不多，有些字依声符该入船母。但混入了禅母，像"蜍、墅、社"等，"余"的禅母一读更明显原应该归船母，所以某些中古禅母字上古应依声符划归船母。

4.3.4　书母来自喉音系列 qhj-（"收、鄬"）、qhlj-（"餉、春"）（后都变 hj），qhwj-（"鱅"），及冠 h 的清边音 hlj-（"输、始、世、烁"）、清鼻音 hnj-（"恕、手"）、hmj（少）、hŋj（"烧、势"）系列。其中最多的应是 hlj-，比较"弛" * hljalʔ 可对藏文 hral 松弛、泰文 glaai 松开、缓和。还有合口的如2・3节已提到的"水"qhwlji＞hljuiʔ（可比较缅文 rei、墨脱门巴语 ri、道孚语 grə、格什扎语 wrə、卢舍依语 lui 溪水，又对壮语"溪水"，武鸣 rui[3]、邕宁 li[3]、龙州 hui/vui[3]［与载瓦语同］）。龙州 hui 跟泰文 huaj'，其声母的擦化也跟汉语相似。

注意"首"、"手"中古同音，《广韵》都作书九切，故"首"多改说"头"。这二字同音是演变的结果，上古则决不会把两大主要肌体说成同音的。按"首"与"道" * l'uuʔ 谐声，与泰文 klau'、壮语 rau[3] 同源，应拟为 * qhljuʔ/hljuʔ，还可比较达让僜语 kru、格曼僜语 kɯu。"手"所谐"杽"即古文"杻"，从文字上也可见"手、丑"是一对同源异形词，词根应跟"丑"声符 * nhɯwʔ 一样是 n，与泰文"手指"niw' 同源，所以应是 * hnjɯwʔ，还可比较缅文"指"hnjoɯh，基诺语"指"n̥u，勉瑶语"爪"niu[3]。到了汉代，各 h-冠声母出现混同现象，所以《说文》"舜女弟名敤首"，《汉书・古今人表》才作"敤手"。

4.3.5　日母来自 nj-（"如、壤"）、ŋj-（"饶、热"）、ŋlj-（"蕊"）、mlj-

(“柔”)。“柔”字从矛得声,《尔雅·释天》称岁在丙为“柔兆”,而《史记·历书》作“游兆”,既通“游”* lu,则当为 mlj-;从谐“猱”读 n-看,也应是念 mlj-的成分更多。“蕊”从惢* slooiʔ＜sqhlooiʔ 声,左思《魏都赋》借“惢”为“衰”* srui,李善注:“字书曰:蕊,垂也,谓垂下也。”又以“垂”为声训,当音* ŋljuiʔ。

4.3.6　方言中章组字还保留见组来源痕迹的,有厦门闽语“支、枝、栀”ki^{1}、“指”ki^{3}、“志”ki^{5}、“齿”khi^{3}、“獐”khiũ^{1} 等读,潮州有“粥”kiok,福州还有“处”khy^{5}、“獐”khiɔŋ^{1},建州除“支、枝、栀、指”外,还有“杵”khy^{3},那是从上古前期的* ŋhjaʔ 变为后期的* khjɯaʔ 再转来的。越南“针”kim、“纸”giây 等读也可作旁证。

见组各母不仅在 j 垫音前会腭化为章系,在短的前腭元音 i 母前也可出现同样的腭化现象(长元音 i 中古则低化为 e,不是 i),也会将见组变为章、昌、禅、书、船母等,如“旨、甄”由 ki-转章母,“嗜、臣”由 gi-转禅母,“尸、屎、身、伸”hli-转书母,从谐声异读看,原来属见系字都是非常明显的。“黰”乌闲切又章忍切,表明它有* qriin 和* qlinʔ 两读,后者也经 ʔlin 变入章母。因此之故,《切韵》脂、真、至、质韵,甚至支、仙、祭、薛、清、昔韵的重纽见组字中都是重纽三等字多,重纽四等字则少得不成比例。因为重纽三等带 r 介音,阻碍腭化,重纽四等因本无介音,或 l 消失较早,大多就腭化并于章系,留下的只是一些剩余的未腭化部分和影母字部分。保留见组读法字较多者,有的还是从重纽三等转来的,《颜氏家训·音辞》说:“岐山当音为奇,江南皆呼为神祇之祇,江陵陷没,此音被于关中。……未之前闻也。”说明重纽四等“岐”组原来多为三等转来的,因本来也有 r 故不腭化,转四等可能是为了支部来源字与歌部来源字分化而产生的一种后起变异。“弃”在“弃宗弄赞”中对藏文 khri,“吉、诘”在《后汉三国梵汉对音谱》对 krt、kirt,都带 r,也应都是原属三等的反映①。

斯塔罗斯金把章组都拟成 t-组在短元音前腭化而来,虽然过于扩大,但是从汉藏比较看是有道理的,章系中有些 j 应是后起的,这可以在构拟更早些的原始汉语予以考虑。而上面“脂、屎、臣”类字的变化

① 参“诘”对独龙语 kri(问)。

在上古汉语阶段还是可以肯定的。

4.3.7　此外还有海韵、齐韵的三等字，这两韵中古是一四等韵，都来自上古长元音韵，其中为什么竟然夹杂少量三等字一向被视为怪谜。其实它们就是上古原生 j 的孑遗，看其出现范围只在章组就可明白。齐韵有禅母“栘”* ɦljeel＞dj-、日母“臡”* njeel，海韵有昌母“茝”* khljɯɯ、日母“疠”njɯɯ（以母“佁”* lɯɯ[《集韵》还加“颐”]则是 l-＞j-后造成的相似变化）。又盍韵章盍切“譫，多言也”、敢韵赏敢切“澗，果决，勇也”也是同类的例子。

但变章系的一般以短元音字为主，长元音字很少，除上面所举海韵、齐韵外，比较常见的长元音字例是低元音的麻三和其所对入声韵昔三的“遮、车、社、蛇、射、舍，隻、尺、石、释、麝”等字。那么此外的长元音字何处去了呢？中高长元音韵中古都复音化了，长元音是先于短元音出现复音化的，有可能产生在 tj-、thj-、dj-之后的一些最初的复音化苗头 i＞ɪi，ɯ＞ɨɯ，u＞ɯu 时，其前面新增的过渡音会与 j 融合为 i 元音，从而混同于四等韵而不易析分。“敦弓”、“敦琢”、“追琢”，前字* tuul 或* tul 通“雕”，就可能是读* tjuu 而混同 tiiu 的，从而保留读 t 而不变章系，类似的还有“地觌”等字。海韵、齐韵的三等字不过是不那么变的残留音，所以字那么少，而且还有异读。

4.3.8　中古精组三等字中也有部分是从上古带 j 垫音的复声母来的。首先是邪母，凡与以母相关的邪母字都来自 lj-，这是主体，例如“徐”* lja、“涎”* ljan（另外合口与云匣相关的是 sɢw-）。l 因后垫 j 而腭化，近于船母 ɦlj-，所以“杼、揗、楯、紃、犕”都有邪母、船母两读。还有麻三的精组字都来自古鱼部* -jaa、歌部* -jaal，昔三精组字中也有来自古铎部* -jaag 的字，它们的声母当然有 j 垫音。其中除了邪母的“斜”* ljaa、“谢”* ljaags、“夕、席”* ljaag 外，其他都属于 sj-或 slj-式结构。如“且”* shjaaʔ、“卸”* sŋjaas、“昔”* sljaag。这类 jaa 在-g、-ŋ 尾前更会因 j 的影响使元音变前而入清韵、昔韵，所以阳部的“餳”读徐盈切入清韵，是 j 引致的正常音变，不是例外。同时这一音变也正表明了这类 j 的存在。

注意中古同在麻三昔韵的“也野夜、亦懌”则跟其他以母字一样，中古带 j 是声母 l 直接变的，上古本没有任何腭介音，只因读长元音韵，故与短元音的“余与豫藥”异韵。

4.4　垫音-r 和-l

4.4.1　上面 4·1 节已说明 Cl 型复声母共有的基辅音是 P-、K-两系和 s-、z-。所以有的先生构拟的 tl-、tsl-之类的形式我们认为最初是不会有的，李方桂先生所拟的“知”tr-、“庄”tsr-形式我们也认为是上古晚期才出现的。知组早期是 rt-，庄组早期是擦音 ʔsr-、shr-、sr-、zr-和 sCr-。

4.4.2　r、l 的不同分布也已明确，雅洪托夫、李方桂已经证明二等带 r；蒲立本、白一平、俞敏、郑张都证明三等 B 类字（含重纽三等和不轻唇化的庚、蒸、幽韵）也带 r，即带 r 是形成中古二等和三等 B 类的条件及形成庄组的条件。这样才能解释许多语言现象，影母二等的“绾”* qroonʔ，《说文》读若“卵”* roonʔ，汉越语“弯、湾”loan、“刷”loat，潮州畲话“杀”lat⁷，都是二等所带 r 的遗存音变。《说文》说鲁 * raaʔ 为“吏省声”，“吏”侧下切 * ʔsraaʔ，可见许慎时代麻二韵字还带着 r 呢。

三等 B 类带 r 的证据也很多，例如：

（1）异读：釐福，同“禧”* hrɯ/釐 rɯ、獫～狁 hramʔ/獫长喙犬 ramʔ、勑力 krɯg/勑赵魏谓棘 rɯg、率～领 srud/率约数 rud

（2）转注：棘 krɯg/勑 rɯg、禀 prɯm/廪 rɯm、命 mreŋs/令 reŋs、位 ɢwrɯbs/立 rɯb

（3）通转：冰 prɯŋ/凌 rɯŋ、耆《尚书大传》《周本纪》～国 gril/饥《殷本纪》kril/黎《书·西伯戡～》ril、麋、眉《方言》：老也 mril/梨《方言》：老也 ril

（4）谐声：品 phrɯm/臨 rɯm、京 kraŋ/凉 raŋ、泣 krɯb/立 rɯb、谬 mrɯws/翏 rɯws、禁 krɯms/林 rɯm

（5）分化：笔 prud/不律 pɯ-rud、豾 phrɯ/不来 pɯ-rɯ、冯（憑）brɯŋ/冯陵 bɯŋ-rɯŋ。

其中“豾”音攀悲切 phrɯ，据《尔雅·释兽》“貍子”，郭注：“今或呼豾貍 phɯ-rɯ。”表明至晋代还在如此说。《仪礼·大射仪》“奏貍首”，注：“貍之言不来也。”说明原音近于“不来”。也可比较四川叙永苗语野猫 pli⁷。《广韵》敷悲切：“豾，貍子。”里之切：“貍，野猫。”“貍”* rɯ、“豾”* phrɯ 显为同根分化。

俞敏指出直到唐代慧琳还译梵文 r 韵为“乙”ʔrid。汉越语“逆”有两音，相反义读 ŋɯək^6，迎迓义读 rɯək^5，当是从“逆”* ŋrag 分化而来的同源异形词。温州“眼眉毛”的“眉”说 lei^2，跟上文(3)“眉”“梨”通转相同。山西文水“孝义”(镇)当地叫 hau$^{\supset}$ li$^{\supset}$，义读 l 母。“脸”本是“睑”的转注字，《集韵》同为居奄切，在今京戏的上口字里犹读 jiǎn，而口语说 liǎn，比较藏文“脸颊”ɦgram，可见原为 * kramʔ。

以下兄弟语的证据也可证明三等 B 类字带-r-：

“几”* kri，藏文 khri 床、座、案；“禁”* krɯms（从“林”* rɯm 声，泰文“林”grɯm），藏文 khrims 法律；“馑”* grɯns，藏文 bkren 贫困、饥饿；“擎”* greŋ，藏文 sgreŋ 举起；“泣”* khrɯb，藏文 khrab 哭泣者；“荫”* ʔrɯms，藏文 rum 背阴处，越南语 rəm^6 阴影；“变”* prons，藏文 phrul，泰文 plianh；“惊”* kreŋ，泰文 kreeŋ 惊；“敬”* kreŋs，泰文 greeŋh 严格的

三等重纽“赑屃”* brids-hrids 又读作二等字“霸下”，都带 r。

而此外各非二等、非三等 B 类字中，不再有 r，一、四等和一般三等字如有与来母、以母相通谐的，则应带 l。比如“谷”又余蜀切，“蛊”《集韵》又以者切，“舉、异”同源，皆应为 kl-。① 《说文》“膘”敷绍切，读若“繇”；“飙”为扶摇旋风，《尔雅·释天》“扶摇谓之猋”，“猋、飙”卑遥切；“蝠”方六切，又称“服翼”；“膚”异体“臚”，又力居切；《管子·小匡》四里为“连”，十连为乡，《鶡冠子·王铁》作四里为“扁”，十扁为乡（比较藏文“连”ɦbrel，就可明白“扁”“连”的分化关系）；“帆”与“风”同谐凡，而泉州旧读为 lam^2，由此可知，像“膘、飙、猋、蝠、膚、扁、帆”这类字皆应按 pl-拟音。

4.4.3 关于 Cl 式复声母的谐声关系，高本汉曾以“各：洛”为例作了三种推论：

(A) kl-：l- (B) k-： kl-/gl-， (C) kl-：gl-

由于现在已知上古有 r、l 两种垫音，因此高氏三式皆不适用，应另拟为：

---

① “蛊”字有公户切、以者切两读，前人不能解释此现象，故多作训读处理。现在看来，这两读都是鱼部上声长元音，韵母有三处特征相同，仅声母有见、以之别，正可用复辅音声母解释。另外就“蛊”字的释义看，也缺乏训读的基础。

一等清	一等浊	二等清	二等浊	来　　母
各 klaag	貉 glaag	格 kraag	垎 graag	洛 raag<g · raag<ɦk · raag

二等中的 r 是强制性的，无 r 就不形成二等。一、四等中则有的有 l，有的没有。同样三等重纽 B 类及庚、蒸、幽韵的喉牙唇音一定有 r，此外其他三等字 l 的有无，要据谐声、异读、转注等来确定。从古文字说，"各"是"佫"的初文，经典常写作二等的"格"或"假"，"各"并作"洛"的声符，所以含有 l 不成问题。"貉"又音"陌"，写成"貊"，那应该是带 m-冠音的 * mgraag，也当含有 l。

4.4.4　高本汉认为"洛"或者是 l、或者是 gl，后者虽然跟"貉、垎"有冲突，但认为浊 g 容易脱落，这也有一定道理。汉语读来母的"蓝、懒、林、箖《广雅》箖，翳也、落本义是叶脱离、沦"，泰文分别作 graan 靛蓝、graan' 懒、grɯm 森林、grɯm' 荫翳、graak 松开、脱离、glɯɯnh 波浪，汉语脱落的正是浊的 g，而这些汉字在声符上则暗示它们原来本是属**清 k 类音的**（如"监、禁、各、纶"**皆清音**，"懒"《集韵》又体从阑声，间接从柬声，亦清音）。汉语的"銮、昱(翌)"，泰文作 bruan 銮铃、bruk 次日，同样脱落浊的 b。汉语的"龙、粒、粝、疠、廪、连、犛、陆"，藏文分别作 ɦbrug 龙、ɦbru 粮谷、颗粒、ɦbras 米、ɦbras 瘰疬、ɦbrim 配给、ɦbrel 连系、ɦbri 牦牛、ɦbrog 牧野，汉语的"脸、滥、淋、理"，藏文作 ɦgram 脸颊、ɦgrams 散布、ɦgrems 喷洒、ɦgrig 理宜，则汉语都脱落 ɦb、ɦg。还可比较下列的分化式：

汉语　禀 * prɯm'>廪 * rɯm'　　　藏文　brim>ɦbrim
汉语　披 * phral>离 * ral　　　藏文　bral>ɦbral
汉语　纪 * krɯ'>理 * rɯ'　　　藏文　sgrig>ɦgrig
汉语　巷 * grooŋs>弄 * rooŋs　　　藏文　groŋ>ɦgroŋ

除了"巷"字，汉语这些字例都是清声母的，"脸"原来正宗的读法也是居奄切，与瞼同源，见母清音，为什么其分化式会脱落声首的清音呢？藏文的分化式是浊母带 ɦ，这启发我们，前古汉语也当以 p->ɦp-、k->ɦk-作为分化式，然后 ɦp->ɦb->b-、ɦk->ɦg->g-变为浊音。声首浊音则易于擦化、脱落（比较藏文 glog 变阿力克 ɣlok、夏河 hlox、拉萨 loʔ），所以高本汉的浊母脱落说是有一定道理的，但要申明其来源

为 ɦk->g-，而且这类后世失落的成分要加个标志，所以上面表里“洛”字我们加了圆点·。泰文“龙年”说 ma'-rooŋ，可能是“龙”还说 b·roŋ 时借的（藏文“龙”ɦbrug，在道孚语说 mbru，嘉戎语说 rmok，都是把 ɦb-混同 mb 或 m-）。

4.4.5　流音 r、l 是上古汉语非常活跃的成分。前面已经指出，在亲属语言比较中 r、l 因音相近也可相交替（不少是同一语族内部交替）。带-r、-l 的复声母很多，同样也有交替现象。像汉语“风”* plum，武鸣壮语是 rum[2]，而泰文 lom；“降”* krooŋs，武鸣壮语是 roŋ[2]，而泰文 loŋ；“舐”* ɦbljeʔ，武鸣壮语是 ri[2]，而泰文 lia；“水”* qhwliʔ>hljuiʔ，缅文是 rei、墨脱门巴语是 ri，又对武鸣 rui[3]、邕宁 li[3]、卢舍依语 lui 溪水。因此尽管上古汉语拟音上 r、l 是严格按等分别的，但研究语言变化时却不必太拘泥。

4.4.6　带流音成分的 Cl-式复声母在亲属语自身演化中变化多端，常见的变化形式有六：

[A] Cal-；[B] Cj/ɣ-；[C] C-（以上是保留 C 的）；

[D] l-包含 l-擦化为 ɬ、ɮ、j；[E] l-塞化 Cl'>T；[F] l 咝音化 Cs>Ts-（以上是由 l 主导的）

A 式是全 Cl-的保留，并加强 Cl-中的 C-为半音节。B-式保留 Cl-但 l 弱化。分前腭化、后腭化、唇化等，后续变化还可：Cj>Cʑ>tɕ。C 式是 l 失落。D 式是 C 失落而 l 保留。l 可以再有擦化或清化等后续变化。E、F 都是依 l 的变化为导向的，E 式是 l 强化为声干并与前 C 融合成新的塞音或鼻音，可有 dl、ld 等塞化的过渡式，F 式是流音擦化引起塞擦化 ts-、tʂ-。

以共同台语* ml/mr-为例：泰文“籽粒”mled 为原式，今泰语分为 ma-let、met、let，相当于 A、C、D 三式，而泰国的石家语 mlɛk[6] 近似原形，布依语 nɐt[8] 为 E 式。武鸣壮语“口水”mlaai[2]，新派音 mjaai[2]，泰语及龙州壮语 laai[2]，布依语 naai[2]，相当 B、D、E 式。注意同一原始声母，在不同的后裔语言并不都能同步演化为同种变化形式：拉珈语“鸟”mlok[7] 属原形，侗语 mok[8]（C 式）、武鸣壮语 rok[8]（D 式）、泰语和水语 nok[8]（E 式），与此对应的汉语“鹜”* mog 也是 C 式，而印尼语 manuk 则是 A+E 式。拉珈语“颗粒”mlɛt[8] 是保留原形，而“口水”leei[2] 却是 D 式；泰文“籽粒”是原形，口语音为 A 式、C 式，“口水”有 A

式ma-laai、D式（naam'-）laai，而“鸟”nok却是E式。各语言演变进程中往往发展方向各异而造成分化不平衡，在cl-复声母演化方面很难期望各语言都同步演变。

藏文“石崖”brag，在亚东变phjaʔ是B式，阿力克ptʂak、拉萨tʂha是F式，阿侬怒语phaŋ是C式，道孚ra则是D式。道孚还分化为ra山崖、rdza岩石，后者也属于D-F过渡式。藏文“升斗”的“升”bre，变泽库ptʂe、拉萨tʂe，那就只是F式了。

因朝鲜语没有CL式复声母，在借入古汉语这类词时，除了用C式外有些也就用A式，如：器kɯrɯs、风param、街kəri、巷kurəŋ、骑kara-，还有奇特的形式是把r放在元音后，如：马mar、葭kar、枷khar、梳sar梳齿、臿鍤（楚洽切）sarp、麦mir来自cr，谷kor、膊phar、箔par帘、腊sar肉、丝sir来自cl，它们应都由r后元音省略变来的，是A式的一种特殊的再变化（蒙古语音演变中也有雨qura＞xur、日头nara＞nar这类变化）。朝鲜语的“酒”sur不论来自古汉语sl'u＞suru或梵语sura，原先r后面都是有元音的。

4.4.7　汉语Cl-、Cr-在后世大多简化了。多数是失去垫音演化为单C-，也有的失C-而成r-（如“角”kroog＞roog角里先生）、成l-（如“谷”kloog＞log吐谷浑，同“峪”），即上面所说C、D二式。另外还有很重要的E式变化，即CL-＞T-变入端、知组，如“魄”读如“拓”。这说明，我们要构拟的复辅音声母在演变道路上同样也是分歧的，常见的就有三类，讲演变的时候必须有所分别才行。我们拟音上的分别方法是：

CL：　一般由C式追溯构拟的CL，不加标志；

C·L：　由D式追溯的标为C·L，即以圆点分隔会脱落的C；

CL'：　由E式追溯的CL，标为CL'，即以小撇标志塞化。因为使整个声母转为舌音的这种变化是l、r塞化造成的，所以标志在流音上。下面将以专节来说明塞化流音。

以侗台语“香”为例，此词与汉语“芳”同源，它在各兄弟语中的演变可以分析为：

原形：拉珈语plaaŋ

B式：宜山壮语pjaaŋ，仫佬语m̥ɣaaŋ＜hmraaŋ＜phlaaŋ

C式：汉语闽语phaŋ＜phlaŋ（芳）

D 式：佯黄语 laaŋ、武鸣壮语 raaŋ<p · laaŋ

E 式：侗语 taaŋ<pl'aaŋ、水语 ndaaŋ<mbl'aaŋ<ɦpl'aaŋ

4.4.8　前面已经说明，r 分布于重纽三等，但喻母三、四等是否重纽有争论。根据 2.3 节的分析，只要限定在重纽各韵范围内，云母字跟以母合口同谐声字在来源上原来本属重纽三等与四等的对立，所以云母最初应是带 r 的 *ɦr-<ɢr-，"矣"为 *ɦrɯ，"炎"为 *ɦram 或 *ɦwram（汉越语为 viem），"熊"《说文》从炎省声为 *ɦwrɯm。后来不对立了，才变 ɦl、ɦ。

至于其他喉音字的垫音，也要依等调整。例如"险、譣"，《广韵》虚检切属重纽三等，为 *qhram，"譣"下注《说文》息廉切 *sqhlam，又读七廉切 skhlam，则根据声母是精组非庄组，而把垫音调整为-l。

4.4.9　一、四等字是否带-l，要视该字跟来母、以母有无通谐或异读关系而定，例如"姜、举、姬"跟"羊、舁、颐"等通谐、"蛊"与"冶"异读而定其为 *kl-母。"羑"与久切，又与"诱"通，所以应拟 *luʔ，此字既从"久"得声，又可推知"久"不是 *kwɯʔ 而是 *kwlɯʔ（又"灾"也有"久、羑"二音）。

4.5　塞化的-l 和-r

4.5.1　在郑张(1987)文中我就强调过流音塞化在复声母变化中的重要作用。在汉语方言中也可见到流音塞化现象，即把来母 l 发成近于 d 或 ld。闽南话有塞化 l 音是大家知道的(请参看《汉语方言概要》2 版 239 页厦门声母说明)，湖北通城大坪"六"读 diuʔ、"列"读 deʔ（张规璧说）。罗常培《临川音系》记来母细音读 t，有人如 ld（"驴"ti^2/ldi^2）。敦煌《藏汉对照词语》残卷"镰"ldem、"狼"lda。说明这一现象今古方言都有过。

单 l、r 因塞化而变为 ld、rd，复声母 kl/r、pl/r 因所带流音舌位影响变 tl/r，或因流音塞化而全变 t 的例子，在兄弟语中也极为常见。藏文 loŋ 盲，也作 ldoŋ，log 与 ldog 倒转为一词之变式，zla 月今读 ta；缅文 khrok 六，藏文为 drug；佤语 kra̱k 水牛、kli̱ʔ 男阴，在克慕语变为 trak、tle̱ʔ；泰文 kriw 龟，今多作 triw；藏文 gru 肘，珞巴语作 du；石家语 pra 眼（拉珈 pla，武鸣壮语 ra），在泰语变 ta，石家语 praak 晒（武鸣壮语 raak），在泰语变 tak，都是。但在石家语里，别的台语的 kr-、kl-它都变为 tr-、tl-，却不牵涉到 pr-、pl-、ʔbl-。而在泰语则 kr-、kl-不变，反而 pr-变 t-；ʔbl-变 ʔd-常见，pl-却多保留，如“鱼”“白蚁”仍说 pl-，但这些词在侗语又变为 t-。这样看来塞化跟基辅音也没有必然关系，关键还是在流音上。但是这些语言都表明，流音塞化是一种演化过程中的现象，各语言和方言之间同一种 cl 声母塞化与否也参差不一，像拉珈语 pla 眼、pluk 竹篾，泰语、布依语都塞化为 t-，壮语柳江为 pja^{1}、tuk^{7}，两个词塞化了一个，龙州为 ha^{1}、phjok^{7}，留前 c 的一个，武鸣 ra^{1}、ruk^{7}，皆留后 l，但全不参与塞化；拉珈语 mlɛt^{8} 颗粒，布依语 nɛt^{8}、柳江壮语 nat^{8} 都塞化为 n-，泰语、傣语、邕宁壮语却不塞化；台语“债”与缅语 mrii＜mlii 同源，但泰语、傣语、壮语都塞化为 ni^{3}，只龙州作 mi^{3}。说明塞化只是后垫流音的复辅音在演变上的一种选择模式，它的选择或许跟扩散过程有关，但在各语言音位上，后垫流音跟一般流音似乎没有明显音质差别，所以至今还说不出立足于音位结构差异的塞化规则。没法指别哪些 CL 会塞化，哪些不会。

但 cl-＞t-至少表明 c 是被 l 的舌音部位所同化，在音变过程中流音 l 起着导向作用。这和一般的 cl-＞c-正好相反。所以在说明声母演变时必须对这类流音予以区别，我们特将引起塞化的流音标记为 l′、r′(这个′即 prime 小撇。为打印方便，也可以写为 l'、ll、ld 和 r'、rr。但重叠不代表长音。英语表稻谷的 paddy 借自印尼语 padi，表黍粟的 millet 虽说中古英语与法语已有，一般说借的是法语，以-let 为指小，但也有可能借自古台语 mlet，而重叠 ll 暗示了塞化?)。引发塞化的机制问题，还需要大家再行探索。我们依据流音的导向作用，曾猜测它可能重读，潘悟云(2000)的分析，则认为是流音因持阻时间缩短成为闪音，以后才塞化(依此说，也可设计给 cl 中的 c 加长音符号 cː 或 cc，来表示其塞化式)。

由于汉语也有部分 t-类字是来自 kl-、pl-的，所以我们把流音塞化引入上古音系。但需要申明，上古音系音位上，流音仍只有清浊 l、r 两套，带塞化标志的流音-l′、-r′只是为了说明演变导向的方便而加标记，并未列为另一类独立的流音音位，这跟前述各兄弟语言中虽多流音塞化而其流音并不分立是一致的。在上古汉语里塞化也只是一部分字的现象，在各个谐声系列里常属少数的特例。

流音的塞化的机制需要探讨。在多数情况下，其前面常是具有别的语音成分的(声干或冠音),自然不能忽视它对流音的影响,因此有过两种相关的设想。包拟古把这类音都拟成 k-l、kh-l、g-l,p-l、ph-l、b-l 等,潘悟云(2000)就采用了,并把前一成分的性质定为前冠次要音节。此说有其优点,但也有问题,那等于把其中的 l、r 都立为词根而前面的音都成了前冠音,这样几乎所有非舌音声母都可做冠音,冠音数目就太庞杂了(多数兄弟语言前加音音位是有限的,有的如嘉戎语读送气、读浊只是随声干而变的变体。只高棉语较复杂,但都不排斥舌音作前加音);而且流音词根也会太多,在谐声词源分析上就会平生阻碍(像古文字家认为“九、肘”同源,这于藏文 dgu、gru 也可得到印证,拟成 kuʔ、kl'uʔ也无妨,分拟 ku、k-lu 实际就不同根了。“答”拟 k-l,其词根成为 l,就与“合”也不同根了,与谐声分析不符)。而这种排除舌音的 cl 结构正合于后垫式,而不合前冠式。所以我不采用包说。另一设想是在这类 cl 前再拟一个引发塞化的前冠,比如 s-、t-、ʔ-、ɦ-、r-等。t-最干脆,也需要探索这类冠音的分布,但那可直接看作 t-c 问题,实质上不一定跟 cl 的流音塞化相关了;ɦcl-常引致 c 浊化脱落,已有另一种变化,见上一节。白保罗最积极提倡复辅音的 s+使声干舌音化,如说彻母“摅”来自 skhli̯o。这方面如果比较藏文 skrang 对汉语“胀”,skrab 对汉语“踏”,也是有力的证据(又加 z-,藏文也有“月”zla>ta 的语例,“舟”藏文 gru,在嘉戎语就是 ʒgru)。但是这样的设想因又有 skr-变见母、来母、精组的例子,如 skrog“搅”、skra“鬣”、sgron“松”会与上述例子相冲突。而且在上古音系里 s-冠音已有够多的负担,要均衡选择,可能还是 r-好,比如 rcl->t-,在音理上也容易说明些,可惜缺乏语言实证。

比较起来,ʔ-冠的可能性值得考虑。ʔbl->ʔd-在台语是很常见的,虽明显与 pr->t-是两拨,不过从邕宁壮语“秃”klou^{6},武鸣、龙州变 ʔdo^{5},南部侗语“名”kwaan^{1},水语作 ʔdaan^{1},南部侗语“梯”kwe^{3},水语作 de^{3}、泰文作 kra-ʔdai,南部侗语“骂”kwa^{5},泰文作 ʔdah,以及泰文“盐”klɯa、“秧”kla'、“远”klai,在水语变为 ʔdwa^{1}、ʔdja^{3}、ʔdi^{1} 等例子来看,ʔkl->ʔd-的可能是存在的。汉语“歸”从“𠂤”声,泰文 ʔdɔɔj 正对“𠂤”,klɔɔj 则表“归附”,也可设想 ʔkloi->ʔdoi。尤其 ml-类,邕宁“虱”mlan^{2},佯黄语作 ʔnan^{1},拉珈语“鸟”mlok,佯黄语作 ʔnɔɔk^{9},邕宁“月”mliin$^{1'}$,佯黄作 ʔnjeen^{1}(相当于石家语 blian 对泰文 ʔdɯan)。pr 在有

些鼻化变体中也出现 ʔ-，如拉珈语、武鸣壮语“雷”pla[3]，在水语就作 ʔn̥a[3]。ʔ-冠音引起后面的流音塞化是说得过去的，一个喉冠音也容易增减。所以也可先把塞化后垫式记作 cl'，而把 ʔcl-列为其可能的更早形式，即认为前古或远古形式而上古音在其三期中可能有 ʔcl->cl'->t-的变化。这样一来如果把尧* ŋ-声字“挠”的奴巧、呼毛两读拟为* ʔŋraaw、* hŋlaaw，倒是很有意思的对比，但在 ʔml 变影或塞化上也会出现矛盾，所以目前仍只用塞化标志。

4.5.2　塞化流音在端组的分布，以 l' 为例，理论上可有：

端 t<kl'、ql'/ʔl'、pl'

透 th<khl'、qhl'/hl'、phl'、ŋhl'、mhl'

定 d<gl'、ɢl/ɦl'、bl'、l'

泥 n<ŋl'、ml'

从-r' 来则为二等知、彻、澄、娘四母，只要把上列的-l 改为-r 就是。

依此，“多”可作* ʔl'aai（比较泰文 hlaai 藏文 lar），这样就更容易解释它与“移”* lai 及“宜”* ŋrai 的谐声；“跳”为* khl'eews，汉越语还读 khieu；“贪”应为* khl'uum，它从“今”* krɯm 声，又有苦感切的“欿，读若贪”；“唐”从“庚”* kraaŋ 声，《春秋经》还通“阳”，则当为* daaŋ← gl'aaŋ，与“行”* glaaŋ 正为同源异形词。“隤”为* gl'uui，它从“贵”* kluis，通“堕”l'ooi、“隳”hloi。“啖、噉、啗”* gl'aamʔ 才能以“炎”* ɢram、“敢”* klaam、“臽”* grɯɯm 为声符。

“魄”（“落魄”的“魄”音“拓”）应为* thaag<phl'aag；与“亳”blaag 同声符的“虴”则应为 tr-<pr'aag（比较侗语 ʈak[7]、武鸣壮语 rak、拉珈语 plak 蚱蜢），“頊”当为 thr-<phr'aag（比较拉珈语、武鸣壮语 plak，石家语 phraak 脑门）。“匋”徒刀切* l'uu<bl'uu 与“缶”* plu是同源异形的转注字，《说文》云“案史篇读与缶同”。而“陶”又音馀昭切 luu，其原始形式 bluu 正与藏文 phru 陶器对当。

泥母字“猱”从“柔”即“矛”* mruu 得声，应为* ml'uu，粤语称猴为“马留”，是其古音的缓读式，缅文 mjauk<mlauk，在撒尼彝语就变 nu。“𦤎”有鱼纪切* ŋrɯʔ、羊入切* lɯb，《说文》读若薿，鱼纪切，徐锴《系传》曰“今音女立反”（《灵光殿赋》李善注也是乃立切）* ŋl'ɯb。

“癡”从“疑”声可作* ŋhl'ɯ>thɯ。“畜”二读是晓母* hlug，彻母

* hl'ug(对应藏文"羊"lug)。"铁"* qhl'iig/hl'iig 近于张琨氏的原始形式* qhleks。

端组 t-也含 ʔl'-、hl'-、ɦl'-,知组 tr-也含 ʔr'-、hr'-、ɦr'-来源的字,可比较泰文 hl-、hr-声母字。如泰文 hlak 基业可对汉语"宅"* ɦr'aag,泰文 hlek 铁、hlaa 大地、hlud 脱、hlum 坑阱、穴,可对汉语"铁"hl'iig、"土"hl'aa'、"脱"hl'ood,"窞"ɦl'uum' 泰文次浊母前的 h-今仅为高调标记,但历史上是发音的,详前。

又藏文 hrag 隙罅对汉语"隙"* khrag 和"罅","罅"呼讶切* hraa＜qhraa 又读通都切,那就是塞化的* hl'aa＜qhl'aa。

4.5.3　知道知、彻、澄母 tr-类来自 kr-、pr-、ɢr/ɦr 类的塞化,我们可在亲属语言中辨认出更多的同源词。如金秀罗香的勉瑶语 klaau² :汉语"桃",klaaŋ² :汉语"肠"(云南河口樑子的金门瑶语已变 tlau²、tlaŋ²),全州标敏瑶语 gli⁴ :汉语"雉",壮语 praak :汉语"頙"。我们也才可理解一些复杂的异读关系,例如"霅"胡甲切* ɢroob,又丈甲切* ɢr'oob,苏合切* sqhluub,《集韵》又域及切 * ɢrub,色甲切 * sqhroob。还有复杂的通谐、转注分化关系,比如彻母丑犗切"虿"拟 * mhr'aads,才能跟"万"* mlans 挂上钩,它本是"万"的分化字。这样才能理解"虿"以后变* hr'aads,及与"厉"* rads、"蝎"* had 之间的同源关系。

sl-、sr-本变心母、生母,但也有变精母、庄母的,后者也可标为塞化流音,如"晶"* sl'eeŋ 本是"星"* sleeŋ 的初文,"庄"* sr'aŋ 与藏文 sraŋ 街道、村落正好同源。那么"酒"与"酉"当为* sl'u' 与* lu' 的关系,试比较泰文的"酒"hlau',越南文 rɯəu(重声)。(根据 ʔcl-引发塞化和 ʔs-变精母的设想,精、庄母又可以统一为 ʔs-、ʔsl-,和 ʔsr-。)

透母拟音可能在 hl'-与 lh-间会发生纠缠。词根为以母 l 的我们一般先拟 lh-(如"汤"拟 lhaŋ),而将别的声符作 hl' 考虑。推测 hl'-的 h-可以是 qh-或别的冠音来源,例如"天"谐"呑"(泰文为* klɯɯn),推测它应是 hl'-来自 qhl'-。藏文 rlaŋs 蒸汽对汉语"汤",而 lhaŋs 热气对汉语"烫"(* lhaŋs),也是同源异形关系,所以"汤"若拟* hl'aaŋ 虽跟藏文 rlaŋs 对得更紧,但藏文 rl 既可与 lh 构成异式,汉语都构拟为* lh 也应该可以相通。

4.5.4 由于复辅音结构中如果出现流音塞化的E式变化，就表明其中存在流音成分，因此也可用来测定一些谐声系列中应含有流音成分。例如“出”声字本身是章系，所谐字中多见系字(“屈、窟”)，端、知也不少(“咄、黜”)。tj-不能解释见系，而 kl'->t-可以解释端系，其中就可肯定有 l 的存在，因此“出”就应拟为* khljud。而庄母“茁”则是* skrud。比较嘉戎语“出”khʃut。

4.5.5 还有一个重要的现象是单 l 的塞化，众所周知，定母跟以母间有密切通谐关系，所以蒲立本(1973)、包拟古(1980)、白一平(1992)、潘悟云(2000)都干脆拟定上古* l 到中古一、四等变 d-，三等变 j-。这样做比较简捷，但对“谷”* kloog 的异读余蜀切* loog、“蛊”* klaaʔ的异读以者切音“冶”* laaʔ、“胳”* klaag 转注为“亦、腋”* laag、“夕”* ljaag 转注为“夜”* laags 这类现象的解释不利。这类现象如用 l 都变 j 来看，其分化机制很清楚；要是一、四等(我们用长元音表示)都变 d-，只限三等变 j-，鱼部的“与”“也”就分不开了(白一平无奈之下用大写 A 表麻三，与小写 a 表鱼韵相对，文字分而语言不分，在音系上并没有科学地解决)。

我们把这一类看成单 l 的塞化 l'。其塞化机制，语音条件除了常在长元音前外，也还可能有别的因素。李方桂(1933)解释藏文中 l>ld 的现象，指出跟前缀音(即冠音)小阿 ɦ-有关，见该文第 27 条：

ld-<d-l-<ɦ-l-(?)： (今例)ld-：l- ldaŋs/laŋs 升起，ldog/log 倒回

此说很有启发意义。我们也可以把它引入汉语：

ɦ-l>ɦl'>l'——即：前冠加 l>前冠加 l 引起塞化>塞化 l=ld

依此同样可以把这类音简写为 l'。龚煌城(1995)语例中把“蝶、牒、叠、道”的声母写做 'l-即 ɦl-，应该出于和我们相同的考虑(“枼”是薄片，与“葉”同根* leb，然后滋生“牒”薄木札 l'eeb 等。景颇语、独龙语、格曼僜语“叶”lap 基本同汉语，而藏文分化为 lo 叶子，ɦdab 叶、瓣、薄片，后者明显是从 ɦlab 塞化变来的)。目前安徽的吴语方言中定母最常见的形式是 hl-，它是 ɦl-的清化式，所以不要以为这类前冠加 l 是什么罕见的东西。定母字在闽北建阳、湖南益阳今读 l 母常见，湖南乡话“读”lu、“田”lɛ，勉瑶“惰”$lwei^{6}$、“田”$liŋ^{2}$，壮语“洞、铜”luŋ，古汉越语“舵”lai^{5}，都表明这些词还有单读 l 的。我们提过在今方言中还有来母 l 读

成 d、ld 的现象，所以定母中与以母相关的 l'，与藏文 ld 一样本都可以视为单 l 塞化。但不管单 l 或有前冠 ɦ 的 l 塞化，它跟前面说的那些后垫式塞化 cl' 不是一个类型。

4.5.6　与 l'＜ɦl' 相配的是 ʔl' 端、hl' 透，由于以母来源的透母主要用 lh 标示，hl' 用得少些，但 ʔl' 还常用，"多"就是 ʔl'aal。单 r' 为澄母（也来自 ɦr'），与之相配的有 ʔr' 知、hr' 彻，这是指以来母为主的谐声系列里出现的二等知组字。例如"谦、赚本从廉"伫陷切 r'eem，"獠"读落萧切 reew，又张绞切 ʔr'eewʔ，"獭"曷韵他达切 rhaad，又鎋韵他鎋切hr'aad。

通过流音塞化的设定，《说文》"酴"同都切 l'aa，读若"庐"力居切 ra；"柮"当没切 ʔl'uud、藏活切 sglood，读若"貀"女滑切 ŋr'uud，这类读若现象也就比较容易理解了，并可理解《春秋》桓公十二年"盟于穀丘"，《左传》"穀"* kloog 作"句渎"koo-l'oog。

第五节　前冠式复声母

5.1　五类冠音

古汉语冠音有五类：咝、喉、鼻、流、塞。这五类多数在鼻流音前面可以观察到，而在其余声母前的冠音，原始汉语应该也有，但现有材料还不足以作出比较确定的构拟（这需要得到亲属语前加音前缀音研究的帮助）。现在比较能确定的构拟只有咝冠音 s-，因为它常变入精组；还有鼻流音前带喉冠音常变入影组。

冠音在塞音前和擦音鼻流音前作用不一样。在鼻流音前冠音往往取得强势，并在演变中吞没基辅音而占其位，中古就以冠音作为声母了。试看：

s-变心母——sm-戌　sŋ-薛　sn-絮　sl-锡　sr-使

h-变晓母——hm-悔　hŋ-虺　hn-汉　hl-熙　hr-脅

ɦ-变匣云母——ɦm-鬟　ɦŋ-完　ɦn-燃　ɦl-号　ɦr-鹄

ʔ-变影母——ʔm-颂　ʔŋ-哯　ʔn-痿　ʔl-益　ʔr-弯

只是 r 前的冠音多变成二等三 B 类声母（如 s-变为庄组的生母），

基辅音 m 则都变为-w。如“颂”与“没”实为同源异形词 ʔmuud/muud,但中古“没”为 m 母,“颂”则入 ʔw 与 m 母。“戌”* smid 为 sm-声母可由南方兄弟民族的汉语借词证实,克慕语 s-met,德宏傣文 met,而西双版纳为 set,可见古汉语确为* smid→swiɪt。“饕”越南语读 lau,可见“号”字基辅音为 l。hr 还有“罅”还可比较藏文 hrag 罅隙,裂缝。“弯”与“銮”同谐声,可见 r 确实存在,中古被 ʔ-冠音吞没了。

由于部分汉语 h-冠音字与藏文 s-冠音字有关,如汉语“许”:藏文 sŋag,汉语“焜(火)”:古藏文 smje,汉语“婚”:古藏文 smjan 结亲,有的先生主张把 h-冠音字全改为 s-冠音字。我认为这不合适。因为固然藏文 s-可对汉语 s-、h-两冠音,但汉语 h-还对应藏文中不少别的非 s-冠音字,这些 h-应当也像许多亲属语那样经历了喉冠音化的代偿过程,而 s-则没有 h-这一代偿功能。例如藏文 dŋos 对汉语“货”,dŋo 岸对汉语“浒”,rŋan 酬报、供品对汉语“献”,其冠音都非 s-。又如藏文数字“五”lŋa、“六”drug,到泰文成为 ha<hŋa、hok<hrok,冠音 l-、d-也变为 h-,而且吞没了次浊基辅音。

有的上古冠音没有传承下来,例如古文字表明“来”* mrɯɯ 原是“麦”* mrɯɯg 的象形,它们前古是一对异源同音、异词同字的共形词,因此“来”原应读 * mrɯɯ(印尼语“来”还说作 mari)。这种不是依音切,而是据谐声、转注等复原的前古逸失冠音成分,我们后加・号为标志,例如“来”* m・rɯɯ,“厉” * m・ras。又《仪礼・大射仪》“奏貍首”,注:“貍之言不来也。”可见“貍”现在读音丢了前冠成分,原来要读 p・rɯ。

5.2　s-冠音

上古 s-冠音主要是在鼻流音前,形成了中古心母可观的一部分。在上节表中已经列出代表字例。这一构拟可使许多谐声、假借问题获得解释,表中无法详示,例如:

“戌”* smid 作“威”* hmed、“滅”* med 的声符。关于“滅”字,《说文》从火戌会意,朱骏声说戌声,是。实际还是其转注字。克慕语所借汉语地支字“戌”正音 s-met。

“小”* smewʔ、“少”* hmjewʔ、“渺、秒”mewʔ 音义相因,是一组明

显的同源异形的转注字，并分化出楚绞切“仯”* smhreewʔ。

“需”* snjo《说文》从“而”* njɯ 声，又谐“儒、襦、孺、濡”* njo，帛本《周易》“需卦”即作“襦”。“濡”是“需”的转注字，与藏文“浸泡”snjug 相应，又音乃官切* noon，“蠕”又音而允切* njonʔ(或从耎，同样谐“而”声。不过耎、需可能都是由同一象雨淋人的会意字隶变分化的)。

“绥”* snul 从“妥”* nhool 得声，退军为绥，与气馁而却的“馁”* nuuls 同源，藏文 nur、snur 也是退让、挪移义(nud 为后移退却)。“胡荽”《博物志》说张骞得于西域，蒲立本指出源自波斯 gosniz，藏文移指茴香作 go-snjod，其中“荽”有 sn-复声母是可以肯定的。

“思”* snɯ《说文》从心囟声，谐囟声的还有“農”，应含 n 母成分，与泰文 nɯk 想、缅文 hnac＜hnik 心意、藏文 snjiŋ 心、精神对当。从而“囟”应为* snɯns，“细”应为* snɯɯls。《释名·释言语》“细，弭也”，以“弭”* mniʔ 为声训，也含 n。

“蘇”* sŋaa 从“穌”即“鱼”得声，通“御”，《诗·郑风·女曰鸡鸣》“琴瑟在御”，阜阳汉简《诗经》作“琴瑟在蘇”。通“禦”，《商君书·赏刑》：“万乘之国若有蘇其兵中原者，战将覆其军。”“御、禦”古音* ŋa。通“悟、寤”，《楚辞·橘颂》“蘇世独立”，王逸注：“蘇，寤也。”通“迕、牾”，《荀子·议兵》：“以故顺刃者生，蘇刃者死。”这些“悟、寤、迕、牾”都表示* ŋaa 音，说明“蘇”的词根是 ŋaa，侗台语、南亚语“芝麻”“蘇子”的词根也正是 ŋaa。

“獻”从“鬳”* ŋans 声，有两读：许建切* hŋans，素何切* sŋaal。后者用于刻镂嵌饰义的“獻豆”、“獻尊”。“獻尊”又作“犧尊”，《周礼·春官·司尊彝》郑玄注引郑司农：“獻读为犧。犧尊饰以翡翠。”又同节“獻酌”，郑玄注引郑司农：“獻读为仪。”又说应“读为摩莎之莎”。“莎”素何切* sŋaal，“犧”* hŋral、“仪”* ŋral 跟它都不过是冠音交替关系。

“赐”* slegs 是“易”* leeg 的转注字，又通作“锡”* sleeg。可比较泰文 lɛɛk 交换、互易，藏文 legs-so 赏赐。

“心”* slɯm，苗语、瑶语、壮语、侗语也是 s-，但与景颇语 s-lum、格曼僜语 lɯm、错那门巴语-lom、缅文-lum̃比较，原应为 sl-。(藏文 sems 是心意，不是心脏之义。)

咝冠音在塞音前能生成后来的一部分精、清、从母字，如：

sk-:“井”子郢切,同谐声的“邢”户径切,邢国古只作“井”,古汉越语“井”giêng(锐声,相当于汉语阴上)。“浃辰”的“浃”子协切* skeeb,可比较藏文 skabs 一段时间。又“稯”通“棘”* krɯg,郑玄《书赞》:“我先师棘下生孔安国。”棘下即稯下,则“稯”为* skrɯg。

skh-:造,《说文》从辵告声,古文从舟告声(七到切)。

sg-“岑”锄针切,《水经注·泚水》:“楚人谓冢为琴。”“琴”巨金切,《后汉书·郡国志·鲖阳》梁刘昭注引《皇览》:“城东北有楚武王冢,民谓之楚王岑。”说明“岑”音* sgrɯm。又“井”的转注字“阱”* sgeŋʔ。

sp-:“眨”侧洽切* sproob,比较仙岛语 phrap、泰文 brab。

sph-:灼(蒲角切 breewɢ)、又测角切 sphreewɢ。

sb-:“匠”从“匚”声,音义相因,包拟古认为对藏文 sbjoŋ/sbja 熟练。

st-:“载”、sth-:“邨”、sd-:“蹲”,同谐声的有“戴”、“屯”、“镈”(与“镦”通)等舌音字。关于这些字,包拟古(1969)提出与汉语精、清、从母可相比较的藏文有“接”sdeb、“感”sdug、“卒”sdud、“综”sdom、“丛”sdong、“从”stongs、“浸”stim、“磋”star 等,显然这种处理是可供我们考虑和甄择的。像“坐”sdod、“憎”sdang、“聚”sdu,“从”sdong(陪伴),这类词在上古汉语中至少应有相应的对应形式,如果不用包氏所建议的 sd-,也应是 zl-。

李方桂(1976)假设 st-、sk->s-,我们认为藏文有大量 sk-、st-,但常见失落 s-而罕见失去声干 k、t 的,而且这样将混淆塞音与非塞音词根的界限,不可取。其 st-中“犀、屧、筱、修、赐、虒、输、髓、邃、泄”依声符察其词根,都应拟 sl-,其余则为“绥”sn-、“雖”sqhw-,而“埽”则为会意字;其 sk-中“钑、楔、蜙、所、损、歲、宣、恤、恂”都应拟为 sqh-,因为 qh 后变 h 而读擦音,又“秀”应拟为 sl-,李氏似从朱骏声所疑“九”声而列 sk-,但“秀”所谐皆舌音,朱说不妥。sqh->s-可以解决好些问题,比如“靃”是霍本字,又在联绵词“靃靡”中读息委切,以前令人不解;今据“靡”* mral,“靃”自当音 sqhwalʔ,就可见其语根 qhwa 正与“霍”* qhwaag 相似。又如“虩”读许卻、山责二切,正好是 qhrag 和 sqhraag。

s-在送气清鼻音前能生成清母,如 2.7 所述,还有初母字,例如“钞吵㧎”* smhreew。还可补一些送气清流音例,如“帨”有舒芮、此芮二切,"兑"声字的基辅音应是 l,舒芮切是* hljods,此芮切应是* slhods。

s-在喉擦音前则清音入心母,浊音入邪母。如"岁"* sqhwads>s-hwas(闽语白读 hue^{5}, h-即来自前古 qh-。泰文"年、岁"为 khwap),"穗"* sɢwids>sɦwids 从"惠"* ɢwiids>ɦwiids 声。这两个字不知有无同源关系,因为谷物长穗也就是一岁。s-hw-、s-ɦw-也可列入 sCl-型,但含-w 的圆唇喉牙音也可列为独立声母,就在此附带说了。郑张(1990)专论上古 s-头,可参阅(某些部分今有更改)。

s-与 h- 可以交替,前面举了"獻"字。又"嗇"是由用"㐭"藏"來"("來"即是"麥")会意,"故田夫谓之嗇夫",所以其音所力切* srɯg 中 rɯg"来"是词根。"歗"火力切* hrɯg 是 s-头换了 h-头。雅洪托夫把李方桂的清鼻母 h-都拟为 s-,认为原先都是从 s-来的。其中有些是的,但有些却不是,不能一刀切。像"婚"* hmɯɯn 对 smjan 结亲、"黑"* hmlɯɯg 对 smag 黑暗、"许"* hŋaʔ 对 sŋags 称许,都是合理的,但是"昏"* hmɯɯn对 dmun 愚傻,"悔"hmɯɯs 对 dmus 灰心、"浒"* hŋaaʔ 对 dŋo 水岸,就合不上了。因为不但 s-可以弱化为 h-,其他的冠音也可以弱化为 h-。藏文的 s-、d-、g-等冠音今夏河方言都变为 h-(或记 ɣ-),但依明代《西番译语》记录的字音看,历史上是 d-、g-先变 h-,如藏文"红"dmar,明代读为"黑骂儿",藏文"白"dkar,明代读为"黑葛儿",藏文"新"gsar,明代读为"黑萨儿",而 s-则慢一步,如藏文"雾"smug-pa,明代读为"思木罢"。这充分证明 hm-和 sm-在近代藏语中曾同时并存过,它们不是互相排斥的,汉语上古大概也处于相似的阶段中。

5.3　ʔ-、h-、ɦ-冠音

在鼻流音前的喉冠音会以冠音占位的方式吞没声干,形成中古的影、晓、匣、云喉音声母,这在 5.1 节的表里已经可以看得很清楚。其中 h 冠音变入中古晓母的字较多,这里再补充说一下:

hm-"悔、晦、忽、昏、幠、荒、兄"和 hml-"海、黑"要分开,前者的 m 在中古要变 w,后者带 l 则不变。就像"亹(亹)、斖"同源,后者为亡运切合口,前者读重纽三等许覲切* hmrɯns 开口,也是带 r 之故(金文多以"亹寿"通"眉寿","眉"亦重纽三等 mril,藏文为 smin)。知道这些,就可以理解方言中的古音遗存、文献中的古音通假。福州话

mouŋ[1] 意为着慌读阴平，实即“慌”* hmaaŋ 字。《竹书纪年》“帝芒即位元年”，《北堂书钞》八十九引古本作“后荒即位元年”。又如“勖”也是hmug，因为中古上古都是圆唇元音，w 化才不明显了。《说文》段注也指出“勖”古读“茂”，今文《尚书·盘庚》的“勖”，古文《尚书》都作“懋”。此外还可以帮助辨正古文，《老子·道经》王本“惚兮恍兮”，河上本作“忽兮怳兮”，傅奕本、范应元本作“芴兮芒兮”，帛书乙本作“沕呵望呵”，“芒、望”都是借用明母字，说明河上公作“怳”* hmaŋʔ 是对的。“兄”与“孟”同源，《释名·释亲属》：“兄，荒也。”《集韵》荡韵以“怳”为“慌”字或体，“怳”从“兄”* hmaaŋ 声才可与“忽”* hmɯɯd 组成双声联绵词。“恍”字若为“光”声就联不上了，很清楚这是“怳”音变为 hwaŋ 以后的俗写误字。“欻”《说文》作“从欠炎声”而其音“许勿切”与“炎”声符不合，说者皆云有讹，但《说文》“读若忽”* hmud可帮助我们理解它对应于缅文“吹”hmut，则应为从欠吹火上炎会意。《说文》：“焜，火也。诗曰：王室如焜。”“焜”音许伟切 * hmɯlʔ＞hwɯi'，今本作“燬”，正对泰文 hmai' 烧，藏文 me、缅文 miih 火。

hn-“漢、熯、灘”要采朱骏声的“暵”省声说（日干、堇土会意），这样才能与“難、灘”谐声，才能解释“熯”有呼旱切、人善切的异读。要是依许慎的堇声说，就要无端增添许多阻难。

hŋ-“许、浒、虖、羲、谑、顼、仡、化”中，“仡”有鱼讫、许讫二切；“化”因与“讹、吪”谐声，故当为 * hŋ-，越南语以此把“靴”都念成 ngoa，而“货”可对缅文 hŋaa 物品。“许”不但从“午”* ŋaaʔ 声，《大雅·下武》“昭兹来许”，《后汉书·祭祀志下》刘昭注引《谢沈书》作“昭哉来御”，“许”作“御”，汉时音 ŋah。“獻”* hŋans 字上文指出对“莎、犧”，《尚书·大诰》“民獻有十夫”，《尚书大传》作“民儀”* ŋral。

这类音如果带 j 垫音则将转入书母，如念 hŋjɯnʔ，详 6.2 节。

胡刀切的“敖”是 ɦŋ-，胡官切“瓛”入合口，就是 ɦŋw-，而不是单ɦŋ-了。

鼻音没什么太多的纠葛问题。流音因为有声干、后垫音的纠葛，还需要再说一下。如二等、重纽三等字中有些 r 实际原来不是垫音，而是由上古流音声干 r 前带不同的喉冠音而形成的，例如：

r-来、鳌　　hr-赖、欸　　ɦr-矣、鹖　　ʔr-挨、隘

“矣”* ɦrɯ 从“以”得声，所以 r 是声干。前加 s-时形成俟母，“俟”字为 sɦrɯ。“号”声谐“饕”，* lhaaw（汉越语为 lau），所以“号”是 * ɦlaaw，“鸮”是 ɦraw，其声干都是流音。“益”是溢 * lig 本字，《易·益》又通赐与的“易”* leg，所以影母一读应是 * ʔleg，而“隘”是 * ʔreegs。

端组有一批来自 h 冠 l 的透母字和来自 ɦ-冠 l 的定母字。本来 hl-、ɦl-依常规次浊母要脱落而变影组，但 l、r 常常塞化，这时就改变其次浊音的性质，不但不脱落，反而主导整个结构变入端组，详 4.5 节塞化流音部分。

5.4　m-、N-冠音

在清塞音前的鼻冠音后世大多脱落，不易追踪，只有依靠兄弟语言同源词来寻觅，例如“肺、鼻”在苗语都带鼻冠音。但苗语有，不能说汉语一准也有，那还得看内部证据。目前先把重点放在浊塞音前的鼻冠音上，因为冠音可因吞没浊声干而占位为主声母。

对同部位鼻冠音依谐声如“臱邊”拟 mben、mpen，“旨诣”拟 kji’、ŋ́giis 固然行，但我说过不宜专依谐声，而异读、转注要可靠些。如“咬”有匣母、疑母二读，多数方言读疑母，闽语潮州 ka⁴，石陂 gao⁴ 是匣母。泰文同源词 giau 嚼说明其基辅音确是 g-，则“咬”可构拟为 ŋgreeu’。“岸”，《说文》：“水厓而高者。”从干声，而“干”也指水涯，《魏风·伐檀》“置之河之干兮”，毛传：“干，厓也。”所以“岸”跟“干”当是同源词，也可拟 * ŋgaans。而“干”是否相应的为 * ŋkaan 呢？有此可能，但无法确证，勉瑶语有 * ŋan⁶，仫佬语有 * ŋaan⁶，所对还是“岸”（壮语 haam⁵ 所对是藏文 ɦgram 岸边，不是“干”，但它们跟汉语“岸、干”是否韵尾交替问题，尚可进一步探究）。

“辗”知演切 * tenʔ，又女箭切 * ndens 后做碾，尼展切 ndenʔ；“跈”徒典切 * l’ɯɯnʔ 又乃殄切 * nlɯɯnʔ。这类异读中同部位的前冠 n-应较可信。

“陌”通做佰，“洦”莫白切又普伯切，像这俩字拟为 * mbraag，也较可信些。

但“岡、罔，久、畝，夬、袂，貉、貊，賓、丏”之类的 m 冠音关系尚要进一步研究。“賓”《说文》虽云宩声，但甲金文并无丏，只是形讹。

“冈”虽谐罔声，但藏文“冈”sgang、“堈”glang 没有 m 冠，mkhrang＝hrang 强健一般对汉语“强”，是否可对汉语“刚”还须研究。所以“冈”拟 * klaaŋ可以肯定，是否要拟 * mklaaŋ 还待推敲。“畝”古作“畮”，《说文》说或体从十久，不说从久声，段注说作久声不一定对，即使有久声成分，可能取“久”* kwlɯ' 的 lɯ'，不一定涉及 mk(藏文“耕田”为 rmo，印尼语“田地”为 huma)。

我所拟的 m-冠音与同部位鼻冠音 N-是并立的。藏文 m-冠音也跟同部位前冠鼻音 N 不同，m-可以在各个不同部位的声母前出现。注意 mq-、mɢ-、mg-可形成明母，而 mqh-还能形成滂母。

“貉”的常见读音是莫白切，《说文》引孔子曰：“貉之为言‘恶’ * qaag 也。”则莫白切应是 * m-qraag（或 m-ɢraag、m-graag）音。《周礼・大司马》“遂以蒐田，有司表貉”，郑玄注：“郑司农云：貉读为祃，祃谓师祭也。书亦或为祃。”祃读莫驾切 * mraas，这是 m-qraa 与 mraa 交替（跟后文 p-kraa 比较，可见塞冠音跟鼻冠音的交替现象）。“袂”从“夬”* kwraads 得声而读祭韵弥弊切，也当为 * m-gweds（集韵又古穴切，与襭 kweed 同源）。“瀴”，从婴声，烟涬切 * qeeŋʔ，又莫迥切，自然是 * m-qeeŋʔ。“姏”从甘声读武酣切（集韵又沽三切），也应是 * m-gaam。

鼻流音前的 m-冠音尚可一谈。汉语“闻”虽然从“耳”，但很古就有听、嗅二义。藏文“听”njan、“嗅”nom 跟“耳”rna、“鼻”sna 有同根关系，“听、嗅”两个动词的非现在式都带 m-冠音作 mnjan，mnom、mnoms，汉语“闻”* mɯn也有可能从“耳”* njɯ 同根滋生出来，像是 * mnjɯn的缩减，跟藏文 mnjan 同源。“麛”有五稽、绵批二读，后者又从“弭”声，是幼兽通称，可对藏文 mŋal 胎。“弭”（通“敉”）* mni/eʔ 则可对藏文 mnje 揉平。贿韵“浼”可能对藏文 mnol 污染，同韵“浽”秽浊对藏文 nol 污秽。“娩”* mron 可能来自 mnon，相当于藏文 mnun 奶孩子。

有的 m 冠音在传承中脱失了，在谐声、转注中还能看出，例如 5.1 节所举的“来”* m・rɯɯ、“厉”* m・ras。“里”可谐“埋霾”* mrɯɯ，应是 * m・rɯʔ，可比较缅文 mroɯ' 城镇。“长”甲文虽非形声，《说文》已加亡声 * maŋ，释为长远高远，比较缅 mraŋ' 高、久远，独龙语 mraŋ 高、长，则也应来自 m・l'aŋ。

5.5　r-冠音

藏文有 r、l 两个流音冠音，但汉语比较明显的是 r-冠音。

李方桂把知组拟为 tr-，白一平、斯塔罗斯金也这样拟构。但在前面谈后垫式时我们已经指出，-r、-l 只出现于 P、K 两系和咝音后，凡 tr-、tl-类结构都是后起的。它们只是上古后期的形式，那么在此之前该是什么形式呢？其中声干是帮、见系的由流音塞化转来，而声干是舌音的就必须考虑冠音 r-的影响，藏文 rtug 对汉语"椓"、rtal 对汉语"展"、rdung 对汉语"撞"、rdul 对汉语"尘"、rnag 脓对汉语"疒"，说明这样考虑是有历史根据的。龚煌城(1995)例词、潘悟云(2000)及郑张 1999 年首届汉语词源学研讨会论文都已经作了这样的构拟。

我们认为，凡舌音声干的知组二等字和三等字的一部分应该有 r-冠，但知组三等多数字本就来自上古端组三等字，中古变知组是受了三等初生介音ɯ 的影响，因此不需拟 r-冠音。

在* rt-知、* rth-彻、* rd-澄、* rn-娘之外，还有一部分澄母字是* rl-，即其声干为以母者，像"茶"是从余声* la 的，即应为* rlaa。"茶"本"荼"* ɦl'aa 的转注字，声干自然应为 l。"泽、择"从睪声，也应作* rlaag，可比较泰文"择"lɯak。"雉"从"矢"* hliʔ 声，对应缅文 rac<rik，也应为* rliʔ(比照标敏瑶语 gli^4、浪速语 khjik，以及白保罗所举斯戈语、普沃语 khliʔ、加罗语 grik，也有可能为* gl'iʔ)。"遅"从"犀"* slil 声，又通"黎"，《史记・高祖本纪》"黎明围宛城三匝"，《汉书・高帝纪》作"遅明"，拟为"遅"*rlil、"黎"riil，则音近更为明显。

"掉"徒了切 deewʔ，又女角切，义同。舌音二等既有流冠，则后者读 rneewɢ 或 rndeewɢ 还须研究。

二等由 r 垫音及 r 冠音形成，按理说二等不再有以 r 为声母的来母字了，因为如果是长元音就应读一、四等，但是有一小部分字却是例外，如"冷、荦、斓"等。为了避免与一、四等相乱，这些字我们也加 r 冠音作为读二等的标志，如"冷"* r-reeŋʔ①("斓、荦"可能是受联绵词"斑斓、驳荦"前一音节读二等的影响而变成二等)。

---

① 郑张《上古音系表解》(1981)作 lr。

5.6　p-冠音及 t-、k-冠音

藏文有前冠塞音 b-、d-、g-，按理古汉语也应该有类似冠音，但其踪迹在古汉语文献中的反映最为薄弱。因为在中古声母系统中，它们有的直接脱落无迹可寻，有的转化为后代基本声母，但又不像咝、喉、鼻冠音与声符的声母不合，带鼻冠音 m-还对后代声母有唇化作用（如"戌 sw-、悔 hw-"）、流冠音 r-还有卷舌化作用（如"撞、泽"），因而容易离析出来。汉语"八、百"声母为 p，如不比较藏文 brgjad、brgja，谁也难以推想到它们的声母 p 竟是从原始汉藏共同语的 p-冠音转化来的。但比起 k-、t- 来，p-的痕迹还算比较多一些。

"八、百"缅文分别为"八"hrac（比较道孚语 rjɛ、墨脱门巴语 je、独龙语 ɕat、养蒿苗语 ʑa[8]、勉瑶语 ɕet[8]、撒尼彝语 heʔ）、"百"ra（道孚语 rjə、撒尼彝语 hɒ），可以看出藏文的 b-在汉藏共同语里的确也是个冠音，所以才在这些兄弟语中或者消失或者擦音化了（而且藏文的 rgj 只是 rj 的塞化增音形式）。由此推理，那么藏文中跟"八、百"同声母而汉语也读帮组的二等或重纽三等字可能都有同样的来历（汉字后附中古音）：

绷（北萌切 pɣɛŋ）：brgjang 绷开

扮（晡幻切 pɣɛn）：brgjan-pa 已装饰

拍（普伯切 phɣæk）：brgjag 打

䮽（芳逼切 phɨk<phɣɯk）：brgjags-pa 饱

罢（薄蟹切 bɣɛ）疲（符羁切 bʏiᴇ）：brgjal 劳累、昏晕（参缅文 praj 变衰弱，泰文 blia 疲乏）

糒（平秘切 bɣiɪ）：brgjags 干粮

辩（符蹇切 bɣiᴇn）：brgal-ba 辩论

此外，有的 p-兼有两种变化。如藏文 brgjang（或 rgjang）"远"对应汉语"永"ɦwɣiæŋ<* ɦwraŋʼ，藏文的 b-对 ɦw-＝w-；但《诗・木瓜》"永以为好也"、《诗・考槃》"永矢弗告"的"永"，在阜阳汉简《诗经》中都作"柄"pɣiæŋ<* praŋs，那就符合前面所列的规律了。藏文 b 冠音在有些藏语方言中变成 w，汉语"永"的声基可能同"羕"* laŋs，那么 p/w 最初可能都属冠音。同从"丙"声的"窉、寎"除了有帮、滂、並母的读

法外，《释文》还有况病、匡咏等反切，读得那么乱，容易令人怀疑是否由讹读所致。“柄、永”相通可以揭开这一谜团，它们必定来自 * p-qhraaŋ、p-khraaŋ，保持 p-时它们无所谓开合，不保持 p-时它有可能就因 p 弱化为 w 而转入了合口韵。依此，“更”字所从“丙”声有可能也是 * p-kraaŋ(《诗・大雅・桑柔》“至今为梗”，毛传“梗，病也。”《周礼・考工记・轮人》郑玄注引郑司农：“绠读为关东言饼之饼。”说明从“更”得声的“梗”“绠”也可读帮组音)，但除了现在有些方言“梗”读 kwaŋ 外，更声字却不入合口。跟前面说的那些例子又有不同的变化。也许那只对原始声干为 * rj 的有效。

好些异读及谐声字例也显示可能有 p-冠音，虽然不都有亲属语言对当词及明显的合口变化，但也反映了原始 * p-遗留的痕迹。如豩呼关切 hmr-谐燹苏典 sm-许位 hm，“豳”府巾切应作 pm-，“黺”王物 ɦm-，又卑吉切 pmid。“孌”，居願切 * klons，又芳万切 * p-khlons。“飍”，香幽切 * qhrɯw，又风幽切 p-qrɯw。“覵”，古闲、古苋二切 * kreen，又方免切 * p- kreenʔ。“鼜”，《仪礼・丧服经传》释文“古狄反” * keeg，又“刘：薄歷反” * p-geeg 。“貉”《周礼・春官・甸祝》郑玄注：“杜子春读貉 * glaag 为‘百尔所思’之百 * p-kraag。”“冰”字原表“凝” * ŋrɯŋ，“冰、凝”音义皆相似，帮母“冰”应来自 * p-ŋrɯŋ。“萡”念匹各切，《说文》“齐谓舂曰萡。屰声，读若膊。”声符“屰”念宜戟切 * ŋrag，则“萡”该来自 * p-ŋhaag，跟“杵” * ŋhjaq 是同族字。“圮”，《说文》从土己声，“己”音 * krɯq，而读並鄙切，当来自 * p-grɯq。“法”古作“灋”，实从“去” * khab 得声，该来自 * p-kab。“驳”爻声 * graaw、“駮”交声 * kreew而读北觉切，该分别来自 * p-kraawɢ 和 * p-kreewɢ。“彀”苦候切，与“殻”同声符，而《说文》读若“莩”，该来自 * p-khoogs。藏文的 b-冠音可前置于 k-、g-，但 g-冠音却不加在 p-、b-前，所以这些有两读表现的复声母依藏文结构规则都应是 p-k，而非 k-p。

“立、位”甲金文都写作“立”，“位”无疑是“立”的转注派生字。“立” * rɯb(对缅文 rap)，可作“笠 * rɯb、泣 * khrɯb”的声符，“笠”正对武鸣壮语 klop 笠、泰文 klop 掩蔽，“泣”正对藏文 khrab，所以“立”更古声母可能为 ɢr- ，而“位”是 * p-ɢrɯbs(梅祖麟(1980)指出藏文的 b-有既事式、名物化的作用，前加 b-后加-s 正是藏文表示既事式的常见方式，汉、藏两种语言动变名型都可能跟藏文既事式有关。这正跟“立”名词化为“位”的关系一致),这个有语法作用的 p-,后来却是 w 化了(支谶译《阿阇世王经》vivṛi 为“惟位”,“位”后汉音近 vri。又,在中古的汉越语教学中还发生过 w—b 交替,“郵”[羽求切 wɨu]汉越语作 bɯu)。

p-是一个冠音音位,它在送气声干或浊声干前发音方法会起相应的变化。这在声干为晓母(上古是 * qh)的字里特别明显。如“亨”是 * qhraaŋ,有通达(缅文 khjangh 贯通,比较 khjang 度量正对当藏文 bgrang-ba 计量缅文-j-也来自-r-)、享用(藏文 ɦgrang-ba 饱食)、烧煮(缅文 kang 烤)三个意义,享用义后作“享”* qhlaŋʔ,烧煮义后作“烹”,正当为 * p-qhraaŋ。但从通假材料看,《周易》损卦“可用享”、困卦二处“利用享祀”①、大有九三“公用亨于天子”,帛书都作“芳”(* phlaŋ);《文物》1988 年 5 期包山 2 号墓新出楚简所记月名“享月”,在云梦秦简《日书》秦楚月名对照表中作“纺月”(秦三月),“纺”也是 * phlaŋ;可见“享”原来也是有 p-冠的。“嚭”,《说文》虽云“从喜否声”,但《史记》的“伯嚭”《吴越春秋·阖闾内传》作“白喜”(又作“帛否”),《论衡·逢遇》作“帛喜”,都只作“喜”* qhrɯq,究其原貌应当是以“喜”为声基的 * p-qhrɯq。花字古有浊、清二读,浊的是“華”* ɢwraa,清的来自況于切的“雩、荂”* qhwa,“荂”又音敷,后作“蔌”(芳无切)* p-qhwa、“葩”(普巴切)* p-qhwraa。

“僇”从膠声,匹交切,自可拟 * p-qhrɯɯw,但翏声字不少读 * mg-,所以也有拟 * m-qhrɯɯw 的可能,mqh-也可形成滂母。

p-kh 也会有相同的变化,大家都知道“不可为叵”,“不可”* p(ɯ)-khaaiʔ>“叵”phaaiʔ。这是中古滂母 ph-中含有 p-kh、p-qh 来源的强有力的证据。虽然“不”在此不是前冠音,但许多 p-冠也记作“不”,所以这个例子也能证明塞冠音可因后接送气声干而变送气。

一些带模糊元音的 p-即有在上古文献中记作“不”而传承下来的,《尔雅·释丘》“不漘”、《释鱼》“不类、不若”、《释虫》“不蜩、不过”,郭注指为“发声”。《诗·车攻》“徒御不惊(警)、大庖不盈”毛传“不惊,惊也”、“不盈,盈也”,也是当“发声”来看的(至于笔称“不律”、狸称“不来”,那牵涉到后垫式 * pr-复声母,则当另叙)。

① 《周易》困卦:“九五,……利用祭祀。”“祭”,《释文》引别本作“享”。

还有草鞋叫“不借”。《方言》四：“丝作之者谓之履，麻作之者谓之不借，……南楚江沔之间总谓之麤。”《释名·释衣服》：履，“复其下曰舄。舄，腊也。行礼久立，地或泥湿，故复其下使干腊也。齐人谓草屦曰扉。……或曰不借，言贱易有，宜各自蓄之，不假借人也。齐人云搏腊，搏腊犹把作，麤貌也。荆州人曰麤，丝麻韦草皆同名也。”说东西贱不须借自然是望文生义，“借”只是个通假字，真正语源是“舄”* shag＜“䵺”* shaaʔ(《说文》“草履也”，采古切)＜蘆* shaaq(《尔雅·释草》“蔖，蘆”，郭注：“作履苴草。”采古切。)草鞋，仫佬语、佯黄语 tsjaak[7]、侗语 ȶaak[7]、水语 tsaak[7]、毛南语 tsiik[7]，就是不带 p-的“不借——舄”(“借”本读入声资昔切)。草鞋，勉瑶 su[7]、标敏瑶语 ȶu[7]，也应该跟汉语的“舄”字同源，因为从汉语阳部字、铎部字的对音，如“着(衣)”：tsu[7]、“羊、养(生养)”：juŋ、“方、放”：puŋ 来看，瑶语的 u 正对汉语的 a。

“不借”，《释名》记载齐人又说“搏腊”* paag-sljaag，《周礼·夏官·弁师》郑玄注作“薄借”* baag-sjaag，冠音* p-都成音节而且促化，这该是有些今方言中带 pəʔ-头词的滥觞。泰文中有很多 kra-、pra-头的词，在傣雅语常弱化为 kh-、ph-冠音，如“雀”kra-chɔɔk 变为 kh-tɕok，“门”pra-tuu 变为 ph-tu[1](据邢公畹先生记录)。说明冠音成音节或不成音节可以交替。

“毘”* bi 跟“脐”* zli 同义，是否共同来自* p-zli，也值得考虑。

藏文还有 d-、g-冠音，在苗瑶语中也有类似的塞冠音占位现象，那么古汉语应该也有与 p-平行的 t-、k-冠音，并且可以在冠音占位的范围里观察。

t-冠音的例，如“獃”ŋɯɯi，又说“懛獃”，那就是 t-ŋɯɯi，所以后来“獃”就读为 t 母了。“獃”虽后出，与“癡”同根，那么“癡”有可能是 t-ŋhɯ。有一些作流音塞化处理的语例或可另行转入 t-冠音下，除“癡”以外，比如“答”有可能来自 t-kuub，“鲑”去鱼、吐盍两读可能为 t-khaab，“貙”可能为 t-kho。“天”的词根无疑是 qhiin/hiin，它的变 th 若不是 hl’iin 流音塞化所致，就是有冠音 t-hiin。“炭”从“屵”(五割切)声，其声干自应是 ŋaan，它变 th 母不是 ŋhl’aans，就是t-ŋhaans(参嘉戎语 t-ŋkrot)。流音塞化必须要有流音的痕迹，“屵”就缺乏直接证据，

“天”也是间接的，如祁连山即天山，天声字“吞”泰文为 klɯɯn 等。最值得注意的，古文字学家说“九”是古“肘”字，试比较（哈尼 v 为带齿唇摩擦的成音节半元音）：

	藏文	嘉戎语	哈尼语	汉语
九	dgu	k-ngu	ɣu	* ku
肘	gru	t-kru	tv	* kl'u 或 t-ku
舟	gru	ʒgru	l̩v	* klju 或 tju

我们将在实践中检验两类构拟的优劣。

k-冠音的例，如“冠”可能来自 k-ŋoon，“豣”可能来自 k-ŋeen。说文“囧”读若獷，又读同明：kmraŋʔ。苦回切的“悝、恢”很可能是 k-mhɯɯ，因为“悝”不但与“埋”同谐声，也作“诙”，又与“悔”通假，莫代切的“脄”同“脢”，说明其词根都肯定是 m-，读合口跟“灰”hmɯɯ 一样是 hm＞hw 的作用。这个音变规则证据比较硬。“姂”房法切 bob 合于声符“乏”，又音起法切，khob 则应＜k-phob。

但是从内部音变规律和外部比较看，典型的语例像“悝、恢”以及“幵”声字这样拥有见、疑两读的不多，亲属语有力的比证也较为缺乏，以此进行成批的构拟还有困难。沙加尔(1999)列了一些 p-、t-、k-冠的例子，其中 c-l 类如“鞠粥育、屦𩍐、姜羌羊，稟廪、变乱、剥录”应作后垫式 cl 分析，知章组含流音的字也应归流音塞化腭化，其所拟“袂、匡”为 k-met、k-phaŋ 则以 m、ph 为词根声母，与声符不合，“國域、憬永”之类见系内部的通谐还可有别的解释，所以很可能成立的就是“烹、答慑涒肘、冠恢”等字。但这是他所开发的，值得今后进一步深入研究的重要领域。

第六节　前冠后垫式复声母

前冠后垫的三合复声母，是在后垫式基本声母上加前冠音构成的，主要见于中古庄组及晓、书、船、邪、来、以等母的一些上古形式，鼻音的形式则较少。其中形成后垫流音塞化的 ʔ-冠式可能性，已在 4.5 节塞化流音部分叙述过了。

6.1 庄、精组的 s-冠式

sCr-生成庄、初、崇、俟诸母最常见可信。如“矣”* ɦrɯ 生成“俟”* sɦrɯ;“笈”其立切* grɯb,又楚洽切,应为* skhrɯɯb;“岑”既从“今”声,又通“琴”,则锄针切应为* sgrɯm。“犭惢”字读胡介切 grɯɯls,又《字镜》戈瘵反* krɯɯls,《万象名义》牛瘵反* ŋrɯɯls,而《集韵》才瘵切* sgrɯɯls(《玉篇》才癸切* sgluulʔ),意义都是雌貉,音则纷歧。但从拟音可见其为有规律分化。

sCl-则混入精组,有些可辨认,如“稷”因“稷下”一作“棘下”,“棘”为* krɯg(“棘”常通“力”),“稷”当为* sklɯg;而“佥”当为* s khlam。又上述 sl'-、sr'-也可能来自前古的 sql-、sqr-。s-冠在 ql、qr 组的复声母前,到中古的分布是:

sql-精、sqr-庄　　　　sqhl-心、sqhr-生　　　　sɢl-邪、sɢr-俟

例如心母,《广韵》虚检切“譣”* qhramʔ 下注:“《说文》息廉切。”就是* sqhram。“歲”* sqhwads 从“戉”* ɢwad 声,今闽语“歲”白读尚作 hue[5]。生母“所”(户声字)* sqhra,初母“齭”* skhra。邪母“松”* sɢloŋ,公声字,又对当藏文 sgron 油松。又上述“俟”* sɢrɯ>sɦrɯ。

邪母除 lj-、sɢlj-/sɦlj-两个来源外,还有 sɢw-/sɦw-、sɢwl-/sɦwl-(下面字例只标 ɦ)。如“彗”* sɦweds 与“慧”* ɦweeds 相谐,“旬”* sɦwlin与“匀”* ɦwlin 相关,“旋”* sɦwlan 与“还”* ɦwraan 相通,则可能是“还”的使动式。

6.2 晓、书母的 h-冠式

hCl-可生成晓母字,“海、黑”二字如只拟作 hm-,便不能解释为何不像“晦”那样变 hw-,根据亲属语比较应是 hml-。“海”对缅文 hmrac<hmrɯk 江河,“黑”对缅文 hmroɯk 烧焦,moɯk 暗黑。

hCj-则生成书母字,如“势”* hŋjeds,“恕”hnjas,“手”hnjɯw'(“手”与“杻”为同族词,跟兄弟语“手指”泰文 niu'、缅文 hnjoɯh、基诺语 n̥u 同源)。“少”可谐“秒杪眇渺妙”应是* hmjew',这样才能与“钞訬吵”* smhreew相谐,并跟“小”* smew' 转注(小少与“秒眇”等同根,但与“沙”只是异源同形)。

应注意书母中 hlj-是以 l 为声干的结构,hl 中 l 相当于 l̥。如"伸"*hlin古本读 hl̥in,即"引"*lin 加 h-冠的清音形式。而晓母的后期 hl-包含 hC-和 Cl-两种来源,如"虎"*hlaa'<qhlaaq,比较缅文 kjaah<klaah、泰文 khlaa,即属于 Cl-结构。"咍"*hlɯɯ 以"台"*lɯ 为声符,则当属 hC 结构。

6.3　船母的ɦ-冠式

ɦlj-生成船母。船母字数虽少,来源却不单纯,有的前古还常包含一个浊塞成分,后来在 ɦ 冠影响下消失。如"绳"*ɦljɯŋ 藏文是 ɦbreŋ 皮绳;"舌"勉瑶语 bjet^{8}、标敏瑶语 blin^{4}、苗语 mplai^{8}。可见原来声母都是 ɦblj-,苗语鼻冠音则是 ɦ-的遗迹。薛斯勒拟船母为 ml-,即据"古"。

"麝",比较藏文 gla,可以拟*ɢljaag>ɦljaag。但是"食",比较藏文 rgjags<rjags 食物,则可只拟*ɦljɯg(参藏文 brgjags 对汉语"糒"*brɯgs)。其使动式*sɦljɯgs"饲"正好因 sɦ-> z 变入中古邪母,还有"顺"*ɢljuns>ɦljunh,其使动式"驯"*sɦljun 也为邪母(藏文 srun 驯服)。

6.4　来、以母的ɦ-冠式

从亲属语比较,可知来母除 r 外还有三合的*ɦbr-、*ɦgr-来源。

4.4 节已经列举藏文 brim/ɦbrim 可对汉语"禀/廪",groŋ/ɦgroŋ 可对汉语"巷/弄",bral/ɦbral 分离可对汉语"披/离",sgrig/ɦgrig 排列整理可对汉语"纪/理"。其中带 ɦ-冠的浊塞音在汉语对应词中都脱落了。因此在 4.4 节我们提出脱落成分来自 ɦ-冠的 ɦk->ɦg->g-、ɦp->ɦb->b-的构拟。谐声声符表示词根声干原多为清音,因 ɦ-冠而浊化脱落。

这种 ɦ-冠构拟可以在亲属语言比较中找到根据。来母字"蓝、懒"在泰文为 graam^{2}、graan^{4},为 Cr-式,在叙永苗语中则为 ŋkaŋ^{2}、ŋgen^{4},带鼻冠音,为 sC-式。藏文 ɦ-冠音在现代方言大多变成鼻冠音,所以它们都应来自*ɦgr>ŋgr,正跟我们所拟"蓝"*ɦgraam、"懒"(《集韵》又体从阑声)*ɦgraan'相合。

同样,以母的"盐"应构为*ɦglam<ɦklam,比较藏文 rgjam 石盐、硝,印尼语 garam 盐(我们主张汉藏澳泰语言都同源),泰文 klɯa 虽然脱尾,声

母为 Cl-也很明显。“孕”又作从肉黾声，依藏文 ɦbraŋ 动物生子也当拟为 * ɦblɯŋ。

武鸣壮语“笠”为 klop（与泰文 klob 遮蔽同源），声首比汉语“笠” * rɯb多了个 k-，比较藏文 ɦgrib 遮蔽，才明白汉语“笠” * rɯb 前古也应来自 * ɦgrɯb＜ɦkrɯb。北京“脸”来自《集韵》居奄切 * kram，比较藏文 ɦgram 面颊，才知还应有个同根来母变式未被记录（来母一读最早见五代人所作《尔雅音图》）。兄弟语的复辅音对我们构拟复声母结构式有重要的参照作用，反过来依照汉藏亲属语模式构拟的上古汉语，也更适合于在汉藏语言比较中辨认同源词根及探索前缀成分的构词构形作用，更易于共同解决许多看来疑难的现象。

6.5 鼻音的 N-冠式

像“咬” * ŋgreewʔ 这类同部位鼻冠复声母并不很多。“咬”是依据五巧切和《集韵》下巧切异读来拟的，多数方言用前一音，闽语用后一音（厦门话 ka、石陂 gao），它正对泰文 giaw'。但泰文还有些词也是用 g-对汉语疑母的，如 gook 高阜对“嶽”，guk、gɔɔk 对“狱”。匣母字温州也有读 ŋ-母的，如“骇”ŋa^{4}、“鹤”ŋo^{8}，疑母字白读也有读 g-的，如“雁鹅”说 ga^{6} ŋo^{2}，五割切的“枿”（檞）说 gø^{8}。也显示 ŋ、g 音近易混，所以这类构拟要慎重，需要其他佐证，例如词族分化方面的证据。“獿”下巧切又奴巧切，前者为 * grɯɯw'，后者有 * mgr'ɯɯw' 和 ŋgr'ɯɯw' 两种选择，由于第二种选择与“挠”音义贴近而较胜。

“貉” * mgraag、“袂” * mgweeds 这样的复声母形式也更稀少。但如“鷚”有渠幽、微幽二切，则后一音自可定为 * mgrɯw。

第五章　上古韵母系统

第一节　韵母与韵部的分别

1.1　韵母系统

韵母系统是语音系统中的重要部分，包括元音、介音、韵尾的种类，以及它们的组合结构方式、配合关系。

在音系分析的要求上，要弄清楚这个韵母系统中有几个元音、几个韵尾，元音内部有无长短松紧对立，有无变体，元音与韵尾的结合有无限制，有无双元音与双韵尾，介音的有无及其性质；还要阐明，它们组合成多少韵母，三个成分的配合上有无限制及空档，不同塞音韵尾、鼻韵尾的韵母之间是否有对应分布关系，等等。

1.2　韵部的性质

要注意，作为语音系统重要部分的上古韵母系统，跟上古韵部是完全不同性质的两码事。韵部不过相当于押韵的韵辙，不同元音的韵母可以组成一个辙，其元音甚至韵尾都不求定值，而韵母则必定要有定值的元音与韵尾。两者的宽严要求相差极大，根本不能混为一谈的。

但是，因为明清以来上古音研究的主流是以归纳《诗经》叶韵为中心发展起来的，这不免给以往的研究带来一些局限或偏差，即重视了《诗经》韵部分类而往往忽视了整个古音韵系本身的分类，甚至出现以韵部代替韵母的简单化倾向。这应该是时代的局限造成的，现在的研究不应再混淆这两个不同的概念。要认清韵部只是相近的韵母在诗歌中合用相叶的表现，比照一下现代北京话有37个韵母，而民间唱曲可以只用十三辙。例如ən、in、un、yn合为“人辰辙”，əŋ、iŋ、uŋ、yuŋ合为“中东辙”，ɤ、o、uo合为“梭坡辙”，甚至i、ɿ、ʅ、y、ɚ合为“衣齐（一七）辙”，这样依据叶韵情况，我们就只能得到四个辙，也就是四个韵部了，分不出它实际包含了16个不同的韵母，得不到实际的韵母和元音分类。依此看来，用《诗经》韵部代替上古韵系那显然是太过粗疏了，在某些方面甚至可说是有点荒唐的。王力先生也曾指出：“严格地说，上古韵部与上古韵母系统不能混为一谈。凡韵母相近者，就能押韵；然而我们不能说，凡是押韵的字，其韵母必完全相同，或其主元音相同。”（《上古韵母系统研究》，《龙虫并雕斋文集》148页）这话说得非常通达，由此可见，我们是不能强调每一个韵部的主元音必须相同的了。

1.3　侧重韵部所致偏差

古音研究偏重韵部引起的另一偏向是，有些研究者注重了对《诗经》叶韵状况的解释，而往往忽视了对上古语音变化现象及变化机制、变化条件的解释，在语言学上后者显然更为重要。忽视语音的表现如：只依照《诗经》叶韵所要求的韵尾关系来分类，而忽视更要紧的元音关系；注重叶韵部分韵尾的表面一致，而忽略韵尾在语音上的变换、增减等变化现象。为了解释《诗经》中的某些阴入叶韵，宁可违反汉藏语言没有两套塞音韵尾的语言事实，而设置了两套塞音韵尾。事实上，如果给之部阴声韵加了-g尾，那么变读真谆韵的“敏、黾”要在-g尾后再加-n尾可怎么加呢？“媪”有乌皓切，也有“乌骨切”，如果前一音加上-g尾，那么后一音怎么加-t尾呢？又怎么好跟“温”字同谐声呢？当《诗经》韵与语音分布发生抵牾时，有人宁可服从《诗经》韵的分类，而无视语音规律。实际上《诗经》中就有好些韵尾不同的合韵例，《郑风·女曰鸡鸣》押“来、赠”即使把“来”字加上-g，跟“赠”字还是不同尾，《陈风·东门之枌》-n尾的“原”与-l尾高本汉、李方桂是-r尾的“差、麻、娑”押韵，《小雅·六月》-b尾的“急”与-g尾的“饬、服、国”相押。同样，《尔雅·释训》叶“極德直力服急息德”，“急”与g尾相押。晚些的更多，著名的《汉书·外戚传》李延年歌：“北方有佳人，绝世而独立，一顾倾人城，再顾倾人国。宁不知倾城与倾国，佳人难再得。”也是-b 尾的“立”可与-g 尾的“国、得”押韵。说明押韵当然尽量要求韵尾相同为美，但这并不是什么不可逾越的金科玉律。

由于韵部属于韵辙研究而非韵母研究，所以叶韵标准的宽严可以造成韵部数悬殊，从最粗疏的 6 部，到 13 部、17 部、21 部，到细密些的 30 部，都可用来解释《诗经》。高本汉一个人，在《汉文典》中依阴入合为一部分成 26 部，在《中上古汉语音韵纲要》中改取阴入不同部就分作 35 部。这也跟现代北方话的分辙一样，除 13 辙之外，11、14、15、16 辙都有人提出，最少的分 10 辙，最多的可分 18 辙。这说明韵部只是一些相近韵母的粗分大类，它满足不了音系分析、音变条件分析等方面的要求，所以本书对韵部问题不多纠缠，只采用现在大家较熟悉的王力 30 部稍加修改，当作韵母的大类使用，而把力量用在韵母系统本身上。

因为偏重韵部归纳而忽视韵母元音分别，上古拟音在好长时间里还出现了把 i、u 只看作介音而不作主元音的偏向。这在音系研究上又是一项重大的偏差。

有人质疑我们的上古元音系统不守一部一元音的规矩，认为这样会破坏几百年来建立的《诗经》韵部结构，而使韵部划分失去意义。这种怀疑如拿现代汉语相比，就像在说“中”是中东辙，所以必须是 ə 元音，如果你说是 o 或 u 元音，那就破坏了韵辙划分；“因”是人辰辙，所以也是 ə 元音，如果你说是 i 元音，那它的归部就失去意义。现代若有人要这样依韵辙所归纳的假想元音来改官话韵母的真元音，大家定会斥其荒谬，而企图依《诗经》韵部死抠上古的元音系统，何尝不是如此？所以应该说，要真正作上古元音系统分析研究，不突破韵部的框框，就可能上不了元音系统的层次，而高一层次的元音系统研究所得的结果，对韵部只会有更强的解释力。就像“中东辙”里有 o/u 元音，“东” oŋ 不改 əŋ，“人辰辙”里有 i 元音，“因”in 不改 iən，对押韵有何影响？破坏韵部云云不免令人失笑。（“因”大概自古以来就读 in，元音一直是 i，设想要它读 iən 归入 ən 韵，属韵位分析而非音位分析；不能据此设定 i、ə 在 n 尾前同音位。）

第二节　元音系统及韵母组合

2.1　六元音

从高本汉给上古汉语拟出15元音(14主元音)以后,中外各家所拟主元音,最多为董同龢20个,最少为周法高(1970)3个,蒲立本(1977—1978)新说2个,相差竟达十倍。往多里拟的,主要认为中古不同的"等"在上古就是不同的元音,所以同部各等拟了好多相近的元音,多到难以分辨。往少里拟的则把区别放在韵尾及介音系统上,元音简化而韵尾、介音繁化,仍得不偿失。

王力认为同部不同"等"是介音不同而非元音不同,一加介音后就简省至七到六个了。李方桂用r-代替王力的二等介音e-、o-,更简至四个主元音(连三个复元音在内则是七个)。一般语言的元音系统以a、i、u、e、o五元音系统最为常见,汉语的兄弟语中壮语、侗水语、独龙语、僜语、畲语固有元音都为六元音,比五元音多出一个ɯ或ə。我们认为上古汉语也是六元音系统,其中先有一个ɯ,这个ɯ比较偏央,故后来部分发展为ə,高低元音各三:

闭元音(高)	i	ɯ	u
开元音(低)	e	a	o

其中a是最低的元音,也是音系的基准点,这个基准点经汪荣宝用梵汉对译考定汉代为鱼部。从亲属语言比较中也看到汉语鱼部对应它们的a(如缅文"鱼、五"ŋaah、"吾"ŋaa、"苦"khaah,藏文"鱼"nja、"吾"ŋa、"五"lŋa、"苦"kha),因此不但汉代,其前直至远古的汉藏共同语时代,鱼部都应是a。当a未起变化时,其他各元音的相对位置也就比较稳定。

2.2　收喉各部之六元音分布

在各个语言里,元音中最主要的是元音三角:a、i、u。但在上古汉语拟音上出奇的是很长时间没有 i。从高本汉开始至陆志韦、董同龢、周法高、王力，上古 i 都只作介音，不能作主元音，不能直接与任何韵尾、声母结合，这是很奇怪的。在其他语言中 i 都是常见的主元音，结合上没有这类限制。这是以前侧重韵部不重元音所引致的偏差之一。

如果上古没有主元音 i，我们不能解释有些上古-k 尾字，怎么变成了-t尾。依据频谱分析声学标准，语音学上有锐音与钝音的对立，由中间的硬腭与齿所发的音为锐音，如辅音 s、t、n 等舌齿音及前元音 i、e 等，由外围的软腭与唇所发的音为钝音，如 p、m、k 及央后元音 ə、ɯ、u、o 等。锐音和钝音是明显相对立的，但看下表：

-t	暱	實	乙	鷙	密	血	節	戛	溢
-k	匿	寔	肊	陟	窨	洫	即	棘	益

上组收-t 的字和下组收-k 的字有谐声、通假、转注的关系。下组“匿”从“若”声，作“慝”字的声符，“陟”与“登”同源，“肊”与“臆”同源，“洫”，《诗・文王有声》写作“淢”，从“或”声，“益”金文通“易、赐”，其收-k 皆无可疑，则相对的上一组收-t 字有可能从-k 尾转来(犹布朗语-k 尾接 i 高元音时部位前移，实际音-ȶ)。“鷙”又与“特”同源，“溢”即“益”转注派生字；日《集韵》而力切，《诗经》“日居月诸”，其连音也表明“日”为-g 尾；“節、一、噎”等收-t 字，藏文分别是 tshigs、gtjig、ig，可见它们原来的韵母应是-ig，由于前高锐元音 i 的影响，使韵尾由钝音变成了锐音-t。这样《诗・公刘》叶“密、即”，就可认为是-ig 和-ɯg 相押了。

相对的鼻音尾韵-in、-iŋ 也有相似关系。“黾”有弭尽、母耿二切，“渑”有“泯、缅、绳”三音，“倩”有仓甸、七政二切，“瞑、零”都读先、青两韵，“奠”谐“鄭”通“定”，“臣”与“鏗”、“辛”与“骍”谐声。从藏文“奠”ɦding、“薪”sjing 木、“臣”ging 仆人，错那门巴语、独龙语“年”niŋ 看，汉语中古上述-n 尾字，上古也应来自-iŋ。可见这些鼻尾字也应是以 i 为主元音才会引起-ŋ 韵尾锐音化为-n。

我们将新分的 ig、iŋ 称为“节”部、“黾”部等于质 2、真 2 的分部。如此上古收-g、-ŋ 尾的正好是六元音组成六对韵部(入声收浊塞尾，系根据方言及藏文、梵汉对音，详 5.1 节)：

[开元音]	aŋ 阳	ag 铎	oŋ 东	og 屋	eŋ 耕	eg 锡
[闭元音]	ɯŋ 蒸	ɯg 职	uŋ 冬	ug 觉	iŋ 黾	ig 节

从上表可以看到，收-ŋ 各部元音直至现代大致还和上古音相同或很相近，这是由于闭尾韵其元音受到限制，变化较慢，[①]而-ŋ 尾一直发挥着制约作用，收-g 各部则因较早脱落塞音韵尾，于是就变化得大些。至于相对的开尾韵，其上古音到现代音则犹如无缰之马，变化最大。试将与-ŋ、-g 相对的开尾韵列入即“收喉”各部一起比较（一、四等互补。舌根音旧称浅喉音，元音起首旧称深喉音（章炳麟），则以舌根音及元音收尾的韵也可借此统称为“收喉”）：

开元音	a 鱼 （一等模、三等鱼）	o 侯 （一等侯、三等虞）	e 支 （四等齐、三等支）
闭元音	ɯ 之 （一等咍、三等之）	u 幽 （一等豪、三等尤）	i 脂 （四等齐、三等脂）

从后世的发展可知上古汉语的 a 应是偏后的，所以也列入钝音。除锐音 i、e 中古入四等（与钝音一等互补），其音与现代音尚近外，钝音各部的一等字与今音都相差很大。这是由于一等字更无别的成分制约（三等中古尚有 ĭ/ɨ 介音制约），故跑得最快变化最大。但其古代音值尚可由阳声韵推得，汪荣宝由梵汉译音考定鱼部读 a，我们从相配的阳部今值也推得它应读 a。高本汉拟 o 不对，从阳声韵东部也可推知 o 应是侯部。

由此也可见所谓的“阴声韵”应是真正的开尾韵，不能像高本汉、李方桂等那样收浊音尾-g、-d，否则难以解释它与入声韵发展上的巨大差别，王力“阴阳入三分说”是对的。有的先生执着于少量阴入叶韵现象，硬给阴声韵加了-g 尾。其实除开去声来自-gs/-h、-ds/-s 外，真正开尾与塞尾相押的并不多，而依阴、阳、入三分的系统，开尾韵与-k 尾韵同属收喉，相叶也是有理据的。

以上收喉各部（阴、阳、入三类韵尾共 18 部），元音比较分明，都是一部一元音。各部因收喉，元音多能保持本值，不像收唇收舌各部元音容易出现央化位移，所以收喉各部因元音一致而异尾互叶的，比与

① 闭音节中的元音称为受阻元音或受制元音（checked vowel），相对于不受限制的开音节中的自由元音或开放元音（free vowel）而言。

非收喉各部相叶要多。

2.3　之部古值及支脂之三分

段玉裁分支、脂、之为三部，但不能分读为三音，他晚年给江有诰写信说："足下能知其所以分为三之本源乎？仆老耄，倘得闻而死，岂非大幸也！"从今天方言调查与亲属语调查成果看，这三部拟音不难了。中古脂韵 i、支韵 ĭe 的拟音可以推到上古，因为浙闽赣边界山区一些保留古老特征的方言如浙江庆元，福建政和、顺昌洋墩及江西广丰、福建福州都有一些支部字读 ĭe 而与脂部字 i 相对立。三等字比一等字变得慢，因此上古支部拟 e、脂部拟 i 是合适的（比较泰文汉语借词"氏"djhɛɛh、"指"dji' 指出）。但是之部虽然从高本汉至王力、李方桂各家都拟 ə，可是很少有方言的证据。王力先生在 1983 年北大上古音讨论会上说："大家都认为上古时之部的元音是 ə，但是在现在的方言和《广韵》里都不念 ə。"在较早的讨论里只有林语堂主张之部读 ü[y]，他的着眼点就是之、幽两部相通显示之部隐含有 u 的成分。但之部以开口为主，拟成 y 的话，在解释之部开口字时都要说"失圆唇势"，未免太多了。

介于 y、u、ə 之间的非圆唇音最常见的是 ɯ。潮州话"之"字读 tsɯ^{1}，其 ts-、s-两母读 ɯ 的有"辎、芝、兹、滋、资、子、梓、自"、"思、师、私、斯、史、词、祠、嗣、辞、士、祀、似、事"等，虽非全是之部字，但以之部字为主。越南语 ɯ 韵及壮语汉借词的 ɯ 韵大略相似。比较龙州壮语"市"ɬɯ^{4} 买，傣语"字"tsɯ^{6} 名字。潮州话相对的鼻音韵尾字"根、斤、巾、近、银"也是-ɯŋ，这类字厦门话读-un，如果古音是-ən，-ən>-un 就很难理解；我们把 ə 都改为 ɯ，-ɯn>-un 就好解释了，ɯ 本就是 u 的展唇音。这对解释之部至中古分成-u、-i 两类韵尾的奇特现象尤为有利：

三等（短元音前增 ɨ 介音）开口-ɯ>-ɨɯ>-ɨ（之）

合口-wɯ>-wu>-ɨu（尤）

一等（长元音前增过渡音）开口-ɯɯ>-əɯ>-əɨ>-ʌi（咍）

合口-wɯɯ>-wəɨ>-wʌi（灰）

闽语今犹说"有"为 u^{6}，那不过是因为南方三等韵不发生 ɨ/ĭ 介音，直接继承-wɯ 变成的-wu 罢了。

壮语的汉语借词蒸韵为-ɯŋ，汉越语蒸、职韵为-ɯŋ、-ɯk，朝鲜文的登、蒸韵皆为-ɯŋ，白语（与汉语同属“汉白语族”）登、蒸韵为鼻化 ɯ，德、职韵为紧喉 ɯ，这也证明之、职、蒸这一主元音相同的韵系应为 ɯ 元音韵系。黄典诚(1980)也主张之部拟 ɯ，但不把 ɯ 推及微、文、物部的拟音，为一缺憾。

2.4　宵部、药部的收音

上面对收喉各部的叙述未涉及宵部和药部。王力对这两个韵部的元音有过-au、-o 两种拟音，李方桂作-agw、-akw。如果去掉李氏的-g尾，他的宵也就是-aw，跟王力早期的-au 其实相同。从“猫、爵（雀）”字入宵、药而其鸣声接近 au 来看，拟为-au/-aw 比较合适。汉越语有洪音-ao和细音-ieu 两种对音，泰文同源词也有-au（如“酕”mau 醉和“骹”khauh 膝）、-iau（如“咬”giau 嚼、“慓”priau）、eeu（如“熛”pleeu 火焰），都有 u 尾。藏文没有-au，一般用 o 来对汉语，如“熬”rŋo、“豪”ɦgo 头人酋长、“飘漂”ɦphjo、“夭”jo 弯斜、“擢”ɦthog 拔、“弱”njog、“药”khrog。在梵文及缅文中-au与-o 常为同音位变体，所以汉语-au 对藏文-o 不足为奇。而从中古汉语-au 在吴语等方言中变-ɔ 来看，-au 不见得晚于-o。吴语的这种 ɔ 不是古音遗留，如温州豪韵读 ə，肴韵读 ɔ，而白读则为 au、a（“膏”kau^{1} 蛎～，梨～糖，“槁”khau^{5} 乾鱼，或体鱶，“校”ka^{5}～场），白读表示较早的历史层次。

上古没有复元音，所以宵部-au 更早应该是-aw。这个-w 最早还可能有两个来源。除半元音 w 外另一个来源可能是个流音。龚煌城(1992)注意到元宵两部有些字有同源转换关系，他设想那些元部-n 字可能来自-ŋw。但是也可转过来设想其中部分宵部字原先有可能从 ʀ 转化而来，而那些元部字来自-l、-r（这部分已有藏文证明）。则如“皽”止遥切（又知演切旨善切）** tjaʀ：“嬗”时戰切（又他干切多旱切）** djan＜djal（对藏文 dal 慢）间的谐声及异读关系就可理解。声母中既有 q 组，则有 ʀ 自是可能的。但毕竟字少，故我们没有在声母表正式列入 ʀ，而留作一个有待进一步探究的前古音问题。

而药部的-ug 尾前古开初可能只是个单-ɢ 尾，从 ɢ→wɢ 变化而来。小舌 G 是很容易增生 w 的。

-w 与-wG 的共同点是都带有合唇成分，因此宵部和药部应属于收唇类，而跟收喉各部有别。这两部都既含有一等韵字同时又有四等韵字，所以它不是一部一元音收喉类，而跟收唇的谈盍部相似，包含了三种元音的韵类-aw、-ew、-ow。

2.5　歌部、微部的收音

王力为脂、微两部拟了-i 韵尾，后又采纳郑张的建议，把歌部也从零韵尾改为-i 韵尾。高本汉把脂微部和部分歌部拟为-r 尾，李方桂只为歌部拟-r 尾。现代汉语方言与藏文都有-r、-l 尾，但是不像高、李两氏的-r 尾只限于跟少数元音结合。

李氏以平、上声歌部-ar 跟去声祭部-adh 相对应，但是跟歌部相似并有通转关系的微部则都作-əd，没有依平、上声与去声分拟，结果在他的系统里两者不平行，就出现祭部独缺平、上声的怪事。祭、泰、夬、废四韵在中古为何只有去声，本是有待我们用上古音来解释的现象，把它原样端到上古音中是不解决问题的。应该依照王力将祭、微两部的去声-dh 都归于入声，然后说明-h 的产生由来，才是解决之路。微部平、上声则不应作-d，要么都作-r，要么像王氏那样都作-i，歌部和微部方能成为完全平行的两部，与入声来源字不再纠缠。

藏文的-r、-l 尾与汉语是一半对应-i 尾，一半对应-n 尾：

-i	飞 ɦphur	宜 dŋar 甘美	馈 skur	彼 phar	个 kher
-n	霰 ser	铣 gser 金子	搬 spor	版 par	粉 phur
-i	嘴嚟 mtshul	弛 hral	破 phral 拆	荷 khal 驮子	加 khral 税，职，加罪
-n	变 ɦphrul	连 ɦbrel	烂 ral	涫 khol	倌 khol 仆人

这显示汉语的-n、-i 上古都有流音尾的来源。给歌部、微部加上流音尾，更有利于解释歌元、微文间一些通转、叶韵的例子。那么汉语是-r 呢还是-l 呢？薛斯勒与俞敏都认为应该是-l 尾。俞敏是根据梵汉对音来说的，他发现-l 尾更多地用来译歌微部的字，而-r 则更多用于译入声-d 尾的字。

我曾怀疑歌、微两部是否有流音尾。因为定为-i 尾，歌韵的代词“我”ŋai、“尔”njai 可以找到独龙语强调式 ŋai 我、nai 你的同源例证，定为收流音好像没有根据。但后来发现“我”可对应于藏文的 ŋa-raŋ 我自己，“何”可对应于藏文的 gare 什么、gala 何处，那么-l 可以来自后附音节的缩减形式(比较闽南话“我侬”gua-naŋ>gun，“伊侬”i-naŋ>in)。

因此上古歌、微两部应带-l 尾，至晚期(汉代)则跟声母 l 一样经 ʎ 转化为 j。因此上古晚期的歌部、微部仍可记为 aj、əj，或 ai、əi。可比较泰文“歌”gaaj、“舵”daaj' 尾部、“肥”puj' 肥料。这样歌、微两部属于舌通音收尾，与元部、文部-n、月部、物部-d 相配为同一类收舌韵自然不成问题。-l 与-n 语音相似，从前面汉藏比较语例看，原始-l 在上古汉语中又可转化为-n，所以在《诗经》中一些歌元、微文合韵的例子可以直接认为-n、-l 相叶，不必改音。此外，脂部的大半也带-l 尾，如“底” * tiil对藏文 mthil，“凄” * shiil对藏文 bsil，“挤”ʔzliil/ʔsliil 对藏文 gzir。藏文有-r、-l 而汉语只有-l，这犹如格曼僜语、石家话也只留一个-l 与 -m、-n、-ŋ，-p、-t、-k 相配。

中古祭、泰、夬、废四韵来于上古月部的去声带-s 字，所以本无平、上声，与歌部虽同属收舌类韵，但韵尾本来有通音和塞音之异。闽语方言元月部开口字今白读元音读 ua(“寒割舌带”)，这是 a 在收舌条件下a>o>ua/-n-t 裂化的结果，而歌部的“我蛇倚”白读也有同样变化，正反映歌部和祭泰一样，原来也收舌尾，因失尾之前是-l/i，所以才有相同变化(部分支部字闽语也有类似变化，则由 e>ai 音变类化产生。)

2.6 收舌、收唇各部元音分布无限制

六元音原则上应能与所有韵尾结合，各兄弟语都是这样，没有限制。在汉语中，从收喉(舌根音)各部看也是如此，六元音分六部。但是王力、李方桂等系统中收舌、收唇(包括-w 及唇化-kw)各部则有限制，只有 a、ə 两个元音的分布比较齐全，其他元音组合则空档很多。这样就不能解释为什么没有 im、ip，un、ut 等组合。李氏歌部有 r 尾，微部不作-r 而作-d，这样就不能解释歌、微通转现象，也不能解释微部-d 平、上、去声俱全，而祭部-ad 只有去声。其实这都是因为收唇、收舌各部韵尾的影响，元音发音空间变窄，不如收喉各部分明，从而容易发生合韵，古音学者把合韵多的韵类合并为同部，就人为地减少了韵类，相应地就使韵尾结合出现了空档，即：

闭元音 i、ɯ、u 并为 ə 类/-w-m-b，-l-n-d

开元音 e、a、o 并为 a 类/-w-m-b，-l-n-d

现在我们的工作是要把它恢复原状，这样才能解释有些看来复杂的现象。

从收喉各部看，每部只有四个不同等类的中古韵类：

1	2	3	4
一等/四等	二等	三等 A(有非组的韵，或重纽 A 类)	三等 B(无非组的韵，或重纽 B 类)

即使有超出四个中古韵类的，则它们的声系也都是互补的，同一声系不会重出。但是收舌、收唇各部则不一样，有多处中古韵类同等重出，难以解释。如王力 e、o 不与唇音、舌音韵尾结合，其收唇、收舌各部的分等就很复杂。元部既有一等寒、桓，又有四等先，既有二等删，又有二等山，既有三等元，又有三等仙 A、仙 B。重出太多，可见当为两三个韵部混杂的结果，凡一四等重出的韵部皆应该再行分部。

收喉各部中四等韵的中古音主要是前高元音(萧韵、锡韵中有少量上古幽部、觉部字，则应来自 i、ɯ 元音的 w 尾字)，如把四等韵的上古音拟为 e 元音，则元部就分为三个小分部，三个小分部(即上古韵类)就可对 12 个中古韵类，每个小部也就分别只含四个等类的韵了(P 表唇音和唇化音，T 表舌齿音，W 表合口韵)：

	一等/四等	二等	三等 A	三等 B
en 仙部(元 2)	先	山	仙 A 重纽	仙 B 重纽
an 寒部(元 1)	寒/桓 P	删	元/仙 T	仙
on 算部(元 3)	桓	删 W	元 W/仙 WT	仙 W

歌、月、谈、叶、宵、药各部都可仿此分别分为三个小部。董同龢主张将元部分为 a、ä[ɛ]二类，黄侃有《谈添盍帖分四部说》，这与董氏分立仙部意亦相似。雅洪托夫关于唇化元音 o 的设想则与分立算部相类。可参潘悟云(1992)。

有人怀疑上古汉语 6 个元音都能与韵尾结合没有空格的格局，说太匀称太整齐反而不可信。那他不妨去看一下《傣语简志》中 10 个元音都和韵尾结合的韵母表，那可是活的事实。

有人以为这样一个韵部的元音三分，会使古诗的押韵不和谐。这种担忧可以理解，但完全是多余的。/en/原就是[ɛn]的音位标音，-an、-ɛn 相叶在今天的官话中还是活生生的事实。/-on/在官话中虽已消失，但在客家话和赣语中还活着，据我在赣北、粤北的调查，好些地方-ɔn、-on 可随意读为-oan。也就是说 o 在舌音尾前经常具有 oa 裂化变体，所以-on 与-an 押韵也没有问题。汉语桓韵字在越南语中即多作-oan，《蒙古字韵》的寒韵部列有-an、-on，先韵部列有-en、-ian、-ion，可见当时也是这三类韵母相押，跟我们的设想完全一致。这可是明明白白八思巴字母拼写在那里的，并非我们的构拟，该不会被视为破坏元代的韵部结构吧。

李方桂不设 e、o，结果是多设了 ia、ua 两个复元音，我们认为 ia(<e)、ua(<o)正是 e、o 的分裂形式，而改拟为 e 就能解释“便、平”通假、“前、齐”同源，改拟为 o 就能解释“疃、童”谐声、“孔、窾”同源。如照李氏所拟，它们一为单元音 e、o，一为复元音 ia、ua，则毫不相干了。

闭元音除微、文、物各部应依开合分别 ɯ、u 元音，侵、缉各部应依锐钝开合分别 i、ɯ、u 元音外，幽、觉两部原来也包含了-u、-ɯu、-iu(uw、-ɯw、-iw)三类韵母。由于-u 复化分裂所产生的-ɯu 正好与原来的 ɯw/-ɯu 相同，所以在叶韵上两者就形成自由通读现象，无法辨析，但是部分-ɯu、-iu 字中古进入萧、宵、锡韵，我们还是能将这些字析出。

脂、真、质部与微、文、物部如果光从古韵押韵上着眼，它们相叶很普遍，本来完全可以像侵缉、幽觉那样也分别并为一部的。其所以分成两类，主要从谐声看来，脂、真、质部有两种韵尾来源：-i、-iŋ、-ig 与-il、-in、-id，至上古后期它们才合并为-i/ij、-in、-id。所以我们的“脂微”分部、“真文”分部，着眼点在韵尾分别，跟王力、董同龢两先生的着眼点在元音分别，是有所不同的。

2.7　韵母组合结构表

六元音与韵尾可组成 58 个基本韵母，按所结合韵尾列表如下，从而可见上古韵母结构的基本面貌。各韵先依王力 30 韵部分称(为避免东、冬读音相混,冬部改称为“终”部),韵母名列在括弧里,不另注韵母名的即与韵部同名。韵尾中-l/-i 表示早期为-l,后期为-i 尾。六元音还各分长短,详第四节。

		i	ɯ	u	o	a	e
A.收喉	-ø	脂(豕)	之	幽(流)	侯	鱼	支
	-g	质(节)	职	觉	屋	铎	锡
	-ŋ	真(黾)	蒸	终	东	阳	耕
B.收唇	-w	幽(叫)	幽(攸)	＞＝u	宵(夭)	宵(高)	宵(尧)
	-wG	觉(弔)	觉(肃)	＞＝ug	药(沃)	药(乐)	药(的)
	-b	缉(执)	缉(涩)	缉(纳)	盍(乏)	盍	盍(夹)
	-m	侵(添)	侵(音)	侵(枕)	谈(凡)	谈	谈(兼)
C.收舌	-l/-i	脂	微(衣)	微(畏)	歌(戈)	歌	歌(地)
	-d	质	物(迄)	物(术)	月(脱)	月(曷)	月(灭)
	-n	真	文(欣)	文(谆)	元(算)	元(寒)	元(仙)

此表中尚未把上声-ʔ尾 35 韵、去声-s 尾 58 韵分列出来。加上它们,上古音系理论上韵数总计可能达到 151 韵。上古晚期-ds、-bs 12 韵还合并为-s,而出现与-d 并立的至、队、祭三部,则那时上表 C 类收舌韵中要增-s 三部 6 韵(至、队气队、祭泰祭兑)。

第三节　“介音”问题

3.1　垫音 w、j 以外无元音性介音

现代汉语韵母有三个介音 i、u、y,其中 y 可以看作 i 加 u,于是成为洪细开合各两分的格局。好些先生认为这个四分格局是汉语固有的,不但中古如此,且可直贯上古,不但可以规范北方方言,且可范围南方方言。但这种想法是成问题的。事实上元音性介音都是后起的,今天的广州话、老派温州话中元音性介音还很缺乏。

高本汉拟了 u、w、i、ĭ 四个介音。合口介音 w 用在开合韵中，u 用在独立的合口韵中。但是不论上古、中古，在收喉各部合口介音都只限于喉牙声母，舌齿声母后是没有的（帮系是唇音，无所谓开合）。这合于广州话、老派温州话，应是原来的面目，即原只有一套带圆唇成分 w 的 k 类声母。舌齿音带合口介音只在收舌各部出现，上面说过，这些音原来读 u、o 元音，后来分裂复化 u＞uə；o＞ua/-d-n-i(-l)，由此可见 u 介音应该取消，上古只应有一种圆唇成分 w。

高本汉将-i-用在四等韵，-ĭ-用在三等韵。李荣、陆志韦已证明四等韵原来没有 i 介音。我们认为四等韵主要来自上古前元音 i、e，而 i 介音是前元音分裂复化后才产生的（i 易复化为 ei，e 前易增生过渡音 i），由此可见 i 介音应该取消（畲话四等仍无 i 介音，有些字方音存古，如武汉、常德、贵阳苋读 han^{7}，不带 i 介音）。至于幽、觉部的"雕、迪"，文、物部的"荐、殿、凸"等字，主元音不是前元音，好像前面应有 i 介音似的。但现在看这类字都是舌齿锐音声母字，锐音声母引起 ɯ 元音锐音化为 i 也是可以理解的现象，那是元音本身的变化，也不是介音问题。

上古没有-i-，但有辅音性的-j-，它引起不同声母变成章系（含日母），引起 ʎj-变为邪母 zj-。这在声母部分有详细说明。章系和邪母组成了中古三等声母的一部分。

所以上古虽然在元音前也可出现 w、j，而 w、j 只是古声母的两种后置垫音。元音性的介音 u、i 在上古还没有产生。

3.2 二等的 r-

王力为二等开口字和合口字拟了 e、o 介音，李方桂改为卷舌化介音 r，这是拿雅洪托夫的-l-改的，改得很高明，我曾从二等与来母 r 的转化关系予以证明（例见上文声母部分）。这个-r-在中古还留有痕迹，《大广益会玉篇》所附《神珙图》的《五音声论》把见类一等叫喉声，见类二等叫牙声，作为不同声母类别跟唇、舌、齿三类并列。可见二等声母应含有明显的区别性成分，使它听起来部位比一等字更前。宋邵雍《皇极经世声音图》也分"开发收闭"四等，"发"与二等相当，"发"类 12 组字中有 8 组是原二等字。日译吴音二等的庚、陌、耕、麦等韵也要加

j 介音，如“耕”kjau、“麦”mjau。今天虽然北京话等多数北方方言只有见系有介音 i，但是陕西商县话还有唇音声母字白读带 i 介音的，如“巴”pia 贴、“趴”pia、“擘”phia，另外，如广西伶话“爬”bia、“埋”mia、“牌”bia、“奶”nia、“八”pia、“快”khya、“乖”kya，龙胜红瑶优念话“羹”kiaŋ、“铛”tshiaŋ 锅、“横”viaŋ、“爬”pia、“白”piaɯ、“轭”ŋiaɯ。温州乐清话则用 ɯ 介音，“巴”pɯa、“麻”mɯa、“花”fwɯa<hwɯa。

ɯ 介音可能表示比 i 早一点的情况。共同壮语的 r，现代武鸣话作 ɣ，仫佬语 kɣ-现在正向 kɯ-转化（见王均等《壮侗语族语言简志》420页）。大约汉语的二等介音也经过相似的变化（1981 在复旦大学作报告时已提出）：

r>ɣ>ɰ /ɯ>j>i

克伦语也有类似变化，缅文满 pranj 斯戈作 pɣɛ，藏文獭 sram 斯戈作 shɣɔ。

虽然 r 在上古音系里只是垫音，但对中古韵母的分类起着重要作用，中古二等韵母就是由于它的影响而产生的，所以李方桂也把它称为介音（因此在韵母分析中我们也可以把这类 r 看成准介音）。中古韵母分内外转，等韵门法称**有独立二等韵的摄为“外转”**，外转 8 摄也用二等字标目：“江、山、梗、假、效、蟹、咸、臻”（虽然臻韵来源上属假二等真三等，但当时的等韵学家把它作为独立二等韵），所有这些韵都是原来带 r 介音的。过去人们不明白为什么二等韵有能力把韵摄分为内、外两大类，所以有些音韵学家尝试另外为外转定义。现在可以明白了，外转各摄二等字含有一类其前带有特殊 r 标志的韵母，标志着在这些摄里古代有带 r 的复声母，这些二等韵是由 r 影响而分化过来的，唇、喉、牙、舌、齿声系都有（内转则只限庄组内），其对应关系是：

通 宕曾（臻）深 止 果遇 流——内转，只有庄组原来有 r（**r 限庄组内**）
江 梗　　山 咸 蟹 假　效——外转，庄、帮、知、见、影组
原都有 r（**r 扩及庄组以外**）

至于臻摄应属内转，古人为了把内八摄外八摄凑整齐，抓住了臻韵独立的空子，把它也划入外转，这才造成了外转定义的例外。

3.3　三等B类的r-

李氏除二等用r外，三等只有在庄、知组用了r介音。其实在唇、喉、牙音也有，即三等B类。这类韵的字同样有与来母通转的，在第四章4.4节已经列出很多语例（如“禀冰命眉笔泣禁几乙”等），所以这类韵的前面都有r存在。

二等r垫音，部分通过ɣ变为后世的-j-介音。三等B类韵的这类r在中古也发挥重大作用：一是变ɣ后与三等韵后来增生的ɨ融合为ɰ-造成了重纽三等，二是抗轻唇化，中古三等增生的ɨ介音在唇音后唇化为ʉ，从而引起轻唇变化，而r在唇音后因其卷舌作用（或变ɣ后的后腭化作用）抵抗ɨ介音唇化为ʉ，从而阻碍了轻唇化的发生。所以这些韵才都没有轻唇声母只有重唇声母。在汉越语唇音齿音化时它对重纽三等字的抗齿音化也起过作用。

而垫音-l一般没有对韵母起过作用，只脱落声首的字会因它而产生j声母，如“谷”* kloog>“峪”loog>jog（《唐蕃会盟碑》“谷”字藏文注音即是jog），“尾”* mlɯi>lɯi>ji（今北京口语“尾巴”）。

第四节　元音长短与“等”

4.1　三等与一、二、四等的对立

中古韵母分为四“等”。三等字、四等字现代汉语除部分字外多数有i(y)介音，二等见系开口大部分字有i介音，一等字都没有i(y)介音。据研究，现在已知二等字、四等字的i介音基本是后起的。只有三等的i介音好像是自古就有，高本汉、王力、李方桂等所拟都是如此，不过认为原来这个i是半元音的j罢了。我们觉得不能以今律古，认定中古有的上古一定也有；不妨怀疑一下：是否三等韵的i都是原生性的而非次生性的呢？

中古各韵虽然分列四等，可是四等的分配很不均匀。根据李荣《切韵音系》150页的“切韵韵母表”，各等的韵数（开合口分韵的只计开口韵）是：

等	一等	二等	三等	四等	总计
韵　数	14	12	30	5	61
百分比	23%	20%	49%	8%	100%

大家可以看出来这很不像是并列的四类。三等的韵数独多，占了差不多一半，比一等还多出一倍以上。一、二、四等三者合起来共计31韵，才跟三等30韵大致相当。前人的研究都认为这在中古是带不带j/i介音的对立：三等韵带，一、二、四等韵不带。这里有个疑问，上古是否也如此？如果不是，那么中古这种格局是怎么形成的呢？如果是，那为什么汉语带腭介音j/i的韵这样多？汉语的各亲属语言中腭化音跟非腭化音不是平列的两类，并不均等，而且都是非腭化音大大多于腭化音的。**无标记的语音成分多于有标记的语音成分，这才是正常的情况**。汉语的情况就反常了，看来，认为“自古如此”这种解释不妥，三等可能存在由无标记向有标记转化的过程。

4.2　三等腭介音后起

从汉语亲属语言跟汉语的同源词比较来看，汉语读三等所谓带j介音的，人家多数没有，而明显地汉语多出一个j来，例如以藏语跟汉语比(汉字加注李方桂所拟三等带j的上古音)：

躯 * khju	藏文	sku	变 * pjian	藏文	phrul
心 * sjəm		sems	飞 * pjəd		phur
银 * ŋjən		dŋul	六 * ljəkw		drug
粪 * pjənh		brun	九 * kjəgw		dgu
语 * ŋjax		ŋag	灭 * mjiad		med

(藏文 brun 为屎、秽物义，汉语“粪”本指扫除秽物，上古晚期亦指屎)

你看汉语老是多出个j来在中间捣蛋，因此很可怀疑，三等的j介音多半也是后起的。

齐桓公与管仲谋伐莒，谋未发而闻于国，因为东郭牙望见“君‘呿而不唫’，所言者‘莒’也”。《吕氏春秋》这个著名故事表明三等字的“莒”(居许切)应是大开口说的，中间似乎不宜有个腭介音j。从方言和早期借词看，三等也并不都有 j 跟着。南方好些方言有些三等字不见 j，如广州："银"ŋan、"颈"kɛŋ、"例"lai、"牛"ŋau、"流"lau；厦门："允、隐"un、"九"kau、"熨"ut、"越"uat、"月"guat 白读 geʔ、"六"lak 白读、"别"pat、"密"bat、"十"tsap、"雨"hɔ、"有"u、"语"gu、"眉"bai、"留"lau、"房"paŋ、"丈"pɔ～夫、"及"kaʔ，越是口语词，这种现象越多见。温州话也有"牛"ŋau、"新"saŋ、"集"zai、"两"lɛ～个、"用"ɦɔ～着，可以。南昌赣语"凭、甑、膺、凌、澄"读-ɛn，"鲫、甥"读-ɛt（参看《方言》1982：164 熊正辉《南昌方言里曾摄三等读如一等的字》，该文还列出其他客赣语与粤语中这些字不带介音的读法）。日本假名拿汉语三等字"衣"作 e、"宇"作 u、"己"作 ko，似不觉中间有 j 作梗似的。日译吴音"殷、隐"on、"语"go、"曲"koku、"强、香"kau，都比汉音少个 j。高丽译音好些三等字无 j，光看影母，就有"隐、殷"ɯn、"焉"an、"谒"al、"淹、醃"əm 等。早期梵汉对译，爱用"优"译 u，如"优婆塞"upāsaka，爱用"浮、沸、佛"译 bud 而很少用一等的"勃"，这些都表明那时汉语的 j 尚未生得着实。汉时西域国名用三等字翻译的，勘对原名如"于阗"khotan（今和田）、"焉耆"argi、"龟兹"（注音丘慈，今库车）kuci、"（大）宛"khokand 合音（今浩罕），原也都无腭介音。

4.3　元音的长短对立

从声韵配合关系看，一、二、四等韵的声母跟三等韵的声母不同。一、二、四等韵拼的都为十九母（一等韵和四等韵本为一类，二等的知组、庄组声母跟一、四等的端组、精组声母分别互补），而三等韵所拼的声母要超过十九个，具体声母也多有不同。所以我们设想三等韵是一类，一、二、四等韵又是一类，原有相对立的两类元音。

元音对立通常表现为长短、松紧、是否卷舌等的对立。从汉藏系语言的情况看，长短对立最为普遍，今天汉语方言也有存在，亲属语中如壮侗语族多数方言、苗瑶语族的瑶语、藏缅语族中的独龙语、僜语、门巴语等都有长短元音的对立。这些长短元音跟"等"有无联系呢？现代汉语方言中只有粤语、平话有元音长短的区别。吴语有些方言也有长短元音，但往往是介音的对立（如永康），温州话 a 在韵尾前都读短音（如温州"牛"$ŋau^{2}$、"问"$maŋ^{6}$、"新"$saŋ^{1}$、"七"$tshai^{7}$，跟粤语短元音的"牛"$ŋău^{2}$、"问"$măn^{6}$、"新"$săn^{1}$、"七"$tshăt^{7}$ 听起来读法很相像，连声调都相当接近)，但没有对立。

广州话的单元音韵母没有长短之分，带韵尾的只有 a 元音对立最齐(短 a 偏近 ɐ，也同温州)。试将在广州话中读长短 a 元音的中古各韵的分布情况列表如下(四等字一般不读 a 元音，不列)：

长元音	一等	二等	短元音	三等	一等	二等
aːi	泰咍	夬皆	ai	祭废微		
aːu		肴	au	尤	侯	
aːm	谈覃	衔咸	am	侵	覃谈见系	
aːn	寒	删山	am	真谆文	痕魂	
aːŋ	登	庚耕江	aŋ	庚	登	耕
aːp	盍	狎洽	ap	缉	合盍见系	
aːt		鎋黠	at	质栉物术月	没	
aːk	德	陌麦	ak		德	麦

*(三等韵只元、凡两韵的唇音字在轻唇化后读长元音 aːn 为例外，四等只齐韵单元音在复化为 ai 后读短元音，皆未列入)

其实广州话的 oː[ɔː]与 o[œ]也是长短相配的，不过元音差别变大了，而且/œ/在舌根尾前也变长了：

长元音	一等	二等	短元音	三等	一等	二等
oːi	泰咍灰		œy	鱼虞支脂微	灰	
oːn	寒		œn	真谆	魂	
oːŋ	唐	江	œŋ	阳		
oːt	曷		œt	质术		
oːk	铎德	觉陌麦	œk	药		觉

*(只有阳韵轻唇音及庄系有读 ɔːŋ 的为例外，未列入)

由以上两表可见一明显倾向：三等韵多集中于短元音，一、二等韵除中古 ə 元音的韵以外则集中在长元音，显示三等韵跟短元音有较深关系。平话、壮侗语、勉瑶话也跟广州话情况相似。这使我们设想汉语原有长短元音的对立：三等韵是短元音，非三等韵是长元音。

汉语有长短元音的对立，很早已有学者提出，马学良、罗季光 1962 年在《中国语文》上接连发表《我国汉藏语系语言元音的长短》(第 5 期)、《切韵纯四等韵的主要元音》(第 12 期)，据亲属语语言比较提出四等对三等为长短元音的对立。蒲立本(1962)解释腭化介音来源时也假设上古汉语有元音长短系统，提出三等为长元音，至中古增生 i 介音。敦林格(1976)《汉语里的长短元音》则以台语、瑶语和粤语好些字在长短上的一致，提出中古二等、四等为外转长元音，一等、三等为内转短元音(还加上汉越语分不同韵尾变化为证)。蒲氏说上古无腭介音举译音为证，但说三等长，一、二、四等短则没有说明论据，并与马学良、罗季光、敦林格的材料冲突(尤其是二等、四等的变化)。所以在长元音的选择上我们相信马、罗，再加上自己观察到的汉语内部事实，而不接受蒲氏的假设。在台语、瑶语、越南语、粤语有些一等韵读短元音是中元音 ə、o 元音失去对立后的后起变化，敦氏避开这些语言中汉语寒韵、唐韵等低元音一等韵读长元音的字例，只挑对自己论点有利的字例，倡言一等为短元音(如挑越南语"北"băc："百"bach，但不管"博"bac)，这样的论证不是科学的态度。所以一等韵应跟四等韵一样是长元音。此外，汉语的内部事实还有重要的"缓气""急气"问题。

4.4　缓气、急气指元音长短

"缓气""急气"这一对对立的术语在东汉高诱的《淮南子》注、《吕氏春秋》注中用例较多，因而比较容易对其用法进行归纳，求其用意。现在先把这些例子罗列如下：

1.《淮南子·地形训》"其地宜黍多旄犀"，注："旄读近绸缪之缪，急气言乃得之。"

2.《淮南子·氾论训》"相戏以刃者太祖軵其肘"，注："軵，挤也，读近茸，急察言之。"

3.《淮南子·说山训》"劙靡勿释牛车绝轔"，注："轔读近蔺，急舌言之乃得也。"

4.《淮南子·说林训》"虽欲谨亡马不发户辚"，注："辚读似邻，急气言乃得之也。"

5.《淮南子·俶真训》"牛蹄之涔"，注："涔读延祜(庄逵吉校本作祜)曷问,急气闭口言也。”

6.《淮南子·修务训》“啳脬哆噅”,注:“啳读权衡之权,急气言之。”

7.《淮南子·修务训》“胡人有知利者而人谓之駤”,注:“駤读似质,缓气言之者,在舌头乃得。”

8.《淮南子·原道训》“蛟龙水居”,注:“蛟读人情性交易之交,缓气言乃得耳。”

9.《淮南子·本经训》“飞蛩满野”,注:“蛩,蝗也,沇州谓之螣。螣读近殆,缓气言之。”

10.《吕氏春秋·慎行》“崔杼之子相与私閧”,注:“閧读近鸿,缓气言之。”

“例不十,法不立”,这里正好有十个例子。周祖谟先生1943年在《颜氏家训音辞篇注补》见其《汉语音韵论文集》中说:“案内言外言急言徐言,前人多不能解。今依音理推之,其义亦可得而说。”在这篇文章里周先生就试图从声调和韵母洪细方面作出解释。

第一种解释是声调平仄:“凡言急气者,均为平声字,凡言缓气者,除蛟字外为仄声字。”我们认为这种解释并不恰当。因为:(1) 如以缓、急分平、仄,平声自应读得舒缓,而包括入声在内的仄声自应读得较平声急促才合音理。(2) 平声“蛟”(交)字读缓气为一例外,在下文周先生又认为“駤(质)”之读“缓气”应为“急气”之误,如果照改,仄声读急气又成一例外。这样一来,例外竟要占十分之二了(实际上“缓气”例中,“鸿”为平声,“殆”为上声,“质”为入声,亦难以平仄分)。

第二种解释是韵母洪细:“凡言急气者皆细音字,凡言缓气等皆洪音字。惟上述之駤字,高云读似质,……駤质皆三等字也。三等字为细音,而今言缓气,是为不合。然缓字殆为急字之误无疑也。”这种解释显然比前一种合理,因为“有i介音者,其音急促造作,故高氏谓之急言,无i介音者,其音舒缓自然,故高氏谓之缓言”。但是也有两点缺陷:(1) 这里洪(缓)、细(急)不是按被释字的原读而是按被释字在该处所规定的读音确定的,例如“旄”不是按其原读“莫袍反”定为洪音,而是按“缪”字的“武彪反”定为细音。但“涔”字因字句讹误难解,周先生便只据“涔”的原读“锄簪反”定为三等细音,这是不合理的。

(2)“缓气”“急气”是一对相对立的术语,在关键字眼上弄反的机会是很少的,因此遇到不合理的“駤”字就改“缓”为“急”,以成其说,这种做法不能使人“无疑”。

以上两点很重要,如果从此打开缺口,正可有助于求解“缓气”“急气”的底蕴。我们认为对“涔”“駤”两例的疑端实际可解释如下。

高诱注字音有用“读”的(如《俶真训》“施读难易之易也”),有用“读曰”的(如《俶真训》“牺读曰希”),有用“读若”的(如《本经训》“傒,繫囚之繫,读若鸡”)。而如果对发音上有所描写限定时,则多先用“读近”或“读似”,而后描写说明,如《本经训》“惷,读近贮益之䵺;戇,笼口言之也”原文䵺讹为肉旁,“贮”亦“䵺”之通假:《主术训》注“䵺读而[如]买䵺盖(朱本作‘益’)之䵺也。”汉马融《长笛赋》“六器者犹以二皇圣哲䵺益。”皆作䵺。“戇”即“惷”别体,《集韵》用韵丑用切:“惷,愚也,或作戇”;《说山训》“不见埵堁”注:“埵读似望堕,作江淮人言能得之也。”前举十例中一半作“读近”二字,依此类推,例5“涔读延祜曷问”中的“读延”,很可能是“读近”之讹。

“读近”后三字依例当是含有所读字音的词语,所读字通常为其首字或末字,如《修务训》注“营读营正急之营也”,《说林训》注“孑,读廉絜”。而“怗曷问”不辞,正如周先生所注,当有讹误。按《集韵》,“涔”字除锄簪切外,尚有三等的徐心切、慈盐切及二等的在衔切、仕忏切等读。就本题来说,这里我们要的是排除读二等的可能。查在衔切小韵共三字,仕忏切共二十字,多为“毚”声字,其次是“斩”声字、“参”声字,跟“怗曷问”三字无一相似,因此不会是二等这两小韵中某字的形讹,则“涔”字确是读三等。

至于读三等何字,虽难肯定,但据音和形推测,有以下两种可能:(1)徐心切、锄针切两小韵皆“寻、覃、朁、今”声字,也没有跟“祜、问”相似的字,惟慈盐切有“鬵”字与“祜”字相仿佛。“鬵”字见于《楚辞·大招》“炙鸹烝凫,鬵鹑敶只”,洪兴祖补注:“鬵音潜,沈肉于汤也。”(此字《说文》作“鬵,于汤中爚肉。”《礼记·礼器》作“爓”,郑注:“沉肉于汤也。”可见是古代煮肉的常用语)因此,如果“怗”为“鬵”讹字,“祜曷问”可能是“鬵凫(或‘鸟’‘汤’)肉”之讹。(2)“延祜曷问”四字中首字“延”若非“近”字之讹,而是所读字,因此才加以限定词“闭口”使读成

-m尾字的话，则“延怙曷问”也有可能是“延路陽局”之讹。《人间训》：“夫歌采菱，发阳阿，鄙人听之，不若此延路陽局。”注：“延路陽局，鄙歌曲也。”其中“路陽局”跟“怙曷问”字形皆相仿佛，但问题是“涔”《集韵》无余廉切一读。至于连讹三字或四字，因《淮南》高注几经传写，字形讹变处甚多，却不足为怪，从吴承仕《经籍旧音辨证》、马宗霍《淮南旧注参正》等书所辨证各例可见。如吴承仕改正《说林训》注“蟹，读能而心之恶”为“读能悪之悪（耐）”，即接连讹三字；段玉裁《说文》“噫”下举《俶真训》高注“垓读人饮食太多以思下垓”，云末当为“以息上餩”之误，亦连讹三字。不论读慈盐切或余廉切，都属三等盐韵字，因此例5是合于急气读细音之例的。不过这是按所读字定的了。

“駤”字则是一个更紧要的问题。

《广韵》至韵陟利切“駤，䮳駤”，是复音词素的一个音节。《集韵》音同，义解详细一些：“《博雅》：䮳駤，止也；一曰马高大。”都跟《淮南子》“胡人有知利者而人谓之駤”高注“駤，忿戾恶理不通达”意义不合，显然这里是个假借字。据高注下文“读似质”“在舌头乃得”看来，当是借为“恎（窒）”字。《广雅·释诂》：“狼戾、恎、愎、鷙、忮，很也。”王念孙疏证：“《玉篇》‘恎，恶性也’；《论语·阳货篇》：‘恶果敢而窒者’，窒与恎通，言很戾也。”《说文通训定声》：“窒，塞也。《吕览·尽数》‘处鼻者为鼽为窒’注：‘不通也。’字亦作恎作懫。”

“恎”，《集韵》有丁结、徒结、职日、充至四切，只有丁结切下注：“《博雅》：很也。”可见此读正是《广雅》所读音。因此“駤，读似质”是说“駤”在这里不读作去声陟利切，而应读成入声同“恎”，“在舌头乃得”是说不读职日切而应读丁结切。丁结切为屑韵纯四等读法，跟“邻、茸、权、缪、涔”等三等读“急气”不同，属于三、四等相对立的问题（“缪”为幽韵字，《韵镜》虽也列在四等，实为三等B类字，相当重纽三等，跟纯四等不同）。

如依周先生“韵母洪细”说，三、四等都属于细音，上述这种区别仍无意义。但如据马学良、罗季光《切韵纯四等韵的主要元音》所论证的，纯四等为长元音，相对的三等韵为短元音，那么缓气为四等正与长元音相合，急气为三等韵正与短元音相合（长称“缓气”、短称“急气”，意思也正相符）。三、四等为元音长短的对立，那就有意义了。

只是马、罗二先生拟宵、盐、仙、清韵为短i，与萧、添、先、青韵为长 i 相配，这又不大合适，因为中古纯四等韵萧、添、先等上古有 * i、* e 两种元音来源，而三等韵宵、盐、仙等中古上古都属 * e 类字，它们不能跟读 * i 的萧、添、先韵字相配（清、青韵情况亦同，但上古耕部元音王力拟 * e，而李方桂拟 * i，故这里先不提）；要等到纯四等两元音 * i、* e 合并为 * ie 后才有这种可能。但到那时元音就不是 * i 了。早期跟读 i 的纯四等萧、添、先韵相配的三等韵乃是尤、幽、侵、真等韵。其中收-n 尾的是先韵配真韵，收-t 尾的是屑韵配质韵。所以上面所论“跮”例缓气急气之别，即上古质部字中四等屑韵与三等质韵相配对立的例子。

这一对立在今汉语方言中仍有反映。今广州话元音仍有长短之别。“跮”字虽僻，丁结切外又读徒结切，与“跌”同音（“跌”今方言多数读阴入，同丁结切），下面即以“跌”代“跮”。广州“跌”读tiːt长元音，而“质”读 tsɐt 短元音，古质部相应的三、四等字大致也如此分化：

四等长元音（33 调）　跌 tit　结 kit　切 tshit　屑 sit

三等短元音（5 调）　质 tsɐt　吉 kɐt　七 tshɐt　失 sɐt

上表例字上古都归质部，元音原来都是 * i，现四等字保持 i 不变，三等字低化变 ɐ，正与马、罗二氏《我国汉藏语系语言元音的长短》205 页所说“短的高元音变低”的规律相合。该文以布依语兴义话“碎米” pĭn^{1}—普安 pə̆n^{1}—水城 păn^{1} 为例，粤语质韵短音当也经过这种 it>ət>ɐt 变化。如二氏所说：短的高元音变低是元音本身低，所以不再带 i 为介音。而长的高元音变低则要保留原来元音为韵头，试比较临川赣语（阴入读 32 调）：

四等长元音　跌 tiɛt　结 tɕiɛt　切 tɕhiɛt　屑 ɕiɛt

三等短元音　质 tit　吉 tɕit　七 tshit　失 sit

这个方言三等字保持 i 不变，四等字复化变 iɛ，符合马、罗二氏所说“长的高元音弱化，过渡音扩张，高元音韵变低元音韵”的规律。跟壮语阳朔方言“千”ɕiːn^{1}—凤山 ɕiːen^{1}—凌乐 ɕiăn^{1} 的变化正相类似。多数汉语方言真、质部字也都按临川这个模式变化。因此真、质部四等读长元音，三等读短元音可以无疑，这也即“缓气”为长元音、“急气”为短元音的极好说明。

马、罗二氏只讨论了 i 元音在《切韵》的长短对立问题，我们则认为时代要提前，长短对立是在上古汉语中，并且是所有上古六个元音 i、ɯ、u、e、a、o 都分长短（缓急），也即三等读急气短元音，而纯四等及一、二等读缓气长元音。因为：

（1）纯四等韵跟一等韵是互补的，可配合声母都为 19 个。纯四等韵其实是一等韵的前元音部分（锐元音），只因元音本身是细音 i、e 而被列在四等。一、四等性质相同，故都属缓气。二等韵也是 19 个声母，知、庄二组只是端、精二组在卷舌介音前的互补变体，因此二等韵与一等韵也同属缓气。前举缓气例包括一等字“鬨（鸿）”、二等字“蛟（交）”即是证明。缓气（长）、急气（短）正可解释一、二、四等与三等的对立现象。

（2）壮侗语、勉瑶话里的汉语古借词或同源词的情况也相似，以泰文数字为例（带韵尾的分长短），其长短与等的关系就跟我们所说的一致：

三等短元音	一 et	六 hok	十 sip	九 kau
一、二等长元音	三 saːm	双 sɔːŋ	八 pɛːt	

以三等为短（急），一、二、四等为长（缓），则各元音因长短而产生的变化大都符合马、罗二氏文所提出的变化规律。如“短的低元音变高”：元部急气元韵 * ăn 中古变近魂、欣、文韵，阳部急气庚三 * ăŋ 中古变近清韵即其例。“长元音韵尾失落”：歌部 * ai 中古失去 i 尾（例如“歌” * kaːi＞ka，“沙”sraːi＞ʃɣa）即其例。又除 i 韵头外，u 韵头也同样有来自长的主元音复化的，如“突”duːd＞duət，“端”toːn＞tuan 即其例。

但马、罗二氏说“复元音变单元音韵”，从所举汉语字例看，实际应该是单元音变复元音（汉、台各语何以今天单元音没有长短对立？其实是原来的单长元音多数已经复化，留下未复化的短单元音在失去对立后就混并为一而读长元音了），如壮语：

底	石龙 $\mathrm{ti{:}}^{3}$	环江 $\mathrm{t\breve{e}i}^{3}$	邕宁 $\mathrm{t\breve{a}i}^{3}$
篦	石龙 $\mathrm{pi{:}}^{6}$	环江 $\mathrm{p\breve{e}i}^{6}$	邕宁 $\mathrm{p\breve{a}i}^{6}$
事	石龙 $\mathrm{s}\text{ɯ}\mathrm{{:}}^{6}$	环江 $\mathrm{r}\breve{\text{ə}}\text{ɯ}^{6}$	邕宁 $\theta\mathrm{\breve{a}i}^{6}$

“底”为四等长元音，而“篦、事”都是三等字，原来应读短的单元音，借到壮语读长了，故这里也随着四等长音一样复化了。汉语上古

长短元音常常由前加过渡音至中古而复化。

（3）好些南方方言有文读细音、白读洪音现象，如临川白读“牛”ŋɛu、“救”kɛu，广州“子”读 tsi[3]，口语说 tsɐi[3]（即“子”的洪音，跟山皆切之“崽”不同《方言》十“湘沅之会，凡言是子者谓之崽”，郭注：“崽声如宰。”《集韵》子亥切，则正是“子”的洪音）。“茄”，《广韵》为歌韵三等求迦切，苏州口语音 ga[2]、广州音 khɛ[2]、越南音 ka[2]，也都读洪音，是中古才变三等的。所以三等 i 介音好像是至中古先在中原地区发展起来的。

这一现象在唐释玄应《一切经音义》中有比较明显的反映，有些字他兼记江南音，而常常是在北方读三等，南方读一、二、四等，如：（括号内是慧琳《一切经音义》转录的卷数）

> 卷 14（卷 9）“晒，郭璞音霜智反，北土行此音；又所隘反，江南行此音。”
>
> 卷 19（卷 56）“髯，而甘反，江南行此音；又如廉反，关中行此音。”
>
> 卷 14（卷 59）“鞘，江南音啸，中国音笑。”
>
> 卷 3（卷 64）“瓒，又作溅戋二形，同，子旦反，江南行此音；山东音湔，子见反”（《广韵》“湔、溅”为子贱切，线韵字。又慧琳卷 38 音“溅”为：“煎线反，俗字也。……《说文》正体从赞作瓒”，也读为三等线韵）。
>
> 卷 10（卷 45）“气 㰦宜作欬瘷。欬音苦代反，江南行此音；又丘吏（慧琳作既）反，山东行此音。”

这些例子都显示当时方言三等字读音显然有着南洪北细的倾向。

4.5　短元音与 i 介音的增生

有些例子说明短元音前能增生一个 ĭ 介音。汉代译经家对译梵文短元音 ka、kha、ga 的“迦、佉、伽”三个新字，在中古都变为歌（戈）韵的三等字，带上 ĭ 读成 ĭɑ 韵了。汉越语“迦伽”也读 gia，但仍在“释迦”里读 ka[1]，“伽蓝”里读 ka[2]，表明古汉越语原无 i 介音（杨雄好用奇字，《太玄》曾以“迦逅”代“邂逅”，其音不同；《蜀都赋》用“伽”表茄子，茄子非我国土产，则也是对译引进的外来词，今“茄”上海读 ga、广州读 khɛ 还无介音，参越语 ka[2]、缅语 kha-ram、泰文 khɯa，泰文的形式跟“茄”

ga 的上古晚期音 gɯa 接近）。

温州方言有些一等字白读变为三等，都是温州今读短元音的中古 ə 元音字（表中温州白读前一音为老派音）：

	头	豆	憎嫌憎，得人憎	澄澄一澄
文读	dau^{2}	dau^{6}	tsaŋ^{1}	daŋ^{6} 据《集韵》唐亘切
白读	diəu^{2}，dəu^{2}	diəu^{6}，dəu^{6}	tsieŋ^{1}，tseŋ^{1}	dieŋ^{4}，deŋ^{4}

藏缅语多数语言已无长短元音的对立，藏文也没有，缅文保存部分痕迹。只有独龙语，据孙宏开（1982）所记保存长短音最完整，六个固有元音都分长短，并且都与不同韵尾结合。而在藏语—独龙语同源词中，有好些独龙语读短元音的词跟藏文带腭介音 j 的词相对应。下面列出的字中，独龙语都是短元音（为方便印刷，省去短音符号），y 即是藏文转写的 j（有些作 my-的词是古写），藏文舌面音组认作相当于齿音加 j；注“怒”是独龙语的怒方言：

藏文	独龙语	藏文	独龙语	藏文	独龙语	藏文	独龙语
眼 myig	meʔ	家 khyim	cɯm	柄 phyaŋ	blaŋ	八 brgyad	cat
熟 smyin	min	冰 khyag	caʔ	碗 skyogs	kɔ	一 gtjig	ti
疯 smyo	muk	墙 gyaŋ	tɕaŋ 怒	曲 khyog 弯	gɔ	虱 sjig	ɕiʔ
药 smyan	man	方向 phyogs	ɕɔʔ	立 zjabs 足	rep 立	醉 myos	meʔ

同样，在独龙语跟汉语的同源词中，也有很多独龙语读短元音的词跟汉语三等字相对应，如（音标前-号表示省去前冠音成分）：

肥 bɯr 胖	亡 amaŋ 遗失	新 sar	废 brɯt 倒塌	叶 lap	辛-sai 辣	骍 sai 红
飞 ber	匿 rnaʔ	面 mar 脸	立 rep	常 adaŋ	习 sɯlap 学	目 meʔ
柄 blaŋ 一把	膺 praŋ 胸	母 amai	风 bɯŋ	颤 adan 抖	宫 cɯm 家	床-tsaŋ
寻 lam 庹	虱 ɕiʔ	服 boʔ 衣服	止 xrai 脚	一 tiʔ	曲 d-gɔʔ	父 apai
灭 amit	绝 atɔt	出 klɔt	七 s-ŋit	復 ablaʔ 回	银 ŋul	六 kruʔ
覆 blu	坟-pun	痹 pit				

而独龙语读长元音的词多跟汉语一、二、四等字相对应，如：

一等	担 ataːm	盘 baːn	赶 s-kɔːn 逐	搭 adaːp 拍手
二等	巷 grɔːŋ 村	杀 saːt	硬 greːŋ	板 beːn
四等	年 niːŋ	犬 d-gɯːi	闭 piːt	铣 seːr 金

最有意义的是如下两对同源词的长短元音对立，跟汉语如出一辙：

三等（短元音）	痹 pit	飞 ber
四等（长元音）	闭 piːt	笾 beːr 扁竹篓

有意思的是，斯塔罗斯金(1989)比较同语族库克钦语言长短元音与汉语的关系，也得到一、二、四等长，三等短的相同结论。

又武鸣壮语分长短 a，有些汉语影母三等字的同源字在[ʔ]声母后光读短音不带 j，而跟汉语一、二、四等字的同源字读长元音相对立：

三等	臆 ăk^7 胸	因姻 ăn^1	要（笑韵宵韵字）ău^1
一、四等	恶 ak^7	安 an^1	幺（萧韵字）au^1 叔与弟

又如龙州壮语的 ə、e、i 长短有别，汉语影母字的同源字也有相同表现，三等读短音，一、二、四等读长音：

三等	一 ĭt^7	餍 ĭm^5 饱	挹 ĭp^7 拾	臆 ə̆k^7 胸
二、四等	烟 in^5	燕 en^5	吆 eu^5 吵	轭 ek^7

这些例子都表明长元音的同源词汉语列入四等或一、二等，没有腭介音，短元音的同源词汉语列入三等，在《切韵》音里都增生了腭介音。壮语的这些词有些可能是借词，如果这样，那就更说明了“要、臆”等三等字原来是没有 ĭ 介音而只有短元音的了。或许是短元音过短了，ĭ 介音的增生起了一种均衡音节使之与长元音等长的作用；以后长短元音消失了，它就起了代偿短元音的音位功能作用，从而使元音的

长短对立转化为硬软、洪细的对立。

在汉越语中，除 ie、ia 前的 i 由 e 分裂产生外，三等字还很少有介音，只有鱼、阳、药三韵有不少字分别读为 ɯa、ɯəŋ、ɯək，尤韵字多读为 ɯu，带上 ɯ-（下例读阴平、入声的不标调）："驴"lɯa²、"锯"kɯa³、"许"hɯa⁵、"却"khɯək、"香"hɯəŋ、"秧"ɯəŋ、"梁"rɯəŋ²；"剑"gɯəm、"园"vɯən²、"劫"kɯəp、"腌"ɯəp；"优"ɯu、"有"hɯu⁴、"牛"ŋɯu。泰文和壮语也有鱼、阳、药韵字读 ɯa 的现象，如泰文"馀"hlɯa、"藉"sɯah 席子、"举"kɯa' 支持、"屐"kɯak 鞋、"液"lɯak 黏液、"眙"hlɯak 瞪视、"方"ʔbɯaŋ 方面、"亮"rɯaŋ、"扬"lɯaŋ 传扬，吴宗济《武鸣壮语中汉语借字的音韵系统》中有晚期的 iaŋ、iak 和早期的 ɯaŋ、ɯak，后者 ɯaŋ 列"方"等 23 字，ɯak 列"石"等 4 字。说明三等介音的产生可能是从低元音韵开始的，然后向其他韵扩散。而且开始时介音作 ɯ-，然后才变 ɨ-变 ĭ-。（客家话部分非组字仍读重唇多无介音而阳药韵读-ioŋ、-iok 即此一变化之反映。）

ĭ 的增生开始大概经过钝元音前为 ɯ/ɨ，然后锐元音前为 ĭ 的阶段（广州阳、药韵读 œ 元音开始可能也与 ɯə 有关），故唇音后 ɨ 变 ʉ 引致轻唇化也限于钝元音。最后连 ɨ 都变 ĭ 是中古晚期的事了。

4.6 元音长短与分等的关系

根据以上材料，我们设想上古汉语的六个元音原来都有长短对立，长元音发展为《切韵》的一、二、四等韵，短元音发展为《切韵》的三等韵。

四等韵与一等韵声母配合全同，四等韵是前元音 i、e，一等韵是其他央后元音，这两种韵原是互补的。二等韵则是声母带 r 介音的。三等韵各家都再分为三或四类，其他各等都不如此。三等韵何以如此特殊？以前这也是个谜。其实长元音既分为三个等，具有短元音的三等韵自可再分为三或四类，与一、四、二等这三类相对应（可根据唇音声母的变化情况，及是否可以拼庄系来划分。三 D 并于三 B 则为三类，分列则为四类）。对应关系如下表所列，表中的表头为上古音，表心为中古音：

<table>
<tr><th colspan="2">元音长短</th><th>声母垫音</th><th>锐元音*i、*e</th><th>钝元音*a *ɯ、*u、*o</th></tr>
<tr><td rowspan="2">长元音</td><td>甲</td><td>-o-、-l-</td><td>四等韵</td><td>一等韵</td></tr>
<tr><td>乙</td><td>-r-</td><td colspan="2">二等(可拼庄系)</td></tr>
<tr><td rowspan="2">短元音</td><td>甲</td><td>-o-、-l-</td><td>三A(重纽四等,后代保持重唇音但唇音字在越南语中舌齿化的韵)</td><td>三C(后代发生轻唇化的韵)</td></tr>
<tr><td>乙</td><td>-r-</td><td>三B(重纽三等,后代保持重唇音的韵)(可拼庄系)</td><td>三D(庚、蒸、幽钝声母字,后代保持重唇音的韵)(可拼庄系)</td></tr>
</table>

如果把上古音也分等的话,依此也可以称长元音甲类为古一等,长元音乙类为古二等,短元音甲类为古三等,短元音乙类为古四等。中古庚三韵一部分在低化前原来与清韵为重纽,庚三为三B,清韵为三A。

根据上表,中古的分等、重纽的起源,以及轻唇化不轻唇化的条件,都可从之得到解答。

4.7 用长短元音解释韵母变化

为了打印方便,下面我们用单字母表示短元音(无标记),双字母表示长元音(有标记),即 a=ă, aa=aː。

使用长短元音可以解释汉语音韵史上的一些疑难问题:

(一)齐、咍、豪幽部字韵等上古都是单元音,为什么中古以后复化为带尾韵母?尤其是咍韵,前人都拟为 ə,它怎么也参加了这个变化呢?

我们认为 ə 应改拟为 ɯ,上述这些韵都为高元音韵,长的高元音较易复化,这在其他语言即如英语里也常见,是同样的元音推移现象。复化的过程是前带过渡音,以后过渡音扩张为主元音,至中古原来的主元音就变成韵尾了(ɰ 是发为半元音的 ɯ):

脂部　一等 ii 齐>ei　二等 rii 皆>ɣei>ɰɛi

之部　一等 ɯɯ 咍>əɯ>ʌɨ>ʌi　二等 rɯɯ 皆>ɣəɯ>ɣɐi>ɰɛi

幽部　一等 uu 豪>əu>ɐu>ɑu　二等 ruu 肴>ɣəu>ɣɐu>ɰau

（二）之部合口及唇音中古有咍、灰韵和尤、侯韵两种变化，如“杯、每、悔”收 i 和“不、妇、谋、母”收 u，歧异甚巨。大致前者为一等，变化如（一）所列，后者三等（唇音或圆唇舌根音喉音字）为主，其变化是：

（w）ɯ>u>ɨu

从而成为-u 尾韵。

惟有些字中古属侯韵，也是一等，与咍、灰韵冲突，高本汉、董同龢、王力先生等乃拟此等侯韵字为之部合口，但中古、上古唇音字本都不分开合，以此一处，破坏了唇音无开合对立的通则，这并不是真正解决问题的方法。那究竟是什么缘故呢？

我们认为，之部字在《切韵》中侯、尤两韵基本是互补的。依谐声看，“副”属塞尾类，与“踣”不属真的对立，除“抔：芣”“部：妇”二组对立外，其他对立都只是个别字。而“部”又裴古切，《左传·襄公廿四年》的叠韵联绵词“部娄”《说文》引作“附娄”，《易·丰》“蔀”叶“斗主”，足见“部”应为真正的侯部字，中古入姥韵乃 o 元音滞留。还有“剖、瓿”及音声从彭从走的字都有虞、麌、遇韵异读，说明也是侯部字（这跟母声的“侮”读麌韵，《诗经》叶入侯部相类）。将这类字排除之后，其他如“抔、母”等多数原都应为之部短元音的字（“父”是三等上声短元音，“母”也应为三等上声短元音才相应）。由于三等韵 ɨ 介音后起，大概转变扩散之际，部分唇音字先变带上 ɨ/ʉ 而入尤韵，一部分则迟迟未变（以上、去声字为主），以致（p）ɯ>u>əu，就混入侯韵了。平声“谋”字虽然早变入尤韵，也像蒸部的“梦”在东三韵而保留读明母一样（这自与中古尤东韵都是 u 元音相关），最初则可能是两读的。

（三）定一、二、四等韵为长元音，则一等咍盍、二等麻、四等齐这些韵都是长元音，这些韵中夹杂的部分三等字自然也应是长的。这些长元音韵中的三等韵当然与短元音增生 i 介音无关，所以应带有原始的真 j 介音。其中字数最多的是麻三 * jaa，白一平系统因为三等都用 j 表示，对付不了鱼部三等中的鱼、麻三韵对立的矛盾，只好把鱼韵写作-ja，而麻三韵写作-jA（并以 Kj-表腭化为章组，kJ-表不腭化），来一个口耳不能分别的目治区别。王力的鱼部字鱼韵作 ĭa、麻三作 ia，也设两个介音，而 i 表四等的原则在这里给破坏了。依我们的体系则作 a、jaa（如“车”两读：鱼韵 * kla、麻三 * khljaa）。盍韵章盍切“谵”为-jaab，而海韵三等的“茝、疠”为-jɯɯ，齐韵三等的“臡、栘”为-jeel，元音读长，带j，也都是很自然的。只有“佁”（夷在切）是 lɯɯ，它中古读以母 j 是 l 自身的变化。

由于中古长元音多数复化，复化过程中其 j 介音常因与复化韵韵头融合而丢失，故只有少数字保留了长音痕迹。还有少数舌音字的 j 因融合而转化为 i，故中古声母没有腭化，如“地、爹”。“覿”通“儥”lug 而读四等徒历切，原当为 * l'juug，“敦”在“敦弓”中读如四等“雕”，原当为 * tjuu（这些字念四等韵也就是读长元音的表现。而考虑到“覿”在《易・困》叶侯部“木、谷”-oog，“敦”通常读为都昆切-uun、度官切-oon、都回切-uul，故其元音都只能为 uu，不会像“萧、啸、筱、条、涤、迪、笛、倜、戚、寂、的”等来自-ɯɯw，所以其入四等应为 j 介音引起）。

4.8 长短元音的叶韵问题

有人怀疑，同一韵部其元音有长短，能否和谐地叶韵。这的确是一个要说明的问题。现在许多语言的长短元音往往其音值已不一致，有相当差异，如广州话长 a 与短 ɐ 就相差较大，这样一来叶韵就更不易和谐。尽管如此，粤语民间唱曲中也还有相叶的。古音长短元音音值的一致性大，相叶应该比较容易些。《礼记・乐记》：“歌之为言也长言之也。”诗歌入韵处吟唱时常拉长也使短元音易与长元音押韵。

美国 H. C. 珀内尔《“优勉”瑶民间歌谣的韵律结构》说到泰国、老挝勉瑶民歌中的长短元音叶韵问题，他举了同韵而不同介音的韵，长短元音及 in、ien 相叶的情况，说这些比起不押韵的歌来还算是押韵较工整的，其长短叶押的例子有 dang ∶ zaang、yang ∶ huaang 等（见《瑶族研究论文集》153—154，民族出版社 1988）。

第五节 不同收尾的韵部和韵母系统

5.1 元音、鼻音、塞音三类韵尾及塞音韵尾的清浊

汉语的韵母和韵部都可依不同的收尾进行分类，所以说韵母系统先要说韵尾的情况。

中古有-p、-t、-k，-m、-n、-ŋ 六个韵尾。塞音尾-p、-t、-k 分布于入声，形成“入声韵”；鼻音尾-m、-n、-ŋ 分布于非入声形成“阳声韵”；其余没有鼻音尾又非入声的元音尾韵则形成“阴声韵”（相对于带塞音和鼻音尾的闭尾韵而言又称为“开尾韵”）。这个阴、阳、入三分格局跟现在粤语、客家话的韵尾格局相同，故对于中古汉语大家都这样认为。上古汉语也是这样吗？

高本汉、陆志韦、李方桂等位都为上古阴声韵拟了浊塞音或流音韵尾，高氏还留下一点开尾韵，陆、李二氏则是全加了辅音韵尾，成为清一色的闭音节。其他汉藏亲属语言都没有这样怪的，不能令人信服。

第一，汉藏语言中未见有全是闭音节的活例（有人说孟语和邵语是，那其实是开音节发短元音时带有喉塞音，是一种元音发声状态，跟音系分析中的塞音韵尾性质不同），倒是有些语言如彝语、苗语全读开音节的，为什么古汉语音节跟兄弟语要差得那么远呢？第二，汉藏语言中也没见有清、浊两套塞音韵尾对立的，而要有都只有一套：如果是清的就没有浊的，如果是浊的，像古藏文、现代泰语一些方言，就没有清的。汉藏语言韵尾多为不爆破的唯闭音，故也不容易保持清浊对立。

他们所以把阴声韵也拟上浊塞音尾，是因为《诗经》阴声字跟入声字或阳声字，有通押叶韵现象。这种通押在民歌中韵律要求不严格时本来也不算什么，为此而改变整个语言的结构那可太不值得。而且还有另一条路可走，浊塞尾自然比清塞尾更接近鼻音尾、元音尾一些，把上古入声尾一律拟为浊音尾，也是可以说明问题的。

把-p、-t、-k 尾改为-b、-d、-g 尾，是有根据的。首先是与藏文一致，藏文有清塞音字母也有浊塞音字母，当时用浊塞音记韵尾正是表明了早期藏语原为浊音尾；藏文一些格助词（如属格、具格助词 gji、gjis，业格助词 du），其声母是随所附词的韵尾变化的，塞音尾后正作浊母，也显示塞音韵尾确实是浊音。汉、藏二语关系特别近，古汉语应与藏文的早期情况一致。第二是朝鲜译音与唐西北方音中舌音尾常变流音，朝鲜语是-l，唐西北方音多数是-r。-d 变-l、-r 自然要比-t变-l、-r 容易些。三是梵汉对译中，汉语收舌入声字多译梵文的-d、-r、-l。四是今天也有些汉语方言的入声尾较浊，如广东连山话（粤语系统）、江西湖口流芳话江桥话（赣语系统），流芳就是-g、-l 相配的。湖北通城等地赣语也收-l 尾，甚至安徽桐城也有-l 尾（如“笔”pil）。我调查过的方言中，凡是保留浊塞音声母又保留着非ʔ塞音尾的方言，这些塞尾都读浊音尾。例如（下面的例子皆阳入调）：

连山：白 bag　域 ɦuɑg　特 dɑg　族 zog　绝 zod　别 bed　碟 ded　十 zɑd/zɑb　悦 ɦyd　乙 yd　脱 thud　骨 kuɐd

流芳：直 dzɪg　角各 kɔg　踢 ɖig　拔 bal　夺 ləl　阔 guɛl　割 kol　刷 sol　骨 kuɛl　夹 kal

（详细的考订可参看拙作《上古入声韵尾的清浊问题》，刊《语言研究》1990.1：67—74）

方言中有浊塞音尾实际并不太罕见，不过常常被方言调查者按习惯处理成清塞音尾了。赵元任在他译的高本汉《上古中国音当中的几个问题》（《史语所集刊》1.3：354）所加译注[八]中即曾指出：“去年我记广州音时，有好些人把‘笃 tuk，谷 kuk，得 tak’等字读成 tug，kug，tag 等等。旁边有一位外省人听着说：‘他们广东人怎把屋韵字念成东韵了？’由此可见-ng 与-g 尾音之近似。”既说明浊塞音尾是活的方言事实，又说明它比清塞音尾更近于阳声韵尾。丁邦新（1979）所举闽南话合音例“出去”ts‘utk‘i>ts‘uli，“入去”dzipk‘i>dzibi，也可见入声-t、-p 尾原本读浊音。

那么上古应有：(1) 浊塞音韵尾-b、-d、-g，加上药部的-wɢ，则共为 4 个“入声韵”韵尾；(2) 鼻音韵尾-m、-n、-ŋ 共 3 个“阳声韵”韵尾；(3) 流音韵尾-l 在“歌微脂”三部（参 2.5），上古后期变腭通音 j。-j 加上唇通音韵尾-w，和喉通音的零位韵尾-0，旧都称“阴声韵”，则理论上有 3 个“阴声韵”韵尾音位。

5.2　A 类收喉各部的韵类

前面 2.6 节的韵母结构表已经按韵尾部位把上古韵部分为 A. 收喉、B. 收唇、C. 收舌三类，现在分述各部韵母所包含的中古韵类，可以从中看出它们之间的发展关系，及彼此间严整的分等对应规律。这里以 5.2、5.3、5.4 三节列表显示了上古韵类分布总的面貌，各表中凡有字的都标出例字，无字或字太僻的留空，这些空格值得继续研究是否发生过更早的音变(例如谷读如峪 log 应来自长元音 loog)。根据表中韵类分布,从一个字的中古韵类反切,结合声符指向,就可以推知它的上古韵母读法。

表头列上古韵部的拟音和韵部名,韵部内依韵类再分的,用小字列出韵类名,带-s 的去声分部则直列分部名,又用小字再列韵类名(如谈部分“谈、兼、凡”,元部分“寒、仙、算”;至部本身是质部的去声分部,又分“謚、闭”两小部)。表心列中古韵类,后用小字注出代表例字(注意其中有的是取该字的异读,如陶阄)。韵类依元音长短、垫介零、r、j 分排,声母有分异的,前面用大写字母表示所见声母类别:W 表示唇音与唇化音,K 表示喉牙唇音,W 和 K 皆为钝音声母;T 表示舌齿音,R 表示庄组,L 表示以母,T、R 和 L 皆为锐音声母。韵类以平声兼赅上、去(指非入声来源的,入声来源的另列 -s 下)。中古韵类名后面的“三”字表示该韵的三等,“A”指重纽四等、“B”指重纽三等。注意-u、-ug 中含有 -uw、-uwG 来源,而-i、-iŋ、-ig 后期将与 -il、-in、-id 合并,它们间有很多纠葛是不奇怪的。

韵母 介音		oŋ 东	og 屋	ogs 窦	o 侯	uŋ 终	ug 觉	ugs 奥	u 幽流
0 长		东工	屋谷	候嗾	侯沟	冬统	沃毒	号纛	豪媪
	L								宵陶鹳
r-长		江项	觉角		肴爀	江降	觉学	效觉	肴包
j-长							锡覾		萧弴
0 短		锺恭	烛曲	遇赴	虞区	东三蟲	屋三睦	宥就	尤帚
r-短									幽阄觩烋
	R			遇数	虞雏				尤搜
		aŋ 阳	ag 铎	ags 暮	a 鱼	ɯŋ 蒸	ɯg 职	ɯgs 代	ɯ 之
0 长		唐冈	铎各	暮路	模姑	登能	德塞	代贷	咍该
	w	唐忙	铎郭	暮護	模瓠	登肱	德或	队背	灰贿
	L		昔亦绎	祃三夜	麻三野耶				咍佁
r-长		庚行	陌格	祃乍	麻家	耕橙	麦革	怪戒	皆埋

续表

		aŋ 阳	ag 铎	ags 暮	a 鱼	ɯŋ 蒸	ɯg 职	ɯgs 代	ɯ 之
j-长		清饧	昔石席	祃三借	麻三者				咍茝
0 短		阳张	药若	御著	鱼居	蒸徵	职力	志置	之里
	w	阳王	药缚	遇懼	虞甫	东三冯	屋三福	宥富	尤有 侯母 *
r-短	K	庚三京	陌三逆		支 B 戲	蒸冰	职域	至 B 备	脂 B 洧龟
	R	阳床	药斮		鱼助	蒸殑	职测	志厕	之使

* 之部三等唇音未增生介音而变入侯韵，如“母”应与“父”一样读三等。又“龟”有异读，居追切为 kwrɯ、居求切为 kwɯ，后者汉代变 kwu 而入幽部。

		eŋ 耕	eg 锡	egs 赐	e 支	iŋ 真黾 *	ig 质节	igs 至谧	i 脂豕 **
0 长		青形	锡壁阒	霁缢	齐鸡	先田坚	屑节	霁殪	齐礼翳
r-长		耕争	麦隔	卦隘	佳解	山慳黾	黠戛		
0 短		清正	昔適	寘赐	支纸	真臣辛	质日溢	至谧	脂彝水
	K	清轻	昔益	寘 A 臂	支 A 卑	真 A 黾	质 A 壹必	至 A 媢	脂 A 吚
r-短	K	庚三荆	陌三屐		支 B 碑	真 B 臤	质 B 乙密	至 B 懿	脂 B 屎
	R	庚三生				臻莘溍	栉栉瑟		脂师

* 黾有武幸、武尽二切。耕部的“令青奠”等声字更古原读真$_2$黾类 iŋ，上古一段时期应有两读。“青”声字读 i 元音，“倩”-iin 与“盼”-ɯɯn 叶韵、“猜”-ɯɯ 与“青”谐声等现象才能解释。

** 真质至脂各部又各分为两韵类(小部)：真部[1 因 2 黾]、质部[1 七 2 节]，至分部[1 闭 2 谧]，脂部[1 齐 2 豕]。此节所列为第 2 类，第 1 类在 5.4 节收舌韵表中。

《诗经》脂部中常有与微部合韵的，此类字当归 il(此类-l 可与-n 通变，如集韵皆韵训白铁的“锴”分化为俗写溪母“铅”，“堆”分化为“墩”)；凡是只跟脂部字叶韵或与《切韵》之支韵通变的，才列入“脂$_2$”豕类 i，如“秭、第、医、豕、二、死、屎”等。比较藏文：死 sji、礼 ri-mo(供、献、敬奉)、二 gnjis。又“屎”：门巴语 khi、浪速语 khjik；“豕”：僜语、珞巴语 li，佤语、布朗语 lik。“水”所以入豕类，可比较门巴 ri、怒苏努 ri、浪速 k、勒期 kjei、载瓦 vui。

5.3 B 类收唇各部的韵类

各部韵类皆三分：药部[1 乐 2 约 3 沃]，其去声豹分部[1 悼 2 耀 3 暴]。宵部[1 高 2 尧 3 夭]。幽、觉部 uw= u，以 u、ug 为 1：[1 觉 2 肃 3 惄]，其去声奥分部[1 奥 2 啸 3 弔]。幽部[1 流 2 攸 3 叫]。

谈部[1谈2兼3凡],盍部[1盍2夹3乏],其去声盖分部[1盖2荔3会]。

侵部[1音2添3枕],缉部[1涩2揖3纳],其去声内分部[1莅2挚3内]。

		owG 药沃	owGs 豹暴	ow 宵夭	uwG>ug	uwGs>ugs	uw>u
0长		沃沃屋曝	号暴盗	豪芙			
r-长		觉曝	效爆	肴呋			
0短			遇籲	宵笑虞籍			
r-短				宵B妖			

		awG 药乐	awGs 豹悼	aw 宵高	ɯwG 觉肃	ɯwGs 奥啸	ɯw 幽攸
0长		铎乐	号悼	豪桃	锡倜	啸啸	萧雕
	L						宵繇
r-长		觉卓	效罩	肴巢			肴膠
0短		药虐	笑療	宵昭	屋叔	宥宙	尤由
r-短	K		笑B轿	宵B嚣			幽彪幽
	w						脂B轨簋
	R						尤愁

		ewG 药约	ewGs 豹耀	ew 宵尧	iwG 觉惄	iwGs 奥弔	iw 幽叫
0长		锡的	啸溺钓	萧缴	锡迅惄	啸弔	萧叫
r-长		觉擢	效櫂	肴猫			肴拗
0短		药削	笑鞘	宵摇	药糕		宵椒扰
	K		笑A约	宵A螵			宵A莜
r-短	K			宵B苗			宵B孅

* 宵药四等唇音皆缺字,从谐声看是窜入舌音端组,"杓"有唇、舌两读,"标、的"音义同源,可能是高元音-eew唇尾与唇音声母产生异化引起的。我们把此类音都直接拟为peew或pleew,而不视为流音塞化或带t-冠音。

"轨簋晷逵"等中古入脂,王李未及,此入ɯw而不入iw,是由于至汉代其韵尾w因异化脱落后即变之部,说明其元音是ɯ(<* u)。以后变化跟龟kwrɯ相同。

		om 谈凡	ob 盍乏	obs 盖会	um 侵枕	ub 缉纳	ubs 内内
0长		谈啗东覃赣	盍鲔塔	泰会	覃南谈三	合纳杂	队内
r-长		衔芟	狎霅	夬哙	咸摻	洽恰	

续表

		om 谈凡	ob 盍乏	obs 盖会	um 侵枕	ub 缉纳	ubs 内内
0 短	K	凡帆欠锺要	乏乏		东三 风		
		盐染	葉歙	祭芮	侵沈鹳	缉入	
r-短	K	盐 B 窆	葉 B 腌		侵 B 品	缉 B 给	
	R				侵参簪		
		am 谈谈	ab 盍盍	abs 盖盖	ɯm 侵音	ɯb 缉涩	ɯbs 内莅
0 长		谈甘	盍阖	泰盖	覃暗	合浩礘	
	T	谈膽慚	盍蹋		添念	帖叠	霁涖
r-长		衔监	狎甲		咸黯	洽浥	
0 短	W	凡犯	乏法		东三 梵熊		
		盐蟾	葉猎葉	祭世	侵朕心	缉十立	至莅
	K	严俨	业劫		侵 A 愔	缉 A 挹	
r-短	K	盐 B 检	葉 B 馌		侵 B 禀	缉 B 急	
	R				侵岑森	缉涩	
		em 谈兼	eb 盍夹	ebs 盖荔	im 侵添	ib 缉揖	ibs 内摯
0 长		添兼	帖协	霁荔	添忝	帖塾	
r-长		咸獑	洽夹		咸詀		
0 短		盐陕	葉獵摄		侵砧	缉執	至摯
	K	盐 A 厌	葉 A 靥			缉 A 揖	
r-短	K	盐 B 嵰	葉 B 鲄	祭 B 瘞		缉 B 鵖	
	R	盐櫼	葉霎		侵痒	缉戢	

* 舌音声母后有 ɯ>i 现象，故入中古四等韵，凡不作这类变化的覃合、屋韵字，其元音只能是 u 或 o，参看："塔"来自梵文 stūpa 或巴利文 thūba 的缩译；古汉越语："南" nom 南人，"墰"tum 瓮，"纳" nop，"沓"ʔdup 双重的；泰文："男"hnumh 男青年，"萏"tuum 含苞，"墰" tumh 缸，"搭"top 拍打；藏文："三"gsum，"贪"rlom，"簪"sdom-pa 束、总拢，"墰"dum 小盆，"纳"nub 沉入；缅文："潭"thum̃h。

夅声及蒸韵朕声仍作收 -ŋ 安排，不归收唇。"降"对藏文 ɦkhruŋs 降生、壮语 roŋ²，都收 -ŋ。

"葉"本"世"的转注字，《诗 · 长发》"昔在中葉"即中世。可比较僜语、独龙语、景颇语"葉" lap、越南语"葉" lá、藏语"世代" rabs。"涩"本作"澁"，又所力切 srɯg。

5.4 C 类收舌各部的韵类

各部韵类三分：

元部[1 寒 2 仙 3 算]，月部[1 曷 2 灭 3 脱]，其祭分部[1 泰 2 敝 3 兑]，歌部[1 麻 2 丽 3 戈]。

原先文部[1 欣 2 因 3 谆]，物部[1 迄 2 七 3 术]，其队分部[1 气 2 闭 3 队]，微部[1 衣 2 齐 3 畏]。现“因、七、闭、齐”抽改为“真 1、質 1、至 1、脂 1”部，则“谆、術、队、畏”亦由 3 改 2。

介音＼韵母		on 元算	od 月脱	ods 祭兑	ol 歌戈	un 文谆	ud 物術	uds 队队	ul 微畏
0 长		桓端	末捋	泰最	戈火	魂温	没猝	队碎	灰堆
r-长		删关	辖刷	夬嘬	麻剐	山纶	黠滑	怪喟	皆懷
0 短	K	元圈	月髮	废肺		文训	物屈	未胃	微鬼
		仙转	薛辍	祭缀	支累	谆浚	術卒	至类祟	脂追
r-短	K	仙B免	薛B蹶	祭B鳜	支B委	真B殒	質B筆	至B匮	脂B岿
	R	仙栓	薛茁劓	祭竁	支揣		術率	至帅	脂衰
		an 元寒	ad 月曷	ads 祭泰	al 歌麻	ɯn 文欣	ɯd 物迄	ɯds 队气	ɯl 微衣
0 长		寒干	曷割	泰艾	歌可	痕很吞	没龁	代概逮	咍凯
	T	寒单	曷怛	泰蔡	歌拖	先殿先	屑屑餮	霁戾棣	齐洗
	w	桓般	末拨	泰沫	戈波	魂昏	没忽	队妹	灰枚
	L				麻三也				
r-长		删班颜	辖辖	夬败	麻加	山眼	黠齂	怪훼	皆排
j-长					麻三嗟				
0 短	K	元建	月讦	废刈	歌三茄	欣勤	迄讫	未毅	微畿
	w	元反	月發	废废		文云	物弗	未费	微非
		仙蝉	薛鞨	祭滞	支移	真吝振	質佾	至隶	脂绨
r-短	K	仙B蹇彦	薛B揭	祭B偈憩	支B皮	真B敏巾	質B暨	至B魅器	脂B悲
	R	仙栈薛			支差	臻诜	栉龇		

		en 元仙	ed 月灭	eds 祭敝	el 歌丽	in 真因	id 质七	ids 至闭	il 脂齐
0 长		先燕	屑截	霁契	齐磾	先眠	屑穴	霁闭	齐妻
r-长		山绽	黠八	怪芥	佳罣	山黰	黠秸	怪届	皆齌
j-长					脂地				
0 短		仙煎	薛辙	祭蝕	支蠡徙	真人	质疾戌	至四	脂遲夷
	K	仙 A 便	薛 A 鼈孑	祭 A 艺	支A 漇规	真 A 民均	质 A 一橘	至 A 季	脂 A 匕
r-短	K	仙 B 辨	薛 B 别孽	祭 B 猘	支 B 羃	真 B 珉	质 B 佶	至 B 濞洎	脂 B 儿眉
	R	仙潺	薛楙	祭铩	支 A 曬	臻臻			

李方桂认为 -ən、-ət 一类韵母在舌齿音后的后世元音要 -uə 化，我们则看到舌齿声母后 ɯ>i/-n-d-l，短音入真、质、脂，长音入先、屑、齐。“屑”与“佾”同谐声而有先结、苏骨二切，在我们是 ɯ、u 邻元音问题。

第六节　六元音的异部通变

6.1　元音的通变关系

段玉裁在《六书音均表中》说：“一声可谐万字，万字而必同部。同声必同部！”他发现谐声偏旁与韵部间的一致关系，是十分可贵的，但是把话说得太绝对了，例外也不少。例如元部的“短”从侯部豆声，“疃”从东部童声，“绽”从耕部定声；歌部的“箇”从鱼部固声；宵部的“呶”旧作幽部，此王力说 从鱼部奴声；侯部的“侮”从之部每声。其实即便同一个字也可读入不同的部，如“霓”是支部字，又可念五结切为月部；“甄”是真部字，又可念居延切、诸延切、吉掾切变元部；“敦”为文部字，又可读都回切入微部，读都聊切变幽部，读度官切变元部；“翟”为药部字（徒历切），又可念场伯切，变同铎部字。

不过这些通变都合乎一条通则：基本声母相同或相近，主元音相同或相近。相同元音的异尾通变是容易理解的，相近元音通变是依据元音音位在下表中的位置：

	前	央	后
闭	i 脂	ɯ 之	u 幽
开	e 支	a 鱼	o 侯

表中同列或同行中，两个相邻的元音可称为“邻位元音”，邻位元音相近可通转。这样可形成如下几对通变关系：

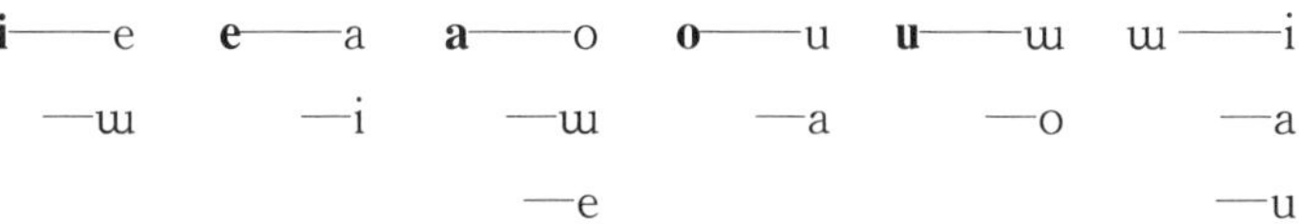

在这一范围内发生的通变关系应该都是正常的，否则就不可通。只有 ɯ 以后还产生了低化变体 ə，所以还能与 o 相通，作为央元音它通变范围大点也是可以理解的。但其余元音通变必须循此进行，那种仅凭双声关系就说是“一声之转”的无所不通的通转论则是不可信的，因为那并不符合通变的通则。

元音相同或相近所形成的通变现象非常丰富，现按元音分别各举十余例，依 i、e、a、ɯ、u、o 次序分列（主要以开尾喉尾字与其他收尾字对比，尤其-ŋ 尾字更能以元音长期受制状态保存古元音）。凡用《集韵》反切的，反切前加 * 号。其末并附亲邻语言元音相同语例供参照比较。其拟音则皆不加 * 号。

6.2　i 元音通变

1. “颠”tiin、“踬”（陟利切）tid、“跌”（徒结切）diid 通。

2. “牝”音毗忍 binʔ、扶履 bilʔ 二切。与“妣”piʔ 同源。

3. “比”音卑履 piʔ、房脂 bi、毗必 big 三切。《说文》声训为“密”mrig。

4.《左传·哀公十年》“夷卒”，《公羊传》“夷”lil 作“寅”lin。《左传·僖公元年》“夷仪”，《公羊》“夷”作“陈”l'in，《礼记·丧大记》“陈”尸亦作“夷”。

5. “黝”音於纠切 ʔiw，又音於脂切 ʔi（脂 A）。

6. “痆”音女黠切 rnid、* 尼质切 nid，又 * 乃玷切 niimʔ。

7. “涅”（奴结切）niig>niid，* 从日 njig>njid 声，《广雅·释诂》训

“泥”niil,“涅而不淄”《史记·屈原传》作“泥而不滓”,音涅。

8.“䵒”音丑忍切 thinʔ、丑饥切 thil、* 敕栗切 thid,末音与《诗·氓》“咥其笑矣”之“咥”同源。“咥”音丑栗切 thid、火至切 hrids、* 馨夷切 hril,从至 tjids 声。馨夷切音 hril(或作“咦”,从“夷”lil 声,说明是有流音成分),“咥”与“室”hlid 都是因流音带 h-清化而与 th- 谐声的。

9.“天”他前切 hl'iin,又音如“祆”(呼烟切)hliin,古译印度 hindu(伊朗语 hinduka)为“天竺”hiin tug 或“身毒”hlin dug(藏文为 hindu)。用作“蚕”声符,“蚕”他典切 lhiin,《尔雅》通“蚓”lin。又用作“忝”声符,“忝”他玷切 lhiim。

10.“年”音奴颠切 niiŋ,《大戴礼记·公冠》“近於民,远於年”《说苑·脩文》作“远於佞。”佞,乃定切 neeŋs。“邾”亦奴颠切,《说文》读若寧,奴丁切 neeŋ。

11.“垐”疾资切 zi,《说文》古文垔从即 ʔsig 声。

12.“乙”於笔切 qrig,作肊声符,“肊”於力切 qrɯg,或从意,qrɯgs,与“膺”qrɯŋ 同源。又“因”qin 作“恩”qɯɯn 声符。

13. 藏文同源词:“妣”phji 祖母、“日”nji、“挤”gtsir、“二”gnjis、“痹”sbrid、“四”bzji、“死”sji、“民”mi 人、“眉”smin、“薪”sjing、“犬”khji,又“虱”sjig、“噎”ig、“節”tshigs,收 g 尾。梵译“比丘”bhikṣu。

6.3　e 元音通变

1.“螵蛸”的“螵”《说文》作“蠡”(蜱),匹标(纰招)切 phew,从卑 pe 声。“蜱”又弥遥切 mew/mbew,又作“蚌” beeŋʔ、breeŋʔ 的异体,本作“蠯”,音符支 be、薄佳 bree、蒲幸 breeŋʔ。

2.《诗·麟趾》“题”(额)dee 作“定”deeŋs、teŋs。又“绽” rdeens,“淀”deens 从定声。

3. 金文“鄭”作“奠”。“奠”音堂練切 deens、丁定切 teeŋs,与“定”通。又《考工记·匠人》“奠水”,郑注读为“停”deeŋ,又“擲”(直炙切 deg)从鄭声。又“涏”徒鼎切,亦堂练切,《汉书·外戚传》童谣“燕燕,尾涏涏”注徒见反 deens,与“燕、见”叶韵。

4.《易》“解”krees 卦《归藏》作“荔”reebs>rees。

5. 霹(息移切)se,《说文》从鲜 sen 声。《诗·新台》“鲜”叶泚 mjel。

6. “霓”音五稽切 ŋee、五计切 ŋees、五结切 ŋeed，从兒 ŋje 声。“鬩”许激切 hŋeeg，本从兒声（许激切尚别有兒声之字）。《汉书·货殖传》“乃用范蠡、计然 njen”，颜师古注：“计然一号计研 ŋeen，……又《吴越春秋》及《越绝书》并作计倪 ŋee”。

7. “啓”康礼切 kheeʔ，又去戰切 khens。

8. “瞑”音莫径切 meeŋ、莫賢切 meen，又*谟耕切 mreeŋ。同从冥声的“汨”（省声）音莫狄切 meeg。

9. “截”音昨结切 zeet，瀎音资昔切 ʔseg，从雀 ʔsewɢ 声。“雀”即“爵”，“嚼”（在爵切）zewɢ 即“噍”（才笑切）zews；“噍”又即宵切 ʔsew，鸟声，“爵”之得名当亦因其鸣噍噍（啾啾）而名之。

10. “窅”音烏皎切 ʔmeeu、於交切 ʔmreew、*乌螢切 ʔmeeŋ、*弥延切（仙 A）men。又“暗”音於决切 ʔmeet。

11. “缴”音古了切 kleewʔ、之若切 kljewɢ、下革切 greeg，“覈”音胡结切 gleed、下革切 greeg，“邀”音於霄切 qlew、古尧切 kleew，都从“敫”（以灼切 ɢlewɢ、古弔切 kleewɢs、古历切 kleeg）得声。

12. “楷”所绠切 sreeŋʔ，《说文》读若“驪驾”，“驪”音郎奚切 reel。“耆”多忝切 ʔl'eemʔ>teemʔ，读若耿 kreeŋʔ。

13. “地” l'jeels 在歌部，由元音相同亦叶支锡部：《韩非子·扬权》叶“解”，叶“赐、益”，秦瑯琊刻石叶“帝、懈、辟、易、画”。而《诗·斯干》叶“裼、瓦、儀”，并叶赐、歌两部（裼*他计切 lheegs）。《释名》“地”声训“底”tiilʔ，为邻部。类似的还有“舐”ɦljeʔ《说文》作“䑛”从易声 leeg，又作“䑛”从也声。

14. 《汉书·地理志》“计斤”为莒子徙莒前始起之地，《左传·襄公二十四年》作“介根”。“计”kiids（质部），“介”kreeds（月$_2$部）为邻部通变。

15. “青、令、骍”声字原由真 iŋ 变耕 eŋ，因此常兼真$_2$、耕两部，如“令”在耕部而《诗·卢令》“令”riŋ 叶仁 njin；“倩”音仓甸切 shliins/shleens、七政切 shleŋs/shliŋs。在《诗·硕人》中则应仍音 shliins，与“盼”phrɯɯns 叶韵。“青”shliiŋ 作“猜”shlɯɯ 声符。

16. 藏文同源词：“牒”deb 册、“接”sdeb、“舌”ltje、“颈”ske、“积”rtseg、“惭”zem、“赐”legs。梵译“须弥（娄）”sumeru。

6.4　a 元音通变

1. “亡”maŋ、“无”ma、“靡”mralʔ 通，又“毋”maʔ、“莫”maag 通。

2. “若”njag、“如”nja、“然”njan 通。

3.《史记·司马相如列传》“巴俞”，《说文》作“嗙喻”，“巴”praa：“嗙” praaŋ(补盲切)。

4. 氾，孚梵切 phams，《汉书·司马相如传》及《汉书·谷永传》“氾”音敷剑反皆声训为“普”phaaʔ(《广雅·释诂》氾训“博”paag，《释言》训“普”)，《说文》“袢”(博幔切 paans)，读若“普”phaaʔ。

5. “囋”徂赞切 zaans，又才葛切 zaad。“轢”盧各切 raawɢ、郎击切 reewɢ，又盧達切 raad。

6.《汉书·西域传》钱“幕”音“漫”maans；“幕”本莫各切 maag。《说文》“幔”训“幕”。

7.《汉书·天文志》“奢为扶”，郑注：“扶当为蟠”，“扶”ba，“蟠”baan。“番”有附袁 ban、孚袁 phan、补过 paals、博禾 paal、普官 phaan、* 蒲縻 bral 等切。

8.《尔雅》“阏逢”，《史记·历书》作“焉逢”。“阏”从於 q/ʔaa、ʔa 声，音乌葛切 q/ʔaad、於歇切 ʔad、於乾切 ʔran。“焉”於乾切又有乾切 ɢran。

9.《汉书·灌夫传》“首鼠两端”之“鼠”hljaʔ，《邓训传》作“施”hljal。

10. 据《说文》牡羊为“羖”(公户切)klaaʔ，牡豕为“豭”(古牙切)kraa(牡鹿同，改从鹿旁)，牡牛为“犅”klaaŋ，今通称“牯”，音同“羖”。阉羖为“羯”居竭切 kad，阉牛为“犗”古拜切 krads 或“犍”居言切 kan。又牡马为“驵”子朗切，牡羊又为“牂”则郎切 ʔsaaŋ＜sklaaŋ，与“犅”亦同源。雄畜较大，取义于《方言》：“嘏 kraa、京 kraŋ、奘、將，大也。”(比较藏文“牛、公牛”glaŋ)。

11. “镜”kraŋs，古称“鉴”kraams。衔 graam 实从行声 graaŋ。杏 graaŋʔ《说文》以为可省声 khaalʔ。

12.《诗·桑柔》“瞻”tjam(职廉切)叶“相、臧、肠、狂”，后世“瞻”变为“张”-aŋ。《诗·常武》“业”ŋab，叶“作”ʔsaag。

13.“獻”音许建切 hŋans、* 魚羈切(《周礼》郑司农读)ŋrals、素何切 sŋaal、* 虚宜切 hŋral 等。“楥”,虚愿切 qhwan,《说文》读若“指撝”qhwal。

14.《庄子・天运》“呼吸”作“嘘吸”,呼 qhaa : 嘘 qha。《孟子・公孙丑》“居”ka 作“加”kral。《离娄》“但”daans 作“徒”daa。

15.《尔雅・释詁》“卬 ŋaaŋ、吾 ŋaa……言 ŋan,我 ŋaalʔ 也。”《诗经》多用“言”,如《葛覃》“言告師氏,言告言归。”俞敏先生认为是“我焉”的合音,但合音当由经常连用而来,而“我焉”却不常连用,故更可能是“我乃”ŋaal-n(ɯɯ)的合音,《书・盘庚》中已有“我乃劓殄灭之,无遗育”。

16. 代词“汝”njaʔ 通“女”naʔ、“而”njɯ、“若”njag、“尔”njalʔ>njelʔ;“余”la 通“予”laʔ、“台”lɯ、“阳”laŋ。

17. 比较藏文同源词:“苦”kha、“五”lŋa、“睹”lta、“狐”wa、“雇、价”gla、“无、毋”ma、“女”nja、“鱼”nja、咀 za 吃、“侣”zla、“凉”grang、“鬯”thjang 酒[①]、“氓”dmangs 民、“百”brgja、“夕”zla 月、“甲”khrap、“盖”gab 覆、“世”rabs、“羊”ra、“家”khang 房、“如、若”na。梵译“浮圖”buddha。

6.5 ɯ 元音通变

各家 ɯ 作 ə,因这个元音实与 u 相近,故改为 ɯ,但后有 ə 变体。

1. 幽 u 之 ɯ 两部、觉 ug 职 ɯg 两部古常叶韵,《诗・思齐》叶“士、造”,《七月》叶“麦、穋”。又《大明》“林、心”叶“兴”,《六月》“急”叶“饬、服、国”,则是侵 ɯm 缉 ɯb 部与蒸 ɯŋ 职 ɯg 部通叶。

2.“矜”居陵切 krɯŋ,从今 krɯm 声,本渠巾切 grɯn,或作“矜”。通“鳏”古幻切 kruuns。

3.“齿”khjɯʔ,又 * 称拯切 khjɯŋʔ(潮州话 khi)。“耳”njɯʔ,又 * 仍拯切 njɯŋʔ(潮州话 hĩ 白读,zu<zɯ 文读)。

4.“非”pɯl,通“不”pɯ,实与“飞”同字(藏文“飞” ɦphur/ ɦphir,门巴语 phir,珞巴语 bjar,其同源形式也可拟为 ɦpɯr)。

① 这里用 tj、thj、dj、nj、sj、zj(即相应舌尖音加 j)表藏文舌面音,既利比较,亦利印刷。

5. “洒”，先礼切 sɯɯlʔ、* 思晋切 sɯɯns（通作“讯”），又音 * 苏根切 sɯɯn，《诗・新台》之“洒”《韩诗》作“漼”shluulʔ（取猥切），与“峻”sluns 同源（所迈切 sreels、* 所寄切 srels 则是与从丽得声的另一字相混而来，非本音）。“西棲”相通，则如猜青、匿暱相谐，皸后作皸那样属 ɯ-i 通变。

6. “逮”，徒耐切 l'ɯds，特计切，音“棣”l'ɯɯd，为“隶”（徒耐切 l'ɯɯds、羊至切 lɯds）之转注字。《说文》：“棣（他骨切 lhuud、他内切 lhuuds），肆也”，“肆”本隶声，息利切 slɯds 亦同源。“埭（力至切 rjɯds、力遂切 ruds），临也”，此与“临”rum、“涖”（力至切）rɯbs、（郎计切）rɯɯbs 同源。

7. “祈、颀、旂、圻”gɯl 从斤 kɯn 声。《汉书・地理志》“计斤”即《左传》“介根 kɯɯn”，杜注今“计基 kɯ”。“斤”朝鲜音尚作 kɯn，厦门话 kun，福州话 kyŋ，皆由 kɯn 变合口。

8. “殑”山矜切 srɯŋ，从先 sɯɯn 声。《易・兑卦彖辞》“说以先民”，《后汉书・吕强传》“先”作“使”srɯʔ。壮语“洗”sɯi5。

9. 去“而䰭”njɯ 之罪为“耐”nɯs，通“能”nɯɯŋ、nɯɯ；《说文》“忍”解为“能”，《广雅・释言》解为“耐”，“忍”音 njɯnʔ，同声符的“認”又而證切 njɯŋs。《广雅・释诂》“能”解为“任”njɯm，《庄子・秋水》“能士”作“任士”。

10. “敏”mrɯnʔ，从每 mɯɯʔ 声，《诗・生民》叶“祀、子、止”原入之部音 mrɯʔ。

11. “龟”居追切 kwrɯw、居求切 kwɯ、* 祛尤切 khwɯ（此据《汉书・地理志》应劭读，龟兹即今库车，犹存 khu 音）。又《庄子》“不龟手”，* 俱伦切 kwrɯn，通“皸”，举云切 kwun。

12. “簋”，幽部居洧切 kwrɯwʔ，作“𧇖”声符，此字有三切：古得切 kɯɯɡ 职部，而居夭切 kriwʔ 幽部，兼玷切 kiimʔ 侵部，皆邻元音通变。

13. 登、蒸、痕、欣、微等韵，朝鲜译音犹用 ɯ 音。

6.6　u 元音通变

1. “獶”有奴冬 nuuŋ、乃刀 nuu、女交 rnuu 三切。“漕”藏宗切 zluuŋ、似由切 lju。

2.“獿”奴刀切 nuu、女巧切 rnuuʔ，又奴回切 nuul。又作“猱”谐声表示更早来自 ml'u，读女救切 nu、而由切* nju、* 乃豆切（沈重读）noos，与“禺”ŋo 相近。彝语“猴”nu 或 nju。

3.“入”njub、“内”nuubs、“纳”nuub 本一字，“入”今音犹读 ru。又“答”tuub<t-kuub 通“对”tuubs，《诗·雨无正》叶“退（衲）”nhuubs。

4.“媪”乌皓切 quuʔ，从昷 quun 声。比较泰文“温”ʔun。

5.“敦”tuun，又都回切 tuul，又通“雕”tjuu；《周礼·春官·司几筵》读“焘”duu 或“畴”du；《逸周书·武顺》“一卒居后曰敦”，通“殿”dɯɯns，“臀”duun 谐殿声（本“展”之转注增加字[①]），又作“脽”，视佳切 djul，之由切 tju。“敦”《诗·东山》“有敦瓜苦”，释文“徒端反，专专也”，即《广韵》度官切 doon，是邻音通变。

6.《汉书·匈奴传》注“冒顿”音“墨毒”，“顿”tuuns 音 duug，《韵会》作当没切 tuud。《论衡·变动》之“顿牟”tuuns，《淮南子·道应》作“中牟”tuŋ。

7.“蜦”力迍切 run，《说文》读若“戾”（郎计切）rɯɯds。又写作“蜧”。

8.“蜼”以醉切 luls，力轨切 rulʔ，又通“貁”，余救切 lus。“谁”djul，通“畴”du（谁昔），通“孰”djug。

9.“枕”ʔljumʔ，从冘（以周切）lu 声。“抌”都感切 ʔl'uumʔ、* 张甚切 ʔl'umʔ、* 食荏切 ɦljum，又以主切 loʔ。

10.《考工记》弓末称“峻”suns，《释名》作“萧”sɯɯw。

11.《战国策·楚策》“勃苏”buud- sŋaa，《左传》作“（申）包胥”pruu- sŋa。“包”即“胞”（儿胞）之本字，藏文作 phru（子宫）。

12.“筆”brud 即“聿”lut 的转注字，别称“不律”pɯ rut（与景颇语“毛刷”prut 同源）。永嘉楠溪读 ʔbiu^{7}，越南古借词 bút，日本古借词 pude>fude。

13.藏文同源词：九 dgu、肘 gru、舅 khu 叔伯、苞 ɦbu 发芽、胞 phru 子宫、復 bug、毒 dug、六 drug、昼 gdugs、笃 tug 厚、三 gsum、入 nub 西沉、

① 我认为“转注”是指由同一字根变形增生为新字，这些字对本字而言称为转注字，它们符合“建类一首，同意相受”的界说。（此郑张 1981 年所提，详 2001 年）

退 nud、钝 rtul、驯 srun。

6.7　o元音通变

1. “短”toonʔ 谐豆 doos 声。今潮阳话 to³，福安话 tøi³。比较缅文“短”to，藏文“短”thuŋ。载瓦语 tot。《方言》“黜 tjod，短也。”

2. 镰为勾刀，《说文》作“钊”，《方言》作“鉤”koo，或谓之“鍋”kool。《广韵》又作“划”kool。《考工记》注以戈为句兵，“句”koo，“戈”kool。“句吴”之“句”金文作“工”kooŋ（因为 koo 在“吴”ŋwaa 前被逆同化增ŋ尾）。

3.《诗・候人》“荷戈与祋”，“祋”丁外切 toods，《乐记》注引作“缀”tod。实即“殳”（市朱切）djo。

4. “愞”乃卧切 nools、奴乱切 noons，通作“懦”。懦又人朱切 njo，需 sno 声。“臑”那到切 nuus，《说文》读若“襦”，人朱切 njo，则是邻位元音通变。

5. “娄”roo，又力朱切 ro，在地名“埶娄”念* 伦为切 rol。

6. “款”khoonʔ（本“祟”sqhluds 声），通“叩”叩头 khloos；通“阔”khlood；通“空”khlooŋ（《庄子・达生》）。“窾”khloonʔ，通“空”，“孔”khlooŋ、“科、窠”khlool，与“穿”khljon、“窟”khluud 同源于“俞、窬”lo。“船”ɢljon，《汉书・佞幸传》作“舩”，《古今人表》作“舡”，从公或工kooŋ 声。“舡”又虚江切 qhroŋ，它与“艭”gloŋ、glooŋ、“舸艪”koo-rook也同源于“俞”lo。比较藏文“船”gru。

7. “月氏”或作“月支”ŋod kje 通作“禺氏”ŋo gje。“元元”ŋon 犹“喁喁”ŋoŋ。

8. “算”sloons，《说文》解为“数”sros，又通“選”slonʔ。“選”又* 数滑切 srood、* 所劣切 srod；通“锊”，力辍切 rod，又* 所劣切 srod（《集韵》或体为“率”srud）。“篹”从算声，有初刮 shrood、楚睡 shrods、* 测劣 shrod、* 刍万 shlons 等切。与“剉”shlools 同源。

9. “炷”tjo 为“主”之转注，与“烛”tjog 同源。（藏文“主”djo）。

10. “唆、梭”苏禾切 slool，与“朘”（臧回切）ʔsuul 同从夋 shlun 声。“朘”在《老子》王弼本作“全”zon。

11. “娩”即“免身”之“免”mronʔ，又音亡运切 muns、芳万切

mhon。从免之“浼”武罪切 muulʔ,“俛”mronʔ 又通作“俯”mpoʔ。《释名》:“吻 munʔ,免也”,“冕,犹俛也”。

12.《释名》声训:“赘”tjods(之芮切):训“屬”tjog(之欲切)。“踝”groolʔ(胡瓦切):训“确”groog(胡觉切)。

13.“赣”古暗 kooms、古送 kooŋs 二切,“檂”郡羽切 goʔ。“泛”孚梵 phom、方勇(同“覂”)pomʔ 二切,“窆”方验切 proms,《檀弓》又作“封”poŋ。

14.《左传·文公十八年》“纳阎职之妻”《说苑·復恩》作“夺庸织之妻”。“阎”lom,“庸”loŋ。

15. 藏文同源词:篅 slo 蒲篮、后 ɦgo 首领、主 djo 主人、縠 gro 麦、谷 grog、壳 skogs、绿 rog 青、黑、后 ɦog 后面的、巷 groŋ 村镇、功 skoŋ 成就、奉 ɦbroŋ 侍候、钟 tjoŋ 钟铃、筒 doŋ、洞 doŋ 坑洞、用 loŋs、涌 loŋ、圆 sgor、卷 ɦkhjor 卷曲、货 dŋos 物资。勉瑶语:“欠”tɕhom^{5}、“染”ȵom^{6}。

第七节　后置韵尾和声调的形成

7.1　平仄与声调的起源

汉语古诗分平仄,吟诵时平声可以延长,仄声不能延长。这其实反映了汉语上古音节分舒、促两类的古老传统结构。

各种语言的音节,不论有无声调,其实都可依收尾音的性质,分为这样两类:以元音、半元音-j、-w、鼻流音-m、-n、-ŋ、-l、-r 等响音结尾的为舒音节,是能任意延长的,以塞音-b、-d、-g、-p、-t、-k、-q、-ʔ、擦音-s、-h等非响音收尾的为促音节,是不能任意延长的。从无声调的语言可见,“舒”、“促”原先跟声调不相联系,只有当两类音节再进一步分化为声调时,“舒”、“促”才分别与声调联系上了。就汉语说,“平”为舒声音节,“入”为促声音节,这两者很清楚地本以不同类的韵尾相区别。虽收尾不同发音自然有长短,但开初长短只是羡余成分,并不起区别音位作用。只有当上声、去声分化出来后,原来的舒长、促短也上升为声调的特征。问题在于从中古至今,上声、去声音节收尾都跟平声相同,为什么却不能归于平声一类,不能像平声那样延长,反而跟入声一起组成仄声？

这个问题以前无法解释，根据近年国内外汉语上古音研究成果，知道去声原是收-s 尾、上声原是收-ʔ 尾的，这便能解释了。因为在声调出现前的古老音节结构中"上""去"两声原是以-ʔ、-s 这些非响音收尾，本属于不能延长的促音节。以后-s、-ʔ 尾失落，其结构才跟平声趋同的，溯其初则上、去本与入声一类。今入声-p、-t、-k 尾失落的方言很多还读短调，则上去-ʔ、-s 虽失，其影响也可保持下去，往往比平声要读得短些，最初形成的调型也非平调。因此上、去虽结构上变开尾，但声调舒促系统未变，仍跟入声共同组成仄声。

声调目前虽是汉语及其多数亲属语言的重要特征，但并非原生特征。汉藏语比较研究表明声调是后起的（藏文及今藏语安多方言都无声调），缅甸语、泰语、越南语都有一个从韵尾到声调的转化过程，汉语最初也应一样没有声调，只是音节分舒促。但这两种音节都可加上后缀-s、-ʔ，生成-ms、-ns、-ŋs、-ls、-bs、-ds、-gs，及-mʔ、-nʔ、-ŋʔ、-lʔ 等尾，这依-s、-ʔ 分的两类复尾音节，便是去、上两声的最初起源。因为-s、-ʔ 不但可加在元音后，还可再加在塞音韵尾、鼻音流音韵尾之后，为与原来组成韵基的塞音、鼻音流音韵尾相区别，我们特称之为"后附尾（后置尾）"（即使在主元音后也应分析为加在零位韵尾后：Øs、Øʔ，其性质仍为后置尾）。

有些人认为声调是汉语自古就有的特征，不需要寻求声调的起源。这种自古已然的论调正好迎合了一些回避疑难问题者的心理，致使汉语史上许多重要问题得不到研究。但兄弟语言的声调发展史跟我们有很多是平行的，而汉语史上不但平仄的起源问题，还有很多现象是和声调的发生发展密切相关的。这促使我们更不能回避这一疑难问题。

有好些学者认为，四声之分虽起于南朝宋齐时江左学人，但《诗经》里已经大抵分调押韵了，可见上古就已经有声调，只是没有四声名目罢了。这种说法似是而非，因为如果《诗经》时代上、去、入都带不同韵尾，按不同韵尾分别押韵是更自然的事，怎么见得那是分调押韵而不是分尾押韵呢？丁邦新先生（1994）又曾质疑上声去声如果带韵尾，《诗・汉广》将出现押韵上"广"-ʔ、"泳"-s、"永"-ʔ、"方"-0不谐和状态。

实则“方”在此诗用作动词，同于桓谭《新论》“水戏则舫龙舟”的“舫”毛传“方，泭也”，《尔雅·释言》作“舫，泭也”，要读成去声甫妄切，或补旷切的。这样，“广”kwaaŋʔ、“泳”ɦwraaŋs、“永”ɦwraaŋʔ、“方/舫”paŋs/paaŋs，则-ʔ、-s 相间出现，只有更显尾韵谐和之美。①

7.2　声调源于韵尾说

声调的起源有多种说法，从汉语方言看，在音系层面上，四声后来的分化跟韵尾舒促、元音长短、声母清浊都有联系。但最重要的是，最早的声调是从何而生的，后来的变化发展那是次生性问题。

其中由韵尾转化是最合于理据的，汉语的入声由塞音韵尾转化而来还是大家眼见的铁的事实，而且丢尾之后好长时期还保留读促音。问题在于，其他两个仄声是不是也跟入声一样是从韵尾转化的？藏语由无声调转向有声调的历程是先分舒促，后分阴阳，这跟汉语先分平仄、后分阴阳本质上是平行的。只是藏文的 -s 擦尾跟塞尾同时变化，形成 -ʔ53，而缅文的 -h 擦尾（见于古碑文）则形成 55 高调，跟塞尾异调。缅文古碑文除塞尾-p、-t、-k 外，还有-ʔ、-h 尾，后者分别形成现行缅文的“◦”、“ః”两调（见汪大年《缅甸语中辅音韵尾的历史演变》（1983，《民族语文》2））。这又是兄弟语韵尾转化为声调的铁的历史事实。安徽绩溪旺川乡尚廉村话的流摄效摄字，元音有平宏仄细的平仄分韵现象：侯 ᴇ/后候 ɪ，牢 ə/老闹 ɘ，说明在其历史上平仄不会仅是声调差异，音节结构也应有重要差异。

最著名最完整的声调起于韵尾转化说，是奥德里古（1954）根据越南语提出来的。由于越南语许多固有词来自南亚语带 -s/h、带 -ʔ 的形式，而在越南语中分别依韵尾转化为不同的声调（例如墨侬语 ries 根、又格木语罗文语 rias、佤语 riah 根及孟语的 rəh 根对越南语 rê³，孟语的 tpah 七、muh 鼻对越南语 bay³、mui⁴，佤语梁语 laʔ 叶、soʔ 狗、siʔ 虱对越南语 la⁵、cho⁵、chây⁵），同时这些声调又分别对应汉语的去声和上声，所以他提出 -s＞-h＞去声，-x＞-ʔ＞上声的演化公式（其中 -x 表

① 所质另一例《诗·清人》“轴-ɯwɢ、陶（徒报反）-uus（uuws）、抽-ɯw、好（呼报反）-uus（uuws）”，带-s 不带-s 也这样奇偶相间的（陶好两字所注反切据《释文》）。

示某类喉音，从南岛语看当是 -q）。这种变化在近年发现的海南回辉话声调研究中也得到证实，这种宋代迁来的占语已经从无声调变为有声调语言，其变化格局跟奥氏所说也大略相似：

舒尾	阴　33	占语元音尾鼻尾字	tico>tso 孙，aŋin>ŋin 风
	阳　11		bebe>phe 羊，bilaan>phian 月
	阴　ʔ33	占语短元音的鼻尾、i、u 尾字	masam>san 酸，padai>thai 稻
	阳　ʔ21		sidom>than 蚁，nau>nau 去
塞尾	阴　24	占语-k-t-p-ʔ 尾	ʔbuuk>ʔbu 头发，akɔʔ>ko 头
	阳　43		dook>tho 坐，goʔ>kho 锅
擦尾	55	占语 h 尾	alah>la 舌，pasah>sa 湿

回辉话七调来源分析（阳调来自浊塞类声母，材料据郑贻青 1997）

这又是韵尾转化为声调的实例。李方桂虽不接受奥氏这种提法，只在韵尾上以 -x 表上声调、-h 表去声调，但在这两个符号的使用上也与奥氏一致。

我们接受奥氏的提法，不是因为它已经成为声调起源的一种经典理论，而是就汉语本体来看的，依据汉语史上音韵变化所反映的和汉语方言中发现的大量事实，使我们相信这一理论是正确的。

7.3　上声来自-ʔ 尾

在韵书中上声字是最少的，但是它在汉语史上、在现代方言中都有许多特别的表现。相传的四声口诀对上声有一致的描述：

唐《元和韵谱》："平声者哀而安，**上声者厉而举**，去声者清而远，入声者直而促。"净严《三密钞》解云："平谓不偏，哀而安之声。**上谓上升，励而举之声**。去谓去逝，清而远之声。入谓收入，直而促之声。"

明释真空《贯珠集・玉钥匙歌诀》："平声平道莫低昂，**上声高呼猛烈强**，去声分明哀远道，入声短促急收藏。"明王骥德《曲律・论平仄》"盖平声尚含蓄，**上声促而未舒**，去声往而不返，入声则逼侧而调不得自转。"他们都把上声说得像入声似的。

"高呼、猛烈、促、厉举、上升"一致地暗示这是一种听来十分尖厉的短升调，正跟我家乡温州话的上声一样。温州上声是一种带喉塞或紧喉特征的极高的短升调 45（浊母是 34，都比其他各调高出一个调域），听来跟其他吴语的阴入调相似。

因母语温州话上声带-ʔ 或紧喉（十来个县调值大致相同，只是紧喉程度有些差别），我很早就设想古音上声带-ʔ。梅祖麟(1970)对此作了充分论证，也引了温州话为证。现在知道汉语方言这种现象分布很广。吴语中温州十来个县市，台州黄岩、天台、三门、温岭，处州青田，福建浦城，浙南闽语、蛮话、海南闽语，闽北话建阳、顺昌（洋口），徽语屯溪、祁门、黟县、休宁、婺源，以至北方陕西汉阴、山西孝义《方言》1989.1皆有。罗常培《绩溪方言述略》已说过："休宁和婺源两县的上声特别短促，并附有喉塞声 ʔ，很像别地方的入声。"赵元任《现代吴语的研究》则对黄岩上声带 ʔ 顿折特征详细作了描述，上声强烈紧喉的 ʔ 音"把字切成两个音节似的"（三门的 ʔ334 也这样读）。梁猷刚《海南方言中的喉塞音》(《中国语文》1964：465)也详细描述文昌话上声的顿折特征，"一个韵母听起来就像是两个韵母"。安庆上声也读中折的 213[21ʔ13]（邢公畹），孝义上声读 31ʔ12＝阳入（郭建荣）。

方言中上声紧喉有两种读法：**突促式**（如温州急高升短调）、**顿折式**（如黄岩、海南之"略降—喉紧缩—急升"调，喉塞插在降升调的升调之前，所以一个音节像被拗成两段）。顿折式应从突促式发展而成，即先降一下为强力的急升作预备态势。两式在 880 年日本和尚安然《悉昙藏》卷五"定异音"条所记唐代四声多数已为八调甚至九调中都已有反映，这是周祖谟先生发现的，转摘如下（"轻"指清母阴调，"重"指浊母阳调，"怒声"指介于阴阳之间的次浊。有的标点依句意有所改动）：

表信公读：平声直低，有轻有重，上声直昂，有轻无重。——阴上 ʔ45

金礼信读：低昂与表不殊，但以上声之重稍似相合平声轻重，始重终轻呼之。——阴 ʔ45，阳 ʔ224

正法师读：上有轻重，轻似相合金声平轻上轻，始平终上呼之；重似金声上重，不突呼之。——阴 ʔ445，阳 224 突呼意同厉促，即带喉塞，既特别注明阳上不突呼，则阴上与金读阳上都应是突呼的。

聪法师读：上声之轻，似正和上上声之重；上声之重，似正和上平轻之重，平轻之重，金怒声也，但呼著力。——阴 224，阳 22。

调值是我据描写定的（参郑张《汉语方言语音现象的历史解释三题》），平山久雄（2002）拟突促为 55，顿折为 113、325。日释明觉《悉昙要诀一》说“初低终昂之音可为上声之重”，也指的顿折式。越南的汉越语是唐时学的，其上声至今还是顿折式，其阴上“问声”214，阳上“跌声”325，都在低点处插加紧喉 ʔ，发音过程被拗断，很像黄岩。这种一个音节被 ʔ 插成两个音节似的读法，是明显因带 ʔ 才形成的（连 1517 年朝鲜崔世珍《四声通解·翻译老乞大朴通事凡例》描写所传朝鲜国音上声也是“先低而中按后厉而且缓”的顿折式）。这种顿折式在唐五代西北方音藏文对音中也有明显反映，其上声字的韵母跟别的调不同，有些字很特别地用双元音来写（如千字文注音“举” ku'u，九 gu'u，“酒”dzu'u，纺 p'o'o，象 syo'o），就像民国时设计的国语罗马字用双字母写上声一样。这是因为北京的上声读曲折调同样是古上声顿折式的遗迹，有两位著名的语言学家为它作过定性，赵元任说北京上声念曲折调“到了最低的时候，嗓子有点儿比较紧的状态，听得出嗓子有点儿卡那种作用”。（1980，商务印书馆《语言问题》65 页）傅懋勣认为北京上声的元音是带喉头作用的紧元音，严式记音“马”ma 应该记为 ma̱。（1956，中华书局《语言调查常识》55 页）就是说，至今它还带着紧喉的性质。

突促转顿折，这在今方言中也有例子。马文忠《大同方言札记二则》（1993，《语文研究》4）说大同话“上声虽无喉塞韵尾，但在舒声四个声调里也是个短调”。那是个 54 高短调，但在对话中独字成句或重读（如：“好！”“真好！”）时，就变调为 313 似阳平，因上声短调，不拖长“难以形成重读音节”。王骥德《曲律·论平仄》既说“上声促而未舒”，是突促念法，又引沈璟（词隐）说：“上有顿音，去有送音。盖大略平去入启口便是其字，而独上声字，须从平声起音，渐揭而重以转入。”则说明当时又有顿折念法。

以上多种材料都可证明唐时上声原带 -ʔ，从汉越语、西北方音到北京上声的类似反映，说明它并非只是浙、闽、徽部分方言的特点，而是全国性的现象，目前的方言现象只不过是古音的残留。并且还有一些兄弟语，其汉语上声对应词也是带-ʔ 的，如临高话“马”maʔ，末昂语“瓦”ŋuaʔ，布朗语用于月份的“九”kauʔ、“五”haʔ，读得都像入声短调，龙州壮语则阳上字全带喉塞 ʔ21，像顿折式的调头。不管是汉语的同源词或借词，都说明上声与-ʔ 相关联。

这一现象的存在，由它对汉语语音史的浊上分流产生过重大影响一事也可窥见。因 ʔ 尾有阻断浊声母浊流的作用。吴语方言如温州话，匣云母 ɦ-上声字很多变读清音 h-、ɕ-，类似晓母，如"蟹、骇、很、撼、晃、夥、铉"。平阳、温岭、临海方言次浊字中凡是上声字，声母就变ʔl、ʔm、ʔn、ʔŋ，喻匣母的 ɦ 也变 ʔ，就是因为原来带后喉塞音，故声母也同化加上喉塞音，从而跟清声母一样读阴调了。这跟邵雍《皇极经世声音图》所记汴洛音把"五瓦仰、母马美米、武晚尾、乃妳女、老冷吕、耳"等次浊上声字列入"半清音"一类完全相同，可见次浊上声喉塞化的现象历史上曾广行南北；正因为此，当全浊上声归去声时，大多数方言的次浊上声才仍然跟着清音上声一起走。这种分化现象在全国分布甚广，而且时间很早(参邵雍《皇极经世声音图》，又晚唐李涪《刊误》已经反映浊上归去)，而它也只能由上声收-ʔ 影响次浊声母来解释(清初潘耒《类音》浊声母也阴阳二分，也全以上声字表阴母，其做法亦如邵雍。李荣先生《切韵音系》即以台州方言"上声字声门紧缩"影响次浊声母不带浊流来解释邵雍图。又现今的洛阳话入声读归平声，大致也是全清和次浊一起读阴平，全浊读阳平。这是第二拨入声 ʔ 尾丢失前造成的分化，次浊归清则跟千年前上声的变化一样)。

唐宋至明至现代都有上声带喉塞的明证，而且在语音演变中发挥了作用，那它是从上古传承来的还是唐宋时后起的？如果说后起的，其起因又是什么呢？罗常培、周祖谟《汉魏晋南北朝韵部演变研究》23页说："家华一类平声字在西汉已经有和歌部押韵的例子，但是'马下寡雅'一类的**上声字**就绝对没有这种例子，到了东汉还是不十分多，直到魏晋以后才完全和歌部字押韵，足见**上声可能有它的特殊性**，变动没有平声那样快。"如果上声带喉塞音，其元音为紧喉受阻元音，在音变的扩散中自然会比平声慢，这样就可以解释这一现象。此外还有，之部唇音平声字"谋"跟着"不、芣"中古正常地变入尤韵，而上声字"某、母、亩"却滞留不变，所以后来因(m)ɯ>u 而混同中古的侯韵系，这也应该出于喉塞音对声韵的影响。既然汉代上声已影响到语音变化，就表明喉塞音在上古已然存在，如果光是声调调值跟平声不同，是不可能影响到音变的快慢不同的。

-ʔ 尾来源似非单一。现代方言的-ʔ，大多来自入声-p、-t、-k 弱化，另一种是来自虚词短读。还有一种是小称音变，如丽水吴语、广东韶关老派话、南雄话、福建邵武话都以-ʔ 作小称形式（也有突促、顿折两式，韶关是顿折式的著名典型）。

观察古代上声字，其带-ʔ 也有这样三种来源。试分析如下：

（1）来自塞尾弱化。古书有很多入声字变上声的事实："舐"，《说文》从易声，为入声声符比较缅文 ljak；"若"而灼切，又音"惹"，梵译"般若"prajñā，《集韵》尔者切："若，一曰今人谓弱为若。"连同音的"弱"也作上声读；　古伯切"各、格"，至也，通作"假"；　丘玉切"曲"，《史记·曹参世家》地名"曲遇"，《集韵》颗羽切；　尼质切"暱"通"昵"，乃礼切；都歷切"啇"与"柢"为一语之分化；　倾雪切"缺"，《集韵》又犬䋣切，引《仪礼》："缁布冠缺项。"通作"頍"；　施隻切"释"，通"舍"，《周礼·春官·大祝》"舍奠"，《秋官·司圜》"中罪二年而舍"；　古国族名词头"有虞""有周""有仍""有苗"的"有"*ɢwɯʔ，有人认为即由"域"*ɢwɯg弱化而来。

口语如："亦">"也"，"没（物）">"么"（"什么"本作"是物"，"物"《集韵》母果切作"没"："不知而问曰拾没。"）。入声在官话中弱化丢失时，最初是归上声的，口语里"若个"变"哪个"，"角子"变"饺子"，"博士"变"把式"保留上声旧读即是明证。《七修类稿·杭音》记了一则杭人嘲笑南渡带来的汴洛官话音的笑话，说宋高宗来杭，"止（只）带得一（音'倚'）百（音'摆'）字过来"，说明听惯入声的吴人，对官话中新发生的入声派入上声的现象觉得非常刺耳。

上声的鼻尾韵-mʔ、-ŋʔ、-nʔ、-lʔ 尾也有可能从更古的-mb、-ŋg、-nd、-ld 转化来。"嬗"缓慢对古藏文 dald，"底"对古藏文 thild，"坐"*zlolʔ 对藏文 sdod，"脸"*kremʔ、"頰"*kleeb 对藏文 ɦgram；"舔"又他协切作"䑙"，"念"又奴协切作"惗"，"磣"楚锦切又错合切，皆可推见。韶关老派小称产生的 -nʔ、-ŋʔ（郑张记），黄家教即记为-nt、-ŋk/ŋʔ；古占语 -m、-n、-ŋ 尾在回辉话有的变音为-nʔ、-ŋʔ（倪大白记），欧阳觉亚、郑贻青就记为-t、-k。说明在听感上两者是非常近的。

有些汉语的上声 -ʔ 在兄弟语里还是塞尾。对藏文-g 尾的如（当然对入声的自然更多)：语 ŋag，许 sŋag 赞许，女 njag-mo 妇人、nag-mo 妻，吕金文“玄鏐膚吕”rag 铜，武 dmag 军，苦 khag 困苦，怒 brnag 愤怒，见格西曲扎辞典，拒 bgag 阻止，舍 sjag 宅舍，举 kjag 抬，妇 bag 主妇、新娘，韭 sgog，后 ɦog 下、后，蚼 grog 蚂蚁，友 grog，阜 ɦbog 小丘，扰 rnjog，草 sog 草茎，搅 dkrog，镐《说文》温器 khog 砂锅，悔灾咎 mug 灾，偻 rug 弯，腻《玉篇》：垢腻 snjigs 污秽、滓垢，纪 sgrig 整理、排序。

对泰文 -k 尾的如：辅 paak 嘴，杜 raak 根，吐 raak，臼 grok，草 cok、舁 jok。

对缅文-k 尾的如：脑 hnok 嘉戎语 tə-rnok，后 ok，扰 hnok，舐 ljak，哑 ak，莽 mrak 草，抱 poɯk。但更多是对缅文同源词“耳 naa、屎 khjei、焜 mi、虎 kjaa、犬 khwei、马 mraŋ、咀 caa 吃、迩 nii、苦 khaa、户 khaa、五 ŋaa、九 koɯ、市 jhei、洗 shei、辅 paa 颊、疕 phei、手 hnjoɯ 食指”所读的“ꞏꞏ”调(详郑张 1995)。古碑文“ꞏꞏ”调原作-h 尾，似不合，但看视南岛语古-q尾，今作-ʔ 或-h(如“射”邵语 panaq，阿眉斯语 panaʔ，布嫩语、印尼语 panah；“屋”排湾语 umaq，阿眉斯语 lumaʔ，印尼语 rumah)，则-h 正是-q的变式之一。panaq 正对汉语上声“弩”，umaq 正对汉语上声“庑”。古汉语-ʔ 也应有-q 来源，《逸周书》记周武王斩纣用的“轻吕”剑是一狄语借词，相当汉代匈奴的“径路”刀，夏德F. Hirth(1900 及 1908)指出即突厥语双刃刀 qïŋraq 或 kingrak 的古译。张永言《轻吕和乌育》引的突厥形式作 kingrāk，并指出白鸟库吉主张对蒙古语 kingara。

汉语的一些古入声塞尾字，在藏语里则读开尾，如“百”brgja、“夕”zla、“腊”sja 肉、“日”nji、“漆”tshi、“锲”gri、“啬”sri、“穀”gro 麦、“粟”so 谷麦、“钁”rko 等。包拟古曾设想其中一些词原始汉藏语可能是 -ʔ 尾，以后-ʔ 尾在藏语消失，在汉语则变 -k(按“日、漆”等质₂部字，虽然中古收 -t，上古则收 -g)，说明塞尾 k 跟 ʔ 尾远古就相联系。

(2) 来自虚字短读促化。虚字短读促化古已有之，由平声后世变读入声的虚字，有的就先经过一个上声阶段：“**无** ma＞毋 maʔ＞莫 maak，**不** pɯ 甫鸠切＞pɯʔ 方久切＞put 逋骨切，**之** tjɯ＞者 tjaʔ＞這 tɕiɛk(原作之石切‘適’，省写为‘這’。动词‘之’也是变‘適’)”。又“之＞底＞的”、“而＞乃、汝＞若”，也是其例。

(3) 上声字的数量在四声里是最少的,但字义的类聚很有特点:

A. 指小。形容词倾向以上声来表小义:"大小,多少,长短,深浅,高矮,高下,丰歉,丰俭,奢俭/省,浓淡、咸淡,繁简,松紧,宽褊、圆扁,众寡,壮稚,遐迩",后一字皆读上声表量小。把动词合起来看,也倾向于减损或负面意义:"增减,益损,胜负,成毁,完散,续断,安险,勤惰,甘苦,功罪,泰否,福祸,生死,寿夭,真假,正反,先后,褒贬"。在这些常用词对中,后一词皆读上声,数量众多,似非偶然(反例自然是有的,如"轻重、老幼",这里提请注意的是多数词所表示的那种趋向)。

B. 表亲昵。亲属词(尤其表直系亲属的词)多读上声:"祖、祢、考、妣、父、母、子、女、姊、弟、舅、嫂、妇、娣姒",方俗语还有"爸捕可切、爹徒可切、姐、社、妈、嬭"等。身体词更是多念上声:"顶、首、脑、眼、睑、耳、口、齿、額、頜、頣、頦、嘴、吻、辅、项、颈、领、膂、腢、乳、手(左、右)、肘、掌、拇、指、爪、肚、卵、牡、牝、尾、髓、髀、跨(胯、髁)、股、腿、臏、腨、踝、踵、趾、体"等凡数十词(入声字因已有塞尾不能加-ʔ除外)。这些上声的-ʔ可能来自汉语本身的小称爱称后缀(有类于儿化构词音变)。虽然这些词的藏文相对形式多不带尾,但印尼语 nénék 祖、bapak 父、emak 母、anak 子女、adik 弟,跟汉语"祢、父、母、女(孥)、弟"可以相比对。古突厥语固有的指小尾缀也是-qia、-kiä,也许汉语与相邻语言有过彼此影响。又藏缅语中惟浪速 Maru 话这类词较多,如"祖母"phjik〔妣〕、"乳"nuk、"官" tsuk〔主〕、"脚"kjik〔止、趾〕、"屎" khjik、"臬"tʃik(方括内表所对汉语词)都比藏文或缅文同源词多一个-k 尾,而正和上面以方括号附注的汉语上声同源词相当。

由此看来,上声-ʔ最初可能是一个构词后缀,也许跟南岛语、突厥语一样是个-q,最初表示指"小"和"亲昵",后来弱化形成声调,才扩大了词汇范围。

因此可以认可奥德里古的说法,古代汉语上声是带喉塞或紧喉作用的,正因声带紧张度增强而产生升调作为其伴随特征,奠定了转化为声调的基础。上声虽然原来也和入声一样有塞尾,但这种后置尾-ʔ,属发声状态,跟发音状态的塞音尾是有区别的。今天各上声读紧喉的方言都能既在阴声韵也在阳声韵后出现,即可以有 -nʔ -ŋʔ -mʔ 等,所以不妨碍仍把它们归入阴声韵、阳声韵。这些韵虽带喉塞,仍不算入声韵。

7.4　去声来自 -s 尾

藏文除-r、-l 尾外，还有-s 尾，例如基本数词“二”gnjis。“二”在汉语中是个去声字，上古汉语去声若有-s 尾，“二”作 * njis，就跟藏文相当一致了。

朝鲜语有-s 尾(今读变-t，但逢后音节为元音时有保留的，如“味”mas 读 mat，但也说 masi<mas-i，可对“味儿”)，带 -s 尾的词中有十几个古汉语借词正是去声字：“磨”mais 石磨、“篦”pis 梳子、“制”tsis 制作、“器”kɯrɯs、“圃”pas 旱田、“界”kas 边、“芥”kas、“盖”kas 罩、笠、“味”mas、窖 kus、“衹”os 衣、“饩”kis 分给一份。从“器”读复音声母及“磨”读 ai 而“界芥盖味”反无 i 尾看，都是上古而非中古汉语特点的反映，故皆应属上古汉语借词。最有意思的是门闩叫“闭枨”pis-tsaŋ，以枨表拄门木，自不会太晚，那“闭”读 pis 应反映汉朝在朝鲜半岛设郡时代的发音。日语中“柰”nasi、“芥”karasi、“假”kasu 借贷、“盖”kabusu 覆等也有可能是古汉语借词，借“柰”总表苹果林檎梨类水果，①借“芥”表芥子和辣(有如朝鲜语 kas)，因日语以开音节为主，遇到没有的韵尾就改为带元音的音节，如“笔”写作 fude，“熊”写作 kuma(朝鲜语只作 kom)，所以 -s也改为带元音的音节(动词、形容词有与日语终止形词尾相合的，那就更巧了。其实汉语 -s 的性质原来也是词尾，在古汉语中“盖”* kaabs本就是 kaab 闭蔽(今饶平客家话“盖”还说入声 khep^7)的既行式，又转为名词指覆蔽物，再借作朝鲜语 kas 罩、笠的)。古音与“芥”同等同韵类的“晒、杀”在日语里也有相似的变化，日语“晒、杀” sarasu(动)、sarasi(名)音义正与汉语“晒、杀”两字对当，是否也是汉语借词，也值得探究。

俞敏先生《后汉三国梵汉对音谱》，发现梵文中收-s 尾的音，早期汉译经常用去声字去译，如：

-s 尾　　奈 nas　　陛 pas　　会 bhas　　卫会 vas

-ṣ尾　　替 tiṣ　　腻 niṣ　　沸费 puṣ　　赖奈 raṣ

---

① 罗杰瑞《汉语和阿尔泰语互相影响的四项例证》也提出以“柰”对日语 nasi(1982,《清华学报》14：244)。

蒲立本以汉时译名“蒲类”bars、“都赖”talas、“贰师” nesef 等证明汉语去声带-s 尾(有人以为“贰师”之类译名中“贰”* njis 译 nes 则 s 跨两音节对音不严,其实不然,当时译者认为这样的译音才是顾前顾后的严谨译法,此即日释明觉《悉昙要诀》卷一:“连声之法,以下字头音为上字终响也”。例如“三昧”samādhi、“三藐三菩提” samyaksambodhi,就特地找了能跨音节的 m 尾字“三”来对译,我们总不会因此而否定这些译音可证“三”古收-m 尾吧)。这些地名有的至今未变,可以对勘原语。如其中蒲类泽是汉朝讨伐匈奴的重点之一,特设蒲类将军,此即今天新疆的巴里坤湖,哈萨克语 barəs kol 虎湖,前音节 a 元音,后音节去声带 s,汉代对音正应是“蒲类”,虎豹称 bars 是阿尔泰语的基本词,突厥语、蒙古语都带 s 无可怀疑(汉语“豹”读去声也可能相关),那么这正表明“类”汉代读 rus,还带 -s 尾。

有迹象表明,去声带-s 现象直至魏晋南北朝前期尚未完全消失。曹魏时以“对马”译倭国地名 Tusima,此一日本旧地名沿用至今,让人奇怪怎么中间少译了个音节。这正说明在对译时“对”还读 tuus,快读时 tuusma 译 tusima 是合适的(后来隋代就改译为都斯麻,可是人们还是喜欢沿用“对马”。日本有人主张此可能由“与马韩相对”得名,则“对”既然借的是汉语音义,tusi 就更是“对”tuus 的转译了。有人怀疑古倭语是否就是今天日语的祖语,其实这也是无可怀疑的。因为“倭”古义明注指“东海女王国”(唐时日释昌住《新撰字镜》注同),汉光武帝册封“汉委奴国王”的金印出土,证明“倭奴国”为该国自称,义为女王国,“倭奴”古音 * ʔooj-naa<ʔool-naa,就是日语“女人” wonna 的译音,唐时日人因其义不雅才改名“日本”)。隋代时东罗马 T. Simocatta 写的史书称中国为 Taughast,这记的是早期从突厥人那里传去的名称(突厥语为 Tawghač,后来元初音译为“桃花石”),有人认为是“拓拔”的对音,[①]其实那只是首音两字母跟“拓”相似而已。1758 年法国学者德经(Joseph de Guignes)早就正确地指出这是“大魏”(指北魏)的译音,显见当时“魏”尚有-s 尾(可比较药名“阿魏”译自龟兹语 ankwaṣ)。这都表明至少魏时还有去声字保留 -s 的地方。

---

① 参见罗常培《语言与文化》37 页。

更重要的内证是汉语语音史上的“祭泰夬废”问题。中古有一批去声独有的韵：泰、夬、废、祭，没有平上声韵相配，韵中的字上古又都跟入声相叶、谐声。在梵汉对译中这些字也用来对译梵文的收尾塞音，如：

制逝 jet　　世 sat　　卫 pat　　贝 pat　　类 rod

可见这些去声字有塞音、擦音两种韵尾，跟入声接近。汉以后祭、泰、夬、废等去声类韵，仍有跟入声-t 尾字通押的现象，据丁邦新《魏晋音韵研究》对去入通押的统计，收-k 的 0 次，而收 t 的有 86 次。鉴于缅甸蒲甘时代古碑文-t、-s 可自由替换，khjas＝khjat、sas＝sat（汪大年(1983)）、朝鲜谚文-s 尾今混读-t 尾等现象，我们认为汉语的这种通押也是立足于-s 尾和-t 尾互读的基础上，这正好说明了当时这类韵有带-s 尾的特征（而古 -g 尾字在《诗经》时代虽也有去入通押的，在当时则已经没有这种现象）。去入互读如“率”“帅”等字今众所周知，《切韵》序云“秦陇则去声为入”，则这类现象在秦陇一带滞留更久，《集韵》“坠、类”有术韵读法，“淚”也有术韵劣戍切：“关中谓目汁曰淚”，“四”也有质韵息七切：“关中谓四数为四”，正是点明关中秦地读音之例。汉语许多去声字在兄弟语言里对应的也是塞尾字，如独龙语、浪速语“闭” pit，泰文“肺”pɔɔd、“痱” phod、“沸”pud、“雾” hmɔɔk，缅文 “帽” kh-mok 笠帽，藏文“帽”rmog 盔等，又说明 -s 是一个相对自由、可以在塞尾后增减的后加成分（比较藏文“雾” rmugs）。

藏文的-s 除可加在元音和鼻尾-ŋ、-m 后面以外，又可以加在-g、-b 等塞尾后。藏文带-s 词对汉语去声字例甚多，常见的如：

二 gnjis、外 ŋos 侧旁、货 dŋos、缟 gos、罅 gas、雇 glas、义 ŋes、耐 nus（以上开尾后置 s）

渗 sims、禁 khrims 法律、降 ɦkhruŋs 降生、胀 skraŋs 肿、匠 sbjaŋs 熟练、graŋs 量名词：数目（以上鼻尾后置 s）

昼、纛 gdugs、雾 rmugs、付 ɦbogs、候 sgugs、誌 rtags 标志、滞 thigs 水滴、世 rabs 世代、莅 bslebs 来到、垫 brdibs 倾塌（以上塞尾后置 s）

这里头没有 -ds、-ns、-ls、-rs，从古藏文看，后三类是与 -nd、-ld、-rd 并合了，而 -ds 应与单 -d 或单 -s 并合（嘉戎语-t 尾词根后加 -s 时 -t 就隐去，如“隐瞒” ka-na-tsut，“秘密” ta-tsus）。我们认为上述祭、泰、夬、废各韵在上古汉语正是-ds 尾。-ds 原跟 -gs、-bs一样，广泛分布于去声各韵，如“代”-gs、“内”ubs、“队”uds，而泰、夬、废、祭不过是其中低元音的-ads 类韵：

泰-aads　夬-raads　废-ads帮、见系　祭 A -eds　祭 B -rads

从谐声字看，祭、泰、夬、废等韵明显是从入声-d 尾韵分化来的，中古时候入声仍读 at 类(如“割、决、发”)，去声则读 ai 类(如“害、快、废”)。上面“卫、类、对、内”等也一样，去声都产生了 i 尾。这去声-i 尾的增生，也正是它带-s 尾的明证，正需要用-s 来解释：因为有些语言-s 尾常可演变为-ih。如佤语来迭话“毒汁”pɯs、“喷出”phrus、“舀”kɔs，岩帅话即分别变为 pɯih、phruih、kɔih(王敬骝 1986)；印尼语的-s，占语支的雷德语也变-ih，“毛刷”印尼语 berus，雷德语为 ʔbruoih，“鼠”印尼语 tikus，雷德语为 k-kuih，“米”印尼语 beras，雷德语为 braih。最后一例藏文也说 ɦbras米饭，疮疖，汉语同源词正是祭泰韵的“粝、疠”* ɦbras＞raih。祭、泰、夬、废韵大约由于元音较低，韵尾-s＞-ih＞-j，其擦尾脱落 j 化的过程比别的韵慢些，因而在《切韵》独成一类了。

藏文的 -s 也常变 -iʔ，西藏曾译称“乌斯藏”，原指前藏与后藏合称的 dbus-gtsang(db 变 w)，后来 s 变 i，于是改译作“卫藏”，就是明证。雍正时再版的工布扎布《四医学经》藏语、蒙语、汉语对照的药名表中，藏文音译以 nas、gus、wes、kus、sjus、hus 译写汉语“奈、桂、魏、鬼、水、灰”，说明译写时 s 已变 i。奇怪的是《战国策・魏策》古藏文译本译“苏代”为 su-tes，就不知道“代”译写为 tes 是存古呢还是已经出现 i 化。安多藏语则藏文带-s 的韵现在都变为 i 元音。

去声和入声为何互相通谐，关系特近？祭、泰、夬、废等韵为何语音上有特殊变化？这些都是古音学上必须解释的问题。如果不用去声带 -s 说，则这些问题是难以妥善解决的。

正因为上古汉语的 -s 尾跟藏文相似，在元音后和鼻塞尾-m、-n、-ŋ、-b、-d、-g 后都可出现，所以就形成了去声字跟入声韵、阴声韵及阳声韵都有关系的局面。这种现象前人无从索解，故旧时古音学者或把去声字列入阴声韵，或把去声字列入入声韵，从而取消了去声，以致提出古无去声说。对去声的产生，王力以长短入来解释。但如果带塞音韵尾的元音分长短，那么带鼻音韵尾的元音也应分长短，这是通例；而王氏只在入声韵分，显然不妥。李方桂的阴声韵都带塞音韵尾，只在塞音韵尾后面加上-x、-h 以表示读上声调和去声调，但仍列在阴声韵中。这样又不能解释既然阴声韵平上去都有韵尾，何以舒入通谐主要在去声，也不能解释何以祭部没有平、上声相配。如果认可去声带 -s，则这些问题就都可迎刃而解了。

-s 的不同分布对演变有影响，比如藏文的 -gs 在其分支 Balti 语中都变成 -x（富励士(1960：237)）。我们认为，上古汉语也一样，-s 尾可后置于元音、鼻音韵尾和塞音韵尾之后。到上古后期，元音和鼻音后的 -s 弱化为 -h，-gs 也变为-h，而 -bs、-ds 则合并为-s，这时去声字原 s 尾分化为 -h、-s 两尾，发展的趋势也分为两途：收 -h 的"暮、窦、豹"等小分部都没有出现增生 -i 尾的现象，而收 -s 的"祭、泰、至、队"等分部的"卫、未、类、盖、内、莅"都增生了 i 尾（注意"代、背"一类古职部字也是 -gs＞-h 的，为什么中古也有 i 尾呢？那是脱尾后长元音 ɯɯ＞əɯ＞ʌɨ 分裂复化的结果，跟 -s 尾的 -ih 化来源迥异）。在古汉越语的去声字中，ds 尾类的"带" dai³、"芥"cai³、"脍"goi³、"岁" thôi³、"肺" phôi³、"柜"cui³、"利" lai⁴ 已带 i 尾，说明是从 -s 转化来的，而 gs 尾类的"助" chu'a⁴、"箸" ʔdua⁴、"赦"tha³、"褯（藉）"ta⁴、"墓"ma³、"帽" mu⁴、"试" thu'³ 则没有 i 尾，说明是从 -h 来的——从鱼部字读 a 元音，幽部字读 u 元音，之部字读 ɯ 元音，则可以判断它们的时代应属于上古后期的汉语借词层次。

《诗·硕人》"齿如瓠犀"在汉末的神兽镜铭中作"会师"，在安徽阜阳出土的汉简诗中为"会誁"。"瓠犀"gwaas（＞gwaah)-sli，"会师"(goobs＞)gwaas-sri，会誁 gwaas-ʔli，如果"会"字不带 s 尾，就难以解释"犀"怎么能通"誁"。

富励士 Forrest(1960)、蒲立本(1973)、梅祖麟(1980)就藏语和汉语-s 尾及其语法功能作过比较，证明汉语去声的别义功能跟藏文也相对应。从藏缅语看，-s 原表既事式（完成体），"结髪为髻，锲木为契"，说明完成动作与形成事物间有联系。故动词既事式较易转化为名词（比较嘉戎语"怀孕" ka-me-skru，"孕妇" kə-mə-skrus)，故梅氏认为 -s 尾使动词变名词是继承共同汉藏语的。汉语去声表名物化，由平声动词转为去声名词的如"磨、县、担、称"，由上声动词转为去声名词的如"数、处、贻《诗·静女》"，由平声动词转为去声名词的"量"rang/rangs 还与藏文 ɦgrang/grangs 对应。去声表名物化还分化造成新的转注字：

［平声/去声］　藏/臟　陈/阵　研/砚　磨/礳　称/秤　迷/谜

［上声/去声］　比/篦　坐/座　采/菜　（负/背　断/段则另制字）

［入声/去声］　脱/蜕　结/髻　纳/内　立/位　合/会　盍/蓋

名词读去声变动词，则是后起的发展，但穿衣称"衣衣"一类应该较早，至今还活在最近亲属语言白语里；"钉、油、盐"之类则在方言中非常活跃。去声表使动的"家/嫁""买/卖""籴/粜""食/饲"常见，方言尚有遗存，如温州话"平/去"式的"沉"dzaŋ²、"重"dʑyɔ² 变读去声 6 调即表"使沉""使重叠"，入声"毒"dəu⁸ 改去声 dau⁶ 表使中毒（药死，也见于金华汤溪、闽语）。"撑/牚、亲/儭、流/溜、涨/胀"等也是以去声表使动的语例。"抠" gau² 刮，变 gau⁶ 表轻刮则是另一种语义变化。

《公羊传·庄公二十八年》"《春秋》伐者为客，见伐者为主"，何休注："伐人者为客，读长言之，齐人语也；见伐者为主，读短言之，齐人语也。"前音为《集韵》废韵房废切 bads，"击也"，后音为月韵房越切 bad，乃后世的通读音。bad 保留入声为短读，汉代 bads＞bas＞baih 自然成长读了。"伐"后世都混说入声，原来则依语法意义分读。

-s＞-h 不仅见于佤、孟语，汉语方言也有痕迹：山西孝义去声读 53ʰ，仍带弱 h 尾（郭建荣《孝义方言志》称其有轻微的送气作用，1989 语文出版社 13 页）。

我们看到，兄弟语言的 -s 尾在发展中可变成喉音-ʔ 或 -h。古藏文的-s 尾今藏语即多变成 -ʔ，拉萨-ms、-ŋs 尾字今读-mʔ、-ŋʔ。汉语方言中徽语祁门历口、洪村石坑，东至木塔及浙江泰顺蛮话（皆郑张在当地调查）及江西南城（1991，《方言》1）的阴去都带喉塞或带紧喉作用，黟县、休宁儒村浊去跟清入同调都带喉塞-ʔ（亦郑张在当地调查），山西阳曲"续、置、稚、际、务"等字读如入声收-ʔ 等，都可视为 -s 变-ʔ 的遗迹，并证明去声有过辅音韵尾。沙加尔《论去声》即据浦城、南城、宁都、永康、遂溪等方言主张汉语-s 变紧喉音。这些都可视为汉语有些方言的-s 尾跟藏文-s尾的平行演变现象。

今缅语的“◦”“ː”两调，古碑是-ʔ、-h二尾，其中-h尾也跟-s有关，越南的问声、跌声紧喉两调据马伯乐研究最初有-h<-s的来源。所以在去声形成一个声调前，应先经过-s>-h的道路。奥德里古认为，正是由于擦音尾-h的影响，发音时声带放松，致使元音音高降低，附带产生了一种下降的声调，从而伏下转化为去声声调的契机。古人对去声调值的描写常用“远、引、角引、偃、送”等字眼，这应该表示一个延伸的降调平山拟升调，恐与“偃”不符；至于浊上归去，那是晚唐浊上的升尾弱化以后的事，与其前的调值是两回事。

去声来自-s，从奥德里古(1954)提出以来，已有蒲立本、富励士、梅祖麟、俞敏、沙加尔等多家研究，多方面证明了其发生的机制、语言的表现和功能，应该说是比较成熟的理论，汉语语音演变史正需要这一理论来解释其变化。

7.5　声调的形成与发展

仄声三个声调原来都带塞音韵尾或擦音韵尾而平声则没有，说明平声**原是无标记的，仄声则是有标记的**，所以平声字多于仄声。汉语最初除入声韵尾有一些属于词根外，仄声其他韵尾大多是有构词或构形作用的后缀，后来才发展为带某种喉部特征的声调。由于其中平声原是乐音结尾，仄声原是非乐音结尾，所以古诗歌都要讲平仄，用乐音与非乐音的交替来体现韵律美。

四声最初既然表现为韵尾的对立，当韵尾存在时，伴随的音高特征在辨义上就是无关紧要的羡余成分。藏文不标声调，现代藏语声调也是后起的(今安多藏语仍无声调)，古汉语最初大概也跟藏语类似而没有声调，后来由于紧喉的作用，伴随产生了一个高升调，是为上声，即《元和韵谱》所谓“上声厉而举”(后来说“上声高呼猛烈强”，“厉”“猛烈”皆指紧喉特征，今温州话上声还是这样的ʔ35、ʔ24)。又由于清擦音尾的作用，伴随产生了一个长降调，所谓“去声清而远”，也有如现今北京去声与温州阴去所读长降。入声字则因都是塞音尾，伴随一个短调，所谓“入声直而促”；今带塞音韵尾的各方言仍如此念。这种伴随的声调后来成为这一韵尾的标志，逐步代偿了其辨义功能，上升为独立的声调系统。依据 -s 尾转化情况来推测，这一系统约于晋时形成，南北朝时才为文人所认知，依调型排序，被分称为平、上、去、入四声。

余嘉锡遗著《世说新语笺疏》(1983)，对《世说新语·排调篇》所记“诸葛令、王丞相共争姓族先后。王曰：何不言葛王，而云王葛？令曰：譬言驴马，不言马驴，驴宁胜马耶?”即曾疏解说：“凡以二名同言者，如其字平仄不同，……则必以平声居先，仄声居后，此乃顺乎声音之自然，在未有四声之前固已如此。”此一语音规律在四声定名之前已然，至今犹存。陈爱文、于平(1979)指出今汉语并列式双音词前后字常按平、上、去、入排序，认为发音省力的在前，费力的在后。丁邦新(1975)指出《诗经》《论语》《孟子》已有这样的倾向。周祖谟(1983)《汉语骈列的词语和四声》也讨论这一规律。潘悟云(2000)指出按四声排序，最初即源于韵尾的发音强度从小到大的次序(平声，零或响音尾；上声，紧喉；去声，擦尾；入声，塞尾)，这和陈爱文等的省力分析也相合。

从韵尾到声调的发展大致经过四个阶段：

第一阶段：只有韵尾对立，没有声调(有如藏文)。

第二阶段：声调作为韵尾的伴随成分出现，仍以韵尾为主，声调不是独立音位。先秦韵文之有辨调相叶的倾向，主要乃是依据其韵尾相同而叶的，还不是依音高；但为满足古诗歌配乐的需要，伴随的不同音高成分也是作者附带考虑的因素。

第三阶段：声调上升为主要成分，代偿消失中的韵尾的辨义功能。部分韵尾或作为残余成分存在，或仍然保持共存状态。例如现今南方一些方言上声的喉塞成分是残存的不辨义成分；入声带塞尾的方言塞尾仍与短调共同起作用。各类韵尾不是同时消失的，去声、上声较快，入声韵尾一般最迟消失。

第四阶段：完全是声调，韵尾全部消失。这是北方多数方言的情况(晋语和江淮话除外)。

7.6　上古韵尾声调关系表

依上所说，上古有-m、-n、-ŋ，-b、-d、-g，-ʔ、-s 八种辅音韵尾(-ug跟 g 暂算一种，早期应是ɢ，并且还应加上 -l/i，则为十种)，它们的结构关系与中古四声的对应关系略如下表所示：

	平　声	上　声	去　声	入　声
后置尾	-0	-ʔ<-q	-s>-h	
鼻　尾	-m -n -ŋ	-mʔ -nʔ -ŋʔ	-ms -ns -ŋs	
塞　尾			-bs -ds -gs	-b -d -g
伴随声调	˧	˥	˩	˧

下以《诗经》首篇为例，标音如下。此诗正好四声俱备，拟音不标调，但韵尾已表明伴随声调的音高（注意稍后韵尾-s、-gs、-ɢs 读-h，而-ds 读-s）：

［平 33］关关雎鸠 kroon-kroon sha-ku
　　在河之洲 zlɯɯʔ gaal tjɯ tju
　　窈窕淑女 qiiwʔ-l'eewʔ ɦljɯwɢ naʔ
　　君子好逑 klun-ʔslɯʔ/sl'ɯʔ qhuuʔ gu
［平 33］参差荇菜 shrum-shral graaŋ-shɯɯs
　　左右流之 ʔslaalʔ-ɢwɯʔ ru tjɯ
　　窈窕淑女 qiiwʔ-l'eewʔ ɦljɯwɢ naʔ
　　寤寐求之 ŋaas-mids gu tjɯ
［入 3］求之不得 gu tjɯ pɯ tɯɯg
　　寤寐思服 ŋaas-mids snɯ bɯg
　　悠哉悠哉 lɯw ʔsɯɯ lɯw ʔsɯɯ
　　辗转反侧 tenʔ-tonʔ panʔ-ʔsrɯg
［上 35］参差荇菜 shrum-shral graaŋ-shɯɯs
　　左右采之 ʔslaalʔ-ɢwɯʔ shɯɯʔ tjɯ
　　窈窕淑女 qiiwʔ-l'eewʔ ɦljɯwɢ naʔ
　　琴瑟友之 grɯm srig ɢwɯʔ tjɯ
［去 41］参差荇菜 shrum-shral graaŋ-shɯɯs
　　左右芼之 ʔslaalʔ-ɢwɯʔ maaws tjɯ
　　窈窕淑女 qiiwʔ-l'eewʔ ɦljɯwɢ naʔ
　　钟鼓乐之 tjoŋ kwaaʔ ŋraawɢs tjɯ

第八节　古音演变小结

8.1　语音发展的重点

由前所述，上古汉语是一个无声调无介音、元音简单而分长短、声母结构复杂的语言。在复声母中有丰富的前加音与后加音，这些前加音和后加音中，有些是有构词构形作用的。

介音与声调的产生，韵尾的元音化与声调化，元音的复化，复声母的简化是汉语语音发展史的重点。作为声调前身的后附（后置）韵尾，原来也从有构词构形作用的后缀发展而来。

观察上古韵母至中古韵母的演变过程，对这一过程语音变化机制的说明，可以检验拟音系统是否合理。我们认为，元音长短，有无韵尾与垫音介音，对语音变化过程影响很大。尤其是长短，**由于长元音出现链式迁移变化，故比短元音变化快，中古短元音保留上古面貌的要比长元音多**。因为短元音后来出现了介音，带辅音尾、带垫音介音的受制元音比开放元音发展要慢得多。

王力、李荣、邵荣芬等多位先生对高本汉的中古音系作了改订，我们修改的中古体系也已在前面列出了声韵调表，并作了简要介绍。我们认为《切韵》音系是对以金陵、洛下为代表的南北两派书音的进行审订折中的成果，而不是有些先生所想象的南北各方言的综合音系。这样的综合音系，即使让今天的方言专家花几个月的时间来搞，恐怕也是搞不出来的，更岂是《切韵序》所说的“夜永酒阑”后一两个时辰中能够拟订出来！它代表南北朝时期的读书音音系，与上古雅言音系都是以中州音为标准一脉相承的，所以其演变过程是可以推断的。

我们认为上古垫介音 r 中古发展为 ɣ＞ɰ，改中古三等介音为 ɨ，并改“之蒸欣微”主元音为 ɨ（旧皆拟 ə），因而把南北朝时“蒸”ɨŋ 与“登”əŋ，“欣”ɨn 与“痕魂”ən 为何不叶韵的问题解释了。

8.2　短元音的演变

短元音原无标记，至中古增生 ɨ 介音而转化为有标记形成三等，但各个元音本身除 a 以外基本未变或变化较小。

从上古到中古,收喉各韵(举阳声韵兼赅相对的入声韵)三等元音变化最小,脂真 i、之蒸 ɯ>ɨ、尤东三 u、支清 ɛ、虞钟 o 等韵都基本同上古,仅低元音鱼韵因歌韵由 al>ai>æ>a 占了 a 的位置,在推链作用影响下,由 ɯa>ɨɐ>ɨʌ>ɨɤ,逐步后高化了。而带尾的阳韵变化慢些,还留在 ɨɐŋ 的位置上。有 r 垫介音的庚韵更保留 a 不变(仅略高化近 æ)。

收唇、收舌各韵中,臻真 i、殷文微 ɯ>ɨ、盐仙祭支 ɛ 基本未变。后高元音和央高元音有前化合并现象,微脂、文真、侵 i 乃含 ɯ 来源字。低元音 a 则趋高化,钝音声母后变 ɐ(凡、严、元、废韵),锐音声母后变 ɛ(盐、仙、祭韵)。o 的变化同 a,但在舌尾前为带合口介音的 ɐ、ɛ。

8.3 长元音的演变

长元音至中古除 a 以外变化都较大,尤其是无韵尾及介音的开放元音。

开尾韵除 a 以外都复化。高元音前面先带上过渡音,过渡音再扩张为主元音,原元音反而沦为韵尾(下所论皆长元音,标音不再双写元音):

一等:u>əu>ɑu 豪　ɯ>əɯ>ʌɨ>ʌi 咍　i>ei 齐

二等:ru>rəu>ɣau 肴　rɯ>rəɯ>ɣɐɨ>ɣɛi 皆　ri>rei>ɣɛi 皆

中元音则先高化后复化:

一等:o>u>əu 侯　e>i>ei 齐

二等:ro>ru>rəu>ɣau 肴　re>ri>rei>ɣɛi>ɣɛ 佳

佳韵的 i 尾后来跟歌麻韵的 i 尾一样脱落了。

只有低元音 a 不复化,仅向后高化:a>ɔ>o>uo 模,但前有 r、j 垫介音的则不变,ra>ɣa 麻二,ja>ia 麻三,合为仍保持读低元音 a 的麻韵,麻韵(尤其麻二)在中古以后还保持读低元音,以迄于今。

带尾各韵中,元音舌位较高的 i、e 合并了,u、o 都出现复化:

i、e>e(后期>ie)青、添、先、齐、萧。

u>uə 魂、灰,uo 冬(又灰变体)。视韵尾而取值有异。

o>oʌ>uɑ 寒、歌合口(即《广韵》桓、戈),是在-n、-i 尾前;收唇>ʌ 覃、ɑ 谈,由异化失去合口。但收喉>u,仅高化不复化。

ɯ>ə 登、痕,为低化;ɯ>ʌ 覃、咍是在 -m、-i 尾前更向后低化,向谈、泰韵靠近。

低元音变化最小,仅略后化为 ɑ 唐、谈、寒、泰、豪(这些韵自古迄今元音没有大变,是因为始终作为受制元音保留在闭音节的结构中,一些方言鼻化脱尾后就变得很快了),又歌韵 ai>æ>a>ɑ,经过一个失尾单化过程。

ra 仍保持 a 麻、庚、衔、删、夬、肴,可说是汉语语音史上元音变化最小的韵。仅麻、庚韵略高化近 æ。ja>iɛ 清、昔,则是被 j 高化的,其中清韵仅"饧"字。

垫介音 r 对元音又有低化作用,ro(收喉)>ɣʌ 江,ro(收舌)>ɣua 删、麻合口。re>ɣɛ 耕、咸、山、皆,ri、ru、rɯ 也都并入 ɣɛ。

前元音 e 常常前增过渡音而复化,e>ie>iɛ,因此上古短 e 通常变为三等 iɛ,长 e 变为四等,在后期也由 e>ie,连齐韵在复化为 ei 后,还再变为 iei。

8.4 i、u 介音来源综述

汉语 i 介音有三种来源:(1) 由二等 r 弱化为 j 转来;(2) 由三等短元音前加过渡音,复化而增生 ɨ(逢前元音同化为 i)转来;(3) 由带韵尾的高的长元音后加过渡音转来。后二种可比较下列长短元音的复化过程:

短元音前增 ĭ(ĭi>iɪ)	长元音后增 e
七 snhid>tshiɪd	切 shiid>tshied
因 qin>ʔiɪn	烟 qiin>ʔien
尘 dɯn>din>diɪn	殿 dɯɯn>diin>dien

u 介音有两种来源:(1) 由喉牙系 w 转来;(2) 由舌齿系带舌尾的主元音 o、u 因后增过渡音转来。还有三种次要来源:(1) 由古 m-、r-辅音成分转化;(2) 由 ɯ 元音转化;(3) 中古以后还有因舌叶声母

tʃ- 的撮口势的影响而产生。详郑张《汉语介音的来源分析》(《语言研究》1996 年增刊)。

8.5　i、u 韵尾来源综述

i 韵尾有三种来源：(1) 由-l 弱化转成；(2) 由-s 尾>ih 转成；(3) 由开尾主元音 i、ɯ (e 则先高化为 i)前增过渡音转成。如 ii>ei(齐)、rɯɯ>rəɨ>rɛi(皆)。古去声-s 尾转生-ih 是占语、佤语常见变化，汉语去声字如“害、盖、快、对、醉”中的 i 尾也是这样来的。

u 韵尾有两种来源：(1) 由原有-w/u 转成；(2) 由开尾主元音 u、ɯ(o 则先高化为 u)前增过渡音转成：如幽部 uu>au(豪韵的“考、好、道”等字)，之部 wɯ>u>ɨu> ĭəu(尤)。

郑张《切韵 j 声母与 i 韵尾的来源问题》(1992)已有较详的叙述，可以参看。

8.6　四声来源综述

作为中古以后汉语特点之一的声调并非自古就有，上古本为韵尾对立的音段特征，晋代以降才转化为超音段特征的声调。

声调由以下韵尾转化而来，去声来自-s/-h，上声来自-q/-ʔ，入声来自-b、-d、-g、-ɢ。它们与响音收尾的平声共同组成四声系统。相对于平声，后三种称仄声，是为诗歌重视的平仄系统。至于按声母清浊的阴阳分化那是唐代开始的。浊上归去，次浊归阴上是唐后期的事，并且反映了上声 ʔ 在次浊变化上还发挥着作用。

-s、-ʔ 两种能再后置于各类韵尾后作后置尾，最初构词构形作用较强，而且原来这两种韵尾的增减是比较灵活比较自由的，所以与平声、入声常形成原形、变形的异读关系。后来才逐步固定下来。

在方言中利用声调来作动词时态、名词指小、形容词强调式变化的事实尚很丰富，这些都是古声调及其始原的韵尾带有语法功能的传承、反映，搜集这类现象有利于我们对声调发展史的认识。

8.7　结语

构拟古音实际是在构拟一个用声音来说明各声类、各韵部韵类之间关系的系统。如上古韵系所构拟的即是当鱼部占 a 元音位置时的韵母系统,《切韵》韵系所构拟的则是经过元音迁移后的歌韵占 a 元音位置而鱼部(模韵)占 o 元音位置时的韵母系统。上古音的演变就以说明这两部发音位置转移的规律为中心,其大势是低元音的向后高化,长元音的复化分裂。

这本来是我 1987 那篇文章的结语,至今我还持同样看法,所以再说一遍。不过在音系分析和音变解释方面,现在文中已更进一步采用标记理论、钝锐特征、元音链移及抑制机制等新的视点,作了更加深入的理论探讨。

音　表

第一表　郑、高、王、李四家上古声韵母对照表

表内高本汉据 GS(《汉文典》,以罗马数码标其韵部部第),C(《中上古汉语音韵纲要》,以阿拉伯数码标其韵部部第);王力据《汉语史稿》稍作调整;李方桂据《上古音研究》(1980,声母依附文改动)。其音标都统一改作通用音标,如高本汉 â 改 ɑ,ś 改 ɕ,˙ 改 ʔ,ng 改 ŋ(李方桂亦同)。高本汉注? 处是原文作此,表示古音不明,故作问号。

上古声母四家对照表

本表只列基本声母及主要的前冠变化。后垫变化 r 在二等、三 B,l 在其他等,w 在见影组合口,不涉组类变化的就不列,只列章组-j(皆含-lj)。王力据《汉语史稿》但依《汉语语音史》取消浊塞送气,馀母从 d 改 ʎ。

类	中古组	上古基声母	郑张尚芳	高本汉	王力	李方桂
帮组	帮	帮 p	p	p	p	p
		帮 p	mp	p	p	p
		影 q 见 k	p-q, p-k丙	p	p	p
	滂	滂 ph	ph	p‘	p‘	ph
		滂 ph	mph	p‘	p‘	ph
		抚 mh	mh	p‘	p‘	ph
		呼 qh 溪 kh	p-qh烹,p-kh	p‘	p‘	ph
	並	並 b	b	b‘	b	b

续表

类	中古组	上古基声母	郑张尚芳	高本汉	王力	李方桂
		帮 p	ɦp	bʻ	b	b
		云 G 群 g	p-G，p-g	bʻ	b	b
	明	明 m	m	m	m	m
帮组		並 b	mb陌	m	m	m
		云 G，群 g	mG，mg袂	m	m	m
		泥 n，疑 ŋ	mn弭，mŋ	m	m	m
		影 q	m-q	m	m	m
	端	端 t	t	t	t	t
		端 t	nt	t	t	t
		以 l	ʔl'	t	t	t
		影 q 见 k，帮 p	ql'，kl'，pl'	t	t	t
	透	秃 th	th	tʻ	透 tʻ	透 th
		秃 th	nth	tʻ	透 tʻ	透 th
		滩 nh	nh	tʻn	透 tʻ	泥 hn
		胎 lh	lh	tʻ	透 tʻ	透 th
		宠 rh	rh	tʻl	透 tʻ	来 hl
端组		以 l	hl'	tʻ	tʻ	th
		呼 qh 溪 kh，滂 ph	qhl'，khl'，phl'	tʻ	tʻ	th
	定	定 d	d	dʻ	d	d
		以 l	l'(ɦl')	dʻ	d	d
		云 G 群 g，並 b	Gl'，gl'，bl'	dʻ	d	d
	泥	泥 n	n	n	n	n
		定 d	nd	n	n	n
		以 l	nl	n	n	n
		疑 ŋ，明 m	ŋl'，ml'	n	n	n
	来	来 r	r	l	l	l

续表

类	中古组	上古基声母	郑张尚芳	高本汉	王力	李方桂
端组		来 r	r	ŋl	l	ŋl 樂
		来 r	g · r，gw · r	gl 路吕立	l	gl 落立，l
		见 k>来 r	ɦkr>g · r 林蓝	gl 林蓝	l	gl 林蓝
		来 r	m · r 来吝	ml 吝	l	ml 吝
		来 r	b · r 銮	bl 銮	l	bl
		帮 p 来 r	ɦpr>b · r 廪	bl 律廪临	l	bl 律廪
知组	知	端 t	t 三等	t	t	tr
		端 t	rt	t	t	tr
		来 r	ʔr’	t	t	tr
		影 q 见 k，帮 p	qr’，kr’，pr’	t	t	tr
		以 l	ʔl’ 三等	t	t	tr
		影 q 见 k，帮 p	ql’，kl’，pl’ 三等	t	t	tr
	彻	秃 th	th 三等	t‘	t‘	thr
		秃 th	rth	t‘	t‘	thr
		滩 nh	nh 三等	t‘n	t‘	hnr 丑
		胎 lh	lh 三等	t‘l	t‘	th
		宠 rh	rh 三等	t‘l	t‘	hl
		来 r	hr’	t‘	t‘	thr
		呼 qh 溪 kh，滂 ph	qhr’，khr’，phr’	t‘	t‘	thr
		抚 mh	mhr’ 虿瘟	t‘	t‘	thr
		哭 ŋh	ŋhl’(三等)癡	t‘	t‘	thr
	澄	定 d	d 三等	d‘	d	dr
		定 d	rd	d‘	d	dr
		以 l	rl	d‘	d	dr
		来 r 云 G 群 g，並 b	r’，Gr’，gr’，br’	d‘	d	dr
		以 l 云 G 群 g，並 b	l’，Gl’，gl’，bl’ 三等	d‘	d	dr

续表

类	中古组	上古基声母	郑张尚芳	高本汉	王力	李方桂
知组	娘	泥 n	n三等	n	n	nr
		泥 n，疑 ŋ	rn，rŋ	n	n	nr
		疑 ŋ，明 m	ŋr'，mr'	n	n	n
		疑 ŋ，明 m	ŋl'，ml'三等	n	n	nr
精组	精	心 s，从 z	ʔs，ʔz	精 ts	精 ts	精 ts
		以 l	sl'，ʔlj(i)	精 ts	精 ts	精 ts
		端 t，影 q 见 k，帮 p	st，sq，sk，sp	精 ts	精 ts	精 ts
		明 m，疑 ŋ	sml'，sŋl'	精 ts	精 ts	精 ts
	清	清 sh	sh	ts‘	ts‘	tsh
		秃 th	sth	ts‘	ts‘	sth
		溪 kh，滂 ph	skh，sph	ts‘，k‘s佥	ts‘	skh，sth
		滩 nh，胎 lh，抚 mh，哭 ŋh	snh，slh 帨 smh，sŋh	ts‘	ts‘	tsh，sth帨
	从	从 z	z	dz‘	dz	dz
		定 d，群 g，並 b	sd，sg，sb，ɦlj(i)	dz‘	dz	sd，sg，dz
	心	心 s	s	s	s	s
		呼 qh	sqh岁	s	s	sk
		泥 n，明 m，疑 ŋ	sn，sm，sŋ	sn襄	s	sm丧，sn需
		以 l	sl，slj，hlj(i)	s	s	st (sk秀)
	邪	以 l	lj	dz	z	rj，sdj
		云 G	sG	dz	z	sg (w，j)
庄组	庄	心 s	ʔsr	tʂ	庄 tʃ	精 tsr
		来 r	sr'	tʂ	庄 tʃ	精 tsr

续表

类	中古组	上古基声母	郑张尚芳	高本汉	王力	李方桂
庄组		影 q 见 k，帮 p	sqr，skr，spr	tʂ	庄 tʃ	精 tsr
	初	清 sh	shr	tʂʻ	初 tʃʻ	tshr
		溪 kh，滂 ph	skhr，sphr	tʂʻ	初 tʃʻ	tshr， sthr 揣
		抚 mh，哭 ŋh	smhr，sŋhr	tʂʻ	初 tʃʻ	tshr
	崇	从 z	zr	dʐʻ	崇 dʒ	dzr
		群 g，並 b	sgr，sbr	dzʻ	崇 dʒ	dzr
	生	心 s	sr	ʂ，sl 数	生 ʃ	sr，sl 数
		呼 qh	sqhr	ʂ	ʃ	skr
		明 m，疑 ŋ	smr，sŋr	ʂ	ʃ	sr
	俟	云 ɢr	sɢr	dʐʻ	ʒ	dzr
		来 r	rj	dʐʻ	ʒ	dzr
章组	章	端 t	tj	照 ȶ	ȶ	tj
		影 q 见 k，帮 p	qj，kj，pj	照 ȶ	ȶ	krj，tj
		见 k	kwj	照 ȶȵ 準	ȶ	tj
		以 l	ʔlj	ȶ	ȶ	tj
		泥 n	ʔnj	ȶ	ȶ	tj
	昌	秃 th	thj	ȶʻ	ȶʻ	thj
		溪 kh 滂 ph	khj，khwj，phj	ȶʻ	ȶʻ	khrj， thj
		哭 ŋh 抚 mh 滩 nh 胎 lh 宠 rh	ŋhj，mhj，nhj， lhj，rhj	ȶʻ	ȶʻ	khrj， thj
	禅	定 d	dj	ȡ	ʑ	dj
		群 g，並 b	gj，bj	ȡ	ʑ	grj，dj
	书	呼 qh	qhj/hj，qhwj	ɕ	ɕ	hrj
		以 l	hlj	ɕl 烁	ɕ	hrj
		泥 n，疑 ŋ，明 m	hnj，hŋj，hmj	ɕn 恕	ɕ	hnj， hŋrj

续表

类	中古组	上古基声母	郑张尚芳	高本汉	王力	李方桂
章组	船	云 G	Gj，Gwj，Glj	ȡʻ	ȡ	grj
		以 l	ɦlj	ȡʻ	ȡ	dj
		群 g,並 b	ɦglj船，ɦblj繩	ȡʻ	ȡ	grj，dj
	日	泥 n	nj	ȵ	ȵ	nj
		疑 ŋ,明 m	ŋj，ŋwj，mj	ȵ	ȵ	ŋrj， nj
见组	见	见 k	k	k	k	k
		见 k	ŋk，mk	k	k	k
	溪	溪 kh	kh	kʻ	kʻ	kh
		溪 kh	ŋkh，mkh	kʻ	kʻ	kh
	群	群 g	g	gʻ	g	g
	疑	疑 ŋ	ŋ	ŋ	ŋ	ŋ
		云 G,群 g	ŋG，ŋg	ŋ	ŋ	ŋ
影组	影	影 q/ʔ	q 后 ʔ	ʔ	0	ʔ
		影 q/ʔ	m-q	ʔ	0	ʔ
		以 l,来 r	ʔl，ʔr	ʔ	0	ʔ
		明 m,泥 n,疑 ŋ	ʔm毒，ʔn，ʔŋ	ʔ	0	ʔ
	晓	呼 qh/h	qh/h	x	x	h
		以 l,来 r	hl，hr	x	x	h
		明 m	hm，hml	xm	x， mx黑	hm
		疑 ŋ,泥 n	hŋ，hn	x	x	hŋ，h
	匣	群 g,云 G/ɦ	g，G、Gw 后 ɦ，ɦw	gʻ	ɣ	g
		以 l,来 r	ɦl，ɦr	gʻ	ɣ	g
		明 m,泥 n,疑 ŋ	ɦm，ɦn，ɦŋ	gʻ	ɣ	g
	云	云 G/ɦ	G/ɦ	喻三 g	ɣ	gw， gwr

续表

类	中古纽	上古基声母	郑张尚芳	高本汉	王力	李方桂
影组		以 l,来 r	ɦl，ɦr	喻三 g	ɣ	gwr
	以	以 l	l	dz羊	馀 ʎ	r羊
		以 l	l	g	馀 ʎ	ŋr藥
		以 l	g・l，gw・l	g欲	馀 ʎ	grj，r
		见 k>以	ɦkl>g・l峪浴鹽	g?	馀 ʎ	grj
		见 k>以	ɦkwl>gw・l 羑	g	馀 ʎ	grj
		以 l	b・l翼翌	g翌翼	馀 ʎ	r
		帮 p>以	ɦpl>b・l蠅聿	d蠅 b聿	馀 ʎ	r蠅

上古韵母四家拟音对照表

表内高本汉据 GS(《汉文典》,以罗马数码标其部第),C(《中上古汉语音韵纲要》,以阿拉伯数码标其部第),音标都改作通用音标;王力据《汉语史稿》稍作调整(歌部兼标 a/ai);李方桂据《上古音研究》(1980)。某韵在其书未列字者,依阴阳入对转韵标法推定之。书中注明不规则变化者后加>号为别。某家所对不在该部的放在括号里。中古有些三等韵有重纽,要再分 A、B 两类。高、王、李氏不区分重纽,故其 B=A 者不再列(少数有分别者注出)。注意表中 A 含各系声母,B 中只有唇喉牙及庄组。上古韵部的去声分韵部用方括小字表示,如铎部的[暮],中古韵后小字二、三表二、三等,如麻三。上标小字 t 表出现于舌齿,p、k 表出现于唇喉牙声母。

部	中古韵	郑张尚芳	高本汉 GS/C		王　力		李方桂	
鱼	模	aa	Ⅱ/33 部	o	鱼部	ɑ	鱼部	ag
		^{w}aa		wo		uɑ		wag
	麻三	jaa		i̯ɔ		iɑ		jiag
	麻二	raa		ɔ		eɑ		rag
		^{w}raa		wɔ		oɑ		wrag
	鱼	a		i̯o		ĭɑ		jag

续表

部	中古韵	郑张尚芳	高本汉 GS/C		王　力		李方桂	
	虞	⁽ʷ⁾a		i̯wo		ǐwɑ		wjag，wjiag懼
	支(戲)	ra	(Ⅰ/35)	(i̯a)	(歌)	(ǐa/ǐai)		(jar?)
铎	铎	aag	XⅦ/17 部	ɑk	铎部	ɑ̆k	鱼部	ak
		ʷaag		wɑk		uɑ̆k		wak
	昔	jaag		i̯ăk		iɑ̆k		jiak
	陌二	raag		ăk		eɑ̆k		rak
		ʷraag		wăk		oɑ̆k		wrak
	药	ag		i̯ak		ǐɑ̆k		jak
		ʷag		i̯wak		ǐwɑ̆k		wjak
	陌三	rag		⁽ᵖᵏ⁾i̯ɑ̆k		⁽ᵖᵏ⁾iɑ̆k		jiak
[暮]	暮	aags	XⅧ/18 部	ɑg		ɑ̄k		agh
		waags		wɑg		uɑ̄k		wagh
	祃三	jaags		i̯ag庶，i̯ɑ̆g射		iɑ̄k		jiagh
	祃二	raags		ăg		eɑ̄k		ragh
		ʷraags		wăg		oɑ̄k		wragh
	御	ags		i̯ag，i̯wag據		ǐɑ̄k		jagh
阳	唐	aaŋ	XⅥ/16 部	ɑŋ	阳部	ɑŋ	阳部	aŋ
		ʷaaŋ		wɑŋ		uɑŋ		waŋ
	庚二	raaŋ		ăŋ		eɑŋ		raŋ
		ʷraaŋ		wăŋ		oɑŋ		wraŋ
	阳	aŋ		i̯aŋ		ǐɑŋ		jaŋ
		ʷaŋ		i̯waŋ		ǐwɑŋ		wjaŋ
	庚三	raŋ		i̯ăŋ		iɑŋ		jiaŋ
		ʷraŋ		i̯wăŋ		iwɑŋ		wjiaŋ

续表

部	中古韵	郑张尚芳	高本汉 GS/C		王　力		李方桂	
支	齐	ee	XIX/24 部	ieg	支部	ie	佳部	ig
		^{w}ee		iweg		iwe		wig
	佳	ree		ĕg		e		rig
		^{w}ree		wĕg		ue		wrig
	支$_{A}$	e		i̯ĕg		ĭe		jig
		^{w}e		i̯wĕg		ĭwe		wjig
	支$_{B}$	re，^{w}re						
锡	锡	eeg	XIX/23 部	iek	锡部	iĕk	支部	ik
		^{w}eeg		iwek		iwĕk		wik
	麦	reeg		ĕk		ĕk		rik
		^{w}reeg		wĕk		uĕk		wrik
	昔	eg		i̯ĕk		ĭĕk		jik
		^{w}reg		i̯ĕk		ĭwĕk		wrjik 役
	陌$_{三}$(屐)	reg		?		ĭĕk>		jik>
[赐]	霁	eegs		ieg		iēk		igh
	卦	reegs		ĕg		ēk		righ
		^{w}reegs		wĕg		uēk		wrigh
	寘$_{A}$	egs		i̯ĕg		ĭēk		jigh
	寘$_{B}$	regs						
耕	青	eeŋ	XVIII/22 部	ieŋ	耕部	ieŋ	耕部	iŋ
		^{w}eeŋ		iweŋ		iweŋ		wiŋ
	耕	reeŋ		ĕŋ		eŋ		riŋ
		^{w}reeŋ		wĕŋ		ueŋ		wriŋ
	清	eŋ		i̯ĕŋ		ĭeŋ		jiŋ
		^{w}eŋ		i̯wĕŋ		ĭweŋ		wjiŋ
	庚$_{三}$	reŋ		i̯ĕŋ		ĭeŋ>		jiŋ>

续表

部	中古韵	郑张尚芳	高本汉 GS/C		王 力		李方桂	
		^{w}reŋ		i̯wĕŋ		ĭweŋ>		wjiŋ>
之	咍	ɯɯ	XXI/20 部	əg	之部	ə	之部	əg
	灰	^{w}ɯɯ		wəg		uə		wəg
	皆	rɯɯ		æg		ə>		rəg
	（怪）	^{w}rɯɯ		wæg		uə>		wrəgh
	之	ɯ		i̯əg		ĭə		jəg
	尤	^{w}ɯ		i̯ug		ĭwə		$^{(p)}$jəg，wjəg
	（侯）	（m）ɯ		（m）əg		（m）ə		（m）əg
	脂$_{B}$	rɯ/^{w}rɯ		i̯wəg		^{p}ĭə，		$^{(p)}$ĭəg，
						^{k}ĭwə>		$^{(k)w}$jiəg
职	德	ɯɯg	XXI/19 部	ək	职部	ĕk	之部	ək
		^{w}ɯɯg		wək		uĕk		wək
	麦	rɯɯg		æk		ĕk>		rək
		^{w}rɯɯg		wæk		uĕk>		wrək
	职	ɯg		i̯ək		ĭĕk		jək
		^{w}rɯg		i̯wək		ĭwĕk>		wjiək
	屋$_{三}$	^{w}ɯg		i̯uk		ĭwĕk		wjək
[代]	代	ɯɯgs		əg		ək̄		əgh
	队	^{w}ɯɯgs		wəg		uək̄		wəgh
	怪	rɯɯgs		æg		ək̄>		rəgh
		^{w}rɯɯgs		wæg		uək̄>		wrəgh
	志	ɯgs		i̯əg		ĭək̄		jəgh
	宥	^{w}ɯgs		i̯ug		ĭwək̄		wiəgh
	至$_{B}$	^{w}rɯgs		i̯wəg		ĭək̄		jiəgh
蒸	登	ɯɯŋ	XX/21 部	əŋ	蒸部	əŋ	蒸部	əŋ

续表

部	中古韵	郑张尚芳	高本汉 GS/C		王　力		李方桂	
		^{w}ɯɯŋ		wəŋ		uəŋ		wəŋ
	耕	rɯɯŋ		æŋ		əŋ		rəŋ
		^{w}rɯɯŋ		wæŋ		uəŋ		wrəŋ
	蒸	ɯŋ		i̯əŋ		ĭəŋ		jəŋ
		$^{(p)}$rɯŋ		i̯əŋ		ĭəŋ		$^{(p)}$jiəŋ
	东三	^{w}ɯŋ		i̯uŋ		ĭwəŋ$^{(k)}$		$^{(p)(kw)}$jəŋ
幽	豪	uu	XXIII/28 部	ʊg	幽部	əu	幽部	（见后）
	肴	ruu		ʊ̆g		eəu		
	尤	u		i̯ʊg		ĭəu		
	幽	ru				iəu		
觉	沃	uug	XXIII/27 部	ʊk	觉部	（见后）	幽部	（见后）
	觉	ruug		ʊ̆k				
	屋三	ug		i̯ʊk				
[奥]	号	uugs		ʊg				
	效	ruugs		ʊ̆g				
	宥	ugs		i̯ʊ̆g				
终	冬	uuŋ	XXII/29 部	ʊŋ	侵部	uəm	中部	əŋw
	江	ruuŋ		ʊ̆ŋ		oəm		rəŋw
	东三	uŋ		i̯ʊŋ		ĭwəm		jəŋw
侯	侯	oo	III/34 部	u	侯部	o	侯部	ug
	肴	roo 燭						
	虞	o		i̯u		ĭwo		jug
屋	屋	oog	XXVI/30 部	uk		ǒk		uk
	觉	roog		ŭk		eǒk		ruk
	烛	og		i̯uk		ĭwǒk		juk
[窦]	候	oogs	XXVI/31 部	ug 瞀 ŭg 瞉		ōk		ugh

续表

部	中古韵	郑张尚芳	高本汉 GS/C		王　力		李方桂	
	效	roogs						
	遇	ogs		i̯ug		ĭwōk		jugh
东	东	ooŋ	XXV/32 部	uŋ	东部	oŋ	东部	uŋ
	江	rooŋ		ŭŋ		eoŋ		ruŋ
	钟	oŋ		i̯uŋ		ĭwoŋ		juŋ
宵	豪	aaw，oow	XXIV/26 部	og	宵部	au	宵部	agw
	萧	eew		iog		iau		iagw
	肴	raaw，reew		ŏg		eau		ragw
	宵$_A$	ew，aw，ow		i̯og		ĭau		jiagw
	宵$_B$	raw，rew，row						jagw
药	铎	aawɢ	XXIV/25 部	ɔk	药部	ăuk	宵部	akw
	沃	oowɢ		ok		ăuk>		akw
	锡	eewɢ		iok		iăuk		iakw
	觉	raawɢ，reewɢ，roowɢ		ŏk		eăuk		rakw
	药	awɢ，ewɢ		i̯ok		ĭăuk		jakw
[豹]	号	aawɢs	XXIV/26 部	og		āuk		agwh
	啸	eewɢs		iog		iāuk		iagwh
	效	raawɢs，reewɢs		ŏg		eāuk		ragwh
	笑$_A$	ewɢs，awɢs		i̯og		ĭāuk		jagwh
	笑$_B$	rewɢs，rawɢs						
幽$_{2、3}$	豪	ɯɯw	XXIII/28 部	ʊg	幽部	əu	幽部	əgw

续表

部	中古韵	郑张尚芳	高本汉 GS/C		王　力		李方桂	
	萧^{t}	ɯɯw，iiw		iʊg		iəu		iəgw
	肴	rɯɯw，riiw		ŏg		eəu		rəgw
	尤	ɯw（牡>侯）		i̯ʊg		ĭəu		jəgw，wjəgw
	幽	rɯw		i̯ǒg		^{pk}iəu		jiəgw
	脂$_{B}$	^{w}rɯw，riw	（归 20 部之）	(i̯wəg)		ĭəu>		wjiəgw
	宵	iw		i̯ʊg椒		iəu>		
觉$_{2、3}$	沃	ɯɯwG	ⅩⅩⅢ/27 部	ʊk	觉部	ə̆uk	幽部	əkw
	锡^{t}	ɯɯwG		iʊk		iə̆uk		iəkw
	觉	rɯɯwG		ŏk		eə̆uk		rəkw
	屋$_{三}$	ɯwG		i̯ʊk		iə̆uk		jəkw
［奥］	号	ɯɯwGs		ʊg		ə̄uk		əgwh
	啸^{t}	ɯɯwGs，iiwGs		iʊg	（幽）	iəu		iəgwh
	效	rɯɯwGs，riiwGs		ŏg		eə̄uk		rəgwh 教
	宥	ɯwGs		i̯ʊg		ĭə̄uk		jəgwh
盍	盍	aab	ⅩⅢ/13 部	ɑp	葉部	ap	葉部	ap
	狎	raab		ap		eap		rap
	业	ab		i̯ap		ĭap		jap
	乏	ob，ab		i̯wap		ĭwap		jap
	叶$_{A}$	eb，ab，ob		i̯ap		ĭap		jap，wjap
	叶$_{B}$	reb，rab，rob						
	合	oob		(əp)		(əp)		(əp)
	帖	eeb		iap		iap		iap

续表

部	中古韵	郑张尚芳	高本汉 GS/C		王 力		李方桂	
	洽	reeb		ăp		eap		riap
[盖]	泰	aabs盖		ɑb		(āt)		abh
		oobs会		(wɑd)		(uāt)		(wadh)
	夬	raabs						
	废	abs, obs						
	祭A	ebs, abs世		(i̯ad)		(ĭāt)		jabh
		obs芮		(i̯wad)		(ĭwāt)		jabh
	祭B	reb瘗, rabs, robs		(i̯ad)		ĭāp/ĭāt		jiabh
	霁(荔)	eebs		?		iāp/iāt		iabh
			(‘去’作 k‘i̯ab)					
谈	谈	aam	Ⅻ/12 部	ɑm	谈部	am	谈部	am
	衔	raam		am		eam		ram
	严	am		i̯am		ĭam		jam
	凡	om, am		i̯wăm		ĭwam (ĭwəm>汎)		jam
	盐A	em		i̯am		ĭam		jiam
		am, om		i̯am		ĭam		jam
	盐B	rem, ram						jiam
		rom						wjam
	东	(w) oom赣芃	(14)	(ŭm)		(ĭwəm)		(əm)
	添	eem		iam		iam		iam
	咸	reem		ăm		eam		ram
缉	合	ɯɯb, uub	XV/15 部	əp	缉部	əp, uəp纳	缉部	əp
	帖	(ɪ) ɯɯb, iib		iəp		(iap)		iəp
	洽	rɯɯb, ruub		æp		eap		rəp

续表

部	中古韵	郑张尚芳	高本汉 GS/C		王　力		李方桂	
	缉A	ɯb，ib，ub		i̯əp		ĭəp，ĭwəp立声		jəp
	缉B	rɯb，rib，rub						
[内]	队	uubs，ɯɯbs		wəb		uə̄p/uə̄t		əbh
	怪	ruubs						wrəb壊
	霁	iibs涖		(iəd)		(iə̄t)		iəb?
	至A	ɯbs，ibs挚		i̯əb挚		ĭə̄p/ĭēt		jiəbh挚
		ubs		(i̯wæd)位		ĭwə̄p/ĭwə̄t		wjəbh位
	至B	rɯbs，ribs，rubs						
侵	覃	ɯɯm，uum	XIV/14部	əm	侵部	əm	侵部	əm
	添	(t)ɯɯm，iim		iəm		iəm		iəm
	咸	rɯɯm，ruum，riim		æm		eəm		rəm
	侵A	ɯm，im，um		i̯əm		ĭəm		jəm
	侵B	rɯm，rim，rum						jiəm
	东三	um风		i̯ŭm		ĭwəm		jəm
		ʷum熊		i̯um		(ĭwəŋ)		wjəm
歌	歌戈	aal/后 aai	I/35部 V/8部	ɑ ɑr 单那妥委此声	歌部	a/ai	歌部	ar
		ʷaal，ool		wɑ，wɑr果火番囊声		ua/uai		war，uar

续表

部	中古韵	郑张尚芳	高本汉 GS/C		王力		李方桂	
	麻$_{二}$	raal，ʷaal		a，wa war 踝		ea/eai，oa/oai		rar，wrar，ruar
	麻$_{三}$ ^{t}	jaal		i̯a		ia/iai		jar，jiar
	支$_{A}$	el，al，ol		ia，i̯ar 觯瀰 i̯ăr 此泚		ĭa/ĭai		jiar，jar
				wia，i̯war 揣声		ĭwa/ĭwai		juar
	支$_{B}$	rel，ral rol		ia，wia，i̯wăr 爨委 衰累，i̯ăr 赍				jar，jiar wjar，wjiar
	脂	jel 地		i̯a 地		ĭa> 地		iar 地
	齐	eel 磾		iar 鬌				
	佳	reel 罣		?		ea/eai		rar>
月	曷$_{末}$	aad	V/2 部	at	月部	ăt	祭部	at
		ood，ʷaad		wɑt		uăt		wat，uat
	鎋	raad		ăt		eăt		rat
		rood		wăt		eăt，oăt		wrat，ruat
	月	ad		i̯ăt		$^{(kp)}$ ĭăt		jat
		od		i̯wăt		ĭwăt		wjat，juat
	薛$_{A}$	ed，ad		i̯at		ĭăt		^{kp}jiat
		od		i̯wat		ĭwăt		^{t}jat，juat
	薛$_{B}$	red，rad，rod						jiat
	屑	eed		iat		iăt		iat

续表

部	中古韵	郑张尚芳	高本汉 GS/C		王　力		李方桂	
		^{w}eed		iwat		iwăt		wiat
	黠	reed		at		eăt		riat
		^{w}reed		wat		oăt		wriat
[祭]	泰	aads	Ⅴ/3 部	ɑd		āt		adh
		oods		wɑd		uāt		wadh, uadh
	夬	raads		ad		eāt		radh
		roods		wad		oāt		wradh
	废	ads		i̯ăd		ĭāt>		jadh
		ods		i̯wăd		$^{(p)}$iwāt		wjadh
	祭$_{A}$	eds，ads		i̯ad		ĭāt		jiadh, $^{(t)}$jadh
		ods		i̯wad		ĭwāt		juadh, wjadh
	祭$_{B}$	reds，rads， rods						jiadh, wjiadh
	霁	eeds		iad		iāt		iadh
		^{w}eeds		iwad （彗声 iwəd）		iwāt		wiadh
	怪	reeds		ăd		eāt		riadh
		^{w}reeds		wăd		oāt		wriadh
元	寒	aan	Ⅳ/1 部	ɑn	寒部	an	元部	an
	桓	^{w}aan，oon		wɑn		uan		wan, uan
	先	een		ian		ian		ian
		^{w}een		iwan		iwan		wian
	删	^{w}raan，raan		an		$^{(kp)}$ean		ran

续表

部	中古韵	郑张尚芳	高本汉 GS/C		王力		李方桂	
		roon		wan		oan		wran，ruan
	山	reen		ǎn		$^{(t)}$ean		rian
		^{w}reen		wǎn		oan 幻		wrian
	元	an		i̯ǎn		$^{(k)}$ǐan		jan
		on，wan		i̯wǎn		ǐwan		wjan
	仙$_{A}$	en，an		i̯an		$^{(t)}$ǐan		^{t}jan，^{pk}jian
		on		i̯wan		ǐwan		wjan
	仙$_{B}$	ran，ren/ron						jian/juan
微	咍	ɯɯl	Ⅺ/7 部	ər	微部	əi	微部	əd
	齐^{t}	^{t}ɯɯl		iər		iən>洗		iəd
	灰	uul		wər		uəi		wəd
		$^{(p)}$ɯɯl						$^{(p)}$əd
	皆	rɯɯl		ær		eəi		rəd
		ruul		wær		oəi		wrəd
	微	$^{(kp)}$ɯl		i̯ər，^{p}iwər		ǐəi，^{p}ǐwəi		jəd
		ul		i̯wər		ǐwər		wjəd
	脂$_{A}$	ɯl，ul		i̯ər，iwər		ǐəi		jiəd，wjiəd
	脂$_{B}$	rɯl，rul		i̯wær 愧		ǐwəi>悲		jiəd
物	没	ɯɯd	Ⅹ/5 部	ət	物部	ət	微部	ət
		uud		wət		uət		wət
	屑^{t}	^{t}ɯɯd 餮		iət		iĕt		iət
	黠	rɯɯd		æt		eĕt		rət
		ruud		wæt		oĕt		wrət

续表

部	中古韵	郑张尚芳	高本汉 GS/C		王　力		李方桂	
	迄	ɯd		i̯ət		ĭə̆t		jət
	物	(kp)ɯd，ud		(kp)i̯wət		(pk)ĭwə̆t		wjət
	质	ɯd，ud		i̯ət，i̯wət		ĭwə̆t		jət
	质B	rɯd，rud		i̯ət		ĭə̆t 筆		jiət
	术	ud		i̯wət		ĭwə̆t		jət
[队]	队	uuds	Ⅹ/6 部	wəd		uə̄t		wədh，[t]ədh
	代	ɯɯds		əd		ə̄t		ədh
	霁[t]	(t)ɯɯds		iəd		(iēt)		iədh 棣
				iwəd		(iwēt)		(widh)
	怪	rɯɯds		æd		(ēt 届)		rədh
		ruuds		wæd		oə̄t 聵		wrədh
	未	(kp)ɯds		i̯əd，[p]i̯wəd		ĭə̄t，[p]ĭwə̄t		jədh
		uds		i̯wəd		ĭwə̄t		wjədh
	至	ɯds，uds		i̯əd		(ĭēt 肄)		jədh
				i̯wəd		[t]ĭwə̄t		jiədh
	至B	rɯds，ruds		i̯æd 暨		ĭə̄t		jiədh
				i̯wæd 喟		iwə̄t		wjiədh
文	痕	ɯɯn	Ⅸ/4 部	ən	文部	ən	文部	ən
	先[t]	[t]ɯɯn		iən		iən		iən
	魂	uun		wən		uən		(t)ən，wən
	山	rɯɯn		æn		eən		rən
		ruun		wæn		oən		wrən
	欣	(k)ɯn		i̯ən		(k)iən		jən
	文	ɯn，un		(kp)i̯wən		(kp)ĭwən		jən

续表

部	中古韵	郑张尚芳	高本汉 GS/C		王　力		李方桂	
	真	ɯn		i̯ən 贫彬入此		ĭən		jiən, jən
	真$_{B}$	rɯn, run		i̯æn 银, i̯wæn 陨		iwən		jiən
	谆	un		i̯wən		(t) ĭwən, (kp) iwən		jən
	臻	rɯn		i̯æn		eən		rjiən
脂$_{1、2}$	齐	ii, iil	Ⅺ/7 部	iər	脂部	iei	脂部	id
		wiil		iwər		iwei		wid
	皆	rii, riil		ær		ei		rid
	脂$_{A}$	i, il		^{t}i̯ər, ^{k}i̯ær		ĭei		jid
	脂$_{B}$	ri, ril		i̯wær		ĭwei		wjid
质$_{1、2}$	屑	iid, iig	Ⅷ/10 部	iet	质部	iet	脂部	it
		^{w}iid, ^{w}iig		iwet (谲 iwət)		iwet		wit (谲 wiət)
	黠	riid, riig	(5)	ăt 黠, æt 戛		ĕt		rit
		^{w}iid, ^{w}iig	(5)	wæt				writ
	质$_{A}$	id, ig		i̯ĕt		ĭĕt		jit
		^{w}id, ^{w}ig		i̯wĕt		ĭwĕt		wjit
	质$_{B}$	rid, rig						
		^{w}riid, ^{w}riig						
	术	^{w}riid, ^{w}riig	(5)	(i̯wæt 橘)		ĭwĕt		wjit
	栉	rig, rid		i̯ĕt		et		rjit
[至]	霁	iigs, iids	Ⅷ/11 部	ied		iēt		idh
		^{w}iigs, ^{w}iids	(6)	(iwəd 惠)		iwēt		widh
	怪	riigs, riids	(6)	(æd)		ēt		ridh
	至$_{A}$	igs, ids		i̯ĕd		ĭēt		jidh

续表

部	中古韵	郑张尚芳	高本汉 GS/C		王　力		李方桂	
		ʷigs，ʷids	(6)	(i̯wæd 季)		iwēt		wjidh
	至B	rigs，rids						
真	先	iin，iiŋ	Ⅶ/9 部	ien	真部	ien	真部	in
		ʷiin，ʷiiŋ		iwen		iwen		win
	山	riin，riiŋ	(1)	(ăn)		en		rin
	真A	in，iŋ		iĕn (i̯æn 陻)		ĭen		jin
		ʷin，ʷiŋ		i̯wĕn		ĭwen		wjin
	真B	rin，riŋ						
	谆	ʷin，ʷiŋ		i̯wĕn		ĭwen		wjin
	臻	rin		i̯ĕn		en		rjin

第二表　郑、高、王、李、邵五家中古声韵母对照表

高本汉、王力所据书同第一表，李荣据《切韵音系》，邵荣芬据《切韵研究》。

《广韵》五家声母对照表

知组李部位与庄同，郑指 ʈ/ȶ 混合音。郑“后”字后所注为中古后期音。

类	声母	郑张尚芳	高本汉	王　力	李　荣	邵荣芬
帮组	帮	p	p	p	p	p
	滂	ph	p‘	p‘	p‘	p‘
	並	b	b‘	b	b	b
	明	m	m	m	m	m

续表

类	声母	郑张尚芳	高本汉	王　力	李　荣	邵荣芬
端组	端	t	t	t	t	t
	透	th	tʻ	tʻ	tʻ	tʻ
	定	d	dʻ	d	d	d
	泥	n	n	n	n	n
	来	l	l	l	l	l
知组	知	ʈ	ȶ	ȶ	ȶ	ȶ
	彻	ʈh	ȶʻ	ȶʻ	ȶʻ	ȶʻ
	澄	ɖ	ȡʻ	ȡ	ȡ	ȡ
	娘	ɳ	ȵ	n	n	ȵ
精组	精	ts	ts	ts	ts	ts
	清	tsh	tsʻ	tsʻ	tsʻ	tsʻ
	从	dz	dzʻ	dz	dz	dz
	心	s	s	s	s	s
	邪	z	z	z	z	z
庄组	庄	tʃ	照 tʂ	tʃ	tʃ	tʃ
	初	tʃh	穿 tʂʻ	tʃʻ	tʃʻ	tʃʻ
	崇	dʒ	床 dʐʻ	dʒ	dʒ	dʒ
	生	ʃ	审 ʂ	ʃ	ʃ	ʃ
	俟	ʒ	床 dʐʻ，dʑ(俟)	ʒ，z(同源字典)	ʒ	ʒ
章组	章	tɕ后tʃ	照 tɕ	tɕ	tɕ	tɕ
	昌	tɕh后tʃh	穿 tɕʻ	tɕʻ	tɕʻ	tɕʻ
	禅	dʑ后dʒ	ʑ	ʑ	常 ʑ	常 dʑ
	书	ɕ后ʃ	审 ɕ	ɕ	ɕ	ɕ
	船	ʑ后dʒ	床 dʑʻ	dʑ	dʑ	ʑ
	日	ȵ/nʑ后ʎʒ	ȵʑ	ȵʑ	ȵ	ȵʑ

续表

类	声母	郑张尚芳	高本汉	王　力	李　荣	邵荣芬
见组	见	k	k	k	k	k
	溪	kh	kʻ	kʻ	kʻ	kʻ
	群	g	gʻ	g	g	g
	疑	ŋ	ŋ	ŋ	ŋ	ŋ
影组	影	ʔ	ʔ	0	ʔ	ʔ
	晓	h	x	x	x	x
	匣	ɦ	ɣ	ɣ	ɣ	ɣ
	云	ɦ 后 0	喻三 j	ɣ	匣 ɣ	匣 ɣ
	以	j	喻四 0	馀 j	羊 0	0

《广韵》五家韵母对照表

三等重纽韵，高、王不分，B=A。郑、李、邵分重纽，舌齿母郑李同A，邵用 i 介音同 B，故邵逢重纽韵舌齿音皆得改取 i 介音。郑“后”字后所注为中古后期音（韵图所示）。

		郑张尚芳	高本汉	王　力	李　荣	邵荣芬
果摄	歌	ɑ	ɑ	ɑ	ɑ	ɑ
	戈一	uɑ	uɑ	uɑ	uɑ	uɑ
	戈三	ɨɑ	——	ĭɑ	iɑ	iɑ
		ɨuɑ	i̯wɑ	i̯uɑ	iuɑ	iuɑ
假摄	麻二	ɣa	a	a	a	a
		ɣua	wa	wa	ua	ua
	麻三	ia	i̯a	ĭa	ia	ia
止摄	支A	iE 后 ie	(j)ie̯	ĭe	ie	jɛ
		iuE 后 iue	(j)wie̯	ĭwe	iue	juɛ
	支B	ɣiE 后 ɨe	——	——	je	iɛ
		ɣiuE 后 ɨue	——	——	jue	iuɛ

续表

		郑张尚芳	高本汉	王　力	李　荣	邵荣芬
止摄	脂A	iɪ	(j)i	i	i	jɪ
		iuɪ	(j)wi	wi	ui	juɪ
	脂B	ɣiɪ 后 ɨɪ	——	——	ji	iɪ
		ɣiuɪ 后 ɨuɪ	——	——	jui	iuɪ
	之	ɨ	(j)i	ĭə	iə	ie
	微	ɨi	(j)e̯i	ĭəi	iəi	iəi
		ʉi	(j)we̯i	ĭwəi	iuəi	iuəi
遇摄	鱼	ɨʌ 后 ɨɤ/ɨɯ	i̯wo	ĭo	iɔ	iɔ
	模	uo 后 u	uo	u	o	o
	虞	ɨo 后 ɨu	i̯u	ĭu	io	io
流摄	尤	ɨu 后 ɨəu	i̯ə̯u	ĭəu	iu	iəu
	侯	əu	ə̯u	əu	u	əu
	幽	iɪu	ieu	iəu	iĕu	ieu
效摄	豪	ɑu	ɑu	ɑu	ɑu	ɑu
	肴	ɣau	au	au	au	au
	宵A	iEu	i̯ɛu	ĭɛu	iɛu	jæu
	宵B	ɣiEu 后 ɨEu	——	——	jɛu	iæu
	萧	eu 后 ieu	ieu	ieu	eu	eu
蟹摄	泰	ɑi	ɑi	ɑi	ɑi	ɑi
		uɑi	uɑi	uɑi	uɑi	uɑi
	废	ɨɐi	i̯ɐi	ĭɐi	iɐi	iɐi
		ʉɐi	i̯wɐi	ĭwɐi	iuɐi	iuɐi
	夬	ɣai	ai	æi	ai	ai
		ɣuai	wai	wæi	uai	uai
	佳	ɣɛ	ai	ai	ɛ	æi
		ɣuɛ	wai	wai	uɛ	uæi

续表

		郑张尚芳	高本汉	王　力	李　荣	邵荣芬
蟹摄	皆	ɣɛi	ăi	ɐi	ɛi	ɐi
		ɣuɛi	wăi	wɐi	uɛi	uɐi
	祭$_A$	iEi	i̯ɛi	ĭɛi	iɛi	jæi
		iuEi	i̯wɛi	ĭwɛi	iuɛi	(t) iuæi
	祭$_B$	ɣiEi 后 ɨEi	——	——	jɛi	iæi
		ɣiuEi 后 ɨuEi	——	——	juɛi	iuæi
	齐	ei 后 iei	iei	iei	ei	ɛi
		wei 后 iuei	iwei	iwei	uei	uɛi
	齐$_{三}$	iei	——	——	iei	iei
	咍	ʌi	ɑ̆i	ɒi	ᴀi	ɒi
	咍$_{三}$	iʌi	i̯ɑ̆i	——	iᴀi	iɒi
	灰	uʌi	uɑ̆i	uɒi	uᴀi	uɒi
宕摄	唐	ɑŋ	ɑŋ	ɑŋ	ɑŋ	ɑŋ
		wɑŋ	wɑŋ	uɑŋ	uɑŋ	uɑŋ
	铎	ɑk	ɑk	ɑk	ɑk	ɑk
		wɑk	wɑk	uɑk	uɑk	uɑk
	阳	ɨɐŋ	i̯aŋ	ĭaŋ	iaŋ	iɑŋ
		ʉɐŋ	iw̯aŋ	ĭwaŋ	iuaŋ	iuɑŋ
	药	ɨɐk	i̯ak	ĭak	iak	iɑk
		ʉɐk	iw̯ak	ĭwak	iuak	iuɑk
梗摄	庚$_{二}$	ɣæŋ	ɐŋ	ɐŋ	ɐŋ	aŋ
		wɣæŋ	wɐŋ	wɐŋ	uɐŋ	uaŋ
	庚$_{三}$	ɣiæŋ	i̯ɐŋ	ĭɐŋ	iɐŋ	iaŋ
		wɣiæŋ 后 ʉæŋ	i̯wɐŋ	ĭwɐŋ	iuɐŋ	iuaŋ
	陌$_{二}$	ɣæk	ɐk	ɐk	ɐk	ak
		wɣæk	wɐk	wɐk	uɐk	uak

续表

		郑张尚芳	高本汉	王　力	李　荣	邵荣芬
梗摄	陌$_{三}$	ɣiæk	iɐk	ĭɐk	iɐk	iak
		wɣiæk 后 ʉæk	——	——	iuɐk	iuak
	耕	ɣɛŋ	æŋ	æŋ	ɛŋ	ɐŋ
		wɣɛŋ	wæŋ	wæŋ	uɛŋ	uɐŋ
	麦	ɣɛk	æk	æk	ɛk	ɐk
		wɣɛk	wæk	wæk	uɛk	uɐk
	清	iᴇŋ	i̯ɛŋ	ĭɛŋ	iɛŋ	iæŋ
		wiᴇŋ 后 iuᴇŋ	i̯wɛŋ	ĭwɛŋ	iuɛŋ	iæŋ
	昔	iᴇk	i̯ɛk	ĭɛk	iɛk	iæk
		wiᴇk 后 iuᴇk	i̯wɛk i̯ɛk$_{役}$	ĭwɛk	iuɛk	iuæk
	青	eŋ 后 ieŋ	ieŋ	ieŋ	eŋ	ɛŋ
		weŋ 后 iueŋ	iweŋ	iweŋ	ueŋ	uɛŋ
	锡	ek 后 iek	iek	iek	ek	ɛk
		wek 后 iuek	iwek	iwek	uek	uɛk
曾摄	登	əŋ	əŋ	əŋ	əŋ	əŋ
		wəŋ	wəŋ	uəŋ	uəŋ	uəŋ
	德	ək	ək	ək	ək	ək
		wək	wək	uək	uək	uək
	蒸	ɨŋ	i̯əŋ	ĭəŋ	iəŋ	ieŋ
	职	ɨk	i̯ək	ĭək	iək	iek
		wɨk	i̯wək	ĭwək	iuək	iuek
江摄	江	ɣʌŋ	ɔŋ	ɔŋ	ɔŋ	ɔŋ
	觉	ɣʌk	ɔk	ɔk	ɔk	ɔk
通摄	东$_{一}$	uŋ 后 əuŋ	uŋ	uŋ	uŋ	uŋ
	东$_{三}$	ɨuŋ	i̯uŋ	ĭuŋ	iuŋ	iuŋ
	屋$_{一}$	uk 后 əuk	uk	uk	uk	uk

续表

		郑张尚芳	高本汉	王　力	李　荣	邵荣芬
通摄	屋三	ɨuk	i̯uk	ĭuk	iuk	iuk
	冬	uoŋ	uoŋ	uoŋ	oŋ	oŋ
	沃	uok	uok	uok	ok	ok
	锺	ɨoŋ	i̯woŋ	ĭwoŋ	ioŋ	ioŋ
	烛	ɨok	i̯wok	ĭwok	iok	iok
山摄	寒	ɑn	ɑn	ɑn	ɑn	ɑn
	桓	uɑn	uɑn	uɑn	uɑn	uɑn
	曷	ɑt	ɑt	ɑt	ɑt	ɑt
	末	uɑt	uɑt	uɑt	uɑt	uɑt
	元	ɨɐn	i̯ɐn	ĭɐn	iɐn	iɐn
		ʉɐn	i̯wɐn	ĭwɐn	iuɐn	iɐn
	月	ɨɐt	i̯ɐt	ĭɐt	iɐt	iɐt
		ʉɐt	i̯wɐt	ĭwɐt	iuɐt	iuɐt
	删	ɣan	an	an	an	ɐn
		ɣuan	wan	wan	uan	uɐn
	辖	ɣat	ăt	at	at	ɐt
		ɣuat	wăt	wat	uat	uɐt
	山	ɣɛn	ăn	æn	ɛn	æn
		ɣuɛn	wăn	wæn	uɛn	uæn
	黠	ɣɛt	at	æt	ɛt	æt
		ɣuɛt	wat	wæt	uɛt	uæt
	仙A	iEn	i̯ɛn	ĭɛn	iɛn	jæn
		iuEn	i̯wɛn	ĭwɛn	iuɛn	juæn
	仙B	ɣiEn 后 ɨEn	——	——	jɛn	iæn
		ɣɨuEn 后 ɨuEn	——	——	juɛn	iuæn
	薛A	iEt	i̯ɛt	ĭɛt	iɛt	jæt
		iuEt	i̯wɛt	ĭuɛt	iuɛt	juæt

续表

		郑张尚芳	高本汉	王　力	李　荣	邵荣芬
山摄	薛B	ɣiᴇt 后 ɨᴇt	——	——	jɛt	iæt
		ɣiuᴇt 后 ɨuᴇt	——	——	juɛt	iuæt
	先	en 后 ien	ien	ien	en	ɛn
		wen 后 iuen	iwen	iwen	uen	uɛn
	屑	et 后 iet	iet	iet	et	ɛt
		wet 后 iuet	iwet	iwet	uet	uɛt
臻摄	真A	iɪn	i̯ěn	ĭěn	iěn	jen
		iuɪn	i̯uěn	ĭwěn	iuěn	juen
	真B	ɣiɪn 后 ɨɪn	——	——	jěn	ien
		ɣiuɪn 后 ɨuɪn	——	——	juěn	iuen
	臻	ɪn	i̯æn	ĭen	iěn	ien
	栉	ɪt	i̯æt	ĭet	iět	iet
	质A	iɪt	i̯ět	ĭět	iět	jet
		iuɪt	i̯uět	ĭwět	iuět	juet
	质B	ɣiɪt 后 ɨɪt	——	——	jět	iet
		ɣiuɪt 后 ɨuɪt	——	——	juět	iuet
	谆A	iuɪn	i̯uěn	ĭuěn	iuěn	juen
	谆B	ɣiuɪn 后 ɨuɪn	——	——	juěn	iuen
	术A	iuɪt	i̯uět	ĭuět	iuět	juet
	术B	ɣiuɪt 后 ɨuɪt	——	——	juět	iuet
	痕	ən	ən	ən	ən	ən
		ət	ət	ət	ət	ət
	魂	uən/ɥon	uən	uən	uən	uən
	没	uət/uot	uət	uət	uət	uət
	欣	ɨn	i̯ən	ĭən	iən	iən
	迄	ɨt	i̯ət	ĭət	iət	iət

续表

		郑张尚芳	高本汉	王　力	李　荣	邵荣芬
臻摄	文	ɨun 后 ʉən	i̯uən	ĭuən	iuən	iuən
	物	ɨut 后 ʉət	i̯uət	ĭuət	iuət	iuət
咸摄	谈	ɑm	ɑm	ɑm	ɑm	ɑm
	盍	ɑp	ɑp	ɑp	ɑp	ɑp
	严	ɨɐm	i̯ɐm	ĭɐm	iɐm	iɐm
	凡	ɨɐm 唇 ʉɐm	i̯wɐm	ĭwɐm	iɐm	iɐm
	业	ɨɐp	i̯ɐp	ĭɐp	iɐp	iɐp
	乏	ɨɐp 唇 ʉɐp	i̯wɐp	ĭwɐp	iɐp	iɐp
	衔	ɣam	am	am	am	am
	狎	ɣap	ap	ap	ap	ap
	咸	ɣɛm	ăm	ɐm	ɐm	ɐm
	洽	ɣɛp	ăp	ɐp	ɐp	ɐp
	盐A	iEm	i̯ɛm	ĭɛm	iɛm	jæm
	盐B	ɣiEm 后 ɨEm	——	——	jɛm	iæm
	叶A	iEp	i̯ɛp	ĭɛp	iɛp	jæp
	叶B	ɣiEp 后 ɨEp	——	——	jɛp	iæp
	添	em 后 iem	iem	iem	em	ɛm
	帖	ep 后 iep	iep	iep	ep	ɛp
	覃	ʌm	ăm	ɒm	Am	ɒm
	合	ʌp	ăp	ɒp	Ap	ɒp
深摄	侵A	iIm	i̯əm	ĭĕm	iəm	jem
	侵B	ɣiIm 后 ɨIm	——	——	jəm	iem
	缉A	iIp	i̯əp	ĭĕp	iəp	jep
	缉B	ɣiIm 后 ɨIm	——	——	jəp	iep

第三表　汉字谐声声符分部表

声符后方括内为后世通用字形或容易忽略的被谐字例，其中印大字的为可独立谐声的二级声符。后附的古音字表中有的就标二级声符，有的声符太冷僻，就用后世通用字形或代表字标示（如之、得），可以与此表互查。少数声符有非同韵母的异读或作异韵声符时，用 2、3 标出。有些部开合口字变化有异，则合口另置 W 后。“独字”乃不作声符者，“散字”由声符所在部转来者（不规则）。

之部　ɯ

之[寺蚩]丝[兹]其𦣞里才[在𢦏]來[麥麳嗇]思不[否丕音]丕負某母[毐]止喜己[改]巳[熙已起目以台矣]史[事]司耳子士而疑𠊱臺宰[梓]采佩亥再乃甾灰　W　丘又[有右尤]久龟

独字：鄙市辭　W　牛舊裘郵　*散字*：醫婦

職部　ɯg [代ɯgs]

戠弋[式]亟塞北畐直[德]力食[飾]敕息則[賊]畟棘皕即得匿克黑[墨]革伏服陟嗇麥仄亥[核刻]　W　或[𢦏]有[囿郁]

備戒異意

独字：牧矢色　*散字*：特螣態愎

蒸部　ɯŋ

徵夌朋仌蠅[繩]升丞[承]朕興登曾瞢夢亙乘鷹[應膺]仍稱能　W　厷[弘雄]弓

独字：兢肯　*散字*：陾凭孕

幽部 1　u(uw)

求九卯[丣留]酉[酋]流斿州舟[受]舀孚牟憂囚休叟矛[楙柔]雔[讎]壽咎臼爪蚤缶曹包哀丑丂韭首堖阜秀昊（原作昦）顥皋（俗作臯）早枣保鴇帚戊好[嬶]守肘[疛紂酎討]臭售老孝冒匋造夒呶㱿

独字：牢牖蒐埽　*散字*：媪敦$_3$

幽部 2　ɯw

秋攸繇由翏手周鸟彪丩$_1$[收]肅$_1$[蕭]麀幽幼$_1$　W 夰咎$_2$[晷]九$_2$[宄軌氿馗]

独字：褎簋牡卣　*散字*：聊

幽部 3　iw

幼$_2$[黝窈]丩$_2$[糾叫𢾅]擾彭

散字：椒嬸

覺部 1　ug［奥 ugs］

复目竹畜毒育夙[宿]肉𦥑匊穆孰昱尗［坴竃賣$_2$］

就祝告冃[冒]奥

独字：報晝

覺部 2　ɯwɢ［奥ɯwgs］

逐尗[叔戚]肃$_2$ 由$_2$[迪笛軸]

散字：覿戮滌

覺部 3　iwɢ［弔iwɢs］

弔[迅]

散字：惄

終部　uŋ

冬中蟲[融]農宗宋眾戎躳[宫躬]夅[隆]充豐

独字：彤　*散字*：懵嵩瞢

宵部 1　aw

猋表麃毛刀[到]羔勞巢兆$_1$ 高[豪]喬$_1$ 尞$_1$ 敖号爻[肴教]喿囂弢肇貌

独字：盜鼂(今作晁)杲　*散字*：郊

宵部 2　ew

票焦小[少]肖森刀$_2$［刁召］釗交尧鬧要尞$_2$ 喬$_2$ 兆$_2$ 敫臬褭(裊)苗朝皛窅皀叉䍃(谣)幺

独字：料了杳杓尿　*散字*：弔$_2$

宵部 3　ow

笑夭孚$_2$

藥部 1　awɢ［豹 awɢs］

暴卓樂凿虐爻$_2$[駁較]

散字：蹻$_2$

藥部 2　ewɢ［豹 ewɢs］

翟爵雀弱勺[约的豹]貌敫$_2$ 肖[削]卓[掉]

藥部 3　owɢ［豹 owɢs］

隺沃龠[籥]暴$_2$ 凿$_2$

独字：盜　*散字*：鬻熇

侯部　o

侯俞朱豆娄尌後主取扁斗奏殳需臾芻具付厚区禺口[句]后須冓兜乳寇陋部䍜

独字：戍鬥走　*散字*：侮飫

屋部　og［賣 ogs］

鹿束屋角玉辱木菐曲谷獄[哭]族局足蜀卜儥$_1$[櫝]录秃敄豖殼

独字：粟亍舁斲　*散字*：斢

東部　oŋ

東[童重]丰[夆奉]公从[從]容封同囱[匆]茸凶嵏[揔]邕[雍]雙龍用[庸甬]工[巩]冢共送龙弄舂豐叢冗竦蒙

独字：孔　*散字*：講

魚部　a

巴父[甫尃]古[居]虍[虎盧豦處]叚[家]巨吕旅[者]馬宁女[奴]且贏去乎素兔烏無[无]五[吾]午[御]武巫步下夏[寡]牙疋[楚梳]亞於舁予与與舍[余]魚[穌]魯鹵黍土夫互賈凵舄[寫]股所　　W　鼓瓜户瞿吴于[亐夸]壺羽雨禹

独字：車鹵圖鼠圉斝初蠱冶　*散字*：普毋

鐸部　ag［暮 ags］

昔莫夕射赤[赫赦]亦[夜]白[百]石[橐礫]各[路]屰[斥咢]睪若叒隻奭豦戟舃乍尃[薄]乇[宅]谷[卻]索炙帛　　W　郭霍蒦[獲]矍虢

庶[席度]亞[惡]固[涸][霸]

独字：壑尺辵

陽部　aŋ

明永昌丙[更]庚[唐康]京兩相兄行[衡]卬亢爿[牀將臧]刅象享(亨)羊[羕]朢亡[荒][喪]長良畺[强]昜香爽竞向[杏][尚堂]方[旁]匚[匠]网[岡]章商襄[囊]竟秉皿[孟]並緗皀[鄉卿]丈央量倉桑茻[莽葬]彭宕　　W　王[皇]枉[㞷往尪狂匡]光[黄]弜[粱]囧

独字：兵羹慶上啚誩　　W　尣(尢)

支部　e

卑虒支氏兮是兒知此只斯解豸[廌]戹奚買啟幵[羿笄]圭$_2$[佳厓]　　W　圭$_1$ 巂危$_1$

独字：企醯　*散字*：㛸弭$_2$

錫部　eg［賜 egs］

狄鬲朿[責]脊辟益易析厄秝[厤歷]𠂢[覛覓]㱿册糸冖[鼏幂]　　W　狊畫役

帝[啻商]系繼

独字：覒彳　*散字*：闃擲汨迹

耕部　eŋ

丁[亭][成]生青争甹鼎[貞]贏[嬴]并井[刑荆]省頃幸冥[耿]盜壬[呈]廷巠正[定]盈殸敬霝平名賏[嬰]　　W　熒[營榮]冋敻

独字：晶炅轟鳴　*散字*：形鄭聽聖

歌部 1　al

皮罷麻[靡]多[宜]它也那羅离左差沙加可[哥奇]我[義羲]叉叵番$_2$　　W　瓦化爲丫

独字：詈些羈臥　*散字*：儺播

歌部 2　el

丽彖[蠡]徙爾弥　W　规乖

散字：爾$_2$地

歌部 3　ol

朵妥隋坐吹[炊]垂戈果委禾[科]惢貟咼羸[羸]巙危$_2$耑[惴瑞]夋[梭]

散字：火$_2$賁$_2$

月部 1　ad［祭 ads］

伐末匃[曷]桀發剌[賴]辣旦$_2$[怛笪]辥[薛孽]獻$_2$[讞]　W　曰月戉

貝帶泰大[達]乂丰害萬[厲邁蠆]厥　W　歲衛夬｛蓋入-b｝

独字：罰莑　W　粤外

月部 2　ed［祭 eds］

八别蔑曳列杀徹折设截孑㓞[契絜]威臬　W　夬$_2$

曳祭制介敝埶[藝]筮劋　W　彗[雪]｛世瘞入-b｝

独字：离[竊]舌裔毳　*散字*：W　袂

月部 3　od［祭 ods］

奪寽犮絕叕出$_2$厥市[肺]昏[栝]月[刖]

兑最睿毳[脆]拜｛芮會入-b｝

独字：贅吠刷竄$_1$劣旻　*散字*：喙祋

元部 1　an

半反般番丹單旦[亶]塞延戔$_1$散[潸]干倝[韓]姦建言嘆[漢歎難]厂[雁][彥]屵[岸炭]憲安焉侃柬樊繁衍膚[獻$_1$]奴[粲餐]赧次寒贊删煩班戔$_1$　W　亘爰袁丸奂原[泉]

独字：片萬看宦件

元部 2　en

面丏展連前戔$_2$山產$_1$扇善虔間肩見燕旻[匽宴]幷$_2$[駢胼]閑釆辡幵繭然孱䙴[遷]邊便遣輦彝[羼鮮羶]　W　肙縣夐$_2$睘旋犬

独字：緜綿顯匙芇$_2$　W　蠲幻　*散字*：霰

元部 3　on

弁卞曼㒼全專卷官毌[患]元[完冠]叩雚萑莧[寬]夗巽$_2$彖㕣允[兖夋酸]卵[關聯]亂䜌斷宛耑[奐]段雋祘算爨免丱贊[鑽]雋$_2$川$_2$舛

独字：筭短盥竄$_2$穿

脂部 1　il

匕眉氏夷弟妻齊示[祁]厶犀犀[遲]尼旨皆几伊黎　W　癸

散字：麋

脂部 2　i

［比㮹］米師尸［履］矢雉医(殹)耆豕二［貳］次豊礼囟細乩黹朿弭　　W　水唯［雖惟奞］

独字：死兕彝

質部 1　id［至 ids］

七疾悉質吉畢頁乚［乞鳦軋札］　　W　矞

替利自四畀計　　W　彗2 矞季惠　{摯　入-b}

独字：逸肄　弃閉　*散字*：扒戌鬵1　寐　　W　闋

質部 2　ig［至 igs］

匹必栗或日壹［懿］桼乙［失］卩［節］實益2［謚溢鎰］　　W　血穴

至㬥(㬎)疐

独字：一抑戛　*散字*：蝨

真部 1　in

扁賓頻民天寅引粦晉藺［進］秦信真［顛］申［电］身人［千仁］玄［弦牽］因𦘒［津𦘒(下火)盡𦘒］淵卂垔　　W　匀旬玄尹隼

独字：燊齔

真部 2　iŋ

陳田令臣［嚚堅鏗擥］奠辛［騂辭垶新薪］年

独字：印　*散字*：命矜佞黽訇

微部 1　ɯl

西非飞妃肥尾美幾希韋衣［哀］豈微冀斤2［頎］

独字：枚開

微部 2　ul

畾厽𦎫衰隹［崔］鬼危1 卉火1 毀［毁］回畏威委自［歸］貴［遺］［頹］褢耒豩敦夋1 軍2［輝］

独字：虫夔磊　*散字*：绥浼甴(塊)

物部 1　ɯd［隊ɯds］

弗孛勿未叏乞气旡［既愛］毅隶戾旬［肸屑］𣪘［瀣薤］

{位［涖］　入-b}

独字：弼器讋　*散字*：鬵2 配届餥

物部 2　ud［隊 uds］

聿突朮卒类率帅出［祟］貴骨1 兀胃［彙］𣢧(同嘒，石欠本作𣪘)［蒯］尉圣鬱豙昷䘏

{對退内位　入-b}

文部 1　ɯn

本奔[賁]分[釁舋]奮糞焚门文[紊閔吝]吞典先刃憖艮巾斤堇昏殷殿辰胤悳[檼]豩薦荐参因$_2$[恩]　　W　云

独字：筋塵彬疢(疹)

文部 2　un

免$_2$ 享[淳敦]屯[春]允[夋]盾寸[尊]存孫鯀巽川$_1$ 昆鰥君軍困圂[橐]熏員濬閏困侖舛[舜]豚坤昷$_1$

独字：飧壼衮　*散字*：髡臀穩脣

缉部 1　ɯb［内ɯbs>ɯs 隊］

立十[汁]及邑溼隰翌習$_2$[慴]燮

{-S}位[涖]

独字：皀廿卌疊　*散字*：泣

缉部 2　ib［内 ibs>is 至］

執咠[戢]荼㬎(縶)囟

{-S}摯[贄鷙]

独字：挹

缉部 3　ub［ 内 ubs>us 隊］

沓集[雜]習合[翕]眔入内[納軜]襲帀(匝)朁[噆]

{-S}對退内

独字：濕(漯)

侵部 1　ɯm

林心彡[寻]今[禽貪][金欽錦]念咸音㲋侵亶$_1$[廩]審覃$_2$ 𡍮朁[僭憯]

独字：朕森闖喦　*散字*：熊飲

侵部 2　im

忝占$_1$ 甜[恬銛]執$_2$[墊]

侵部 3　um

風品覃南参壬冘臽朁[蠶]罙甚函弇貪亶$_2$ 宋[倸浨]

独字：男三

盍部 1　ab［蓋 abs>as 祭］

灋(法)甲業盍劫[怯]鬣昜及$_2$[极笈衱]曄

{-S}蓋

散字：脅

盍部 2　eb［蓋 ebs>es 祭］

聶劦妾夾厭枼耴疌臿

{-S}世瘞荔

独字：涉聑喦叶　*散字*：籋帖

盍部 3　ob [蓋 obs>os 祭]

奄[罨腌]弇[鞥媕]歙雪讋乏$_{1}$　*散字*：歙

{-S 會芮}

谈部 1　am

斬僉冉甘敢[嚴]監[覽鹽]炎詹奄$_{1}$ 毚$_{2}$ 凡$_{2}$ 氾[犯]叐$_{1}$

独字：芟广　*散字*：銜豔

谈部 2　em

兼占$_{2}$ 韱夾猒叐$_{2}$

独字：閃　*散字*：銛顩(又作黰)

谈部 3　om

染贛奄$_{2}$ 弇凡$_{1}$ 乏$_{2}$[貶]欠[坎]臽$_{2}$[閻]

散字：潛

第四表　古 音 字 表

说　　明

1. 此表以沈兼士《广韵声系》为基础，主要收录《广韵》字已入GBK者，依**声符今音的音序**排列(非谐声字即以本字作独立声符)。可查看一万八千字的古音音韵及所属声符系统。

2. 每条字头后所列9项依次为《广韵》声纽、韵类、声调(abcd分别表示平上去入)、四等(以数字表示，其中重纽字重四加a、重三加b)、开合、反切，然后加空列出其声符及上古韵部(并以数字标出小分部)。最后以国际音标标出上古拟音。以上各项，汉字一律用繁体字；某些条末还加附小注说明，注语中除必要字外则不限定用繁体。声符主要依《广韵声系》，参权少文1987《说文古均二十八部声系》，张儒、刘毓庆2001《汉字通用声素研究》。部分字依甲金文另定初文而有更正。为便利学习及电脑处理，声符字尽量择取现行通用字形而少用古字。

3. 字头以先秦、两汉字为主，其余同谐声的后起字则加♯号附列作为参考。后起音读不收，如“桅”只收过委切，不收五灰切。而有些字虽或见于魏晋至唐之间，但语词不一定后起，爸、妈即承自父、母。故也各依谐声规则推出拟音以显示某一谐声的分布范围。还依丁声树《古今字音对照手册》收入少数字形后起而词语古有来历的字，并依该手册所注其《广韵》《集韵》来历的音韵地位定音，如拿（拏）、裤（袴）、撑（橕），并加注语注明（这是为了作方言民族语言研究的方便，如龙州壮语“裤”khwa55 读 wa 韵，就表明那是“裤”还读夸声“袴”的时代借的）。加收此类新字时，在字头和反切上加＋号，表示非《广韵》原有（取《广韵》《集韵》以外的反切时后加♯号）。又依据该手册加收小部分《集韵》字或反切，也依照该手册加＊号，但标在切语后。注语中凡称“手册”处皆指该书。

4. 古音可能有两种拟读的，用 / 号分标（/ 号后的 ʔ、s 是据古韵叶韵注的，相当于上、去声读法；有入声异读的直接加韵尾，如“来”据《小雅·出车》叶職部，又与麦字转注，即加-g 尾异读；带 l 复声母则据通谐关系或方言民族语言所见等不同来源添加）。古音标音前后标 >、< 号表示上古音前后期的变化，< 表来自更早某音，> 表变成晚期某音。单个标音前后标 >、< 号表示有不规则的音韵变化。如果上古与中古分韵规则不合（如“三、母”），即以后加 > 号表其音类演变不规则，有的可能是受到相近音类的类化而演变。前加 < 号则表中古音切直接来自上古音的滞留，属于音韵演变上的滞后层次。字体、音切有讹或另有来源，如训读、讹读等，则分别加注说明。

5. 所注拟音是以谐声为准的上古早期音系统，到后期即秦汉音，要作如下变换：

(1) 后期声母 q、qh、ɢ 改[ʔ、h、ɦ]；ʔs、sh、z 改[ts、tsh、dz]；l 改[ʎ]；

rt、rth 改[tr、thr]，rd、rl 改[dr]，rn、rm、rŋ 改[nr]；ʔr’、hr’、ɦr’，qr’、qhr’、ɢr’ 和 kr’、khr’、gr、ŋr 同样改[tr、thr、dr、nr]。

ʔl’、hl’、ɦl’/l’，ql’、qhl’、ɢl’ 和 kl’、khl’、gl’ 改[t、th、d]，nl’、ml’、ŋl’ 改[n]。

rh、lh、nh 改[th]，mh 改[ph]，ŋh 改 [kh]。

pj、kj、ʔlj 改[tj]，phj、khj、lhj、nhj、ŋhj 改[thj]，bj、gj 改 [dj]，mj、ŋj 改[nj]。

(2) 韵母 wɯ 改[wu](含-ŋ 尾)。ol、on、od 改[uaj、uan、uad]。二等韵 raa>[ræ]，rai>[re]支。三等韵 a 改[ɯa]。

(3) 韵尾 -l 改[-j]，-ig 改[id]。-w 改[-u]，-wɢ 改[-ug]；-s、-ɡs 改[-h]；-bs、-ds 改[-s]。

6. 同声符字各字分布于很多韵及逢一字多读时，大致按中古音先开后合、先舒后促，并依《方言调查字表》分摄排列。中古音凡韵图列非组的唇音声母，也依手册列非敷奉微，其音值《切韵》时代仍读[p]类，至后期韵图时代则读[pf]类。因音韵地位原依手册，故鱼韵也依手册列合口，《切韵》实为开口[ɤ>ɯ]，《韵镜》同，中古末方变合口，皆请自行折换。

7. 表内所标《广韵》韵类除祭、泰、夬、废外都是以平声赅上(b)去(c)，要知上去声原韵目，可依下列《〈广韵〉韵目换称表》来折换。表中韵类分摄排列，前面以方括号标出韵摄名：

[通江]　東 b 董　東 c 送　冬 b 腫　冬 c 送　鍾 b 腫　鍾 c 用　江 b 講　江 c 絳

[止]　支 b 纸　支 c 寘　脂 b 旨　脂 c 至　之 b 止　之 c 志　微 b 尾　微 c 未

[遇]　魚 b 語　魚 c 御　虞 b 麌　虞 c 遇　模 b 姥　模 c 暮

[蟹]　齊 b 薺　齊 c 霽　佳 b 蟹　佳 c 卦　皆 b 駭　皆 c 怪
灰 b 賄　灰 c 隊　咍 b 海　咍 c 代

[臻]　真 b 軫　真 c 震　諄 b 準　諄 c 稕　文 b 吻　文 c 問　欣 b 隱　欣 c 焮
魂 b 混　魂 c 慁　痕 b 很　痕 c 恨

[山]　元 b 阮　元 c 願　寒 b 旱　寒 c 翰　桓 b 緩　桓 c 換
刪 b 潸　刪 c 諫　山 b 產　山 c 襇　先 b 銑　先 c 霰　仙 b 獮　仙 c 線

[效]　蕭 b 篠　蕭 c 嘯　宵 b 小　宵 c 笑　肴 b 巧　肴 c 效　豪 b 晧　豪 c 號

[果假]　歌 b 哿　歌 c 箇　戈 b 果　戈 c 過　麻 b 马　麻 c 禡

[宕]　陽 b 養　陽 c 漾　唐 b 蕩　唐 c 宕

[梗]　庚 b 梗　庚 c 映　耕 b 耿　耕 c 諍　清 b 靜　清 c 勁　青 b

迥　青c徑

［曾］　蒸b拯　蒸c證　登b等　登c嶝

［流］　尤b有　尤c宥　侯b厚　侯c候

［深］　侵b寢　侵c沁

［咸］　覃b感　覃c勘　談b敢　談c闞　鹽b琰　鹽c豔　添b忝　添c㮇　咸b豏　咸c陷　銜b檻　銜c鑑　嚴b儼　嚴c釅　凡b范　凡c梵

冬上声湩、鳩两组附于董韵下。又怗韵依《方言调查字表》《古今字音对照手册》作帖。

8.《广韵》有讹处皆已予校订并注明。注语中"原"字表《广韵》原文。据周祖谟《广韵校本》、余迺永《新校互注宋本广韵》改正处注明依校本改,有的指明是周校或余校。有需要说明字形、字音的变化关系的字,也在附注栏注明。依据甲、金文改定《说文》声符或初文的也在注中说明理据,或采用何家之说。不见于《说文》的战国秦汉之罕用字,有的注明所见文籍,在"见"字后就省加书名号,如"见方言",即指见扬雄《方言》。《广雅》及《说文》新附字不作为汉以前字来看,皆另依出处来认定是否标 ♯ 号。注中"转注字"指就初文原字形基础上进行分化,泛称"分化字"则不限原字形。分化字有时分注"后、晚、今":只注"后起",字体时间较近原字,"晚起"指唐宋后,"今"指晚清以来,常用于带+号之新字。

9.《疑难声符查字表》。为读者查字方便,对一些声符所在易生疑惑的字列为下表。请依声符今音声母查下列方括号内的音所在位置(字母分排上也考虑了《说文》旧说或容易误认的声符、两读声符等,如"農"《说文》旧说囟声,故仍在 x 母予以指点)。

A　阿[可],哀[衣],皚[豈],毐[母],藹[曷],艾[乂],儑[濕],盎[央],媪[昷 wen],麀[鹿 you]

B　佾[yi],邦[丰],豹[勺],倍[咅 pou],奔[卉],筆[聿],疒[ne],爿[qiang],博[甫],布[父]

C　𢦏[zai],蔡[祭],乇[zhe],差[左],羼[孨 shan],孱孱[zhuan],産[彦],鈔[小],炒[芻],虫[兀],𥄉2[犬],噆蠶[兓 jin],蚩[之],离[li],遲遲[犀],斥[屰 ni],牀[爿 qiang],厨[壴 zhu],杵[午],春

[屯],淳[敦],虘[且],措[昔]

D　荅[合],代戴[弋],逮[隶 li],坍[冉],當黨[尚],等[寺],的[勺],迪[由],疐[zhi],牒[世],弔[吊],成[cheng],度[庶],櫝[儥 yu],隊[遂],鐸[睪 yi],惰[隓 hui]

E　偔[濕],顯[xian],耎[ruan],需[xu]

F　犯[氾],風鳳[凡],膚[虍],婦[帚]

G　贛[夅 jiang],曷[he],感[咸],岡[网],亘[xuan,与亙 gen 分列],卻[que],刮[栝 kuo],枴[冎 gua],關[卵],广[yan],歸[追],軌[九],衮[公],過[冎],國[或]

H　醢[又],漢[暵],何[可],弇[yan],赫[赤],強[qiang],宏[厷 gong],虹[工],忽[勿],胡[古],曄[ye],匯[唯],悔[母],話活[栝 kuo],桓[亘 xuan],寰[袁],荒[亡],皇[王],晃[光],魂[云]

J　配[pei],稷[畟 ce],寂[尗 shu],賈[襾 ya],堅[臣],殲[韱 xian],蹇[寒],漢[暵],埐[侵],念[nian],丞[丞 cheng],將[爿 qiang],較教[爻],屆[凷 kuai],害[hai],匡[王],居[古],舉[舁 yu],劇[虍],决[夬 guai],覺[學],俊[允],囷[qun]

K　坎[欠],勘[甚],康[庚],科[禾],奇[qi],哭[獄],夸[于],虧[虍 hu],寬[苋 huan]

L　闌[柬],覽[監],郎[良],昱[yu],吏[史],鬲[ge],荔[劦 xie],厲[萬],蠡[彖 2 chi],欚[蠡 li],廉[兼],斂[僉],留劉[卯],隆[夅 jiang],盧虜慮[虍 hu],路[各]

M　威[戌],儥[yu],麥[來],瞞[芇 mian],芒[亡],枚[文],每[母],彌[爾],弭[耳],密[必],昏[hun],閔[min],繁[緐 fan]

N　那[冉],納[内],餒[妥],難[暵],念[nian],旾[ni],孽[辥],凝[疑],宁[zhu],奴[女]

O　區[qu],偶[禺]

P　旁[方],沛[市 fu],丕[不],圮[妃],爿[qiang],浦[甫]

Q　戚[尗 shu],斯[si],耆[旨],祈蘄[斤],祁[示],起[巳 si],契[丯 jie],千[人],晉鬻[兓 jin],壳[ke],喿[zao],欽[金],親[辛],禽[今],青[生],卿[鄉],劫[jie],邛[工],睘睘[袁],窮[躬],酋[酉],屈[出],渠[巨],券[龹 juan],缺[夬 guai],夋[允]

R　擾[夒 nao],熱[埶 yi],容[谷],榮[荧],融[蟲],肜[彡 shan],柔[矛],如[女],芮[内],匿[ni]

S　薩[sa],霅[譶 ta],喿[zao],少[小],蛇[它],畬舍[余],餂銛[甜],社[土],攝[聶],沈[冘 yin],聲[殸 qing],虱[卂 xun],施[也],拾[合],使事[史],適[帝],勢[埶 yi],志[之],芟[shan],署[者],數[婁],尌[壴 zhu],霜[相],舜[舛],朔[屰 ni],思[囟 xin],俟[矣],肆[隶 li],松[公],綏[妥],雖睢[唯],隨[隓 hui],祟[出],所[户]

T　他[也],譶[ta],漯[濕],貪[今],歎[暵],探[罙 shen],湯[昜],唐[庚],堂[尚],咅[pou],題[是],條[攸],聽[聖],亭[丁],通[用],肜[彡 shan],童[重],投[殳],屠[者],涂[余],蠡[li],推[隹],頹[貴],托[乇 zhe],拓槖[石]

W　娃[圭],乞[乙],彎[䜌 luan],完[元]夗[yuan],魏[鬼],鳌[li],膚[虍],吝[lin],閔[min],璺[釁],翁[公],毋[母],婺務[矛]

X　羲[我],熙[巳],席[庶],襲[龖 da],细[囟],戲[虍],僊[遷],銛[甜],賢[臣],閒[xian],燹[豩 bin],憲[害],獻[鬳 yan],降[jiang],羞[養],攜[巂 gui],鞋[圭],卸[午],屑[佾 yi],褻[埶 yi],星[生],刑[井],脩[攸],虛[虍],胥[疋 shu],頊[玉],雩[于],許[午],雪[彗 hui],狖[冘 yin],旬[勻],巡[川],緵[zong]

Y　疋[shu],厓[圭],研[幵 jian],閻[臽 xian],鹽[監],嚴[敢],弇[yan],仰[卬 ang],邀[敫 jiao],夜[亦],葉[世],謁[曷],伊[尹 yin],揖[咠 qi],台[tai],宜移[多],遺[貴],已[巳],義[我],羿[幵 jian],垠銀[艮],憖[來],飲[今],雍[邕],御[午],谷浴欲[谷],夗[wan],君[jun]

Z　雜[集],在[才],簪[兓 jin],臧壯[爿 qiang],造[告],擇[睪 yi],責[朿 ci],札[乙],霅[譶 ta],齋[齊],翟[di],寨[此],謫[帝],爪[zhua],召[刀],知[矢],彘雉[矢],志[之],咒[祝],助[且],耑[duan],贅[出],準[隼],豖[chu],資[次],最[取]

10. 此表初稿由潘悟云、沈建民帮助合作完成。张维佳帮助完成最后的排序工作,并率研究生董冉、郭书林、张洪燕、苟海燕、田玉晶、邓楠等帮助在收字方面与别家上古音表作了校核。于此一并致谢。

A

愛　影咍 c1 開烏代　愛隊1　quuuds 說文本从心旡声

曖　影咍 c1 開烏代　愛隊1　quuuds

僾　影咍 c1 開烏代　愛隊1　quuuds

靉# 影咍 c1 開烏代　愛隊1　quuuds

薆　影咍 c1 開烏代　愛隊1　quuuds

璦# 影咍 c1 開烏代　愛隊1　quuuds

瞹# 影泰 c1 開於蓋　愛祭1　qaads 校本改暧，集韵无

暧　影泰 c1 開於蓋　愛祭1　qaads

僾　影微 b3 開於豈　愛微1　quul?

靉# 影微 b3 開於豈　愛微1　quul?

安　影寒 a1 開烏寒　安元1　qaan

鞍　影寒 a1 開於寒*　安元1　qaan 鞌字注或体

鞌　影寒 a1 開烏寒　安元1　qaan

侒　影寒 a1 開烏寒　安元1　qaan

按　影寒 c1 開烏旰　安元1　qaans

案　影寒 c1 開烏旰　安元1　qaans

洝　影寒 c1 開烏旰　安元1　qaans

荌　影寒 c1 開烏旰　安元1　qaans

晏　影寒 c1 開烏旰　安元1　qaans

晏　影删 c2 開烏澗　安元1　qraans

鴳　影删 c2 開烏澗　安元1　qraans

騴　影删 c2 開烏澗　安元1　qraans 见尔雅

鷃　影删 c2 開烏澗　安元1　qraans 见说文扉注

頞　影曷 d1 開烏葛　安月1　qaad 同齃

胺　影曷 d1 開烏葛　安月1　qaad 见汉简，论语作餲

咹# 影曷 d1 開烏葛　安月1　qaad

卬　疑唐 a1 開五剛　卬陽　ŋaaŋ

枊　疑唐 a1 開五剛　卬陽　ŋaaŋ

昂　疑唐 a1 開五剛　卬陽　ŋaaŋ

枊　疑唐 c1 開五浪　卬陽　ŋaaŋs

仰　疑陽 b3 開魚兩　卬陽　ŋaŋ?

卬　疑陽 b3 開魚兩　卬陽　ŋaŋ?

仰　疑陽 c3 開魚向　卬陽　ŋaŋs

迎　疑庚 a3 開語京　卬陽　ŋaŋ

迎　疑庚 c3 開魚敬　卬陽　ŋraŋs

凹# 影肴 a2 開於交*　凹幽3　qriiw

凹# 影洽 d2 開烏洽　凹緝3　qriib

熬　疑豪 a1 開五勞　敖宵1　ŋaaw

敖　疑豪 a1 開五勞　敖宵1　ŋaaw

嗷　疑豪 a1 開五勞　敖宵1　ŋaaw 同謷

嶅　疑豪 a1 開五勞　敖宵1　ŋaaw

聱# 疑豪 a1 開五勞　敖宵1　ŋaaw

鷔　疑豪 a1 開五勞　敖宵1　ŋaaw

鰲　疑豪 a1 開牛刀*　敖宵1　ŋaaw 鼇后起字

遨　疑豪 a1 開五勞　敖宵1　ŋaaw 同敖

獒　疑豪 a1 開五勞　敖宵1　ŋaaw

滶　疑豪 a1 開五勞　敖宵1　ŋaaw

蔜　疑豪 a1 開五勞　敖宵1　ŋaaw

驁　疑豪 a1 開五勞　敖宵1　ŋaaw

鼇　疑豪 a1 開五勞　敖宵1　ŋaaw

謷　疑豪 a1 開五勞　敖宵1　ŋaaw

嫯　疑豪 a1 開五勞　敖宵1　ŋaaw

磝　疑豪 a1 開五勞　敖宵1　ŋaaw

摮　疑豪 a1 開五勞　敖宵1　ŋaaw

嫯　疑豪 a1 開五勞　敖宵1　ŋaaw

鏊# 疑豪 a1 開牛刀*　敖宵1　ŋaaw

熬+ 影豪 a1 開於刀+ 敖宵1　qaaw 爊今字

傲　疑豪 c1 開五到　敖宵1　ŋaaws

鼇# 疑豪 c1 開五到 敖宵1 ŋaaws
嫯 疑豪 c1 開五到 敖宵1 ŋaaws
鰲 疑豪 c1 開五到 敖宵1 ŋaaws
謷 疑豪 c1 開五到 敖宵1 ŋaaws
鷔# 疑豪 c1 開五到 敖宵1 ŋaaws 校本改鼇
聱# 疑肴 a2 開五交 敖宵1 ŋraaw
謷 疑肴 a2 開五交 敖宵1 ŋraaw
磝 疑肴 a2 開五交 敖宵1 ŋraaw
聱# 疑幽 a3 開語虯 敖幽2 ŋrɯw
懊 影豪 b1 開烏晧 奧幽1 quuʔ
襖# 影豪 b1 開烏晧 奧幽1 quuʔ
燠 影豪 b1 開烏晧 奧幽1 quuʔ
奧 影豪 c1 開烏到 奧奧1 quugs
墺 影豪 c1 開烏到 奧奧1 quugs
隩 影豪 c1 開烏到 奧奧1 quugs
澳 影豪 c1 開烏到 奧奧1 quugs
懊 影豪 c1 開烏到 奧奧1 quugs
燠 影豪 c1 開烏到 奧奧1 quugs
噢# 影虞 b3 合於武 奧覺1 quʔ
燠 影屋 d3 合於六 奧覺1 qug
噢# 影屋 d3 合於六 奧覺1 qug
薁 影屋 d3 合於六 奧覺1 qug
篽 影屋 d3 合於六 奧覺1 qug
懊 影屋 d3 合於六 奧覺1 qug 见尔雅
墺 影屋 d3 合於六 奧覺1 qug
澳 影屋 d3 合於六 奧覺1 qug
隩 影屋 d3 合於六 奧覺1 qug 同澳
奡 疑豪 c1 開五到 奡宵1 ŋaaws 同傲，非夰声

B

扒# 幫皆 c2 開博怪 八祭2 preeds
八 幫黠 d2 開博拔 八月2 preed
馱 幫黠 d2 開博拔 八月2 preed
朳 幫黠 d2 開博拔 八月2 preed
玐# 幫黠 d2 開博拔 八月2 preed
釟# 幫黠 d2 開博拔 八月2 preed
扒 幫黠 d2 開博拔 八月2 preed 诗拜字异文
汃 滂黠 d2 開普八 八月2 phreed
扒# 幫薛 d3b 開方别 八月2 pred
汃 帮真 a3b 開府巾 八真 prin
巴 幫麻 a2 開伯加 巴魚 praa
芭 幫麻 a2 開伯加 巴魚 praa
笆# 幫麻 a2 開伯加 巴魚 praa
豝 幫麻 a2 開伯加 巴魚 praa
鈀 幫麻 a2 開伯加 巴魚 praa
吧# 幫麻 a2 開伯加 巴魚 praa
蚆# 幫麻 a2 開伯加 巴魚 praa
疤# 幫麻 a2 開邦加* 巴魚 praa
把 幫麻 b2 開博下 巴魚 praaʔ
爸# 幫麻 c2 開必駕* 巴魚 praas
弝 幫麻 c2 開必駕 巴魚 praas
靶 幫麻 c2 開必駕 巴魚 praas
葩 滂麻 a2 開普巴 巴魚 phraa
舥# 滂麻 a2 開普巴 巴魚 phraa
鈀 滂麻 a2 開普巴 巴魚 phraa
妑# 滂麻 a2 開普巴 巴魚 phraa
吧# 滂麻 a2 開普巴 巴魚 phraa
蚆 滂麻 a2 開普巴 巴魚 phraa
帊 滂麻 c2 開普駕 巴魚 phraas
琶# 並麻 a2 開蒲巴 巴魚 braa 释名作枇杷
爬# 並麻 a2 開蒲巴 巴魚 braa
杷 並麻 a2 開蒲巴 巴魚 braa
跁# 並麻 b2 開傍下 巴魚 braaʔ
笆# 並麻 b2 開傍下 巴魚 braaʔ

耙+ 並麻 c2 開白駕+ 巴魚 braas 耙分化字
杷 並麻 c2 開白駕 巴魚 braas
跁# 並麻 c2 開白駕 巴魚 braas
杷 並佳 c2 開傍卦 巴魚 braas>
爸 並戈 b1 合捕可 巴鱼 <父 baʔ
軷 並泰 c1 開蒲蓋 犮祭3 boods
韍 並脂 c3b 開平祕 犮隊2 bruds
祓 非廢 c3 合方肺 犮祭3 pods 肺由胇校改
蚾# 並屑 d4 開蒲結 犮物1 blɯɯd
拔 並黠 d2 開蒲八 犮物2 bruud
菝# 並黠 d2 開蒲八 犮物2 bruud
祓 幫末 d1 合北末 犮月3 pood
茇 幫末 d1 合北末 犮月3 pood
盋# 幫末 d1 合北末 犮月3 pood 同鉢,集韵为正体
帗 幫末 d1 合北末 犮月3 pood
跋 並末 d1 合蒲撥 犮月3 bood
魃 並末 d1 合蒲撥 犮月3 bood
軷 並末 d1 合蒲撥 犮月3 bood
酦# 並末 d1 合蒲撥 犮月3 bood
馛# 並末 d1 合蒲撥 犮月3 bood
炦 並末 d1 合蒲撥 犮月3 bood
颰# 並末 d1 合蒲撥 犮月3 bood
妭 並末 d1 合蒲撥 犮月3 bood
犮 並末 d1 合蒲撥 犮月3 bood
拔 並末 d1 合蒲撥 犮月3 bood
胈 並末 d1 合蒲撥 犮月3 bood
鈸# 並末 d1 合蒲撥 犮月3 bood
茇 並末 d1 合蒲撥 犮月3 bood
坺 並末 d1 合蒲撥 犮月3 bood
菝# 並末 d1 合蒲撥 犮月3 bood
髮 非月 d3 合方伐 犮月3 pod
颰# 非月 d3 合方伐 犮月3 pod
沷 非月 d3 合方伐 犮月3 pod
瞂 奉月 d3 合房越 犮月3 bod
拔 奉月 d3 合房越 犮月3 bod
坺 奉月 d3 合房越 犮月3 bod
紱 非物 d3 合分勿 犮物2 pud
黻 非物 d3 合分勿 犮物2 pud
韍 非物 d3 合分勿 犮物2 pud
翇 非物 d3 合分勿 犮物2 pud
沷 非物 d3 合分勿 犮物2 pud
帗 非物 d3 合分勿 犮物2 pud
祓 敷物 d3 合敷勿 犮物2 phud
發 非月 d3 合方伐 癹月1 pad
癹 滂末 d1 合普活 癹月1 phaad 注说文读此
癹 並末 d1 合蒲撥 癹月1 baad
擺# 幫佳 b2 開北買 罷歌2 preelʔ
犤# 並佳 a2 開薄佳 罷歌2 breel
罷 並佳 b2 開薄蟹 罷歌2 breelʔ
矲# 並佳 b2 開薄蟹 罷歌2 breelʔ
羆 幫支 a3b 開彼為 罷歌1 pral
犤 幫支 a3b 開彼為 罷歌1 pral 原从羆,集韵以此为正
襬 幫支 a3b 開彼為 罷歌1 pral
藣 幫支 a3b 開彼為 罷歌1 pral
藣 幫支 c3b 開彼義 罷歌1 prals
襬 滂支 c3b 開披義 罷歌1 phrals
罷 並支 a3b 開符羈 罷歌1 bral
犤 並支 a3b 開符羈 罷歌1 bral
罷 並支 b3b 開皮彼 罷歌1 bralʔ
壩# 幫麻 c2 開必駕* 霸暮 praags
覇# 幫麻 c2 開必駕 霸暮 praags
灞# 幫麻 c2 開必駕 霸暮 praags
欛# 幫麻 c2 開必駕 霸暮 praags

怕# 滂麻 c2 開普駕　白暮　phraags/phaas 怖后出借字

帕# 滂麻 c2 開普駕*　白暮　phraags 同帊

帕　明鎋 d2 開莫鎋　白月 1　mbraad

粕　滂鐸 d1 開匹各　白鐸　phaag

胉　滂鐸 d1 開匹各　白鐸　phaag

泊　並鐸 d1 開傍各　白鐸　baag

箔# 並鐸 d1 開傍各　白鐸　baag

魄　透鐸 d1 開他各　白鐸　phl'aag>th

皕　幫職 d3 開彼側　白職　prɯg

伯　幫陌 d2 開博陌　白鐸　praag 白转注分化字，子始生者

百　幫陌 d2 開博陌　白鐸　praag

迫　幫陌 d2 開博陌　白鐸　praag

敀　幫陌 d2 開博陌　白鐸　praag

柏　幫陌 d2 開博陌　白鐸　praag

湐# 幫陌 d2 開博陌　白鐸 praag

拍　滂陌 d2 開普伯　白鐸　phraag

珀# 滂陌 d2 開普伯　白鐸　phraag

魄　滂陌 d2 開普伯　白鐸　phraag

怕　滂陌 d2 開普伯　白鐸　phraag

皛# 滂陌 d2 開普伯　白鐸　phraag

敀　滂陌 d2 開普伯　白鐸　phraag

粕　滂陌 d2 開匹陌*　白鐸　phraag

洦　滂陌 d2 開普伯　白鐸　mphraag

白　並陌 d2 開傍陌　白鐸　braag 甲金文像日始出其光锐顶，表天色已白（陈独秀、商承祚）

帛　並陌 d2 開傍陌　白鐸 braag

舶# 並陌 d2 開傍陌　白鐸　braag

鮊　並陌 d2 開傍陌　白鐸　braag

陌　明陌 d2 開莫白　白鐸　mbraag

帞# 明陌 d2 開莫白　白鐸　mbraag

袹# 明陌 d2 開莫白　白鐸　mbraag

蛨# 明陌 d2 開莫白　白鐸　mbraag

貊　明陌 d2 開莫白　白鐸　mbraag

佰　明陌 d2 開莫白　白鐸　mbraag

洦　明陌 d2 開莫白　白鐸　mbraag

銆# 明陌 d2 開莫白　白鐸　mbraag

碧　幫陌 d3b 開筆戟*　白鐸　prag

啪# 匣麥 d2 合胡麥　白錫　ɦmreeg

碧　幫昔 d3b 合彼役　白鐸　prag>preg

拜　幫皆 c2 開博怪　拜祭 3　proods

湃　滂皆 c2 開普拜　拜祭 3　phroods

班　幫刪 a2 開布還　班元 1　praan

斑　幫刪 a2 開布還　班元 1　praan

盤　幫刪 a2 開布還　般元 1　praan

般　幫刪 a2 開布還　般元 1　praan

婆　並戈 a1 合薄波　般歌 1　baal

擊　並戈 a1 合薄波　般歌 1　baal

搬# 幫桓 a1 合北潘　般元 1　paan 般后起转注字

般　幫桓 a1 合北潘　般元 1　paan

盤　並桓 a1 合薄官　般元 1　baan/blaan 籀文槃

磐　並桓 a1 合薄官　般元 1　baan

瘢　並桓 a1 合薄官　般元 1　baan

鞶　並桓 a1 合薄官　般元 1　baan

幋　並桓 a1 合薄官　般元 1　baan

擊　並桓 a1 合薄官　般元 1　baan

槃　並桓 a1 合薄官　般元 1　baan

縏　並桓 a1 合薄官　般元 1　baan

鎜　並桓 a1 合薄官　般元 1　baan 古文槃

般　並桓 a1 合薄官　般元 1　baan

鞶　並桓 a1 合薄官　般元 1　baan

半　幫桓 c1 合博幔　半元 1　paans

絆　幫桓 c1 合博幔　半元1　paans/plaans
靽　幫桓 c1 合博幔　半元1　paans
姅　幫桓 c1 合博幔　半元1　paans
拌# 滂桓 a1 合普官　半元1　phaan
拚# 滂桓 a1 合普官　半元3　phaan 拌俗字，右原从弃
坢# 滂桓 b1 合普半　半元1　phaanʔ
判　滂桓 c1 合普半　半元1　phaans
泮　滂桓 c1 合普半　半元1　phaans
頖　滂桓 c1 合普半　半元1　phaans 同泮，见礼记
胖　滂桓 c1 合普半　半元1　phaans 原作畔，据校本
姅　滂桓 c1 合普半　半元1　phaans
冸# 滂桓 c1 合普半　半元1　phaans
牉　滂桓 c1 合普半　半元1　phaans
柈　並桓 a1 合薄官　半元1　baan 槃俗字
伴　並桓 b1 合蒲旱　半元1　baanʔ
拌　並桓 b1 合蒲旱　半元1　baanʔ
叛　並桓 c1 合薄半　半元1　baans
畔　並桓 c1 合薄半　半元1　baans
伴　並桓 c1 合薄半　半元1　baans
袢　奉元 a3 合附袁　半元1　ban
埿2# 並銜 c2 開蒲鑑　埿2 談1　braams 湴同此
袍　並豪 a1 開薄褒　勹幽1　buu
裦　並豪 a1 開薄褒　勹幽1　buu 同袍
軳# 並豪 a1 開薄褒　勹幽1　buu
抱　並豪 b1 開薄浩　勹幽1　buuʔ
匇　並豪 c1 開薄報　勹幽1　buus
萢# 並豪 c1 開薄報　勹幽1　buus 方言作抱
裦　並豪 c1 開薄報　勹幽1　buus 同袍
勹　幫肴 a2 開布交　勹幽1　pruu
包　幫肴 a2 開布交　勹幽1　pruu
胞　幫肴 a2 開布交　勹幽1　pruu 包字转注
苞　幫肴 a2 開布交　勹幽1　pruu
枹　幫肴 a2 開布交　勹幽1　pruu
飽　幫肴 b2 開博巧　勹幽1　pruuʔ
泡　滂肴 a2 開匹交　勹幽1　phruu
胞　滂肴 a2 開匹交　勹幽1　phruu 包字转注
炮　滂肴 c2 開匹皃　勹幽1　phruus
皰　滂肴 c2 開匹皃　勹幽1　phruus
疱# 滂肴 c2 開披教 * 勹幽1　phruus
泡+ 滂肴 c2 開披教 * 勹幽1　mhruus 滂后起字
跑　並肴 a2 開薄交　勹幽1　bruu 见释名
咆　並肴 a2 開薄交　勹幽1　bruu
炮　並肴 a2 開薄交　勹幽1　bruu
庖　並肴 a2 開薄交　勹幽1　bruu
匏　並肴 a2 開薄交　勹幽1　bruu
刨# 並肴 a2 開蒲交 *　勹幽1　bruu
狍　並肴 a2 開薄交　勹幽1　bruu 见山海经
炰　並肴 a2 開薄交　勹幽1　bruu 同庖
鉋# 並肴 a2 開薄交　勹幽1　bruu
爮　並肴 a2 開薄交　勹幽1　bruu
颮　並肴 a2 開薄交　勹幽1　bruu
鞄　並肴 a2 開薄交　勹幽1　bruu
泡　並肴 a2 開薄交　勹幽1　bruu
鮑　並肴 b2 開薄巧　勹幽1　bruuʔ
骲　並肴 b2 開薄巧　勹幽1　bruuʔ
鞄　並肴 b2 開薄巧　勹幽1　bruuʔ

袌　並肴 c2 開防教　勹幽1　bruus
疱# 並肴 c2 開皮教*　勹幽1　bruus
同袌
鞄　並肴 c2 開防教　勹幽1　bruus
鉋# 並肴 c2 開防教　勹幽1　bruus
骲　並肴 c2 開防教　勹幽1　bruus
枹　奉尤 a3 開縛谋　勹幽1　bu
枹　奉虞 a3 合防無　勹幽1　<bu
玸# 奉虞 a3 合防無　勹幽1　<bu
颮　滂覺 d2 開匹角　勹覺1　phruug
鞄　滂覺 d2 開匹角　勹覺1　phruug
雹　並覺 d2 開蒲角　勹覺1　bruug
瓝　並覺 d2 開蒲角　勹覺1　bruug同颮
跑　並覺 d2 開蒲角　勹覺1　bruug见释名
骲　並覺 d2 開蒲角　勹覺1　bruug
窇# 並覺 d2 開蒲角　勹覺1　bruug
髆　滂屋 d1 合普木　勹屋　phoog
褒　幫豪 a1 開博毛　保幽1　puu
褎　幫豪 a1 開博毛　保幽1　puu
保　幫豪 b1 開博抱　保幽1　puuʔ
堡# 幫豪 b1 開博抱　保幽1　puuʔ同堢,古作保
褓　幫豪 b1 開博抱　保幽1　puuʔ
堢# 幫豪 b1 開博抱　保幽1　puuʔ
緥　幫豪 b1 開博抱　保幽1　puuʔ
葆　幫豪 b1 開博抱　保幽1　puuʔ
賲# 幫豪 b1 開博抱　保幽1　puuʔ
宲　幫豪 b1 開博抱　保幽1　puuʔ
椺　匣豪 b1 開胡老　保幽　ɦmluuʔ
鸨　幫豪 b1 開博抱　鸨幽1　puuʔ
鴇　幫豪 b1 開博抱　鸨幽1　puuʔ
報　幫豪 c1 開博秏　報奥1　puugs
暴　並豪 c1 開薄報　暴豹3　boowGS

曝　並豪 c1 開薄報　暴豹3　boowGS
瀑　並豪 c1 開薄報　暴豹3　boowGS
虣　並豪 c1 開薄報　暴豹3　boowGS
周礼同暴
爆　幫肴 c2 開北教　暴豹3　proowGS
爆　幫鐸 d1 開補各　暴藥3　poowG>paawG
襮　幫鐸 d1 開補各　暴藥3　poowG>paawG
爆　幫覺 d2 開北角　暴藥3　proowG
曝　幫覺 d2 開北角　暴藥3　proowG
暑　滂覺 d2 開匹角　暴藥3　phroowG
暑　並覺 d2 開蒲角　暴藥3　broowG
犦　並覺 d2 開蒲角　暴藥3　broowG
懪　並覺 d2 開蒲角　暴藥3　broowG
暴　並屋 d1 合蒲木　暴藥3　boowG
曝　並屋 d1 合蒲木　暴藥3　boowG
暴字转注
瀑　並屋 d1 合蒲木　暴藥3　boowG
襮　幫沃 d1 合博沃　暴覺1　poowG
说文蒲沃切
爆　幫沃 d1 合博沃　暴覺1　poowG
捭　幫佳 b2 開北買　卑支　preeʔ
牌　並佳 a2 開薄佳　卑支　bree
簰　並佳 a2 開薄佳　卑支　bree方言作箄
郫　並佳 a2 開薄佳　卑支　bree
廲　並佳 a2 開薄佳　卑支　bree
猈　並佳 b2 開薄蟹　卑支　breeʔ
稗　並佳 c2 開傍卦　卑支　brees
粺　並佳 c2 開傍卦　卑支　brees
牌　並皆 a2 開步皆　卑支　bree
猈　並皆 a2 開步皆　卑支　bree
豍　幫齊 a4 開邊兮　卑支　pee
箄　幫齊 a4 開邊兮　卑支　pee

錍　滂齊 a4 開匹迷　卑支　phee
睥　滂齊 c4 開匹詣　卑支　phees
渒　滂齊 c4 開匹詣　卑支　phees 校作淠讹
鼙　並齊 a4 開部迷　卑支　bee
鞞　並齊 a4 開部迷　卑支　bee 同鼙
椑　並齊 a4 開部迷　卑支　bee
崥♯　並齊 a4 開部迷　卑支　bee
髀　並齊 b4 開傍禮　卑支　bee?
卑　幫支 a3a 開府移　卑支　pe
鵯　幫支 a3a 開府移　卑支　pe
椑　幫支 a3a 開府移　卑支　pe
箄　幫支 a3a 開府移　卑支　pe
裨　幫支 a3a 開府移　卑支　pe
鞞　幫支 a3a 開府移　卑支　pe
痺　幫支 a3a 開府移　卑支　pe 校作庳,大戴礼、淮南子用如卑
渒♯　幫支 a3a 開府移　卑支　pe
錍　幫支 a3a 開府移　卑支　pe
碑　幫支 a3b 開彼為　卑支　pre
俾　幫支 b3a 開并弭　卑支　pe?
鞞　幫支 b3a 開并弭　卑支　pe?
箄　幫支 b3a 開并弭　卑支　pe?
髀　幫支 b3a 開并弭　卑支　pe?
崥♯　幫支 b3a 開并弭　卑支　pe?
諀　滂支 b3a 開匹婢　卑支　phe?
郫　並支 a3b 開符羈　卑支　bre
脾　並支 a3a 開符支　卑支　be
埤　並支 a3a 開符支　卑支　be
裨　並支 a3a 開符支　卑支　be
陴　並支 a3a 開符支　卑支　be
郫　並支 a3a 開符支　卑支　be
蜱　並支 a3a 開符支　卑支　be
焷♯　並支 a3a 開符支　卑支　be
蠯　並支 a3a 開符支　卑支　be
蠯　並支 a3a 開符支　卑支　be 同蠯
婢　並支 b3a 開便俾　卑支　be?
庳　並支 b3a 開便俾　卑支　be?
髀　幫脂 b3a 開卑履　卑脂 2　pi?
蜱　明宵 a3a 開彌遥　卑宵 1　mbew
琕♯　並先 a4 開部田　卑元 2　been<biiŋ 同玭
蠯　並耕 b2 開蒲幸　卑耕　breeŋ? 同蚌
蠯　並耕 b2 開蒲幸　卑耕　breeŋ? 同蚌,集韵为说文正体
鞞　幫青 b4 開補鼎　卑耕　peeŋ?
椑　並昔 d3 開房益　卑錫　beg
革　並昔 d3 開房益　卑錫　beg
鵯　滂質 d3a 開譬吉　卑質 2　phig
綼　並質 d3a 開毗必　卑質 2　big
綼　幫錫 d4 開北激　卑錫　peeg
椑　並錫 d4 開扶歷　卑錫　beeg
背　幫灰 c1 合補妹　北代　pɯɯgs
背　並灰 c1 合蒲昧　北代　bɯɯgs
鄁　並灰 c1 合蒲昧　北代　bɯɯgs 邶同鄁
偝　並灰 c1 合蒲昧　北代　bɯɯgs
邶　並灰 c1 合蒲昧　北代　bɯɯgs 同鄁
茷　並灰 c1 合蒲昧　北代　bɯɯgs
北　幫德 d1 開博墨　北職　pɯɯg
貝　幫泰 c1 開博蓋　貝祭 1　paads
狽　幫泰 c1 開博蓋　貝祭 1　paads
鋇♯　幫泰 c1 開博蓋　貝祭 1　paads
浿　滂泰 c1 開普蓋　貝祭 1　phaads
垻♯　幫麻 c2 開必駕　貝祭 1　praas
浿　滂皆 c2 開普拜　貝祭 2　phreeds
敗　幫夬 c2 開補邁　貝祭 1　praads

敗　並夬 c2 開薄邁　貝祭 1　braads
唄# 並夬 c2 開薄邁　貝祭 1　braads
省译 pāthaka
憊　並皆 c2 開蒲拜　備代　bruuugs
韛# 並皆 c2 開蒲拜　備代　bruuugs
備　並脂 c3b 開平祕　備代　bruugs
俻# 並脂 c3b 開平祕　備代　bruugs
同備，俗
鞴　並脂 c3b 開平祕　備代　bruugs
糒　並脂 c3b 開平祕　備代　bruugs
犕　並脂 c3b 開平祕　備代　bruugs
鞴　並模 c1 合薄故　備魚　baags
鞴　奉屋 d3 合房六　備職　buug
賁　幫支 c3b 開彼義　奔歌 1　prals
蟦　奉微 a3 合符非　奔微 1　buul
蕡　奉微 a3 合符非　奔微 1　buul
膹　奉微 b3 合浮鬼　奔微 1　buul?
橨　奉微 b3 合浮鬼　奔微 1　buul?
蟦　奉微 b3 合浮鬼　奔微 1　buul?
蟦　奉微 c3 合扶沸　奔微 1　buuls
奔　幫魂 a1 合博昆　奔文 1　puuun
錛# 幫魂 a1 合逋昆*　奔文 1　puuun
賁　幫魂 a1 合博昆　奔文 1　puuun
奔　幫魂 c1 合甫悶　奔文 1　puuuns
噴　滂魂 a1 合普魂　奔文 1　phuuun
同濆
濆　滂魂 a1 合普魂　奔文 1　phuuun
歕　滂魂 a1 合普魂　奔文 1　phuuun
同噴
噴　滂魂 c1 合普悶　奔文 1　phuuuns
歕　滂魂 c1 合普悶　奔文 1　phuuuns
獖# 並魂 b1 合蒲本　奔文 1　buuun?
饙　非文 a3 合府文　奔文 1　puun 同餴
餴　非文 a3 合府文　奔文 1　puun
僨　非文 c3 合方問　奔文 1　puuns
噴　非文 c3 合方問*　奔文 1　puuns
墳　奉文 a3 合符分　奔文 1　buun
濆　奉文 a3 合符分　奔文 1　buun
燌　奉文 a3 合符分　奔文 1　buun
豶　奉文 a3 合符分　奔文 1　buun
羵　奉文 a3 合符分　奔文 1　buun
蕡　奉文 a3 合符分　奔文 1　buun
橨　奉文 a3 合符分　奔文 1　buun
賁　奉文 a3 合符分　奔文 1　buun
鐼　奉文 a3 合符分　奔文 1　buun
馩# 奉文 a3 合符分　奔文 1　buun
轒　奉文 a3 合符分　奔文 1　buun
蕡　奉文 a3 合符分　奔文 1　buun
憤　奉文 b3 合房吻　奔文 1　buun?
墳　奉文 b3 合房吻　奔文 1　buun?
鱝# 奉文 b3 合房吻　奔文 1　buun?
轒　奉文 b3 合房吻　奔文 1　buun?
膹　奉文 b3 合房吻　奔文 1　buun?
鐼　曉文 c3 合許運　奔文 1　hmuuns
说文读若熏
犇　幫魂 a1 合博昆　犇文 1　puuun
本　幫魂 b1 合布忖　本文 1　puuun?
笨　幫魂 b1 合布忖　本文 1　puuun?
苯　幫魂 b1 合布忖　本文 1　puuun?
见张衡赋
栩# 滂魂 b1 合普本　本文 1　phuuun?
体# 並魂 b1 合蒲本　本文 1　buuun?
晋书作笨
笨　並魂 b1 合蒲本　本文 1　buuun?
鉢# 幫末 d1 合北末　本月 1　pood 亦作盋
鉢+ 幫末 d1 合北末+ 本月 1　pood 鉢晚起字

皀　幫職 d3 開彼側　皀職　p-qrɯg
皀　幫緝 d3b 開彼及　皀緝1　p-qrɯb
皀　見緝 d3b 開居立　皀緝1　krɯb
匕1　幫脂 b3a 開卑履　匕1脂1　pilʔ
庀　滂支 b3a 開匹婢　匕支　phelʔ
疕　滂支 b3a 開匹婢　匕支　phelʔ
朼　幫脂 b3a 開卑履　匕脂2　pilʔ 匕转注字，礼记作枇
疕　幫脂 b3a 開卑履　匕脂2　pilʔ
牝　並脂 b3a 開扶履　匕脂2　bilʔ
牝　並真 b3a 開毗忍　匕真2　binʔ
疕　滂脂 b3b 開匹鄙　匕脂2　phrilʔ
梐　幫齊 a4 開邊兮　比脂2　pii
狴　幫齊 a4 開邊兮　比脂2　pii
⿰忄坒　幫齊 a4 開邊兮　比脂2　pii
螕　幫齊 a4 開邊兮　比脂2　pii
鎞　幫齊 a4 開邊兮　比脂2　pii
蓖#　幫齊 a4 開邊兮　比脂2　pii
箆#　幫齊 a4 開邊兮　比脂2　pii 古作比
批　滂齊 a4 開匹迷　比脂2　phii
砒#　滂齊 a4 開匹迷　比脂2　phii 广韵作磇，集韵此为正
鈚　滂齊 a4 開匹迷　比脂2　phii
磇#　滂齊 a4 開匹迷　比脂2　phii
媲　滂齊 c4 開匹詣　比脂2　phiis
笓#　並齊 a4 開部迷　比脂2　bii
膍　並齊 a4 開部迷　比脂2　bii
陛　並齊 b4 開傍禮　比脂2　biiʔ
梐　並齊 b4 開傍禮　比脂2　biiʔ
仳　滂支 b3a 開匹婢　比支　pheʔ
吡　滂支 b3a 開匹婢　比支　pheʔ 见庄子
紕　並支 a3a 開符支　比支　be
比　幫脂 b3a 開卑履　比脂2　piʔ
妣　幫脂 b3a 開卑履　比脂2　piʔ
秕　幫脂 b3a 開卑履　比脂2　piʔ
沘　幫脂 b3a 開卑履　比脂2　piʔ
枇　幫脂 b3a 開卑履　比脂2　piʔ 通匕
仳　幫脂 b3a 開卑履　比脂2　piʔ 符鄙切，注又方比切
吡　幫脂 b3a 開卑履　比脂2　piʔ
粊　幫脂 c3b 開兵媚　比脂2　pris
庇　幫脂 c3a 開必至　比脂2　pis
妣　幫脂 c3a 開必至　比脂2　pis 卑履切，注又甫至切
比　幫脂 c3a 開必至　比脂2　pis
⿰忄坒　滂脂 a3a 開匹夷　比脂2　phi
紕　滂脂 a3a 開匹夷　比脂2　phi
屁#　滂脂 c3a 開匹寐　比脂2　phis 山海经作糟
琵#　並脂 a3a 開房脂　比脂2　bi 释名作枇杷
毗　並脂 a3a 開房脂　比脂2　bi 右囟隶化变田
貔　並脂 a3a 開房脂　比脂2　bi
豼　並脂 a3a 開房脂　比脂2　bi 同貔
枇　並脂 a3a 開房脂　比脂2　bi
蚍　並脂 a3a 開房脂　比脂2　bi
比　並脂 a3a 開房脂　比脂2　bi
芘　並脂 a3a 開房脂　比脂2　bi
沘　並脂 a3a 開房脂　比脂2　bi
膍　並脂 a3a 開房脂　比脂2　bi
肶　並脂 a3a 開房脂　比脂2　bi 同膍
仳　並脂 a3a 開房脂　比脂2　bi
魮　並脂 a3a 開房脂　比脂2　bi
鈚　並脂 a3a 開房脂　比脂2　bi
阰　並脂 a3a 開房脂　比脂2　bi
仳　並脂 b3b 開符鄙　比脂2　briʔ

箆# 並脂 c3a 開毗至　比脂2　bis古作比
比　並脂 c3a 開毗至　比脂2　bis
枇　並脂 c3a 開毗至　比脂2　bis
坒　並脂 c3a 開毗至　比脂2　bis
芘　並脂 c3a 開毗至　比脂2　bis
玭　並真 a3a 開符真　比真1　bin禹贡作蠙,又部田切 biiŋ
比　並質 d3a 開毗必　比質2　big
坒　並質 d3a 開毗必　比質2　big
吡# 並質 d3a 開毗必　比質2　big
鄙　幫脂 b3b 開方美　啚之　prɯʔ
啚　幫脂 b3b 開方美　啚之　prɯʔ集韵云通作鄙
泌　幫脂 c3b 開兵媚　必至2　mprigs
秘　幫脂 c3b 開兵媚　必至2　mprigs祕注俗字
毖　幫脂 c3b 開兵媚　必至2　prigs
閟　幫脂 c3b 開兵媚　必至2　prigs
柲　幫脂 c3b 開兵媚　必至2　prigs
鉍# 幫脂 c3b 開兵媚　必至2　prigs同柲
邲　幫脂 c3b 開兵媚　必至2　prigs
覕　幫真 c3a 開必刃　必真2　pliŋs
咇　並屑 d4 開蒲結　必質2　bliig
苾　並屑 d4 開蒲結　必質2　bliig
馝# 並屑 d4 開蒲結　必質2　bliig
飶　並屑 d4 開蒲結　必質2　bliig
柲　並屑 d4 開蒲結　必質2　bliig
覕　明屑 d4 開莫結　必質2　mbliig
鴓# 明屑 d4 開莫結　必質2　mbliig
鮅　幫質 d3a 開卑吉　必質2　plig
必　幫質 d3a 開卑吉　必質2　plig
珌　幫質 d3a 開卑吉　必質2　plig
鉍# 幫質 d3b 開鄙密　必質2　prig同柲
柲　幫質 d3b 開鄙密　必質2　prig
泌　幫質 d3b 開鄙密　必質2　prig
咇　幫質 d3b 開鄙密　必質2　prig
邲　並質 d3a 開毗必　必質2　blig
柲　並質 d3a 開毗必　必質2　blig
馝# 並質 d3a 開毗必　必質2　blig
苾　並質 d3a 開毗必　必質2　blig
佖　並質 d3a 開毗必　必質2　blig
駜　並質 d3a 開毗必　必質2　blig
飶　並質 d3a 開毗必　必質2　blig
鮅　並質 d3a 開毗必　必質2　blig
怭　並質 d3a 開毗必　必質2　blig
泌　並質 d3a 開毗必　必質2　blig
咇　並質 d3a 開毗必　必質2　blig
妼# 並質 d3a 開毗必　必質2　blig
駜　並質 d3b 開房密　必質2　brig
邲　並質 d3b 開房密　必質2　brig
佖　並質 d3b 開房密　必質2　brig
宓　明質 d3b 開美畢　必質2　mrig
樒# 明質 d3b 開美畢　必質2　mrig同榓
密　明質 d3b 開美畢　必質2　mrig
蔤　明質 d3b 開美畢　必質2　mrig
滵　明質 d3b 開美畢　必質2　mrig
蜜　明質 d3a 開彌畢　必質2　mlig
宓　明質 d3a 開彌畢　必質2　mlig
謐　明質 d3a 開彌畢　必質2　mlig
榓# 明質 d3a 開彌畢　必質2　mlig
淧# 明質 d3a 開彌畢　必質2　mlig
瑟　生質 d3 開所櫛　必質2　smrig>srig
璱　生質 d3 開所櫛　必質2　srig
飋　生質 d3 開所櫛　必質2　srig

瑟 生櫛 d3 開所櫛 必質 2 smrig>srig
虙 奉屋 d3 合房六 必覺 1 blɯg
箅 幫齊 c4 開博計 畀至 1 piids
濞 滂齊 c4 開匹詣 畀至 1 phiids
畀 幫脂 c3a 開必至 畀至 1 pids
痹 幫脂 c3a 開必至 畀至 1 pids
箅 幫脂 c3a 開必至 畀至 1 pids 博計切，注又音
淠 滂脂 c3b 開匹備 畀至 1 phrids
嚊 滂脂 c3b 開匹備 畀至 1 phrids
濞 滂脂 c3b 開匹備 畀至 1 phrids
鼻 並脂 c3a 開毗至 畀至 1 blids
禆 並脂 c3a 開毗至 畀至 1 bids
畢 幫質 d3a 開卑吉 畢質 1 pid
蓽 幫質 d3a 開卑吉 畢質 1 pid 同篳
篳 幫質 d3a 開卑吉 畢質 1 pid
蹕 幫質 d3a 開卑吉 畢質 1 pid
韠 幫質 d3a 開卑吉 畢質 1 pid
滭 幫質 d3a 開卑吉 畢質 1 pid
鷝# 幫質 d3a 開卑吉 畢質 1 pid
熚 幫質 d3a 開卑吉 畢質 1 pid
彃 幫質 d3a 開卑吉 畢質 1 pid
縪 幫質 d3a 開卑吉 畢質 1 pid
饆# 幫質 d3a 開卑吉 畢質 1 pid
鏎# 幫質 d3a 開卑吉 畢質 1 pid
罼 幫質 d3a 開卑吉 畢質 1 pid
蔽 幫祭 c3a 開必袂 敝祭 2 peds
鷩 幫祭 c3a 開必袂 敝祭 2 peds
鷩 幫祭 c3a 開必袂 敝祭 2 peds
彆 幫祭 c3a 開必袂 敝祭 2 peds
潎 滂祭 c3a 開匹蔽 敝祭 2 pheds
斃 並祭 c3a 開毗祭 敝祭 2 beds
敝 並祭 c3a 開毗祭 敝祭 2 beds
幣 並祭 c3a 開毗祭 敝祭 2 beds
弊 並祭 c3a 開毗祭 敝祭 2 beds 下原作大，注俗作此
鱉 幫薛 d3a 開并列 敝月 2 ped 鼈注内俗体
鷩 幫薛 d3a 開并列 敝月 2 ped
鼈 幫薛 d3a 開并列 敝月 2 ped 尔雅下从鱉
鷩 幫薛 d3a 開并列 敝月 2 ped
憋 幫薛 d3a 開并列 敝月 2 ped
瞥 滂薛 d3a 開芳滅 敝月 2 phed
潎 滂薛 d3a 開芳滅 敝月 2 phed
憋 滂薛 d3a 開芳滅 敝月 2 phed
鐅 滂薛 d3a 開匹滅 * 敝月 2 phed
敝 並薛 d3a 開便滅 * 敝月 2 bed
嫳 並薛 d3a 開便滅 * 敝月 2 bed
斃 並薛 d3a 開便滅 * 敝月 2 bed
憋 幫屑 d4 開方結 敝月 2 peed
彆 幫屑 d4 開方結 敝月 2 peed
撇 滂屑 d4 開普蔑 敝月 2 pheed 撆注或体
瞥 滂屑 d4 開普蔑 敝月 2 pheed
撆 滂屑 d4 開普蔑 敝月 2 pheed
嫳 滂屑 d4 開普蔑 敝月 2 pheed
鐅 滂屑 d4 開普蔑 敝月 2 pheed
瞥# 滂屑 d4 開普蔑 敝月 2 pheed
蹩 並屑 d4 開蒲結 敝月 2 beed
襒 並屑 d4 開蒲結 敝月 2 beed
閉 幫齊 c4 開博計 閉至 1 piids
閇 幫齊 c4 開博計 閉至 1 piids 俗閉字
閉 幫屑 d4 開方結 閉質 1 piid
弼 並質 d3b 開房密 弼物 1 brɯd

嬖　幫齊 c4 開博計　辟賜　peegs
薜　並齊 c4 開蒲計　辟賜　beegs
鐾♯　並齊 c4 開蒲計*　辟賜　beegs
臂　幫支 c3a 開卑義　辟賜　pegs
譬　滂支 c3a 開匹賜　辟賜　phegs
避　並支 c3a 開毗義　辟賜　begs
檗　幫麥 d2 開博戹　辟錫　preeg
擘　幫麥 d2 開博戹　辟錫　preeg
蘗　幫麥 d2 開博戹　辟錫　preeg
糪　幫麥 d2 開博戹　辟錫　preeg
掰+　幫麥 d2 開博戹+ 辟錫　preeg 擘今字
䌟　滂麥 d2 開普麥　辟錫　phreeg
繴　並麥 d2 開蒲革　辟錫　breeg
辟　幫昔 d3 開必益　辟錫　peg
璧　幫昔 d3 開必益　辟錫　peg
鐴♯　幫昔 d3 開必益　辟錫　peg
躄　幫昔 d3 開必益　辟錫　peg
襞　幫昔 d3 開必益　辟錫　peg
僻　滂昔 d3 開芳辟　辟錫　pheg
癖　滂昔 d3 開芳辟　辟錫　pheg 见灵枢
辟　滂昔 d3 開芳辟　辟錫　pheg
廦　滂昔 d3 開芳辟　辟錫　pheg
辟　並昔 d3 開房益　辟錫　beg
擗　並昔 d3 開房益　辟錫　beg
躃　並昔 d3 開房益　辟錫　beg
闢　並昔 d3 開房益　辟錫　beg
辟　章昔 d3 開之石　辟賜　pjeg
壁　幫錫 d4 開北激　辟錫　peeg
廦　幫錫 d4 開北激　辟錫　peeg
鼊♯　幫錫 d4 開北激　辟錫　peeg
鼙　幫錫 d4 開北激　辟錫　peeg
霹♯　滂錫 d4 開普擊　辟錫　pheeg 古作辟歷

劈　滂錫 d4 開普擊　辟錫　pheeg
澼　滂錫 d4 開普擊　辟錫　pheeg
甓　滂錫 d4 開普擊　辟錫　pheeg
癖　滂錫 d4 開普擊　辟錫　pheeg
僻　滂錫 d4 開普擊　辟錫　pheeg
甓　並錫 d4 開扶歷　辟錫　beeg
鷿　並錫 d4 開扶歷　辟錫　beeg
幦　明錫 d4 開莫狄　辟錫　mbeeg
鷩　幫質 d3a 開卑吉　鷩質 1　pmid
鷩　云物 d3 合王勿　鷩物 1　ɦmɯd
贔　並脂 c3b 開平祕　贔至 1　brids 见张衡赋
㛹♯　幫山 a2 開方閑　扁元 2　preen
㛹♯　幫删 a2 開布還　扁元 1　praan
鯿　幫删 a2 開布還　扁元 1　praan 见宋玉赋
編　幫仙 a3a 開卑連　扁元 2　pen
鯿　幫仙 a3a 開卑連　扁元 2　pen 同鳊，见宋玉赋
揙　幫仙 a3a 開卑連　扁元 2　pen
褊　幫仙 b3a 開方緬　扁元 2　penʔ
篇　滂仙 a3a 開芳連　扁元 2　phen
偏　滂仙 a3a 開芳連　扁元 2　phen
翩　滂仙 a3a 開芳連　扁元 2　phen
媥　滂仙 a3a 開芳連　扁元 2　phen
扁　滂仙 a3a 開芳連　扁元 2　phen/phlen
萹　滂仙 a3a 開芳連　扁元 2　phen
鶣♯　滂仙 c3a 開匹戰　扁元 2　phens
偏　滂仙 c3a 開匹戰　扁元 2　phens
騗♯　滂仙 c3a 開匹羨*　扁元 2　phens 鶣字注或体
諞　並仙 a3a 開房連　扁元 2　ben
楄　並仙 a3a 開房連　扁元 2　ben

諞 並仙 b3b 開符蹇 扁元 2 bren?
諞 並仙 b3a 開符善 扁元 2 ben?
扁 並仙 b3a 開符善 扁元 2 ben?/blen?
蝙 幫先 a4 開布玄 扁元 2 peen
甂 幫先 a4 開布玄 扁元 2 peen
猵 幫先 a4 開布玄 扁元 2 peen
編 幫先 a4 開布玄 扁元 2 peen
萹 幫先 a4 開布玄 扁元 2 peen
牑 幫先 a4 開布玄 扁元 2 peen
蹁 幫先 a4 開布玄 扁元 2 peen
扁 幫先 b4 開方典 扁元 2 peen?/pleen?
匾# 幫先 b4 開方典 扁元 2 peen?
碥# 幫先 b4 開方典 扁元 2 peen?
編 幫先 b4 開方典 扁元 2 peen?
萹 幫先 b4 開方典 扁元 2 peen?
惼 幫先 b4 開方典 扁元 2 peen?
糄# 幫先 b4 開方典 扁元 2 peen?
徧 幫先 c4 開方見 扁元 2 peens 原列在線韵
遍 幫先 c4 開方見 扁元 2 peens 俗徧字，原列在線韵
㺹 2 幫先 c4 開卑见* 扁元 2 peens 说文翩省声，读若翩
蹁 並先 a4 開部田 扁元 2 been
楄 並先 a4 開部田 扁元 2 been
扁 並先 b4 開薄泫 扁元 2 been?/bleen?
艑 並先 b4 開薄泫 扁元 2 been? 见通俗文
猵 並真 b3a 開毗忍 扁真 1 bin?
汴# 並仙 c3b 開皮變 卞元 3 brons 汉书作卞
卞 並仙 c3b 開皮變 卞元 3 brons 弁俗变
忭 並仙 c3b 開皮變 卞元 3 brons
抃# 並仙 c3b 開皮變 卞元 3 brons 同拚
犿 幫元 a3 開方煩* 卞元 3 plon 见庄子
犿# 曉桓 a1 合呼官 卞元 3 qhloon 同貛
竿 心桓 c1 合蘇貫 卞元 3 smoons
飰 奉元 c3 合符万 卞元 3 bons 俗飯字
鴘 幫仙 b3b 開方免 弁元 3 pron?
鴘 滂仙 b3b 開披免 弁元 3 phron? 披由被校改
弁 並仙 c3b 開皮變 弁元 3 brons
拚 並仙 c3b 開皮變 弁元 3 brons
閞 並仙 c3b 開皮變 弁元 3 brons
昪 並仙 c3b 開皮變 弁元 3 brons
覍# 並仙 c3b 開皮變 弁元 3 brons 玉篇同笲
笲 並仙 c3b 開皮變 弁元 3 brons
拚# 滂桓 a1 合普官 半元 3 phaan 拌俗字，右原从弃
笲 奉元 a3 合附袁 弁元 3 bon
畚 奉元 b3 合扶晚 弁元 3 bon?
笲 奉元 b3 合扶晚 弁元 3 bon?
閞 奉元 c3 合符万 弁元 3 bons
畚 幫魂 b1 合布忖 弁文 2 puun?
拚 非文 c3 合方問 弁文 2 puns 原作垒字或体
鞭 幫仙 a3a 開卑連 便元 2 pen 便转注字
鯾 幫仙 a3a 開卑連 便元 2 pen 见山海经
箯 幫仙 a3a 開卑連 便元 2 pen

便　並仙 a3a 開房連　便元 2　ben 金文象执鞭抽人背，右为鞭初文，非更字
緶　並仙 a3a 開房連　便元 2　ben
楩　並仙 a3a 開房連　便元 2　ben
箯　並仙 a3a 開房連　便元 2　ben
楩　並仙 b3a 開符善　便元 2　benʔ
便　並仙 c3a 開婢面　便元 2　bens
緶　幫先 b4 開方典　便元 2　peenʔ
辬　幫刪 a2 開布還　辡元 1　praan 同斑
瓣　並山 c2 開蒲莧　辡元 2　breens
辦　並山 c2 開蒲莧　辡元 2　breens 同辨
辨　並山 c2 開蒲莧　辡元 2　breens
辡　幫仙 b3b 開方免　辡元 2　prenʔ
辨　並仙 b3b 開符蹇　辡元 2　brenʔ
辯　並仙 b3b 開符蹇　辡元 2　brenʔ
辡　並仙 b3b 開符蹇　辡元 2　brenʔ
辮　並先 b4 開薄泫　辡元 2　beenʔ
彪　幫幽 a3b 開甫烋　彪幽 2　pruw
滮　並幽 a3b 開皮彪　彪幽 2　bruw
滮　並幽 a3b 開皮彪　彪幽 2　bruw 滮注或体
髟 2　幫幽 a3b 開甫烋　髟幽 3　priw
髟 2　幫宵 a3a 開卑遥　髟幽 3　piw
飆　幫宵 a3a 開甫遥　猋宵 2　pew
猋　幫宵 a3a 開甫遥　猋宵 2　pew
贆　幫宵 a3a 開甫遥　猋宵 2　pew
藨　滂豪 a1 開普袍　麃宵 1　phaaw
麃　並肴 a2 開薄交　麃宵 1　braaw
臕#　幫宵 a3b 開甫嬌　麃宵 2　prew 后作膘
鑣　幫宵 a3b 開甫嬌　麃宵 2　prew
儦　幫宵 a3b 開甫嬌　麃宵 2　prew
瀌　幫宵 a3b 開甫嬌　麃宵 2　prew
藨　幫宵 a3b 開甫嬌　麃宵 1　praw
犥　滂宵 a3a 開撫招　麃宵 2　phew
麃　滂宵 b3b 開滂表　麃宵 1　phrawʔ
皫　滂宵 b3b 開滂表　麃宵 2　phrewʔ
犥　滂宵 b3a 開敷沼　麃宵 2　phewʔ
皫　滂宵 b3a 開敷沼　麃宵 2　phewʔ
藨　並宵 b3b 開平表　麃宵 1　brawʔ
瀌　並幽 a3 開皮彪　麃幽 3　biw
驫　幫宵 a3a 開甫遥　驫幽 3　piw
驫　幫幽 a3 開甫烋　驫幽 3　priw
表　幫宵 b3b 開陂嬌　表宵 1　prawʔ
裱　幫宵 b3b 開彼小　表宵 1　prawʔ
裱　幫宵 c3b 開方廟　表宵 1　praws
俵#　幫宵 c3b 開方廟　表宵 1　praws
捌　幫黠 d2 開博拔　别月 2　preed
叭#　幫黠 d2 開博拔　别月 2　preed
捌　幫鎋 d2 開百鎋　别月 1　praad
別　幫薛 d3b 開方別　别月 2　pred
別　並薛 d3b 開皮列　别月 2　bred
莂　幫薛 d3b 開方別　别月 2　pred 见释名
瘪#　滂薛 d3a 開芳滅　瘪月 2　phed
瘪#　並屑 d4 開蒲結　瘪月 2　beed
虨　幫山 a2 開方閑　彬文 1　pruuun
彬　幫真 a3b 開府巾　彬文 1　pruun 说文份古文
霦#　幫真 a3b 開府巾　彬文 1　pruun
虨　幫真 a3b 開府巾　彬文 1　pruun
虨　滂真 a3b 開普巾　彬文 1　phruun 原列谆韵
斌#　幫真 a3b 開府巾　斌文 1　pruun 同彬
贇　影諄 a3b 合於倫　斌文 1　ʔmruun

原列真韵，汉代人名

豩　曉刪 a2 合呼關* 　豩元1　hmraan

豩　心仙 b3 開息淺　豩元1　smlanʔ

豩　心先 b4 開蘇典　豩文1　smlɯɯnʔ

豩　曉脂 c3b 合許位　豩微1　hmrɯls 集韵改开口，許利切

豳　幫真 a3b 開府巾　豩文1　pmrɯn

蠙　並先 a4 開部田　賓真1　biin

賓　幫真 a3a 開必鄰　賓真1　pin 金文不从丏声，象戴冠人携贝来家

檳#　幫真 a3a 開必鄰　賓真1　pin

鑌#　幫真 a3a 開必鄰　賓真1　pin

濱　幫真 a3a 開必鄰　賓真1　pin

顮　幫真 a3a 開必鄰　賓真1　pin

儐　幫真 a3a 開必鄰　賓真1　pin

矉　幫真 a3a 開必鄰　賓真1　pin

儐　幫真 c3a 開必刃　賓真1　pins

擯　幫真 c3a 開必刃　賓真1　pins

殯　幫真 c3a 開必刃　賓真1　pins

鬢　幫真 c3a 開必刃　賓真1　pins

繽　滂真 a3a 開匹賓　賓真1　phin

嬪　並真 a3a 開符真　賓真1　bin

薲　並真 a3a 開符真　賓真1　bin 同蘋

蠙　並真 a3a 開符真　賓真1　bin

獱　並真 a3a 開符真　賓真1　bin 说文猵或体

臏　並真 b3a 開毗忍　賓真1　binʔ 同髕

髕　並真 b3a 開毗忍　賓真1　binʔ

冫　幫蒸 a3 開筆陵　仌蒸　prɯŋ

冰　幫蒸 a3 開筆陵　仌蒸　prɯŋ<p-ŋrɯŋ

砯　滂蒸 a3 開披冰　仌蒸　phrɯŋ 余校为砅

凴　並蒸 a3 開扶冰　仌蒸　brɯŋ

憑　並蒸 a3 開扶冰　仌蒸　brɯŋ

冰　疑蒸 a3 開魚陵　仌蒸　ŋrɯŋ 筆陵切，注又切

馮　奉東 a3 合房戎　仌蒸　bɯŋ

浜#　幫耕 a2 開布耕　兵陽　preeŋ<-aaŋ

拼　幫耕 a2 開布耕　兵陽　preeŋ<-aaŋ 集韵作土旁，改入庚韵

浜#　幫庚 b2 開布梗　兵陽　praaŋʔ

兵　幫庚 a3 開甫明　兵陽　praŋ

更　見庚 a2 開古行　丙陽　kraaŋ 甲文从丙从攴，金文又从二丙，表接连並作，乃丙（並）之转注分化字

粳　見庚 a2 開古行　丙陽　kraaŋ 俗同稉

埂　見庚 a2 開古行　丙陽　kraaŋ

浭　見庚 a2 開古行　丙陽　kraaŋ 见汉书

稉　見庚 a2 開古行　丙陽　kraaŋ 同秔

梗　見庚 b2 開古杏　丙陽　kraaŋʔ

哽　見庚 b2 開古杏　丙陽　kraaŋʔ

埂　見庚 b2 開古杏　丙陽　kraaŋʔ

綆　見庚 b2 開古杏　丙陽　kraaŋʔ 集韵有必郢切

鯁　見庚 b2 開古杏　丙陽　kraaŋʔ

挭#　見庚 b2 開古杏　丙陽　kraaŋʔ

骾　見庚 b2 開古杏　丙陽　kraaŋʔ

郠　見庚 b2 開古杏　丙陽　kraaŋʔ

更　見庚 c2 開古孟　丙陽　kraaŋs

硬　疑庚 c2 開魚孟*　丙陽　ŋgraaŋs 伤寒论作鞕

硬　疑耕 c2 開五爭　丙陽　ŋgraaŋs>eeŋs 同鞕，王韵五孟反

鞕#　疑耕 c2 開五爭　丙陽

ŋgraaŋs>eeŋs见伤寒论

丙　幫庚b3開兵永　丙陽　praŋʔ<p-kraŋʔ甲文象二石相对並，与竝同源，后转注为兩。又史讳通景

炳　幫庚b3開兵永　丙陽　praŋʔ

邴　幫庚b3開兵永　丙陽　praŋʔ

怲　幫庚b3開兵永　丙陽　praŋʔ

苪#　幫庚b3開兵永　丙陽　praŋʔ

蛃　幫庚b3開兵永　丙陽　praŋʔ

昺　幫庚b3開兵永　丙陽　praŋʔ眪注或体

眪#　幫庚b3開兵永　丙陽　praŋʔ亦作昺

寎　幫庚b3開兵永　丙陽　praŋʔ亦作㾕，注又兄病、孚命、區詠三切

柄　幫庚b3開補永　丙陽　praŋʔ

柄　幫庚c3開陂病　丙陽　praŋs

怲　幫庚c3開陂病　丙陽　praŋs

邴　幫庚c3開陂病　丙陽　praŋs

鈵　幫庚c3開陂病　丙陽　praŋs

㾕　幫庚c3開陂病　丙陽　praŋs

病　並庚c3開皮命　丙陽　braŋs

秉　幫庚b3開兵永　秉陽　praŋʔ

棅　幫庚c3開陂病　秉陽　praŋs说文同柄

㔣#　來覃a1開盧含　稟侵3　b・ruum>ruum

壈　來覃b1開盧感　稟侵3　b・ruumʔ

㔣#　來覃b1開盧感　稟侵3　b・ruumʔ

顲　來覃b1開盧感　稟侵3　b・ruumʔ

顲　來覃c1開郎紺　稟侵3　b・ruums

稟　幫侵b3b開筆錦　稟侵1　prɯmʔ

廩　來侵b3開力稔　稟侵1　b・rɯmʔ

懍　來侵b3開力稔　稟侵1　b・rɯmʔ

凜　來侵b3開力稔　稟侵1　b・rɯmʔ

癛　來侵b3開力稔　稟侵1　b・rɯmʔ

檁　來侵b3開力錦*　稟侵1　b・rɯmʔ

顲　來侵b3開力稔　稟侵3　b・rumʔ

凜　群侵a3b開巨金　稟侵1　grɯm

鵧　並脂a3a開房脂　并脂2　bi

駢　並先a4開部田　并元2　been

胼　並先a4開部田　并元2　been

骿　並先a4開部田　并元2　been

軿　並先a4開部田　并元2　been

賆#　並先a4開部田　并元2　been

跰　幫庚c2開北孟　并耕　<preŋs

恲　滂庚a2開撫庚　并耕　phraaŋ<phreŋ

鮩#　並庚b2開蒲猛　并耕　<breŋʔ

絣　幫耕a2開北萌　并耕　preeŋ

拼　幫耕a2開北萌　并耕　preeŋ

迸　幫耕c2開北諍　并耕　preeŋs

姘　滂耕a2開普耕　并耕　phreeŋ

皏　滂耕b2開普幸　并耕　phreeŋʔ见素问

併　並耕b2開蒲幸　并耕　breeŋʔ原作倂，此为注内或体

併　並耕 c2 開蒲迸　并耕　breeŋs 原作倂
并　幫清 a3 開府盈　并耕　peŋ
栟　幫清 a3 開府盈　并耕　peŋ
屏　幫清 a3 開府盈　并耕　peŋ
箳# 幫清 a3 開府盈　并耕　peŋ
餅　幫清 b3 開必郢　并耕　peŋʔ
屏　幫清 b3 開必郢　并耕　peŋʔ
鉼　幫清 b3 開必郢　并耕　peŋʔ
併　幫清 b3 開必郢　并耕　peŋʔ
并　幫清 c3 開畀政　并耕　peŋs
併　幫清 c3 開畀政　并耕　peŋs
摒# 幫清 c3 開畀政　并耕　peŋs
庰　並清 c3 開防正　并耕　beŋs
偋　並清 c3 開防正　并耕　beŋs
甁　滂青 a4 開普丁　并耕　pheeŋ
頩　滂青 a4 開普丁　并耕　pheeŋ
姘　滂青 a4 開普丁　并耕　pheeŋ
竮# 滂青 a4 開普丁　并耕　pheeŋ
頩　滂青 b4 開匹迥　并耕　pheeŋʔ
瓶　並青 a4 開薄經　并耕　beeŋ
鉼　並青 a4 開薄經　并耕　beeŋ 同瓶
蛢　並青 a4 開薄經　并耕　beeŋ
屏　並青 a4 開薄經　并耕　beeŋ
荓　並青 a4 開薄經　并耕　beeŋ
軿　並青 a4 開薄經　并耕　beeŋ
郱　並青 a4 開薄經　并耕　beeŋ
洴　並青 a4 開薄經　并耕　beeŋ
竮# 並青 a4 開薄經　并耕　beeŋ
箳# 並青 a4 開薄經　并耕　beeŋ
蓱　並青 a4 開薄經　并耕　beeŋ 同萍
鮩# 並青 b4 開蒲迥　并耕　beeŋʔ
併　並青 b4 開蒲迥　并耕　beeŋʔ
鮩# 並質 d3a 開毗必　并質 2　big

湴# 並銜 c2 開蒲鑑　並談 1　braams<breems 同埿
跰　並先 a4 開部田　並元 2　been 同胼
並　並青 b4 開蒲迥　並耕　beeŋʔ 同竝，隶变为並
竝　並青 b4 開蒲迥　並耕　beeŋʔ 隶变为並
凴# 並蒸 c3b 開皮證　凴蒸　brɯŋs
癶　幫末 d1 合北末　癶月 1　paad
誖　幫灰 c1 合補妹　孛隊 1　pɯɯds
悖　並灰 c1 合蒲昧　孛隊 1　bɯɯds
孛　並灰 c1 合蒲昧　孛隊 1　bɯɯds
誖　並灰 c1 合蒲昧　孛隊 1　bɯɯds
哱# 滂没 d1 合普沒　孛物 1　phɯɯd
馞# 滂没 d1 合普沒　孛物 1　phɯɯd
勃　並没 d1 合蒲沒　孛物 1　bɯɯd
餑# 並没 d1 合蒲沒　孛物 1　bɯɯd
馞# 並没 d1 合蒲沒　孛物 1　bɯɯd
悖　並没 d1 合蒲沒　孛物 1　bɯɯd
郣　並没 d1 合蒲沒　孛物 1　bɯɯd
浡　並没 d1 合蒲沒　孛物 1　bɯɯd
誖　並没 d1 合蒲沒　孛物 1　bɯɯd
桲　並没 d1 合蒲沒　孛物 1　bɯɯd
孛　並没 d1 合蒲沒　孛物 1　bɯɯd
挬　並没 d1 合蒲沒　孛物 1　bɯɯd 见淮南子
脖　並没 d1 合蒲沒　孛物 1　bɯɯd 见灵枢
鵓# 並没 d1 合蒲沒　孛物 1　bɯɯd
渤　並没 d1 合蒲沒　孛物 1　bɯɯd
綍　非物 d3 合分勿　孛物 1　pɯd
僰　並德 d1 開蒲北　僰職　bɯɯg
僰　並職 d3 開符逼　僰職　brɯg 据德韵蒲北切，又音加

仆　滂侯 c1 開匹候　卜候　phoogs
仆　敷尤 c3 開敷救　卜幽1　phus
赴　敷虞 c3 合芳遇　卜竇　phogs
訃　敷虞 c3 合芳遇　卜竇　phogs
仆　敷虞 c3 合芳遇　卜竇　phogs
朴　滂覺 d2 開匹角　卜屋　phroog同樸
圤　滂覺 d2 開匹角　卜屋　phroog同墣
仆　並德 d1 開蒲北　卜職　bɯɯg
卜　幫屋 d1 合博木　卜屋　poog
鳪　幫屋 d1 合博木　卜屋　poog
扑　滂屋 d1 合普木　卜屋　phoog
攴　滂屋 d1 合普木　卜屋　phoog
仆　滂屋 d1 合普木　卜屋　phoog
肧　滂咍 a1 開普來　不之　phlɯɯ匹尤切，注又切
伓　滂咍 b1 開普乃　不之　phɯɯʔ
娝　幫脂 b3b 開方美　不之　prɯʔ
痞　幫脂 b3b 開方美　不之　prɯʔ
丕　滂脂 a3b 開敷悲　不之　phrɯ不的转注字
伾　滂脂 a3b 開敷悲　不之　phrɯ
秠　滂脂 a3b 開敷悲　不之　phrɯ
駓　滂脂 a3b 開敷悲　不之　phrɯ
怌#　滂脂 a3b 開敷悲　不之　phrɯ
豾　滂脂 a3b 開敷悲　不之　phrɯ
髬　滂脂 a3b 開敷悲　不之　phrɯ见汉赋
魾　滂脂 a3b 開敷悲　不之　phrɯ
銔　滂脂 a3b 開敷悲　不之　phrɯ
秠　滂脂 b3b 開匹鄙　不之　phrɯʔ
嚭　滂脂 b3b 開匹鄙　不之　phrɯʔ
邳　並脂 a3b 開符悲　不之　brɯ
銔　並脂 a3b 開符悲　不之　brɯ
岯　並脂 a3b 開符悲　不之　brɯ
魾　並脂 a3b 開符悲　不之　brɯ
否　並脂 b3b 開符鄙　不之　brɯʔ
痞　並脂 b3b 開符鄙　不之　brɯʔ
抔　並侯 a1 開薄侯　不之　bɯ>bu
不　非尤 a3 開甫鳩　不之　pɯ
紑　非尤 a3 開甫鳩　不之　pɯ
鴀　非尤 a3 開甫鳩　不之　pɯ
否　非尤 b3 開方久　不之　pɯʔ
不　非尤 b3 開方久　不之　pɯʔ象花柎，与本同源
鴀　非尤 b3 開方久　不之　pɯʔ
痞　非尤 b3 開方久　不之　pɯʔ
衃　敷尤 a3 開匹尤　不之　phɯ
肧　敷尤 a3 開匹尤　不之　phɯ
紑　敷尤 a3 開匹尤　不之　phɯ
秠　敷尤 a3 開匹尤　不之　phɯ
秠　敷尤 b3 開芳婦　不之　phɯʔ余校并芳否切，集韵并
紑　敷尤 b3 開芳否　不之　phɯʔ
罘　奉尤 a3 開縛谋　不之　bɯ
芣　奉尤 a3 開縛谋　不之　bɯ
杯　幫灰 a1 合布回　不之　plɯɯ同桮
盃#　幫灰 a1 合布回　不之　plɯɯ俗同桮
桮　幫灰 a1 合布回　不之　pɯɯ
肧　滂灰 a1 合芳杯　不之　phlɯɯ匹尤切，注又音普回切
衃　滂灰 a1 合芳杯　不之　phlɯɯ
抔　滂灰 a1 合芳杯　不之　phlɯɯ
坯　滂灰 a1 合芳杯　不之　phɯɯ
胚#　滂灰 a1 合鋪枚　不之　phɯɯ说文、广韵作肧
不　非物 d3 合分勿　不物1　pɯ'>pɯd中古才促化

荹　並模 a1 合薄胡　步魚　baa
步　並模 c1 合薄故　步魚　baas
荹　並模 c1 合薄故　步魚　baas
踄　並鐸 d1 開傍各　步鐸　baag
蔀　滂侯 b1 開普后　部侯　phooʔ
部　並模 b1 開裴古　部侯　<booʔ
部　並侯 b1 開蒲口　部侯　booʔ 部娄＝培塿
篰　並侯 b1 開蒲口　部侯　booʔ
蔀　並侯 b1 開蒲口　部侯　booʔ《易》与斗叶

C

茬　崇麻 a2 開鉏加*　才魚　zraa 或作槎、查
茬　崇麻 b2 開士下　才魚　zraaʔ
材　從咍 a1 開昨哉　才之　zlɯɯ
才　從咍 a1 開昨哉　才之　zlɯɯ
財　從咍 a1 開昨哉　才之　zlɯɯ
[illegible]　從咍 a1 開昨哉　才之　zlɯɯ
在　從咍 b1 開昨宰　才之　zlɯɯʔ
在　從咍 c1 開昨代　才之　zlɯɯs
豺　崇皆 a2 開士皆　才之　zrɯɯ
[illegible]　精之 a3 開子之　才之　ʔslɯ
茬　莊之 a3 開側持　才之　ʔsrɯ
茬　崇之 a3 開士之　才之　zrɯ
采　清咍 b1 開倉宰　采之　shɯɯʔ
睬+　清咍 b1 開倉宰+　采之　shɯɯʔ 采採晚起分化字
彩　清咍 b1 開倉宰　采之　shɯɯʔ
採　清咍 b1 開倉宰　采之　shɯɯʔ 俗采字，见史记
綵　清咍 b1 開倉宰　采之　shɯɯʔ
寀　清咍 b1 開倉宰　采之　shɯɯʔ
菜　清咍 c1 開倉代　采之　shɯɯs
埰　清咍 c1 開倉代　采之　shɯɯs
棌　清咍 c1 開倉代　采之　shɯɯs
篸　精覃 a1 開作含　參侵3　ʔsluum
篸　精覃 c1 開作紺　參侵3　ʔsluums
參　清覃 a1 開倉含　參侵3　shluum
驂　清覃 a1 開倉含　參侵3　shluum
傪　清覃 a1 開倉含　參侵3　shluum
慘　清覃 b1 開七感　參侵3　shluumʔ
黲　清覃 b1 開七感　參侵3　shluumʔ
傪　清覃 b1 開七感　參侵3　shluumʔ
謲　清覃 c1 開七紺　參侵3　shluums
參　清覃 c1 開七紺　參侵3　shluums
毿　心覃 a1 開蘇含　參侵3　sluum
蔘　心覃 a1 開蘇含　參侵3　sluum 见方言
犙　心覃 a1 開蘇含　參侵3　sluum
糝　心覃 b1 開桑感　參侵3　sluumʔ 同糂
槮　心覃 b1 開桑感　參侵3　sluumʔ
參　心談 a1 開蘇甘　參談3　sloom
鬖　心談 a1 開蘇甘　參談3　sloom
黲　清談 b1 開倉敢　參談3　shloomʔ
摻　生咸 a2 開所咸　參侵3　sruum
摻　生咸 b2 開所斬　參侵3　sruumʔ
醦#　生咸 b2 開所斬　參侵3　sruumʔ
縿　生銜 a2 開所銜　參談3　sroom
穇#　生銜 a2 開所銜　參談3　sroom
嵾　初侵 a3 開楚簪　參侵3　shrum
參　初侵 a3 開楚簪　參侵3　shrum 同嵾
槮　初侵 a3 開楚簪　參侵3　shrum
磣#　初侵 b3 開初朕　參侵3　shrumʔ
墋　初侵 b3 開初朕　參侵3　shrumʔ

醦# 初侵 b3 開初朕 参侵3 shrumʔ
参 生侵 a3 開所今 参侵3 srum
曑 生侵 a3 開所今 参侵3 srum 隶变为参，参星
蔘 生侵 a3 開所今 参侵3 srum
槮 生侵 a3 開所今 参侵3 srum
瘮# 生侵 b3 開疎錦 参侵3 srumʔ
槮 生侵 b3 開疎錦 参侵3 srumʔ
滲 生侵 c3 開所禁 参侵3 srums
犙 生尤 a3 開所鳩 参幽1 sru
犙 生幽 a3 開山幽 参幽2 srɯɯ
餐 清寒 a1 開七安 粲元1 shaan 声符皆为奴
湌 清寒 a1 開七安 粲元1 shaan 同餐
粲 清寒 c1 開蒼案 粲元1 shaans 声符本奴，粲为去芜取精，与之同源
燦 清寒 c1 開蒼案 粲元1 shaans 见春秋繁露
璨# 清寒 c1 開蒼案 粲元1 shaans
薒# 清寒 c1 開蒼案 粲元1 shaans
殩# 清桓 c1 合七亂 粲元3 shoons
蚕#2 從覃 a1 開昨含 蚕侵3 zluum 俗蠶字，本兓声
艙+ 清唐 a1 開七岡+ 倉陽 shaaŋ 倉晚起分化字
倉 清唐 a1 開七岡 倉陽 shaaŋ
蒼 清唐 a1 開七岡 倉陽 shaaŋ
滄 清唐 a1 開七岡 倉陽 shaaŋ
傖# 清唐 a1 開千岡* 倉陽 shaaŋ
鶬 清唐 a1 開七岡 倉陽 shaaŋ
凔 清唐 a1 開七岡 倉陽 shaaŋ
蒼 清唐 b1 開麁朗 倉陽 shaaŋʔ
槍 清陽 a3 開七羊 倉陽 shaŋ
搶 清陽 a3 開七羊 倉陽 shaŋ
蹌 清陽 a3 開七羊 倉陽 shaŋ
瑲 清陽 a3 開七羊 倉陽 shaŋ
牄 清陽 a3 開七羊 倉陽 shaŋ 说文爿声，书益稷作蹌
搶 清陽 b3 開七兩 倉陽 shaŋʔ
嗆+ 清陽 c3 開七亮+ 倉陽 shaŋs 搶晚起分化字
創 初陽 a3 開初良 倉陽 shraŋ
瘡 初陽 a3 開初良 倉陽 shraŋ 见素问，说文作創
搶 初陽 b3 開初兩 倉陽 shraŋʔ
愴 初陽 b3 開初兩 倉陽 shraŋʔ
創 初陽 c3 開初亮 倉陽 shraŋs
愴 初陽 c3 開初亮 倉陽 shraŋs
滄 初陽 c3 開初亮 倉陽 shraŋs
鎗 初庚 a2 開楚庚 倉陽 shraaŋ
槍 初庚 a2 開楚庚 倉陽 shraaŋ
傖# 崇庚 a2 開助庚 倉陽 zraaŋ
遭 精豪 a1 開作曹 曹幽1 ʔsluu
糟 精豪 a1 開作曹 曹幽1 ʔsluu
醩 精豪 a1 開作曹 曹幽1 ʔsluu 俗同糟，见汉书
傮 精豪 a1 開作曹 曹幽1 ʔsluu
槽 精豪 a1 開作曹 曹幽1 ʔsluu
曹 從豪 a1 開昨勞 曹幽1 zluu 金文下非曰字，上从二東，象列象播数种子于一穴，穴各为群
螬 從豪 a1 開昨勞 曹幽1 zluu
槽 從豪 a1 開昨勞 曹幽1 zluu
漕 從豪 a1 開昨勞 曹幽1 zluu
嘈 從豪 a1 開昨勞 曹幽1 zluu
艚# 從豪 a1 開昨勞 曹幽1 zluu
褿 從豪 a1 開昨勞 曹幽1 zluu
蓸# 從豪 a1 開昨勞 曹幽1 zluu
漕 從豪 c1 開在到 曹幽1 zluus
慒 邪尤 a3 開似由 曹幽1 zlu>lju

慒　從冬 a1 合藏宗　曹終　zluuŋ
艸　清豪 b1 開采老　艸幽1　shuuʔ篆文草
栅　初陌 d2 開測戟　册鐸　shraag
册　初麥 d2 開楚革　册錫　shreeg
笧　初麥 d2 開楚革　册錫　shreeg册古文
栅　初麥 d2 開楚革　册錫　shreeg
稷　精職 d3 開子力　畟職　sklɯg
畟　精職 d3 開子力　畟職　sklɯg
畟　初職 d3 開初力　畟職　skhrɯg
溭#　崇職 d3 開士力　畟職　sgrɯg
謖　生屋 d3 合所六　畟覺1　sqhrug
叉　初麻 a2 開初牙　叉歌1　shraal
杈　初麻 a2 開初牙　叉歌1　shraal
靫#　初麻 a2 開初牙　叉歌1　shraal
汊#　初麻 c2 開楚嫁*　叉歌1　shraals
杈#　初麻 c2 開楚嫁*　叉歌1　shraals
衩#　初麻 c2 開楚嫁　叉歌1　shraals
扠#　徹佳 a2 開丑佳　叉歌2　hr'eel注又作搋
釵　初佳 a2 開楚佳　叉歌2　shreel
靫#　初佳 a2 開楚佳　叉歌2　shreel
叉　初佳 a2 開楚佳　叉歌2　shreel
芆#　初佳 a2 開楚佳　叉歌2　shreel
衩#　初佳 c2 開楚懈　叉歌2　shreels
杈　初佳 c2 開楚懈　叉歌2　shreels
訍#　初佳 c2 開楚懈　叉歌2　shreels
偛#　莊洽 d2 開側洽　臿盍2　ʔsreeb
插　初洽 d2 開楚洽　臿盍2　shreeb
鍤　初洽 d2 開楚洽　臿盍2　shreeb
臿　初洽 d2 開楚洽　臿盍2　shreeb
喢#　初洽 d2 開楚洽　臿盍2　shreeb
牐#　崇洽 d2 開士洽　臿盍2　zreeb士原误七，据校本，宋以来作閘
喢#　生洽 d2 開山洽　臿盍2　sreeb
歃　生洽 d2 開山洽　臿盍2　sreeb
敮#　曉洽 d2 開呼洽　臿盍2　hreeb
鍤　徹葉 d3 開丑輒　臿盍2　rheb
喢#　生葉 d3 開山輒　臿盍2　sreb
歃　生葉 d3 開山輒　臿盍2　sreb
喢#　昌葉 d3 開叱涉　臿盍2　lhjeb
岔+　初麻 c2 開楚嫁*　岔魚　shraas 叉晚起分化字
孱　崇山 a2 開士山　孱元2　sgreen孨旨兖切
潺　崇山 a2 開士山　孱元2　sgreen
僝#　崇山 a2 開士山　孱元2　sgreen
轏　崇山 b2 開士限　孱元2　sgreenʔ
孱　崇山 b2 開士限　孱元2　sgreenʔ
潺　崇仙 a3 開士連　孱元2　sgren
僝　崇仙 c3 合士戀　孱元2　sgwrens
[illegible]#　莊臻 a3 開側詵　孱真1　skrin/ʔsrin同榛
纏　澄仙 a3 開直連　廛元1　dan
緾#　澄仙 a3 開直連　廛元1　dan俗同纏
躔　澄仙 a3 開直連　廛元1　dan
瀍　澄仙 a3 開直連　廛元1　dan见禹贡
鄽　澄仙 a3 開直連　廛元1　dan
廛　澄仙 a3 開直連　廛元1　dan
纏　澄仙 c3 開持碾　廛元1　dans
[illegible]#　澄鹽 a3 開直廉　[illegible]談2　rlem会意字，与剡同源
纔　從咍 a1 開昨哉　毚之　zlɯɯ
纔　從咍 c1 開昨代　毚之　zlɯɯs
讒　崇咸 a2 開士咸　毚侵1　zrɯɯm
饞　崇咸 a2 開士咸　毚侵1　zrɯɯm见易林

毚　崇咸 a2 開士咸　毚侵1　zrɯɯm
欃　崇咸 a2 開士咸　毚侵1　zrɯɯm
攙　崇咸 a2 開士咸　毚侵1　zrɯɯm
儳　崇咸 a2 開士咸　毚侵1　zrɯɯm
酁　崇咸 a2 開士咸　毚侵1　zrɯɯm
瀺　崇咸 b2 開士減　毚侵1　zrɯɯmʔ
儳　崇咸 c2 開仕陷　毚侵1　zrɯɯms
攙　初銜 a2 開楚銜　毚談1　shraam
儳　初銜 c2 開楚鑒　毚談1　shraams
嚵　初銜 c2 開楚鑒　毚談1　shraams
巉　崇銜 a2 開鋤銜　毚談1　zraam
劖　崇銜 a2 開鋤銜　毚談1　zraam
艬#　崇銜 a2 開鋤銜　毚談1　zraam
鑱　崇銜 a2 開鋤銜　毚談1　zraam
毚　崇銜 a2 開鋤銜　毚談1　zraam
嚵　崇銜 a2 開鋤銜　毚談1　zraam
巉　崇銜 b2 開仕檻　毚談1　zraamʔ
鑱　崇銜 c2 開士懺　毚談1　zraams
欃　崇銜 c2 開士懺　毚談1　zraams
讒　崇銜 c2 開士懺　毚談1　zraams
艬#　崇銜 c2 開士懺　毚談1　zraams
纔　生銜 a2 開所銜　毚談1　sraam
嚵　從鹽 b3 開慈染　毚談1　zlamʔ
𡰥#　徹咸 b2 開丑減　𡰥談2　rtheemʔ
弗#　初山 b2 開初限　弗元2　shreenʔ
蕆　徹仙 b3 開丑善　蕆元1　thanʔ
昌　昌陽 a3 開尺良　昌陽　thjaŋ
倡　昌陽 a3 開尺良　昌陽　thjaŋ
猖　昌陽 a3 開尺良　昌陽　thjaŋ
菖　昌陽 a3 開尺良　昌陽　thjaŋ
閶　昌陽 a3 開尺良　昌陽　thjaŋ
鯧#　昌陽 a3 開尺良　昌陽　thjaŋ
裮#　昌陽 a3 開尺良　昌陽　thjaŋ
琩#　昌陽 a3 開尺良　昌陽　thjaŋ
唱　昌陽 c3 開尺亮　昌陽　thjaŋs
倡　昌陽 c3 開尺亮　昌陽　thjaŋs
張　知陽 a3 開陟良　長陽　taŋ
餦　知陽 a3 開陟良　長陽　taŋ
粻　知陽 a3 開陟良　長陽　taŋ
漲　知陽 a3 開陟良　長陽　taŋ
長　知陽 b3 開知丈　長陽　taŋʔ<ʔl'aŋʔ
漲　知陽 b3 開展兩　長陽　taŋʔ
漲　知陽 c3 開知亮　長陽　taŋs
脹　知陽 c3 開知亮　長陽　taŋs 见素问
痮#　知陽 c3 開知亮　長陽　taŋs 同脹
帳　知陽 c3 開知亮　長陽　taŋs
賬+　知陽 c3 開知亮+　長陽　taŋs 帳后起分化字
張　知陽 c3 開知亮　長陽　taŋs
倀　徹陽 a3 開褚羊　長陽　thaŋ
䘺　徹陽 a3 開褚羊　長陽　thaŋ 见尚书大传
鋹#　徹陽 b3 開丑兩　長陽　thaŋʔ
悵　徹陽 c3 開丑亮　長陽　thaŋs
韔　徹陽 c3 開丑亮　長陽　thaŋs
長　澄陽 a3 開直良　長陽　daŋ<l'aŋ
萇　澄陽 a3 開直良　長陽　daŋ
瓺　澄陽 a3 開直良　長陽　daŋ
瓺　澄陽 c3 開直亮　長陽　daŋs
長　澄陽 c3 開直亮　長陽　daŋs
倀　知庚 c2 開猪孟　長陽　rtaaŋs
棖#　澄庚 a2 開直庚　長陽　rdaaŋ
振#　澄庚 a2 開直庚　長陽　rdaaŋ
袓#　徹陽 b3 開丑兩　袓陽　thaŋʔ
袓#　徹陽 c3 開丑亮　袓陽　thaŋs

鬯 徹陽 c3 開丑亮 鬯陽 thaŋs
璅 精豪 b1 開子晧 巢宵1 ʔslaawʔ
繅 精豪 b1 開子晧 巢宵1 ʔslaawʔ
藻 精豪 b1 開子晧 巢宵1 ʔslaawʔ
繅 心豪 a1 開蘇遭 巢宵1 slaaw
罺 莊肴 a2 開側交 巢宵1 ʔsraaw
摷 莊肴 a2 開側交 巢宵1 ʔsraaw
勦 初肴 a2 開初交* 巢宵1 shraaw
罺 初肴 c2 開初教 巢宵1 shraaws
巢 崇肴 a2 開鉏交 巢宵1 zraaw
轈 崇肴 a2 開鉏交 巢宵1 zraaw
勦 崇肴 a2 開鉏交 巢宵1 zraaw
橥 崇肴 a2 開鉏交 巢宵1 zraaw
鄛 崇肴 a2 開鉏交 巢宵1 zraaw
巢 崇肴 c2 開士稍 巢宵1 zraaws 士原误为七，依校本
剿 精宵 b3 開子小 巢宵1 ʔslawʔ=剿
勦 精宵 b3 開子小 巢宵1 ʔslawʔ
潒 精宵 b3 開子小 巢宵1 ʔslawʔ
摷 來蕭 a4 開落蕭 巢宵1 raaw
嘲 知肴 a2 開陟交 朝宵2 ʔr'eew
廟 明宵 c3b 開眉召 朝宵2 mrews 古文作庿
朝 知宵 a3 開陟遥 朝宵2 ʔr'ew 甲文作日月同在草中，表清晨，非舟声
潮 澄宵 a3 開直遥 朝宵2 r'ew
朝 澄宵 a3 開直遥 朝宵2 r'ew
鼂 澄宵 a3 開直遥 鼂宵2 r'ew>d 读若朝，或作晁，即晁省声
車 昌麻 a3 開尺遮 車魚 khlja
硨# 昌麻 a3 開尺遮 車魚 khlja
厙# 書麻 c3 開始夜 車魚 qhljaas
庫 溪模 c1 合苦故 車魚 khlaas
車 見魚 a3 合九魚 車魚 kla
中 徹薛 d3 開丑列 中月1 thad
聅 定寒 a1 開徒干 聅元1 daan
聅 徹薛 d3 開丑列 聅月1 thad
徹 徹薛 d3 開丑列 徹月2 thed
撤 徹薛 d3 開丑列 徹月2 thed
撤 澄薛 d3 開直列 徹月2 ded 徹转注字
澈 澄薛 d3 開直列 徹月2 ded 见毛诗传
轍 澄薛 d3 開直列 徹月2 ded
臤 溪寒 a1 開苦寒 臣元1 khaan
掔 溪山 a2 開苦閑 臣真1 khriin
臤 溪山 a2 開苦閑 臣真1 khriin
慳# 溪山 a2 開苦閑 臣真1 khriin
贒# 匣山 a2 開户間 臣真1 griin
贒# 匣山 c2 開侯襉 臣真1 griins
堅 見先 a4 開古賢 臣真1 kiin
鋻 見先 a4 開古賢 臣真1 kiin
鰹 見先 a4 開古賢 臣真1 kiin 见尔雅
鋻 見先 c4 開古電 臣真1 kiins
掔 溪先 a4 開苦堅 臣真1 khiin 臤转注字
蜸 溪先 b4 開牽繭 臣真1 khiinʔ 见尔雅
菣 溪先 c4 開苦甸 臣真1 khiins
賢 匣先 a4 開胡田 臣真1 giin
臤 匣先 a4 開胡田 臣真1 giin 賢古文
礥 匣先 a4 開胡田 臣真1 giin 见太玄
臔# 匣先 b4 開胡典 臣真1 giinʔ
抻 章真 c3 開章刃 臣真2 kiŋs
臣 禪真 a3 開植鄰 臣真2 giŋ 甲文臧象以戈刺目为奴，省戈表不刺者则为臣，专指役使于家内者
茞 禪真 a3 開植鄰 臣真2 giŋ

腎　禪真 b3 開時忍　臣真1　gjinʔ

頣　書真 b3 開式忍　臣真2　hŋiŋʔ

緊　見真 b3a 開居忍　臣真1　kinʔ

菣　溪真 c3a 開去刃　臣真1　khins

臤　溪真 c3a 開去刃　臣真1　khins

嚚　疑真 a3b 開語巾　臣真2　ŋgriŋ

礥　云真 a3 開下珍　臣真1　ɢrin＞ɦ 见太玄

鏗　溪耕 a2 開口莖　臣耕　khreeŋ

摼　溪耕 a2 開口莖　臣耕　khreeŋ

硻　溪耕 a2 開口莖　臣耕　khreeŋ

䟴　徹脂 a3 開丑飢　辰微1　thɯl 见庄子

屒　知真 b3 開珍忍　辰文1　tɯnʔ

䟴　徹真 b3 開丑忍　辰文1　thɯnʔ 见庄子

䟴　徹真 a3 開丑人　辰文1　thɯn

振　章真 a3 開職鄰　辰文1　tjɯn 原误側鄰切，依韵目注改

侲　章真 a3 開職鄰　辰文1　tjɯn 原作側鄰切

桭　章真 a3 開職鄰　辰文1　tjɯn 原作側鄰切

唇　章真 a3 開職鄰　辰文1　tjɯn 原作側鄰切，驚也

帪　章真 a3 開職鄰　辰文1　tjɯn 原作側鄰切

殿　章真 a3 開職鄰　辰文1　tjɯn 原作側鄰切

賑　章真 b3 開章忍　辰文1　tjɯnʔ

袗　章真 b3 開章忍　辰文1　tjɯnʔ 同袗

敐　章真 b3 開章忍　辰文1　tjɯnʔ 见吕氏春秋

振　章真 c3 開章刃　辰文1　tjɯns

震　章真 c3 開章刃　辰文1　tjɯn/s

賑　章真 c3 開章刃　辰文1　tjɯns

娠　章真 c3 開章刃　辰文1　tjɯns

侲　章真 c3 開章刃　辰文1　tjɯn

蜃　禪真 c3 開時刃　辰文1　djɯns

辰　禪真 a3 開植鄰　辰文1　djɯn＜ɦljɯn

晨　禪真 a3 開植鄰　辰文1　djɯn

宸　禪真 a3 開植鄰　辰文1　djɯn

鷐　禪真 a3 開植鄰　辰文1　djɯn

麎　禪真 a3 開植鄰　辰文1　djɯn

桭　禪真 a3 開植鄰　辰文1　djɯn

屒　禪真 a3 開植鄰　辰文1　djɯn

敐#　禪真 a3 開植鄰　辰文1　djɯn

蜃　禪真 b3 開時忍　辰文1　djɯnʔ

祳　禪真 b3 開時忍　辰文1　djɯnʔ

脤　禪真 b3 開時忍　辰文1　djɯnʔ 同祳

鋠#　禪真 b3 開時忍　辰文1　djɯnʔ

蜃　禪真 c3 開時刃　辰文1　djɯns

娠　書真 a3 開失人　辰文1　hljɯn 本读章母，此或训读身

晨　船真 a3 開食鄰　辰文1　ɦljɯn

磭#　疑真 b3b 開宜引　辰文1　ŋrɯnʔ 疑为语偃切，产字错读（产磭联绵）

陙　禪諄 a3 合常倫　辰文2　djun

脣　船諄 a3 合食倫　辰文2　ɦljun 今作唇

唇　船諄 a3 合船倫*　辰文2　ɦljun 驚也

漘　船諄 a3 合食倫　辰文2　ɦljun

陳　澄真 a3 開直珍　陳真2　l'iŋ 同敶，见经典，右从敶，象布种于山阜，会层列意，非申声

敶　澄真 a3 開直珍　陳真2　l'iŋ 古文陳

敶　澄真 c3 開直刃　陳真2　l'iŋs 古文陳

陳　澄真 c3 開直刃　陳真2　l'iŋs 同敶

陣 澄真 c3 開直刃 陳真2 l'iŋs 同陳，原注俗，今通用
塵 澄真 a3 開直珍 塵文1 rdɯn
疢 徹真 c3 開丑刃 疢文1 lhɯns 俗从尔通疹
齔 初真 b3 開初謹 齔真1 shrinʔ 原列隱韵
齔 初臻 c3 開初覲 齔真1 shrins<sphrinsʔ
讖 初侵 c3 開楚譖 韱侵2 shrims
稱 昌蒸 a3 開處陵 爯蒸 thjɯŋ
爯 昌蒸 a3 開處陵 爯蒸 thjɯŋ 转注为稱
偁 昌蒸 a3 開處陵 爯蒸 thjɯŋ
稱 昌蒸 c3 開昌孕 爯蒸 thjɯŋs
蒸 章蒸 a3 開煑仍 丞蒸 kljɯŋ
烝 章蒸 a3 開煑仍 丞蒸 kljɯŋ
篜# 章蒸 a3 開煑仍 丞蒸 kljɯŋ 蒸转注分化字
脀 章蒸 a3 開煑仍 丞蒸 kljɯŋ
拯 章蒸 b3 開支庱# 丞蒸 kljɯŋʔ 原音蒸上声无切语，此切为五音集韵补
氶 章蒸 b3 開支庱# 丞蒸 kljɯŋʔ 古县，原音蒸上声无切语，此切依五音集韵
烝 章蒸 c3 開諸應 丞蒸 kljɯŋs
承 禪蒸 a3 開署陵 丞蒸 gljɯŋ
丞 禪蒸 a3 開署陵 丞蒸 gljɯŋ 拯之初文
丞 禪蒸 c3 開常證 丞蒸 gljɯŋs
巹 見欣 b3 開居隱 丞文1 klɯnʔ 又作卺，说文读若诗云赤舄己己(狼跋作几)
成 禪清 a3 開是征 成耕 djeŋ 说文丁声，甲文戌下一竖，或表戈已制成，一竖为指事符号
城 禪清 a3 開是征 成耕 djeŋ
誠 禪清 a3 開是征 成耕 djeŋ
宬 禪清 a3 開是征 成耕 djeŋ
郕 禪清 a3 開是征 成耕 djeŋ
筬# 禪清 a3 開是征 成耕 djeŋ
盛 禪清 a3 開是征 成耕 djeŋ
珹# 禪清 a3 開是征 成耕 djeŋ
盛 禪清 c3 開承正 成耕 djeŋs
晟# 禪清 c3 開承正 成耕 djeŋs
墭# 禪清 c3 開承正 成耕 djeŋs
揨# 澄庚 a2 開直庚 呈耕 rlaaŋ<rleeŋ
鋥# 澄庚 c2 開除更 呈耕 rlaaŋs<rleeŋs
逞 徹清 b3 開丑郢 呈耕 lheŋʔ
裎 徹清 b3 開丑郢 呈耕 lheŋʔ
悜# 徹清 b3 開丑郢 呈耕 lheŋʔ
睈# 徹清 b3 開丑郢 呈耕 lheŋʔ
呈 澄清 a3 開直貞 呈耕 l'eŋ 壬声
程 澄清 a3 開直貞 呈耕 l'eŋ
酲 澄清 a3 開直貞 呈耕 l'eŋ
珵 澄清 a3 開直貞 呈耕 l'eŋ 见离骚
裎 澄清 a3 開直貞 呈耕 l'eŋ
徎 澄清 b3 開丈井 呈耕 l'eŋʔ
呈 澄清 c3 開直正 呈耕 l'eŋs
郢 以清 b3 開以整 呈耕 leŋʔ
浧 以清 b3 開以整 呈耕 leŋʔ 见管子
桯 透青 a4 開他丁 呈耕 lheeŋ
鞓# 透青 a4 開他丁 呈耕 lheeŋ
侱 透青 b4 開他鼎 呈耕 lheeŋʔ
壬2 透青 b4 開他鼎 呈耕 lheeŋʔ 下为土
鐵 透屑 d4 開他結 呈質2 lhiig
驖 透屑 d4 開他結 呈質2 lhiig
驖 定屑 d4 開徒結 呈質2 l'iig
戜 定屑 d4 開徒結 呈質2 l'iig

桯 匣青 a4 開户經 呈耕 ɦleeŋ
乘 船蒸 a3 開食陵 乘蒸 ɦljɯŋ
溗# 船蒸 a3 開食陵 乘蒸 ɦljɯŋ
塖# 船蒸 a3 開食陵 乘蒸 ɦljɯŋ
騬 船蒸 a3 開食陵 乘蒸 ɦljɯŋ
椉 船蒸 a3 開食陵 乘蒸 ɦljɯŋ 同乘
剩# 船蒸 c3 開實證 乘蒸 ɦljɯŋs 集韵賸注俗字
乘 船蒸 c3 開實證 乘蒸 ɦljɯŋs
嵊# 船蒸 c3 開實證 乘蒸 ɦljɯŋs
秤 昌蒸 c3 開昌孕 秤蒸 thjɯŋs 同稱俗
尺 昌昔 d3 開昌石 尺鐸 thjaag
蚇 昌昔 d3 開昌石 尺鐸 thjaag
蠡 來齊 b4 開盧啓 彖$_2$歌$_2$ reelʔ
盠# 來齊 b4 開盧啓 彖$_2$歌$_2$ reelʔ 蠡分化字
蠡 來支 a3 開呂支 彖$_2$歌$_2$ rel
彖 昌支 b3 開尺氏 彖$_2$歌$_2$ lhjelʔ 原作彖
彖 書支 b3 開賞是* 彖$_2$歌$_2$ hljelʔ
墬 定脂 c3 開徒四 彖$_2$歌$_2$ l'els/l'jeels 籀文地
彳 徹昔 d3 開丑亦 彳錫 theg 朱骏声云彳亍今作躑躅
洓$_2$ 莊麻 a2 開側加 赤魚 sqraa
嚇# 曉麻 c2 開呼訝 赤暮 qhraags
赦 書麻 c3 開始夜 赤暮 qhljaags 说文或从亦声
郝 曉鐸 d1 開呵各 赤鐸 qhlaag
赫 曉陌 d2 開呼格 赤鐸 qhraag
嚇 曉陌 d2 開呼格 赤鐸 qhraag 见庄子
爀# 曉陌 d2 開呼格 赤鐸 qhraag
赤 昌昔 d3 開昌石 赤鐸 khljaag
烾 昌昔 d3 開昌石 赤鐸 khljaag 赤古文
郝 昌昔 d3 開昌石 赤鐸 khljaag
郝 書昔 d3 開施隻 赤鐸 qhljaag
螫 書昔 d3 開施隻 赤鐸 qhljaag
赥# 曉錫 d4 開許激 赤錫 qhleeg
捇 曉麥 d2 合呼麥 赤錫 qhʷreeg
焃 曉麥 d2 合呼麥 赤錫 qhʷreeg 见方言
敕 徹職 d3 開恥力 敕職 thɯg 稙初文，金文左从東(種)，象下種，同说文臿(插)地义，而非東声
勅# 徹職 d3 開恥力 敕職 thɯg 同敕
鷘# 徹職 d3 開恥力 敕職 thɯg
慗 徹職 d3 開恥力 敕職 thɯg
遫 徹職 d3 開恥力 敕職 thɯg 见方言
統 透冬 c1 合他綜 充終 thuuŋs
充 昌東 a3 合昌終 充終 thjuŋ < lhjuŋ 说文育省声，诗山有扶苏叶东部
珫# 昌東 a3 合昌終 充終 thjuŋ 充转注分化字
茺# 昌東 a3 合昌終 充終 thjuŋ
銃# 昌東 c3 合充仲 充終 thjuŋs
樁 知江 a2 開都江 舂東 ʔr'ooŋ
惷 徹江 a2 開丑江 舂東 hr'ooŋ
惷 徹鍾 c3 合丑用 舂東 lhoŋs
舂 書鍾 a3 合書容 舂東 hljoŋ
摏 書鍾 a3 合書容 舂東 hljoŋ 见左传
踳 書鍾 a3 合書容 舂東 hljoŋ
惷 書鍾 a3 合書容 舂東 hljoŋ
痋 定冬 a1 合徒冬 蟲終 l'uuŋ
鉵 定冬 a1 合徒冬 蟲終 l'uuŋ
触 定冬 a1 合徒冬 蟲終 l'uuŋ
爞 定冬 a1 合徒冬 蟲終 l'uuŋ

蟲 澄東 a3 合直弓 蟲終 l'uŋ 后省作虫，已见汉简

爞 澄東 a3 合直弓 蟲終 l'uŋ

蟲 澄東 c3 合直衆 蟲終 l'uŋs

融 以東 a3 合以戎 蟲終 luŋ

瀜# 以東 a3 合以戎 蟲終 luŋ

犨 昌尤 a3 開赤周 雔幽1 thju 同犫

犫 昌尤 a3 開赤周 雔幽1 thju

雔 禪尤 a3 開市流 雔幽1 dju<gju

售 禪尤 c3 開承呪 雔幽1 djus<gjus

讎 禪尤 a3 開市流 雔幽1 dju<gju 说文作仇声训

猱 泥豪 a1 開奴刀 丑幽1 nuu 同獿

紐 泥尤 b3 開女久 丑幽1 nuʔ

扭# 泥尤 b3 開女久 丑幽1 nuʔ

狃 泥尤 b3 開女久 丑幽1 nuʔ

鈕 泥尤 b3 開女久 丑幽1 nuʔ

忸 泥尤 b3 開女九* 丑幽1 nuʔ

杻 泥尤 b3 開女久 丑幽1 nuʔ

莥 泥尤 b3 開女久 丑幽1 nuʔ

羞 心尤 a3 開息流 丑幽1 snu

扭# 知尤 b3 開陟柳 丑幽1 t-nuʔ

丑 徹尤 b3 開敕久 丑幽1 nhuʔ

杻 徹尤 b3 開敕久 丑幽1 nhuʔ

狃 娘尤 c3 開女救 丑幽1 nus

沑 日尤 b3 開人九 丑幽1 njuʔ

粈 日尤 b3 開人九 丑幽1 njuʔ

忸 泥屋 d3 合女六 丑覺1 nug

衄 泥屋 d3 合女六 丑覺1 nug

沑 泥屋 d3 合女六 丑覺1 nug

衄 日屋 d3 合如六 丑覺1 njug

臭 昌尤 c3 開尺救 臭幽1 khljus

殠 昌尤 c3 開尺救 臭幽1 khljus 臭字转注

糗 溪尤 b3 開去久 臭幽1 khluʔ 臭字转注

殠 曉尤 b3 開許久 臭幽1 qhluʔ 臭字转注

嗅 曉尤 c3 開許救 臭幽1 qhlus 见庄子，臭字转注

齅 曉尤 c3 開許救 臭幽1 qhlus 臭字转注

嗅 曉東 c3 合香仲* 臭終 qhluŋs 臭字转注

聉 透灰 b1 合吐猥 出微2 rhuulʔ

贅 章祭 c3 合之芮 出祭3 kljods>tj

⿰出又 章祭 c3 合之芮 出祭3 kljod>tj-

祟 心脂 c3 合雖遂 出隊2 sqhluds

出 昌脂 c3 合尺類 出隊2 khljuds

茁 知質 d3 開徵筆 出物1 ʔl'ɯd/kr'ɯd

聉 疑質 d3b 開魚乙 出物2 ŋrɯd<ŋgrɯd

欪 曉質 d3a 開許吉 出物1 qhlɯd 又丑律切

貀 泥黠 d2 合女滑 出物2 ŋr'uud<ŋgr'uud>nr 同豽。说文、尔雅皆作此，豽见后汉书

聉 知黠 d2 合丁滑 出物2 ʔr'uud>tr

茁 莊黠 d2 合鄒滑 出物2 skruud

聉 疑黠 d2 合五滑 出物2 ŋruud<ŋgruud 原作五骨，依切韵、集韵校改

袦# 娘鎋 d2 合女刮 出月3 ŋr'ood>nr

咄 端末 d1 合丁括 出月3 ʔl'ood

柮 從末 d1 合藏活 出月3 sglood

茁　莊薛 d3 合側劣　出月3　skrod
拙　章薛 d3 合職悅　出月3　kljod
炪　章薛 d3 合職悅　出月3　kljod
掘　群月 d3 合其月　出月3　glod
咄　端没 d1 合當沒　出物2　ʔl'uud
柮　端没 d1 合當沒　出物2　ʔl'uud
鈯# 定没 d1 合陀骨　出物2　l'uud
崛# 見没 d1 合古忽　出物2　kluud
淈　見没 d1 合古忽　出物2　kluud
窟　溪没 d1 合苦骨　出物2　khluud
泏　溪没 d1 合苦骨　出物2　khluud
堀　溪没 d1 合苦骨　出物2　khluud
朏# 溪没 d1 合苦骨　出物1　khluud 肉旁
崛# 曉没 d1 合呼骨　出物2　qhluud
淈　匣没 d1 開下沒　出物1　glɯɯd<gluud
窋　知術 d3 合竹律　出物2　ʔl'ud
絀　知術 d3 合竹律　出物2　ʔl'ud
泏　知術 d3 合竹律　出物2　ʔl'ud
黜　徹術 d3 合丑律　出物2　lhud
炪　徹術 d3 合丑律　出物2　lhud
欪　徹術 d3 合丑律　出物2　lhud
茁　莊術 d3 合鄒律　出物2　skrud 徵筆切,注又切
出　昌術 d3 合赤律　出物2　khljud/lhjud
屈　見物 d3 合九物　出物2　klud
趉　見物 d3 合九物　出物2　klud
鶌　見物 d3 合九物　出物2　klud
詘　溪物 d3 合區勿　出物2　khlud
屈　溪物 d3 合區勿　出物2　khlud
倔　群物 d3 合衢物　出物2　glud
崛　群物 d3 合衢物　出物2　glud
掘　群物 d3 合衢物　出物2　glud
堀　群物 d3 合衢物　出物2　glud
崛　疑物 d3 合魚勿　出物2　ŋglud
初　初魚 a3 合楚居　初魚　shra
煼　初肴 b2 開初爪　芻侯　shrooʔ
謅# 初肴 b2 開初爪　芻侯　shrooʔ
縐　初肴 c2 開初教　芻侯　shroos
鄒　莊尤 a3 開側鳩　芻幽1　ʔsru
謅# 莊尤 a3 開甾尤*　芻幽1　ʔsru
騶　莊尤 a3 開側鳩　芻幽1　ʔsru
搊　莊尤 b3 開側九　芻幽1　ʔsruʔ
皺# 莊尤 c3 開側救　芻幽1　ʔsrus
縐　莊尤 c3 開側救　芻幽1　ʔsrus
搊　初尤 a3 開楚鳩　芻幽1　shru
篘# 初尤 a3 開楚鳩　芻幽1　shru
謅# 初尤 a3 開楚鳩　芻幽1　shru
㑳# 崇尤 c3 開鋤祐　芻幽1　zrus 㛮转注分化字
趍# 清虞 a3 合七逾　芻侯　shlo 俗趨字
趨　清虞 a3 合七逾　芻侯　shlo
㑳# 莊虞 a3 合莊俱　芻侯　ʔsro
搊　莊虞 a3 合莊俱　芻侯　ʔsro
芻　初虞 a3 合測隅　芻侯　shro
犓　初虞 a3 合測隅　芻侯　shro
雛　崇虞 a3 合仕于　芻侯　zro
鶵　崇虞 a3 合仕于　芻侯　zro
㛮　崇虞 a3 合仕于　芻侯　zro
齺　崇覺 d2 開士角　芻屋　zroog
㑳# 泥洽 d2 開女洽　芻缉3　rnuub 又口旁
亍　知虞 c3 合中句　亍竇　togs
亍　徹燭 d3 合丑玉　亍屋　thog
冢　知鍾 b3 合知隴　冢東　toŋʔ
塚# 知鍾 b3 合知隴　冢東　toŋʔ 冢转

注俗字
涿 知覺 d2 開竹角 豖屋 rtoog
琢 知覺 d2 開竹角 豖屋 rtoog
啄 知覺 d2 開竹角 豖屋 rtoog
諑 知覺 d2 開竹角 豖屋 rtoog
啄 端屋 d1 合丁木 豖屋 toog
剢# 端屋 d1 合丁木 豖屋 toog
瘃 知燭 d3 合陟玉 豖屋 tog
豖 徹燭 d3 合丑玉 豖屋 thog
矗 徹屋 d3 合丑六 矗覺1 hr'ug 见上林赋
矗 初屋 d3 合初六 矗覺1 shrug
川 昌仙 a3 合昌緣 川元3 khjon/khljon
釧# 昌仙 c3 合尺絹 川元3 khjons
巛 溪魂 a1 合苦昆 川文2 khluun
巡 邪諄 a3 合詳遵 川文2 sɢljun
馴 邪諄 a3 合詳遵 川文2 sɢljun
紃 邪諄 a3 合詳遵 川文2 sɢljun
甽 章諄 c3 合朱閏* 川文2 kljuns 见释名
紃 船諄 a3 合食倫 川文2 ɢljun
順 船諄 c3 合食閏 川文2 ɢljuns
訓 曉文 c3 合許運 川文2 qhluns
穿 昌仙 a3 合昌緣 穿元3 khljon
穿 昌仙 c3 合尺絹 穿元3 khljons
舛 昌仙 b3 合昌兖 舛元3 thjonʔ 扬雄作踳
荈# 昌仙 b3 合昌兖 舛元3 thjonʔ
僢 昌諄 b3 合尺尹 舛文2 lhjunʔ 舛分化字
舜 書諄 c3 合舒閏 舛文2 hljuns
瞬# 書諄 c3 合舒閏 舛文2 hljuns
蕣 書諄 c3 合舒閏 舛文2 hljuns 诗作舜
串 見删 c2 合古患 串元3 kroons
串# 昌仙 c3 合尺絹 串元3 khjons
梁 來陽 a3 開吕張 刅陽 raŋ
粱 來陽 a3 開吕張 刅陽 raŋ
剏 初陽 c3 開初亮 刅陽 shraŋs
闖1+ 初陽 b3 開初兩+ 闖1陽 shraŋʔ 搶训读
闖2 徹侵 c3 開丑禁 闖2侵1 lhɯms
吹 昌支 a3 合昌垂 吹歌3 khjol
炊 昌支 a3 合昌垂 吹歌3 khjol
吹 昌支 c3 合尺僞 吹歌3 khjols
吙# 曉支 a3b 開許羈 吹歌1 qhral
吙# 曉支 a3a 開香支 吹歌2 qhel
埵 端戈 b1 合丁果 垂歌3 toolʔ
綞# 端戈 b1 合丁果 垂歌3 toolʔ
涶 透戈 a1 合土禾 垂歌3 thool
唾 透戈 c1 合湯臥 垂歌3 thools
涶 透戈 c1 合湯臥 垂歌3 thools 同唾
厜 精支 a3 合姊規 垂歌3 stol 原作姊宜切，校本依切韵改
腄 知支 a3 合竹垂 垂歌3 tol
箠 知支 a3 合竹垂 垂歌3 tol
娷 知支 c3 合竹恚 垂歌3 tols
諈 知支 c3 合竹恚 垂歌3 tols
錘 澄支 a3 合直垂 垂歌3 dol
甀 澄支 a3 合直垂 垂歌3 dol
錘 澄支 c3 合馳僞 垂歌3 dols
腄 澄支 c3 合馳僞 垂歌3 dols
甀 澄支 c3 合馳僞 垂歌3 dols
硾 澄支 c3 合馳僞 垂歌3 dols 见吕氏春秋
捶 章支 b3 合之累 垂歌3 tjolʔ
箠 章支 b3 合之累 垂歌3 tjolʔ

垂　禪支 a3 合是為　垂歌$_3$　djol

陲　禪支 a3 合是為　垂歌$_3$　djol

倕　禪支 a3 合是為　垂歌$_3$　djol

菙　禪支 b3 合時髓　垂歌$_3$　djol? 见周礼

睡　禪支 c3 合是僞　垂歌$_3$　djols

鍾　澄脂 a3 合直追　垂微$_1$　dul 又鎚字，注亦从垂

辵　徹藥 d3 開丑略　辵鐸　thag

辝　邪之 a3 開似兹　辭之　ljɯ 同辭

辭　邪之 a3 開似兹　辭之　ljɯ

些　心歌 c1 開蘇箇　此歌$_1$　saals 见招魂

些$^{\#}$　心麻 a3 開寫邪　此歌$_1$　sjaal

跐　莊佳 b2 開阻買　此支　?sree? 雌氏切，注又音

柴　崇佳 a2 開士佳　此支　zree

祡　崇佳 a2 開士佳　此支　zree

茈　崇佳 a2 開士佳　此支　zree

眦　崇佳 c2 開士懈　此支　zrees 见汉书。士原誤七，依校本改

砦$^{\#}$　崇夬 c2 開犲夬　此祭$_1$　zraads 见三国志，庄子作柴

寨$_1$$^{\#}$　崇夬 c2 開犲夬　此祭$_1$　zraads 集韵同柴，或做砦，从寨柴省声

呰　精齊 a4 開祖稽　此支　?see

泚　清齊 b4 開千禮　此支　shee?

玼　清齊 b4 開千禮　此支　shee?

皉$^{\#}$　清齊 b4 開千禮　此支　shee?

鮆　從齊 b4 開徂禮　此支　zee?

呰　從齊 b4 開徂禮　此支　zee?

眥　從齊 c4 開在詣　此支　zees

些　心齊 c4 開蘇計　此支　sees

貲　精支 a3 開即移　此支　?se

髭　精支 a3 開即移　此支　?se 頾字注或体

頾　精支 a3 開即移　此支　?se

訾　精支 a3 開即移　此支　?se

鴜　精支 a3 開即移　此支　?se

鮆　精支 a3 開即移　此支　?se

鈭　精支 a3 開即移　此支　?se

姕　精支 a3 開即移　此支　?se

觜　精支 a3 開即移　此支　?se

觜　精支 a3 合姊規　此支　?se 原姊宜切，校本依切韵改。合口实后起

紫　精支 b3 開將此　此支　?se?

訾　精支 b3 開將此　此支　?se?

茈　精支 b3 開將此　此支　?se?

訿　精支 b3 開將此　此支　?se? 见楚辞九思

啙　精支 b3 開將此　此支　?se?

跐　精支 b3 開將此　此支　?se?

呰　精支 b3 開將此　此支　?se?

觜　精支 b3 合即委　此支　?se? 合口后起

嘴$^{\#}$　精支 b3 合祖委*　此支　?se?>同觜，晚起分化字

雌　清支 a3 開此移　此支　she

姕　清支 a3 開此移　此支　she

鈭　清支 a3 開此移　此支　she

此　清支 b3 開雌氏　此支　she? 甲文象足踏人背，为跐初文

跐　清支 b3 開雌氏　此支　she? 此字转注

佌　清支 b3 開雌氏　此支　she?

玼　清支 b3 開雌氏　此支　she?

泚　清支 b3 開雌氏　此支　she?

庛　清支 c3 開七賜　此支　shes

疵　從支 a3 開疾移　此支　ze

骴　從支 a3 開疾移　此支　ze

玼　從支 a3 開疾移　此支　ze
茈　從支 a3 開疾移　此支　ze
髊　從支 a3 開疾移　此支　ze
䦻　從支 a3 開疾移　此支　ze 见管子
柴　從支 a3 開疾移　此支　ze 即移切，注又音
鶿　從支 a3 開疾移　此支　ze
眥　從支 c3 開疾智　此支　zes
骴　從支 c3 開疾智　此支　zes 右原誤比，依説文、集韵校正
髊　從支 c3 開疾智　此支　zes
佌　心支 b3 開斯氏　此支　seʔ 偭注亦作佌
齜　莊支 a3 開側宜　此支　ʔsre
跐　莊支 b3 開側氏　此支　ʔsreʔ
債　莊佳 c2 開側賣　朿賜　ʔsreegs 責字转注
積　精支 c3 開子智　朿賜　ʔsegs
刺　清支 c3 開七賜　朿賜　shegs
莿　清支 c3 開七賜　朿賜　sheegs
刾　清支 c3 開七賜　朿賜　shegs 俗刺字，见秦简、论衡
朿　清支 c3 開七賜　朿賜　shegs
漬　從支 c3 開疾智　朿賜　zegs
積# 崇鎋 d2 開查鎋　朿月 1　zraad
嘖　莊陌 d2 開側伯　朿鐸　ʔsraag
幘　莊麥 d2 開側革　朿錫　ʔsreeg
簀　莊麥 d2 開側革　朿錫　ʔsreeg
嘖　莊麥 d2 開側革　朿錫　ʔsreeg
嫧　莊麥 d2 開側革　朿錫　ʔsreeg
債　莊麥 d2 開側革　朿錫　ʔsreeg 责字转注
讀　莊麥 d2 開側革　朿錫　ʔsreeg 说文又同嘖
責　莊麥 d2 開側革　朿錫　ʔsreeg
嫧　初麥 d2 開楚革　朿錫　shreeg
䞍# 初麥 d2 開楚革　朿錫　shreeg 见管子
憡　初麥 d2 開楚革　朿錫　shreeg 见方言
策　初麥 d2 開楚革　朿錫　shreeg
筴　初麥 d2 開楚革　朿錫　shreeg 集韵同策，见庄子
拺# 初麥 d2 開楚革　朿錫　shreeg
賾　崇麥 d2 開士革　朿錫　zreeg
鰿　崇麥 d2 開士革　朿錫　zreeg
樍# 崇麥 d2 開士革　朿錫　zreeg
嘖　崇麥 d2 開士革　朿錫　zreeg
揀# 生麥 d2 開山責　朿錫　sreeg
棟　生麥 d2 開山責　朿錫　sreeg 右原误束，校改
捒# 生麥 d2 開山責　朿錫　sreeg 右原误束，校改
積　精昔 d3 開資昔　朿錫　ʔseg
鰿　精昔 d3 開資昔　朿錫　ʔseg
蹟　精昔 d3 開資昔　朿錫　ʔseg
襀# 精昔 d3 開資昔　朿錫　ʔseg
磧　清昔 d3 開七迹　朿錫　sheg
婧　清昔 d3 開七迹　朿錫　sheg
刺　清昔 d3 開七迹　朿錫　sheg
洓　清昔 d3 開七迹　朿錫　sheg
績　精錫 d4 開則歷　朿錫　ʔseeg
勣# 精錫 d4 開則歷　朿錫　ʔseeg
樍# 精錫 d4 開則歷　朿錫　ʔseeg
咨　精脂 a3 開即夷　次脂 2　ʔsli
資　精脂 a3 開即夷　次脂 2　ʔsli
姿　精脂 a3 開即夷　次脂 2　ʔsli
粢　精脂 a3 開即夷　次脂 2　ʔsli
諮　精脂 a3 開即夷　次脂 2　ʔsli 见国语

恣　精脂 c3 開資四　次脂 2　ʔslis
濱　精脂 a3 開即夷　次脂 2　ʔsli
趑　清脂 a3 開取私　次脂 2　shli
螆　清脂 a3 開取私　次脂 2　shli 见方言
次　清脂 c3 開七四　次脂 2　slhis<snhis 说文二声，甲金文二或三划，似人叹气咨嗟
佽　清脂 c3 開七四　次脂 2　slhis
欮　清脂 c3 開七四　次脂 2　slhis
齌　從脂 a3 開疾資　次脂 2　zli 诗作茨，说文作薺
澬　從脂 a3 開疾資　次脂 2　zli
瓷　從脂 a3 開疾資　次脂 2　zli 见汉赋
茨　從脂 a3 開疾資　次脂 2　zli
餈　從脂 a3 開疾資　次脂 2　zli
垐　從脂 a3 開疾資　次脂 2　zli
窫　精屑 d4 開子結　次質 2　ʔsliig 见尔雅
垐　從職 d3 開秦力　次職　zlɯg
蚝#　清之 c3 開七吏　蚝之　shlɯs 同戴，会意
牎#　初江 a2 開楚江　囱東　shrooŋ 同窗
窗　初江 a2 開楚江　囱東　shrooŋ 原下作怱，注说文作窗
窓#　初江 a2 開楚江　囱東　shrooŋ 俗窗字
囪　初江 a2 開楚江　囱東　shrooŋ 窗说文正体
緫　精東 b1 合作孔　囱東　ʔslooŋʔ 集韵同總
熜　精東 b1 合作孔　囱東　ʔslooŋʔ 原从怱
傯　精東 b1 合作孔　囱東　ʔslooŋʔ 今同偬
緫　精東 b1 合作孔　囱東　ʔslooŋʔ
摠　精東 b1 合作孔　囱東　ʔslooŋʔ 同總
偬　精東 b1 合作孔　囱東　ʔslooŋʔ 见楚辞九叹
偬#　精東 c1 合作弄　囱東　ʔslooŋs
囪　清東 a1 合倉紅　囱東　shlooŋ 与窗同源
囱　清東 a1 合倉紅　囱東　shlooŋ 说文囱
璁　清東 a1 合倉紅　囱東　shlooŋ
驄　清東 a1 合倉紅　囱東　shlooŋ
蔥　清東 a1 合倉紅　囱東　shlooŋ
匆　清東 a1 合倉紅　囱東　shlooŋ 囱隶变，今义广韵、集韵只作怱
怱　清東 a1 合倉紅　囱東　shlooŋ 悤隶变
葱　清東 a1 合倉紅　囱東　shlooŋ
樬#　清東 a1 合倉紅　囱東　shlooŋ
聰　清東 a1 合倉紅　囱東　shlooŋ
繱　清東 a1 合倉紅　囱東　shlooŋ
騘　清東 a1 合倉紅　囱東　shlooŋ
鏓　清東 a1 合倉紅　囱東　shlooŋ
聦　清東 a1 合倉紅　囱東　shlooŋ
憁#　清東 c1 合千弄　囱東　shlooŋs
檧　心東 a1 合蘇公　囱東　slooŋ
憽#　心東 a1 合蘇公　囱東　slooŋ
檧　心東 b1 合先孔　囱東　slooŋʔ 见方言
幒　清鍾 b3 合且勇　囱東　shloŋʔ 職勇切，注又切
幒#　章鍾 a3 合諸容　囱東　kjoŋ 此乃松字训读，集韵作衳正字，引说文職茸切，或从松聲
摐　初江 a2 開楚江　从東　shrooŋ 见子虚赋
鏦　初江 a2 開楚江　从東　shrooŋ
豵　精東 a1 合子紅　从東　ʔslooŋ
嵸　精東 a1 合子紅　从東　ʔslooŋ

嵸 精東 b1 合作孔 从東 ʔslooŋʔ
葼 精東 b1 合作孔 从東 ʔslooŋʔ
蹤 精鍾 a3 合即容 从東 ʔsloŋ见释名
縱 精鍾 a3 合即容 从東 ʔsloŋ
樅 精鍾 a3 合即容 从東 ʔsloŋ
磫 精鍾 a3 合即容 从東 ʔsloŋ
豵 精鍾 a3 合即容 从東 ʔsloŋ
豵# 精鍾 a3 合即容 从東 ʔsloŋ
縱 精鍾 c3 合子用 从東 ʔsloŋs
瘲 精鍾 c3 合子用 从東 ʔsloŋs
樅 清鍾 a3 合七恭 从東 shloŋ
鏦 清鍾 a3 合七恭 从東 shloŋ
摐 清鍾 a3 合七恭 从東 shloŋ见太玄
瞛 清鍾 a3 合七恭 从東 shloŋ
瑽# 清鍾 a3 合七恭 从東 shloŋ
從 清鍾 a3 合七恭 从東 zloŋ从字转注
从 從鍾 a3 合疾容 从東 zloŋ
從 從鍾 a3 合疾容 从東 zloŋ
從 從鍾 c3 合疾用 从東 zloŋs
慫 心鍾 b3 合息拱 从東 sloŋʔ
聳 心鍾 b3 合息拱 从東 sloŋʔ
傱 心鍾 b3 合息拱 从東 sloŋʔ见汉书
觕 清模 a1 合倉胡 觕魚 shlaa
觕 從模 b1 合徂古 觕魚 zlaaʔ
麄 清模 a1 合倉胡 麄魚 shlaa见战国策
麤 清模 a1 合倉胡 麤魚 shlaa
氽+ 清桓 a1 合七丸+ 氽元3 shoon爨今分化字
躥+ 清桓 a1 合七丸+ 竄元3 shoon竄晚起分化字
竄 清泰 c1 合取外* 竄祭3 shoods宋玉赋
竄 清桓 a1 合七丸* 竄元3 shoon
攛# 清桓 a1 合七丸* 竄元3 shoon
竄 清桓 c1 合七亂 竄元3 shoons宋玉赋叶祭部
鑹# 清桓 c1 合七亂 竄元3 shoons
爨 清桓 a1 合七丸* 爨元3 shoon见周礼
爨 清桓 c1 合七亂 爨元3 shoons
嗺# 精虞 a3 合子于 崔侯 ʔslo崔分化字
嗺 精灰 a1 合臧回 崔微2 ʔsluul见淮南子
催 清灰 a1 合倉回 崔微2 shluul
璀 清灰 b1 合七罪 崔微2 shluulʔ
皠# 清灰 b1 合七罪 崔微2 shluulʔ
漼 清灰 b1 合七罪 崔微2 shluulʔ
鏙# 清灰 b1 合七罪 崔微2 shluulʔ
摧 從灰 a1 合昨回 崔微2 zluul
崔 從灰 a1 合昨回 崔微2 zluul说文隹声
慛# 從灰 a1 合昨回 崔微2 zluul
榷# 從灰 a1 合昨回 崔微2 zluul
嗺# 心灰 a1 合素回 崔微2 sluul
縗 心灰 c1 合蘇内 崔微2 sluuls
膗# 崇皆 a2 合仕懷 崔微2 zruul
嗺# 精脂 a3 合醉綏 崔微2 ʔslul集韵为崔或体
嗺# 精脂 b3 合遵誄 崔微2 ʔslulʔ崔分化字
膬 清祭 c3 合此芮 毳祭3 skhods通作脆
毳 清祭 c3 合此芮 毳祭3 skhods
竁 清祭 c3 合此芮 毳祭3 skhods
竁 初祭 c3 合楚税 毳祭3 skhrods
毳 初祭 c3 合楚税 毳祭3 skhrods
橇 初祭 c3 合充芮* 毳祭3 skhrods通作毳,相当于广韵楚税切

橇　溪宵 a3b 開起囂　毳宵3　khrow 见夏本纪

竄　昌仙 c3 合尺絹　毳元3　khjons

膬　清薛 d3 合七絕　毳月3　skhod 通作脆

荐　從先 c4 開在甸　存文1　zluɯns

洊　從先 c4 開在甸　存文1　zluɯns

瑐#　從先 c4 開在甸　存文1　zluɯns

栫　從先 c4 開在甸　存文1　zluɯns

袸　從先 c4 開在甸　存文1　zluɯns

存　從魂 a1 合徂尊　存文2　zluun

拵#　從魂 a1 合徂尊　存文2　zluun

袸　從魂 a1 合徂尊　存文2　zluun

瑐#　從魂 c1 合徂悶　存文2　zluuns

栫　從魂 c1 合徂悶　存文2　zluuns

村#　清魂 a1 合此尊　寸文2　shuun

忖　清魂 b1 合倉本　寸文2　shuunʔ

刌　清魂 b1 合倉本　寸文2　shuunʔ

寸　清魂 c1 合倉困　寸文2　shuuns

D

耷#　端盍 d1 開都榼　耷盍1　taab

踏　透合 d1 開他合　沓緝3　thuub 见汉书,史记作蹋,说文段注蹋俗字

鞜#　透合 d1 開他合　沓緝3　thuub

錔　透合 d1 開他合　沓緝3　thuub

鞜　透合 d1 開他合　沓緝3　thuub 见急就篇

沓　定合 d1 開徒合　沓緝3　duub

涾　定合 d1 開徒合　沓緝3　duub

誻　定合 d1 開徒合　沓緝3　duub

羍　透曷 d1 開他達　羍月1　thaad

達　透曷 d1 開他達　羍月1　thaad

闥　透曷 d1 開他達　羍月1　thaad

撻　透曷 d1 開他達　羍月1　thaad

躂#　透曷 d1 開他達　羍月1　thaad

澾#　透曷 d1 開他達　羍月1　thaad

撻　透曷 d1 開他達　羍月1　thaad

達　定曷 d1 開唐割　羍月1　daad

薘#　定曷 d1 開唐割　羍月1　daad

䨻　定合 d1 開徒合　䨻緝3　l'uub

襲　邪緝 d3 開似入　䨻緝3　ljub

馱#　定歌 a1 開徒河　大歌1　daal

大　定歌 c1 開唐佐　大歌1　daals

馱#　定歌 c1 開唐佐　大歌1　daals 原右误犬,集韵不误

忕#　透泰 c1 開他蓋　大祭1　thaads

太　透泰 c1 開他蓋　大祭1　thaads 大字转注

汰　透泰 c1 開他蓋　大祭1　thaads 见左传、荀子

大　定泰 c1 開徒蓋　大祭1　daads

汏　定泰 c1 開徒蓋　大祭1　daads

軑　定泰 c1 開徒蓋　大祭1　daads

釱　定泰 c1 開徒蓋　大祭1　daads

忕#　定泰 c1 開徒蓋　大祭1　daads

忕　禪祭 c3 開時制　大祭1　djads 见史记

达　透齊 c4 開他計　大祭2　theeds 见王褒赋

軑　定齊 c4 開特計　大祭2　deeds

釱　定齊 c4 開特計　大祭2　deeds

杕　定齊 c4 開特計　大祭2　deeds

汏　透曷 d1 開他達　大月1　thaad

褱　匣皆 a2 合户乖　眔微2　gruul 金文、说文眔声

鰥　見山 a2 合古頑　眔文2　kruun

鰥　見山 c2 合古幻　眔文2　kruuns

嚃　透合 d1 開他合　眔緝3　lhuub 见

礼记

眔 定合 d1 開達合* 眔緝3 l'uub 甲文象目流泪,为涙初文(高鸿縉说)

遝 定合 d1 開徒合 眔緝3 l'uub

呆+ 端咍 a1 開丁來+ 呆之 tɯɯ 懛今字

呆+ 疑咍 a1 開五來+ 呆之 ŋɯɯ 獃今字

帶 端泰 c1 開當蓋 帶祭1 taads

蹛 端泰 c1 開當蓋 帶祭1 taads

艜 端泰 c1 開當蓋 帶祭1 taads 见方言

懘 徹夬 c2 開丑犗 帶祭1 rthaads

懘 徹祭 c3 開丑例 帶祭1 thads

滯 澄祭 c3 開直例 帶祭1 dads

蹛 澄祭 c3 開直例 帶祭1 dads

懘 昌祭 c3 開尺制 帶祭1 thjads

蔕 端齊 c4 開都計 帶祭2 teeds 今作蒂

螮 端齊 c4 開都計 帶祭2 teeds

摕 端齊 c4 開都計 帶祭2 teeds

僀# 端齊 c4 開都計 帶祭2 teeds

殢# 透齊 c4 開他計 帶祭2 theeds

遰 定齊 c4 開特計 帶祭2 deeds

摕 定齊 c4 開特計 帶祭2 deeds

懘 定齊 c4 開特計 帶祭2 deeds

墆 定齊 c4 開特計 帶祭2 deeds 见九叹

殢# 曉齊 c4 開呼計 帶祭2 hleeds

懘 昌支 b3 開尺氏 帶歌1 thjalʔ

嵽 定屑 d4 開徒結 帶月2 deed 见汉赋

墆 定屑 d4 開徒結 帶月2 deed

摕 定屑 d4 開徒結 帶月2 deed

丹 端寒 a1 開都寒 丹元1 taan

旃 章仙 a3 開諸延 丹元1 tjan

栴# 章仙 a3 開諸延 丹元1 tjan

嚲 端歌 b1 開丁可 單歌1 taalʔ 见灵枢

癉 端歌 b1 開丁可 單歌1 taalʔ

奲 端歌 b1 開典可* 單歌1 taalʔ 说文从奢單声

癉 端歌 c1 開丁佐 單歌1 taals

驒 定歌 a1 開徒河 單歌1 daal

鼉 定歌 a1 開徒河 單歌1 daal

奲# 昌麻 b3 開昌者 單歌1 thjaalʔ

磾 端齊 a4 開都奚 單歌2 teel 汉有金日磾

鷤 定齊 a4 開杜奚 單歌2 deel 见汉书

鷤 定齊 c4 開特計 單歌2 deels 见汉书

觶 章支 a3 開章移 單歌1 tjal

觶 章支 c3 開支義 單歌1 tjals

單 端寒 a1 開都寒 單元1 taan

鄲 端寒 a1 開都寒 單元1 taan

殫 端寒 a1 開都寒 單元1 taan

簞 端寒 a1 開都寒 單元1 taan

癉 端寒 a1 開都寒 單元1 taan

匰 端寒 a1 開都寒 單元1 taan

襌 端寒 a1 開都寒 單元1 taan

撣+ 端寒 b1 開多旱+ 單元 taanʔ 玉篇"担,丁但切(拂也)"今字,亦作撣

嘽 透寒 a1 開他干 單元1 thaan

彈 定寒 a1 開徒干 單元1 daan

貚 定寒 a1 開徒干 單元1 daan

鷤# 定寒 a1 開徒干 單元1 daan 尔雅鶾之音变

癉# 定寒 a1 開徒干 單元1 daan

撣 定寒 a1 開徒干 單元1 daan

驒 定寒 a1 開徒干 單元1 daan

撣 定寒 b1 開蕩旱* 單元1 daanʔ

潬 定寒 b1 開徒旱 單元1 daanʔ

僤　定寒 b1 開徒旱　單元1　daanʔ
憚　定寒 c1 開徒案　單元1　daans
彈　定寒 c1 開徒案　單元1　daans
弾　定寒 c1 開徒案　單元1　daans
僤　定寒 c1 開徒案　單元1　daans
撣　定寒 c1 開徒案　單元1　daans
樿　章仙 b3 開旨善　單元1　tjanʔ
燀　章仙 b3 開旨善　單元1　tjanʔ
戰　章仙 c3 開之膳　單元1　tjans
燀　昌仙 a3 開尺延　單元1　thjan
闡　昌仙 b3 開昌善　單元1　thjanʔ
燀　昌仙 b3 開昌善　單元1　thjanʔ
繟　昌仙 b3 開昌善　單元1　thjanʔ
幝　昌仙 b3 開昌善　單元1　thjanʔ
嘽　昌仙 b3 開昌善　單元1　thjanʔ
灛　昌仙 b3 開昌善　單元1　thjanʔ
單　禪仙 a3 開市連　單元1　djan
蟬　禪仙 a3 開市連　單元1　djan
撣　禪仙 a3 開市連　單元1　djan
僤　禪仙 a3 開市連　單元1　djan 同儃
禪　禪仙 a3 開市連　單元1　djan
嬋#　禪仙 a3 開市連　單元1　djan
墠　禪仙 b3 開常演　單元1　djanʔ
鱓　禪仙 b3 開常演　單元1　djanʔ
單　禪仙 b3 開常演　單元1　djanʔ
禪　禪仙 c3 開時戰　單元1　djans
單　禪仙 c3 開時戰　單元1　djans
驒　端先 a4 開都年　單元2　teen
蕇　端先 b4 開多殄　單元2　teenʔ
驒　定先 a4 開徒年　單元2　deen
丼2#　端覃 b1 開都感　丼談3　toomʔ<kl' 集韵又义与灌合，吴方言用作濾今字
皽　章宵 a3 開止遥　旦宵1　tjaw<tjaʀ 见礼记
担#　端寒 b1 開多旱　旦元1　taanʔ 今作撣。玉篇字林"拂也"
疸　端寒 b1 開多旱　旦元1　taanʔ
觛　端寒 b1 開多旱　旦元1　taanʔ
亶　端寒 b1 開多旱　旦元1　taanʔ
嬗　端寒 b1 開多旱　旦元1　taanʔ
笪#　端寒 b1 開多旱　旦元1　taanʔ
狚#　端寒 b1 開多旱　旦元1　taanʔ
旦　端寒 c1 開得按　旦元1　taans
疸　端寒 c1 開得按　旦元1　taans
觛　端寒 c1 開得按　旦元1　taans
鴠　端寒 c1 開得按　旦元1　taans
狚#　端寒 c1 開得按　旦元1　taans
笪#　端寒 c1 開得按　旦元1　taans
譠#　透寒 a1 開他干　旦元1　thaan
嬗　透寒 a1 開他干　旦元1　thaan
坦　透寒 b1 開他但　旦元1　thaanʔ
但　定寒 a1 開徒干　旦元1　daan 通作袒
胆#　定寒 a1 開徒干　旦元1　daan
檀　定寒 a1 開徒干　旦元1　daan
壇　定寒 a1 開徒干　旦元1　daan
儃　定寒 a1 開徒干　旦元1　daan
驙　定寒 a1 開徒干　旦元1　daan
袒　定寒 b1 開徒旱　旦元1　daanʔ 通作綻
但　定寒 b1 開徒旱　旦元1　daanʔ
觛　定寒 b1 開徒旱　旦元1　daanʔ
襢　定寒 b1 開徒旱　旦元1　daanʔ 同袒
繵　定寒 b1 開徒旱　旦元1　daanʔ 见方言
膻　定寒 b1 開徒旱　旦元1　daanʔ 通作袒

但 定寒 c1 開徒案 旦元1 daans

澶 定寒 c1 開徒案 旦元1 daans

譠# 知山 a2 開陟山 旦元2 rteen

袒 澄山 c2 開丈莧 旦元2 rdeens

邅 知仙 a3 開張連 旦元1 tan

驙 知仙 a3 開張連 旦元1 tan

鱣 知仙 a3 開張連 旦元1 tan

皽# 知仙 b3 開知演 旦元1 tanʔ

襢 知仙 b3 開知演 旦元1 tanʔ

襢 知仙 c3 開陟扇 旦元1 tans 同展

邅 澄仙 b3 開除善 旦元1 danʔ

邅 澄仙 c3 開持碾 旦元1 dans

饘 章仙 a3 開諸延 旦元1 tjan

旃 章仙 a3 開諸延 旦元1 tjan 说文同旃

氈 章仙 a3 開諸延 旦元1 tjan

鸇 章仙 a3 開諸延 旦元1 tjan

饘 章仙 b3 開旨善 旦元1 tjanʔ

皽 章仙 b3 開旨善 旦元1 tjanʔ

顫 章仙 c3 開之膳 旦元1 tjans

儃 禪仙 a3 開市連 旦元1 djan

澶 禪仙 a3 開市連 旦元1 djan

蟺 禪仙 b3 開常演 旦元1 djanʔ

擅 禪仙 c3 開時戰 旦元1 djans

嬗 禪仙 c3 開時戰 旦元1 djans

羶 書仙 a3 開式連 旦元1 hljan

呾# 端曷 d1 開當割 旦月1 taad

笪 端曷 d1 開當割 旦月1 taad

怛 端曷 d1 開當割 旦月1 taad

妲 端曷 d1 開當割 旦月1 taad

靼 端曷 d1 開當割 旦月1 taad

炟 端曷 d1 開當割 旦月1 taad

狚# 端曷 d1 開當割 旦月1 taad

呾# 影鎋 d2 開乙鎋 旦月1 ʔraad

靼 章薛 d3 開旨熱 旦月1 tjad

宕 定唐 c1 開徒浪 宕陽 daaŋs 说文碭省声,实即石声

菪+ 定唐 c1 開徒浪+ 宕陽 daaŋs 蒚今字

刀 端豪 a1 開都牢 刀宵1 taaw

忉 端豪 a1 開都牢 刀宵1 taaw

魛# 端豪 a1 開都牢 刀宵1 taaw

舠# 端豪 a1 開都牢 刀宵1 taaw

杒# 端豪 a1 開都牢 刀宵1 taaw

叨+ 端豪 a1 開都勞* 刀幽1 tuuw 啁今字:嘐啁

倒 端豪 b1 開都晧 刀宵1 taawʔ 见汉赋

到 端豪 c1 開都導 刀宵1 taaws

倒 端豪 c1 開都導 刀宵1 taaws

菿 端豪 c1 開都導 刀宵1 taaws

叨 透豪 a1 開土刀 刀宵1 thaaw<lh- 集韵同饕

鞀 定豪 a1 開徒刀 刀宵1 l'aaw 同鼗

鳭# 知肴 a2 開陟交 刀宵2 rteew

灱# 曉肴 a2 開許交 刀宵1 hraaw 广雅作熇

葅 從宵 a3 開昨焦 刀宵2 sdew

超 徹宵 a3 開敕宵 刀宵2 thew

怊 徹宵 a3 開敕宵 刀宵2 thew

欩# 徹宵 a3 開敕宵 刀宵2 thew

召 澄宵 c3 開直照 刀宵2 dews

昭 章宵 a3 開止遥 刀宵2 tjew

招 章宵 a3 開止遥 刀宵2 tjew

鉊 章宵 a3 開止遥 刀宵2 tjew

沼 章宵 b3 開之少 刀宵2 tjewʔ

葅# 章宵 b3 開之少 刀宵2 tjewʔ

照 章宵 c3 開之少 刀宵2 tjews

詔　章宵 c3 開之少　刀宵2　tjews
炤　章宵 c3 開之少　刀宵2　tjews 同照
怊　昌宵 a3 開尺招　刀宵2　thjew
弨　昌宵 a3 開尺招　刀宵2　thjew
弨　昌宵 b3 開尺沼　刀宵2　thjewʔ
昭#　昌宵 b3 開尺沼　刀宵2　thjewʔ
韶　禪宵 a3 開市昭　刀宵2　djew
佋　禪宵 a3 開市昭　刀宵2　djew 通作昭穆
軺　禪宵 a3 開市昭　刀宵2　djew
玿#　禪宵 a3 開市昭　刀宵2　djew
柖　禪宵 a3 開市昭　刀宵2　djew 说文音章母
紹　禪宵 b3 開市沼　刀宵2　djewʔ
佋#　禪宵 b3 開市沼　刀宵2　djewʔ 通作紹介
袑　禪宵 b3 開市沼　刀宵2　djewʔ
綤　禪宵 b3 開市沼　刀宵2　djewʔ 古文紹
召　禪宵 c3 開寔照　刀宵2　djews 同邵
邵　禪宵 c3 開寔照　刀宵2　djews
劭　禪宵 c3 開寔照　刀宵2　djews
卲　禪宵 c3 開寔照　刀宵2　djews
軺　以宵 a3 開餘昭　刀宵2　lew
刁　端蕭 a4 開都聊　刀宵2　teew 刀转注字，见史记
芀　端蕭 a4 開都聊　刀宵2　teew 广韵下从刁
貂　端蕭 a4 開都聊　刀宵2　teew
蛁　端蕭 a4 開都聊　刀宵2　teew
鳭　端蕭 a4 開都聊　刀宵2　teew
芀　定蕭 a4 開徒聊　刀宵2　deew
迢#　定蕭 a4 開徒聊　刀宵2　deew
苕　定蕭 a4 開徒聊　刀宵2　deew
髫#　定蕭 a4 開徒聊　刀宵2　deew
岧#　定蕭 a4 開徒聊　刀宵2　deew
菿　知覺 d2 開竹角　刀藥1　rtaawG
盜　定豪 c1 開徒到　盜宵1　daaws
得　端德 d1 開多則　得職　tɯɯg
淂#　端德 d1 開多則　得職　tɯɯg
棏#　定德 d1 開徒得　得職　dɯɯg
棏#　知麥 d2 開陟革　得職　rtɯɯg 集韵同杅
登　端登 a1 開都滕　登蒸　tɯɯŋ
璒　端登 a1 開都滕　登蒸　tɯɯŋ
燈#　端登 a1 開都滕　登蒸　tɯɯŋ 鐙后起分化字
簦　端登 a1 開都滕　登蒸　tɯɯŋ
蹬#　端登 a1 開都騰*　登蒸　tɯɯŋ 同登，分化字
磴#　端登 a1 開都騰*　登蒸　tɯɯŋ
鐙　端登 a1 開都騰*　登蒸　tɯɯŋ
嶝#　端登 c1 開都鄧　登蒸　tɯɯŋs
鐙　端登 c1 開都鄧　登蒸　tɯɯŋs
隥　端登 c1 開都鄧　登蒸　tɯɯŋs
橙#　端登 c1 開都鄧　登蒸　tɯɯŋs 集韵同凳
凳#　端登 c1 開都鄧　登蒸　tɯɯŋs
磴#　端登 c1 開都鄧　登蒸　tɯɯŋs
墱#　端登 c1 開丁鄧*　登蒸　tɯɯŋs
鼟#　透登 a1 開他登　登蒸　thɯɯŋ
膯#　透登 a1 開他登　登蒸　thɯɯŋ
磴#　透登 a1 開他登*　登蒸　thɯɯŋ
澄　定登 c1 開唐亘*　登蒸　dɯɯŋs
鄧　定登 c1 開徒亘　登蒸　dɯɯŋs
蹬#　定登 c1 開徒亘　登蒸　dɯɯŋs
僜#　定登 c1 開徒亘　登蒸　dɯɯŋs
僜#　徹蒸 a3 開丑升　登蒸　thɯŋ
覴#　徹蒸 c3 開丑證　登蒸　thɯŋs

澄 澄蒸 a3 開直陵 登蒸 dɯŋ 同澂
瞪 澄蒸 a3 開直陵 登蒸 dɯŋ 见汉赋
憕 澄蒸 a3 開直陵 登蒸 dɯŋ
瞪 澄蒸 c3 開丈證 登蒸 dɯŋs 见汉赋
撜 章蒸 b3 開支庱# 登蒸 tjɯŋʔ 同拯拯，原音蒸上声无切语，此依五音集韵补
證 章蒸 c3 開諸應 登蒸 tjɯŋs
澄 澄庚 a2 開直庚 登蒸 rdɯŋ>
憕# 澄庚 a2 開直庚 登蒸 rdɯŋ>
橙 澄耕 a2 開宅耕 登蒸 rdɯɯŋ
憕# 澄耕 a2 開宅耕 登蒸 rdɯɯŋ
瞪 澄耕 a2 開宅耕 登蒸 rdɯɯŋ 见汉赋
戥+ 端登 b1 開多肯+ 戥蒸 tɯɯŋʔ 古作等，分别字
逖 透錫 d4 開他歷 狄錫 theeg
惄 透錫 d4 開他歷 狄錫 theeg
狄 定錫 d4 開徒歷 狄錫 deeg
荻 定錫 d4 開徒歷 狄錫 deeg
梑# 定錫 d4 開徒歷 狄錫 deeg 尔雅作狄
櫂 澄肴 c2 開直教 翟豹2 r'eewGS 同棹
濯 澄肴 c2 開直教 翟豹2 r'eewGS
耀 以宵 c3 開弋照 翟豹2 lewGS
曜 以宵 c3 開弋照 翟豹2 lewGS
燿 以宵 c3 開弋照 翟豹2 lewGS
糶 透蕭 c4 開他弔 翟豹2 lheewGS
粜# 透蕭 c4 開他弔 翟豹2 lheewGS 糶俗省变
嬥 定蕭 a4 開徒聊 翟宵2 l'eew
嬥 定蕭 b4 開徒了 翟宵2 l'eewʔ
藋 定蕭 c4 開徒弔 翟豹2 l'eewGS
嬥 定蕭 c4 開徒弔 翟豹2 l'eewGS
躍 以藥 d3 開以灼 翟藥2 lewG

戳 徹覺 d2 開敕角 翟藥2 hr'eewG
濯 澄覺 d2 開直角 翟藥2 r'eewG
擢 澄覺 d2 開直角 翟藥2 r'eewG
嬥 澄覺 d2 開直角 翟藥2 r'eewG
蠗 澄覺 d2 開直角 翟藥2 r'eewG
鸐 澄覺 d2 開直角 翟藥2 r'eewG 翟转注字，见尔雅
翟 澄陌 d2 開場伯 翟鐸 r'aag<aawG
趯 透錫 d4 開他歷 翟藥2 lheewG
籊 透錫 d4 開他歷 翟藥2 lheewG
糴 定錫 d4 開徒歷 翟藥2 l'eewG
翟 定錫 d4 開徒歷 翟藥2 l'eewG 即表有长尾羽之雉
籊 定錫 d4 開徒歷 翟藥2 l'eewG
糴 定錫 d4 開徒歷 翟藥2 l'eewG
低 端齊 a4 開都奚 氐脂1 tiil
氐 端齊 a4 開都奚 氐脂1 tiil
袛 端齊 a4 開都奚 氐脂1 tiil
羝 端齊 a4 開都奚 氐脂1 tiil
眡 端齊 a4 開都奚 氐脂1 tiil
岻# 端齊 a4 開都奚 氐脂1 tiil
衣 端齊 a4 開都奚 氐脂1 tiil
趆 端齊 a4 開都奚 氐脂1 tiil
柢 端齊 a4 開都奚 氐脂1 tiil
邸 端齊 b4 開都禮 氐脂1 tiilʔ
底 端齊 b4 開都禮 氐脂1 tiilʔ
詆 端齊 b4 開都禮 氐脂1 tiilʔ
坻 端齊 b4 開都禮 氐脂1 tiilʔ
抵 端齊 b4 開都禮 氐脂1 tiilʔ
牴 端齊 b4 開都禮 氐脂1 tiilʔ
觝 端齊 b4 開都禮 氐脂1 tiilʔ 同牴，见淮南子
柢 端齊 b4 開都禮 氐脂1 tiilʔ

弤　端齊 b4 開都禮　氐脂1　tiilʔ 见孟子
軧　端齊 b4 開都禮　氐脂1　tiilʔ
柢　端齊 c4 開都計　氐脂1　tiils
骶　端齊 c4 開都計　氐脂1　tiils 见素问
趆　端齊 c4 開都計　氐脂1　tiils
詆　定齊 a4 開杜奚　氐脂1　diil
坘　章支 b3 開諸氏　氐歌2　tjelʔ
砥　章支 b3 開諸氏　氐歌2　tjelʔ
胝　知脂 a3 開丁尼　氐脂1　til
疷# 知脂 a3 開丁尼　氐脂1　til 同胝
秪　知脂 a3 開丁尼　氐脂1　til 见墨子
氐　知脂 a3 開丁尼　氐脂1　til
坻　澄脂 a3 開直尼　氐脂1　dil
泜　澄脂 a3 開直尼　氐脂1　dil
蚳　澄脂 a3 開直尼　氐脂1　dil
岻# 澄脂 a3 開直尼　氐脂1　dil
祇# 澄脂 a3 開直尼　氐脂1　dil
阺　澄脂 a3 開直尼　氐脂1　dil
貾　澄脂 a3 開直尼　氐脂1　dil 见尔雅
祗　章脂 a3 開旨夷　氐脂1　tjil
砥　章脂 a3 開旨夷　氐脂1　tjil
厎　章脂 b3 開職雉　氐脂1　tjilʔ
砥　章脂 b3 開職雉　氐脂1　tjilʔ
茋# 章脂 b3 開職雉　氐脂1　tjilʔ
砥　章脂 c3 開脂利　氐脂1　tjils
鴟　昌脂 a3 開處脂　氐脂1　thjil
眡　禪脂 b3 開承矢　氐脂1　djilʔ
厎　章之 b3 開諸市　氐之　tjɯʔ 变音
梯　透齊 a4 開土雞　弟脂1　thiil
睇　透齊 a4 開土雞　弟脂1　thiil
涕　透齊 b4 開他禮　弟脂1　thiilʔ
挮# 透齊 b4 開他禮　弟脂1　thiilʔ
鬀　透齊 c4 開他計　弟脂1　thiils
剃　透齊 c4 開他計　弟脂1　thiils 同鬀
涕　透齊 c4 開他計　弟脂1　thiils
綈　定齊 a4 開杜奚　弟脂1　diil
蕛　定齊 a4 開杜奚　弟脂1　diil
稊　定齊 a4 開杜奚　弟脂1　diil
苐　定齊 a4 開杜奚　弟脂1　diil 下原从弟
鵜　定齊 a4 開杜奚　弟脂1　diil
銻　定齊 a4 開杜奚　弟脂1　diil
鮷　定齊 a4 開杜奚　弟脂1　diil 诗作鮧
罤# 定齊 a4 開杜奚　弟脂1　diil
弟　定齊 b4 開徒禮　弟脂1　diilʔ 甲金文象绳束弋(朱芳圃说)，绕弋绳须次第不乱方利于射，为第初文
娣　定齊 b4 開徒禮　弟脂1　diilʔ
悌　定齊 b4 開徒禮　弟脂1　diilʔ
弟　定齊 c4 開特計　弟脂1　diils
第　定齊 c4 開特計　弟脂1　diils 弟转注字，见左传
鬀　定齊 c4 開特計　弟脂1　diils
睇　定齊 c4 開特計　弟脂1　diils
悌　定齊 c4 開特計　弟脂1　diils
娣　定齊 c4 開特計　弟脂1　diils
䐍# 知麻 c2 開陟駕　帝暮　rtaags
䐍# 知佳 c2 合竹賣　帝賜　rteegs
揥　徹祭 c3 開丑例　帝祭2　theds
腣　端齊 a4 開都奚　帝支　tee
揥　端齊 a4 開都奚　帝支　tee
諦　端齊 c4 開都計　帝賜　teegs
偙# 端齊 c4 開都計　帝賜　teegs
腣　端齊 c4 開都計　帝賜　teegs
渧# 端齊 c4 開都計　帝賜　teegs
蒂+ 端齊 c4 開都計+ 帝祭2　teeds 蔕今字

帝 端齊 c4 開都計 帝賜 teegs甲金文象根商，非束声
楴♯ 透齊 c4 開他計 帝賜 theegs
啼 定齊 a4 開杜奚 帝支 dee同嗁
蹄 定齊 a4 開杜奚 帝支 dee同蹏
締 定齊 a4 開杜奚 帝支 dee
崹♯ 定齊 a4 開杜奚 帝支 dee
鶙 定齊 a4 開杜奚 帝支 dee
締 定齊 c4 開特計 帝賜 deegs
禘 定齊 c4 開特計 帝賜 deegs
啻 書支 c3 開施智 帝賜 hljegs
嫡 知陌 d2 開陟格 帝锡 rteg>
摘 知麥 d2 開陟革 帝錫 rteeg
謫 知麥 d2 開陟革 帝錫 rteeg
讁 知麥 d2 開陟革 帝錫 rteeg同謫
擿 澄昔 d3 開直炙 帝錫 deg同擲，出说文
蹢 澄昔 d3 開直炙 帝錫 deg
適 章昔 d3 開之石 帝錫 tjeg
適 書昔 d3 開施隻 帝錫 hljeg
啇♯ 端錫 d4 開都歷 帝錫 teeg帝转注字
適 端錫 d4 開都歷 帝錫 teeg
滴 端錫 d4 開都歷 帝錫 teeg
嫡 端錫 d4 開都歷 帝錫 teeg
鏑 端錫 d4 開都歷 帝錫 teeg
甋 端錫 d4 開都歷 帝錫 teeg
蹢 端錫 d4 開都歷 帝錫 teeg
樀 端錫 d4 開都歷 帝錫 teeg
摘 透錫 d4 開他歷 帝錫 theeg
敵 定錫 d4 開徒歷 帝錫 deeg
樀 定錫 d4 開徒歷 帝錫 deeg
典 端先 b4 開多殄 典文1 tɯɯnʔ
錪 端先 b4 開多殄 典文1 tɯɯnʔ
腆 透先 b4 開他典 典文1 thɯɯnʔ
痶♯ 透先 b4 開他典 典文1 thɯɯnʔ
淟 透先 b4 開他典 典文1 thɯɯnʔ见楚辞九叹
錪 透先 b4 開他典 典文1 thɯɯnʔ
琠 透先 b4 開他典 典文1 thɯɯnʔ
賟♯ 透先 b4 開他典 典文1 thɯɯnʔ
晪♯ 透先 b4 開他典 典文1 thɯɯnʔ
奠 定先 c4 開堂練 奠真2 diiŋs
鄭 澄清 c3 開直正 奠耕 deŋs
擲 澄昔 d3 開直炙 奠錫 deg
躑 澄昔 d3 開直炙 奠錫 deg
殿 端先 c4 開都甸 殿文1 tɯɯns
殿 定先 c4 開堂練 殿文1 dɯɯns
澱 定先 c4 開堂練 殿文1 dɯɯns
壂 定先 c4 開堂練 殿文1 dɯɯns见汉简、汉碑
臀 定魂 a1 合徒渾 殿文2 duun
盄 章宵 a3 開止遥 弔幽3 tjiw
弔 端蕭 c4 開多嘯 弔奥3 tiiwɢs
伄♯ 端蕭 c4 開多嘯 弔奥3 tiiwɢs
弔 端錫 d4 開都歷 弔覺2 tiiwɢ
疊 定帖 d4 開徒協 疊緝1 l'ɯɯb
疉 定帖 d4 開徒協 疊緝1 l'ɯɯb同疊
圢♯ 透先 b4 開他典 丁元2 theenʔ
町 透先 b4 開他典 丁元2 theenʔ
打 端庚 b2 開德冷 丁耕 rteŋʔ变音，见王延寿《梦赋》《通俗文》。
盯♯ 知庚 b2 開張梗 丁耕 rteŋʔ变音
盯♯ 澄庚 a2 開直庚 丁耕 rdeŋ
朾 知耕 a2 開中莖 丁耕 rteeŋ
丁 知耕 a2 開中莖 丁耕 rteeŋ
玎 知耕 a2 開中莖 丁耕 rteeŋ

朾　澄耕 a2 開宅耕　丁耕　rdeeŋ尔雅朾螘

虰　澄耕 a2 開宅耕　丁耕　rdeeŋ同朾

揨　澄耕 a2 開宅耕　丁耕　rdeeŋ

虰　徹清 a3 開丑貞　丁耕　theŋ

丁　端青 a4 開當經　丁耕　teeŋ釘(鋌块)初文

釘　端青 a4 開當經　丁耕　teeŋ

玎　端青 a4 開當經　丁耕　teeŋ

靪　端青 a4 開當經　丁耕　teeŋ

虰　端青 a4 開當經　丁耕　teeŋ

仃# 端青 a4 開當經　丁耕　teeŋ

叮# 端青 a4 開當經　丁耕　teeŋ

疔　端青 a4 開當經*　丁耕　teeŋ见素问

頂　端青 b4 開都挺　丁耕　teeŋʔ

奵# 端青 b4 開都挺　丁耕　teeŋʔ

耵　端青 b4 開都挺　丁耕　teeŋʔ见灵枢

酊　端青 b4 開都挺　丁耕　teeŋʔ

靪　端青 b4 開都挺　丁耕　teeŋʔ

打　端青 b4 開都挺　丁耕　teeŋʔ见王延寿《梦赋》"撞纵目，打三顱"

葶　端青 b4 開都挺　丁耕　teeŋʔ

釘　端青 c4 開丁定　丁耕　teeŋs

矴# 端青 c4 開丁定　丁耕　teeŋs

訂　端青 c4 開丁定　丁耕　teeŋs

飣# 端青 c4 開丁定　丁耕　teeŋs

汀　透青 a4 開他丁　丁耕　theeŋ

訂　透青 a4 開他丁　丁耕　theeŋ

町　透青 a4 開他丁　丁耕　theeŋ

艼　透青 a4 開他丁　丁耕　theeŋ

庁# 透青 a4 開他丁　丁耕　theeŋ

圢# 透青 b4 開他鼎　丁耕　theeŋʔ

町　透青 b4 開他鼎　丁耕　theeŋʔ

艼　透青 b4 開他鼎　丁耕　theeŋʔ

汀　透青 c4 開他定　丁耕　theeŋs

婷# 定青 a4 開唐丁*　丁耕　deeŋ同娗

停　定青 a4 開特丁　丁耕　deeŋ

葶　定青 a4 開特丁　丁耕　deeŋ

聤# 定青 a4 開特丁　丁耕　deeŋ

渟　定青 a4 開特丁　丁耕　deeŋ

楟　定青 a4 開特丁　丁耕　deeŋ

亭　定青 a4 開特丁　丁耕　deeŋ

町　定青 b4 開徒鼎　丁耕　deeŋʔ

訂　定青 b4 開徒鼎　丁耕　deeŋʔ

鼎　端青 b4 開都挺　鼎耕　teeŋʔ<kl'

薡　端青 b4 開都挺　鼎耕　teeŋʔ见尔雅

濎　端青 b4 開都挺　鼎耕　teeŋʔ

疼　定登 a1 開徒登　冬蒸　duuɯŋ

冬　端冬 a1 合都宗　冬終　tuuŋ

苳　端冬 a1 合都宗　冬終　tuuŋ

笗# 端冬 a1 合都宗　冬終　tuuŋ

炵# 透冬 a1 合他冬　冬終　thuuŋ

疼　定冬 a1 合徒冬　冬終　duuŋ

佟# 定冬 a1 合徒冬　冬終　duuŋ

烙# 定冬 a1 合徒冬　冬終　duuŋ

鼕# 定冬 a1 合徒冬　冬終　duuŋ

鉖# 定冬 a1 合徒冬　冬終　duuŋ

終　章東 a3 合職戎　冬終　tjuŋ

螽　章東 a3 合職戎　冬終　tjuŋ

鼨　章東 a3 合職戎　冬終　tjuŋ

柊# 章東 a3 合職戎　冬終　tjuŋ

鴤　章東 a3 合職戎　冬終　tjuŋ

泈　章東 a3 合職戎　冬終　tjuŋ说文无氵

蔠　章東 a3 合職戎　冬終　tjuŋ见尔雅

東　端東 a1 合德紅　東東　tooŋ種(种

籽)初文,甲金文象种皮甲坼萌生根芽,参敕字陳字注

菄# 端東 a1 合德紅 東東 tooŋ

鶇# 端東 a1 合德紅 東東 tooŋ

倲# 端東 a1 合德紅 東東 tooŋ

涷 端東 a1 合德紅 東東 tooŋ

蝀 端東 a1 合德紅 東東 tooŋ

凍 端東 a1 合德紅 東東 tooŋ

鶇# 端東 a1 合德紅 東東 tooŋ

崠# 端東 a1 合德紅 東東 tooŋ

埬# 端東 a1 合德紅 東東 tooŋ

蝀 端東 b1 合多動 東東 tooŋʔ

涷 端東 c1 合多貢 東東 tooŋs

凍 端東 c1 合多貢 東東 tooŋs

棟 端東 c1 合多貢 東東 tooŋs

兜 端侯 a1 開當侯 兜侯 too

篼 端侯 a1 開當侯 兜侯 too

斗 端侯 b1 開當口 斗侯 tooʔ

抖 端侯 b1 開當口 斗侯 tooʔ见方言

蚪# 端侯 b1 開當口 斗侯 tooʔ尔雅作科斗

枓 端侯 b1 開當口 斗侯 tooʔ

阧# 端侯 b1 開當口 斗侯 tooʔ陡同阧

斢# 透侯 b1 開天口 斗侯 thooʔ集韵鼪注通作斢

斢 透侯 b1 開天口 斗侯 thooʔ

枓 章虞 b3 合之庾 斗侯 tjoʔ

陡# 端侯 b1 開當口 陡侯 tooʔ同阧

侸 端侯 a1 開當侯 豆侯 too

剅# 端侯 a1 開當侯 豆侯 too

郖 端侯 a1 開當侯 豆侯 too

鬪 端侯 c1 開都豆 豆侯 toos俗同鬭,见吕氏春秋

鋀# 透侯 a1 開託侯 豆侯 thoo同鍮

頭 定侯 a1 開度侯 豆侯 doo

豆 定侯 c1 開徒候 豆侯 doos

逗 定侯 c1 開徒候 豆侯 doos

痘+ 定侯 c1 開徒候+ 豆侯 doos原作豆,齐东野语作痘

梪 定侯 c1 開徒候 豆侯 doos

脰 定侯 c1 開徒候 豆侯 doos

荳# 定侯 c1 開徒候 豆侯 doos

郖 定侯 c1 開徒候 豆侯 doos

浢 定侯 c1 開徒候 豆侯 doos

餖# 定侯 c1 開徒候 豆侯 doos

毭# 定侯 c1 開徒候 豆侯 doos

剅# 來侯 a1 開落侯 豆侯 roo校本认为劅字之讹

逗 澄虞 c3 合持遇 豆侯 dos

豎 禪虞 b3 合臣庾 豆侯 djoʔ

裋 禪虞 b3 合臣庾 豆侯 djoʔ

短 端桓 b1 合都管 豆元3 toonʔ

鬥 端侯 c1 開都豆 鬥竇 toogs

鬭 端侯 c1 開都豆 鬥竇 toogs鬥转注字,朱骏声则云从斲鬥声

瑇 定咍 c1 開徒耐 毒代 dɯɯgs

纛 定豪 c1 開徒到 毒奥1 duugs

碡# 定屋 d1 合徒谷 毒屋 doog

毒 定沃 d1 合徒沃 毒覺1 duug<l'uug

蝳 定沃 d1 合徒沃 毒覺1 duug

瑇 定沃 d1 合徒沃 毒覺1 duug

纛 定沃 d1 合徒沃 毒覺1 duug

碡# 定沃 d1 合徒沃 毒覺1 duug

碡# 澄屋 d3 合直六 毒覺1 dug

蠹 端模 c1 合當故 蠹魚 taas说文同蠧

揣 端戈 b1 合丁果 耑歌3 toolʔ

褍 端戈 b1 合丁果 耑歌3 toolʔ

揣　初支 b3 合初委　耑歌 3　shrolʔ
惴　章支 c3 合之睡　耑歌 3　tjols
圌　禪支 a3 合是為　耑歌 3　djol
篅　禪支 a3 合是為　耑歌 3　djol
瑞　禪支 c3 合是僞　耑歌 3　djols
端　端桓 a1 合多官　耑元 3　toon
剬　端桓 a1 合多官　耑元 3　toon
偳♯ 端桓 a1 合多官　耑元 3　toon
鍴　端桓 a1 合多官　耑元 3　toon 见方言、金文
耑　端桓 a1 合多官　耑元 3　toon
褍　端桓 a1 合多官　耑元 3　toon
踹　端桓 c1 合丁貫　耑元 3　toons
湍　透桓 a1 合他端　耑元 3　thoon
煓　透桓 a1 合他端　耑元 3　thoon
貒　透桓 a1 合他端　耑元 3　thoon
偳♯ 透桓 a1 合他端　耑元 3　thoon
貒　透桓 c1 合通貫　耑元 3　thoons
諯　清仙 c3 合七絹　耑元 3　sthons
顓　章仙 a3 合職緣　耑元 3　tjon
諯　章仙 a3 合職緣　耑元 3　tjon
湍　章仙 a3 合職緣　耑元 3　tjon
剬　章仙 b3 合旨兖　耑元 3　tjonʔ 同剸
喘　昌仙 b3 合昌兖　耑元 3　thjonʔ
諯　昌仙 c3 合尺絹　耑元 3　thjons
遄　禪仙 a3 合市緣　耑元 3　djon
篅　禪仙 a3 合市緣　耑元 3　djon
圌　禪仙 a3 合市緣　耑元 3　djon 同篅
諯　禪仙 a3 合市緣　耑元 3　djon
輲　禪仙 a3 合市緣　耑元 3　djon 见墨子
椯　禪仙 a3 合市緣　耑元 3　djon
歂　禪仙 a3 合市緣　耑元 3　djon
腨　禪仙 b3 合市兖　耑元 3　djonʔ
踹　禪仙 b3 合市兖　耑元 3　djonʔ
歂　禪仙 b3 合市兖　耑元 3　djonʔ
鍛　端桓 c1 合丁貫　段元 3　toons 段字转注
腶　端桓 c1 合丁貫　段元 3　toons
碫　端桓 c1 合丁貫　段元 3　toons
瑖♯ 端桓 c1 合丁貫　段元 3　toons
緞　定桓 b1 合徒管　段元 3　doonʔ 说文同鍛
段　定桓 c1 合徒玩　段元 3　doons
椴　定桓 c1 合徒玩　段元 3　doons
鍛　定桓 c1 合徒玩　段元 3　doons
緞＋ 定桓 c1 合徒玩＋ 段元 3　doons 锦段之段今字
斷　端桓 b1 合都管　斷元 3　toonʔ
斷　端桓 c1 合丁貫＊　斷元 3　toons
斷　定桓 b1 合徒管　斷元 3　doonʔ
毤　透戈 c1 合湯臥　兑祭 3　lhoods 见管子
蜕　透戈 c1 合湯臥　兑祭 3　lhoods
蜕　透泰 c1 合他外　兑祭 3　lhoods
娧　透泰 c1 合他外　兑祭 3　lhoods
駾　透泰 c1 合他外　兑祭 3　lhoods
祱　透泰 c1 合他外　兑祭 3　lhoods
兑　定泰 c1 合杜外　兑祭 3　l'oods 悦字初文
綐　定泰 c1 合杜外　兑祭 3　l'oods
鋭　定泰 c1 合杜外　兑祭 3　l'oods
帨　清祭 c3 合此芮　兑祭 3　slhods
税　書祭 c3 合舒芮　兑祭 3　hljods
説　書祭 c3 合舒芮　兑祭 3　hljods
祱　書祭 c3 合舒芮　兑祭 3　hljods
蜕　書祭 c3 合舒芮　兑祭 3　hljods
帨　書祭 c3 合舒芮　兑祭 3　hljods
涚　書祭 c3 合舒芮　兑祭 3　hljods

锐 以祭 c3 合以芮 兑祭 3 lods
頢 徹鎋 d2 合丑刮 兑月 3 rthood
脱 透末 d1 合他括 兑月 3 lhood
侻 透末 d1 合他括 兑月 3 lhood
挩 透末 d1 合他括 兑月 3 lhood
莌 透末 d1 合他括 兑月 3 lhood 见尔雅
棁 透末 d1 合他括 兑月 3 lhood
鮵 定末 d1 合徒活 兑月 3 l'ood 见尔雅
敓 定末 d1 合徒活 兑月 3 l'ood 同夺
脱 定末 d1 合徒活 兑月 3 l'ood
挩 定末 d1 合徒活 兑月 3 l'ood
莌 定末 d1 合徒活 兑月 3 l'ood 见尔雅
痥 定末 d1 合徒活 兑月 3 l'ood
棁 章薛 d3 合職悦 兑月 3 ʔljod
説 書薛 d3 合失爇 兑月 3 hljod
娧 以薛 d3 合弋雪 兑月 3 lod
悦 以薛 d3 合弋雪 兑月 3 lod 兑字转注
閲 以薛 d3 合弋雪 兑月 3 lod
説 以薛 d3 合弋雪 兑月 3 lod
蜕 以薛 d3 合弋雪 兑月 3 lod
棁 透没 d1 合他骨 兑物 2 lhuud
對 端灰 c1 合都隊 對内 2 tuubs 甲金文象封植草木茂盛，为薱初文，从章炳麟说
轛 端灰 c1 合都隊 對内 2 tuubs
薱 定灰 c1 合徒對 對内 2 duubs 见汉赋
濧# 定灰 c1 合徒對 對内 2 duubs
轛 知脂 c3 合追萃 對内 2 tubs
懟 澄脂 c3 合直類 對内 2 dubs
弴 端蕭 a4 開都聊 敦幽 1 tjuu

敦 端灰 a1 合都回 敦微 2 tuul
錞 定灰 b1 合徒猥 敦微 2 duulʔ
錞 定灰 c1 合徒對 敦微 2 duuls 同鐓
憝 定灰 c1 合徒對 敦微 2 duuls
憞 定灰 c1 合徒對 敦微 2 duuls 同憝，见法言
譈 定灰 c1 合徒對 敦微 2 duuls 同憞
鐓 定灰 c1 合徒對 敦微 2 duuls 见礼记
敦 定桓 a1 合度官 敦元 3 doon
鷻 定桓 a1 合度官 敦元 3 doon
鶉 定桓 a1 合度官 敦元 3 doon 鷻字注或体，见诗
敦 端魂 a1 合都昆 敦文 2 tuun
惇 端魂 a1 合都昆 敦文 2 tuun
弴 端魂 a1 合都昆 敦文 2 tuun
墩# 端魂 a1 合都昆 敦文 2 tuun
驐# 端魂 a1 合都昆 敦文 2 tuun
敦 端魂 c1 合都困 敦文 2 tuuns
燉 端魂 c1 合都困 敦文 2 tuuns
焞 透魂 a1 合他昆* 敦文 2 thuun
啍 透魂 a1 合他昆* 敦文 2 thuun 集韵作暾正体
暾 透魂 a1 合他昆 敦文 2 thuun 见九歌
燉 透魂 a1 合他昆 敦文 2 thuun
噋# 透魂 a1 合他昆 敦文 2 thuun 诗作啍
啍 定魂 a1 合徒渾 敦文 2 duun
燉 定魂 a1 合徒渾 敦文 2 duun
諄 章諄 a3 合章倫 敦文 2 tjun
惇 章諄 a3 合章倫 敦文 2 tjun
埻 章諄 b3 合之尹 敦文 2 tjunʔ

稕# 章諄 c3 合之閏　敦文2　tjuns
諄　章諄 c3 合之閏　敦文2　tjuns
醇　禪諄 a3 合常倫　敦文2　djun
淳　禪諄 a3 合常倫　敦文2　djun
鶉　禪諄 a3 合常倫　敦文2　djun
錞　禪諄 a3 合常倫　敦文2　djun
焞　禪諄 a3 合常倫　敦文2　djun
犉　日諄 a3 合如匀　敦文2　njun
蘴+ 端魂 b1 合徒損+ 屯文2　tuunʔ<d-囤今分化字，字彙補：東本切
盾　定魂 b1 合徒損　盾文2　l'uunʔ
遁　定魂 b1 合徒損　盾文2　l'uunʔ
遁　定魂 c1 合徒困　盾文2　l'uuns
循　邪諄 a3 合詳遵　盾文2　ljun
揗　邪諄 a3 合詳遵　盾文2　ljun
楯　邪諄 a3 合詳遵　盾文2　ljun
楯　徹諄 a3 合丑倫　盾文2　lhun
輴　徹諄 a3 合丑倫　盾文2　lhun
盾　船諄 b3 合食尹　盾文2　ɦljunʔ
揗　船諄 b3 合食尹　盾文2　ɦljunʔ
楯　船諄 b3 合食尹　盾文2　ɦljunʔ
揗　船諄 c3 合食閏　盾文2　ɦljuns
腯　定没 d1 合陀骨　盾物2　l'uud
鍎# 定没 d1 合陀骨　盾物2　l'uud
多　端歌 a1 開得何　多歌1　ʔl'aal 甲金文从二肉，非二夕
哆　端歌 b1 開丁可　多歌1　ʔl'aalʔ
跢　端歌 c1 開丁佐　多歌1　ʔl'aals
痑　端歌 c1 開丁佐　多歌1　ʔl'aals
哆　端歌 c1 開丁佐　多歌1　ʔl'aals
痑　透歌 a1 開託何　多歌1　lhaal
爹# 定歌 b1 開徒可　多歌1　daaʔ 与奢同源
陊　定歌 b1 開徒可　多歌1　l'aalʔ
橠# 泥歌 b1 開奴可　多歌1　naalʔ
衺# 泥歌 b1 開奴可　多歌1　naalʔ
奓　知麻 a2 開陟加　多歌1　ʔr'aal>tr
哆　知麻 c2 開陟駕　多歌1　ʔr'aals>tr
奓　知麻 c2 開陟駕　多歌1　ʔr'aals>tr
哆　徹麻 a2 開敕加　多歌1　hr'aal>thr
爹# 知麻 a3 開陟邪　多歌1　<tjaa 与奢同源
哆　昌麻 b3 開昌者　多歌1　lhjaalʔ
跢　端泰 c1 開當蓋　多祭1　ʔl'aads
栘　禪齊 a4 開成臡　多歌2　ɦljeel>dj
黟　影齊 a4 開烏奚　多歌2　ʔleel
趍　澄支 a3 開直離　多歌1　l'al
誃　澄支 a3 開直離　多歌1　l'al
簃　澄支 a3 開直離　多歌1　l'al
陊　澄支 b3 開池爾　多歌1　l'alʔ
眵　章支 a3 開章移　多歌1　ʔljal
恀　章支 b3 開諸氏　多歌1　ʔljalʔ
眵　昌支 a3 開叱支　多歌1　lhjal
侈　昌支 b3 開尺氏　多歌1　lhjalʔ
姼　昌支 b3 開尺氏　多歌1　lhjalʔ
鉹　昌支 b3 開尺氏　多歌1　lhjalʔ
誃　昌支 b3 開尺氏　多歌1　lhjalʔ
垑　昌支 b3 開尺氏　多歌1　lhjalʔ
袳　昌支 b3 開尺氏　多歌1　lhjalʔ
衺　昌支 b3 開尺氏　多歌1　lhjalʔ同袳
恀　昌支 b3 開尺氏　多歌1　lhjalʔ
哆　昌支 b3 開尺氏　多歌1　lhjalʔ
恝　昌支 c3 開充豉　多歌1　lhjals

姼 禪支 a3 開是支 多歌1 ɦljal>dj

恀 禪支 b3 開承紙 多歌1 ɦljalʔ>dj

姼 禪支 b3 開承紙 多歌1 ɦljalʔ>dj

卶 書支 c3 開施智 多歌1 hljals

宜 疑支 a3b 開魚羈 多歌1 ŋral 说文多省声，古文从多。甲金文象俎加多（本象重肉）制为肴，多亦声

誼 疑支 c3b 開宜寄 多歌1 ŋrals

竩# 疑支 c3b 開宜寄 多歌1 ŋrals 同誼

移 以支 a3 開弋支 多歌1 lal

迻 以支 a3 開弋支 多歌1 lal

鉹 以支 a3 開弋支 多歌1 lal

袲 以支 a3 開弋支 多歌1 lal

扅 以支 a3 開弋支 多歌1 lal 见风俗通

栘 以支 a3 開弋支 多歌1 lal/lel

拸 以支 a3 開弋支 多歌1 lal 见庄子，亦作移

簃 以支 a3 開弋支 多歌1 lal

㶴# 以支 a3 開弋支 多歌1 lal

誃 以支 a3 開弋支 多歌1 lal 见张衡赋

拸 以支 b3 開移爾 多歌1 lalʔ 扡字注或体，齐韵成臡切，注又余氏切

黟 影脂 a3a 開於脂 多脂1 ʔlil 同黝

哆 昌之 c3 開昌志 多之 lhjɯs

痑 透寒 a1 開他干 多元1 lhaan 今作瘫

蛥 船薛 d3 開食列 多月1 ɦljad 见方言

奪 定末 d1 合徒活 奪月3 l'ood

桗# 端戈 a1 合丁戈 朵歌3 tool 与株字同族

挆# 端戈 b1 合丁果 朵歌3 toolʔ 说文作女旁

朵 端戈 b1 合丁果 朵歌3 toolʔ

朶 端戈 b1 合丁果 朵歌3 toolʔ 同朵

𨸹 端戈 b1 合丁果 朵歌3 toolʔ 又集韵同垛

躲+ 端戈 b1 合丁果+ 朵歌3 toolʔ 由玉篇补

剁# 端戈 c1 合都唾 朵歌3 tools

挆# 端戈 c1 合都唾 朵歌3 tools 集韵同𡟥

桗# 端戈 c1 合都唾 朵歌3 tools

垛 定戈 b1 合徒果 朵歌3 doolʔ

E

囮 以尤 a3 開以周 囮幽1 lu 同圝说文或体从繇声，训读

呃# 影皆 c2 開烏界 戹賜 qreegs

阸 影佳 c2 開烏懈 戹賜 qreegs

厄 影麥 d2 開於革 戹錫 qreeg 同戹

呃 影麥 d2 開於革 戹錫 qreeg 原作呝

蚅 影麥 d2 開於革 戹錫 qreeg

扼 影麥 d2 開於革 戹錫 qreeg 同搤，原从戹

軛 影麥 d2 開於革 戹錫 qreeg 原从戹

戹 影麥 d2 開於革 戹錫 qreeg 金文象軛形，非乙声

阸 影麥 d2 開於革 戹錫 qreeg

豟 影麥 d2 開於革 戹錫 qreeg

呝 影麥 d2 開於革 戹錫 qreeg

軶 影麥 d2 開於革 戹錫 qreeg

歺 疑曷 d1 開五割 歺月1 ŋaad

耐 泥咍 c1 開奴代 而之 nɯɯs 说文同耏

耏 泥咍 c1 開奴代 而之 nɯɯs

而 日之 a3 開如之 而之 njɯ

鮞　日之 a3 開如之　而之　njɯ
鴯　日之 a3 開如之　而之　njɯ 见庄子
栭　日之 a3 開如之　而之　njɯ
陑　日之 a3 開如之　而之　njɯ 同陾
峏#　日之 a3 開如之　而之　njɯ
輀　日之 a3 開如之　而之　njɯ
胹　日之 a3 開如之　而之　njɯ
洏　日之 a3 開如之　而之　njɯ
耏　日之 a3 開如之　而之　njɯ
髵　日之 a3 開如之　而之　njɯ 见张衡赋
恧　泥職 d3 開女力　而職　nɯg
恧　泥屋 d3 合女六　而覺1　nug
鮞　日屋 d3 合如六　而覺1　njug
掜　泥佳 a2 開妳佳　兒支　rŋee>nr
誽　泥佳 a2 開妳佳　兒支　rŋee>nr
唲　影皆 a2 開坞皆*　兒支　ʔŋree
倪　疑齊 a4 開五稽　兒支　ŋee
蜺　疑齊 a4 開五稽　兒支　ŋee
霓　疑齊 a4 開五稽　兒支　ŋee
郳　疑齊 a4 開五稽　兒支　ŋee
齯　疑齊 a4 開五稽　兒支　ŋee
婗　疑齊 a4 開五稽　兒支　ŋee
輗　疑齊 a4 開五稽　兒支　ŋee
棿　疑齊 a4 開五稽　兒支　ŋee 说文同輗
猊　疑齊 a4 開五稽　兒支　ŋee
麑　疑齊 a4 開五稽　兒支　ŋee 同猊
貎#　疑齊 a4 開五稽　兒支　ŋee 同猊
鯢　疑齊 a4 開五稽　兒支　ŋee
兒　疑齊 a4 開五稽　兒支　ŋee
觬　疑齊 a4 開五稽　兒支　ŋee
堄　疑齊 b4 開研啓　兒支　ŋeeʔ 见汉简
掜　疑齊 b4 開研啓　兒支　ŋeeʔ 见汉简
觬　疑齊 b4 開研啓　兒支　ŋeeʔ
晲　疑齊 b4 開研啓　兒支　ŋeeʔ
睨　疑齊 c4 開五計　兒支　ŋees 见淮南子
堄　疑齊 c4 開五計　兒支　ŋees 见汉简
霓　疑齊 c4 開五計　兒支　ŋees
兒　日支 a3 開汝移　兒支　ŋje
唲　日支 a3 開汝移　兒支　ŋje
霓　疑屑 d4 開五結　兒支　ŋee
蜺　疑屑 d4 開五結　兒支　ŋee
隉　疑屑 d4 開五結　兒月2　ŋeed 同臲，见尚书，说文读若蜺，易困卦郑注作倪
鶂　疑錫 d4 開五歷　兒錫　ŋeeg<nleeg 同鷁，说文作鶃
鬩　曉錫 d4 開許激　兒錫　hŋeeg
妳#　泥佳 b2 開奴蟹　尔歌2　rneelʔ 同嬭
弥#　明支 a3a 開武移　尔歌2　mnel 同彌
尒　日支 b3 開兒氏　尔歌2　njelʔ 尔说文作此
尔　日支 b3 開忍氏*　尔歌2　njelʔ 尒字注或体
迩　日支 b3 開兒氏　尔歌2　njelʔ 同邇
你#　泥之 b3 開乃里　尔之　nɯʔ 尔汝音变
苶　泥帖 d4 開奴協　尔盍2　neeb
苶　日薛 d3 開如列　尔月2　njed
苶　泥屑 d4 開奴結　尔月2　need 见庄子
佴　泥咍 c1 開奴代　耳之　nɯɯs
麛　明齊 a4 開莫兮　耳脂2　mnii
弭　明支 b3a 開綿婢　耳脂2　mniʔ
渳　明支 b3a 開綿婢　耳脂2　mniʔ
葞　明支 b3a 開綿婢　耳脂2　mniʔ
髶2　日脂 c3 開而至　耳脂2　njis 见汉赋
聻#　泥之 b3 開乃里　耳之　nɯʔ 尔音变
恥　徹之 b3 開敕里　耳之　nhɯʔ

咡 日之 a3 開如之 耳之 njɯ
誀# 日之 a3 開如之 耳之 njɯ
耳 日之 b3 開而止 耳之 njɯʔ
洱 日之 b3 開而止 耳之 njɯʔ 见汉书
駬 日之 b3 開而止 耳之 njɯʔ 见韩非子
餌 日之 c3 開仍吏 耳之 njɯs
珥 日之 c3 開仍吏 耳之 njɯs
佴 日之 c3 開仍吏 耳之 njɯs
衈 日之 c3 開仍吏 耳之 njɯs
毦# 日之 c3 開仍吏 耳之 njɯs
咡 日之 c3 開仍吏 耳之 njɯs
刵 日之 c3 開仍吏 耳之 njɯs
誀# 日之 c3 開仍吏 耳之 njɯs
洱 日之 c3 開仍吏 耳之 njɯs 见汉书
眲 日之 c3 開仍吏 耳之 njɯs
眲 泥麥 d2 開尼戹 耳職 rnɯɯg 见方言
嬭# 泥佳 b2 開奴蟹 爾歌2 rneelʔ 今作奶
禰 泥齊 b4 開奴禮 爾歌2 neelʔ
嬭# 泥齊 b4 開奴禮 爾歌2 neelʔ
镾 泥齊 b4 開奴禮 爾歌2 neelʔ
薾 泥齊 b4 開奴禮 爾歌2 neelʔ
檷 泥齊 b4 開奴禮 爾歌2 neelʔ 爾转注字
鑈 泥齊 b4 開奴禮 爾歌2 neelʔ
濔# 泥齊 b4 開奴禮 爾歌2 neelʔ
獼 明支 a3a 開武移 爾歌2 mnel 见楚辞
瓕# 明支 a3a 開武移 爾歌2 mnel
瀰 明支 a3a 開武移 爾歌2 mnel
彌 明支 a3a 開武移 爾歌2 mnel＞mei
鸍 明支 a3a 開武移 爾歌2 mnel
镾 明支 a3a 開武移 爾歌2 mnel 又音禰
擟# 明支 a3a 開武移 爾歌2 mnel
瀰 明支 b3a 開綿婢 爾歌2 mnelʔ
濔 明支 b3a 開綿婢 爾歌2 mnelʔ
壐 心支 b3 開斯氏 爾歌2 snelʔ
璽 心支 b3 開斯氏 爾歌2 snelʔ 同壐籀文
鸍 書支 a3 開式支 爾歌2 hnjel
爾 日支 b3 開兒氏 爾歌2 njelʔ 说文尒声,甲金文象檷初文,取林义光说
邇 日支 b3 開兒氏 爾歌2 njelʔ
獮 心仙 b3 開息淺 爾元2 snenʔ 说文从璽
籋 泥葉 d3 開尼輒 爾盍2 neb
籋 泥帖 d4 開奴協 爾盍2 neeb
鑈 泥帖 d4 開奴協 爾盍2 neeb 同籋
膩 泥脂 c3 開女利 二脂2 nis
二 日脂 c3 開而至 二脂2 njis
弍 日脂 c3 開而至 二脂2 njis 古文二
貳 日脂 c3 開而至 二脂2 njis
樲 日脂 c3 開而至 二脂2 njis

F

廢 非廢 c3 合方肺 發祭1 pads 肺原作胏,依校本
癈 非廢 c3 合方肺 發祭1 pads 肺原作胏
橃 非廢 c3 合方肺 發祭1 pads 肺原作胏
撥 幫末 d1 合北末 發月1 paad
鱍# 幫末 d1 合北末 發月1 paad
襏 幫末 d1 合北末 發月1 paad
驋# 幫末 d1 合北末 發月1 paad

鏺　滂末 d1 合普活　發月1　phaad
鱍# 滂末 d1 合普活　發月1　phaad
潑# 滂末 d1 合普活*　發月1　phaad 广韵从登,集韵作此
醱# 滂末 d1 合普活　發月1　phaad
橃　奉月 d3 合房越　發月1　bad
砭　幫鹽 a3b 開府廉　乏談3　prom
貶　幫鹽 b3b 開方斂　乏談3　prom?
窆　幫鹽 c3b 開方驗　乏談3　proms
砭　幫鹽 c3b 開方驗　乏談3　proms
泛　敷凡 c3 合孚梵　乏談3　phoms
妊　敷凡 c3 合孚梵　乏談3　phoms
芝　敷凡 a3 合匹凡　乏談3　phom 泛转注分化
杉# 奉凡 a3 合符咸*　乏談3　bom 咸,手册据切韵改芝
芝　敷凡 c3 合孚梵　乏談3　phoms 泛转注字
覂　非鍾 b3 合方勇　乏東　poŋ?<pom?
眨　莊洽 d2 開側洽　乏盍3　sproob
鴔　並緝 d3b 開匐急*　乏緝3　brub
㞙　奉緝 d3 開直立　乏緝3　bl'ub
乏　奉乏 d3 合房法　乏盍3　bob
泛　奉乏 d3 合房法　乏盍3　bob
妊　奉乏 d3 合房法　乏盍3　bob
妊　溪乏 d3 合起法　乏盍3　khob<k-phob
茷　幫泰 c1 開博蓋　伐祭3　paads
茷　奉廢 c3 合符廢　伐祭3　bads
筏　幫末 d1 合北末　伐月3　paad
伐　奉月 d3 合房越　伐月3　bad
筏　奉月 d3 合房越　伐月3　bad
閥# 奉月 d3 合房越　伐月3　bad 古作伐
垡# 奉月 d3 合房越　伐月3　bad
栰# 奉月 d3 合房越　伐月3　bad
茷　奉月 d3 合房越　伐月3　bad
罰　奉月 d3 合房越　罰月3　bad
藅　奉月 d3 合房越　罰月3　bad
法　非乏 d3 合方乏　法盍1　p-qab 说文灋省文
灋　非乏 d3 合方乏　法盍1　p-qab 说文法字
皤　幫戈 a1 合博禾　番歌1　paal
嶓　幫戈 a1 合博禾　番歌1　paal 见禹贡
番　幫戈 a1 合博禾　番歌1　paal
播　幫戈 c1 合補過　番歌1　paals
番　幫戈 c1 合補過　番歌1　paals
譒　幫戈 c1 合補過　番歌1　paals
鄱　並戈 a1 合薄波　番歌1　baal
皤　並戈 a1 合薄波　番歌1　baal
潘　滂桓 a1 合普官　番元1　phaan
番　滂桓 a1 合普官　番元1　phaan
蟠　並桓 a1 合薄官　番元1　baan
磻　並桓 a1 合薄官　番元1　baan
蕃　非元 a3 合甫煩　番元1　pan
轓　非元 a3 合甫煩　番元1　pan 见汉书
鱕# 非元 a3 合甫煩　番元1　pan
鐇　非元 a3 合甫煩　番元1　pan
藩　非元 a3 合甫煩　番元1　pan
籓　非元 a3 合甫煩　番元1　pan
橎　非元 b3 合府遠　番元1　pan?
翻　敷元 a3 合孚袁　番元1　phan 同飜,已见汉王粲诗
番　敷元 a3 合孚袁　番元1　phan
幡　敷元 a3 合孚袁　番元1　phan
飜　敷元 a3 合孚袁　番元1　phan 见

说苑
旛　敷元 a3 合孚袁　番元1　phan
幡　敷元 a3 合孚袁　番元1　phan 见汉书
繙　敷元 a3 合孚袁　番元1　phan
番　奉元 a3 合附袁　番元1　ban 釆声，后作蹯
蕃　奉元 a3 合附袁　番元1　ban
燔　奉元 a3 合附袁　番元1　ban
蹯　奉元 a3 合附袁　番元1　ban 同番
繙　奉元 a3 合附袁　番元1　ban
膰　奉元 a3 合附袁　番元1　ban
羳　奉元 a3 合附袁　番元1　ban
鷭#　奉元 a3 合附袁　番元1　ban
蟠　奉元 a3 合附袁　番元1　ban
鐇　奉元 a3 合附袁　番元1　ban
璠　奉元 a3 合附袁　番元1　ban
襎　奉元 a3 合附袁　番元1　ban 见方言
墦　奉元 a3 合附袁　番元1　ban 见孟子
旛　奉元 a3 合附袁　番元1　ban
藩　奉元 a3 合附袁　番元1　ban
嵐#　來覃 a1 開盧含　凡侵3　ruum<b・ruum
葻　來覃 a1 開盧含　凡侵3　ruum<b・ruum
釩#　敷凡 b3 合峯犯　凡談3　phomʔ
汎　敷凡 c3 合孚梵　凡談3　phoms
凡　奉凡 a3 合符咸　凡談3　bom 咸手册据切韵改芝
帆　奉凡 a3 合符咸　凡談3　bom 见马融颂，咸手册据切韵改芝
颿　奉凡 a3 合符咸　凡談3　bom 同帆。咸手册依切韵改芝
帆　奉凡 b3 合防錽　凡談3　bomʔ
梵　奉凡 c3 合扶泛　凡談3　bloms 音译 brahmā
帆　奉凡 c3 合扶泛　凡談3　boms 见释名
芃　並東 a1 合薄紅　凡東　booŋ<boom
風　非東 a3 合方戎　凡侵3　plum
飌　非東 a3 合方戎　凡侵3　plum 風古文，见周礼
楓　非東 a3 合方戎　凡侵3　plum
猦#　非東 a3 合方戎　凡侵3　plum
偑#　非東 a3 合方戎　凡侵3　plum
葻#　非東 a3 合方戎　凡侵3　plum
瘋#　非東 a3 合方馮*　凡侵3　plum
諷　非東 c3 合方鳳　凡侵3　plums
風　非東 c3 合方鳳　凡侵3　plums 同諷，见诗
汎　奉東 a3 合房戎　凡侵3　bum
芃　奉東 a3 合房戎　凡侵3　bum
梵　奉東 a3 合房戎　凡侵3　bum 见汉碑
堸#　奉東 a3 合房戎　凡侵3　blum
渢　奉東 a3 合房戎　凡侵3　blum
鳳　奉東 c3 合馮貢　凡侵3　blums
颿　奉凡 c3 合扶泛　凡談3　boms 又同帆
攀　滂刪 a2 開普班　樊元1　phraan
襻#　滂刪 c2 開普患　樊元1　phraans
棥　奉元 a3 合附袁　樊元1　ban
礬#　奉元 a3 合附袁　樊元1　ban
樊　奉元 a3 合附袁　樊元1　ban
蠜　奉元 a3 合附袁　樊元1　ban
煩　奉元 a3 合附袁　煩元1　ban
蘩　奉元 a3 合附袁　煩元1　ban
繁　並戈 a1 合薄波　緐歌1　baal 见尔雅
繁　並桓 a1 合薄官　緐元1　baan

䌓 奉元 a3 合附袁 䌓元1 ban 通行作繁，每取草盛义，非声符
蘩 奉元 a3 合附袁 䌓元1 ban
瀿 奉元 a3 合附袁 䌓元1 ban 见淮南子
䌓 奉元 c3 合符万 䌓元1 bans 上原作䌓
繁 奉元 a3 合附袁 䌓元1 ban 说文作䌓
扳 幫删 a2 開布還 反元1 praan
板 幫删 b2 開布綰 反元1 praanʔ 同版
版 幫删 b2 開布綰 反元1 praanʔ
蝂 幫删 b2 開布綰 反元1 praanʔ
昄 幫删 b2 開布綰 反元1 praanʔ
鈑 幫删 b2 開布綰 反元1 praanʔ 见尔雅
蝂# 幫删 b2 開布綰 反元1 praanʔ
眅 滂删 a2 開普班 反元1 phraan
扳 滂删 a2 開普班 反元1 phraan 同攀
眅 滂删 b2 開普板 反元1 phraanʔ
阪 並删 b2 開扶板 反元1 braanʔ
昄 並删 b2 開扶板 反元1 braanʔ
魬# 並删 b2 開扶板 反元1 braanʔ
粄# 幫桓 b1 合博管 反元1 paanʔ
蝂# 幫桓 b1 合博管 反元1 paanʔ
昄 幫桓 b1 合博管 反元1 paanʔ
反 非元 b3 合府遠 反元1 panʔ
返 非元 b3 合府遠 反元1 panʔ
坂 非元 b3 合府遠 反元1 panʔ 同阪，见山海经
阪 非元 b3 合府遠 反元1 panʔ 同阪
畈# 非元 c3 合方願 反元1 pans
販 非元 c3 合方願 反元1 pans

反 敷元 a3 合孚袁 反元1 phan
汳 敷元 c3 合芳万 反元1 phans
飯 奉元 b3 合扶晚 反元3 bonʔ
飯 奉元 c3 合符万 反元3 bons
氾 敷凡 c3 合孚梵 氾談3 phoms/phams
氾 奉凡 a3 合符咸 氾談3 bom/am 咸手册据切韵改芝。说文巳声，疑象水氾溢及人，非形声
犯 奉凡 b3 合防錽 氾談3 bomʔ/amʔ
範 奉凡 b3 合防錽 氾談3 bomʔ/amʔ
范 奉凡 b3 合防錽 氾談3 bomʔ/amʔ
笵 奉凡 b3 合防錽 氾談3 bomʔ/amʔ
匚 非陽 a3 合府良 匚陽 paŋ
匠 從陽 c3 開疾亮 匚陽 sbaŋs>dz-
縍# 幫唐 a1 開博旁 方陽 paaŋ 同幫
榜 幫唐 b1 開北朗 方陽 paanʔ
蒡 幫唐 b1 開北朗 方陽 paaŋʔ
牓# 幫唐 b1 開北朗 方陽 paaŋʔ 集韵同榜
螃# 幫唐 b1 開北朗 方陽 paaŋʔ
搒 幫唐 c1 開補曠 方陽 paaŋs
舫 幫唐 c1 開補曠 方陽 paaŋs
謗 幫唐 c1 開補曠 方陽 paaŋs
螃# 幫唐 c1 開補曠 方陽 paaŋs
雱 滂唐 a1 開普郎 方陽 phaaŋ
磅 滂唐 a1 開普郎 方陽 phaaŋ 见上林赋
霶# 滂唐 a1 開普郎 方陽 phaaŋ

滂　滂唐 a1 開普郎　方陽　phaaŋ
鎊# 滂唐 a1 開普郎　方陽　phaaŋ
髈# 滂唐 b1 開匹朗　方陽　phaaŋʔ 后作膀
彷　並唐 a1 開步光　方陽　baaŋ 见庄子
趽　並唐 a1 開步光　方陽　baaŋ
房　並唐 a1 開步光　方陽　baaŋ
篣　並唐 a1 開步光　方陽　baaŋ
騯　並唐 a1 開步光　方陽　baaŋ
傍　並唐 a1 開步光　方陽　baaŋ
膀　並唐 a1 開步光　方陽　baaŋ
髈　並唐 a1 開步光　方陽　baaŋ 说文同膀
旁　並唐 a1 開步光　方陽　baaŋ/blaaŋ
螃# 並唐 a1 開步光　方陽　baaŋ
傍　並唐 c1 開蒲浪　方陽　baaŋs
徬　並唐 c1 開蒲浪　方陽　baaŋs
閍　幫庚 a2 開甫盲　方陽　praaŋ 见尔雅
祊　幫庚 a2 開甫盲　方陽　praaŋ
騯　幫庚 a2 開甫盲　方陽　praaŋ
嗙　幫庚 a2 開甫盲　方陽　praaŋ
榜　幫庚 c2 開北孟　方陽　praaŋs
磅　滂庚 a2 開撫庚　方陽　phraaŋ 见上林赋
蒡　並庚 a2 開薄庚　方陽　braaŋ
騯　並庚 a2 開薄庚　方陽　braaŋ
篣　並庚 a2 開薄庚　方陽　braaŋ
搒　並庚 a2 開薄庚　方陽　braaŋ
榜　並庚 a2 開薄庚　方陽　braaŋ
方　非陽 a3 合府良　方陽　paŋ 甲金文象桨，即榜初文，下初为单笔，犹㫃左初亦作单杆
汸　非陽 a3 合府良　方陽　paŋ
坊　非陽 a3 合府良　方陽　paŋ 见淮南子
邡　非陽 a3 合府良　方陽　paŋ
枋　非陽 a3 合府良　方陽　paŋ
鈁　非陽 a3 合府良　方陽　paŋ
蚄　非陽 a3 合府良　方陽　paŋ
肪　非陽 a3 合府良　方陽　paŋ
鴋# 非陽 a3 合府良　方陽　paŋ
牥　非陽 a3 合府良　方陽　paŋ
趽　非陽 a3 合府良　方陽　paŋ
昉　非陽 b3 合分网　方陽　paŋʔ
瓬　非陽 b3 合分网　方陽　paŋʔ
放　非陽 b3 合分网　方陽　paŋʔ/plaŋʔ
倣　非陽 b3 合分网　方陽　paŋʔ
放　非陽 c3 合甫妄　方陽　paŋs/plaŋs
舫　非陽 c3 合甫妄　方陽　paŋs
趽　非陽 c3 合甫妄　方陽　paŋs
芳　敷陽 a3 合敷方　方陽　phaŋ/phlaŋ
淓　敷陽 a3 合敷方　方陽　phaŋ 见山海经
妨　敷陽 a3 合敷方　方陽　phaŋ
紡　敷陽 b3 合妃兩　方陽　phaŋʔ
仿　敷陽 b3 合妃兩　方陽　phaŋʔ
彷　敷陽 b3 合妃兩　方陽　phaŋʔ 俗髣字
髣　敷陽 b3 合妃兩　方陽　phaŋʔ
鶭　敷陽 b3 合妃兩　方陽　phaŋʔ
訪　敷陽 c3 合敷亮　方陽　phaŋs
妨　敷陽 c3 合敷亮　方陽　phaŋs
邡　敷陽 c3 合敷亮　方陽　phaŋs
房　奉陽 a3 合符方　方陽　baŋ
防　奉陽 a3 合符方　方陽　baŋ
坊　奉陽 a3 合符方　方陽　baŋ 同防，见礼记

魴　奉陽 a3 合符方　方陽　baŋ
方　奉陽 a3 合符方　方陽　baŋ
肪　奉陽 a3 合符方　方陽　baŋ
鴋　奉陽 a3 合符方　方陽　baŋ 说文作鲂
防　奉陽 c3 合符況　方陽　baŋs
圮　並脂 b3b 開符鄙　妃微1　brɯlʔ 原作圯，依集韵校正，与爬（下或从肥）同源
妃　滂灰 c1 合滂佩　妃微1　phɯɯls 见左传
妃　敷微 a3 合芳非　妃微1　phɯl 甲金文从巳从女，表育儿之妇，非己声
啡# 滂咍 b1 開匹愷　非微1　phɯɯlʔ 集韵普亥切
排　並皆 a2 開步皆　非微1　brɯɯl
俳　並皆 a2 開步皆　非微1　brɯɯl
輫　並皆 a2 開步皆　非微1　brɯɯl 见方言
悲　幫脂 a3b 開府眉　非微1　prɯl
棑# 並佳 a2 開薄佳　非支　bree 即卑声之箄簰别写，借自台语 bɛ
棑# 並皆 c2 開蒲拜　非微1　brɯɯls
輩　幫灰 c1 合補妹　非微2　puuls
裴　並灰 a1 合薄回　非微2　buul
徘　並灰 a1 合薄回　非微2　buul
輫　並灰 a1 合薄回　非微2　buul 见方言
琲　並灰 b1 合蒲罪　非微2　buulʔ
痱# 並灰 b1 合蒲罪　非微2　buulʔ
非　非微 a3 合甫微　非微1　pɯl
扉　非微 a3 合甫微　非微1　pɯl
緋　非微 a3 合甫微　非微1　pɯl
裴# 非微 a3 合甫微　非微1　pɯl 余依切三校为斐，集韵同斐
斐　非微 a3 合甫微　非微1　pɯl
騑# 非微 a3 合甫微　非微1　pɯl
騑　非微 a3 合甫微　非微1　pɯl
誹　非微 a3 合甫微　非微1　pɯl
餥　非微 a3 合甫微　非微1　pɯl
匪　非微 b3 合府尾　非微1　pɯlʔ 篚初文
棐　非微 b3 合府尾　非微1　pɯlʔ
餥　非微 b3 合府尾　非微1　pɯlʔ
蜚　非微 b3 合府尾　非微1　pɯlʔ
誹　非微 b3 合府尾　非微1　pɯlʔ
篚　非微 b3 合府尾　非微1　pɯlʔ 匪字转注
榧# 非微 b3 合府尾　非微1　pɯlʔ
誹　非微 c3 合方味　非微1　pɯls
鯡# 非微 c3 合方味　非微1　pɯls
疿+ 非微 c3 合方味+ 非微1　pɯds 痱今字
霏　敷微 a3 合芳非　非微1　phɯl
菲　敷微 a3 合芳非　非微1　phɯl
婔# 敷微 a3 合芳非　非微1　phɯl 原作雨非切，依校本改
騑　敷微 a3 合芳非　非微1　phɯl
裶　敷微 a3 合芳非　非微1　phɯl
斐　敷微 b3 合敷尾　非微1　phɯlʔ
菲　敷微 b3 合敷尾　非微1　phɯlʔ
悱　敷微 b3 合敷尾　非微1　phɯlʔ 见论语
裴# 敷微 b3 合敷尾　非微1　phɯlʔ
腓　奉微 a3 合符非　非微1　bɯl
痱　奉微 a3 合符非　非微1　bɯl
裴　奉微 a3 合符非　非微1　bɯl
陫　奉微 b3 合浮鬼　非微1　bɯlʔ
腓　奉微 c3 合扶沸　非微1　bɯls 沸原作涕，依内府本及王韵
菲　奉微 c3 合扶沸　非微1　bɯls 沸

由涕校改

屝 奉微 c3 合扶沸 非微1 bɯls沸

由涕校改

蜚 奉微 c3 合扶沸 非微1 bɯls沸

由涕校改

厞 奉微 c3 合扶沸 非微1 bɯls沸

由涕校改

翡 奉微 c3 合扶沸 非微1 bɯls沸

由涕校改

痱# 奉微 c3 合扶沸 非微1 bɯls沸

由涕校改，唐以来又混疿

飛 非微 a3 合甫微 飛微1 pɯl

騑 非微 a3 合甫微 飛微1 pɯl

蜰 非微 b3 合府尾 肥微1 pɯlʔ

肥 奉微 a3 合符非 肥微1 bɯl俞敏谓妃省声

淝# 奉微 a3 合符非 肥微1 bɯl

蜰 奉微 a3 合符非 肥微1 bɯl

萉 奉微 c3 合扶沸 肥微1 bɯls沸

由涕校改

朏 滂咍 b1 開普乃 朏微1 phlɯɯlʔ

朏 滂灰 c1 合滂佩 朏微1 phlɯɯls

昢# 滂灰 c1 合滂佩* 朏隊2 phluuds朏分化字

朏 敷微 b3 合敷尾 朏微1 phlɯlʔ

昢 滂没 d1 合普沒 朏物2 phluud

见楚辞九思

吠 奉廢 c3 合符廢 吠祭3 bods

扮# 幫山 c2 開晡幻 分文1 pruɯns

盼 滂山 c2 開匹莧 分文1 phruɯns

頒 幫刪 a2 開布還 分元1 praan

肦 幫刪 a2 開布還 分元1 praan

鳻 幫刪 a2 開布還 分元1 praan见方言

份 幫真 a3b 開府巾 分文1 prɯn

汃 幫真 a3b 開府巾 分文1 prɯn

尔雅作邠

玢 幫真 a3b 開府巾 分文1 prɯn

邠 幫真 a3b 開府巾 分文1 prɯn

同豳

攽 幫真 a3b 開府巾 分文1 prɯn

砏 幫真 a3b 開府巾 分文1 prɯn

砏 滂真 a3b 開普巾 分文1 phrɯn

原列諄韵

貧 並真 a3b 開符巾 分文1 brɯn

扮# 曉佳 b2 合花夥 分歌2 hʷreeiʔ<hmroolʔ

湓# 滂魂 c1 合普悶 分文1 phɯɯns

湓 並魂 a1 合蒲奔 分文1 bɯɯn

见汉书

盆 並魂 a1 合蒲奔 分文1 bɯɯn

葐 並魂 a1 合蒲奔 分文1 bɯɯn

见尔雅

坌 並魂 c1 合蒲悶 分文1 bɯɯns

见汉书

坋 並魂 c1 合蒲悶 分文1 bɯɯns

坌注或体

分 非文 a3 合府文 分文1 pɯn

帉 非文 a3 合府文 分文1 pɯn

吩# 非文 a3 合府文 分文1 pɯn分付之分今字

扮 非文 a3 合府文 分文1 pɯn

粉 非文 b3 合方吻 分文1 pɯnʔ

黺 非文 b3 合方吻 分文1 pɯnʔ

扮 非文 b3 合方吻 分文1 pɯnʔ

芬 敷文 a3 合撫文 分文1 phɯn撫

原误府，依元泰定本校改

紛 敷文 a3 合撫文 分文1 phɯn撫

由府校改

衯 敷文 a3 合撫文 分文1 phɯn撫

由府校改

棻　敷文 a3 合撫文　分文$_1$　phɯn 撫由府校改
砏　敷文 a3 合撫文　分文$_1$　phɯn 撫由府校改
氛　敷文 a3 合撫文　分文$_1$　phɯn 撫由府校改
雰　敷文 a3 合撫文　分文$_1$　phɯn 同氛，撫由府校改
忿　敷文 b3 合敷粉　分文$_1$　phɯnʔ
魵　敷文 b3 合敷粉　分文$_1$　phɯnʔ
忿　敷文 c3 合匹問　分文$_1$　phɯns
魵　敷文 c3 合匹問　分文$_1$　phɯns
湓　敷文 c3 合匹問　分文$_1$　phɯns 见通俗文
汾　奉文 a3 合符分　分文$_1$　bɯn
氛　奉文 a3 合符分　分文$_1$　bɯn
羒　奉文 a3 合符分　分文$_1$　bɯn
頒　奉文 a3 合符分　分文$_1$　bɯn
枌　奉文 a3 合符分　分文$_1$　bɯn
鳻　奉文 a3 合符分　分文$_1$　bɯn 见尔雅
棼　奉文 a3 合符分　分文$_1$　bɯn
魵　奉文 a3 合符分　分文$_1$　bɯn
妢　奉文 a3 合符分　分文$_1$　bɯn
棥　奉文 a3 合符分　分文$_1$　bɯn 同棻
肦　奉文 a3 合符分　分文$_1$　bɯn
豶#　奉文 a3 合符分　分文$_1$　bɯn 同豮
鼢　奉文 a3 合符分　分文$_1$　bɯn
蚡　奉文 a3 合符分　分文$_1$　bɯn 同鼢
棻　奉文 a3 合符分　分文$_1$　bɯn
葐#　奉文 a3 合符分　分文$_1$　bɯn
忿　奉文 b3 合父吻　分文$_1$　bɯnʔ
鼢　奉文 b3 合房吻　分文$_1$　bɯnʔ
蚡　奉文 b3 合房吻　分文$_1$　bɯnʔ 同鼢
魵　奉文 b3 合房吻　分文$_1$　bɯnʔ
弅　奉文 b3 合房吻　分文$_1$　bɯnʔ 见庄子
坋　奉文 b3 合房吻　分文$_1$　bɯnʔ
坌　奉文 b3 合房吻　分文$_1$　bɯnʔ 同坋，余校补
份　奉文 c3 合扶問　分文$_1$　bɯns
分　奉文 c3 合扶問　分文$_1$　bɯns
秎　奉文 c3 合扶問　分文$_1$　bɯns 见管子
坋　奉文 c3 合扶問　分文$_1$　bɯns
坌　奉文 c3 合扶問　分文$_1$　bɯns 同坋，余校补
焚　奉文 a3 合符分　焚文$_2$　bun
奮　非文 c3 合方問　奮文$_1$　pɯns
糞　非文 c3 合方問　糞文$_1$　pɯns
瀵　非文 c3 合方問　糞文$_1$　pɯns
瀵　敷文 c3 合匹問　糞文$_1$　phɯns
邦　幫江 a2 開博江　丰東　prooŋ
梆#　幫江 a2 開博江　丰東　prooŋ
垹#　幫江 a2 開博江　丰東　prooŋ
肨#　滂江 c2 開匹絳　丰東　phrooŋs 今作胖
胖　滂江 c2 開匹絳　丰東　phrooŋs
蚌　並江 b2 開步項　丰東　brooŋʔ
玤　並江 b2 開步項　丰東　brooŋʔ
棒#　並江 b2 開步項　丰東　brooŋʔ 说文作棓
蜯　並江 b2 開步項　丰東　brooŋʔ 同蚌
蚌　並耕 b2 開白猛*　丰耕　breeŋʔ 同说文蠯，由步项切训读
琫　幫東 b1 合邊孔　丰東　pooŋʔ
菶　幫東 b1 合邊孔　丰東　pooŋʔ
俸　幫東 b1 合邊孔　丰東　pooŋʔ
髼#　並東 a1 合薄紅　丰東　booŋ
蜂　並東 a1 合薄紅　丰東　booŋ

諍 並東 a1 合薄紅 丰東 booŋ毛诗今本作逢
蓬 並東 a1 合薄紅 丰東 booŋ/blooŋ
篷 並東 a1 合薄紅 丰東 booŋ见方言
菶 並東 b1 合蒲蠓 丰東 booŋʔ
唪 並東 b1 合蒲蠓 丰東 booŋʔ
埲# 並東 b1 合蒲蠓 丰東 booŋʔ
丰 敷鍾 a3 合敷容 丰東 phoŋ甲文象草木在土上,表生长旺盛
妦 敷鍾 a3 合敷容 丰東 phoŋ见方言
仹# 敷鍾 a3 合敷容 丰東 phoŋ
峯 敷鍾 a3 合敷容 丰東 phoŋ
峰# 敷鍾 a3 合敷容* 丰東 phoŋ峯字注或体
蜂 敷鍾 a3 合敷容 丰東 phoŋ同蠭
鋒 敷鍾 a3 合敷容 丰東 phoŋ
烽 敷鍾 a3 合敷容 丰東 phoŋ
蠭 敷鍾 a3 合敷容 丰東 phoŋ
桻 敷鍾 a3 合敷容 丰東 phoŋ
莑 敷鍾 a3 合敷容 丰東 phoŋ
夆 敷鍾 a3 合敷容* 丰東 phoŋ
捀 敷鍾 b3 合敷奉 丰東 phoŋʔ见庄子
逢 奉鍾 a3 合符容 丰東 boŋ
縫 奉鍾 a3 合符容 丰東 boŋ
漨 奉鍾 a3 合符容 丰東 boŋ
夆 奉鍾 a3 合符容 丰東 boŋ
捀 奉鍾 a3 合符容 丰東 boŋ
奉 奉鍾 b3 合扶隴 丰東 boŋʔ
唪 奉鍾 b3 合扶隴 丰東 boŋʔ
縫 奉鍾 c3 合扶用 丰東 boŋs
捀 奉鍾 c3 合扶用 丰東 boŋs
俸 奉鍾 c3 合扶用 丰東 boŋs

豐 敷東 a3 合敷空 豐終 phuŋ似从豈朋声
蘴 敷東 a3 合敷空 豐終 phuŋ
灃 敷東 a3 合敷空 豐終 phuŋ见禹贡
寷 敷東 a3 合敷空 豐終 phuŋ
麷 敷東 a3 合敷空 豐終 phuŋ
酆 敷東 a3 合敷空 豐終 phuŋ
葑 敷鍾 a3 合敷容 豐東 phoŋ见方言,同葑
幫# 幫唐 a1 開博旁 封陽 paaŋ段玉裁云源自紺
幚# 幫唐 a1 開博旁 封陽 paaŋ
封 非鍾 a3 合府容 封東 poŋ甲文同丰,金文加又或寸转注,表封土植木为封疆
葑 非鍾 a3 合府容 封東 poŋ
犎# 非鍾 a3 合府容 封東 poŋ
崶# 非鍾 a3 合府容 封東 poŋ
葑 非鍾 c3 合方用 封東 poŋs
湗 非鍾 c3 合方用 封東 poŋs葑注或体,见秦简
封 非鍾 c3 合方用 封東 poŋs
胮# 滂江 a2 開匹江 夆東 phrooŋ
逄# 並江 a2 開薄江 夆東 brooŋ逢字讹变分化
胮# 並江 a2 開薄江 夆東 brooŋ
舽# 並江 a2 開薄江 夆東 brooŋ
寳 幫豪 b1 開博抱 缶幽1 puuʔ
珤 幫豪 b1 開博抱 缶幽1 puuʔ寶古文
缶 非尤 b3 開方久 缶幽1 puʔ/pluʔ
缹# 非尤 b3 開方久 缶幽1 puʔ
趺 非虞 a3 合甫無 夫魚 pa
肤# 非虞 a3 合甫無 夫魚 pa同膚
邞 非虞 a3 合甫無 夫魚 pa
鈇 非虞 a3 合甫無 夫魚 pa

袪　非虞 a3 合甫無　夫魚　pa

玞♯ 非虞 a3 合甫無　夫魚　pa

夫　非虞 a3 合甫無　夫魚　pa

鳺　非虞 a3 合甫無　夫魚　pa 见尔雅

扶　非虞 a3 合甫無　夫魚　pa

妋♯ 非虞 a3 合甫無　夫魚　pa

麩　敷虞 a3 合芳無　夫魚　pha

扶　奉虞 a3 合防無　夫魚　ba

夫　奉虞 a3 合防無　夫魚　ba

蚨　奉虞 a3 合防無　夫魚　ba

芙　奉虞 a3 合防無　夫魚　ba 见尔雅

颫♯ 奉虞 a3 合防無　夫魚　ba

枎　奉虞 a3 合防無　夫魚　ba

敷　敷虞 a3 合芳無　尃魚　pha

瓐♯ 來魚 a3 合力居　尃魚　ɦb・ra

沛　幫泰 c1 開博蓋　市祭$_3$　poobs

芾　幫泰 c1 開博蓋　市祭$_3$　poobs

伂♯ 幫泰 c1 開博蓋　市祭$_3$　poobs 同沛：顛～

沛　滂泰 c1 開普蓋　市祭$_3$　phoobs

霈♯ 滂泰 c1 開普蓋　市祭$_3$　phoobs 沛分化字

旆　並泰 c1 開蒲蓋　市祭$_3$　boobs

肺　敷廢 c3 合芳廢　市祭$_3$　phobs 芳由方校改

柹　敷廢 c3 合芳廢　市祭$_3$　phobs 芳由方校改

芾　非微 c3 合方味　市隊$_2$　pubs

芾　非物 d3 合分勿　市物$_2$　pud<pub

市　非物 d3 合分勿　市物$_2$　pud<pub

鄪　幫脂 c3b 開兵媚　弗隊$_1$　prɯds 见史记通作費

費　幫脂 c3b 開兵媚　弗隊$_1$　prɯds

砩♯ 非廢 c3 合方肺　弗祭$_1$　pads 肺由胏校改

沸　非微 c3 合方味　弗隊$_1$　pɯds

疿　非微 c3 合方味　弗隊$_1$　pɯds 见素问

茀　非微 c3 合方味　弗隊$_1$　pɯds 同芾

費　敷微 c3 合芳未　弗隊$_1$　phɯds

髴　敷微 c3 合芳未　弗隊$_1$　phɯds

昲　敷微 c3 合芳未　弗隊$_1$　phɯds 见方言

䩤♯ 敷微 c3 合芳未　弗隊$_1$　phɯds

狒　奉微 c3 合扶沸　弗隊$_1$　bɯds 见尔雅，沸原误涕，依内府本及王韵校改

佛　奉微 c3 合扶沸　弗隊$_1$　bɯds 沸由涕校改

費　奉微 c3 合扶沸　弗隊$_1$　bɯds 沸由涕校改

胇♯ 並質 d3b 開房密　弗物$_1$　brɯd

艴　並没 d1 合蒲沒　弗物$_1$　bɯɯd

弗　非物 d3 合分勿　弗物$_1$　pɯd

紼　非物 d3 合分勿　弗物$_1$　pɯd 同綍

柫　非物 d3 合分勿　弗物$_1$　pɯd

髴　非物 d3 合分勿　弗物$_1$　pɯd

笰　非物 d3 合分勿　弗物$_1$　pɯd

拂　敷物 d3 合敷勿　弗物$_1$　phɯd

艴　敷物 d3 合敷勿　弗物$_1$　phɯd

茀　敷物 d3 合敷勿　弗物$_1$　phɯd

刜　敷物 d3 合敷勿　弗物$_1$　phɯd

髴　敷物 d3 合敷勿　弗物$_1$　phɯd

彿　敷物 d3 合敷勿　弗物$_1$　phɯd 俗同髴，见楚辞九辩

佛　奉物 d3 合符弗　弗物$_1$　bɯd

怫　奉物 d3 合符弗　弗物$_1$　bɯd

坲　奉物 d3 合符弗　弗物$_1$　bɯd 见楚辞九叹

咈　奉物 d3 合符弗　弗物$_1$　bɯd

刜　奉物 d3 合符弗　弗物$_1$　bɯd

怫 奉物 d3 合符弗 弗物1 bɯd

紨 並脂 c3b 開平祕 伏代 brɯgs

伏 奉尤 c3 開扶富 伏代 bɯgs

垘 並德 d1 開蒲北 伏職 bɯɯg 见史记

伏 奉屋 d3 合房六 伏職 bɯg

茯 奉屋 d3 合房六 伏職 bɯg

洑# 奉屋 d3 合房六 伏職 bɯg

紨 奉屋 d3 合房六 伏職 bɯg

栿# 奉屋 d3 合房六 伏職 bɯg

甶 非物 d3 合分勿 甶物1 pɯd

殍 並脂 b3b 開符鄙 孚幽2 brɯwʔ

脬 滂肴 a2 開匹交 孚幽1 phruu

捊 並肴 a2 開薄交 孚幽1 bruu

殍 並宵 b3b 開平表 孚宵3 browʔ 见孟子

莩 並宵 b3b 開平表 孚宵3 browʔ 同殍，见孟子

捊 並侯 a1 開薄侯 孚侯 <buw

哹# 非尤 a3 開甫鳩 孚幽1 pu

浮 奉尤 a3 開縛谋 孚幽1 bu

蜉 奉尤 a3 開縛谋 孚幽1 bu

桴 奉尤 a3 開縛谋 孚幽1 bu

哹# 奉尤 a3 開縛谋 孚幽1 bu

罦 奉尤 a3 開縛谋 孚幽1 bu

琈# 奉尤 a3 開縛谋 孚幽1 bu 礼记作孚

粰# 奉尤 a3 開縛谋 孚幽1 bu

烰 奉尤 a3 開縛谋 孚幽1 bu

艀# 奉尤 a3 開縛谋 孚幽1 bu

俘 敷虞 a3 合芳無 孚幽1 <phuw 更古音滞后，孚转注字

孚 敷虞 a3 合芳無 孚幽1 <phuw 俘初文

孵# 敷虞 a3 合芳無 孚幽1 <phuw 方言作孚

莩 敷虞 a3 合芳無 孚幽1 <phuw

稃 敷虞 a3 合芳無 孚幽1 <phuw

郛 敷虞 a3 合芳無 孚幽1 <phuw

筟 敷虞 a3 合芳無 孚幽1 <phuw

殍 敷虞 a3 合芳無 孚幽1 <phuw 见孟子

罦 敷虞 a3 合芳無 孚幽1 <phuw

桴 敷虞 a3 合芳無 孚幽1 <phuw

菔 並德 d1 開蒲北 服職 bɯɯg

服 奉屋 d3 合房六 服職 bɯg

鵩 奉屋 d3 合房六 服職 bɯg 见贾谊赋

箙 奉屋 d3 合房六 服職 bɯg

棴# 奉屋 d3 合房六 服職 bɯg

菔 奉屋 d3 合房六 服職 bɯg

棴# 心屋 d1 合桑谷 服屋 smoog

富 非尤 c3 開方副 畐代 pɯgs

輻 非尤 c3 開方副 畐代 pɯgs

副 敷尤 c3 開敷救 畐代 phɯgs

福 敷尤 c3 開敷救 畐代 phɯgs

葍# 並德 d1 開蒲北 畐職 bɯɯg 同菔

匐 並德 d1 開蒲北 畐職 bɯɯg

逼 幫職 d3 開彼側 畐職 prɯg

偪 幫職 d3 開彼側 畐職 prɯg

幅 幫職 d3 開彼側 畐職 prɯg

楅 幫職 d3 開彼側 畐職 prɯg

湢 幫職 d3 開彼側 畐職 prɯg 见礼记

堛 滂職 d3 開芳逼 畐職 phrɯg

愊 滂職 d3 開芳逼 畐職 phrɯg

踾 滂職 d3 開芳逼 畐職 phrɯg

揊 滂職 d3 開芳逼 畐職 phrɯg

稫# 滂職 d3 開芳逼 畐職 phrɯg

副 滂職 d3 開芳逼 畐職 phrɯg

畐 滂職 d3 開芳逼 畐職 phrɯg

䕯　滂職 d3 開芳逼　畐職　phrɯg
腷　並職 d3 開符逼　畐職　brɯg 见汉赋
踾　並職 d3 開符逼　畐職　brɯg
鶝　並職 d3 開符逼　畐職　brɯg
福　非屋 d3 合方六　畐職　pɯg
幅　非屋 d3 合方六　畐職　pɯg
輻　非屋 d3 合方六　畐職　pɯg
蝠　非屋 d3 合方六　畐職　pɯg
葍　非屋 d3 合方六　畐職　pɯg
鶝　非屋 d3 合方六　畐職　pɯg
踾　非屋 d3 合方六　畐職　pɯg
偪　非屋 d3 合方六　畐職　pɯg
楅　非屋 d3 合方六　畐職　pɯg
副　敷屋 d3 合芳福　畐職　phɯg
畐　奉屋 d3 合房六　畐職　bɯg
匐　奉屋 d3 合房六　畐職　bɯg
凫　奉虞 a3 合防無　凫魚　ba
豧　滂侯 c1 開匹候　甫侯　phoos
縛　並戈 c1 合符卧　甫暮1　<baah< baags
逋　幫模 a1 合博孤　甫魚　paa
餔　幫模 a1 合博孤　甫魚　paa
晡　幫模 a1 合博孤　甫魚　paa
庯#　幫模 a1 合博孤　甫魚　paa
陠#　幫模 a1 合博孤　甫魚　paa
鵏#　幫模 a1 合博孤　甫魚　paa
峬#　幫模 a1 合博孤　甫魚　paa
誧　幫模 a1 合博孤　甫魚　paa
秿　幫模 a1 合博孤　甫魚　paa
鯆#　幫模 a1 合博孤　甫魚　paa
補　幫模 b1 合博古　甫魚　paaʔ
圃　幫模 b1 合博古　甫魚　paaʔ
圃　幫模 c1 合博故　甫魚　paas 诗经只去声
鋪　滂模 a1 合普胡　甫魚　phaa
痡　滂模 a1 合普胡　甫魚　phaa
鯆#　滂模 a1 合普胡　甫魚　phaa
誧　滂模 a1 合普胡　甫魚　phaa
陠#　滂模 a1 合普胡　甫魚　phaa
誧　滂模 b1 合滂古　甫魚　phaaʔ
浦　滂模 b1 合滂古　甫魚　phaaʔ
烳#　滂模 b1 合滂古　甫魚　phaaʔ
溥　滂模 b1 合滂古　甫魚　phaaʔ
悑　滂模 c1 合普故　甫魚　phaas 说文作怖正体
鋪　滂模 c1 合普故　甫魚　phaas
誧　滂模 c1 合普故　甫魚　phaas
酺　並模 a1 合薄胡　甫魚　baa
匍　並模 a1 合薄胡　甫魚　baa
蒲　並模 a1 合薄胡　甫魚　baa
脯#　並模 a1 合薄胡　甫魚　baa 原有草头，今字省
葡+　並模 a1 合薄胡+　甫魚　baa 古作蒲，今分化字
蒱#　並模 a1 合薄胡　甫魚　baa
蒲　並模 a1 合薄胡　甫魚　baa
簿　並模 b1 合裴古　甫魚　baaʔ/blaaʔ
捕　並模 c1 合薄故　甫魚　baas
哺　並模 c1 合薄故　甫魚　baas
餔　並模 c1 合薄故　甫魚　baas
鵏#　並模 c1 合薄故　甫魚　baas
簠　非虞 a3 合甫無　甫魚　pa
甫　非虞 b3 合方矩　甫魚　paʔ 甲文象蔬在田，为圃初文（罗振玉说），不似父声。周宝宏说父声甫西周已有，不同于圃
黼　非虞 b3 合方矩　甫魚　paʔ
脯　非虞 b3 合方矩　甫魚　paʔ
簠　非虞 b3 合方矩　甫魚　paʔ

蚹 非虞 b3 合方矩 甫魚 paʔ
莆 非虞 b3 合方矩 甫魚 paʔ
俌 非虞 b3 合方矩 甫魚 paʔ
鯆# 非虞 b3 合方矩 甫魚 paʔ
郙 非虞 b3 合方矩 甫魚 paʔ
傅 非虞 c3 合方遇 甫暮 pags
搏 非虞 c3 合方遇 甫暮 pags
麱 敷虞 a3 合芳無 甫魚 pha 说文麩或体
鋪 敷虞 a3 合芳無 甫魚 pha
痡 敷虞 a3 合芳無 甫魚 pha
豧 敷虞 a3 合芳無 甫魚 pha
尃 敷虞 a3 合芳無 甫魚 pha
郙 敷虞 a3 合芳無 甫魚 pha
秿# 敷虞 a3 合芳無 甫魚 pha
俌 敷虞 b3 合芳武 甫魚 phaʔ
豧 敷虞 c3 合芳遇 甫魚 phas
簠 敷虞 c3 合芳遇 甫魚 phas
榑 奉虞 a3 合防無 甫魚 ba
輔 奉虞 b3 合扶雨 甫魚 baʔ
秿# 奉虞 b3 合扶雨 甫魚 baʔ
鬴 奉虞 b3 合扶雨 甫魚 baʔ
賻 奉虞 c3 合符遇 甫暮 bags
博 幫鐸 d1 開補各 甫鐸 paag
搏 幫鐸 d1 開補各 甫鐸 paag
髆 幫鐸 d1 開補各 甫鐸 paag
鎛 幫鐸 d1 開補各 甫鐸 paag
猼 幫鐸 d1 開補各 甫鐸 paag 见山海经
餺# 幫鐸 d1 開補各 甫鐸 paag
溥 幫鐸 d1 開補各 甫鐸 paag
簙 幫鐸 d1 開補各 甫鐸 paag
鑮 幫鐸 d1 開補各 甫鐸 paag
欂 幫鐸 d1 開補各 甫鐸 paag
䥬 滂鐸 d1 開匹各 甫鐸 phaag 见大招
膊 滂鐸 d1 開匹各 甫鐸 phaag
拍 滂鐸 d1 開匹各 甫鐸 phaag
薄 並鐸 d1 開傍各 甫鐸 baag
礴# 並鐸 d1 開傍各 甫鐸 baag 右原为薄
鑮 並鐸 d1 開傍各 甫鐸 baag
簿# 並鐸 d1 開傍各 甫鐸 baag 也作箔
欂 並陌 d3 開弼戟 甫鐸 bag
欂 並麥 d2 開蒲革 甫錫 breeg
縛 奉藥 d3 合符钁 甫鐸 bag
抪 幫模 a1 合博孤 父魚 paa
布 幫模 c1 合博故 父魚 paas
佈# 幫模 c1 合博故 父魚 paas
抪 幫模 c1 合博故 父魚 paas
怖 滂模 c1 合普故 父魚 phaas
斧 非虞 b3 合方矩 父魚 paʔ
父 非虞 b3 合方矩 父魚 paʔ
蚥 非虞 b3 合方矩 父魚 paʔ
滏 奉虞 b3 合扶雨 父魚 baʔ 见战国策
釜 奉虞 b3 合扶雨 父魚 baʔ 同鬴
父 奉虞 b3 合扶雨 父魚 baʔ
蚥 奉虞 b3 合扶雨 父魚 baʔ
紑 奉尤 a3 開縛谋 付幽1 bu 见汉简
跗 非虞 a3 合甫無 付侯 po
柎 非虞 a3 合甫無 付侯 po
腑 非虞 b3 合方矩 付侯 poʔ 古作府
俯 非虞 b3 合方矩 付侯 poʔ/mpoʔ 训读同頫
府 非虞 b3 合方矩 付侯 poʔ
付 非虞 c3 合方遇 付侯 pos/ʔ
咐 非虞 c3 合方遇 付侯 pos 见淮南子
怤 敷虞 a3 合芳無 付侯 pho

泭　敷虞 a3 合芳無　付侯　pho
姇[#] 敷虞 a3 合芳無　付侯　pho
紨　敷虞 a3 合芳無　付侯　pho
拊　敷虞 b3 合芳武　付侯　phoʔ
弣　敷虞 b3 合芳武　付侯　phoʔ
符　奉虞 a3 合防無　付侯　bo
苻　奉虞 a3 合防無　付侯　bo
坿　奉虞 a3 合防無　付侯　bo
泭　奉虞 a3 合防無　付侯　bo
腐　奉虞 b3 合扶雨　付侯　boʔ
附　奉虞 c3 合符遇　付侯　bos
駙　奉虞 c3 合符遇　付侯　bos
鮒　奉虞 c3 合符遇　付侯　bos
坿　奉虞 c3 合符遇　付侯　bos
祔　奉虞 c3 合符遇　付侯　bos
蚹　奉虞 c3 合符遇　付侯　bos 见庄子
跗　奉虞 c3 合符遇　付侯　bos 见史记
胕　奉虞 c3 合符遇　付侯　bos 素问同腐，集韵同腑
阜　奉尤 b3 開房久　阜幽 1　buʔ
埠[+] 並模 c1 合薄故[+] 阜魚　baas 唐人作步，步今分化字
鍑　非尤 c3 開方副　复奥 1　pugs
覆　敷尤 c3 開敷救　复奥 1　phugs/ɯgs
復　奉尤 c3 開扶富　复奥 1　bugs 复字转注
椱　奉尤 c3 開扶富　复奥 1　bugs
複　奉尤 c3 開扶富　复奥 1　bugs
覆　奉尤 c3 開扶富　复奥 1　bugs/ɯgs
覆　滂德 d1 開匹北　复職　phɯɯg
馥　並職 d3 開符逼　复職　brɯg
愎　並職 d3 開符逼　复職　brɯg 见左传

馥　奉屋 d3 合房六　复職　bɯg/bug
腹　非屋 d3 合方六　复覺 1　pug
複　非屋 d3 合方六　复覺 1　pug
鍑　非屋 d3 合方六　复覺 1　pug
輹　非屋 d3 合方六　复覺 1　pug
蝮　敷屋 d3 合芳福　复覺 1　phug
覆　敷屋 d3 合芳福　复覺 1　phug/phɯg
蕧　敷屋 d3 合芳福　复覺 1　phug
復　奉屋 d3 合房六　复覺 1　bug 复字转注
輹　奉屋 d3 合房六　复覺 1　bug
椱　奉屋 d3 合房六　复覺 1　bug
复　奉屋 d3 合房六　复覺 1　bug
鰒　奉屋 d3 合房六　复覺 1　bug
蕧　奉屋 d3 合房六　复覺 1　bug
澓　奉屋 d3 合房六　复覺 1　bug
負　奉尤 b3 開房久　負之　bɯʔ
萯　奉尤 b3 開房久　負之　bɯʔ
蝜[#] 奉尤 b3 開房久　負之　bɯʔ 尔雅作負
偩　奉尤 b3 開房久　負之　bɯʔ 见乐记

G

丐　見泰 c1 開古太　丐祭 1　kaads 同匄，俗讹变
匄　見泰 c1 開古太　丐祭 1　kaads
匃　見泰 c1 開古太　丐祭 1　kaads 原作匄，此依说文
丐　見曷 d1 開古達　丐月 1　kaad 匄字注或体
壒[#] 影泰 c1 開於蓋　蓋/匄祭 1　qaads 淮南、班固作堨

訐 見祭 c3b 開居例 干祭1 krads
訐 見祭 c3b 開居例 干祭1 krads
肝 見寒 a1 開古寒 干元1 kaan
竿 見寒 a1 開古寒 干元1 kaan
干 見寒 a1 開古寒 干元1 kaan
奸 見寒 a1 開古寒 干元1 kaan
玕 見寒 a1 開古寒 干元1 kaan
汗 見寒 a1 開古寒 干元1 kaan
迁 見寒 a1 開古寒 干元1 kaan
忓 見寒 a1 開古寒 干元1 kaan
鳱 見寒 a1 開古寒 干元1 kaan 见论衡
邗 見寒 a1 開古寒 干元1 kaan
秆 見寒 b1 開古旱 干元1 kaanʔ/klaanʔ 同稈
矸# 見寒 b1 開古旱 干元1 kaanʔ
仠# 見寒 b1 開古旱 干元1 kaanʔ
皯 見寒 b1 開古旱 干元1 kaanʔ
衦 見寒 b1 開古旱 干元1 kaanʔ
旰 見寒 c1 開古案 干元1 kaans
盰 見寒 c1 開古案 干元1 kaans
杆 見寒 c1 開古案 干元1 kaans 见尔雅
骭 見寒 c1 開古案 干元1 kaans
矸 見寒 c1 開古案 干元1 kaans 见应劭文
桿+ 見寒 b1 開古旱+ 干元1 kaanʔ 笴今字
趕+ 見寒 b1 開古旱+ 干元1 kaanʔ 唐宋新字，与迁同源
稈 見寒 b1 開古旱 干元1 kaanʔ
刊 溪寒 a1 開苦寒 干元1 khaan
靬 溪寒 a1 開苦寒 干元1 khaan
衎 溪寒 b1 開空旱 干元1 khaanʔ
靬 溪寒 c1 開苦旰 干元1 khaans
衎 溪寒 c1 開苦旰 干元1 khaans
犴 疑寒 a1 開俄寒 干元1 ŋaan 同豻
豻 疑寒 a1 開俄寒 干元1 ŋaan
豻 疑寒 c1 開五旰 干元1 ŋaans
顸# 疑寒 c1 開五旰 干元1 ŋaans
犴 疑寒 c1 開五旰 干元1 ŋaans
岸 疑寒 c1 開五旰 干元1 ŋgaans
顸# 曉寒 a1 開許干 干元1 hŋaan
鼾 曉寒 a1 開許干 干元1 qhaan 读若汗
罕 曉寒 b1 開呼旱 干元1 qhaanʔ
焊# 曉寒 b1 開呼旱 干元1 qhaanʔ
蔊# 曉寒 b1 開呼旱 干元1 qhaanʔ
罕 曉寒 c1 開呼旰 干元1 qhaans
邗 匣寒 a1 開胡安 干元1 gaan
汗 匣寒 a1 開胡安 干元1 gaan
虷 匣寒 a1 開胡安 干元1 gaan 见庄子
旱 匣寒 b1 開胡笴 干元1 gaanʔ
睅# 匣寒 b1 開胡笴 干元1 gaanʔ
汗 匣寒 c1 開侯旰 干元1 gaans
豻 匣寒 c1 開侯旰 干元1 ɦŋaans
釬 匣寒 c1 開侯旰 干元1 gaans
矸# 匣寒 c1 開侯旰 干元1 gaans
扞 匣寒 c1 開侯旰 干元1 gaans
鼾 匣寒 c1 開侯旰 干元1 ɢaans
閈 匣寒 c1 開侯旰 干元1 gaans
忓 匣寒 c1 開侯旰 干元1 gaans
馯 匣寒 c1 開侯旰 干元1 gaans 见淮南子
捍 匣寒 c1 開侯旰 干元1 gaans
悍 匣寒 c1 開侯旰 干元1 gaans
銲# 匣寒 c1 開侯旰 干元1 gaans 釬字注或体

焊+ 匣寒 c1 開侯旰+ 干元1 gaans 銲今字

垾# 匣寒 c1 開侯旰 干元1 gaans

䦛 匣寒 c1 開侯旰 干元1 gaans

靬 見山 a2 開古閑 干元2 kreen

馯# 溪删 a2 開丘姦 干元1 khraan

豻 溪删 a2 開可顏 干元1 ŋhraan

捍 匣删 b2 開下赧 干元1 graanʔ

睅 匣删 b2 合户板 干元1 gwranʔ

骭 匣删 c2 開下晏 干元1 graans

娨# 匣删 c2 開下晏 干元1 graans

靬 見元 a3 開居言 干元1 kan

飦 見元 a3 開居言 干元1 kan 餰字注或体

赶 群元 a3 開巨言 干元1 gan

軒 曉元 a3 開虚言 干元1 qhan

蓒# 曉元 a3 開虚言 干元1 qhan

酐# 曉唐 b1 開呼朗 干陽 qhaaŋʔ

頇# 疑曷 d1 開五割 干月1 ŋaad

訐 見薛 d3b 開居列 干月1 krad

訐 見月 d3 開居竭 干月1 kad

赶 群月 d3 合其月 干月1 gwad

紺 見覃 c1 開古暗 甘侵1 kɯɯms

姏# 明談 a1 開武酣 甘談1 mgaam

嵌 從談 b1 開才敢 甘談1 sgaamʔ 出苍颉篇

甘 見談 a1 開古三 甘談1 kaam

柑# 見談 a1 開古三 甘談1 kaam 甘转注分化

苷 見談 a1 開古三 甘談1 kaam

泔 見談 a1 開古三 甘談1 kaam

坩+ 見談 a1 開古三+ 甘談1 kaam 甘堝之甘今字

坩# 溪談 a1 開苦甘 甘談1 khaam

蚶# 曉談 a1 開呼談 甘談1 qhaam 注亦作魽

酣 匣談 a1 開胡甘 甘談1 ɢaam

甝 匣談 a1 開胡甘 甘談1 ɢaam 见尔雅

魽# 匣談 a1 開胡甘 甘談1 ɢaam

蚶# 匣談 a1 開胡甘* 甘談1 ɢaam 同魽

邯 匣談 a1 開胡甘 甘談1 gaam

嵌 溪銜 a2 開口銜 甘談1 khraam 见汉赋。依韵部当从嵌甘声，非歉声

鉗 群鹽 a3b 開巨淹 甘談1 gram 同箝

箝 群鹽 a3b 開巨淹 甘談1 gram

黚 群鹽 a3b 開巨淹 甘談1 gram

拑 群鹽 a3b 開巨淹 甘談1 gram

邯 匣寒 a1 開胡安 甘元1 gaan<gaam 邯鄲逆同化

黚 群侵 a3b 開巨金 甘侵1 grɯm

撖# 溪覃 a1 開口含 敢侵1 khɯɯm

澉# 透談 c1 開吐濫 敢談1 lhaams

噉 定談 b1 開徒敢 敢談1 l'aamʔ

敢 見談 b1 開古覽 敢談1 klaamʔ 说文从𠬪，古声，金文从爭甘声，此为隶变

橄# 見談 b1 開古覽 敢談1 klaamʔ

澉# 見談 b1 開古覽 敢談1 klaamʔ

瞰 溪談 c1 開苦濫 敢談1 khlaams 见楚辞

闞 溪談 c1 開苦濫 敢談1 khlaams

憨# 曉談 a1 開呼談 敢談1 qhaam

憨# 匣談 c1 開下瞰 敢談1 ɢlaams

譀 匣談 c1 開下瞰 敢談1 ɢlaams

撖# 溪咸 b2 開苦減 敢談2 khreemʔ

闞 曉咸 b2 開火斬 敢談2 qhreemʔ

巖 疑銜 a2 開五銜 敢談1 ŋraam

礹 疑銜 a2 開五銜 敢談1 ŋraam

同巖

𪭢[#] 曉銜 b2 開荒檻 敢談1 qhraamʔ

譀 曉銜 c2 開许鑑 敢談1 qhraams

闞 曉銜 c2 開许鑑 敢談1 hŋraams

撖[#] 匣銜 b2 開胡黤 敢談1 graamʔ

讝 章鹽 a3 開之廉* 敢談1 kjam 见伤寒论，素问作譫

玁 曉鹽 b3b 開虚檢 敢談1 hŋramʔ 同獫

嚴 疑嚴 a3 開語䱘 敢談1 ŋam

儼 疑嚴 b3 開魚埯 敢談1 ŋamʔ 原误鲁掩切，依王韵校正，巾箱本鱼不误

礹[#] 疑嚴 b3 開魚埯 敢談1 ŋamʔ 原误鲁掩切，依王韵校正，巾箱本鱼不误

曮 疑嚴 b3 開魚埯 敢談1 ŋamʔ 见淮南子。原误鲁掩切，依王韵校正，巾箱本鱼不误

釅[#] 疑嚴 c3 開魚欠 敢談1 ŋams

譀 曉狎 d2 開呼甲 敢盍1 qhraab

乾 見寒 a1 開古寒 倝元1 kaan

漧 見寒 a1 開古寒 倝元1 kaan 古文同乾，见九辩

簳 見寒 b1 開古旱 倝元1 kaanʔ 同笴，见山海经

擀[#] 見寒 b1 開古旱* 倝元1 kaanʔ 与衦同源

倝 見寒 c1 開古案 倝元1 kaans

榦 見寒 c1 開古案 倝元1 kaans

幹 見寒 c1 開古案 倝元1 kaans 榦分化字

韓 匣寒 a1 開胡安 倝元1 gaan

鶾 匣寒 a1 開胡安 倝元1 gaan 同翰

翰 匣寒 a1 開胡安 倝元1 gaan

翰 匣寒 c1 開侯旰 倝元1 gaans

瀚 匣寒 c1 開侯旰 倝元1 gaans 见淮南子

螒 匣寒 c1 開侯旰 倝元1 gaans 见尔雅

雗 匣寒 c1 開侯旰 倝元1 gaans

乾 群仙 a3b 開渠焉 倝元1 gran

澣 匣桓 b1 合胡管 倝元1 gwaanʔ

斡 影末 d1 合烏括 倝月1 qʷaad

岡 見唐 a1 開古郎 岡陽 klaaŋ 说文从山网声

崗[#] 見唐 a1 開古郎 岡陽 klaaŋ 俗岡字

剛 見唐 a1 開古郎 岡陽 klaaŋ

掆[#] 見唐 a1 開古郎 岡陽 klaaŋ 古作扛

鋼[#] 見唐 a1 開古郎 岡陽 klaaŋ

綱 見唐 a1 開古郎 岡陽 klaaŋ

犅 見唐 a1 開古郎 岡陽 klaaŋ

堈[#] 見唐 a1 開古郎 岡陽 klaaŋ 亦作甌，古作瓨、㼚、缸

鋼[#] 見唐 c1 開古浪 岡陽 klaaŋs

掆[#] 見唐 c1 開古浪 岡陽 klaaŋs

羔 見豪 a1 開古勞 羔幽1 kluuw 甲文象烤小羊，非照声

糕[#] 見豪 a1 開居勞* 羔幽1 kluuw 同餻

餻 見豪 a1 開古勞 羔幽1 kluuw 见方言

䫜 溪宵 a3a 開去遥 羔幽1 khljuu

窯 以宵 a3 開餘昭 羔幽1 luuw

溔 以宵 b3 開以沼 羔幽1 luuʔ 见上林赋 灝～，浩～[guuʔ～]

䅵 章藥 d3 開之若 羔覺1 kljuug

高 見豪 a1 開古勞 高宵1 kaaw

膏 見豪 a1 開古勞 高宵1 kaaw

篙 見豪 a1 開古勞 高宵1 kaaw

稿[+] 見豪 b1 開古老[+] 高宵1 kaawʔ

说文稾今字

稾 見豪 b1 開古老 高宵1 kaawʔ

稿说文正字

槁 見豪 b1 開古老 高宵1 kaawʔ

说文作稾

縞 見豪 b1 開古老 高宵1 kaawʔ

暠 見豪 b1 開古老 高宵1 kaawʔ

稾 見豪 b1 開古老 高宵1 kaawʔ

藁 見豪 b1 開古老 高宵1 kaawʔ

俗稾字

膏 見豪 c1 開古到 高宵1 kaaws

縞 見豪 c1 開古到 高宵1 kaaws

槁 溪豪 b1 開苦浩 高宵1 khaawʔ

燺# 溪豪 b1 開苦浩 高宵1 khaawʔ

今作烤

薧 溪豪 b1 開苦浩 高宵1 khaawʔ

亦作槁

犒 溪豪 c1 開苦到 高宵1 khaaws

稾 溪豪 c1 開苦到 高宵1 khaaws

薧 溪豪 c1 開口到* 高宵1 khaaws

蒿 曉豪 a1 開呼毛 高宵1 qhaaw

薧 曉豪 a1 開呼毛 高宵1 qhaaw

藃 曉豪 c1 開呼到 高宵1 qhaaws

豪 匣豪 a1 開胡刀 高宵1 gaaw

毫 匣豪 a1 開胡刀 高宵1 gaaw

壕# 匣豪 a1 開胡刀 高宵1 gaaw 同濠

濠 匣豪 a1 開胡刀 高宵1 gaaw

鎬 匣豪 b1 開胡老 高宵1 gaawʔ

滈 匣豪 b1 開胡老 高宵1 gaawʔ

鄗 匣豪 b1 開胡老 高宵1 gaawʔ

鰝 匣豪 b1 開胡老 高宵1 gaawʔ

薃 匣豪 b1 開胡老 高宵1 gaawʔ

见尔雅

搞+ 見肴 b2 開古巧+ 高幽1 kruuʔ>攪今字

敲 溪肴 a2 開口交 高宵1 khraaw

鄗 溪肴 a2 開口交 高宵1 khraaw

敲 溪肴 c2 開苦教 高宵1 khraaws

髇# 曉肴 a2 開許交 高宵1 qhraaw

藃 曉肴 a2 開許交 高宵1 qhraaw

嗃 曉肴 a2 開許交 高宵1 qhraaw

嗃 曉肴 c2 開呼教 高宵1 qhraaws

[illegible]# 徹宵 b3 開丑小 高宵1 khl'awʔ>th

歊 曉宵 a3b 開許嬌 高宵1 qhraw

藃 曉宵 a3b 開許嬌 高宵1 qhraw

鄗 曉鐸 d1 開呵各 高藥1 qhaawG

謞 曉鐸 d1 開呵各 高藥1 qhaawG

见尔雅

鰝 曉鐸 d1 開呵各 高藥1 qhaawG

熇 曉鐸 d1 開呵各 高藥1 qhaawG

嗃 曉鐸 d1 開呵各 高藥1 qhaawG

碻# 溪覺 d2 開苦角 高藥1 khraawG

同確

塙 溪覺 d2 開苦角 高藥1 khraawG

毃 溪覺 d2 開苦角 高藥1 khraawG

翯 曉覺 d2 開許角 高藥1 qhraawG

謞 曉覺 d2 開許角 高藥1 qhraawG

[illegible] 曉覺 d2 開許角 高藥1 qhraawG

滈 曉覺 d2 開許角 高藥1 qhraawG

翯 匣覺 d2 開胡覺 高藥1 graawG

熇 曉沃 d1 合火酷 高覺3 qhoowG

歊 曉沃 d1 合火酷 高覺3 qhoowG

翯 匣沃 d1 合胡沃 高覺3 goowG

熇 曉屋 d1 合呼木 高屋 qhoog

睾 見豪 a1 開居勞* 皋幽1 kuu 皋

字注俗体，见灵枢

皋 見豪 a1 開古勞 皋幽1 kuu 睾隶变

槔 見豪 a1 開古勞 皋幽1 kuu

鶣　見豪 a1 開古勞　皐幽1　kuu 见方言
翶　疑豪 a1 開五勞　皐幽1　ŋuu<ŋguu
嗥　匣豪 a1 開胡刀　皐幽1　guu
獋　匣豪 a1 開胡刀　皐幽1　guu 同嗥
暤　匣豪 b1 開胡老　皐幽1　guuʔ
皋　見豪 a1 開古勞　皋幽1　kuu 同皐
夰　見豪 b1 開古老　夰幽1　kuuʔ
夰　匣豪 b1 開胡老　夰幽1　guuʔ
昦　匣豪 b1 開胡老　夰幽1　guuʔ 经典作昊
杲　見豪 b1 開古老　杲宵1　kaawʔ
菒　見豪 b1 開古老　杲宵1　kaawʔ
造　清豪 c1 開七到　告奥1　skhuugs
慥　清豪 c1 開七到　告奥1　skhuugs
艁　清豪 c1 開七到　告奥1　skhuugs 古文造
糙# 清豪 c1 開七到　告奥1　skhuugs 与慥急同根
造　從豪 b1 開昨早　告幽1　sguuʔ
艁　從豪 b1 開昨早　告幽1　sguuʔ 又古文造
告　見豪 c1 開古到　告奥1　kuugs 甲文象供牛牲而口祝告
誥　見豪 c1 開古到　告奥1　kuugs
郜　見豪 c1 開古到　告奥1　kuugs
祰　溪豪 b1 開苦浩　告幽1　khuuʔ
靠　溪豪 c1 開苦到　告奥1　khuugs
浩　匣豪 b1 開胡老　告幽1　guuʔ
晧　匣豪 b1 開胡老　告幽1　guuʔ 又作顥或体
皓　匣豪 b1 開下老*　告幽1　guuʔ 见小尔雅，集韵同顥
窖　見肴 c2 開古孝　告奥1　kruugs
簉　初尤 c3 開初救　告奥1　skhrugs
浩　見合 d1 開古沓　告緝3　kuub
梏　見覺 d2 開古岳　告覺1　kruug
硞　溪覺 d2 開苦角　告覺1　khruug
告　見沃 d1 合古沃　告覺1　kuug
梏　見沃 d1 合古沃　告覺1　kuug
牿　見沃 d1 合古沃　告覺1　kuug
郜　見沃 d1 合古沃　告覺1　kuug
祰　見沃 d1 合古沃　告覺1　kuug 告转注字
鵠　見沃 d1 合古沃*　告覺1　kuug 广韵从隹
酷　溪沃 d1 合苦沃　告覺1　khuug
焅　溪沃 d1 合苦沃　告覺1　khuug
嚳　溪沃 d1 合苦沃　告覺1　khuug
硞　溪沃 d1 合苦沃　告覺1　khuug
鵠　匣沃 d1 合胡沃　告覺1　guug
頶# 匣沃 d1 合胡沃　告覺1　guug
戕#2 見歌 a1 開古俄　戈歌1　kaal 同牁
戈　見戈 a1 合古禾　戈歌3　kool
划# 見戈 b1 合古火　戈歌3　koolʔ 集韵同剮
划# 見戈 c1 合古臥　戈歌3　kools 同鍋
划# 匣麻 a2 合户花　戈歌3　grool
革　見麥 d2 開古核　革職　krɯɯg
諽　見麥 d2 開古核　革職　krɯɯg
緙# 溪麥 d2 開楷革　革職　khrɯɯg
諽　溪麥 d2 開楷革　革職　khrɯɯg
鞂　見黠 d2 開古黠　革質1　kriig 见礼记，同秸，集韵同稭
隔　見麥 d2 開古核　鬲錫　kreeg
膈　見麥 d2 開古核　鬲錫　kreeg
搹　見麥 d2 開古核　鬲錫　kreeg
鬲　見麥 d2 開古核　鬲錫　kreeg

槅　見麥 d2 開古核　鬲錫　kreeg

嗝# 見麥 d2 開古核　鬲錫　kreeg

鷊　疑麥 d2 開五革　鬲錫　ŋgreeg

翮　匣麥 d2 開下革　鬲錫　greeg

滆# 匣麥 d2 開下革　鬲錫　greeg

蒚　匣麥 d2 開下革　鬲錫　greeg

鎘# 來錫 d4 開郎擊　鬲錫　g・reeg 集韵同鬲

鬲　來錫 d4 開郎擊　鬲錫　g・reeg

蒚　來錫 d4 開郎擊　鬲錫　g・reeg

鷊　疑錫 d4 開五歷　鬲錫　ŋgeeg

个　見歌 c1 開古賀　个歌1　kaals

髂　溪麻 c2 開枯駕　各暮　khraags

路　來模 c1 合洛故　各暮　g・raags

輅　來模 c1 合洛故　各暮　g・raags

賂　來模 c1 合洛故　各暮　g・raags

虂# 來模 c1 合洛故　各暮　g・raags

露　來模 c1 合洛故　各暮　g・raags

潞　來模 c1 合洛故　各暮　raags

鷺　來模 c1 合洛故　各暮　raags

璐　來模 c1 合洛故　各暮　raags

簬　來模 c1 合洛故　各暮　raags

簵　來模 c1 合洛故　各暮　g・raags 说文同簬

洛　來鐸 d1 開盧各　各鐸　g・raag

駱　來鐸 d1 開盧各　各鐸　g・raag

絡　來鐸 d1 開盧各　各鐸　g・raag

酪　來鐸 d1 開盧各　各鐸　g・raag

烙　來鐸 d1 開盧各　各鐸　g・raag

雒　來鐸 d1 開盧各　各鐸　g・raag

珞# 來鐸 d1 開盧各　各鐸　g・raag

硌　來鐸 d1 開盧各　各鐸　g・raag 见山海经

袼　來鐸 d1 開盧各　各鐸　g・raag 见方言

笿　來鐸 d1 開盧各　各鐸　g・raag

鉻　來鐸 d1 開盧各　各鐸　g・raag

鮥　來鐸 d1 開盧各　各鐸　g・raag

鵅　來鐸 d1 開盧各　各鐸　g・raag

挌　來鐸 d1 開盧各　各鐸　g・raag

落　來鐸 d1 開盧各　各鐸　g・raag

各　見鐸 d1 開古落　各鐸　klaag

胳　見鐸 d1 開古落　各鐸　klaag

閣　見鐸 d1 開古落　各鐸　klaag

袼　見鐸 d1 開古落　各鐸　klaag 见礼记

格　見鐸 d1 開古落　各鐸　klaag

擱+ 見鐸 d1 開古落+ 各鐸　klaag 閣字今分化字

恪　溪鐸 d1 開苦各　各鐸　khlaag

愙　溪鐸 d1 開苦各　各鐸　khaag 同恪

貉　匣鐸 d1 開下各　各鐸　glaag

狢　匣鐸 d1 開下各　各鐸　glaag 同貉，见穆天子传

佫# 匣鐸 d1 開下各　各鐸　glaag

略　來藥 d3 開離灼　各鐸　g・rag

貉　明陌 d2 開莫白　各鐸　mgraag

格　見陌 d2 開古伯　各鐸　kraag

茖　見陌 d2 開古伯　各鐸　kraag

骼　見陌 d2 開古伯　各鐸　kraag

觡　見陌 d2 開古伯　各鐸　kraag

鵅　見陌 d2 開古伯　各鐸　kraag 见尔雅

挌　見陌 d2 開古伯　各鐸　kraag

蛒　見陌 d2 開古伯　各鐸　kraag

敋# 見陌 d2 開古伯　各鐸　kraag

鉻# 見陌 d2 開古伯　各鐸　kraag

客　溪陌 d2 開苦格　各鐸　khraag

喀# 溪陌 d2 開苦格　各鐸　khraag

揢# 溪陌 d2 開苦格 各鐸 khraag
額# 疑陌 d2 開五陌 各鐸 ŋgraag 说文作頟
峉 疑陌 d2 開五陌 各鐸 ŋgraag 见九思
頟 疑陌 d2 開五陌 各鐸 ŋgraag 说文額字
詻 疑陌 d2 開五陌 各鐸 ŋgraag
垎 匣陌 d2 開胡格 各鐸 graag
㮨# 匣陌 d2 開胡格 各鐸 graag
艱 見山 a2 開古閑 艮文$_1$ krɯɯn
齦 溪山 b2 開起限 艮文$_1$ khrɯɯnʔ 啮
眼 疑山 b2 開五限 艮文$_1$ ŋrɯɯnʔ
狠 疑删 a2 開吾還* 艮文 ŋwraan<ŋwrɯɯn
蛝 匣山 a2 開户間 艮文$_1$ grɯɯn
限 匣山 b2 開胡簡 艮文$_1$ grɯɯnʔ
硍# 匣山 b2 開胡簡 艮文$_1$ glɯɯnʔ
豤 溪先 b4 開牽繭 艮文$_1$ khɯɯnʔ
詪 匣先 b4 開胡典 艮文$_1$ glɯɯnʔ
根 見痕 a1 開古痕 艮文$_1$ kɯɯn
跟 見痕 a1 開古痕 艮文$_1$ kɯɯn
珢 見痕 a1 開古痕 艮文$_1$ kɯɯn
詪 見痕 b1 開古很 艮文$_1$ kɯɯnʔ
艮 見痕 c1 開古恨 艮文$_1$ kɯɯns
茛# 見痕 c1 開古恨 艮文$_1$ kɯɯns
珢 見痕 c1 開古恨 艮文$_1$ kɯɯns
詪 見痕 c1 開古恨 艮文$_1$ kɯɯns
齦 溪痕 b1 開康很 艮文$_1$ khɯɯnʔ
豤 溪痕 b1 開康很 艮文$_1$ khɯɯnʔ
墾 溪痕 b1 開康很 艮文$_1$ khɯɯnʔ
懇 溪痕 b1 開康很 艮文$_1$ khɯɯnʔ 见通俗文

垠 疑痕 a1 開五根 艮文$_1$ ŋɯɯn
泿 疑痕 a1 開五根 艮文$_1$ ŋɯɯn 见山海经
痕 匣痕 a1 開户恩 艮文$_1$ gɯɯn
拫 匣痕 a1 開户恩 艮文$_1$ gɯɯn
鞎 匣痕 a1 開户恩 艮文$_1$ gɯɯn
很 匣痕 b1 開胡墾 艮文$_1$ gɯɯnʔ
恨 匣痕 c1 開胡艮 艮文$_1$ gɯɯns
銀 疑真 a3b 開語巾 艮文$_1$ ŋrɯn
垠 疑真 a3b 開語巾 艮文$_1$ ŋrɯn
珢 疑真 a3b 開語巾 艮文$_1$ ŋrɯn
泿 疑真 a3b 開語巾 艮文$_1$ ŋrɯn 见山海经
檭# 疑真 a3b 開語巾 艮文$_1$ ŋrɯn 银杏字类化
垠 疑欣 a3 開語斤 艮文$_1$ ŋɯn 同圻
齦 疑欣 a3 開語斤 艮文$_1$ ŋɯn 同齗
豤 溪魂 a1 合苦昆 艮文$_2$ khuun
揯 見登 a1 開古恒 亙蒸 kɯɯŋ
緪 見登 a1 開古恒 亙蒸 kɯɯŋ
絚$_1$ 見登 a1 開古恒 亙蒸 kɯɯŋ 同緪
亙 見登 c1 開古鄧 亙蒸 kɯɯŋs 原作亘，云出方言，方言作縆。通行作此字，见汉赋，近甲文与说文栖古文，中本象上弦月
堩 見登 c1 開古鄧 亙蒸 kɯɯŋs
揯 見登 c1 開古鄧 亙蒸 kɯɯŋs
緪 見登 c1 開古鄧 亙蒸 kɯɯŋs
恒 匣登 a1 開胡登 亙蒸 gɯɯŋ
峘$_1$ 匣登 a1 開胡登 亙蒸 gɯɯŋ 见尔雅
唐 定唐 a1 開徒郎 庚陽 gl'aaŋ>d
煻 定唐 a1 開徒郎 庚陽 l'aaŋ
糖# 定唐 a1 開徒郎 庚陽 l'aaŋ 古作餹
搪 定唐 a1 開徒郎 庚陽 l'aaŋ 见方言

蓎　定唐 a1 開徒郎　庚陽　l'aaŋ
瑭# 定唐 a1 開徒郎　庚陽　l'aaŋ 淮南子作唐
鎕　定唐 a1 開徒郎　庚陽　l'aaŋ 后作糖
篖　定唐 a1 開徒郎　庚陽　l'aaŋ
螗　定唐 a1 開徒郎　庚陽　l'aaŋ
塘　定唐 a1 開徒郎　庚陽　l'aaŋ 见庄子、国语
鶶　定唐 a1 開徒郎　庚陽　l'aaŋ 见尔雅
糖# 定唐 a1 開徒郎　庚陽　l'aaŋ
磄# 定唐 a1 開徒郎　庚陽　l'aaŋ 磅磄古作旁唐
溏　定唐 a1 開徒郎　庚陽　l'aaŋ
傏# 定唐 a1 開徒郎　庚陽　l'aaŋ
鏞　定唐 a1 開徒郎　庚陽　l'aaŋ
榶　定唐 a1 開徒郎　庚陽　l'aaŋ 见荀子
螗　定唐 b1 開徒朗　庚陽　l'aaŋʔ
螗　定唐 c1 開徒浪　庚陽　l'aaŋs
庚　見庚 a2 開古行　庚陽　kraaŋ 康省文转注，原指奏庸（鏞）钟声连续
賡　見庚 a2 開古行　庚陽　kraaŋ
鶊　見庚 a2 開古行　庚陽　kraaŋ 见方言宋玉赋
康　溪唐 a1 開苦岡　庚陽　khlaaŋ 甲文象奏庸（鏞）而大作乐，下点表钟声连连，非表米屑
穅　溪唐 a1 開苦岡　庚陽　khlaaŋ
糠　溪唐 a1 開苦岡　庚陽　khlaaŋ 俗同穅
槺　溪唐 a1 開苦岡　庚陽　khlaaŋ
漮　溪唐 a1 開苦岡　庚陽　khlaaŋ
躿# 溪唐 a1 開苦岡　庚陽　khlaaŋ
慷　溪唐 b1 開苦朗　庚陽　khlaaŋʔ
羹　見庚 a2 開古行　羹陽　kraaŋ
耿　見耕 b2 開古幸　耿耕　kreeŋʔ
褧　溪青 b4 合口迥　耿耕　khʷeeŋʔ
缸# 見唐 a1 開古郎　工陽　klaaŋ<kroon 堈甌今字，本江韵缸瓨音变
贑# 見覃 b1 開古禫　工侵3　kluumʔ 贛注或体，原应为夅声字
贛　見覃 b1 開古禫　工侵3　kluumʔ 见山海经，灨字亦注为或体，原应为夅声字
涳# 泥江 a2 開女江　工東　ŋr'ooŋ>nr
江　見江 a2 開古雙　工東　krooŋ
肛# 見江 a2 開古雙　工東　krooŋ
扛　見江 a2 開古雙　工東　krooŋ
杠　見江 a2 開古雙　工東　krooŋ
豇# 見江 a2 開古雙　工東　krooŋ
茳　見江 a2 開古雙　工東　krooŋ 见子虚赋
釭　見江 a2 開古雙　工東　krooŋ
矼# 見江 a2 開古雙　工東　krooŋ
玒　見江 a2 開古雙　工東　krooŋ
虹　見江 c2 開古巷　工東　krooŋs
腔　溪江 a2 開苦江　工東　khrooŋ 已见秦简
崆　溪江 a2 開苦江　工東　khrooŋ
羫　溪江 a2 開苦江　工東　khrooŋ 同腔
控　溪江 a2 開苦江　工東　khrooŋ
椌　溪江 a2 開苦江　工東　khrooŋ
悾　溪江 a2 開苦江　工東　khrooŋ
跫　溪江 a2 開苦江　工東　khrooŋ 见庄子
涳　溪江 a2 開苦江　工東　khrooŋ
肛# 曉江 a2 開许江　工東　qhrooŋ
啌# 曉江 a2 開许江　工東　qhrooŋ
谾　曉江 a2 開许江　工東　qhrooŋ
舡　曉江 a2 開许江　工東　qhrooŋ

缸 匣江 a2 開下江 工東 grooŋ
瓨# 匣江 a2 開下江 工東 grooŋ 同缸
項 匣江 b2 開胡講 工東 grooŋʔ
虹# 來東 a1 合盧紅 工東 g・rooŋ
功 見東 a1 合古紅 工東 kooŋ
工 見東 a1 合古紅 工東 kooŋ
疘# 見東 a1 合古紅 工東 kooŋ
玒 見東 a1 合古紅 工東 kooŋ
釭 見東 a1 合古紅 工東 kooŋ
魟# 見東 a1 合古紅 工東 kooŋ
攻 見東 a1 合古紅 工東 kooŋ
愩# 見東 a1 合古紅 工東 kooŋ
碽# 見東 a1 合古紅 工東 kooŋ
篢# 見東 a1 合古紅 工東 kooŋ
貢 見東 c1 合古送 工東 kooŋs
虹 見東 c1 合古送 工東 kooŋs 原注今音絳
[illegible] 見東 c1 合古送 工東 kooŋs 見扬雄赋
空 溪東 a1 合苦紅 工東 khooŋ
箜 溪東 a1 合苦紅 工東 khooŋ 見史记
硿# 溪東 a1 合苦紅 工東 khooŋ
埪# 溪東 a1 合苦紅 工東 khooŋ
鵼# 溪東 a1 合苦紅 工東 khooŋ
崆 溪東 a1 合苦紅 工東 khooŋ
椌 溪東 a1 合苦紅 工東 khooŋ
悾 溪東 a1 合苦紅 工東 khooŋ
倥 溪東 a1 合苦紅 工東 khooŋ
涳 溪東 a1 合苦紅 工東 khooŋ
倥 溪東 b1 合康董 工東 khooŋʔ
空 溪東 c1 合苦貢 工東 khooŋs
控 溪東 c1 合苦貢 工東 khooŋs
倥 溪東 c1 合苦貢 工東 khooŋs
悾 溪東 c1 合苦貢 工東 khooŋs
鞚 溪東 c1 合苦貢 工東 khooŋs 見通俗文
叿# 曉東 a1 合呼東 工東 qhooŋ
𧙕# 曉東 a1 合呼東 工東 qhooŋ
谾 曉東 a1 合呼東 工東 qhooŋ
嗊# 曉東 b1 合呼孔 工東 qhooŋʔ
訌 匣東 a1 合户公 工東 gooŋ
紅 匣東 a1 合户公 工東 gooŋ
虹 匣東 a1 合户公 工東 gooŋ
仜 匣東 a1 合户公 工東 gooŋ
魟# 匣東 a1 合户公 工東 gooŋ
葒# 匣東 a1 合户公 工東 gooŋ
渱# 匣東 a1 合户公 工東 gooŋ
鴻 匣東 a1 合户公 工東 glooŋ
鴻 匣東 b1 合胡孔 工東 glooŋʔ
汞# 匣東 b1 合胡孔 工東 gooŋʔ 说文作澒
澒 匣東 b1 合胡孔 工東 gooŋʔ 后作汞
攻 見冬 a1 合古冬 工終 kuuŋ
釭 見冬 a1 合古冬 工終 kuuŋ
鞏 見鍾 b3 合居悚 工東 koŋʔ
巩 見鍾 b3 合居悚 工東 koŋʔ
銎 溪鍾 a3 合曲恭 工東 khoŋ
跫 溪鍾 a3 合丘恭* 工東 khoŋ
恐 溪鍾 b3 合丘隴 工東 khoŋʔ
恐 溪鍾 c3 合區用 工東 khoŋs
蛩 群鍾 a3 合渠容 工東 goŋ
筇# 群鍾 a3 合渠容 工東 goŋ 古作邛
桏 群鍾 a3 合渠容 工東 goŋ
邛 群鍾 a3 合渠容 工東 goŋ
跫 群鍾 a3 合渠容* 工東 goŋ
銎 曉鍾 a3 合許容 工東 qhoŋ

弓　見東 a3 合居戎　弓蒸　kʷɯŋ
穹　溪東 a3 合去宫　弓蒸　khʷɯŋ
焪# 溪東 a3 合去宫　弓蒸　khʷɯŋ
芎　溪東 a3 合去宫　弓蒸　khʷɯŋ
焪# 溪東 c3 合去仲　弓蒸　khʷɯŋs
慃# 影江 b2 開烏項　公東　qrooŋʔ
衮+ 見魂 b1 合古本+ 公文2　kluunʔ 衮后出或体
衮　見魂 b1 合古本　公文2　kluunʔ
蓘　見魂 b1 合古本　公文2　kluunʔ 见左传
滚# 見魂 b1 合古本* 　公文2　kluunʔ 与涫同源
悤# 清東 a1 合倉紅　公東　shlooŋ 悤俗体
鬆# 心東 c1 合蘇弄　公東　sqhlooŋs
凇# 心東 c1 合蘇弄　公東　sqhlooŋs
公　見東 a1 合古紅　公東　klooŋ
蚣　見東 a1 合古紅　公東　klooŋ
翁　影東 a1 合烏紅　公東　qlooŋ
螉　影東 a1 合烏紅　公東　qlooŋ
蓊　影東 a1 合烏紅　公東　qlooŋ
嗡# 影東 a1 合烏公* 　公東　qlooŋ
蓊　影東 b1 合烏孔　公東　qlooŋʔ
滃　影東 b1 合烏孔　公東　qlooŋʔ
暡# 影東 b1 合烏孔　公東　qlooŋʔ
勜# 影東 b1 合烏孔　公東　qlooŋʔ
塕# 影東 b1 合烏孔　公東　qlooŋʔ
瓮　影東 c1 合烏貢　公東　qlooŋs
鬆# 心冬 a1 合私宗　公終　sqhluuŋ
崧　心東 a3 合息弓　公終　sqhluŋ 同嵩，见尔雅
菘# 心東 a3 合息弓　公終　sqhluŋ
硹# 心東 a3 合息弓　公終　sqhluŋ
鬆# 清鍾 a3 合七恭　公東　skhloŋ
淞# 心鍾 a3 合息恭　公東　sqhloŋ
凇# 心鍾 a3 合息恭　公東　sqhloŋ
鬆# 心鍾 a3 合息恭　公東　sqhloŋ
淞# 邪鍾 a3 合祥容　公東　sɢloŋ 原误淞，依校本改
蜙　心鍾 a3 合息恭　公東　sqhloŋ
倯　心鍾 a3 合息恭　公東　sqhloŋ
松　邪鍾 a3 合祥容　公東　sɢloŋ
訟　邪鍾 a3 合祥容　公東　sɢloŋ
淞　邪鍾 a3 合祥容　公東　sɢloŋ
頌　邪鍾 c3 合似用　公東　sɢloŋs
訟　邪鍾 c3 合似用　公東　sɢloŋs
忪# 章鍾 a3 合職容　公東　kljoŋ
蚣　章鍾 a3 合職容　公東　kljoŋ
彸　章鍾 a3 合職容　公東　kljoŋ 见王褒文，方言作彸
衳# 章鍾 a3 合職容　公東　kljoŋ
伀　章鍾 a3 合職容　公東　kljoŋ
妐　章鍾 a3 合職容　公東　kljoŋ
炂# 章鍾 a3 合職容　公東　kljoŋ
鈆# 章鍾 a3 合職容　公東　kljoŋ 余校鈆讹字當删
頌　以鍾 a3 合餘封　公東　loŋ
肱　見登 a1 合古弘　厷蒸　kʷɯɯŋ 厷字转注
宏　匣耕 a2 合户萌　厷蒸　gʷrɯɯŋ
閎　匣耕 a2 合户萌　厷蒸　gʷrɯɯŋ
吰　匣耕 a2 合户萌　厷蒸　gʷrɯɯŋ
竑　匣耕 a2 合户萌　厷蒸　gʷrɯɯŋ
宖　匣耕 a2 合户萌　厷蒸　gʷrɯɯŋ 见汉书
翃# 匣耕 a2 合户萌　厷蒸　gʷrɯɯŋ
紘　匣耕 a2 合户萌　厷蒸　gʷrɯɯŋ

鈜# 匣耕 a2 合户萌 厷蒸 gʷrɯɯŋ
浤# 匣耕 a2 合户萌 厷蒸 gʷrɯɯŋ
耾 匣耕 a2 合户萌 厷蒸 gʷrɯɯŋ
雄 云東 a3 合羽弓 厷蒸 ɢʷɯŋ
躬 見東 a3 合居戎 躬終 kuŋ 同躳
匑# 見東 a3 合居戎 躬終 kuŋ
躳 見東 a3 合居戎 躬終 kuŋ
匑# 溪東 a3 合去宫 躬終 khuŋ
竆 群東 a3 合渠弓 躬終 guŋ
藭 群東 a3 合渠弓 躬終 guŋ
宫 見東 a3 合居戎 宫終 kuŋ
廾 見鍾 a3 合九容 廾東 kloŋ
廾 見鍾 b3 合居悚 廾東 kloŋʔ
港# 見江 b2 開古項 共東 krooŋʔ
巷 匣江 c2 開胡絳 共東 grooŋs
衖 匣江 c2 開胡絳 共東 grooŋs
鬨 匣江 c2 開胡絳 共東 grooŋs 門原误門,校改
烘 曉東 a1 合呼東 共東 qhlooŋ
烘 曉東 c1 合呼貢 共東 qhlooŋs
洪 匣東 a1 合户公 共東 glooŋ
鉷 匣東 a1 合户公 共東 glooŋ
[illegible]# 匣東 a1 合户公 共東 glooŋ
烘 匣東 a1 合户公 共東 gooŋ
渱# 匣東 a1 合户公 共東 gooŋ
哄# 匣東 c1 合胡貢 共東 glooŋs
烘 匣東 c1 合胡貢 共東 glooŋs
港 匣東 c1 合胡貢 共東 glooŋs 见马融赋
鬨 匣東 c1 合胡貢 共東 glooŋs
蕻# 匣東 c1 合胡貢 共東 glooŋs
恭 見鍾 a3 合九容 共東 kloŋ
供 見鍾 a3 合九容 共東 kloŋ
龔 見鍾 a3 合九容 共東 kloŋ
珙# 見鍾 a3 合九容 共東 kloŋ
共 見鍾 a3 合九容 共東 kloŋ
髸# 見鍾 a3 合九容 共東 kloŋ
拱 見鍾 b3 合居悚 共東 kloŋʔ
拲 見鍾 b3 合居悚 共東 kloŋʔ
蛬 見鍾 b3 合居悚 共東 kloŋʔ
珙# 見鍾 b3 合居悚 共東 kloŋʔ
栱 見鍾 b3 合居悚 共東 kloŋʔ 见尔雅
輁 見鍾 b3 合居悚 共東 kloŋʔ 见仪礼
供 見鍾 c3 合居用 共東 kloŋs
舼 群鍾 a3 合渠容 共東 gloŋ
輁 群鍾 a3 合渠容 共東 gloŋ 见仪礼
蛬 群鍾 a3 合渠容 共東 gloŋ
共 群鍾 c3 合渠用 共東 gloŋs
輂 見燭 d3 合居玉 共屋 klog
拲 見燭 d3 合居玉 共屋 klog
斠 見肴 c2 居效* 冓窦 kroogs
溝 見侯 a1 開古侯 冓侯 koo
篝 見侯 a1 開古侯 冓侯 koo
鞲+ 見侯 a1 開古侯+ 冓侯 koo 韝后起字见玉篇
韝 見侯 a1 開古侯 冓侯 koo
褠 見侯 a1 開古侯 冓侯 koo
冓 見侯 a1 開古侯 冓侯 koo
構 見侯 c1 開古候 冓侯 koos
購 見侯 c1 開古候 冓侯 koos
媾 見侯 c1 開古候 冓侯 koos
覯 見侯 c1 開古候 冓侯 koos
遘 見侯 c1 開古候 冓侯 koos
冓 見侯 c1 開古候 冓侯 koos
煹# 見侯 c1 開古候 冓侯 koos
遘 見侯 c1 開古候 冓侯 koos
搆 見侯 c1 開古候 冓侯 koos 见国语
韝 溪侯 a1 開恪侯 冓侯 khoo

講　見江 b2 開古項　蔣東　krooŋʔ
耩# 見江 b2 開古項　蔣東　krooŋʔ
傋# 見江 b2 開古項　蔣東　krooŋʔ
傋# 曉江 b2 開虛慃　蔣東　qhrooŋʔ
斠　見覺 d2 開古岳　蔣屋　kroog
箛# 見模 a1 合古胡　箛魚　kwaa 集韵又作笟
箇　見歌 c1 開古賀　古歌 1　kaals
個　見歌 c1 開古賀　古歌 1　kaals 见仪礼郑注
居　見之 a3 開居之　古之　kɯ
橭　見模 a1 合古胡　古魚　kaa 见周礼
嫴　見模 a1 合古胡　古魚　kaa
姑　見模 a1 合古胡　古魚　kaa
辜　見模 a1 合古胡　古魚　kaa
酤　見模 a1 合古胡　古魚　kaa
蛄　見模 a1 合古胡　古魚　kaa
鴣　見模 a1 合古胡　古魚　kaa 见山海经
沽　見模 a1 合古胡　古魚　kaa
盬　見模 a1 合古胡　古魚　kaa
古　見模 b1 合公户　古魚　kaaʔ 甲文从中从口，表咬盾知其堅，为固初文
罟　見模 b1 合公户　古魚　kaaʔ
估# 見模 b1 合公户　古魚　kaaʔ
盬　見模 b1 合公户　古魚　kaaʔ
鈷# 見模 b1 合公户　古魚　kaaʔ
詁　見模 b1 合公户　古魚　kaaʔ
牯# 見模 b1 合公户　古魚　kaaʔ
沽　見模 b1 合公户　古魚　kaaʔ
酤　見模 c1 合古暮　古魚　kaas
故　見模 c1 合古暮　古魚　kaas
沽　見模 c1 合古暮　古魚　kaas 同酤
固　見模 c1 合古暮　古魚　kaas
稒　見模 c1 合古暮　古暮　kaags 汉县名
痼　見模 c1 合古暮　古暮　kaags
錮　見模 c1 合古暮　古暮　kaags/klaags
鯝# 見模 c1 合古暮　古暮　kaags
榾　見模 c1 合古暮　古暮　kaags
涸　見模 c1 合古暮　古暮　kaags 见汉书
橭　溪模 a1 合苦胡　古魚　khaa
枯　溪模 a1 合苦胡　古魚　khaa
軲　溪模 a1 合苦胡　古魚　khaa
跍# 溪模 a1 合苦胡　古魚　khaa
骷# 溪模 a1 合空胡*　古魚　khaa
苦　溪模 b1 合康杜　古魚　khaaʔ
苦　溪模 c1 合苦故　古魚　khaas
葫# 曉模 a1 合荒烏　古魚　qhaa
餬　匣模 a1 合户吳　古魚　gaa
瑚　匣模 a1 合户吳　古魚　gaa
湖　匣模 a1 合户吳　古魚　gaa
鶘# 匣模 a1 合户吳　古魚　gaa
猢　匣模 a1 合户吳　古魚　gaa 见汉赋
醐　匣模 a1 合户吳　古魚　gaa
糊# 匣模 a1 合户吳　古魚　gaa 俗同说文黏字，已见谢承后汉书
葫# 匣模 a1 合户吳　古魚　gaa
箶# 匣模 a1 合户吳　古魚　gaa
蝴+ 匣模 a1 合户吳+ 古魚　gaa 胡后起分化字
胡　匣模 a1 合户吳　古魚　gaa/glaa
瓳　匣模 a1 合户吳　古魚　gaa 见通俗文
怙　匣模 b1 合侯古　古魚　gaaʔ
祜　匣模 b1 合侯古　古魚　gaaʔ
岵　匣模 b1 合侯古　古魚　gaaʔ
酤　匣模 b1 合侯古　古魚　gaaʔ
婟　匣模 b1 合侯古　古魚　gaaʔ
楛　匣模 b1 合侯古　古魚　gaaʔ

媩　匣模 c1 合胡誤　古暮　gaags
居　見魚 a3 合九魚　古魚　ka/-s 踞本字
据　見魚 a3 合九魚　古魚　ka
裾　見魚 a3 合九魚　古魚　ka
琚　見魚 a3 合九魚　古魚　ka
椐　見魚 a3 合九魚　古魚　ka
鶋　見魚 a3 合九魚　古魚　ka 见尔雅
蜛♯ 見魚 a3 合九魚　古魚　ka
崌　見魚 a3 合九魚　古魚　ka 见山海经
涺　見魚 a3 合九魚　古魚　ka
腒　見魚 a3 合九魚　古魚　ka
鋸　見魚 c3 合居御　古魚　kas
倨　見魚 c3 合居御　古魚　kas
踞　見魚 c3 合居御　古魚　kas 居字转注
椐　見魚 c3 合居御　古魚　kas
椐　溪魚 a3 合去魚　古魚　kha
腒　群魚 a3 合强魚　古魚　ga
涸　匣鐸 d1 開下各　古鐸　gaag
夃　見模 b1 合公户　夃魚　kaaʔ
螸　以虞 a3 合羊朱　谷侯　lo
裕　以虞 c3 合羊戍　谷竇　logs
容　以鍾 a3 合餘封　谷東　loŋ 说文古文从公，小徐作谷声
溶　以鍾 a3 合餘封　谷東　loŋ
鎔　以鍾 a3 合餘封　谷東　loŋ
蓉　以鍾 a3 合餘封　谷東　loŋ 见离骚
傛　以鍾 a3 合餘封　谷東　loŋ
褣　以鍾 a3 合餘封　谷東　loŋ 见方言
搈　以鍾 a3 合餘封　谷東　loŋ
瑢♯ 以鍾 a3 合餘封　谷東　loŋ
峪　以鍾 a3 合餘封　谷東　loŋ
熔+ 以鍾 a3 合餘封+ 谷東　loŋ 鎔今字
榕♯ 以鍾 a3 合餘封* 谷東　loŋ
塎♯ 以鍾 b3 合余隴　谷東　loŋʔ
溶　以鍾 b3 合余隴　谷東　loŋʔ
傛　以鍾 b3 合余隴　谷東　loŋʔ
谷　來屋 d1 合盧谷　谷屋　g・roog＜ɦkroog 见史记
谷　見屋 d1 合古禄　谷屋　kloog
㕲♯ 見屋 d1 合古禄　谷屋　kloog
焀♯ 匣屋 d1 合胡谷　谷屋　gloog
俗　邪燭 d3 合似足　谷屋　ljog
欲　以燭 d3 合余蜀　谷屋　log
浴　以燭 d3 合余蜀　谷屋　log
鵒　以燭 d3 合余蜀　谷屋　log
峪♯ 以燭 d3 合俞玉* 谷屋　log＜g・loog＜ɦkloog 同谷，谷转注字
鋊　以燭 d3 合余蜀　谷屋　log
輍♯ 以燭 d3 合余蜀　谷屋　log 释名作育
慾　以燭 d3 合余蜀　谷屋　log
谷　以燭 d3 合余蜀　谷屋　log＜g・loog
股　見模 b1 合公户　股魚　klaaʔ/kwl-
羖　見模 b1 合公户　股魚　klaaʔ
顝　溪灰 a1 合苦回　骨微 2　khuul 五代本切韵作頞
顝　溪灰 b1 合口猥　骨微 2　khuulʔ
滑　匣黠 d2 合户八　骨物 2　gruud
猾　匣黠 d2 合户八　骨物 2　gruud
磆♯ 匣黠 d2 合户八　骨物 2　gruud 滑石之滑类化
螖　匣黠 d2 合户八　骨物 2　gruud
鶻　匣黠 d2 合户八　骨物 2　gruud
嗗♯ 影黠 d2 合烏八　骨物 2　qruud
骨　見没 d1 合古忽　骨物 2　kuud 冎亦声
縎　見没 d1 合古忽　骨物 2　kuud
鶻　見没 d1 合古忽　骨物 2　kuud

滑　見没 d1 合古忽　骨物 2　kuud
愲　見没 d1 合古忽　骨物 2　kuud
蓇　見没 d1 合古忽　骨物 2　kuud 见山海经
䯏　見没 d1 合古忽　骨物 2　kuud
榾# 見没 d1 合古忽　骨物 2　kuud
頶　溪没 d1 合苦骨　骨物 2　khuud
鶻# 匣没 d1 合户骨　骨物 2　guud
搰　匣没 d1 合户骨　骨物 2　guud
䯏　匣没 d1 合户骨　骨物 2　guud
滑　匣没 d1 合户骨　骨物 2　guud
核# 匣没 d1 合户骨　骨物 2　guud 栅字训读
罛　見模 b1 合公户　罛魚　kaaʔ 见汉书
皷　見模 b1 合公户　鼓魚　k^waaʔ 见汉碑
鼔　見模 b1 合公户　鼓魚　k^waaʔ 亦同皷
瞽　見模 b1 合公户　鼓魚　k^waaʔ
蠱　見模 b1 合公户　蠱魚　klaaʔ 集韵又以者切 laaʔ
瓜　見麻 a2 合古華　瓜魚　k^wraa
坬# 見麻 c2 合古罵　瓜魚　k^wraas
窊　影麻 a2 合烏瓜　瓜魚　q^wraa
呱# 影麻 a2 合烏瓜　瓜魚　q^wraa
窊　影麻 c2 合烏化*　瓜魚　q^wraas 广韵化作吴
搲# 影麻 c2 合烏化*　瓜魚　q^wraas
攨# 影麻 c2 合烏化*　瓜魚　q^wraas 同搲，广韵化作吴
孤　見模 a1 合古胡　瓜魚　k^waa
苽　見模 a1 合古胡　瓜魚　k^waa 说文菰字
胍# 見模 a1 合古胡　瓜魚　k^waa
泒　見模 a1 合古胡　瓜魚　k^waa
呱　見模 a1 合古胡　瓜魚　k^waa
觚　見模 a1 合古胡　瓜魚　k^waa
柧　見模 a1 合古胡　瓜魚　k^waa
罛　見模 a1 合古胡　瓜魚　k^waa
軱　見模 a1 合古胡　瓜魚　k^waa 见庄子
菰　見模 a1 合古胡　瓜魚　k^waa 同苽，见大招
箛　見模 a1 合古胡　瓜魚　k^waa
狐　匣模 a1 合户吳　瓜魚　g^waa
弧　匣模 a1 合户吳　瓜魚　g^wlaa
碢# 定戈 a1 合徒和　冎歌 3　l'ool 玉篇同砣
腡# 來戈 a1 合落戈　冎歌 3　g・rool
過　見戈 a1 合古禾　冎歌 3　klool
渦　見戈 a1 合古禾　冎歌 3　klool 见汉书，亦作濄
鍋　見戈 a1 合古禾　冎歌 3　klool 见方言
檛# 見戈 a1 合古禾　冎歌 3　klool
瘑　見戈 a1 合古禾　冎歌 3　klool 见吴越春秋
緺　見戈 a1 合古禾　冎歌 3　kool
堝# 見戈 a1 合古禾　冎歌 3　klool
濄　見戈 a1 合古禾　冎歌 3　klool 渦注或体，说文作正体
鐹　見戈 b1 合古火　冎歌 3　kloolʔ 见方言
過　見戈 c1 合古臥　冎歌 3　klools
鐹　見戈 c1 合古臥　冎歌 3　klools 见方言
薖　溪戈 a1 合苦禾　冎歌 3　khlool
篙# 溪戈 a1 合苦禾　冎歌 3　khlool
禍　匣戈 b1 合胡果　冎歌 3　gloolʔ
檛　匣戈 c1 合胡卧*　冎歌 3　glools
渦# 影戈 a1 合烏禾　冎歌 3　qlool 与

蝸同源

窩+ 影戈 a1 合烏禾+ 冎歌3 qlool 堝

后起字

濄# 影戈 a1 合烏禾 冎歌3 qlool

萵# 影戈 a1 合烏禾* 冎歌3 qlool

檛 知麻 a2 合陟瓜 冎歌3

kr'ool>tr-见急就篇

簻 知麻 a2 合陟瓜 冎歌3

kr'ool>tr-同檛，见马融赋

膼# 知麻 a2 合陟瓜 冎歌3

kr'ool>tr-

蝸 見麻 a2 合古華 冎歌3 krool

媧 見麻 a2 合古華 冎歌3 krool

緺 見麻 a2 合古華 冎歌3 krool

騧 見麻 a2 合古華 冎歌3 krool

冎 見麻 b2 合古瓦 冎歌3 kroolʔ

后作剮

剮# 見麻 b2 合古瓦 冎歌3 kroolʔ

俗冎字

譌 曉麻 c2 合呼霸 冎歌3 qhrools

媧 見佳 a2 合古蛙 冎歌3 k^{w}rool

緺 見佳 a2 合古蛙 冎歌3 k^{w}rool

膼# 見佳 a2 合古蛙 冎歌3 k^{w}rool

与蝸同源

蝸 見佳 a2 合古蛙 冎歌3 k^{w}rool

騧 見佳 a2 合古蛙 冎歌3 k^{w}rool

咼欠# 見佳 a2 合古蛙 冎歌3 k^{w}rool

咼 溪佳 a2 合苦緺 冎歌3 kh^{w}rool

喎 溪佳 a2 合苦緺 冎歌3 kh^{w}rool

同咼，见灵枢

譌 曉佳 c2 合呼卦 冎歌3 qh^{w}rools

寡 見麻 b2 合古瓦 寡魚 k^{w}raaʔ

乖 見皆 a2 合古懷 乖微1 k^{w}rɯɯl

枴# 見佳 b2 合乖買 枴歌3

k^{w}reelʔ<k^{w}roolʔ集韵以枈为正，以另为冎剮

或体，故应属冎声

箉# 群佳 b2 合求蟹 枴歌3

g^{w}reelʔ<g^{w}roolʔ余校依集韵作箉

拐# 群佳 b2 合求蟹 枴歌3

g^{w}reelʔ<g^{w}roolʔ余校为枴

袂 明祭 c3a 開彌弊 夬祭2 mgweds

夬 見夬 c2 合古賣 夬祭1 k^{w}raads

楚简象抉指初文

快 溪夬 c2 合苦夬 夬祭1 kh^{w}raads

駃 溪夬 c2 合苦夬 夬祭1 kh^{w}raads

筷+ 溪夬 c2 合苦夬+ 夬祭1

kh^{w}raadss快的后起分化字

炔 見齊 c4 合古惠 夬祭2 k^{w}eeds

炅姓之改

觖# 溪支 c3a 合窺瑞 夬祭2

kh^{w}eds

缺 溪薛 d3a 合傾雪 夬月2 kh^{w}ed

蒛 溪薛 d3a 合傾雪 夬月2 kh^{w}ed

见尔雅

吷 曉薛 d3a 合許劣 夬月2 qh^{w}ed

妜 影薛 d3a 合於悅 夬月2 q^{w}ed

決 見屑 d4 合古穴 夬月2 k^{w}eed

訣 見屑 d4 合古穴 夬月2 k^{w}eed

抉 見屑 d4 合古穴 夬月2 k^{w}eed

夬字转注

觖 見屑 d4 合古穴 夬月2 k^{w}eed

见淮南子

玦 見屑 d4 合古穴 夬月2 k^{w}eed

駃 見屑 d4 合古穴 夬月2 k^{w}eed

芵 見屑 d4 合古穴 夬月2 k^{w}eed

赽 見屑 d4 合古穴 夬月2 k^{w}eed

鴃 見屑 d4 合古穴 夬月2 k^{w}eed

鈌 見屑 d4 合古穴 夬月2 k^{w}eed

决# 見屑 d4 合古穴 夬月2 k^{w}eed

決字注俗体

疦　見屑 d4 合古穴　夬月2　k^weed
䆕　見屑 d4 合古穴　夬月2　k^weed
趹　見屑 d4 合古穴　夬月2　k^weed
缺　溪屑 d4 合苦穴　夬月2　kh^weed
疦　曉屑 d4 合呼決　夬月2　qhweed
決　曉屑 d4 合呼決　夬月2　qhweed
抉　影屑 d4 合於決　夬月2　q^weed
妜　影屑 d4 合於決　夬月2　q^weed
官　見桓 a1 合古丸　官元3　koon
棺　見桓 a1 合古丸　官元3　koon
倌　見桓 a1 合古丸　官元3　koon
悹　見桓 a1 合古丸　官元3　koon
涫　見桓 a1 合古丸　官元3　koon
管　見桓 b1 合古滿　官元3　koonʔ
琯　見桓 b1 合古滿　官元3　koonʔ 说文管或体
痯　見桓 b1 合古滿　官元3　koonʔ
輨　見桓 b1 合古滿　官元3　koonʔ
錧　見桓 b1 合古滿　官元3　koonʔ 见仪礼即说文輨
悹　見桓 b1 合古滿　官元3　koonʔ
館　見桓 b1 合古緩　官元3　koonʔ
涫　見桓 c1 合古玩　官元3　koons
館　見桓 c1 合古玩　官元3　koons
痯　見桓 c1 合古玩　官元3　koons
錧# 見桓 c1 合古玩　官元3　koons
婠　見桓 c1 合古玩　官元3　koons
棺　見桓 c1 合古玩　官元3　koons
悹　見桓 c1 合古玩　官元3　koons
悺# 見桓 c1 合古玩　官元3　koons 同悹
逭　匣桓 c1 合胡玩　官元3　goons
婠　影桓 a1 合一丸　官元3　qoon
菅　見删 a2 開古顔　官元3　kroon>kraan
倌　見删 c2 合古患　官元3　kroons
綰　影删 b2 合烏板　官元3　qroonʔ
綰　影删 c2 合烏患　官元3　qroons
琯# 見魂 c1 合古困　官文2　kuuns
婠　影黠 d2 合烏八　官月2　qruud
捾　影末 d1 合烏括　官月3　qood
毌　見桓 a1 合古丸　毌元3　koon
貫　見桓 a1 合古丸　毌元3　koon
貫　見桓 c1 合古玩　毌元3　koons
毌　見桓 c1 合古玩　毌元3　koons
樌　見桓 c1 合古玩　毌元3　koons
鏆# 見桓 c1 合古玩　毌元3　koons
遦　見桓 c1 合古玩　毌元3　koons
慣# 見删 c2 合古患　毌元3　kroons 尔雅作貫，貫转注字
摜　見删 c2 合古患　毌元3　kroons
瑻　見魂 a1 合古渾　毌文2　kuun 说文同琨
謴# 見魂 c1 合古困　毌文2　kuuns
丱　見删 c2 合古患　丱元3　kroons
觀　見桓 a1 合古丸　雚元3　koon
觀　見桓 c1 合古玩　雚元3　koons
灌　見桓 c1 合古玩　雚元3　koons
鸛　見桓 c1 合古玩　雚元3　koons 同雚，见诗经
瓘　見桓 c1 合古玩　雚元3　koons
矔　見桓 c1 合古玩　雚元3　koons
懽　見桓 c1 合古玩　雚元3　koons 见尔雅
爟　見桓 c1 合古玩　雚元3　koons
雚　見桓 c1 合古玩　雚元3　koons 说文吅声，通作鸛
罐# 見桓 c1 合古玩*　雚元3　koons

鑵 見桓 c1 合古玩 雚元$_3$ koons 集韵同罐

歡 曉桓 a1 合呼官 雚元$_3$ qhoon

驩 曉桓 a1 合呼官 雚元$_3$ qhoon

懽 曉桓 a1 合呼官 雚元$_3$ qhoon 同歡

貛 曉桓 a1 合呼官 雚元$_3$ qhoon

鄻 曉桓 a1 合呼官 雚元$_3$ qhoon

獾 曉桓 a1 合呼官 雚元$_3$ qhoon 见孙子，说文作貛

讙 曉桓 a1 合呼官 雚元$_3$ qhoon

嚾 曉桓 c1 合火貫 雚元$_3$ qhoons 同喚见大戴礼

矔 見删 c2 合古患 雚元$_3$ kroons

權 群仙 a3b 合巨員 雚元$_3$ gron

顴 群仙 a3b 合巨員 雚元$_3$ gron 见素问

孉# 群仙 a3b 合巨員 雚元$_3$ gron 同婘

蠸 群仙 a3b 合巨員 雚元$_3$ gron

蘿 溪元 b3 合去阮 雚元$_3$ khonʔ 见尔雅

勸 溪元 c3 合去願 雚元$_3$ khons

蘿 溪元 c3 合去願 雚元$_3$ khons 见尔雅

讙 曉元 a3 合況袁 雚元$_3$ qhon

盥 見桓 b1 合古滿 盥元$_3$ koonʔ

盥 見桓 c1 合古玩 盥元$_3$ koons

光 見唐 a1 合古黄 光陽 k^{w}aaŋ 灮隶变

灮 見唐 a1 合古黄 光陽 k^{w}aaŋ 同光，说文光字

洸 見唐 a1 合古黄 光陽 k^{w}aaŋ

桄 見唐 a1 合古黄 光陽 k^{w}aaŋ

胱 見唐 a1 合古黄 光陽 k^{w}aaŋ 见史记、素问

垙# 見唐 a1 合古黄 光陽 k^{w}aaŋ

輄# 見唐 a1 合古黄 光陽 k^{w}aaŋ 同轒

恍# 見唐 a1 合古黄 光陽 k^{w}aaŋ 怳俗讹体

茪 見唐 a1 合古黄 光陽 k^{w}aaŋ 见尔雅

侊 見唐 a1 合古黄 光陽 k^{w}aaŋ

桄 見唐 c1 合古曠 光陽 k^{w}aaŋs

光 見唐 c1 合古曠 光陽 k^{w}aaŋs

恍# 曉唐 b1 合虎晃* 光陽 qh^{w}aaŋʔ 怳俗讹体

晃 匣唐 b1 合胡廣 光陽 g^{w}aaŋʔ

幌# 匣唐 b1 合胡廣 光陽 g^{w}aaŋʔ

榥# 匣唐 b1 合胡廣 光陽 g^{w}aaŋʔ

滉# 匣唐 b1 合胡廣 光陽 g^{w}aaŋʔ

洸 影唐 a1 合烏光 光陽 q^{w}aaŋ

觥 見庚 a2 合古横 光陽 k^{w}raaŋ

侊 見庚 a2 合古横 光陽 k^{w}raaŋ

駫 見青 a4 合古螢 光耕 k^{w}eeŋ

街 見皆 a2 開古諧 圭支 kree>本音佳

鞋# 匣皆 a2 開户皆 圭支 gree>同鞵

娾# 疑皆 a2 開擬皆 圭支 ŋree

娾# 疑皆 b2 開五駭 圭支 ŋreeʔ

佳 見佳 a2 開古膎 圭支 kree

街 見佳 a2 開古膎 圭支 kree

鮭# 匣佳 a2 開户佳 圭支 gree 说文作膎

鞋# 匣佳 a2 開户佳 圭支 gree 说文作鞵

涯 疑佳 a2 開五佳 圭支 ŋree

崖 疑佳 a2 開五佳 圭支 ŋree

啀# 疑佳 a2 開五佳 圭支 ŋree

厓 疑佳 a2 開五佳 圭支 ŋree

捱# 疑佳 a2 開宜佳* 圭支 ŋree
睚 疑佳 c2 開五懈 圭支 ŋrees
娃 影佳 a2 開於佳 圭支 qree
洼 影佳 a2 開於佳 圭支 qree
哇 影佳 a2 開於佳 圭支 qree
胿# 匣齊 a4 開胡雞 圭支 gee
涯 疑支 a3b 開魚羈 圭支 ŋre
崖 疑支 a3b 開魚羈 圭支 ŋre
溎# 影先 c4 開於甸 圭元2 qeens
觟 匣麻 b2 合胡瓦 圭魚 g^wraaʔ
鞋 匣麻 b2 合胡瓦 圭魚 g^wraaʔ
蘳 匣麻 b2 合胡瓦 圭魚 g^wraaʔ
蛙 影麻 a2 合烏瓜 圭魚 q^wraa 见汉书，即说文鼃
洼 影麻 a2 合烏瓜 圭魚 q^wraa
哇 影麻 a2 合烏瓜 圭魚 q^wraa
窪 影麻 a2 合烏瓜 圭魚 q^wraa
卦 見佳 c2 合古賣 圭支 k^wrees
挂 見佳 c2 合古賣 圭支 k^wrees
掛 見佳 c2 合古賣 圭支 k^wrees 俗同挂
詿 見佳 c2 合古賣 圭支 k^wrees
罣 見佳 c2 合古賣 圭支 k^wrees 见淮南子
絓 溪佳 a2 合苦緺 圭支 kh^wree
鼃 匣佳 a2 合户媧 圭支 ɢwree
詿 匣佳 c2 合胡卦 圭支 gwrees
罣 匣佳 c2 合胡卦 圭支 gwrees 同詿
絓 匣佳 c2 合胡卦 圭支 gwrees
鞋 匣佳 c2 合胡卦 圭支 gwrees
蛙 影佳 a2 合烏媧 圭支 q^wree 见汉书，即说文鼃
鼃 影佳 a2 合烏媧 圭支 q^wree 同蛙
圭 見齊 a4 合古攜 圭支 k^wee
珪 見齊 a4 合古攜 圭支 k^wee 圭转注字
邽 見齊 a4 合古攜 圭支 k^wee
閨 見齊 a4 合古攜 圭支 k^wee
袿 見齊 a4 合古攜 圭支 k^wee
窐 見齊 a4 合古攜 圭支 k^wee
鮭 見齊 a4 合古攜 圭支 k^wee 见山海经、论衡
洼 見齊 a4 合古攜 圭支 k^wee
胿# 見齊 a4 合古攜 圭支 k^wee
茥 見齊 a4 合古攜 圭支 k^wee
桂 見齊 c4 合古惠 圭支 k^wees
筀 見齊 c4 合古惠 圭支 k^wees 见山海经
罣 見齊 c4 合古惠 圭支 k^wees 见淮南子
奎 溪齊 a4 合苦圭 圭支 kh^wee
刲 溪齊 a4 合苦圭 圭支 kh^wee
茥 溪齊 a4 合苦圭 圭支 kh^wee
鮭 溪齊 a4 合苦圭 圭支 kh^wee 汉姓
蝰# 溪齊 a4 合苦圭 圭支 kh^wee 螝虺之后起字
楏# 溪齊 a4 合苦圭 圭支 kh^wee
睳# 曉齊 a4 合呼攜 圭支 qh^wee
窐 匣齊 a4 合户圭 圭支 gwee
畦 匣齊 a4 合户圭 圭支 gwee
鞋 匣齊 a4 合户圭 圭支 gwee
眭 匣齊 a4 合户圭 圭支 gwee 见淮南子
烓 影齊 a4 合烏攜 圭支 q^wee
眭 心支 a3 合息為 圭支 sqh^we 汉姓
跬 溪支 b3a 合丘弭 圭支 kh^weʔ 切

语原混同開口企组，切韵作去弭，集韵改犬橤切。说文本从走

眭　曉支 a3a 合許規　圭支　$qh^{w}e$ 见淮南子

蘳　曉支 a3a 合許規　圭支　$qh^{w}e$

恚　影支 c3a 合於避　圭支　$q^{w}es$

睢　曉脂 a3a 合許維　圭脂 2　$qh^{w}i$ 见淮南子

烓　溪青 b4 合口迥　圭耕　$kh^{w}eeŋʔ$

砉#　曉陌 d2 合虎伯　圭錫　$qh^{w}raag$<eeg 疑即砉之別体

嫢　匣先 b4 開胡典　規元 2　geenʔ

嫢　精支 a3 合姊規　規歌　skwel 见方言。規由宜校改，又集韵聚惟切 sgwil

規　見支 a3a 合居隋　規歌 3　$k^{w}el$ 小徐見声，与闚同源；古亦同窺，夫或为癸省文

槻#　見支 a3a 合居隋　規歌 3　$k^{w}el$

鬹　見支 a3a 合居隋　規歌 3　$k^{w}el$

摫　見支 a3a 合居隋　規歌 3　$k^{w}el$

瞡　見支 c3a 合規恚　規歌 3　$k^{w}els$ 见荀子

窺　溪支 a3a 合去隨　規歌 3　$kh^{w}el$ 同闚

闚　溪支 a3a 合去隨　規歌 3　$kh^{w}el$

瞡　見脂 c3a 合居悸　規脂 1　$k^{w}ils$ 见荀子

嫢　群脂 b3a 合求癸　規脂 1　$g^{w}ilʔ$

鬮　見尤 a3 開居求　龜之　$k^{w}ɯ$

龜　見尤 a3 開居求　龜之　$k^{w}ɯ$

鬮　見幽 b3 開居黝　龜幽 1　$k^{w}ruʔ$

龜　見脂 a3b 合居追　龜之 1　$k^{w}rɯ$

孈　以支 b3 開移爾　巂支　$Gweʔ$ 此据《王一》尤尔反、集韵羽委切，余校改合口韋委切，按重四应同羊捶切

纗　匣佳 c2 合胡卦　巂支　$g^{w}rees$

孈　匣佳 c2 合胡卦　巂支　$g^{w}rees$

攜　匣齊 a4 合户圭　巂支　$g^{w}ee$ 俗作携

蠵　匣齊 a4 合户圭　巂支　$g^{w}ee$

鑴　匣齊 a4 合户圭　巂支　$g^{w}ee$

驨　匣齊 a4 合户圭　巂支　$g^{w}ee$

酅　匣齊 a4 合户圭　巂支　$g^{w}ee$

纗　匣齊 a4 合户圭　巂支　$g^{w}ee$

巂　匣齊 a4 合户圭　巂支　$g^{w}ee$ 集韵或体从鳥

讗　匣齊 a4 合户圭　巂支　$g^{w}ee$

觿　匣齊 a4 合户圭　巂支　$g^{w}ee$

儶#　匣齊 c4 合胡桂　巂支　$g^{w}ees$

纗　精支 a3 合姊規　巂支　$sq^{w}e$

巂　心支 b3 合息委　巂支　$sqh^{w}eʔ$

觿　曉支 a3a 合許規　巂支　$qh^{w}e$

鑴　曉支 a3a 合許規　巂支　$qh^{w}e$

孈　曉支 c3a 合呼恚　巂支　$qh^{w}es$

蠵　以支 a3 合悦吹　巂支　Gwe

欈　以支 a3 合悦吹　巂支　Gwe

瓗　以支 c3 合以睡　巂支　$Gwes$ 说文同瓊

纗　以支 c3 合以睡　巂支　$Gwes$

孈　以脂 b3 合以水　巂脂 2　$Gwiʔ$

讗　見麥 d2 合古獲　巂錫　$k^{w}reeg$

睽　溪齊 a4 合苦圭　癸脂 1　$kh^{w}iil$

湀　溪齊 a4 合苦圭　癸脂 1　$kh^{w}iil$

聧　溪齊 a4 合苦圭　癸脂 1　$kh^{w}ii$ 注引说文、方言

藈　溪齊 a4 合苦圭　癸脂 1　$kh^{w}iil$

癸　見脂 b3a 合居誄　癸脂 1　$k^{w}ilʔ$ 戴侗云戣初文；甲文象二工（金文或变二木）相交旋画以度圜，本規初文

湀　見脂 b3a 合居誄　癸脂 1　$k^{w}ilʔ$

葵　群脂 a3a 合渠隹　癸脂 1　$g^{w}il$ 原重渠追切，依切三王韵改

鄈 群脂 a3a 合渠隹 癸脂1 g^{w}il 隹由追校改

楑# 群脂 a3a 合渠隹 癸脂1 g^{w}il 隹由追校改

戣 群脂 a3b 合渠追 癸脂1 g^{w}ril 集韵改渠龜切

鍨 群脂 a3b 合渠追 癸脂1 g^{w}ril 同戣,已见金文,集韵改渠龜切

騤 群脂 a3b 合渠追 癸脂1 g^{w}ril 集韵改渠龜切

揆 群脂 b3a 合求癸 癸脂1 g^{w}ilʔ

楑 群脂 b3a 合求癸 癸脂1 g^{w}ilʔ

湀 群脂 b3a 合求癸 癸脂1 g^{w}ilʔ

猤# 群脂 c3a 合其季 癸脂1 g^{w}ils

騤 見屑 d4 合古穴 癸質1 k^{w}iid

闋 溪屑 d4 合苦穴 癸質1 kh^{w}iid

湀 溪屑 d4 合苦穴 癸質1 kh^{w}iid

謉# 端灰 b1 合都罪 鬼微2 t-kuulʔ/kl'

瑰 見灰 a1 合公回 鬼微2 kuul

傀 見灰 a1 合公回 鬼微2 kuul

蘬 見灰 a1 合公回 鬼微2 kuul 原下作廆,尔雅作此

魁 溪灰 a1 合苦回 鬼微2 khuul

傀 溪灰 b1 合口猥 鬼微2 khuulʔ

磈# 溪灰 b1 合口猥 鬼微2 khuulʔ

塊 溪灰 c1 合苦對 鬼微2 khuuls 说文凷或体

嵬 疑灰 a1 合五灰 鬼微2 ŋguul

隗 疑灰 b1 合五罪 鬼微2 ŋguulʔ

嵬 疑灰 b1 合五罪 鬼微2 ŋguulʔ

槐 匣灰 a1 合户恢 鬼微2 guul

瑰 匣灰 a1 合户恢 鬼微2 guul

瘣 匣灰 b1 合胡罪 鬼微2 guulʔ

廆 匣灰 b1 合胡罪 鬼微2 guulʔ 见汉印

溾# 匣灰 b1 合胡罪 鬼微2 guulʔ

螝 匣灰 c1 合胡對 鬼微2 guuls

塊 溪皆 c2 合苦怪* 鬼微2 khruuls 或作墤,广韵只作墤

槐 匣皆 a2 合户乖 鬼微2 gruul

褢 匣皆 a2 合户乖 鬼微2 gruul

溾# 影皆 a2 合乙乖 鬼微2 qruul 由乙皆校改

螝 見脂 a3b 合居追 鬼微2 krul

騩 見脂 a3b 合居追 鬼微2 krul

愧 見脂 c3b 合俱位 鬼微2 kruls 说文同媿

媿 見脂 c3b 合俱位 鬼微2 kruls

聭 見脂 c3b 合俱位 鬼微2 kruls 同媿,见汉帛书

謉# 見脂 c3b 合俱位 鬼微2 krul 同媿

騩 見脂 c3b 合俱位 鬼微2 kruls

餽 群脂 c3b 合求位 鬼微2 gruls 同饋

騩 見微 a3 合舉韋 鬼微2 kul

鬼 見微 b3 合居偉 鬼微2 kulʔ

魏 疑微 c3 合魚貴 鬼微2 ŋguls 说文段注巍省文

巍 疑微 a3 合語韋 鬼微2 ŋul 鬼转注字

犩 疑微 a3 合語韋 鬼微2 ŋul

犩 疑微 c3 合魚貴 鬼微2 ŋuls

磈 影微 b3 合於鬼 鬼微2 qulʔ 见楚辞

簋 見脂 b3b 合居洧 簋幽2 kwrɯwʔ 说文古文作匭朹

孂 見宵 b3b 開居夭 簋宵1 kriwʔ

孂 見添 b4 開兼玷 簋侵2 kiimʔ

孂 見德 d1 開古得 簋職 kɯɯg

炅 見齊 c4 合古惠 炅支 k^{w}ees 汉姓

炅　見青 b4 合古迴　炅耕　k^{w}eeŋʔ
昋　見齊 c4 合古惠　昋支　k^{w}ees 炅姓之改
蘈　透灰 a1 合他回　貴微2　lhuul 见尔雅
僓　透灰 b1 合吐猥　貴微2　lhuulʔ
頹　定灰 a1 合杜回　貴微2　l'uul 同说文穨又隤
穨　定灰 a1 合杜回　貴微2　l'uul
蘈　定灰 a1 合杜回　貴微2　l'uul 见尔雅
隤　定灰 a1 合杜回　貴微2　l'uul
墤#　定灰 a1 合杜回　貴微2　l'uul 同隤
尵#　定灰 a1 合杜回　貴微2　l'uul 诗虺隤类化字
蹪#　定灰 a1 合杜回　貴微2　l'uul 见淮南子
瀢#　定灰 b1 合徒猥　貴微2　l'uulʔ
鞼　見灰 a1 合公回　貴微2　kluul
膭#　見灰 a1 合公回　貴微2　kluul
憒　見灰 c1 合古對　貴微2　kluuls
⿰酉貴　曉灰 c1 合荒内　貴微2　huuls＜h^{w}uuls＜hmɯɯds 沬分化字
潰　匣灰 c1 合胡對　貴微2　gluuls
繢　匣灰 c1 合胡對　貴微2　gluuls
嬇　匣灰 c1 合胡對　貴微2　gluuls 见世本
殨　匣灰 c1 合胡對　貴微2　gluuls
闠　匣灰 c1 合胡對　貴微2　gluuls
膭#　匣灰 c1 合胡對　貴微2　gluuls
僓　匣灰 c1 合胡對　貴微2　gluuls
尵#　定皆 a2 合杜懷　貴微2　r'uul＞dr 虺隤类化
簣　溪皆 c2 合苦怪　貴微2　khruuls
嬇　溪皆 c2 合苦怪　貴微2　khruuls 见世本
嘳　溪皆 c2 合苦怪　貴微2　khruuls 见方言
蕢　溪皆 c2 合苦怪　貴微2　khruuls
墤#　溪皆 c2 合苦怪　貴微2　khruuls 俗同塊
聵　疑皆 c2 合五怪　貴微2　ŋgruuls
嘳　溪脂 c3b 合丘愧　貴微2　khruls 说文同喟
樻　溪脂 c3b 合丘愧　貴微2　khruls
䙡　溪脂 c3b 合丘愧　貴微2　khruls
匱　群脂 c3b 合求位　貴微2　gruls
蕢　群脂 c3b 合求位　貴微2　gruls 古作臾
臾2　群脂 c3b 合求位　貴微2　gruls 古文蕢
饋　群脂 c3b 合求位　貴微2　gruls
櫃　群脂 c3b 合求位　貴微2　gruls 匱转注字，见韩非子
樻　群脂 c3b 合求位　貴微2　gruls
鞼　群脂 c3b 合求位　貴微2　gruls
簣　群脂 c3b 合求位　貴微2　gruls
瞶　以脂 c3 合以醉　貴微2　luls
貴　見微 c3 合居胃　貴微2　kluls 从蕢之古文臾得声
瞶　見微 c3 合居胃　貴微2　kluls
䙡　溪微 c3 合丘畏　貴微2　khluls
丨　見魂 b1 合古本　丨文2　kuunʔ
鯀　見魂 b1 合古本　鯀文2　kuunʔ
郭　見鐸 d1 合古博　郭鐸　k^{w}aag
埻2　見鐸 d1 合古博　郭鐸　k^{w}aag 见山海经
崞　見鐸 d1 合古博　郭鐸　k^{w}aag
椁　見鐸 d1 合古博　郭鐸　k^{w}aag
槨　見鐸 d1 合古博　郭鐸　k^{w}aag 同椁

噋 2 # 溪鐸 d1 合苦郭　郭鐸　khʷaag
注右亦作郭
廓　溪鐸 d1 合苦郭　郭鐸　khʷaag
鞹　溪鐸 d1 合苦郭　郭鐸　khʷaag
漷　溪鐸 d1 合苦郭　郭鐸　khʷaag
霩　曉鐸 d1 合虚郭　郭鐸　qhʷaag
漷　曉陌 d2 合虎伯　郭鐸　qhʷraag
埻 2　見麥 d2 合古獲　郭錫　kʷreeg
见山海经
虢　見陌 d2 合古伯　虢鐸　kʷraag
裸　來戈 b1 合郎果　果歌 3　g・rool?
臝　來戈 b1 合郎果　果歌 3　g・rool?
同裸，见史记
果　見戈 b1 合古火　果歌 3　klool?
菓　見戈 b1 合古火　果歌 3　klool?
俗果字转注，见汉书
猓 #　見戈 b1 合古火　果歌 3　klool?
輠　見戈 b1 合古火　果歌 3　klool?
见释名
裹　見戈 b1 合古火　果歌 3　klool?
蜾　見戈 b1 合古火　果歌 3　klool?
惈　見戈 b1 合古火　果歌 3　klool?
果敢分化字
粿 #　見戈 b1 合古火　果歌 3　klool?
裹　見戈 c1 合古臥　果歌 3　klools
窠　溪戈 a1 合苦禾　果歌 3　khlool
稞　溪戈 a1 合苦禾　果歌 3　khlool
課　溪戈 a1 合苦禾　果歌 3　khlool
髁　溪戈 a1 合苦禾　果歌 3　khlool
棵 +　溪戈 a1 合苦禾 +　果歌 3　khlool
科今分化字
顆　溪戈 b1 合苦果　果歌 3　khlool?
堁　溪戈 b1 合苦果　果歌 3　khlool?
见宋玉赋
敤　溪戈 b1 合苦果　果歌 3　khlool?
課　溪戈 c1 合苦臥　果歌 3　khlools
堁　溪戈 c1 合苦臥　果歌 3　khlools
见宋玉赋
髁　溪戈 c1 合苦臥　果歌 3　khlools
敤　溪戈 c1 合苦臥　果歌 3　khlools
夥 +　曉戈 b1 合呼果 +　果歌 3　qhlool?
火(伙)别体
夥　匣戈 b1 合胡果　果歌 3　glool? 说文作夥
輠　匣戈 b1 合胡果　果歌 3　glool? 见释名
婐　影戈 b1 合烏果　果歌 3　qlool?
婐　見麻 a2 合古華　果歌 3　krool
髁　溪麻 b2 合苦瓦　果歌 3　khrool?
踝　匣麻 b2 合胡瓦　果歌 3　grool?
稞　匣麻 b2 合胡瓦　果歌 3　grool?
輠　匣麻 b2 合胡瓦　果歌 3　grool?
见礼记
夥　匣佳 b2 合懷 ++　果歌 3　grool?
輠　匣灰 b1 合胡罪　果微 2　gluul? 见礼记
裸　見桓 c1 合古玩　果元 3　kloons
堁　溪灰 c1 合苦對　果微 2　khluuls
见宋玉赋
棵 #　溪桓 b1 合苦管　果元 3　khloon?
棵 #　匣桓 b1 合胡管　果元 3　gloon?

H

該　見咍 a1 開古哀　亥之　kɯɯ
垓　見咍 a1 開古哀　亥之　kɯɯ
賅　見咍 a1 開古哀　亥之　kɯɯ
陔　見咍 a1 開古哀　亥之　kɯɯ
豥　見咍 a1 開古哀　亥之　kɯɯ
荄　見咍 a1 開古哀　亥之　kɯɯ
郂　見咍 a1 開古哀　亥之　kɯɯ

姟　見咍 a1 開古哀　亥之　kɯɯ
絯　見咍 a1 開古哀　亥之　kɯɯ
晐　見咍 a1 開古哀　亥之　kɯɯ
峐　見咍 a1 開古哀　亥之　kɯɯ 见尔雅,犹说文屺
侅　見咍 a1 開古哀　亥之　kɯɯ
胲　見咍 a1 開古哀　亥之　kɯɯ
頦　見咍 b1 開古亥　亥之　kɯɯʔ
侅　溪咍 a1 開苦哀　亥之　khɯɯ
奒# 溪咍 a1 開苦哀　亥之　khɯɯ
輆　溪咍 b1 開苦亥　亥之　khɯɯʔ 见太玄
欬　溪咍 c1 開苦蓋　亥代　khɯɯgs
硋# 疑咍 c1 開五溉　亥代　ŋgɯɯgs 同礙
閡　疑咍 c1 開五溉　亥代　ŋgɯɯgs
咳+ 曉咍 a1 開呼來*　亥之　qhɯɯ 咳今字
孩　匣咍 a1 開户來　亥之　gɯɯ
咳　匣咍 a1 開户來　亥之　gɯɯ
頦　匣咍 a1 開户來　亥之　gɯɯ
豥　匣咍 a1 開户來　亥之　gɯɯ
亥　匣咍 b1 開胡改　亥之　gɯɯʔ 甲金文象根荄,为荄之初文,陈独秀说
劾　匣咍 c1 開胡槩　亥代　gɯɯgs
侅　匣咍 b1 開胡改　亥之　gɯɯʔ
荄　見皆 a2 開古諧　亥之　krɯɯ 亥之转注字
痎　見皆 a2 開古諧　亥之　krɯɯ
烗　溪皆 c2 開苦戒　亥代　khrɯɯgs
劾　溪皆 c2 開苦戒　亥代　khrɯɯgs
骸　匣皆 a2 開户皆　亥之　grɯɯ
駭　匣皆 b2 開侯楷　亥之　grɯɯʔ
絯　匣皆 b2 開侯楷　亥之　grɯɯʔ
侅　匣皆 b2 開侯楷　亥之　grɯɯʔ

欬　影夬 c2 開於犗　亥祭1 qraads<qrɯɯgs 同餩
刻　溪德 d1 開苦得　亥職　khɯɯg
劾　匣德 d1 開胡得　亥職　gɯɯg
餩# 影德 d1 開愛黑　亥職　qɯɯg
核　匣麥 d2 開下革　亥職　grɯɯg
轄　溪泰 c1 開苦蓋　害祭1 khaads
害　匣泰 c1 開胡蓋　害祭1 gaads 金文象稭头,非丰声,似稭初文加古声,猷通胡
犗　見夬 c2 開古喝　害祭1 kraads
𢤱　曉元 b3 開虛偃　害元1 qhanʔ 见曹操书
攇# 曉元 b3 開虛偃　害元1 qhanʔ
憲　曉元 c3 開許建　害元1 hŋan/s
瀗# 曉元 c3 開許建　害元1 qhans
割　見曷 d1 開古達　害月1 kaad
碦　見黠 d2 開古黠　害月2 kreed 见汉书
磍# 溪鎋 d2 開枯鎋　害月1 khraad
瞎　曉鎋 d2 開許鎋　害月1 qhraad 见释名
鎋　匣鎋 d2 開胡瞎　害月1 graad 见战国策
轄　匣鎋 d2 開胡瞎　害月1 graad
鶷　匣鎋 d2 開胡瞎　害月1 graad
縖# 匣鎋 d2 開胡瞎　害月1 graad
豁　曉末 d1 合呼括　害月1 qhʷaad
蜬　見覃 a1 開古南　函侵3 kuum 见尔雅
函　匣覃 a1 開胡男　函侵3 guum
涵　匣覃 a1 開胡男　函侵3 guum
頷　匣覃 a1 開胡男　函侵3 guum
蜬　匣覃 a1 開胡男　函侵3 guum
圅　匣覃 a1 開胡男　函侵3 guum 说文函字

菡　匣覃 b1 開胡感　函侵3　guumʔ
涵　匣覃 b1 開胡感　函侵3　guumʔ
顄　匣覃 b1 開胡感　函侵3　guumʔ
函　匣咸 a2 開胡讒　函侵3　gruum
寒　匣寒 a1 開胡安　寒元1　gaan
蹇　見仙 b3b 開九輦　寒元1　kranʔ
謇　見仙 b3b 開九輦　寒元1　kranʔ
搴　見仙 b3b 開九輦　寒元1　kranʔ
攓　見仙 b3b 開九輦　寒元1　kranʔ
騫　溪仙 a3b 開去乾　寒元1　khran
褰　溪仙 a3b 開去乾　寒元1　khran
攐　溪仙 a3b 開去乾　寒元1　khran
搴　溪仙 a3b 開丘虔*　寒元1　khran同攐
鑳# 群仙 b3b 開其輦　寒元1　granʔ同鍵
蹇　見元 b3 開居偃　寒元1　kanʔ
寋　群元 b3 開其偃　寒元1　ganʔ
騫　曉元 a3 開虛言　寒元1　qhan
厂　曉寒 b1 開呼旱　厂元1　hŋaanʔ
厂　曉寒 c1 開呼旰　厂元1　hŋaans
屵　疑曷 d1 開五割　厂月1　ŋaad
儺　泥歌 a1 開諾何　㬮歌1　naal
臡　泥歌 a1 開諾何　㬮歌1　naal
臡　泥齊 a4 開奴低　㬮歌2　neel
臡　日齊 a4 開人兮　㬮歌2　njeel
嘆　透寒 a1 開他干　㬮元1　nhaan
灘　透寒 a1 開他干　㬮元1　nhaan
擹# 透寒 a1 開他干　㬮元1　nhaan
攤# 透寒 a1 開他干　㬮元1　nhaan
癱+ 透寒 a1 開他干+ 㬮元1　nhaan见金匱，字汇方收，疑为瘆后起字，古当音 lhaan
嘆　透寒 c1 開他旦　㬮元1　nhaan/s
歎　透寒 c1 開他旦　㬮元1　nhaan/s
難　泥寒 a1 開那干　㬮元1　nhaan朱骏声暵省声
攤# 泥寒 b1 開奴但　㬮元1　naanʔ原列缓韵
攤# 泥寒 c1 開奴案　㬮元1　naans
難　泥寒 c1 開奴案　㬮元1　naans
灘　泥寒 c1 開奴案　㬮元1　naans
灘　曉寒 b1 開呼旱　㬮元1　hnaanʔ
暵　曉寒 b1 開呼旱　㬮元1　hnaanʔ
熯　曉寒 b1 開呼旱　㬮元1　hnaanʔ
漢　曉寒 c1 開呼旰　㬮元1　hnaans
暵　曉寒 c1 開呼旰　㬮元1　hnaans与熯同源，晒干堇
熯　曉寒 c1 開呼旰　㬮元1　hnaans甲金文为堇下火，烘干堇
灘　曉寒 c1 開呼旰　㬮元1　hnaans原隹作鳥，據旱韵又音校改
戁　泥删 b2 開奴板　㬮元1　rnaanʔ
戁　日仙 b3 開人善　㬮元1　njanʔ
熯　日仙 b3 開人善　㬮元1　njanʔ
薅　曉豪 a1 開呼毛　好幽1　qhuu
好　曉豪 b1 開呼晧　好幽1　qhuuʔ由女孩子会意美
好　曉豪 c1 開呼到　好幽1　qhuus
饕　透豪 a1 開土刀　号宵1　rhaaw
號　匣豪 a1 開胡刀　号宵1　ɦraaw
号　匣豪 c1 開胡到　号宵1　ɦraaws与丂不同部
號　匣豪 c1 開胡到　号宵1　ɦraaws
枵　曉宵 a3b 開許嬌　号宵1　hraw
呺　曉宵 a3b 開許嬌　号宵1　hraw见庄子
鴞　云宵 a3 開于嬌　号宵1　ɦraw
昊　匣豪 b1 開胡老　昊幽1　guuʔ
顥　匣豪 b1 開胡老　昊幽1　guuʔ象

登高仰首观日，表晴白气爽，与皓昊同字

灝　匣豪 b1 開胡老　昊幽1　guuʔ

灝　見覃 b1 開古禫　昊侵3　kuumʔ
余校疑瀟字混讹

科　溪戈 a1 合苦禾　禾歌3　khool

萪[#] 溪戈 a1 合苦禾　禾歌3　khool

蝌[#] 溪戈 a1 合苦禾　禾歌3　khool 尔雅作科

蚪　溪戈 a1 合苦禾　禾歌3　khool 见淮南子

科　溪戈 c1 合苦臥　禾歌3　khools

禾　匣戈 a1 合户戈　禾歌3　gool

和　匣戈 a1 合户戈　禾歌3　gool

咊　匣戈 a1 合户戈　禾歌3　gool 古文和

盉　匣戈 a1 合户戈　禾歌3　gool

龢　匣戈 a1 合户戈　禾歌3　gool

鉌[#] 匣戈 a1 合户戈　禾歌3　gool

和　匣戈 c1 合胡臥　禾歌3　gools

盉　匣戈 c1 合胡臥　禾歌3　gools

倆[#] 匣戈 c1 合胡臥　禾歌3　gools

龕　溪覃 a1 開口含　合侵3　khuum

頜　匣覃 b1 開胡感　合侵3　guumʔ

答　端合 d1 開都合　合緝3　t-kuub/kl'

畣　端合 d1 開都合　合緝3　t-kuub/kl'

荅　端合 d1 開都合　合緝3　t-kuub/kl'

嗒[#] 端合 d1 開都合　合緝3　tuub

褡[#] 端合 d1 開都合　合緝3　tuub

搭[#] 端合 d1 開都合　合緝3　tuub

搭[#] 端合 d1 開德合*　合緝3　tuub

榙　端合 d1 開都合　合緝3　t-kuub/kl' 原从答

佮　透合 d1 開他合　合緝3　t-khuub/khl'

蛤　見合 d1 開古沓　合緝3　kuub

鴿　見合 d1 開古沓　合緝3　kuub

合　見合 d1 開古沓　合緝3　kuub

郃　見合 d1 開古沓　合緝3　kuub

匌　見合 d1 開古沓　合緝3　kuub

佮　見合 d1 開古沓　合緝3　kuub

鉿　見合 d1 開古沓　合緝3　kuub

閤　見合 d1 開古沓　合緝3　kuub

鞈　見合 d1 開古沓　合緝3　kuub

韐　見合 d1 開古沓　合緝3　kuub

頜　見合 d1 開古沓　合緝3　kuub

鮯　見合 d1 開古沓　合緝3　kuub 见山海经

匌　溪合 d1 開口答　合緝3　khuub

哈[#] 疑合 d1 開五合　合緝3　ŋguub
今音 ha 来自嘘呵

姶　影合 d1 開烏合　合緝3　quub

佮　影合 d1 開烏合　合緝3　quub

欱　曉合 d1 開呼合　合緝3　qhuub

合　匣合 d1 開侯閤　合緝3　guub

盒[#] 匣合 d1 開侯閤　合緝3　guub

粭[#] 匣合 d1 開侯閤　合緝3　guub

郃　匣合 d1 開侯閤　合緝3　guub

榙　匣合 d1 開侯閤　合緝3　guub

詥　匣合 d1 開侯閤　合緝3　guub

姶　影合 d1 開烏合　合緝3　quub

佮　影合 d1 開烏合　合緝3　quub

褡[#] 端盍 d1 開都榼　合盍1　toob

塔[#] 透盍 d1 開吐盍　合盍1　thuub<巴利 thupa

鞳[#] 透盍 d1 開吐盍　合盍1　thoob

搭[#] 透盍 d1 開吐盍　合盍1　thoob

嗒# 透盍 d1 開吐盍　合盍1　thoob
劄# 知洽 d2 開竹洽　合緝3　rtuub
韐　見洽 d2 開古洽　合緝3　kruub
跲　見洽 d2 開古洽　合緝3　kruub
袷　見洽 d2 開古洽　合緝3　kruub
鉿# 見洽 d2 開古洽　合緝3　kruub
鞈　見洽 d2 開古洽　合緝3　kruub
恰# 溪洽 d2 開苦洽　合緝3　khruub
帢　溪洽 d2 開苦洽　合緝3　khruub 見通俗文
欱　曉洽 d2 開呼洽　合緝3　qhruub
洽　匣洽 d2 開侯夾　合緝3　gruub
祫　匣洽 d2 開侯夾　合緝3　gruub
珨# 匣洽 d2 開侯夾　合緝3　gruub
焀# 匣洽 d2 開侯夾　合緝3　gruub
歙　書葉 d3 開書涉　合盍3　qhjob
袷　見業 d3 開居怯　合盍3　kob 同袷
跲　見業 d3 開居怯　合盍3　kob
跲　群業 d3 開巨業　合盍3　gob
湁　徹緝 d3 開丑入　合緝3　t-khub
拾　禪緝 d3 開是執　合緝3　gjub
給　見緝 d3b 開居立　合緝3　krub
歙　曉緝 d3b 開許及　合緝3　qhrub
翕　曉緝 d3b 開許及　合緝3　qhrub
噏　曉緝 d3b 開許及　合緝3　qhrub 同吸
潝　曉緝 d3b 開許及　合緝3　qhrub
熻　曉緝 d3b 開許及　合緝3　qhrub 見吴越春秋
嬆# 曉緝 d3b 開許及　合緝3　qhrub
翖　曉緝 d3b 開許及　合緝3　qhrub 見汉书
闟　曉緝 d3b 開許及　合緝3　qhrub
愒　溪泰 c1 開苦蓋　曷祭1　khaads 后通作憩
藹　影泰 c1 開於蓋　曷祭1　qaads
藹　影泰 c1 開於蓋　曷祭1　qaads
靄　影泰 c1 開於蓋　曷祭1　qaads 见汉赋
餲　影夬 c2 開於犗　曷祭1　qraads
喝　影夬 c2 開於犗　曷祭1　qraads
愒　溪祭 c3b 開去例　曷祭1　khrads 后通作憩
揭　溪祭 c3b 開去例　曷祭1　khrads
偈　群祭 c3b 開其憩　曷祭1　grads 梵译 gātha
餲　影祭 c3b 開於罽　曷祭1　qrads
喝+ 曉合 d1 開呼合+ 曷盍3　qhoob 近代训读为欱
猲　溪乏 d3 合起法　曷盍3　khob
葛　見曷 d1 開古達　曷月1　kaad
轕　見曷 d1 開古達　曷月1　kaad
獦　見曷 d1 開古達　曷月1　klaad 见山海经
渴　溪曷 d1 開苦曷　曷月1　khaad 说文作歞
嵑　溪曷 d1 開苦曷　曷月1　khaad 见汉赋
喝　曉曷 d1 開許葛　曷月1　qhaad
猲　曉曷 d1 開許葛　曷月1　qhaad
暍　曉曷 d1 開許葛　曷月1　qhaad
曷　匣曷 d1 開胡葛　曷月1　gaad 金文从日不从曰，为暍初文（周宝宏）
褐　匣曷 d1 開胡葛　曷月1　gaad
鶡　匣曷 d1 開胡葛　曷月1　gaad
鬝　匣曷 d1 開胡葛　曷月1　gaad
蝎　匣曷 d1 開胡葛　曷月1　gaad
餲　匣曷 d1 開胡葛　曷月1　gaad
鞨　匣曷 d1 開胡葛　曷月1　gaad

遏　影曷 d1 開烏葛　曷月1　qaad

鶡　影曷 d1 開烏葛　曷月1　qaad

堨#　影曷 d1 開烏葛　曷月1　qaad

餲　影曷 d1 開烏葛　曷月1　qaad

靄　影曷 d1 開烏葛　曷月1　qaad 见汉赋

擖　溪黠 d2 開恪八　曷月2　khreed

擖　見鎋 d2 開古鎋　曷月1　kraad

楬　溪鎋 d2 開枯鎋　曷月1　khraad

鞨　船薛 d3 開食列　曷月1　ɢjad

揭　見薛 d3a 開居列　曷月1　ked

朅　溪薛 d3b 開丘竭　曷月1　khrad

揭　溪薛 d3b 開丘竭　曷月1　khrad

藒　溪薛 d3b 開丘竭　曷月1　khrad

愒　溪薛 d3b 開丘竭　曷月1　khrad

竭　群薛 d3b 開渠列　曷月1　grad

碣　群薛 d3b 開渠列　曷月1　grad

楬　群薛 d3b 開渠列　曷月1　grad

揭　群薛 d3b 開渠列　曷月1　grad

渴　群薛 d3b 開渠列　曷月1　grad 后通作竭

偈　群薛 d3b 開渠列　曷月1　grad

揭　見月 d3 開居竭　曷月1　kad

羯　見月 d3 開居竭　曷月1　kad

鍻#　見月 d3 開居竭　曷月1　kad

竭　群月 d3 開其謁　曷月1　gad

碣　群月 d3 開其謁　曷月1　gad

揭　群月 d3 開其謁　曷月1　gad

楬　群月 d3 開其謁　曷月1　gad

歇　曉月 d3 開許竭　曷月1　qhad

蠍#　曉月 d3 開許竭　曷月1　qhad

猲　曉月 d3 開許竭　曷月1　qhad

謁　影月 d3 開於歇　曷月1　qad

暍　影月 d3 開於歇　曷月1　qad

蓋　見泰 c1 開古太　盇蓋1　kaabs

盖　見泰 c1 開古太　盇蓋1　kaabs 蓋俗字

溘#　溪泰 c1 開苦蓋　盇蓋1　khaabs

溘　溪合 d1 開口答　盇盇3　khoob 见离骚

搕#　影合 d1 開烏合　盇盇3　qoob

嗑　見盇 d1 開古盇　盇盇1　kaab

蓋　見盇 d1 開古盇　盇盇1　kaab

榼　溪盇 d1 開苦盇　盇盇1　khaab

磕　溪盇 d1 開苦盇　盇盇1　khaab

溘　溪盇 d1 開克盇　盇盇1　khaab 见离骚

瞌#　溪盇 d1 開克盇*　盇盇1　khaab

盇　匣盇 d1 開胡臘　盇盇1　gaab

闔　匣盇 d1 開胡臘　盇盇1　gaab

嗑　匣盇 d1 開胡臘　盇盇1　gaab

蓋　匣盇 d1 開胡臘　盇盇1　gaab

篕　匣盇 d1 開胡臘　盇盇1　gaab 见方言

熆#　匣盇 d1 開胡臘　盇盇1　gaab

鰪#　影盇 d1 開安盇　盇盇1　qaab

廅　影盇 d1 開安盇　盇盇1　qaab 见汉赋

圔　影洽 d2 開烏洽　盇盇3　qroob 见汉赋

饁　云葉 d3 開筠輒　盇盇1　ɢrab

磕　溪曷 d1 開苦曷　盇月1　khaad

貈　匣鐸 d1 開下各　貈鐸　glaag 舟象䏤实为䏤声

鶴　匣鐸 d1 開下各　隺藥3　gloowɢ

髉#　幫覺 d2 開北角　隺藥3　p-qroowɢ

篧　莊覺 d2 開側角　隺藥3　skroowɢ

篧　崇覺 d2 開士角　隺藥3　sgroowɢ

榷　見覺 d2 開古岳　隺藥3　kroowɢ

搉　見覺 d2 開古岳　隺藥3　kroowɢ

傕　見覺 d2 開古岳　隺藥$_{3}$　kroowɢ 汉人名

確　溪覺 d2 開苦角　隺藥$_{3}$　khroowɢ

搉　溪覺 d2 開苦角　隺藥$_{3}$　khroowɢ

隺　匣沃 d1 合胡沃　隺藥$_{3}$　gloowɢ

萑　以屋 d3 合余六　隺覺$_{1}$　luwɢ

壑　曉鐸 d1 開呵各　壑鐸　qhaag

嘿　明脂 c3b 開明祕　黑代　mrɯgs 见方言

嫼　影黠 d2 開烏黠　黑物　ʔmrɯɯd

墨　明德 d1 開莫北　黑職　mlɯɯg

默　明德 d1 開莫北　黑職　mlɯɯg

纆　明德 d1 開莫北　黑職　mɯɯg

黑　曉德 d1 開呼北　黑職　hmlɯɯg

潶　曉德 d1 開呼北　黑職　hmlɯɯg 见金文

亨　曉陽 b3 開許兩　亨陽　qhaŋʔ 注亦作享

享　曉陽 b3 開許兩　亨陽　qhaŋ/ʔ 说文亯或体

亨　滂庚 a2 開撫庚　亨陽　p-qhraaŋ

烹　滂庚 a2 開撫庚　亨陽　p qhraaŋ 亨字注俗体，见左传

亨　曉庚 a2 開許庚　亨陽　qhraaŋ 享分化字

脝♯　曉庚 a2 開許庚　亨陽　qhraaŋ

悙♯　曉庚 a2 開許庚　亨陽　qhraaŋ

哼♯　曉庚 a2 開虛庚*　亨陽　qhraaŋ

轟　曉耕 a2 合呼宏　轟耕　qhʷreeŋ

轟　曉耕 c2 合呼迸　轟耕　qhʷreeŋs

弘　匣登 a1 合胡肱　弘蒸　ɢʷɯɯŋ 裘锡圭《古文字论集》从口弓声表弓声宏大

鞃　匣登 a1 合胡肱　弘蒸　ɢʷɯɯŋ

苰♯　匣登 a1 合胡肱　弘蒸　ɢʷɯɯŋ

泓　影耕 a2 合烏宏　弘蒸　qʷrɯɯŋ

弦　影耕 a2 合烏宏　弘蒸　qʷrɯɯŋ

弦　匣耕 a2 合户萌　弘蒸　ɢʷrɯɯŋ

紭　匣耕 a2 合户萌　弘蒸　ɢʷrɯɯŋ

緱　見侯 a1 開古侯　侯侯　koo

緱　見侯 a1 開古侯　侯侯　koo

侯　匣侯 a1 開戶鉤　侯侯　goo 矦隶变

喉　匣侯 a1 開戶鉤　侯侯　goo

猴　匣侯 a1 開戶鉤　侯侯　goo

瘊♯　匣侯 a1 開戶鉤　侯侯　goo 或疣 Gu<Gwɯ 滞留

篌　匣侯 a1 開戶鉤　侯侯　goo 见史记

糇　匣侯 a1 開戶鉤　侯侯　goo 见汉赋

帿♯　匣侯 a1 開戶鉤　侯侯　goo 俗射侯字

睺♯　匣侯 a1 開戶鉤　侯侯　goo

矦　匣侯 a1 開戶鉤　侯侯　goo 同侯，说文本字

餱　匣侯 a1 開戶鉤　侯侯　goo

猴　匣侯 a1 開戶鉤　侯侯　goo

葔♯　匣侯 a1 開戶鉤　侯侯　goo 尔雅侯莎无草头

郈　匣侯 a1 開戶鉤　侯侯　goo

鍭　匣侯 a1 開戶鉤　侯侯　goo

鯸　匣侯 a1 開戶鉤　侯侯　goo

候　匣侯 c1 開胡遘　侯侯　goos

堠　匣侯 c1 開胡遘　侯侯　goos 见汉简

睺♯　匣侯 c1 開胡遘　侯侯　goos

郈　匣侯 c1 開胡遘　侯侯　goos

鍭　匣侯 c1 開胡遘　侯侯　goos

吽♯　曉侯 b1 開呼后　吽侯　qhooʔ 同吼，后梵译 hum

垢　見侯 b1 開古厚　后侯　kooʔ

詬　見侯 b1 開古厚　后侯　kooʔ

茩　見侯 b1 開古厚　后侯　kooʔ

姤 見侯 c1 開古候 后侯 koos
詬 溪侯 c1 開苦候 后侯 khoos
詬 曉侯 c1 開呼漏 后侯 qhoos
銗 匣侯 a1 開戶鉤 后侯 goo
骺[#] 匣侯 a1 開戶鉤 后侯 goo
后 匣侯 b1 開胡口 后侯 gooʔ
垕 匣侯 b1 開胡口 后侯 gooʔ 厚古文
郈 匣侯 b1 開胡口 后侯 gooʔ
逅 匣侯 c1 開胡遘 后侯 goos
后 匣侯 c1 開胡遘 后侯 goos
鲘 匣侯 c1 開胡遘 后侯 goos
缿 匣侯 c1 開下遘[*] 后侯 goos
缿 匣江 b2 開胡講 后東 grooŋʔ
厚 匣侯 b1 開胡口 厚侯 gooʔ
厚 匣侯 c1 開胡遘 厚侯 goos
後 匣侯 b1 開胡口 後侯 ɢooʔ 甲文象足受系而迟后(文源)
後 匣侯 c1 開胡遘 後侯 ɢoos
罅 曉麻 c2 開呼訝 乎魚 qhraas
呼 曉模 a1 合荒烏 乎魚 qhaa 乎转注字
軤[#] 曉模 a1 合荒烏 乎魚 qhaa
苹[#] 曉模 a1 合荒烏 乎魚 qhaa
嘑 曉模 a1 合荒烏 乎魚 qhaa 乎转注字
歑 曉模 a1 合荒烏 乎魚 qhaa
謼 曉模 a1 合荒烏 乎魚 qhaa 乎转注字
滹[#] 曉模 a1 合荒烏 乎魚 qhaa
謼[#] 曉模 c1 合荒故 乎魚 qhaas
乎 匣模 a1 合户吳 乎魚 ɢaa 呼謼初文
虖 曉模 a1 合荒烏 乎魚 qhaa
嫭 匣模 c1 合胡誤 乎魚 ɢaas
虖 曉虞 a3 合況于 乎魚 qh^wa
唬 曉麻 c2 開呼訝 虍魚 qhraas
戲 曉支 a3b 開許羈 虍歌1 qhral
戲 曉支 c3b 開香義 虍歌1 qhrals
巇 曉支 a3b 開許羈 虍魚 qhra 见汉赋
隵 曉支 a3b 開許羈 虍魚 qhra 见鬼谷子
嚱[#] 曉支 c3b 開香義 虍魚 qhras
盧 來模 a1 合落胡 虍魚 b・raa
鑪 來模 a1 合落胡 虍魚 b・raa
壚 來模 a1 合落胡 虍魚 b・raa
籚 來模 a1 合落胡 虍魚 b・raa
蘆 來模 a1 合落胡 虍魚 b・raa
顱 來模 a1 合落胡 虍魚 b・raa
髗[#] 來模 a1 合落胡 虍魚 b・raa 同顱
鱸[#] 來模 a1 合落胡 虍魚 raa
攎 來模 a1 合落胡 虍魚 raa
櫨 來模 a1 合落胡 虍魚 raa
轤[#] 來模 a1 合落胡 虍魚 raa
黸 來模 a1 合落胡 虍魚 raa
獹 來模 a1 合落胡 虍魚 raa 见尔雅
鸕 來模 a1 合落胡 虍魚 raa
艫 來模 a1 合落胡 虍魚 raa
纑 來模 a1 合落胡 虍魚 raa
瀘 來模 a1 合落胡 虍魚 raa
瓐[#] 來模 a1 合落胡 虍魚 raa
爐 來模 a1 合落胡 虍魚 raa 见墨子
嚧[#] 來模 a1 合落胡 虍魚 raa
矑 來模 a1 合落胡 虍魚 b・raa 见扬雄赋、方言
罏 來模 a1 合落胡 虍魚 raa 说文同廬

蘆　來模 a1 合落胡　虍魚　raa
虜　來模 b1 合郎古　虍魚　raaʔ
擄　來模 b1 合郎古　虍魚　raaʔ 虜或体，见东观汉记
艣# 來模 b1 合郎古　虍魚　raaʔ 释名作櫓
鑥　來模 b1 合郎古　虍魚　raaʔ
虖　曉模 a1 合荒烏　虍魚　qhaa
戲　曉模 a1 合荒烏　虍魚　qhaa 古文呼字
虍　曉模 a1 合荒烏　虍魚　qhaa 孔广居云即虎省文
雐　曉模 a1 合荒烏　虍魚　qhʷlaa 虧从此得声
虎　曉模 b1 合呼古　虍魚　qhlaaʔ
琥　曉模 b1 合呼古　虍魚　qhlaaʔ
萀# 曉模 b1 合呼古　虍魚　qhlaaʔ
臚　來魚 a3 合力居　虍魚　b・ra
廬　來魚 a3 合力居　虍魚　ra
蘆　來魚 a3 合力居　虍魚　ra
驢　來魚 a3 合力居　虍魚　b・ra
藘　來魚 a3 合力居　虍魚　ra
爈# 來魚 a3 合力居　虍魚　ra
櫖　來魚 a3 合力居　虍魚　ra 尔雅作慮
儢　來魚 b3 合力舉　虍魚　raʔ
慮　來魚 c3 合良倨　虍魚　ras
勴　來魚 c3 合良倨　虍魚　ras
鑢　來魚 c3 合良倨　虍魚　ras
櫖　來魚 c3 合良倨　虍魚　ras
濾# 來魚 c3 合良據*　虍魚　ras
爈# 來魚 c3 合良據*　虍魚　ras
攄　徹魚 a3 合丑居　虍魚　rha
處　昌魚 b3 合昌與　虍魚　khljaʔ
處　昌魚 c3 合昌據　虍魚　khljas
豦　見魚 c3 合居御　虍魚　kas
據　見魚 c3 合居御　虍魚　kas
鐻　見魚 c3 合居御　虍魚　kas
澽　見魚 c3 合居御　虍魚　kas
虚　溪魚 a3 合去魚　虍魚　kha
墟　溪魚 a3 合去魚　虍魚　kha 同虚
豦　群魚 a3 合强魚　虍魚　ga
鐻　群魚 a3 合强魚　虍魚　ga
懅# 群魚 a3 合强魚　虍魚　ga
蘧　群魚 a3 合强魚　虍魚　ga
籧　群魚 a3 合强魚　虍魚　ga
醵　群魚 a3 合强魚　虍魚　ga
璩　群魚 a3 合强魚　虍魚　ga 见山海经
虡　群魚 b3 合其吕　虍魚　gaʔ
鐻　群魚 b3 合其吕　虍魚　gaʔ 同虡
遽　群魚 c3 合其據　虍魚　gas
勮　群魚 c3 合其據　虍魚　gas
醵　群魚 c3 合其據　虍魚　gas
澽　群魚 c3 合其據　虍魚　gas
虚　曉魚 a3 合朽居　虍魚　qha
噓　曉魚 a3 合朽居　虍魚　qha
驉　曉魚 a3 合朽居　虍魚　qha
歔　曉魚 a3 合朽居　虍魚　qha
魖　曉魚 a3 合朽居　虍魚　qha
噓　曉魚 c3 合許御　虍魚　qhas
膚　非虞 a3 合甫無　虍魚　pla
蘧　群虞 a3 合其俱　虍魚　gʷa
虖　曉虞 a3 合況于　虍魚　qhʷa
虧　溪支 a3b 合去為　虍歌1　khʷral 说文虍声，观声母圆唇则于亦声
噱　群藥 d3 開其虐　虍鐸　gag
臄　群藥 d3 開其虐　虍鐸　gag
醵　群藥 d3 開其虐　虍鐸　gag
劇　群陌 d3b 開奇逆　虍鐸　grag

唬　見陌 d2 合古伯　虍鐸　kʷraag
謔# 曉陌 d2 合虎伯　虍鐸　qhʷraag 同謋
㧴　曉没 d1 合呼骨　㧴物1　qhʷɯɯd
壺　匣模 a1 合户吳　壺魚　gʷlaa 与瓠同源
魱　匣模 a1 合户吳　互魚　gaa 见尔雅
互　匣模 c1 合胡誤　互魚　gaas
冱　匣模 c1 合胡誤　互魚　gaas
枑　匣模 c1 合胡誤　互魚　gaas
妒　端模 c1 合當故　户魚　t-qaas 后又作妬
雇　見模 c1 合古暮　户魚　kʷaas
顧　見模 c1 合古暮　户魚　kʷaas/kwaaʔ
戽　曉模 b1 合呼古　户魚　qhʷaaʔ
戽　曉模 c1 合荒故　户魚　qhʷaas
戶　匣模 b1 合侯古　户魚　gʷaaʔ
扈　匣模 b1 合侯古　户魚　gʷaaʔ
芐　匣模 b1 合侯古　户魚　gʷaaʔ
昈　匣模 b1 合侯古　户魚　gʷaaʔ
雇　匣模 b1 合侯古　户魚　gʷaaʔ
戽　匣模 b1 合侯古　户魚　gʷaaʔ
滬# 匣模 b1 合侯古　户魚　gʷaaʔ 水名，古作扈，唐人用同簄
簄# 匣模 b1 合侯古　户魚　gwaaʔ
齭　初魚 b3 合創舉　户魚　skhraʔ
齭　生魚 b3 合疎舉　户魚　sqhraʔ
所　生魚 b3 合疎舉　户魚　sqhraʔ
鞾　曉戈 a3 合許肥　華歌1　qhʷa 见释名，后作靴
華　曉麻 a2 合呼瓜　華魚　qhʷraa
譁　曉麻 a2 合呼瓜　華魚　qhʷraa
樺# 匣麻 a2 合户花　華魚　ɢʷraa
嘩# 匣麻 a2 合胡瓜*　華魚　ɢʷraa 譁或体
華　匣麻 a2 合户花　華魚　ɢʷraa 说文于声
驊　匣麻 a2 合户花　華魚　ɢʷraa 见庄子
鏵　匣麻 a2 合户花　華魚　ɢʷraa 见方言，同鋘
崋　匣麻 a2 合户花　華魚　ɢʷraa
華　匣麻 c2 合胡化　華魚　ɢʷraas 華山，同崋
樺# 匣麻 c2 合胡化　華魚　ɢʷraas
崋　匣麻 c2 合胡化　華魚　ɢʷraas
訛　疑戈 a1 合五禾　化歌1　ŋʷaal
吪　疑戈 a1 合五禾　化歌1　ŋʷaal 同訛
鈋　疑戈 a1 合五禾　化歌1　ŋʷaal
囮　疑戈 a1 合五禾　化歌1　ŋʷaal
魤# 疑戈 a1 合五禾　化歌1　ŋʷaal
靴# 曉戈 a3 合許肥　化魚1　<hʷa 同鞾
貨　曉戈 c1 合呼臥　化歌1　hŋʷaals
花# 曉麻 a2 合呼瓜　化魚　<hʷraa 俗与華通用
化　曉麻 c2 合呼霸　化歌1　hŋʷraal /s 古多读平声
杹# 曉麻 c2 合呼霸　化歌1　hŋʷraals
匕2 曉麻 c2 合呼霸　化歌1　hŋʷraals
畫　匣佳 c2 合胡卦　畫賜　ɢʷreegs 汉越语云母
澅# 匣佳 c2 合胡卦　畫賜　ɢʷreegs
繣　匣佳 c2 合胡卦　畫賜　ɢʷreegs
繣　曉麥 d2 合呼麥　畫錫　qhʷreeg
劃　曉麥 d2 合呼麥　畫錫　qhʷreeg
畫　匣麥 d2 合胡麥　畫錫　ɢʷreeg

嫿　匣麥d2合胡麥　畫錫　G^wreeg

劃　匣麥d2合胡麥　畫錫　G^wreeg

瓌　見灰a1合公回　褢微2　kuul 同瑰，见庄子

櫰　見灰a1合公回　褢微2　kuul 见山海经

褢　匣皆a2合户乖　褢微2　gruul 本从眔 l'uub 声

懷　匣皆a2合户乖　褢微2　gruul

櫰　匣皆a2合户乖　褢微2　gruul 见尔雅

瀤　匣皆a2合户乖　褢微2　gruul

壞　匣皆c2合胡怪　褢微2　gruul/s

蘾　匣皆c2合胡怪　褢微2　gruuls 见尔雅

寬　溪桓a1合苦官　萈元3　khoon

髖　溪桓a1合苦官　萈元3　khoon

萈　匣桓a1合胡官　萈元3　goon

髖　溪魂a1合苦昆　萈文2　khuun 同臗

臗#　溪魂a1合苦昆　萈文2　khuun

雈　匣桓a1合胡官　雈元3　goon

幻　匣山c2合胡辨　幻元2　g^wreens

渙　曉泰c1合呼會　奐祭3　qh^waads

瘓#　透桓b1合吐緩　奐元1　t-qh^waanʔ

喚#　曉桓c1合火貫　奐元3　qh^w-aans

煥　曉桓c1合火貫　奐元3　qh^w-aans

渙　曉桓c1合火貫　奐元3　qh^w-aans

奐　曉桓c1合火貫　奐元3　qh^w-aans

寏　匣桓a1合胡官　奐元1　G^waan

換　匣桓c1合胡玩　奐元3　G^waans

宦　匣删c2合胡慣　宦元1　groons 鲁诗'三岁贯女'作宦女

漶　匣桓c1合胡玩　患元3　goons 见汉书

⿰耳患#　影删c2合烏患　患元3　qroons

患　匣删c2合胡慣　患元3　groon/s 本从串(毌)声

梙#　匣删c2合胡慣　患元3　groons 通用患字

横　見唐a1合古黄　黄陽　k^waaŋ

僙#　見唐a1合古黄　黄陽　k^waaŋ

廣　見唐b1合古晃　黄陽　k^waaŋʔ

鄺#　見唐b1合古晃　黄陽　k^waaŋʔ

懬　溪唐b1合丘晃　黄陽　kh^waaŋʔ

爌　溪唐b1合丘晃　黄陽　kh^waaŋʔ 见汉赋

懬　溪唐b1開苦朗　黄陽　khaaŋʔ

曠　溪唐c1合苦謗　黄陽　kh^waaŋs

爌　溪唐c1合苦謗　黄陽　kh^waaŋs 同曠，见汉赋

矌#　溪唐c1合苦謗　黄陽　kh^waaŋs

壙　溪唐c1合苦謗　黄陽　kh^waaŋs

纊　溪唐c1合苦謗　黄陽　kh^waaŋs

鄺#　曉唐a1合呼光　黄陽　qh^waaŋ

爌　曉唐b1合呼晃　黄陽　qh^waaŋʔ 见汉赋

黄　匣唐a1合胡光　黄陽　g^waaŋ 甲金文象繫市(韍)之围腰绶带，取唐兰释黄为衡绶但不取其尪本字说。非光声。转注为《集韵》胡旷切"纊"(绳束也)

璜　匣唐a1合胡光　黄陽　g^waaŋ

潢　匣唐a1合胡光　黄陽　g^waaŋ

簧　匣唐a1合胡光　黄陽　g^waaŋ

癀#　匣唐a1合胡光　黄陽　g^waaŋ 黄疸类化字

鱑# 匣唐 a1 合胡光 黄陽 $g^w aaŋ$ 集韵或作鰉
獚# 匣唐 a1 合胡光 黄陽 $g^w aaŋ$
蟥 匣唐 a1 合胡光 黄陽 $g^w aaŋ$
趪 匣唐 a1 合胡光 黄陽 $g^w aaŋ$
櫎 匣唐 b1 合胡廣 黄陽 $g^w aaŋʔ$
擴# 匣唐 c1 合乎曠 黄陽 $g^w laaŋs$ 同攩
潢 匣唐 c1 合乎曠 黄陽 $g^w aaŋs$
瀇# 影唐 b1 合烏晃 黄陽 $q^w aaŋʔ$
獷 見陽 b3 合居往 黄陽 $k^w aŋʔ$ 集韵并入俱往切
觵 見庚 a2 合古横 黄陽 $k^w raaŋ$
礦 見庚 b2 合古猛 黄陽 $k^w raaŋʔ$ 说文作磺
鑛 見庚 b2 合古猛 黄陽 $k^w raaŋʔ$ 同礦，见王褒文
穬 見庚 b2 合古猛 黄陽 $k^w raaŋʔ$
獷 見庚 b2 合古猛 黄陽 $k^w raaŋʔ$
横 匣庚 a2 合户盲 黄陽 $g^w raaŋ$
黌# 匣庚 a2 合户盲 黄陽 $g^w raaŋ$
鐄 匣庚 a2 合户盲 黄陽 $g^w raaŋ$
横 匣庚 c2 合户孟 黄陽 $g^w raaŋs$
嚝 曉庚 a2 合虎横 黄陽 $qh^w raaŋ$ 见司马法
彉 見鐸 d1 合古博 黄鐸 $k^w aag$
彍 見鐸 d1 合古博 黄鐸 $k^w aag$ 同彉，见孙子
彍 曉鐸 d1 合虚郭 黄鐸 $qh^w aag$ 同彉，见孙子
擴 溪鐸 d1 合闊鑊* 黄鐸 $kh^w aag$ 见孟子
彉 曉鐸 d1 合虚郭 黄鐸 $qh^w aag$
脄 明咍 c1 開莫代 灰之 mɯɯs 同脢，见招魂、礼记
脄 明灰 a1 合莫杯 灰之 mɯɯ 同脢
盔# 溪灰 a1 合苦回 灰之 k-mhɯɯ>kh^w-古称盔
詼 溪灰 a1 合苦回 灰之 k-mhlɯɯ>kh^wl-见汉书，古作悝
恢 溪灰 a1 合苦回 灰之 k-mhɯɯ>kh^w
灰 曉灰 a1 合呼恢 灰之 hmɯɯ
鬌 端戈 b1 合丁果 隓歌3 ʔl'oolʔ
隋 透戈 b1 合他果 隓歌3 lhoolʔ
墮 透戈 b1 合他果 隓歌3 lhoolʔ
嫷 透戈 b1 合他果 隓歌3 lhoolʔ
橢 透戈 b1 合他果 隓歌3 lhoolʔ
嫷 透戈 c1 合湯臥 隓歌3 lhools
毻# 透戈 c1 合湯臥 隓歌3 lhools
堶# 定戈 a1 合徒和 隓歌3 l'ool
隋 定戈 b1 合徒果 隓歌3 l'oolʔ 他果切，注又切
墮 定戈 b1 合徒果 隓歌3 l'oolʔ
憜 定戈 b1 合徒果 隓歌3 l'oolʔ
惰 定戈 b1 合徒果 隓歌3 l'oolʔ
嫷 定戈 b1 合徒果 隓歌3 l'oolʔ
鬌 定戈 b1 合徒果 隓歌3 l'oolʔ
陏 定戈 b1 合徒果 隓歌3 l'oolʔ
惰 定戈 c1 合徒臥 隓歌3 l'ools
嫷 定戈 c1 合徒臥 隓歌3 l'ools
毻# 透泰 c1 合他外 隓祭3 lhoods
髓 心支 b3 合息委 隓歌3 slolʔ
瀡 心支 b3 合息委 隓歌3 slolʔ
瀡 心支 c3 合思累 隓歌3 slols
隨 邪支 a3 合旬為 隓歌3 ljol
隋 邪支 a3 合旬為 隓歌3 ljol 见淮南子，本作隨
鬌 澄支 a3 合直垂 隓歌3 l'ol

陊　曉支 a3a 合許規　陊歌3　hlol
隳　曉支 a3a 合許規　陊歌2　hlol 俗陊字
隓　曉支 a3a 合許規　陊歌2　hlol 同陊
撱# 以支 b3 合羊捶　陊歌3　lolʔ
回　匣灰 a1 合户恢　回微2　guul
佪　匣灰 a1 合户恢　回微2　guul
茴# 匣灰 a1 合户恢　回微2　guul
洄　匣灰 a1 合户恢　回微2　guul
迴　匣灰 a1 合户恢　回微2　guul
佪　匣灰 a1 合户恢　回微2　guul 见潜夫论
蛔# 匣灰 a1 合胡隈*　回微2　guul 同蚘,说文有声
迴　匣灰 c1 合胡對　回微2　guuls
毁　曉支 b3b 合許委　毁歌1　hmralʔ 本毇声
燬　曉支 b3b 合許委　毁歌1　hmralʔ
檓　曉支 b3b 合許委　毁歌1　hmralʔ
毇　曉支 b3b 合許委　毁歌1　hmralʔ
譭# 曉支 b3b 合許委　毁歌1　hmralʔ
毁　曉支 c3b 合況僞　毁歌1　hmrals
卉　曉微 b3 合許偉　卉微1　hmɯlʔ
卉　曉微 c3 合許貴　卉微1　hmɯls
芔　曉微 c3 合許貴　卉微1　hmɯls 古文卉
洃# 曉微 c3 合許貴　卉微1　hmɯls
槥# 心祭 c3 合相鋭　彗祭2　sqhʷeds
彗　邪祭 c3 合祥歲　彗祭2　sɢʷeds 说文又作篲
篲　邪祭 c3 合祥歲　彗祭2　sɢʷeds 说文同彗,古文从習
鏏　邪祭 c3 合祥歲　彗祭2　sɢʷeds
槥　邪祭 c3 合祥歲　彗祭2　sɢʷeds
轊　邪祭 c3 合祥歲　彗祭2　sɢʷeds 同軎,见史记
篲　云祭 c3 合于歲　彗祭2　ɢʷeds 说文又作篲
轊　云祭 c3 合于歲　彗祭2　ɢʷeds 见方言
槥　云祭 c3 合于歲　彗祭2　ɢʷeds
熭　云祭 c3 合于歲　彗祭2　ɢʷeds
嘒　曉齊 c4 合呼惠　彗祭2　qhʷeeds
暳　曉齊 c4 合呼惠　彗祭2　qhʷ- eeds
嚖　曉齊 c4 合呼惠　彗祭2　qhʷeds 说文同嘒
慧　匣齊 c4 合胡桂　彗祭2　gʷeeds
彗　邪脂 c3 合徐醉　彗至1　sɢʷids
蔧　邪脂 c3 合徐醉　彗至1　sɢʷids 见尔雅
雪　心薛 d3 合相絕　彗月2　sqhʷed
熭　云月 d3 合王伐　彗月1　ɢʷad
䡺　清祭 c3 合此芮　惠祭2　skhʷeds
繐　心祭 c3 合相鋭　惠祭2　sqhʷeds
憓　匣齊 c4 合胡桂　惠至1　ɢʷiids 见史记
潓　匣齊 c4 合胡桂　惠至1　ɢʷiids
惠　匣齊 c4 合胡桂　惠至1　ɢʷiids 说文从叀,实叀声,而叀中(卉)声,金文叀非軎亦非專,像穗或簣初文
蟪　匣齊 c4 合胡桂　惠至1　ɢʷiids 见庄子
蕙　匣齊 c4 合胡桂　惠至1　ɢʷiids
橞　匣齊 c4 合胡桂　惠至1　ɢʷiids
繐　匣齊 c4 合胡桂　惠至1　ɢʷiids
譓　匣齊 c4 合胡桂　惠至1　ɢʷiids 见国语
鏸　匣齊 c4 合胡桂　惠至1　ɢʷiids 尚书作惠

穗 邪脂 c3 合徐醉 惠至 1 $\mathrm{sG^{w}ids}$

彙 云微 c3 合于貴 彙未 2 Gruds 说文胃省声或作猬蝟

譮# 曉皆 c2 開許介 會緝 3 qhruubs

會 見泰 c1 合古外 會蓋 3 koobs

儈 見泰 c1 合古外 會蓋 3 koobs

膾 見泰 c1 合古外 會蓋 3 koobs

鱠 見泰 c1 合古外 會蓋 3 koobs 同膾,见吴越春秋

禬 見泰 c1 合古外 會蓋 3 koobs

襘 見泰 c1 合古外 會蓋 3 koobs

檜 見泰 c1 合古外 會蓋 3 koobs

旝 見泰 c1 合古外 會蓋 3 koobs

澮 見泰 c1 合古外 會蓋 3 koobs

鄶 見泰 c1 合古外 會蓋 3 koobs

廥 見泰 c1 合古外 會蓋 3 koobs

鬠 見泰 c1 合古外 會蓋 3 koobs

劊 見泰 c1 合古外 會蓋 3 koobs

獪 見泰 c1 合古外 會蓋 3 koobs

會 匣泰 c1 合黄外 會蓋 3 goobs 金文从合甑,合亦声,说文古文作佮,皆表与合同源

襘 匣泰 c1 合黄外 會蓋 3 goobs 原由禬校改

繪 匣泰 c1 合黄外 會蓋 3 goobs

懀# 影泰 c1 合烏外 會蓋 3 qoobs

薈 影泰 c1 合烏外 會蓋 3 qoobs

嬒 影泰 c1 合烏外 會蓋 3 qoobs

瞺# 影泰 c1 合烏外 會蓋 3 qoobs

獪 見夬 c2 合古賣 會蓋 3 kroobs

噲 溪夬 c2 合苦夬 會蓋 3 khroobs

璯# 溪夬 c2 合苦夬 會蓋 3 khroobs

懀# 影夬 c2 合烏快 會蓋 3 qroobs

懀# 影夬 c2 合烏快 會蓋 3 qroobs

檜 見末 d1 合古活 會月 3 kood

劊 見末 d1 合古活 會月 3 kood

鬠 匣末 d1 合户括 會月 3 good

嬒 影末 d1 合烏括 會月 3 qood

頮 曉灰 c1 合荒内 頮隊 1 hmɯɯds 后作沬

鍲 明真 a3b 開武巾 昏文 1 mrɯn

捪 明真 a3b 開武巾 昏文 1 mrɯn 原右从昬,此依说文

抿 明真 a3b 開眉貧* 昏文 mrɯn 同捪

緡 明真 a3b 開武巾 昏文 1 mrɯn

捪 明真 b3b 開美殞* 昏文 1 mrɯnʔ 原列準韵,右从昬,今作抿

湣 明真 b3b 開美殞* 昏文 1 mrɯnʔ 原列準韵

昏 曉魂 a1 合呼昆 昏文 1 hmɯɯn 甲文不从民声,象拜送日入

婚 曉魂 a1 合呼昆 昏文 1 hmɯɯn

閽 曉魂 a1 合呼昆 昏文 1 hmɯɯn

惛 曉魂 a1 合呼昆 昏文 1 hmɯɯn

棔# 曉魂 a1 合呼昆 昏文 1 hmɯɯn

殙 曉魂 a1 合呼昆 昏文 1 hmɯɯn

惛 曉魂 b1 合虛本 昏文 1 hmɯɯnʔ

惛 曉魂 c1 合呼悶 昏文 1 hmɯɯns

溷 匣魂 c1 合胡困 圂文 2 guuns

慁 匣魂 c1 合胡困 圂文 2 guuns

圂 匣魂 c1 合胡困 圂文 2 guuns

火 曉戈 b1 合呼果 火歌 3 $\mathrm{qh^{w}ool}$ʔ/hw-uulʔ

邩 曉戈 b1 合呼果 火歌 3 $\mathrm{qh^{w}ool}$ʔ

伙+ 曉戈 b1 合呼果+ 火歌 3 $\mathrm{qh^{w}ool}$ʔ 火今分化字

幗# 見灰 c1 合古對 或代 $\mathrm{k^{w}}$ɯɯgs

慖# 見灰 c1 合古對 或代 $\mathrm{k^{w}}$ɯɯgs

簂 見灰 c1 合古對 或代 $\mathrm{k^{w}}$ɯɯgs

蔮　見灰 c1 合古對　或代　k^{w}ɯɯgs

國　見德 d1 合古或　或職　k^{w}ɯɯg 或字转注

或　匣德 d1 合胡國　或職　g^{w}ɯɯg 域初文

惑　匣德 d1 合胡國　或職　g^{w}ɯɯg 说文同或，转注字

蜮　匣德 d1 合胡國　或職　g^{w}ɯɯg

閾　曉職 d3 合況逼　或職　qh^{w}rɯg

緎　曉職 d3 合況逼　或職　qh^{w}rɯg

淢　曉職 d3 合況逼　或職　qh^{w}rɯg

域　云職 d3 合雨逼　或職　ɢ^{w}rɯg 说文同或，转注字

蜮　云職 d3 合雨逼　或職　ɢ^{w}rɯg

罭　云職 d3 合雨逼　或職　ɢ^{w}rɯg

棫　云職 d3 合雨逼　或職　g^{w}rɯg

琙　云職 d3 合雨逼　或職　g^{w}rɯg 见东观汉记

緎　云職 d3 合雨逼　或職　g^{w}rɯg

魊#　云職 d3 合雨逼　或職　g^{w}rɯg

減　云職 d3 合雨逼　或職　g^{w}rɯg

馘　見麥 d2 合古獲　或職　k^{w}rɯɯg

聝　見麥 d2 合古獲　或職　k^{w}rɯɯg 同馘

幗#　見麥 d2 合古獲　或職　k^{w}rɯɯg

膕　見麥 d2 合古獲　或職　k^{w}rɯɯg

摑#　見麥 d2 合古獲　或職　k^{w}rɯɯg

漍#　見麥 d2 合古獲　或職　k^{w}rɯɯg

嘓#　見麥 d2 合古獲　或職　k^{w}rɯɯg

慖#　見麥 d2 合古獲　或職　k^{w}rɯɯg

蟈　見麥 d2 合古獲　或職　k^{w}rɯɯg

掝　曉麥 d2 合呼麥　或職　qh^{w}rɯɯg

彧　影屋 d3 合於六　或職　q^{w}rɯg 同说文戫

稶#　影屋 d3 合於六　或之　q^{w}ɯg

樺　匣麻 c2 合胡化　蒦暮　ɢ^{w}raags

鱯　匣麻 c2 合胡化　蒦暮　ɢ^{w}raags

護　匣模 c1 合胡誤　蒦暮　ɢ^{w}raags

頀　匣模 c1 合胡誤　蒦暮　ɢ^{w}raags

濩　匣模 c1 合胡誤　蒦暮　ɢ^{w}raags

韄　匣模 c1 合胡誤　蒦暮　ɢ^{w}raags

鳠　匣模 c1 合胡誤　蒦暮　ɢ^{w}raags

擭　匣模 c1 合胡誤　蒦暮　ɢ^{w}aags

瓁#　疑鐸 d1 合五郭　蒦鐸　ŋɢ^{w}aag

劐#　曉鐸 d1 合虚郭　蒦鐸　qh^{w}aag

穫　匣鐸 d1 合胡郭　蒦鐸　ɢ^{w}aag

鑊　匣鐸 d1 合胡郭　蒦鐸　ɢ^{w}aag

檴　匣鐸 d1 合胡郭　蒦鐸　ɢ^{w}aag

濩　匣鐸 d1 合胡郭　蒦鐸　ɢ^{w}aag

擭　匣鐸 d1 合胡郭　蒦鐸　ɢ^{w}aag

矆　曉藥 d3 合許縛　蒦鐸　qh^{w}ag

雘#　影鐸 d1 合烏郭　蒦鐸　q^{w}aag

臒　影鐸 d1 合烏郭　蒦鐸　q^{w}aag

蠖　影鐸 d1 合烏郭　蒦鐸　q^{w}aag

臒#　影鐸 d1 合烏郭　蒦鐸　q^{w}aag

嬳#　影鐸 d1 合烏郭　蒦鐸　q^{w}aag

嬳#　影藥 d3 合憂縛　蒦鐸　q^{w}ag

蠖　影藥 d3 合憂縛　蒦鐸　q^{w}ag

臒#　影藥 d3 合憂縛　蒦鐸　q^{w}ag

嚄　匣陌 d2 合胡伯　蒦鐸　ɢ^{w}raag

擭　影陌 d2 合一虢　蒦鐸　q^{w}raag

濩　影陌 d2 合一虢　蒦鐸　q^{w}raag

蠖　影陌 d2 合一虢　蒦鐸　q^{w}raag

獲　匣麥 d2 合胡麥　蒦鐸　ɢ^{w}reeg<aag

鱯　匣麥 d2 合胡麥　蒦鐸　ɢ^{w}reeg<aag

蠖　匣麥 d2 合胡麥　蒦鐸　ɢ^{w}reeg<

aag
䕻 心支 b3 合息委 霍歌1 sqhʷalʔ 见楚辞
臛 曉沃 d1 合火酷 霍屋1 < qhʷoog 见招魂
篧 溪鐸 d1 合苦郭 霍鐸 khʷaag
霍 曉鐸 d1 合虛郭 霍鐸 qhʷaag
藿 曉鐸 d1 合虛郭 霍鐸 qhʷaag
擭♯ 曉鐸 d1 合虛郭 霍鐸 qhʷaag
矐♯ 曉鐸 d1 合虛郭 霍鐸 qhʷaag
濩 曉鐸 d1 合虛郭 霍鐸 qhʷaag
癨♯ 曉鐸 d1 合虛郭 霍鐸 qhʷaag 通作霍
曤 曉鐸 d1 開呵各 霍鐸 qhaag 见史记
䨥 曉鐸 d1 合虛郭 霍鐸 qhʷaag

J

卟 見齊 a4 開古奚 卟脂 kii
卟 溪齊 b4 開康禮 卟脂 khiiʔ 古乩字
乩♯ 見齊 a4 開堅奚* 乩脂2 kii 同卟
繫 見齊 c4 開古詣 毄賜 keegs
槷 見齊 c4 開古詣 毄賜 keegs
蟿 見齊 c4 開古詣 毄賜 keegs
蘻 見齊 c4 開古詣 毄賜 keegs
槷 溪齊 a4 開苦奚 毄支 khee
罊 溪齊 c4 開苦計 毄賜 kheegs
螌 溪齊 c4 開苦計 毄賜 kheegs
繫 匣齊 c4 開胡計 毄賜 geegs
螌 溪脂 c3a 開詰利 毄質2 khigs
礊 溪陌 d2 開苦格 毄鐸 khraag<eeg
礊 溪麥 d2 開楷革 毄錫 khreeg
罊 溪麥 d2 開楷革 毄錫 khreeg
擊 見錫 d4 開古歷 毄錫 keeg
墼 見錫 d4 開古歷 毄錫 keeg
轚 見錫 d4 開古歷 毄錫 keeg
礊 曉麥 d2 合呼麥 毄錫 qhʷreeg
嵇♯ 匣齊 a4 開胡雞 稽脂2 gii 稽省声
羈 見支 a3b 開居宜 羈歌1 kral
亼 從緝 d3 開秦入 亼緝3 zub
趿 心合 d1 開蘇合 及緝1 sqhɯɯb
鈒 心合 d1 開蘇合 及緝1 sqhɯɯb
鞁 心合 d1 開蘇合 及緝1 sqhɯɯb
馺 心合 d1 開蘇合 及緝1 sqhɯɯb
砐♯ 疑合 d1 開五合 及緝1 ŋgɯɯb
魥♯ 疑合 d1 開五合 及緝1 ŋgɯɯb
靸 心盍 d1 開私盍 及盍1 sqhaab
扱 初洽 d2 開楚洽 及緝1 skhrɯɯb
笈 初洽 d2 開楚洽 及緝1 skhrɯɯb
衱 群葉 d3b 開其輒 及盍1 grab
极 群葉 d3b 開其輒 及盍1 grab
笈 群葉 d3b 開其輒 及盍1 grab
衱 見業 d3 開居怯 及盍1 kab
魥♯ 溪業 d3 開去劫 及盍1 khab
岋♯ 群業 d3 開巨業 及盍1 gab
极♯ 群業 d3 開巨業 及盍1 gab
笈 群業 d3 開巨業 及盍1 gab
鈒 生緝 d3 開色立 及緝1 sqhrɯb
雭♯ 生緝 d3 開色立 及緝1 sqhrɯb
急 見緝 d3b 開居立 及緝1 krɯb
級 見緝 d3b 開居立 及緝1 krɯb
汲 見緝 d3b 開居立 及緝1 krɯb
芨 見緝 d3b 開居立 及緝1 krɯb
伋 見緝 d3b 開居立 及緝1 krɯb

彶　見緝 d3b 開居立　及緝1　krɯb
及　群緝 d3b 開其立　及緝1　grɯb
笈　群緝 d3b 開其立　及緝1　grɯb
岌　疑緝 d3b 開魚及　及緝1　ŋgrɯb
吸　曉緝 d3b 開許及　及緝1　qhrɯb
秸+ 見皆 a2 開古諧+ 吉脂1　kriil 稭藍今字
髻　見齊 c4 開古詣　吉至1　kiids
䝡# 溪脂 c3a 開詰利　吉至1　khids
鴶　見黠 d2 開古黠　吉質1　kriid 见尔雅
秸　見黠 d2 開古黠　吉質1　kriid
袺　見黠 d2 開古黠　吉質1　kriid
頡　見黠 d2 開古黠　吉質1　kriid
劼　溪黠 d2 開恪八　吉質1　khriid
硈　溪黠 d2 開恪八　吉質1　khriid
咭# 溪黠 d2 開恪八　吉質1　khriid
黠　匣黠 d2 開胡八　吉質1　griid
聐# 疑鎋 d2 開五鎋　吉月2　ŋraad<eed
趌# 見薛 d3a 開居列　吉月2　ked
結　見屑 d4 開古屑　吉質1　kiid
拮　見屑 d4 開古屑　吉質1　kiid
桔　見屑 d4 開古屑　吉質1　kiid
袺　見屑 d4 開古屑　吉質1　kiid
狤# 見屑 d4 開古屑　吉質1　kiid
擷# 曉屑 d4 開虎結　吉質1　qhiid
頡　匣屑 d4 開胡結　吉質1　giid
襭　匣屑 d4 開胡結　吉質1　giid
翓# 匣屑 d4 開胡結　吉質1　giid
纈# 匣屑 d4 開胡結　吉質1　giid
擷　匣屑 d4 開胡結　吉質1　giid
吉　見質 d3a 開居質　吉質1　klid 甲文象供品福食在口，表神佑吉利

趌# 見質 d3a 開居質　吉質1　klid
狤# 見質 d3a 開居質　吉質1　klid
拮　見質 d3a 開居質　吉質1　klid
郆# 見質 d3a 開居質　吉質1　klid
詰　溪質 d3a 開去吉　吉質1　khlid
蛣　溪質 d3a 開去吉　吉質1　khlid
趌　溪質 d3a 開去吉　吉質1　khlid
咭# 群質 d3a 開巨吉　吉質1　glid
佶　群質 d3a 開其吉　吉質1　glid
鮚　群質 d3b 開巨乙　吉質1　grid
姞　群質 d3b 開巨乙　吉質1　grid
佶　群質 d3b 開巨乙　吉質1　grid
趌　群質 d3b 開巨乙　吉質1　grid
狤# 群質 d3b 開巨乙　吉質1　grid
欯　曉質 d3a 開許吉　吉質1　qhlid
咭# 曉質 d3a 開許吉　吉質1　qhlid
恄# 曉質 d3a 開許吉　吉質1　qhlid
卪　精屑 d4 開子結　即質2　ʔsiig 通行用節字
癤# 精屑 d4 開子結　即質2　ʔsiig
幯# 精屑 d4 開子結　即質2　ʔsiig
節　精屑 d4 開子結　即質2　ʔsiig
蝍　精屑 d4 開子結　即質2　ʔsiig
蠞# 從屑 d4 開昨結　即質2　ziig
堲　精質 d3 開資悉　即質2　ʔsig
喞# 精質 d3 開資悉　即質2　ʔsig
蝍# 精質 d3 開資悉　即質2　ʔsig
楖　精質 d3 開資悉　即質2　ʔsig
揤　從質 d3 開秦悉　即質2　zig
櫛　莊櫛 d3 開阻瑟　即質2　ʔsrig
楖　莊櫛 d3 開阻瑟　即質2　ʔsrig
瀄　莊櫛 d3 開阻瑟　即質2　ʔsrig 见七发
擳# 莊櫛 d3 開阻瑟　即質2　ʔsrig

即 精職 d3 開子力 即職 ʔsɯg 甲文象即食，卩非声
鯽[♯] 精職 d3 開子力 即職 ʔsɯg 说文本从脊声，資昔切，此后起字，音亦来于声符同化
唧[♯] 精職 d3 開子力 即職 ʔsɯg
蝍 精職 d3 開子力 即職 ʔsɯg
楖 精職 d3 開子力 即職 ʔsɯg
堲 精職 d3 開子力 即職 ʔsɯg
揤 精職 d3 開子力 即職 ʔsɯg
堲 從職 d3 開秦力 即職 zɯg
鯽[♯] 精昔 d3 開資昔 即錫 ʔseg 同鰿，说文脊声
亟 溪之 c3 開去吏 茍志 khɯgs
茍 見職 d3 開紀力 茍職 kɯg
亟 見職 d3 開紀力 茍職 kɯg
殛 見職 d3 開紀力 茍職 kɯg
極 群職 d3 開渠力 茍職 gɯg
嫉 從脂 c3 開疾二 疾至₁ zids
疾 從質 d3 開秦悉 疾質₁ zid 象着矢致疾卧牀，矢非声
蒺 從質 d3 開秦悉 疾質₁ zid
嫉 從質 d3 開秦悉 疾質₁ zid
嫉[♯] 從質 d3 開秦悉 疾質₁ zid
槉 從質 d3 開秦悉 疾質₁ zid 见尔雅
棘 見職 d3 開紀力 棘職 krɯg
襋 見職 d3 開紀力 棘職 krɯg
蕀 見職 d3 開紀力 棘職 krɯg 见尔雅
雜 從合 d1 開徂合 集緝₃ zuub
磼 從合 d1 開徂合 集緝₃ zuub 见史记
囃[♯] 清盍 d1 開倉雜 集盍₃ shoob
鍱 清葉 d3 開七接 集盍₃ shob
穕[♯] 清葉 d3 開七接 集盍₃ shob
潗 精緝 d3 開子入 集緝₃ ʔsub

集 從緝 d3 開秦入 集緝₃ zub
鏶 從緝 d3 開秦入 集緝₃ zub
肌 見脂 a3b 開居夷 几脂₁ kril
飢 見脂 a3b 開居夷 几脂₁ kril
机 見脂 a3b 開居夷 几脂₁ kril
虮[♯] 見脂 a3b 開居夷 几脂₁ kril 尔雅作肌
几 見脂 b3b 開居履 几脂₁ krilʔ
机 見脂 b3b 開居履 几脂₁ krilʔ
麂 見脂 b3b 開居履 几脂₁ krilʔ
改 見咍 b1 開古亥 己之 klɯɯʔ
跽 群脂 b3b 開暨几 己之 grɯʔ
己 見之 b3 開居理 己之 kɯʔ 甲文象丝之头绪，为紀初文（朱骏声）
紀 見之 b3 開居理 己之 kɯʔ 己转注字
改 見之 b3 開居理 己之 kɯʔ
記 見之 c3 開居吏 己之 kɯs
杞 溪之 b3 開墟里 己之 khɯʔ
屺 溪之 b3 開墟里 己之 khɯʔ
芑 溪之 b3 開墟里 己之 khɯʔ
邔 溪之 b3 開墟里 己之 khɯʔ
玘[♯] 溪之 b3 開墟里 己之 khɯʔ
忌 群之 c3 開渠記 己之 gɯs/ʔ
邔 群之 c3 開渠記 己之 gɯs
鵋 群之 c3 開渠記 己之 gɯs 见尔雅
諅 群之 c3 開渠記 己之 gɯs
梞[♯] 群之 c3 開渠記 己之 gɯs
丮 見陌 d3 開几劇 丮鐸 krag
谻 見陌 d3 開几劇 丮鐸 krag 亦可析为从卻丮声
卩 精齊 b4 開子禮 卩脂₁ ʔsiilʔ
脊 精昔 d3 開資昔 脊錫 ʔseg
蹐 精昔 d3 開資昔 脊錫 ʔseg

鵲　精昔 d3 開資昔* 　脊錫　?seg 见东方朔答客难，正体依尔雅，广韵从即

塉　從昔 d3 開秦昔　脊錫　zeg 由瘠分化，见管子

瘠　從昔 d3 開秦昔　脊錫　zeg

膌　從昔 d3 開秦昔　脊錫　zeg

機　見微 a3 開居依　幾微 1　kɯl

譏　見微 a3 開居依　幾微 1　kɯl

嘰　見微 a3 開居依　幾微 1　kɯl

磯　見微 a3 開居依　幾微 1　kɯl 见孟子

鞿　見微 a3 開居依　幾微 1　kɯl 见离骚

饑　見微 a3 開居依　幾微 1　kɯl

禨　見微 a3 開居依　幾微 1　kɯl

幾　見微 a3 開居依　幾微 1　kɯl

鐖　見微 a3 開居依　幾微 1　kɯl

僟　見微 a3 開居依　幾微 1　kɯl

璣　見微 a3 開居依　幾微 1　kɯl

蟣　見微 b3 開居豨　幾微 1　kɯlʔ

幾　見微 b3 開居豨　幾微 1　kɯlʔ

穖　見微 b3 開居豨　幾微 1　kɯlʔ

禨　見微 c3 開居豙　幾微 1　kɯls

畿　群微 a3 開渠希　幾微 1　gɯl

幾　群微 a3 開渠希　幾微 1　gɯl

蟣　群微 a3 開渠希　幾微 1　gɯl

幾　群微 c3 開其既　幾微 1　gɯls

戟　見陌 d3 開几劇　戟鐸　krag

撠　見陌 d3 開几劇　戟鐸　krag 见史记

彑　見祭 c3b 開居例　彑祭 1　krads

漑　見咍 c1 開古代　旡隊 1　kɯɯds

槩　見咍 c1 開古代　旡隊 1　kɯɯds

概　見咍 c1 開居代*　旡隊 1　kɯɯds 槩字注或体，今通作此

摡　見咍 c1 開古代　旡隊 1　kɯɯds 手册直以此代槩，集韵注云亦作概

慨　溪咍 c1 開苦蓋　旡隊 1　khɯɯds

嘅　溪咍 c1 開苦蓋　旡隊 1　khɯɯds

穊　見脂 c3b 開几利　旡隊 1　krɯds

暨　群脂 c3b 開其冀　旡隊 1　grɯds 其原作具，北宋本等作其

鱀　群脂 c3b 開其冀　旡隊 1　grɯds 其由具校改

塈　群脂 c3b 開其冀　旡隊 1　grɯds 其由具校改

鱀　群之 c3 開渠記　旡之　gɯs

既　見微 c3 開居豙　旡隊 1　kɯds

旡　見微 c3 開居豙　旡隊 1　kɯds

曁　見微 c3 開居豙　旡隊 1　kɯds

漑　見微 c3 開居豙　旡隊 1　kɯds

蔇　見微 c3 開居豙　旡隊 1　kɯds

炁　溪微 c3 開去既　旡隊 1　khɯds 同氣，见关尹子

塈　曉微 c3 開許既　旡隊 1　qhɯds

摡　曉微 c3 開許既　旡隊 1　qhɯds

檵# 群薛 d3b 開渠列　旡月 1　grad

曁　見質 d3b 開居乙　旡物 1　krɯd

曁　見迄 d3 開居乞　旡物 1　kɯd

季　見脂 c3a 合居悸　季至 1　kʷids 说文从稚省，王煦云从禾(木曲头，脂部古兮切)声

悸　群脂 c3a 合其季　季至 1　gʷids

痵　群脂 c3a 合其季　季至 1　gʷids 与悸同源

計　見齊 c4 開古詣　計至 1　kiids

蔡　清泰 c1 開倉大　祭祭 1　shlaads

瘵　莊皆 c2 開側界　祭祭 2　?sreeds

祭　莊皆 c2 開側界　祭祭 2　?sreeds

祭　精祭 c3 開子例　祭祭 2　?sleds

際　精祭 c3 開子例　祭祭 2　?sleds

穄 精祭 c3 開子例 祭祭2 ʔsleds
鰶♯ 精祭 c3 開子例 祭祭2 ʔsleds
傺 徹祭 c3 開丑例 祭祭2 hr'eds
攃 清齊 c4 開七計 祭祭2 shleeds
擦+ 清曷 d1 開七曷* 祭月1 shlaad 手册作集韵䃰[摩也]新字
攃♯ 清曷 d1 開七曷 祭月1 shlaad 后作擦
礤♯ 清曷 d1 開七曷 祭月1 shlaad 集韵同攃
攃♯ 心曷 d1 開桑割 祭月1 saad
察 初黠 d2 開初八 祭月2 shreed
詧 初黠 d2 開初八 祭月2 shreed
詧♯ 清屑 d4 開七結 祭月2 sheed
冀 見脂 c3b 開几利 冀微1 krɯls
驥 見脂 c3b 開几利 冀微1 krɯls
懻 見脂 c3b 開几利 冀微1 krɯls 见史记
薊 見齊 c4 開古詣 薊祭2 keeds
罽 見祭 c3b 開居例 罽祭1 krads
瀱 見祭 c3b 開居例 罽祭1 krads
蘮 見祭 c3b 開居例 罽祭1 krads 见尔雅
繼 見齊 c4 開古詣 繼賜 keegs
檵 見齊 c4 開古詣 繼賜 keegs
哿 見歌 a1 開古俄 加歌1 kaal
賀 匣歌 c1 開胡箇 加歌1 gaals
妿 影歌 a1 開烏何 加歌1 qaal
迦 見戈 a3 開居伽 加鱼/歌1 < ka/kal 梵译用字
茄 群戈 a3 開求迦 加鱼/歌1 < ga/gal 见僮约，扬雄赋作伽
伽 群戈 a3 開求迦 加鱼/歌1 < ga/gal 译音字，僧伽 saṃgha
枷♯ 群戈 a3 開求迦 加鱼/歌1 < ga/gal
嘉 見麻 a2 開古牙 加歌1 kraal
加 見麻 a2 開古牙 加歌1 kraal
笳♯ 見麻 a2 開古牙 加歌1 kraal
枷 見麻 a2 開古牙 加歌1 kraal
迦 見麻 a2 開古牙 加歌1 kraal
痂 見麻 a2 開古牙 加歌1 kraal
袈♯ 見麻 a2 開古牙 加歌1 kraal kasāya译音，见葛洪字苑
跏♯ 見麻 a2 開古牙 加歌1 kraal 加趺分化字
珈 見麻 a2 開古牙 加歌1 kraal 见诗鄘风
茄 見麻 a2 開古牙 加歌1 kraal
駕 見麻 a2 開古牙 加歌1 kraal 见楚辞
架 見麻 c2 開古訝 加歌1 kraals 与阁同源。见诗郑笺，礼记作枷
駕 見麻 c2 開古訝 加歌1 kraals
瘸♯ 群戈 a3 合巨靴 加歌1 $g^{w}al$
瘞 影祭 c3b 開於罽 夾蓋2 qrebs
瘱 影齊 c4 開於計 夾盍2 qeebs 原误从广，此依説文
脥♯ 溪鹽 b3a 開謙琰 夾談2 khemʔ
浹♯ 精合 d1 開作答* 夾盍1 skaab 集韵误列合韵，似训读为匝
挾 精合 d1 開作答* 夾盍1 skaab 集韵误列合韵，又读帖韵，是
夾 見洽 d2 開古洽 夾盍2 kreeb
郟 見洽 d2 開古洽 夾盍2 kreeb
筴♯ 見洽 d2 開古洽 夾盍2 kreeb
裌♯ 見洽 d2 開古洽 夾盍2 kreeb 同袷，实夾转注分化字
鵊♯ 見洽 d2 開古洽 夾盍2 kreeb

狹 匣洽 d2 開侯夾 夾盍2 greeb
峽 匣洽 d2 開侯夾 夾盍2 greeb
硤# 匣洽 d2 開侯夾 夾盍2 greeb
陜 匣洽 d2 開侯夾 夾盍2 greeb 同狹
陿 匣洽 d2 開侯夾 夾盍2 greeb 同陜
翜 生狎 d2 開所甲 夾盍2 sqhraab
梜 見狎 d2 開古狎 夾盍1 kraab
䀹 精葉 d3 開即葉 夾盍2 skeb 古睫字
浹 精帖 d4 開子協 夾盍2 skeeb
頰 見帖 d4 開古協 夾盍2 keeb
莢 見帖 d4 開古協 夾盍2 keeb
鋏 見帖 d4 開古協 夾盍2 keeb
蛺 見帖 d4 開古協 夾盍2 keeb
筴# 見帖 d4 開古協 夾盍2 keeb
梜 見帖 d4 開古協 夾盍2 keeb
唊 見帖 d4 開古協 夾盍2 keeb
悏# 溪帖 d4 開苦協 夾盍2 kheeb 集韵注亦作愜
匧 溪帖 d4 開苦協 夾盍2 kheeb
愜# 溪帖 d4 開苦協 夾盍2 kheeb 说文作㥦
篋 溪帖 d4 開苦協 夾盍2 kheeb
俠 匣帖 d4 開胡頰 夾盍2 geeb
挾 匣帖 d4 開胡頰 夾盍2 geeb
綊 匣帖 d4 開胡頰 夾盍2 geeb
翜 生緝 d3 開色立 夾緝1 sqhrɯɯb
家 見麻 a2 開古牙 家魚 kraa 象古人居屋，其底层畜豕(罗常培：语言与文化)
傢+ 見麻 a2 開古牙+ 家魚 kraa 家晚起分化字
幏 見麻 a2 開古牙 家魚 kraa
稼 見麻 c2 開古訝 家魚 kraas
嫁 見麻 c2 開古訝 家魚 kraas
幏 見麻 c2 開古訝 家魚 kraas
戛 見黠 d2 開古黠 戛質2 kriig 读若棘
嘎# 見黠 d2 開古黠 戛質2 kriig
笚# 端盍 d1 開都榼 甲盍1 ʔl'aab>t
閘 見盍 d1 開古盍 甲盍1 klaab
鉀 見盍 d1 開古盍 甲盍1 klaab 见方言
閘+ 崇洽 d2 開士洽+ 甲盍2 sgreeb 宋来训读为牐
甲 見狎 d2 開古狎 甲盍1 kraab 甲金文作十或⊞，象龟甲裂纹
胛# 見狎 d2 開古狎 甲盍1 kraab 说文作肩甲
岬# 見狎 d2 開古狎* 甲盍1 kraab 广韵作𥐥，集韵或作岬
押# 見狎 d2 開古狎 甲盍1 kraab
鉀 見狎 d2 開古狎 甲盍1 kraab 通作甲
玾# 見狎 d2 開古狎 甲盍1 kraab
呷 曉狎 d2 開呼甲 甲盍1 qhraab
匣 匣狎 d2 開胡甲 甲盍1 graab
狎 匣狎 d2 開胡甲 甲盍1 graab
柙 匣狎 d2 開胡甲 甲盍1 graab
翈# 匣狎 d2 開胡甲 甲盍1 graab
炠# 匣狎 d2 開胡甲 甲盍1 graab
笚# 匣狎 d2 開胡甲 甲盍1 graab
鴨# 影狎 d2 開烏甲 甲盍1 qraab 或从邑声
押# 影狎 d2 開烏甲 甲盍1 qraab 俗壓字
庘 影狎 d2 開烏甲 甲盍1 qraab
閘 影狎 d2 開烏甲 甲盍1 qraab

葭 見麻 a2 開古牙 叚魚 kraa

麚 見麻 a2 開古牙 叚魚 kraa

瘕 見麻 a2 開古牙 叚魚 kraa

豭 見麻 a2 開古牙 叚魚 kraa

貑# 見麻 a2 開古牙 叚魚 kraa

猳 見麻 a2 開古牙 叚魚 kraa 同豭，见吕氏春秋

犌 見麻 a2 開古牙 叚魚 kraa 见尔雅

假 見麻 b2 開古疋 叚魚 kraaʔ

嘏 見麻 b2 開古疋 叚魚 kraaʔ

瘕 見麻 b2 開古疋 叚魚 kraaʔ

婽 見麻 b2 開古疋 叚魚 kraaʔ

椵 見麻 b2 開古疋 叚魚 kraaʔ

叚 見麻 b2 開古疋 叚魚 kraaʔ 金文象手执石而指点其斑点，为瑕初文

假 見麻 c2 開古訝 叚魚 kraas

蝦 曉麻 a2 開虛加* 叚魚 qhraa 见楚辞九怀

煆 曉麻 a2 開許加 叚魚 qhraa

煆 曉麻 c2 開呼訝 叚魚 qhraas

霞 匣麻 a2 開胡加 叚魚 graa

遐 匣麻 a2 開胡加 叚魚 graa

瑕 匣麻 a2 開胡加 叚魚 graa 叚转注字

蝦 匣麻 a2 開胡加 叚魚 graa

鰕 匣麻 a2 開胡加 叚魚 graa

碬# 匣麻 a2 開胡加 叚魚 graa

葭 匣麻 a2 開胡加 叚魚 graa

赮 匣麻 a2 開胡加 叚魚 graa 见汉书

鍜 匣麻 a2 開胡加 叚魚 graa

騢 匣麻 a2 開胡加 叚魚 graa

暇 匣麻 c2 開胡駕 叚魚 graas

斝 見麻 b2 開古疋 斝魚 klaaʔ

尖# 精鹽 a3 開子廉 尖談2 ʔslem 鑯之后起字

殘 從寒 a1 開昨干 戔元1 zlaan

戔 從寒 a1 開昨干 戔元1 zlaan

帴 從寒 a1 開昨干 戔元1 zlaan

殘 從寒 c1 開徂贊 戔元1 zaans 徂由祖校改，歺原从月

帴 心寒 c1 開蘇旰 戔元1 saans

戲 從山 a2 開昨閑 戔元2 zreen 实同士山切

醆 莊山 b2 開阻限 戔元2 ʔsreenʔ 同琖，见方言

醆 莊山 b2 開阻限 戔元2 ʔsreenʔ

琖 莊山 b2 開阻限 戔元2 ʔsreenʔ

剗 初山 b2 開初限 戔元2 shreenʔ 见诅楚文

戲 崇山 a2 開士山 戔元2 zreen 说文作虥

棧 崇山 b2 開士限 戔元2 zreenʔ

輚 崇山 b2 開士限 戔元2 zreenʔ

戲 崇山 b2 開士限 戔元2 zreenʔ 说文作虥

棧 崇山 b2 開士限 戔元2 zreenʔ

輚 崇删 c2 開士諫 戔元1 zraans 见班固赋

棧 崇删 c2 開士諫 戔元1 zraans

戲 崇删 c2 開士諫 戔元1 zraans 古作虥

錢 精仙 b3 開即淺 戔元2 ʔslenʔ

俴 精仙 b3 開即淺 戔元2 ʔslenʔ

帴 精仙 b3 開即淺 戔元2 ʔslenʔ

籛# 精仙 b3 開即淺 戔元2 ʔslenʔ

淺 清仙 b3 開七演 戔元2 shlenʔ

籛# 精仙 c3 開子賤 戔元2 ʔslens

濺 精仙 c3 開子賤 戔元2 ʔsens 见

史记

錢　從仙 a3 開昨仙　戔元 2　zlen

踐　從仙 b3 開慈演　戔元 2　zlenʔ

諓　從仙 b3 開慈演　戔元 2　zlenʔ

餞　從仙 b3 開慈演　戔元 2　zlenʔ

俴　從仙 b3 開慈演　戔元 2　zlenʔ

賤　從仙 c3 開才線　戔元 2　zlens

餞　從仙 c3 開才線　戔元 2　zlens

諓　從仙 c3 開才線　戔元 2　zlens

綫　心仙 c3 開私箭　戔元 2　slens 说文作線正体

棧　崇仙 b3 開士免　戔元 2　zrenʔ 切语与撰字同，但此为开口

醆　章仙 b3 開旨善　戔元 2　ʔljenʔ

箋　精先 a4 開則前　戔元 2　ʔsleen

牋# 精先 a4 開則前　戔元 2　ʔsleen 同箋

帴　精先 a4 開則前　戔元 2　ʔsleen

淺　精先 a4 開則前　戔元 2　ʔsleen

籛# 精先 a4 開則前　戔元 2　ʔsleen

濺# 精先 a4 開則前　戔元 2　ʔseen

帴　生黠 d2 開所八　戔月 2　sreed

顅　溪山 a2 開苦閑　肩元 2　khreen

掮+ 群仙 a3b 開渠焉*　肩元 2　gren ＊勘今字

肩　見先 a4 開古賢　肩元 2　keen

猏　見先 a4 開古賢　肩元 2　keen 俗豣字

菺　見先 a4 開古賢　肩元 2　keen

鵳# 見先 a4 開古賢　肩元 2　keen

姦　見删 a2 開古顔　姦元 1　kraan

菅　見删 a2 開古顔　姦元 1　kraan

譧# 澄咸 c2 開佇陷　兼談 2　r'eems 俗詀字

賺# 澄咸 c2 開佇陷　兼談 2　r'eems>dr 原作赚，同说文新附，集韵作此

槏　見咸 a2 開古咸　兼談 2　kreem

鰜# 見咸 b2 開古斬　兼談 2　kreemʔ 说文作鰜

歉　溪咸 c2 開口陷　兼談 2　khreems 校本右从攴

歉　溪咸 b2 開苦減　兼談 2　khreemʔ

槏　溪咸 b2 開苦減　兼談 2　khreemʔ

鰜　匣咸 a2 開胡讒　兼談 2　greem

稴　匣咸 a2 開胡讒　兼談 2　greem

蹸# 匣咸 b2 開下斬　兼談 2　greemʔ

甂# 匣咸 b2 開下斬　兼談 2　greemʔ

蹸# 匣咸 c2 開乎韽*　兼談 2　greems

甂# 匣銜 a2 開户監　兼談 1　graam

廉　來鹽 a3 開力鹽　兼談 2　g・rem

鎌　來鹽 a3 開力鹽　兼談 2　g・rem 同鐮，说文作此

鬑　來鹽 a3 開力鹽　兼談 2　g・rem

鐮　來鹽 a3 開力鹽　兼談 2　g・rem 见说苑、方言

簾　來鹽 a3 開力鹽　兼談 2　g・rcm

薕　來鹽 a3 開力鹽　兼談 2　g・rem

螊# 來鹽 a3 開力鹽　兼談 2　g・rem

嬚# 來鹽 b3 開良冉　兼談 2　g・remʔ

溓　來鹽 b3 開良冉　兼談 2　g・remʔ

嵰# 溪鹽 b3b 開丘檢　兼談 2　khremʔ

隒　疑鹽 b3b 開魚檢　兼談 2　ŋgremʔ

鰜　疑嚴 c3 開魚欠　兼談 2　ŋglems 说文作鰜

鬑　來添 a4 開勒兼　兼談 2　g・reem

熑　來添 a4 開勒兼　兼談 2　g・reem

溓　來添 a4 開勒兼　兼談 2　g・reem 户兼切，注又音

稴　來添 a4 開力兼　兼談 2　g・reem

蒹 來添 a4 開勒兼 兼談2 g·reem
濂# 來添 a4 開勒兼 兼談2 g·reem
嫌# 來添 a4 開勒兼 兼談2 g·reem
稴 來添 b4 開力忝 兼談2 g·reem?
溓 來添 b4 開力忝 兼談2 g·reem?
稴 來添 c4 開力店 兼談2 g·reems
兼 見添 a4 開古甜 兼談2 keem<kleem
縑 見添 a4 開古甜 兼談2 keem
鶼 見添 a4 開古甜 兼談2 keem 见尔雅
蒹 見添 a4 開古甜 兼談2 keem
鰜 見添 a4 開古甜 兼談2 keem
搛# 見添 a4 開堅嫌* 兼談2 keem
兼 見添 c4 開古念 兼談2 keems<kleems 又别分紀念切,集韵并
謙 溪添 a4 開苦兼 兼談2 kheem<khleem
歉 溪添 b4 開苦簟 兼談2 kheem?<khleem?
膁# 溪添 b4 開苦簟 兼談2 kheem?
嗛 溪添 b4 開苦簟 兼談2 kheem?
慊 溪添 b4 開苦簟 兼談2 kheem?
歉 溪添 c4 開詰念 兼談2 kheems<khleems
傔# 溪添 c4 開苦念 兼談2 kheems
馦# 曉添 a4 開許兼 兼談2 qheem
嫌 匣添 a4 開户兼 兼談2 geem
稴 匣添 a4 開户兼 兼談2 geem
鼸 匣添 b4 開胡忝 兼談2 geem?
慊 溪怗 d4 開詰叶* 兼盍2 kheeb
藍 來談 a1 開魯甘 監談1 g·raam
襤 來談 a1 開魯甘 監談1 g·raam
籃 來談 a1 開魯甘 監談1 g·raam
懢# 來談 a1 開魯甘 監談1 g·raam
儖# 來談 a1 開魯甘 監談1 g·raam
灆 來談 a1 開魯甘 監談1 g·raam
攬 來談 b1 開盧敢 監談1 g·raam? 同擥
欖# 來談 b1 開盧敢 監談1 g·raam?
覽 來談 b1 開盧敢 監談1 g·raam?
爁 來談 b1 開盧敢 監談1 g·raam? 见淮南子
擥 來談 b1 開盧敢 監談1 g·raam?
灠# 來談 b1 開盧敢* 監談1 g·raam? 与浺同源
濫 來談 c1 開盧瞰 監談1 g·raams
爁 來談 c1 開盧瞰 監談1 g·raams
懢# 來談 c1 開盧瞰 監談1 g·raams
嚂 來談 c1 開盧瞰 監談1 g·raams 见战国策
纜# 來談 c1 開盧瞰 監談1 g·raams
嚂# 溪談 c1 開苦濫 監談1 khlaams
嚂# 曉談 b1 開呼覽 監談1 qhlaam? 同喊
灆 曉談 c1 開呼濫 監談1 qhlaams
尷+ 見咸 a2 開古咸+ 兼談2 kreem 尷尬起字
監 見銜 a2 開古銜 監談1 kraam

鑑初文，象人俯视皿水察容（林义光、陈独秀说），非形声字

礛　見銜 a2 開古銜　監談1　kraam

见淮南子

鑑　見銜 a2 開古銜　監談1　kraam

監转注字

監　見銜 c2 開格懺　監談1　kraams

鑒　見銜 c2 開格懺　監談1　kraams

同鑑，见诗

鑑　見銜 c2 開格懺　監談1　kraams

艦　匣銜 b2 開胡黤　監談1　graamʔ

见释名

檻　匣銜 b2 開胡黤　監談1　graamʔ

壏　匣銜 b2 開胡黤　監談1　graamʔ

见管子

濫　匣銜 b2 開胡黤　監談1　graamʔ

轞　匣銜 b2 開胡黤　監談1　graamʔ

见史记

檻# 匣銜 c2 開胡懺　監談1　graams

原文木在下，集韵注或书檻

爁　來鹽 c3 開力驗　監談1　g・rams

见淮南子

鹽　以鹽 a3 開余廉　監談1　g・lam

鹽　以鹽 c3 開以贍　監談1　g・lams

囝# 見仙 b3b 開九件*　囝元1　kranʔ

唐人闽方言字，由子转注分化，塞鼻尾交替表小称

蘭　來寒 a1 開落干　柬元1　g・raan

攔# 來寒 a1 開落干　柬元1　g・raan

欄　來寒 a1 開落干　柬元1　g・raan

瀾　來寒 a1 開落干　柬元1　g・raan

讕　來寒 a1 開落干　柬元1　g・raan

闌　來寒 a1 開落干　柬元1　g・raan

韊　來寒 a1 開落干　柬元1　g・raan

见史记，说文作籣

襴# 來寒 a1 開落干　柬元1　g・raan

集韵或作襕

籣　來寒 a1 開落干　柬元1　g・raan

躝# 來寒 a1 開落干　柬元1　g・raan

讕　來寒 b1 開落旱　柬元1　g・raanʔ

爛　來寒 c1 開郎旰　柬元1　g・raans/ʔ

爤　來寒 c1 開郎旰　柬元1　g・raans

說文爛字或从間

瀾　來寒 c1 開郎旰　柬元1　g・raans

鑭# 來寒 c1 開郎旰　柬元1　g・raans

讕　來寒 c1 開郎旰　柬元1　g・raans

糷　來寒 c1 開郎旰　柬元1　g・raans

斕# 來山 a2 開力閑　柬元2　gr・reen

揀　見山 b2 開古限　柬元2　kreenʔ

柬转注分化字，见吴越春秋

柬　見山 b2 開古限　柬元2　kreenʔ

揀初文

暕# 見山 b2 開古限　柬元2　kreenʔ

諫　見刪 c2 開古晏　柬元1　kraans

練　來先 c4 開郎甸　柬元2　g・reens

鍊　來先 c4 開郎甸　柬元2　g・reens

煉　來先 c4 開郎甸　柬元2　g・reens

集韵引說文，王韵亦有

楝　來先 c4 開郎甸　柬元2　g・reens

揀　來先 c4 開郎甸　柬元2　g・reens

萰　來先 c4 開郎甸　柬元2　g・reens

堜# 來先 c4 開郎甸　柬元2　g・reens

湅　來先 c4 開郎甸　柬元2　g・reens

襺　見先 b4 開古典　繭元2　keenʔ

繭　見先 b4 開古典　繭元2　keenʔ

蠒　見先 b4 開古典　繭元2　keenʔ俗

同繭，见尸子

笄　見齊 a4 開古奚　幵支　k-ŋee

枅　見齊 a4 開古奚　幵支　k-ŋee

蚈　見齊 a4 開古奚　幵支　k-ŋee 苦堅切蚈注又切，广韵此从笄

羿 疑齊 c4 開五計 幵支 ŋees 说文幵声,隶省变
豣 溪寒 a1 開苦寒 幵元1 ŋhaan
雃 疑寒 a1 開俄寒 幵元1 ŋaan
訮 疑山 a2 開五閑 幵元2 ŋreen
掔 疑先 a4 開五堅 幵元2 ŋeen 见小徐本说文
訮 透先 a4 開他前 幵元2 t-ŋheen
幵 見先 a4 開古賢 幵元2 k-ŋeen
鳽 見先 a4 開古賢 幵元2 k-ŋeen
豣 見先 a4 開古賢 幵元2 k-ŋeen
麉 見先 a4 開古賢 幵元2 k-ŋeen 尔雅幵在下
趼 見先 b4 開古典 幵元2 k-ŋeenʔ 见庄子
汧 溪先 a4 開苦堅 幵元2 ŋheen
蚈 溪先 a4 開苦堅 幵元2 ŋheen 见逸周书
麉 溪先 a4 開苦堅 幵元2 ŋheen 正体幵在下
岍# 溪先 a4 開苦堅 幵元2 ŋheen
雃 溪先 a4 開苦堅 幵元2 ŋheen
研 疑先 a4 開五堅 幵元2 ŋeen
妍 疑先 a4 開五堅 幵元2 ŋeen
鳽 疑先 a4 開五堅 幵元2 ŋeen
趼 疑先 a4 開五堅 幵元2 ŋeen
汧 溪先 c4 開苦甸 幵元2 ŋheens
研 疑先 c4 開吾甸 幵元2 ŋeens
豣 疑先 c4 開吾甸 幵元2 ŋeens
趼 疑先 c4 開吾甸 幵元2 ŋeens
訮 曉先 a4 開呼煙 幵元2 hŋeen
鳽 溪耕 a2 開口莖 幵耕 ŋhreeŋ 说文作雃
銒 匣青 a4 開户經 幵耕 geeŋ
鳽 疑麥 d2 開五革 幵錫 ŋreeg

件 群仙 b3b 開其輦 件元1 granʔ 见汉印
涀 匣齊 b4 開胡禮 見歌2 geelʔ
莧 匣山 c2 開侯襉 見元2 greens 见尔雅
粯# 匣山 c2 開侯襉 見元2 greens
晛 泥先 c4 開奴甸 見元2 ŋl'eens>n-见亦声,或体然声
筧# 見先 b4 開古典 見元2 keenʔ
絸 見先 b4 開古典 見元2 keenʔ 繭古文
垷 見先 b4 開古典 見元2 keenʔ
挸# 見先 b4 開古典 見元2 keenʔ
見 見先 c4 開古電 見元2 keens
俔 溪先 c4 開苦甸 見元2 kheens
蜆 溪先 c4 開苦甸 見元2 kheens
涀# 溪先 c4 開苦甸 見元2 kheens
硯 疑先 a4 開五堅 見元2 ŋgeen
硯 疑先 c4 開吾甸 見元2 ŋgeens
蜆 曉先 b4 開呼典 見元2 qheenʔ
峴# 匣先 b4 開胡典 見元2 geenʔ
哯 匣先 b4 開胡典 見元2 geenʔ
晛 匣先 b4 開胡典 見元2 geenʔ
垷 匣先 b4 開胡典 見元2 geenʔ
蜆 匣先 b4 開胡典 見元2 geenʔ
俔 匣先 b4 開胡典 見元2 geenʔ
睍 匣先 b4 開胡典 見元2 geenʔ
見 匣先 c4 開胡甸 見元2 geens
現# 匣先 c4 開胡甸 見元2 geens 俗同見,转注字
涀# 匣先 c4 開胡甸 見元2 geens
犍 群仙 a3b 開渠焉 建元1 gran
騝 群仙 a3b 開渠焉 建元1 gran
鍵 群仙 a3b 開渠焉 建元1 gran

揵　群仙 a3b 開渠焉　建元1　gran 见汉赋
鍵　群仙 b3b 開其輂　建元1　granʔ
鞬　見元 a3 開居言　建元1　kan
犍　見元 a3 開居言　建元1　kan
腱　見元 a3 開居言　建元1　kan
騝　見元 a3 開居言　建元1　kan
湕# 見元 b3 開居偃　建元1　kanʔ
揵　見元 b3 開居偃　建元1　kanʔ
建　見元 c3 開居万　建元1　kans
旔# 見元 c3 開居万　建元1　kans
鍵　群元 b3 開其偃　建元1　ganʔ
楗　群元 b3 開其偃　建元1　ganʔ
健　群元 c3 開渠建　建元1　gans
腱　群元 c3 開渠建　建元1　gans
間　見山 a2 開古閑　閒元2　kreen 原作閒，同说文
蕑　見山 a2 開古閑　閒元2　kreen
覵　見山 a2 開古閑　閒元2　kreen
襉# 見山 b2 開古限　閒元2　kreenʔ 原右从簡
僩　見山 b2 開古限　閒元2　kreenʔ
簡　見山 b2 開古限　閒元2　kreenʔ
間　見山 c2 開古莧　閒元2　kreens 閒后起字
襉# 見山 c2 開古莧　閒元2　kreens
覵　見山 c2 開古莧　閒元2　kreens
澗　見山 c2 開居莧*　閒元2　kreens
鐧　見山 c2 開居莧*　閒元2　kreens
鬜　溪山 a2 開苦閑　閒元2　khreen
癇　匣山 a2 開户閒　閒元2　green
瞯　匣山 a2 開户閒　閒元2　green
憪　匣山 a2 開户閒　閒元2　green
澗　見删 c2 開古晏　閒元1　kraans 集韵改襉韵
鐧　見删 c2 開古晏　閒元1　kraans 集韵改襉韵
鬝　溪删 a2 開可顔　閒元1　khraan
僩　匣删 b2 開下赧　閒元1　graanʔ
憪　匣删 b2 開下赧　閒元1　graanʔ
橌　匣删 b2 開下赧　閒元1　graanʔ
撊　匣删 b2 開下赧*　閒元1　graanʔ
覵　幫仙 b3b 開方免　閒元2　p-krenʔ
鬝　溪黠 d2 開恪八　閒月2　khreed
灊　精先 a4 開則前　薦文1　ʔsɯɯn
虃　精先 a4 開則前　薦文1　ʔsɯɯn
瀳　從先 c4 開在甸　薦文1　zɯɯns
薦　精先 c4 開作甸　薦文1　ʔsɯɯns
畺　見陽 a3 開居良　畺陽　kaŋ
畕　見陽 a3 開居良　畺陽　kaŋ 畺本字
礓　見陽 a3 開居良　畺陽　kaŋ
繮　見陽 a3 開居良　畺陽　kaŋ
韁　見陽 a3 開居良　畺陽　kaŋ 同繮，见汉书
橿　見陽 a3 開居良　畺陽　kaŋ
薑　見陽 a3 開居良　畺陽　kaŋ
疆　見陽 a3 開居良　畺陽　kaŋ 同畺
壃　見陽 a3 開居良　畺陽　kaŋ 俗同畺
僵　見陽 a3 開居良　畺陽　kaŋ
彊　見陽 c3 開居亮　畺陽　kaŋs
彊　群陽 a3 開巨良　畺陽　gaŋ 通作强
彊　群陽 b3 開其兩　畺陽　gaŋʔ
麠　見庚 a3 開舉卿　畺陽　kaŋ
匠　從陽 c3 開疾亮　匠陽　sbaŋs＞dz 应从匚声
弜　群陽 b3 開其兩　弜陽　gaŋʔ
弜　群支 a3b 開渠羈　弜魚　gra
贑　見覃 b1 開古禫　夅侵3　kluumʔ

贑 見覃 c1 開古暗 夅侵3 kluums
灨# 見覃 b1 開古禫 夅侵3 kluum?
灨# 見覃 c1 開古暗 夅侵3 kluums
竷 溪覃 c1 開苦紺 夅侵3 khluums 诗作坎
贑 見鹽 b3b 開居奄* 夅談3 krom? 贑榆,汉县
戇 知江 c2 開陟降 夅談3 kr'ooms>trooŋh
洚 見江 c2 開古巷 夅终 kruuŋs
降 見江 c2 開古巷 夅终 kruuŋs
絳 見江 c2 開古巷 夅终 kruuŋs
降 匣江 a2 開下江 夅终 gruuŋ
栙 匣江 a2 開下江 夅终 gruuŋ
夅 匣江 a2 開下江 夅终 gruuŋ 降省文
跭# 匣江 a2 開下江 夅终 gruuŋ
洚 匣江 a2 開下江 夅终 gruuŋ
隆 來東 a3 合力中 夅终 g・ruŋ
癃 來東 a3 合力中 夅終 g・ruŋ
窿# 來東 a3 合力中 夅終 g・ruŋ
霳# 來東 a3 合力中 夅終 g・ruŋ
贑 見東 c1 合古送 夅談3 klooms
戇 曉東 c1 合呼貢 夅談3 qhlooms
洚 匣東 a1 合户公 夅東 glooŋ
洚 匣冬 a1 合户冬 夅终 gluuŋ
烄 見豪 c1 開古到 交宵2 keews
礮# 滂肴 c2 開匹皃 交宵2 phreewGs 駮声,后作砲,今作炮
交 見肴 a2 開古肴 交宵2 kreew
郊 見肴 a2 開古肴 交宵2 kreew
茭 見肴 a2 開古肴 交宵2 kreew
蛟 見肴 a2 開古肴 交宵2 kreew
鮫 見肴 a2 開古肴 交宵2 kreew
鵁 見肴 a2 開古肴 交宵2 kreew 见尔雅
咬# 見肴 a2 開古肴 交宵2 kreew
鉸# 見肴 a2 開古肴 交宵2 kreew
佼 見肴 a2 開古肴 交宵2 kreew
詨# 見肴 a2 開古肴 交宵2 kreew
絞 見肴 b2 開古巧 交宵2 kreew?
狡 見肴 b2 開古巧 交宵2 kreew?
鉸# 見肴 b2 開古巧 交宵2 kreew?
茭# 見肴 b2 開古巧 交宵2 kreew? 筊注或体
佼 見肴 b2 開古巧 交宵2 kreew?
姣 見肴 b2 開古巧 交宵2 kreew?
筊 見肴 b2 開古巧 交宵2 kreew?
烄 見肴 b2 開古巧 交宵2 kreew?
校 見肴 c2 開古孝 交宵2 kreews
鉸# 見肴 c2 開古孝 交宵2 kreews
珓# 見肴 c2 開古孝 交宵2 kreews
跤# 溪肴 a2 開口交 交宵2 khreew 说文作骹
頝# 溪肴 a2 開口交 交宵2 khreew
骹 溪肴 a2 開口交 交宵2 khraaw 同跤,说文作此
咬# 疑肴 b2 開五巧* 交宵2 ŋgreew? 齩俗或体
齩 疑肴 b2 開五巧 交宵2 ŋgreew?
詨 曉肴 c2 開呼教 交宵2 qhreews 同嗃
洨 匣肴 a2 開胡茅 交宵2 greew
筊 匣肴 a2 開胡茅 交宵2 greew
姣 匣肴 a2 開胡茅 交宵2 greew
胶# 匣肴 a2 開胡茅 交宵2 greew
佼 匣肴 b2 開下巧 交宵2 greew?
茭# 匣肴 b2 開下巧 交宵2 greew? 筊注或体

効　匣肴 c2 開胡教　交宵 2　greew/s
校　匣肴 c2 開胡教　交宵 2　greews
効　匣肴 c2 開胡教　交宵 2　greew/s 俗同效，见九章
詨　匣肴 c2 開胡教　交宵 2　greews 见山海经
傚　匣肴 c2 開胡教　交宵 2　greews
咬# 影肴 a2 開於交　交宵 2　qreew
皎　見蕭 b4 開古了　交宵 2　keewʔ
恔　見蕭 b4 開古了　交宵 2　keewʔ
晈# 見蕭 b4 開古了　交宵 2　keewʔ
窔　影蕭 c4 開烏叫　交宵 2　qeews
駮　幫覺 d2 開北角　交藥 2　p-qreewG
癄　莊肴 c2 開側教　焦宵 2　ʔsrews
焦　精宵 a3 開即消　焦宵 2　ʔsew 说文雥(徂合切 zuub)声
蕉　精宵 a3 開即消　焦宵 2　ʔsew
鷦　精宵 a3 開即消　焦宵 2　ʔsew 见庄子，说文作雧
僬　精宵 a3 開即消　焦宵 2　ʔsew
嶕　精宵 a3 開即消　焦宵 2　ʔsew
膲　精宵 a3 開即消　焦宵 2　ʔsew 见灵枢
鐎　精宵 a3 開即消　焦宵 2　ʔsew
蟭# 精宵 a3 開即消　焦宵 2　ʔsew
燋　精宵 a3 開即消　焦宵 2　ʔsew
醮　精宵 c3 開子肖　焦宵 2　ʔsews
潐　精宵 c3 開子肖　焦宵 2　ʔsews
僬　精宵 c3 開子肖　焦宵 2　ʔsews
趭　精宵 c3 開子肖　焦宵 2　ʔsews
樵　從宵 a3 開昨焦　焦宵 2　zew
譙　從宵 a3 開昨焦　焦宵 2　zew
憔　從宵 a3 開昨焦　焦宵 2　zew
劁# 從宵 a3 開昨焦　焦宵 2　zew
顦　從宵 a3 開昨焦　焦宵 2　zew 同憔，说文作此
嶕　從宵 a3 開昨焦　焦宵 2　zew 见汉书
鐎　從宵 a3 開昨焦　焦宵 2　zew
僬　從宵 a3 開昨焦　焦宵 2　zew
撨# 從宵 a3 開昨焦　焦宵 2　zew
噍　從宵 c3 開才笑　焦宵 2　zews
劁# 從宵 c3 開才笑　焦宵 2　zews
趭　從宵 c3 開才笑　焦宵 2　zews 余校作千水反趡訛字，但汉赋叶宵部
趭　以宵 c3 開弋照　焦宵 2　lews 余校作'以水反'踓訛字
撨# 心蕭 a4 開蘇彫　焦宵 2　seew
燋　精藥 d3 開即略　焦藥 2　ʔsewG
穛　莊覺 d2 開側角　焦藥 2　ʔsreewG
捔　崇覺 d2 開士角　角屋　sgroog 见汉赋
桷　見覺 d2 開古岳　角屋　kroog
角　見覺 d2 開古岳　角屋　kroog
捔　見覺 d2 開古岳　角屋　kroog 见淮南子
埆　溪覺 d2 開苦角　角屋　khroog
确　匣覺 d2 開胡覺　角屋　groog
角　來屋 d1 合盧谷　角屋　g・roog
斛　匣屋 d1 合胡谷　角屋　goog
槲　匣屋 d1 合胡谷　角屋　goog
蔛# 匣屋 d1 合胡谷　角屋　goog
磝# 溪肴 a2 開口交　敫宵 2　khreew 同硗
磝# 溪肴 c2 開苦教　敫豹 2　khreewGs
邀　影宵 a3a 開於霄　敫宵 2　qlew
憿　見蕭 a4 開古堯　敫宵 2　kleew
邀　見蕭 a4 開古堯　敫宵 2　kleew
徼　見蕭 a4 開古堯　敫宵 2　kleew

儌 見蕭 a4 開古堯 敫宵 2 kleewʔ
懏注或体，又作僥
璬 見蕭 b4 開古了 敫宵 2 kleewʔ
曒 見蕭 b4 開古了 敫宵 2 kleewʔ
繳 見蕭 b4 開古了 敫宵 2 kleewʔ
见史记
儌 見蕭 b4 開古了 敫宵 2 kleewʔ
见左传
徼 見蕭 c4 開古弔 敫豹 2 kleewGS
敫 見蕭 c4 開古弔 敫豹 2 kleewGS
警 見蕭 c4 開古弔 敫豹 2 kleewGS
激 見蕭 c4 開古弔 敫豹 2 kleewGS
噭 見蕭 c4 開古弔 敫豹 2 kleewGS
獥 見蕭 c4 開古弔 敫豹 2 kleewGS
见尔雅
鷩 見蕭 c4 開古弔 敫豹 2 kleewGS
见尔雅
墽 溪蕭 a4 開苦幺 敫宵 2 khleew
竅 溪蕭 c4 開苦弔 敫豹 2 khleewGS
覈 匣屑 d4 開胡結 敫月 2 gleed
繳 章藥 d3 開之若 敫藥 2 kljewG
说文作繁
敫 以藥 d3 開以灼 敫藥 2 GlewG
燩 溪覺 d2 開苦角 敫藥 2 khreewG
覈 匣麥 d2 開下革 敫錫 greeg
繳# 匣麥 d2 開下革 敫錫 greeg
激 見錫 d4 開古歷 敫藥 2 kleewG
獥 見錫 d4 開古歷 敫藥 2 kleewG
见尔雅
敫 見錫 d4 開古歷 敫藥 2 kleewG
鷩 見錫 d4 開古歷 敫藥 2 kleewG
见尔雅
燩 溪錫 d4 開苦擊 敫藥 2 khleewG
檄 匣錫 d4 開胡狄 敫藥 2 gleewG
薂 匣錫 d4 開胡狄 敫藥 2 gleewG
见尔雅
鷩 匣錫 d4 開胡狄 敫藥 2 gleewG
见尔雅
獥 匣錫 d4 開胡狄 敫藥 2 gleewG
见尔雅
皆 見皆 a2 開古諧 皆脂 1 kriil
偕 見皆 a2 開古諧 皆脂 1 kriil
階 見皆 a2 開古諧 皆脂 1 kriil
喈 見皆 a2 開古諧 皆脂 1 kriil
稭 見皆 a2 開古諧 皆脂 1 kriil 同藍
堦# 見皆 a2 開古諧 皆脂 1 kriil 集韵同階
楷 見皆 a2 開古諧 皆脂 1 kriil
鶛 見皆 a2 開古諧 皆脂 1 kriil
见尔雅
湝 見皆 a2 開古諧 皆脂 1 kriil
蝔 見皆 a2 開古諧 皆脂 1 kriil 见淮南子
鍇 見皆 a2 開古諧 皆脂 1 kriil
揩 溪皆 a2 開口皆 皆脂 1 khriil 见汉赋
楷 溪皆 b2 開苦駭 皆脂 1 khriilʔ
鍇 溪皆 b2 開苦駭 皆脂 1 khriilʔ
諧 匣皆 a2 開户皆 皆脂 1 griil
瑎 匣皆 a2 開户皆 皆脂 1 griil
湝 匣皆 a2 開户皆 皆脂 1 griil
龤 匣皆 a2 開户皆 皆脂 1 griil
蝔 匣皆 a2 開户皆 皆脂 1 griil 见淮南子
稭 見黠 d2 開古黠 皆質 1 kriid
孑 見薛 d3a 開居列 孑月 2 ked
釨 見薛 d3a 開居列 孑月 2 ked 见方言
尐 精薛 d3 開姊列 尐月 2 ʔsled
劫 見業 d3 開居怯 劫盍 1 kab 荀子

从刀，又梵译 kalpa

蜐# 見業 d3 開居怯　劫盍1　kab

寁　精覃 b1 開子感　寁侵3　?suum?

当为会意字

䟣　初洽 d2 開楚洽　疌盍2　shreeb

同鍤，见尔雅

萐　崇洽 d2 開實洽　疌盍2　zreeb

箑　生洽 d2 開山洽　疌盍2　sreeb

萐　生洽 d2 開山洽　疌盍2　sreeb

啑　生狎 d2 開所甲　疌盍1　sraab 见史记

睫　精葉 d3 開即葉　疌盍2　?seb 见释名

婕　精葉 d3 開即葉　疌盍2　?seb

緁　清葉 d3 開七接　疌盍2　sheb

捷　從葉 d3 開疾葉　疌盍2　zeb

疌　從葉 d3 開疾葉　疌盍2　zeb

寁　從葉 d3 開疾葉　疌盍2　zeb 又子感切，为另一会意字

倢　從葉 d3 開疾葉　疌盍2　zeb

崨　從葉 d3 開疾葉　疌盍2　zeb

见汉赋

踕　從葉 d3 開疾葉　疌盍2　zeb

见史记

諕# 從葉 d3 開疾葉　疌盍2　zeb

萐　生葉 d3 開山輒　疌盍2　sreb

箑　生葉 d3 開山輒　疌盍2　sreb

徢# 心帖 d4 開蘇協　疌盍2　seeb

蜨　心帖 d4 開蘇協　疌盍2　seeb

杰# 群薛 d3b 開渠列　杰月1　grad

桀　群薛 d3b 開渠列　桀月1　grad

傑　群薛 d3b 開渠列　桀月1　grad

榤　群薛 d3b 開渠列　桀月1　grad 见尔雅

嵥# 群薛 d3b 開渠列　桀月1　grad

滐# 群薛 d3b 開渠列　桀月1　grad

搩# 群薛 d3b 開渠列　桀月1　grad

謋　曉陌 d2 合虎伯　桀鐸　qhʷraag

见庄子

鬠　見屑 d4 開古屑　鬠月2　keed

巀　從曷 d1 開才割　截月1　zaad

巀　從屑 d4 開昨結　截月2　zeed

截　從屑 d4 開昨結　截月2　zeed 说文作从戈雀声，疑会意

蠽　精薛 d3 開姊列　截月2　?sed

蘚　見皆 a2 開古諧　解支　kree

解　見佳 b2 開佳買　解支　kree?

蘚　見佳 b2 開佳買　解支　kree?

檞# 見佳 b2 開佳買　解支　kree?

懈　見佳 c2 開古隘　解支　krees 解字转注

解　見佳 c2 開古隘　解支　krees

繲　見佳 c2 開古隘　解支　krees

廨　見佳 c2 開古隘　解支　krees

见论衡

蘚　見佳 c2 開古隘　解支　krees

蟹　匣佳 b2 開胡買　解支　gree? 说文虫在左

解　匣佳 b2 開胡買　解支　gree?

獬　匣佳 b2 開胡買　解支　gree?

澥　匣佳 b2 開胡買　解支　gree?

嶰　匣佳 b2 開胡買　解支　gree?

邂　匣佳 c2 開胡懈　解支　grees

解　匣佳 c2 開胡懈　解支　grees 诗经多韵入声

夆　匣泰 c1 開胡蓋　丯祭1　gaads

丯　見皆 c2 開古拜　丯祭2　kreeds

原作丰，校本改为丯

瘛　昌祭 c3 開尺制　丯祭2　khjeds

挈　禪祭 c3 開時制　丯祭2　gjeds

契 溪齊 c4 開苦計 丯祭2 kheeds
栔 溪齊 c4 開苦計 丯祭2 kheeds
褉 匣齊 c4 開胡計 丯祭2 geeds 见史记
稧# 匣齊 c4 開胡計 丯祭2 geeds
瘈 匣齊 c4 開胡計 丯祭2 geeds
楔 見黠 d2 開古黠 丯月2 kreed
葜# 溪黠 d2 開丘八* 丯月2 khreed 原下从吉瓜,此集韵或体
猰 影黠 d2 開烏黠 丯月2 qreed 见淮南子,尔雅从豸
窫 影黠 d2 開烏黠 丯月2 qreed 见山海经
猰# 見鎋 d2 開古鎋 丯月1 kraad
瘈 昌薛 d3 開昌列 丯月2 khjed
楔 心屑 d4 開先結 丯月2 sqheed
揳# 心屑 d4 開先結 丯月2 sqheed 另招魂通戛
偰 心屑 d4 開先結 丯月2 sqheed
潔 見屑 d4 開古屑 丯月2 keed
絜 見屑 d4 開古屑 丯月2 keed
鍥 見屑 d4 開古屑 丯月2 keed
鍥 溪屑 d4 開苦結 丯月2 kheed
契 溪屑 d4 開苦結 丯月2 kheed
挈 溪屑 d4 開苦結 丯月2 kheed
猰# 溪屑 d4 開苦結 丯月2 kheed
契 溪屑 d4 開苦結 丯月2 kheed
蛪 溪屑 d4 開苦結 丯月2 kheed
齧 疑屑 d4 開五結 丯月2 ŋkeed
褉# 曉屑 d4 開虎結 丯月2 qheed
絜 匣屑 d4 開胡結 丯月2 geed
契 溪迄 d3 開去訖 丯物1 khɯd
喫 溪錫 d4 開苦擊 丯錫 ŋheeg 齧分化字已见东汉佛经
妎 匣泰 c1 開胡蓋 介祭1 gaads
芥 見皆 c2 開古拜 介祭2 kreeds
尬 見皆 c2 開古拜 介祭2 kreeds
界 見皆 c2 開古拜 介祭2 kreeds
介 見皆 c2 開古拜 介祭2 kreeds
疥 見皆 c2 開古拜 介祭2 kreeds
玠 見皆 c2 開古拜 介祭2 kreeds
砎# 見皆 c2 開古拜 介祭2 kreeds
魪# 見皆 c2 開古拜 介祭2 kreeds
价 見皆 c2 開古拜 介祭2 kreeds
衸 見皆 c2 開古拜 介祭2 kreeds
齘 匣皆 c2 開胡介 介祭2 greeds
衸 匣皆 c2 開胡介 介祭2 greeds
妎 匣齊 c4 開胡計 介祭2 geeds
骱# 匣曷 d1 開胡葛 介月1 gaad
骱# 見黠 d2 開古黠 介月2 kreed
扴 見黠 d2 開古黠 介月2 kreed
圿# 見黠 d2 開古黠 介月2 kreed
砎# 見黠 d2 開古黠 介月2 kreed
忦 見黠 d2 開古黠 介月2 kreed
砎# 匣鎋 d2 開胡瞎 介月1 graad
祴 見咍 a1 開古哀 戒之 kɯɯ
駴 匣皆 b2 開侯楷 戒之 grɯɯʔ
戒 見皆 c2 開古拜 戒代 krɯɯgs
誡 見皆 c2 開古拜 戒代 krɯɯgs
悈 見皆 c2 開古拜 戒代 krɯɯgs
械 匣皆 c2 開胡介 戒代 grɯɯgs
祴# 見德 d1 開古得 戒職 kɯɯg
悈 見職 d3 開紀力 戒職 kɯg
巾 見真 a3b 開居銀 巾文1 krɯn
帘#2 崇真 a3 開士臻 巾真1 zrɯn<sgrɯn
貪 透覃 a1 開他含 今侵3 lhuum<khl'

噞　透覃 b1 開他感　今侵$_3$　lhuumʔ

僋[#]　透覃 c1 開他紺　今侵$_3$　lhuums

僋[#]　來覃 c1 開郎紺　今侵$_3$　ruums

嗿　曉覃 a1 開呼含*　今侵$_1$　qhɯɯm

䤷[#]　曉覃 a1 開火含　今侵$_1$　qhɯɯm

谽　曉覃 a1 開火含　今侵$_1$　qhɯɯm

唅　曉覃 a1 開火含　今侵$_1$　qhɯɯm

今、含字转注，见汉书

含　匣覃 a1 開胡男　今侵$_1$　gɯɯm

今字转注

肣　匣覃 a1 開胡男　今侵$_1$　gɯɯm

頷　匣覃 a1 開胡男　今侵$_1$　gɯɯm

笒[#]　匣覃 a1 開胡男　今侵$_1$　gɯɯm

同于函声之字

梒[#]　匣覃 a1 開胡男　今侵$_1$　gɯɯm

鋡　匣覃 a1 開胡男　今侵$_1$　gɯɯm

肣　匣覃 b1 開胡感　今侵$_1$　gɯɯmʔ

莟　匣覃 b1 開胡感　今侵$_1$　gɯɯmʔ

頷　匣覃 b1 開胡感　今侵$_1$　gɯɯmʔ

琀　匣覃 c1 開胡紺　今侵$_1$　gɯɯms

今、含字转注

浛　匣覃 c1 開胡紺　今侵$_1$　gɯɯms

唅　匣覃 c1 開胡紺　今侵$_1$　gɯɯms

今、含字转注，见汉书

莟　匣覃 c1 開胡紺　今侵$_1$　gɯɯms

盦　影覃 a1 開烏含　今侵$_1$　qɯɯm

韽　影覃 a1 開烏含　今侵$_1$　qɯɯm

又於林切

玪　見咸 a2 開古咸　今侵$_1$　krɯɯm

妗　曉咸 a2 開許咸　今侵$_1$　qhrɯɯm

欦　曉咸 b2 開火斬　今侵$_1$　qhrɯɯmʔ

韽　影咸 c2 開於陷　今侵$_1$　qrɯɯms

妗　昌鹽 a3 開處占　今談$_1$　khjam

黔　群鹽 a3b 開巨淹　今談$_1$　gram

鈐　群鹽 a3b 開巨淹　今談$_1$　gram

鳹[#]　群鹽 a3b 開巨淹　今談$_1$　gram

雂　群鹽 a3b 開巨淹　今談$_1$　gram

同鳹

炶　曉鹽 a3b 開火占*　今談$_1$　qhram

酓　影鹽 b3a 開於琰　今談$_2$　qlemʔ<qlamʔ

欦　溪嚴 a3 開丘嚴*　今談$_1$　khlam

欦[#]　溪嚴 b　開丘广　今談$_1$　khlamʔ

念　泥添 c4 開奴店　今侵$_1$　nɯɯms

或以心含会意

欦[#]　曉添 a4 開許兼　今侵$_1$　qhlɯɯm

妗　曉添 a4 開許兼　今侵$_1$　qhlɯɯm

酓　影添 c4 開於念　今侵$_1$　qlɯɯms

梣　從侵 a3 開昨淫　今侵$_1$　sgɯm

枔[#]　邪侵 a3 開徐林　今侵$_1$　sɢɯm

岑　崇侵 a3 開鋤針　今侵$_1$　sgrɯm

笒[#]　崇侵 a3 開鋤針　今侵$_1$　sgrɯm

涔　崇侵 a3 開鋤針　今侵$_1$　sgrɯm

梣　崇侵 a3 開鋤針　今侵$_1$　sgrɯm

侺[#]　禪侵 c3 開時鴆　今侵$_1$　gjɯms

今　見侵 a3b 開居吟　今侵$_1$　krɯm

文源谓含初文

黅　見侵 a3b 開居吟　今侵$_1$　krɯm

见素问

衿　見侵 a3b 開居吟　今侵$_1$　krɯm

衾　溪侵 a3b 開去金　今侵$_1$　khrɯm

坅　溪侵 b3b 開丘甚　今侵$_1$　khrɯmʔ

捦[#]　溪侵 c3b 開丘禁*　今侵$_1$　khrɯms

琴　群侵 a3b 開巨金　今侵$_1$　grɯm

黔　群侵 a3b 開巨金　今侵$_1$　grɯm

禽　群侵 a3b 開巨金　今侵$_1$　grɯm

芩　群侵 a3b 開巨金　今侵$_1$　grɯm

庈　群侵 a3b 開巨金　今侵$_1$　grɯm

见左传

雂　群侵 a3b 開巨金　今侵 1　grɯm
聆　群侵 a3b 開巨金　今侵 1　grɯm
軡　群侵 a3b 開巨金　今侵 1　grɯm
擒　群侵 a3b 開巨金　今侵 1　grɯm
同捡，禽转注字
檎# 群侵 a3b 開巨金　今侵 1　grɯm
紟　群侵 c3b 開巨禁　今侵 1　grɯms
笒# 群侵 c3b 開巨禁　今侵 1　grɯms
妗# 群侵 c3b 開巨禁*　今侵 1　grɯms
宋人记舅母合音
吟　疑侵 a3b 開鱼金　今侵 1　ŋgrɯm
誛　疑侵 a3b 開鱼金　今侵 1　ŋgrɯm
同吟
吟　疑侵 c3b 開宜禁　今侵 1　ŋgrɯms
廞　曉侵 a3b 開許金　今侵 1　qhrɯm
廞　曉侵 b3b 開許錦　今侵 1　qhrɯmʔ
陰　影侵 a3b 開於金　今侵 1　qrɯm
霒　影侵 a3b 開於金　今侵 1　qrɯm
飮　影侵 b3b 開於錦　今侵 1　qrɯmʔ
说文作㱃
飮　影侵 c3b 開於禁　今侵 1　qrɯms
同㱃
蔭　影侵 c3b 開於禁　今侵 1　qrɯms
廕　影侵 c3b 開於禁　今侵 1　qrɯms
矜　群真 a3b 開巨巾　今文 1　grɯn
殣下注古体
矜　群欣 a3 開巨斤　今文 1　gɯn 殣下注古体
矜　見蒸 a3 開居陵　今蒸　krɯŋ/kriŋ
盦　影盍 d1 開安盍　今盍 1　qaab
蘄　群之 a3 開渠之　斤之　gɯ
蘄　見微 a3 開居依　斤微 1　kɯl
祈　群微 a3 開渠希　斤微 1　gɯl
頎　群微 a3 開渠希　斤微 1　gɯl

旂　群微 a3 開渠希　斤微 1　gɯl
圻　群微 a3 開渠希　斤微 1　gɯl
蚚　群微 a3 開渠希　斤微 1　gɯl
岓# 群微 a3 開渠希　斤微 1　gɯl
獑　群微 a3 開渠希　斤微 1　gɯl 见尔雅
沂　疑微 a3 開魚衣　斤微 1　ŋgɯl
掀　曉元 a3 開虛言　斤元 1　qhan
垠　疑痕 a1 開五根　斤文 1　ŋgɯɯn
釿　疑真 b3b 開宜引　斤文 1　ŋgrɯnʔ
齗　疑真 b3b 開宜引　斤文 1　ŋgrɯnʔ
听　疑真 b3b 開宜引　斤文 1　ŋgrɯnʔ
垽　疑真 c3b 開魚覲　斤文 1　ŋrɯns
斤　見欣 a3 開舉欣　斤文 1　kɯn
釿　見欣 a3 開舉欣　斤文 1　kɯn
䓙　見欣 b3 開居隱　斤文 1　kɯnʔ 芹分化字
靳　見欣 c3 開居焮　斤文 1　kɯns
斤　見欣 c3 開居焮　斤文 1　kɯns
劤# 見欣 c3 開居焮　斤文 1　kɯns
劲+ 見欣 c3 開居焮+ 斤文 1　kɯns 今训读为劤
赾　溪欣 b3 開丘謹　斤文 1　khɯnʔ
芹　群欣 a3 開巨斤　斤文 1　gɯn
蘄　群欣 a3 開巨斤　斤文 1　gɯn
见尔雅
近　群欣 b3 開其謹　斤文 1　gɯnʔ
近　群欣 c3 開巨靳　斤文 1　gɯns
圻　疑欣 a3 開語斤　斤文 1　ŋgɯn
所　疑欣 a3 開語斤　斤文 1　ŋgɯn
齗　疑欣 a3 開語斤　斤文 1　ŋgɯn
听　疑欣 b3 開牛謹　斤文 1　ŋgɯnʔ
欣　曉欣 a3 開許斤　斤文 1　qhɯn
忻　曉欣 a3 開許斤　斤文 1　qhɯn
同欣

昕　曉欣 a3 開許斤　斤文1　qhɯn
訢　曉欣 a3 開許斤　斤文1　qhɯn
炘　曉欣 a3 開許斤　斤文1　qhɯn 左传作焮
邤# 曉欣 a3 開許斤　斤文1　qhɯn
厈# 曉欣 c3 開香靳　斤文1　qhɯns 集韵作疔，说文作脪
炘# 曉欣 c3 開香靳　斤文1　qhɯns 同焮
焮　曉欣 c3 開香靳　斤文1　qhɯns 见左传
垽　影欣 c3 開吾靳　斤文1　qɯns
蚚　匣灰 c1 合胡輩　斤微1　gɯɯls 末增，与胡對切重，集韵并
淦　見覃 a1 開古南　金侵1　kɯɯm
淦　見覃 c1 開古暗　金侵1　kɯɯms
頷　疑覃 b1 開五感　金侵1　ŋɯɯmʔ
金　見侵 a3b 開居吟　金侵1　krɯm/im 说文今声，俞敏依金文非之
錦　見侵 b3b 開居飲　金侵1　krɯmʔ
欽　溪侵 a3b 開去金　金侵1　khrɯm
菳　溪侵 a3b 開去金　金侵1　khrɯm
顉　溪侵 a3b 開去金　金侵1　ŋhrɯm
嶔　溪侵 a3b 開去金　金侵1　khrɯm 见公羊传
顉　溪侵 b3a 開欽錦　金侵1　ŋhɯmʔ
撳+ 溪侵 c3b 開丘禁*　金侵1　khrɯms 捦今字
捦　群侵 a3b 開巨金　金侵1　grɯm 同撳
鵭# 群侵 a3b 開巨金　金侵1　grɯm 亦作鸰
唫　群侵 b3b 開渠飲　金侵1　grɯmʔ
鈙　群侵 c3b 開巨禁　金侵1　grɯms
唫　疑侵 a3b 開魚金　金侵1　ŋgrɯm 同訡，引说文
崟　疑侵 a3b 開魚金　金侵1　ŋgrɯm
趛　疑侵 b3b 開牛錦　金侵1　ŋgrɯmʔ
簪　精覃 a1 開作含　兓侵3　ʔsluum
撍# 精覃 a1 開作含　兓侵3　ʔsluum
鐕　精覃 a1 開作含　兓侵3　ʔsluum
撍# 精覃 b1 開子感　兓侵3　ʔsluumʔ
撍# 精覃 c1 開作紺　兓侵3　ʔsluums
憯　清覃 b1 開七感　兓侵3　shluumʔ
噆　清覃 b1 開七感　兓侵3　shluumʔ
朁　清覃 b1 開七感　兓侵3　shluumʔ
蠶　從覃 a1 開昨含　兓侵3　zluum
蚕2 從覃 a1 開昨含　兓侵3　zluum 俗蠶字
糣　心覃 b1 開桑感　兓侵3　sluumʔ
熸　精鹽 a3 開子廉　兓談3　ʔslom
朁　從鹽 a3 開昨鹽　兓談3　zlom
鬵　從鹽 a3 開昨鹽　兓談3　zlom
灊　從鹽 a3 開昨鹽　兓談3　zlom
潛　從鹽 a3 開昨鹽　兓談3　zlom
潛　從鹽 c3 開慈豔　兓談3　zloms
僭　精添 c4 開子念　兓侵1　ʔslɯɯms
憯　清添 b4 開青忝　兓侵1　shlɯɯmʔ
兓　精侵 a3 開子心　兓侵3　sl'um
鬵　從侵 a3 開昨淫　兓侵3　zlum
䁮　從侵 a3 開昨淫　兓侵3　zlum
灊　從侵 a3 開昨淫　兓侵3　zlum
灊　邪侵 a3 開徐林　兓侵3　ljum
鬵　邪侵 a3 開徐林　兓侵3　ljum
撍# 莊侵 a3 開側吟　兓侵3　ʔsrum
兂　莊侵 a3 開側吟　兓侵3　ʔsrum 说文簪正体
簪　莊侵 a3 開側吟　兓侵3　ʔsrum 说文同兂俗体

譖 莊侵 c3 開莊蔭 兓侵 3 ʔsrums
噆 精合 d1 開子答 兓緝 3 ʔsluub
葏 精仙 a3 開子仙 津元 2 ʔslen
津 精真 a3 開將鄰 津真 1 ʔslin
觔 見欣 a3 開舉欣 觔文 1 kɯn 筋论衡作觔,广韵、集韵原有竹头
筋 見欣 a3 開舉欣 筋文 1 kɯn 俗作筋
囏 見山 a2 開古閑 堇文 1 krɯɯn 艱古文,喜亦声
螼 溪真 b3b 開弃忍 堇文 1 khrɯnʔ
螼 溪真 c3b 開羌印 堇文 1 khrɯns
堇 群真 a3b 開巨巾 堇文 1 grɯn 甲金文象人交手恭立,为覲初文,下土为后加;又再加土转注为墐
墐 群真 a3b 開巨巾 堇文 1 grɯn 同堇转注
矜# 群真 a3b 開巨巾 堇文 1 grɯn 古作矝
僅 群真 c3b 開渠遴 堇文 1 grɯns
瑾 群真 c3b 開渠遴 堇文 1 grɯns
覲 群真 c3b 開渠遴 堇文 1 grɯns 堇转注字
殣 群真 c3b 開渠遴 堇文 1 grɯns
饉 群真 c3b 開渠遴 堇文 1 grɯns
廑 群真 c3b 開渠遴 堇文 1 grɯns
瘽 群真 c3b 開渠遴 堇文 1 grɯns
墐 群真 c3b 開渠遴 堇文 1 grɯns
歏# 群真 c3b 開渠遴 堇文 1 grɯns
鄞 疑真 a3b 開語巾 堇文 1 ŋgrɯn
謹 見欣 b3 開居隱 堇文 1 kɯnʔ
槿 見欣 b3 開居隱 堇文 1 kɯnʔ
堇 見欣 b3 開居隱 堇文 1 kɯnʔ
瑾# 見欣 b3 開居隱 堇文 1 kɯnʔ 王韵作墐,拭义
慬# 見欣 b3 開居隱 堇文 1 kɯnʔ
勤 群欣 a3 開巨斤 堇文 1 gɯn
慬# 群欣 a3 開巨斤 堇文 1 gɯn
瘽 群欣 a3 開巨斤 堇文 1 gɯn
懃 群欣 a3 開巨斤 堇文 1 gɯn
懄# 群欣 a3 開巨斤 堇文 1 gɯn 同慬
瘽 群欣 b3 開其謹 堇文 1 gɯnʔ
鄞 疑欣 a3 開語斤 堇文 1 ŋgɯn
濜 精真 a3 開將鄰 盡真 1 ʔslin
盡 精真 b3 開即忍 盡真 1 ʔslinʔ
盡 從真 b3 開慈忍 盡真 1 zlinʔ
濜 從真 b3 開慈忍 盡真 1 zlinʔ
賮 邪真 c3 開徐刃 盡真 1 ljins
燼 邪真 c3 開徐刃 盡真 1 ljins
藎 邪真 c3 開徐刃 盡真 1 ljins
濜 邪真 c3 開徐刃 盡真 1 ljins
壗 邪真 c3 開徐刃 盡真 1 ljins 余校改作璶
璶 邪真 c3 開徐刃 盡真 1 ljins 原误壗,依校本改同说文
濜 崇真 b3 開鉏紖 盡真 1 zrinʔ 原列準韵
鄑 精支 a3 開即移 晉歌 2 ʔsel
戩 精仙 b3 開即淺 晉元 2 ʔsenʔ
榗 精仙 c3 開子賤 晉元 2 ʔsens
晉 精真 c3 開即刃 晉真 1 ʔsins
縉 精真 c3 開即刃 晉真 1 ʔsins
搢 精真 c3 開即刃 晉真 1 ʔsins
瑨# 精真 c3 開即刃 晉真 1 ʔsins
璡 精真 a3 開將鄰 進真 1 ʔslin 读若津
進 精真 c3 開即刃 進真 1 ʔslins/ʔljins>说文閵省声
璡 精真 c3 開即刃 進真 1

ʔslins 同瓚
羥 溪山 a2 開苦閑 坙元 2 khreen
侹# 疑先 a4 開五堅 坙元 2 ŋgeen
勁 群庚 a3 開渠京 坙耕 geŋ
牼 溪耕 a2 開口莖 坙耕 khreeŋ
硜 溪耕 a2 開口莖 坙耕 khreeŋ 见论语
誙 溪耕 a2 開口莖 坙耕 khreeŋ 见庄子
羥 溪耕 a2 開口莖 坙耕 khreeŋ
娙 疑耕 a2 開五莖 坙耕 ŋgreeŋ
侹# 疑耕 a2 開五莖 坙耕 ŋgreeŋ
莖 匣耕 a2 開户耕 坙耕 greeŋ
牼 匣耕 a2 開户耕 坙耕 greeŋ
莖 影耕 a2 開烏莖 坙耕 qreeŋ
桱 徹清 a3 開丑貞 坙耕 khl'eŋ 仪礼
頸 見清 b3 開居郢 坙耕 keŋʔ
勁 見清 c3 開居正 坙耕 keŋs
罄 溪清 a3 開去盈 坙耕 kheŋ
輕 溪清 a3 開去盈 坙耕 kheŋ
輕 溪清 c3 開墟正 坙耕 kheŋs
勁 群清 a3 開巨成 坙耕 geŋ
頸 群清 a3 開巨成 坙耕 geŋ
痙 群清 b3 開巨郢 坙耕 geŋʔ
痙 群清 b3 開巨郢 坙耕 geŋʔ
娙 匣青 a4 開户經 坙耕 geeŋ
經 見青 a4 開古靈 坙耕 keeŋ
涇 見青 a4 開古靈 坙耕 keeŋ
鵛 見青 a4 開古靈 坙耕 keeŋ
坙 見青 a4 開古靈 坙耕 keeŋ
剄 見青 b4 開古挺 坙耕 keeŋʔ
烴# 見青 b4 開古挺 坙耕 keeŋʔ
徑 見青 c4 開古定 坙耕 keeŋs 见尔雅、老子
徑 見青 c4 開古定 坙耕 keeŋs
經 見青 c4 開古定 坙耕 keeŋs
逕 見青 c4 開古定 坙耕 keeŋs 见庄子、论衡
桱 見青 c4 開古定 坙耕 keeŋs
罄 溪青 c4 開苦定 坙耕 kheeŋs
蛵 曉青 a4 開呼刑 坙耕 qheeŋ
陘 匣青 a4 開户經 坙耕 geeŋ
鋞 匣青 a4 開户經 坙耕 geeŋ
鋞 匣青 b4 開胡頂 坙耕 geeŋʔ
脛 匣青 b4 開胡頂 坙耕 geeŋʔ
脛 匣青 c4 開胡定 坙耕 geeŋs
踁# 匣青 c4 開胡定 坙耕 geeŋs 同脛
勁+ 見欣 c3 開居焮+ 坙文 1 kɯns 今训读为劤
涼 來陽 a3 開吕張 京陽 g・raŋ
凉# 來陽 a3 開吕張 京陽 g・raŋ 俗涼字
椋 來陽 a3 開吕張 京陽 g・raŋ
綡# 來陽 a3 開吕張 京陽 g・raŋ
輬 來陽 a3 開吕張 京陽 g・raŋ
諒 來陽 c3 開力讓 京陽 g・raŋs
掠 來陽 c3 開力讓 京陽 g・raŋs
涼 來陽 c3 開力讓 京陽 g・raŋs
弶 群陽 c3 開其亮 京陽 glaŋs
京 見庚 a3 開舉卿 京陽 kraŋ
麠 見庚 a3 開舉卿 京陽 kraŋ 同麖
鶁# 見庚 a3 開舉卿 京陽 kraŋ
景 見庚 b3 開居影 京陽 kraŋʔ
鯨 群庚 a3 開渠京 京陽 graŋ
黥 群庚 a3 開渠京 京陽 graŋ
勍 群庚 a3 開渠京 京陽 graŋ
剠 群庚 a3 開渠京 京陽 graŋ 同黥，见易林

倞 群庚 c3 開渠敬 京陽 graŋs
影 影庚 b3 開於丙 京陽 qraŋʔ古作景，颜之推说葛洪字苑始加彡
璟 影庚 b3 開於丙 京陽 qraŋʔ
憬 見庚 b3 合俱永 京陽 kʷraŋʔ
璟 見庚 b3 合俱永 京陽 kʷraŋʔ
暻♯ 見庚 b3 合俱永 京陽 kʷraŋʔ
澋♯ 匣庚 b2 合乎誉 京陽 gʷraaŋʔ乎由呼校改
掠 來藥 d3 開離灼 京鐸 g·rag
晶 精清 a3 開子盈 晶耕 ʔsleŋ
兢 見蒸 a3 開居陵 兢蒸 kɯŋ
殑♯ 群蒸 a3 開其矜 兢蒸 gɯŋ
殑♯ 群蒸 b3 開其拯 兢蒸 gɯŋʔ
殑♯ 群蒸 c3 開其餕 兢蒸 gɯŋs
硎♯ 溪庚 a2 開客庚 井耕 khraaŋ<eeŋ同阬坑，集韵别义
耕 見耕 a2 開古莖 井耕 kreeŋ
荊 見庚 a3 開舉卿 井耕 keŋ
井 精清 b3 開子郢 井耕 skeŋʔ丼注今体，甲金文为型初文
丼1 精清 b3 開子郢 井耕 skeŋʔ说文井字
姘 從清 b3 開疾郢 井耕 sgeŋʔ
穽 從清 b3 開疾郢 井耕 sgeŋʔ
阱 從清 b3 開疾郢 井耕 sgeŋʔ
穽 從清 c3 開疾政 井耕 sgeŋs
阱 從清 c3 開疾正* 井耕 sgeŋs同穽
汫 從青 b4 開徂醒 井耕 sgeeŋʔ
硎 匣青 a4 開户經 井耕 geeŋ见庄子
刑 匣青 a4 開户經 井耕 geeŋ
形 匣青 a4 開户經 井耕 geeŋ
邢 匣青 a4 開户經 井耕 geeŋ
鉶 匣青 a4 開户經 井耕 geeŋ
型 匣青 a4 開户經 井耕 geeŋ井转注字
侀 匣青 a4 開户經 井耕 geeŋ
滰 群陽 b3 開其兩 竟陽 gaŋʔ
境 見庚 b3 開居影 竟陽 kraŋʔ
竟 見庚 c3 開居慶 竟陽 kraŋ/s
鏡 見庚 c3 開居慶 竟陽 kraŋs
獍♯ 見庚 c3 開居慶 竟陽 kraŋs
樈 群庚 a3 開渠京 竟陽 graŋ
璄♯ 影庚 b3 開於丙 竟陽 qraŋʔ同璟
摬 影庚 b3 開於丙 竟陽 qraŋʔ
蟼 見麻 a2 開古牙 敬魚 kraa见尔雅
憼 見陽 b3 開居兩 敬陽 kaŋʔ
驚 見庚 a3 開舉卿 敬耕 kreŋ
蟼 見庚 a3 開舉卿 敬耕 kreŋ见尔雅
警 見庚 b3 開居影 敬耕 kreŋʔ
儆 見庚 b3 開居影 敬耕 kreŋʔ
憼 見庚 b3 開居影 敬耕 kreŋʔ
璥 見庚 b3 開居影 敬耕 keŋʔ
蟼 見庚 b3 開居影 敬耕 kreŋʔ见尔雅
檠 見庚 b3 開居影 敬耕 kreŋʔ原同说文作檄，此注内或体，见韩非子
敬 見庚 c3 開居慶 敬耕 kreŋs
擎 群庚 a3 開渠京 敬耕 greŋ见庄子
檠 群庚 a3 開渠京 敬耕 greŋ
儆 群庚 c3 開渠敬 敬耕 greŋs
檠 群庚 c3 開渠敬 敬耕 greŋs
噭♯ 群庚 c3 開渠敬 敬耕 greŋs
誩 群陽 b3 開其兩 誩陽 gaŋʔ又他绀切，属嚞声

詰　群庚 c3 開渠敬　詰陽　graŋs 競分化字

競　群庚 c3 開渠敬　詰陽　graŋs

苘# 溪清 b3 合去潁　冋耕　khʷeŋʔ 说文作檾

詗　曉清 c3 合休正　冋耕　qhʷeŋs

駉　見青 a4 合古螢　冋耕　kʷeeŋ

坰　見青 a4 合古螢　冋耕　kʷeeŋ

冋　見青 a4 合古螢　冋耕　kʷeeŋ

絅　見青 a4 合古螢　冋耕　kʷeeŋ

扃　見青 a4 合古螢　冋耕　kʷeeŋ

炯　見青 b4 合古迥　冋耕　kʷeeŋʔ

苘# 溪青 b4 合口迥　冋耕　khʷeeŋʔ 同檾

絅　溪青 b4 合口迥　冋耕　khʷeeŋʔ

詗　曉青 b4 合火迥　冋耕　qhʷeeŋʔ

迥　匣青 b4 合户頂　冋耕　gʷeeŋʔ

冋　匣青 b4 合户頂　冋耕　gʷeeŋʔ

炯　匣青 b4 合户頂　冋耕　gʷeeŋʔ

泂　匣青 b4 合户頂　冋耕　gʷeeŋʔ

囧　見庚 b3 合俱永　囧陽　kmraŋʔ 读若獷，与朙同声符

臩# 見青 b4 合古迥　臩耕　kʷeeŋʔ

臩# 見庚 b3 合俱永　臩陽　kʷraŋʔ

臩　見陽 b3 合俱往　臦陽　kʷaŋʔ

臦　見陽 c3 合居況　臦陽　kʷaŋs

臩　見庚 b3 合俱永　臦陽　kʷraŋʔ

艽+ 見肴 a2 開古肴+ 丩幽2　krɯɯw 艽今体，集韵正体下从丩

艽# 見肴 a2 開古肴　丩幽3　kriiw 艿/艽俗讹体

荍　群宵 a3a 開渠遥　丩幽3　giw

叫　見蕭 c4 開古弔　丩幽3　kiiws

訆　見蕭 c4 開古弔　丩幽3　kiiws

嘂　見蕭 c4 開古弔　丩幽3　kiiws

收　書尤 a3 開式州　丩幽2　qhljɯw

收　書尤 c3 開舒救　丩幽2　qhljɯws

糾+ 見尤 a3 開居求+ 丩幽2　kɯw 丩今分化字

朻　見尤 a3 開居求　丩幽2　kɯw

丩　見尤 a3 開居求　丩幽2　kɯw

丩　見幽 a3 開居虯　丩幽2　krɯw 注为今体

朻　見幽 a3 開居虯　丩幽2　krɯw

赳　見幽 a3 開居虯　丩幽2　krɯw

糾　見幽 b3 開居黝　丩幽2　krɯwʔ 丩字转注

赳　見幽 b3 開居黝　丩幽2　krɯwʔ

朻　見幽 b3 開居黝　丩幽2　krɯwʔ

虬　群幽 a3 開渠幽　丩幽2　grɯw 虯通用简体

虯　群幽 a3 開渠幽　丩幽2　grɯw

觓　群幽 a3 開渠幽　丩幽2　grɯw

尻　溪豪 a1 開苦刀　九幽1　khuu

訄# 溪豪 a1 開苦刀　九幽1　khuu

艽+ 見肴 a2 開古肴+ 九幽1　qhrɯɯw 艽今体，集韵正体从丩，本属丩声

虓　曉肴 a2 開許交　九幽1　qhruu

鳩　見尤 a3 開居求　九幽1　ku

勼　見尤 a3 開居求　九幽1　ku

九　見尤 b3 開舉有　九幽1　kuʔ

究　見尤 c3 開居祐　九幽1　kus

訄　溪尤 a3 開去鳩　九幽1　khu

仇　群尤 a3 開巨鳩　九幽1　gu

𧢳　群尤 a3 開巨鳩　九幽1　gu

犰　群尤 a3 開巨鳩　九幽1　gu 见山海经

叴　群尤 a3 開巨鳩　九幽1　gu

厹　群尤 a3 開巨鳩　九幽1　gu 同叴，见诗

頄　群尤 a3 開巨鳩　九幽1　gu 见易

艽　群尤 a3 開巨鳩　九幽1　gu

杌　群尤 a3 開巨鳩　九幽1　gu

馗　群尤 a3 開巨鳩　九幽1　gu

扏[#] 群尤 a3 開巨鳩　九幽1　gu

訄[#] 群尤 a3 開巨鳩　九幽1　gu

釚[#] 群尤 a3 開巨鳩　九幽1　gu

肍　群尤 a3 開巨鳩　九幽1　gu

觓　群尤 a3 開巨鳩　九幽1　gu

軌　見脂 b3b 合居洧　九幽2　k^{w}rɯwʔ<-uwʔ

杌　見脂 b3b 合居洧　九幽2　k^{w}rɯwʔ<-uwʔ 簋古文

宄　見脂 b3b 合居洧　九幽2　k^{w}rɯwʔ<-uwʔ 藏文 rku

氿　見脂 b3b 合居洧　九幽2　k^{w}rɯwʔ<-uwʔ

匭　見脂 b3b 合居洧　九幽2　k^{w}rɯwʔ<-uwʔ 说文作簋古文

馗　群脂 a3b 合渠追　九幽2　g^{w}rɯw<-uw 集韵改渠龜切

艽　群脂 a3b 合渠追　九幽2　g^{w}rɯw<-uw 集韵改渠龜切

頄　群脂 a3b 合渠追　九幽2　g^{w}rɯw<-uw 见易，集韵改渠龜切

氿[#] 見屋 d3 合居六　九覺1　kug

旭　曉燭 d3 合許玉　九屋　qh^{w}og

畂[#] 來尤 c3 開力救　久之　g^{w}·rɯs>rus

久　見尤 b3 開舉有　久之　k^{w}lɯʔ 灸初文

灸　見尤 b3 開舉有　久之　k^{w}lɯʔ 久字转注

玖　見尤 b3 開舉有　久之　k^{w}lɯʔ

灸　見尤 c3 開居祐　久之　k^{w}lɯs 久字转注

疚　見尤 c3 開居祐　久之　k^{w}lɯs

柩　群尤 c3 開巨救　久之　g^{w}lɯs

羑　以尤 b3 開與久　久之　g^{w}·lɯʔ>luʔ

韭　見尤 b3 開舉有　韭幽1　kuʔ

臼　群尤 b3 開其九　臼幽1　guʔ

齨　群尤 b3 開其九　臼幽1　guʔ

柏[+] 群尤 b3 開巨九[*]　臼幽1　guʔ 集韵楷后起字(手册误列舅后，未加说明)

舅　群尤 b3 開其九　臼幽1　guʔ

舊　群尤 c3 開巨救　臼之　g^{w}ɯs

匶　群尤 c3 開巨救　臼之　g^{w}ɯs 柩古文

咎　見豪 a1 開古勞　咎幽2　kɯɯw/-uuw

鼛　見豪 a1 開古勞　咎幽2　kɯɯw/-uuw

櫜　見豪 a1 開古勞　咎幽2　kɯɯw/-uuw

倃　見豪 a1 開古勞　咎幽2　kɯɯw/-uuw

綹　來尤 b3 開力久　咎幽2　g·rɯwʔ/-uwʔ

咎　群尤 b3 開其九　咎幽2　gɯwʔ/-uwʔ

倃　群尤 b3 開其九　咎幽2　gɯwʔ/-uwʔ

麔　群尤 b3 開其九　咎幽2　gɯwʔ/-uwʔ

晷　見脂 b3b 合居洧　咎幽2　k^{w}rɯwʔ<-uwʔ

厬　見脂 b3b 合居洧　咎幽2　k^{w}rɯwʔ<-uwʔ

僦　精尤 c3 開即就　就奥1　ʔsugs

就　從尤 c3 開疾僦　就奥 1　zugs 秦简、汉帛右皆从又，下加点划，此表京已筑就。决非尤声

鷲　從尤 c3 開疾僦　就奥 1　zugs

殧# 從尤 c3 開疾僦　就奥 1　zugs

噈　精屋 d3 合子六　就覺 1　?sug 说文歠或体

殧# 精屋 d3 合子六　就覺 1　?sug

蹴　精屋 d3 合子六　就覺 1　?sug

蹴　清屋 d3 合七宿　就覺 1　shug

殧# 清屋 d3 合七宿　就覺 1　shug

廄　見尤 c3 開居祐　廄幽 2　kɯws

匓　見尤 c3 開居祐　廄幽 2　kɯws

閰# 見屋 d3 合居六　臼覺 1　kug 从居玉切之臼声

菊　見屋 d3 合居六　匊覺 1　kug

鞠　見屋 d3 合居六　匊覺 1　kug/klug

掬　見屋 d3 合居六　匊覺 1　klug

匊　見屋 d3 合居六　匊覺 1　klug

鵴　見屋 d3 合居六　匊覺 1　kug

椈　見屋 d3 合居六　匊覺 1　kug

諊# 見屋 d3 合居六　匊覺 1　kug

踘　見屋 d3 合居六　匊覺 1　kug 见战国策

趜　見屋 d3 合居六　匊覺 1　kug

蘜　見屋 d3 合居六　匊覺 1　kug 通作菊

鞫　見屋 d3 合居六　匊覺 1　kug 集韵亦作諊，说文从幸勹言，上加竹为竹声，幸勹为甲文梏初文，疑即梏分化字

鞠# 見屋 d3 合居六　匊覺 1　kug

麴　溪屋 d3 合驅匊　匊覺 1　khug

鞠　溪屋 d3 合驅匊　匊覺 1　khug/khlug

趜　群屋 d3 合渠竹　匊覺 1　gug

鵴　群屋 d3 合渠竹　匊覺 1　gug

鞠　群屋 d3 合渠竹　匊覺 1　gug/glug 后世变毬

毱　群屋 d3 合渠竹　匊覺 1　gug 集韵同鞠

踘　群屋 d3 合渠竹　匊覺 1　gug 见战国策，后世变毬

蘜　群屋 d3 合渠竹　匊覺 1　gug

鋦# 見燭 d3 合居玉　局屋　kog

挶　見燭 d3 合居玉　局屋　kog

梮　見燭 d3 合居玉　局屋　kog 见汉书

局　群燭 d3 合渠玉　局屋　gog

跼　群燭 d3 合渠玉　局屋　gog 见战国策

侷# 群燭 d3 合渠玉　局屋　gog 局分化字

䀹# 曉昔 d3 合許役　狊錫　qhʷeg

湨　見錫 d4 合古闃　狊錫　kʷeg 见春秋

郹　見錫 d4 合古闃　狊錫　kʷeg

狊　見錫 d4 合古闃　狊錫　kʷeg

鶪　見錫 d4 合古闃　狊錫　kʷeg 后讹鵙

䴉　見錫 d4 合古闃　狊錫　kʷeg

椇　見錫 d4 合古闃　狊錫　kʷeg

闃　溪錫 d4 合苦鶪　狊錫　khʷeg

䀹# 曉錫 d4 合呼狊　狊錫　qhʷeg

狊　曉錫 d4 合呼狊　狊錫　qhʷeg

柜　見魚 b3 合居許　巨魚　ka?

渠　群魚 a3 合强魚　巨魚　ga

磲# 群魚 a3 合强魚　巨魚　ga

蕖　群魚 a3 合强魚　巨魚　ga 见尔雅

蟝　群魚 a3 合强魚　巨魚　ga 见方言

璖# 群魚 a3 合强魚　巨魚　ga 集韵同璩

淭# 群魚 a3 合强魚　巨魚　ga 方言渠挐之渠讹体

巨 群魚 b3 合其吕 巨魚 gaʔ
距 群魚 b3 合其吕 巨魚 gaʔ
拒 群魚 b3 合其吕 巨魚 gaʔ
苣 群魚 b3 合其吕 巨魚 gaʔ
炬 群魚 b3 合其吕 巨魚 gaʔ 见史记，说文作苣
詎 群魚 b3 合其吕 巨魚 gaʔ
鉅 群魚 b3 合其吕 巨魚 gaʔ
秬 群魚 b3 合其吕 巨魚 gaʔ
粔 群魚 b3 合其吕 巨魚 gaʔ
駏 群魚 b3 合其吕 巨魚 gaʔ 见淮南子更古作距
岠 群魚 b3 合其吕 巨魚 gaʔ
詎 群魚 c3 合其據 巨魚 gas
矩 見虞 b3 合俱雨 巨魚 k^{w}aʔ
榘 見虞 b3 合俱雨 巨魚 k^{w}aʔ
勾+ 見侯 a1 開古侯+ 句侯 koo 句转注字，王韵注为俗体
鉤 見侯 a1 開古侯 句侯 koo
鴝 見侯 a1 開古侯 句侯 koo
句 見侯 a1 開古侯 句侯 koo
夠 見侯 a1 開古侯 句侯 koo
枸 見侯 a1 開古侯 句侯 koo
軥 見侯 a1 開古侯 句侯 koo
狗 見侯 b1 開古厚 句侯 kooʔ/klooʔ
苟 見侯 b1 開古厚 句侯 kooʔ
岣# 見侯 b1 開古厚 句侯 kooʔ
枸 見侯 b1 開古厚 句侯 kooʔ
笱 見侯 b1 開古厚 句侯 kooʔ
玽 見侯 b1 開古厚 句侯 kooʔ
耇 見侯 b1 開古厚 句侯 kooʔ
豿 見侯 b1 開古厚 句侯 kooʔ 见汉律
敂 見侯 b1 開古厚 句侯 kooʔ
夠 見侯 c1 開古候 句侯 koos
怐 見侯 c1 開古候 句侯 koos 见九辩
句 見侯 c1 開古候 句侯 koos
軥 見侯 c1 開古候 句侯 koos
雊 見侯 c1 開古候 句侯 koos
夠 溪侯 a1 開恪侯 句侯 khoo
竘 溪侯 b1 開苦后 句侯 khooʔ 见逸周书
怐 溪侯 c1 開苦候 句侯 khoos 见九辩
齁 曉侯 a1 開呼侯 句侯 qhoo 见汉赋
呴 曉侯 b1 開呼后 句侯 qhooʔ 见九怀
蚼 曉侯 b1 開呼后 句侯 qhooʔ
豞# 曉侯 c1 開呼漏 句侯 qhoos
詬 曉侯 c1 開呼漏 句侯 qhoos 说文同詬
佝# 曉侯 c1 開呼漏 句侯 qhoos/qhloos 说文佝另一音义
怐 曉侯 c1 開呼漏 句侯 qhoos 同佝，见九辩
詬 匣侯 c1 開胡遘 句侯 goos 说文同詬
拘 見虞 a3 合舉朱 句侯 ko
駒 見虞 a3 合舉朱 句侯 ko
眗# 見虞 a3 合舉朱 句侯 ko
岣# 見虞 a3 合舉朱 句侯 ko
跔 見虞 a3 合舉朱 句侯 ko
鮈# 見虞 a3 合舉朱 句侯 ko
痀 見虞 a3 合舉朱 句侯 ko/klo
枸 見虞 b3 合俱雨 句侯 koʔ
蒟 見虞 b3 合俱雨 句侯 koʔ
句 見虞 c3 合九遇 句侯 kos 朱骏声从丩口声

絇　見虞 c3 合九遇　句侯　kos
怐♯　見虞 c3 合九遇　句侯　kos
郇　見虞 c3 合九遇　句侯　kos
蒟　見虞 c3 合九遇　句侯　kos
竘　溪虞 b3 合驅雨　句侯　khoʔ
句　群虞 a3 合其俱　句侯　go
劬　群虞 a3 合其俱　句侯　go
朐　群虞 a3 合其俱　句侯　go 由眗校改（切韵、集韵、説文皆作“眗”）
軥　群虞 a3 合其俱　句侯　go
鴝　群虞 a3 合其俱　句侯　go
鼩　群虞 a3 合其俱　句侯　go
斪　群虞 a3 合其俱　句侯　go
翑♯　群虞 a3 合其俱　句侯　go 同鴝，又说文作翑，俱雨切
蒟　群虞 a3 合其俱　句侯　go 见尔雅
蚼　群虞 a3 合其俱　句侯　go
絇　群虞 a3 合其俱　句侯　go
姁　群虞 a3 合其俱　句侯　go
欨　曉虞 a3 合況于　句侯　qho
姁♯　曉虞 a3 合況于　句侯　qho
姁　曉虞 b3 合況羽　句侯　qhoʔ
欨　曉虞 b3 合況羽　句侯　qhoʔ
呴　曉虞 b3 合況羽　句侯　qhoʔ
煦　曉虞 b3 合況羽　句侯　qhoʔ
煦　曉虞 c3 合香句　句侯　qhos
眗　曉虞 c3 合香句　句侯　qhos
呴　曉虞 c3 合香句　句侯　qhos 见庄子，说文作欨
姁　曉虞 c3 合香句　句侯　qhos
豞♯　曉覺 d2 開許角　句屋　qhroog 与豿同源
俱　見虞 a3 合舉朱　具侯　ko
椇　見虞 b3 合俱雨　具侯　koʔ 见礼记

具　群虞 c3 合其遇　具侯　gos
埧♯　群虞 c3 合其遇　具侯　gos
俱＋　群虞 c3 合其遇＋　具侯　gos 具今分化字
颶♯　群虞 c3 合衢遇＊　具侯　gos
瞿　見虞 c3 合九遇　瞿魚　kʷas 䀠分化字
瞿　群虞 a3 合其俱　瞿魚　gʷa 见书
衢　群虞 a3 合其俱　瞿魚　gʷa
氍　群虞 a3 合其俱　瞿魚　gʷa
癯　群虞 a3 合其俱　瞿魚　gʷa 同臞
蠷　群虞 a3 合其俱　瞿魚　gʷa 见史记
臞　群虞 a3 合其俱　瞿魚　gʷa
欋　群虞 a3 合其俱　瞿魚　gʷa
鸜　群虞 a3 合其俱　瞿魚　gʷa
灈　群虞 a3 合其俱　瞿魚　gʷa
躍　群虞 a3 合其俱　瞿魚　gʷa
忂　群虞 a3 合其俱　瞿魚　gʷa 同躍
戵♯　群虞 a3 合其俱　瞿魚　gʷa 尚书作瞿
鑺♯　群虞 a3 合其俱　瞿魚　gʷa 同戵
懼　群虞 c3 合其遇　瞿魚　gʷas
臞　群虞 c3 合其遇　瞿魚　gʷas
潫♯　影删 a2 合烏關　卷元3　qroon
豢　匣删 c2 合胡慣　卷元3　groons
勬♯　見仙 a3b 合居員　卷元3　kron
弮　見仙 b3b 合居轉　卷元3　kronʔ
勬♯　見仙 c3b 合居倦　卷元3　krons
眷　見仙 c3b 合居倦　卷元3　krons
桊　見仙 c3b 合居倦　卷元3　krons
絭　見仙 c3b 合居倦　卷元3　krons
鬈　見仙 c3b 合居倦　卷元3　krons
飬♯　見仙 c3b 合居倦　卷元3　krons
卷♯　溪仙 a3b 合丘圓　卷元3　khron

絭 溪仙 c3b 合區倦 关元 3 khrons
拳 群仙 a3b 合巨員 关元 3 gron
卷 群仙 a3b 合巨員 关元 3 gron
觠 群仙 a3b 合巨員 关元 3 gron
齤 群仙 a3b 合巨員 关元 3 gron
韏 群仙 c3b 合渠卷 关元 3 grons
潫# 影仙 a3a 合於縁 关元 2 qon
潫# 影仙 a3b 合於權 关元 3 qron
絭 見元 c3 合居願 关元 3 kons
券 溪元 c3 合去願 关元 3 khons
絭 溪元 c3 合去願 关元 3 khons
韏 溪元 c3 合去願 关元 3 khons
絭 見燭 d3 合居玉 关屋 kog
腃# 溪脂 c3b 合丘愧 卷微 2 khruls
卷 見仙 b3b 合居轉 卷元 3 kronʔ 本关声
菤 見仙 b3b 合居轉 卷元 3 kronʔ 见尔雅
捲 見仙 b3b 合居轉 卷元 3 kronʔ
埢# 見仙 b3b 合居轉 卷元 3 kronʔ
卷 見仙 c3b 合居倦 卷元 3 krons 同眷：书卷
睠 見仙 c3b 合居倦 卷元 3 krons 同眷，见诗小雅
捲 見仙 c3b 合居倦 卷元 3 krons
眷 見仙 c3b 合居倦 卷元 3 krons 汉书表弓弦
犈 見仙 c3b 合居倦 卷元 3 krons
棬 溪仙 a3b 合丘圓 卷元 3 khron 见孟子
鬈 溪仙 a3b 合丘圓 卷元 3 khron
圈* 溪仙 a3b 合驅圓* 卷元 3 khron 同棬
鬈 群仙 a3b 合巨員 卷元 3 gron
蜷 群仙 a3b 合巨員 卷元 3 gron 见离骚
踡 群仙 a3b 合巨員 卷元 3 gron 见素问
婘# 群仙 a3b 合巨員 卷元 3 gron
犈 群仙 a3b 合巨員 卷元 3 gron
捲 群仙 a3b 合巨員 卷元 3 gron
腃 群仙 a3b 合逵員* 卷元 3 gron 见考工记
圈 群仙 b3b 合渠篆 卷元 3 gronʔ
䕰 群仙 b3b 合渠篆 卷元 3 gronʔ 见尔雅
倦 群仙 c3b 合渠卷 卷元 3 grons
淃# 群仙 c3b 合渠卷 卷元 3 grons
圈 溪元 a3 合去爰* 卷元 3 khon 见礼记
綣 溪元 b3 合去阮 卷元 3 khonʔ
裷 溪元 b3 合去阮 卷元 3 khonʔ
綣 溪元 c3 合去願 卷元 3 khons
圈 群元 b3 合求晚 卷元 3 glonʔ
卷 群元 b3 合求晚 卷元 3 glonʔ
圈 群元 c3 合臼万 卷元 3 glons
裷 影元 a3 合於袁 卷元 3 qon
䕰 群諄 b3b 合渠殞 卷文 2 grunʔ 见尔雅
檇 從灰 a1 合昨回 雋微 2 zuul
臇 精支 a3 合遵為 雋歌 3 ʔsol 四声韵谱改莊母，余校疑讹拟删
嶲 心支 b3 合息委 雋歌 3 solʔ
檇 精脂 a3 合醉綏 雋微 2 ʔsul
檇 精脂 c3 合將遂 雋微 2 ʔsluls
鐫 精仙 a3 合子泉 雋元 3 ʔson
臇 精仙 b3 合子兖 雋元 3 ʔsonʔ
雋 從仙 b3 合徂兖 雋元 3 zonʔ
儁 精諄 c3 合子峻 雋文 2 ʔsuns
寯# 精諄 c3 合子峻 雋文 2 ʔsuns

雋 從仙 b3 合徂兖 雋元 3 zon? 俗雋字，见汉印

携# 匣齊 a4 合户圭 巂支 gʷlee 俗攜字

孑 見月 d3 合居月 孑月 3 kod 通用作孓

孑 見物 d3 合九物 孑物 2 kud

孓 見鍾 b3 合居悚 孓東 koŋ? 原作孑

孓 見月 d3 合居月 孓月 3 kod 原作孑

鱖 見祭 c3b 合居衛 欮祭 3 krods

蹶 見祭 c3b 合居衛 欮祭 3 krods

蹶 見薛 d3b 合紀劣 欮月 3 krod

厥 見月 d3 合居月 欮月 3 kod

欮 見月 d3 合居月 欮月 3 kod

蕨 見月 d3 合居月 欮月 3 kod

蹶 見月 d3 合居月 欮月 3 kod

劂 見月 d3 合居月 欮月 3 kod 见楚辞哀时命，说文作剧

瘚 見月 d3 合居月 欮月 3 kod 欮之转注字

蟨 見月 d3 合居月 欮月 3 kod

蟩# 見月 d3 合居月 欮月 3 kod 即孑孓之孓

橜 見月 d3 合居月 欮月 3 kod

撅 見月 d3 合居月 欮月 3 kod

鱖 見月 d3 合居月 欮月 3 kod

闕 溪月 d3 合去月 欮月 3 khod

橛 群月 d3 合其月 欮月 3 god 橜注或体见尔雅

鷢 群月 d3 合其月 欮月 3 god

橜 群月 d3 合其月 欮月 3 god

撅 群月 d3 合其月 欮月 3 god

蟨 群月 d3 合其月 欮月 3 god 蹶注或体见左传

蟨 群月 d3 合其月 欮月 3 god

厥 見物 d3 合九物 欮物 2 kud

蕝 精祭 c3 合子芮 絕祭 3 ?sods

脃 清祭 c3 合此芮 絕祭 3 shods

脆 清祭 c3 合此芮 絕祭 3 shods 俗脃字，见老子今本(范本作脃)

蕝 精薛 d3 合子悦 絕月 3 ?sod

絕 從薛 d3 合情雪 絕月 3 zod 刀断丝为卩(节)会意

釂 精宵 c3 開子肖 爵豹 2 ?sewɢs

嚼 精宵 c3 開子肖 爵豹 2 ?sewɢs

爝 精宵 c3 開子肖 爵豹 2 ?sewɢs

爵 精藥 d3 開即略 爵藥 2 ?sewɢ

爝 精藥 d3 開即略 爵藥 2 ?sewɢ

嚼 從藥 d3 開在爵 爵藥 2 zewɢ

爝 從藥 d3 開在爵 爵藥 2 zewɢ

皭 從藥 d3 開在爵 爵藥 2 zewɢ

穱 莊覺 d2 開側角 爵藥 2 ?sreewɢ

灂 崇覺 d2 開士角 爵藥 2 zreewɢ

钁 見藥 d3 合居縛 矍鐸 kʷag

攫 見藥 d3 合居縛 矍鐸 kʷag

矍 見藥 d3 合居縛 矍鐸 kʷag

躩 見藥 d3 合居縛 矍鐸 kʷag

玃 見藥 d3 合居縛 矍鐸 kʷag

貜 見藥 d3 合居縛 矍鐸 kʷag 同玃

彏 見藥 d3 合居縛 矍鐸 kʷag

躩 溪藥 d3 合丘縛 矍鐸 khʷag

躩 溪藥 d3 開丘縛 矍鐸 khʷag

戄 群藥 d3 合具籰 矍鐸 gʷag

貜 群藥 d3 合具籰 矍鐸 gʷag

戄# 群藥 d3 開具籰 矍鐸 gʷag

貜 群藥 d3 開具籰 矍鐸 gʷag 说文音王缚切

彋　曉藥 d3 合許縛　矍鐸　qh^{w}ag

愯　曉藥 d3 合許縛　矍鐸　qh^{w}ag

籰#　云藥 d3 合王縛　矍鐸　ɢ^{w}ag

涒　透魂 a1 合他昆　君文2　lhuun/khl'uun

麏　見諄 a3b 合居筠　君文2　krun 原列真韵，见楚辞，说文作麇麕

莙　見諄 a3b 合居筠　君文2　krun 原列真韵

輑　溪諄 a3b 合去倫　君文2　khrun 原列真韵

峮#　溪諄 a3b 合去倫　君文2　khrun 原列真韵

窘　群諄 b3b 合渠殞　君文2　grunʔ 原列軫韵

僒　群諄 b3b 合渠殞　君文2　grunʔ 原列軫韵

莙　群諄 b3b 合渠殞　君文2　grunʔ 原列軫韵

君　見文 a3 合舉云　君文2　klun

桾#　見文 a3 合舉云　君文2　klun

莙　見文 a3 合舉云　君文2　klun

宭　見文 a3 合舉云　君文2　klun

鮶#　見文 a3 合舉云　君文2　klun

捃　見文 c3 合居運　君文2　kluns 同攈，见说苑

群　群文 a3 合渠云　君文2　glun 羣字所注或体

羣　群文 a3 合渠云　君文2　glun

裙　群文 a3 合渠云　君文2　glun 裠所注或体，见释名

裠　群文 a3 合渠云　君文2　glun 同帬

帬　群文 a3 合渠云　君文2　glun

宭　群文 a3 合渠云　君文2　glun

焄　曉文 a3 合許云　君文2　qhlun

郡　群文 c3 合渠運　君文2　gluns

揮　曉微 a3 合許歸　軍微2　qhul

輝　曉微 a3 合許歸　軍微2　qhul 同煇

翬　曉微 a3 合許歸　軍微2　qhul

暉　曉微 a3 合許歸　軍微2　qhul 同輝

煇　曉微 a3 合許歸　軍微2　qhul

楎　曉微 a3 合許歸　軍微2　qhul

潿#　曉微 a3 合許歸　軍微2　qhul

韗　曉元 c3 合虛願　軍元3　qhons

褌　見魂 a1 合古渾　軍文2　kuun

鶤　見魂 a1 合古渾　軍文2　kuun

緷　見魂 b1 合古本　軍文2　kuunʔ

睴　見魂 c1 合古困　軍文2　kuuns

琿#　見魂 c1 合古困　軍文2　kuuns 同琯俗

瘒#　疑魂 a1 合牛昆　軍文2　ŋguun

顐#　疑魂 a1 合牛昆　軍文2　ŋguun 髡同族字

顐#　疑魂 c1 合五困　軍文2　ŋguuns 髡同族字

諢#　疑魂 c1 合五困　軍文2　ŋguuns

餫　匣魂 a1 合户昆　軍文2　guun 同餛

渾　匣魂 a1 合户昆　軍文2　guun/gluun

琿#　匣魂 a1 合户昆　軍文2　guun

鼲　匣魂 a1 合户昆　軍文2　guun

楎　匣魂 a1 合户昆　軍文2　guun

堚　匣魂 a1 合户昆　軍文2　guun 说文作𩫖

煇　匣魂 a1 合户昆　軍文2　guun

顐#　匣魂 a1 合户昆　軍文2　guun

渾　匣魂 b1 合胡本　軍文2　guunʔ/gluunʔ

鯶#　匣魂 b1 合胡本　軍文2　guunʔ 集

韵同鯇

緷　匣魂 b1 合胡本　軍文2　guunʔ

睴　匣魂 b1 合胡本　軍文2　guunʔ

煇　匣魂 b1 合胡本　軍文2　guunʔ

軍　見文 a3 合舉云　軍文2　kun

皸　見文 a3 合舉云　軍文2　kun见汉书

皸　見文 c3 合居運　軍文2　kuns见汉书

齳　疑文 b3 合魚吻　軍文2　ŋgunʔ

喗　疑文 b3 合魚吻　軍文2　ŋgunʔ

葷　曉文 a3 合許云　軍文2　qhun

惲　影文 b3 合於粉　軍文2　qunʔ

賱#　影文 b3 合於粉　軍文2　qunʔ

運　云文 c3 合王問　軍文2　ɢun/s

暈　云文 c3 合王問　軍文2　ɢuns见史记

餫　云文 c3 合王問　軍文2　ɢuns

韗　云文 c3 合王問　軍文2　ɢuns

鄆　云文 c3 合王問　軍文2　ɢuns

鶤　云文 c3 合王問　軍文2　ɢuns

緷　云文 c3 合王問　軍文2　ɢuns

K

開　溪咍 a1 開苦哀　開微1　khɯɯl

諐　溪仙 a3b 開去乾　侃元1　khran籀文愆

侃　溪寒 b1 開空旱　侃元1　khaanʔ

侃　溪寒 c1 開苦旰　侃元1　khaans

偘#　溪寒 c1 開苦旰　侃元1　khaans同侃，书法讹变

凵　溪凡 b3 合丘犯　凵談3　khomʔ

看　溪寒 a1 開苦寒　看元1　khaan

看　溪寒 c1 開苦旰　看元1　khaans

笐　見唐 a1 開古郎　亢陽　kaaŋ

亢　見唐 a1 開古郎　亢陽　kaaŋ

牨#　見唐 a1 開古郎　亢陽　kaaŋ说文作[illegible]

芫　見唐 a1 開古郎　亢陽　kaaŋ见汉赋

魧　見唐 a1 開古郎　亢陽　kaaŋ

迒　見唐 a1 開古郎　亢陽　kaaŋ

瓬　見唐 a1 開居郎*　亢陽　kaaŋ今作缸

邟#　溪唐 a1 開苦岡　亢陽　khaaŋ

忼　溪唐 b1 開苦朗　亢陽　khaaŋʔ

骯#　溪唐 b1 開苦朗　亢陽　khaaŋʔ

抗　溪唐 c1 開苦浪　亢陽　khaaŋs

炕　溪唐 c1 開苦浪　亢陽　khaaŋs

亢　溪唐 c1 開苦浪　亢陽　khaaŋs

伉　溪唐 c1 開苦浪　亢陽　khaaŋs

閌　溪唐 c1 開苦浪　亢陽　khaaŋs

犺　溪唐 c1 開苦浪　亢陽　khaaŋs

蚢　溪唐 c1 開苦浪　亢陽　khaaŋs见尔雅

砊#　溪唐 c1 開苦浪　亢陽　khaaŋs

邟　溪唐 c1 開苦浪　亢陽　khaaŋs

阬　溪唐 c1 開苦浪　亢陽　khaaŋs

頏　溪唐 c1 開苦浪　亢陽　khaaŋs

炕　曉唐 a1 開呼郎　亢陽　qhaaŋ

忼#　曉唐 a1 開呼郎　亢陽　qhaaŋ

航　匣唐 a1 開胡郎　亢陽　gaaŋ

迒　匣唐 a1 開胡郎　亢陽　gaaŋ

頏　匣唐 a1 開胡郎　亢陽　gaaŋ

魧　匣唐 a1 開胡郎　亢陽　gaaŋ

邟　匣唐 a1 開胡郎　亢陽　gaaŋ今作杭

杭　匣唐 a1 開胡郎　亢陽　gaaŋ

沆　匣唐 a1 開胡郎　亢陽　gaaŋ

蚢　匣唐 a1 開胡郎　亢陽　gaaŋ见尔雅

肮　匣唐 a1 開胡郎　亢陽　gaaŋ见秦简

苀 匣唐a1開胡郎 亢陽 gaaŋ见汉赋
抗 匣唐a1開胡郎 亢陽 gaaŋ
吭 匣唐a1開胡郎 亢陽 gaaŋ
沆 匣唐b1開胡朗 亢陽 gaaŋʔ
骯# 匣唐b1開胡朗 亢陽 gaaŋʔ
蚢 匣唐b1開胡朗 亢陽 gaaŋʔ见尔雅
吭 匣唐b1開胡朗 亢陽 gaaŋʔ
吭 匣唐c1開下浪 亢陽 gaaŋs
笐# 匣唐c1開下浪 亢陽 gaaŋs
骯+ 影唐a1開於郎* 亢陽 qaaŋ与坱佒相关
秔 見庚a2開古行 亢陽 kraaŋ
阬 溪庚a2開客庚 亢陽 khraaŋ
坑 溪庚a2開客庚 亢陽 khraaŋ同阬，见庄子
劥# 溪庚a2開客庚 亢陽 khraaŋ
砊# 溪庚a2開客庚 亢陽 khraaŋ
丂 溪豪b1開苦浩 丂幽1 khluuʔ古文考
攷 溪豪b1開苦浩 丂幽1 khluuʔ
考 溪豪b1開苦浩 丂幽1 khluuʔ老转注字
烤+ 溪豪b1開苦浩* 丂幽1 khluuʔ集韵作燺熇，又去声熇焅
拷# 溪豪b1開苦浩* 丂幽1 khluuʔ
栲 溪豪b1開苦浩 丂幽1 khluuʔ
洘# 溪豪b1開苦浩 丂幽1 khluuʔ
銬+ 溪豪c1開苦到+ 丂幽1 khluus与梏同源
巧 溪肴b2開苦絞 丂幽1 khruuʔ
巧 溪肴c2開苦教 丂幽1 khruus
朽 曉尤b3開許久 丂幽1 qhluʔ
彀 見侯c1開古候 㱿侯 koogs原文弓在下
㝅 見侯c1開古候 㱿侯 koogs

鷇 溪侯c1開苦候 㱿侯 khoogs
瞉 溪侯c1開苦候 㱿侯 khoogs目原在正下
豰 並覺d2開蒲角 㱿屋 p-ɢroog>broog
瑴 見覺d2開古岳 㱿屋 kroog说文珏或体
慤 溪覺d2開苦角 㱿屋 khroog
殼 溪覺d2開苦角 㱿屋 khroog右下原作一，此后起通用字，见论衡
觳 溪覺d2開苦角 㱿屋 khroog
嗀 曉覺d2開許角 㱿屋 qhroog
㝅 見屋d1合古祿 㱿屋 koog
穀 見屋d1合古祿 㱿屋 kloog
糓# 見屋d1合古祿 㱿屋 kloog俗穀字
轂 見屋d1合古祿 㱿屋 kloog
榖 見屋d1合古祿 㱿屋 kloog
瀔# 見屋d1合古祿 㱿屋 koog
嗀 曉屋d1合呼木 㱿屋 qhoog
豰 曉屋d1合呼木 㱿屋 qhoog
觳 匣屋d1合胡谷 㱿屋 goog
縠 匣屋d1合胡谷 㱿屋 gloog
砢 來歌b1開來可 可歌1 g·raalʔ
柯 見歌a1開古俄 可歌1 kaal
菏 見歌a1開古俄 可歌1 kaal说文苛声
牁# 見歌a1開古俄 可歌1 kaal
渮 見歌a1開古俄 可歌1 kaal
哥 見歌a1開古俄 可歌1 kaal后作歌
歌 見歌a1開古俄 可歌1 kaal
謌 見歌a1開古俄 可歌1 kaal同歌
鴚 見歌a1開古俄 可歌1 kaal

哿　見歌 b1 開古我　可歌 1　kaalʔ

舸　見歌 b1 開古我　可歌 1　kaalʔ 见方言

笴　見歌 b1 開古我　可歌 1　kaalʔ

軻　溪歌 a1 開苦何　可歌 1　khaal

珂　溪歌 a1 開苦何　可歌 1　khaal

可　溪歌 b1 開枯我　可歌 1　khaalʔ

岢# 溪歌 b1 開枯我　可歌 1　khaalʔ

軻　溪歌 b1 開枯我　可歌 1　khaalʔ

坷　溪歌 b1 開枯我　可歌 1　khaalʔ

坷　溪歌 c1 開口箇　可歌 1　khaals

軻　溪歌 c1 開口箇　可歌 1　khaals

蚵　溪歌 c1 開口箇　可歌 1　khaals 引尔雅，今本作何

呵　曉歌 a1 開虎何　可歌 1　qhaal 同訶，又集韵笑、气出，今字作哈

訶　曉歌 a1 開虎何　可歌 1　qhaal

抲　曉歌 a1 開虎何　可歌 1　qhaal 注擔抲俗。说文抲撝

呵　曉歌 c1 開呼箇　可歌 1　qhaals 见关尹子

荷+ 曉歌 c1 開許箇*　可歌 1　qhaals 薄荷，蔄的今字

何　匣歌 a1 開胡歌　可歌 1　gaal

河　匣歌 a1 開胡歌　可歌 1　gaal

苛　匣歌 a1 開胡歌　可歌 1　gaal

蚵# 匣歌 a1 開胡歌　可歌 1　gaal

魺　匣歌 a1 開胡歌　可歌 1　gaal 见尔雅

荷　匣歌 a1 開胡歌　可歌 1　gaal

菏# 匣歌 a1 開胡歌　可歌 1　gaal

荷　匣歌 b1 開胡可　可歌 1　gaalʔ 说文作何

何　匣歌 b1 開胡可　可歌 1　gaalʔ 同荷

袔# 匣歌 c1 開胡箇　可歌 1　gaals

阿　影歌 a1 開烏何　可歌 1　qaal

妸　影歌 a1 開烏何　可歌 1　qaal

疴　影歌 a1 開烏何　可歌 1　qaal 痾注或体，说文作此

錒# 影歌 a1 開烏何　可歌 1　qaal

婀　影歌 a1 開烏何　可歌 1　qaal

痾　影歌 a1 開烏何　可歌 1　qaal 亦作疴

妸# 影歌 b1 開烏可　可歌 1　qaalʔ

婀　影歌 b1 開烏可　可歌 1　qaalʔ 见庄子

跒# 溪麻 b2 開苦下　可歌 1　khraalʔ

疴# 溪麻 c2 開枯駕　可歌 1　khraals

閜　曉麻 b2 開許下　可歌 1　qhraalʔ

笴　見寒 b1 開古旱　可元 1　kaanʔ

克　溪德 d1 開苦得　克職　khɯɯg 甲金文象人首顶物回手叉腰示胜任，转注为勊

剋　溪德 d1 開苦得　克職　khɯɯg

勊　溪德 d1 開苦得　克職　khɯɯg

艘　溪歌 c1 開口箇　艘歌 1　khaals 舟斂足会意擱浅，右非声

艘　見皆 c2 開古拜　艘隊 1　krɯɯds 古届字

肯　溪登 b1 開苦等　肯蒸　khɯɯŋʔ 说文作肎

肎　溪登 b1 開苦等　肯蒸　khɯɯŋʔ 同肯

吼　曉侯 b1 開呼后　孔侯　qhlooʔ

吼　曉侯 c1 開呼漏　孔侯　qhloos

孔　溪東 b1 合康董　孔東　khlooŋʔ 金文象子就乳，与古候切𣪘字（说文乳也）同源

口　溪侯 b1 開苦后　口侯　khooʔ

叩　溪侯 b1 開苦后　口侯　khooʔ

扣　溪侯 b1 開苦后　口侯　khooʔ

釦 溪侯 b1 開苦后 口侯 khooʔ
扣 溪侯 c1 開苦候 口侯 khoos
笷+ 溪侯 c1 開苦候+ 口侯 khoos 簆今字
滱 溪侯 a1 開恪侯 寇侯 khoo
寇 溪侯 c1 開苦候 寇侯 khoos
滱 溪侯 c1 開苦候 寇侯 khoos
簆# 溪侯 c1 開苦候 寇侯 khoos
蔻# 曉侯 c1 開呼漏 寇侯 qhoos
怪 見皆 c2 合古壞 圣隊2 kruuds
恠 見皆 c2 合古壞 圣之 kruɯs 俗怪字隶变,见国语
圣 溪没 d1 合苦骨 圣物2 khuud
蒯 溪皆 c2 合苦怪 蒯隊2 khruuds
巜 見泰 c1 合古外 巜祭1 kʷaads
凷 溪灰 c1 合苦對 凷隊2 khuuds 说文塊正体
届 見皆 c2 開古拜 凷隊1 kruɯds
款 溪桓 b1 合苦管 款元3 khloonʔ
欵 溪桓 b1 合苦管 款元3 khloonʔ 俗款字,见楚辞卜居
欸 溪桓 b1 合苦管 款元3 khloonʔ 说文同款
窾 溪桓 b1 合苦管 款元3 khloonʔ
逵 群脂 a3b 合渠追 逵幽2 gʷrɯw 集韵改渠龜切,说文同馗
頯 見脂 b3b 合居洧 頯幽2 kʷrɯwʔ
頯 群脂 a3b 合渠追 頯幽2 gʷrɯw
夔 群脂 a3b 合渠追 夔微2 grul 集韵改渠龜切
犪# 群脂 a3b 合渠追 夔微2 grul 集韵改渠龜切
躨 群脂 a3b 合渠追 夔微2 grul 集韵改渠龜切,见汉赋
坤 溪魂 a1 合苦昆 坤文2 khuun

昆 見魂 a1 合古渾 昆文2 kuun 金文象日下二人比肩同作,造意同眔而省文,如夕月异语共义转注例
琨 見魂 a1 合古渾 昆文2 kuun
鯤 見魂 a1 合古渾 昆文2 kuun
菎# 見魂 a1 合古渾 昆文2 kuun
崐 見魂 a1 合古渾 昆文2 kuun 见尔雅
蜫 見魂 a1 合古渾 昆文2 kuun 见论衡
惃 見魂 a1 合古渾 昆文2 kuun 见方言
錕# 見魂 a1 合古渾 昆文2 kuun
猑# 見魂 a1 合古渾 昆文2 kuun
騉 見魂 a1 合古渾 昆文2 kuun 见尔雅
罤 見魂 a1 合古渾 罤文2 kuun 同昆,见尔雅
緄 見魂 b1 合古本 昆文2 kuunʔ
錕 見魂 b1 合古本 昆文2 kuunʔ 见方言
輥 見魂 b1 合古本 昆文2 kuunʔ
惃 見魂 b1 合古本 昆文2 kuunʔ 见方言
棍+ 見魂 c1 合古困# 昆文2 kuuns<guunʔ 与胡本切橱同源
餛 匣魂 a1 合户昆 昆文2 guun 见方言
混 匣魂 b1 合胡本 昆文2 guunʔ
焜 匣魂 b1 合胡本 昆文2 guunʔ
倱 匣魂 b1 合胡本 昆文2 guunʔ 见通俗文
棍 匣魂 b1 合胡本 昆文2 guunʔ 见扬雄赋
掍 匣魂 b1 合胡本 昆文2 guunʔ
箟 溪諄 a3b 合去倫 昆文2 khrun

原列真韵，见七谏

壼　溪魂 b1 合苦本　壼文 2　khuunʔ

硱♯ 溪蒸 a3 開綺兢　困蒸　khɯŋ

梱　疑魂 a1 合牛昆　困文 2　ŋguun

捆　溪魂 b1 合苦本*　困文 2　khuunʔ

见孟子

綑♯ 溪魂 b1 合苦本*　困文 2　khuunʔ

今亦借为稇字

閫　溪魂 b1 合苦本　困文 2　khuunʔ

悃　溪魂 b1 合苦本　困文 2　khuunʔ

稇　溪魂 b1 合苦本　困文 2　khuunʔ

裍♯ 溪魂 b1 合苦本　困文 2　khuunʔ

梱　溪魂 b1 合苦本　困文 2　khuunʔ

齫　溪魂 b1 合苦本　困文 2　khuunʔ

见荀子

硱♯ 溪魂 b1 合苦本　困文 2　khuunʔ

困　溪魂 c1 合苦悶　困文 2　khuuns

涃♯ 溪魂 c1 合苦悶　困文 2　khuuns

咶　曉皆 c2 合火怪　桰祭 3　qhroods>见九思

咶　曉夬 c2 合火夬　桰祭 3　qhroods

见九思

話　匣夬 c2 合下快　桰祭 3　groods

刮　見鎋 d2 合古頒　桰月 3　krood

鴰　見鎋 d2 合古頒　桰月 3　krood

趏♯ 見鎋 d2 合古頒　桰月 3　krood

趏♯ 溪鎋 d2 開枯鎋　桰月 3　khrood

舌 2 匣鎋 d2 合下刮　桰月 3　grood 说文昏隶变，从口𠂇省声

姡　匣鎋 d2 合下刮　桰月 3　grood

咶　匣鎋 d2 合下刮　桰月 3　grood

頢　匣鎋 d2 合下刮　桰月 3　grood

括　見末 d1 合古活　桰月 3　kood 从昏声同有塞义

活　見末 d1 合古活　桰月 3　kood

适　見末 d1 合古活　桰月 3　kood

栝 2 見末 d1 合古活　桰月 3　kood 说文作桰，罗振玉、郭沫若云𠂇为矢桰初文，金文方始增口

佸　見末 d1 合古活　桰月 3　kood

髺　見末 d1 合古活　桰月 3　kood

聒　見末 d1 合古活　桰月 3　kood

鴰　見末 d1 合古活　桰月 3　kood

銛 2 見末 d1 合古活　桰月 3　kood

頢　見末 d1 合古活　桰月 3　kood

萿　見末 d1 合古活　桰月 3　kood

鬠　見末 d1 合古活　桰月 3　kood

筈♯ 見末 d1 合古活　桰月 3　kood 说文作栝

萿　見末 d1 合古活　桰月 3　kood 见尔雅

蛞　溪末 d1 合苦括　桰月 3　khood

筈♯ 溪末 d1 合苦括　桰月 3　khood

适　溪末 d1 合苦括　桰月 3　khood

闊　溪末 d1 合苦括　桰月 3　khood

活　匣末 d1 合户括　桰月 3　good

佸　匣末 d1 合户括　桰月 3　good

秳　匣末 d1 合户括　桰月 3　good

姡　匣末 d1 合户括　桰月 3　good

L

蝲♯ 來泰 c1 開落蓋　剌祭 1　raads 同藾

鶫♯ 來泰 c1 開落蓋　剌祭 1　raads

辣⁺ 來曷 d1 開盧達⁺ 剌月 1　raad 辢后起字，辛原在右

辢♯ 來曷 d1 開盧達　剌月 1　raad 与厲烈同源

剌　來曷 d1 開盧達　剌月 1　raad 金文象刀断束使离散，束非声

揧[#] 來曷 d1 開盧達　剌月1　raad
瘌　來曷 d1 開盧達　剌月1　raad
梸　來曷 d1 開盧達　剌月1　raad
蝲[#] 來曷 d1 開盧達　剌月1　raad 集韵虫在下：蛪
來　來咍 a1 開落哀　來之　rɯɯ＜m・rɯɯɡ
萊　來咍 a1 開落哀　來之　rɯɯ
淶　來咍 a1 開落哀　來之　rɯɯ
徠　來咍 a1 開落哀　來之　rɯɯ
崍　來咍 a1 開落哀　來之　rɯɯ 见山海经
郲　來咍 a1 開落哀　來之　rɯɯ 见左传
騋　來咍 a1 開落哀　來之　rɯɯ
猍[#] 來咍 a1 開落哀　來之　rɯɯ
鯠　來咍 a1 開落哀　來之　rɯɯ
鶆　來咍 a1 開落哀　來之　rɯɯ 见尔雅
庲　來咍 a1 開落哀　來之　rɯɯ 见晏子春秋
棶　來咍 a1 開落哀　來之　rɯɯ 尔雅來字别写
藾　來咍 a1 開落哀　來之　rɯɯ
逨[#] 來咍 a1 開落哀　來之　rɯɯ
麳[#] 來咍 a1 開落哀　來之　rɯɯ 來分化字，说文从禾
唻[#] 來咍 b1 開來改　來之　rɯɯʔ
賚　來咍 c1 開洛代　來之　rɯɯs
睞　來咍 c1 開洛代　來之　rɯɯs
萊　來咍 c1 開洛代　來之　rɯɯs
徠　來咍 c1 開洛代　來之　rɯɯs
勑　來咍 c1 開洛代　來之　rɯɯs 同徠
誺[#] 來咍 c1 開洛代　來之　rɯɯs
逨[#] 來咍 c1 開洛代　來之　rɯɯs
唻[#] 來皆 a2 開賴諧　來之　r-rɯɯ
誺　徹支 a3 開丑知　來之　rhe＜rhɯ 见方言
誺　徹脂 c3 開丑利　來之　rhis＜rhɯs 见方言
倈　來之 a3 開里之　來之　rɯ 见汉书
藾　來之 a3 開里之　來之　rɯ
誺　徹之 c3 開丑吏　來之　rhɯs 见方言
慭　疑真 c3b 開魚覲　來文1　ŋrɯns
猌　疑真 c3b 開魚覲　來文1　ŋrɯns 说文來声读若银
郲[#] 來灰 b1 合落猥　來微2　ruulʔ 集韵改耒，是
麥　明麥 d2 開莫獲　來職　mrɯɯɡ
賴　來泰 c1 開落蓋　賴祭1　raads 本从剌声
籟　來泰 c1 開落蓋　賴祭1　raads
癩　來泰 c1 開落蓋　賴祭1　raads
瀨　來泰 c1 開落蓋　賴祭1　raads
藾　來泰 c1 開落蓋　賴祭1　raads 见尔雅
攋[#] 來泰 c1 開落蓋　賴祭1　raads 原误攋，依集韵校改
攋[#] 來皆 b2 開洛駭*　賴月2　r-rɯɯʔ/raads＞
懶[#] 來寒 b1 開落旱　賴元1　raanʔ 俗嬾字，集韵又从柬声
嬾　來寒 b1 開落旱　賴元1　raanʔ
獺　透曷 d1 開他達　賴月1　rhaad
癩　來曷 d1 開盧達　賴月1　raad
攋　來曷 d1 開盧達　賴月1　raad 见方言
獺　徹鎋 d2 開他鎋　賴月1　hr'aad
牢　來豪 a1 開魯刀　牢幽1　ruu

窂　來豪 a1 開魯刀　牢幽1　ruu 同牢，见汉赋
哰　來豪 a1 開魯刀　牢幽1　ruu 见方言
勞　來豪 a1 開魯刀　勞宵1　raaw 象双炬下力作
撈　來豪 a1 開魯刀　勞宵1　raaw 见通俗文
嘮+ 來豪 a1 開郎刀*　勞宵1　ruuw 嘐今字：嘐啁
癆　來豪 a1 開郎刀*　勞宵1　raaw 中毒
癆+ 來豪 a1 開魯刀+ 勞宵1　raaw 勞后起分化字
簩# 來豪 a1 開魯刀　勞宵1　raaw
蟧　來豪 a1 開魯刀　勞宵1　raaw 见尔雅
憥# 來豪 a1 開魯刀　勞宵1　raaw
澇　來豪 b1 開盧晧　勞宵1　raawʔ
澇　來豪 c1 開郎到　勞宵1　raaws
勞　來豪 c1 開郎到　勞宵1　raaws
僗# 來豪 c1 開郎到　勞宵1　raaws 俗勞字
癆　來豪 c1 開郎到　勞宵1　raaws
嫪# 來豪 c1 開郎到　勞宵1　raaws
嘮　徹肴 a2 開敕交　勞宵1　hr'aaw
膋　來蕭 a4 開落蕭　勞宵2　reew 说文同膫
蟧　來蕭 a4 開落蕭　勞宵2　reew 见方言，集韵同蟟
撈　來蕭 a4 開憐蕭*　勞宵2　reew 见方言
犖　來覺 d2 開吕角　勞藥1　r-raawG 驳荦联绵类化
老　來豪 b1 開盧晧　老幽1　ruuʔ
姥+ 來豪 b1 開盧晧+ 老幽1　ruuʔ 老晚起分化字
栳# 來豪 b1 開盧晧　老幽1　ruuʔ
恅　來豪 b1 開盧晧　老幽1　ruuʔ 见汉赋
樂　疑肴 c2 開五教　樂豹1　ŋraawGS
轢　來曷 d1 開盧達　樂月1　raad
濼# 滂鐸 d1 開匹各　樂藥1　p-qhlaawG
樂　來鐸 d1 開盧各　樂藥1　raawG
躒　來鐸 d1 開盧各　樂藥1　raawG
轢　來鐸 d1 開盧各　樂藥1　raawG
濼　來鐸 d1 開盧各　樂藥1　raawG
擽# 來藥 d3 開離灼　樂藥1　rawG
爍　書藥 d3 開書藥　樂藥1　qhljawG
鑠　書藥 d3 開書藥　樂藥1　qhljawG
藥　以藥 d3 開以灼　樂藥1　lawG
櫟　以藥 d3 開以灼　樂藥1　lawG
纅　以藥 d3 開以灼　樂藥1　lawG
樂　疑覺 d2 開五角　樂藥1　ŋraawG
轢　來錫 d4 開郎擊　樂藥2　reewG
礫　來錫 d4 開郎擊　樂藥2　reewG
瓅　來錫 d4 開郎擊　樂藥2　reewG
櫟　來錫 d4 開郎擊　樂藥2　reewG
皪　來錫 d4 開郎擊　樂藥2　reewG 见汉书
躒　來錫 d4 開郎擊　樂藥2　reewG
觻　來錫 d4 開郎擊　樂藥2　reewG
濼　來錫 d4 開郎擊　樂藥2　reewG 见尔雅
擽　來錫 d4 開郎擊　樂藥2　reewG 见汉赋
濼　滂屋 d1 合普木　樂藥3　p-qhloowG
觻　來屋 d1 合盧谷　樂藥3　roowG
濼　來屋 d1 合盧谷　樂藥3　roowG
嚛　曉屋 d1 合呼木　樂藥3

qhloowG<hŋl-

濼 來沃 d1 合盧毒 樂藥 3 roowG

嚛 曉沃 d1 合火酷 樂藥 3 qhloowG

摞# 來戈 a1 合落戈 畾歌 3 rool

騾 來戈 a1 合落戈 畾歌 3 rool 见吕氏春秋，说文作蠃

螺 來戈 a1 合落戈 畾歌 3 rool 见论衡，说文作蠃

蔂 來戈 a1 合落戈 畾歌 3 rool 虆省文，见淮南子，原累讹纍，此集韵或体

虆 來戈 a1 合盧戈* 畾歌 3 rool 见孟子，又作蔂，广韵从纍

瘰 來戈 b1 合郎果 畾歌 3 rool? 见灵枢

摞# 來戈 c1 合魯過 畾歌 3 rools

礌+ 來灰 a1 合盧回* 畾微 2 ruul 礧后起字

雷 來灰 a1 合魯回 畾微 2 ruul

擂+ 來灰 a1 合盧回* 畾微 2 ruul 攂后起字：研

攂# 來灰 a1 合盧回* 畾微 2 ruul 研物

礧# 來灰 a1 合盧回* 畾微 2 ruul

儡 來灰 a1 合魯回 畾微 2 ruul

瓃 來灰 a1 合魯回 畾微 2 ruul

櫑 來灰 a1 合魯回 畾微 2 ruul

鑘# 來灰 a1 合魯回 畾微 2 ruul 说文作櫑罍

鐳# 來灰 a1 合魯回 畾微 2 ruul

畾 來灰 a1 合魯回 畾微 2 ruul

轠 來灰 a1 合魯回 畾微 2 ruul

罍 來灰 a1 合魯回 畾微 2 ruul 说文同櫑

蕾# 來灰 b1 合落猥 畾微 2 ruul?

瘤# 來灰 b1 合落猥 畾微 2 ruul?

儡 來灰 b1 合落猥 畾微 2 ruul?

礧# 來灰 b1 合落猥 畾微 2 ruul?

鑘 來灰 b1 合落猥 畾微 2 ruul?

櫑 來灰 b1 合落猥 畾微 2 ruul?

磥 來灰 b1 合落猥 畾微 2 ruul? 见宋玉赋

擂+ 來灰 c1 合盧對+ 畾微 2 ruuls 攂后起字：击鼓

纍 來灰 c1 合盧對 畾微 2 ruuls

礧 來灰 c1 合盧對 畾微 2 ruuls 见汉书

攂# 來灰 c1 合盧對 畾微 2 ruuls

儽 來灰 c1 合盧對 畾微 2 ruuls

儡 來灰 c1 合盧對* 畾微 2 ruuls

礌# 來灰 c1 合盧對* 畾微 2 ruuls 同礧，今通行

累 來支 b3 合力委 畾歌 3 rol? 同絫

樏# 來支 b3 合力委 畾歌 3 rol?

累 來支 c3 合良僞 畾歌 3 rols

瓃 來脂 a3 合力追 畾微 2 rul

鸓 來脂 a3 合力追 畾微 2 rul 见史记

樏 來脂 a3 合力追 畾微 2 rul 欙注或体，见尸子

蔂 來脂 a3 合倫追* 畾微 2 rul 见淮南子

嫘 來脂 a3 合力追 畾微 2 rul 原从纍，此所注或体

纍 來脂 a3 合力追 畾微 2 rul 见尔雅

虆 來脂 a3 合力追 畾微 2 rul 同櫐

欙 來脂 a3 合力追 畾微 2 rul

儽 來脂 a3 合力追 畾微 2 rul

纝 來脂 a3 合力追 畾微 2 rul 见论语

壘 來脂 b3 合力軌 畾微 2 rul?

纍 來脂 b3 合力軌 畾微2 rulʔ

藟 來脂 b3 合力軌 畾微2 rulʔ同纍

轠 來脂 b3 合力軌 畾微2 rulʔ

鸓 來脂 b3 合力軌 畾微2 rulʔ见山海经

蘲 來脂 b3 合力軌 畾微2 rulʔ

讄 來脂 b3 合力軌 畾微2 rulʔ

瓃 來脂 c3 合力遂 畾微2 ruls

纝 來脂 c3 合力遂 畾微2 ruls

絫 來支 b3 合力委 厽歌3 rolʔ隶变为累

厽 來支 b3 合力委 厽歌3 rolʔ转注为絫累

垒 來支 b3 合力委 厽歌3 rolʔ后作壘

垒 來脂 c3 合力遂 厽微2 ruls

頛 來灰 b1 合落猥 耒微2 ruulʔ

郲# 來灰 b1 合落猥 耒微2 ruulʔ依集韵改耜

耒 來灰 c1 合盧對 耒微2 ruuls

銇# 來灰 c1 合盧對 耒微2 ruuls

洡# 來灰 c1 合盧對* 耒微2 ruuls与郎外切瀨同源

耒 來脂 b3 合力軌 耒微2 rulʔ

誄 來脂 b3 合力軌 耒微2 rulʔ

藞# 來麻 b2 開盧下 磊歌1 raalʔ>藞䃰联绵类化

磊 來灰 b1 合落猥 磊微2 ruulʔ同礨

藾 來灰 c1 合盧對 頪隊2 ruuds见尔雅

纇 來灰 c1 合盧對 頪隊2 ruuds

類 來灰 c1 合盧對* 頪隊2 ruuds

頪 來泰 c1 合郎外 頪祭2 roods

類 來脂 c3 合力遂 頪隊2 ruds

藾 來脂 c3 合力遂 頪隊2 ruds

禷 來脂 c3 合力遂 頪隊3 ruds经典通作類

楞# 來登 a1 開魯登 楞蒸 rɯɯŋ集韵为棱或体

劦# 來脂 a3 開力脂 劦脂1 ril

謧 來齊 a4 開郎奚 离歌2 reel

璃+ 來齊 a4 開郎奚+ 离歌2 reel璨今字

離 來齊 c4 開郎計 离歌2 reels

離 來支 a3 開吕支 离歌2 rel甲文象隹入网罗，离反为省文

璃# 來支 a3 開吕支 离歌2 rel琉璃译vaidūrya，汉书西域传译作璧流離

縭 來支 a3 開吕支 离歌2 rel

离 來支 a3 開吕支 离歌2 rel

醨 來支 a3 開吕支 离歌2 rel

樆 來支 a3 開吕支 离歌2 rel见尔雅

褵 來支 a3 開吕支 离歌2 rel

漓 來支 a3 開吕支 离歌2 rel

黐# 來支 a3 開吕支 离歌2 rel

謧 來支 a3 開吕支 离歌2 rel

籬 來支 a3 開吕支 离歌2 rel

灕 來支 a3 開吕支 离歌2 rel见战国策

蘺 來支 a3 開吕支 离歌2 rel

攡 來支 a3 開吕支 离歌2 rel见太玄，说文摛

離 來支 c3 開力智 离歌2 rels

魑 徹支 a3 開丑知 离歌2 rhel

螭 徹支 a3 開丑知 离歌2 rhel

摛 徹支 a3 開丑知 离歌2 rhel

黐# 徹支 a3 開丑知 离歌2 rhel

离 徹支 a3 開丑知 离歌2 rhel

罹 來支 a3 開吕支 罹歌2 rel

斄 來咍 a1 開落哀 斄之 rɯɯ

斄　來之 a3 開里之　斄之　rɯ 金文象支击來麦脱粒，治來，來亦声，而非未声，來讹未后，乃加里声转注

嫠　來之 a3 開里之　斄之　rɯ

犛　來之 a3 開里之　斄之　rɯ

氂　來之 a3 開里之　斄之　rɯ 见方言

犛　來之 a3 開里之　斄之　rɯ

漦　俟之 a3 開俟甾　斄之　sɦrɯ/rjɯ

釐　來之 a3 開里之　斄之　rɯ

犛♯　明豪 a1 開謨袍*　斄宵 1　maaw 训读同氂

犛　明肴 a2 開莫交　斄宵 1　mraaw 训读牦旄

蠡　來齊 a4 開郎奚　蠡歌 2　reel 见金文

欚　來齊 b4 開盧啓　蠡歌 2　reelʔ 蠡从尺氏切之彖2 得声

劙　來齊 b4 開盧啓　蠡歌 2　reelʔ

劙　來齊 c4 開郎計　蠡歌 2　reels 见方言

劙　來支 a3 開吕支　蠡歌 2　rel

礼　來齊 b4 開盧啓　礼脂 2　riiʔ 古文禮

埋　明皆 a2 開莫皆　里之　mrɯɯ

霾　明皆 a2 開莫皆　里之　mrɯɯ

薶　明皆 a2 開莫皆　里之　mrɯɯ 同埋

榸♯　知皆 a2 開卓皆　里之　ʔr'ɯɯ>tr 从杜里声，杜指根

厘+　來之 a3 開里之+　里之　rɯ 斄今体

狸　來之 a3 開里之　里之　rɯ 俗貍字

貍　來之 a3 開里之　里之　rɯ<p·rɯ

梩　來之 a3 開里之　里之　rɯ 见六韬、孟子

艃♯　來之 a3 開里之　里之　rɯ

里　來之 b3 開良士　里之　rɯʔ

理　來之 b3 開良士　里之　rɯʔ

鯉　來之 b3 開良士　里之　rɯʔ

俚　來之 b3 開良士　里之　rɯʔ

悝　來之 b3 開良士　里之　rɯʔ

娌　來之 b3 開良士　里之　rɯʔ 见方言

裏　來之 b3 開良士　里之　rɯʔ

悝　溪灰 a1 合苦回　里之　k-mhlɯɯ>khwl-

堇　徹職 d3 開恥力　里職　rhɯg

堇　徹屋 d3 合丑六　里覺 1　lhug

堇　曉屋 d3 合許竹　里之　hlug

體　透齊 b4 開他禮　豊脂 2　rhiiʔ

軆　透齊 b4 開他禮　豊脂 2　rhiiʔ 體俗字，见汉简、汉碑

禮　來齊 b4 開盧啓　豊脂 2　riiʔ

澧　來齊 b4 開盧啓　豊脂 2　riiʔ

醴　來齊 b4 開盧啓　豊脂 2　riiʔ

豊　來齊 b4 開盧啓　豊脂 2　riiʔ

鱧　來齊 b4 開盧啓　豊脂 2　riiʔ

勒　來德 d1 開盧則　力職　rɯɯg 说文力声，金文或单作革，实革转注分化字

肋　來德 d1 開盧則　力職　rɯɯg

扐　來德 d1 開盧則　力職　rɯɯg

仂　來德 d1 開盧則　力職　rɯɯg

艻♯　來德 d1 開盧則　力職　rɯɯg

朸　來德 d1 開盧則　力職　rɯɯg

玏　來德 d1 開盧則　力職　rɯɯg

泐　來德 d1 開盧則　力職　rɯɯg

阞　來德 d1 開盧則　力職　rɯɯg

竻♯　來德 d1 開盧則　力職　rɯɯg

力　來職 d3 開林直　力職　rɯg

朸　來職 d3 開林直　力職　rɯg

劣# 來職 d3 開林直 力職 rɯg
仂 來職 d3 開林直 力職 rɯg
朸# 來職 d3 開林直 力職 rɯg
泐 來職 d3 開林直 力職 rɯg 原右防误为仂，集韵不误
涖 來齊 c4 開郎計 立内2 rɯɯbs
莅 來脂 c3 合力遂* 立内1 rɯbs
莅 來脂 c3 開力至 立内1 rɯbs
涖 來脂 c3 開力至 立内1 rɯbs
蒞 來脂 c3 開力至 立内1 rɯbs 莅注或体，见国语
位 云脂 c3b 合于愧 立内1 Gʷrɯbs>ɦrɯbs 立转注分化字
拉 來合 d1 開盧合 立緝3 ruub
菈# 來合 d1 開盧合 立緝3 ruub
飒 心合 d1 開蘇合 立緝3 sluub
立 來緝 d3 開力入 立緝1 G·rɯb>rɯb
粒 來緝 d3 開力入 立緝1 rɯb
笠 來緝 d3 開力入 立緝1 g·rɯb
砬# 來緝 d3 開力入 立緝1 rɯb
岦# 來緝 d3 開力入 立緝1 rɯb
苙 來緝 d3 開力入 立緝1 g·rɯb 见孟子
鴗 來緝 d3 開力入 立緝1 rɯb
雴# 徹緝 d3 開丑入 立緝1 rhɯb
泣 溪緝 d3b 開去及 立緝1 khrɯb
苙# 群緝 d3b 開其立 立緝1 grɯb 后作芨
犂 來齊 a4 開郎奚 利脂1 riil
黎 來齊 a4 開郎奚 利脂1 riil
莉# 來齊 a4 開郎奚 利脂1 riil
黧 來齊 a4 開郎奚 利脂1 riil
鵹 來齊 a4 開郎奚 利脂1 riil 见尔雅
筣# 來齊 a4 開郎奚 利脂1 riil
蔾 來齊 a4 開郎奚 利脂1 riil
藜 來齊 a4 開郎奚 利脂1 riil
邌 來齊 a4 開郎奚 利脂1 riil
瓈# 來齊 a4 開郎奚 利脂1 riil
鵹 來支 a3 開吕支 利歌2 rel 同鸝，见尔雅
棃 來脂 a3 開力脂 利脂1 ril 后作梨
梨 來脂 a3 開力脂 利脂1 ril 同棃，见汉书、子虚赋
蜊# 來脂 a3 開力脂 利脂1 ril
蜊# 來脂 a3 開力脂 利脂1 ril
犁 來脂 a3 開力脂 利脂1 ril
黧 來脂 a3 開力脂 利脂1 ril 见尔雅
鑗 來脂 a3 開力脂 利脂1 ril
蔾 來脂 a3 開力脂 利脂1 ril
利 來脂 c3 開力至 利至1 rids/rils
痢 來脂 c3 開力至 利至1 rids 见曹操令
莉# 澄脂 a3 開直尼 利脂1 r'il
筣# 來之 a3 開里之 利之 rɯ<ri
莉# 澄之 a3 開直之 利之 r'ɯ<r'i
浰 來先 c4 開郎甸 利真1 riins 见史记
灑 生麻 b2 開砂下 丽歌2 sreelʔ
簏 生佳 a2 開山佳 丽歌2 sreel
灑 生佳 b2 開所蟹 丽歌2 sreelʔ
躧 生佳 b2 開所蟹 丽歌2 sreelʔ
曬 生佳 c2 開所賣 丽歌2 sreels
廲# 來齊 a4 開郎奚 丽歌2 reel
驪 來齊 a4 開郎奚 丽歌2 reel
鱺 來齊 b4 開盧啓 丽歌2 reelʔ 同鱧
欐# 來齊 b4 開盧啓 丽歌2 reelʔ
丽 來齊 c4 開郎計 丽歌2 reels 说

文作麗古文
麗　來齊 c4 開郎計　丽歌 2　reels
儷　來齊 c4 開郎計　丽歌 2　reels
欐♯ 來齊 c4 開郎計　丽歌 2　reels
麗　來支 a3 開吕支　丽歌 2　rel
驪　來支 a3 開吕支　丽歌 2　rel
鸝　來支 a3 開吕支　丽歌 2　rel
酈　來支 a3 開吕支　丽歌 2　rel
孋　來支 a3 開吕支　丽歌 2　rel 见淮南子，通驪
矖♯ 來支 a3 開吕支　丽歌 2　rel
穲♯ 來支 a3 開吕支　丽歌 2　rel
邐　來支 b3 開力紙　丽歌 2　relʔ
彲　徹支 a3 開丑知　丽歌 2　rhel 集韵同螭，见史记
釃　生支 a3 開所宜　丽歌 2　srel
欐♯ 生支 a3 開所宜　丽歌 2　srel
纚　生支 a3 開所宜　丽歌 2　srel 见汉赋
籭　生支 a3 開所宜　丽歌 2　srel
躧　生支 b3 開所綺　丽歌 2　srelʔ
灑　生支 b3 開所綺　丽歌 2　srelʔ
纚　生支 b3 開所綺　丽歌 2　srelʔ
釃　生支 b3 開所綺　丽歌 2　srelʔ
曬　生支 b3 開所綺　丽歌 2　srelʔ
灑　生支 c3 開所寄　丽歌 2　srels
襹　生支 c3 開所寄　丽歌 2　srels 见汉赋
曬　生支 c3 開所寄　丽歌 2　srels
釃　生魚 a3 合所葅　丽魚　sra
酈　來錫 d4 開郎擊　丽錫　reeg
錑♯ 來灰 c1 合盧對　戾隊 2　ruuds
戾　透齊 c4 開他計　戾隊 1　rhɯɯds
戾　來齊 c4 開郎計　戾隊 1　rɯɯds
綟　來齊 c4 開郎計　戾隊 1　rɯɯds
唳　來齊 c4 開郎計　戾隊 1　rɯɯds
蜧♯ 來齊 c4 開郎計　戾隊 1　rɯɯds 另说文同蜦
捩♯ 來齊 c4 開郎計　戾隊 1　rɯɯds
悷　來齊 c4 開郎計　戾隊 1　rɯɯds 见宋玉赋
淚　來脂 c3 合力遂　戾隊 2　ruds 见战国策
捩♯ 來屑 d4 開練結　戾物 1　rɯɯd
戾　來屑 d4 開練結　戾物 1　rɯɯd
綟　來屑 d4 開練結　戾物 1　rɯɯd
唳　來屑 d4 開練結　戾物 1　rɯɯd
隸　透咍 c1 開他代　隶隊 1　lhɯɯds
埭♯ 定咍 c1 開徒耐　隶隊 1　l'ɯɯds
逮　定咍 c1 開徒耐　隶隊 1　l'ɯɯds 隶转注字
靆　定咍 c1 開徒耐　隶隊 1　l'ɯɯds 见楚辞远游
隸　曉皆 c2 開許介　隶隊 1　hmrɯɯds
棣　定齊 c4 開特計　隶隊 1　l'ɯɯds
逮　定齊 c4 開特計　隶隊 1　l'ɯɯds 隶转注字
隸　來齊 c4 開郎計　隶隊 1　rɯɯds
肆　心脂 c3 開息利　隶隊 1　hljɯds 说文右从隶声，汉碑隶变为此
蕼　心脂 c3 開息利　隶隊 1　hljɯds 引说文赤蕼也
殔　心脂 c3 開息利　隶隊 1　hljɯds> s-由说文殔分化
殔　以脂 c3 開羊至　隶隊 1　lɯds
隶　以脂 c3 開羊至　隶隊 1　lɯds
隸　曉脂 c3b 開虚器　隶隊 1　hmrɯds
隸　明黠 d2 開莫八　隶物 1　mrɯɯd
砅♯ 來祭 c3 開力制　砅祭 1　rads 说文或作濿，诗作厲

栗 來質 d3 開力質 栗質 2 rig
溧 來質 d3 開力質 栗質 2 rig
慄 來質 d3 開力質 栗質 2 rig
鷅# 來質 d3 開力質 栗質 2 rig
凓 來質 d3 開力質 栗質 2 rig
篥# 來質 d3 開力質 栗質 2 rig
麜 來質 d3 開力質 栗質 2 rig 见尔雅
瑮 來質 d3 開力質 栗質 2 rig
塛# 來質 d3 開力質 栗質 2 rig
搮# 來質 d3 開力質 栗質 2 rig
秝 來錫 d4 開郎擊 秝錫 reeg
歷 來錫 d4 開郎擊 秝錫 reeg
曆 來錫 d4 開郎擊 秝錫 reeg
磿 來錫 d4 開郎擊 秝錫 reeg
靂# 來錫 d4 開郎擊 秝錫 reeg 辟歷后起字
癧 來錫 d4 開郎擊 秝錫 reeg 见灵枢
櫪 來錫 d4 開郎擊 秝錫 reeg
蘼# 來錫 d4 開郎擊 秝錫 reeg 尔雅作歷
瀝 來錫 d4 開郎擊 秝錫 reeg
攊# 來錫 d4 開郎擊 秝錫 reeg
厤 來錫 d4 開郎擊 秝錫 reeg
詈 來支 c3 開力智 詈歌 1 rals
帘# 1 來鹽 a3 開力 帘鹽 1 談 2 rem
連 來仙 a3 開力延 連元 2 ren
漣 來仙 a3 開力延 連元 2 ren
鰱 來仙 a3 開力延 連元 2 ren
㒩# 來仙 a3 開力延 連元 2 ren
鏈 來仙 a3 開力延 連元 2 ren
璉 來仙 b3 開力展 連元 2 renʔ
僆 來仙 b3 開力展 連元 2 renʔ
摙# 來仙 b3 開力展 連元 2 renʔ
蓮 來仙 b3 開力展 連元 2 renʔ 汉县
摙# 來仙 c3 開連彥 連元 2 rens 有的本子误漣
鏈+ 來仙 c3 開連彥* 連元 2 rens 連晚起分化字，见六书故
鏈 徹仙 a3 開丑延 連元 2 rhen
蓮 來先 a4 開落賢 連元 2 reen
嗹# 來先 a4 開落賢 連元 2 reen
縺# 來先 a4 開落賢 連元 2 reen
僆 來先 c4 開郎甸 連元 2 reens
覝 來鹽 a3 開力鹽 覝談 1 ram 廉察本字读若鎌
剆# 來歌 a1 開魯何 良歌 1 raal
剆# 來歌 b1 開來可 良歌 1 raalʔ
郎 來唐 a1 開魯當 良陽 raaŋ
稂 來唐 a1 開魯當 良陽 raaŋ
桹 來唐 a1 開魯當 良陽 raaŋ
鋃 來唐 a1 開魯當 良陽 raaŋ
硠 來唐 a1 開魯當 良陽 raaŋ
浪 來唐 a1 開魯當 良陽 raaŋ
蜋 來唐 a1 開魯當 良陽 raaŋ
琅 來唐 a1 開魯當 良陽 raaŋ
狼 來唐 a1 開魯當 良陽 raaŋ 甲文作犾
欴# 來唐 a1 開魯當 良陽 raaŋ
踉# 來唐 a1 開魯當 良陽 raaŋ
莨 來唐 a1 開魯當 良陽 raaŋ
艆# 來唐 a1 開魯當 良陽 raaŋ
駺 來唐 a1 開魯當 良陽 raaŋ 见尔雅
躴# 來唐 a1 開魯當 良陽 raaŋ
筤 來唐 a1 開魯當 良陽 raaŋ
閬 來唐 a1 開魯當 良陽 raaŋ
哴# 來唐 a1 開魯當 良陽 raaŋ
蓈 來唐 a1 開魯當 良陽 raaŋ
廊 來唐 a1 開魯當 良陽 raaŋ 良转

注字

椰[#] 來唐 a1 開魯當　良陽　raaŋ

螂[+] 來唐 a1 開魯當[+] 良陽　raaŋ 蜋后起字,见淮南子·玉篇

琊 來唐 a1 開魯當　良陽　raaŋ 琅邪俗体,见越绝书

朗 來唐 b1 開盧黨　良陽　raaŋ/ʔ

朖 來唐 b1 開盧黨　良陽　raaŋʔ 同朗,说文作此

誏[#] 來唐 b1 開盧黨　良陽　raaŋʔ 同朗

俍[#] 來唐 b1 開盧黨　良陽　raaŋʔ

崀[#] 來唐 b1 開盧黨　良陽　raaŋʔ

樃[#] 來唐 b1 開盧黨　良陽　raaŋʔ

浪 來唐 c1 開來宕　良陽　raaŋs

閬 來唐 c1 開來宕　良陽　raaŋs

埌 來唐 c1 開來宕　良陽　raaŋs 见方言

莨 來唐 c1 開來宕　良陽　raaŋs 原下从閬,史记作此

蒗[#] 來唐 c1 開來宕　良陽　raaŋs

娘[#] 泥陽 a3 開女良　良陽　naŋ 女郎合音

良 來陽 a3 開吕張　良陽　raŋ 甲金文象宫外两边有廊,为廊初文,王侍从常在廊,遂称之良或郎得贵官义

粮 來陽 a3 開吕張　良陽　raŋ 见墨子、汉简、汉碑,说文作糧

蜋 來陽 a3 開吕張　良陽　raŋ

踉[#] 來陽 a3 開吕張　良陽　raŋ

踉[#] 來陽 c3 開力讓　良陽　raŋs

悢 來陽 c3 開力讓　良陽　raŋs 见李陵诗

哴 來陽 c3 開力讓　良陽　raŋs 见方言

倆[#] 來陽 b3 開里養[*] 兩陽　raŋʔ

兩 來陽 b3 開良獎　兩陽　raŋʔ

脼 來陽 b3 開良獎　兩陽　raŋʔ

緉 來陽 b3 開良獎　兩陽　raŋʔ

蜽 來陽 b3 開良獎　兩陽　raŋʔ

魎 來陽 b3 開良獎　兩陽　raŋʔ

輛[+] 來陽 c3 開力讓[+] 兩陽　raŋs 兩的晚起分化字

緉 來陽 c3 開力讓　兩陽　raŋs

兩 來陽 c3 開力讓　兩陽　raŋs 后作輛

亮 來陽 c3 開力讓　亮陽　raŋs

糧 來陽 a3 開吕張　量陽　raŋ 同粮

量 來陽 a3 開吕張　量陽　raŋ 甲金文下从東,上日甲文作口,象估量下種范围,非曏声

量 來陽 c3 開力讓　量陽　raŋs

釕[#] 端蕭 b4 開都了　了宵2　teewʔ

了 來蕭 b4 開盧鳥　了宵2　reewʔ

料 來蕭 a4 開落蕭　料宵2　reew

料 來蕭 c4 開力弔　料宵2　reews

炓[#] 來蕭 c4 開力弔　料宵2　reews

簝 來豪 a1 開魯刀　尞宵1　raaw

潦 來豪 b1 開盧晧　尞宵1　raawʔ

獠[#] 來豪 b1 開盧晧　尞宵1　raawʔ

轑 來豪 b1 開盧晧　尞宵1　raawʔ

橑 來豪 b1 開盧晧　尞宵1　raawʔ

潦 來豪 c1 開郎到　尞宵1　raaws 同澇

獠[#] 知肴 b2 開張絞　尞宵2　ʔr'eewʔ

燎 來宵 a3 開力昭　尞宵2　rew

燎 來宵 b3 開力小　尞宵2　rewʔ 尞之转注字

繚 來宵 b3 開力小　尞宵2　rewʔ

瞭[#] 來宵 b3 開力小　尞宵2　rewʔ

憭 來宵 b3 開力小　尞宵2　rewʔ

鐐 來宵 b3 開力小　尞宵2　rewʔ

僚 來宵 b3 開力小　尞宵2　rewʔ

嫽 來宵 b3 開力小　尞宵2　rewʔ

療 來宵 c3 開力照　尞宵2　rews 说

文正体从樂
燎 來宵 c3 開力照 尞宵2 rews
膫# 來宵 c3 開力照 尞宵2 rews 簝
省文
鷯 來宵 c3 開力照 尞宵2 rews
遼 來蕭 a4 開落蕭 尞宵2 reew
撩 來蕭 a4 開落蕭 尞宵2 reew
嘹# 來蕭 a4 開落蕭 尞宵2 reew
繚 來蕭 a4 開落蕭 尞宵2 reew
鷯 來蕭 a4 開落蕭 尞宵2 reew
僚 來蕭 a4 開落蕭 尞宵2 reew
獠 來蕭 a4 開落蕭 尞宵2 reew
寮 來蕭 a4 開落蕭 尞宵2 reew 同僚
膫# 來蕭 a4 開落蕭 尞宵2 reew 说
文又作膋
飉 來蕭 a4 開落蕭 尞宵2 reew 见
风俗通
竂 來蕭 a4 開落蕭 尞宵2 reew
橑 來蕭 a4 開落蕭 尞宵2 reew
鐐 來蕭 a4 開落蕭 尞宵2 reew
簝 來蕭 a4 開落蕭 尞宵2 reew
璙 來蕭 a4 開落蕭 尞宵2 reew
嫽 來蕭 a4 開落蕭 尞宵2 reew
蟟# 來蕭 a4 開落蕭 尞宵2 reew
瞭 來蕭 a4 開落蕭 尞宵2 reew
嶚 來蕭 a4 開落蕭 尞宵2 reew 见
汉赋
憭 來蕭 a4 開落蕭 尞宵2 reew
嘹# 來蕭 a4 開落蕭 尞宵2 reew
瞭 來蕭 b4 開盧鳥 尞宵2 reewʔ
蹽# 來蕭 b4 開盧鳥 尞宵2 reewʔ
繚 來蕭 b4 開盧鳥 尞宵2 reewʔ
憭 來蕭 b4 開盧鳥 尞宵2 reewʔ
簝 來蕭 b4 開盧鳥 尞宵2 reewʔ
撩# 來蕭 b4 開盧鳥 尞宵2 reewʔ
鐐 來蕭 c4 開力弔 尞宵2 reews
嫽# 來蕭 c4 開力弔 尞宵2 reews
嘹# 來蕭 c4 開力弔 尞宵2 reews
璙 來蕭 c4 開力弔 尞宵2 reews
例 來祭 c3 開力制 列祭2 reds
颲 來祭 c3 開力制 列祭2 reds
栵 來祭 c3 開力制 列祭2 reds
洌 來祭 c3 開力制 列祭2 reds
鮤# 澄祭 c3 開直例 列祭2 r'eds
鮤# 昌祭 c3 開尺制 列祭2 rhjeds
峛 來支 b3 開力紙 列歌2 relʔ 见法言
列 來薛 d3 開良薛 列月2 red 后作裂
裂 來薛 d3 開良薛 列月2 red 列转
注字
烈 來薛 d3 開良薛 列月2 red/rad
冽 來薛 d3 開良薛 列月2 red
洌 來薛 d3 開良薛 列月2 red
迾 來薛 d3 開良薛 列月2 red
蛚 來薛 d3 開良薛 列月2 red
颲 來薛 d3 開良薛 列月2 red
茢 來薛 d3 開良薛 列月2 red
颲 來薛 d3 開良薛 列月2 red
鴷 來薛 d3 開良薛 列月2 red
栵 來薛 d3 開良薛 列月2 red
挒# 來薛 d3 開良薛 列月2 red
㤠# 來薛 d3 開良薛 列月2 red
劣 來薛 d3 合力輟 劣月3 rod 力少
会意，说文少声非
鑞 來盍 d1 開盧盍 巤盍1 raab 见
周礼郑注
蠟# 來盍 d1 開盧盍 巤盍1 raab
邋# 來盍 d1 開盧盍 巤盍1 raab
臘 來盍 d1 開盧盍 巤盍1 raab

臈 來盍 d1 開盧盍 巤盍1 raab 俗臘字，右葛为巤之书讹异构，见晏子春秋
擸 來盍 d1 開盧盍 巤盍1 raab
擖# 澄狎 d2 開丈甲 巤盍1 r'aab 右葛为巤书讹
獵 來葉 d3 開良涉 巤盍1 rab
躐 來葉 d3 開良涉 巤盍1 rab
鬣 來葉 d3 開良涉 巤盍1 rab
擸 來葉 d3 開良涉 巤盍1 rab
儠 來葉 d3 開良涉 巤盍1 rab
犣 來葉 d3 開良涉 巤盍1 rab
鱲# 來葉 d3 開良涉 巤盍1 rab
邋 來葉 d3 開良涉 巤盍1 rab
巤 來葉 d3 開良涉 巤盍1 rab
獦# 來葉 d3 開良涉 巤盍1 rab 俗獵字，见新书，右葛为巤书讹
婪 來覃 a1 開盧含 林侵3 g・ruum
惏 來覃 a1 開盧含 林侵3 g・ruum 同婪
啉# 來覃 a1 開盧含 林侵3 g・ruum
漤# 來覃 b1 開盧感 林侵3 g・ruumʔ 与浨同源
醂# 來覃 b1 開盧感 林侵3 g・ruumʔ 与浨同源
林 來侵 a3 開力尋 林侵1 g・rɯm
琳 來侵 a3 開力尋 林侵1 g・rɯm
淋 來侵 a3 開力尋 林侵1 g・rɯm
痳 來侵 a3 開力尋 林侵1 g・rɯm
箖 來侵 a3 開力尋 林侵1 g・rɯm 见吴越春秋
霖 來侵 a3 開力尋 林侵1 g・rɯm
菻# 來侵 b3 開力稔* 林侵1 g・rɯmʔ 拂菻
淋 來侵 c3 開力鴆* 林侵1 g・rɯms
菻 來侵 c3 開力鴆* 林侵1 g・rɯms
罧 心侵 b3 開斯甚 林侵1 slɯmʔ
棽 徹侵 a3 開丑林 林侵1 rhɯm
綝 徹侵 a3 開丑林 林侵1 rhɯm
郴 徹侵 a3 開丑林 林侵1 rhɯm
槮 生侵 a3 開所今 林侵1 srɯm
罧 生侵 c3 開所禁 林侵1 srɯms
禁 見侵 a3b 開居吟 林侵1 krɯm
禁 見侵 c3b 開居蔭 林侵1 krɯms
襟 見侵 a3b 開居吟 林侵1 krɯm
僸 見侵 c3b 開居蔭 林侵1 krɯms 见班固赋
澿# 群侵 a3b 開巨金 林侵1 grɯm
噤 群侵 b3b 開渠飲 林侵1 grɯmʔ
澿# 群侵 b3b 開渠飲 林侵1 grɯmʔ
噤 群侵 c3b 開巨禁 林侵1 grɯms
澿# 群侵 c3b 開巨禁 林侵1 grɯms
黅# 群侵 c3b 開巨禁 林侵1 grɯms
僸 疑侵 b3b 開牛錦 林侵1 ŋgrɯmʔ 见汉书
潾# 來山 a2 開力閑 粦真1 r-riin
膦# 來仙 b3 開力展 粦元2 renʔ
憐 來先 a4 開落賢 粦真1 riin
燐 來真 a3 開力珍 粦真1 rin 同粦
鄰 來真 a3 開力珍 粦真1 rin
轔 來真 a3 開力珍 粦真1 rin
嶙 來真 a3 開力珍 粦真1 rin
粼 來真 a3 開力珍 粦真1 rin
磷 來真 a3 開力珍 粦真1 rin 同粼，见史记
瞵 來真 a3 開力珍 粦真1 rin
麟 來真 a3 開力珍 粦真1 rin
鱗 來真 a3 開力珍 粦真1 rin
璘 來真 a3 開力珍 粦真1 rin
翷# 來真 a3 開力珍 粦真1 rin

疄　來真 a3 開力珍　粦真1　rin
獜　來真 a3 開力珍　粦真1　rin 诗卢令作令
驎　來真 a3 開力珍　粦真1　rin 见尔雅
鏻# 來真 a3 開力珍　粦真1　rin 集韵同獜：健
繗# 來真 a3 開力珍　粦真1　rin
潾# 來真 a3 開力珍　粦真1　rin
嶙　來真 b3 開良忍　粦真1　rinʔ
僯# 來真 b3 開良忍　粦真1　rinʔ
橉　來真 b3 開良忍　粦真1　rinʔ 见淮南：门限
撛# 來真 b3 開良忍　粦真1　rinʔ
遴　來真 c3 開良刃　粦真1　rins
磷　來真 c3 開良刃　粦真1　rins 见论语
粦　來真 c3 開良刃　粦真1　rins
燐　來真 c3 開良刃　粦真1　rins 同粦
轔　來真 c3 開良刃　粦真1　rins 同轥
瞵　來真 c3 開良刃　粦真1　rins
橉# 來真 c3 開良刃　粦真1　rins
鏻# 來真 c3 開良刃　粦真1　rins
甐# 來真 c3 開良刃　粦真1　rins
疄　來真 c3 開良刃　粦真1　rins
撛# 來真 c3 開良刃　粦真1　rins
鄰　來真 c3 開良刃　粦真1　rins 右原誤刂，依校本
獜　來青 a4 開郎丁　粦耕　reeŋ
鏻# 來青 a4 開郎丁　粦耕　reeŋ
麐　來真 a3 開力珍　吝真1　m・rin 同麟
吝　來真 c3 開良刃　吝真1　m・rins 本文声
悋# 來真 c3 開良刃　吝真1　m・rins 吝或字
麐　來真 c3 開良刃　吝真1　m・rins 牡麟
藺　來真 c3 開良刃　閵真1　rins
閵　來真 c3 開良刃　閵真1　rins
躪　來真 c3 開良刃　閵真1　rins 见鹖冠子
轥　來真 c3 開良刃　閵真1　rins 见上林赋
灵# 來青 a4 開郎丁　灵耕　reeŋ
棱　來登 a1 開魯登　夌蒸　rɯɯŋ 同楞
稜　來登 a1 開魯登　夌蒸　rɯɯŋ 俗棱字，见班固赋
輘　來登 a1 開魯登　夌蒸　rɯɯŋ 见汉赋
倰# 來登 a1 開魯登　夌蒸　rɯɯŋ
祾# 來登 a1 開魯登　夌蒸　rɯɯŋ
踜# 來登 c1 開魯鄧　夌蒸　rɯɯŋs
凌　來蒸 a3 開力膺　夌蒸　rɯŋ
菱　來蒸 a3 開力膺　夌蒸　rɯŋ 同蔆，省文，见吕氏春秋
陵　來蒸 a3 開力膺　夌蒸　rɯŋ
綾　來蒸 a3 開力膺　夌蒸　rɯŋ
鯪　來蒸 a3 開力膺　夌蒸　rɯŋ
淩　來蒸 a3 開力膺　夌蒸　rɯŋ
夌　來蒸 a3 開力膺　夌蒸　rɯŋ 后作陵凌
蔆　來蒸 a3 開力膺　夌蒸　rɯŋ 后作菱
崚# 來蒸 a3 開力膺　夌蒸　rɯŋ
掕　來蒸 a3 開力膺　夌蒸　rɯŋ
祾# 來蒸 a3 開力膺　夌蒸　rɯŋ
餕　來蒸 c3 開里甑　夌蒸　rɯŋs
庱# 徹蒸 a3 開丑升　夌蒸　rhɯŋ
睖# 徹蒸 a3 開丑升　夌蒸　rhɯŋ

夌# 徹蒸 b3 開丑拯　夌蒸　rhɯŋʔ
靈　來青 a4 開郎丁　霝耕　reeŋ
霛　來青 a4 開郎丁　霝耕　reeŋ古文靈
麢　來青 a4 開郎丁　霝耕　reeŋ后作羚
霝　來青 a4 開郎丁　霝耕　reeŋ
醽# 來青 a4 開郎丁　霝耕　reeŋ
櫺　來青 a4 開郎丁　霝耕　reeŋ
蘦　來青 a4 開郎丁　霝耕　reeŋ
孁　來青 a4 開郎丁　霝耕　reeŋ
龗　來青 a4 開郎丁　霝耕　reeŋ
酃　來青 a4 開郎丁　霝耕　reeŋ
爧# 來青 a4 開郎丁　霝耕　reeŋ
欞# 來青 a4 開郎丁*　霝耕　reeŋ原与櫺别义
令　來仙 a3 開力延　令元2　ren
怜# 來先 a4 開落賢　令真1　riin俗憐字
零　來先 a4 開落賢　令真2　riiŋ
鳹　群真 a3b 開巨巾　令真2　griŋ
命　明庚 c3 開眉病　令耕　mreŋs/mriŋs令转注字
冷　來庚 b2 開魯打　令陽　r-raaŋʔ>
令　來清 a3 開吕貞　令耕　reŋ /riŋ
跉# 來清 a3 開吕貞　令耕　reŋ
嶺　來清 b3 開良郢　令耕　reŋʔ
領　來清 b3 開良郢　令耕　reŋʔ
岭　來清 b3 開良郢　令耕　reŋʔ古文同嶺
柃　來清 b3 開良郢　令耕　reŋʔ
衿　來清 b3 開良郢　令耕　reŋʔ见尔雅，通作領
令　來清 c3 開力政　令耕　reŋs/riŋs
詅# 來清 c3 開力政　令耕　reŋs
旍　精清 a3 開子盈　令耕　ʔsleŋ同旌，见礼

舲　來青 a4 開郎丁　令耕　reeŋ
齡　來青 a4 開郎丁　令耕　reeŋ
囹　來青 a4 開郎丁　令耕　reeŋ
鴒　來青 a4 開郎丁　令耕　reeŋ
蛉　來青 a4 開郎丁　令耕　reeŋ
鈴　來青 a4 開郎丁　令耕　reeŋ
苓　來青 a4 開郎丁　令耕　reeŋ/riiŋ
柃　來青 a4 開郎丁　令耕　reeŋ
伶　來青 a4 開郎丁　令耕　reeŋ
泠　來青 a4 開郎丁　令耕　reeŋ
瓴　來青 a4 開郎丁　令耕　reeŋ
拎# 來青 a4 開郎丁　令耕　reeŋ
刢# 來青 a4 開郎丁　令耕　reeŋ今作伶(俐)
玲　來青 a4 開郎丁　令耕　reeŋ
聆　來青 a4 開郎丁　令耕　reeŋ
竛# 來青 a4 開郎丁　令耕　reeŋ
軨　來青 a4 開郎丁　令耕　reeŋ
笭　來青 a4 開郎丁　令耕　reeŋ
零　來青 a4 開郎丁　令耕　reeŋ/riiŋ
令　來青 a4 開郎丁　令耕　reeŋ/riiŋ
翎　來青 a4 開郎丁　令耕　reeŋ
閝# 來青 a4 開郎丁　令耕　reeŋ
齢# 來青 a4 開郎丁　令耕　reeŋ
昤# 來青 a4 開郎丁　令耕　reeŋ
駖　來青 a4 開郎丁　令耕　reeŋ见扬雄赋
詅# 來青 a4 開郎丁　令耕　reeŋ
彾# 來青 a4 開郎丁　令耕　reeŋ
呤　來青 a4 開郎丁　令耕　reeŋ
跉# 來青 a4 開郎丁　令耕　reeŋ
狑# 來青 a4 開郎丁　令耕　reeŋ
冷# 來青 a4 開郎丁　令耕　reeŋ冷澤
怜# 來青 a4 開郎丁　令耕　reeŋ

柃# 來青 a4 開郎丁 令耕 reeŋ
岭 來青 a4 開郎丁 令耕 reeŋ 见扬雄赋
鯪 來青 a4 開郎丁 令耕 reeŋ
紷# 來青 a4 開郎丁 令耕 reeŋ
砱# 來青 a4 開郎丁 令耕 reeŋ
阾# 來青 a4 開郎丁 令耕 reeŋ
羚# 來青 a4 開郎丁 令耕 reeŋ
姈# 來青 a4 開郎丁 令耕 reeŋ
蕶# 來青 a4 開郎丁 令耕 reeŋ 零分化字
澪# 來青 a4 開郎丁 令耕 reeŋ
笭 來青 b4 開力鼎 令耕 reeŋʔ
冷 來青 b4 開力鼎 令耕 reeŋʔ
零 來青 c4 開郎定 令耕 reeŋs
令 來青 c4 開郎定 令耕 reeŋs
另+ 來青 c4 開郎定# 另耕 reeŋs 五音集韵音，由伶(仃)剩分化，用别之半体训读
籕 澄尤 c3 開直祐 留幽1 l'us 从手从留，即说文抽正体
流 來尤 a3 開力求 流幽1 ru 或为毓省声
硫# 來尤 a3 開力求 流幽1 ru
琉# 來尤 a3 開力求 流幽1 ru 同瑠
旒 來尤 a3 開力求 流幽1 ru
㙀 來尤 a3 開力求 流幽1 ru
旈 來尤 a3 開力求 流幽1 ru 见尔雅
六 來屋 d3 合力竹 六覺1 rug
圥 來屋 d3 合力竹 六覺1 rug 原作中下六，说文六声
醪 來豪 a1 開魯刀 翏幽1 ruuw
嫪# 來豪 a1 開魯刀 翏幽1 ruuw
嘐# 來豪 a1 開郎刀* 翏幽1 g·ruuw 今作唠
嫪 來豪 c1 開郎到 翏幽2 rɯɯws
膠# 來肴 a2 開力嘲 翏幽2 r-rɯɯw
顟 來肴 a2 開力嘲 翏幽2 r-rɯɯw 见汉赋
膠# 來肴 b2 開力絞 翏幽2 r-rɯɯwʔ 力嘲切，注又切
膠 見肴 a2 開古肴 翏幽2 krɯɯw
轇 見肴 a2 開古肴 翏幽2 krɯɯw
摎 見肴 a2 開古肴 翏幽2 krɯɯw
嘐 見肴 a2 開古肴 翏幽2 krɯɯw
膠 見肴 c2 開古孝 翏幽2 krɯɯws
膠# 溪肴 a2 開口交 翏幽2 khrɯɯw 校本改目旁
嘐 曉肴 a2 開許交 翏幽2 qhrɯɯw
髎 來宵 a3 開力昭 翏幽3 riw 见素问
熮 來宵 c3 開力照 翏幽3 riws
廖 來蕭 a4 開落蕭 翏幽2 rɯɯw 见左传
憀 來蕭 a4 開落蕭 翏幽2 rɯɯw 通作瞭聊
鏐 來蕭 a4 開落蕭 翏幽2 rɯɯw
漻 來蕭 a4 開落蕭 翏幽2 rɯɯw
翏 來蕭 a4 開落蕭 翏幽2 g·rɯɯw
髎 來蕭 a4 開落蕭 翏幽2 rɯɯw 见素问
熮 來蕭 a4 開落蕭 翏幽2 rɯɯw
寥 來蕭 a4 開落蕭 翏幽2 rɯɯw 见老子，说文作廫
蓼 來蕭 b4 開盧鳥 翏幽2 rɯɯwʔ
鄝 來蕭 b4 開盧鳥 翏幽2 rɯɯwʔ
廖 來蕭 c4 開力弔 翏幽2 rɯɯws
寥 來錫 d4 開郎擊 翏覺2 rɯɯwɢ
鷚 明尤 a3 開莫浮 翏幽2 mglɯw
繆 明尤 a3 開莫浮 翏幽2 mlɯw
勠 來尤 a3 開力求 翏幽2 rɯw
摎 來尤 a3 開力求 翏幽2 rɯw

嘐 來尤 a3 開力求 翏幽 2 rɯw
飂 來尤 a3 開力求 翏幽 2 rɯw
憀 來尤 a3 開力求 翏幽 2 rɯw
鏐 來尤 a3 開力求 翏幽 2 rɯw
熮 來尤 b3 開力久 翏幽 2 rɯwʔ
廖 來尤 c3 開力救 翏幽 2 rɯws 见汉书
鷚 來尤 c3 開力救 翏幽 2 rɯwɢs 鸟子
僇 來尤 c3 開力救 翏幽 2 rɯwɢs
飂 來尤 c3 開力救 翏幽 2 rɯws
勠 來尤 c3 開力救 翏幽 2 rɯwɢs
翏 來尤 c3 開力救 翏幽 2 g・rɯws
瘳 徹尤 a3 開丑鳩 翏幽 2 rhɯw
璆 群尤 a3 開巨鳩 翏幽 2 glɯw 见尔雅
謬 明幽 c3 開靡幼 翏幽 2 mrɯws
鷚 明幽 a3 開武彪 翏幽 2 mrɯw < mgr
繆 明幽 a3 開武彪 翏幽 2 mrɯw < mgr
繆 明幽 c3 開靡幼 翏幽 2 mrɯws
鏐 來幽 a3 開力幽 翏幽 2 rɯw
蟉 來幽 a3 開力幽 翏幽 2 g・rɯw
樛 見幽 a3 開居虯 翏幽 2 krɯw
璆 群幽 a3 開渠幽 翏幽 2 grɯw 见尔雅
鷚 群幽 a3 開渠幽 翏幽 2 grɯw
蟉 群幽 a3 開渠幽 翏幽 2 grɯw
蟉 群幽 b3 開渠黝 翏幽 2 grɯwʔ
繆 明屋 d3 合莫六 翏覺 2 mlɯwɢ
磟# 來屋 d1 合盧谷 翏屋 ruuwɢ
戮 來屋 d3 合力竹 翏覺 2 rɯwɢ
剹# 來屋 d3 合力竹 翏覺 2 rɯwɢ 同戮
勠 來屋 d3 合力竹 翏覺 2 rɯwɢ
穋 來屋 d3 合力竹 翏覺 2 rɯwɢ 说文同稑
蓼 來屋 d3 合力竹 翏覺 2 rɯwɢ 见诗
磟# 來屋 d3 合力竹 翏覺 2 rɯwɢ
僇 來屋 d3 合力竹 翏覺 2 rɯwɢ
驡# 精唐 b1 開子朗 龍陽 ʔslaaŋʔ
龐 並江 a2 開薄江 龍東 brooŋ
瀧# 來江 a2 開呂江 龍東 r-rooŋ >
瀧# 生江 a2 開所江 龍東 srooŋ
籠 來東 a1 合盧紅 龍東 rooŋ
礲 來東 a1 合盧紅 龍東 rooŋ
朧 來東 a1 合盧紅 龍東 rooŋ
鑨 來東 a1 合盧紅 龍東 rooŋ
瀧 來東 a1 合盧紅 龍東 rooŋ
聾 來東 a1 合盧紅 龍東 rooŋ
礱 來東 a1 合盧紅 龍東 rooŋ
嚨 來東 a1 合盧紅 龍東 rooŋ
蘢 來東 a1 合盧紅 龍東 rooŋ
櫳 來東 a1 合盧紅 龍東 rooŋ
襱 來東 a1 合盧紅 龍東 rooŋ
瓏 來東 a1 合盧紅 龍東 rooŋ
曨# 來東 a1 合盧紅 龍東 rooŋ
鸗 來東 a1 合盧紅 龍東 rooŋ 见史记
龒 來東 a1 合盧紅 龍東 rooŋ
曨# 來東 b1 合力董 龍東 rooŋʔ
襱 來東 b1 合力董 龍東 rooŋʔ
巃 來東 b1 合力董 龍東 rooŋʔ 见史记
竉# 來東 b1 合力董 龍東 rooŋʔ
籠 來東 b1 合力董 龍東 rooŋʔ
攏 來東 b1 合力董 龍東 rooŋʔ
儱# 來東 b1 合力董 龍東 rooŋʔ
鑨 來東 b1 合力董 龍東 rooŋʔ

礱 來東 c1 合盧貢 龍東 rooŋs
龍 來鍾 a3 合力鍾 龍東 b・roŋ
鸗 來鍾 a3 合力鍾 龍東 roŋ 见史记
驡# 來鍾 a3 合力鍾 龍東 roŋ
籠 來鍾 a3 合力鍾 龍東 roŋ
躘# 來鍾 a3 合力鍾 龍東 roŋ
蘢 來鍾 a3 合力鍾 龍東 roŋ
隴 來鍾 b3 合力踵 龍東 roŋʔ
壠 來鍾 b3 合力踵 龍東 roŋʔ
壟 來鍾 b3 合力踵 龍東 roŋʔ 壠注或体，见方言
朧 來鍾 c3 合良用 龍東 roŋs
躘# 來鍾 c3 合良用 龍東 roŋs
儱# 來鍾 c3 合良用 龍東 roŋs
寵 徹鍾 b3 合丑隴 龍東 rhoŋʔ
襱 澄鍾 b3 合直隴 龍東 r'oŋʔ
龔 見鍾 a3 合九容 龍東 kloŋ 居用切，注又切，后作恭
龔 見鍾 c3 合居用 龍東 kloŋs
龔# 影覺 d2 開於角 龍屋 qroog
樓 來侯 a1 開落侯 婁侯 g・roo
摟 來侯 a1 開落侯 婁侯 roo
耬 來侯 a1 開落侯 婁侯 roo
僂 來侯 a1 開落侯 婁侯 g・roo
婁 來侯 a1 開落侯 婁侯 g・roo
螻 來侯 a1 開落侯 婁侯 roo
髏 來侯 a1 開落侯 婁侯 roo
蔞 來侯 a1 開落侯 婁侯 roo
鞻 來侯 a1 開落侯 婁侯 roo 见周礼
艛# 來侯 a1 開落侯 婁侯 g・roo
膢 來侯 a1 開落侯 婁侯 roo
廔 來侯 a1 開落侯 婁侯 roo
嘍# 來侯 a1 開落侯 婁侯 roo
瞜# 來侯 a1 開落侯 婁侯 roo
簍 來侯 a1 開落侯 婁侯 roo
慺# 來侯 a1 開落侯 婁侯 roo
鷜 來侯 a1 開落侯 婁侯 roo 见尔雅
褸 來侯 a1 開落侯 婁侯 roo
遱 來侯 a1 開落侯 婁侯 roo
謱 來侯 a1 開落侯 婁侯 roo
簍 來侯 b1 開郎斗 婁侯 rooʔ
嶁# 來侯 b1 開郎斗 婁侯 rooʔ
嘍# 來侯 b1 開郎斗 婁侯 rooʔ
甊 來侯 b1 開郎斗 婁侯 rooʔ 见方言
謱 來侯 b1 開郎斗 婁侯 rooʔ
塿 來侯 b1 開郎斗 婁侯 rooʔ
漊# 來侯 b1 開郎斗 婁侯 rooʔ
鏤 來侯 c1 開盧候 婁侯 roos
瘻 來侯 c1 開盧候 婁侯 roos
僂 來侯 c1 開盧候 婁侯 g・roos
擻# 心侯 b1 開蘇后 婁侯 slooʔ 方言作藪
藪 心侯 b1 開蘇后 婁侯 slooʔ
籔 心侯 b1 開蘇后 婁侯 slooʔ
蔞 來虞 a3 合力朱 婁侯 ro
慺# 來虞 a3 合力朱 婁侯 ro
氀# 來虞 a3 合力朱 婁侯 ro
瞜# 來虞 a3 合力朱 婁侯 ro
摟 來虞 a3 合力朱 婁侯 ro
鷜 來虞 a3 合力朱 婁侯 ro 见尔雅
鏤 來虞 a3 合力朱 婁侯 ro
婁 來虞 a3 合力朱 婁侯 g・ro
瘻 來虞 a3 合力朱 婁侯 ro
膢 來虞 a3 合力朱 婁侯 ro
縷 來虞 b3 合力主 婁侯 roʔ
褸 來虞 b3 合力主 婁侯 roʔ
蔞 來虞 b3 合力主 婁侯 roʔ
僂 來虞 b3 合力主 婁侯 g・roʔ

簍　來虞 b3 合力主　婁侯　roʔ
嶁# 來虞 b3 合力主　婁侯　roʔ
謱　來虞 b3 合力主　婁侯　roʔ
慺# 來虞 b3 合力主　婁侯　roʔ
溇　來虞 b3 合力主　婁侯　roʔ
屢　來虞 c3 合良遇　婁侯　ros
數　生虞 b3 合所矩　婁侯　sroʔ
籔　生虞 b3 合所矩　婁侯　sroʔ 见仪礼
數　生虞 c3 合色句　婁侯　sros
屨　見虞 c3 合九遇　婁侯　klos
窶　群虞 b3 合其矩　婁侯　gloʔ
貗　群虞 b3 合其矩　婁侯　gloʔ 见尔雅
數　生覺 d2 開所角　婁屋　sroog
陋　來侯 c1 開盧候　陋侯　roos
漏　來侯 c1 開盧候　屚侯　roos
瘺+ 來侯 c1 開盧候+ 屚侯　roos 瘻后起字
屚　來侯 c1 開盧候　屚侯　roos 后作漏
蔄# 來侯 c1 開盧候　蔄侯　roos
滷　來模 b1 合郎古　鹵魚　raaʔ
鹵　來模 b1 合郎古　鹵魚　raaʔ
樐　來模 b1 合郎古　鹵魚　raaʔ 说文同櫓
蓾　來模 b1 合郎古　鹵魚　raaʔ 说文同蘆
鐪　來模 b1 合郎古　鹵魚　raaʔ 说文同鑪
滷　昌昔 d3 開昌石　鹵鐸　rhjag 禹贡作斥
滷　定錫 d4 開徒歷　鹵錫　l'eeg
魯　來模 b1 合郎古　魯魚　raaʔ 说文从白鮺省声，甲文实会意，象鱼在口上，表甘美
櫓　來模 b1 合郎古　魯魚　raaʔ
穭# 來魚 b3 合力舉　魯魚　raʔ 也作秜
灶+ 精豪 c1 開則到+ 尢幽1　ʔsluugs 五音集韵俗竈字

竈　精豪 c1 開則到　尢幽1　ʔsluugs
鼀　清屋 d3 合七宿　尢覺1　shlug 说文或从酋声
睦　明屋 d3 合莫六　坴幽1　mlug 古文从囧尢声
坴　來屋 d3 合力竹　坴覺1　m・rug 尢声
陸　來屋 d3 合力竹　坴覺1　m・rug
稑　來屋 d3 合力竹　坴覺1　rug
鵱　來屋 d3 合力竹　坴覺1　rug 见尔雅
鯥　來屋 d3 合力竹　坴覺1　rug 见山海经
淕# 來屋 d3 合力竹　坴覺1　rug
踛# 來屋 d3 合力竹　坴覺1　rug 易夬卦及庄子作陸
剥　幫覺 d2 開北角　录屋　proog
觻# 見覺 d2 開古岳　录屋　kroog 通作角
禄　來屋 d1 合盧谷　录屋　roog
淥　來屋 d1 合盧谷　录屋　roog 说文同漉
睩　來屋 d1 合盧谷　录屋　roog
琭　來屋 d1 合盧谷　录屋　roog 见老子
箓　來屋 d1 合盧谷　录屋　roog 说文同簏
碌　來屋 d1 合盧谷　录屋　roog 见史记
盝　來屋 d1 合盧谷　录屋　roog 见考工记
娽　來屋 d1 合盧谷　录屋　roog
录　來屋 d1 合盧谷　录屋　b・roog 金文象漉
趢　來屋 d1 合盧谷　录屋　roog
簶# 來屋 d1 合盧谷　录屋　roog 即弧簏
觻# 來屋 d1 合盧谷　录屋　roog 通作角
淥# 來燭 d3 合力玉　录屋　rog

緑　來燭 d3 合力玉　录屋　rog
逯　來燭 d3 合力玉　录屋　rog
録　來燭 d3 合力玉　录屋　rog
醁[#] 來燭 d3 合力玉　录屋　rog
騄　來燭 d3 合力玉　录屋　rog
娽　來燭 d3 合力玉　录屋　rog
菉　來燭 d3 合力玉　录屋　rog
碌[#] 來燭 d3 合力玉　录屋　rog
趢[#] 來燭 d3 合力玉　录屋　rog
簶　來燭 d3 合力玉　录屋　rog 见张衡赋
鄜　敷虞 a3 合芳無　鹿侯　phlo
鹿　來屋 d1 合盧谷　鹿屋　b・roog
漉　來屋 d1 合盧谷　鹿屋　roog
轆　來屋 d1 合盧谷　鹿屋　roog
簏　來屋 d1 合盧谷　鹿屋　roog
螰　來屋 d1 合盧谷　鹿屋　roog 见尔雅
麓　來屋 d1 合盧谷　鹿屋　roog
騼[#] 來屋 d1 合盧谷　鹿屋　roog
摝　來屋 d1 合盧谷　鹿屋　roog 见周礼
廘　來屋 d1 合盧谷　鹿屋　roog 国语作鹿，贾逵注此
蔍[#] 來屋 d1 合盧谷　鹿屋　roog
鏕[#] 來屋 d1 合盧谷　鹿屋　roog 汉书作鉅鹿，类化
鄜[#] 來屋 d1 合盧谷　鹿屋　roog
櫚　來魚 a3 合力居　吕魚　ra
閭　來魚 a3 合力居　吕魚　ra
吕　來魚 b3 合力舉　吕魚　g・raʔ 甲金文象铸青铜器用的铤块，中不连，非膂初文
侣　來魚 b3 合力舉　吕魚　raʔ 见王褒论
梠　來魚 b3 合力舉　吕魚　raʔ
郘　來魚 b3 合力舉　吕魚　raʔ 见金文
絽[#] 來魚 b3 合力舉　吕魚　raʔ
莒　見魚 b3 合居許　吕魚　klaʔ
筥　見魚 b3 合居許　吕魚　klaʔ
酹　來泰 c1 合郎外　寽祭3　roods
酹　來灰 c1 合盧對　寽微2　ruuls
脟　來仙 b3 合力兖　寽元3　ronʔ 集韵同臠，见吕氏春秋
捋　來末 d1 合郎括　寽月3　rood
蛶　來末 d1 合郎括　寽月3　rood
埒　來薛 d3 合力輟　寽月3　rod
鋝　來薛 d3 合力輟　寽月3　rod
蛶　來薛 d3 合力輟　寽月3　rod
浖[#] 來薛 d3 合力輟　寽月3　rod
哷[#] 來薛 d3 合力輟　寽月3　rod
脟　來薛 d3 合力輟　寽月3　rod
鋝　生薛 d3 合所劣　寽月3　srod 力輟切，注又音刷
寽　來術 d3 合吕卹　寽物2　rud 金文象手捋草籽，为捋初文
旅　來模 a1 合落胡　旅魚　raa 䲚分化字，见左传
旅　來魚 b3 合力舉　旅魚　g・raʔ
膂　來魚 b3 合力舉　旅魚　g・raʔ 说文同吕
祣[#] 來魚 b3 合力舉　旅魚　raʔ 论语作旅
履　來脂 b3 開力几　履脂2　riʔ 说文一曰尸声，甲文为眉声
率　生脂 c3 合所類　率隊2　sruds
率　來術 d3 合劣戌　率物2　rud
繂　來術 d3 合吕卹　率物2　rud 见檀弓郑注
膟　來術 d3 合吕卹　率物2　rud 见礼记
率　生術 d3 合所律　率物2　srud 原列質韵
蟀　生術 d3 合所律　率物2　srud 原列質韵
蠻　明刪 a2 開莫還　䜌元3　mroon

金文作䜌
彎　明删 b2 開武板　䜌元 3　mroon?
變　幫仙 c3b 開彼眷　䜌元 3　prons
鸞　來桓 a1 合落官　䜌元 3　b・roon
巒　來桓 a1 合落官　䜌元 3　b・roon
灤# 來桓 a1 合落官　䜌元 3　b・roon
欒　來桓 a1 合落官　䜌元 3　b・roon
金文作戉
鑾　來桓 a1 合落官　䜌元 3　b・roon
金文作戉
臠　來桓 a1 合落官　䜌元 3　b・roon
羉　來桓 a1 合落官　䜌元 3　b・roon
见尔雅
䜌　來桓 a1 合落官　䜌元 3　b・roon
欒　來桓 a1 合落官　䜌元 3　b・roon
圞# 來桓 a1 合落官　䜌元 3　b・roon
䖂　來桓 a1 合落官　䜌元 3　b・roon
孌# 來桓 c1 合郎段　䜌元 3　b・roons
通作亂
孿　生删 c2 合生患　䜌元 3　smroons
原下从雙子，注或体作此
彎　影删 a2 合烏關　䜌元 3　qroon
灣# 影删 a2 合烏關　䜌元 3　qroon 彎
分化字
攣　來仙 a3 合吕員　䜌元 3　b・ron
䜌　來仙 a3 合吕員　䜌元 3　b・ron
臠　來仙 b3 合力兖　䜌元 3　b・ron?
孌　來仙 b3 合力兖　䜌元 3　b・ron?
戀　來仙 c3 合力卷　䜌元 3　b・rons
孌　來仙 c3 合力卷　䜌元 3　b・rons
说文慕也，后作戀
孌　來仙 c3 合力卷　䜌元 3　b・rons
䜌　來仙 c3 合力卷　䜌元 3　b・rons
孿　生仙 c3 合所眷　䜌元 3　smrons
䜌　敷元 c3 合芳万　䜌元 3　phlons

䜌　見元 c3 合居願　䜌元 3　klons/k-plons
卵　來戈 b1 合郎果　卵歌 3　g・rool?
關　見删 a2 合古還　卵元 3　kroon
関# 見删 a2 合古還　卵元 3　kroon 俗關字，由草书楷化
聯　來仙 a3 開力延　卵元 3　g・ron
卵　來桓 b1 合盧管　卵元 3　g・roon?
覶# 來戈 a1 合落戈　亂歌 3　rool 覶俗形讹
亂　來桓 c1 合郎段　亂元 3　roons
薍　疑删 c2 合五患　亂元 3　ŋroons
蜦　來齊 c4 開郎計　侖微 1　rɯɯls
綸　見山 a2 合古頑　侖文 2　kruun
論　來魂 a1 合盧昆　侖文 2　ruun
崙　來魂 a1 合盧昆　侖文 2　ruun
掄　來魂 a1 合盧昆　侖文 2　ruun 见尔雅
菕　來魂 a1 合盧昆　侖文 2　ruun 见管子
惀　來魂 b1 合盧本　侖文 2　ruun?
睔# 來魂 b1 合盧本　侖文 2　g・ruun?
碖# 來魂 b1 合盧本　侖文 2　ruun?
論　來魂 c1 合盧困　侖文 2　ruuns
溣# 來魂 c1 合盧困　侖文 2　ruuns
碖# 來魂 c1 合盧困　侖文 2　ruuns
睔　見魂 c1 合古困　侖文 2　kuuns
睔　匣魂 b1 合胡本　侖文 2　guun?
倫　來諄 a3 合力迍　侖文 2　run
淪　來諄 a3 合力迍　侖文 2　run
輪　來諄 a3 合力迍　侖文 2　run
綸　來諄 a3 合力迍　侖文 2　g・run
掄　來諄 a3 合力迍　侖文 2　run
侖　來諄 a3 合力迍　侖文 2　run

論　來諄 a3 合力迍　侖文 2　run
陯　來諄 a3 合力迍　侖文 2　run
錀　來諄 a3 合力迍　侖文 2　run 见山海经
蜦　來諄 a3 合力迍　侖文 2　run
棆　來諄 a3 合力迍　侖文 2　run
惀　來諄 a3 合力迍　侖文 2　run
踚# 來諄 a3 合力迍　侖文 2　run
稐# 來諄 b3 合力準　侖文 2　runʔ
錀# 敷文 a3 合撫文　侖文 2　p-qhlun 撫由府校改
羅　來歌 a1 開魯何　羅歌 1　raal 象张网系隹
蘿　來歌 a1 開魯何　羅歌 1　raal
籮　來歌 a1 開魯何　羅歌 1　raal 见方言
儸# 來歌 a1 開魯何　羅歌 1　raal
饠# 來歌 a1 開魯何　羅歌 1　raal
欏# 來歌 a1 開魯何　羅歌 1　raal
囉# 來歌 a1 開魯何　羅歌 1　raal
鑼# 來歌 a1 開魯何　羅歌 1　raal
邏# 來歌 a1 開良何　羅歌 1　raal
欏# 來歌 b1 開來可　羅歌 1　raalʔ
邏# 來歌 c1 開郎佐　羅歌 1　raals
蓏　來戈 b1 合郎果　蓏歌 3　roolʔ
羸　來戈 a1 合落戈　羸歌 3　rool 说文騾
蠃　來戈 a1 合落戈　羸歌 3　rool 见尔雅
蠃　來戈 a1 合落戈　羸歌 3　rool 说文又义，后作螺
臝　來戈 b1 合郎果　羸歌 3　roolʔ 同裸
蠃　來戈 b1 合郎果　羸歌 3　roolʔ
羸　來支 a3 合力為　羸歌 3　rol

M

麻　明麻 a2 開莫霞　麻歌 1　mraal
痲# 明麻 a2 開莫霞　麻歌 1　mraal 麻分化字
摩　明麻 a2 開莫霞　麻歌 1　mraal 见尔雅
糜　明支 a3b 開靡為　麻歌 1　mral
縻　明支 a3b 開靡為　麻歌 1　mral
醾# 明支 a3b 開靡為　麻歌 1　mral
靡　明支 a3b 開靡為　麻歌 1　mral 通作糜
蘼　明支 a3b 開靡為　麻歌 1　mral 见尔雅
靡　明支 b3b 開文彼　麻歌 1　mralʔ
蘼　明支 b3b 開文彼　麻歌 1　mralʔ 见尔雅
虋+ 明脂 a3b 開武悲+ 麻微 1　mrɯl 虋之通用字
摩　明戈 a1 合莫婆　麻歌 1　maal
魔# 明戈 a1 合莫婆　麻歌 1　maal 梵译 māra，梁武帝改磨为魔
磨　明戈 a1 合莫婆　麻歌 1　maal
劘　明戈 a1 合莫婆　麻歌 1　maal
麼　明戈 a1 合眉波*　麻歌 1　maal 见鶡冠子
麽　明戈 b1 合亡果　麻歌 1　maalʔ 见尉缭子
磨　明戈 c1 合模臥　麻歌 1　maals
摩　明戈 c1 合模臥　麻歌 1　maals
塺　明戈 c1 合模臥　麻歌 1　maals
塺　明灰 a1 合莫杯　麻微 1　mɯɯl
麾　曉支 a3b 合許為　麻歌 1　hmral 说文作㧗
縻　明魂 a1 合謨奔*　麻文 1　mɯɯn 见大疋生民同虋，又旻悲切* mrɯl
馬　明麻 b2 開莫下　馬魚　mraaʔ
碼# 明麻 b2 開莫下　馬魚　mraaʔ 古作馬

罵　明麻 b2 開莫下　馬魚　mraaʔ 见史记
駡♯ 明麻 b2 開莫下　馬魚　mraaʔ
鰢♯ 明麻 b2 開莫下　馬魚　mraaʔ
瑪♯ 明麻 b2 開母下*　馬魚　mraaʔ 古作馬
罵　明麻 c2 開莫駕　馬魚　mraas 见史记
榪♯ 明麻 c2 開莫駕　馬魚　mraas
傌　明麻 c2 開莫駕　馬魚　mraas 又刑义，见新书
禡　明麻 c2 開莫駕　馬魚　mraas
瘍　明麻 c2 開莫駕　馬魚　mraas
媽♯ 明模 b1 合滿補　馬魚　maaʔ>
瘍1　明删 c2 開莫晏　瘍元1　mraans 牛马病、会意，又丑晏切 mhr'aans
睰♯ 明黠 d2 開莫八　睰物1　mrɯɯd
買　明佳 b2 開莫蟹　買支　mreeʔ
蕒♯ 明佳 b2 開莫蟹　買支　mreeʔ
嘪♯ 明佳 b2 開莫蟹　買支　mreeʔ
鷶♯ 明佳 b2 開莫蟹　買支　mreeʔ
賣　明佳 c2 開莫懈　買支　mrees
獌　明删 a2 開莫還　曼元3　mroon
鬘♯ 明删 a2 開莫還　曼元3　mroon
謾　明删 a2 開莫還　曼元3　mroon
慢　明删 c2 開謨晏　曼元3　mroons
嫚　明删 c2 開謨晏　曼元3　mroons
謾　明删 c2 開謨晏　曼元3　mroons
縵　明删 c2 開謨晏　曼元3　mroons
謾　明仙 a3a 開武延　曼元3　mon
曼　明桓 a1 合母官　曼元3　moon
饅♯ 明桓 a1 合母官　曼元3　moon 俗槾字
謾　明桓 a1 合母官　曼元3　moon
蔓　明桓 a1 合母官　曼元3　moon
鰻　明桓 a1 合母官　曼元3　moon
墁　明桓 a1 合母官　曼元3　moon 同鏝，见孟子
鏝　明桓 a1 合母官　曼元3　moon
槾　明桓 a1 合母官　曼元3　moon 说文同鏝
漫　明桓 c1 合莫半　曼元3　moons
幔　明桓 c1 合莫半　曼元3　moons
墁　明桓 c1 合莫半　曼元3　moons
鏝　明桓 c1 合莫半　曼元3　moons
縵　明桓 c1 合莫半　曼元3　moons
獌　明桓 c1 合莫半　曼元3　moons
謾　明桓 c1 合莫半　曼元3　moons
蔓　微元 c3 合無販　曼元3　mons
曼　微元 c3 合無販　曼元3　mons/mlons 说文冒声
蟃　微元 c3 合無販　曼元3　mons 见史记
鰻　微元 c3 合無販　曼元3　mons
獌　微元 c3 合無販　曼元3　mons
瘍2　明删 c2 開丑晏　瘍元1　mhr'aans 牛马病
厖　明江 a2 開莫江　尨東　mrooŋ
駹　明江 a2 開莫江　尨東　mrooŋ
狵　明江 a2 開莫江　尨東　mrooŋ
尨　明江 a2 開莫江　尨東　mrooŋ 同狵
浝　明江 a2 開莫江　尨東　mrooŋ
哤　明江 a2 開莫江　尨東　mrooŋ
牻　明江 a2 開莫江　尨東　mrooŋ
娏♯ 明江 a2 開莫江　尨東　mrooŋ
蛖　明江 a2 開莫江　尨東　mrooŋ 见尔雅
胧♯ 明江 a2 開莫江　尨東　mrooŋ
痝　明江 a2 開莫江　尨東　mrooŋ 见素问

䳟[#] 明冬 b1 合莫湩　龙終　muuŋʔ尔雅茅鸱作茅
莽　明唐 b1 開模朗　茻陽　maaŋʔ
莽　明侯 b1 開莫厚　茻侯　mooʔ
茻　明唐 b1 開模朗　茻陽　maaŋʔ
莽　明模 b1 合莫補　茻魚　maaʔ
蟒　明唐 b1 開模朗　莽陽　maaŋʔ
漭　明唐 b1 開模朗　莽陽　maaŋʔ
漭　明唐 c1 開莫浪　莽陽　maaŋs
䒎[#] 明唐 b1 開模朗　䒎陽　maaŋʔ左或讹盍音禄
毛　明豪 a1 開莫袍　毛宵1　maaw
髦　明豪 a1 開莫袍　毛宵1　maaw
旄　明豪 a1 開莫袍　毛宵1　maaw
芼　明豪 a1 開莫袍　毛宵1　maaw
氂　明豪 a1 開莫袍　毛宵1　maaw
枆[#] 明豪 a1 開莫袍　毛宵1　maaw尔雅作旄
酕[#] 明豪 a1 開莫袍　毛宵1　maaw
牦[#] 明豪 a1 開謨袍*　毛宵1　maaw旄后起分化字
耄　明豪 c1 開莫報　毛宵1　maaws
旄　明豪 c1 開莫報　毛宵1　maaws
覒　明豪 c1 開莫報　毛宵1　maaws
毛　明豪 c1 開莫報　毛宵1　maaws
眊　明豪 c1 開莫報　毛宵1　maaws
芼　明豪 c1 開莫報　毛宵1　maaws
耗　曉豪 c1 開呼到　毛宵1　hmaaws秏注俗体
秏　曉豪 c1 開呼到　毛宵1　hmaaws
秏　曉灰 c1 合荒内　毛内1　hmɯɯbs
眊　明覺 d2 開莫角　毛藥1　mraawG
毣　明覺 d2 開莫角　毛藥1　mraawG见方言
毣　明屋 d1 合莫卜　毛屋　moowG见汉书
堥[#] 明豪 a1 開莫袍　矛幽1　muu诗作旄丘
蓩　明豪 b1 開武道　矛幽1　muuʔ说文正体从婺
猱　泥豪 a1 開奴刀　矛幽1　ml'uu>n
茅　明肴 a2 開莫交　矛幽1　mruu
罞　明肴 a2 開莫交　矛幽1　mruu见尔雅
蝥　明肴 a2 開莫交　矛幽1　mruu
鶜[#] 明肴 a2 開莫交　矛幽1　mruu尔雅作茅
猱[#] 日宵 b3 開而沼　矛幽3　mljiwʔ本务旁注此異体，实同字分化
瞀　明侯 c1 開莫候　矛竇　moogs
愗　明侯 c1 開莫候　矛竇　moogs见九辩
袤　明侯 c1 開莫候　矛幽1　<muus
雺　明侯 c1 開莫候　矛幽1　<muus见尔雅
懋　明侯 c1 開莫候　矛幽1　<muus
楙　明侯 c1 開莫候　矛幽1　<muus
矛　明尤 a3 開莫浮　矛幽1　mu
蟊　明尤 a3 開莫浮　矛幽1　mu
雺　明尤 a3 開莫浮　矛幽1　mu见尔雅
髳　明尤 a3 開莫浮　矛幽1　mu说文正体从敄
鍪　明尤 a3 開莫浮　矛幽1　mu
鞪　明尤 a3 開莫浮　矛幽1　mu
堥　明尤 a3 開莫浮　矛幽1　mu见班固答宾戏
蝥　明尤 a3 開莫浮　矛幽1　mu说文同蟊
粈　娘尤 c3 開女救　矛幽1　ml'us>n见仪礼，说文从丑

腬 娘尤 c3 開女救 矛幽$_1$ ml'us>n

猱 娘尤 c3 開女救 矛幽$_1$ ml'us>n

柔 日尤 a3 開耳由 矛幽$_1$ mlju

揉 日尤 a3 開耳由 矛幽$_1$ mju

蹂 日尤 a3 開耳由 矛幽$_1$ mju

鍒 日尤 a3 開耳由 矛幽$_1$ mju

騥 日尤 a3 開耳由 矛幽$_1$ mju 见尔雅

蝚 日尤 a3 開耳由 矛幽$_1$ mju

葇 日尤 a3 開耳由 矛幽$_1$ mju 见方言

輮 日尤 a3 開耳由 矛幽$_1$ mju

鰇# 日尤 a3 開耳由 矛幽$_1$ mju

瑈# 日尤 a3 開耳由 矛幽$_1$ mju

腬 日尤 a3 開耳由 矛幽$_1$ mlju

鶔 日尤 a3 開耳由 矛幽$_1$ mju 见尔雅

蹂 日尤 b3 開人九 矛幽$_1$ mjuʔ

楺 日尤 b3 開人九 矛幽$_1$ mjuʔ

煣 日尤 b3 開人九 矛幽$_1$ mjuʔ

輮 日尤 b3 開人九 矛幽$_1$ mjuʔ

葇 日尤 b3 開人九 矛幽$_1$ mjuʔ 见方言

鞣# 日尤 b3 開人九 矛幽$_1$ mjuʔ

輮 日尤 c3 開人又 矛幽$_1$ mjus

蹂 日尤 c3 開人又 矛幽$_1$ mjus

煣 日尤 c3 開人又 矛幽$_1$ mjus

鞣 日尤 c3 開人又 矛幽$_1$ mjus

鍪 微虞 a3 合武夫 矛侯 mo 见尔雅

敄 微虞 b3 合文甫 矛侯 moʔ

務 微虞 c3 合亡遇 矛竇 mogs

騖 微虞 c3 合亡遇 矛竇 mogs

鶩 微虞 c3 合亡遇 矛竇 mogs

婺 微虞 c3 合亡遇 矛竇 mogs

霚 微虞 c3 合亡遇 矛竇 mogs 后作霧

蝥# 微虞 c3 合亡遇 矛竇 mogs

嵍 微虞 c3 合亡遇 矛竇 mogs

霧 微虞 c3 合亡遇 矛竇 mogs 见尔雅，说文作霚

敄 微虞 c3 合亡遇 矛侯 mos

罞 明東 a1 合莫紅 矛終 <muuŋ 见尔雅

雺 明東 a1 合莫紅 矛終 <muuŋ 见尔雅

髳 明東 a1 合莫紅 矛終 <muuŋ 见尔雅

霿 明東 a1 合莫紅 矛東 mooŋ 尔雅作雺

霚 明東 a1 合莫紅 矛東 mooŋ 同雺

霧 明東 a1 合謨蓬* 矛東 mooŋ 见史记

霿 明東 c1 合莫弄 矛東 mooŋs 尔雅作雺

雺 明冬 c1 合莫綜 矛終 muuŋs 见尔雅

瞀 明覺 d2 開莫角 矛屋 mroog

鶩 明屋 d1 合莫卜 矛屋 moog

鞪 明屋 d1 合莫卜 矛屋 moog

楘 明屋 d1 合莫卜 矛屋 moog

務 明屋 d1 合莫卜 矛屋 moog 说文正体从婺

卯 明肴 b2 開莫飽 卯幽$_1$ mruuʔ

昴 明肴 b2 開莫飽 卯幽$_1$ mruuʔ

泖# 明肴 b2 開莫飽 卯幽$_1$ mruuʔ

茆 明肴 b2 開莫飽 卯幽$_1$ mruuʔ

奅 滂肴 c2 開匹皃 卯幽$_1$ mhruus

窌 滂肴 c2 開匹皃 卯幽$_1$ mhruus 又同奅

窌 來肴 a2 開力嘲 卯幽$_1$ m·ruu 见汉赋

聊 來蕭 a4 開落蕭 卯幽$_2$ m·rɯɯw

貿 明侯 c1 開莫候 卯幽$_1$ <mlus

鄮　明侯 c1 開莫候　卯幽　<mlus
劉　來尤 a3 開力求　卯幽1　m·ru
留　來尤 a3 開力求　卯幽1　m·ru 说文丣声误，金文实卯声
蒥#　來尤 a3 開力求　卯幽1　m·ru
鶹　來尤 a3 開力求　卯幽1　m·ru
騮　來尤 a3 開力求　卯幽1　m·ru
橊#　來尤 a3 開力求　卯幽1　m·ru
瑠　來尤 a3 開力求　卯幽1　ru 瑠璃译 vaiḍūrya，说文从丣
瘤　來尤 a3 開力求　卯幽1　m·ru
遛　來尤 a3 開力求　卯幽1　m·ru 见汉书
鎦　來尤 a3 開力求　卯幽1　m·ru
飀#　來尤 a3 開力求　卯幽1　m·ru 同飂
鰡　來尤 a3 開力求　卯幽1　m·ru 见汉赋
嵧#　來尤 a3 開力求　卯幽1　m·ru
餾　來尤 a3 開力求　卯幽1　m·ru
瀏　來尤 a3 開力求　卯幽1　m·ru
懰　來尤 a3 開力求　卯幽1　m·ru
柳　來尤 b3 開力久　卯幽1　m·ruʔ
珋　來尤 b3 開力久　卯幽1　m·ruʔ 说文从丣书异
茆　來尤 b3 開力久　卯幽1　m·ruʔ
罶　來尤 b3 開力久　卯幽1　m·ruʔ
懰　來尤 b3 開力久　卯幽1　m·ruʔ
嬼#　來尤 b3 開力久　卯幽1　m·ruʔ
瀏　來尤 b3 開力久　卯幽1　m·ruʔ
窌　來尤 c3 開力救　卯幽1　m·rus 见左传
留　來尤 c3 開力救　卯幽1　m·rus
溜　來尤 c3 開力救　卯幽1　m·rus
餾　來尤 c3 開力救　卯幽1　m·rus
霤　來尤 c3 開力救　卯幽1　m·rus
瘤　來尤 c3 開力救　卯幽1　m·rus
廇　來尤 c3 開力救　卯幽1　m·rus
塯　來尤 c3 開力救　卯幽1　m·rus 见墨子
嬼#　來尤 c3 開力救　卯幽1　m·rus
籀　澄尤 c3 開直祐　卯幽1　l'us 说文籀即抽
媢　明脂 c3a 開彌二　冃至2　migs<muugs
媢　明豪 b1 開武道　冃幽1　muuʔ
冃　明豪 c1 開莫報　冃奧1　muugs 后作帽
冒　明豪 c1 開莫報　冃奧1　muugs
帽　明豪 c1 開莫報　冃奧1　muugs 见汉赋，说文作冃
瑁　明豪 c1 開莫報　冃奧1　muugs
媢　明豪 c1 開莫報　冃奧1　muugs
䁉　明豪 c1 開莫報　冃奧1　muugs
瑁　明灰 c1 合莫佩　冃代　mɯɯgs 见淮南子，玳瑁
賵　敷東 c3 合撫鳳　冃終　mhuŋs
冒　明德 d1 開莫北　冃職　mɯɯg
艒#　明德 d1 開莫北　冃職　mɯɯg
艒　明屋 d1 合莫卜　冃覺1　<muug 见方言
瑁　明沃 d1 合莫沃　冃覺1　muug 见子虚赋，汉书作毒冒
媢　明沃 d1 合莫沃　冃覺1　muug
艒　明沃 d1 合莫沃　冃覺1　muug 见方言
萺　明沃 d1 合莫沃　冃覺1　muug
萺#　明屋 d3 合莫六　冃覺1　mug
䁉　曉屋 d3 合許竹　冃覺1　hmug
勖　曉燭 d3 合許玉　冃屋　hmog 勖

俗书讹

勗 曉燭 d3 合許玉 冃屋 hmog 说文勗字

貌 明肴 c2 開莫教 皃豹 2 mreewGS 皃籀文

皃 明肴 c2 開莫教 皃豹 2 mreewGS

藐 明宵 b3a 開亡沼 皃宵 2 mewʔ

邈 明覺 d2 開莫角 皃藥 2 mreewG

藐 明覺 d2 開莫角 皃藥 2 mreewG

皃 明覺 d2 開莫角 皃藥 2 mreewG

眉 明脂 a3b 開武悲 眉脂 1 mril

楣 明脂 a3b 開武悲 眉脂 1 mril

嵋# 明脂 a3b 開武悲 眉脂 1 bril

湄 明脂 a3b 開武悲 眉脂 1 mril

鶥# 明脂 a3b 開武悲 眉脂 1 mril 尔雅作麋

瑂 明脂 a3b 開武悲 眉脂 1 mril

郿 明脂 a3b 開武悲 眉脂 1 mril

葿# 明脂 a3b 開武悲 眉脂 1 mril

媚 明脂 c3b 開明祕 眉脂 1 mrils

郿 明脂 c3b 開明祕 眉脂 1 mrils

篃# 明脂 c3b 開明祕 眉脂 1 mrils

蝞# 明脂 c3b 開明祕 眉脂 1 mrills

煝# 明脂 c3b 開明祕 眉脂 1 mrils

美 明脂 b3b 開無鄙 美微 1 mrɯlʔ 甲文象大人首插翎羽表美观，取陈独秀说

渼# 明脂 b3b 開無鄙 美微 1 mrɯlʔ

媄 明脂 b3b 開無鄙 美微 1 mrɯlʔ

蕄# 明山 c2 開亡莧 門文 2 mruuns

閺 明真 a3a 開彌鄰 門真 1 min

閩 明真 a3b 開武巾 門文 1 mrɯn

闅 明真 a3b 開武巾 門文 1 mrɯn 后作閿

蕄 明登 a1 開武登 門蒸 mɯɯŋ 尔雅萌异文

蕄 明耕 a2 開莫耕 門蒸 mrɯɯŋ 尔雅萌异文

門 明魂 a1 合莫奔 門文 1 mɯɯn

捫 明魂 a1 合莫奔 門文 1 mɯɯn

悶 明魂 c1 合莫困 門文 1 mɯɯns

聞 微文 a3 合無分 門文 1 mɯn

閿 微文 a3 合無分 門文 1 mɯn 闅注俗体，见汉书

闅 微文 a3 合無分 門文 1 mɯn 后作閿

閺 微文 a3 合無分 門文 1 mɯn

問 微文 c3 合亡運 門文 1 mɯns

聞 微文 c3 合亡運 門文 1 mɯns

蒙 明東 a1 合莫紅 冡東 mooŋ

冡 明東 a1 合莫紅 冡東 mooŋ

濛 明東 a1 合莫紅 冡東 mooŋ

艨 明東 a1 合莫紅 冡東 mooŋ 见释名

朦 明東 a1 合莫紅 冡東 mooŋ

矇 明東 a1 合莫紅 冡東 mooŋ

饛 明東 a1 合莫紅 冡東 mooŋ

檬# 明東 a1 合莫紅 冡東 mooŋ

鸏 明東 a1 合莫紅 冡東 mooŋ 说文作鸏

幪 明東 a1 合莫紅 冡東 mooŋ

蠓 明東 a1 合莫紅 冡東 mooŋ

霿# 明東 a1 合莫紅 冡東 mooŋ 说文作濛

蠓 明東 b1 合莫孔 冡東 mooŋʔ

鸏 明東 b1 合莫孔 冡東 mooŋʔ 说文作鸏

濛 明東 b1 合莫孔 冡東 mooŋʔ

朦 明東 b1 合莫孔 冡東 mooŋʔ

曚# 明東 b1 合莫孔 冡東 mooŋʔ

艨 明東 c1 合莫弄 冡東 mooŋs 见

释名
蘉　明唐 a1 開莫郎　夢陽　maaŋ见尚书
瞢　明登 a1 開武登　夢蒸　mɯɯŋ
懵　明登 c1 開武亘　夢蒸　mɯɯŋs
幪　明登 c1 開武亘　夢蒸　mɯɯŋs由巾旁校正，集韵同懵
甍　明耕 a2 開莫耕　夢蒸　mrɯɯŋ
薨　曉登 a1 合呼肱　夢蒸　hmɯɯŋ
懜　明東 a1 合莫紅　夢東　mɯɯŋ
幪　明東 b1 合莫孔　夢東　mɯɯŋʔ
瞢　明東 a3 合莫中　夢蒸　mɯŋ
夢　明東 a3 合莫中　夢蒸　mɯŋ
懜　明東 a3 合莫中　夢蒸　mɯŋ
夢　明東 c3 合莫鳳　夢蒸　mɯŋs
瞢　明東 c3 合莫鳳　夢蒸　mɯŋs
鄸　明東 c3 合莫鳳　夢蒸　mɯŋs
謎#　明齊 a4 開緜批*　米脂2　mii
迷　明齊 a4 開莫兮　米脂2　mii
米　明齊 b4 開莫禮　米脂2　miiʔ
眯　明齊 b4 開莫禮　米脂2　miiʔ
洣#　明齊 b4 開莫禮　米脂2　miiʔ
蔝　明齊 b4 開莫禮　米脂2　miiʔ见尔雅
謎#　明齊 c4 開莫計　米脂2　miis
麛　明支 a3a 開武移　米支　me见汉书
罙　明支 a3a 開武移　米支　me见商颂
敉　明支 b3a 開綿婢　米支　meʔ
侎　明支 b3a 開綿婢　米支　meʔ说文同敉
麋　明脂 a3b 開武悲　米脂1　mril甲文兼眉声
蘪　明脂 a3b 開武悲　米脂1　mril
攈　明脂 a3b 開武悲　米脂1　mril见尔雅，集韵作木旁
芈　明支 b3a 開綿婢　芈支　meʔ
蝆　明支 b3a 開綿婢　芈支　meʔ见尔雅，余校为蛘讹字
冟　書昔 d3 開施隻　冖錫　hmjeg
冖　明錫 d4 開莫狄　冖錫　meeg原作门，集韵依说文校正
冪　明錫 d4 開冥狄*　冖錫　meeg同冖，见礼记
羃　明錫 d4 開莫狄　冖錫　meeg集韵同冖，见战国策
濗#　明錫 d4 開莫狄　冖錫　meeg冪省声
鼏　明錫 d4 開莫狄　冖錫　meeg
糸　明錫 d4 開莫狄　糸錫　meeg
汨　明錫 d4 開莫狄　汨錫　meeg说文冥省声
覓#　明錫 d4 開莫狄　覓錫　meeg集韵同覛
潰#　明錫 d4 開莫狄　覓錫　meeg同汨
宀　明仙 a3a 開武延　宀元2　men
芇2　明仙 a3a 開武延　芇元2　men
芇2　明先 b4 開彌殄　芇元2　meenʔ
芇1　明桓 a1 合母官　芇元1　maan与蔄通
蹣#　並桓 a1 合薄官　芇元1　baan
瞞　明桓 a1 合母官　芇元1　maan朱駿聲芇聲
顢#　明桓 a1 合母官　芇元1　maan
蹣#　明桓 a1 合母官　芇元1　maan
樠　明桓 a1 合母官　芇元1　maan
慲　明桓 a1 合母官　芇元1　maan朱駿聲芇聲
鬗　明桓 a1 合母官　芇元1　maan
滿　明桓 b1 合莫旱　芇元1　maanʔ
鏋#　明桓 b1 合莫旱　芇元1　maanʔ

濍 明桓 b1 合莫旱 芇元1 maan?
樠 微元 a3 合武元 芇元1 man
鬗 微元 c3 合無販 芇元1 mans
樠 明魂 a1 合莫奔 芇元1 mɯɯn
璊 明魂 a1 合莫奔 芇文1 mɯɯn
濍 明魂 b1 合模本 芇文1 mɯɯn?
濍 明魂 c1 合莫困 芇文1 mɯɯns
綿 明仙 a3a 開武延 綿元2 men同緜
棉♯ 明仙 a3a 開武延 綿元2 men綿分化字
緜 明仙 a3a 開武延 綿元2 men说文綿字
矊 明仙 a3a 開武延 綿元2 men见方言
奱 明仙 a3a 開武延 奱元2 mben
矏 明仙 a3a 開武延 奱元2 mben
櫋 明仙 a3a 開武延 奱元2 mben
籩 幫先 a4 開布玄 奱元2 mpeen
邊 幫先 a4 開布玄 奱元2 mpeen
矏 明先 a4 開莫賢 奱元2 mbeen
汅♯ 明仙 b3a 開彌兖 丏元2 men?俗同沔
沔 明仙 b3a 開彌兖 丏元2 men?
丏 明先 b4 開彌殄 丏元2 meen?
眄 明先 b4 開彌殄 丏元2 meen?
麪 明先 c4 開莫甸 丏元2 meens
眄 明先 c4 開莫甸 丏元2 meens
厸♯ 明添 b4 開明忝 厸談2 meem?另集韵同鄰
免 明仙 b3b 開亡辨 免元3 mron?
娩 明仙 b3b 開亡辨 免元3 mron?媚
娩⁺ 明仙 b3b 開亡辨⁺ 免元3 mron?原同说文从子，生子古只作免，唐宋后通用作娩
勉 明仙 b3b 開亡辨 免元3 mron?
俛 明仙 b3b 開亡辨 免元3 mron?注：俯俛
鮸 明仙 b3b 開亡辨 免元3 mron?
冕 明仙 b3b 開亡辨 免元3 mron?
絻 明仙 b3b 開亡辨 免元3 mron?说文同冕
娩 敷虞 c3 合芳遇 免侯 mhos
浼 明灰 b1 合武罪 免微2 muul?
鞔 明桓 a1 合母官 免元3 moon
悗 明桓 a1 合母官 免元3 moon见吕氏春秋
絻♯ 明桓 a1 合母官 免元3 moon
嬔 敷元 c3 合芳万 免元3 mhons
娩 敷元 c3 合芳万 免元3 mhons兔子说文从兔，尔雅作嬔
晚 微元 b3 合無遠 免元3 mon?
挽 微元 b3 合無遠 免元3 mon?
娩 微元 b3 合無遠 免元3 mon?见礼记
輓 微元 b3 合無遠 免元3 mon?
脕 微元 b3 合無遠 免元3 mon?见楚辞远游
輓 微元 c3 合無販 免元3 mons
娩♯ 微元 c3 合無販 免元3 mons
脕 微元 c3 合無販 免元3 mons见楚辞远游
絻 微文 c3 合亡運 免文2 muns见左传
莬♯ 微文 c3 合亡運 免文2 muns诗笺作脕
脕 微文 c3 合亡運 免文2 muns见诗郑笺
娩♯ 微文 c3 合亡運 免文2 muns
蝒 明仙 a3a 開武延 面元2 men
緬 明仙 b3a 開彌兖 面元2 men?
湎 明仙 b3a 開彌兖 面元2 men?

愐　明仙 b3a 開彌兖　面元 2　menʔ
偭　明仙 b3a 開彌兖　面元 2　menʔ
勔　明仙 b3a 開彌兖　面元 2　menʔ
面　明仙 c3a 開彌箭　面元 2　mens
偭　明仙 c3a 開彌箭　面元 2　mens
麪♯ 明先 c4 開莫甸　面元 2　meens 同麫
貓　明肴 a2 開莫交　苗宵 2　mreew
描♯ 明肴 a2 開莫交　苗宵 2　mreew
媌　明肴 a2 開莫交　苗宵 2　mreew
緢　明肴 b2 開莫飽　苗宵 2　mreewʔ
媌　明肴 b2 開莫飽　苗宵 2　mreewʔ
緢　明肴 c2 開莫教　苗宵 2　mreews
描♯ 明宵 a3b 開武瀌　苗宵 2　mrew
苗　明宵 a3b 開武瀌　苗宵 2　mrew
貓　明宵 a3b 開武瀌　苗宵 2　mrew
猫　明宵 a3b 開武瀌　苗宵 2　mrew 俗同貓
緢　明宵 a3b 開武瀌　苗宵 2　mrew
廟　明宵 c3b 開眉召　苗宵 2　mrews 古文廟
淼　明宵 b3a 開亡沼　淼宵 2　mewʔ
乜♯ 明麻 b3 開彌也　乜魚　mjaaʔ 借词，蕃姓
礣♯ 明黠 d2 開莫八　蔑月 2　mreed
蔑　明屑 d4 開莫結　蔑月 2　meed 金文从伐苜声或眉声，兼杀灭伐功义
篾　明屑 d4 開莫結　蔑月 2　meed 见尚书
蔑　明屑 d4 開莫結　蔑月 2　meed
蠛　明屑 d4 開莫結　蔑月 2　meed
懱　明屑 d4 開莫結　蔑月 2　meed
幭　明屑 d4 開莫結　蔑月 2　meed
鱴　明屑 d4 開莫結　蔑月 2　meed 见尔雅
蠛　明屑 d4 開莫結　蔑月 2　meed
瀎　明屑 d4 開莫結　蔑月 2　meed 见汉赋
瀎　明末 d1 合莫撥　蔑月 1　maad 后世作抹
襪　微月 d3 合望發　蔑月 1　mad 同韈，见释名
韈　微月 d3 合望發　蔑月 1　mad
韤　微月 d3 合望發　蔑月 1　mad 同韈，见韩非子
眠　明先 a4 開莫賢　民真 1　miin
民　明真 a3a 開彌鄰　民真 1　min
泯　明真 a3a 開彌鄰　民真 1　min
怋　明真 a3a 開彌鄰　民真 1　min
岷　明真 a3b 開武巾　民真 1　mrin
珉　明真 a3b 開武巾　民真 1　mrin
罠　明真 a3b 開武巾　民真 1　mrin
笢　明真 a3b 開武巾　民真 1　mrin
錉♯ 明真 a3b 開武巾　民真 1　mrin
抿　明真 a3b 開眉貧*　民文 1　mrɯn 同捪，见吕氏春秋
泯　明真 b3a 開武盡　民真 1　minʔ
笢　明真 b3a 開武盡　民真 1　minʔ
刡♯ 明真 b3a 開武盡　民真 1　minʔ
抿+ 明真 b3b 開美殞*　民文 1　mrɯnʔ 捪今字
敃　明真 b3b 開眉殞　民真 1　mrinʔ
愍　明真 b3b 開眉殞　民真 1　mrinʔ
暋　明真 b3b 開眉殞　民真 1　mrinʔ 同敃
怋　明魂 a1 合莫奔　民文 1　mɯɯn
蟁　微文 a3 合無分　民文 1　mɯn 说文云俗作蚊
猛　明庚 b2 開莫杏　皿陽　mraaŋʔ 原作莫幸切(幸在耿韵)，依切三全王改

艋# 明庚 b2 開莫杏 皿陽 mraaŋʔ 杏由幸校改

蜢# 明庚 b2 開莫杏 皿陽 mraaŋʔ 杏由幸校改

皿 明庚 b3 開武永 皿陽 mraŋʔ

孟 明庚 c2 開莫更 皿陽 mraaŋs

憫 明真 b3b 開眉殞 閔文1 mrɯnʔ

閔 明真 b3b 開眉殞 閔文1 mrɯnʔ 说文文声

潣 明真 b3b 開眉殞 閔文1 mrɯnʔ

簢 明真 b3b 開眉殞 閔文1 mrɯnʔ 见尔雅

燘# 明灰 b1 合武罪 閔微1 mɯɯlʔ

潣 明灰 b1 合武罪 閔微1 mɯɯlʔ 同浼

燘# 曉灰 b1 合呼罪 閔微1 hmɯɯlʔ

澠 明仙 b3a 開彌兖 黽元2 mlenʔ 渑池

黽 明仙 b3a 開彌兖 黽元2 mlenʔ 黾池

黽 明真 b3a 開武盡 黽真2 mliŋʔ 黾池

僶 明真 b3a 開武盡 黽真2 mliŋʔ 见新书

澠 明真 b3a 開武盡 黽真2 mliŋʔ 渑池

繩 明真 b3a 開弭盡* 黽真 mliŋʔ 见老子

繩 船蒸 a3 開食陵 黽蒸 ɦljɯŋ<ɦbljɯŋ

澠 船蒸 a3 開食陵 黽蒸 ɦljɯŋ<ɦbljɯŋ 水见左传

譝 船蒸 a3 開食陵 黽蒸 ɦljɯŋ<ɦbljɯŋ 左传作繩

憴# 船蒸 a3 開食陵 黽蒸 ɦljɯŋ<ɦbljɯŋ 见尔雅，又同譝

鱦 船蒸 a3 開食陵 黽蒸 ɦljɯŋ<ɦbljɯŋ

鱦 船蒸 c3 開實證 黽蒸 ɦljɯŋs<ɦbljɯŋ

蠅 以蒸 a3 開余陵 黽蒸 b・lɯŋ

鱦 以蒸 c3 開以證 黽蒸 b・lɯŋs

鄳 明庚 a2 開武庚 黽陽 mraaŋ

鱦 明庚 b2 開莫杏 黽陽 mraaŋʔ 黾转注字，杏由幸校改

鄳 明庚 b2 開莫杏 黽陽 mraaŋʔ 杏由幸校改

黽 明耕 b2 開武幸 黽耕 mreeŋʔ

鼆 明耕 b2 開武幸 黽耕 mreeŋʔ

名 明清 a3 開武并 名耕 meŋ

洺 明清 a3 開武并 名耕 meŋ

眳# 明清 b3 開亡井 名耕 meŋʔ

詺# 明清 c3 開彌正 名耕 meŋs

銘 明青 a4 開莫經 名耕 meeŋ

茗 明青 b4 開莫迥 名耕 meeŋʔ

酩 明青 b4 開莫迥 名耕 meeŋʔ

眳# 明青 b4 開莫迥 名耕 meeŋʔ

姳# 明青 b4 開莫迥 名耕 meeŋʔ

莔 明庚 a2 開武庚 明陽 mraaŋ 说文朙省声，诗作蝱

明 明庚 a3 開武兵 明陽 mraŋ

盟 明庚 a3 開武兵 明陽 mraŋ

盟 明庚 c2 開莫更 明陽 mraaŋs

萌 明耕 a2 開莫耕 明耕 mreeŋ

奣# 影庚 b2 合烏猛 明陽 ʔmraaŋʔ>ʔ^{w}-

暝 明先 a4 開莫賢 冥元2 meen/miiŋ

暝 明先 c4 開莫甸 冥元2 meens/

miiŋs 见尚书

娦　明耕 a2 開莫耕　冥耕　mreeŋ

慏# 明清 b3 開亡井　冥耕　meŋʔ

冥　明青 a4 開莫經　冥耕　meeŋ

榠# 明青 a4 開莫經　冥耕　meeŋ

鄍　明青 a4 開莫經　冥耕　meeŋ

溟　明青 a4 開莫經　冥耕　meeŋ

螟　明青 a4 開莫經　冥耕　meeŋ

猽# 明青 a4 開莫經　冥耕　meeŋ 正体为豕旁

蓂　明青 a4 開莫經　冥耕　meeŋ

瞑　明青 a4 開莫經　冥耕　meeŋ

嫇　明青 a4 開莫經　冥耕　meeŋ

覭　明青 a4 開莫經　冥耕　meeŋ

暝　明青 a4 開莫經　冥耕　meeŋ

嫇# 明青 b4 開莫迥　冥耕　meeŋʔ

溟　明青 b4 開莫迥　冥耕　meeŋʔ

暝　明青 c4 開莫定　冥耕　meeŋs

幎　明錫 d4 開莫狄　冥錫　meeg

冪　明錫 d4 開莫狄　冥錫　meeg 幎注或体，见仪礼

蓂　明錫 d4 開莫狄　冥錫　meeg

覭　明錫 d4 開莫狄　冥錫　meeg

塓　明錫 d4 開莫狄　冥錫　meeg 见左传

鳴　明庚 a3 開武兵　鳴耕　mreŋ

眛　明泰 c1 開莫貝　末祭1　maads 校本改眛

沬　明泰 c1 開莫貝　末祭1　maads 校本改沬

佅　明夬 c2 開莫話　末祭1　mraads 见班固赋，本应从末

韎　明皆 c2 開莫拜　末祭2　mreeds

帓# 明鎋 d2 開莫鎋　末月1　mraad

粖　明屑 d4 開莫結　末月2　meed 说文正体从鬻蔑声

末　明末 d1 合莫撥　末月1　maad

眜# 明末 d1 合莫撥　末月1　maad

秣　明末 d1 合莫撥　末月1　maad

靺# 明末 d1 合莫撥　末月1　maad

韎　明末 d1 合莫撥　末月1　maad

粖　明末 d1 合莫撥　末月1　maad

眛　明末 d1 合莫撥　末月1　maad

抹# 明末 d1 合莫撥　末月1　maad 说文作瀎

妺　明末 d1 合莫撥　末月1　maad

怽# 明末 d1 合莫撥　末月1　maad

沬　明末 d1 合莫撥　末月1　maad

袜# 明末 d1 合莫撥　末月1　maad

没　明没 d1 合莫勃　沒物1　mɯɯd

歿　明没 d1 合莫勃　沒物1　mɯɯd

蓛# 明没 d1 合莫勃　沒物1　mɯɯd

蟆　明麻 a2 開莫霞　莫魚　mraa

鬕　明麻 c2 開莫駕　莫暮　mraags

饃+ 明戈 a1 合莫婆+ 莫歌1　maal 糜今字

模　明模 a1 合莫胡　莫魚　maa

摸　明模 a1 合莫胡　莫魚　maa 注亦作摹，见方言

嫫　明模 a1 合莫胡　莫魚　maa

謨　明模 a1 合莫胡　莫魚　maa

膜　明模 a1 合莫胡　莫魚　maa

摹　明模 a1 合蒙晡*　莫魚　maa 广韵作摸或体

暮　明模 c1 合莫故　莫暮　maags

慕　明模 c1 合莫故　莫暮　maags

募　明模 c1 合莫故　莫暮　maags

墓　明模 c1 合莫故　莫暮　maags

慔　明模 c1 合莫故　莫暮　maags

莫　明鐸 d1 開慕各　莫鐸　maag 从日在茻中，暮初文，小徐茻亦声

膜 明鐸 d1 開慕各 莫鐸 maag
摸 明鐸 d1 開慕各 莫鐸 maag
寞 明鐸 d1 開慕各 莫鐸 maag
漠 明鐸 d1 開慕各 莫鐸 maag
幕 明鐸 d1 開慕各 莫鐸 maag
鏌 明鐸 d1 開慕各 莫鐸 maag
瘼 明鐸 d1 開慕各 莫鐸 maag
鄚 明鐸 d1 開慕各 莫鐸 maag
瞙# 明鐸 d1 開慕各 莫鐸 maag
嗼 明鐸 d1 開慕各 莫鐸 maag 与说文义同寞有异，说文义见集韵末各切
塻# 明鐸 d1 開慕各 莫鐸 maag
貘 明陌 d2 開莫白 莫鐸 mraag
驀 明陌 d2 開莫白 莫鐸 mraag
嗼 明陌 d2 開莫白 莫鐸 mraag
牟 明尤 a3 開莫浮 牟幽1 mu
眸 明尤 a3 開莫浮 牟幽1 mu
侔 明尤 a3 開莫浮 牟幽1 mu
蛑# 明尤 a3 開莫浮 牟幽1 mu 又说文作蟊古文
麰 明尤 a3 開莫浮 牟幽1 mu
牞# 明尤 a3 開莫浮 牟幽1 mu
恈 明尤 a3 開莫浮 牟幽1 mu
鴾 明尤 a3 開莫浮 牟幽1 mu 见尔雅
某 明侯 b1 開莫厚 某之 <muʔ<mɯʔ 原象梅形，后通作梅
謀 明尤 a3 開莫浮 某之 mɯ
媒 明灰 a1 合莫杯 某之 mɯɯ
煤 明灰 a1 合莫杯 某之 mɯɯ 见吕氏春秋
腜 明灰 a1 合莫杯 某之 mɯɯ
禖 明灰 a1 合莫杯 某之 mɯɯ
脢# 明咍 c1 開莫代* 母之 mɯɯs>mɯɯh 同脄
挴 明咍 b1 開莫亥 母之 mlɯɯʔ 见方言
海 曉咍 b1 開呼改 母之 hmlɯɯʔ
毐 影咍 a1 開烏開 母之 ʔmlɯɯ 挴读莫亥切
毐 影咍 b1 開於改 母之 ʔmlɯɯʔ
呣# 明侯 a1 開亡侯 母之 mu<mɯ 集韵同謀
拇 明侯 b1 開莫厚 母之 muʔ<mɯʔ
母 明侯 b1 開莫厚 母之 muʔ<mɯʔ 又分化为滿補切姆
朒# 明侯 b1 開莫厚 母之 muʔ<mɯʔ 同拇
姆 明侯 b1 開莫後* 母之 muʔ<mɯʔ
畮 明侯 b1 開莫厚 母之 <muʔ<mɯʔ 说文畝正体
踇# 明侯 b1 開莫厚 母之 <muʔ<mɯʔ
姆 明侯 c1 開莫候 母之 muh<mɯs
苺 明侯 c1 開莫候 母之 muh<mɯs
莓# 微尤 c3 開亡救 母之 mɯs 说文作苺
敏 明真 b3b 開眉殞 母之/蒸 mrɯʔ/mrɯŋʔ>mrɯnʔ
鰵# 明真 b3b 開眉殞 母蒸 mrɯŋʔ>ɯnʔ 后作鮸
慜 明真 b3b 開眉殞 母蒸 mrɯŋʔ>ɯnʔ 见管子
姆 明模 b1 合滿補 母魚 maaʔ
毋 微虞 a3 合武夫 母魚 ma 母转注字

侮　微虞 b3 合文甫　母侯　moʔ<muʔ 郭店老子简作炆

梅　明灰 a1 合莫杯　母之　mɯɯ

苺# 明灰 a1 合莫杯　母之　mɯɯ 说文作莓

酶# 明灰 a1 合謨杯*　母之　mɯɯ 正体从米，周礼作媒

脢　明灰 a1 合莫杯　母之　mɯɯ

鋂　明灰 a1 合莫杯　母之　mɯɯ

每　明灰 b1 合武罪　母之　mɯɯʔ

挴　明灰 b1 合武罪　母之　mɯɯʔ 原作挴右上作土，据校改。见方言

莓　明灰 b1 合母罪*　母之　mɯɯʔ 后作苺

莓　明灰 c1 合莫佩　母之　mɯɯs 后作苺

每　明灰 c1 合莫佩　母之　mɯɯs

痗　明灰 c1 合莫佩　母之　mɯɯs

苺# 明灰 c1 合莫佩　母之　mɯɯs

脢　明灰 c1 合莫佩　母之　mɯɯs

晦　曉灰 c1 合荒内　母之　hmɯɯs

誨　曉灰 c1 合荒内　母之　hmɯɯs

痗　曉灰 c1 合荒内　母之　hmɯɯs

悔　曉灰 b1 合呼罪　母之　hmɯɯʔ

悔　曉灰 c1 合荒内　母之　hmɯɯs

黴+ 明脂 a3b 開武悲+ 母微1　mrɯl 黴晚起分化字

牡　明侯 b1 開莫厚　牡幽2　mɯwʔ

畝　明侯 b1 開莫厚　畝之　<muʔ<mɯʔ 畞隶变通用，广韵右久原作又

畞　明侯 b1 開莫厚　畝之　<muʔ<mɯʔ 说文同畮，魏宜辉 2012《说畞》说右为牧省声

姥# 明模 b1 合莫補　姥魚　maaʔ 会意

峔# 明模 b1 合莫補　姥魚　maaʔ

木　明屋 d1 合莫卜　木屋　moog

沐　明屋 d1 合莫卜　木屋　moog

杒# 明屋 d1 合莫卜　木屋　moog

蚞　明屋 d1 合莫卜　木屋　moog 见尔雅

霂　明屋 d1 合莫卜　木屋　moog

苜　明末 d1 合莫撥　目月3　mood 上从卝，与蔑同源

瞐# 明覺 d2 開莫角　目屋　mroog

目　明屋 d3 合莫六　目覺1　mug

苜　明屋 d3 合莫六　目覺1　mug 见史记

牧　明屋 d3 合莫六　牧職　mɯg

穆　明屋 d3 合莫六　穆覺1　mug

N

乃　泥咍 b1 開奴亥　乃之　nɯɯʔ

鼐　泥咍 b1 開奴亥　乃之　nɯɯʔ 同迺古文

鼐　泥咍 c1 開奴代　乃之　nɯɯs

疓　日咍 b1 開如亥　乃之　njɯɯʔ 见尸子

奶+ 泥佳 b2 開奴蟹+ 乃歌2　rneelʔ 嬭今字

仍　日蒸 a3 開如乘　乃蒸　njɯŋ

艿　日蒸 a3 開如乘　乃蒸　njɯŋ

迈# 日蒸 a3 開如乘　乃蒸　njɯŋ

礽# 日蒸 a3 開如乘　乃蒸　njɯŋ

扔　日蒸 a3 開如乘　乃蒸　njɯŋ

扔# 日蒸 c3 開而證　乃蒸　njɯŋs

芿# 日蒸 c3 開而證　乃蒸　njɯŋs

迺　泥咍 b1 開奴亥　迺之　nɯɯʔ 读若仍，金文作卤，象鸟巢在隐处有所凭依

奈　泥歌 c1 開奴箇　奈歌1　naals

奈　泥泰 c1 開奴帶　奈祭1　naads

柰　泥泰 c1 開奴帶　奈祭1　naads

渿　泥泰 c1 開奴帶　奈祭1　naads

捺# 泥曷 d1 開奴曷 奈月1 naad

男 泥覃 a1 開那含 男侵3 nuum

南 泥覃 a1 開那含 南侵3 nuum

楠 泥覃 a1 開那含 南侵3 nuum 见尸子，俗同柟

腩# 泥覃 b1 開奴感 南侵3 nuumʔ

湳 泥覃 b1 開奴感 南侵3 nuumʔ

揇# 泥覃 b1 開奴感 南侵3 nuumʔ

萳# 泥覃 b1 開奴感 南侵3 nuumʔ

罱# 來談 b1 開盧敢 南侵3 ruumʔ 今吴语音念

喃# 泥咸 a2 開女咸 南侵3 rnuum 同諵

諵# 泥咸 a2 開女咸 南侵3 rnuum

諵# 泥咸 c2 開尼賺 南侵3 rnuums

赧 泥删 b2 開奴板 赧元1 rnaanʔ

夒 泥豪 a1 開奴刀 夒幽1 nuuw 集韵同獿猱

獿 泥肴 b2 開奴巧 夒幽1 rnuuwʔ

犪 日宵 b3 開而沼 夒幽3 njiwʔ 右原作憂，此注中或体

擾 日宵 b3 開而沼 夒幽3 njiwʔ

呶 泥肴 a2 開女交 呶幽1 rnuu

怓 泥肴 a2 開女交 呶幽1 rnuu 民劳叶幽

腦 泥豪 b1 開奴晧 𡿺幽1 nuuʔ 见左传，说文作𡿺

惱# 泥豪 b1 開奴晧 𡿺幽1 nuuʔ 说文从女旁

瑙 泥豪 b1 開乃老* 𡿺幽1 nuuʔ 同碯，见汉王粲赋

𡿺 泥豪 b1 開奴晧 𡿺幽1 nuuʔ 原误㺀，依集韵、说文改正

碯# 泥豪 b1 開奴晧 𡿺幽1 nuuʔ

腦# 泥豪 c1 開那到 𡿺幽1 nuus

硇# 泥肴 a2 開尼交* 𡿺幽1 rnuu 堖省声

洶# 泥肴 a2 開尼交 𡿺幽1 rnuu 或作磠，集韵又作硇

鬧 泥肴 c2 開奴教 鬧宵1 rnaaws

疒1 泥麥 d2 開尼戹 疒1職 rnɯɯg

妠# 泥覃 c1 開奴紺 内侵3 nuums

内 泥灰 c1 合奴對 内内3 nuubs

笍 知祭 c3 合陟衛 内蓋3 t-nobs

芮 日祭 c3 合而鋭 内蓋3 njobs

枘 日祭 c3 合而鋭 内蓋3 njobs

汭 日祭 c3 合而鋭 内蓋3 njobs

笍# 日祭 c3 合而鋭 内蓋3 njobs

鈉# 日祭 c3 合而鋭 内蓋3 njobs

蜹 日祭 c3 合而鋭 内蓋3 njobs

蜹 以祭 c3 合以芮 内蓋3 lobs

抐# 泥魂 c1 合奴困 内文2 nuuns

納 泥合 d1 開奴答 内緝3 nuub

衲# 泥合 d1 開奴答 内緝3 nuub

妠# 泥合 d1 開奴答 内緝3 nuub

魶 泥合 d1 開奴答 内緝3 nuub

軜 泥合 d1 開奴答 内緝3 nuub

蒳# 泥合 d1 開奴答 内緝3 nuub

魶 泥盍 d1 開奴盍 内盍3 noob

豽# 泥黠 d2 合女滑 内物2 rnuud 说文、尔雅作貀

肭# 泥黠 d2 合女滑 内物2 rnuud

妠# 娘鎋 d2 合女刮 内月3 rnood

吶# 泥薛 d3 合女劣 内月3 nod

蜹 日薛 d3 合如劣 内月3 njod

焫 日薛 d3 合如劣 内月3 njod 同爇，见礼记

訥 泥没 d1 合内骨 内物2 nuud

肭# 泥没 d1 合内骨 内物2 nuud

抐# 泥没 d1 合内骨 内物2 nuud
肭 泥屋 d3 合女六 内覺1 nug汉书、玉篇引说文作朒,本是肉声
笝# 泥盍 d1 開奴盍 笝盍3 noob図即其声
嫩# 泥魂 c1 合奴困 嫩文2 nuuns
態 透咍 c1 開他代 能之 nhɯɯs
能 泥咍 a1 開奴來 能之 nɯɯ
螚 泥咍 c1 開奴代 能之 nɯɯs见淮南子
能 泥咍 c1 開奴代 能之 nɯɯs
褦# 泥咍 c1 開乃代* 能之 nɯɯs
能 泥登 a1 開奴登 能蒸 nɯɯŋ
能 泥登 b1 開奴等 能蒸 nɯɯŋʔ
泥 泥齊 a4 開奴低 尼脂1 niil
屔 泥齊 a4 開奴低 尼脂1 niil
苨 泥齊 b4 開奴禮 尼脂1 niilʔ见尔雅
坭# 泥齊 b4 開奴禮 尼脂1 niilʔ
泥 泥齊 c4 開奴計 尼脂1 niils
迡# 泥齊 c4 開奴計 尼脂1 niils
埿1# 泥齊 a4 開奴低 尼脂1 niil
埿1# 泥齊 c4 開奴計 尼脂1 niils
旎 泥支 b3 開女氏 尼脂1 nelʔ<nilʔ
狔 泥支 b3 開女氏 尼脂1 nelʔ<nilʔ通旎,见上林赋
抳# 泥支 b3 開女氏 尼脂1 nelʔ<nilʔ
尼 泥脂 a3 開女夷 尼脂1 nil
呢# 泥脂 a3 開女夷 尼脂1 nil
怩 泥脂 a3 開女夷 尼脂1 nil
柅 泥脂 a3 開女夷 尼脂1 nil
蚭 泥脂 a3 開女夷 尼脂1 nil见方言
跜 泥脂 a3 開女夷 尼脂1 nil见汉赋
秜 來脂 a3 開力脂 尼脂1 nil
柅 泥脂 b3 開女履 尼脂1 nilʔ
痆# 泥黠 d2 開女黠 尼質1 rniid
昵 泥質 d3 開尼質 尼質2 nig说文暱或体
孨2# 泥緝 d3 開尼立 㚼緝1 nɯb集韵同㚼
㚼 疑之 b3 開魚紀 㚼之 ŋɯʔ/ŋrɯʔ读若薿
㚼 以緝 d3 開羊入 㚼緝1 lɯb见汉赋
斥 昌麻 c3 開充夜 屰暮 ŋhjaags见尔雅
訴 心模 c1 合桑故 屰暮 sŋaags
泝 心模 c1 合桑故 屰暮 sŋaags
愬 心模 c1 合桑故 屰暮 sŋaags
遡 心模 c1 合桑故 屰暮 sŋaags
塑# 心模 c1 合桑故 屰暮 sŋaags
溯# 心模 c1 合蘇故* 屰暮 sŋaags泝或体
逜 疑模 c1 合五故 屰暮 ŋaags同迕
柝 透鐸 d1 開他各 屰鐸 t-ŋhaag/ŋhl'aag
鶚 疑鐸 d1 開五各 屰鐸 ŋaag
諤 疑鐸 d1 開五各 屰鐸 ŋaag
齶# 疑鐸 d1 開五各 屰鐸 ŋaag后作腭
鍔 疑鐸 d1 開五各 屰鐸 ŋaag
遌 疑鐸 d1 開五各 屰鐸 ŋaag
崿 疑鐸 d1 開五各 屰鐸 ŋaag见汉赋
偔# 疑鐸 d1 開五各 屰鐸 ŋaag
堮# 疑鐸 d1 開五各 屰鐸 ŋaag说文垠下作咢
湂# 疑鐸 d1 開五各 屰鐸 ŋaag
鱷# 疑鐸 d1 開逆各* 屰鐸 ŋaag鰐或体

噩 疑鐸 d1 開五各 屰鐸 ŋaag金文从四口从屰，隶变为噩咢

咢 疑鐸 d1 開五各 屰鐸 ŋaag说文下作屰，隶变

鑩# 疑鐸 d1 開五各 屰鐸 ŋaag

鄂 疑鐸 d1 開五各 屰鐸 ŋaag

鰐 疑鐸 d1 開五各 屰鐸 ŋaag

蕚 疑鐸 d1 開五各 屰鐸 ŋaag

愕 疑鐸 d1 開五各 屰鐸 ŋaag

顎# 疑鐸 d1 開五各 屰鐸 ŋaag

朔 生覺 d2 開所角 屰鐸 sŋraag＞oog

槊# 生覺 d2 開所角 屰藥 sraawG同稍

蒴# 生覺 d2 開所角 屰藥 sraawG同蒴

坼 徹陌 d2 開丑格 屰鐸 t-ŋhraag/ŋhr'aag原右从㡿，注亦作坼

拆 徹陌 d2 開恥格* 屰鐸 t-ŋhraag/ŋhr'aag同坼

愬 生麥 d2 開山責 屰錫 sŋreeg

逆 疑陌 d3 開宜戟 屰鐸 ŋrag屰字转注

屰 疑陌 d3 開宜戟 屰鐸 ŋrag

縌 疑陌 d3 開宜戟 屰鐸 ŋrag

斥 昌昔 d3 開昌石 屰鐸 ŋhjaag说文从广屰声

螏 來錫 d4 開郎擊 屰錫 reeg见尔雅

暱 泥質 d3 開尼質 匿質 2 nig

慝 透德 d1 開他德 匿職 nhɯɯg

匿 泥職 d3 開女力 匿職 nɯg说文若声

年 泥先 a4 開奴顛 季真 2 niiŋ同秊

秊 泥先 a4 開奴顛 季真 2 niiŋ说文年字，甲金文象人负禾会收成之意，非千声

輦 來仙 b3 開力展 輦元 2 renʔ

鄻 來仙 b3 開力展 輦元 2 renʔ

撵+ 泥先 b4 開乃殄+ 輦元 2 neenʔ 蹨(跈趁)新字

廿 日緝 d3 開人執 廿緝 1 njɯb二十合音，宋后音变读念

淰# 泥咸 b2 開女減 念侵 1 rnɯɯmʔ

唸 端添 c4 開都念 念侵 1 tɯɯms

埝 端添 c4 開都念 念侵 1 tɯɯms见方言

淰 泥添 b4 開乃玷 念侵 1 nɯɯmʔ

念 泥添 c4 開奴店 念侵 1 nɯɯms说文今声，或以心含会意(龙宇纯说，中山王鼎作悆)

趝# 見添 c4 開紀念 念侵 1 klɯɯms趝讹字，又分列古念切，集韵合并

趝# 透添 c4 開他念# 念侵 1 nhɯɯms据玉篇补

諗 書侵 b3 開式荏 念侵 1 hnjɯmʔ荏由任校改

淰 書侵 b3 開式荏 念侵 1 hnjɯmʔ见礼记，荏由任校改

稔 日侵 b3 開如甚 念侵 1 njɯmʔ

棯 日侵 b3 開如甚 念侵 1 njɯmʔ见尔雅

腍 日侵 b3 開如甚 念侵 1 njɯmʔ见礼记

唸 端先 c4 開都甸 念文 1 tɯɯns

埝# 泥帖 d4 開奴協 念緝 1 nɯɯb

捻# 泥帖 d4 開奴協 念緝 1 nɯɯb

鯰 泥帖 d4 開奴協 念緝 1 nɯɯb见汉王粲七释

敜 泥帖 d4 開奴協 念緝 1 nɯɯb

惗# 泥帖 d4 開奴協 念緝 1 nɯɯb

苶# 泥帖 d4 開奴協 念緝 1 nɯɯb

苶# 泥屑 d4 開奴結 念物 1 nɯɯd

島 端豪 b1 開都晧 鳥幽 2 tuuwʔ

搗 端豪 b1 開都晧 鳥幽 1 tuuwʔ俗擣字

鵃　知肴 a2 開陟交　鳥幽2　rtɯɯw
鳭　端蕭 a4 開都聊　鳥幽2　tɯɯw
鳥　端蕭 b4 開都了　鳥幽2　tɯɯwʔ
蔦　端蕭 b4 開都了　鳥幽2　tɯɯwʔ
窵　端蕭 c4 開多嘯　鳥幽2　tɯɯws
蔦　端蕭 c4 開多嘯　鳥幽2　tɯɯws
褭　泥蕭 b4 開奴鳥　褭宵2　neewʔ
嬲#　泥蕭 b4 開奴鳥　嬲宵2　neewʔ 嬈后起分化字
尿　泥蕭 c4 開奴弔　尿豹2　neewɢs 汉书作溺
𦘒　泥葉 d3 開尼輒　𦘒盍2　neb
桒　疑曷 d1 開五割　桒月1　ŋaad 说文作櫱櫱
甈　溪祭 c3b 開去例　臬祭2　ŋhreds
甈　疑齊 c4 開五計　臬祭2　ŋeeds
臬　疑屑 d4 開五結　臬月2　ŋeed
嵲#　疑屑 d4 開五結　臬月2　ŋeed
鷍　疑屑 d4 開五結　臬月2　ŋeed
闑　疑屑 d4 開五結　臬月2　ŋeed
闑　疑薛 d3b 開魚列　臬月2　ŋred
嵲#　疑薛 d3b 開魚列*　臬月2　ŋred 同说文㠯
睪2　泥葉 d3 開尼輒　㚔盍2　neb 说文作睪，音同此
攝　泥帖 d4 開奴協　聶盍2　neeb 见汉书
聶　泥葉 d3 開尼輒　聶盍2　neb
鑷　泥葉 d3 開尼輒　聶盍2　neb 见释名，说文作籋
躡　泥葉 d3 開尼輒　聶盍2　neb
襵#　知葉 d3 開陟葉　聶盍2　nteb/t-neb
懾　章葉 d3 開之涉　聶盍2　ʔnjeb
囁　章葉 d3 開之涉　聶盍2　ʔnjeb
襵#　章葉 d3 開之涉　聶盍2　ʔnjeb 后作褶
欇　章葉 d3 開之涉　聶盍2　ʔnjeb 原文作桑
欇　昌葉 d3 開叱涉　聶盍2　nhjeb 原文作桑
欇　禪葉 d3 開時涉　聶盍2　ɦnjeb>ɦlj->dj
攝　書葉 d3 開書涉　聶盍2　hnjeb
灄#　書葉 d3 開書涉　聶盍2　hnjeb
欇　書葉 d3 開書涉　聶盍2　hnjeb
顳　日葉 d3 開而涉　聶盍2　njeb 见灵枢
讘　日葉 d3 開而涉　聶盍2　njeb
囁　日葉 d3 開而涉　聶盍2　njeb
濘　泥齊 c4 開奴計　寧支　nees
獰#　娘庚 a2 開乃庚　寧陽　rnaaŋ
檸#　娘庚 b2 開拏梗　寧陽　rnaaŋʔ
儜#　泥耕 a2 開女耕　寧耕　rneeŋ
薴　泥耕 a2 開女耕　寧耕　rneeŋ 见九思
鬡#　泥耕 a2 開女耕　寧耕　rneeŋ
鑏#　泥耕 a2 開女耕　寧耕　rneeŋ
嬣#　泥耕 a2 開女耕　寧耕　rneeŋ
寍　泥青 a4 開奴丁　寧耕　neeŋ
甯　泥青 c4 開乃定　寧耕　neeŋs 见左传
甯　泥青 c4 開乃定　寧耕　neeŋs 甯注说文作此
寧　泥青 a4 開奴丁　寧耕　neeŋ
鸋　泥青 a4 開奴丁　寧耕　neeŋ 见尔雅
嚀#　泥青 a4 開奴丁　寧耕　neeŋ
聹　泥青 a4 開奴丁　寧耕　neeŋ 见灵枢
聹　泥青 b4 開乃挺　寧耕　neeŋʔ 见灵枢

濘 泥青 b4 開乃挺 寧耕 neeŋʔ
濘 泥青 c4 開乃定 寧耕 neeŋs
鸋 泥青 c4 開乃定 寧耕 neeŋs 见尔雅
牛 疑尤 a3 開語求 牛之 ŋʷɯ
嶩 泥豪 a1 開奴刀 農幽₁ nuu
噥♯ 泥江 a2 開女江 農終 rnuuŋ
䙚♯ 泥江 a2 開女江 農終 rnuuŋ
擃♯ 泥江 b2 開匿講* 農終 rnuuŋʔ
齈♯ 泥東 c1 合奴凍 農東 nooŋs
癑 泥東 c1 合奴凍 農東 nooŋs
農 泥冬 a1 合奴冬 農終 nuuŋ 金文从田不从囟
辳 泥冬 a1 合奴冬 農終 nuuŋ 古文農
噥♯ 泥冬 a1 合奴冬 農終 nuuŋ
憹♯ 泥冬 a1 合奴冬 農終 nuuŋ
膿 泥冬 a1 合奴冬 農終 nuuŋ
儂 泥冬 a1 合奴冬 農終 nuuŋ
濃 泥鍾 a3 合女容 農東 noŋ
醲 泥鍾 a3 合女容 農東 noŋ
襛 泥鍾 a3 合女容 農東 noŋ
穠 泥鍾 a3 合女容 農東 noŋ
欁♯ 泥鍾 a3 合女容 農東 noŋ
䙚♯ 泥鍾 a3 合女容* 農東 noŋ
襛 日鍾 a3 合而容 農東 njoŋ
穠 日鍾 a3 合而容 農東 njoŋ
筭♯ 心桓 c1 合蘇貫 弄元₃ sloons
弄 來東 c1 合盧貢 弄東 rooŋs
梇 來東 c1 合盧貢 弄東 rooŋs
哢♯ 來東 c1 合盧貢 弄東 rooŋs
硦♯ 來鐸 d1 合盧穫 弄鐸 rwaag 连绵词礳硦顺同化音变
拿⁺ 泥麻 a2 開女加⁺ 女魚 rnaa 挐晚起字
挐 泥麻 a2 開女加 女魚 rnaa 今作拿

詉 泥麻 a2 開女加 女魚 rnaa
蒘♯ 泥麻 a2 開女加 女魚 rnaa
笯 泥麻 a2 開女加 女魚 rnaa
挐 泥麻 a2 開女加 女魚 rnaa
絮♯ 泥麻 c2 開乃亞 女魚 rnaas
帑 透唐 b1 開他朗 女陽 nhaaŋʔ
奴 泥模 a1 合乃都 女魚 naa
砮 泥模 a1 合乃都 女魚 naa
駑 泥模 a1 合乃都 女魚 naa
帑 泥模 a1 合乃都 女魚 naa
拏 泥模 a1 合乃都 女魚 naa
笯 泥模 a1 合乃都 女魚 naa
努 泥模 b1 合奴古 女魚 naaʔ
弩 泥模 b1 合奴古 女魚 naaʔ
怒 泥模 b1 合奴古 女魚 naaʔ
砮 泥模 b1 合奴古 女魚 naaʔ
怒 泥模 c1 合乃故 女魚 naas
笯 泥模 c1 合乃故 女魚 naas
蒘 泥魚 a3 合女余 女魚 na 见尔雅
挐 泥魚 a3 合女余 女魚 na
袽 泥魚 a3 合女余 女魚 na 见易
帤 泥魚 a3 合女余 女魚 na
女 泥魚 b3 合尼吕 女魚 naʔ
籹 泥魚 b3 合尼吕 女魚 naʔ 见招魂
女 泥魚 c3 合尼據 女魚 nas
絮 泥魚 c3 合尼據 女魚 nas 见汉书
絮 心魚 c3 合息據 女魚 snas
絮 徹魚 c3 合抽據 女魚 nhas 见礼记
恕 書魚 c3 合商署 女魚 hnjas
如 日魚 a3 合人諸 女魚 nja
茹 日魚 a3 合人諸 女魚 nja
洳 日魚 a3 合人諸 女魚 nja
鴽 日魚 a3 合人諸 女魚 nja 见尔雅

蒘# 日魚 a3 合人諸 女魚 nja 尔雅作茹

汝 日魚 b3 合人渚 女魚 njaʔ

肗# 日魚 b3 合人渚 女魚 njaʔ

茹 日魚 b3 合人渚 女魚 njaʔ

如 日魚 c3 合人恕 女魚 njas

洳 日魚 c3 合人恕 女魚 njas

茹 日魚 c3 合人恕 女魚 njas

奻 泥删 a2 合奴還 奻元3 rnoon

奻 泥删 c2 合女患 奻元3 rnoons

虐 疑藥 d3 開魚約 虐藥1 ŋawG

瘧 疑藥 d3 開魚約 虐藥1 ŋawG

謔 曉藥 d3 開虛約 虐藥1 hŋawG

黁# 泥魂 a1 合奴昆 黁文2 nuun

P

庍# 幫佳 c2 開方卦 派寘 mpreegs 集韵卜卦切改底

派 滂佳 c2 開匹卦 派寘 mhreegs

脈 明麥 d2 開莫獲 派錫 mreeg 同衇，原依说文从血在右，注此或体

脉 明麥 d2 開莫獲 派錫 mreeg 同脈隶变

衇 明麥 d2 開莫獲 派錫 mreeg 正体作衂，此籀文

眽 明麥 d2 開莫獲 派錫 mreeg

覛 明麥 d2 開莫獲 派錫 mreeg

霢 明麥 d2 開莫獲 派錫 mreeg

覛 明錫 d4 開莫狄 派錫 meeg

抛# 滂肴 a2 開匹交 抛宵2 phreew 当为尥省声

抛# 滂肴 c2 開匹皃 抛宵2 phreews

佩 並灰 c1 合蒲昧 佩之 bɯɯs

珮 並灰 c1 合蒲昧 佩之 bɯɯs 玉佩俗

配 滂灰 c1 合滂佩 配隊1 phɯɯds 甲金文从酉从卩表配酒，非己声

嶏 滂灰 c1 合滂佩 配隊1 phɯɯds

嶏 敷物 d3 合敷勿 配物1 phɯd

轡 幫脂 c3b 開兵媚 轡隊1 prɯds

庄# 並耕 a2 開薄萌 庄耕 breeŋ

崩 幫登 a1 開北縢 朋蒸 pɯɯŋ

堋 幫登 c1 開方隥 朋蒸 pɯɯŋs 隥由登依北宋本校改，余校作鄧

漰# 滂登 a1 開普朋 朋蒸 phɯɯŋ

堋 滂登 a1 開普朋 朋蒸 phɯɯŋ

倗 滂登 b1 開普等 朋蒸 phɯɯŋʔ

朋 並登 a1 開步崩 朋蒸 bɯɯŋ

堋 並登 a1 開步崩 朋蒸 bɯɯŋ

鵬 並登 a1 開步崩 朋蒸 bɯɯŋ

棚 並登 a1 開步崩 朋蒸 bɯɯŋ

倗 並登 a1 開步崩 朋蒸 bɯɯŋ 朋转注字

髷# 並登 a1 開步崩 朋蒸 bɯɯŋ

倗 並登 c1 開父鄧 朋蒸 bɯɯŋs 朋转注字

掤 幫蒸 a3 開筆陵 朋蒸 pɯŋ

淜 並蒸 a3 開扶冰 朋蒸 bɯŋ 通作馮

棚 並庚 a2 開薄庚 朋蒸 braaŋ<ɯɯŋ

輣 並庚 a2 開薄庚 朋蒸 braaŋ<ɯɯŋ

繃 幫耕 a2 開北萌 朋蒸 prɯɯŋ

弸 滂耕 a2 開普耕 朋蒸 phrɯɯŋ 见扬雄赋

輣 並耕 a2 開薄萌 朋蒸 brɯɯŋ

棚 並耕 a2 開薄萌 朋蒸 brɯɯŋ

弸 並耕 a2 開薄萌 朋蒸 brɯɯŋ

绷 幫耕 a2 合北萌 朋蒸 prɯɯŋ
澎 滂庚 a2 開撫庚 彭陽 phraaŋ 见史记
彭 並庚 a2 開薄庚 彭陽 braaŋ
膨# 並庚 a2 開薄庚 彭陽 braaŋ
澎 並庚 a2 開薄庚 彭陽 braaŋ 见汉书
蟚# 並庚 a2 開薄庚 彭陽 braaŋ
蟛# 並庚 a2 開蒲庚* 彭陽 braaŋ 蟚注或体
憉# 並庚 a2 開薄庚 彭陽 braaŋ
膨# 並庚 c2 開蒲孟 彭陽 braaŋs
陂 幫支 a3b 開彼為 皮歌1 pral
詖 幫支 a3b 開彼為 皮歌1 pral
彼 幫支 b3b 開甫委 皮歌1 pralʔ
柀 幫支 b3b 開甫委 皮歌1 pralʔ
佊 幫支 b3b 開甫委 皮歌1 pralʔ
佊 幫支 c3b 開彼義 皮歌1 prals
詖 幫支 c3b 開彼義 皮歌1 prals
貱 幫支 c3b 開彼義 皮歌1 prals
陂 幫支 c3b 開彼義 皮歌1 prals
跛 幫支 c3b 開彼義 皮歌1 prals
披 滂支 a3b 開敷羈 皮歌1 phral
鈹 滂支 a3b 開敷羈 皮歌1 phral
帔 滂支 a3b 開敷羈 皮歌1 phral
鮍 滂支 a3b 開敷羈 皮歌1 phral
耚# 滂支 a3b 開敷羈 皮歌1 phral
狓# 滂支 a3b 開敷羈 皮歌1 phral
翍 滂支 a3b 開敷羈 皮歌1 phral 见汉书
旇 滂支 a3b 開敷羈 皮歌1 phral
秛# 滂支 a3b 開敷羈 皮歌1 phral
紴 滂支 b3b 開匹靡 皮歌1 phralʔ
披 滂支 b3b 開匹靡 皮歌1 phralʔ
帔 滂支 c3b 開披義 皮歌1 phrals
秛# 滂支 c3b 開披義 皮歌1 phrals
皮 並支 a3b 開符羈 皮歌1 bral
疲 並支 a3b 開符羈 皮歌1 bral
被 並支 b3b 開皮彼 皮歌1 bralʔ
髲 並支 c3b 開平義 皮歌1 brals
被 並支 c3b 開平義 皮歌1 brals
鞁 並支 c3b 開平義 皮歌1 brals
旇# 並支 c3b 開平義 皮歌1 brals
骳 明支 b3b 開文彼 皮歌1 mbralʔ 见汉书
波 幫戈 a1 合博禾 皮歌1 paal
紴 幫戈 a1 合博禾 皮歌1 paal
碆 幫戈 a1 合博禾 皮歌1 paal 说文作磻
菠# 幫戈 a1 合逋禾* 皮歌1 paal
跛 幫戈 b1 合布火 皮歌1 paalʔ
簸 幫戈 b1 合布火 皮歌1 paalʔ
駊 幫戈 b1 合布火 皮歌1 paalʔ
簸 幫戈 c1 合補過 皮歌1 paals
頗 滂戈 a1 合滂禾 皮歌1 phaal
坡 滂戈 a1 合滂禾 皮歌1 phaal
玻# 滂戈 a1 合滂禾 皮歌1 phaal
頗 滂戈 b1 合普火 皮歌1 phaalʔ
駊 滂戈 b1 合普火 皮歌1 phaalʔ
破 滂戈 c1 合普過 皮歌1 phaals
頗 滂戈 c1 合普過 皮歌1 phaals
婆 並戈 a1 合薄波 皮歌1 baal 尔雅用于婆娑，广韵表老母乃如集韵同媻
蔢# 並戈 a1 合薄波 皮歌1 baal
碆# 並戈 a1 合薄波 皮歌1 baal
匹 滂質 d3a 開譬吉 匹質1 phid<phig
鴄# 滂質 d3a 開僻吉* 匹質1

phid<phig礼记、孟子作匹，景颇 pjek
爿2+ 並删 a2 開步還* 片元1 braan
朌今字
片 滂先 c4 開普麵 片元2 pheens
泮# 滂桓 c1 合普半 片元1 phaans
標 幫宵 a3a 開甫遥 票宵2 pew
鏢# 幫宵 a3a 開卑遥* 票宵2 pew
瘭# 幫宵 a3a 開甫遥 票宵2 pew
幖 幫宵 a3a 開甫遥 票宵2 pew
熛 幫宵 a3a 開甫遥 票宵2 pew
藨 幫宵 a3a 開甫遥 票宵2 pew
臕+ 幫宵 a3b 開甫嬌+ 票宵2 prew
膔今字
褾# 幫宵 b3a 開方小 票宵2 pewʔ
標 幫宵 b3a 開方小 票宵2 pewʔ
票 滂宵 a3a 開撫招 票宵2 phew
原作古体㶾，注今作票，集韵或体作熛
飄 滂宵 a3a 開撫招 票宵2 phew
漂 滂宵 a3a 開撫招 票宵2 phew
螵 滂宵 a3a 開撫招 票宵2 phew
瞟 滂宵 a3a 開撫招 票宵2 phew
嫖 滂宵 a3a 開撫招 票宵2 phew
旚 滂宵 a3a 開撫招 票宵2 phew
后作飄
鏢 滂宵 a3a 開撫招 票宵2 phew
僄 滂宵 a3a 開撫招 票宵2 phew
慓 滂宵 a3a 開撫招 票宵2 phew
影# 滂宵 a3a 開撫招 票宵2 phew
摽 滂宵 a3a 開撫招 票宵2 phew
翲 滂宵 a3a 開撫招 票宵2 phew
见史记
嘌 滂宵 a3a 開撫招 票宵2 phew
縹 滂宵 b3a 開敷沼 票宵2 phewʔ
醥# 滂宵 b3a 開敷沼 票宵2 phewʔ
顠 滂宵 b3a 開敷沼 票宵2 phewʔ
见九思
篻# 滂宵 b3a 開敷沼 票宵2 phewʔ
瞟 滂宵 b3a 開敷沼 票宵2 phewʔ
膘 滂宵 b3a 開敷沼 票宵2 phewʔ
剽 滂宵 c3a 開匹妙 票宵2 phews
影# 滂宵 c3a 開匹妙 票宵2 phews
漂 滂宵 c3a 開匹妙 票宵2 phews
僄 滂宵 c3a 開匹妙 票宵2 phews
翲 滂宵 c3a 開匹妙 票宵2 phews
见史记
勡 滂宵 c3a 開匹妙 票宵2 phews
摽 滂宵 c3a 開匹妙 票宵2 phews
嫖 滂宵 c3a 開匹妙 票宵2 phews
慓 滂宵 c3a 開匹妙 票宵2 phews
薸 並宵 a3a 開符霄 票宵2 bew见方言
瓢 並宵 a3a 開符霄 票宵2 bew
螵 並宵 a3a 開符霄 票宵2 bew
飄 並宵 a3a 開符霄 票宵2 bew
剽 並宵 a3a 開符霄 票宵2 bew
鰾# 並宵 b3a 開符少 票宵2 bewʔ
符由苻依北宋小字本校正
摽 並宵 b3a 開符少 票宵2 bewʔ
符由苻校正
慓 並宵 b3a 開符少 票宵2 bewʔ
符由苻校正
顠 並宵 b3a 開符少 票宵2 bewʔ
符由苻校正，见九思
膘 並宵 b3a 開符少 票宵2 bewʔ
符由苻校正
驃 並宵 c3a 開毗召 票宵2 bews
篻# 明宵 a3a 開彌遥 票宵2 mbew
膘 精宵 b3 開子小 票宵2 spewʔ
依诗车攻传釋文，或为鹖于小切之讹

丿$_1$ 滂屑 d4 開普蔑 丿$_1$月$_2$ phleed
丿$_2$[#] 以祭 c3 開餘制 丿$_2$祭$_2$ leds
瀕 幫真 a3a 開必鄰 頻真$_1$ pin 集韵又作濵异体,说文頻本义水厓
頻 並真 a3a 開符真 頻真$_1$ bin
顰 並真 a3a 開符真 頻真$_1$ bin
瀕 並真 a3a 開符真 頻真$_1$ bin 頻的转注字
蘋 並真 a3a 開符真 頻真$_1$ bin
嚬 並真 a3a 開符真 頻真$_1$ bin
臨 來侵 a3 開力尋 品侵$_3$ b·rum
瀶 來侵 a3 開力尋 品侵$_3$ b·rum
臨 來侵 c3 開良鴆 品侵$_3$ b·rums
品 滂侵 b3b 開丕飲 品侵$_3$ phrumʔ
俜 滂青 a4 開普丁 甹耕 phleeŋ
甹 滂青 a4 開普丁 甹耕 phleeŋ
聘 滂清 c3 開匹正 甹耕 phleŋs
娉 滂清 c3 開匹正 甹耕 phleŋs
俜 滂清 c3 開匹正 甹耕 phleŋs
騁 徹清 b3 開丑郢 甹耕 lheŋʔ/phl'eŋʔ
梬 以清 b3 開以整 甹耕 leŋʔ
平 並仙 a3a 開房連 平元$_2$ ben
怦 滂耕 a2 開普耕 平耕 phreeŋ
砰 滂耕 a2 開普耕 平耕 phreeŋ 见史记
抨 滂耕 a2 開普耕 平耕 phreeŋ
閛 滂耕 a2 開普耕 平耕 phreeŋ 见法言
伻 滂耕 a2 開普耕 平耕 phreeŋ
平 並庚 a3 開符兵 平耕 breŋ
評 並庚 a3 開符兵 平耕 breŋ
坪 並庚 a3 開符兵 平耕 breŋ
苹 並庚 a3 開符兵 平耕 breŋ
枰 並庚 a3 開符兵 平耕 breŋ
泙 並庚 a3 開符兵 平耕 breŋ
蚲[#] 並庚 a3 開符兵 平耕 breŋ
胓[#] 並庚 a3 開符兵 平耕 breŋ
評 並庚 c3 開皮命 平耕 breŋs
坪 並庚 c3 開皮命 平耕 breŋs 土原在下,注说文作坪,小徐及金文土在下
枰 並庚 c3 開皮命 平耕 breŋs
匉[#] 滂耕 a2 開普耕 平耕 phreeŋ
萍 並青 a4 開薄經 平耕 beeŋ
凭 並蒸 a3 開扶冰 凭蒸 brɯŋ
凭 並蒸 c3 開皮證 凭蒸 brɯŋs
叵 滂戈 b1 合普火 叵歌$_1$ p-khaalʔ “不可”合音
奤[#] 滂鐸 d1 開匹各 奤鐸 phlaag 俗鞹字
裒 並侯 a1 開薄侯 裒幽 <bu
蓓[#] 並咍 b1 開薄亥 否之 bɯɯʔ 咅声的之部字似另来自否声,下面试分列部分字为否声,待再探究
倍 並咍 b1 開薄亥 否之 bɯɯʔ
菩 並咍 b1 開薄亥 否之 bɯɯʔ
掊 並肴 a2 開薄交 咅侯 broo
掊 幫侯 b1 開方垢 咅侯 pooʔ/puʔ
剖 滂侯 b1 開普后 咅侯 phooʔ
婄 滂侯 b1 開普后 否之 phɯʔ>phuʔ
踣 滂侯 c1 開匹候 否之 phɯs>phus
掊 並侯 a1 開薄侯 否之 bɯ>bu
箁 並侯 a1 開薄侯 否之 bɯ>bu
咅 滂侯 b1 開普后* 否之 phɯʔ>phuʔ 原依说文作杏,否亦声,隶变为咅
部 並侯 b1 開蒲口 咅侯 booʔ

培　並侯 b1 開蒲口　音侯　booʔ～塿

犃#　並侯 b1 開蒲口　音侯　booʔ

瓿　並侯 b1 開蒲口　音侯　booʔ

婄　並侯 b1 開蒲口　否之　bɯʔ>buʔ

音　透侯 c1 開他候　音侯　phl'oos>thoos 或作歆，似为训读，集韵又普后切

殕#　非尤 b3 開方久　否之　pɯʔ

醅　敷尤 a3 開匹尤　否之　phɯ

棓　奉尤 a3 開縛谋　音之　bɯ

掊　奉尤 a3 開縛谋　否之　bɯ

瓿　奉尤 a3 開縛谋　否之　bɯ 原从𦉘，玉篇或体作瓿，朱駿声亦按即瓿

涪　奉尤 a3 開縛谋　否之　bɯ

蓓　奉尤 b3 開房久　否之　bɯʔ

棓　並江 b2 開步項　音東　brooŋʔ 或从部声

菩　並模 a1 合薄胡　音侯　boo 中古梵译 bo

部　並模 b1 合裴古　音侯　<booʔ

醅　滂灰 a1 合芳杯　否之　phɯɯ

賠#　並灰 a1 合薄回　否之　bɯɯ 陪转注分化字

培　並灰 a1 合薄回　否之　bɯɯ

陪　並灰 a1 合薄回　否之　bɯɯ

婄　並灰 a1 合薄回　否之　bɯɯ

毰#　並灰 a1 合薄回　否之　bɯɯ

棓　並灰 a1 合薄回　否之　bɯɯ

蓓　並灰 b1 合部浼*　否之　bɯɯʔ

焙#　並灰 c1 合蒲昧*　否之　bɯɯs 正体右从背

殕#　敷虞 b3 合芳武　音侯　phoʔ

剖　敷虞 b3 合芳武　音侯　phoʔ

瓿　奉虞 a3 合防無　音侯　bo

菩　並德 d1 開蒲北　否職　bɯɯg

踣　並德 d1 開蒲北　否職　bɯɯg

殕#　影德 d1 開愛黑　否職　qɯɯg 余校踣讹字拟删（内王傍北反，玉篇步北切，集韵鼻墨切），或殪踣合音

攴　滂覺 d2 開匹角　攴屋　phroog

樸　並模 a1 合薄胡　菐魚　baa

璞　滂覺 d2 開匹角　菐屋　phroog

樸　滂覺 d2 開匹角　菐屋　phroog

墣　滂覺 d2 開匹角　菐屋　phroog

撲　並覺 d2 開蒲角　菐屋　broog 原作攢，注或作撲，见太玄

轐　幫屋 d1 合博木　菐屋　poog

樸　幫屋 d1 合博木　菐屋　poog

獛#　幫屋 d1 合博木　菐屋　poog 尔雅作濮

蹼　幫屋 d1 合博木　菐屋　poog

襆#　幫屋 d1 合博木　菐屋　poog 同纀

濮　幫屋 d1 合博木　菐屋　poog

纀　幫屋 d1 合博木　菐屋　poog

醭#　滂屋 d1 合普木　菐屋　phoog

墣　滂屋 d1 合普木　菐屋　phoog

撲　滂屋 d1 合普木　菐屋　phoog

樸　並屋 d1 合蒲木　菐屋　boog

僕　並屋 d1 合蒲木　菐屋　boog

菐　並屋 d1 合蒲木　菐屋　boog

穙#　並屋 d1 合蒲木　菐屋　boog

菐　非屋 d3 合方六　菐覺1　pug

僕　並沃 d1 合蒲沃　菐覺1　buug

鏷#　並沃 d1 合蒲沃　菐覺1　buug

轐　並沃 d1 合蒲沃　菐覺1　buug

幞　奉燭 d3 合房玉　菐屋　bog

襆#　奉燭 d3 合房玉　菐屋　bog 同幞

譜　幫模 b1 合博古　普魚　paaʔ

普　滂模 b1 合滂古　普魚　phaaʔ

Q

切　清齊 c4 開七計　七至1　snhiids
砌　清齊 c4 開七計　七至1　shiids 见班固赋
切　清屑 d4 開七結　七質1　snhiid
沏# 清屑 d4 開七結　七質1　shiid
七　清質 d3 開親吉　七質1　snhid
柒　清質 d3 開親吉　七質1　snhid 俗漆字，原文作泆
叱　昌質 d3 開昌栗　七質1　nhjid
妻　清齊 a4 開七稽　妻脂1　shiil
萋　清齊 a4 開七稽　妻脂1　shiil
淒　清齊 a4 開七稽　妻脂1　shiil
凄　清齊 a4 開七稽　妻脂1　shiil
悽　清齊 a4 開七稽　妻脂1　shiil
鶈# 清齊 a4 開七稽　妻脂1　shiil
郪　清齊 a4 開七稽　妻脂1　shiil
緀　清齊 a4 開七稽　妻脂1　shiil
霋　清齊 a4 開七稽　妻脂1　shiil
緀　清齊 b4 開千禮　妻脂1　shiil?
妻　清齊 c4 開七計　妻脂1　shiils
棲　心齊 a4 開先稽　妻脂1　siil
郪　清脂 a3 開取私　妻脂1　shil
漆　清質 d3 開親吉　桼質2　shig
桼　清質 d3 開親吉　桼質2　shig
膝　心質 d3 開息七　桼質2　sig 同厀
厀　心質 d3 開息七　桼質2　sig
基　見之 a3 開居之　其之　kɯ
箕　見之 a3 開居之　其之　kɯ 其字转注
朞　見之 a3 開居之　其之　kɯ
稘　見之 a3 開居之　其之　kɯ 同朞
萁　見之 a3 開居之　其之　kɯ
期　見之 a3 開居之　其之　kɯ 集韵稘注或体
朞# 見之 a3 開居之　其之　kɯ
其　見之 a3 開居之　其之　kɯ
錤　見之 a3 開居之　其之　kɯ
諆　見之 a3 開居之　其之　kɯ
欺　溪之 a3 開去其　其之　khɯ
娸　溪之 a3 開去其　其之　khɯ
魌　溪之 a3 開去其　其之　khɯ 说文作頬
僛　溪之 a3 開去其　其之　khɯ
諆　溪之 a3 開去其　其之　khɯ 居之切，注引說文加切
唭　溪之 c3 開去吏　其之　khɯs 见太玄
棋　群之 a3 開渠之*　其之　gɯ 木根，又棊注通作棋
其　群之 a3 開渠之　其之　gɯ
旗　群之 a3 開渠之　其之　gɯ
期　群之 a3 開渠之　其之　gɯ
萁　群之 a3 開渠之　其之　gɯ
淇　群之 a3 開渠之　其之　gɯ
祺　群之 a3 開渠之　其之　gɯ
琪　群之 a3 開渠之　其之　gɯ
騏　群之 a3 開渠之　其之　gɯ
綦　群之 a3 開渠之　其之　gɯ
麒　群之 a3 開渠之　其之　gɯ
蜞　群之 a3 開渠之*　其之　gɯ 作蟇正体
綨　群之 a3 開渠之　其之　gɯ 同綦
蟇　群之 a3 開渠之　其之　gɯ
錤　群之 a3 開渠之　其之　gɯ
棊　群之 a3 開渠之　其之　gɯ 通作棋
碁　群之 a3 開渠之　其之　gɯ 同棊，见战国策

䫏　群之 a3 開渠之　其之　gɯ
祺　群之 a3 開渠之　其之　gɯ
踑# 群之 a3 開渠之　其之　gɯ
藄　群之 a3 開渠之　其之　gɯ
櫀　群之 a3 開渠之　其之　gɯ 同綦
璂　群之 a3 開渠之　其之　gɯ 说文或体，正体从綦
禥　群之 a3 開渠之　其之　gɯ 籀文祺
惎　群之 c3 開渠記　其之　gɯs
諅　群之 c3 開渠記　其之　gɯs 通作忌
帺# 群之 c3 開渠記　其之　gɯs
奇　見支 a3b 開居宜　奇歌1　kral 说文从大可，戴侗从立可声，古踦字
畸　見支 a3b 開居宜　奇歌1　kral
剞　見支 a3b 開居宜　奇歌1　kral
羇　見支 a3b 開居宜　奇歌1　kral
掎　見支 a3b 開居宜　奇歌1　kral
攲　見支 a3b 開居宜　奇歌1　kral
觭# 見支 a3b 開居宜　奇歌1　kral
掎　見支 b3b 開居綺　奇歌1　kralʔ
剞　見支 b3b 開居綺　奇歌1　kralʔ
踦　見支 b3b 開居綺　奇歌1　kralʔ
攲　見支 b3b 開居綺　奇歌1　kralʔ
寄　見支 c3b 開居義　奇歌1　krals
徛　見支 c3b 開居義　奇歌1　krals
攲　溪支 a3b 開去奇*　奇歌1　khral 同敧，见荀子
崎　溪支 a3b 開去奇　奇歌1　khral
觭　溪支 a3b 開去奇　奇歌1　khral
踦　溪支 a3b 開去奇　奇歌1　khral
碕　溪支 a3b 開去奇　奇歌1　khral
攲　溪支 a3b 開去奇　奇歌1　khral
綺　溪支 b3b 開墟彼　奇歌1　khralʔ
婍# 溪支 b3b 開墟彼　奇歌1　khralʔ
碕　溪支 b3b 開墟彼　奇歌1　khralʔ
觭　溪支 b3b 開墟彼　奇歌1　khralʔ
掎　溪支 c3b 開卿義　奇歌1　khrals
奇　群支 a3b 開渠羈　奇歌1　gral
騎　群支 a3b 開渠羈　奇歌1　gral
琦　群支 a3b 開渠羈　奇歌1　gral
鵸　群支 a3b 開渠羈　奇歌1　gral 见山海经
碕　群支 a3b 開渠羈　奇歌1　gral
錡　群支 a3b 開渠羈　奇歌1　gral
徛# 群支 b3b 開渠綺　奇歌1　gralʔ 楚辞、广雅作倚
錡　群支 b3b 開渠綺　奇歌1　gralʔ
騎　群支 c3b 開奇寄　奇歌1　grals
輢　群支 c3b 開奇寄　奇歌1　grals
錡　疑支 b3b 開魚倚　奇歌1　ŋgralʔ
齮　疑支 b3b 開魚倚　奇歌1　ŋgralʔ
犄# 影支 a3b 開於離　奇歌1　qral
猗　影支 a3b 開於離　奇歌1　qral
椅　影支 a3b 開於離　奇歌1　qral
旖　影支 a3b 開於離　奇歌1　qral
陭　影支 a3b 開於離　奇歌1　qral
攲　影支 a3b 開於離　奇歌1　qral
檹　影支 a3b 開於離　奇歌1　qral
漪　影支 a3b 開於離　奇歌1　qral
椅　影支 b3b 開於綺　奇歌1　qralʔ
倚　影支 b3b 開於綺　奇歌1　qralʔ
旖　影支 b3b 開於綺　奇歌1　qralʔ
猗　影支 b3b 開於綺　奇歌1　qralʔ
輢　影支 b3b 開於綺　奇歌1　qralʔ
倚　影支 c3b 開於義　奇歌1　qrals
輢　影支 c3b 開於義　奇歌1　qrals
陭　影支 c3b 開於義　奇歌1　qrals

崎 群微 a3 開渠希 奇微1 gɯl
碕 群微 a3 開渠希 奇微1 gɯl
冓 群微 a3 開渠之 冓之 glɯ 下本从廾
葦 心之 b3 開胥里 冓之 slɯʔ 集韵从冓同枲，余校为葸
儕 崇皆 a2 開士皆 齊脂1 zriil
麡# 崇皆 a2 開士皆 齊脂1 zriil
齋 莊皆 a2 開側皆 齊脂1 ʔsriil
穧 精祭 c3 開子例 齊祭2 ʔsleds
擠 精齊 a4 開祖稽 齊脂1 ʔsliil 祖由相校改
躋 精齊 a4 開祖稽 齊脂1 ʔsliil 祖由相校改
齏 精齊 a4 開祖稽 齊脂1 ʔsliil 同韲，祖由相校改。俗又加草头
齎 精齊 a4 開祖稽 齊脂1 ʔsliil 祖由相校改
櫅 精齊 a4 開祖稽 齊脂1 ʔsliil 祖由相校改
齌 精齊 a4 開祖稽 齊脂1 ʔsliil 祖由相校改
隮 精齊 a4 開祖稽 齊脂1 ʔsliil 祖由相校改
麡# 精齊 a4 開祖稽 齊脂1 ʔsliil 祖由相校改
賫# 精齊 a4 開祖稽 齊脂1 ʔsliil 俗齎字，當从齊聲。祖由相校改
虀 精齊 a4 開牋西* 齊脂1 ʔsliil 齏字注俗作虀，见释名
濟 精齊 b4 開子禮 齊脂1 ʔsliilʔ
癠 精齊 b4 開子禮 齊脂1 ʔsliilʔ 见方言
霽 精齊 c4 開子計 齊脂1 ʔsliils
隮 精齊 c4 開子計 齊脂1 ʔsliils 同躋

躋 精齊 c4 開子計 齊脂1 ʔsliils
濟 精齊 c4 開子計 齊脂1 ʔsliils
擠 精齊 c4 開子計 齊脂1 ʔsliils
穧 精齊 c4 開子計 齊脂1 ʔsliils
齎 清齊 a4 開七稽 齊脂1 shliil
齊 從齊 a4 開徂奚 齊脂1 zliil
臍 從齊 a4 開徂奚 齊脂1 zliil
麡# 從齊 a4 開徂奚 齊脂1 zliil
蠐 從齊 a4 開徂奚 齊脂1 zliil
懠 從齊 a4 開徂奚 齊脂1 zliil
癠 從齊 a4 開徂奚 齊脂1 zliil
薺 從齊 b4 開徂禮 齊脂1 zliilʔ
鱭# 從齊 b4 開徂禮 齊脂1 zliilʔ 同鮆
癠 從齊 b4 開徂禮 齊脂1 zliilʔ 见方言
嚌 從齊 c4 開在詣 齊脂1 zliils
劑 從齊 c4 開在詣 齊脂1 zliils
穧 從齊 c4 開在詣 齊脂1 zliils
齊 從齊 c4 開在詣 齊脂1 zliils
齌 從齊 c4 開在詣 齊脂1 zliils
癠 從齊 c4 開在詣 齊脂1 zliils
懠 從齊 c4 開在詣 齊脂1 zliils
劑 精支 a3 合遵為 齊歌2 ʔslel 变合与姊宜切相乱，周礼释文子随反，韵镜列精合，四声韵谱改莊母
齍 精脂 a3 開即夷 齊脂1 ʔslil
齎 精脂 a3 開即夷 齊脂1 ʔslil
薺 從脂 a3 開疾資 齊脂1 zlil
蠐 從脂 a3 開疾資 齊脂1 zlil 原作齏，注又音疾兮切，齐韵正作此体
乞 溪微 c3 開去既 乞隊1 khɯds 气字注今体，集韵径作乞(与)
盵# 溪微 c3 開去既 乞隊1 khɯds 依巾箱本校作日旁

齕　匣屑 d4 開胡結　乞物1 glɯɯd>giid

紇　匣屑 d4 開胡結　乞物1 glɯɯd>giid

麧　匣屑 d4 開胡結　乞物1 glɯɯd>giid 见史记，即麧

圪　疑質 d3b 開魚乙　乞物1 ŋrɯd 说文从气

訖　見迄 d3 開居乞　乞物1 kɯd

吃　見迄 d3 開居乞　乞物1 kɯd

扢　見迄 d3 開居乞　乞物1 kɯd 见汉书

乞　溪迄 d3 開去訖　乞物1 khɯd 气的转注字，从乞与从气同

疙　疑迄 d3 開魚迄　乞物1 ŋɯd 见通俗文

屹　疑迄 d3 開魚迄　乞物1 ŋɯd

圪　疑迄 d3 開魚迄　乞物1 ŋɯd 说文从气

仡　疑迄 d3 開魚迄　乞物1 ŋɯd

迄　曉迄 d3 開許訖　乞物1 hŋɯd

仡　曉迄 d3 開許訖　乞物1 hŋɯd

釳　曉迄 d3 開許訖　乞物1 hŋɯd

忔♯ 曉迄 d3 開許訖　乞物1 hŋɯd

汔　曉迄 d3 開許訖　乞物1 hŋɯd 说文作汽

扢　見没 d1 合古忽　乞物2 kuud 见汉书

矻　溪没 d1 合苦骨　乞物2 khuud

扢　匣没 d1 合户骨　乞物2 guud 见汉书

紇　匣没 d1 開下沒　乞物1 gɯɯd

麧　匣没 d1 開下沒　乞物1 gɯɯd

齕　匣没 d1 開下沒　乞物1 gɯɯd

企　溪支 b3a 開丘弭　企支　kheʔ

企　溪支 c3a 開去智　企支　khes

敳+ 端咍 a1 開丁來+ 豈之　t-ŋɯɯ 懛的训读字，今亦作呆。集韵懛敳为联绵字

剴　見咍 a1 開古哀　豈微1 k-ŋɯɯl

凱　溪咍 b1 開苦亥　豈微1 ŋhɯɯlʔ 同愷，豈转注字

愷　溪咍 b1 開苦亥　豈微1 ŋhɯɯlʔ

塏　溪咍 b1 開苦亥　豈微1 ŋhɯɯlʔ

鎧　溪咍 b1 開苦亥　豈微1 ŋhɯɯlʔ

颽　溪咍 b1 開苦亥　豈微1 ŋhɯɯlʔ 尔雅凱异文

暟　溪咍 b1 開苦亥　豈微1 ŋhɯɯlʔ 见方言

闓　溪咍 b1 開苦亥　豈微1 ŋhɯɯlʔ

豈　溪咍 b1 開可亥*　豈微1 ŋhɯɯlʔ 同愷，见小雅，说文微省声而微所从又豈省声，陈独秀云象还师奏鼓，后作凱

鎧　溪咍 c1 開苦蓋　豈微1 ŋhɯɯls

闓　溪咍 c1 開苦蓋　豈微1 ŋhɯɯls

隑　群咍 c1 開巨代*　豈微1 gɯɯls 见方言

皚　疑咍 a1 開五來　豈微1 ŋɯɯl

嵦♯ 疑咍 a1 開五來　豈微1 ŋɯɯl

敳　疑咍 a1 開五來　豈微1 ŋɯɯl

隑　疑咍 a1 開五來　豈微1 ŋɯɯl 见方言

剴　疑咍 a1 開五來　豈微1 ŋɯɯl

敳♯ 疑咍 a1 開五來　豈之　ŋɯɯl 癡騃晚起分化字，今作呆

磑　疑咍 a1 開魚開*　豈微1 ŋɯɯl 见宋玉赋

螘　疑支 b3b 開魚倚　豈歌1 ŋralʔ

覬　見脂 c3b 開几利　豈微1 krɯls/k-ŋrɯls

溰　疑微 a3 開魚衣　豈微1 ŋɯl 见七

发,集韵依广雅以溰作正体

豈 溪微 b3 開祛狶 豈微 1 ŋhɯlʔ

顗 疑微 b3 開魚豈 豈微 1 ŋɯlʔ

螘 疑微 b3 開魚豈 豈微 1 ŋɯlʔ

磑 疑灰 a1 合五灰 豈微 2 ŋuul

磑 疑灰 c1 合五對 豈微 2 ŋuuls

啓 溪齊 b4 開康禮 啓支 1 kheeʔ

啟+ 溪齊 b4 開康禮+ 啓支 1 kheeʔ 啓通用异体,见汉简

棨 溪齊 b4 開康禮 啓支 1 kheeʔ

綮 溪齊 b4 開康禮 啓支 1 kheeʔ

晵 溪齊 b4 開康禮 啓支 1 kheeʔ

闙# 溪齊 b4 開康禮 啓支 1 kheeʔ

启 溪齊 b4 開康禮 啓支 1 kheeʔ 甲文从户支,后作啓

晵 溪仙 c3a 開去戰 啓元 2 khens

愾 溪咍 c1 開苦蓋 气隊 1 khɯɯds

忾# 曉脂 a3b 開喜夷 气微 1 qhrɯl

刏 見微 a3 開居依 气微 1 kɯl

汽# 溪微 c3 開丘既* 气隊 1 khɯds

氣 溪微 c3 開去既 气隊 1 khɯds

气 溪微 c3 開去既 气隊 1 khɯds 通作氣

刏 群微 a3 開渠希 气微 1 gɯl

氣 曉微 c3 開許既 气隊 1 qhɯds 后作餼

忥 曉微 c3 開許既 气隊 1 qhɯds

愾 曉微 c3 開許既 气隊 1 qhɯds

餼 曉微 c3 開許既 气隊 1 qhɯds 说文同氣

鎎 曉微 c3 開許既 气隊 1 qhɯds 通作愾

熂 曉微 c3 開許既 气隊 1 qhɯds 见诗郑笺

甈# 曉微 c3 開許既 气隊 1 qhɯds

犔# 曉微 c3 開許既 气隊 1 qhɯds

刏 見灰 c1 合古對 气微 2 kuuls

楫 精葉 d3 開即葉 咠盍 2 ʔseb

檝 精葉 d3 開即葉 咠盍 2 ʔseb 同楫,见管子

湒 精緝 d3 開子入 咠緝 2 ʔsib

咠 精緝 d3 開子入 咠緝 2 ʔsib<skib

葺 精緝 d3 開子入 咠緝 2 ʔsib

緝 清緝 d3 開七入 咠緝 2 shib

葺 清緝 d3 開七入 咠緝 2 shib

諿# 清緝 d3 開七入 咠緝 2 shib

咠 清緝 d3 開七入 咠緝 2 shib<skhib

輯 從緝 d3 開秦入 咠緝 2 zib

檝 從緝 d3 開秦入 咠緝 2 zib

箿# 從緝 d3 開秦入 咠緝 2 zib 余校应作葺

葺 從緝 d3 開籍入* 咠緝 2 zib 集韵葺箿同

蕺 莊緝 d3 開阻立 咠緝 2 ʔsrib 见张衡赋

戢 莊緝 d3 開阻立 咠緝 2 ʔsrib

濈 莊緝 d3 開阻立 咠緝 2 ʔsrib

霵# 莊緝 d3 開阻立 咠緝 2 ʔsrib 与说文湒同源

霵# 崇緝 d3 開仕戢 咠緝 2 zrib

揖 影緝 d3a 開伊入 咠緝 2 ʔlib/qlib

棄 溪脂 c3a 開詰利 棄至 1 khlids

弃 溪脂 c3a 開詰利 弃至 1 khlids 古文棄

器 溪脂 c3b 開去冀 器隊 1 khrɯds

憩 溪祭 c3b 開去例 憩祭 1 khrads 从恬息省会意

牽　溪先 a4 開苦堅　牽真 1　khiin 古简象引牛而非玄声

縴# 溪先 a4 開苦堅　牽真 1　khiin

牽　溪先 c4 開苦甸　牽真 1　khiins

𪋻　來談 a1 開盧甘*　僉談 1　raam

歛# 曉談 a1 開呼談　僉談 1　qhlaam

膁# 來咸 b2 開力減　僉談 2　gr・reem?

醶　來咸 b2 開力減　僉談 2　gr・reem? 又说文鱼窆切 ŋrams 俗作醶

鹼　見咸 b2 開古斬　僉談 2　kreem?

㰹# 溪咸 a2 開苦咸　僉談 2　khreem

醶　初銜 b2 開初檻　僉談 1　skhraam?

蘞　來鹽 a3 開力鹽　僉談 3　g・ram

匳　來鹽 a3 開力鹽　僉談 1　g・ram

獫　來鹽 a3 開力鹽　僉談 1　g・ram

薟　來鹽 a3 開力鹽　僉談 1　g・ram

籢　來鹽 a3 開力鹽　僉談 1　g・ram

斂　來鹽 b3 開良冉　僉談 1　g・ram?

蘞　來鹽 b3 開良冉　僉談 1　g・ram? 说文薟或体

瀲# 來鹽 b3 開良冉　僉談 1　g・ram?

撿　來鹽 b3 開良冉　僉談 1　g・ram?

薟　來鹽 b3 開良冉　僉談 1　g・ram?

獫　來鹽 b3 開良冉　僉談 1　g・ram?

羷　來鹽 b3 開良冉　僉談 1　g・ram?

斂　來鹽 c3 開力驗　僉談 1　g・rams

殮# 來鹽 c3 開力驗　僉談 1　g・rams

獫　來鹽 c3 開力驗　僉談 1　g・rams

瀲# 來鹽 c3 開力驗　僉談 1　g・rams

簽# 清鹽 a3 開千廉*　僉談 1　skhlam 宋起代同音籤字用

僉　清鹽 a3 開七廉　僉談 1　skhlam

臉# 清鹽 a3 開七廉　僉談 1　skhlam

鹼　清鹽 a3 開七廉　僉談 1　skhlam

憸　清鹽 a3 開七廉　僉談 1　skhlam

譣　清鹽 a3 開七廉　僉談 1　skhlam

憸　清鹽 b3 開七漸　僉談 1　skhlam?

憸　心鹽 a3 開息廉　僉談 1　sqhlam

檢　見鹽 b3b 開居奄　僉談 1　kram?

瞼　見鹽 b3b 開居奄　僉談 1　kram?

撿　見鹽 b3b 開居奄*　僉談 1　kram? 见汉书

臉# 見鹽 b3b 開居奄*　僉談 1　kram? 瞼分化字

儉　群鹽 b3b 開巨險　僉談 1　gram?

顩　疑鹽 b3b 開魚檢　僉談 1　ŋram?

嬐　疑鹽 b3b 開魚檢　僉談 1　ŋram?

嶮　疑鹽 b3b 開魚檢　僉談 1　ŋram? 见汉赋

噞　疑鹽 b3b 開魚檢　僉談 1　ŋram? 见淮南子

驗　疑鹽 c3b 開魚窆　僉談 1　ŋrams

噞　疑鹽 c3b 開魚窆　僉談 1　ŋrams 见淮南子

薟# 曉鹽 a3b 開火占*　僉談 1　qhram

險　曉鹽 b3b 開虛檢　僉談 1　qhram?

獫　曉鹽 b3b 開虛檢　僉談 1　qhram?

譣　曉鹽 b3b 開虛檢　僉談 1　qhram?

憸　曉鹽 b3b 開虛檢　僉談 1　qhram?

嶮　曉鹽 b3b 開虛檢　僉談 1　hŋram? 见汉书

劎　見嚴 c3 開居欠　僉談 1　klams 原列梵韵,依王韵改釅

劍　見嚴 c3 開居欠　僉談 1　klams 原列梵韵作劎,此本说文籀文,集韵驗韵或体

㰹# 溪嚴 a3 開丘嚴　僉談 1　khlam

鹼　疑嚴 c3 開魚窆*　ŋglams 见说文,鱼欠切,玉篇作𪍿

蔹# 曉嚴 a3 開虛嚴 僉談1 qhlam
𩎖# 曉嚴 a3 開虛嚴 僉談1 qham
顩 澄侵 b3 開直稔 僉侵1 rlɯmʔ 余校应入下接之丘甚切；见扬雄解嘲，文选绮险切，引韦昭欺甚切
顩 溪侵 b3b 開丘甚* 僉侵1 khrɯmʔ 作顉正体
遷 清仙 a3 開七然 遷元2 shen 说文上从囟声
櫏# 清仙 a3 開七然 遷元2 shen
韆# 清仙 a3 開七然 遷元2 shen
僊 心仙 a3 開相然 遷元2 sen 说文仙字
蹮 心仙 a3 開相然 遷元2 sen 见张衡赋
躚# 心先 a4 開蘇前 遷元2 seen 同蹮
蹮 心先 a4 開蘇前 遷元2 seen
媊 精支 a3 開即移 前歌2 ʔslel
煎 精仙 a3 開子仙 前元2 ʔslen
湔 精仙 a3 開子仙 前元2 ʔslen
鬋 精仙 a3 開子仙 前元2 ʔslen
剪 精仙 b3 開即淺 前元2 ʔslenʔ 原注翦俗字，但说文已列，剪实前之转注字，翦反为假借字
翦 精仙 b3 開即淺 前元2 ʔslenʔ
媊 精仙 b3 開即淺 前元2 ʔslenʔ
鬋 精仙 b3 開即淺 前元2 ʔslenʔ
譾 精仙 b3 開子淺* 前元2 ʔslenʔ 集韵作僆正体，见史记，说文作僆
揃 精仙 b3 開即淺 前元2 ʔslenʔ
箭 精仙 c3 開子賤 前元2 ʔslens
鬋 精仙 c3 開子賤 前元2 ʔslens
葥 精仙 c3 開子賤 前元2 ʔslens
湔 精仙 c3 開子賤 前元2 ʔslens
煎 精仙 c3 開子賤 前元2 ʔslens
湔 精先 a4 開則前 前元2 ʔsleen
前 從先 a4 開昨先 前元2 zleen
騚 從先 a4 開昨先 前元2 zleen 见尔雅
湔 從先 a4 開昨先 前元2 zleen
歬 從先 a4 開昨先 前元2 zleen 古文前
虔 群仙 a3b 開渠焉 虔元2 gren 读若矜
鰬 群仙 a3b 開渠焉 虔元2 gren 见上林赋
榩 群仙 a3b 開渠焉 虔元2 gren 未收尔雅椹义，集韵两收
凵 溪凡 b3 合丘犯 凵談3 khomʔ
遣 溪仙 b3a 開去演 遣元2 khenʔ
繾 溪仙 b3a 開去演 遣元2 khenʔ
譴 溪仙 c3a 開去戰 遣元2 khens
遣 溪仙 c3a 開去戰 遣元2 khens
繾 溪仙 c3a 開去戰 遣元2 khens
坎 溪覃 b1 開苦感 欠談3 khoomʔ
扻# 溪覃 b1 開苦感* 欠談3 khoomʔ 同轗：擊也
砍+ 溪覃 b1 開苦感* 欠談3 khoomʔ 扻后起字，亦作坎，金代后作砍
坎 溪覃 c1 開苦紺* 欠談3 khooms 埳正体
芡 群鹽 b3b 開巨險 欠談3 gromʔ
欠 溪嚴 c3 開去劒 欠談3 khoms 原列梵韵，依王韵改釅
杴# 曉嚴 a3 開虛嚴 欠談3 qhom 今作鍁
鍁+ 曉嚴 a3 開虛嚴+ 欠談1 qham 杴今字
臧 精唐 a1 開則郎 爿陽 ʔsaaŋ 甲文从臣从戈，象以戈刺俘目为奴（杨树达说），后乃加爿声为转注字
牂 精唐 a1 開則郎 爿陽 ʔsaaŋ 由牛

旁羊校改

戕　精唐 a1 開則郎　爿陽　ʔsaaŋ 亦作牂

臧　精唐 a1 開則郎　爿陽　ʔsaaŋ 见周礼郑注

藏　從唐 a1 開昨郎　爿陽　zaaŋ

奘　從唐 b1 開徂朗　爿陽　zaaŋʔ

奘　從唐 c1 開徂浪　爿陽　zaaŋs

藏　從唐 c1 開徂浪　爿陽　zaaŋs

臟#　從唐 c1 開才浪*　爿陽　zaaŋs 藏转注分化字

將　精陽 a3 開即良　爿陽　ʔsaŋ

漿　精陽 a3 開即良　爿陽　ʔsaŋ

鱂#　精陽 a3 開即良　爿陽　ʔsaŋ

蔣　精陽 a3 開即良　爿陽　ʔsaŋ

螿　精陽 a3 開即良　爿陽　ʔsaŋ 见淮南子

蔣　精陽 b3 開即兩　爿陽　ʔsaŋʔ

槳#　精陽 b3 開即兩　爿陽　ʔsaŋʔ

獎　精陽 b3 開即兩　爿陽　ʔsaŋʔ

將　精陽 c3 開子亮　爿陽　ʔsaŋs

醬　精陽 c3 開子亮　爿陽　ʔsaŋs

鏘　清陽 a3 開七羊　爿陽　shaŋ

蹡　清陽 a3 開七羊　爿陽　shaŋ 说文足在下,注文引诗作此

嶈　清陽 a3 開七羊　爿陽　shaŋ 见班固赋

斨　清陽 a3 開七羊　爿陽　shaŋ

蹡#　清陽 c3 開七亮　爿陽　ʔshaŋs

爿+　從陽 a3 開在良#　爿陽　zaŋ 依段注说文补,五经文字音牆,甲文为牀字

牆　從陽 a3 開在良　爿陽　zaŋ

戕　從陽 a3 開在良　爿陽　zaŋ

妝　莊陽 a3 開側羊　爿陽　ʔsraŋ

莊　莊陽 a3 開側羊　爿陽　ʔsraŋ

裝　莊陽 a3 開側羊　爿陽　ʔsraŋ

壯　莊陽 c3 開側亮　爿陽　ʔsraŋ/s

裝　莊陽 c3 開側亮　爿陽　ʔsraŋs

疒₂#　崇陽 a3 開士莊　爿陽　zraŋ

床#　崇陽 a3 開士莊　爿陽　zraŋ 俗牀字

牀　崇陽 a3 開士莊　爿陽　zraŋ 甲文作爿

狀　崇陽 c3 開鋤亮　爿陽　zraŋs

繈　見陽 b3 開居兩　强陽　kaŋʔ

襁　見陽 b3 開居兩　强陽　kaŋʔ

膙#　見陽 b3 開居兩　强陽　kaŋʔ

鏹#　見陽 b3 開居兩　强陽　kaŋʔ 繈俗分化字

勥　群陽 a3 開巨良　强陽　gaŋ

强　群陽 a3 開巨良　强陽　gaŋ 彊省声而非弘声,通借为彊

强　群陽 b3 開其兩　强陽　gaŋʔ 彊字注或体

勥　群陽 b3 開其兩　强陽　gaŋʔ

薔₂#　從陽 a3 開在良　牆陽　zaŋ

廧　從陽 a3 開在良　牆陽　zaŋ 同牆,见墨子

蘠　從陽 a3 開在良　牆陽　zaŋ 同薔,薔薇说文尔雅作蘠靡

嬙　從陽 a3 開在良　牆陽　zaŋ

檣#　從陽 a3 開在良　牆陽　zaŋ

驕　見宵 a3b 開舉喬　喬宵₂　krew

嬌#　見宵 a3b 開舉喬　喬宵₂　krew

憍　見宵 a3b 開舉喬　喬宵₂　krew 亦作驕

穚#　見宵 a3b 開舉喬　喬宵₂　krew

鷮　見宵 a3b 開舉喬　喬宵₂　krew

蕎　見宵 a3b 開舉喬　喬宵₂　krew

喬　見宵 a3b 開舉喬　喬宵₂　krew

簥　見宵 a3b 開舉喬　喬宵₂　krew

撟　見宵 a3b 開舉喬　喬宵₂　krew

矯 見宵 b3b 開居夭 喬宵2 krewʔ
鱎# 見宵 b3b 開居夭 喬宵2 krewʔ
敽 見宵 b3b 開居夭 喬宵2 krewʔ
撟 見宵 b3b 開居夭 喬宵2 krewʔ
嬌# 見宵 b3b 開居夭 喬宵2 krewʔ
蟜 見宵 b3b 開居夭 喬宵2 krewʔ
譑# 見宵 b3b 開居夭 喬宵2 krewʔ
蹻 見宵 b3b 開居夭 喬宵2 krewʔ
蹻 溪宵 a3a 開去遥 喬宵2 krew
繑 溪宵 a3a 開去遥 喬宵2 krew
憍# 溪宵 a3b 開起囂 喬宵2 khrew 周校为巾旁(㠐)
鞽# 溪宵 a3b 開起囂 喬宵2 khrew 同橇
趫 溪宵 a3b 開起囂 喬宵2 khrew
譑# 溪宵 c3a 開丘召 喬宵2 khews
嶠 群宵 a3a 開渠遥 喬宵2 gew
喬 群宵 a3b 開巨嬌 喬宵2 grew
橋 群宵 a3b 開巨嬌 喬宵2 grew
僑 群宵 a3b 開巨嬌 喬宵2 grew
蕎 群宵 a3b 開巨嬌 喬宵2 grew
趫 群宵 a3b 開巨嬌 喬宵2 grew
鐈 群宵 a3b 開巨嬌 喬宵2 grew
鷮 群宵 a3b 開巨嬌 喬宵2 grew
礄 群宵 a3b 開巨嬌 喬宵2 grew
轎 群宵 a3b 開巨嬌 喬宵2 grew 见汉书
嬌# 群宵 a3b 開巨嬌 喬宵2 grew
蟜 群宵 a3b 開巨嬌 喬宵2 grew
蹻 群宵 a3b 開巨嬌 喬宵2 grew
轎 群宵 c3b 開渠廟 喬宵2 grews 见汉书
嶠 群宵 c3b 開渠廟 喬宵2 grews
礄 曉宵 a3b 開許嬌 喬宵2 qhrew
獢 曉宵 a3b 開許嬌 喬宵2 qhrew
蹻 見藥 d3 開居勺 喬藥2 kewɢ
屩 見藥 d3 開居勺 喬藥2 kewɢ
蹻 群藥 d3 開其虐 喬藥2 gewɢ
虘 從歌 a1 開昨何 且歌1 zaal
蘆 從歌 a1 開昨何 且歌1 zaal 见尔雅
摣# 泥麻 a2 開女加 且魚 rnaa 见方言,训读
苴 精麻 a3 開子邪 且魚 ʔsjaa
怚 精麻 a3 開子邪 且魚 ʔsjaa
罝 精麻 a3 開子邪 且魚 ʔsjaa
謯 精麻 a3 開子邪 且魚 ʔsjaa
姐 精麻 b3 開兹野 且魚 ʔsjaaʔ
抯# 精麻 b3 開兹野 且魚 ʔsjaaʔ
飷 精麻 b3 開兹野 且魚 ʔsjaaʔ 见苍颉篇
且 清麻 b3 開七也 且魚 shjaaʔ 甲文象男根崇拜所供之且,为祖初文(郭沫若)
趄 清麻 c3 開遷謝 且魚 shjaas 金元作笡俗字,篇海千謝切,身斜也
笡# 清麻 c3 開遷謝 且魚 shjaas
抯# 邪麻 b3 開徐野 且魚 ljaaʔ/zjaaʔ>
查# 莊麻 a2 開莊加* 且魚 ʔsraa 姓,尔雅释文作樝或字
摣 莊麻 a2 開莊加* 且魚 ʔsraa 正体依说文从又,方言作此,郭注仄加反
柤 莊麻 a2 開側加 且魚 ʔsraa 同樝,见庄子,后作查楂;又柤滓后作渣
樝 莊麻 a2 開側加 且魚 ʔsraa 后作楂
齇# 莊麻 a2 開側加 且魚 ʔsraa
渣# 莊麻 a2 開側加 且魚 ʔsraa 同溠水名,又柤滓今字

謯　莊麻 b2 開側下　且魚　ʔsraaʔ
担　莊麻 a2 開側加　且魚　ʔsraa
査# 崇麻 a2 開鉏加　且魚　zraa 同楂(槎)
楂# 崇麻 a2 開鉏加　且魚　zraa
苴　崇麻 a2 開鉏加　且魚　zraa
査# 崇佳 a2 開士佳　且魚　zraa>zree
駔　精唐 b1 開子朗　且陽　ʔsaaŋʔ
租　精模 a1 合則吾　且魚　ʔsaa
蒩　精模 a1 合則吾　且魚　ʔsaa 与藉同源
祖　精模 b1 合則古　且魚　ʔsaaʔ 且字转注
組　精模 b1 合則古　且魚　ʔsaaʔ
珇　精模 b1 合則古　且魚　ʔsaaʔ
靻# 精模 b1 合則古　且魚　ʔsaaʔ
蒩　精模 b1 合則古　且魚　ʔsaaʔ
粗　清模 a1 合倉胡　且魚　shaa
蔖　清模 b1 合采古　且魚　shaaʔ 见尔雅
徂　從模 a1 合昨胡　且魚　zaa
殂　從模 a1 合昨胡　且魚　zaa
虘　從模 a1 合才都　且魚　zaa 昨何切,注此又切
粗　從模 b1 合徂古　且魚　zaaʔ
麆　從模 b1 合徂古　且魚　zaaʔ
駔　從模 b1 合徂古　且魚　zaaʔ
伹# 從模 b1 合徂古　且魚　zaaʔ
苴　精魚 a3 合子魚　且魚　ʔsa
且　精魚 a3 合子魚　且魚　ʔsa 甲文象男根崇拜所供之且,为祖初文(郭沫若)
蛆　精魚 a3 合子魚　且魚　ʔsa
沮　精魚 a3 合子魚　且魚　ʔsa
咀　精魚 b3 合子與　且魚　ʔsaʔ
苴　精魚 b3 合子與　且魚　ʔsaʔ

怚　精魚 c3 合將預　且魚　ʔsas
沮　精魚 c3 合將預　且魚　ʔsas
蛆　清魚 a3 合七余　且魚　sha
疽　清魚 a3 合七余　且魚　sha
雎　清魚 a3 合七余　且魚　sha
狙　清魚 a3 合七余　且魚　sha
沮　清魚 a3 合七余　且魚　sha
岨　清魚 a3 合七余　且魚　sha
砠　清魚 a3 合七余　且魚　sha 同岨
趄　清魚 a3 合七余　且魚　sha
苴　清魚 a3 合七余　且魚　sha
蒩　清魚 a3 合七余　且魚　sha
伹　清魚 a3 合七余　且魚　sha
坥　清魚 a3 合七余　且魚　sha
刞# 清魚 c3 合七慮　且魚　shas
坥　清魚 c3 合七慮　且魚　shas
狙　清魚 c3 合七慮　且魚　shas 七余切,注又音
覰　清魚 c3 合七慮　且魚　shas
覻+ 清魚 c3 合七慮+ 且魚　shas 覰今字,虘旁俗讹虚
咀　從魚 b3 合慈吕　且魚　zaʔ
沮　從魚 b3 合慈吕　且魚　zaʔ
怚　從魚 b3 合慈吕　且魚　zaʔ
袓　從魚 b3 合慈吕　且魚　zaʔ
跙　從魚 b3 合慈吕　且魚　zaʔ 见太玄
筯# 澄魚 c3 合遲倨　且魚　das 同箸
菹　莊魚 a3 合側魚　且魚　ʔsra
沮　莊魚 a3 合側魚　且魚　ʔsra
葅# 莊魚 a3 合側魚　且魚　ʔsra 菹字注或体
阻　莊魚 b3 合側吕　且魚　ʔsraʔ
俎　莊魚 b3 合側吕　且魚　ʔsraʔ
詛　莊魚 b3 合壯所　且魚　ʔsraʔ

詛 莊魚 c3 合莊助 且魚 ?sras
阻 莊魚 c3 合莊助 且魚 ?sras
鉏 崇魚 a3 合士魚 且魚 zra 后作鋤
狙 崇魚 a3 合士魚 且魚 zra
鋤 崇魚 a3 合士魚 且魚 zra 同鉏，见释名
耡 崇魚 a3 合士魚 且魚 zra
齟 崇魚 b3 合牀吕 且魚 zra?
鉏 崇魚 b3 合牀吕 且魚 zra? 见九辩
助 崇魚 c3 合牀據 且魚 zras/?
麆 崇魚 c3 合牀據 且魚 zras
耡 崇魚 c3 合牀據 且魚 zras
霎 生洽 d2 開山洽 妾盍 2 sreeb
翜 生狎 d2 開所甲 妾盍 1 sraab
帹# 生狎 d2 開所甲 妾盍 1 sraab
接 精葉 d3 開即葉 妾盍 2 ?seb
椄 精葉 d3 開即葉 妾盍 2 ?seb
萎 精葉 d3 開即葉 妾盍 2 ?seb
鯜 精葉 d3 開即葉 妾盍 2 ?seb
妾 清葉 d3 開七接 妾盍 2 sheb
淁 清葉 d3 開七接 妾盍 2 sheb
鯜 清葉 d3 開七接 妾盍 2 sheb
踥 清葉 d3 開七接 妾盍 2 sheb 见九章
霎 生葉 d3 開山輒 妾盍 2 sreb
竊 清屑 d4 開七結 禼月 2 shleed
鋟 精鹽 a3 開子廉 侵談 2 ?sem 又集韵作尖字正体
鋟 清鹽 a3 開千廉* 侵談 2 shem 见公羊传
綅 心鹽 a3 開息廉 侵談 2 sem
祲 精侵 a3 開子心 侵侵 2 ?sim
埐 精侵 a3 開子心 侵侵 2 ?sim
梫 精侵 a3 開子心 侵侵 2 ?sim
綅 精侵 a3 開子心 侵侵 2 ?sim
濅 精侵 b3 開子朕 侵侵 2 ?sim? 原右下無又，依说文改
濅 精侵 c3 開子鴆 侵侵 2 ?sims 通作浸
浸 精侵 c3 開子鴆 侵侵 2 ?sims 说文作濅
祲 精侵 c3 開子鴆 侵侵 2 ?sims
侵 清侵 a3 開七林 侵侵 2 shim 甲金文象持帚驱策牛豕以至人，穀梁传隐五年：苞人民毆牛马曰侵
浸 清侵 a3 開七林 侵侵 2 shim
綅 清侵 a3 開七林 侵侵 2 shim
駸 清侵 a3 開七林 侵侵 2 shim
寑 清侵 b3 開七稔 侵侵 2 shim? 注：经典同寝
寖 清侵 b3 開七稔 侵侵 2 shim?
梫 清侵 b3 開七稔 侵侵 2 shim?
鋟 清侵 b3 開七稔 侵侵 2 shim? 见公羊传
梫 初侵 a3 開楚簪 侵侵 2 shrim
駸 初侵 a3 開楚簪 侵侵 2 shrim
埐# 從侵 a3 開昨淫 侵侵 2 zim
蕶 生侵 a3 開所今 侵侵 2 srim 蔘古文
螓 精先 a4 開則前 秦真 1 ?siin
秦 從真 a3 開匠鄰 秦真 1 zin
蠢 從真 a3 開匠鄰 秦真 1 zin
臻 莊臻 a3 開側詵 秦真 1 ?srin
蓁 莊臻 a3 開側詵 秦真 1 ?srin
搸# 莊臻 a3 開側詵 秦真 1 ?srin
溱 莊臻 a3 開側詵 秦真 1 ?srin
榛 莊臻 a3 開側詵 秦真 1 ?srin
轃 莊臻 a3 開側詵 秦真 1 ?srin
顈# 匣先 b4 開胡典 頃元 2 geen?

傾　溪清 a3 合去營　頃耕　khʷeŋ
頃　溪清 a3 合去營　頃耕　khʷeŋ
頃　溪清 b3 合去潁　頃耕　khʷeŋʔ
穎　以清 b3 合餘頃　頃耕　ɢʷeŋʔ
潁　以清 b3 合餘頃　頃耕　ɢʷeŋʔ
熲　見青 b4 合古迥　頃耕　kʷeeŋʔ
褧　溪青 b4 合口迥　頃耕　khʷeeŋʔ 见礼记，通褧
殸# 溪耕 a2 開口莖　殸耕　khreeŋ
聲　書清 a3 開書盈　殸耕　qhljeŋ
謦　溪青 b4 開去挺　殸耕　khleeŋʔ
殸　溪青 c4 開苦定　殸耕　khleeŋs 籀文磬
罄　溪青 c4 開詰定*　殸耕　khleeŋs
磬　溪青 c4 開苦定　殸耕　khleeŋs
罄　溪青 c4 開苦定　殸耕　khleeŋs
馨　曉青 a4 開呼刑　殸耕　qhleeŋ
慶　溪庚 c3 開丘敬　慶陽　khraŋs<khraŋ 诗经全叶平声
竷　溪陽 c3 開丘亮　慶陽　khlaŋs
丘　溪尤 a3 開去鳩　丘之　khʷɯ
邱　溪尤 a3 開去鳩　丘之　khʷɯ
蚯　溪尤 a3 開去鳩　丘之　khʷɯ 见礼记
北　溪尤 a3 開去鳩　丘之　khʷɯ 古文丘
鍫# 清宵 a3 開七遥　秋宵 2　shew 或作鍬銚，尔雅作斛
鍬　清宵 a3 開七遥　秋幽 3　shiw
愀　清宵 b3 開親小　秋幽 3　shiwʔ
鍬　清宵 c3 開七肖　秋幽 3　shiws
湫　精蕭 b4 開子了　秋幽 3　ʔsliwʔ
揪+ 精尤 a3 開即由+ 秋幽 2　ʔsɯw 揫晚起字
揫　精尤 a3 開即由　秋幽 2　ʔsɯw
啾　精尤 a3 開即由　秋幽 2　ʔsɯw
鬏+ 精尤 a3 開即由+ 秋幽 2　ʔsɯw 原文作鬙，此其晚起字
湫　精尤 a3 開即由　秋幽 2　ʔsɯw
秋　清尤 a3 開七由　秋幽 2　shɯw
湫　清尤 a3 開七由　秋幽 2　shɯw
鰍　清尤 a3 開七由　秋幽 2　shɯw
楸　清尤 a3 開七由　秋幽 2　shɯw
烋　清尤 a3 開七由　秋幽 2　shɯw 说文秋字
鞦　清尤 a3 開七由　秋幽 2　shɯw 亦同緧
鶖　清尤 a3 開七由　秋幽 2　shɯw
萩　清尤 a3 開七由　秋幽 2　shɯw
鍬　清尤 a3 開七由　秋幽 2　shɯw
湫　從尤 b3 開在九　秋幽 2　zɯwʔ
愀　從尤 b3 開在九　秋幽 2　zɯwʔ
甃　莊尤 c3 開側救　秋幽 2　ʔsrɯws
醔# 初尤 a3 開楚鳩　秋幽 2　shrɯw 同簉
愁　崇尤 a3 開士尤　秋幽 2　zrɯw
僽# 崇尤 c3 開鋤祐　秋幽 2　zrɯws
螶　清尤 a3 開七由　螶幽 1　shlu 见尔雅
鮂　精尤 a3 開即由　囚幽 1　ʔslu 见尔雅
囚　邪尤 a3 開似由　囚幽 1　lju
泅　邪尤 a3 開似由　囚幽 1　lju
苬　邪尤 a3 開似由　囚幽 1　lju 见尔雅
鮂　邪尤 a3 開似由　囚幽 1　lju 见尔雅
汓　邪尤 a3 開似由　汓幽 1　lju 古文泅，说文作正体
救　見尤 c3 開居祐　求幽 1　kus
求　群尤 a3 開巨鳩　求幽 1　gu 说文作裘古文，甲文为蛷初文，与裘大异

球 群尤 a3 開巨鳩 求幽1 gu
逑 群尤 a3 開巨鳩 求幽1 gu
賕 群尤 a3 開巨鳩 求幽1 gu
蛷 群尤 a3 開巨鳩 求幽1 gu 见周礼郑注
莍 群尤 a3 開巨鳩 求幽1 gu
殏# 群尤 a3 開巨鳩 求幽1 gu
梂 群尤 a3 開巨鳩 求幽1 gu
俅 群尤 a3 開巨鳩 求幽1 gu
脙 群尤 a3 開巨鳩 求幽1 gu
絿 群尤 a3 開巨鳩 求幽1 gu
銶 群尤 a3 開巨鳩 求幽1 gu
毬 群尤 a3 開巨鳩 求幽1 gu
捄 群尤 a3 開巨鳩 求幽1 gu
脙 曉尤 a3 開許尤 求幽1 qhu 读若休
觩 群幽 a3 開渠幽 求幽1 gu
捄 見虞 a3 合舉朱 求侯 ko
裘 群尤 a3 開巨鳩 裘之 gwɯ 甲文象形,后加又声,初非求声
曲 溪燭 d3 合丘玉 曲屋 khog/khlog
摳 溪侯 a1 開恪侯 區侯 khoo
彄 溪侯 a1 開恪侯 區侯 khoo
剾# 溪侯 a1 開恪侯 區侯 khoo
謳 影侯 a1 開烏侯 區侯 qoo
歐 影侯 a1 開烏侯 區侯 qoo
區 影侯 a1 開烏侯 區侯 qoo
鷗 影侯 a1 開烏侯 區侯 qoo
甌 影侯 a1 開烏侯 區侯 qoo
漚 影侯 a1 開烏侯 區侯 qoo
瞘# 影侯 a1 開烏侯 區侯 qoo
嘔 影侯 a1 開烏侯 區侯 qoo 见荀子
樞 影侯 a1 開烏侯 區侯 qoo 见尔雅
膒# 影侯 a1 開烏侯 區侯 qoo
藲 影侯 a1 開烏侯 區侯 qoo 同樞,见山海经
醧 影侯 a1 開烏侯 區侯 qoo
鏂# 影侯 a1 開烏侯 區侯 qoo
剾# 影侯 a1 開烏侯 區侯 qoo
嘔 影侯 b1 開烏后 區侯 qooʔ
毆 影侯 b1 開烏后 區侯 qooʔ
塸# 影侯 b1 開烏后 區侯 qooʔ
歐 影侯 b1 開烏后 區侯 qooʔ
漚 影侯 c1 開烏候 區侯 qoos
蓲 溪尤 a3 開去鳩 區幽1 khu
醧 影魚 c3 合依倨 區魚 qas
貙 徹虞 a3 合敕俱 區侯 khl'o>th//t-kho
樞 昌虞 a3 合昌朱 區侯 khjo
區 溪虞 a3 合豈俱 區侯 kho
驅 溪虞 a3 合豈俱 區侯 kho
軀 溪虞 a3 合豈俱 區侯 kho
嶇 溪虞 a3 合豈俱 區侯 kho
鰸 溪虞 a3 合豈俱 區侯 kho
敺 溪虞 a3 合豈俱 區侯 kho 古文驅
摳 溪虞 a3 合豈俱 區侯 kho
驅 溪虞 c3 合區遇 區侯 khos
蓲 影虞 a3 合憶俱 區侯 qo
傴 影虞 b3 合於武 區侯 qoʔ
嫗 影虞 c3 合衣遇 區侯 qos
蓲 影虞 c3 合衣遇 區侯 qos
饇 影虞 c3 合衣遇 區侯 qos
渠# 群魚 a3 合强魚 渠魚 ga 方言渠挐之渠字讹体
鴝# 匣侯 a1 開戶鉤 鴝侯 goo 同鸜
鴝# 群虞 a3 合其俱 鴝侯 go 或作鸲
陬 精侯 a1 開子侯 取侯 ʔsloo

棷　精侯 a1 開子侯　取侯　ʔsloo
掫　精侯 a1 開子侯　取侯　ʔsloo
緅　精侯 a1 開子侯　取侯　ʔsloo
趣　清侯 b1 開倉苟　取侯　shlooʔ
取　清侯 b1 開倉苟　取侯　shlooʔ
棷　清侯 b1 開倉苟　取侯　shlooʔ
鯫　從侯 a1 開徂鉤　取侯　zloo
鯫　從侯 b1 開仕垢　取侯　zlooʔ
棷　心侯 b1 開蘇后　取侯　slooʔ
棸　澄尤 a3 開直由　取幽1　rlu
棸　澄尤 b3 開除柳　取幽1　rluʔ 见诗小雅
陬　莊尤 a3 開側鳩　取幽1　ʔsru
鄹　莊尤 a3 開側鳩　取幽1　ʔsru
郰　莊尤 a3 開側鳩　取幽1　ʔsru
齱　莊尤 a3 開側鳩　取幽1　ʔsru
緅　莊尤 a3 開側鳩　取幽1　ʔsru
菆　莊尤 a3 開側鳩　取幽1　ʔsru
棷　莊尤 a3 開側鳩　取幽1　ʔsru
篘# 莊尤 a3 開側鳩　取幽1　ʔsru
棸　莊尤 a3 開側鳩　取幽1　ʔsru 直由切，注又切
黀　莊尤 a3 開側鳩　取幽1　ʔsru 即菆，与棷同源
掫　莊尤 b3 開側九　取幽1　ʔsruʔ
驟　崇尤 c3 開鋤祐　取幽1　zrus
最　精泰 c1 合祖外　取祭3　zloods
襊# 清泰 c1 合麤最　取祭3　shoods
蕞　從泰 c1 合才外　取祭3　zoods
嘬　初夬 c2 合楚夬　取祭3　shroods
諏　精虞 a3 合子于　取侯　ʔslo
娵　精虞 a3 合子于　取侯　ʔslo
陬　精虞 a3 合子于　取侯　ʔslo
掫　精虞 a3 合子于　取侯　ʔslo

緅　精虞 c3 合子句　取侯　slos
鯫　清虞 a3 合七逾　取侯　shlo
娶　清虞 b3 合此主　取侯　shloʔ 取字转注
取　清虞 b3 合七庾　取侯　shloʔ
趣　清虞 c3 合七句　取侯　shlos
娶　清虞 c3 合七句　取侯　shlos
聚　從虞 b3 合慈庾　取侯　zloʔ
鄹　從虞 b3 合慈庾　取侯　zloʔ 说文同鄹
埾　從虞 c3 合才句　取侯　zlos
聚　從虞 c3 合才句　取侯　zlos
娶　心虞 a3 合相俞　取侯　slo 取字转注
菆# 初虞 c3 合芻注　取侯　shros
菆　從桓 a1 合在丸　取元3　zloon 见礼记，通作欑
鄹　邪桓 b1 合辝纂　取元3　ljoonʔ
藂　從東 a1 合徂紅　取東　zlooŋ 俗叢字，见招魂
叢　從東 a1 合徂紅　取東　zlooŋ
齱# 初覺 d2 開測角　取屋　shroog
繓# 精末 d1 合子括　取月3　ʔsood
撮　精末 d1 合子括　取月3　ʔsood
撮　清末 d1 合倉括　取月3　shood
襊# 清末 d1 合倉括　取月3　shood
佉　溪戈 a3 開丘伽　去歌1　khal/kha 梵译字
呿# 溪戈 a3 開丘伽　去歌1　khal/kha
抾　溪之 a3 開丘之　去之　khɯ 去其切之又切
抾　溪之 a3 開去其　去之　khɯ 见扬雄赋
弆　見魚 b3 合居許　去魚　kaʔ 见

通俗文
祛　溪魚 a3 合丘於*　去魚　kha
祛　溪魚 a3 合去魚　去魚　kha
阹　溪魚 a3 合去魚　去魚　kha
胠　溪魚 a3 合去魚　去魚　kha
魼　溪魚 a3 合去魚　去魚　kha
去　溪魚 b3 合羌舉　去魚　khaʔ
麮　溪魚 b3 合羌舉　去魚　khaʔ
弆　溪魚 b3 合羌舉　去魚　khaʔ 见通俗文
去　溪魚 c3 合丘倨　去魚　khas
麮　溪魚 c3 合丘倨　去魚　khas
呿#　溪魚 c3 合丘倨　去魚　khas
鼁　溪魚 c3 合丘倨　去魚　khas 见尔雅
胠　溪魚 c3 合丘倨　去魚　khas
魼　透盍 d1 開吐盍　去盍 1　khl'aab>th//t-khaab 同鰈，去声符收-b 各字或从劫省声
砝#　見盍 d1 開居盍　去盍 1　kaab
劫　見業 d3 開居怯　去盍 1　kab 荀子从刀，又梵译 kalpa
鉣　見業 d3 開居怯　去盍 1　kab
砝#　見業 d3 開居怯　去盍 1　kab
蜐#　見業 d3 開居怯　去盍 1　kab
怯　溪業 d3 開去劫　去盍 1　khab 说文同狯
抾　溪業 d3 開去劫　去盍 1　khab 见扬雄赋
呿#2　溪業 d3 開去劫　去盍 1　khab
胠　溪業 d3 開去劫　去盍 1　khab
拴+　生删 a2 合數還*　全元 3　sroon 櫎(闩)栓后起字，冒栓作动词
栓#　生删 a2 合數還*　全元 3　sroon 櫎(闩)后起字
跧　莊删 a2 開阻頑　全元 3　ʔsroon
痊　清仙 a3 合此緣　全元 3　shlon
詮　清仙 a3 合此緣　全元 3　shlon
荃　清仙 a3 合此緣　全元 3　shlon
銓　清仙 a3 合此緣　全元 3　shlon
筌　清仙 a3 合此緣　全元 3　shlon
輇　清仙 a3 合逡緣*　全元 3　shlon
硂#　清仙 a3 合此緣　全元 3　shlon 同銓
佺　清仙 a3 合此緣　全元 3　shlon
駩　清仙 a3 合此緣　全元 3　shlon
絟　清仙 a3 合此緣　全元 3　shlon
恮　清仙 a3 合此緣　全元 3　shlon
峑#　清仙 a3 合此緣　全元 3　shlon
拴#　清仙 a3 合此緣　全元 3　shlon 俗字表揀选集韵通铨
全　從仙 a3 合疾緣　全元 3　zlon
仝　從仙 a3 合疾緣　全元 3　zlon 同全，说文作正体；道书作古文同字
牷　從仙 a3 合疾緣　全元 3　zlon
恮#　莊仙 a3 合莊緣　全元 3　ʔsron
跧　莊仙 a3 合莊緣　全元 3　ʔsron
栓#　生仙 a3 合山員　全元 3　sron
輇　禪仙 a3 合市緣　全元 3　djon
跧　精諄 a3 合將倫　全文 2　ʔslun
絟　清薛 d3 合七絕　全月 3　shlod
線　心仙 c3 開私箭　泉元 2　sqheens 古文綫
泉　從仙 a3 合疾緣　泉元 2　sgʷen
葲#　從仙 a3 合疾緣　泉元 2　sgʷen
驫　昌仙 a3 合昌緣　泉元 2　khʷjen
灥　邪諄 a3 合詳遵　泉真 1　sɢwin
犍　疑佳 a2 開五佳　犬歌 2　ŋreel 说文从佳犬声
畎　見先 b4 合姑泫　犬真 1　kʷiinʔ

汱　見先 b4 合姑泫　犬真$_1$　k^wiinʔ
见尔雅

甽　見先 b4 合古泫　犬真$_1$　k^wiinʔ
畎古文，原右从巛，集韵从川

犬　溪先 b4 合苦泫　犬真$_1$　k^wiinʔ

腳　見藥 d3 開居勺　郤鐸　kag

脚　見藥 d3 開居勺　郤鐸　kag 俗腳字

卻　見藥 d3 開居勺　郤鐸　kag

卻　溪藥 d3 開去约　郤鐸　khag

却　溪藥 d3 開去约　郤鐸　khag 俗同卻，见汉简

谻　見陌 d3 開几劇　郤鐸　krag

郤　溪陌 d3 開綺戟　郤鐸　khrag

綌　溪陌 d3 開綺戟　郤鐸　khrag

雀　精藥 d3 開即略　雀藥$_2$　ʔsewɢ

菌　群元 b3 合求晚　囷元$_3$　gonʔ

麇　見諄 a3b 合居筠　囷文$_2$　krun
原列真韵

麕　見諄 a3b 合居筠　囷文$_2$　krun
原列真韵

囷　溪諄 a3b 合去倫　囷文$_2$　khrun
原列真韵

蜠　溪諄 a3b 合去倫　囷文$_2$　khrun
原列真韵

箘#　溪諄 a3b 合去倫　囷文$_2$　khrun
原列真韵，离骚作菌

囷　群諄 a3b 合咎倫　囷文$_2$　grun 去伦切所注又切

菌　群諄 b3b 合渠殞　囷文$_2$　grunʔ
原列真韵

箘　群諄 b3b 合渠殞　囷文$_2$　grunʔ
原列真韵

蜠　群諄 b3b 合渠殞　囷文$_2$　grunʔ
原列真韵

攈　見文 c3 合居運　囷文$_2$　kuns

R

嘫　泥山 a2 開女閑　肰元$_2$　rneen

然　日仙 a3 開如延　肰元$_2$　njen

肰　日仙 a3 開如延　肰元$_2$　njen

繎　日仙 a3 合而缘　肰元$_3$　njon

燃　日仙 a3 開如延　肰元$_2$　njen 俗然字，转注

繎　日仙 a3 開如延　肰元$_2$　njen

蹨#　日仙 b3 開人善　肰元$_2$　njenʔ

橪　日仙 b3 開人善　肰元$_2$　njenʔ

撚　泥先 b4 開乃殄　肰元$_2$　neenʔ

蹨#　泥先 b4 開乃殄　肰元$_2$　neenʔ

橪　影先 a4 開烏前　肰元$_2$　ʔneen

那　泥歌 a1 開諾何　冄歌$_1$　naal 说文冄声

挪#　泥歌 a1 開諾何　冄歌$_1$　naal

娜#　泥歌 b1 開奴可　冄歌$_1$　naalʔ

那　泥歌 b1 開奴可　冄歌$_1$　naalʔ

那　泥歌 c1 開奴箇　冄歌$_1$　naals

枏　泥覃 a1 開那含　冄談$_3$　noom 后作楠

抩　泥覃 a1 開那含　冄談$_3$　noom

聃　透談 a1 開他酣　冄談$_1$　nhaam

甜　透談 a1 開他酣　冄談$_1$　nhaam
见汉赋

耼　透談 a1 開他酣　冄談$_1$　nhaam

坍+　透談 a1 開他酣+　冄談$_1$　nhaam
坍今字

髯　日鹽 a3 開汝鹽　冄談$_1$　njam

蚺　日鹽 a3 開汝鹽　冄談$_1$　njam

呥　日鹽 a3 開汝鹽　冄談$_1$　njam

柟　日鹽 a3 開汝鹽　冄談$_1$　njam

冄　日鹽 a3 開汝鹽　冄談$_1$　njam

衻 日鹽 a3 開汝鹽 冉談1 njam
舑♯ 日鹽 a3 開汝鹽 冉談1 njam
冉 日鹽 b3 開而琰 冉談1 njamʔ
苒 日鹽 b3 開而琰 冉談1 njamʔ
姌 日鹽 b3 開而琰 冉談1 njamʔ
柟 日鹽 b3 開而琰 冉談1 njamʔ
髯 日鹽 c3 開而豔 冉談1 njams
姌 泥添 b4 開乃玷 冉談2 neemʔ
染 日鹽 b3 開而琰 染談3 njomʔ
染 日鹽 c3 開而豔 染談3 njoms
千 清先 a4 開蒼先 人真1 snhiin
小徐人声，甲文乃借人加一
仟 清先 a4 開蒼先 人真1 snhiin
见史记
芊 清先 a4 開蒼先 人真1 snhiin
阡 清先 a4 開蒼先 人真1 snhiin
汧 清先 a4 開蒼先 人真1 snhiin
迁♯ 清先 a4 開蒼先 人真1 snhiin
杄♯ 清先 a4 開蒼先 人真1 snhiin
芊 清先 c4 開倉甸 人真1 snhiins
人 日真 a3 開如鄰 人真1 njin
仁 日真 a3 開如鄰 人真1 njin
朲♯ 日真 a3 開如鄰 人真1 njin
佞 泥青 c4 開乃定 人耕 neeŋs 小徐仁声
紝 泥侵 a3 開女心 壬1侵1 nɯm
鵀 泥侵 a3 開女心 壬1侵1 nɯm
拰♯ 泥侵 b3 開尼凜 壬1侵1 nɯmʔ
賃 泥侵 c3 開乃禁 壬1侵1 nɯms
任 日侵 a3 開如林 壬1侵1 njɯm
壬1 日侵 a3 開如林 壬1侵1 njɯm
甲文作工，象机缕，金文中加圆点指示，为紝初文，巠(經)字从之(于省吾)
紝 日侵 a3 開如林 壬1侵1 njɯm
壬转注字

鵀 日侵 a3 開如林 壬1侵1 njɯm
恁 日侵 a3 開如林 壬1侵1 njɯm
銋 日侵 a3 開如林 壬1侵1 njɯm
见淮南子
荏 日侵 b3 開如甚 壬1侵1 njɯmʔ
餁 日侵 b3 開如甚 壬1侵1 njɯmʔ
同飪
栠 日侵 b3 開如甚 壬1侵1 njɯmʔ
恁 日侵 b3 開如甚 壬1侵1 njɯmʔ
袵 日侵 b3 開如甚 壬1侵1 njɯmʔ
銋 日侵 b3 開如甚 壬1侵1 njɯmʔ
见汉赋
飪 日侵 b3 開如甚 壬1侵1 njɯmʔ
鵀 日侵 c3 開汝鴆 壬1侵1 njɯms
妊 日侵 c3 開汝鴆 壬1侵1 njɯms
任 日侵 c3 開汝鴆 壬1侵1 njɯms
衽 日侵 c3 開汝鴆 壬1侵1 njɯms
紝 日侵 c3 開汝鴆 壬1侵1 njɯms
涊 泥先 b4 開乃殄 刃文1 nɯɯnʔ
紉 娘真 a3 開女鄰 刃文1 nɯn
忍 日真 b3 開而軫 刃文1 njɯnʔ
荵 日真 b3 開而軫 刃文1 njɯnʔ
涊 日真 b3 開而軫 刃文1 njɯnʔ
刃 日真 c3 開而振 刃文1 njɯns
認 日真 c3 開而振 刃文1 njɯns
仞 日真 c3 開而振 刃文1 njɯns
軔 日真 c3 開而振 刃文1 njɯns 亦同肕
韌 日真 c3 開而振 刃文1 njɯns 见管子
肕 日真 c3 開而振 刃文1 njɯns
牣 日真 c3 開而振 刃文1 njɯns
杒 日真 c3 開而振 刃文1 njɯns
訒 日真 c3 開而振 刃文1 njɯns

認　日蒸 c3 開而證　刃蒸　njɯŋs
涅　泥屑 d4 開奴結　日質2　niig
揑# 泥屑 d4 開奴結　日質2　niig涅省声
篞　泥屑 d4 開奴結　日質2　niig见尔雅
衵　泥質 d3 開尼質　日質2　nig
日　日質 d3 開人質　日質2　njig
馹　日質 d3 開人質　日質2　njig
衵　日質 d3 開人質　日質2　njig
娀　心東 a3 合息弓　戎終　snuŋ
戎　日東 a3 合如融　戎終　njuŋ
茙　日東 a3 合如融　戎終　njuŋ
駥　日東 a3 合如融　戎終　njuŋ
狨# 日東 a3 合如融　戎終　njuŋ絨注同狨
絨# 日東 a3 合如融　戎終　njuŋ同狨
茸　日鍾 a3 合而容　茸東　njoŋ说文聰省声，疑髶省声
髶1 日鍾 a3 合而容　茸東　njoŋ象乱发披耳
搑# 日鍾 a3 合而容　茸東　njoŋ
榵# 日鍾 a3 合而容　茸東　njoŋ
穁# 日鍾 a3 合而容　茸東　njoŋ
穁# 日鍾 b3 合而隴　茸東　njoŋʔ
搑　日鍾 b3 合而隴　茸東　njoŋʔ
宂　日鍾 b3 合而隴　冗東　njoŋʔ
冗# 日鍾 b3 合而隴　冗東　njoŋʔ宂注俗体
軵　日鍾 b3 合而隴　軵東　njoŋʔ注或作搑
氄　日鍾 b3 合而隴　氄東　njoŋʔ同毧，见尧典，说文从隼（而尹切），此训读为茸毧
朒　泥屋 d3 合女六　肉覺1　nug原如说文从内，依段注校改
肉　日屋 d3 合如六　肉覺1　njug
吼# 泥侯 b1 開乃后　乳侯　nooʔ集韵同嗀
乳　日虞 b3 合而主　乳侯　njoʔ
耨　泥侯 c1 開奴豆　辱候　noogs
槈　泥侯 c1 開奴豆　辱候　noogs
鎒　泥侯 c1 開奴豆　辱候　noogs同槈，出说文
搙　泥覺 d2 開女角　辱屋　rnoog
褥　泥沃 d1 合内沃　辱覺1　nuug
傉# 泥沃 d1 合内沃　辱覺1　nuug
槈　泥沃 d1 合内沃　辱覺1　nuug
搙　泥沃 d1 合内沃　辱覺1　nuug
辱　日燭 d3 合而蜀　辱屋　njog
褥　日燭 d3 合而蜀　辱屋　njog
縟　日燭 d3 合而蜀　辱屋　njog
蓐　日燭 d3 合而蜀　辱屋　njog
鄏　日燭 d3 合而蜀　辱屋　njog
溽　日燭 d3 合而蜀　辱屋　njog
嫥# 日燭 d3 合而蜀　辱屋　njog
嗕　日燭 d3 合而蜀　辱屋　njog见汉书
入　日緝 d3 開人執　入緝3　njub
陾　日之 a3 開如之　耎之　njɯ同陑，书讹
腝# 泥豪 c1 開那到　耎幽1　nuus说文作臑
陾　泥侯 b1 開乃后　耎侯　nooʔ同陑，又音而音仍，来自陑叠而，属之蒸部
堧# 泥戈 c1 合乃臥　耎歌3　nools
稬　泥戈 c1 合乃臥　耎歌3　nools
愞　泥戈 c1 合乃臥　耎歌3　nools注或作懦，此见汉书
煗　泥桓 b1 合乃管　耎元3　noonʔ
餪# 泥桓 b1 合乃管　耎元3　noonʔ
渜　泥桓 b1 合乃管　耎元3　noonʔ
稬　泥桓 b1 合乃管　耎元3　noonʔ
偄　泥桓 c1 合奴亂　耎元3　noons

愞 泥桓 c1 合奴亂 耎元 3 noons 同偄,见汉书
稬 泥桓 c1 合奴亂 耎元 3 noons
渜 泥桓 c1 合奴亂 耎元 3 noons
堧 日仙 a3 合而緣 耎元 3 njon 见汉书,说文从田
瑌 日仙 a3 合而緣 耎元 3 njon 见史记,说文作碝
軟# 日仙 b3 合而兖 耎元 3 njonʔ 俗輭字,集韵正体从反声
輭 日仙 b3 合而兖 耎元 3 njonʔ
蝡 日仙 b3 合而兖 耎元 3 njonʔ 集韵或作蠕
碝 日仙 b3 合而兖 耎元 3 njonʔ
瑌 日仙 b3 合而兖 耎元 3 njonʔ 同碝,见史记
愞 日仙 b3 合而兖 耎元 3 njonʔ 同偄,见汉书
腝# 日仙 b3 合而兖 耎元 3 njonʔ
耎 日仙 b3 合而兖 耎元 3 njonʔ 说文而声,疑耎需皆需(濡)之隶变异构
偄 日仙 b3 合而兖 耎元 3 njonʔ
緛 日仙 b3 合而兖 耎元 3 njonʔ
嫰# 泥魂 c1 合奴困 耎文 2 nuuns 同嫩
腝 泥魂 c1 合奴困 耎文 2 nuuns 通作嫩,说文另同臑
蝡 日諄 b3 合而允 耎文 2 njunʔ 集韵或作蠕
甤 日支 b3 合如累 甤歌 3 njolʔ
蕤 日脂 a3 合儒隹 甤微 2 njul
甤 日脂 a3 合儒隹 甤微 2 njul
甤 日脂 b3 合如壘 甤微 2 njulʔ
睿 以祭 c3 合以芮 睿祭 2 ɢweds 古文叡
叡 以祭 c3 合以芮 睿祭 2 ɢweds
璿 邪仙 a3 合似宣 睿元 2 sɢwen
叡 邪仙 a3 合似宣 睿元 2 sɢwen 籀文叡
濬 心諄 c3 合私閏 睿真 1 sqhʷins
撋# 日仙 a3 合而緣 閏元 3 njon
瞤 日諄 a3 合如匀 閏文 2 njun
潤 日諄 c3 合如順 閏文 2 njuns
閏 日諄 c3 合如順 閏文 2 njuns
叒 日藥 d3 開而灼 叒鐸 njag 若之初文,甲金文象人跪举手降服之形(高本汉)
若# 日麻 a3 開人賒 若魚 nja
婼 日麻 a3 開人賒 若魚 nja 见汉书
惹# 日麻 b3 開人者 若魚 njaʔ
若 日麻 b3 開人者 若魚 njaʔ
婼 日支 a3 開汝移 若支 nje 见汉书
諾 泥鐸 d1 開奴各 若鐸 naag
蘦 曉鐸 d1 開呵各 若鐸 hnaag
婼 徹藥 d3 開丑略 若鐸 nhag
蘦 徹藥 d3 開丑略 若鐸 nhag
逽# 娘藥 d3 開女略 若鐸 nag
踥 娘藥 d3 開女略 若鐸 nag 见上林赋
若 日藥 d3 開而灼 若鐸 njag 叒转注
箬 日藥 d3 開而灼 若鐸 njag 见方言
惹 日藥 d3 開而灼 若鐸 njag
楉# 日藥 d3 開而灼 若鐸 njag
鄀 日藥 d3 開而灼 若鐸 njag
踥 娘陌 d2 開女白 若鐸 rnaag 见上林赋
嫋 泥蕭 b4 開奴鳥 弱宵 2 neewʔ
溺 泥蕭 c4 開奴弔* 弱宵 2 neewɢs 同尿
弱 日藥 d3 開而灼 弱藥 2 njewɢ
溺 日藥 d3 開而灼 弱藥 2 njewɢ
蒻 日藥 d3 開而灼 弱藥 2 njewɢ

搦　泥覺 d2 開女角　弱藥2　rneewG

搦　娘陌 d2 開女白　弱藥1　rnaawG

溺　泥錫 d4 開奴歷　弱藥2　neewG

愵　泥錫 d4 開奴歷　弱藥2　neewG

S

卅　心合 d1 開蘇合　卅緝3　suub

卅　心盍 d1 開私盍　卅盍3　soob

薩　心曷 d1 開桑割　薩月1　saad 菩薩梵译 bodhisattva，薛産两声

賽　心咍 c1 開先代　塞代　slɯɯgs

塞　心咍 c1 開先代　塞代　slɯɯgs

簺　心咍 c1 開先代　塞代　slɯɯgs

僿　書之 c3 開式吏　塞代　hljɯgs 见史记

塞　心德 d1 開蘇則　塞職　slɯɯg

寨2#心德 d1 開蘇則　塞職　slɯɯg

三　心談 a1 開蘇甘　三侵3　soom<suum

弎　心談 a1 開蘇甘　三侵3　soom<suum 三古文

三　心談 c1 開蘇暫　三侵3　sooms<suums

傘　心寒 b1 開蘇旱　傘元1　saanʔ 已见秦简，说文作繖

散　心寒 b1 開蘇旱　散元1　saanʔ 说文作散

糤#心寒 b1 開蘇旱　散元1　saanʔ 同饊

繖　心寒 b1 開蘇旱　散元1　saanʔ

饊　心寒 b1 開蘇旱　散元1　saanʔ

鏾#心寒 b1 開蘇旱　散元1　saanʔ

散　心寒 c1 開蘇旰　散元1　saans

繖　心寒 c1 開蘇旰　散元1　saans

潸　生删 a2 開所姦　散元1　sraan

潸　生删 b2 開數板　散元1　sraanʔ

霰　心先 c4 開蘇佃　散元2　seens<sqheens 说文或体从见，或见声

撒#心曷 d1 開桑割*　散月1　saad 说文作𣀔

闏#心覃 c1 開蘇紺　闏侵3　suums 覆首

桒#心唐 a1 開息郎　桑陽　sŋaaŋ 俗桑字

桑　心唐 a1 開息郎　桑陽　sŋaaŋ

磉#心唐 b1 開蘇朗　桑陽　sŋaaŋʔ

顙　心唐 b1 開蘇朗　桑陽　sŋaaŋʔ

嗓#心唐 b1 開寫朗*　桑陽　sŋaaŋʔ

搡#心唐 b1 開寫朗*　桑陽　sŋaaŋʔ

掃　心豪 b1 開蘇老　掃幽1　suuʔ 同埽

埽　心豪 b1 開蘇老　掃幽1　suuʔ 会意，通作掃

掃　心豪 c1 開蘇到　掃幽1　suus 同埽

埽　心豪 c1 開蘇到　掃幽1　suus

色　生職 d3 開所力　色職　srɯg 从人在人上，原表色欲，或卩声(马叙伦)

䖇#曉職 d3 開許極　色職　qhrɯg

澀　生緝 d3 開色立　嗇緝1　srɯb

嗇　生職 d3 開所力　嗇職　srɯg 象禾來之积，來亦声

穡　生職 d3 開所力　嗇職　srɯg 嗇转注字

薔　生職 d3 開所力　嗇職　srɯg 见尔雅：蔷

轖　生職 d3 開所力　嗇職　srɯg

繬#生職 d3 開所力　嗇職　srɯg

濇　生職 d3 開所力　嗇職　srɯg

嬙　生職 d3 開所力　嗇職　srɯg

懎#生職 d3 開所力　嗇職　srɯg

澀　生緝 d3 開色立　澀緝1　srɯb 同澀

翜 生緝 d3 開色立 翜緝 1 srɯb
澁# 生緝 d3 開色立 翜緝 1 srɯb 俗翜字
森 生侵 a3 開所今 森侵 1 srɯm
䊞 生皆 c2 開所拜 杀祭 2 sreedss 见考工记
鎩 生皆 c2 開所拜 杀祭 2 sreeds
殺 生皆 c2 開所拜 杀祭 2 sreeds
鎩 生祭 c3 開所例 杀祭 1 srads
蔱 生祭 c3 開所例 杀祭 1 srads
摋 心曷 d1 開桑割 杀月 1 slaad
殺 生黠 d2 開所八 杀月 2 sreed
煞 生黠 d2 開所八 杀月 2 sreed 俗殺字，殺隶变，从左下变三点书讹来，见鶡冠子
鎩 生黠 d2 開所八 杀月 2 sreed
蔱 生黠 d2 開所八 杀月 2 sreed
榝 生黠 d2 開所八 杀月 2 sreed
刹 初鎋 d2 開初鎋 杀月 1 shraad 梵译字
榝 生薛 d3 開山列 杀月 2 sred
硰 精歌 b1 開作可 沙歌 1 ʔsaalʔ 原列果韵末，依切语为开口
硰 清歌 b1 開千可 沙歌 1 shaalʔ 见史记
娑 心歌 a1 開素何 沙歌 1 saal
抄# 心歌 a1 開素何 沙歌 1 saal 礼郑注作莎，释名作娑
挲# 心歌 a1 開素何 沙歌 1 saal 同抄
桫# 心歌 a1 開素何 沙歌 1 saal
涾 2# 心歌 a1 開素何 沙歌 1 saal 原作啙，元明后作睃
娑 心歌 b1 開蘇可 沙歌 1 saalʔ
沙 生麻 a2 開所加 沙歌 1 sraal
紗 生麻 a2 開所加 沙歌 1 sraal
砂# 生麻 a2 開所加 沙歌 1 sraal 俗沙字
鯊 生麻 a2 開所加 沙歌 1 sraal 见尔雅：鮀
裟# 生麻 a2 開所加 沙歌 1 sraal 梵译 kasāya，原从毛，葛洪字苑改从衣
桬# 生麻 a2 開所加 沙歌 1 sraal
髿 生麻 a2 開所加 沙歌 1 sraal 见通俗文
硰 生麻 a2 開所加 沙歌 1 sraal 见汉书
抄# 生麻 a2 開師加* 沙歌 1 sraal
魦 生麻 a2 開所加 沙歌 1 sraal 后作鯊
沙 生麻 c2 開所嫁 沙歌 1 sraals
莎 心戈 a1 合蘇禾 沙歌 3 sool
莏# 心戈 a1 合蘇禾 沙歌 3 sool
髿 心戈 a1 合蘇禾 沙歌 3 sool 见通俗文
魦# 心戈 a1 合蘇禾 沙歌 3 sool 集韵或作鮻
傻# 生麻 b2 合沙瓦 傻歌 3 sroolʔ
傻# 生麻 c2 合所化 傻歌 3 srools
杉# 生咸 a2 開所咸 彡談 2 sreem 同椒，三国后俗体
彡 生銜 a2 開所銜 彡談 3 sroom
衫 生銜 a2 開所銜 彡談 3 sroom
髟 1 生銜 a2 開所銜 彡談 3 sroom
釤# 生銜 c2 開所鑑 彡談 1 sraams
彡 心鹽 a3 開息廉 彡談 3 slom
彤 徹侵 a1 開丑林 彡侵 3 lhum 依说文补，罗振玉谓即《书》肜字
肜 定冬 a1 合徒冬 彡終 l'uuŋ
浵# 定冬 a1 合徒冬 彡終 l'uuŋ
肜 以東 a3 合以戎 彡終 luŋ
山 生山 a2 開所間 山元 2 sreen

疝　生山 a2 開所間　山元2　sreen

邮　生山 a2 開所間　山元2　sreen

汕　生山 b2 開所簡　山元2　sreenʔ

訕　生删 a2 開所姦　山元1　sraan

訕　生删 c2 開所晏　山元1　sraans

疝　生删 c2 開所晏　山元1　sraans

汕　生删 c2 開所晏　山元1　sraans

仙　心仙 a3 開相然　山元2　sen

秈#　心仙 a3 開相然　山元2　sen

莶#　心仙 a3 開相然　山元2　sen

屾　生臻 a3 開所臻　山真1　srin

珊　心寒 a1 開蘇干　删元1　slaan

跚　心寒 a1 開蘇干　删元1　slaan

姗　心寒 a1 開蘇干　删元1　slaan

删　生删 a2 開所姦　删元1　sraan

栅#　生删 c2 開所晏　删元1　sraans 训读

芟　生銜 a2 開所銜　芟談3　sroom 小徐殳声

羴　曉山 a2 開許間　羴元2　qhreen

羼　初山 b2 開初限　羴元2　skhreenʔ

羼　初删 c2 開初鴈　羴元1　skhraans

羴　書仙 a3 開失然　羴元2　qhljen 许間切，注又切，说文作羶正体

陝　書鹽 b3 開失冉　陝談2　hljemʔ

閃　書鹽 b3 開失冉　閃談2　hljamʔ

閃　書鹽 c3 開舒贍　閃談2　hljams

扇　書仙 a3 開式連　扇元2　hljen

煽　書仙 a3 開式連　扇元2　hljen

扇　書仙 c3 開式戰　扇元2　hljens

煽　書仙 c3 開式戰　扇元2　hljens

傓　書仙 c3 開式戰　扇元2　hljens

橏#　章仙 b3 開旨善　善元2　tjenʔ

嫸　章仙 b3 開旨善　善元2　tjenʔ

善　禪仙 b3 開常演　善元2　djenʔ<gj

譱　禪仙 b3 開常演　善元2　djenʔ<gj 篆文善

蟮#　禪仙 b3 開上演*　善元1　djanʔ 同蟺，说文作蟺

鱔#　禪仙 b3 開上演*　善元1　djanʔ 古作鱓

僐　禪仙 b3 開常演　善元2　djenʔ

鄯　禪仙 b3 開常演　善元2　djenʔ

墡　禪仙 b3 開常演　善元2　djenʔ

磰#　禪仙 b3 開常演　善元2　djenʔ 同墡

繕　禪仙 c3 開時戰　善元2　djens<gj 礼记曲礼郑注读曰劲

鄯　禪仙 c3 開時戰　善元2　djens

膳　禪仙 c3 開時戰　善元2　djens

饍　禪仙 c3 開時戰　善元2　djens 同膳，见东观汉记

僐　禪仙 c3 開時戰　善元2　djens

商　書陽 a3 開式羊　商陽　hljaŋ

蔏　書陽 a3 開式羊　商陽　hljaŋ

螪　書陽 a3 開式羊　商陽　hljaŋ 见尔雅

丄　禪陽 b3 開時掌　上陽　djaŋʔ 古文上

丄　禪陽 c3 開時亮　上陽　djaŋs

上　禪陽 b3 開時掌　上陽　djaŋʔ

上　禪陽 c3 開時亮　上陽　djaŋs

當　端唐 a1 開都郎　尚陽　taaŋ

襠　端唐 a1 開都郎　尚陽　taaŋ

鐺　端唐 a1 開都郎　尚陽　taaŋ

簹　端唐 a1 開都郎　尚陽　taaŋ 见杨孚异物志

璫　端唐 a1 開都郎　尚陽　taaŋ

欓#　端唐 a1 開都郎　尚陽　taaŋ

儅# 端唐 a1 開都郎 尚陽 taaŋ

蟷 端唐 a1 開都郎 尚陽 taaŋ

擋+ 端唐 b1 開多朗+ 尚陽 taaŋʔ 當分化字，或作攩

黨 端唐 b1 開多朗 尚陽 taaŋʔ

讜 端唐 b1 開多朗 尚陽 taaŋʔ 见汉书

欓 端唐 b1 開多朗 尚陽 taaŋʔ

譡# 端唐 c1 開丁浪 尚陽 taaŋs 集韵同讜

儅# 端唐 c1 開丁浪 尚陽 taaŋs

擋# 端唐 c1 開丁浪 尚陽 taaŋs

闣# 端唐 c1 開丁浪 尚陽 taaŋs

檔# 端唐 c1 開丁浪 尚陽 taaŋs

党 端唐 c1 開丁浪 尚陽 taaŋs

當 端唐 c1 開丁浪 尚陽 taaŋs

鏜 透唐 a1 開吐郎 尚陽 thaaŋ

闛 透唐 a1 開吐郎 尚陽 thaaŋ

鼞 透唐 a1 開吐郎 尚陽 thaaŋ

曭 透唐 b1 開他朗 尚陽 thaaŋʔ 见楚辞远游

儻 透唐 b1 開他朗 尚陽 thaaŋʔ

戃 透唐 b1 開他朗 尚陽 thaaŋʔ

矘 透唐 b1 開他朗 尚陽 thaaŋʔ

爣 透唐 b1 開他朗 尚陽 thaaŋʔ 见汉赋

攩 透唐 b1 開他朗 尚陽 thaaŋʔ<hl'aaŋʔ 见方言

黨 透唐 b1 開坦朗* 尚陽 thaaŋʔ 注通作儻

淌 透唐 b1 開坦朗* 尚陽 thaaŋʔ 通灙，见淮南子

倘 透唐 b1 開坦朗* 尚陽 thaaŋʔ 后作儻字用

躺+ 透唐 b1 開坦朗+ 尚陽 thaaŋʔ 踼之后起字

趟+ 透唐 c1 開他浪+ 尚陽 thaaŋs 盪之后起字

儻 透唐 c1 開他浪 尚陽 thaaŋs 见庄子

堂 定唐 a1 開徒郎 尚陽 daaŋ

坣 定唐 a1 開徒郎 尚陽 daaŋ 古文堂

棠 定唐 a1 開徒郎 尚陽 daaŋ

糛# 定唐 a1 開徒郎 尚陽 daaŋ 同糖

螳 定唐 a1 開徒郎 尚陽 daaŋ

闛 定唐 a1 開徒郎 尚陽 daaŋ

隚# 定唐 a1 開徒郎 尚陽 daaŋ

樘# 定唐 a1 開徒郎 尚陽 daaŋ

掌 章陽 b3 開諸兩 尚陽 tjaŋʔ

廠# 昌陽 b3 開昌兩 尚陽 thjaŋʔ

敞 昌陽 b3 開昌兩 尚陽 thjaŋʔ

僘# 昌陽 b3 開昌兩 尚陽 thjaŋʔ

氅# 昌陽 b3 開昌兩 尚陽 thjaŋʔ

廠# 昌陽 c3 開尺亮 尚陽 thjaŋs

常 禪陽 a3 開市羊 尚陽 djaŋ

嘗 禪陽 a3 開市羊 尚陽 djaŋ 同甞

裳 禪陽 a3 開市羊 尚陽 djaŋ

徜# 禪陽 a3 開市羊 尚陽 djaŋ 宋玉作倘

尚 禪陽 a3 開市羊 尚陽 djaŋ 说文从向声，金文不似，疑堂或常初文，叔夨方鼎有尚衣

甞 禪陽 a3 開市羊 尚陽 djaŋ 说文作嘗

鋿# 禪陽 a3 開市羊 尚陽 djaŋ

嫦+ 禪陽 a3 開市羊+ 尚陽 djaŋ 常后起分化字

償 禪陽 a3 開市羊 尚陽 djaŋ 金文原无人旁，此为转注

尚 禪陽 c3 開時亮 尚陽 djaŋs

償 禪陽 c3 開時亮 尚陽 djaŋs

賞　書陽 b3 開書兩　尚陽　hljaŋʔ
趟♯ 知庚 a2 開竹盲　尚陽　rtaaŋ
趟♯ 知庚 c2 開猪孟　尚陽　rtaaŋs
瞠　徹庚 a2 開丑庚　尚陽　rthaaŋ
撐⁺ 徹庚 a2 開丑庚⁺ 尚陽　rthaaŋ 樘分化字，见汉书，今更作撑
樘　徹庚 a2 開丑庚　尚陽　rthaaŋ 同樘，引说文
樘♯ 徹庚 a2 開丑庚　尚陽　rthaaŋ 说文作樘
牚　徹庚 c2 開他孟　尚陽　rthaaŋs 见汉赋
鐺　初庚 a2 開楚庚　尚陽　shraaŋ 俗鎗字，见通俗文
攩　匣唐 b1 合胡廣　尚陽　ɦʷlaaŋʔ 见方言
攩　匣唐 c1 合乎曠　尚陽　ɦʷlaaŋs 见方言
埫♯ 徹鍾 b3 合丑隴　尚東　thoŋʔ 埫塎联绵同化
豹　幫肴 c2 開北教　勺豹₂　preewɢs/praawɢs
趵♯ 幫肴 c2 開巴校　勺豹₂　preewɢs
尥　並肴 a2 開薄交　勺宵₂　breew
箹♯ 影肴 c2 開於教　勺笑₂　ʔreewɢs
杓　幫宵 a3a 開甫遥　勺宵₂　plew
杓　滂宵 a3a 開撫招　勺宵₂　phlew
約　影宵 c3a 開於笑　勺豹₂　ʔlewɢs
扚　端蕭 b4 開都了　勺宵₂　pleewʔ>t
釣　端蕭 c4 開多嘯　勺豹₂　pleewɢs>t
瘹♯ 端蕭 c4 開多嘯　勺豹₂　teewɢs
尥　來蕭 c4 開力弔　勺豹₂　b・reewɢs
芍　匣蕭 b4 開胡了　勺宵₂　ɦleewʔ
芍　清藥 d3 開七雀　勺藥₂　sphlewɢ
芍　知藥 d3 開張略　勺藥₂　pl'ewɢ>t
酌　章藥 d3 開之若　勺藥₂　pljewɢ 勺分化字
灼　章藥 d3 開之若　勺藥₂　pljewɢ
勺　章藥 d3 開之若　勺藥₂　pljewɢ
礿　章藥 d3 開之若　勺藥₂　pljewɢ
犳　章藥 d3 開之若　勺藥₂　pljewɢ 见山海经
妁　章藥 d3 開之若　勺藥₂　pljewɢ
勺　禪藥 d3 開市若　勺藥₂　bljewɢ
芍　禪藥 d3 開市若　勺藥₂　bljewɢ
杓　禪藥 d3 開市若　勺藥₂　bljewɢ 勺转注字
妁　禪藥 d3 開市若　勺藥₂　bljewɢ
汋　禪藥 d3 開市若　勺藥₂　bljewɢ
仢　禪藥 d3 開市若　勺藥₂　bljewɢ
約　影藥 d3 開於略　勺藥₂　ʔlewɢ
葯　影藥 d3 開於略　勺藥₂　ʔlewɢ 见九歌：芷
礿　以藥 d3 開以灼　勺藥₂　lewɢ
趵♯ 幫覺 d2 開北角　勺藥₂　preewɢ
肑　幫覺 d2 開北角　勺藥₂　preewɢ
瓝　並覺 d2 開蒲角　勺藥₂　breewɢ
箹　並覺 d2 開蒲角　勺藥　breewɢ 见方言
箹　测覺 d2 開测角　勺藥　sphreewɢ 见方言
汋　崇覺 d2 開士角　勺藥₂　sbreewɢ
葯　影覺 d2 開於角　勺藥₂　ʔreewɢ 见九歌：芷
箹　影覺 d2 開於角　勺藥₂　ʔreewɢ
的　端錫 d4 開都歷　勺藥₂　pleewɢ>t

靮 端錫 d4 開都歷 勺藥$_2$ pleewɢ>t
馰 端錫 d4 開都歷 勺藥$_2$ pleewɢ>t
肑# 端錫 d4 開都歷 勺藥$_2$ pleewɢ>t
芍 端錫 d4 開都歷 勺藥$_2$ pleewɢ>t 尔雅作的，集韵作葤
玓 端錫 d4 開都歷 勺藥$_2$ pleewɢ>t
扚 端錫 d4 開都歷 勺藥$_2$ pleewɢ>t
魡# 端錫 d4 開都歷 勺藥$_2$ pleewɢ>t
杓 端錫 d4 開都歷 勺藥$_2$ pleewɢ>t
絬 心薛 d3 開私列 舌月$_2$ sled
舌$_1$ 船薛 d3 開食列 舌月$_2$ ɦljed<ɦblj
謝 邪麻 c3 開辝夜 射暮 ljaags
榭 邪麻 c3 開辝夜 射暮 ljaags
射 船麻 c3 開神夜 射暮 ɦljaags<ɢljaags
麝 船麻 c3 開神夜 射暮 ɦljaags<ɢljaags
射 以麻 c3 開羊謝 射暮 laags
射 船昔 d3 開食亦 射鐸 ɦljaag<ɢljaag
麝 船昔 d3 開食亦 射鐸 ɦljaag<ɢljaag
射 以昔 d3 開羊益 射鐸 laag
涉 禪葉 d3 開時攝 涉盍$_2$ djeb
涉 端帖 d4 開丁愜 涉盍$_2$ teeb
設 書薛 d3 開識列 設月$_2$ hŋljed 武威汉简郭店楚简通埶
蔎 書薛 d3 開識列 設月$_2$ hŋljed
電 定先 c4 開堂練 申真$_1$ l'iins
胂# 徹真 a3 開丑人 申真$_1$ lhin
申 書真 a3 開失人 申真$_1$ hlin 甲金文象闪电，后转注为電字
伸 書真 a3 開失人 申真$_1$ hlin
呻 書真 a3 開失人 申真$_1$ hlin
紳 書真 a3 開失人 申真$_1$ hlin
眒 書真 a3 開失人 申真$_1$ hlin 见史记
胂 書真 a3 開失人 申真$_1$ hlin 与膑賁同源
柛 書真 a3 開失人 申真$_1$ hlin 见尔雅
訷# 書真 a3 開失人 申真$_1$ hlin
抻# 書真 c3 開試刃 申真$_1$ hlins
眒 書真 c3 開試刃 申真$_1$ hlins 见史记
神 船真 a3 開食鄰 申真$_1$ ɦlin
朄 以真 c3 開羊晉 申真$_1$ lins 说文作朄，柬声（广韵误作東），朱骏声改申声，是
身 書真 a3 開失人 身真$_1$ qhjin 甲金文象人鼓其腹，表其身有孕，非申声
鋅# 溪耕 a2 開口莖 身耕 khreeŋ<khriiŋ
探 透覃 a1 開他含 罙侵$_3$ lhuum
探 透覃 c1 開他紺 罙侵$_3$ lhuums
棎# 禪鹽 a3 開視占 罙谈$_3$ ɦljom>dj
賝# 徹侵 a3 開丑林 罙侵$_3$ lhum 集韵同琛
琛 徹侵 a3 開丑林 罙侵$_3$ lhum
突 生侵 a3 開所今 罙侵$_3$ srum
深 書侵 a3 開式針 罙侵$_3$ hljum
深 書侵 c3 開式禁 罙侵$_3$ hljums
甡 生真 a3 開所臻 甡真$_1$ srin

燊　生臻 a3 開所臻　燊真1　srin

弞　書真 b3 開式忍　弞真1　hlinʔ

宷　書侵 b3 開式荏　宷侵1　hljɯmʔ 荏由任校改，说文審正体

審　書侵 b3 開式荏　宷侵1　hljɯmʔ 荏由任校改，说文同宷

瀋　昌侵 b3 開昌枕　宷侵1　lhjɯmʔ

嬸#　書侵 b3 開式荏*　宷侵1　hljɯmʔ 叔母合音字

眘　禪真 c3 開時刃　眘真1　gins 同慎古文

㑌#　曉黠 d2 合呼八　眘質1　qh^{w}riid

湛　端覃 a1 開丁含　甚侵3　ʔl'uum

媅　端覃 a1 開丁含　甚侵3　ʔl'uum

黮　透覃 b1 開他感　甚侵3　lhuumʔ

黮　定覃 b1 開徒感　甚侵3　l'uumʔ

糂　心覃 b1 開桑感　甚侵3　sluumʔ 古文作糁

堪　溪覃 a1 開口含　甚侵3　khluum

戡　溪覃 a1 開口含　甚侵3　khluum

嵁　溪覃 a1 開口含　甚侵3　khluum

歁　溪覃 b1 開苦感　甚侵3　khluumʔ

勘　溪覃 c1 開苦紺　甚侵3　khluums

磡#　溪覃 c1 開苦紺　甚侵3　khuums 嵁分化字

墈#　溪覃 c1 開苦紺*　甚侵3　khuums 同坎，亦堪分化字

嵁　疑覃 a1 開五含　甚侵3　ŋgluum

嵁　疑覃 b1 開五感　甚侵3　ŋgluumʔ

湛　澄咸 b2 開徒減　甚侵3　r'uumʔ

偡#　澄咸 b2 開徒減　甚侵3　r'uumʔ

嵁#　崇咸 b2 開士減　甚侵3　sgruumʔ

嵁　溪咸 a2 開苦咸　甚侵3　khruum

碪#　知侵 a3 開知林　甚侵3　ʔl'um>t 椹分化字，或作砧

椹　知侵 a3 開知林　甚侵3　ʔl'um>t

戡　知侵 b3 開張甚　甚侵3　ʔl'umʔ

揕　知侵 c3 開知鴆　甚侵3　ʔl'ums

踸　徹侵 b3 開丑甚　甚侵3　lhumʔ

錿　徹侵 b3 開丑甚　甚侵3　lhumʔ 见汉赋

湛　澄侵 a3 開直深　甚侵3　l'um>d

斟　章侵 a3 開職深　甚侵3　kljum

諶　禪侵 a3 開氏任　甚侵3　gljum

愖#　禪侵 a3 開氏任　甚侵3　gljum 同諶，集韵同

瘎　禪侵 a3 開氏任　甚侵3　gljum 见方言

煁　禪侵 a3 開氏任　甚侵3　gljum

甚　禪侵 b3 開常枕　甚侵3　gljumʔ

甚　禪侵 c3 開時鴆　甚侵3　gljums

葚　船侵 b3 開食荏　甚侵3　ɦljumʔ

歁#　溪合 d1 開口答　甚緝3　khluub

升　書蒸 a3 開識蒸　升蒸　hljɯŋ

昇　書蒸 a3 開識蒸　升蒸　hljɯŋ

陞　書蒸 a3 開識蒸　升蒸　hljɯŋ

抍　書蒸 a3 開識蒸　升蒸　hljɯŋ

抍　章蒸 b3 開支庱#　升蒸　ʔljɯŋʔ 同拯，原无切语，音蒸上聲，此五音集韵所加切语

猜　清咍 a1 開倉才　生之　shlɯɯ

輤　清先 c4 開倉甸　生元2　shleens 见礼记

綪　清先 c4 開倉甸　生元2　shleens

倩　清先 c4 開倉甸　生元2　shleens/shliins

棈　清先 c4 開倉甸　生元2　shleens 见楚帛书

蒨　清先 c4 開倉甸　生元2　sheens

篟#　清先 c4 開倉甸　生元2　sheens

生 生庚 a2 開所庚 生耕 sreŋ / sriŋ
牲 生庚 a2 開所庚 生耕 sreŋ
笙 生庚 a2 開所庚 生耕 sreŋ
甥 生庚 a2 開所庚 生耕 sreŋ
鉎# 生庚 a2 開所庚 生耕 sreŋ
珄# 生庚 a2 開所庚 生耕 sreŋ
鼪 生庚 a2 開所庚 生耕 sreŋ 见庄子
猩 生庚 a2 開所庚 生耕 sreŋ 见尔雅
狌 生庚 a2 開所庚 生耕 sreŋ 同猩，见说文注语山海经
眚 生庚 b2 開所景 生耕 sreŋʔ
生 生庚 c3 開所敬 生耕 sreŋs
貹# 生庚 c3 開所敬 生耕 sreŋs
鼪 生庚 c3 開所敬 生耕 sreŋs 见庄子
綪 莊耕 a2 開側莖 生耕 ʔsreeŋ
崝 崇耕 a2 開士耕 生耕 zreeŋ 士由七校改，后作崢
精 精清 a3 開子盈 生耕 ʔsleŋ
菁 精清 a3 開子盈 生耕 ʔsleŋ
鶄 精清 a3 開子盈 生耕 ʔsleŋ 说文作䴖
蜻 精清 a3 開子盈 生耕 ʔsleŋ
鯖 精清 a3 開子盈 生耕 ʔsleŋ 见东方朔文
婧 精清 a3 開子盈 生耕 ʔsleŋ
睛 精清 a3 開子盈 生耕 ʔsleŋ
箐# 精清 a3 開子盈 生耕 ʔsleŋ
晴# 精清 a3 開子盈 生耕 ʔsleŋ
旌 精清 a3 開子盈 生耕 ʔsleŋ
精 精清 c3 開子姓 生耕 ʔsleŋs
清 清清 a3 開七情 生耕 shleŋ
圊 清清 a3 開七情 生耕 shleŋ 见释名，说文作清
請 清清 b3 開七靜 生耕 shleŋʔ
睛# 清清 b3 開七靜 生耕 shleŋʔ
倩 清清 c3 開七政 生耕 shleŋs
清 清清 c3 開七政 生耕 shleŋs
腈# 從清 c3 開疾政 生耕 zleŋs
靚 從清 c3 開疾政 生耕 zleŋs 妝，另朝会义通作請
請 從清 c3 開疾政 生耕 zleŋs
婧 從清 c3 開疾政 生耕 zleŋs
情 從清 a3 開疾盈 生耕 zleŋ
晴# 從清 a3 開疾盈 生耕 zleŋ 说文作姓
請 從清 a3 開疾盈 生耕 zleŋ
腈# 從清 a3 開疾盈 生耕 zleŋ
夝 從清 a3 開疾盈 生耕 zleŋ 后作晴
靜 從清 b3 開疾郢 生耕 zleŋʔ
靖 從清 b3 開疾郢 生耕 zleŋʔ 同竫
婧 從清 b3 開疾郢 生耕 zleŋʔ
睲# 心清 b3 開息井 生耕 seŋʔ
惺# 心清 b3 開息井 生耕 seŋʔ
性 心清 c3 開息正 生耕 sleŋs
姓 心清 c3 開息正 生耕 sleŋs 生字转注分化
觥# 徹清 c3 開丑鄭 生耕 lheŋs 窺后起变体字
鯖# 章清 a3 開諸盈 生耕 ʔljeŋ
青 清青 a4 開倉經 生耕 shleeŋ / shliiŋ 说文从生丹，戴桐王筠皆云从丹生声
蜻 清青 a4 開倉經 生耕 shleeŋ
鶄# 清青 a4 開倉經 生耕 shleeŋ
鯖# 清青 a4 開倉經 生耕 shleeŋ
靘# 清青 a4 開倉經 生耕 shleeŋ
靘# 清青 c4 開千定 生耕 shleeŋs
掅# 清青 c4 開千定 生耕 shleeŋs

胜　心青 a4 開桑經　生耕　sleeŋ后作腥

曐　心青 a4 開桑經　生耕　sleeŋ星说文正体

星　心青 a4 開桑經　生耕　sleeŋ说文曐或体

鮏　心青 a4 開桑經　生耕　sleeŋ

鉎♯ 心青 a4 開桑經　生耕　sleeŋ

猩　心青 a4 開桑經　生耕　seeŋ说文昳

腥　心青 a4 開桑經　生耕　seeŋ

鯹♯ 心青 a4 開桑經　生耕　seeŋ说文作鮏，后作腥

醒　心青 a4 開桑經　生耕　seeŋ

箵♯ 心青 a4 開桑經　生耕　seeŋ

惺♯ 心青 a4 開桑經　生耕　seeŋ

醒　心青 b4 開蘇挺　生耕　seeŋʔ

腥　心青 c4 開蘇佞　生耕　seeŋs

醒　心青 c4 開蘇佞　生耕　seeŋs

瑆♯ 心青 c4 開蘇佞　生耕　seeŋs

省　生庚 b2 開所景　省耕　sreŋʔ甲金文生省声

渻　生庚 b2 開所景　省耕　sreŋʔ

省　心清 b3 開息井　省耕　sleŋʔ

渻　心清 b3 開息井　省耕　seŋʔ

箵　心青 b4 開蘇挺　省耕　sleeŋʔ见通俗文

檉　徹清 a3 開丑貞　聖耕　lheŋ

蟶♯ 徹清 a3 開丑貞　聖耕　lheŋ

聖　書清 c3 開式正　聖耕　hljeŋs甲金文象人张耳对口会耳聪意，非呈声

聽　透青 a4 開他丁　聖耕　lheeŋ甲金文象耳对口，后繁化加心壬声，右上即卜口繁化

廳♯ 透青 a4 開他丁　聖耕　lheeŋ聽(事)分化字

聽　透青 c4 開他定　聖耕　lheeŋs

屎　徹脂 c3 開丑利　尸脂2　lhis

尸　書脂 a3 開式脂　尸脂2　hli

鳲　書脂 a3 開式脂　尸脂2　hli

屍　書脂 a3 開式脂　尸脂2　hli

屎　書脂 b3 開式視　尸脂2　hliʔ/qhliʔ

屍　書脂 c3 開矢利　尸脂2　hlis

屎　曉脂 a3b 開喜夷　尸脂2　hri

眣　知鎋 d2 開陟鎋　失月1　ʔr'aad原注见声类

蛈　透屑 d4 開他結　失質2　lhiig

迭　定屑 d4 開徒結　失質2　l'iig

跌　定屑 d4 開徒結　失質2　l'iig

颫　定屑 d4 開徒結　失質2　l'iig

眣　定屑 d4 開徒結　失質2　l'iig

昳　定屑 d4 開徒結　失質2　l'iig

胅　定屑 d4 開徒結　失質2　l'iig

軼　定屑 d4 開徒結　失質2　l'iig

苵　定屑 d4 開徒結　失質2　l'iig

瓞　定屑 d4 開徒結　失質2　l'iig

詄　定屑 d4 開徒結　失質2　l'iig

泆　定屑 d4 開徒結　失質2　l'iig

趃♯ 定屑 d4 開徒結　失質2　l'iig

柣　清屑 d4 開七結　失質2　slhiig见尔雅

抶　徹質 d3 開丑栗　失質2　lhig

眣　徹質 d3 開丑栗　失質2　lhig

秩　澄質 d3 開直一　失質2　l'ig

帙　澄質 d3 開直一　失質2　l'ig

紩　澄質 d3 開直一　失質2　l'ig

袠　澄質 d3 開直一　失質2　l'ig说文同帙

柣　澄質 d3 開直一　失質2　l'ig见尔雅

翐　澄質 d3 開直一　失質2　l'ig

妷♯ 澄質 d3 開直一　失質2　l'ig同姪

失　書質 d3 開式質　失質 2　hlig
佚　以質 d3 開夷質　失質 2　lig
軼　以質 d3 開夷質　失質 2　lig
泆　以質 d3 開夷質　失質 2　lig
劮　以質 d3 開夷質　失質 2　lig 书逸字异文
篩　生佳 a2 開山佳　師歌 2　sreel 簏簁训读，见汉书
篩　生支 a3 開所宜　師歌 2　srel 簏簁训读，见汉书
師　生脂 a3 開疏夷　師脂 2　sri 甲文象控弦匝守者
鰤# 生脂 a3 開疏夷　師脂 2　sri
葹# 生脂 a3 開疏夷　師脂 2　sri
篩　生脂 a3 開疏夷　師脂 2　sri
獅# 生脂 a3 開疏夷　師脂 2　sri 古作师
螄# 生脂 a3 開疏夷　師脂 2　sri
㒖　疑覃 c1 開五紺　濕侵 1　ŋɯɯms 见荀子
濕　透合 d1 開他合　濕緝 1　ŋhl'ɯɯb＞th//t-ŋhɯɯb
漯　透合 d1 開他合　濕緝 1　t-ŋhɯɯb//ŋhl' 见禹贡素问，说文作濕
㒖# 疑合 d1 開五合　濕緝 1　ŋɯɯb
礘# 疑合 d1 開五合　濕緝 1　ŋɯɯb
㒖# 疑盍 d1 開五盍　濕盍 1　ŋaab
䁤　溪緝 d3 開去急　濕緝 1　ŋhrɯb
隰　邪緝 d3 開似入　濕緝 1　ljɯb
溼　書緝 d3 開失入　濕緝 1　hŋjɯb
濕　書緝 d3 開失入　濕緝 1　hŋjɯb 同溼，见经典
針　章侵 a3 開職深　十侵 3　kjum 见淮南子，说文作鍼
針　章侵 c3 開之任　十侵 3　kjums
汁　章緝 d3 開之入　十緝 3　kjub
斟　昌緝 d3 開昌汁　十緝 3　khljub 甚之分化字
十　禪緝 d3 開是執　十緝 3　gjub
什　禪緝 d3 開是執　十緝 3　gjub
柘　章麻 c3 開之夜　石暮　tjaags
妬　端模 c1 合當故　石暮　taags 同说文妒，见释名、左传
蠹　端模 c1 合當故　石暮　taags
沰　端鐸 d1 開當各*　石鐸　taag 见四民月令
拓　透鐸 d1 開他各　石鐸　thaag 见小尔雅
橐　透鐸 d1 開他各　石鐸　thaag
袥　透鐸 d1 開他各　石鐸　thaag
沰# 透鐸 d1 開他各　石鐸　thaag
驝# 透鐸 d1 開他各　石鐸　thaag 同馲
驝# 來鐸 d1 開盧各　石鐸　raag 同馲
斫　章藥 d3 開之若　石鐸　tjag
礵# 昌藥 d3 開昌約　石鐸　ŋhjag
礵# 疑藥 d3 開魚約　石鐸　ŋag
磔　知陌 d2 開陟格　石鐸　rtaag
拓　章昔 d3 開之石　石鐸　tjaag 同摭
跖　章昔 d3 開之石　石鐸　tjaag 同蹠
石　禪昔 d3 開常隻　石鐸　djaag
碩　禪昔 d3 開常隻　石鐸　djaag
祏　禪昔 d3 開常隻　石鐸　djaag
鉐# 禪昔 d3 開常隻　石鐸　djaag 鍮石类化字
鼫　禪昔 d3 開常隻　石鐸　djaag
飤　邪之 c3 開祥吏　食代　ljɯgs/sɦljɯgs 食分化于喂食
食　以之 c3 開羊吏　食代　lɯgs
食　船職 d3 開乘力　食職　ɦljɯg
蝕　船職 d3 開乘力　食職　ɦljɯg

飾　書職 d3 開賞職　食職　hljɯg
飭　徹職 d3 開恥力　食職　lhɯg
實　船質 d3 開神質　實質 2　ɦlig
吏　來之 c3 開力置　史之　rɯs 史转注字
倳　莊之 c3 開側吏　史之　ʔsrɯs 同事
剚　莊之 c3 開側吏　史之　ʔsrɯs 同倳，见汉赋
事　莊之 c3 開側吏　史之　ʔsrɯs 见汉书，又作剚倳
事　崇之 c3 開鉏吏　史之　zrɯs/ʔ 史、吏转注字
史　生之 b3 開踈士　史之　srɯʔ
使　生之 b3 開踈士　史之　srɯʔ
駛　生之 b3 開踈士　史之　srɯʔ
駛　生之 c3 開踈吏　史之　srɯs
使　生之 c3 開踈吏　史之　srɯs
彘　澄祭 c3 開直例　矢祭 2　l'eds
璏　澄祭 c3 開直例　矢祭 2　l'eds
薙　透齊 c4 開他計　矢脂 2　lhiis
知　知支 a3 開陟離　矢支　te<ʔl'e 沈兼士依韵会所引说文从口矢声
蜘　知支 a3 開陟離　矢支　te 同鼅，见太玄，说文作蟹
智　知支 c3 開知義　矢支　tes<ʔl'es
鼅　知支 a3 開陟離　矢支　te 后作蜘
潪# 知支 c3 開知義　矢賜　tegs
踟　澄支 a3 開直離　矢支　de
薙　邪脂 b3 開徐姊　矢脂 2　ljiʔ
雉　澄脂 b3 開直几　矢脂 2　l'iʔ
薙# 澄脂 b3 開直几　矢脂 2　l'iʔ 通作夷
矢　書脂 b3 開式視　矢脂 2　hliʔ
痴# 徹之 a3 開丑之　矢之　lhɯ>thɯ
璏　云祭 c3 合于歲　矢祭 2　Gʷleds
璏　云月 d3 合王伐　矢月 1　Gʷlad<Gʷled
潪　澄昔 d3 開直炙　矢錫　deg 说文作漸
豕　書支 b3 開施是　豕脂　hliʔ>hljeʔ
茌　崇之 a3 開士之　士之　zrɯ 茬注俗体
士　崇之 b3 開鉏里　士之　zrɯʔ
仕　崇之 b3 開鉏里　士之　zrɯʔ
氏　精清 a3 開子盈　氏耕　skeŋ 汉县
衹　章支 a3 開章移　氏支　kje
氏　章支 a3 開章移　氏支　kje>tje 月氏
紙　章支 b3 開諸氏　氏支　kjeʔ
帋# 章支 b3 開諸氏　氏支　kjeʔ 同紙
抵　章支 b3 開諸氏　氏支　kjeʔ
坻　章支 b3 開諸氏　氏支　kjeʔ 原误坻，依校改
汦　章支 b3 開諸氏　氏支　kjeʔ
忯　禪支 a3 開是支　氏支　gje
眡# 禪支 a3 開是支　氏支　gje
氏　禪支 b3 開承紙　氏支　gjeʔ 甲金文象人俯伏，手臂下据着地(右下菱形象封土，指胙土命氏，金文省为圆点)，以表对氏族份地的礼敬，后转注为坻衹，非乁声
舐　船支 b3 開神帋　氏支　ɦljeʔ 俗䑛字，见庄子
芪　群支 a3a 開巨支　氏支　ge
祇　群支 a3a 開巨支　氏支　ge
衹　群支 a3a 開巨支　氏支　ge
疧　群支 a3a 開巨支　氏支　ge
忯　群支 a3a 開巨支　氏支　ge
軝　群支 a3a 開巨支　氏支　ge
蚔　群支 a3a 開巨支　氏支　ge

沶　章脂 a3 開旨夷　氏脂1　tjil 应依集韵校作泜

眂　禪脂 c3 開常利　氏脂1　gils 视字古文

貰　船麻 c3 開神夜　世蓋2　ɦljaas

跇　徹祭 c3 開丑例　世蓋2　lhebs

迣　章祭 c3 開征例　世蓋2　ʔljebs

世　書祭 c3 開舒制　世蓋2　hljebs 本枼、葉初文（文源）

貰　書祭 c3 開舒制　世蓋2　hljebs

泄　以祭 c3 開餘制　世蓋2　lebs

枻　以祭 c3 開餘制　世蓋2　lebs 见九歌

詍　以祭 c3 開餘制　世蓋2　lebs

靾　以祭 c3 開餘制　世蓋2　lebs

跇　以祭 c3 開餘制　世蓋2　lebs

袣　以祭 c3 開餘制　世蓋2　lebs 见汉书

抴　以祭 c3 開餘制　世蓋2　lebs

呭　以祭 c3 開餘制　世蓋2　lebs

勩　以祭 c3 開餘制　世蓋2　lebs

屜#　透齊 c4 開他計　世盍2　lheebs 同屟，正体世作曳

勩　以脂 c3 開羊至　世内2　libs

鰈　透盍 d1 開吐盍　世盍1　lhaab 见尔雅

渫　崇洽 d2 開士洽　世盍2　zreeb 士由七校正

煠#　崇洽 d2 開士洽　世盍2　zreeb

喋　澄狎 d2 開丈甲　世盍1　rlaab 见史记

鞢#　澄狎 d2 開丈甲　世盍1　rlaab

煠#　徹葉 d3 開丑輒　世盍2　lheb

殜#　澄葉 d3 開直葉　世盍2　l'eb

葉　書葉 d3 開書涉　世盍2　hljeb

弽　書葉 d3 開書涉　世盍2　hljeb 说文同韘

韘　書葉 d3 開書涉　世盍2　hljeb

枼　以葉 d3 開與涉　世盍2　leb

葉　以葉 d3 開與涉　世盍2　leb

楪　以葉 d3 開與涉　世盍2　leb 楪榆，汉县

擛　以葉 d3 開與涉　世盍2　leb

鍱　以葉 d3 開與涉　世盍2　leb

偞　以葉 d3 開與涉　世盍2　leb

煠#　以葉 d3 開與涉　世盍2　leb

殜#　以葉 d3 開與涉　世盍2　leb

殜#　以業 d3 開余業　世盍1　lab

喋　端帖 d4 開丁愜　世盍2　ʔl'eeb 见史记

蝶#　透帖 d4 開他協　世盍2　lheeb

鰈　定帖 d4 開達協*　世盍2　l'eeb 见尔雅，或作鳎

牒　定帖 d4 開徒協　世盍2　l'eeb

喋　定帖 d4 開徒協　世盍2　l'eeb 见史记

蹀　定帖 d4 開徒協　世盍2　l'eeb 见淮南子

諜　定帖 d4 開徒協　世盍2　l'eeb

堞　定帖 d4 開徒協　世盍2　l'eeb 说文从葉

牃#　定帖 d4 開徒協　世盍2　l'eeb 集韵或作楪

褋　定帖 d4 開徒協　世盍2　l'eeb

惵　定帖 d4 開徒協　世盍2　l'eeb 见班固两都赋

蝶　定帖 d4 開徒協+　世盍2　l'eeb 见汉诗

碟+　定帖 d4 開徒協　世盍2　l'eeb 疊后起分化字

揲　定帖 d4 開徒協　世盍2　l'eeb

屧# 心帖 d4 開蘇協 世盍2 sleeb

屟 心帖 d4 開蘇協 世盍2 sleeb 同屧,后多作屧

韘 心帖 d4 開蘇協 世盍2 sleeb

韘# 心帖 d4 開蘇協 世盍2 sleeb

㵄 曉帖 d4 開呼牒 世盍2 hleeb 说文同韘

偞 曉帖 d4 開呼牒 世盍2 hleeb

泄 心薛 d3 開私列 世月2 sled

絏 心薛 d3 開私列 世月2 sled

齛 心薛 d3 開私列 世月2 sled

㾄# 心薛 d3 開私列 世月2 sled 通作泄

渫 心薛 d3 開私列 世月2 sled

緤 心薛 d3 開私列 世月2 sled 说文同絏

媟 心薛 d3 開私列 世月2 sled

揲 船薛 d3 開食列 世月2 ɦljed

抴 以薛 d3 開羊列 世月2 led

示 群支 a3a 開巨支 示支 gle 同祇,见周礼

祁 群支 a3a 開翹移* 示支 glel

祁 群脂 a3b 開渠脂 示脂1 gril

狋 疑脂 a3b 開牛肌 示脂1 ŋgril

祁 章脂 b3 開職雉 示脂1 klilʔ

視 禪脂 b3 開承矢 示脂1 glilʔ

眎 禪脂 b3 開承矢 示脂1 glilʔ 同眡古文

視 禪脂 c3 開常利 示脂1 glils

眎 禪脂 c3 開常利 示脂1 glils 視古文

示 船脂 c3 開神至 示脂1 ɢlils

眎 船脂 c3 開神至 示脂1 ɢlils 視古文

視+ 船脂 c3 開神至# 示脂1 ɢlils 同

眎,依余校王韵又神至反加

沶# 以之 a3 開與之 示之 lɯ<li

狋 群仙 a3b 合巨員 示元2 gʷren 狋氏汉县

市 禪之 b3 開時止 市之 djɯʔ

鞮 端齊 a4 開都奚 是支 tee

隄 端齊 a4 開都奚 是支 tee

堤 端齊 a4 開都奚 是支 tee 见左传

鍉 端齊 a4 開都奚 是支 tee

堤 端齊 b4 開都禮 是支 teeʔ 与坻通

蝭 端齊 c4 開都計 是支 tees 见方言

醍 透齊 b4 開他禮 是支 theeʔ

緹 透齊 b4 開他禮 是支 theeʔ

提 定齊 a4 開杜奚 是支 dee

瑅# 定齊 a4 開杜奚 是支 dee

隄 定齊 a4 開杜奚 是支 dee

題 定齊 a4 開杜奚 是支 dee

媞 定齊 a4 開杜奚 是支 dee

醍 定齊 a4 開杜奚 是支 dee

禔 定齊 a4 開杜奚 是支 dee

褆 定齊 a4 開杜奚 是支 dee

緹 定齊 a4 開杜奚 是支 dee

騠 定齊 a4 開杜奚 是支 dee

蝭 定齊 a4 開杜奚 是支 dee 见方言

趧 定齊 a4 開杜奚 是支 dee

鯷 定齊 a4 開杜奚 是支 dee

媞 定齊 b4 開徒禮 是支 deeʔ 同鮧,见战国策

踶 定齊 c4 開特計 是支 dees

題 定齊 c4 開特計 是支 dees

鯷 定齊 c4 開特計 是支 dees 见战国策

踶 澄支 b3 開池爾 是支 deʔ

褆 澄支 b3 開池爾 是支 deʔ

禔　澄支 b3 開池爾　是支　deʔ
禔　章支 a3 開章移　是支　tje
匙　禪支 a3 開是支　是支　dje
提　禪支 a3 開是支　是支　dje
堤♯ 禪支 a3 開是支　是支　dje
禔　禪支 a3 開是支　是支　dje
是　禪支 b3 開承紙　是支　djeʔ 金文从早从止，马叙伦谓正加射的。按象对准目标行进，表所行正确
媞　禪支 b3 開承紙　是支　djeʔ
諟　禪支 b3 開承紙　是支　djeʔ
徥　禪支 b3 開承紙　是支　djeʔ
禔　禪支 b3 開承紙　是支　djeʔ
鯷　禪支 c3 開是義　是支　djes 见战国策
翨　書支 c3 開施智　是支　hljes
翨　見支 c3a 開居企　是支　kles
睼　透先 c4 開他甸　是元 2　theens 读若瑱
寔　禪職 d3 開常職　是職　djɯɡ 疑由“定是”合文会意
湜　禪職 d3 開常職　是職　dɯɡ
遈♯ 禪職 d3 開常職　是職　djɯɡ
噬　禪祭 c3 開時制　筮祭 1　djads
筮　禪祭 c3 開時制　筮祭 1　djads
簭　禪祭 c3 開時制　筮祭 1　djads 同筮，见周礼
澨　禪祭 c3 開時制　筮祭 1　djads
遾　禪祭 c3 開時制　筮祭 1　djads 见尔雅
奭　書昔 d3 開施隻　奭鐸　qhjaaɡ 说文读若郝，尔雅释训赫赫，舍人作奭奭
襫　書昔 d3 開施隻　奭鐸　qhjaaɡ 见国语
杽　徹尤 b3 開敕久　手幽 2　nhɯwʔ 杻说文作杽
手　書尤 b3 開書九　手幽 2　hnjɯwʔ
守　書尤 b3 開書九　守幽 1　qhljuʔ 从宀从寸，象掌守护家业之事，或许肘亦声
狩　書尤 c3 開舒救　守幽 1　qhljus/ʔ
守　書尤 c3 開舒救　守幽 1　qhljus
道　定豪 b1 開徒晧　首幽 1　l'uuʔ
導　定豪 c1 開徒到　首幽 1　l'uus
首　書尤 b3 開書九　首幽 1　hljuʔ
首　書尤 c3 開舒救　首幽 1　hljus
受　端豪 c1 開都導　受幽 1　tuus 姓，下原误作丈，依集韵校改
受　禪尤 b3 開殖酉　受幽 1　djuʔ
綬　禪尤 b3 開殖酉　受幽 1　djuʔ
授　禪尤 c3 開承呪　受幽 1　djus
綬　禪尤 c3 開承呪　受幽 1　djus
禱　端豪 b1 開都晧　壽幽 1　tuuʔ
擣　端豪 b1 開都晧　壽幽 1　tuuʔ
檮　端豪 b1 開都晧　壽幽 1　tuuʔ
壔　端豪 b1 開都晧　壽幽 1　tuuʔ
懤　端豪 b1 開都晧　壽幽 1　tuuʔ 见九怀
禱　端豪 c1 開都導　壽幽 1　tuus
濤　定豪 a1 開徒刀　壽幽 1　duu
燾　定豪 a1 開徒刀　壽幽 1　duu
濤　定豪 a1 開徒刀　壽幽 1　duu
檮　定豪 a1 開徒刀　壽幽 1　duu
翿　定豪 a1 開徒刀　壽幽 1　duu
幬　定豪 c1 開徒到　壽幽 1　duus
儔　定豪 c1 開徒到　壽幽 1　duus
燾　定豪 c1 開徒到　壽幽 1　duus
翿　定豪 c1 開徒到　壽幽 1　duus 诗经宛丘叶上声
譸　知尤 a3 開張流　壽幽 1　tu

籌 澄尤 a3 開直由 𠷎幽1 du
疇 澄尤 a3 開直由 𠷎幽1 du
躊 澄尤 a3 開直由 𠷎幽1 du
燽# 澄尤 a3 開直由 𠷎幽1 du
薵 澄尤 a3 開直由 𠷎幽1 du 见七发
儔 澄尤 a3 開直由 𠷎幽1 du
檮 澄尤 a3 開直由 𠷎幽1 du
幬 澄尤 a3 開直由 𠷎幽1 du
懤 澄尤 a3 開直由 𠷎幽1 du 见九怀
懤 澄尤 c3 開直祐 𠷎幽1 dus 见九怀
魗 昌尤 b3 開昌九 𠷎幽1 thjuʔ
醻 禪尤 a3 開市流 𠷎幽1 dju
魗 禪尤 a3 開市流 𠷎幽1 dju
壽 禪尤 b3 開殖酉 𠷎幽1 djuʔ
璹 禪尤 b3 開殖酉 𠷎幽1 djuʔ 读若淑
壽 禪尤 c3 開承呪 𠷎幽1 djus
鑄 章虞 c3 合之戍 𠷎侯 tjos
璹 禪屋 d3 合殊六 𠷎覺1 djug
獸 書尤 c3 開舒救 嘼幽1 qhljus
嘼 曉尤 c3 開許救 嘼幽1 qhlus
吺 端侯 a1 開當侯 殳侯 too
祋 端末 d1 合丁括 殳月3 tood 汉县
投 定侯 a1 開度侯 殳侯 doo
骰# 定侯 a1 開度侯 殳侯 doo 投转注分化字，唐人始分
酘# 定侯 c1 開徒候 殳侯 doos
坄# 定侯 a1 開度侯 殳侯 doo 讹读，本读營隻切
祋 端泰 c1 合丁外 殳祭3 toods 殳转注字
殳 禪虞 a3 合市朱 殳侯 djo
杸 禪虞 a3 合市朱 殳侯 djo 殳转注字

骰+ 生職 d3 開所力+ 殳職 srɯɡ 训读为色
椒 精宵 a3 開即消 尗幽3 ʔsliw/ʔljiw>
茮 精宵 a3 開即消 尗幽3 ʔsliw/ʔljiw> 同椒
踧 定錫 d4 開徒歷 尗覺2 l'ɯɯwɢ
蔋 定錫 d4 開徒歷 尗覺2 l'ɯɯwɢ 诗云汉作滌异文
惄 泥錫 d4 開奴歷 尗覺3 nliiwɢ 汝坟惄韩诗作愵 neewɢ
戚 清錫 d4 開倉歷 尗覺2 shlɯɯwɢ
慼 清錫 d4 開倉歷 尗覺2 shlɯɯwɢ
鏚 清錫 d4 開倉歷 尗覺2 shlɯɯwɢ
慽 清錫 d4 開倉歷 尗覺2 shlɯɯwɢ
磩 清錫 d4 開倉歷 尗覺2 shlɯɯwɢ 见班固赋
寂 從錫 d4 開前歷 尗覺2 zlɯɯwɢ
噈# 精合 d1 開子答 尗緝3 ʔsluub
堿 清德 d1 開七則 尗職 shlɯɯɡ 见班固赋
摵# 生麥 d2 開山責 尗職 srɯɯɡ
督 端沃 d1 合冬毒 尗覺1 ʔl'uuwɢ>tuuɡ
鋀# 端沃 d1 合冬毒 尗覺1 ʔl'uuwɢ>tuuɡ
裻 端沃 d1 合冬毒 尗覺1 ʔl'uuwɢ>tuuɡ
傶 精沃 d1 合將毒 尗覺2 ʔslɯɯwɢ
䘸 心沃 d1 合先篤 尗覺1 sluuwɢ>sluuɡ
踧 精屋 d3 合子六 尗覺2 ʔslɯwɢ
蹙 精屋 d3 合子六 尗覺2 ʔslɯwɢ
摵 精屋 d3 合子六 尗覺2 ʔslɯwɢ 见方言

槭 精屋 d3 合子六 尗覺 2 ʔslɯwɢ
緎# 精屋 d3 合子六 尗覺 2 ʔslɯwɢ
顣 精屋 d3 合子六 尗覺 2 ʔslɯwɢ
菽# 徹屋 d3 合丑六 尗覺 2 lhɯwɢ
緎# 莊屋 d3 合側六 尗覺 2 ʔsrɯwɢ
摵 生屋 d3 合所六 尗覺 2 srɯwɢ 见方言
琡 章屋 d3 合之六 尗覺 2 ʔljɯwɢ 见尔雅
俶 昌屋 d3 合昌六 尗覺 2 lhjɯwɢ
琡 昌屋 d3 合昌六 尗覺 2 lhjɯwɢ 见尔雅
埱 昌屋 d3 合昌六 尗覺 2 lhjɯwɢ
淑 禪屋 d3 合殊六 尗覺 2 ɦljɯwɢ>dj
婌# 禪屋 d3 合殊六 尗覺 2 ɦljɯwɢ>dj
尗 書屋 d3 合式竹 尗覺 2 hljɯwɢ
叔 書屋 d3 合式竹 尗覺 2 hljɯwɢ
掓 書屋 d3 合式竹 尗覺 2 hljɯwɢ
菽 書屋 d3 合式竹 尗覺 2 hljɯwɢ 同尗
鯈 書屋 d3 合式竹 尗覺 2 hljɯwɢ 见尔雅
疋 疑麻 b2 開五下 疋魚 ŋraaʔ
蝑 心麻 c3 開司夜 疋魚 sŋjaas
壻 心齊 c4 開蘇計 疋支 sŋees
婿 心齊 c4 開思計* 疋支 sŋees 说文同壻
胥 心魚 a3 合相居 疋魚 sŋa
稰# 心魚 a3 合相居 疋魚 sŋa
楈 心魚 a3 合相居 疋魚 sŋa
諝 心魚 a3 合相居 疋魚 sŋa
湑 心魚 a3 合相居 疋魚 sŋa
蝑 心魚 a3 合相居 疋魚 sŋa
揟 心魚 a3 合相居 疋魚 sŋa
諝 心魚 b3 合私吕 疋魚 sŋaʔ
胥 心魚 b3 合私吕 疋魚 sŋaʔ 同諝
稰 心魚 b3 合私吕 疋魚 sŋaʔ 见礼记
醑 心魚 b3 合私吕 疋魚 sŋaʔ 初学记引说文
湑 心魚 b3 合私吕 疋魚 sŋaʔ
糈 心魚 b3 合私吕 疋魚 sŋaʔ
楈 心魚 b3 合私吕 疋魚 sŋaʔ
楚 初魚 b3 合創舉 疋魚 sŋhraʔ
礎 初魚 b3 合創舉 疋魚 sŋhraʔ
憷# 初魚 b3 合創舉 疋魚 sŋhraʔ
齼# 初魚 b3 合創舉 疋魚 sŋhraʔ 同齭
濋 初魚 b3 合創舉 疋魚 sŋhraʔ
楚 初魚 c3 合瘡據 疋魚 sŋhras
儊# 初魚 c3 合瘡據 疋魚 sŋhras
練 生魚 a3 合所葅 疋魚 sŋra 说文新附作束声，实为疎转注字，指疏织物
疎 生魚 a3 合所葅 疋魚 sŋra 俗疏字，见礼记
疏 生魚 a3 合所葅 疋魚 sŋra
蔬 生魚 a3 合所葅 疋魚 sŋra 见尔雅、国语
梳 生魚 a3 合所葅 疋魚 sŋra
疋 生魚 a3 合所葅 疋魚 sŋra
疋 生魚 b3 合疎舉 疋魚 sŋraʔ
糈 生魚 b3 合疎舉 疋魚 sŋraʔ
疏 生魚 c3 合所去 疋魚 sŋras 原作䟽
熟 禪屋 d3 合殊六 孰覺 2 djɯwɢ 孰字转注
孰 禪屋 d3 合殊六 孰覺 2 djɯwɢ
塾 禪屋 d3 合殊六 孰覺 2 djɯwɢ
黍 書魚 b3 合舒吕 黍魚 hljaʔ
鼠 書魚 b3 合舒吕 鼠魚 hljaʔ

瘋　書魚 b3 合舒呂　鼠魚　hljaʔ
襡　端侯 b1 開當口　蜀侯　tooʔ
噣　端侯 c1 開都豆　蜀竇　toogs
斣　端侯 c1 開都豆　蜀竇　toogs
襡　端侯 c1 開都豆　蜀竇　toogs
襡　定侯 b1 開徒口　蜀侯　dooʔ
噣　知尤 c3 開陟救　蜀奧1　tugs
歜　從覃 b1 開徂感　蜀談3　sdoomʔ 原本玉篇引左传作歜，则此为讹字，本读为 zluumʔ
噣　知覺 d2 開竹角　蜀屋　rtoog
斀　知覺 d2 開竹角　蜀屋　rtoog
孎　知覺 d2 開竹角　蜀屋　rtoog
濁　澄覺 d2 開直角　蜀屋　rdoog
鐲　澄覺 d2 開直角　蜀屋　rdoog
鸀　澄覺 d2 開直角　蜀屋　rdoog
擉　初覺 d2 開測角　蜀屋　shroog 见庄子，释文初角反，又敕角反 hr'oog
鐲+　崇覺 d2 開士角+ 蜀屋　zroog / sgroog 鋜晚起字，慧琳音义引字书：在足曰鋜，在臂曰釧
獨　定屋 d1 合徒谷　蜀屋　doog
髑　定屋 d1 合徒谷　蜀屋　doog
襡　定屋 d1 合徒谷　蜀屋　doog
韣　定屋 d1 合徒谷　蜀屋　doog
孎　知燭 d3 合陟玉　蜀屋　tog
斸　知燭 d3 合陟玉　蜀屋　tog
钃　知燭 d3 合陟玉　蜀屋　tog 同斸，见释名
欘　知燭 d3 合陟玉　蜀屋　tog
躅　澄燭 d3 合直錄　蜀屋　dog
蠋#　澄燭 d3 合直錄　蜀屋　dog
燭　章燭 d3 合之欲　蜀屋　tjog
囑　章燭 d3 合之欲　蜀屋　tjog
矚　章燭 d3 合之欲　蜀屋　tjog
屬　章燭 d3 合之欲　蜀屋　tjog
属#　章燭 d3 合之欲　蜀屋　tjog 屬俗字
鸀　章燭 d3 合之欲　蜀屋　tjog
噣#　章燭 d3 合之欲　蜀屋　tjog
蠾　章燭 d3 合之欲　蜀屋　tjog
韣　章燭 d3 合之欲　蜀屋　tjog
蠋　章燭 d3 合之欲　蜀屋　tjog 蜀再转注
觸　昌燭 d3 合尺玉　蜀屋　thjog
歜　昌燭 d3 合尺玉　蜀屋　thjog 又读徂感切为'歜'之误字
臅　昌燭 d3 合尺玉　蜀屋　thjog 见礼记
犓　昌燭 d3 合尺玉　蜀屋　thjog 觸字古文，古籀作𧤗
蜀　禪燭 d3 合市玉　蜀屋　djog 甲文本象形，此为加虫转注字，亦作蠋
屬　禪燭 d3 合市玉　蜀屋　djog
属#　禪燭 d3 合市玉　蜀屋　djog 屬俗草書省文
韣　禪燭 d3 合市玉　蜀屋　djog
蠾　禪燭 d3 合市玉　蜀屋　djog
襡　禪燭 d3 合市玉　蜀屋　djog
鐲#　禪燭 d3 合市玉　蜀屋　djog
訹　心術 d3 合辛聿　术物2　slud
怵　徹術 d3 合丑律　术物2　lhud
朮　澄術 d3 合直律　术物2　l'ud 尔雅作茦
炢#　澄術 d3 合直律　术物2　l'ud
術　船術 d3 合食聿　术物2　ɦljud
述　船術 d3 合食聿　术物2　ɦljud 藏文 rdjod 说
秫　船術 d3 合食聿　术物2　ɦljud
朮　船術 d3 合食聿　术物2　ɦljud 说文同秫

沭　船術 d3 合食聿　术物2　hljud
莛　云術 d3 合于筆　术物2　ɦrud 原列質韵
戍　書虞 c3 合傷遇　戍侯　hljos
涑　心侯 a1 開速侯　束侯　sloo
鏉　心侯 a1 開速侯　束侯　sloo
揀# 心侯 a1 開速侯　束侯　sloo
駷　心侯 b1 開蘇后　束侯　slooʔ
嗽　心侯 c1 開蘇奏　束竇　sloogs
瘶# 心侯 c1 開蘇奏　束竇　sloogs
欶　心侯 c1 開蘇奏　束竇　sloogs
鏉　心侯 c1 開蘇奏　束竇　sloogs
漱　心侯 c1 開蘇奏　束竇　sloogs
漱　生尤 c3 開所祐　束幽1　srus
鏉　生尤 c3 開所祐　束幽1　srus 后作鏥銹鏽
捒# 生魚 c3 合所去　束竇　srogs>
捒# 生虞 c3 合色句　束竇　srogs
悚　心鍾 b3 合息拱　束東　sloŋʔ
竦　心鍾 b3 合息拱　束東　sloŋʔ
駷　心鍾 b3 合息拱　束東　sloŋʔ
婡　初覺 d2 開測角　束屋　shroog
欶　生覺 d2 開所角　束屋　sroog
嗽　生覺 d2 開所角　束屋　sroog 同欶
棟　清屋 d1 合千木　束屋　shloog
速　心屋 d1 合桑谷　束屋　sloog
餗　心屋 d1 合桑谷　束屋　sloog
梀　心屋 d1 合桑谷　束屋　sloog
殐# 心屋 d1 合桑谷　束屋　sloog
嗽　心屋 d1 合桑谷　束屋　sloog
涑　心屋 d1 合桑谷　束屋　sloog
遬　心屋 d1 合桑谷　束屋　sloog 籀文速
蔌　心屋 d1 合桑谷　束屋　sloog
樕　心屋 d1 合桑谷　束屋　sloog
藗　心屋 d1 合桑谷　束屋　sloog
諫　清燭 d3 合七玉　束屋　shlog
涑　心燭 d3 合相玉　束屋　slog
梀　徹燭 d3 合丑玉　束屋　lhog
束　書燭 d3 合書玉　束屋　hljog
褯# 從麻 c3 開慈夜　庶御　zljaags 与藉同源
遮　章麻 a3 開正奢　庶魚　tjaa
蔗　章麻 c3 開之夜　庶暮　tjaags 招魂作柘
鷓# 章麻 c3 開之夜　庶暮　tjaags
樜# 章麻 c3 開之夜　庶暮　tjaags 同柘
蟅　章麻 c3 開之夜　庶暮　tjaags
嗻　章麻 c3 開之夜　庶暮　tjaags
鍍# 定模 a1 合同都　庶魚　daa
度　定模 c1 合徒故　庶暮　daags 说文庶省声，实亦石声
渡　定模 c1 合徒故　庶暮　daags
鍍# 定模 c1 合徒故　庶暮　daags
庶　書魚 c3 合商署　庶暮　hljags 甲金文火上为石，石亦声，本炙 tjaags 初文，(周礼・庶氏)章预反
樜　書魚 c3 合商署　庶暮　hljags
剫　定鐸 d1 開徒落　庶鐸　daag
度　定鐸 d1 開徒落　庶鐸　daag
踱　定鐸 d1 開徒落　庶鐸　daag 见史记
喥# 定鐸 d1 開徒落　庶鐸　daag
蹠　章藥 d3 開之若　庶鐸　tjag
席　邪昔 d3 開祥易　庶鐸　ljaag 说文庶省，古文从石省
蓆　邪昔 d3 開祥易　庶鐸　ljaag 多，又席转注
塘# 章昔 d3 開之石　庶鐸　tjaag

摭　章昔 d3 開之石　庶鐸　tjaag 说文作拓

蹠　章昔 d3 開之石　庶鐸　tjaag

蟅　章昔 d3 開之石　庶鐸　tjaag 原作䗪,注此异体

豎# 禪虞 b3 合臣庾　豎侯　djoʔ 俗豎字

涮# 生删 c2 合生患　刷元3　sroons 刷转注分化字

刷　生鎋 d2 合數刮　刷月3　srood

刷　生薛 d3 合所劣　刷月3　srod

耍+ 生麻 b2 合沙瓦+ 耍鱼　sqhʷraaʔ 傻晚起分化字,由愚弄来(傻改言旁表妄言)。疑本而声

蓑　心戈 a1 合蘇禾　衰歌3　slool 衰字转注

縗　清灰 a1 合倉回　衰微2　shluul

蓑　心灰 a1 合素回　衰微2　sluul

衰　初支 a3 合楚危　衰歌3　shrol

衰　生脂 a3 合所追　衰微2　srul

榱　生脂 a3 合所追　衰微2　srul

帥　生脂 c3 合所類　帥隊2　sruds 甲文象双手顺头舒平席,后加巾转注

帥　生術 d3 合所律　帥物2　srud 原列質韵

閂+ 生删 a2 合數還+ 閂元3　sqhroon 櫎今字,实与關同根

雙　生江 a2 開所江　雙東　sroon

艭# 生江 a2 開所江　雙東　sroon

慫　心鍾 b3 合息拱　雙東　sonʔ 说文雙省声

㩳# 心鍾 b3 合息拱　雙東　sonʔ

𢶀# 清陽 b3 開七兩　爽陽　shlanʔ 同搶

磢　初陽 b3 開初兩　爽陽　shranʔ

漺　初陽 b3 開初兩　爽陽　shranʔ 见方言

傸　初陽 b3 開初丈　爽陽　shranʔ 在韵末,集韵并入楚兩切

鷞　生陽 a3 開色莊　爽陽　sran 同鸘

驦# 生陽 a3 開色莊　爽陽　sran 同驦

爽　生陽 b3 開疎兩　爽陽　sran/ʔ

鷞# 生陽 b3 開疎兩　爽陽　sranʔ 左传作爽

塽# 生陽 b3 開疎兩　爽陽　sranʔ

樉# 生陽 b3 開疎兩　爽陽　sranʔ

漺　生陽 b3 開疎兩　爽陽　sranʔ

沝　章支 b3 合之累　水脂2　qʷljiʔ 余校依说文之壘切集韵之誄切入旨韵

水　書脂 b3 合式軌　水脂2　qhʷljiʔ 怒苏怒 ɣri、南语 hkri、墨脱门巴 ri、勒期 kjei、载瓦 vui、浪速 ɣək

私　心脂 a3 開息夷　厶脂1　sil

厶　心脂 a3 開息夷　厶脂1　sil

司　心之 a3 開息兹　司之　slɯ/s

伺　心之 a3 開息兹　司之　slɯ

覗　心之 a3 開息兹　司之　slɯ

笥　心之 a3 開新兹*　司之　slɯ

伺　心之 c3 開相吏　司之　slɯs

笥　心之 c3 開相吏　司之　slɯs

覗　心之 c3 開相吏　司之　slɯs

詞　邪之 a3 開似兹　司之　ljɯ

祠　邪之 a3 開似兹　司之　ljɯ

柌# 邪之 a3 開似兹　司之　ljɯ

嗣　邪之 c3 開祥吏　司之　ljɯs

孠　邪之 c3 開祥吏　司之　ljɯs 嗣古文

飼　邪之 c3 開祥吏　司之　ljɯs/sɦljɯgs 同飤,见书孔传

呞　書之 a3 開書之　司之　hljɯ 同齝,见诗毛传

擨# 以麻 a3 開以遮　虒魚　laa 东观汉记作邪,后作揶

搋　徹皆 a2 開丑皆　虒支　hr'ee 见通

俗文

搋 徹佳 a2 開丑佳 虒支 hr'ee/shreel 见通俗文，又扠字注或体

虒 透齊 a4 開土雞 虒支 lhee

謕[#] 透齊 a4 開土雞 虒支 lhee

嗁 定齊 a4 開杜奚 虒支 l'ee 或作啼

蹏 定齊 a4 開杜奚 虒支 l'ee

鷈 定齊 a4 開杜奚 虒支 l'ee

謕[#] 定齊 a4 開杜奚 虒支 l'ee 汉书亦用同嗁

遞 定齊 b4 開徒禮 虒支 l'eeʔ

遞 定齊 c4 開特計 虒支 l'ees

虒 心支 a3 開息移 虒支 sle

榹 心支 a3 開息移 虒支 sle

磃 心支 a3 開息移 虒支 sle

傂 心支 a3 開息移 虒支 sle

謕[#] 心支 a3 開息移 虒支 sle

鷈 心支 a3 開息移 虒支 sle

螔 心支 a3 開息移 虒支 sle 见方言

褫 心支 a3 開息移 虒支 sle

褫 徹之 b3 開敕里 虒之 lhɯʔ

褫 徹支 b3 開敕豸 虒支 lheʔ

篪 澄支 a3 開直離 虒支 l'e

褫 澄支 a3 開直離 虒支 l'e

傂 澄支 a3 開直離 虒支 l'e

褫 澄支 b3 開池爾 虒支 l'eʔ

傂 澄支 b3 開池爾 虒支 l'eʔ

歋 以支 a3 開弋支 虒支 le

螔 以支 a3 開弋支 虒支 le 见尔雅

嘶 心齊 a4 開先稽 斯支 see

撕 心齊 a4 開先稽 斯支 see 见诗郑笺

斯 心支 a3 開息移 斯支 se 朱骏声云斯为会意字，其非声

撕[#] 心支 a3 開相支[*] 斯支 se 同斯，后分化字

廝 心支 a3 開息移 斯支 se

蟴 心支 a3 開息移 斯支 se 见尔雅

燍[#] 心支 a3 開息移 斯支 se

鐁 心支 a3 開息移 斯支 se 见释名

澌 心支 a3 開息移 斯支 se

澌 心支 c3 開斯義 斯支 ses

絲 心之 a3 開息兹 絲之 slɯ

蕬[#] 心之 a3 開息兹 絲之 slɯ 尔雅作絲

鷥[#] 心之 a3 開新兹[*] 絲之 slɯ

死 心脂 b3 開息姊 死脂 2 hljiʔ>s-

巳 邪之 b3 開詳里 巳之 ljɯʔ

祀 邪之 b3 開詳里 巳之 ljɯʔ

汜 邪之 b3 開詳里 巳之 ljɯʔ

戺 崇之 b3 開鉏里 巳之 zrɯʔ

起 溪之 b3 開墟里 巳之 khlɯʔ 说文巳声，非己声

熙 曉之 a3 開許其 巳之 qhlɯ

嬰 曉之 a3 開許其 巳之 qhlɯ

圯 以之 a3 開與之 巳之 lɯ

异 以之 a3 開與之 巳之 lɯ

配[#] 以之 a3 開與之 巳之 lɯ

嬰 以之 a3 開與之 巳之 lɯ

已 以之 b3 開羊已 巳之 lɯʔ 巳转注字，集韵只作巳

巳 以之 c3 開羊吏 巳之 lɯs

异 以之 c3 開羊吏 巳之 lɯs

亖 心脂 c3 開息利 三至 1 hljids>s-四籀文

詍[#] 徹脂 a3 開丑飢 四脂 1 lhil

詍[#] 徹脂 c3 開丑利 四至 1 lhids 方言誺分化字

四　心脂c3開息利　四至1　hljids>s-

泗　心脂c3開息利　四至1　hljids>s-

駟　心脂c3開息利　四至1　hljids>s-

柶　心脂c3開息利　四至1　hljids>s-

牭　心脂c3開息利　四至1　hljids>s-

呬　曉脂c3b開虛器　四至1　hrids

等　端咍b1開多改　寺之　tɯɯʔ

待　定咍b1開徒亥　寺之　dɯɯʔ

寺　邪之c3開祥吏　寺之　ljɯs 说文之声，文源云象手持

持　澄之a3開直之　寺之　dɯ<l'ɯ

峙　澄之b3開直里　寺之　dɯʔ

痔　澄之b3開直里　寺之　dɯʔ

跱　澄之b3開直里　寺之　dɯʔ 同峙

歭　澄之b3開直里　寺之　dɯʔ

洔　澄之b3開直里　寺之　dɯʔ

畤　澄之b3開直里　寺之　dɯʔ

秲♯　澄之b3開直里　寺之　dɯʔ

庤　澄之b3開直里　寺之　dɯʔ

時　章之b3開諸市　寺之　tjɯʔ

洔　章之b3開諸市　寺之　tjɯʔ

時　禪之a3開市之　寺之　djɯ

鰣♯　禪之a3開市之　寺之　djɯ

塒　禪之a3開市之　寺之　djɯ

蒔　禪之a3開市之　寺之　djɯ

榯　禪之a3開市之　寺之　djɯ 见宋玉赋

恃　禪之b3開時止　寺之　djɯʔ

時　禪之b3開時止　寺之　djɯʔ

侍　禪之c3開時吏　寺之　djɯs

蒔　禪之c3開時吏　寺之　djɯs

秲♯　禪之c3開時吏　寺之　djɯs 同蒔

詩　書之a3開書之　寺之　hljɯ

邿　書之a3開書之　寺之　hljɯ

等　端登b1開多肯　寺蒸　tɯɯŋʔ

特　定德d1開徒得　寺職　dɯɯɡ

杫　心支c3開斯義　杫支　ses 见方言

兕　邪脂b3開徐姊　兕脂2　ljiʔ

嵩　心東a3合息弓　嵩終　suŋ

浨　來覃b1開盧感　宋侵3　ruumʔ

倸♯　心覃c1開蘇紺　宋侵3　sluums

宋　心冬c1合蘇統　宋終　sluuŋs 疑林省声

送　心東c1合蘇弄　送東　slooŋs

㮴　心豪a1開蘇遭　叟幽1　suuw 或作艘

艘　心豪a1開蘇遭　叟幽1　suuw 见说苑，说文从木

嫂　心豪b1開蘇老　叟幽1　suuwʔ

艘　心蕭a4開蘇彫　叟幽1　sɯɯw 见说苑

瞍　心蕭a4開蘇彫　叟幽1　sɯɯw

謏　心蕭b4開先鳥　叟幽2　slɯɯwʔ 见礼记

叜　心侯b1開蘇后　叟幽1　<sluuʔ

叟　心侯b1開蘇后　叟幽1　<suuʔ 同叜，隶变。从火守，守火为老者职，王国维云象老人在屋中持火之形

瞍　心侯b1開蘇后　叟幽1　<suuʔ

傁　心侯b1開蘇后　叟幽1　<suuʔ 同叟，见左传

謏♯　心侯b1開蘇后　叟幽1　<suuʔ

廋　心侯b1開蘇后　叟幽1　<suuʔ

謏♯　心侯c1開蘇奏　叟侯　<suus

醙　心尤b3開息有　叟幽1　suʔ 见仪礼

遚♯　初尤c3開初救　叟幽1　shrus

餿♯　生尤a3開所鳩　叟幽1　sru 滫后起分化字

搜　生尤a3開所鳩　叟幽1　sru

颼　生尤a3開所鳩　叟幽1　sru

溲 生尤 a3 開所鳩 叟幽1 sru
鎪 生尤 a3 開所鳩 叟幽1 sru 见尔雅
廋 生尤 a3 開所鳩 叟幽1 sru
獀 生尤 a3 開所鳩 叟幽1 sru
鄋 生尤 a3 開所鳩 叟幽1 sru
螋# 生尤 a3 開所鳩 叟幽1 sru
騪 生尤 a3 開所鳩 叟幽1 sru
醙 生尤 a3 開所鳩 叟幽1 sru 见仪礼
溲 生尤 b3 開踈有 叟幽1 sruʔ
瘦 生尤 c3 開所祐 叟幽1 srus
螋# 生虞 a3 合山芻 叟侯 sro
謏 生屋 d3 合所六 叟覺2 srɯwG 见礼记
蒐 生尤 a3 開所鳩 蒐幽1 sru 金文或从婢,疑醜省声
酥# 心模 a1 合素姑 酥魚 sŋaa 稣省声
王 心屋 d3 合息逐 王覺1 sug 又上从夙声,或从有声
王 心燭 d3 合相玉 王屋 sog＜sŋog
泦# 心沃 d1 合先篤 夙覺1 suug
夙 心屋 d3 合息逐 夙覺1 sug
素 心模 c1 合桑故 素魚 saas
傃 心模 c1 合桑故 素魚 saas 见礼记郑注
嗉 心模 c1 合桑故 素魚 saas
膆 心模 c1 合桑故 素魚 saas 同嗉,见汉诗
塐# 心模 c1 合桑故 素魚 saas 通作塑
宿 心尤 c3 開息救 宿奥1 sugs
宿 心屋 d3 合息逐 宿覺1 sug
蓿 心屋 d3 合息逐 宿覺1 sug 见史记,汉书作宿
縮 生屋 d3 合所六 宿覺1 srug
樎 生屋 d3 合所六 宿覺1 srug
蹜 生屋 d3 合所六 宿覺1 srug
摍 生屋 d3 合所六 宿覺1 srug
粟 心燭 d3 合相玉 粟屋 sog
㦘# 心燭 d3 合相玉 粟屋 sog
簫 心蕭 a4 開蘇彫 肅幽2 sɯɯw
蕭 心蕭 a4 開蘇彫 肅幽2 sɯɯw
瀟 心蕭 a4 開先彫* 肅幽2 sɯɯw 见诗郑风、山海经,广韵作潚,手册读以蘇彫直收此字
潚# 心蕭 a4 開蘇彫 肅幽2 sɯɯw 水名,集韵作瀟
蟰# 心蕭 a4 開蘇彫 肅幽2 sɯɯw 释名作簫
蠨 心蕭 a4 開蘇彫 肅幽2 sɯɯw
橚 心蕭 a4 開蘇彫 肅幽2 sɯɯw 也作櫹
嘯 心蕭 c4 開蘇弔 肅奥2 sɯɯwGs
歗 心蕭 c4 開蘇弔 肅奥2 sɯɯwGs 嘯籀文
熽# 心蕭 c4 開蘇弔 肅奥2 sɯɯwGs
繡 心尤 c3 開息救 肅奥2 sɯwGs
鏽# 心尤 c3 開息救* 肅奥2 sɯwGs 正体从宿,又或作銹
肅 心屋 d3 合息逐 肅覺2 sɯwG
鷫 心屋 d3 合息逐 肅覺2 sɯwG
蟰 心屋 d3 合息逐 肅覺2 sɯwG
驌 心屋 d3 合息逐 肅覺2 sɯwG 见马融赋,左传作肅
鱐 心屋 d3 合息逐 肅覺2 sɯwG 见周礼
潚 心屋 d3 合息逐 肅覺2 sɯwG
橚 心屋 d3 合息逐 肅覺2 sɯwG
璛# 心屋 d3 合息逐 肅覺2 sɯwG 集韵同王
蒜 心桓 c1 合蘇貫 祘元3 sloons
祘 心桓 c1 合蘇貫 祘元3 sloons
纂 精桓 b1 合作管 算元3 ʔsloonʔ

纂# 精桓 b1 合作管　算元3　ʔsloonʔ
本作纂
算　心桓 b1 合蘇管　算元3　sloonʔ
匴　心桓 b1 合蘇管　算元3　sloonʔ
篹　心桓 b1 合蘇管　算元3　sloonʔ
见礼记
算　心桓 c1 合蘇貫　算元3　sloons
篹　初删 c2 合初患　算元3　shroons
攥# 精末 d1 合子括　算月3　ʔslood 纂
分化字
夊　初支 a3 合楚危　夊微2　shrulʔ
夂　心脂 a3 合息遺　夊微2　sul 后作綏
隊　定灰 c1 合徒對　遂隊2　l'uuds
邃　心脂 c3 合雖遂　遂隊2　sluds
譢# 心脂 c3 合雖遂　遂隊2　sluds 通
作誶
遂　邪脂 c3 合徐醉　遂隊2　ljuds 初
文无辵，象呼豕前来
隧　邪脂 c3 合徐醉　遂隊2　ljuds
燧　邪脂 c3 合徐醉　遂隊2　ljuds
襚　邪脂 c3 合徐醉　遂隊2　ljuds
旞　邪脂 c3 合徐醉　遂隊2　ljuds
璲　邪脂 c3 合徐醉　遂隊2　ljuds
檖　邪脂 c3 合徐醉　遂隊2　ljuds
澻# 邪脂 c3 合徐醉　遂隊2　ljuds
鐆　邪脂 c3 合徐醉　遂隊2　ljuds 说
文作鐩，或作鐆，通作燧
鐩# 邪脂 c3 合徐醉　遂隊2　ljuds 同鐆
穟　邪脂 c3 合徐醉　遂隊2　ljuds
墜　澄脂 c3 合直類　遂隊2　l'uds
噦　曉泰 c1 合呼會　歲祭1　qhʷaads
翽　曉泰 c1 合呼會　歲祭1　qhʷaads
鐬# 曉泰 c1 合呼會　歲祭1　qhʷaads
诗作噦
濊　曉泰 c1 合呼會　歲祭1　qhʷaads
濊　影泰 c1 合烏外　歲祭1　qhʷaads
歲　心祭 c3 合相鋭　歲祭1　sqhʷads
甲金文戉分化字，说文戌声非
劌　見祭 c3b 合居衛　歲祭1　kʷrads
顪　曉廢 c3 合許穢　歲祭1　qhʷads
穢　影廢 c3 合於廢　歲祭1　qʷads
薉　影廢 c3 合於廢　歲祭1　qʷads
濊　影廢 c3 合於廢　歲祭1　qʷads
獩# 影廢 c3 合於廢　歲祭1　qʷads 逸
周书、吕览作穢
饖　影廢 c3 合於廢　歲祭1　qʷads
奯　曉末 d1 合呼括　歲月1　qhʷaad
濊　曉末 d1 合呼括　歲月1　qhʷaad
歲　心薛 d3 合相絕*　歲月1　sqhʷad
噦　影薛 d3b 合乙劣　歲月1　qʷrad
噦　影月 d3 合於月　歲月1　qʷad
孫　心魂 a1 合思渾　孫文2　suun<
sluun
猻# 心魂 a1 合思渾　孫文2　suun
蓀　心魂 a1 合思渾　孫文2　suun
搎# 心魂 a1 合思渾　孫文2　suun
遜　心魂 c1 合蘇困　孫文2　suuns
愻　心魂 c1 合蘇困　孫文2　suuns 后
作遜
飧　心魂 a1 合思渾　飧文2　suun
飱　心魂 a1 合思渾　飧文2　suun 见
尔雅
隼　心諄 b3 合思尹　隼真1　sqhʷinʔ
说文同鵻
榫# 心諄 b3 合思尹　隼真1　sqhʷinʔ
准　章諄 b3 合之尹　隼真1　qʷjinʔ
俗準字，见战国策
鞾　日諄 b3 合而尹　隼真1　ŋɢʷjinʔ
尧典作氄，说文又训读而勇切
準　章諄 b3 合之尹　隼真1　qʷjinʔ

準 章薛 d3 合職悅 隼月$_2$ q^wjed 通䪬，见汉书

索 心鐸 d1 開蘇各 索鐸 slaag

溹 心鐸 d1 開蘇各 索鐸 slaag 见山海经

索 生陌 d2 開山戟 索鐸 sraag

溹# 生陌 d2 開山戟 索鐸 sraag

索 生麥 d2 開山責 索錫 sreeg

溹 生麥 d2 開山責 索錫 sreeg 见山海经

惢 心戈 b1 合蘇果 惢歌$_3$ sqhlool? > slool? 读若瑣

惢 精支 a3 合姊規 惢歌$_3$ sklol > ?slol 原姊宜切，依切韵校改

惢 從支 b3 合才捶 惢歌$_3$ sglol? > zlol? 捶由棰校改

蕊# 日支 b3 合如累 惢歌$_3$ ŋljol?

蘂 日支 b3 合如累 惢歌$_3$ ŋljol? 见离骚，后作蕊

縈 日支 b3 合如累 惢歌$_3$ ŋljol? 巾箱本作蘂

蕊# 日脂 b3 合如壘 惢微$_3$ ŋljul?

縈 日脂 b3 合如壘 惢微$_3$ ŋljul?

鎖 心戈 b1 合蘇果 瑣歌$_3$ sool?

瑣 心戈 b1 合蘇果 瑣歌$_3$ sool? 转注加玉

溑 心戈 b1 合蘇果 瑣歌$_3$ sool?

T

佗 透歌 a1 開託何 它歌$_1$ lhaal

拕 透歌 a1 開託何 它歌$_1$ lhaal

它 透歌 a1 開託何 它歌$_1$ lhaal

蛇 透歌 a1 開託何 它歌$_1$ lhaal 注说文同它

袉 透歌 b1 開吐可 它歌$_1$ lhaal?

駝# 定歌 a1 開唐何* 它歌$_1$ l'aal

駞 定歌 a1 開徒河 它歌$_1$ l'aal

紽 定歌 a1 開徒河 它歌$_1$ l'aal

鮀 定歌 a1 開徒河 它歌$_1$ l'aal

陀 定歌 a1 開徒河 它歌$_1$ l'aal

沱 定歌 a1 開徒河 它歌$_1$ l'aal

跎 定歌 a1 開徒河 它歌$_1$ l'aal

詑 定歌 a1 開徒河 它歌$_1$ l'aal

酡 定歌 a1 開徒河 它歌$_1$ l'aal

迱# 定歌 a1 開徒河 它歌$_1$ l'aal 通作迤

袉 定歌 a1 開徒河 它歌$_1$ l'aal

佗 定歌 a1 開徒河 它歌$_1$ l'aal

舵# 定歌 b1 開徒可 它歌$_1$ l'aal? 同柁

柁# 定歌 b1 開徒可 它歌$_1$ l'aal? 郭璞赋作柂

袉 定歌 b1 開徒可 它歌$_1$ l'aal?

拕 定歌 b1 開徒可 它歌$_1$ l'aal?

沱 定歌 b1 開徒可 它歌$_1$ l'aal?

詑# 定歌 b1 開徒可 它歌$_1$ l'aal?

鉈 禪麻 a3 開視遮 它歌$_1$ ɦljaal > djal

蛇 船麻 a3 開食遮 它歌$_1$ ɦljaal

鉈 書支 a3 開式支 它歌$_1$ hljal 同鍦

詑# 曉支 a3a 開香支 它歌$_2$ hlel

詑# 以支 a3 開弋支 它歌$_1$ lal

蛇 以支 a3 開弋支 它歌$_1$ lal

詑 透戈 a1 合土禾 它歌$_3$ lhool

傝# 透覃 c1 開他紺 蹋談$_3$ thooms

搨# 透合 d1 開託合* 蹋盍$_3$ thoob 撘或体

蹹 定合 d1 開徒合 蹋盍$_3$ doob 见战国策，集韵踏、蹹、蹋同，说文作蹋，疑蹋讹变

搨# 端盍 d1 開都榼 蹋盍$_1$ taab 原右

上误罒，榼由搕、盍校改

榻　透盍 d1 開吐盍　蹋盍1　thaab

遢# 透盍 d1 開吐盍　蹋盍1　thaab

鰨　透盍 d1 開吐盍　蹋盍1　thaab

毾　透盍 d1 開吐盍　蹋盍1　thaab 见通俗文

傝# 透盍 d1 開吐盍　蹋盍1　thaab

塌# 透盍 d1 開託盍*　蹋盍1　thaab

溻# 透盍 d1 開託盍*　蹋盍1　thaab

蹋　定盍 d1 開徒盍　蹋盍1　daab

蹹　定盍 d1 開徒盍　蹋盍1　daab 同蹋，见公羊传

闒　定盍 d1 開徒盍　蹋盍1　daab

譶2 透覃 c1 開他紺　譶侵3　lhuums

譶　定合 d1 開徒合　譶緝3　l'uub

霅　心合 d1 開蘇合　譶緝3　sluub 见汉赋

霅　澄狎 d2 開丈甲　譶盍3　rloob 说文譶省声

霅　匣狎 d2 開胡甲　譶盍3　ɦroob

霅　章葉 d3 開之涉　譶盍3　ʔljob

譶　澄緝 d3 開直立　譶緝3　l'ub

胎　透咍 a1 開土來　台之　lhɯɯ

台　透咍 a1 開土來　台之　lhɯɯ 本从以声

邰　透咍 a1 開土來　台之　lhɯɯ

鮐　透咍 a1 開土來　台之　lhɯɯ

珆# 透咍 a1 開土來　台之　lhɯɯ 同胎

苔　定咍 a1 開徒哀　台之　l'ɯɯ 同菭

抬+ 定咍 a1 開徒哀+ 台之　l'ɯɯ 手册作擡今字

台+ 定咍 a1 開徒哀+ 台之　l'ɯɯ 手册作臺今字

台　定咍 a1 開堂來*　台之　l'ɯɯ 台背通作鮐

駘　定咍 a1 開徒哀　台之　l'ɯɯ

炱　定咍 a1 開徒哀　台之　l'ɯɯ

菭　定咍 a1 開徒哀　台之　l'ɯɯ 后作苔

跆　定咍 a1 開徒哀　台之　l'ɯɯ 见汉书

殆　定咍 b1 開徒亥　台之　l'ɯɯʔ

怠　定咍 b1 開徒亥　台之　l'ɯɯ/ʔ

迨　定咍 b1 開徒亥　台之　l'ɯɯʔ

紿　定咍 b1 開徒亥　台之　l'ɯɯʔ

駘　定咍 b1 開徒亥　台之　l'ɯɯʔ

詒　定咍 b1 開徒亥　台之　l'ɯɯʔ

軩# 定咍 b1 開徒亥　台之　l'ɯɯʔ

咍　曉咍 a1 開呼來　台之　hlɯɯ/qhlɯɯ 见九章与骇同源

佁　以咍 b1 開夷在　台之　lɯɯʔ

枲　心之 b3 開胥里　台之　slɯʔ

辝　邪之 a3 開似兹　台之　ljɯ

鈶　邪之 b3 開詳里　台之　ljɯʔ

笞　徹之 a3 開丑之　台之　lhɯ

齝　徹之 a3 開丑之　台之　lhɯ

眙　徹之 c3 開丑吏　台之　lhɯs

佁　徹之 c3 開丑吏　台之　lhɯs 见史记

治　澄之 a3 開直之　台之　l'ɯ

治　澄之 c3 開直吏　台之　l'ɯs

齝　書之 a3 開書之　台之　hljɯ

始　書之 b3 開詩止　台之　hljɯʔ

怡　以之 a3 開與之　台之　lɯ

貽　以之 a3 開與之　台之　lɯ

佁　以之 b3 開羊已　台之　lɯʔ

詒　以之 a3 開與之　台之　lɯ

眙　以之 a3 開與之　台之　lɯ

飴　以之 a3 開與之　台之　lɯ

台　以之 a3 開與之　台之　lɯ 后作怡，本从以声

瓵　以之 a3 開與之　台之　lɯ
鮐　以之 a3 開盈之*　台之　lɯ 鮐背见尔雅
菭　澄脂 a3 開直尼　台脂 2　l'i
治　澄脂 c3 開直利　台脂 2　l'is
珆# 以脂 a3 開以脂　台脂 2　li 说文作珽
儓# 端咍 a1 開丁來　臺之　tɯɯ 说文作嬯
儓# 透咍 c1 開他代　臺之　thɯɯs
臺　定咍 a1 開徒哀　臺之　dɯɯ 室高省,小徐之声
擡　定咍 a1 開徒哀　臺之　dɯɯ 见通俗文
薹# 定咍 a1 開徒哀　臺之　dɯɯ
嬯　定咍 a1 開徒哀　臺之　dɯɯ
儓　定咍 a1 開徒哀　臺之　dɯɯ 见方言
檯# 定咍 a1 開徒哀　臺之　dɯɯ
籉# 定咍 a1 開徒哀　臺之　dɯɯ
泰　透泰 c1 開他蓋　泰祭 1　thaads
鷣　以宵 c3 開弋照　覃幽 1　luus/lews 或训读为鹞
撢　透覃 a1 開他含　覃侵 3　lhuum
撢　透覃 c1 開他紺　覃侵 3　l'uums 通作探
憛　透覃 c1 開他紺　覃侵 3　lhuums
潭　定覃 a1 開徒含　覃侵 3　l'uum
譚　定覃 a1 開徒含　覃侵 3　l'uum
覃　定覃 a1 開徒含　覃侵 3　l'uum
鐔　定覃 a1 開徒含　覃侵 3　l'uum
藫　定覃 a1 開徒含　覃侵 3　l'uum 见尔雅
橝　定覃 a1 開徒含　覃侵 3　l'uum
蟫　定覃 a1 開徒含　覃侵 3　l'uum
燂　定覃 a1 開徒含　覃侵 3　l'uum
醰　定覃 a1 開徒南*　覃侵 3　l'uum
禫　定覃 b1 開徒感　覃侵 3　l'uumʔ
醰　定覃 b1 開徒感　覃侵 3　l'uumʔ
嘾　定覃 b1 開徒感　覃侵 3　l'uumʔ
贉# 定覃 b1 開徒感　覃侵 3　l'uumʔ
譚　定覃 b1 開徒感　覃侵 3　l'uumʔ
醰　定覃 c1 開徒紺　覃侵 3　l'uums
贉# 定覃 c1 開徒紺　覃侵 3　l'uums
瞫　定覃 c1 開徒紺　覃侵 3　l'uums
燂　從鹽 a3 開昨鹽　覃談 3　zlom
蕈　從侵 b3 開慈荏　覃侵 3　ljunʔ>z-
鐔　邪侵 a3 開徐林　覃侵 3　ljum
鱏　邪侵 a3 開徐林　覃侵 3　ljum
燂　邪侵 a3 開徐心*　覃侵 3　ljum
瞫　書侵 b3 開式荏　覃侵 3　hljumʔ
蟫　以侵 a3 開餘針　覃侵 3　lum
鷣　以侵 a3 開餘針　覃侵 3　lum 见尔雅
撢　以侵 a3 開餘針　覃侵 3　lum
鐔　以侵 a3 開餘針　覃侵 3　lum
鱏　以侵 a3 開餘針　覃侵 3　lum
潭　以侵 b3 開以荏　覃侵 3　lumʔ
簟　定添 b4 開徒玷　覃侵 3　l'ɯɯmʔ
驔　定添 b4 開徒玷　覃侵 3　l'ɯɯmʔ
橝　定添 b4 開徒玷　覃侵 3　l'ɯɯmʔ
磹# 定添 c4 開徒念　覃侵 3　l'ɯɯms
撣+ 端寒 b1 開多旱+ 單元 1　taanʔ 玉篇担(丁但切,拂也)今字。或云即内则膽、字林抌字,通用多作撣
撣+ 端寒 b1 開多旱+ 單元 1　taanʔ 玉篇担(丁但切,拂也)今字。亦作撢
曇# 定覃 a1 開徒含　曇侵 3　duum 与黕同源

壜# 定覃 a1 開徒含 曇侵3 duum

忐+ 透覃 b1 開他感+ 忐侵3 lhuumʔ 手册作憛晚起字

炭 透寒 c1 開他旦 炭元1 t-ŋhaans 上博简作庈,彦声

湠# 透寒 c1 開他旦 炭元1 thaans

夲 透豪 a1 開土刀 夲幽1 thuu

弢 透豪 a1 開土刀 弢宵1 thaaw 右声旁原象手取中,俞敏说

詜# 透豪 a1 開土刀 弢宵1 thaaw

掏 透豪 a1 開土刀* 匋幽1 lhuu 同搯,见通俗文

蜪 透豪 a1 開土刀 匋幽1 lhuu

陶 定豪 a1 開徒刀 匋幽1 l'uu<bl'uu

萄 定豪 a1 開徒刀 匋幽1 l'uu 草名,后作蒲陶字

啕# 定豪 a1 開徒刀 匋幽1 l'uu 说文作詾

淘# 定豪 a1 開徒刀* 匋幽1 l'uu

掏# 定豪 a1 開徒刀 匋幽1 l'uu

騊 定豪 a1 開徒刀 匋幽1 l'uu

匋 定豪 a1 開徒刀 匋幽1 l'uu<bl'uu

蜪 定豪 a1 開徒刀 匋幽1 l'uu

裪 定豪 a1 開徒刀 匋幽1 l'uu 见方言

綯 定豪 a1 開徒刀 匋幽1 l'uu

陶 以宵 a3 開餘昭 匋幽1 luu

討 透豪 b1 開他浩 討幽1 thuuʔ 疑肘声

套# 透豪 b1 開他浩 套宵1 thaaw

套# 透豪 c1 開叨号* 套宵1 thaaws

忑+ 透德 d1 開惕得* 忑職 lhɯɯg 手册作忒晚起分化字

替 透齊 c4 開他計 替至1 thiids 说文作暜

暜 透齊 c4 開他計 替至1 thiids 同替出说文

僣# 透屑 d4 開他結 替質1 thiid

添 透添 a4 開他兼 天侵2 thiim

忝 透添 b4 開他玷 天侵2 lhiimʔ

悿# 透添 b4 開他玷 天侵2 thiimʔ

舔+ 透添 b4 開他點* 天侵2 lhiimʔ 餂晚起字

忝 透添 c4 開他念 天侵2 lhiims

菾# 定添 a4 開徒兼 天侵2 diim

天 透先 a4 開他前 天真1 qhl'iin//t-hiin

呑 透先 a4 開他前 天真1 qhl'iin

祆# 曉先 a4 開呼煙 天真1 qhliin

蚕1 透先 b4 開他典 天真1 hl'iinʔ 见尔雅

吞 透痕 a1 開吐根 天文1 qhl'ɯɯn

田 定先 a4 開徒年 田真2 l'iiŋ

佃 定先 a4 開徒年 田真2 l'iiŋ

畋 定先 a4 開徒年 田真2 l'iiŋ

畇#2 定先 a4 開徒年 田真2 l'iiŋ 地名

鈿# 定先 a4 開徒年 田真2 l'iiŋ

沺# 定先 a4 開徒年 田真2 l'iiŋ

畋 定先 c4 開堂練 田真2 l'iiŋs

甸 定先 c4 開堂練 田真2 l'iiŋs

佃 定先 c4 開堂練 田真2 l'iiŋs

鈿# 定先 c4 開堂練 田真2 l'iiŋs

銛1 心鹽 a3 開息廉 甜談2 slem 说文舌声读若棪若鐮

栝1 透添 b4 開他玷 甜談2 lheemʔ 说文舌声

銛1 透添 b4 開他玷 甜談2 lheemʔ

餂 透添 b4 開他玷* 甜談2 lheemʔ

见孟子

恬　定添 a4 開徒兼　甜談 2　l'eem

湉# 定添 a4 開徒兼　甜談 2　l'eem

甜　定添 a4 開徒兼　甜侵 2　l'iim

狧　透盍 d1 開吐盍　甜盍 1　lhaab 小徐舌声读若鰈

靦　透先 b4 開他典　靦元 2　thɯɯn? 即悿，后作覥腆

聑　端帖 d4 開丁愜　聑盍 2　teeb

蜓　定先 b4 開徒典　廷元 2　l'een?

涏# 定先 c4 開堂練　廷元 2　l'eens

綎　透青 a4 開他丁　廷耕　lheeŋ

珽　透青 b4 開他鼎　廷耕　lheeŋ?

脡　透青 b4 開他鼎　廷耕　lheeŋ?

侹　透青 b4 開他鼎　廷耕　lheeŋ?

頲　透青 b4 開他鼎　廷耕　l'eeŋ?

侹　透青 c4 開他定　廷耕　lheeŋs

廷　定青 a4 開特丁　廷耕　l'eeŋ 金文象人立在旁虽有掩蔽但露天不蔽雨点、阳光之地

庭　定青 a4 開特丁　廷耕　l'eeŋ

鼮　定青 a4 開特丁　廷耕　l'eeŋ

莛　定青 a4 開特丁　廷耕　l'eeŋ

筳　定青 a4 開特丁　廷耕　l'eeŋ

霆　定青 a4 開特丁　廷耕　l'eeŋ

綎　定青 a4 開特丁　廷耕　l'eeŋ

蜓　定青 a4 開特丁　廷耕　l'eeŋ

娗　定青 a4 開特丁　廷耕　l'eeŋ

挺　定青 a4 開特丁　廷耕　l'eeŋ

挺　定青 b4 開徒鼎　廷耕　l'eeŋ?

艇　定青 b4 開徒鼎　廷耕　l'eeŋ? 见方言、淮南子

鋌　定青 b4 開徒鼎　廷耕　l'eeŋ?

梃　定青 b4 開徒鼎　廷耕　l'eeŋ?

娗　定青 b4 開徒鼎　廷耕　l'eeŋ?

霆　定青 b4 開徒鼎　廷耕　l'eeŋ?

莛　定青 b4 開徒鼎　廷耕　l'eeŋ?

涏# 定青 b4 開徒鼎　廷耕　l'eeŋ?

蜓　定青 b4 開徒鼎　廷耕　l'eeŋ?

誔# 定青 b4 開徒鼎　廷耕　l'eeŋ?

廷　定青 c4 開徒徑　廷耕　l'eeŋs

鮦　澄尤 b3 開除柳　同幽 1　du? 鮦阳，汉县。戴震谓由'纣红反'讹纣来。

侗　透東 a1 合他紅　同東　thooŋ

恫　透東 a1 合他紅　同東　thooŋ

痌# 透東 a1 合他紅　同東　thooŋ 集韵同恫

侗　透東 b1 合他孔　同東　thooŋ?

同　定東 a1 合徒紅　同東　dooŋ 甲金文象有节筒管与口协合，如此方能音律谐和，为筒(箫)初文

仝# 定東 a1 合徒紅　同東　dooŋ 古文同，出道书，说文同全

銅　定東 a1 合徒紅　同東　dooŋ

桐　定東 a1 合徒紅　同東　dooŋ

峒　定東 a1 合徒紅　同東　dooŋ 见山海经

硐　定東 a1 合徒紅　同東　dooŋ 见通俗文

筒　定東 a1 合徒紅　同東　dooŋ 同之转注字

洞　定東 a1 合徒紅　同東　dooŋ

侗　定東 a1 合徒紅　同東　dooŋ

烔# 定東 a1 合徒紅　同東　dooŋ

挏　定東 a1 合徒紅　同東　dooŋ

酮# 定東 a1 合徒紅　同東　dooŋ

鲖　定東 a1 合徒紅　同東　dooŋ

眮　定東 a1 合徒紅　同東　dooŋ

衕　定東 a1 合徒紅　同東　dooŋ

哃# 定東 a1 合徒紅　同東　dooŋ

絧[#] 定東 a1 合徒紅　同東　dooŋ
酮[#] 定東 b1 合徒揔　同東　dooŋʔ
姛　定東 b1 合徒揔　同東　dooŋʔ
眮　定東 b1 合徒揔　同東　dooŋʔ
詷　定東 b1 合徒揔　同東　dooŋʔ
挏　定東 b1 合徒揔　同東　dooŋʔ
硐[#] 定東 b1 合徒揔　同東　dooŋʔ
洞　定東 c1 合徒弄　同東　dooŋs
恫　定東 c1 合徒弄　同東　dooŋs
眮　定東 c1 合徒弄　同東　dooŋs
絧　定東 c1 合徒弄　同東　dooŋs 见扬雄赋
峒[#] 定東 c1 合徒弄　同東　dooŋs
詷　定東 c1 合徒弄　同東　dooŋs
胴　定東 c1 合徒弄　同東　dooŋs
筒　定東 c1 合徒弄　同東　dooŋs 同之转注字
駧　定東 c1 合徒弄　同東　dooŋs
衕　定東 c1 合徒弄　同東　dooŋs
迵　定東 c1 合徒弄　同東　dooŋs
戙[#] 定東 c1 合徒弄　同東　dooŋs
鮦　澄鍾 b3 合直隴　同東　doŋʔ
凸[#] 定屑 d4 開徒結　凸物 1　duɯd
凸[#] 定没 d1 合陀骨　凸物 2　duud 突晚起分化字
秃　透屋 d1 合他谷　秃屋　thoog / lh-段注以为秀声。疑上为禾书讹（如季之例），以木不长表髮不长会意，与童同源
鵚[#] 透屋 d1 合他谷　秃屋　thoog / lh-说文作秃
突　透没 d1 合他骨　突物 2　thuud
宊[#] 透没 d1 合他骨　突物 2　thuud 集韵同突
突　定没 d1 合陀骨　突物 2　duud
揬[#] 定没 d1 合陀骨　突物 2　duud
鼵　定没 d1 合陀骨　突物 2　duud
葖　定没 d1 合陀骨　突物 2　duud
鶟　定没 d1 合陀骨　突物 2　duud
堗　定没 d1 合陀骨　突物 2　duud 吕览、汉书作突，此见说苑
啚[#] 定模 a1 合同都　圖魚　daa 俗同圖
圖　定模 a1 合同都　圖魚　daa
社　禪麻 b3 開常者　土魚　ɦljaaʔ>l'jaaʔ>dj 土转注分化字
肚[#] 端模 b1 合當古　土魚　ʔl'aaʔ
土　透模 b1 合他魯　土魚　lhaaʔ
吐　透模 b1 合他魯　土魚　lhaaʔ
芏　透模 b1 合他魯　土魚　lhaaʔ
吐　透模 c1 合湯故　土魚　lhaas
徒　定模 a1 合同都　土魚　l'aa
土　定模 b1 合徒古　土魚　l'aaʔ
肚　定模 b1 合徒古　土魚　l'aaʔ 见列女传
杜　定模 b1 合徒古　土魚　l'aaʔ
靯　定模 b1 合徒古　土魚　l'aaʔ 见释名
荰[#] 定模 b1 合徒古　土魚　l'aaʔ 杜衡字转注分化
菟　透模 c1 合湯故　兔魚　thaas
兔　透模 c1 合湯故　兔魚　thaas
鵵　透模 c1 合湯故　兔魚　thaas 见尔雅
菟　定模 a1 合同都　兔魚　daa
梌[#] 定模 a1 合同都　兔魚　daa 同稌，余校右为兔
蠡　來戈 a1 合落戈　彖歌 3　rool
喙　曉廢 c3 合許穢　彖祭 3　hlods
餯　曉廢 c3 合許穢　彖祭 3　hlods 见尔雅
喙　昌祭 c3 合昌芮　彖祭 3　lhjods

許穢切，注又切

剶# 精仙 a3 合子泉　彖元3　ʔljon>

猭# 徹仙 a3 合丑縁　彖元3　lhon

剶# 徹仙 a3 合丑縁　彖元3　lhon

猭 徹仙 c3 合丑戀　彖元3　lhons 见易林

鶨 徹仙 c3 合丑戀　彖元3　lhons

椽 澄仙 a3 合直攣　彖元3　l'on

篆 澄仙 b3 合持兖　彖元3　l'onʔ

瑑 澄仙 b3 合持兖　彖元3　l'onʔ

塚# 澄仙 b3 合持兖　彖元3　l'onʔ

蝝 以仙 a3 合與專　彖元3　lon

緣 以仙 a3 合與專　彖元3　lon

櫞# 以仙 a3 合與專　彖元3　lon

掾 以仙 c3 合以絹　彖元3　lons

緣 以仙 c3 合以絹　彖元3　lons

彖 透桓 c1 合通貫　彖元3　lhoons

褖 透桓 c1 合通貫　彖元3　lhoons 见仪礼

湪 透桓 c1 合通貫　彖元3　lhoons

鶨 定魂 c1 合徒困　彖文2　l'uuns

腿# 透灰 b1 合吐猥　退微2　nhuulʔ 俗骽字，应为妥声

退 透灰 c1 合他内　退内3　nhuubs 由说文復隶变，或从彳内声

褪+ 透魂 c1 合土困+ 退文2　nhuuns 退晚起对转分化字，韵會土困切

窀 澄山 a2 合墜頑　屯文2　rduun

沌 澄仙 b3 合持兖　屯元3　donʔ

盹+ 端魂 b1 合丁本# 屯文2　tuunʔ 頓晚起分化字，五音集韵造为盹字，丁本切

頓 端魂 c1 合都困　屯文2　tuuns

扽# 端魂 c1 合都困　屯文2　tuuns

黗 透魂 a1 合他昆　屯文2　thuun

吨# 透魂 b1 合他衮　屯文2　thuunʔ

黗 透魂 b1 合他衮　屯文2　thuunʔ

屯 定魂 a1 合徒渾　屯文2　duun 甲金文象中初生叶芽，为春初文，卜辞即有以今屯表今春者

飩 定魂 a1 合徒渾　屯文2　duun 御览引方言

豘# 定魂 a1 合徒渾　屯文2　duun 同豚

窀 定魂 a1 合徒渾　屯文2　duun

軘 定魂 a1 合徒渾　屯文2　duun

坉# 定魂 a1 合徒渾　屯文2　duun

沌 定魂 a1 合徒渾　屯文2　duun

邨 定魂 a1 合徒渾　屯文2　duun

忳 定魂 a1 合徒渾　屯文2　duun

芚 定魂 a1 合徒渾　屯文2　duun 见法言

庉 定魂 a1 合徒渾　屯文2　duun

囤 定魂 b1 合徒損　屯文2　duunʔ 见释名

沌 定魂 b1 合徒損　屯文2　duunʔ

庉 定魂 b1 合徒損　屯文2　duunʔ

鈍 定魂 c1 合徒困　屯文2　duuns

邨# 清魂 a1 合此尊　屯文2　sthuun 徒浑切，注又音，通作村

窀 知諄 a3 合陟綸　屯文2　tun

屯 知諄 a3 合陟綸　屯文2　tun

迍 知諄 a3 合陟綸　屯文2　tun

杶 徹諄 a3 合丑倫　屯文2　thun

瑃# 徹諄 a3 合丑倫　屯文2　thun

椿 徹諄 a3 合丑倫　屯文2　thun

偆 徹諄 b3 合癡準　屯文2　thunʔ

肫 章諄 a3 合章倫　屯文2　tjun

訰 章諄 a3 合章倫　屯文2　tjun 见尔雅

純 章諄 b3 合之尹　屯文2　tjunʔ

旽# 章諄 c3 合之閏　屯文2　tjuns

訰　章諄 c3 合之閏　屯文2　tjuns 见尔雅

春　昌諄 a3 合昌脣　屯文2　thjun 说文从艸从日屯声，实屯繁化转注字

蠢　昌諄 b3 合尺尹　屯文2　thjunʔ

踳　昌諄 b3 合尺尹　屯文2　thjunʔ

惷　昌諄 b3 合尺尹　屯文2　thjunʔ

偆　昌諄 b3 合尺尹　屯文2　thjunʔ

純　禪諄 a3 合常倫　屯文2　djun

莼# 禪諄 a3 合常倫　屯文2　djun 本作蓴

賰# 書諄 b3 合式允　屯文2　hljunʔ

鬊　書諄 c3 合舒閏　屯文2　hljuns

豚　定魂 a1 合徒渾　豚文2　l'uun

遯　定魂 b1 合徒損　豚文2　l'uunʔ 同遁

遯　定魂 c1 合徒困　豚文2　l'uuns

妥　透戈 b1 合他果　妥歌3　nhoolʔ 金文通蕤賓之蕤

鵎# 透戈 b1 合他果　妥歌3　nhoolʔ

挼　泥戈 a1 合奴禾　妥歌3　nool 捼注俗体，见汉赋

骽# 透灰 b1 合吐猥　妥微2　nhuulʔ

腇　透灰 b1 合吐猥　妥微2　nhuulʔ 见王褒赋

餒　泥灰 b1 合奴罪　妥微2　nuulʔ 同说文餧，本妥声

浽# 泥灰 b1 合奴罪　妥微2　nuulʔ

婑# 泥灰 b1 合奴罪　妥微2　nuulʔ

鮾# 泥灰 b1 合奴罪　妥微2　nuulʔ 说文作鯘，尔雅作餒

脮# 泥灰 b1 合奴罪　妥微2　nuulʔ 同鮾

挼# 心灰 a1 合素回　妥微2　snuul

綏　心脂 a3 合息遺　妥微2　snul

荽# 心脂 a3 合息遺　妥微2　snul 同葰，胡荽译中古波斯语 gosniz

浽# 心脂 a3 合息遺　妥微2　snul

鋖# 心脂 a3 開息夷　妥微1　snɯl

桵　日脂 a3 合儒隹　妥微2　njul

W

瓦　疑麻 b2 合五寡　瓦歌1　ŋʷraalʔ

邷　疑麻 b2 合五寡　瓦歌1　ŋʷraalʔ

瓦　疑麻 c2 合五化　瓦歌1　ŋʷraals

歪+ 曉佳 a2 合火媧+ 歪歌1　qhʷraal 竵晚起字

竵　曉佳 a2 合火媧　竵歌1　qhʷraal 晚变烏乖切，见正字通

外　疑泰 c1 合五會　外祭1　ŋoods 甲文夕月同，当从月声

骫　影支 b3b 合於詭　丸歌1　qʷralʔ

丸　匣桓 a1 合胡官　丸元1　gʷaan

紈　匣桓 a1 合胡官　丸元1　gʷaan

芄　匣桓 a1 合胡官　丸元1　gʷaan

汍　匣桓 a1 合胡官　丸元1　gʷaan 见汉赋

肒　匣桓 c1 合胡玩　丸元1　gʷaans

万1# 微元 c3 合無販　万1 元1　mans 集韵注通作萬

万2# 明德 d1 開莫北　万2 職　mɯɯg

糲　來泰 c1 開落蓋　萬祭1　m·raads 说文从萬

犡　來泰 c1 開落蓋　萬祭1　m·raads

噧　曉皆 c2 開許介　萬祭2　hmreeds 说文蠆省声

邁　明夬 c2 開莫話　萬祭1　mraads

勱　明夬 c2 開莫話　萬祭1　mraads 读若萬

蠆　徹夬 c2 開丑犗　萬祭 1　mhr'aads 萬字转注
厲　來祭 c3 開力制　萬祭 1　m・rads
勵　來祭 c3 開力制　萬祭 1　m・rads
礪　來祭 c3 開力制　萬祭 1　m・rads 厲字转注
蠣# 來祭 c3 開力制　萬祭 1　m・rads 说文蠇之后起分化字
蠇　來祭 c3 開力制　萬祭 1　m・rads 说文蠣字
癘　來祭 c3 開力制　萬祭 1　m・rads
糲　來祭 c3 開力制　萬祭 1　m・rads 见尸子
濿　來祭 c3 開力制　萬祭 1　m・rads 说文同砅
欐　來祭 c3 開力制　萬祭 1　m・rads 见山海经
𡾰# 來祭 c3 開力制　萬祭 1　m・rads
犡　來祭 c3 開力制　萬祭 1　m・rads
𧽯# 來祭 c3 開力制　萬祭 1　m・rads 原作𧾦，此集韵或体
萬　微元 c3 合無販　萬元 1　mlans 蠆初文
贎　微元 c3 合無販　萬元 1　mlans
糲　來曷 d1 開盧達　萬月 1　m・raad
噧　透曷 d1 開他達　萬月 1　rhaad
鋄　微凡 b3 合亡范　鋄談 3　mom? 见汉赋，玉篇讹鋄
尣　影唐 a1 合烏光　尣陽　q^waaŋ 俗作九

忙# 明唐 a1 開莫郎　亡陽　maaŋ 同恾，方言作茫
芒　明唐 a1 開莫郎　亡陽　maaŋ
茫　明唐 a1 開莫郎　亡陽　maaŋ 见汉书
恾# 明唐 a1 開莫郎　亡陽　maaŋ
㠧　明唐 a1 開莫郎　亡陽　maaŋ
汒　明唐 a1 開莫郎　亡陽　maaŋ 庄子用同茫
𦬹# 明唐 a1 開莫郎　亡陽　maaŋ 后作忙
邙　明唐 a1 開莫郎　亡陽　maaŋ
宋　明唐 a1 開莫郎　亡陽　maaŋ
㠧　明唐 c1 開莫浪　亡陽　maaŋs
荒　曉唐 a1 合呼光　亡陽　hmaaŋ
肓　曉唐 a1 合呼光　亡陽　hmaaŋ
衁　曉唐 a1 合呼光　亡陽　hmaaŋ
巟　曉唐 a1 合呼光　亡陽　hmaaŋ
謊　曉唐 a1 合呼光　亡陽　hmaaŋ
慌　曉唐 a1 合呼光　亡陽　hmaaŋ 见九叹
𦬹　曉唐 a1 合呼光*　亡陽　hmaaŋ 塑
慌　曉唐 b1 合呼晃　亡陽　hmaaŋ? 见九歌
謊+ 曉唐 b1 合呼晃+ 亡陽　hmaaŋ? 謊晚起字
謊　曉唐 b1 合呼晃　亡陽　hmaaŋ?
荒　曉唐 c1 合呼浪　亡陽　hmaaŋs
喪　心唐 c1 開蘇浪　亡陽　smaaŋs 说文从亡亡亦声，甲文借桑字，金文始加亡
喪　心唐 a1 開息郎　亡陽　smaaŋ
亡　微陽 a3 合武方　亡陽　maŋ 甲文刀口加竖为鋩初文(梁东汉)
芒　微陽 a3 合武方　亡陽　maŋ
宋　微陽 a3 合武方　亡陽　maŋ

䒽# 微陽 a3 合武方　亡陽　maŋ
邙　微陽 a3 合武方　亡陽　maŋ
望　微陽 a3 合武方　亡陽　maŋ
莣　微陽 a3 合武方　亡陽　maŋ
朢　微陽 a3 合武方　亡陽　maŋ 通作望
鋩# 微陽 a3 合武方　亡陽　maŋ 古作芒
硭# 微陽 a3 合武方　亡陽　maŋ
忘　微陽 a3 合武方*　亡陽　maŋ
网　微陽 b3 合文兩　亡陽　mlaŋʔ
罔　微陽 b3 合文兩　亡陽　mlaŋʔ 亦同網
蛧　微陽 b3 合文兩　亡陽　mlaŋʔ 见国语
網　微陽 b3 合文兩　亡陽　mlaŋʔ 同网
輞　微陽 b3 合文兩　亡陽　mlaŋʔ
棢# 微陽 b3 合文兩　亡陽　mlaŋʔ 同輞
惘　微陽 b3 合文兩　亡陽　mlaŋʔ
菵# 微陽 b3 合文兩　亡陽　mlaŋʔ
誷　微陽 b3 合文兩　亡陽　mlaŋʔ 见史记
魍　微陽 b3 合文兩　亡陽　mlaŋʔ 同蛧，见汉赋
忘　微陽 c3 合巫放　亡陽　maŋs
妄　微陽 c3 合巫放　亡陽　maŋs
汒# 微陽 c3 合巫放　亡陽　maŋs
望　微陽 c3 合巫放　亡陽　maŋs
朢　微陽 c3 合巫放　亡陽　maŋs
巟　曉陽 b3 合許昉　亡陽　hmaŋʔ
盲　明庚 a2 開武庚　亡陽　mraaŋ
蝱　明庚 a2 開武庚　亡陽　mraaŋ
虻　明庚 a2 開眉庚*　亡陽　mraaŋ 同蝱，见庄子
䒽# 明庚 a2 開眉庚*　亡陽　mraaŋ 同盲
䒽# 明庚 c2 開莫更　亡陽　mraaŋs
氓　明耕 a2 開莫耕　亡陽　mraaŋ>eeŋ
甿　明耕 a2 開莫耕　亡陽　mraaŋ>eeŋ 同氓
皇　匣唐 a1 合胡光　王陽　g^{w}aaŋ 礼王制郑注冕属也，画羽饰焉。金文象羽冠，王声(参汪荣宝)；或云象日射辉，则为晄晃初文
惶　匣唐 a1 合胡光　王陽　g^{w}aaŋ
遑　匣唐 a1 合胡光　王陽　g^{w}aaŋ
堭# 匣唐 a1 合胡光　王陽　g^{w}aaŋ
煌　匣唐 a1 合胡光　王陽　g^{w}aaŋ
餭　匣唐 a1 合胡光　王陽　g^{w}aaŋ
騜　匣唐 a1 合胡光　王陽　g^{w}aaŋ 见尔雅
艎# 匣唐 a1 合胡光　王陽　g^{w}aaŋ
隍　匣唐 a1 合胡光　王陽　g^{w}aaŋ
湟　匣唐 a1 合胡光　王陽　g^{w}aaŋ
徨　匣唐 a1 合胡光　王陽　g^{w}aaŋ 见扬雄赋
篁　匣唐 a1 合胡光　王陽　g^{w}aaŋ
蝗　匣唐 a1 合胡光　王陽　g^{w}aaŋ
凰　匣唐 a1 合胡光　王陽　g^{w}aaŋ 尔雅作皇
偟　匣唐 a1 合胡光　王陽　g^{w}aaŋ
媓　匣唐 a1 合胡光　王陽　g^{w}aaŋ 见方言
諻　匣唐 a1 合胡光　王陽　g^{w}aaŋ 见金文
葟　匣唐 a1 合胡光　王陽　g^{w}aaŋ
銧# 匣唐 b1 合胡廣　王陽　q^{w}aaŋʔ
汪　影唐 a1 合烏光　王陽　q^{w}aaŋ
尪　影唐 a1 合烏光　王陽　q^{w}aaŋ

汪 影唐 c1 合烏浪 王陽 $q^w aaŋs$
迋 見陽 b3 合俱往 王陽 $k^w aŋʔ$
逛# 見陽 b3 合俱往 王陽 $k^w aŋʔ$
誑 見陽 c3 合居況 王陽 $k^w aŋs$
匡 溪陽 a3 合去王 王陽 $kh^w aŋ$ 说文所从㞷声，甲文为从止王声字
筐 溪陽 a3 合去王 王陽 $kh^w aŋ$ 匡字转注
框# 溪陽 a3 合去王 王陽 $kh^w aŋ$
眶# 溪陽 a3 合去王 王陽 $kh^w aŋ$
誆+ 溪陽 a3 合去王* 王陽 $kh^w aŋ$ 迋、逛今字
邼 溪陽 a3 合去王 王陽 $kh^w aŋ$
恇 溪陽 a3 合去王 王陽 $kh^w aŋ$
劻# 溪陽 a3 合去王 王陽 $kh^w aŋ$
洭 溪陽 a3 合去王 王陽 $kh^w aŋ$
軭 溪陽 a3 合去王 王陽 $kh^w aŋ$
迋 溪陽 a3 合曲王* 王陽 $kh^w aŋ$
狂 群陽 a3 合巨王 王陽 $g^w aŋ$
軖 群陽 a3 合巨王 王陽 $g^w aŋ$
軭 群陽 a3 合巨王 王陽 $g^w aŋ$
鵟# 群陽 a3 合巨王 王陽 $g^w aŋ$ 尔雅作狂
誑+ 群陽 a3 合渠王* 王陽 $g^w aŋ$ 迋今字
迋 群陽 a3 合渠王* 王陽 $g^w aŋ$
俇 群陽 b3 合求往 王陽 $g^w aŋʔ$
誆 群陽 c3 合渠放 王陽 $g^w aŋs$ 见史记
狂 群陽 c3 合渠放 王陽 $g^w aŋs$
汪 影陽 b3 合紆往 王陽 $q^w aŋʔ$
王 云陽 a3 合雨方 王陽 $ɢ^w aŋ$
蚟 云陽 a3 合雨方 王陽 $ɢ^w aŋ$ 见方言
徍# 云陽 a3 合雨方 王陽 $ɢ^w aŋ$
迋 云陽 c3 合于放 王陽 $ɢ^w aŋs$
王 云陽 c3 合于放 王陽 $ɢ^w aŋs$
旺# 云陽 c3 合于放 王陽 $ɢ^w aŋs$ 说文作暀
諻 曉庚 a2 合虎橫 王陽 $qh^w raaŋ$ 见方言
喤 曉庚 a2 合虎橫 王陽 $qh^w raaŋ$
瑝 匣庚 a2 合户盲 王陽 $g^w raaŋ$
韹 匣庚 a2 合户盲 王陽 $g^w raaŋ$ 见金文
鍠 匣庚 a2 合户盲 王陽 $g^w raaŋ$
蝗 匣庚 a2 合户盲 王陽 $g^w raaŋ$
喤 匣庚 a2 合户盲 王陽 $g^w raaŋ$
蝗 匣庚 c2 合户孟 王陽 $g^w raaŋs$
揘# 云庚 a3 合永兵 王陽 $g^w aŋ$
暀# 匣唐 c1 合乎曠 往陽 $ɢ^w aŋs$
誑 見陽 c3 合居況 往陽 $k^w aŋs$
枉 影陽 b3 合紆往 往陽 $q^w aŋʔ$
往 云陽 b3 合于兩 往陽 $ɢ^w aŋ$ 甲文乃从止王声
暀 云陽 b3 合于兩 往陽 $ɢ^w aŋʔ$
暀 云陽 c3 合于放 往陽 $ɢ^w aŋs$ 后作旺
鮠# 疑灰 a1 合五灰 危微2 ŋuul
嵬# 疑灰 a1 合五灰 危微2 ŋuul
頠 疑灰 b1 合五罪 危微2 ŋuulʔ
嵬# 疑灰 b1 合五罪 危微2 ŋuulʔ
詭 見支 b3b 合過委 危歌3 krolʔ
垝 見支 b3b 合過委 危歌3 krolʔ
陒 見支 b3b 合過委 危歌3 krolʔ 同垝
觤 見支 b3b 合過委 危歌3 krolʔ
恑 見支 b3b 合過委 危歌3 krolʔ
蛫 見支 b3b 合過委 危歌3 krolʔ
祪 見支 b3b 合過委 危歌3 krolʔ

溈　見支 b3b 合過委　危歌3　krolʔ
姽　見支 b3b 合過委　危歌3　krolʔ
桅　見支 b3b 合過委　危歌3　krolʔ 五灰切乃梁时借词
佹　見支 b3b 合過委　危歌3　krolʔ
垝　見支 c3b 合詭僞　危歌3　krols
跪　溪支 b3b 合去委　危歌3　khrolʔ
跪　群支 b3b 合渠委　危歌3　grolʔ
危　疑支 a3b 合魚為　危歌3　ŋrol
洈　疑支 a3b 合魚為　危歌3　ŋrol
峗　疑支 a3b 合魚為　危歌3　ŋrol 见庄子
硊　疑支 b3b 合魚毀　危歌3　ŋrolʔ 见楚辞招隐士
頠　疑支 b3b 合魚毀　危歌3　ŋrolʔ
姽　疑支 b3b 合魚毀　危歌3　ŋrolʔ
卼♯ 溪脂 c3b 合丘愧　危微2　khruls
崴　影皆 a2 合乙乖　威微2　qruul 乖由皆校改
威　影微 a3 合於非　威微2　qul
葳　影微 a3 合於非　威微2　qul
隇♯ 影微 a3 合於非　威微2　qul
蝛♯ 影微 a3 合於非　威微2　qul 尔雅作威
鰄♯ 影微 a3 合於非　威微2　qul
楲　影微 a3 合於非　威微2　qul
矀♯ 明脂 a3b 開武悲　微微1　mrɯl 集韵同䁅
䁅　明脂 a3b 開武悲　微微1　mrɯl 同矀
黴♯ 明脂 a3b 開武悲　微微1　mrɯl 今作霉
薇　明脂 a3b 開武悲　微微1　mrɯl
嬍　明脂 b3b 開無鄙　微微1　mrɯlʔ
黴　明灰 c1 合莫佩　微微1　mɯɯls
微　微微 a3 合無非　微微1　mɯl
溦　微微 a3 合無非　微微1　mɯl 原从微，但浽下注作溦，集韵以此为正体
薇　微微 a3 合無非　微微1　mɯl
癥♯ 微微 a3 合無非　微微1　mɯl
矀♯ 微微 a3 合無非　微微1　mɯl 说文从见
徽　曉微 a3 合許歸　微微1　hmɯl
瀓　曉微 a3 合許歸　微微1　hmɯl
囗　云微 a3 合雨非　囗微1　Gʷɯl
禕　影支 a3b 開於離　韋歌1　qral 见尔雅
郼　影微 a3 開於希　韋微1　qɯl
褘　曉微 a3 合許歸　韋微1　qhʷɯl
諱　曉微 c3 合許貴　韋微1　qhʷɯls
媁　影微 a3 合於非　韋微1　qʷɯl
幃　云微 a3 合雨非　韋微1　Gʷɯl
違　云微 a3 合雨非　韋微1　Gʷɯl
圍　云微 a3 合雨非　韋微1　Gʷɯl 韋字转注
韋　云微 a3 合雨非　韋微1　Gʷɯl 圍初文
闈　云微 a3 合雨非　韋微1　Gʷɯl
湋　云微 a3 合雨非　韋微1　Gʷɯl
鍏　云微 a3 合雨非　韋微1　Gʷɯl
潿　云微 a3 合雨非　韋微1　Gʷɯl
韙　云微 b3 合于鬼　韋微1　Gʷɯlʔ
煒　云微 b3 合于鬼　韋微1　Gʷɯlʔ
暐♯ 云微 b3 合于鬼　韋微1　Gʷɯlʔ
偉　云微 b3 合于鬼　韋微1　Gʷɯlʔ
瑋　云微 b3 合于鬼　韋微1　Gʷɯlʔ 见宋玉赋
葦　云微 b3 合于鬼　韋微1　Gʷɯlʔ
椲　云微 b3 合于鬼　韋微1　Gʷɯlʔ
韡　云微 b3 合于鬼　韋微1　Gʷɯlʔ

媁 云微 b3 合于鬼 韋微1 ɢ^{w}ɯlʔ
愇 云微 b3 合于鬼 韋微1 ɢ^{w}ɯlʔ
鍏 云微 b3 合于鬼 韋微1 ɢ^{w}ɯlʔ
緯 云微 c3 合于貴 韋微1 ɢ^{w}ɯls
闈 云微 c3 合于貴 韋微1 ɢ^{w}ɯls
匯 匣灰 b1 合胡罪 唯微1 ɢ^{w}ɯɯlʔ/-ɯɯʔ
匯 溪皆 a2 合苦淮 唯脂1 kh^{w}riil/-rii
⿰扌匯# 溪皆 a2 合苦淮 唯脂1 kh^{w}riil/-rii 原无氵
淮 匣皆 a2 合户乖 唯脂1 g^{w}riil/-rii
睢 曉支 a3a 合許規 唯支 qh^{w}e 集韵或体作眭
嗺 精脂 a3 合醉綏 唯脂2 sq^{w}i 见扬雄赋
趡 清脂 b3 合千水 唯脂2 skh^{w}iʔ
踓# 清脂 b3 合千水 唯脂2 skh^{w}iʔ
睢 心脂 a3 合息遺 唯脂2 sqh^{w}i
雖 心脂 a3 合息遺 唯脂2 sqh^{w}i
濉 心脂 a3 合息遺 唯脂2 sqh^{w}i 同睢，见韩诗外传
倠 曉脂 a3a 合許維 唯脂2 qh^{w}i
婎 曉脂 a3a 合許維 唯脂2 qh^{w}i
睢 曉脂 a3a 合許維 唯脂2 qh^{w}i
婎 曉脂 c3a 合香季 唯脂2 qh^{w}is
睢 曉脂 c3a 合香季 唯脂2 qh^{w}is
蓶 以脂 a3 合以追 唯脂2 ɢ^{w}i
維 以脂 a3 合以追 唯脂2 ɢ^{w}i/ɢ^{w}li 尔雅屠维史记作祝犁
惟 以脂 a3 合以追 唯脂2 ɢ^{w}i
唯 以脂 a3 合以追 唯脂2 ɢ^{w}i 本象隹鸣，鷕即其转注异构，非隹声

濰 以脂 a3 合以追 唯脂2 ɢ^{w}i
琟 以脂 a3 合以追 唯脂2 ɢ^{w}i
蓶 以脂 b3 合以水 唯脂2 ɢ^{w}iʔ
唯 以脂 b3 合以水 唯脂2 ɢwiʔ
踓# 以脂 b3 合以水 唯脂2 ɢ^{w}iʔ
鷕 以脂 b3 合羊水 唯脂2 ɢ^{w}iʔ 唯转注字，以沼切所注又切，戴震声韵考谓‘以水反’传写讹‘以小反’所致
蜼 以脂 c3 合以醉 唯脂1 ɢ^{w}is
帷 云脂 a3b 合洧悲 唯脂1 ɢ^{w}ril 古文从匚韋声
鵻 心諄 b3 合思尹 唯真1 sqh^{w}inʔ 同隼，说文或作隼
譌 疑戈 a1 合五禾 為歌1 ŋ^{w}aal 同訛
嬀 見支 a3b 合居為 為歌1 k^{w}ral
溈# 見支 a3b 合居為 為歌1 k^{w}ral
蟡 見支 b3b 合過委 為歌1 k^{w}ralʔ
僞 疑支 c3b 合危睡 為歌1 ŋ^{w}rals
噅 曉支 a3b 合許為 為歌1 qh^{w}ral 见淮南子
撝 曉支 a3b 合許為 為歌1 qh^{w}ral
蟡 影支 a3b 合於為 為歌1 q^{w}ral
為 云支 a3b 合薳支 為歌1 ɢ^{w}al 俗爲字
爲 云支 a3b 合薳支 為歌1 ɢ^{w}ral
溈 云支 a3b 合薳支 為歌1 ɢ^{w}ral 见楚帛书
鄬 云支 a3b 合薳支 為歌1 ɢ^{w}ral
蔿 云支 b3b 合韋委 為歌1 ɢ^{w}ralʔ
鄬 云支 b3b 合韋委 為歌1 ɢ^{w}ralʔ
⿰亻蔿 云支 b3b 合韋委 為歌1 ɢ^{w}ralʔ 方言僞异文：船不安
寪 云支 b3b 合韋委 為歌1 ɢ^{w}ralʔ
蘤 云支 b3b 合韋委 為歌1 ɢ^{w}ralʔ

爲　云支 c3b 合于僞　為歌 1　G^wrals
娓　明脂 c3b 開明祕　尾微 1　mrɯls
尾　微微 b3 合無匪　尾微 1　mɯlʔ＜mlɯlʔ
娓　微微 b3 合無匪　尾微 1　mɯlʔ
浘　微微 b3 合無匪　尾微 1　mɯlʔ 韩诗浼字
矮# 影佳 b2 開烏蟹　委歌 1　qraalʔ
躷# 影佳 b2 開烏蟹　委歌 1　qraalʔ
捼　泥戈 a1 合奴禾　委歌 3　nool
倭　影戈 a1 合烏禾　委歌 3　qool 见汉书
渨　影戈 a1 合烏禾　委歌 3　qool
踒　影戈 a1 合烏禾　委歌 3　qool
倭# 影戈 b1 合烏果　委歌 3　qoolʔ
捼　泥灰 a1 合乃回　委微 2　nuul 疑本妥声
餧　泥灰 b1 合奴罪　委微 2　nuulʔ 通作餒，疑本妥声
諉　泥支 c3 合女恚　委歌 3　nols
痿　日支 a3 合人垂　委歌 3　njol
萎　影支 a3b 合於為　委歌 3　qrol/ʔnol 说文作矮
逶　影支 a3b 合於為　委歌 3　qrol
覣　影支 a3b 合於為　委歌 3　qrol
蜲　影支 a3b 合於為　委歌 3　qrol 见宋玉赋
痿　影支 a3b 合於為　委歌 3　qrol/ʔnol
委　影支 a3b 合於為　委歌 3　qrol/ʔnol 小徐禾声。甲文禾卷头表萎，似非禾声而原音 ʔn-
倭　影支 a3b 合於為　委歌 3　qrol
委　影支 b3b 合於詭　委歌 3　qrolʔ/ʔnolʔ
諉+ 影支 b3b 合於詭+ 委歌 3　qrolʔ 委后起分化字，见汉书
蜲# 影支 b3b 合於詭　委歌 3　qrolʔ 尔雅作委
餧　影支 c3b 合於僞　委歌 3　qrols/ʔnols 萎字转注，见九辩
萎　影支 c3b 合於僞　委歌 3　qrols/ʔnols 后作餧，今作喂
緌　日脂 a3 合儒隹　委微 2　njul
捼　日脂 a3 合儒隹　委微 2　njul
寐　明脂 c3a 開彌二　未至 1　mids
魅　明脂 c3b 開明祕　未隊 1　mrɯds 说文同鬽
鬽　明脂 c3b 開明祕　未隊 1　mrɯds 同魅
昧　明灰 c1 合莫佩　未隊 1　mɯɯds
妹　明灰 c1 合莫佩　未隊 1　mɯɯds
眛　明灰 c1 合莫佩　未隊 1　mɯɯds
沬　曉灰 c1 合呼内* 未隊 1　hmɯɯds 古文作頮
未　微微 c3 合無沸　未隊 1　mɯds 从中从木与𠦪字同根，陈独秀云木上加中像幼枝
味　微微 c3 合無沸　未隊 1　mɯds
沬　微微 c3 合無沸　未隊 1　mɯds
鮇# 微微 c3 合無沸　未隊 1　mɯds 山海经作寐
菋　微微 c3 合無沸　未隊 1　mɯds
煨　影灰 a1 合烏恢　畏微 2　quul
偎　影灰 a1 合烏恢　畏微 2　quul
隈　影灰 a1 合烏恢　畏微 2　quul
椳　影灰 a1 合烏恢　畏微 2　quul
鰃# 影灰 a1 合烏恢　畏微 2　quul
渨　影灰 a1 合烏恢　畏微 2　quul
葨# 影灰 a1 合烏恢　畏微 2　quul
揋# 影灰 a1 合烏恢　畏微 2　quul
猥　影灰 b1 合烏賄　畏微 2　quulʔ
崽# 影灰 b1 合烏賄　畏微 2　quulʔ 庄

子作畏
鍡 影灰 b1 合烏賄 畏微 2 quul?
碨[#] 影灰 b1 合烏賄 畏微 2 quul?
腲 影灰 b1 合烏賄 畏微 2 quul? 见汉赋
隈 影灰 c1 合烏繢 畏微 2 quuls
碨[#] 影皆 a2 合乙乖 畏微 2 qruul 乖由皆校改
餵[+] 影支 c3b 合於僞[+] 畏歌 3 qrols 餧后起字
嵔[#] 影微 b3 合於鬼 畏微 2 qul?
畏 影微 c3 合於胃 畏微 2 qul/s
喟 溪皆 c2 合苦怪 胃隊 2 khruuds
喟 溪脂 c3b 合丘愧 胃隊 2 khruds
胃 云微 c3 合于貴 胃隊 2 ɢuds/ɢluds
謂 云微 c3 合于貴 胃隊 2 ɢuds/ɢluds
媦 云微 c3 合于貴 胃隊 2 ɢuds
蝟 云微 c3 合于貴 胃隊 2 ɢuds/ɢluds 说文同彙
渭 云微 c3 合于貴 胃隊 2 ɢuds
熭 云微 c3 合于貴 胃隊 2 ɢuds 见诗郑笺
緭 云微 c3 合于貴 胃隊 2 ɢuds
𡗗 邪祭 c3 合祥歲 𡗗祭 3 sɢʷeds 古轊字
𡗗 云祭 c3 合于歲 𡗗祭 3 ɢʷeds 说文或作轊
尉 影微 c3 合於胃 尉隊 2 quds
熨 影微 c3 合於胃 尉隊 2 quds 俗尉字，见灵枢
慰 影微 c3 合於胃 尉隊 2 quds
罻 影微 c3 合於胃 尉隊 2 quds
犚 影微 c3 合於胃 尉隊 2 quds 见尔雅
蔚 影微 c3 合於胃 尉隊 2 quds
螱 影微 c3 合於胃 尉隊 2 quds 尔雅异文原从二虫
褽 影微 c3 合於胃 尉隊 2 quds
鳚[#] 影微 c3 合於胃 尉隊 2 quds
熨[+] 影文 c3 合紆問[*] 尉文 2 quns 熨今字，亦紆物切对转
尉 影物 d3 合紆物 尉物 2 qud
熨[#] 影物 d3 合紆物 尉物 2 qud 尉转注字
蔚 影物 d3 合紆物 尉物 2 qud 见张衡赋
衛 云祭 c3 合于歲 衛祭 1 ɢʷads 金文象四围巡衛，与韋有异
讆 云祭 c3 合于歲 衛祭 1 ɢʷads 见管子
躗 曉皆 c2 合火怪 衛祭 2 qhʷreeds
媪 影豪 b1 開烏晧 𥁕幽 1 quu?
蝹[#] 影豪 b1 開烏晧 𥁕幽 1 quu?
温 影魂 a1 合烏渾 𥁕文 2 quun
𥁕 影魂 a1 合烏渾 𥁕文 2 quun
輼 影魂 a1 合烏渾 𥁕文 2 quun
薀 影魂 a1 合烏渾 𥁕文 2 quun 见左传
殟 影魂 a1 合烏渾 𥁕文 2 quun
猛 影魂 a1 合烏渾 𥁕文 2 quun
縕 影魂 a1 合烏渾 𥁕文 2 quun
鰮[#] 影魂 a1 合烏渾 𥁕文 2 quun
瘟[#] 影魂 a1 合烏昆[*] 𥁕文 2 quun
搵 影魂 c1 合烏困 𥁕文 2 quuns
蝹 影諄 a3b 合於倫 𥁕文 2 qrun 原列真韵，见汉赋
氲 影文 a3 合於云 𥁕文 2 qun
煴 影文 a3 合於云 𥁕文 2 qun

縕　影文 a3 合於云　昷文 2　qun
馧# 影文 a3 合於云　昷文 2　qun
蒀# 影文 a3 合於云　昷文 2　qun
蝹　影文 a3 合於云　昷文 2　qun 见汉赋
蕴　影文 a3 合於云　昷文 2　qun
韫　影文 b3 合於粉　昷文 2　qunʔ 见论语
緼　影文 b3 合於粉　昷文 2　qunʔ
褞　影文 b3 合於粉　昷文 2　qunʔ
醞　影文 b3 合於粉　昷文 2　qunʔ
揾　影文 b3 合於粉　昷文 2　qunʔ
蕴　影文 b3 合於粉　昷文 2　qunʔ 俗薀字
薀　影文 b3 合於粉　昷文 2　qunʔ
煴# 影文 c3 合紆問*　昷文 2　quns 原列焮韵，尉分化字
醞　影文 c3 合於問　昷文 2　quns
愠　影文 c3 合於問　昷文 2　quns
緼　影文 c3 合於問　昷文 2　quns
蕴　影文 c3 合於問　昷文 2　quns
薀　影文 c3 合於問　昷文 2　quns
膃# 影没 d1 合烏沒　昷物 2　quud
殟　影没 d1 合烏沒　昷物 2　quud
揾　影没 d1 合烏沒　昷物 2　quud
榅# 影没 d1 合烏沒　昷物 2　quud
唱　影没 d1 合烏沒　昷物 2　quud
馧# 影没 d1 合烏沒　昷物 2　quud
嗢　影黠 d2 合烏八　昷物 2　qruud
旻　明真 a3b 開武巾　文文 1　mrɯn
旼　明真 a3b 開武巾　文文 1　mrɯn 见史记
汶　明真 a3b 開武巾　文文 1　mrɯn
忞　明真 a3b 開武巾　文文 1　mrɯn

䵹# 明真 a3b 開武巾　文文 1　mrɯn
枚　明灰 a1 合莫杯　文微 1　mɯɯl
玫　明灰 a1 合莫杯*　文微 1　mɯɯl 说文作玟
玟　明灰 a1 合莫杯　文微 1　mɯɯl 通作玫
文　微文 a3 合無分　文文 1　mɯn<mlɯn 说文吝为文声
紋　微文 a3 合無分　文文 1　mɯn 文字转注
蚊　微文 a3 合無分　文文 1　mɯn 说文俗同蟁
雯# 微文 a3 合無分　文文 1　mɯn
汶　微文 a3 合無分　文文 1　mɯn
彣　微文 a3 合無分　文文 1　mɯn
駇　微文 a3 合無分　文文 1　mɯn
鳼　微文 a3 合無分　文文 1　mɯn 见尔雅
螡　微文 a3 合無分　文文 1　mɯn 见尔雅
抆　微文 b3 合武粉　文文 1　mɯnʔ
汶　微文 c3 合亡運　文文 1　mɯns
紊　微文 c3 合亡運　文文 1　mɯns
抆　微文 c3 合亡運　文文 1　mɯns
螡# 微文 c3 合亡運　文文 1　mɯns
莪　疑歌 a1 開五何　我歌 1　ŋaal
哦　疑歌 a1 開五何　我歌 1　ŋaal
娥　疑歌 a1 開五何　我歌 1　ŋaal
峨　疑歌 a1 開牛何*　我歌 1　ŋaal
峩　疑歌 a1 開五何　我歌 1　ŋaal 见汉赋，说文作峨
鵝　疑歌 a1 開五何　我歌 1　ŋaal
俄　疑歌 a1 開五何　我歌 1　ŋaal
蛾　疑歌 a1 開五何　我歌 1　ŋaal 见荀子，说文下从二虫

睋　疑歌 a1 開五何　我歌1　ŋaal 见班固赋
涐　疑歌 a1 開五何　我歌1　ŋaal
誐　疑歌 a1 開五何　我歌1　ŋaal
硪　疑歌 a1 開五何　我歌1　ŋaal
我　疑歌 b1 開五可　我歌1　ŋaalʔ 甲金文象多齿兵器。卜辞：廿牛不我。周原卜辞：王以我枚單(殫)兕。
騀　疑歌 b1 開五可　我歌1　ŋaalʔ
硪　疑歌 b1 開五可　我歌1　ŋaalʔ
餓　疑歌 c1 開五个　我歌1　ŋaals
義　疑支 c3b 開宜寄　我歌1　ŋrals
儀　疑支 a3b 開魚羈　我歌1　ŋral
轙　疑支 a3b 開魚羈　我歌1　ŋral
檥　疑支 a3b 開魚羈　我歌1　ŋral
蟻　疑支 b3b 開魚倚　我歌1　ŋralʔ 同螘，本作蛾，此见孙子
蛾　疑支 b3b 開魚倚　我歌1　ŋralʔ 同蟻，见墨子
艤　疑支 b3b 開魚倚　我歌1　ŋralʔ
礒　疑支 b3b 開魚倚　我歌1　ŋralʔ 见楚辞招隐士
檥　疑支 b3b 開魚倚　我歌1　ŋralʔ
轙　疑支 b3b 開魚倚　我歌1　ŋralʔ
羛　疑支 b3b 開魚倚　我歌1　ŋralʔ 说文又同義
議　疑支 c3b 開宜寄　我歌1　ŋral/s
犧　曉支 a3b 開許羈　我歌1　hŋral
曦　曉支 a3b 開許羈　我歌1　hŋral
羲　曉支 a3b 開許羈　我歌1　hŋral
羛　曉支 a3b 開許羈　我歌1　hŋral
臥　疑戈 c1 合吾貨　臥歌1　ŋʷaals 原象人倚臣临时休憩，或云臣为宿右下席形之讹
巫　微虞 a3 合武夫　巫魚　ma
誣　微虞 a3 合武夫　巫魚　ma
莁　微虞 a3 合武夫　巫魚　ma 见尔雅，说文作蕪
鵐# 微虞 a3 合武夫　巫魚　ma 尔雅作毋，集韵同鶓
握　影覺 d2 開於角　屋屋　qroog
幄　影覺 d2 開於角　屋屋　qroog
偓　影覺 d2 開於角　屋屋　qroog
渥　影覺 d2 開於角　屋屋　qroog
齷　影覺 d2 開於角　屋屋　qroog 见张衡赋
楃　影覺 d2 開於角　屋屋　qroog
喔　影覺 d2 開於角　屋屋　qroog
腛　影覺 d2 開於角　屋屋　qroog 见考工记
媉　影覺 d2 開於角　屋屋　qroog
屋　影屋 d1 合烏谷　屋屋　qoog
剭　影屋 d1 合烏谷　屋屋　qoog 见汉书
烏　影模 a1 合哀都　烏魚　qaa
嗚　影模 a1 合哀都　烏魚　qaa
鰞# 影模 a1 合哀都　烏魚　qaa 说文烏鰂作烏
歍　影模 a1 合哀都　烏魚　qaa
鎢# 影模 a1 合哀都　烏魚　qaa 诸葛亮军令作烏育
瑦　影模 a1 合哀都　烏魚　qaa
鄔　影模 a1 合哀都　烏魚　qaa
螐# 影模 a1 合哀都　烏魚　qaa 尔雅作烏
隖　影模 b1 合安古　烏魚　qaaʔ
塢　影模 b1 合安古　烏魚　qaaʔ 同隖，见通俗文
鄔　影模 b1 合安古　烏魚　qaaʔ
瑦　影模 b1 合安古　烏魚　qaaʔ
溩# 影模 b1 合安古　烏魚　qaaʔ

塢# 影模 c1 合烏故* 烏魚 qaas
鄔 影魚 c3 合依倨 烏魚 qas
无 明模 a1 合莫胡 无魚 maa 南无梵译 namas
无 微虞 a3 合武夫 无魚 ma 说文無之奇字
吳 疑模 a1 合五乎 吳魚 $ŋ^w$aa 金文象对人口出大声，令其震惊而侧首避让，冯时说
蜈# 疑模 a1 合五乎 吳魚 $ŋ^w$aa 广雅作吳公
鋘 疑模 a1 合五乎 吳魚 $ŋ^w$aa 鋙鋘，见越绝书
麌 疑模 a1 合五乎 吳魚 $ŋ^w$aa
祦# 疑模 a1 合五乎 吳魚 ŋaa
誤 疑模 c1 合五故 吳魚 $ŋ^w$aas
悞# 疑模 c1 合五故 吳魚 $ŋ^w$aas 同誤
娛 疑模 c1 合五故 吳魚 $ŋ^w$aas
鋘 匣麻 a2 合户花 吳魚 $ŋ^w$raa 见吴越春秋，或作鏵
虞 疑虞 a3 合遇俱 吳魚 $ŋ^w$a
娛 疑虞 a3 合遇俱 吳魚 $ŋ^w$a
澞 疑虞 a3 合遇俱 吳魚 $ŋ^w$a
鸆# 疑虞 a3 合遇俱 吳魚 $ŋ^w$a 尔雅作澤虞
俁 疑虞 b3 合虞矩 吳魚 $ŋ^w$aʔ
麌 疑虞 b3 合虞矩 吳魚 $ŋ^w$aʔ
噳 疑虞 b3 合虞矩 吳魚 $ŋ^w$aʔ
墲 滂模 a1 合普胡 無魚 mhaa 见方言
橅 明模 a1 合莫胡 無魚 maa 同模
墲 明模 a1 合莫胡 無魚 maa
膴 曉模 a1 合荒烏 無魚 hmaa
幠 曉模 a1 合荒烏 無魚 hmaa
鄦 曉魚 b3 合虚吕 無魚 hmaʔ
撫 敷虞 b3 合芳武 無魚 mhaʔ
無 微虞 a3 合武夫 無魚 ma 舞初文
瞴 微虞 a3 合武夫 無魚 ma
膴 微虞 a3 合武夫 無魚 ma
蕪 微虞 a3 合武夫 無魚 ma
璑 微虞 a3 合武夫 無魚 ma
鷡# 微虞 a3 合武夫 無魚 ma 尔雅作毋
譕 微虞 a3 合武夫 無魚 ma
墲 微虞 a3 合武夫 無魚 ma
憮 微虞 a3 合武夫 無魚 ma
舞 微虞 b3 合文甫 無魚 maʔ 無字转注
憮 微虞 b3 合文甫 無魚 maʔ
廡 微虞 b3 合文甫 無魚 maʔ
嫵 微虞 b3 合文甫 無魚 maʔ
甒 微虞 b3 合文甫 無魚 maʔ
潕 微虞 b3 合文甫 無魚 maʔ
膴 微虞 b3 合文甫 無魚 maʔ
瞴 微虞 b3 合文甫 無魚 maʔ
儛 微虞 b3 合文甫 無魚 maʔ 同舞，见庄子
吾 疑麻 a2 開五加 五魚 ŋraa 允吾，汉县
衙 疑麻 a2 開五加 五魚 ŋraa 秦地，又牙分化字
鼯 疑模 a1 合五乎 五魚 ŋaa
浯 疑模 a1 合五乎 五魚 ŋaa
珸 疑模 a1 合五乎 五魚 ŋaa
郚 疑模 a1 合五乎 五魚 ŋaa 见史记
齬 疑模 a1 合五乎 五魚 ŋaa
鋙# 疑模 a1 合五乎 五魚 ŋaa
娪 疑模 a1 合五乎 五魚 ŋaa 又释名谓女
梧 疑模 a1 合五乎 五魚 ŋaa

峿 疑模 a1 合五乎 五魚 ŋaa
吾 疑模 a1 合五乎 五魚 ŋaa
五 疑模 b1 合疑古 五魚 ŋaaʔ
伍 疑模 b1 合疑古 五魚 ŋaaʔ
寤 疑模 c1 合五故 五魚 ŋaas
忤 疑模 c1 合五故 五魚 ŋaas 同忤
晤 疑模 c1 合五故 五魚 ŋaas
悟 疑模 c1 合五故 五魚 ŋaas
逜 疑模 c1 合五故 五魚 ŋaas 见尔雅
寤 疑模 c1 合五故 五魚 ŋaas 见苍颉
捂 疑模 c1 合五故 五魚 ŋaas 见仪礼
齬 疑魚 a3 合語居 五魚 ŋa
鋙# 疑魚 a3 合語居 五魚 ŋa
衙 疑魚 a3 合語居 五魚 ŋa
語 疑魚 b3 合魚巨 五魚 ŋaʔ
圄 疑魚 b3 合魚巨 五魚 ŋaʔ
齬 疑魚 b3 合魚巨 五魚 ŋaʔ
敔 疑魚 b3 合魚巨 五魚 ŋaʔ
鋙 疑魚 b3 合魚巨 五魚 ŋaʔ
衙 疑魚 b3 合魚巨 五魚 ŋaʔ
語 疑魚 c3 合牛倨 五魚 ŋas
卸 心麻 c3 開司夜 午魚 snjaas
汻# 曉唐 b1 開呼朗 午陽 hŋaaŋʔ 又说文表滸
滸 曉模 b1 合呼古 午魚 hŋaaʔ 说文作汻
午 疑模 b1 合疑古 午魚 ŋaaʔ 杵初文
仵 疑模 b1 合疑古 午魚 ŋaaʔ
旿# 疑模 b1 合疑古 午魚 ŋaaʔ
忤 疑模 c1 合五故 午魚 ŋaas
迕 疑模 c1 合五故 午魚 ŋaas
杵 昌魚 b3 合昌與 午魚 ŋhjaʔ 午字转注
籞 疑魚 b3 合魚巨 午魚 ŋaʔ 同御，见汉书
蘌 疑魚 b3 合魚巨 午魚 ŋaʔ 见张衡赋
篽 疑魚 b3 合魚巨 午魚 ŋaʔ
禦 疑魚 b3 合魚巨 午魚 ŋaʔ
禦 疑魚 c3 合牛據 午魚 ŋas
許 曉魚 b3 合虚吕 午魚 hŋaʔ
御 疑魚 c3 合牛倨 午魚 ŋas/ʔ
賦 非虞 c3 合方遇 武魚 mpas
陚 非虞 c3 合方遇 武魚 mpas
武 微虞 b3 合文甫 武魚 maʔ
鵡 微虞 b3 合文甫 武魚 maʔ 见礼记，说文从母
珷# 微虞 b3 合文甫 武魚 maʔ
碔 微虞 b3 合文甫 武魚 maʔ 同珷，见子虚赋
娬 微虞 b3 合文甫 武魚 maʔ
虺 曉灰 a1 合呼恢 兀微2 hŋuul
虺 曉灰 a1 合呼恢 兀微2 hŋuul 见胡笳十八拍
𩒣# 曉灰 a1 合呼恢 兀微2 hŋuul
虺 曉皆 a2 合呼懷 兀微2 hŋruul
虺 曉微 b3 合許偉 兀微2 hŋulʔ
虫 曉微 b3 合許偉 兀微2 hŋulʔ 经典通作虺
髡 溪魂 a1 合苦昆 兀文2 ŋhuun
軏 疑月 d3 合魚厥 兀月3 ŋod
抈 疑月 d3 合魚厥 兀月3 ŋod
兀 疑没 d1 合五忽 兀物2 ŋuud
扤 疑没 d1 合五忽 兀物2 ŋuud
杌 疑没 d1 合五忽 兀物2 ŋuud
屼# 疑没 d1 合五忽 兀物2 ŋuud

砈[#] 疑没 d1 合五忽　兀物2　ŋuud
甈[#] 疑没 d1 合五忽　兀物2　ŋuud
軏　疑没 d1 合五忽　兀物2　ŋuud
脗　明真 b3a 開武盡　勿真1　minʔ
右下原讹日，吻分化字，见庄子
吻　微文 b3 合武粉　勿文1　mɯnʔ
刎　微文 b3 合武粉　勿文1　mɯnʔ
伆　微文 b3 合武粉　勿文1　mɯnʔ
见方言
匢　微文 b3 合武粉　勿文1　mɯnʔ
本音報，此疑形与勿伆近而讹读
沕　明質 d3b 開美畢　勿物1　mrɯd
见汉赋
忽　曉没 d1 合呼骨　勿物1　hmɯɯd
昒　曉没 d1 合呼骨　勿物1　hmɯɯd
惚　曉没 d1 合呼骨　勿物1　hmɯɯd
见老子今本
匫　曉没 d1 合呼骨　勿物1　hmɯɯd
笏　曉没 d1 合呼骨　勿物1　hmɯɯd
见礼记、释名
曶　曉没 d1 合呼骨　勿物1　hmɯɯd
淴[#] 影没 d1 合烏沒　勿物1　ʔmɯɯd
物　微物 d3 合文弗　勿物1　mɯd
勿　微物 d3 合文弗　勿物1　mɯd 甲金文象人没水，为沕初文
芴　微物 d3 合文弗　勿物1　mɯd
岉　微物 d3 合文弗　勿物1　mɯd 见汉赋
伆　微物 d3 合文弗　勿物1　mɯd 见方言
沕　微物 d3 合文弗　勿物1　mɯd 见史记，勿之转注字
昒　微物 d3 合文弗　勿物1　mɯd 又莫撥切
茂　明侯 c1 開莫候　戊幽1　<muus
戊　明侯 c1 開莫候　戊幽1　<muus
朱芳圃云劉之初文，刘心源云矛初文。五代避朱温祖讳改为武而冒武音

X

夕　邪昔 d3 開祥易　夕鐸　ljaag
汐　邪昔 d3 開祥易　夕鐸　ljaag 见管子
穸　邪昔 d3 開祥易　夕鐸　ljaag
盻　疑齊 c4 開五計　兮支　ŋees
兮　匣齊 a4 開胡雞　兮支　ɢee
盻　匣齊 c4 開胡計　兮支　ɢees
枍　影齊 c4 開於計　兮支　qees 汉有枍栺宫
粞[#] 心咍 a1 開蘇來　西微1　sɯɯl
洒　生佳 c2 開所賣　西歌1　sraals<srɯɯls
西　心齊 a4 開先稽　西微1　sɯɯl
卤　心齊 a4 開先稽　西微1　sɯɯl 籀文西
卥　心齊 a4 開先稽　西微1　sɯɯl 古文西
栖　心齊 a4 開先稽　西微1　sɯɯl
同棲
粞[#] 心齊 a4 開先稽　西微1　sɯɯl
洒　心齊 b4 開先禮　西微1　sɯɯlʔ
同洗
栖　心齊 c4 開蘇計　西微1　sɯɯls
茜　清先 c4 開倉甸　西文1　shɯɯns
哂　書真 b3 開式忍　西文1　hljɯnʔ
桸[#] 曉支 a3b 開許羈　希歌1　hral
郗　徹脂 a3 開丑飢　希微1　lhɯl
絺　徹脂 a3 開丑飢　希微1　lhɯl
脪[#] 徹脂 a3 開丑飢　希微1　lhɯl
瓻[#] 徹脂 a3 開丑飢　希微1　lhɯl
希　曉微 a3 開香衣　希微1　hlɯl

晞　曉微 a3 開香衣　希微1　hlɯl
莃　曉微 a3 開香衣　希微1　hlɯl
鵗　曉微 a3 開香衣　希微1　hlɯl 见尔雅
稀　曉微 a3 開香衣　希微1　hlɯl
睎　曉微 a3 開香衣　希微1　hlɯl
豨　曉微 a3 開香衣　希微1　hlɯl
桸♯ 曉微 a3 開香衣　希微1　hlɯl
悕　曉微 a3 開香衣　希微1　hlɯl
俙　曉微 a3 開香衣　希微1　hlɯl
欷　曉微 a3 開香衣　希微1　hlɯl
浠♯ 曉微 a3 開香依*　希微1　hlɯl
豨　曉微 b3 開虚豈　希微1　hlɯlʔ
俙　曉微 b3 開虚豈　希微1　hlɯlʔ
唏　曉微 b3 開虚豈　希微1　hlɯlʔ
欷　曉微 c3 開許既　希微1　hlɯls
唏　曉微 c3 開許既　希微1　hlɯls
脪　曉真 b3b 開興腎　希文1　hrɯnʔ 原列準韵
脪　曉欣 c3 開香靳　希文1　hlɯns
借　精麻 c3 開子夜　昔暮　ʔsjaags
唶　精麻 c3 開子夜　昔暮　ʔsjaags
藉　從麻 c3 開慈夜　昔暮　zjaags
蹡　從麻 c3 開慈夜　昔暮　zjaags 见史记
蜡　崇麻 c2 開鋤駕　昔暮　zraags
齰　崇麻 c2 開鋤駕　昔暮　zraags
醋　清模 c1 合倉故　昔暮　shaags
錯　清模 c1 合倉故　昔暮　shaags
措　清模 c1 合倉故　昔暮　shaags
厝　清模 c1 合倉故　昔暮　shaags
蜡　清魚 c3 合七慮　昔暮　shaags
錯　清鐸 d1 開倉各　昔鐸　shaag
厝　清鐸 d1 開倉各　昔鐸　shaag
逪　清鐸 d1 開倉各　昔鐸　shaag
剒　清鐸 d1 開倉各　昔鐸　shaag
鵲　清藥 d3 開七雀　昔鐸　shag
碏♯ 清藥 d3 開七雀　昔鐸　shag
踖　清藥 d3 開七雀　昔鐸　shag
趞　清藥 d3 開七雀　昔鐸　shag
散　清藥 d3 開七雀　昔鐸　shag 见尔雅
舄　清藥 d3 開七雀　昔鐸　shjaag 后作鵲
斮　莊藥 d3 開側略　昔鐸　ʔsrag
斮　莊覺 d2 開側角　昔鐸　ʔsraag>
簎　崇覺 d2 開士角　昔藥1　zraawG
諎　莊陌 d2 開側伯　昔鐸　ʔsraag
簎　初陌 d2 開測戟　昔鐸　shraag
齰　崇陌 d2 開鋤陌　昔鐸　zraag
矠　初麥 d2 開楚革　昔錫　shreeg
矠　崇麥 d2 開士革　昔錫　zreeg
借　精昔 d3 開資昔　昔鐸　ʔsjaag
踖　精昔 d3 開資昔　昔鐸　ʔsjaag
唶　精昔 d3 開資昔　昔鐸　ʔsjaag
散　清昔 d3 開七迹　昔鐸　shjaag 见尔雅
籍　從昔 d3 開秦昔　昔鐸　zjaag
踖　從昔 d3 開秦昔　昔鐸　zjaag
藉　從昔 d3 開秦昔　昔鐸　zjaag
耤　從昔 d3 開秦昔　昔鐸　zjaag
唶　從昔 d3 開秦昔　昔鐸　zjaag
猎　從昔 d3 開秦昔　昔鐸　zjaag 见山海经
簎♯ 從昔 d3 開秦昔　昔鐸　zjaag
昔　心昔 d3 開思積　昔鐸　sjaag
惜　心昔 d3 開思積　昔鐸　sjaag
腊　心昔 d3 開思積　昔鐸　sjaag

熔　心昔 d3 開思積　昔鐸　sjaag
楮　心昔 d3 開思積　昔鐸　sjaag 见尔雅
菥　心支 a3 開息移　析支　se
蜇　心支 a3 開息移　析支　se 见尔雅
析　心錫 d4 開先擊　析錫　seeg
晳　心錫 d4 開先擊　析錫　seeg
蜥　心錫 d4 開先擊　析錫　seeg
淅　心錫 d4 開先擊　析錫　seeg
菥　心錫 d4 開先擊　析錫　seeg
惁[#] 心錫 d4 開先擊　析錫　seeg
晰　心錫 d4 開先的[*]　析錫　seeg 见张衡赋
肸　曉質 d3b 開羲乙　肸物1　hrɯd 集韵又兵媚切,同鄪 prɯds
肸　曉迄 d3 開許訖　肸物1　hlɯd
厗　定齊 a4 開杜奚　犀脂1　l'iil 说文犀省声,疑表属辛之石
犀　心齊 a4 開先稽　犀脂1　sliil 说文辛声
遅　澄脂 a3 開直尼　犀脂1　l'il 遲籀文
謘　澄脂 a3 開直尼　犀脂1　l'il
遅　澄脂 c3 開直利　犀脂1　l'ils
稺　澄脂 c3 開直利　犀脂1　l'ils 通作穉,后作稚
謘　澄脂 c3 開直利　犀脂1　l'ils
息　心職 d3 開相即　息職　slɯg 说文自亦声
熄　心職 d3 開相即　息職　slɯg
媳[+] 心職 d3 開相即[+] 息職　slɯg 息晚起分化字
鄎　心職 d3 開相即　息職　slɯg
瘜　心職 d3 開相即　息職　slɯg
蒠　心職 d3 開相即　息職　slɯg 见尔雅

傒　心屑 d4 開先結　悉質1　siid
悉　心質 d3 開息七　悉質1　sid
蟋　心質 d3 開息七　悉質1　sid 见尔雅,说文作悉
傒　心質 d3 開息七　悉質1　sid
窸[#] 心質 d3 開息七　悉質1　sid
蟋　生質 d3 開所櫛　悉質1　srid
握[#] 泥皆 a2 開諾皆　犀脂1　rniil 諾由諾校改
犀　心齊 a4 開先稽　犀脂1　sliil 说文尾声
遅　澄脂 a3 開直尼　犀脂1　l'il
墀　澄脂 a3 開直尼　犀脂1　l'il
榼　曉咍 b1 開呼改　醯之　qhɯɯʔ 字见尔雅,释文无音,疑涉醯误读,广雅作醢
醯　曉齊 a4 開呼雞　醯支　qhee
榼　曉齊 a4 開呼雞　醯支　qhee 字见尔雅而音不见释文,疑涉醯误读,广雅作醢
謑　曉麻 c2 開呼訝　奚魚　qhraas
謑　曉佳 c2 開火懈　奚支　qhrees
膎　匣佳 a2 開户佳　奚支　gree
鞵　匣佳 a2 開户佳　奚支　gree
榽　匣佳 a2 開户佳　奚支　gree 见尔雅
鷄　見齊 a4 開古奚　奚支　kee 籀文雞
雞　見齊 a4 開古奚　奚支　kee
谿　溪齊 a4 開苦奚　奚支　khee
嵠[#] 溪齊 a4 開苦奚　奚支　khee 同谿
溪　溪齊 a4 開苦奚　奚支　khee 同谿
磎　溪齊 a4 開苦奚　奚支　khee 同谿,见汉赋
螇　溪齊 a4 開苦奚　奚支　khee
鸂[#] 溪齊 a4 開苦奚　奚支　khee
奚　匣齊 a4 開胡雞　奚支　gee 说文作籀文系省声,甲金文象抓索辮人为奴
徯　匣齊 a4 開胡雞　奚支　gee

傒 匣齊 a4 開胡雞 奚支 gee
蹊 匣齊 a4 開胡雞 奚支 gee
螇 匣齊 a4 開胡雞 奚支 gee
榽 匣齊 a4 開胡雞 奚支 gee 见尔雅
騱 匣齊 a4 開胡雞 奚支 gee
傒 匣齊 a4 開胡雞 奚支 gee
鼷 匣齊 a4 開胡雞 奚支 gee
蒵 匣齊 a4 開胡雞 奚支 gee 见尔雅
貕 匣齊 a4 開胡雞 奚支 gee
傒 匣齊 b4 開胡禮 奚支 geeʔ
謑 匣齊 b4 開胡禮 奚支 geeʔ
蒵# 匣齊 c4 開胡計 奚支 gees
傒# 匣齊 c4 開胡計 奚支 gees
摺 來合 d1 開盧合 習緝3 ruub
磖# 來合 d1 開盧合 習緝3 ruub
摺 章葉 d3 開之涉 習盍3 ʔljob 说文为另义败
褶+ 章葉 d3 開之涉+ 習盍3 ʔljob 襵摺晚起分化字
慴 章葉 d3 開之涉 習盍3 ʔliob
慴 定帖 d4 開徒協 習緝1 l'ɯɯb
褶 定帖 d4 開徒協 習緝1 l'ɯɯb 见礼记
霫# 心緝 d3 開先立 習緝3 slub
習 邪緝 d3 開似入 習緝3 ljub
鰼 邪緝 d3 開似入 習緝3 ljub
騽 邪緝 d3 開似入 習緝3 ljub
飁# 邪緝 d3 開似入 習緝3 ljub
槢 邪緝 d3 開似入 習緝3 ljub
褶# 邪緝 d3 開似入 習緝3 ljub
霫# 邪緝 d3 開似入 習緝3 ljub
褶# 禪緝 d3 開是執 習緝3 ɦljub>dj
熠 云緝 d3 開為立 習緝3 ɢrub
騽 云緝 d3 開為立 習緝3 ɢrub
熠 以緝 d3 開羊入 習緝3 lub
覡 匣錫 d4 開胡狄 覡錫 geeg 或云見亦声
簁# 生皆 a2 開山皆 徙歌2 sreel 原左下从玉，注俗作此
徙 心支 b3 開斯氏 徙歌2 selʔ
簁 生支 a3 開所宜 徙歌2 srel
褷# 生支 a3 開所宜 徙歌2 srel 同襹
屣 生支 b3 開所綺 徙歌2 srelʔ
縰 生支 b3 開所綺 徙歌2 srelʔ 同纚
簁 生支 b3 開所綺 徙歌2 srelʔ
蓰 生支 b3 開所綺* 徙歌2 srelʔ
屣 生支 c3 開所寄 徙歌2 srels
嘻 曉之 a3 開許其 喜之 qhɯ
嬉 曉之 a3 開許其 喜之 qhlɯ
禧 曉之 a3 開許其 喜之 qhlɯ
熹 曉之 a3 開許其 喜之 qhlɯ
僖 曉之 a3 開許其 喜之 qhlɯ
歖 曉之 a3 開許其 喜之 qhlɯ
譆 曉之 a3 開許其 喜之 qhlɯ
瞦 曉之 a3 開許其 喜之 qhlɯ
喜 曉之 b3 開虛里 喜之 qhlɯʔ/s
禧 曉之 b3 開虛里 喜之 qhlɯʔ
憙 曉之 b3 開虛里 喜之 qhlɯʔ
蟢# 曉之 b3 開虛里 喜之 qhlɯʔ
憙 曉之 c3 開許記 喜之 qhlɯs
嬉 曉之 c3 開許記 喜之 qhlɯs
糦 昌之 c3 開昌志 喜之 khljɯs
饎 昌之 c3 開昌志 喜之 khljɯs
匸 匣齊 b4 開胡禮 匸支 geeʔ
卌 心緝 d3 開先立 卌緝3 sub
係 見齊 c4 開古詣 系賜 keegs
系 匣齊 c4 開胡計 系賜 geegs

屓　曉脂 c3b 開虛器　屓至1　qhrids 见张衡赋
茵# 曉迄 d3 開許訖　茵物1　qhɯd 集韵作蔏
寫　心麻 b3 開悉姐　舄魚　sjaaʔ
瀉　心麻 b3 開悉姐　舄魚　sjaaʔ
瀉　心麻 c3 開司夜　舄暮　sjaags
舄　清藥 d3 開七雀　舄鐸　shag<shjag后作鹊
獡　書藥 d3 開書藥　舄鐸　hjag读若愬
舄　心昔 d3 開思積　舄鐸　sjaag
潟　心昔 d3 開思積　舄鐸　sjaag
磶　心昔 d3 開思積　舄鐸　sjaag见张衡赋
蕮　心昔 d3 開思積　舄鐸　sjaag
虩　生麥 d2 開山責　隙錫　sqhreeg<aag
隙　溪陌 d3 開綺戟　隙鐸　khrag本象山隙缝透射日光，或省阜
虩　曉陌 d3 開許郤　隙鐸　qhrag
舝　匣鎋 d2 開胡瞎　舝月1　graad说文鎋字
丅　匣麻 b2 開胡雅　下魚　graaʔ古文下
下　匣麻 b2 開胡雅　下魚　graaʔ
下　匣麻 c2 開胡駕　下魚　graas
芐　匣麻 c2 開胡駕　下魚　graas见礼记
芐　匣模 b1 合侯古　下魚　gaaʔ
榎　見麻 b2 開古疋　夏魚　kraaʔ同檟，见尔雅
廈　生麻 c2 開所嫁　夏魚　sqhraas
嗄　生麻 c2 開所嫁　夏魚　sqhraas见庄子
夏　匣麻 b2 開胡雅　夏魚　graaʔ
廈　匣麻 b2 開胡雅　夏魚　graaʔ
夏　匣麻 c2 開胡駕　夏魚　graas
嗄　影夬 c2 開於犗　夏祭1　qraads见庄子
仚　曉仙 a3b 開許延　仚元2　qhren
洗　心薺 b4 開先禮　先微1　sɯɯlʔ
先　心先 a4 開蘇前　先文1　sɯɯn
銑　心先 b4 開蘇典　先文1　sɯɯnʔ
洗　心先 b4 開蘇典　先文1　sɯɯnʔ
跣　心先 b4 開蘇典　先文1　sɯɯnʔ
毨　心先 b4 開蘇典　先文1　sɯɯnʔ
姺　心先 b4 開蘇典　先文1　sɯɯnʔ
筅# 心先 b4 開蘇典　先文1　sɯɯnʔ同箲
冼+ 心先 b4 開蘇典+ 先文1　sɯɯnʔ洗姓新分化字
箲# 心先 b4 開蘇典　先文1　sɯɯnʔ
先　心先 c4 開蘇佃　先文1　sɯɯns
駪　生臻 a3 開所臻　先真1　srin
𤙖　生臻 a3 開所臻　先真1　srin
詵　生臻 a3 開所臻　先真1　srin
侁　生臻 a3 開所臻　先真1　srin
姺　生臻 a3 開所臻　先真1　srin
暹# 心鹽 a3 開息廉　暹談2　sem
醶　初咸 b2 開初減　韱談2　shreemʔ
攕　生咸 a2 開所咸　韱談2　sreem
櫼# 生咸 a2 開所咸　韱談2　sreem同杉，说文又义音尖
懺# 初銜 c2 開楚鑒　韱談1　shraams梵译 kṣama
殲　精鹽 a3 開子廉　韱談2　ʔsem
瀸　精鹽 a3 開子廉　韱談2　ʔsem
鑯　精鹽 a3 開子廉　韱談2　ʔsem后作尖
櫼　精鹽 a3 開子廉　韱談2　ʔsem
瀸　精鹽 a3 開子廉　韱談2　ʔslem见

尔雅
籖　清鹽 a3 開千廉　韱談 2　shem
𢧵　心鹽 a3 開息廉　韱談 2　sem 韱注或体，见太玄
纖　心鹽 a3 開息廉　韱談 2　sem
孅　心鹽 a3 開息廉　韱談 2　sem
韱　心鹽 a3 開息廉　韱談 2　sem
襳# 心鹽 a3 開息廉　韱談 2　sem
襳　生鹽 a3 開史炎　韱談 2　srem 见张衡赋
襳　生侵 a3 開所今　韱侵 2　srim 见张衡赋
讖　初侵 c3 開楚譖　韱侵　shrims
鲜　心仙 a3 開相然　鲜元 2　sen 说文𩵦省声
鮮　心仙 a3 開相然　鲜元 2　sen
鲜　心仙 b3 開息淺　鲜元 2　sen? 说文𩵦省声
癣　心仙 b3 開息淺　鲜元 2　sen?
蘚# 心仙 b3 開息淺　鲜元 2　sen?
鮮　心仙 b3 開息淺　鲜元 2　sen?
鲜　心仙 c3 開私箭　鲜元 2　sens
鱻　心仙 a3 開相然　鱻元 2　sen
棪　邪盐 a3 开徐廉*　棪談　ljam
蕣　邪盐 a3 开徐廉*　棪談　ljam
感　見覃 b1 開古禫　咸侵 1　kɯɯm?
鳡　見覃 b1 開古禫　咸侵 1　kɯɯm? 见山海经
顑　溪覃 b1 開苦感　咸侵 1　khɯɯm?
轗# 溪覃 b1 開苦感　咸侵 1　khɯɯm? 同坎坷之坎
轗# 溪覃 c1 開苦紺　咸侵 1　khɯɯms
撼　匣覃 b1 開胡感　咸侵 1　gɯɯm? 见汉赋
憾　匣覃 c1 開胡紺　咸侵 1　gɯɯms
喊　曉談 b1 開呼覽　咸談 1　qhaam?
緘　見咸 a2 開古咸　咸侵 1　krɯɯm
瑊　見咸 a2 開古咸　咸侵 1　krɯɯm 见山海经
鰔　見咸 a2 開古咸　咸侵 1　krɯɯm 见庄子，说文从箴
減　見咸 b2 開古斬　咸侵 1　krɯɯm?
鰔　疑咸 a2 開五咸　咸侵 1　ŋgrɯɯm 见庄子
羬　疑咸 a2 開五咸　咸侵 1　ŋgrɯɯm
麙　疑咸 a2 開五咸　咸侵 1　ŋgrɯɯm
顑　疑咸 c2 開玉陷　咸侵 1　ŋgrɯɯms 余校玉为五
喊　曉咸 b2 開呼豏　咸侵 1　qhrɯɯm?
咸　匣咸 a2 開胡讒　咸侵 1　grɯɯm 从口从戌会味刺口之意，为鹹初文
鹹　匣咸 a2 開胡讒　咸侵 1　grɯɯm 鹹转注字
醎　匣咸 a2 開胡讒　咸侵 1　grɯɯm 俗鹹字，见战国策
諴　匣咸 a2 開胡讒　咸侵 1　grɯɯm
椷　匣咸 a2 開胡讒　咸侵 1　grɯɯm
輱# 匣咸 a2 開胡讒　咸侵 1　grɯɯm
減　匣咸 b2 開下斬　咸侵 1　grɯɯm?
喊　匣咸 b2 開下斬　咸侵 1　grɯɯm? 见方言
鍼　群鹽 a3a 開巨鹽　咸談 1　gam
鰔　群鹽 a3b 開巨淹　咸談 1　gram
鍼　群鹽 a3b 開巨淹　咸談 1　gram
鍼　章侵 a3 開職深　咸侵 3　kjɯm
箴　章侵 a3 開職深　咸侵 3　kjɯm
葴　章侵 a3 開職深　咸侵 3　kjɯm
瑊　章侵 a3 開職深　咸侵 3　kjum
鱵# 章侵 a3 開職深　咸侵 3　kjum
閑　匣山 a2 開户間　閑元 2　green
嫻　匣山 a2 開户間　閑元 2　green
鷳　匣山 a2 開户間　閑元 2　green

銜　匣銜 a2 開户監　銜談 1　graam 当为从金行声

尠　心仙 b3 開息淺　尠元 1　sen? 见九思，说文作尟

尟　心仙 b3 開息淺　尟元 2　sen?

顯　曉先 b4 開呼典　顯元 2　hŋeen?

韅　曉先 b4 開呼典　顯元 2　hŋeen?

萏　定覃 b1 開徒感　臽談 3　l'oom?

窞　定覃 b1 開徒感　臽談 3　l'oom? 臽分化字

惂　溪覃 b1 開苦感　臽談 3　khloom?

轁　溪覃 b1 開苦感　臽談 3　khloom?

錎# 溪覃 b1 開苦感　臽談 3　khloom?

埳　溪覃 b1 開苦感　臽談 3　khloom? 臽转注字

臽　溪覃 b1 開苦感　臽談 3　khloom?

淊　匣覃 b1 開胡感　臽談 3　gloom?

欿　匣覃 b1 開胡感　臽談 3　gloom?

蜭　匣覃 b1 開胡感　臽談 3　gloom?

蜭　匣覃 c1 開胡紺　臽侵 3　gluums

啗　定談 b1 開徒敢　臽談 1　l'aam?

啗　定談 c1 開徒濫　臽談 1　l'aams

鵮# 知咸 a2 開竹咸　臽談 3　?r'oom/t-kroom

鵮# 溪咸 a2 開苦咸　臽談 3　khroom

鵮# 溪咸 c2 開口陷　臽談 3　khrooms 同歁(应支旁)，依余校補

餡+ 匣咸 c2 開乎韽*　臽談 3　grooms 賺臁后起字

陷　匣咸 c2 開户韽　臽談 3　grooms 臽转注字

臽　匣咸 c2 開户韽　臽談 3　grooms

錎# 匣咸 c2 開户韽　臽談 3　grooms

淊　影咸 a2 開乙咸　臽談 3　qroom

淊# 影咸 c2 開於陷　臽談 3　qrooms

燖　邪鹽 a3 開徐鹽　臽談 3　ljom 同燅

諂　徹鹽 b3 開丑琰　臽談 3　lhom? 说文同讇

讇　徹鹽 b3 開丑琰　臽談 3　lhom? 同諂

閻　以鹽 a3 開余廉　臽談 3　lom

浛# 以鹽 b3 開以冉　臽談 3　lom?

焰# 以鹽 c3 開以贍　臽談 3　loms 燄转注分化字

壛　以鹽 a3 開余廉　臽談 3　lom

櫩　以鹽 a3 開余廉　臽談 3　lom 同簷，见淮南子

爓　以鹽 c3 開以贍　臽談 3　loms

燄　以鹽 b3 開以冉　臽談 3　lom?

掐　溪洽 d2 開苦洽　臽盍 3　khroob

惓#2 心仙 c3 開私箭　惓元 2　sens

羨　以脂 a3 開以脂　羨歌 3　lil<lel 沙羨，汉县

羨　邪仙 c3 開似面　羨元 1　ljans 次字转注

羨　以仙 c3 開予線　羨元 1　lans/lens 予原作于，依唐韵改

縣　匣先 a4 合胡涓　縣元 2　gʷeen

懸　匣先 a4 合胡涓　縣元 2　gʷeen 俗同縣通用

縣　匣先 c4 合黄練　縣元 2　gʷeens

相　心陽 a3 開息良　相陽　slaŋ

廂　心陽 a3 開息良　相陽　slaŋ

湘　心陽 a3 開息良　相陽　slaŋ

緗　心陽 a3 開息良　相陽　slaŋ

箱　心陽 a3 開息良　相陽　slaŋ

葙# 心陽 a3 開息良　相陽　slaŋ

想　心陽 b3 開息兩　相陽　slaŋ?

相　心陽 c3 開息亮　相陽　slaŋs

霜　生陽 a3 開色莊　相陽　sraŋ

孀 生陽 a3 開色莊 相陽 sraŋ
鸘 生陽 a3 開色莊 相陽 sraŋ
驦 生陽 a3 開色莊 相陽 sraŋ 见汉赋
香 曉陽 a3 開許良 香陽 qhaŋ
萫# 曉陽 c3 開許亮 香陽 qhaŋs
皀 曉陽 a3 開許良 皀2陽 qhaŋ
鄉 書陽 b3 開書兩 鄉陽 qhjaŋʔ/hljaŋ
鄉 書陽 c3 開式亮 鄉陽 qhjaŋs/hljaŋs
鄉 曉陽 a3 開許良 鄉陽 qhaŋ/hlaŋ 甲金文象两人对食，为飨初文
薌 曉陽 a3 開許良 鄉陽 qhaŋ
膷 曉陽 a3 開許良 鄉陽 qhaŋ
響 曉陽 b3 開許兩 鄉陽 qhaŋʔ
饗 曉陽 b3 開許兩 鄉陽 qhaŋ/ʔ 鄉转注字
蠁 曉陽 b3 開許兩 鄉陽 qhaŋʔ
嚮 曉陽 b3 開許兩 鄉陽 qhaŋʔ
鄉 曉陽 b3 開許兩 鄉陽 qhaŋʔ/hlaŋʔ
鄉 曉陽 c3 開許亮 鄉陽 qhaŋs/hlaŋs
蠁 曉陽 c3 開許亮 鄉陽 qhaŋs
嚮 曉陽 c3 開許亮 鄉陽 qhaŋs 鄉转注分化字
卿 溪庚 a3 開去京 鄉陽 khraŋ 鄉转注分化字
囊 泥唐 a1 開奴當 襄陽 naaŋ
蠰 泥唐 a1 開奴當 襄陽 naaŋ
曩 泥唐 b1 開奴朗 襄陽 naaŋʔ
灢# 泥唐 b1 開奴朗 襄陽 naaŋʔ
儾# 泥唐 c1 開奴浪 襄陽 naaŋs
灢# 泥唐 c1 開奴浪 襄陽 naaŋs
孃 泥陽 a3 開女良 襄陽 naŋ
瓤 泥陽 a3 開女良 襄陽 naŋ 见汉赋
鑲 泥陽 a3 開女良 襄陽 naŋ
釀 泥陽 c3 開女亮 襄陽 naŋs
瓖 心陽 a3 開息良 襄陽 snaŋ
驤 心陽 a3 開息良 襄陽 snaŋ
襄 心陽 a3 開息良 襄陽 snaŋ 从衣，中从𤕦之初文得声
纕 心陽 a3 開息良 襄陽 snaŋ
儴 心陽 a3 開息良 襄陽 snaŋ
瓖 心陽 a3 開息良 襄陽 snaŋ
欀# 心陽 a3 開息良 襄陽 snaŋ
蠰 生陽 a3 開色莊 襄陽 sraŋ
饟 書陽 a3 開式羊 襄陽 hnjaŋ
饟 書陽 b3 開書兩 襄陽 hnjaŋʔ
饟 書陽 c3 開式亮 襄陽 hnjaŋs 金文象人顶皿餉田，此为转注字
蠰 書陽 c3 開式亮 襄陽 hnjaŋs
瓤 日陽 a3 開汝陽 襄陽 njaŋ 见汉赋
攘 日陽 a3 開汝陽 襄陽 njaŋ
禳 日陽 a3 開汝陽 襄陽 njaŋ
穰 日陽 a3 開汝陽 襄陽 njaŋ
鑲 日陽 a3 開汝陽 襄陽 njaŋ
躟# 日陽 a3 開汝陽 襄陽 njaŋ
瀼 日陽 a3 開汝陽 襄陽 njaŋ
獽# 日陽 a3 開汝陽 襄陽 njaŋ
儴 日陽 a3 開汝陽 襄陽 njaŋ 见尔雅
蘘 日陽 a3 開汝陽 襄陽 njaŋ
鬤 日陽 a3 開汝陽 襄陽 njaŋ 见大招
勷# 日陽 a3 開汝陽 襄陽 njaŋ
孃 日陽 a3 開汝陽 襄陽 njaŋ
壤 日陽 b3 開如兩 襄陽 njaŋʔ

攘　日陽 b3 開如兩　襄陽　njaŋʔ
穰　日陽 b3 開如兩　襄陽　njaŋʔ
蠰　日陽 b3 開如兩　襄陽　njaŋʔ
躟# 日陽 b3 開如兩　襄陽　njaŋʔ
嚷+ 日陽 b3 開如兩+ 襄陽　njaŋʔ 孃、攘晚起分化新字
讓　日陽 c3 開人樣　襄陽　njaŋ/s
欀# 日陽 c3 開人樣　襄陽　njaŋs
攘　日陽 c3 開人樣　襄陽　njaŋs
懹　日陽 c3 開人樣　襄陽　njaŋs 见方言
鬤# 娘庚 a2 開乃庚　襄陽　rnaaŋ
攮+ 泥江 b2 開匿講+ 襄東　rnooŋʔ 攮晚起新字
亯　曉陽 b3 開許兩　亯陽　qhaŋ/ʔ 后作享、亨
晌+ 書陽 b3 開書兩+ 向陽　hljaŋʔ 曏晚起字
餉　書陽 c3 開式亮　向陽　hljaŋs
向　書陽 c3 開式亮　向陽　hljaŋs
珦　書陽 c3 開式亮　向陽　hljaŋs
向　曉陽 c3 開許亮　向陽　hlaŋ/s
珦　曉陽 c3 開許亮　向陽　hlaŋs
潒　定唐 b1 開徒朗　象陽　l'aaŋʔ
像　邪陽 b3 開徐兩　象陽　ljaŋʔ
象　邪陽 b3 開徐兩　象陽　ljaŋʔ
橡　邪陽 b3 開徐兩　象陽　ljaŋʔ
蟓　邪陽 b3 開徐兩　象陽　ljaŋʔ
襐　邪陽 b3 開徐兩　象陽　ljaŋʔ
勨　邪陽 b3 開徐兩　象陽　ljaŋʔ
鱌# 邪陽 b3 開徐兩　象陽　ljaŋʔ
潒　邪陽 b3 開徐兩　象陽　ljaŋʔ
嶑# 邪陽 b3 開徐兩　象陽　ljaŋʔ
蟓　書陽 c3 開式亮　象陽　hljaŋs
勨　以陽 b3 開餘兩　象陽　laŋʔ
県　見蕭 a4 開古堯　県宵2　keew 原作県，象倒懸首，通作梟
梟　見蕭 a4 開古堯　梟宵2　keew
鴞　見蕭 a4 開古堯　梟宵2　keew 见汉书
鄡　溪蕭 a4 開苦幺　梟宵2　kheew
猇# 曉肴 a2 開許交　猇幽1　qhruu 同说文虓，书讹，应属九声
猇　匣肴 a2 開胡茅　猇幽1　ɢruu 汉县名，苏林读。又直交[支]切，系应劭作虒声读
嚻　疑豪 a1 開牛刀*　嚻宵1　ŋaaw
嚻　曉宵 a3b 開許嬌　嚻宵1　hŋraw
藃　曉宵 a3b 開許嬌　嚻宵1　hŋraw
魦# 初肴 a2 開初交*　小宵2　smhreew
抄# 初肴 a2 開楚交　小宵2　smhreew 说文作鈔，此为分化字
鈔　初肴 a2 開楚交　小宵2　smhreew 同抄
訬　初肴 a2 開楚交　小宵2　smhreew
炒# 初肴 b2 開初爪　小侯　shrooʔ 同㷅，说文从鬲芻芻声
吵# 初肴 b2 開初爪　小宵2　smhreewʔ 说文訬之分化字
耖# 初肴 c2 開初教　小宵2　smhreews
抄# 初肴 c2 開初教　小宵2　smhreews
鈔　初肴 c2 開初教　小宵2　smhreews 同抄
仯# 初肴 c2 開初教　小宵2　smhreews
魦# 初肴 c2 開初教　小宵2　smhreews
眇　明宵 b3a 開亡沼　小宵2　mewʔ
渺　明宵 b3a 開亡沼　小宵2　mewʔ
訬　明宵 b3a 開亡沼　小宵2　mewʔ
杪　明宵 b3a 開亡沼　小宵2　mewʔ
秒　明宵 b3a 開亡沼　小宵2　mewʔ

吵[♯] 明宵 b3a 開亡沼 小宵 2 mewʔ
雉鸣声
篎 明宵 b3a 開亡沼 小宵 2 mewʔ
篎 明宵 c3a 開彌笑 小宵 2 mews
妙 明宵 c3a 開彌笑 小宵 2 mews
玅[♯] 明宵 c3a 開彌笑 小宵 2 mews
同妙
鈔 清宵 b3 開親小 小宵 2 smhewʔ
见方言,后作俏
小 心宵 b3 開私兆 小宵 2 smewʔ
甲金文象沙而指小,指事字
少 書宵 b3 開書沼 小宵 2 hmjewʔ
小转注字
麨[♯] 昌宵 b3 開尺沼 小宵 2 mhjewʔ
见汉简
少 書宵 c3 開失照 小宵 2 hmjews
尠 心虞 c3 合思句 小侯 smos 少分化字,见九思
梢 生肴 a2 開所交 肖宵 2 sreew
捎 生肴 a2 開所交 肖宵 2 sreew
筲 生肴 a2 開所交 肖宵 2 sreew
鞘[♯] 生肴 a2 開所交 肖宵 2 sreew
艄[♯] 生肴 a2 開所交[*] 肖宵 2 sreew
广韵船尾作梢
蛸 生肴 a2 開所交 肖宵 2 sreew
髾 生肴 a2 開所交 肖宵 2 sreew 见汉赋
輎[♯] 生肴 a2 開所交 肖宵 2 sreew
旓 生肴 a2 開所交 肖宵 2 sreew 见扬雄赋
弰 生肴 a2 開所交 肖宵 2 sreew
鮹[♯] 生肴 a2 開所交 肖宵 2 sreew
綃 生肴 a2 開所交 肖宵 2 sreew
颵[♯] 生肴 a2 開所交 肖宵 2 sreew
莦 生肴 a2 開所交 肖宵 2 sreew
娋 生肴 a2 開所交 肖宵 2 sreew
稍 生肴 c2 開所教 肖宵 2 sreews
娋 生肴 c2 開所教 肖宵 2 sreews
哨[♯] 生肴 c2 開所教[*] 肖宵 2 sreews
同艄,又睄(巡视)之分化字
掣 生肴 c2 開所教 肖豹2 sreewGS
潲[♯] 生肴 c2 開所教 肖豹2 sreews
睄[♯] 生肴 c2 開所教[*] 肖宵 2 sreews
悄 清宵 b3 開親小 肖宵 2 shewʔ
俏 清宵 c3 開七肖 肖宵 2 shews
峭 清宵 c3 開七肖 肖宵 2 shews
同陗
哨 清宵 c3 開七肖 肖宵 2 shews
见礼记
陗 清宵 c3 開七肖 肖宵 2 shews
帩[♯] 清宵 c3 開七肖 肖宵 2 shews
誚 從宵 c3 開才笑 肖宵 2 zews
掣 心宵 a3 開相邀 肖宵 2 slew
消 心宵 a3 開相邀 肖宵 2 slew
宵 心宵 a3 開相邀 肖宵 2 sew
霄 心宵 a3 開相邀 肖宵 2 sew
硝[♯] 心宵 a3 開相邀 肖宵 2 sew
銷 心宵 a3 開相邀 肖宵 2 slew
逍 心宵 a3 開相邀 肖宵 2 sew
綃 心宵 a3 開相邀 肖宵 2 sew
蛸 心宵 a3 開相邀 肖宵 2 sew
魈[♯] 心宵 a3 開相邀 肖宵 2 sew
哨 心宵 a3 開相邀 肖宵 2 sew
捎 心宵 a3 開相邀 肖宵 2 sew
痟 心宵 a3 開相邀 肖宵 2 slew
焇[♯] 心宵 a3 開相邀 肖宵 2 sew
同銷
莦 心宵 a3 開相邀 肖宵 2 sew
鮹[♯] 心宵 a3 開相邀 肖宵 2 sew

肖　心宵 a3 開相邀* 　肖宵2 　slew 见庄子、史记

肖　心宵 c3 開私妙　肖宵2 　slews 从肉小会消瘠意，小非声，与后起从肉肖声翟声字同源，参说文脱字注消肉臞也

鞘# 心宵 c3 開私妙　肖豹2 　slewGS 同鞘，方言作削

鞘　心宵 c3 開私妙　肖豹2 　slewGS 见小尔雅

趙　澄宵 b3 開治小　肖宵2 　l'ewʔ/rlewʔ 与蹻同源

箾　心蕭 a4 開蘇彫　肖宵2 　sleew

踃# 心蕭 a4 開蘇彫　肖宵2 　seew

削　心藥 d3 開息約　肖藥2 　slewG

箾　心蕭 a4 開蘇彫　肖宵2 　sleew

掣　生覺 d2 開所角　肖藥2 　sreewG

稍　生覺 d2 開所角　肖藥2 　sreewG 见释名，或作槊

皛　匣蕭 b4 開胡了　皛宵2 　geewʔ

酵# 見肴 c2 開古孝　孝幽1 　kruus

窙# 曉肴 a2 開許交　孝幽1 　qhruu

哮　曉肴 a2 開許交　孝幽1 　qhruu

庨　曉肴 a2 開許交　孝幽1 　qhruu 见张衡赋

涍# 曉肴 a2 開許交　孝幽1 　qhruu

孝　曉肴 c2 開呼教　孝幽1 　qhruus

哮　曉肴 c2 開呼教　孝幽1 　qhruus

涍# 曉肴 c2 開呼教　孝幽1 　qhruus

栛# 來齊 c4 開郎計　劦蓋2 　reebs

珕　來齊 c4 開郎計　劦蓋2 　reebs

荔　來齊 c4 開郎計　劦蓋2 　reebs

荔　來支 c3 開力智　劦蓋2 　rebs

珕　來支 c3 開力智　劦蓋2 　rebs

脅　曉嚴 c3 開許欠　劦談1 　hrams

㛍　曉嚴 c3 開許欠　劦談1 　hrams

拹　來合 d1 開盧合　劦盍1 　roob<raab

拹　來盍 d1 開盧盍　劦盍1 　raab

脅　曉業 d3 開虚業　劦盍1 　hrab

拹　曉業 d3 開虚業　劦盍1 　hrab

愶# 曉業 d3 開虚業　劦盍1 　hrab

嗋　曉業 d3 開虚業　劦盍1 　hrab

熁# 曉業 d3 開虚業　劦盍1 　hrab

協　匣帖 d4 開胡頰　劦盍2 　ɦreeb 劦转注

勰　匣帖 d4 開胡頰　劦盍2 　ɦreeb 劦转注

劦　匣帖 d4 開胡頰　劦盍2 　ɦreeb

叶　匣帖 d4 開胡頰　劦盍2 　ɦreeb 古文協

㐫　心薛 d3 開私列　㐫月2 　sed

瀣　匣咍 c1 開胡槩　 瀣代　ɡɯɯds 见楚辞远游

瀣　匣皆 c2 開胡介　瀣隊1 　ɡrɯɯds 见楚辞远游

瀣# 匣皆 c2 開胡介　瀣隊1 　ɡrɯɯds 说文声旁歺下有貝

薤　匣皆 c2 開胡介　瀣隊1 　ɡrɯɯds 俗体见礼记

燮　心帖 d4 開蘇協　燮盍2 　seeb

躞　心帖 d4 開蘇協　燮盍2 　seeb

沁　清侵 c3 開七鴆　心侵1 　shlɯms

吣# 清侵 c3 開七鴆　心侵1 　shlɯms

心　心侵 a3 開息林　心侵1 　slɯm

杺# 心侵 a3 開息林　心侵1 　slɯm

伈# 心侵 b3 開斯甚　心侵1 　slɯmʔ

親　清真 a3 開七人　辛真1 　shin 说文亲(同榛)声

寴　清真 a3 開七人　辛真1 　shin 親古文

親 清真 c3 開七遴 辛真1 shins

寴 清真 c3 開七遴 辛真1 shins

儭# 清真 c3 開七遴 辛真1 shins

瀙 清真 c3 開七遴 辛真1 shins

辛 心真 a3 開息鄰 辛真2 siŋ/slin 甲文象黥刺刀具，剭(皮伤)初文

新 心真 a3 開息鄰 辛真2 siŋ

薪 心真 a3 開息鄰 辛真2 siŋ

瀙 莊臻 a3 開側詵 辛真1 ʔsrin

襯# 初真 c3 開初覲 辛真1 shrins

櫬 初真 c3 開初覲 辛真1 shrins

瀙 初真 c3 開初覲 辛真1 shrins

嚫# 初真 c3 開初覲 辛真1 tshrinh 梵译達嚫 daksina 省称，也作儭襯

儭# 初真 c3 開初覲 辛真1 shrins

莘 生臻 a3 開所臻 辛真2 sriŋ

騂 心清 a3 開息營 辛耕 seŋ/sqhweŋ 说文觲省声，字林许营反 hweŋ

垶# 心清 a3 開息營 辛耕 seŋ 騂分化字

觲 心清 a3 開息營 辛耕 seŋ/sqhweŋ 说文作觲

崽 精咍 b1 開子亥* 囟之 ʔsluɯʔ 见方言

偲 清咍 a1 開倉才 囟之 snhɯɯ

腮# 心咍 a1 開蘇來 囟之 snɯɯ 顋注俗体

鰓# 心咍 a1 開蘇來 囟之 snɯɯ

揌# 心咍 a1 開蘇來 囟之 snɯɯ

顋# 心咍 a1 開蘇來 囟之 snɯɯ 俗又作腮

愢# 心咍 a1 開蘇來 囟之 snɯɯ

毢# 心咍 a1 開蘇來 囟之 snɯɯ 集韵又作毸

崽 生佳 a2 開山佳 囟支 srɯɯ> 见方言

諰 生佳 a2 開山佳 囟支 srɯɯ>

崽 生皆 a2 開山皆 囟之 srɯɯ 见方言

細 心齊 c4 開蘇計 囟微1 snɯɯls

思 心之 a3 開息兹 囟之 snɯ

緦 心之 a3 開息兹 囟之 snɯ

罳 心之 a3 開息兹 囟之 snɯ

禗 心之 a3 開息兹 囟之 snɯ 见汉书

偲 心之 a3 開息兹 囟之 snɯ

楒# 心之 a3 開息兹 囟之 snɯ 思类化加旁字

葸 心之 b3 開胥里 囟之 snɯʔ

諰 心之 b3 開胥里 囟之 snɯʔ

思 心之 c3 開相吏 囟之 snɯs

恖 心之 a3 開息兹 囟之 snɯ 说文思字

颸 初之 a3 開楚持 囟之 shrɯ

囟 心真 c3 開息晉 囟真2 snɯns 说文以農从囟声，声母当含鼻音

顖# 心真 c3 開息晉 囟真2 snɯns 同囟

毸# 心灰 a1 合素回 囟之 snɯɯ 毰毸联绵同化音变，原注出楚辞，未知所据

信 心真 c3 開息晉 信真1 hljins 金文或从人从口，本指操信符传言之信使，故表可信，或从言身声

衅 曉真 c3b 開許覲 衅文1 hmrɯns 见礼记

釁 曉真 c3b 開許覲 釁文1 hmrɯns 同衅，说文分亦声

舋 曉真 c3b 開許覲 釁文1 hmrɯns 俗釁字

亹 微微 b3 合無匪 釁微1 mɯlʔ

斖# 微微 b3 合無匪 釁微1 mɯlʔ 俗亹字

虋　明魂 a1 合莫奔　虋文1　mɯɯn
亹　明魂 a1 合莫奔　虋文1　mɯɯn
璺　微文 c3 合亡運　虋文1　mɯns 见方言、素问
興　曉蒸 a3 開虛陵　興蒸　qhɯŋ 甲文象众手举凡(帆)(杨树达)
興　曉蒸 c3 開許應　興蒸　qhɯŋs
譻#　曉蒸 c3 開許應　興蒸　qhɯŋs
嬹　曉蒸 c3 開許應　興蒸　qhɯŋs
笐　匣唐 a1 開胡郎　行陽　gaaŋ 见方言
桁　匣唐 a1 開胡郎　行陽　gaaŋ
行　匣唐 a1 開胡郎　行陽　gaaŋ
胻　匣唐 a1 開胡郎　行陽　gaaŋ
行　匣唐 c1 開下浪　行陽　gaaŋs
行　匣庚 a2 開户庚　行陽　graaŋ
衡　匣庚 a2 開户庚　行陽　graaŋ
蘅　匣庚 a2 開户庚　行陽　graaŋ
桁　匣庚 a2 開户庚　行陽　graaŋ
珩　匣庚 a2 開户庚　行陽　graaŋ
胻#　匣庚 a2 開户庚　行陽　graaŋ
洐　匣庚 a2 開户庚　行陽　graaŋ
笐　匣庚 a2 開户庚　行陽　graaŋ 见方言
荇　匣庚 b2 開何梗　行陽　graaŋʔ 说文同莕
行　匣庚 c2 開下更　行陽　graaŋs
胻　匣庚 c2 開下更　行陽　graaŋs
絎#　匣庚 c2 開下更　行陽　graaŋs
杏　匣庚 b2 開何梗　杏陽　graaŋʔ 说文可省声，段注改为向省声
莕　匣庚 b2 開何梗　杏陽　graaŋʔ
幸　匣耕 b2 開胡耿　幸耕　greeŋʔ
倖　匣耕 b2 開胡耿　幸耕　greeŋʔ
婞　匣青 b4 開胡頂　幸耕　geeŋʔ
涬　匣青 b4 開胡頂　幸耕　geeŋʔ
緈　匣青 b4 開胡頂　幸耕　geeŋʔ
悻　匣青 b4 開胡頂*　幸耕　geeŋʔ 同婞，见孟子
酗　曉虞 c3 合香句　凶侯　qhos
凶　曉鍾 a3 合許容　凶東　qhoŋ
匈　曉鍾 a3 合許容　凶東　qhoŋ 说文匂字，见集韵
兇　曉鍾 a3 合許容　凶東　qhoŋ
訩　曉鍾 a3 合許容　凶東　qhoŋ 说文同詾
胸+　曉鍾 a3 合許容+　凶東　qhoŋ 匂晚起字，手册即以代匂
匂　曉鍾 a3 合許容　凶東　qhoŋ 匈转注字
洶　曉鍾 a3 合許容　凶東　qhoŋ
恟#　曉鍾 a3 合許容　凶東　qhoŋ
詾　曉鍾 a3 合許容*　凶東　qhoŋ
詾　曉鍾 b3 合許拱　凶東　qhoŋʔ
兇　曉鍾 b3 合許拱　凶東　qhoŋʔ
洶　曉鍾 b3 合許拱　凶東　qhoŋʔ
怳　曉陽 b3 合許昉　兄陽　hmaŋʔ
況　曉陽 c3 合許訪　兄陽　hmaŋs
貺　曉陽 c3 合許訪　兄陽　hmaŋs
况#　曉陽 c3 合許訪　兄陽　hmaŋs 俗況字
兄　曉庚 a3 合許榮　兄陽　hmraŋ>hwaŋ 甲金文象张口呵喝之人，金文有往声者。疑初与孟同源
熊　云東 a3 合羽弓　熊侵1　$\mathrm{G^w}$ɯm 楚简作酓 qhɯɯm(呼含切*)
譞　見先 c4 合古縣　敻元2　$\mathrm{k^w}$eens
矎　曉先 a4 合火玄　敻元2　$\mathrm{qh^w}$een 见汉赋
敻　曉先 c4 合許縣　敻元2　$\mathrm{qh^w}$eens

讂　曉先 c4 合許縣　敻元 2　$qh^{w}eens$
瓊　群清 a3 合渠營　敻耕　$g^{w}e\eta$
藑　群清 a3 合渠營　敻耕　$g^{w}e\eta$
敻　曉清 c3 合休正　敻耕　$qh^{w}e\eta s$
矎　曉清 c3 合休正　敻耕　$qh^{w}e\eta s$ 见汉赋
鱝　見屑 d4 合古穴　敻月 2　$k^{w}eed$
茠　曉豪 a1 開呼毛　休幽 1　qhuu 说文同薅
烋　曉肴 a2 開火交　休幽 1　qhruu 香幽切所注又切，集韵或作咻即哮，见诗大雅
恘# 溪尤 a3 開去秋　休幽 1　khu 集韵并入祛尤切丘組
休　曉尤 a3 開許尤　休幽 1　qhu
貅　曉尤 a3 開許尤　休幽 1　qhu
咻　曉尤 a3 開許尤　休幽 1　qhu
庥　曉尤 a3 開許尤　休幽 1　qhu 休转注字
鵂　曉尤 a3 開許尤　休幽 1　qhu 见尔雅舍人注
髤　曉尤 a3 開許尤　休幽 1　qhu
髹　曉尤 a3 開許尤　休幽 1　qhu 髤注或体，见韩非子
烋# 曉幽 a3 開香幽　休幽 1　qhru 王韵许彪反
咻# 曉虞 b3 合況羽　休侯　qhoʔ 左传作燠休
鼺# 曉幽 a3 開香幽　鼺幽 1　qhru
透# 透侯 c1 開他候　秀侯　lhoos
莠　以尤 b3 開與久　秀幽 1　luʔ
誘　以尤 b3 開與久　秀幽 1　luʔ
蜏　以尤 b3 開與久　秀幽 1　luʔ
琇　以尤 b3 開與久　秀幽 1　luʔ
秀　心尤 c3 開息救　秀幽 1　slus
蜏　心尤 c3 開息救　秀幽 1　slus
琇　心尤 c3 開息救　秀幽 1　slus
銹# 心尤 c3 開息救*　秀幽 1　slus 同鏥，或作鏽，又息六切
螃　以尤 c3 開余救　秀幽 1　lus
透　書屋 d3 合式竹　秀覺 1　hljug 见方言
褎　邪尤 c3 開似祐　褎幽 2　ljɯws 袖注或体，说文正体，爪禾乃秀省声，非穗声
褎　以尤 c3 開余救　褎幽 2　lɯws
滅　明薛 d3a 開亡列　戌月 2　med 威转注
搣　明薛 d3a 開亡列　戌月 2　med
威　曉薛 d3a 合許劣　戌月 2　hmed 戌转注分化字
戌　心術 d3 合辛聿　戌質 2　smid
珬# 心術 d3 合辛聿　戌質 2　smid
鉞# 心術 d3 合辛聿　戌質 2　smid
剨# 曉麥 d2 合呼麥　砉錫　$qh^{w}reeg$
湱# 曉麥 d2 合呼麥　砉錫　$qh^{w}reeg$
砉　曉陌 d2 合虎伯　砉鐸　$qh^{w}raag$
湱# 曉陌 d2 合虎伯　砉鐸　$qh^{w}raag$
砉　曉錫 d4 合呼臭　砉錫　$qh^{w}eeg$
烼# 曉物 d3 合許勿　烼物 1　hmɯd 实豩省声
盨　生魚 b3 合疎舉　須魚　sraʔ
須　心虞 a3 合相俞　須侯　so
鬚　心虞 a3 合相俞　須侯　so 須转注俗字
嬃　心虞 a3 合相俞　須侯　so
蕦# 心虞 a3 合相俞　須侯　so
欻　曉物 d3 合許勿　欻物 1　hmɯd 吹火炎上会意，读若忽，炎非声
羺　泥侯 a1 開奴鉤　需侯　noo
獳　泥侯 a1 開奴鉤　需侯　noo
擩# 泥侯 c1 開奴豆　需侯　noos

譨　泥侯 c1 開奴豆　需侯　noos
懦　泥戈 c1 合乃臥　需歌3　nools
糯# 泥戈 c1 合乃臥　需歌3　nools 秦简作穤，说文作稬
需　心虞 a3 合相俞　需侯　sno 说文而声，甲金文象人受淋，为濡初文，本从大非而，隶变为需、耎、畀
繻　心虞 a3 合相俞　需侯　sno
鑐　心虞 a3 合相俞　需侯　sno
儒　日虞 a3 合人朱　需侯　njo
濡　日虞 a3 合人朱　需侯　njo 需转注字
襦　日虞 a3 合人朱　需侯　njo
嚅　日虞 a3 合人朱　需侯　njo 见七谏
顬　日虞 a3 合人朱　需侯　njo 见灵枢
懦　日虞 a3 合人朱　需侯　njo
鱬　日虞 a3 合人朱　需侯　njo 见山海经
嬬　日虞 a3 合人朱　需侯　njo
繻　日虞 a3 合人朱　需侯　njo
臑　日虞 a3 合人朱　需侯　njo 集韵奴刀切 noow
醹　日虞 a3 合人朱　需侯　njo
蠕　日虞 a3 合汝朱*　需侯　njo 见史记，说文作蝡
擩# 日虞 b3 合而主　需侯　njoʔ
醹　日虞 b3 合而主　需侯　njoʔ
獳　日虞 c3 合而遇　需侯　njos
擩　日虞 c3 合而遇　需侯　njos
擩　日脂 a3 合儒隹　需微2　njul
渪　泥桓 a1 合乃官　需元3　noon 原列寒韵末，集韵列桓韵
擩　日薛 d3 合如劣*　需月3　njod 广韵从耎
畜　徹尤 c3 開丑救　畜奥1　lhugs
蓄　徹屋 d3 合丑六　畜覺1　lhug
稸　徹屋 d3 合丑六　畜覺1　lhug 同蓄
滀　徹屋 d3 合丑六　畜覺1　lhug
慉　徹屋 d3 合丑六　畜覺1　lhug
鄐　徹屋 d3 合丑六　畜覺1　lhug
畜　徹屋 d3 合勑六　畜覺1　lhug 甲金文从幺田，原意系养田猎所获幼兽
蓄　曉屋 d3 合許竹　畜覺1　hlug
稸　曉屋 d3 合許竹　畜覺1　hlug
畜　曉屋 d3 合許竹　畜覺1　hlug
鄐　曉屋 d3 合許竹　畜覺1　hlug
慉　曉屋 d3 合許竹　畜覺1　hlug
焱2 曉錫 d4 合呼臭　焱2錫　qh^weeg
吅　曉元 a3 合況袁　吅元3　qhon 读若讙
吅　心元 a3 合私全　吅元3　sqhon
吅　邪鍾 c3 合似用　吅東　sɢoŋs 集韵作讼古体
貆　曉桓 a1 合呼官　亘元1　qh^waan
貆　匣桓 a1 合胡官　亘元1　g^waan
桓　匣桓 a1 合胡官　亘元1　g^waan
洹　匣桓 a1 合胡官　亘元1　g^waan
峘2 匣桓 a1 合胡官　亘元1　g^waan 见尔雅
狟　匣桓 a1 合胡官　亘元1　g^waan
絙2 匣桓 a1 合胡官　亘元1　g^waan
荁　匣桓 a1 合胡官　亘元1　g^waan
烜　曉支 b3b 合許委　亘歌1　qhr^walʔ 通燬
宣　心仙 a3 合須緣　亘元1　sqh^wan
揎# 心仙 a3 合須緣　亘元1　sqh^wan
愃　心仙 a3 合須緣　亘元1　sqh^wan
瑄　心仙 a3 合須緣　亘元1　sqh^wan
渲# 心仙 c3 合息絹　亘元1　sqh^wans

貆　曉元 a3 合況袁　亘元 1　qhʷan
喧　曉元 a3 合況袁　亘元 1　qhʷan 见尉繚子
萱　曉元 a3 合況袁　亘元 1　qhʷan
暄　曉元 a3 合況袁　亘元 1　qhʷan 集韵同煖，见素问
諠　曉元 a3 合況袁　亘元 1　qhʷan
翧# 曉元 a3 合況袁　亘元 1　qhʷan
蝖　曉元 a3 合況袁　亘元 1　qhʷan
咺　曉元 b3 合況晚　亘元 1　qhʷanʔ
烜　曉元 b3 合況晚　亘元 1　qhʷanʔ
晅　曉元 b3 合況晚　亘元 1　qhʷanʔ 余云當删，集韵同晅，玉篇作晅許遠切，易说卦传烜释文作晅况晚切
愃　曉元 b3 合況晚　亘元 1　qhʷanʔ
垣　云元 a3 合雨元　亘元 1　ɢʷan
洹　云元 a3 合雨元　亘元 1　ɢʷan
楦# 曉元 c3 合虛願　亘元 1　qhʷans 俗楥字
弦　匣先 a4 開胡田　玄真 1　giin
絃　匣先 a4 開胡田　玄真 1　giin 俗弦字
舷# 匣先 a4 開胡田　玄真 1　giin
痃# 匣先 a4 開胡田　玄真 1　giin
肱　匣先 a4 開胡田　玄真 1　giin
蚿　匣先 a4 開胡田　玄真 1　giin 见庄子、方言
伭　匣先 a4 開胡田　玄真 1　giin
妶　匣先 a4 開胡田　玄真 1　giin 说文作嬒
詃# 見先 b4 合姑泫　玄真 1　kʷiin
絃　曉先 c4 合許縣　玄真 1　qhʷiin 同絢
玄　匣先 a4 合胡涓　玄真 1　gʷiin
眩　匣先 a4 合胡涓　玄真 1　gʷiin
玹　匣先 a4 合胡涓　玄真 1　gʷiin 见汉石经
玆　匣先 a4 合胡涓　玄真 1　gʷiin 原注亦音兹
胘　匣先 a4 合胡涓　玄真 1　gʷiin
泫　匣先 b4 合胡畎　玄真 1　gʷiin
鉉　匣先 b4 合胡畎　玄真 1　gʷiin
眩　匣先 c4 合黃練　玄真 1　gʷiin
炫　匣先 c4 合黃練　玄真 1　gʷiin
袨　匣先 c4 合黃練　玄真 1　gʷiin
衒　匣先 c4 合黃練　玄真 1　gʷiin
玹　匣先 c4 合黃練　玄真 1　gʷiin 见汉石经
惤# 匣庚 a2 合户盲　玄耕　gʷraaŋ<eeŋ
旋　邪仙 a3 合似宣　旋元 1　sɢʷan
漩　邪仙 a3 合似宣　旋元 1　sɢʷan 原同说文作淀，此集韵或体
璇　邪仙 a3 合似宣　旋元 1　sɢʷan 同琁
琁　邪仙 a3 合似宣　旋元 1　sɢʷan
蜁# 邪仙 a3 合似宣　旋元 1　sɢʷan
嫙　邪仙 a3 合似宣　旋元 1　sɢʷan
鏇# 邪仙 a3 合似宣　旋元 1　sɢʷan
鏇　邪仙 c3 合辝戀　旋元 1　sɢʷans
縼　邪仙 c3 合辝戀　旋元 1　sɢʷans
旋　邪仙 c3 合辝戀　旋元 1　sɢʷans
嫙　邪仙 c3 合辝戀　旋元 1　sɢʷans
漩　邪仙 c3 合隨戀　旋元 1　sɢʷans 原作淀，集韵或体作此
贙　匣先 b4 合胡畎　贙真 1　gʷiinʔ 疑从貝虤声
贙　匣先 c4 合黃練　贙真 1　gʷiins
薛# 心曷 d1 開桑割　辥月 1　sŋaad
辥　疑曷 d1 開五割　辥月 1　ŋaad

櫱　疑曷 d1 開五割　薛月 1　ŋaad
薛　心薛 d3 開私列　薛月 2　sŋed
辥　心薛 d3 開私列　薛月 2　sŋed 金文或从辛夕，疑夕为月声
孼　疑薛 d3b 開魚列　薛月 2　ŋred
櫱　疑薛 d3b 開魚列　薛月 2　ŋred
蘖　疑薛 d3b 開魚列　薛月 2　ŋred 集韵为櫱正体
蠥　疑薛 d3b 開魚列　薛月 2　ŋred
孽　疑薛 d3b 開魚列*　薛月 2　ŋred 集韵孼字
蘗　疑薛 d3b 開魚列*　薛月 2　ŋred
嶭　疑屑 d4 開五結　薛月 2　ŋeed
攪　見肴 b2 開古巧　學幽 1　kruuʔ
覺　見肴 c2 開古孝　學奥 1　kruugs
皋#　匣肴 b2 開下巧　學幽 1　gruuʔ
斆　匣肴 c2 開胡教　學奥 1　gruugs
黌#　匣侯 c1 開胡遘　學竇　googs
㶿　崇覺 d2 開士角　學覺 1　sgruug
覺　見覺 d2 開古岳　學覺 1　kruug
嶨　溪覺 d2 開苦角　學覺 1　khruug
礐　溪覺 d2 開苦角　學覺 1　khruug
嶨　疑覺 d2 開五角　學覺 1　ŋgruug
學　匣覺 d2 開胡覺　學覺 1　gruug 甲文象习持爻于膝前，金文方加子
㶿　匣覺 d2 開胡覺　學覺 1　gruug
嶨　匣覺 d2 開胡覺　學覺 1　gruug
鷽　匣覺 d2 開胡覺　學覺 1　gruug
嶨　匣覺 d2 開胡覺　學覺 1　gruug
鷽　影覺 d2 開於角　學覺 1　qruug
礐　來麥 d2 開力摘　學職　g・rɯɯg
礐　匣屋 d1 合胡谷　學屋　goog
礐#　匣沃 d1 合胡沃　學覺 1　guug
黌#　影沃 d1 合烏酷　學覺 1　quug
嶨　影沃 d1 合烏酷　學覺 1　quug
泬　曉屑 d4 合呼決　穴質 2　qh^{w}liig
坹#　曉屑 d4 合呼決　穴質 2　qh^{w}liig
穴　匣屑 d4 合胡決　穴質 2　g^{w}liig
坹#　匣屑 d4 合胡決　穴質 2　g^{w}liig
袕　匣屑 d4 合胡決　穴質 2　g^{w}liig
袕　船術 d3 合食聿　穴質 2　Gwjig
鴥　以術 d3 合餘律　穴質 2　Gwig 说文作䨞，但释文引说文作此体
侐　曉脂 c3a 合火季　血至 2　qh^{w}ligs
血　曉屑 d4 合呼決　血質 2　qh^{w}liig
恤　心術 d3 合辛聿　血質 2　sqh^{w}lig
卹　心術 d3 合辛聿　血質 2　sqh^{w}lig 朱骏声作血声
䘏#　心術 d3 合辛聿　血質 2　sqh^{w}lig 卹分化字
欰#　心術 d3 合辛聿　血質 2　sqh^{w}lig
洫　曉職 d3 合況逼　血職　qh^{w}rɯg 通溢
侐　曉職 d3 合況逼　血職　qh^{w}rɯg
殈　曉錫 d4 合呼狊　血錫　qh^{w}leeg 见礼记。殈洫集韵又弋質切 lig
壎　曉元 a3 合況袁　熏元 3　qhon 尔雅作塤
櫄　徹諄 a3 合丑倫　熏文 2　thun< t-qhun 说文同杶(椿)
薰　曉文 a3 合許云　熏文 2　qhun 熏转注字
曛　曉文 a3 合許云　熏文 2　qhun
勲　曉文 a3 合許云　熏文 2　qhun
熏　曉文 a3 合許云　熏文 2　qhun 金文象香囊，或加火表熏香
燻　曉文 a3 合許云　熏文 2　qhun 同熏

獯 曉文 a3 合許云 熏文2 qhun
纁 曉文 a3 合許云 熏文2 qhun
醺 曉文 a3 合許云 熏文2 qhun
臐 曉文 a3 合許云 熏文2 qhun 见仪礼
臐 曉文 c3 合許運 熏文2 qhuns 见仪礼
薰 曉文 c3 合許運 熏文2 qhuns
勳# 曉文 c3 合許運 熏文2 qhuns 熏分化字
燅 邪鹽 a3 開徐鹽 燅談3 ljom 集韵同燖𤊪
燅 邪侵 a3 開徐心 燅侵1 ljɯm 说文从熱省，集韵同燖
禫 透覃 b1 開他感 尋侵3 lhuum?
憛# 透覃 b1 開他感* 尋侵3 lhuum?
蕁 定覃 a1 開徒含 尋侵3 l'uum
撏 從覃 a1 開昨含 尋侵3 zluum 见方言
燖 邪鹽 a3 開徐鹽 尋談3 ljom 同燅，见仪礼郑注
撏 禪鹽 a3 開視占 尋談3 ɦljom>dj 见方言
尋 邪侵 a3 開徐林 尋侵3 ljum 象度两臂间距，说文加彡声
潯 邪侵 a3 開徐林 尋侵3 ljum
樳# 邪侵 a3 開徐林 尋侵3 ljum
鄩 邪侵 a3 開徐林 尋侵3 ljum
襑 邪侵 a3 開徐林 尋侵3 ljum
撏 邪侵 a3 開徐林 尋侵3 ljum 见方言
燖 邪侵 a3 開徐心* 尋侵3 ljum 见仪礼郑注
汛 生佳 c2 開所賣 卂歌2 sreels 训读为灑
汛 心先 c4 開蘇佃 卂真1 siins
軐# 心先 c4 開蘇佃 卂真1 siins
卂 心真 c3 開息晉 卂真1 sins 后作迅
訊 心真 c3 開息晉 卂真1 sin/s
訙# 心真 c3 開息晉 卂真1 sins 同訊，书讹
汛 心真 c3 開息晉 卂真1 sins
迅 心真 c3 開息晉 卂真1 sins 卂转注字，又私闰切
阠 心真 c3 開息晉 卂真1 sins
扟 生臻 a3 開所臻 卂真1 srin
籸 生臻 a3 開所臻 卂真1 srin
阠 生臻 a3 開所臻 卂真1 srin
阠 書真 c3 開試刃 卂真1 hljins
迅 心諄 c3 合私閏 卂文1 sɯns
蝨 生質 d3 開所櫛 卂質1 srid<srig
奞 心宵 a3 開相邀 奞幽1 sjuu
奞 心真 c3 開息晉 奞文1 sɯns
奞 心脂 a3 合息遺 奞微2 sul 读若睢
奞 心諄 c3 合私閏 奞文2 suns
撰 崇删 b2 合雛鯇 巽元3 sgroon?
饌 崇删 b2 合雛鯇 巽元3 sgroon?
譔 清仙 a3 合此緣 巽元3 skhon
鐉 清仙 a3 合此緣 巽元3 skhon
選 心仙 b3 合思兗 巽元3 sqhon?
選 心仙 c3 合息絹 巽元3 sqhons
纃 心仙 c3 合息絹 巽元3 sqhons 方言从選
潠# 心仙 c3 合須絹* 巽元3 sqhons 正体从選，同广韵
蟤 莊仙 a3 合莊緣 巽元3 skron 见九思
撰 崇仙 b3 合士免 巽元3 sgron? 集韵改雛免切，以與棧别

僎　崇仙 b3 合士免　巽元 3　sgronʔ
譔　崇仙 b3 合士免　巽元 3　sgronʔ
饌　崇仙 c3 合士戀　巽元 3　sgrons 士由七校正
襈　崇仙 c3 合士戀　巽元 3　sgrons 士由七校正
僎　崇仙 c3 合士戀　巽元 3　sgrons
譔　崇仙 c3 合士戀　巽元 3　sgrons
襈#　群仙 c3b 合渠卷　巽元 3　grons
巽　心魂 c1 合蘇困　巽文 2　sqhuuns
潠　心魂 c1 合蘇困　巽文 2　sqhuuns 见通俗文
僎　精諄 a3 合將倫　巽文 2　skun
篹　心諄 b3 合思尹　巽文 2　sqhunʔ

Y

丫#　影麻 a2 開於加　丫魚　qraa 椏晚起字
邪　邪麻 a3 開似嗟　牙魚　ljaa
衺　邪麻 a3 開似嗟　牙魚　ljaa
牙　疑麻 a2 開五加　牙魚　ŋraa
芽　疑麻 a2 開五加　牙魚　ŋraa
齖　疑麻 a2 開五加　牙魚　ŋraa 见通俗文
呀#　疑麻 a2 開五加　牙魚　ŋraa
枒　疑麻 a2 開五加　牙魚　ŋraa
雅　疑麻 b2 開五下　牙魚　ŋraaʔ
厊#　疑麻 b2 開五下　牙魚　ŋraaʔ
庌　疑麻 b2 開五下　牙魚　ŋraaʔ
訝　疑麻 c2 開吾駕　牙魚　ŋraas
迓　疑麻 c2 開吾駕　牙魚　ŋraas
砑#　疑麻 c2 開吾駕　牙魚　ŋraas
枒　疑麻 c2 開吾駕　牙魚　ŋraas
犽#　疑麻 c2 開吾駕　牙魚　ŋraas
齖　疑麻 c2 開吾駕　牙魚　ŋraas 见通俗文
呀　曉麻 a2 開許加　牙魚　hŋraa 见汉赋
疨#　曉麻 a2 開許加　牙魚　hŋraa 集韵同瘕
岈#　曉麻 a2 開許加　牙魚　hŋraa
谺　曉麻 a2 開許加　牙魚　hŋraa 见汉赋
颬　曉麻 a2 開許加　牙魚　hŋraa 见汉赋
鴉　影麻 a2 開於加　牙魚　qraa 见庄子
邪　以麻 a3 開以遮　牙魚　laa 俗作耶
釾　以麻 a3 開以遮　牙魚　laa
賈　見麻 b2 開古疋　襾魚　kraaʔ
檟　見麻 b2 開古疋　襾魚　kraaʔ
賈　見麻 c2 開古訝　襾魚　kraas
價　見麻 c2 開古訝　襾魚　krass 见管子
襾　曉麻 b2 開許下　襾魚　qhraaʔ
襾　影麻 c2 開衣嫁　襾魚　qraas
賈　見模 b1 合公户　襾魚　klaaʔ
椏　影歌 b1 開烏可　亞魚　<qaaʔ
椏　影麻 a2 開於加　亞魚　qraa
錏　影麻 a2 開於加　亞魚　qraa
鵶　影麻 a2 開於加　亞魚　qraa 同鴉，见庄子异文
啞　影麻 b2 開烏下　亞魚　qraaʔ 见史记，后亦作瘂
瘂#　影麻 b2 開烏下　亞魚　qraaʔ 同啞
亞　影麻 c2 開衣嫁　亞暮　qraags 本型範象形、即井字空其中而封其四端
婭　影麻 c2 開衣嫁　亞暮　qraags
俹#　影麻 c2 開衣嫁　亞暮　qraags
稏#　影麻 c2 開衣嫁　亞暮　qraags

啞 影麻 c2 開衣嫁 亞暮 qraags 见淮南子，后亦作呀
惡 影模 a1 合哀都 亞魚 qaa
噁 影模 c1 合烏路 亞暮 qaags 见史记
惡 影模 c1 合烏路 亞暮 qaags
惡 影鐸 d1 開烏各 亞鐸 qaag
堊 影鐸 d1 開烏各 亞鐸 qaag
蝁 影鐸 d1 開烏各 亞鐸 qaag
啞 影陌 d2 開烏格 亞鐸 qraag
啞 影麥 d2 開於革 亞鐸 qreeg<aag
嗎 曉仙 a3b 開許延 焉元$_1$ qhran 见大招
嫣 曉仙 a3b 開許延 焉元$_1$ qhran
焉 影仙 a3b 開於乾 焉元$_1$ qran
鄢 影仙 a3b 開於乾 焉元$_1$ qran
嫣 影仙 a3b 開於乾 焉元$_1$ qran
蔫 影仙 a3b 開於乾 焉元$_1$ qran
嫣 影仙 b3b 開於蹇 焉元$_1$ qranʔ
焉 云仙 a3 開有乾 焉元$_1$ ɢan
漹 云仙 a3 開有乾 焉元$_1$ ɢan
蔫 影元 a3 開謁言 焉元$_1$ qan
焉 影元 a3 開謁言 焉元$_1$ qan
鄢 影元 b3 開於幰 焉元$_1$ qanʔ
鄢 影元 c3 開於建 焉元$_1$ qans
傿 影元 c3 開於建 焉元$_1$ qans
漹 影元 c3 開於建 焉元$_1$ qans
嫣 影元 c3 開於建 焉元$_1$ qans
夵# 以鹽 b3 開以冉 夵談$_2$ lemʔ
唌# 定寒 a1 開徒干 延元$_1$ l'aan
誕 定寒 b1 開徒旱 延元$_1$ l'aanʔ
蜑# 定寒 b1 開徒旱 延元$_1$ l'annʔ
蛋+ 定寒 c1 開徒案+ 延元$_1$ l'aans 通作彈分化字，本蜑异构
硟 心仙 a3 開相然 延元$_1$ slan
涎 邪仙 a3 開夕連 延元$_1$ ljan
脡 徹仙 a3 開丑延 延元$_1$ lhan
梴 徹仙 a3 開丑延 延元$_1$ lhan
硟 昌仙 c3 開昌戰 延元$_1$ lhjans
鋋 禪仙 a3 開市連 延元$_1$ ɦljan>dj
埏 書仙 a3 開式連 延元$_1$ hljan
挻 書仙 a3 開式連 延元$_1$ hljan
鯅# 書仙 a3 開式連 延元$_1$ hljan
脠 書仙 a3 開式連 延元$_1$ hljan
延 以仙 a3 開以然 延元$_1$ lan 说文丿声(餘制切：至)
筵 以仙 a3 開以然 延元$_1$ lan
蜒 以仙 a3 開以然 延元$_1$ lan
埏 以仙 a3 開以然 延元$_1$ lan
鋋 以仙 a3 開以然 延元$_1$ lan
狿 以仙 a3 開以然 延元$_1$ lan
郔 以仙 a3 開以然 延元$_1$ lan
綖 以仙 a3 開以然 延元$_1$ lan
莚# 以仙 a3 開以然 延元$_1$ lan
莚# 以仙 c3 開予線 延元$_1$ lans
狿 以仙 c3 開予線 延元$_1$ lans
延 以仙 c3 開予線 延元$_1$ lans
涎 以仙 c3 開予線 延元$_1$ lans
唁 疑仙 c3b 開魚變 言元$_1$ ŋrans
這# 疑仙 c3b 開魚變 言元$_1$ ŋrans 今表近指，另为適(之石切)省文
言 疑元 a3 開語軒 言元$_1$ ŋan
琂 疑元 a3 開語軒 言元$_1$ ŋan
圁 疑真 a3b 開語巾 言文$_1$ ŋrɯn
誾 疑真 a3b 開語巾 言文$_1$ ŋrɯn
訔 疑真 a3b 開語巾 言文$_1$ ŋrɯn

同誾，见法言

狺　疑真 a3b 開語巾　言文 1　ŋrɯn

狺　疑欣 a3 開語斤　言文 1　ŋrɯn

船　船仙 a3 合食川　沿元 3　ɦljon

舩　船仙 a3 合食川　沿元 3　ɦljon 船之隶变，见太玄

沿　以仙 a3 合與專　沿元 3　lon

鉛　以仙 a3 合與專　沿元 3　lon

鈆　以仙 a3 合與專　沿元 3　lon 鉛之隶变，见禹贡

倓　定覃 b1 開徒感　炎談 3　l'oomʔ

緂　透談 a1 開他酣　炎談 1　lhaam

毯[#]　透談 b1 開吐敢　炎談 1　lhaamʔ

菼　透談 b1 開吐敢　炎談 1　lhaamʔ

緂　透談 b1 開吐敢　炎談 1　lhaamʔ 说文从剡

裧[#]　透談 b1 開吐敢　炎談 1　lhaamʔ

賧[#]　透談 c1 開吐濫　炎談 1　lhaams

睒[#]　透談 c1 開吐濫　炎談 1　lhaams 余校以为应删

錟　透談 c1 開吐濫　炎談 1　lhaams

談　定談 a1 開徒甘　炎談 1　l'aam

郯　定談 a1 開徒甘　炎談 1　l'aam

惔　定談 a1 開徒甘　炎談 1　l'aam

錟　定談 a1 開徒甘　炎談 1　l'aam

淡[#]　定談 a1 開徒甘　炎談 1　l'aam

痰　定談 a1 開徒甘　炎談 1　l'aam

倓　定談 a1 開徒甘　炎談 1　l'aam

餤　定談 a1 開徒甘　炎談 1　l'aam

淡　定談 b1 開徒敢　炎談 1　l'aamʔ

啖　定談 b1 開徒敢　炎談 1　l'aamʔ

惔　定談 b1 開徒敢　炎談 1　l'aamʔ 同憺，见庄子

惔　定談 c1 開徒濫　炎談 1　l'aams 同憺，见庄子

賧[#]　定談 c1 開徒濫　炎談 1　l'aams

淡　定談 c1 開徒濫　炎談 1　l'aams

啖　定談 c1 開徒濫　炎談 1　l'aams

倓　定談 c1 開徒濫　炎談 1　l'aams

裧　昌鹽 a3 開處占　炎談 1　lhjam

緂　昌鹽 a3 開處占　炎談 1　lhjam

裧[#]　昌鹽 c3 開昌豔　炎談 1　lhjams 同幨、襜

剡　禪鹽 b3 開時染　炎談 1　ɦljamʔ>dj

睒　書鹽 b3 開失冉　炎談 1　ɦljamʔ

覢　書鹽 b3 開失冉　炎談 1　hljamʔ

掞　書鹽 c3 開舒贍　炎談 1　hljams

炎　云鹽 a3 開于廉　炎談 1　ɦlam

琰　以鹽 b3 開以冉　炎談 1　lamʔ

剡　以鹽 b3 開以冉　炎談 1　lamʔ

棪　以鹽 b3 開以冉　炎談 1　lamʔ

淡　以鹽 b3 開以冉　炎談 1　lamʔ 见宋玉赋

扊　以鹽 b3 開以冉　炎談 1　lamʔ 见风俗通

焱 1　以鹽 c3 開以贍　炎談 1　lams

喦　疑咸 a2 開五咸　喦侵 1　ŋrɯɯm

喦　日葉 d3 開而涉　喦盍 1　ŋjab

碞　疑咸 a2 開五咸　碞侵 1　ŋrɯɯm

碞　疑侵 a3b 開魚金　碞侵 1　ŋrɯm

甗　疑山 a2 開五閑　甗元 2　ŋreen

广　疑鹽 b3b 開魚檢　广談 1　ŋramʔ

广　疑嚴 b3 開魚埯　广談 1　ŋamʔ 埯由掩校改

庵　影覃 a1 開烏含　奄談 3　qoom 见释名

鵪[+]　影覃 a1 開烏含[+]　奄談 3　qoom 鶕晚起字

菴　影覃 a1 開烏含　奄談 3　qoom 见

史记
䣍# 影覃 a1 開烏含 奄談3 qoom
晻 影覃 b1 開烏感 奄談3 qoomʔ
唵# 影覃 b1 開烏感 奄談3 qoomʔ
黤 影覃 b1 開烏感 奄談3 qoomʔ
埯# 影談 b1 開烏敢 奄談1 qaamʔ
渰+ 影咸 a2 開乙咸+ 奄談3 qroom
手册作湆今字
黤 影銜 b2 開於檻 奄談1 qraamʔ
淹 影鹽 a3b 開央炎 奄談3 qrom
閹 影鹽 a3b 開央炎 奄談3 qrom
菴 影鹽 a3b 開央炎 奄談3 qrom
见史记
崦 影鹽 a3b 開央炎 奄談3 qrom
醃# 影鹽 a3b 開央炎 奄談3 qrom
掩 影鹽 b3b 開衣儉 奄談3 qromʔ
奄 影鹽 b3b 開衣儉 奄談3 qromʔ
罨 影鹽 b3b 開衣儉 奄談3 qromʔ
閹 影鹽 b3b 開衣儉 奄談3 qromʔ
裺 影鹽 b3b 開衣儉 奄談3 qromʔ
晻 影鹽 b3b 開衣儉 奄談3 qromʔ
俺 影鹽 c3b 開於驗 奄談3 qromʔ
奄转注
腌 影嚴 a3 開於嚴 奄談3 qom
醃# 影嚴 a3 開於嚴 奄談3 qom 腌分化字
淹 影嚴 a3 開於嚴* 奄談3 qom
埯# 影嚴 b3 開於广 奄談3 qomʔ
淹 影嚴 c3 開於劒 奄談3 qoms 原列梵韵,依王韵改釅
俺 影嚴 c3 開於劒 奄談3 qoms 原列梵韵,依王韵改釅
裺 影嚴 c3 開於劒 奄談3 qoms 原列梵韵,依王韵改釅
罨 影合 d1 開烏合 奄盍3 qoob
庵# 影合 d1 開烏合 奄盍3 qoob
腌 影葉 d3b 開於輒 奄盍3 qrob
腌 影業 d3 開於業 奄盍3 qob
罨 影業 d3 開於業 奄盍3 qob
殗 影業 d3 開於業 奄盍3 qob 见方言
餣 影業 d3 開於業 奄盍3 qob
弇 見覃 a1 開古南 弇侵1 kɯɯm
媕 影覃 a1 開烏含 弇侵1 qɯɯm
黭 影覃 b1 開烏感 弇侵1 qɯɯmʔ
揜 影談 b1 開烏敢 弇談1 qaamʔ
媕 影鹽 b3b 開衣儉 弇談1 qramʔ
揜 影鹽 b3b 開衣儉 弇談1 qramʔ
渰 影鹽 b3b 開衣儉 弇談1 qramʔ
弇 影鹽 b3b 開衣儉 弇談1 qramʔ
鞥 影登 a1 開一憎* 弇蒸 qɯɯŋ
读若膺
媕# 影合 d1 開烏合 弇緝1 qɯɯb
鞥 影合 d1 開烏合 弇緝1 qɯɯb
愆 溪仙 a3b 開去乾 衍元1 khran
说文或作寒,从寒省、籀作譽
衍 以仙 b3 開以淺 衍元1 lanʔ
衍 以仙 c3 開予線 衍元1 lans
堰 影仙 c3b 開於扇 匽元1 qrans
躽# 影仙 c3b 開於扇 匽元2 qrens
宴 影先 b4 開於殄 匽元2 qeenʔ
蝘 影先 b4 開於殄 匽元2 qeenʔ
躽# 影先 b4 開於殄 匽元2 qeenʔ
宴 影先 c4 開於甸 匽元2 qeens
偃 影元 b3 開於幰 匽元1 qanʔ
郾 影元 b3 開於幰 匽元1 qanʔ
鶠 影元 b3 開於幰 匽元1 qanʔ
褗 影元 b3 開於幰 匽元1 qanʔ
堰 影元 b3 開於幰 匽元1 qanʔ
匽 影元 b3 開於幰 匽元1 qanʔ 金

文无上横，象女日下偃隐处歇息，与宴妟同源

鼴　影元 b3 開於幰　妟元 1　qanʔ

蝘　影元 b3 開於幰　妟元 1　qanʔ

鰋　影元 b3 開於幰　妟元 1　qanʔ

堰　影元 c3 開於建　妟元 1　qans

郾　影元 c3 開於建　妟元 1　qans

褗　影元 c3 開於建　妟元 1　qans

揠　影黠 d2 開烏黠　妟月 2　qreed

喭　疑寒 c1 開五旰　彦元 1　ŋaans

鏟　初山 b2 開初限　彦元 2　sŋhreenʔ

産　生山 b2 開所簡　彦元 2　sŋreenʔ

簅♯　生山 b2 開所簡　彦元 2　sreenʔ

摌♯　生山 b2 開所簡　彦元 2　sreenʔ

嵼　生山 b2 開所簡　彦元 2　sŋreenʔ

滻　生山 b2 開所簡　彦元 2　sŋreenʔ

鏟　初删 c2 開初鴈　彦元 1　sŋhraans

顔　疑删 a2 開五姦　彦元 1　ŋraan

椡♯　疑删 a2 開五姦　彦元 1　ŋraan

偐♯　疑删 c2 開五晏　彦元 1　ŋraans

同贗

齴　疑仙 b3b 開魚蹇　彦元 1　ŋranʔ

见汉赋

遃　疑仙 b3b 開魚蹇　彦元 1　ŋranʔ

巘　疑仙 b3b 開魚蹇　彦元 1　ŋranʔ

见扬雄赋

彦　疑仙 c3b 開魚變　彦元 1　ŋrans

喭　疑仙 c3b 開魚變　彦元 1　ŋrans

同唁

諺　疑仙 c3b 開魚變　彦元 1　ŋrans

貶♯　影嚴 c3 開於劒　貶談 1　qaams

原列梵韵，依王韵改釅

猒　影鹽 a3a 開一鹽　猒談 2　qem 金

文象以口下馀肉喂犬，会意已饱，为饜初文

懕　影鹽 a3a 開一鹽　猒談 2　qem

饜　影鹽 a3a 開一鹽　猒談 2　qem 同

猒，转注字

壓　影鹽 a3a 開一鹽　猒談 2　qem

厭　影鹽 b3a 開於琰　猒談 2　qemʔ

黶　影鹽 b3a 開於琰　猒談 2　qemʔ

檿　影鹽 b3a 開於琰　猒談 2　qemʔ

魘　影鹽 b3a 開於琰　猒談 2　qemʔ

靨♯　影鹽 b3a 開於琰　猒談 2　qemʔ

擪　影鹽 b3a 開於琰　猒談 2　qemʔ

厭　影鹽 c3a 開於豔　猒談 2　qems

猒　影鹽 c3a 開於豔　猒談 2　qems

饜　影鹽 c3a 開於豔　猒談 2　qems

懕♯　影鹽 c3a 開於豔　猒談 2　qems

壓　影狎 d2 開烏甲　猒盍 2　qraab<eeb

厭　影葉 d3a 開於葉　猒盍 2　qeb

靨　影葉 d3a 開於葉　猒盍 2　qeb

魘　影葉 d3a 開於葉　猒盍 2　qeb

擪　影葉 d3a 開於葉　猒盍 2　qeb

懕♯　影葉 d3a 開於葉　猒盍 2　qeb

厭　影緝 d3b 開乙及*　猒緝 2　qrib

雁　疑删 c2 開五晏　雁元 1　ŋraans

说文厂声

鴈♯　疑删 c2 開五晏　雁元 1　ŋraans

同鴈

鴈　疑删 c2 開五晏　雁元 1　ŋraans

贗　疑删 c2 開五晏　雁元 1　ŋraans

后作贗

燕　影先 a4 開烏前　燕元 2　qeen

驠　影先 a4 開烏前　燕元 2　qeen

嬿　影先 b4 開於殄　燕元 2　qeenʔ

燕　影先 c4 開於甸　燕元 2　qeens

驠　影先 c4 開於甸　燕元 2　qeens

鷰　影先 c4 開於甸　燕元 2　qeens 俗

同燕，见韩非子

醼　影先 c4 開於甸　燕元 2　qeens
讌# 影先 c4 開於甸　燕元 2　qeens 亦同醼
嬿　影先 c4 開於甸　燕元 2　qeens
嚥　影先 c4 開於甸　燕元 2　qeens 见论衡,孟子作咽
鄸　影先 c4 開於甸　燕元 2　qeens
獻　心歌 a1 開素何　鬳歌 1　sŋaal
甗　疑元 a3 開語軒　鬳元 1　ŋan
甗　疑仙 b3b 開魚蹇　鬳元 1　ŋranʔ
巘　疑仙 b3b 開魚蹇　鬳元 1　ŋranʔ
讞　疑仙 b3b 開魚蹇　鬳元 1　ŋranʔ
甗　疑仙 c3b 開魚變　鬳元 1　ŋrans
讞　疑仙 c3b 開魚戰　鬳元 1　ŋrans
鬳　疑元 c3 開語堰　鬳元 1　ŋans 说文虍声,戴侗云唐本虔省声
獻　曉元 c3 開許建　鬳元 1　hŋan/s
巘　疑元 b3 開語偃　鬳元 1　ŋanʔ
瓛　匣桓 a1 合胡官　鬳元 1　ɦŋʷaan
囐　從曷 d1 開才割　鬳月 1　sgaad
齾　疑曷 d1 開五割　鬳月 1　ŋaad
齾　疑鎋 d2 開五鎋　鬳月 1　ŋraad
讞　疑薛 d3b 開魚列　鬳月 1　ŋrad
钀　疑薛 d3b 開魚列　鬳月 1　ŋrad
獻　疑薛 d3b 開魚列　鬳月 1　ŋrad
钀　疑月 d3 開語訐　鬳月 1　ŋad
艷# 以豔 c3 開以贍　艷談 1　lams 俗同豔
豔　以豔 c3 開以贍　豔談 1　lams
灩# 以豔 c3 開以贍　豔談 1　lams
鴦　影唐 a1 開烏郎　央陽　qaaŋ
佒　影唐 a1 開烏郎　央陽　qaaŋ 见庄子
咉# 影唐 a1 開烏郎　央陽　qaaŋ
映# 影唐 a1 開烏郎　央陽　qaaŋ
姎　影唐 a1 開烏郎　央陽　qaaŋ
坱　影唐 b1 開烏朗　央陽　qaaŋʔ
姎　影唐 b1 開烏朗　央陽　qaaŋʔ
映　影唐 b1 開烏朗　央陽　qaaŋʔ
泱　影唐 b1 開烏朗　央陽　qaaŋʔ
咉# 影唐 b1 開烏朗　央陽　qaaŋʔ
盎　影唐 b1 開烏朗　央陽　qaaŋʔ
駚　影唐 b1 開烏朗　央陽　qaaŋʔ
軮　影唐 b1 開烏朗　央陽　qaaŋʔ
醠　影唐 b1 開烏朗　央陽　qaaŋʔ
醠　影唐 c1 開烏浪　央陽　qaaŋs
盎　影唐 c1 開烏浪　央陽　qaaŋs
央　影陽 a3 開於良　央陽　qaŋ
秧　影陽 a3 開於良　央陽　qaŋ
殃　影陽 a3 開於良　央陽　qaŋ
鴦　影陽 a3 開於良　央陽　qaŋ
泱　影陽 a3 開於良　央陽　qaŋ
鞅　影陽 a3 開於良　央陽　qaŋ
鉠　影陽 a3 開於良　央陽　qaŋ
雵# 影陽 a3 開於良　央陽　qaŋ
胦　影陽 a3 開於良　央陽　qaŋ 见灵枢
鞅　影陽 b3 開於兩　央陽　qaŋʔ
柍　影陽 b3 開於兩　央陽　qaŋʔ
秧　影陽 b3 開於兩　央陽　qaŋʔ
詇　影陽 b3 開於兩　央陽　qaŋʔ
岟　影陽 b3 開於兩　央陽　qaŋʔ 见太玄
駚　影陽 b3 開於兩　央陽　qaŋʔ
炴# 影陽 b3 開於兩　央陽　qaŋʔ
怏　影陽 b3 開於兩　央陽　qaŋʔ
紻　影陽 b3 開於兩　央陽　qaŋʔ
怏　影陽 c3 開於亮　央陽　qaŋs
鞅　影陽 c3 開於亮*　央陽　qaŋs
詇　影陽 c3 開於亮　央陽　qaŋs
胦# 影江 a2 開握江　央東　qrooŋ

英　影庚 a3 開於驚　央陽　qraŋ
瑛　影庚 a3 開於驚　央陽　qraŋ
霙　影庚 a3 開於驚　央陽　qraŋ 见韩诗外传
䳺♯　影庚 a3 開於驚　央陽　qraŋ 白虎通作英
媖♯　影庚 a3 開於驚　央陽　qraŋ
渶♯　影庚 a3 開於驚　央陽　qraŋ
鶧　影庚 a3 開於驚　央陽　qraŋ 尔雅繄英释文异文
鍈　影庚 a3 開於驚　央陽　qraŋ
楧♯　影庚 a3 開於驚　央陽　qraŋ 说文楧分化字
映　影庚 c3 開於敬　央陽　qraŋs
詇　影庚 c3 開於敬　央陽　qraŋs
暎♯　影庚 c3 開於敬　央陽　qraŋs 同映
牂　精唐 a1 開則郎　羊陽　ʔslaaŋ / sklaaŋ 见方言、广雅
牂　從陽 a3 開在良　羊陽　zlaŋ / ɦljaŋ >
詳　邪陽 a3 開似羊　羊陽　ljaŋ
洋　邪陽 a3 開似羊　羊陽　ljaŋ
翔　邪陽 a3 開似羊　羊陽　ljaŋ
庠　邪陽 a3 開似羊　羊陽　ljaŋ
祥　邪陽 a3 開似羊　羊陽　ljaŋ
痒　邪陽 a3 開似羊　羊陽　ljaŋ
姜　見陽 a3 開居良　羊陽　klaŋ
羌　溪陽 a3 開去羊　羊陽　khlaŋ
蜣　溪陽 a3 開去羊　羊陽　khlaŋ 见尔雅
羗♯　溪陽 a3 開去羊　羊陽　khlaŋ 同羌
唴　溪陽 c3 開丘亮　羊陽　khlaŋs
羊　以陽 a3 開與章　羊陽　laŋ
洋　以陽 a3 開與章　羊陽　laŋ
佯　以陽 a3 開與章　羊陽　laŋ
徉　以陽 a3 開與章　羊陽　laŋ
烊♯　以陽 a3 開與章　羊陽　laŋ 与煬同源
蛘　以陽 a3 開與章　羊陽　laŋ 尔雅从芈
样　以陽 a3 開與章　羊陽　laŋ 见方言郭音
眻♯　以陽 a3 開與章　羊陽　laŋ
詳　以陽 a3 開與章　羊陽　laŋ
鴹♯　以陽 a3 開與章　羊陽　laŋ 商羊分化字
痒♯　以陽 b3 開餘兩　羊陽　laŋʔ 说文作蛘，释名作癢
蛘　以陽 b3 開餘兩　羊陽　laŋʔ 右原作芈校正，后作癢
恙　以陽 c3 開餘亮　羊陽　laŋs
羕　以陽 c3 開餘亮　羊陽　laŋs
眻♯　以陽 c3 開餘亮　羊陽　laŋs
様　以陽 c3 開餘亮　羊陽　laŋs 原誤扌旁，集韵不誤。见四民月令
漾　以陽 c3 開餘亮　羊陽　laŋs
湯　透唐 a1 開吐郎　昜陽　lhaaŋ
踼　透唐 a1 開吐郎　昜陽　lhaaŋ
蝪　透唐 a1 開吐郎　昜陽　lhaaŋ
薚　透唐 a1 開吐郎　昜陽　lhaaŋ
簜　透唐 a1 開吐郎　昜陽　lhaaŋ
盪　透唐 a1 開吐郎　昜陽　lhaaŋ
傷♯　透唐 b1 開他朗　昜陽　lhaaŋʔ
踼　透唐 b1 開坦朗*　昜陽　lhaaŋʔ
湯　透唐 c1 開他浪　昜陽　lhaaŋs 后作燙
蕩　透唐 c1 開他浪　昜陽　lhaaŋs
盪　透唐 c1 開他浪　昜陽　lhaaŋs
燙+　透唐 c1 開他浪+　昜陽　lhaaŋs 湯晚起分化字
啺　定唐 a1 開徒郎　昜陽　l'aaŋ

古文唐
碭　定唐 a1 開徒郎　昜陽　l'aaŋ
踼　定唐 a1 開徒郎　昜陽　l'aaŋ
婸　定唐 b1 開徒朗　昜陽　l'aaŋʔ
愓　定唐 b1 開徒朗　昜陽　l'aaŋʔ
蕩　定唐 b1 開徒朗　昜陽　l'aaŋʔ
盪　定唐 b1 開徒朗　昜陽　l'aaŋʔ
盪　定唐 b1 開徒朗　昜陽　l'aaŋʔ
簜　定唐 b1 開徒朗　昜陽　l'aaŋʔ
崵　定唐 b1 開徒朗　昜陽　l'aaŋʔ
碭　定唐 c1 開徒浪　昜陽　l'aaŋs
踼　定唐 c1 開徒浪　昜陽　l'aaŋs
逿　定唐 c1 開徒浪　昜陽　l'aaŋs
暢　徹陽 c3 開丑亮　昜陽　lhaŋs
瑒　徹陽 c3 開丑亮　昜陽　lhaŋs 暘隶变分化字
腸　澄陽 a3 開直良　昜陽　l'aŋ
場　澄陽 a3 開直良　昜陽　l'aŋ
傷　書陽 a3 開式羊　昜陽　hljaŋ
殤　書陽 a3 開式羊　昜陽　hljaŋ
觴　書陽 a3 開式羊　昜陽　hljaŋ
慯　書陽 a3 開式羊　昜陽　hljaŋ
湯　書陽 a3 開式羊　昜陽　hljaŋ
禓　書陽 a3 開式羊　昜陽　hljaŋ
塲　書陽 a3 開式羊　昜陽　hljaŋ 见方言
傷　書陽 c3 開式亮　昜陽　hljaŋs
慯　書陽 c3 開式亮　昜陽　hljaŋs
陽　以陽 a3 開與章　昜陽　laŋ
楊　以陽 a3 開與章　昜陽　laŋ
揚　以陽 a3 開與章　昜陽　laŋ 金文象人双手举玉加昜声
瘍　以陽 a3 開與章　昜陽　laŋ
煬　以陽 a3 開與章　昜陽　laŋ
鍚　以陽 a3 開與章　昜陽　laŋ
暘　以陽 a3 開與章　昜陽　laŋ
颺　以陽 a3 開與章　昜陽　laŋ
昜　以陽 a3 開與章　昜陽　laŋ 甲金文象日初升阳光下射，为暘初文
輰　以陽 a3 開與章　昜陽　laŋ
敭　以陽 a3 開與章　昜陽　laŋ
鰑　以陽 a3 開與章　昜陽　laŋ
禓　以陽 a3 開與章　昜陽　laŋ
崵　以陽 a3 開與章　昜陽　laŋ
諹　以陽 a3 開與章　昜陽　laŋ
瑒　以陽 a3 開與章　昜陽　laŋ
鸉　以陽 a3 開與章　昜陽　laŋ 见尔雅
颺　以陽 c3 開餘亮　昜陽　laŋs
煬　以陽 c3 開餘亮　昜陽　laŋs
諹　以陽 c3 開餘亮　昜陽　laŋs
瑒　澄庚 b2 開徒杏　昜陽　rlaaŋʔ 集韵丈梗切
餳　邪清 a3 開徐盈　昜陽　ljaaŋ 原从易，依校正
羕♯　心陽 b3 開息兩　養陽　slaŋʔ
養　以陽 b3 開餘兩　養陽　laŋ/ʔ 说文羊声
癢　以陽 b3 開餘兩　養陽　laŋʔ 见礼记，同痒
瀁♯　以陽 b3 開餘兩　養陽　laŋʔ
養　以陽 c3 開餘亮　養陽　laŋs
瀁　以陽 c3 開餘亮　養陽　laŋs 说文同漾
幺　影蕭 a4 開於堯　幺宵 3　qeew
吆♯　影蕭 a4 開伊堯*　幺宵 3　qeew
笑　心宵 c3 開私妙　夭宵 3　sqhow/s 原下从犬，注或作此。汉书作咲，夭声
夭　影豪 b1 開烏晧　夭宵 3　qoowʔ
仸　影豪 b1 開烏晧　夭宵 3　qoowʔ 见文子

芺　影豪 b1 開烏晧　夭宵3　qoowʔ

殀　影豪 c1 開烏到　夭宵3　qoows 见文子

夭　影宵 a3b 開於喬　夭宵3　qrow

妖　影宵 a3b 開於喬　夭宵3　qrow

祅　影宵 a3b 開於喬　夭宵3　qrow

枖　影宵 a3b 開於喬　夭宵3　qrow

訞　影宵 a3b 開於喬　夭宵3　qrow

夭　影宵 b3b 開於兆　夭宵3　qrowʔ

殀　影宵 b3b 開於兆　夭宵3　qrowʔ 夭分化字

芺　影宵 b3b 開於兆　夭宵3　qrowʔ

仸#　影宵 b3b 開於兆　夭宵3　qrowʔ

妋#　影尤 a3 開於求　夭幽1　qu 疑为仸讹变

飫　影魚 c3 合依倨　夭侯　<qos 同饇

沃　影沃 d1 合烏酷　夭藥3　qoowG

鋈　影沃 d1 合烏酷　夭藥3　qoowG

梎#　影肴 a2 開於交　梎宵2　qreew 右上应由日讹

崤　匣豪 a1 開胡刀　爻宵1　Gaaw

郩　影豪 b1 開烏晧　爻宵1　qaawʔ

教　見肴 a2 開古肴　爻宵1　kraaw 甲文即象执杖教子，再加爻声

教　見肴 c2 開古孝　爻宵1　kraaws

較　見肴 c2 開古孝　爻豹2　kreewGs 说文从爻声

肴　匣肴 a2 開胡茅　爻宵1　Graaw

淆　匣肴 a2 開胡茅　爻宵1　Graaw

倄　匣肴 a2 開胡茅　爻宵1　Graaw

崤　匣肴 a2 開胡茅　爻宵1　Graaw

爻　匣肴 a2 開胡茅　爻宵1　Graaw

餚　匣肴 a2 開胡茅　爻宵1　Graaw 同肴

殽　匣肴 a2 開胡茅　爻宵1　Graaw

笅#　匣肴 a2 開胡茅　爻宵1　Graaw 尔雅作筊

駮　幫覺 d2 開北角　爻藥1　p-kraawG

較　見覺 d2 開古岳　爻藥2　kreewG 说文从爻声

撓　曉豪 a1 開呼毛　垚宵1　hŋaaw

鐃　泥肴 a2 開女交　垚宵1　rŋaaw>rn

撓　泥肴 a2 開尼交*　垚宵1　rŋaaw>rn

譊　泥肴 a2 開女交　垚宵1　rŋaaw>rn

撓　泥肴 b2 開奴巧　垚宵2　rŋaawʔ

橈　泥肴 c2 開奴教　垚宵2　rŋaaws>rn

磽　溪肴 a2 開口交　垚宵2　ŋhreew

墝　溪肴 a2 開口交　垚宵2　ŋhreew

磽　疑肴 c2 開五教　垚宵2　ŋreews

穘#　曉肴 a2 開許交　垚宵2　hŋreew>hraaw 同蒿

顤　曉肴 a2 開許交　垚宵2　hŋreew

燒　書宵 a3 開式招　垚宵2　hŋjew

燒　書宵 c3 開失照　垚宵1　hŋjaws

饒　日宵 a3 開如招　垚宵2　ŋjew

橈　日宵 a3 開如招　垚宵2　ŋjew

蟯　日宵 a3 開如招　垚宵2　ŋjew

蕘　日宵 a3 開如招　垚宵2　ŋjew

襓　日宵 a3 開如招　垚宵2　ŋjew 见礼记

繞　日宵 b3 開而沼　垚宵2　ŋjewʔ

遶#　日宵 b3 開而沼　垚宵2　ŋjewʔ 通作繞

嬈　日宵 b3 開而沼　垚宵2　ŋjewʔ

繞　日宵 c3 開人要　垚宵1　ŋjaws

饒 日宵 c3 開人要 垚宵1 ŋjaws

趬 溪宵 a3a 開去遥 垚宵2 ŋhew

蹺 溪宵 a3a 開去遥 垚宵2 ŋhew

趬 溪宵 c3a 開丘召 垚宵2 ŋhews

翹 群宵 a3a 開渠遥 垚宵2 gew

翹 群宵 c3a 開巨要 垚宵2 gews

蟯 影宵 a3a 開於霄 垚宵2 ʔŋew

嬈 泥蕭 b4 開奴鳥 垚宵2 neewʔ

澆 見蕭 a4 開古堯 垚宵2 keew<k-ŋeew

驍 見蕭 a4 開古堯 垚宵2 keew<k-ŋeew

僥 見蕭 b4 開吉了* 垚宵2 k-ŋeewʔ 僥倖,见庄子

磽 溪蕭 b4 開苦皎 垚宵2 ŋheewʔ

堯 疑蕭 a4 開五聊 垚宵2 ŋeew

垚 疑蕭 a4 開五聊 垚宵2 ŋeew

僥 疑蕭 a4 開五聊 垚宵2 ŋeew

嶢 疑蕭 a4 開五聊 垚宵2 ŋeew

獟 疑蕭 c4 開五弔 垚宵2 ŋeews

澆 疑蕭 c4 開五弔 垚宵2 ŋeews

顤 疑蕭 c4 開五弔 垚宵2 ŋeews

膮 曉蕭 a4 開許幺 垚宵2 hŋeew

嘵 曉蕭 a4 開許幺 垚宵2 hŋeew

憢 曉蕭 a4 開許幺 垚宵2 hŋeew

曉 曉蕭 b4 開馨皛 垚宵2 hŋeewʔ

皢 曉蕭 b4 開馨皛 垚宵2 hŋeewʔ

膮 曉蕭 b4 開馨皛 垚宵2 hŋeewʔ

嬈 曉蕭 c4 開火弔 垚宵2 hŋeews

摇 以宵 c3 開弋照 謠宵2 lews

摇 以宵 a3 開餘昭 謠宵2 lew

遥 以宵 a3 開餘昭 謠宵2 lew

瑶 以宵 a3 開餘昭 謠宵2 lew

傜 以宵 a3 開余招♯ 謠宵2 lew 傜分化字,见韩非子,广韵、集韵只作傜,此见玉篇

鰩 以宵 a3 開餘昭 謠宵2 lew

媱 以宵 a3 開餘昭 謠宵2 lew

傜 以宵 a3 開餘昭 謠宵2 lew

颻 以宵 a3 開餘昭 謠宵2 lew

窰♯ 以宵 a3 開餘昭 謠幽1 luu>窯 晚起分化字

愮 以宵 a3 開餘昭 謠宵2 lew

鷂 以宵 a3 開餘昭 謠宵2 lew

榣 以宵 a3 開餘昭 謠宵2 lew

嗂 以宵 a3 開餘昭 謠宵2 lew

猺♯ 以宵 a3 開餘昭 謠宵2 lew

謡 以宵 a3 開餘昭 謠宵2 lew 说文言上从肉,会意徒歌,通作謠,肉非声

鷂 以宵 c3 開弋照 謠宵2 lews

鎐♯ 精屋 d1 合作木 謠藥2 ʔsloowG

繇 以宵 a3 開餘昭 繇幽2 lɯɯw

蘨 以宵 a3 開餘昭 繇幽2 lɯɯw 说文作蘨

繇 澄尤 c3 開直祐 繇幽2 l'ɯws

櫾 以尤 a3 開以周 繇幽2 lɯw

繇 以尤 a3 開以周 繇幽2 lɯw 曾宪通说金文象鼬初文

櫾 以尤 c3 開余救 繇幽2 lɯws

蘨 以尤 a3 開以周 繇幽2 lɯw

杳 影蕭 b4 開烏皎 杳宵2 ʔmeewʔ

窅 影肴 a2 開於交 窅宵2 ʔmeewʔ

窅 影蕭 b4 開烏皎 窅宵2 ʔmeewʔ

滔 透豪 a1 開土刀 舀幽1 lhuu

韜 透豪 a1 開土刀 舀幽1 lhuu

縚 透豪 a1 開土刀 舀幽1 lhuu 同韜

謟 透豪 a1 開土刀 舀幽1 lhuu

慆 透豪 a1 開土刀 舀幽1 lhuu

幍♯ 透豪 a1 開土刀 舀幽1 lhuu 又同絛

槄　透豪 a1 開土刀　舀幽1　lhuu
搯　透豪 a1 開土刀　舀幽1　lhuu
瑫# 透豪 a1 開土刀　舀幽1　lhuu
槄　透豪 b1 開他浩　舀幽1　lhuuʔ
稻　定豪 b1 開徒晧　舀幽1　l'uuʔ
蹈　定豪 c1 開徒到　舀幽1　l'uus
舀　以宵 b3 開以沼　舀幽1　luuʔ
舀　以尤 a3 開以周　舀幽1　lu 同揄
舀　以虞 a3 合羊朱　舀侯　lo
鷕　以宵 b3 開以沼　鷕宵3　G^wiʔ 唯转注字，此音来自《释文》以水反讹本以小反，应以又羊水切为正读，改脂部
腰　影宵 a3a 開於霄　要宵2　qew 要字转注
要　影宵 a3a 開於霄　要宵2　qew 腰初文
葽　影宵 a3a 開於霄　要宵2　qew
喓　影宵 a3a 開於霄　要宵2　qew
闄# 影宵 b3a 開於小　要宵2　qewʔ 要分化字
要　影宵 c3a 開於笑　要宵2　qews
葽　影宵 c3a 開於笑　要宵2　qews
葽　影蕭 a4 開於堯　要宵2　qeew
偠　影蕭 b4 開烏晈　要宵2　qeewʔ 见汉赋
騕　影蕭 b4 開烏晈　要宵2　qeewʔ
葽　影蕭 b4 開烏晈　要宵2　qeewʔ
嫈# 影蕭 b4 開烏晈　要宵2　qeewʔ 偠分化字
覞　以宵 c3 開弋照　覞宵1　laws
耶　以麻 a3 開以遮　耶魚　laa 邪隶变俗字
椰# 以麻 a3 開以遮　耶魚　laa
爺+ 以麻 a3 開以遮+ 耶魚　laa 耶后起分化字，见玉篇
琊# 以麻 a3 開以遮　耶魚　laa 俗同邪，扬雄箴作琊
鋣# 以麻 a3 開以遮　耶魚　laa 同釾
他　透歌 a1 開託何　也歌1　lhaal 俗与佗通用
拖　透歌 a1 開託何　也歌1　lhaal
拖　透歌 c1 開吐邏　也歌1　lhaals 俗拕字
馳# 定歌 a1 開徒河　也歌1　l'aal 俗駝字
池　定歌 a1 開徒河　也歌1　l'aal
灺　邪麻 b3 開徐野　也歌1　ljaalʔ
鍦　禪麻 a3 開視遮　也歌1　ɦljaal>dj
虵　船麻 a3 開食遮　也歌1　ɦljaal 俗蛇字
也　以麻 b3 開羊者　也歌1　laalʔ
虵# 以麻 b3 開羊者　也歌1　laalʔ
怹　曉齊 a4 開呼雞　也歌2　hleel 见方言
髢　定齊 c4 開特計　也歌2　l'eels 说文鬄或体
杝　徹支 b3 開敕豸　也歌1　lhalʔ 依池爾切又音敕氏切加
肔　徹支 b3 開敕紙　也歌2　lhalʔ 移尔切所，注又切，见庄子
池　澄支 a3 開直離　也歌1　l'al
馳　澄支 a3 開直離　也歌1　l'al
杝　澄支 b3 開池爾　也歌1　l'alʔ
阤　澄支 b3 開池爾　也歌1　l'alʔ
施　書支 a3 開式支　也歌1　hljal
絁# 書支 a3 開式支　也歌1　hlja 纚的俗体
葹　書支 a3 開式支　也歌1　hljal 见离骚
鍦　書支 a3 開式支　也歌1　hljal

弛　書支b3開施是　也歌1　hljalʔ
阤　書支b3開施是　也歌1　hljalʔ
施　書支c3開施智　也歌1　hljals
鍦　書支c3開施智　也歌1　hljals
箷　以支a3開弋支　也歌1　lal
袘　以支a3開弋支　也歌1　lal
暆　以支a3開弋支　也歌1　lal
杝　以支a3開弋支　也歌1　lal
迆　以支a3開弋支　也歌1　lal
酏　以支a3開弋支　也歌1　lal
匜　以支a3開弋支　也歌1　lal
虵　以支a3開弋支　也歌1　lal 俗同蛇
迤　以支b3開移爾　也歌1　lalʔ 见张衡赋，说文作迆
酏　以支b3開移爾　也歌1　lalʔ
迆　以支b3開移爾　也歌1　lalʔ 集韵同迤
匜　以支b3開移爾　也歌2　lalʔ
袘　以支b3開移爾　也歌1　lalʔ 见汉书
肔　以支b3開移爾　也歌1　lalʔ 见庄子
扡　以支b3開移爾　也歌1　lalʔ
㢮　以支b3開移爾　也歌2　lalʔ 见法言
貤　以支c3開以豉　也歌1　lals
地　定脂c3開徒四　也歌2　l'els/l'jeels
貤　船脂c3開神至　也歌2　ɦljels
貤　以脂c3開羊至　也歌2　lels
冶　以麻b3開羊者　冶魚　laaʔ
洩　以祭c3開餘制　曳祭2　leds
曳　以祭c3開餘制　曳祭2　leds
拽　以薛d3開羊列　曳月2　led 抴注或体
曳　以薛d3開羊列*　曳月2　led
頁　以葉d3開與涉　頁盍2　leb 葉训读
頁　匣屑d4開胡結　頁月2　gleed 对藏文klad头脑，或音質2 giig与稽（首）字同源
礏　疑合d1開五合　業盍3　ŋoob 见史记
業　疑業d3開魚怯　業盍1　ŋab
鄴　疑業d3開魚怯　業盍1　ŋab
驜#　疑業d3開魚怯　業盍1　ŋab
䕯#　疑業d3開魚怯　業盍1　ŋab
鸈#　疑業d3開魚怯　業盍1　ŋab
𣿅#　疑業d3開魚怯　業盍1　ŋab
曄　云葉d3開筠輒　曄盍1　ɢʷrab
爗　云葉d3開筠輒　曄盍1　ɢʷrab
燁　云葉d3開筠輒　曄盍1　ɢʷrab 见汉赋
曅#　云葉d3開筠輒　曄盍1　ɢʷrab 同曄，華亦声，原文無草头
皣　云葉d3開筠輒　曄盍1　ɢʷrab
瞱#　云葉d3開筠輒　曄盍1　ɢʷrab
曄　云緝d3開為立　曄緝1　ɢʷrɯb
燁　云緝d3開域及*　曄緝1　ɢʷrɯb 见汉赋
一　影質d3a開於悉　一質2　qlig
弌　影質d3a開益悉*　一質2　qlig 古文一
哀　影咍a1開烏開　衣微1　qɯɯl
依　影微a3開於希　衣微1　qɯl
衣　影微a3開於希　衣微1　qɯl<ql-
扆　影微b3開於豈　衣微1　qɯlʔ<ql-
庡#　影微b3開於豈　衣微1　qɯlʔ<

ql-应依巾箱本、北宋小字本作厂旁，又烏纘切、於改切
偯　影微 b3 開於豈　衣微1　qɯlʔ< ql-
衣　影微 c3 開於既　衣微1　qɯls< ql-
曀　影齊 c4 開於計　壹至2　qiigs
殪　影齊 c4 開於計　壹至2　qiigs
豷　影齊 c4 開於計　壹至2　qiigs
懿　影脂 c3b 開乙冀　壹至2　qrigs 金文象畅饮壶内美酒称美状。国语引大雅抑作懿
饐　影脂 c3b 開乙冀　壹至2　qrigs
鷧　影脂 c3b 開乙冀　壹至2　qrigs 见尔雅，说文作鷾
撎　影脂 c3b 開乙冀　壹至2　qrigs
亄　影脂 c3b 開乙冀　壹至2　qrigs 见方言
豷　曉脂 c3b 合許位　壹至2　qhʷrigs 集韵改开口許利切
噎　影屑 d4 開烏結　壹質2　qiig
壹　影質 d3a 開於悉　壹質2　qlig 说文吉声，实懿省文加吉声
亄　影質 d3b 開於筆　壹質2　qrig 见方言
桋　定齊 a4 開杜奚　夷脂1　l'iil
荑　定齊 a4 開杜奚　夷脂1　l'iil
銕　定齊 a4 開杜奚　夷脂1　l'iil 古鐵字
鵜　定齊 a4 開杜奚　夷脂1　l'iil
鮧[#]　定齊 a4 開杜奚　夷脂1　l'iil 说文作鯷
洟　透齊 c4 開他計　夷脂1　lhiils
羠　邪脂 b3 開徐姊　夷脂1　ljilʔ
咦　曉脂 a3b 開喜夷　夷脂1　hril
夷　以脂 a3 開以脂　夷脂1　lil
姨　以脂 a3 開以脂　夷脂1　lil
痍　以脂 a3 開以脂　夷脂1　lil
峓[#]　以脂 a3 開以脂　夷脂1　lil 尚书作夷
恞　以脂 a3 開以脂　夷脂1　lil
眱[#]　以脂 a3 開以脂　夷脂1　lil 集韵又田黎切，说文、方言作睇
荑　以脂 a3 開以脂　夷脂1　lil
桋　以脂 a3 開以脂　夷脂1　lil
蛦[#]　以脂 a3 開以脂　夷脂1　lil
胰[#]　以脂 a3 開以脂　夷脂1　lil 夤分化字
鮧[#]　以脂 a3 開以脂　夷脂1　lil
羠　以脂 a3 開以脂　夷脂1　lil
鵜[#]　以脂 a3 開以脂　夷脂1　lil
跠　以脂 a3 開以脂　夷脂1　lil 见汉赋
洟　以脂 a3 開以脂　夷脂1　lil
胰[+]　以之 a3 開與之[+]　夷之　lɯ>原作胒，此为今字
銕　透屑 d4 開他結　夷質1　lhiid 古文鐵
遺　以脂 a3 合以追　遺微2　lul 金文楚简不从贵
壝　以脂 a3 合以追　遺微2　lul
壝　以脂 b3 合以水　遺微2　lulʔ
瀢[#]　以脂 b3 合以水　遺微2　lulʔ
遺　以脂 c3 合以醉　遺微2　luls
茝　昌咍 b1 開昌紿　頤之　khljɯɯʔ
洍　邪之 b3 開詳里　頤之　ljɯʔ 毛诗作汜
茝　章之 b3 開諸市　頤之　kljɯʔ
姬　見之 a3 開居之　頤之　klɯ
宧　以之 a3 開與之　頤之　lɯ
頤　以之 a3 開與之　頤之　lɯ 说文正体作𦣝，此篆文
弬[#]　以之 a3 開與之　頤之　lɯ
洍　以之 a3 開與之　頤之　lɯ
姬　以之 a3 開與之　頤之　lɯ
礙　疑咍 c1 開五漑　疑之　ŋɯɯs

儗# 疑咍 c1 開五溉 疑之 ŋɯɯs 儓儗

懝# 疑咍 c1 開五溉 疑之 ŋɯɯs 与癡同源

儗# 曉咍 c1 開海愛 疑之 hŋɯɯs 儓儗

譺 疑皆 c2 開五介 疑之 ŋrɯɯs

癡 徹之 a3 開丑之 疑之 ŋhl'ɯ// t-ŋhɯ

疑 疑之 a3 開語其 疑之 ŋɯ 甲金文象人行道回顾迟疑状，金文或加牛声，后讹为子，非矢声

嶷 疑之 a3 開語其 疑之 ŋɯ

觺 疑之 a3 開語其 疑之 ŋɯ

擬 疑之 b3 開魚紀 疑之 ŋɯʔ

儗 疑之 b3 開魚紀 疑之 ŋɯʔ 见史记

薿 疑之 b3 開魚紀 疑之 ŋɯʔ

譺 疑之 b3 開魚紀 疑之 ŋɯʔ

譺 疑之 c3 開魚記 疑之 ŋɯs

凝 疑蒸 a3 開魚陵 疑蒸 ŋrɯŋ

凝 疑蒸 c3 開牛餧 疑蒸 ŋrɯŋs

嶷 疑職 d3 開魚力 疑職 ŋɯg

薿 疑職 d3 開魚力 疑職 ŋɯg

懝# 疑職 d3 開魚力 疑職 ŋɯg 说文作㘈

儗 疑之 c3 開魚記 疑之 ŋɯs

彝 以脂 a3 開以脂 彝脂2 li

九# 影鎋 d2 開乙鎋 乙月2 qreed>

札 莊黠 d2 開側八 乙質1 sqriid> tsriid

扎# 莊黠 d2 開側八 乙質1 sqriid> tsriid 札分化字，注出家语而今本为札

蚻 莊黠 d2 開側八 乙質1 ʔsriid/ sqriid 见尔雅

紮# 莊黠 d2 開側八 乙質1 ʔsriid

軋 影黠 d2 開烏黠 乙質1 qriid

圠# 影黠 d2 開烏黠 乙質1 qriid

穵 影黠 d2 開烏黠 乙質1 qriid

穵# 影黠 d2 合烏八 乙質1 q^{w}riid

挖+ 影黠 d2 合烏八+ 乙質1 q^{w}riid 穵晚起分化字

鳦 影黠 d2 開乙黠* 乙質1 qriid 说文作乞或体

耴# 疑質 d3b 開魚乙 乙質1 ŋrid

乙 影質 d3b 開於筆 乙質2 qrig 甲乙字收g尾，与燕乙字收d尾小分部有异；原象雏燕探首，后乃分化

鳦 影質 d3b 開於筆* 乙質1 qrid 说文作乞或体

肊 影職 d3 開於力 乙職 qrɯg

已 以之 b3 開羊己 已之 lɯʔ 巳转注字，句末与矣通

似 邪之 b3 開詳里 以之 ljɯʔ 说文做佀，金文从台

姒 邪之 b3 開詳里 以之 ljɯʔ

耜 邪之 b3 開詳里 以之 ljɯʔ

佀 邪之 b3 開詳里 以之 ljɯʔ 同似

以 以之 b3 開羊己 以之 lɯʔ

苡 以之 b3 開羊己 以之 lɯʔ 说文作苢

苢 以之 b3 開羊己 以之 lɯʔ 同苡

唉 曉咍 a1 開呼來* 矣之 qhlɯɯ 叹声，见史记

埃 影咍 a1 開烏開 矣之 qlɯɯ

唉 影咍 a1 開烏開 矣之 qlɯɯ 又於其切，方言作欸

欸 影咍 a1 開烏開 矣之 qlɯɯ

娭 影咍 a1 開於開* 矣之 qlɯɯ

挨 影咍 b1 開於改 矣之 qlɯɯʔ

騃 疑皆 b2 開五駭 矣之 ŋrɯɯʔ 见说文懝字注

挨　影皆 a2 開英皆* 　矣之　qrɯɯ
广韵乙谐切，右从俟
唉　影皆 a2 開英皆* 　矣之　qrɯɯ
挨　影皆 b2 開於駭　矣之　qrɯɯʔ
唉# 影皆 b2 開於駭　矣之　qrɯɯʔ
欸　曉皆 c2 開許介　矣之　qhrɯɯs
怒声，同譮
俟　俟之 b3 開牀史　矣之　sɢrɯʔ
竢　俟之 b3 開牀史　矣之　sɢrɯʔ同俟
涘　俟之 b3 開牀史　矣之　sɢrɯʔ
騃　俟之 b3 開牀史　矣之　sɢrɯʔ
誒　曉之 a3 開許其　矣之　qhlɯ
娭　曉之 a3 開許其　矣之　qhlɯ
后作嬉
矣　云之 b3 開于紀　矣之　ɢlɯʔ/ɢɯʔ
说文吕声，金文从丩矢，或为矢声丩声，句末与已通
俟# 群微 a3 開渠希　矣微1　glɯl
万俟
厂　以祭 c3 開餘制　厂祭2　leds
艾　疑泰 c1 開五蓋　乂祭1　ŋaads
鴱　疑泰 c1 開五蓋　乂祭1　ŋaads
餀　曉泰 c1 開呼艾　乂祭1　hŋaads
刈　疑廢 c3 開魚肺　乂祭1　ŋads
乂　疑廢 c3 開魚肺　乂祭1　ŋads
艾　疑廢 c3 開魚肺　乂祭1　ŋads
鴱　疑廢 c3 開魚肺　乂祭1　ŋads
戴　端咍 c1 開都代　弋代　ʔl'ɯɯgs
朱骏声籀文弋声，金文異为戴初文，象手护所顶物，加弋声转注，再类化讹此
襶# 端咍 c1 開丁代* 　弋代　tɯɯgs
戴或弋声
貸　透咍 c1 開他代　弋代　lhɯɯgs
貣转注
代　定咍 c1 開徒耐　弋代　l'ɯɯgs
袋# 定咍 c1 開徒耐　弋代　l'ɯɯgs
同帒
岱　定咍 c1 開徒耐　弋代　l'ɯɯgs
黛　定咍 c1 開徒耐　弋代　l'ɯɯgs见楚辞大招
玳　定咍 c1 開徒耐　弋代　l'ɯɯgs瑇字注或体，见淮南子
帒# 定咍 c1 開徒耐　弋代　l'ɯɯgs
甙# 定咍 c1 開徒耐　弋代　l'ɯɯgs
截　定咍 c1 開徒耐　弋之　l'ɯɯs周礼贾疏：其字从载从酉省，言米汁相载。亦不以𢦏为声符
試　書之 c3 開式吏　弋代　hljɯgs
弑　書之 c3 開式吏　弋代　hljɯgs
忒　透德 d1 開他德　弋職　lhɯɯg
貣　透德 d1 開他德　弋職　lhɯɯg
貣　定德 d1 開徒得　弋職　l'ɯɯg
鮘# 定德 d1 開徒得　弋職　l'ɯɯg周校为甲旁
杙　徹職 d3 開恥力　弋職　lhɯg见汉书
伏　徹職 d3 開恥力　弋職　lhɯg
忕# 徹職 d3 開恥力　弋職　lhɯg
式　書職 d3 開賞職　弋職　hljɯg
軾　書職 d3 開賞職　弋職　hljɯg
拭　書職 d3 開賞職　弋職　hljɯg
鉽# 書職 d3 開賞職　弋職　hljɯg
烒# 書職 d3 開賞職　弋職　hljɯg
栻　書職 d3 開設職* 　弋職　hljɯg
见汉书
弋　以職 d3 開與職　弋職　lɯg
芅　以職 d3 開與職　弋職　lɯg见尔雅
黓　以職 d3 開與職　弋職　lɯg
隿　以職 d3 開與職　弋職　lɯg
杙　以職 d3 開與職　弋職　lɯg
釴　以職 d3 開與職　弋職　lɯg见尔雅

夜 以麻 c3 開羊謝 亦暮 laags
鵺 以麻 c3 開羊謝 亦暮 laags 见山海经
迹 精昔 d3 開資昔 亦鐸 ʔsljaag<ʔsleeg 金文籀文本朿声，归锡部
跡 精昔 d3 開資昔 亦鐸 ʔsljaag<ʔsleeg 同迹，见左传
亦 以昔 d3 開羊益 亦鐸 laag
弈 以昔 d3 開羊益 亦鐸 laag
奕 以昔 d3 開羊益 亦鐸 laag
帟 以昔 d3 開羊益 亦鐸 laag
腋 以昔 d3 開羊益 亦鐸 laag
掖 以昔 d3 開羊益 亦鐸 laag
焲 以昔 d3 開羊益 亦鐸 laag
液 以昔 d3 開羊益 亦鐸 laag
椴 匣佳 c2 開胡卦 役賜 G^wreegs 注中又切，校作胡革
椴 匣錫 d4 開胡狄 役錫 Geeg 校右从役
役 以昔 d3 合營隻 役錫 Gweg
疫 以昔 d3 合營隻 役錫 Gweg
坄 以昔 d3 合營隻 役錫 Gweg 同投
炈# 以昔 d3 合營隻 役錫 Gweg 同投
鈠 以昔 d3 合營隻 役錫 Gweg 见易林
豛 以昔 d3 合營隻 役錫 Gweg
投 以昔 d3 合營隻 役錫 Gweg
抑 影職 d3 開於力 抑職 qɯg/qig 说文从反印
唈 影合 d1 開烏荅 邑緝1 qɯɯb 余校依集韵并烏合切
浥 影洽 d2 開烏洽 邑緝1 qrɯɯb
裛 影葉 d3b 開於輒 邑盍1 qrab
裛 影業 d3 開於業 邑盍1 qab
浥 影業 d3 開於業 邑盍1 qab
俋 澄緝 d3 開直立 邑緝3 r'ɯb 见庄子
挹 影緝 d3a 開伊入 邑緝1 qɯb
邑 影緝 d3b 開於汲 邑緝1 qrɯb
悒 影緝 d3b 開於汲 邑緝1 qrɯb
唈 影緝 d3b 開於汲 邑緝1 qrɯb 巾箱本误从扌
裛 影緝 d3b 開於汲 邑緝1 qrɯb
浥 影緝 d3b 開於汲 邑緝1 qrɯb
賜 心支 c3 開斯義 易賜 slegs
傷 心支 c3 開斯義 易賜 slegs 同澌，见方言
䑛 船支 b3 開神帋 易支 ɦljeʔ 后作舐
易 以支 c3 開以豉 易賜 legs
敡 以支 c3 開以豉 易賜 legs
鬄 心昔 d3 開思積 易錫 sljeg
睗 書昔 d3 開施隻 易錫 hljeg
暘 書昔 d3 開施隻 易錫 hljeg
易 以昔 d3 開羊益 易錫 leg 甲文象斟酒，表易器而赐饮
瘍 以昔 d3 開羊益 易錫 leg
蜴 以昔 d3 開羊益 易錫 leg
埸 以昔 d3 開羊益 易錫 leg
逷 透錫 d4 開他歷 易錫 lheeg 同逖
剔 透錫 d4 開他歷 易錫 lheeg
踢# 透錫 d4 開他歷 易錫 theeg 踶、蹢晚起分化字，惕省声
惕 透錫 d4 開他歷 易錫 lheeg
錫 心錫 d4 開先擊 易錫 sleeg
裼 心錫 d4 開先擊 易錫 sleeg《斯干》释文他计反 lheegs
緆 心錫 d4 開先擊 易錫 sleeg
鷖 影齊 a4 開烏奚 医脂2 qii
翳 影齊 a4 開烏奚 医脂2 qii
嫛 影齊 a4 開烏奚 医脂2 qii

黳　影齊 a4 開烏奚　医脂 2　qii
繄　影齊 a4 開烏奚　医脂 2　qii
医　影齊 c4 開於計　医脂 2　qiis
翳　影齊 c4 開於計　医脂 2　qiis
嫛　影齊 c4 開於計　医脂 2　qiis 见神女赋
蘙#　影齊 c4 開於計　医脂 2　qiis
瞖#　影齊 c4 開於計　医脂 2　qiis 素问翳分化字
繄　影齊 c4 開於計　医脂 2　qiis
殹　影齊 c4 開於計　医脂 2　qiis
豎#　以支 c3 合以睡　医支　ɢwes<ɢwis
醫　影之 a3 開於其　医之　qɯ
毉　影之 a3 開於其　医之　qɯ 同醫，见国语
蠮　影屑 d4 開烏結　医質 2　qiig 见方言
沿#　以真 c3 開羊晉　佾文 1　lɯns
佾　以質 d3 開夷質　佾物 1　lɯd
屑　心屑 d4 開先結　佾物 1　slɯɯd
榍　心屑 d4 開先結　佾物 1　slɯɯd
糏#　心屑 d4 開先結　佾物 1　slɯɯd 管子作屑
屑　心没 d1 合蘇骨　佾物 2　sluud 原文𠃊作八，见方言
隘　影佳 c2 開烏懈　益賜　qreegs
賹#　影佳 c2 開烏懈　益賜　qreegs
搤　影佳 c2 開烏懈*　益賜　qreegs
縊　影齊 c4 開於計　益賜　qleegs
縊　影支 c3a 開於賜　益賜　qlegs
螠#　影支 c3a 開於賜　益賜　qlegs 尔雅作縊
謚　船脂 c3 開神至　益至 2　ɢligs
諡　船脂 c3 開神至　益至 2　ɢligs 说文謚字，古声母近兮而讹，玄应引作益声，是

䴌　見先 a4 合古玄　益真 2　kʷliiŋ
溢　以質 d3 開夷質　益質 2　lig
鎰　以質 d3 開夷質　益質 2　lig
齸　以質 d3 開夷質　益質 2　lig
搤　影麥 d2 開於革　益錫　qreeg
貖　影麥 d2 開於革　益錫　qreeg
益　影昔 d3 開伊昔　益錫　qleg
嗌　影昔 d3 開伊昔　益錫　qleg
謚　影昔 d3 開伊昔　益錫　qleg
齸　影昔 d3 開伊昔　益錫　qleg
膉#　影昔 d3 開伊昔　益錫　qleg 集韵一义，见仪礼
鷁　疑錫 d4 開五歷　益錫　ŋgleeg
艗　疑錫 d4 開五歷　益錫　ŋgleeg 鷁分化字，见方言
褹　泥皆 c2 開女介　埶祭 2　ŋr'eeds 见方言
勢　書祭 c3 開舒制　埶祭 2　hŋjeds
藝　疑祭 c3a 開魚祭　埶祭 2　ŋeds 蓺，六藝分化字
囈　疑祭 c3a 開魚祭　埶祭 2　ŋeds
埶　疑祭 c3a 開魚祭　埶祭 2　ŋeds
蓺　疑祭 c3a 開魚祭　埶祭 2　ŋeds 同埶，转注字
槸　疑祭 c3a 開魚祭　埶祭 2　ŋeds
褹　疑祭 c3a 開魚祭　埶祭 2　ŋeds 见方言
爇　日薛 d3 合如劣　埶月 3　ŋwjed
褻　心薛 d3 開私列　埶月 2　sŋed
暬　心薛 d3 開私列　埶月 2　sŋed
熱　日薛 d3 開如列　埶月 2　ŋjed
槷#　疑屑 d4 開五結　埶月 2　ŋeed
禩　邪之 b3 開詳里　異之　ljɯʔ 同祀
異　以之 c3 開羊吏　異代　lɯgs 甲金文異象双手护住头所顶物，为戴翼初文

潩 以之 c3 開羊吏 異代 lɯgs
廙 以之 c3 開羊吏 異代 lɯgs
趩 徹職 d3 開恥力 異職 lhɯg
瀷 昌職 d3 開昌力 異職 lhjɯg
廙 以職 d3 開與職 異職 lɯg
翼 以職 d3 開與職 異職 lɯg/b・lɯg
潩 以職 d3 開與職 異職 lɯg
瀷 以職 d3 開與職 異職 lɯg
熼# 以職 d3 開與職 異職 lɯg
豙 疑之 c3 開魚記 豙之 ŋɯs
藙 疑微 c3 開魚既 豙隊1 ŋɯds
顡 疑微 c3 開魚既 豙隊1 ŋɯds
毅 疑微 c3 開魚既 豙隊1 ŋɯds
豙 疑微 c3 開魚既 豙隊1 ŋɯds
顡 疑灰 b1 合五罪 豙微2 ŋuulʔ
顡 知皆 c2 合迍怪* 豙微2 t-ŋruuls 广韵他怪切疑讹，王韵亦知怪反
顡 透皆 c2 合他怪 豙微2 t-ŋhruuls 元泰定本、巾箱本他作迍，注说文五怪切
逸 以質 d3 開夷質 逸質1 lid
斁 端模 c1 合當故 睪暮 ʔl'aags
籜 透鐸 d1 開他各 睪鐸 lhaag 见通俗文
蘀 透鐸 d1 開他各 睪鐸 lhaag
斁 定模 c1 合徒故 睪暮 l'aags
鐸 定鐸 d1 開徒落 睪鐸 l'aag
澤# 定鐸 d1 開徒落 睪鐸 l'aag
襗# 定鐸 d1 開徒落 睪鐸 l'aag
擇 澄陌 d2 開場伯 睪鐸 rlaag
澤 澄陌 d2 開場伯 睪鐸 rlaag
鸅 澄陌 d2 開場伯 睪鐸 rlaag 见尔雅
蠌 澄陌 d2 開場伯 睪鐸 rlaag
襗 澄陌 d2 開場伯 睪鐸 rlaag
檡 澄陌 d2 開場伯 睪鐸 rlaag
釋 書昔 d3 開施隻 睪鐸 hljaag
檡# 書昔 d3 開施隻 睪鐸 hljaag
繹 以昔 d3 開羊益 睪鐸 laag
睪 以昔 d3 開羊益 睪鐸 laag
譯 以昔 d3 開羊益 睪鐸 laag
嶧 以昔 d3 開羊益 睪鐸 laag
懌 以昔 d3 開羊益 睪鐸 laag
驛 以昔 d3 開羊益 睪鐸 laag
斁 以昔 d3 開羊益 睪鐸 laag
醳 以昔 d3 開羊益 睪鐸 laag 见释名，说文作繹
圛 以昔 d3 開羊益 睪鐸 laag
襗 以昔 d3 開羊益 睪鐸 laag
墿# 以昔 d3 開羊益 睪鐸 laag
燡 以昔 d3 開羊益 睪鐸 laag 见小尔雅
噫 影皆 c2 開烏界 意代 qrɯɯgs
噫 影之 a3 開於其 意之 qɯ
譩# 影之 a3 開於其 意之 qɯ
譩# 影之 b3 開於擬 意之 qɯʔ
醷 影之 b3 開於擬 意之 qɯʔ 见礼记
意 影之 c3 開於記 意代 qɯgs/qrɯgs
鷾 影之 c3 開於記 意代 qrɯgs 鳦分化字，见庄子
譩# 影微 a3 開於希 意微1 qɯl
憶 影職 d3 開於力 意職 qɯg
億 影職 d3 開於力 意職 qrɯg
臆 影職 d3 開於力 意職 qrɯg
繶 影職 d3 開於力 意職 qɯg 见仪礼
醷 影職 d3 開於力 意職 qɯg 见礼记
澺 影職 d3 開於力 意職 qɯg
薏 影職 d3 開於力 意職 qɯg

檍　影職 d3 開於力　意職　quɯg

癔# 影職 d3 開於力　意職　quɯg

裔　以祭 c3 開餘制　裔祭 2　leds

肄　以脂 c3 開羊至　肄至 1　lids 金文右执巾，非从聿，象洗刷所屠豕（按礼祭必刷拭牲），后分化为肄

劓　疑脂 c3b 開魚器　劓至 1　ŋrids

翊　以職 d3 開與職　翼職　lɯg 见太玄

欭　影脂 c3b 開乙冀　因脂 1　qrils

烟　影先 a4 開烏前　因真 1　qiin 同煙

胭# 影先 a4 開烏前　因真 1　qiin 燕支之燕后起字，集韵又同咽

咽　影先 a4 開烏前　因真 1　qiin

咽　影先 c4 開於甸　因真 1　qiins 同嚥

恩　影痕 a1 開烏痕　因文 1　qɯɯn

煾# 影痕 a1 開烏痕　因文 1　qɯɯn 同说文炼字

因　影真 a3a 開於真　因真 1　qin 甲文象人卧于茵席，为茵初文

姻　影真 a3a 開於真　因真 1　qin

茵　影真 a3a 開於真　因真 1　qin 因转注字

鞇　影真 a3a 開於真　因真 1　qin 同茵

氤　影真 a3a 開於真　因真 1　qin

洇　影真 a3a 開於真　因真 1　qin

駰　影真 a3a 開於真　因真 1　qin

烟　影真 a3a 開於真　因真 1　qin

絪　影真 a3a 開於真　因真 1　qin

裀# 影真 a3a 開於真　因真 1　qin

駰　影真 a3b 開於巾　因真 1　qrin

咽　影屑 d4 開烏結　因質 1　qiid

黫　影山 a2 開烏閑　垔真 1　qriin

甄　見仙 a3a 開居延　垔元 2　ken

蘸　見仙 a3a 開居延　垔元 2　ken

籈# 見仙 a3a 開居延　垔元 2　ken

煙　影先 a4 開烏前　垔真 1　qiin

湮　影先 a4 開烏前　垔真 1　qiin

甄　章真 a3 開職鄰　垔真 1　kin 原误側鄰切，依韵目注改

籈　章真 a3 開職鄰　垔真 1　kin 由側鄰切校改，见尔雅

蘸　章真 a3 開職鄰　垔真 1　kin 由側鄰切校改

堙　影真 a3a 開於真　垔真 1　qin 同垔，转注

湮　影真 a3a 開於真　垔真 1　qin

禋　影真 a3a 開於真　垔真 1　qin

闉　影真 a3a 開於真　垔真 1　qin

垔　影真 a3a 開於真　垔真 1　qin 上象塞漏土包，非西声

陻　影真 a3a 開於真　垔真 1　qin 同垔，转注

諲　影真 a3a 開於真　垔真 1　qin 见尔雅

歅　影真 a3a 開於真　垔真 1　qin

鄄　見仙 c3a 合吉掾　垔元 2　kʷens

諳　影覃 a1 開烏含　音侵 1　qɯɯm

腤# 影覃 a1 開烏含　音侵 1　qɯɯm

婄# 影覃 a1 開烏含　音侵 1　qɯɯm

喑　影覃 a1 開烏含　音侵 1　qɯɯm

揞　影覃 b1 開烏感　音侵 1　qɯɯmʔ

隌　影覃 b1 開烏感　音侵 1　qɯɯmʔ 见尔雅，暗转注

罯　影覃 b1 開烏感　音侵 1　qɯɯmʔ

暗　影覃 c1 開烏紺　音侵 1　qɯɯms

闇　影覃 c1 開烏紺　音侵 1　qɯɯms

婄# 曉談 a1 開呼談　音談 1　qhaam

黯　影咸 a2 開乙咸　音侵 1　qrɯɯm

黯　影咸 b2 開乙減　音侵 1　qrɯɯmʔ

揞　影咸 c2 開於陷　音侵 1　qrɯɯms

歆 曉侵a3b開許金 音侵$_1$ qhrɯm
嬜# 曉侵a3b開許金 音侵$_1$ qhrɯm
愔 影侵a3a開挹淫 音侵$_1$ qɯm
磬# 影侵a3a開挹淫 音侵$_1$ qɯm
音 影侵a3b開於金 音侵$_1$ qrɯm
陪 影侵a3b開於金 音侵$_1$ qrɯm 见尔雅,暗转注
瘖 影侵a3b開於金 音侵$_1$ qrɯm
喑 影侵a3b開於金 音侵$_1$ qrɯm
窨 影侵c3b開於禁 音侵$_1$ qrɯms
喑 影侵c3b開於禁 音侵$_1$ qrɯms
罯 影合d1開烏合 音緝$_1$ qɯmb
湆 溪緝d3b開去及 音緝$_1$ khrɯb
殷 影山a2開烏閑 殷文$_1$ qrɯɯn
殷 影欣a3開於斤 殷文$_1$ qɯn
慇 影欣a3開於斤 殷文$_1$ qɯn
溵# 影欣a3開於斤 殷文$_1$ qɯn 说文作濦
磤# 影欣b3開於謹 殷文$_1$ qɯnʔ
冘 以尤a3開以周 冘幽$_1$ lu
抌 以尤a3開以周 冘幽$_1$ lu 见周礼,说文作抗,同舀
狖 以尤c3開余救 冘幽$_1$ lus 原右从穴,说文作貁,集韵又作狖
貁 以尤c3開余救 冘幽$_1$ lus 同狖,集韵又作狖
抌 端覃b1開都感 冘侵$_3$ ʔl'uumʔ
耽 端覃a1開丁含 冘侵$_3$ ʔl'uum
眈 端覃a1開丁含 冘侵$_3$ ʔl'uum
酖 端覃a1開丁含 冘侵$_3$ ʔl'uum
妉 端覃a1開丁含 冘侵$_3$ ʔl'uum 见尔雅,说文作媅
黕 端覃b1開都感 冘侵$_3$ ʔl'uumʔ
眈# 端覃b1開都感 冘侵$_3$ ʔl'uumʔ 由耽依集韵校改
衴# 端覃b1開都感 冘侵$_3$ ʔl'uumʔ
瓭 端覃b1開都感 冘侵$_3$ ʔl'uumʔ
馾# 端覃c1開丁紺 冘侵$_3$ ʔl'uums
眈 定覃a1開徒含 冘侵$_3$ l'uum
髧 定覃b1開徒感 冘侵$_3$ l'uumʔ 见诗,说文引作紞,都感切
紞 端談b1開都敢 冘談$_3$ ʔl'oomʔ
鈂 從侵a3開昨淫 冘侵$_3$ zlum
鈂 澄侵a3開直深 冘侵$_3$ l'um
沈 澄侵a3開直深 冘侵$_3$ l'um 周国名
沉 澄侵a3開直深 冘侵$_3$ l'um 俗沈字,见易林汉碑
枕 澄侵a3開直深 冘侵$_3$ l'um
莐 澄侵a3開直深 冘侵$_3$ l'um
霃 澄侵a3開直深 冘侵$_3$ l'um
鴆 澄侵c3開直禁 冘侵$_3$ l'ums
沈 澄侵c3開直禁 冘侵$_3$ l'ums
枕 章侵b3開章荏 冘侵$_3$ ʔljumʔ
枕 章侵c3開之任 冘侵$_3$ ʔljums
訦 禪侵a3開氏任 冘侵$_3$ ɦljum>dj 同愖
忱 禪侵a3開氏任 冘侵$_3$ ɦljum>dj 同訦
訦 禪侵b3開常枕 冘侵$_3$ ɦljumʔ>dj
沈 書侵b3開式荏 冘侵$_3$ hljumʔ 周国名,荏由任校改,同集韵
邥 書侵b3開式荏 冘侵$_3$ hljumʔ 古文沈,荏由任校改,同集韵
魫# 書侵b3開式荏 冘侵$_3$ hljumʔ 荏由任校改
冘 以侵a3開餘針 冘侵$_3$ lum
抌 以虞b3合以主 冘侯 loʔ
𡧔# 疑侵a3b開鱼金 𡧔侵$_1$ ŋrɯm

寅　以脂 a3 開以脂　寅脂1　lil 甲金文象人脊，为夤(膑)初文(朱骏声)，甲文又或借矢字作

蔩　以脂 a3 開以脂　寅脂1　lil

鏔　以脂 a3 開以脂　寅脂1　lil 见方言

鏔　以之 a3 開與之　寅之　lɯ<li 见方言

演　以仙 b3 開以淺　寅真1　liinʔ

縯# 以仙 b3 開以淺　寅真1　liinʔ

蔩　以仙 b3 開以淺　寅真1　liinʔ

戭　以仙 b3 開以淺　寅真1　liinʔ

寅　以真 a3 開翼真　寅真1　lin

夤　以真 a3 開翼真　寅真1　lin 寅转注字

蔩　以真 a3 開翼真　寅真1　lin

螾　以真 a3 開翼真　寅真1　lin

螾　以真 b3 開余忍　寅真1　linʔ

戭　以真 b3 開余忍　寅真1　linʔ

縯# 以真 b3 開余忍　寅真1　linʔ

濥　以真 b3 開余忍　寅真1　linʔ

濥　以真 c3 開羊晉　寅真1　lins

瞚　書諄 c3 合舒閏　寅文2　hljuns 后作瞬同

淫　以侵 a3 開餘針　淫侵1　lɯm

霪　以侵 a3 開餘針　淫侵1　lɯm

婬　以侵 a3 開餘針　淫侵1　lɯm

廴　以真 b3 開余忍　廴真1　linʔ

芛　以支 b3 合羊捶　尹歌2　ɢwelʔ

伊　影脂 a3a 開於脂　尹脂1　qlil 说文古文死声，小徐云俗本作尹声

咿　影脂 a3a 開於脂　尹脂1　qlil 见楚辞卜居

蛜　影脂 a3a 開於脂　尹脂1　qlil 见尔雅

笋# 心諄 b3 合思尹　尹真1　sɢwinʔ 俗筍字

尹　以諄 b3 合余準　尹真1　ɢwinʔ

芛　以術 d3 合餘律　尹質1　ɢwid

紖　澄真 b3 開直引　引真1　l'inʔ

矤　書真 b3 開式忍　引真1　hlinʔ 同弞

訠# 書真 b3 開式忍　引真1　hlinʔ 同矤

弞　書真 b3 開式忍　引真1　hlinʔ

引　以真 b3 開余忍　引真1　linʔ

蚓　以真 b3 開余忍　引真1　linʔ 说文同螾

弞　以真 b3 開余忍　引真1　linʔ

鈏　以真 b3 開余忍　引真1　linʔ

靷　以真 b3 開余忍　引真1　linʔ

靷　以真 c3 開羊晉　引真1　lins

引　以真 c3 開羊晉　引真1　lins

鈏　以真 c3 開羊晉　引真1　lins

隱　影欣 b3 開於謹　隱文1　qɯnʔ<ql-

檃　影欣 b3 開於謹　隱文1　qɯnʔ

嶾# 影欣 b3 開於謹　隱文1　qɯnʔ

癮# 影欣 b3 開於謹　隱文1　qɯn 原无阝旁，此为集韵异体

懚# 影欣 c3 開於靳　隱文1　qɯns

隱　影欣 c3 開於靳　隱文1　qɯns<ql-

檼　影欣 c3 開於靳　隱文1　qɯns

穩# 影魂 b1 合烏本　隱文1　qʷɯɯnʔ

印　影真 c3a 開於刃　印真2　qiŋs 甲文印抑 qig 同字

鮣# 影真 c3a 開於刃　印真2　qiŋs

胤　以真 c3 開羊晉　胤真1　lins 疑与洕同声符

酳　以真 c3 開羊晉　胤真1　lins

瀴# 影庚 c2 開於孟　賏耕　qraaŋs<eeŋs

罂 影耕 a2 開烏莖 賏耕 qreeŋ
鸎 影耕 a2 開烏莖 賏耕 qreeŋ
櫻 影耕 a2 開烏莖 賏耕 qreeŋ
嚶 影耕 a2 開烏莖 賏耕 qreeŋ
罌 影耕 a2 開烏莖 賏耕 qreeŋ 同罂
鷪 影耕 a2 開烏莖 賏耕 qreeŋ
罂 影耕 a2 開烏莖 賏耕 qreeŋ
賏 影庚 c3 開於敬 賏耕 qreŋs
賏 影清 a3 開於盈 賏耕 qeŋ
嬰 影清 a3 開於盈 賏耕 qeŋ
瓔# 影清 a3 開於盈 賏耕 qeŋ
纓 影清 a3 開於盈 賏耕 qeŋ
攖 影清 a3 開於盈 賏耕 qeŋ
蘡 影清 a3 開於盈 賏耕 qeŋ
癭 影清 b3 開於郢 賏耕 qeŋʔ
廮 影清 b3 開於郢 賏耕 qeŋʔ
瀴# 明青 b4 開莫迥 賏耕 m-qeeŋʔ
瀴# 影青 b4 開烟涬 賏耕 qeeŋʔ
巊# 影青 b4 開烟涬 賏耕 qeeŋʔ
應 影蒸 a3 開於陵 鷹蒸 qɯŋ
鷹 影蒸 a3 開於陵 鷹蒸 qrɯŋ 说文正体从隹瘖省声，此为籀文
膺 影蒸 a3 開於陵 鷹蒸 qrɯŋ
應 影蒸 c3 開於證 鷹蒸 qɯŋs
膺 影蒸 c3 開於證 鷹蒸 qɯŋs
譍 影蒸 c3 開於證 鷹蒸 qɯŋs 同膺
盈 以清 a3 開以成 盈耕 leŋ
楹 以清 a3 開以成 盈耕 leŋ
鶯 影耕 a2 開烏莖 熒耕 qreeŋ
罃 影耕 a2 開烏莖 熒耕 qreeŋ
嫈 影耕 a2 開烏莖 熒耕 qreeŋ
褮 影耕 a2 開烏莖 熒耕 qreeŋ
嫈 影耕 c2 開鷖迸 熒耕 qreeŋs
覮 滂青 a4 開普丁 熒耕 p-qhʷeeŋ 淮南子也从目
謍 曉庚 a2 合虎横 熒耕 qhʷraaŋ<eeŋ
謍# 影庚 b2 合烏猛 熒陽 qhʷraaŋʔ
嶸 匣耕 a2 合户萌 熒耕 ɢʷreeŋ
嵤# 匣耕 a2 合户萌 熒耕 ɢʷreeŋ 同嶸
鎣 影耕 a2 合烏宏 熒耕 qʷreeŋ
榮 云庚 a3 合永兵 熒耕 ɢʷreŋ
瑩 云庚 a3 合永兵 熒耕 ɢʷreŋ
嶸 云庚 a3 合永兵 熒耕 ɢʷreŋ
蠑 云庚 a3 合永兵 熒耕 ɢʷreŋ 见尔雅
禜 云庚 a3 合永兵 熒耕 ɢʷreŋ
禜 云庚 c3 合為命 熒耕 ɢʷreŋs
醟 云庚 c3 合為命 熒耕 ɢʷreŋs
檾 溪清 b3 合去潁 熒耕 khʷeŋʔ 或作苘
惸 群清 a3 合渠營 熒耕 gʷeŋ
煢 群清 a3 合渠營 熒耕 gʷeŋ 同惸，见离骚
醟 曉清 c3 合休正 熒耕 qhʷeŋs
縈 影清 a3 合於營 熒耕 qʷeŋ
褮 影清 a3 合於營 熒耕 qʷeŋ
嫈 影清 a3 合於營 熒耕 qʷeŋ
營 以清 a3 合余傾 熒耕 ɢʷeŋ
鎣# 以清 a3 合余傾 熒耕 ɢʷeŋ
塋 以清 a3 合余傾 熒耕 ɢʷeŋ
謍 以清 a3 合余傾 熒耕 ɢʷeŋ
濴 以清 a3 合余傾 熒耕 ɢʷeŋ 见汉书
檾 溪青 b4 合口迥 熒耕 khʷeeŋʔ 或作苘
褮 匣青 a4 合户扃 熒耕 ɢʷeeŋ
熒 匣青 a4 合户扃 熒耕 gʷeeŋ

螢 匣青 a4 合户扃 熒耕 g^weeŋ
滎 匣青 a4 合户扃 熒耕 g^weeŋ
濙 影青 b4 合烏迥 熒耕 q^weeŋʔ
鎣 影青 c4 合烏定 熒耕 q^weeŋs
瑩 影青 c4 合烏定 熒耕 q^weeŋs
瀅# 影青 c4 合烏定 熒耕 q^weeŋs
嬴 以清 a3 開以成 嬴耕 leŋ 朱骏声嬴声
瀛 以清 a3 開以成 嬴耕 leŋ
籯 以清 a3 開以成 嬴耕 leŋ
蠃 以清 a3 開以成 嬴耕 leŋ 蠃利与蠃(蛞蝓)伸展其身同称蠃
攍 以清 a3 開以成 嬴耕 leŋ 见方言
䄕# 疑青 b4 開五剄 䄕耕 ŋeeŋʔ
䆵 影東 b1 合烏孔 邕東 qooŋʔ 见方言
齆# 影東 c1 合烏貢 邕東 qooŋs 原文鼻在右
甕 影東 c1 合烏貢 邕東 qooŋs 同瓮,见易
罋 影東 c1 合烏貢 邕東 qooŋs
雍 影鍾 a3 合於容 邕東 qoŋ 说文雝字隶变,原本玉篇作雝
邕 影鍾 a3 合於容 邕東 qoŋ
嗈# 影鍾 a3 合於容 邕東 qoŋ 同噰
䆵 影鍾 a3 合於容 邕東 qoŋ 见方言
灉 影鍾 a3 合於容 邕東 qoŋ 同澭
癰 影鍾 a3 合於容 邕東 qoŋ
廱 影鍾 a3 合於容 邕東 qoŋ
雝 影鍾 a3 合於容 邕東 qoŋ
壅 影鍾 a3 合於容 邕東 qoŋ
饔 影鍾 a3 合於容 邕東 qoŋ
噰 影鍾 a3 合於容 邕東 qoŋ
澭 影鍾 a3 合於容 邕東 qoŋ
罋 影鍾 a3 合於容 邕東 qoŋ

擁 影鍾 a3 合於容* 邕東 qoŋ
臃 影鍾 a3 合於容* 邕東 qoŋ 同癰,见战国策
擁 影鍾 b3 合於隴 邕東 qoŋʔ
壅 影鍾 b3 合於隴 邕東 qoŋʔ
雍 影鍾 c3 合於用 邕東 qoŋs 廱隶变
灉 影鍾 c3 合於用 邕東 qoŋs
壅 影鍾 c3 合於用 邕東 qoŋs 原作雍,集韵作此,见论衡
永 云庚 b3 合于憬 永陽 G^wraŋʔ
栐# 云庚 b3 合于憬 永陽 G^wraŋʔ
泳 云庚 c3 合為命 永陽 G^wraŋs
詠 云庚 c3 合為命 永陽 G^wraŋs
咏 云庚 c3 合為命 永陽 G^wraŋs 说文同詠
通 透東 a1 合他紅 用東 lhooŋ 用字转注分化
侗 透東 a1 合他紅 用東 lhooŋ
蓪# 透東 a1 合他紅 用東 lhooŋ 通分化字
桶 透東 b1 合他孔 用東 lhooŋʔ
捅 透東 b1 合他孔 用東 lhooŋʔ 见孙膑兵法简
痛 透東 c1 合他貢 用東 lhooŋs
筩 定東 a1 合徒紅 用東 l'ooŋ
桶 定東 b1 合徒揔 用東 l'ooŋʔ
誦 邪鍾 c3 合似用 用東 ljoŋs
傭 徹鍾 a3 合丑凶 用東 lhoŋ
慵 禪鍾 a3 合蜀庸 用東 ɦljoŋ>dj
鏞 禪鍾 a3 合蜀庸 用東 ɦljoŋ>dj
滽 以鍾 a3 合餘封 用東 loŋ 见山海经
墉 以鍾 a3 合餘封 用東 loŋ
鏞 以鍾 a3 合餘封 用東 loŋ
鄘 以鍾 a3 合餘封 用東 loŋ

傭 以鍾 a3 合餘封 用東 loŋ 庸转注字，见庄子

鱅 以鍾 a3 合餘封 用東 loŋ

槦# 以鍾 a3 合餘封 用東 loŋ

銿 以鍾 a3 合餘封 用東 loŋ 同鏞

甬 以鍾 b3 合余隴 用東 loŋʔ

勇 以鍾 b3 合余隴 用東 loŋʔ

涌 以鍾 b3 合余隴 用東 loŋʔ

俑 以鍾 b3 合余隴 用東 loŋʔ

踊 以鍾 b3 合余隴 用東 loŋʔ

蛹 以鍾 b3 合余隴 用東 loŋʔ

恿 以鍾 b3 合余隴 用東 loŋʔ 勇古文

湧 以鍾 b3 合余隴 用東 loŋʔ

悀 以鍾 b3 合余隴 用東 loŋʔ 见方言

埇# 以鍾 b3 合余隴 用東 loŋʔ

踴 以鍾 b3 合余隴* 用東 loŋʔ 同踊，见韩非子

庸 以鍾 a3 合餘封 用東 loŋ

用 以鍾 c3 合余頌 用東 loŋs 甲文像有节之筒而以通条通其中，为"通"之初文

佣+ 以鍾 c3 合余頌+ 用東 loŋs 用的今分化字

幽 影幽 a3b 開於虯 幽幽2 qrɯw 甲金文从火从二幺会意火微

絛 透豪 a1 開土刀 攸幽2 lhɯɯw

窱 端蕭 b4 開土了 攸幽2 ʔl'ɯɯwʔ

蓧 透蕭 a4 開吐彫 攸幽2 lhɯɯw

窱 透蕭 c4 開他弔 攸幽2 lhɯɯws

條 定蕭 a4 開徒聊 攸幽2 l'ɯɯw 由(柚)分化字

鋚 定蕭 a4 開徒聊 攸幽2 l'ɯɯw

樤 定蕭 a4 開徒聊 攸幽2 l'ɯɯw 原文作箺

樤# 定蕭 a4 開徒聊 攸幽2 l'ɯɯw 條转注字

鰷 定蕭 a4 開徒聊 攸幽2 l'ɯɯw 见诗郑笺

莜 定蕭 c4 開徒弔 攸幽2 l'ɯɯws

翛 心蕭 a4 開蘇彫 攸幽2 slɯɯw

篠 心蕭 b4 開先鳥 攸幽2 slɯɯwʔ 同篠

篠 心蕭 b4 開先鳥 攸幽2 slɯɯwʔ 见尔雅

修 心尤 a3 開息流 攸幽2 slɯw

脩 心尤 a3 開息流 攸幽2 slɯw

樇# 心尤 a3 開息流 攸幽2 slɯw

滫 心尤 b3 開息有 攸幽2 slɯwʔ

悠 以尤 a3 開以周 攸幽2 lɯw

攸 以尤 a3 開以周 攸幽2 lɯw

浟 以尤 a3 開以周 攸幽2 lɯw 见大招

蓨 透錫 d4 開他歷 攸覺2 lhɯɯwɢ

滌 定錫 d4 開徒歷 攸覺2 l'ɯɯwɢ

蓧 定錫 d4 開徒歷 攸覺2 l'ɯɯwɢ

儵 書屋 d3 合式竹 攸覺2 hljɯwɢ

倐# 書屋 d3 合式竹 攸覺2 hljɯwɢ 倏俗讹字

倏 書屋 d3 合式竹 攸覺2 hljɯwɢ 原讹倐，依说文、集韵改

儵 書屋 d3 合式竹 攸覺2 hljɯwɢ

鱐 書屋 d3 合式竹 攸覺2 hljɯwɢ

鏖 影豪 a1 開於刀 麀幽1 quu 同鏕，见汉书

爊# 影豪 a1 開於刀 麀幽1 quu 后或作爊、爊、熬

麀 影尤 a3 開於求 麀幽1 qu

憂 影尤 a3 開於求 憂幽1 qu

優 影尤 a3 開於求 憂幽1 qu

瀀 影尤 a3 開於求 憂幽1 qu

櫌 影尤 a3 開於求 憂幽1 qu 后作耰

鄾　影尤 a3 開於求　憂幽1　qu

嚘　影尤 a3 開於求　憂幽1　qu

櫌　影尤 a3 開於求　憂幽1　qu 说文作櫌

獿#　影尤 a3 開於求　憂幽1　qu 说文作獿

纋　影尤 a3 開於求　憂幽1　qu 见仪礼

懮　影尤 b3 開於柳　憂幽1　quʔ

尤　云尤 a3 開羽求　尤之　G^{w}ɯ 甲文象又(手)上加笔画，指疣

疣　云尤 a3 開羽求　尤之　G^{w}ɯ 尤转注字，见释名

肬　云尤 a3 開羽求　尤之　G^{w}ɯ 说文疣字

沋　云尤 a3 開羽求　尤之　G^{w}ɯ

訧　云尤 a3 開羽求　尤之　G^{w}ɯ

忧　云尤 c3 開于救　尤之　G^{w}ɯs

蚘　匣灰 a1 合户恢　尤之　G^{w}ɯɯ 见张仲景书，说文作蛕，后作蛔

袖　邪尤 c3 開似祐　由幽2　ljɯws 说文俗褎字

岫　邪尤 c3 開似祐　由幽2　ljɯws

牰　邪尤 c3 開似祐　由幽2　ljɯws 见尔雅

抽　徹尤 a3 開丑鳩　由幽2　lhɯw/rhɯw 说文正体从留声，又由声、秀声

妯　徹尤 a3 開丑鳩　由幽2　lhɯw

紬　澄尤 a3 開直由　由幽2　l'ɯw

怞　澄尤 a3 開直由　由幽2　l'ɯw

鮋　澄尤 a3 開直由　由幽2　l'ɯw 见张衡赋

菗#　澄尤 a3 開直由　由幽2　rlɯw

宙　澄尤 c3 開直祐　由奥2　l'ɯwGs

冑　澄尤 c3 開直祐　由奥2　l'ɯwGs

胄　澄尤 c3 開直祐　由奥2　l'ɯwGs

伷#　澄尤 c3 開直祐　由奥2　l'ɯwGs 集韵同胄

駎　澄尤 c3 開直祐　由奥2　l'ɯwGs 见淮南子

鮋　禪尤 a3 開市流　由幽2　ɦljɯw>dj 见张衡赋

油　以尤 a3 開以周　由幽2　lɯw

由　以尤 a3 開以周　由幽2　lɯw 象柚实，为柚初文；柚为條，由枿亦称木生條，同音相借

蚰　以尤 a3 開以周　由幽2　lɯw 见方言

秞#　以尤 a3 開以周　由幽2　lɯw

鮋#　以尤 a3 開以周　由幽2　lɯw

邮　以尤 a3 開以周　由幽2　lɯw

釉#　以尤 c3 開余救*　由幽2　lɯws 油分化字

柚　以尤 c3 開余救　由幽2　lɯws 由转注字

鼬　以尤 c3 開余救　由幽2　lɯws

油　以尤 c3 開余救　由幽2　lɯws

牰　以尤 c3 開余救　由幽2　lɯws 见尔雅

苖　定錫 d4 開徒歷　由覺2　l'ɯɯwG

笛　定錫 d4 開徒歷　由覺2　l'ɯɯwG

迪　定錫 d4 開徒歷　由覺2　l'ɯɯwG

頔#　定錫 d4 開徒歷　由覺2　l'ɯɯwG

苖　徹屋 d3 合丑六　由覺2　lhɯwG

軸　澄屋 d3 合直六　由覺2　l'ɯwG

妯　澄屋 d3 合直六　由覺2　l'ɯwG

舳　澄屋 d3 合直六　由覺2　l'ɯwG

柚　澄屋 d3 合直六　由覺2　l'ɯwG

游　以尤 a3 開以周　斿幽1　lu

遊　以尤 a3 開以周　斿幽1　lu 同游

蝣　以尤 a3 開以周　斿幽1　lu

斿　以尤 a3 開以周　斿幽1　lu 似为子声

槱 昌肖 b3 開尺沼 酉幽3 khju?>khljiw?读若糗，大徐以周切 lu
遒 精尤 a3 開即由 酉幽1 ?slu
遵 精尤 a3 開即由 酉幽1 sklu
蝤 精尤 a3 開即由 酉幽1 sklu
揂 精尤 a3 開即由 酉幽1 sklu
酒 精尤 b3 開子酉 酉幽1 sl'u?/?lju?>
嬉 精尤 c3 開即就 酉幽1 sklus 说文作散
鞧 清尤 a3 開七由 酉幽1 skhlu 见释名，说文作緧
緧 清尤 a3 開七由 酉幽1 skhlu 同鞧
趙 清尤 a3 開七由 酉幽1 skhlu
酋 從尤 a3 開自秋 酉幽1 sglu 酉转注字
遒 從尤 a3 開自秋 酉幽1 sglu
蝤 從尤 a3 開自秋 酉幽1 sglu>zlu
崷 從尤 a3 開自秋 酉幽1 sglu
鰌 從尤 a3 開自秋 酉幽1 sglu>zlu
煪# 從尤 a3 開自秋 酉幽1 sglu>zlu
醜 昌尤 b3 開昌九 酉幽1 lhju?
猶 見尤 c3 開居祐 酉幽1 klus 唐韵新加(疑字林'弋[戈]又切'之讹)
猶 以尤 a3 開以周 酉幽1 lu
猷 以尤 a3 開以周 酉幽1 lu 猶分化字
輶 以尤 a3 開以周 酉幽1 lu
楢 以尤 a3 開以周 酉幽1 lu 读若糗
偤# 以尤 a3 開以周 酉幽1 lu
莤 以尤 a3 開以周 酉幽1 lu 见尔雅
蕕 以尤 a3 開以周 酉幽1 lu
庮 以尤 a3 開以周 酉幽1 lu
槱 以尤 b3 開與久 酉幽1 lu?
庮 以尤 b3 開與久 酉幽1 lu?
栖 以尤 b3 開與久 酉幽1 lu?
輶 以尤 b3 開與久 酉幽1 lu?
槱 以尤 c3 開余救 酉幽1 lus
猶 以尤 c3 開余救 酉幽1 lus
輶 以尤 c3 開余救 酉幽1 lus
丣 以尤 b3 開與久 酉幽1 lu? 酉古文
酉 以尤 b3 開與久 酉幽1 lu?
趙 清東 c3 合千仲 酉終 skhluŋs 千由子校改
莤 生屋 d3 合所六 酉覺1 srug 说文以酒注艸会意，周礼、左传作縮
郵 云尤 a3 開羽求 郵之 ɢwɯ
郵 云尤 a3 開羽求 郵之 ɢwɯ 见史记
卣 以尤 a3 開以周 卣幽2 lɯw
卣 以尤 b3 開與久 卣幽2 lɯw?
牖 以尤 b3 開與久 牖幽1 lu?
絠 見咍 b1 開古亥 又之 kɯɯ?
醢 曉咍 b1 開呼改 又之 qhɯɯ?
珛 曉尤 c3 開許救 又之 qh^{w}ɯs
栯 云尤 b3 開云久 又之 $ɢ^{w}$ɯ? 见山海经
有 云尤 b3 開云久 又之 $ɢ^{w}$ɯ? 金文又下从肉
友 云尤 b3 開云久 又之 $ɢ^{w}$ɯ?
右 云尤 b3 開云久 又之 $ɢ^{w}$ɯ?
宥 云尤 c3 開于救 又之 $ɢ^{w}$ɯs
囿 云尤 c3 開于救 又代 $ɢ^{w}$ɯgs
侑 云尤 c3 開于救 又之 $ɢ^{w}$ɯs 甲文作㞢，象祭升牛牲首
醻# 云尤 c3 開于救 又之 $ɢ^{w}$ɯs 通作侑
姷 云尤 c3 開于救 又之 $ɢ^{w}$ɯs
又 云尤 c3 開于救 又之 $ɢ^{w}$ɯs

右　云尤 c3 開于救　又之　ɢʷɯs 又字转注

佑　云尤 c3 開于救　又之　ɢʷɯs

祐　云尤 c3 開于救　又之　ɢʷɯs

賄　曉灰 b1 合呼罪　又之　qhʷɯɯʔ

蛕[#] 曉灰 b1 合呼罪　又之　qhʷɯɯʔ

蛕　匣灰 a1 合户恢　又之　gʷɯɯ 同蚘，后作蛔

痏[#] 匣灰 a1 合户恢　又之　gʷɯɯ

侑　云灰 b1 合于罪　又之　ɢʷɯɯʔ 取侑为声（比雅直作侑），集韵改於罪切

鮪　云脂 b3b 合榮美　又之　ɢʷrɯʔ

洧　云脂 b3b 合榮美　又之　ɢʷrɯʔ

痏　云脂 b3b 合榮美　又之　ɢʷrɯʔ

郁　影屋 d3 合於六　又職　qʷɯg

彧　影屋 d3 合於六　又職　qʷɯg 或作彧，见汗简古论语

栯[#] 影屋 d3 合於六　又職　qʷɯg 郁李类化字

囿　云屋 d3 合于六　又職　ɢʷɯg

宥　云屋 d3 合于六　又職　ɢʷɯg

黝　影脂 a3a 開於脂　幼幽 3　qi＜qliw 见庄子

坳　影肴 a2 開於交　幼幽 2　qrɯɯw

軪[#] 影肴 a2 開於交　幼幽 2　qrɯɯw

眑[#] 影肴 a2 開於交　幼幽 2　qrɯɯw

拗　影肴 b2 開於絞　幼幽 2　qrɯɯwʔ

鴢　影肴 b2 開於絞　幼幽 2　qrɯɯwʔ 见尉缭子

靿[#] 影肴 b2 開於絞　幼幽 2　qrɯɯwʔ 原从巾，注亦从革

狕　影肴 b2 開於絞　幼幽 2　qrɯɯwʔ

靿[#] 影肴 c2 開於教　幼幽 2　qrɯɯws

袎[#] 影肴 c2 開於教　幼幽 2　qrɯɯws

拗[+] 影肴 c2 開於教[+] 幼幽 2　qrɯɯws 原从人，后转注从手，见韵会

軪[#] 影肴 c2 開於教　幼幽 2　qrɯɯws

坳　影肴 c2 開於教[*]　幼幽 2　qrɯɯws

怮　影蕭 a4 開於堯　幼幽 2　qɯɯw

窔　影蕭 b4 開烏皎　幼幽 2　qiiwʔ

鴢　影蕭 b4 開烏皎　幼幽 2　qɯɯwʔ

葝[#] 影蕭 b4 開烏皎　幼幽 2　qɯɯwʔ

怮[#] 影尤 a3 開於求　幼幽 2　qrɯw

泑　影幽 a3 開於虯　幼幽 2　qrɯw

呦　影幽 a3 開於虯　幼幽 2　qrɯw

怮　影幽 a3 開於虯　幼幽 2　qrɯw

黝　影幽 b3 開於糾　幼幽 2　qrɯwʔ

怮　影幽 b3 開於糾　幼幽 2　qrɯwʔ

蚴　影幽 b3 開於糾　幼幽 2　qrɯwʔ 见九章

泑　影幽 b3 開於糾　幼幽 2　qrɯwʔ

眑　影幽 b3 開於糾　幼幽 2　qrɯwʔ 见汉书

幼　影幽 c3 開伊謬　幼幽 2　qrɯws

侉[#] 影歌 c1 開安賀　于歌 1　qaals 原列過韵，说文惫义音苦瓜切

夸　溪麻 a2 合苦瓜　于魚　khʷraa

姱　溪麻 a2 合苦瓜　于魚　khʷraa 见招魂

胯　溪麻 a2 合苦瓜　于魚　khʷraa

跨　溪麻 a2 合苦瓜　于魚　khʷraa

誇　溪麻 a2 合苦瓜　于魚　khʷraa

垮[+] 溪麻 b2 合苦瓦[+] 于魚　khʷraaʔ 侉新分化字

跨　溪麻 b2 合苦瓦　于魚　khʷraaʔ

銙[#] 溪麻 b2 合苦瓦　于魚　khʷraaʔ

骻　溪麻 b2 合苦瓦　于魚　khʷraaʔ 同跨，见苍颉篇

咵[#] 溪麻 b2 合苦瓦[*]　于魚　khʷraaʔ 今作侉

跨　溪麻 c2 合苦化　于魚　khʷraas
胯　溪麻 c2 合苦化　于魚　khʷraas
鋘　匣麻 a2 合户花　于魚　ɢʷraa 说文或体,方言作鏵
摦　匣麻 c2 合胡化　于魚　gʷraas 见左传
鮬# 並模 c1 合薄故　于魚　baas<p-ɢʷaa
嶀# 透模 a1 合他胡　于魚　lhaa<qhʷl'aa
挎　溪模 a1 合苦胡　于魚　khʷaa 见方言
刳　溪模 a1 合苦胡　于魚　khʷaa
郀　溪模 a1 合苦胡　于魚　khʷaa 见左传
挎　溪模 a1 合苦胡　于魚　khʷaa 见仪礼
鮬# 溪模 a1 合苦胡　于魚　khʷaa
袴　溪模 c1 合苦故　于魚　khʷaas 见方言,同说文絝
跨　溪模 c1 合苦故　于魚　khʷaas
絝　溪模 c1 合苦故　于魚　khʷaas
褲+ 溪模 c1 合苦故+ 于魚　khʷaas 袴今字
胯　溪模 c1 合苦故　于魚　khʷaas
恗　曉模 a1 合荒烏　于魚　qhaa
洿　匣模 b1 合侯古　于魚　gʷaaʔ
瓠　匣模 a1 合户吳　于魚　gʷlaa
鄠　匣模 b1 合侯古　于魚　ɢʷlaaʔ
瓠　匣模 c1 合胡誤　于魚　gʷlass
污　影模 a1 合哀都　于魚　qʷaa 同洿
杇　影模 a1 合哀都　于魚　qʷaa
圬　影模 a1 合哀都　于魚　qʷaa 同杇
釫# 影模 a1 合哀都　于魚　qʷaa 同杇
洿　影模 a1 合哀都　于魚　qʷaa
鴮　影模 a1 合哀都　于魚　qʷaa 见尔雅
扜# 影模 a1 合哀都　于魚　qʷaa
盓# 影模 a1 合哀都　于魚　qʷaa
污+ 影模 c1 合烏路+ 于魚　qʷaas 手册作汙,今字广韵平声也作污
汙　影模 c1 合烏路　于魚　qʷaas
樗　徹魚 a3 合丑居　于魚　lha<qhʷl'a 原作樗,集韵或作此同说文,读若華
摴# 徹魚 a3 合丑居　于魚　lha<qhʷl'a
荂　敷虞 a3 合芳無　于魚　pha<p-qhʷa 见尔雅
荂　曉虞 a3 合況于　于魚　qhʷa 说文同華
雩　曉虞 a3 合況于　于魚　qhʷla 见左传
吁　曉虞 a3 合況于　于魚　qhʷa 于转注字
盱　曉虞 a3 合況于　于魚　qhʷa
訏　曉虞 a3 合況于　于魚　qhʷa
扜　曉虞 a3 合況于　于魚　qhʷa
旴　曉虞 a3 合況于　于魚　qhʷa
㝢　曉虞 b3 合況羽　于魚　qhʷaʔ 原下从紆,经典作
紆　影虞 a3 合憶俱　于魚　qʷa
陓　影虞 a3 合憶俱　于魚　qʷa
扜　影虞 a3 合憶俱　于魚　qʷa
迂　影虞 a3 合憶俱　于魚　qʷa
虶　影虞 a3 合憶俱　于魚　qʷa 见方言
迂　影虞 b3 合於武　于魚　qʷaʔ
于　云虞 a3 合羽俱　于魚　ɢʷa 王筠云吁初文
盂　云虞 a3 合羽俱　于魚　ɢʷa
迂　云虞 a3 合羽俱　于魚　ɢʷa
竽　云虞 a3 合羽俱　于魚　ɢʷa

邘　云虞 a3 合羽俱　于魚　G^{w}a
玗　云虞 a3 合羽俱　于魚　G^{w}a
芋　云虞 a3 合羽俱　于魚　G^{w}a
汙　云虞 a3 合羽俱　于魚　G^{w}a
杅　云虞 a3 合羽俱　于魚　G^{w}a
釪#　云虞 a3 合羽俱　于魚　G^{w}a 錞于类化字
骬　云虞 a3 合羽俱　于魚　G^{w}a 见灵枢
雩　云虞 a3 合羽俱　于魚　G^{w}la
謣　云虞 a3 合羽俱　于魚　G^{w}la
宇　云虞 b3 合王矩　于魚　G^{w}aʔ
芋　云虞 c3 合王遇　于魚　G^{w}as
吁　云虞 c3 合王遇　于魚　G^{w}as
野　以麻 b3 開羊者　予魚　laaʔ
壄　以麻 b3 開羊者　予魚　laaʔ 野古文
序　邪魚 b3 合徐吕　予魚　ljaʔ
抒　邪魚 b3 合徐吕　予魚　ljaʔ
苧　澄魚 b3 合直吕　予魚　l'aʔ
杼　澄魚 b3 合直吕　予魚　l'aʔ
墅　禪魚 b3 合承與　予魚　ɦljaaʔ>dj
野　禪魚 b3 合承與　予魚　ɦljaʔ>dj
舒　書魚 a3 合傷魚　予魚　hlja
抒　書魚 a3 合傷魚　予魚　hlja
紓　書魚 a3 合傷魚　予魚　hlja
紓　船魚 b3 合神與　予魚　ɦljaʔ
抒　船魚 b3 合神與　予魚　ɦljaʔ
杼　船魚 b3 合神與　予魚　ɦljaʔ
好　以魚 a3 合以諸　予魚　la
伃　以魚 a3 合以諸　予魚　la 同好
予　以魚 a3 合以諸　予魚　la
予　以魚 b3 合余吕　予魚　laʔ 诗经我义押上声
預　以魚 c3 合羊洳　予魚　las
忬#　以魚 c3 合羊洳　予魚　las

豫　以魚 c3 合羊洳　予魚　las
蕷#　以魚 c3 合羊洳　予魚　las 薯蕷，俗同藷藇
澦#　以魚 c3 合羊洳　予魚　las
与　以魚 b3 合余吕　与魚　laʔ 同與，省文
斜　邪麻 a3 開似嗟　余魚　lja
茶#　澄麻 a2 開宅加　余魚　rlaa 俗梌字，荼转注分化字
荼　澄麻 a2 開宅加　余魚　rlaa
梌#　澄麻 a2 開宅加　余魚　rlaa
搽+　澄麻 a2 開宅加+　余魚　rlaa 塗晚起分化字
塗　澄麻 a2 開宅加　余魚　rlaa 今作搽
佘#　禪麻 a3 開視遮　余魚　ɦlja>dja 余晚起分化字，集韵已作或体
賒　書麻 a3 開式車　余魚　hljaa 说文右从余声
畬#　書麻 a3 開式車　余魚　hljaa
舍　書麻 b3 開書冶　余魚　hljaaʔ 余转注字，金文上或从余
捨　書麻 b3 開書冶　余魚　hljaaʔ
騇　書麻 b3 開書冶　余魚　hljaaʔ
舍　書麻 c3 開始夜　余魚　hljaas
騇　書麻 c3 開始夜　余魚　hljaas
涻　書麻 c3 開始夜　余魚　hljaas
荼　船麻 a3 開食遮　余魚　ɦljaa
斜　以麻 a3 開以遮　余魚　laa
稌　透模 a1 合他胡　余魚　lhaa
悇#　透模 a1 合他胡　余魚　lhaa
庩#　透模 a1 合他胡　余魚　lhaa
梌#　透模 a1 合他胡　余魚　lhaa 余校疑当并捈
捈　透模 a1 合他胡　余魚　lhaa
稌　透模 b1 合他魯　余魚　lhaaʔ

途 定模 a1 合同都 余魚 l'aa
酴 定模 a1 合同都 余魚 l'aa
駼 定模 a1 合同都 余魚 l'aa
鵌 定模 a1 合同都 余魚 l'aa
涂 定模 a1 合同都 余魚 l'aa
塗 定模 a1 合同都 余魚 l'aa
梌# 定模 a1 合同都 余魚 l'aa
荼 定模 a1 合同都 余魚 l'aa
𥁒 定模 a1 合同都 余魚 l'aa
捈 定模 a1 合同都 余魚 l'aa
𦈢# 定模 a1 合同都 余魚 l'aa 同𥁒
筡 定模 a1 合同都 余魚 l'aa
蒤 定模 a1 合同都 余魚 l'aa
徐 邪魚 a3 合似魚 余魚 lja
俆 邪魚 a3 合似魚 余魚 lja
敘 邪魚 b3 合徐吕 余魚 ljaʔ 说文作敍通作叙
漵 邪魚 b3 合徐吕 余魚 ljaʔ 见九章
筡 徹魚 a3 合丑居 余魚 lha
悇# 徹魚 c3 合抽據 余魚 lhas
除 澄魚 a3 合直魚 余魚 l'a
涂 澄魚 a3 合直魚 余魚 l'a
篨 澄魚 a3 合直魚 余魚 rla
滁# 澄魚 a3 合直魚 余魚 rla
蒢 澄魚 a3 合直魚 余魚 rla
除 澄魚 c3 合遲倨 余魚 l'as
蜍# 禪魚 a3 合署魚 余魚 ɦlja>dja
鵨# 書魚 a3 合傷魚 余魚 hljaa
瑹# 書魚 a3 合傷魚 余魚 hlja 礼记作荼
畬 以魚 a3 合以諸 余魚 la
余 以魚 a3 合以諸 余魚 la 说文舍省声，甲文即象居舍初文
蜍 以魚 a3 合以諸 余魚 la 见方言
餘 以魚 a3 合以諸 余魚 la
鵌 以魚 a3 合以諸 余魚 la
艅# 以魚 a3 合以諸 余魚 la 艅皇类化字
狳# 以魚 a3 合以諸 余魚 la
雓 以魚 a3 合以諸 余魚 la
悆 以魚 c3 合羊洳 余魚 las
悇# 以魚 c3 合羊洳 余魚 las
閼 影仙 a3b 開於乾 於元$_1$ qran 閼氏见史记
閼 影先 a4 開烏前 於元$_2$ qeen
菸+ 影先 a4 開烏前+ 於元$_2$ qeen 煙草今分化字
於 影模 a1 合哀都 於魚 qaa
淤 影魚 a3 合央居 於魚 qa
於 影魚 a3 合央居 於魚 qa
箊 影魚 a3 合央居 於魚 qa 见吴越春秋
唹 影魚 a3 合央居 於魚 qa
扵# 影魚 a3 合央居 於魚 qa 同於，草书俗构
瘀 影魚 c3 合依倨 於魚 qas
淤 影魚 c3 合依倨 於魚 qas
菸# 影魚 c3 合依倨 於魚 qas
棜 影魚 c3 合依倨 於魚 qas
閼 影曷 d1 開烏葛 於月$_1$ qaad
閼 影月 d3 開於歇 於月$_1$ qad
萸 以虞 a3 合羊朱 臾侯 lo
臾$_1$ 以虞 a3 合羊朱 臾侯 lo
腴 以虞 a3 合羊朱 臾侯 lo
諛 以虞 a3 合羊朱 臾侯 lo
楰 以虞 a3 合羊朱 臾侯 lo
庾 以虞 b3 合以主 臾侯 loʔ
楰 以虞 b3 合以主 臾侯 loʔ

斞　以虞 b3 合以主　臾侯　loʔ
褕　以宵 a3 開餘昭　俞宵3　low
偷　透侯 a1 開託侯　俞侯　lhoo
媮　透侯 a1 開託侯　俞侯　lhoo
鍮# 透侯 a1 開託侯　俞侯　lhoo
緰　定侯 a1 開度侯　俞侯　l'oo
牏　定侯 a1 開度侯　俞侯　l'oo
揄　定侯 a1 開度侯　俞侯　l'oo
窬　定侯 a1 開度侯　俞侯　l'oo
歈　定侯 a1 開度侯　俞侯　l'oo
揄　定侯 b1 開徒口　俞侯　l'ooʔ
窬　定侯 c1 開徒候　俞侯　l'oos
俞　徹尤 c3 開丑救　俞幽1　lhus
揄　以尤 a3 開以周　俞幽1　lu 同抌
緰　心虞 a3 合相俞　俞侯　slo
隃　心虞 a3 合相俞　俞侯　slo
牏　澄虞 c3 合持遇　俞侯　l'os
毹　生虞 a3 合山芻　俞侯　sro 见风俗通
輸　書虞 a3 合式朱　俞侯　hljo
鄃　書虞 a3 合式朱　俞侯　hljo
隃　書虞 a3 合式朱　俞侯　hljo
腧　書虞 c3 合傷遇　俞侯　hljos 见灵枢
輸　書虞 c3 合傷遇　俞侯　hljos
隃　書虞 c3 合傷遇　俞侯　hljos
俞　以虞 a3 合羊朱　俞侯　lo 金文象以锐器刳木为舟
逾　以虞 a3 合羊朱　俞侯　lo 与踰转注
榆　以虞 a3 合羊朱　俞侯　lo
愉　以虞 a3 合羊朱　俞侯　lo
渝　以虞 a3 合羊朱　俞侯　lo
瑜　以虞 a3 合羊朱　俞侯　lo
揄　以虞 a3 合羊朱　俞侯　lo
蕍　以虞 a3 合羊朱　俞侯　lo 见尔雅
覦　以虞 a3 合羊朱　俞侯　lo
蝓　以虞 a3 合羊朱　俞侯　lo
踰　以虞 a3 合羊朱　俞侯　lo 同逾
窬　以虞 a3 合羊朱　俞侯　lo
隃　以虞 a3 合羊朱　俞侯　lo
鄃　以虞 a3 合羊朱　俞侯　lo
歈　以虞 a3 合羊朱　俞侯　lo
褕　以虞 a3 合羊朱　俞侯　lo
崳# 以虞 a3 合羊朱　俞侯　lo
羭　以虞 a3 合羊朱　俞侯　lo
堬　以虞 a3 合羊朱　俞侯　lo 见方言
牏　以虞 a3 合羊朱　俞侯　lo
媮　以虞 a3 合羊朱　俞侯　lo
瘉　以虞 a3 合羊朱　俞侯　lo
萮　以虞 a3 合羊朱　俞侯　lo 见汉帛书
騟　以虞 a3 合羊朱　俞侯　lo
愈　以虞 b3 合以主　俞侯　loʔ
瘉　以虞 b3 合以主　俞侯　loʔ
貐　以虞 b3 合以主　俞侯　loʔ
喻　以虞 c3 合羊戍　俞侯　los 同諭
諭　以虞 c3 合羊戍　俞侯　los
覦　以虞 c3 合羊戍　俞侯　los
攑# 溪元 a3 開丘言　舁元1　khlan
藇　心魚 a3 合相居　舁魚　sla
嶼　邪魚 b3 合徐吕　舁魚　ljaʔ 见曹操赋
藇　邪魚 b3 合徐吕　舁魚　ljaʔ
鱮　邪魚 b3 合徐吕　舁魚　ljaʔ
舉　見魚 b3 合居許　舁魚　klaʔ/-s 舁转注字，说文从手舆声，汉碑隶变作此
櫸# 見魚 b3 合居許　舁魚　klaʔ
舁　以魚 a3 合以諸　舁魚　la
與　以魚 a3 合以諸　舁魚　la 舁分化

字，中加牙表咬牙合力，牙兼声
輿 以魚 a3 合以諸 舁魚 la
藇 以魚 a3 合以諸 舁魚 la
旟 以魚 a3 合以諸 舁魚 la
璵 以魚 a3 合以諸 舁魚 la
歟 以魚 a3 合以諸 舁魚 la
譽 以魚 a3 合以諸 舁魚 la
嬩 以魚 a3 合以諸 舁魚 la
舉 以魚 a3 合以諸 舁魚 la 同舁，余校上为輿
鸒 以魚 a3 合以諸 舁魚 la
與 以魚 b3 合余吕 舁魚 laʔ 舁分化字
歟 以魚 b3 合余吕 舁魚 laʔ
藇 以魚 b3 合余吕 舁魚 laʔ
與 以魚 c3 合羊洳 舁魚 las
輿 以魚 c3 合羊洳 舁魚 las
譽 以魚 c3 合羊洳 舁魚 las
礜 以魚 c3 合羊洳 舁魚 las
鸒 以魚 c3 合羊洳 舁魚 las
藇 以魚 c3 合羊洳 舁魚 las
穥# 以魚 c3 合羊洳 舁魚 las
歟 以魚 c3 合羊洳 舁魚 las
齵 疑侯 a1 開五婁 禺侯 ŋoo
偶 疑侯 b1 開五口 禺侯 ŋooʔ
耦 疑侯 b1 開五口 禺侯 ŋooʔ
藕 疑侯 b1 開五口 禺侯 ŋooʔ
髃 疑侯 b1 開五口 禺侯 ŋooʔ
蕅 疑侯 b1 開五口 禺侯 ŋooʔ 说文藕字，尔雅作藕
偶 疑侯 c1 開五遘 禺侯 ŋoos
愚 疑虞 a3 合遇俱 禺侯 ŋo
隅 疑虞 a3 合遇俱 禺侯 ŋo
禺 疑虞 a3 合遇俱 禺侯 ŋo
湡 疑虞 a3 合遇俱 禺侯 ŋo
堣 疑虞 a3 合遇俱 禺侯 ŋo
嵎 疑虞 a3 合遇俱 禺侯 ŋo
髃 疑虞 a3 合遇俱 禺侯 ŋo
鰅 疑虞 a3 合遇俱 禺侯 ŋo
鍝 疑虞 a3 合遇俱 禺侯 ŋo
齵 疑虞 a3 合遇俱 禺侯 ŋo
遇 疑虞 c3 合牛具 禺侯 ŋos
寓 疑虞 c3 合牛具 禺侯 ŋos
庽 疑虞 c3 合牛具 禺侯 ŋos 说文同寓
媀# 疑虞 c3 合牛具 禺侯 ŋos
禺 疑虞 c3 合牛具 禺侯 ŋos
喁 疑鍾 a3 合魚容 禺東 ŋoŋ
顒 疑鍾 a3 合魚容 禺東 ŋoŋ
鰅 疑鍾 a3 合魚容 禺東 ŋoŋ
蘇 心模 a1 合素姑 魚魚 sŋaa
穌 心模 a1 合素姑 魚魚 sŋaa 通作蘇
魚 疑魚 a3 合語居 魚魚 ŋa
漁 疑魚 a3 合語居 魚魚 ŋa 魚分化字
䱷 疑魚 a3 合語居 魚魚 ŋa 亦同漁见周礼
詡 曉虞 b3 合況羽 羽魚 qh^{w}aʔ
栩 曉虞 b3 合況羽 羽魚 qh^{w}aʔ
珝# 曉虞 b3 合況羽 羽魚 qh^{w}aʔ
祤 曉虞 b3 合況羽 羽魚 qh^{w}aʔ 汉县
羽 云虞 b3 合王矩 羽魚 ɢ^{w}aʔ
祤 云虞 b3 合王矩 羽魚 ɢ^{w}aʔ 汉县
栩 云虞 b3 合王矩 羽魚 ɢ^{w}aʔ
頨 云虞 b3 合王矩 羽魚 ɢ^{w}aʔ
羽 云虞 c3 合王遇 羽魚 ɢ^{w}as
頨 曉仙 a3a 合許緣 羽元1 qh^{w}an
雨 云虞 b3 合王矩 雨魚 ɢ^{w}aʔ

雨 云虞 c3 合王遇 雨魚 ɢ^{w}as

踽 見虞 b3 合俱雨 禹魚 k^{w}aʔ

萭 見虞 b3 合俱雨 禹魚 k^{w}aʔ

聥 見虞 b3 合俱雨 禹魚 k^{w}aʔ

楀 見虞 b3 合俱雨 禹魚 k^{w}aʔ

齲 溪虞 b3 合驅雨 禹魚 kh^{w}aʔ

踽 溪虞 b3 合驅雨 禹魚 kh^{w}aʔ

禹 云虞 b3 合王矩 禹魚 ɢ^{w}aʔ

瑀 云虞 b3 合王矩 禹魚 ɢ^{w}aʔ

鄅 云虞 b3 合王矩 禹魚 ɢ^{w}aʔ

楀 云虞 b3 合王矩 禹魚 ɢ^{w}aʔ

萭 云虞 b3 合王矩 禹魚 ɢ^{w}aʔ

聥 云虞 b3 合王矩 禹魚 ɢ^{w}aʔ

圉 疑魚 b3 合魚巨 圉魚 ŋaʔ

窳 以虞 b3 合以主 窳侯 loʔ

珏 見覺 d2 開古岳 玉屋 kroog<k-ŋroog

砡 疑屋 d3 合魚菊 玉覺1 ŋug 见汉赋

匤# 溪燭 d3 合丘玉 玉屋 khog

玉 疑燭 d3 合魚欲 玉屋 ŋog

鳿 疑燭 d3 合魚欲 玉屋 ŋog 见史记

頊 疑燭 d3 合魚欲 玉屋 ŋog

頊 曉燭 d3 合許玉 玉屋 hŋog

筆 幫質 d3b 開鄙密 聿物2 prud

潷 幫質 d3b 開鄙密 聿物2 prud 见通俗文

硉# 來没 d1 合勒沒 聿物2 ruud

律 來術 d3 合吕卹 聿物2 rud

葎 來術 d3 合吕卹 聿物2 b·rud

聿 以術 d3 合餘律 聿物2 b·lud

銉# 以術 d3 合餘律 聿物2 lud

欥 以術 d3 合餘律 欥質1 ɢ^{w}lid 说文曰声，诗作遹

欥# 以質 d3 開夷質 欥質1 lid

育 以屋 d3 合余六 育覺1 lug 说文肉声非，实毓右隶变

毓 以屋 d3 合余六 育覺1 lug 说文同育，甲金文即象母产子

棛 以屋 d3 合余六 育覺1 lug 见汉简

錥# 以屋 d3 合余六 育覺1 lug 诸葛亮军令作育

焴 以屋 d3 合余六 育覺1 lug 见七释

淯 以屋 d3 合余六 育覺1 lug

蜟 以屋 d3 合余六 育覺1 lug 论衡育异文

堉# 以屋 d3 合余六 育覺1 lug

逳 以屋 d3 合余六 育覺1 lug 见方言

蓹# 以屋 d3 合余六 育覺1 lug

煜 云緝 d3 開為立 昱緝3 ɢrub

翊 以職 d3 開與職 昱職 lɯg

翌 以職 d3 開與職 昱職 lɯg 见晏子春秋、汉书

昱 以屋 d3 合余六 昱覺1 lug 说文立声，甲文翼声

煜 以屋 d3 合余六 昱覺1 lug

喅 以屋 d3 合余六 昱覺1 lug

瞲# 曉脂 b3a 合火癸 矞脂1 qh^{w}ilʔ 原右作商或啇，依余校正，集韵从矞

瞲# 曉脂 c3a 合香季 矞至1 qh^{w}ids 原右从商，余依王二校正，集韵从矞

璚 群清 a3 合渠營 矞耕 g^{w}eŋ 说文同瓊

劀 見黠 d2 合古滑 矞質1 k^{w}riid

鱊 見黠 d2 合古滑 矞質1 k^{w}riid

劀 見鎋 d2 合古頒 矞月2 k^{w}raad<eed

譎 見屑 d4 合古穴 矞質1 kʷiid
潏 見屑 d4 合古穴 矞質1 kʷiid
鐍 見屑 d4 合古穴 矞質1 kʷiid
憰 見屑 d4 合古穴 矞質1 kʷiid
瞲 曉屑 d4 合呼決 矞質1 qhʷiid
噊 船術 d3 合食聿 矞質1 ɢʷjid
潏 船術 d3 合食聿 矞質1 ɢʷjid
鱊 船術 d3 合食聿 矞質1 ɢʷjid
驈 船術 d3 合食聿 矞質1 ɢʷjid
橘 見術 d3a 合居聿 矞質1 kʷid
繘 見術 d3a 合居聿 矞質1 kʷid
獝# 曉術 d3a 合況必 矞質1 qhʷid
燏# 以術 d3 合餘律 矞質1 ɢʷid
遹 以術 d3 合餘律 矞質1 ɢʷid
鷸 以術 d3 合餘律 矞質1 ɢʷid
驈 以術 d3 合餘律 矞質1 ɢʷid
繘 以術 d3 合餘律 矞質1 ɢʷid
潏 以術 d3 合餘律 矞質1 ɢʷid
矞 以術 d3 合餘律 矞質1 ɢid/ɢʷlid 集韵有食律切
霱# 以術 d3 合餘律 矞質1 ɢʷid
鱊 以術 d3 合餘律 矞質1 ɢʷid
噊 以術 d3 合餘律 矞質1 ɢʷid
馭 疑魚 c3 合牛倨 馭魚 ŋas 古文御
嶽 疑覺 d2 開五角 獄屋 ŋroog
鸑 疑覺 d2 開五角 獄屋 ŋroog
哭 溪屋 d1 合空谷 獄屋 ŋhoog 说文獄省声
獄 疑燭 d3 合魚欲 獄屋 ŋog
竇 定侯 c1 開徒候 儥竇 l'oogs
續 邪虞 c3 合辭屢* 儥侯 ljogs
覿 定錫 d4 開徒歷 儥覺1 l'juug/l'ɯɯwɢ 集韵又徒谷切 l'oog
黷 定屋 d1 合徒谷 儥屋 l'oog

讟 定屋 d1 合徒谷 儥屋 l'oog
殰 定屋 d1 合徒谷 儥屋 l'oog
讀 定屋 d1 合徒谷 儥屋 l'oog
櫝 定屋 d1 合徒谷 儥屋 l'oog
牘 定屋 d1 合徒谷 儥屋 l'oog
儥# 定屋 d1 合徒谷 儥屋 l'oog
鱝 定屋 d1 合徒谷 儥屋 l'oog 見淮南子
皾# 定屋 d1 合徒谷 儥屋 l'oog 方言作黷
瓄# 定屋 d1 合徒谷 儥屋 l'oog
瀆 定屋 d1 合徒谷 儥屋 l'oog
續 定屋 d1 合徒谷 儥屋 l'oog
韇 定屋 d1 合徒谷 儥屋 l'oog
嬻 定屋 d1 合徒谷 儥屋 l'oog
犢 定屋 d1 合徒谷 儥屋 l'oog
匵 定屋 d1 合徒谷 儥屋 l'oog
儥 以屋 d3 合余六 儥覺1 lug 去人旁音义同，金文从人省(省视)貝，而非说文所谓𡕥声
續 邪燭 d3 合似足 儥屋 ljog
藚 邪燭 d3 合似足 儥屋 ljog
襩# 禪燭 d3 合市玉 儥屋 djog<ɦljog 同襡，又说文同襩
贖 船燭 d3 合神蜀 儥屋 ɦljog
鬱 影物 d3 合紆物 鬱物2 qud
欝 影物 d3 合紆物 鬱物2 qud 俗鬱字，见风俗通
灪# 影物 d3 合紆物 鬱物2 qud
爩# 影物 d3 合紆物 鬱物2 qud
絹 見仙 c3a 合吉掾 肙元2 kʷens
狷 見仙 c3a 合吉掾 肙元2 kʷens
蜎 群仙 b3a 合狂兗 肙元2 gʷenʔ 肙字转注
弲# 曉仙 a3a 合許緣 肙元2 qhʷen

娟 影仙 a3a 合於緣 肙元$_2$ q^{w}en
悁 影仙 a3a 合於緣 肙元$_2$ q^{w}en
蜎 影仙 a3a 合於緣 肙元$_2$ q^{w}en 肙字转注
捐 以仙 a3 合與專 肙元$_2$ G^{w}en
涓 見先 a4 合古玄 肙元$_2$ k^{w}een
鵑# 見先 a4 合古玄 肙元$_2$ k^{w}een
睊 見先 a4 合古玄 肙元$_2$ k^{w}een
焆 見先 a4 合古玄 肙元$_2$ k^{w}een
鞙 見先 a4 合古玄 肙元$_2$ k^{w}een
埍 見先 b4 合姑泫 肙元$_2$ k^{w}eenʔ
罥 見先 b4 合姑泫 肙元$_2$ k^{w}eenʔ 见蔡邕琴操，说文从繯声
羂 見先 b4 合姑泫 肙元$_2$ k^{w}leenʔ 同罥，见太玄
睊 見先 c4 合古縣 肙元$_2$ k^{w}eens
瓹 見先 c4 合古縣 肙元$_2$ k^{w}eens
罥 見先 c4 合古縣 肙元$_2$ k^{w}eens
狷 見先 c4 合古縣 肙元$_2$ k^{w}eens
梋# 曉先 a4 合火玄 肙元$_2$ qh^{w}een
鋗 曉先 a4 合火玄 肙元$_2$ qh^{w}een
駽 曉先 a4 合火玄 肙元$_2$ qh^{w}een
駽 曉先 c4 合許縣 肙元$_2$ qh^{w}eens
琄 匣先 b4 合胡畎 肙元$_2$ g^{w}eenʔ
埍 匣先 b4 合胡畎 肙元$_2$ g^{w}eenʔ
鞙 匣先 b4 合胡畎 肙元$_2$ g^{w}eenʔ
弲# 影先 a4 合烏玄 肙元$_2$ q^{w}een
剈 影先 a4 合烏玄 肙元$_2$ q^{w}een
蜎 影先 a4 合烏玄 肙元$_2$ q^{w}een 肙字转注
肙 影先 c4 合烏縣 肙元$_2$ q^{w}eens 说文口声，非，王筠谓此蜎之古文
焆 影薛 d3b 開於列 肙月$_2$ qred
焆 影屑 d4 合於決 肙月$_2$ q^{w}eed
冤 影元 a3 合於袁 冤元$_3$ qon 后或作寃
蒬 影元 a3 合於袁 冤元$_3$ qon
婣 影真 a3a 開於真 淵真$_1$ qin 古文姻
鼘 影真 a3b 開於巾 淵真$_1$ qrin
囦 影先 a4 合烏玄 淵真$_1$ q^{w}iin 古文淵
淵 影先 a4 合烏玄 淵真$_1$ q^{w}iin
鼘 影先 a4 合烏玄 淵真$_1$ q^{w}iin
裫# 影先 c4 合烏縣 淵真$_1$ q^{w}iins
奫# 影諄 a3b 合於倫 淵真$_1$ q^{w}rin 原列真韵
鳶 以仙 a3 合與專 鳶元$_3$ G^{w}en 会意，游弋以猎之鸷鸟，弋非声
嬛 影山 a2 合委鰥 嬛元$_2$ q^{w}reen
嬛 影仙 a3a 合於緣 嬛元$_2$ q^{w}en 后作娟
嬛 影仙 a3b 合於權 嬛元$_1$ q^{w}ran
冠 見桓 a1 合古丸 元元$_3$ koon<k-ŋoon 秦文鸡冠 h-ŋoon
莞 見桓 a1 合古丸 元元$_3$ koon<k-ŋoon
冠 見桓 c1 合古玩 元元$_3$ koon<k-ŋoons
脘 見桓 b1 合古滿 元元$_3$ ŋkoonʔ/k-ŋ
筦 見桓 b1 合古滿 元元$_3$ ŋkoonʔ/k-ŋ 同管
梡 溪桓 b1 合苦管 元元$_3$ ŋhoonʔ
岏 疑桓 a1 合五丸 元元$_3$ ŋoon
刓 疑桓 a1 合五丸 元元$_3$ ŋoon
园 疑桓 a1 合五丸 元元$_3$ ŋoon
忨 疑桓 a1 合五丸 元元$_3$ ŋoon
蚖# 疑桓 a1 合五丸 元元$_3$ ŋoon

黿 疑桓 a1 合五丸 元元3 ŋoon
抏 疑桓 a1 合五丸 元元3 ŋoon
玩 疑桓 c1 合五換 元元3 ŋoons
貦 疑桓 c1 合五換 元元3 ŋoons 说文同玩
翫 疑桓 c1 合五換 元元3 ŋoons
妧# 疑桓 c1 合五換 元元3 ŋoons
忨 疑桓 c1 合五換 元元3 ŋoons
完 匣桓 a1 合胡官 元元3 ɦŋoon 玉篇户端切
捖 匣桓 a1 合胡官 元元3 ɦŋoon
莞 匣桓 a1 合胡官 元元3 ɦŋoon
垸 匣桓 a1 合胡官 元元3 ɦŋoon
綄 匣桓 a1 合胡官 元元3 ɦŋoon 见淮南许慎注
梡 匣桓 a1 合胡官 元元3 ɦŋoon
院 匣桓 a1 合胡官 元元3 ɦŋoon 同寏
皖# 匣桓 b1 合胡管 元元3 ɦŋoon? 原作晥,汉县,汉书作皖,后汉书作皖或睆
睆 匣桓 b1 合胡管 元元3 ɦŋoon?
浣 匣桓 b1 合胡管 元元3 ɦŋoon? 同澣
綄 匣桓 b1 合胡管 元元3 ɦŋoon? 见淮南许慎注
梡 匣桓 b1 合胡管 元元3 ɦŋoon?
垸 匣桓 c1 合胡玩 元元3 ɦŋoons
頑 疑山 a2 合五鰥* 元元3 ŋroon 宋跋本王韵吳鰥反
頑 疑刪 a2 合五還 元元3 ŋroon
莞 匣刪 b2 合户板 元元3 ɦŋroon?
睆 匣刪 b2 合户板 元元3 ɦŋroon?
鯇 匣刪 b2 合户板 元元3 ɦŋroon?
皖# 匣刪 b2 合户板 元元3 ɦŋroon? 诗作睆

院 云仙 c3 合王眷 元元3 ɦŋons
元 疑元 a3 合愚袁 元元3 ŋon
沅 疑元 a3 合愚袁 元元3 ŋon
黿 疑元 a3 合愚袁 元元3 ŋon
芫 疑元 a3 合愚袁 元元3 ŋon
杬# 疑元 a3 合愚袁 元元3 ŋon 另尔雅为芫异文
蚖 疑元 a3 合愚袁 元元3 ŋon 后作螈
邧 疑元 a3 合愚袁 元元3 ŋon
阮 疑元 a3 合愚袁 元元3 ŋon
阮 疑元 b3 合虞遠 元元3 ŋon?
邧 疑元 b3 合虞遠 元元3 ŋon?
俒 匣魂 a1 合户昆 元文2 ɦŋuun
俒 匣魂 c1 合胡困 元文2 ɦŋuuns
暖# 泥桓 b1 合乃管 爰元3 noon? 煖分化字,见墨子,训读同煗
煖# 泥桓 b1 合乃管 爰元3 noon? 训读同煗
喛 曉桓 c1 合火貫 爰元1 qhʷaans
緩 匣桓 b1 合胡管 爰元1 Gʷaan?
鰀# 匣桓 b1 合胡管 爰元1 Gʷaan? 集韵或作鯇
峘# 匣桓 b1 合胡管 爰元1 Gʷaan?
鍰 匣刪 a2 合户關 爰元1 Gʷraan
湲 云仙 a3 合王權 爰元1 Gʷan
媛 云仙 c3 合王眷 爰元1 Gʷans
瑗 云仙 c3 合王眷 爰元1 Gʷans
援 云仙 c3 合王眷 爰元1 Gʷans 爰字转注
褑 云仙 c3 合王眷 爰元1 Gʷans
諼 曉元 a3 合況袁 爰元1 qhʷan
煖 曉元 a3 合況袁 爰元1 qhʷan 同暄
喛 曉元 a3 合況袁 爰元1 qhʷan
愋 曉元 a3 合況袁 爰元1 qhʷan

諼 曉元 b3 合況晚 爰元1 qh^{w}anʔ

楥 曉元 c3 合虛願 爰元1 qh^{w}ans 晚作楦

援 云元 a3 合雨元 爰元1 ɢ^{w}an

爰 云元 a3 合雨元 爰元1 ɢ^{w}an

鶢 云元 a3 合雨元 爰元1 ɢ^{w}an 尔雅爰居异文

媛 云元 a3 合雨元 爰元1 ɢ^{w}an

蝯 云元 a3 合雨元 爰元1 ɢ^{w}an

猨 云元 a3 合雨元 爰元1 ɢ^{w}an

羱 疑桓 a1 合五丸 原元1 ŋ^{w}aan

豲 匣桓 a1 合胡官 原元1 ɦŋ^{w}aan

謜 清仙 a3 合此緣 原元1 sŋh^{w}an

縓 清仙 a3 合此緣 原元1 sŋh^{w}an

縓 清仙 c3 合七絹 原元1 sŋh^{w}ans

原 疑元 a3 合愚袁 原元1 ŋ^{w}an 金文象泉源，为源初文

源 疑元 a3 合愚袁 原元1 ŋ^{w}an 原之转注字

厵 疑元 a3 合愚袁 原元1 ŋ^{w}an 同源，说文原(源)正体

嫄 疑元 a3 合愚袁 原元1 ŋ^{w}an

騵 疑元 a3 合愚袁 原元1 ŋ^{w}an

羱 疑元 a3 合愚袁 原元1 ŋ^{w}an

榞# 疑元 a3 合愚袁 原元1 ŋ^{w}an

謜 疑元 a3 合愚袁 原元1 ŋ^{w}an

獂# 疑元 a3 合愚袁 原元1 ŋ^{w}an 集韵同豲

蒝 疑元 a3 合愚袁 原元1 ŋ^{w}an

願 疑元 c3 合魚怨 原元1 ŋ^{w}ans

傆 疑元 c3 合魚怨 原元1 ŋ^{w}ans

愿 疑元 c3 合魚怨 原元1 ŋ^{w}ans

員 云仙 a3 合王權 員元3 ɢon 甲金文象鼎口，为圓初文

圓 云仙 a3 合王權 員元3 ɢon 同圜

塤 曉元 a3 合況袁 員元3 qhon

損 心魂 b1 合蘇本 員文2 sqhuunʔ

縜 云諄 a3 合為贇 員文2 ɢun 原列真韵

隕 云諄 b3 合于敏 員文2 ɢunʔ

殞 云諄 b3 合于敏 員文2 ɢunʔ

溳 云諄 b3 合于敏 員文2 ɢunʔ

磒 云諄 b3 合于敏 員文2 ɢunʔ

霣 云諄 b3 合于敏 員文2 ɢunʔ

愪 云諄 b3 合于敏 員文2 ɢunʔ

勛 曉文 a3 合許云 員文2 qhun 古文勳字

鄖 云文 a3 合王分 員文2 ɢun

溳 云文 a3 合王分 員文2 ɢun

篔 云文 a3 合王分 員文2 ɢun 见杨孚异物志

貟 云文 a3 合王分 員文2 ɢun 见汉碑，广韵作員正体

員 云文 a3 合王分 員文2 ɢun 貟字注说文作員

愪 云文 a3 合王分 員文2 ɢun

貟# 云文 c3 合王問 員文2 ɢuns

韻 云文 c3 合王問 員文2 ɢ^{w}ɯns 见蔡邕琴赋，古作均

薳 云支 b3 合韋委 袁歌1 ɢ^{w}alʔ 见左传

袁 云元 a3 合雨元 袁元1 ɢ^{w}an

園 云元 a3 合雨元 袁元1 ɢ^{w}an

轅 云元 a3 合雨元 袁元1 ɢ^{w}an

猿 云元 a3 合雨元 袁元1 ɢ^{w}an 俗猨字，见山海经。秦简日书甲种作環

榬 云元 a3 合雨元 袁元1 ɢ^{w}an 见方言

溒# 云元 a3 合雨元 袁元1 ɢ^{w}an

遠 云元 b3 合雲阮 袁元1 ɢ^{w}anʔ

遠 云元 c3 合于願 袁元$_1$ ɢ^{w}ans
瘝# 見删 a2 合古還 睘元$_1$ k^{w}raan
擐 見删 a2 合古還 睘元$_1$ k^{w}raan
還 匣删 a2 合户關 睘元$_1$ g^{w}raan
環 匣删 a2 合户關 睘元$_1$ g^{w}raan
鬟# 匣删 a2 合户關 睘元$_1$ g^{w}raan
寰 匣删 a2 合户關 睘元$_1$ g^{w}raan 见穀梁传
闤 匣删 a2 合户關 睘元$_1$ g^{w}raan
糫# 匣删 a2 合户關 睘元$_1$ g^{w}raan
圜 匣删 a2 合户關 睘元$_1$ g^{w}raan
鐶 匣删 a2 合户關 睘元$_1$ g^{w}raan 见战国策
轘 匣删 a2 合户關 睘元$_1$ g^{w}raan
澴# 匣删 a2 合户關 睘元$_1$ g^{w}raan
擐 匣删 c2 合胡慣 睘元$_1$ g^{w}raans
轘 匣删 c2 合胡慣 睘元$_1$ g^{w}raans
繯 匣删 c2 合胡慣 睘元$_1$ g^{w}raans
檈 邪仙 a3 合似宣 睘元$_1$ sɢ^{w}an
還 邪仙 a3 合似宣 睘元$_1$ sɢ^{w}an
儇 曉仙 a3a 合許緣 睘元$_2$ qh^{w}en
翾 曉仙 a3a 合許緣 睘元$_2$ qh^{w}en
蠉 曉仙 a3a 合許緣 睘元$_2$ qh^{w}en
嬛 曉仙 a3a 合許緣 睘元$_2$ qh^{w}en
譞 曉仙 a3a 合許緣 睘元$_2$ qh^{w}en
蠉 曉仙 b3a 合香兖 睘元$_2$ qh^{w}enʔ
嬛 影仙 a3a 合於緣 睘元$_2$ q^{w}en
圜 云仙 a3 合王權 睘元$_2$ ɢ^{w}en
懁 見先 c4 合古縣 睘元$_2$ k^{w}eens
獧 見先 c4 合古縣 睘元$_2$ k^{w}eens
繯 匣先 b4 合胡畎 睘元$_2$ g^{w}eenʔ
寰 匣先 c4 合黄練 睘元$_2$ g^{w}eens 古文縣字
噮 影先 c4 合烏縣 睘元$_2$ q^{w}eens 见吕氏春秋
檈 心諄 a3 合相倫 睘真$_1$ sqhwin
彋 匣庚 a2 合户盲 睘耕 g^{w}raaŋ<eeŋ
彋 匣耕 a2 合户萌 睘耕 g^{w}reeŋ
睘 群清 a3 合渠營 睘耕 g^{w}eŋ
嬛 群清 a3 合渠營 睘耕 g^{w}eŋ
邍 疑元 a3 合愚袁 邍元$_1$ ŋ^{w}an 说文原(高平)字
涴# 影戈 c1 合烏臥 夗歌$_3$ qools
埦# 匣桓 a1 合烏丸* 夗元$_3$ qoon 同盌
豌 影桓 a1 合一丸 夗元$_3$ qoon
剜 影桓 a1 合一丸 夗元$_3$ qoon
眢 影桓 a1 合一丸 夗元$_3$ qoon
蜿 影桓 a1 合一丸 夗元$_3$ qoon
惋# 影桓 a1 合一丸 夗元$_3$ qoon
涴# 影桓 a1 合烏官 夗元$_3$ qoon 烏臥切,注又切
碗+ 影桓 b1 合烏管+ 夗元$_3$ qoonʔ 盌、椀晚起字
椀# 影桓 b1 合烏管 夗元$_3$ qoonʔ 说文作盌
盌 影桓 b1 合烏管 夗元$_3$ qoonʔ 同椀
腕 影桓 c1 合烏貫 夗元$_3$ qoons
惋 影桓 c1 合烏貫 夗元$_3$ qoons
捥 影桓 c1 合烏貫 夗元$_3$ qoons 同腕
睕# 影桓 c1 合烏貫 夗元$_3$ qoons
琬 影桓 c1 合烏貫 夗元$_3$ qoons
鴛 影魂 a1 合烏渾 夗文$_2$ quun
眢 影元 a3 合於袁 夗元$_3$ qon
鵷 影元 a3 合於袁 夗元$_3$ qon
惌 影元 a3 合於袁 夗元$_3$ qon

宛　影元 a3 合於袁　夗元 3　qon
蜿　影元 a3 合於袁　夗元 3　qon
怨　影元 a3 合於袁　夗元 3　qon
葱# 影元 a3 合於袁　夗元 3　qon
鴛　影元 a3 合於袁　夗元 3　qon
夗　影元 b3 合於阮　夗元 3　qonʔ
婉　影元 b3 合於阮　夗元 3　qonʔ
菀　影元 b3 合於阮　夗元 3　qonʔ
苑　影元 b3 合於阮　夗元 3　qonʔ
踠　影元 b3 合於阮　夗元 3　qonʔ 见班固赋
蜿　影元 b3 合於阮　夗元 3　qonʔ
畹　影元 b3 合於阮　夗元 3　qonʔ
琬　影元 b3 合於阮　夗元 3　qonʔ
宛　影元 b3 合於阮　夗元 3　qonʔ
惌　影元 b3 合於阮　夗元 3　qonʔ
俒　影元 b3 合於阮　夗元 3　qonʔ
晼　影元 b3 合於阮　夗元 3　qonʔ 见九辩
腕# 影元 b3 合於阮　夗元 3　qonʔ
涴# 影元 b3 合於阮　夗元 3　qonʔ 烏臥切，注又切
苑　影元 c3 合紆願　夗元 3　qons
畹　影元 c3 合紆願*　夗元 3　qons
怨　影元 c3 合於願　夗元 3　qons
黦# 影月 d3 開於歇　夗月 3　qod 说文冤声
黦# 影月 d3 合於月　夗月 3　qod
焥# 影末 d1 合烏括　夗月 3　qood
腕# 影末 d1 合烏括　夗月 3　qood
黦# 影物 d3 合紆物　夗物 2　qud
菀　影物 d3 合紆物　夗物 2　qud
曰　云月 d3 合王伐　曰月 1　G^wad
汩　見没 d1 合古忽　曰物 1　k^wɯɯd

汩　云術 d3 合于筆　曰物 1　g^wɯd 见离骚
肥# 影戈 a3 合於靴　肥歌 1　q^wal
能# 溪戈 a3 合去靴　肥歌 1　qh^wal
刖　疑鎋 d2 合五刮　月月 3　ŋrood
枂# 疑末 d1 合五活　月月 3　ŋood
月　疑月 d3 合魚厥　月月 3　ŋod
刖　疑月 d3 合魚厥　月月 3　ŋod
跀　疑月 d3 合魚厥　月月 3　ŋod
抈　疑月 d3 合魚厥　月月 3　ŋod
枂# 疑月 d3 合魚厥　月月 3　ŋod
鈅# 疑月 d3 合魚厥　月月 3　ŋod
玥# 疑月 d3 合魚厥　月月 3　ŋod
蚏# 云月 d3 合王伐　月月 3　God
刖　疑没 d1 合五忽　月物 2　ŋuud
泧　曉末 d1 合呼括　戉月 1　qh^waad
眓　曉末 d1 合呼括　戉月 1　qh^waad
越　匣末 d1 合户括　戉月 1　G^waad
泧　溪月 d3 合許月　戉月 1　kh^wad
狘　溪月 d3 合許月　戉月 1　kh^wad
越　云月 d3 合王伐　戉月 1　G^wad
戉　云月 d3 合王伐　戉月 1　G^wad
鉞　云月 d3 合王伐　戉月 1　G^wad 同戉
樾　云月 d3 合王伐　戉月 1　G^wad
泧　云月 d3 合王伐　戉月 1　G^wad
怴　曉術 d3b 合許聿　戉物 1　qh^wrɯd 集韵并入質韵，休必切
粵　云月 d3 合王伐　粵月 1　G^wad 金文作雩，隶变转注分化字
岳　疑覺 d2 開五角　岳屋 1　ŋroog 同嶽
捳# 疑覺 d2 開五角　岳屋 1　ŋroog
籥　以宵 c3 開弋照　龠笑 3　lowGs
籲　以虞 c3 合羊戍　龠竇　logs/l

owgs
爚 書藥 d3 開書藥 龠藥3 hljowG
禴 以藥 d3 開以灼 龠藥3 lowG同礿
蘥 以藥 d3 開以灼 龠藥3 lowG
鑰 以藥 d3 開以灼 龠藥3 lowG
瀹 以藥 d3 開以灼 龠藥3 lowG
爚 以藥 d3 開以灼 龠藥3 lowG
龠 以藥 d3 開以灼 龠藥3 lowG
籥 以藥 d3 開以灼 龠藥3 lowG
鷉 以藥 d3 開以灼 龠藥3 lowG
魂 匣魂 a1 合户昆 云文1 Gʷɯɯn
沄 匣魂 a1 合户昆 云文1 Gʷɯɯn
忶 匣魂 a1 合户昆 云文1 Gʷɯɯn
囩 云諄 a3b 合為贇 云文1 Gʷrɯn 原列真韵
会 疑文 b3 合魚吻 云文1 ŋʷɯnʔ
雲 云文 a3 合王分 云文1 Gʷɯɯn 云字转注
芸 云文 a3 合王分 云文1 Gʷɯn
耘 云文 a3 合王分 云文1 Gʷɯn 説文从員
妘 云文 a3 合王分 云文1 Gʷɯn
紜 云文 a3 合王分 云文1 Gʷɯn
云 云文 a3 合王分 云文1 Gʷɯn
沄 云文 a3 合王分 云文1 Gʷɯn
玧 云文 a3 合王分 云文1 Gʷɯn 见法言
蕓# 云文 a3 合王分 云文1 Gʷɯn
澐 云文 a3 合王分 云文1 Gʷɯn
橒# 云文 a3 合王分 云文1 Gʷɯn
抎 云文 b3 合云粉 云文1 Gʷɯn
忶 云文 c3 合王問 云文1 Gʷɯn
杓# 精真 c3 開即刃 匀真1 skins
笉# 清真 b3 開七忍 匀真1 skhinʔ 七原作士，北宋小字本古逸本作七，龍宇纯校王韵作千，疑为于同药
郇 匣删 a2 合户關 匀元2 Gʷraan<een
絢 曉先 c4 合許縣 匀真1 qhʷiins
眴 曉先 c4 合許縣 匀真1 qhʷiins 说文或体
昀 匣先 a4 合胡涓 匀真1 Gʷiin
訇 匣先 a4 合胡涓 匀真1 Gʷiin 读若玄
迿 匣先 c4 合黄練 匀真1 Gʷiins
姰 匣先 c4 合黄練 匀真1 Gʷiins
眴 匣先 c4 合黄練 匀真1 Gʷiins 说文或体
昀1 心諄 a3 合相倫 匀真1 sqhʷin
荀 心諄 a3 合相倫 匀真1 sqhʷin
詢 心諄 a3 合相倫 匀真1 sqhʷin
洵 心諄 a3 合相倫 匀真1 sqhʷin
恂 心諄 a3 合相倫 匀真1 sqhʷin
峋 心諄 a3 合相倫 匀真1 sqhʷin 见扬雄赋
郇 心諄 a3 合相倫 匀真1 sqhʷin
眴 心諄 a3 合相倫 匀真1 sqhʷin 见班固赋
珣 心諄 a3 合相倫 匀真1 sqhʷin
栒# 心諄 a3 合相倫 匀真1 sqhʷin 说文从笋
姰 心諄 a3 合相倫 匀真1 sqhʷin
笋 心諄 b3 合思尹 匀真1 sqhʷinʔ
箰# 心諄 b3 合思尹 匀真1 sqhʷinʔ 又集韵同笋
迿 心諄 c3 合私閏 匀真1 sqhʷins
旬 邪諄 a3 合詳遵 匀真1 sGʷin
洵 邪諄 a3 合詳遵 匀真1 sGʷin
昀1 邪諄 a3 合詳遵 匀真1 sGʷin

殉　邪諄 c3 合辭閏　匀真 1　sɢʷins

徇　邪諄 c3 合辭閏　匀真 1　sɢʷins

侚　邪諄 c3 合辭閏　匀真 1　sɢʷins

眴　書諄 c3 合舒閏　匀真 1　qhʷjins 同瞚，见九章，或为训读

眴# 日諄 a3 合如匀　匀真 1　ŋʷjin 同瞤，或为训读

均　見諄 a3a 合居匀　匀真 1　kʷin

鈞　見諄 a3a 合居匀　匀真 1　kʷin

袀　見諄 a3a 合居匀　匀真 1　kʷin 见吕氏春秋

汮# 見諄 a3a 合居匀　匀真 1　kʷin

汮# 見諄 a3b 合居筠　匀真 1　kʷrin 原列真韵

昀# 見諄 c3a 合九峻　匀真 1　kʷins

筠　云諄 a3b 合為贇　匀真 1　ɢʷrin 见礼记，原列真韵

茐　云諄 a3b 合為贇　匀真 1　ɢʷrin 原列真韵

茐　云諄 b3b 合于敏　匀真 1　ɢʷrinʔ 原列軫韵

匀　以諄 a3 合羊倫　匀真 1　ɢʷin

畇 1 以諄 a3 合羊倫　匀真 1　ɢʷin

韵# 云文 c3 合王問*　匀文 1 ɢʷɯns 同韻，原列焮韵

輷　曉耕 a2 合呼宏　匀耕　qhʷreeŋ 见史记

訇　曉耕 a2 合呼宏　匀耕　qhʷreeŋ

揈# 曉耕 a2 合呼宏　匀耕　qhʷreeŋ

鍧　曉耕 a2 合呼宏　匀耕　qhʷreeŋ 见汉赋

渹# 曉耕 a2 合呼宏　匀耕　qhʷreeŋ

輷　曉耕 c2 合呼迸　匀耕　qhʷreeŋs 见史记

赹　群清 a3 合渠營　匀耕　gʷeŋ

惸　群清 a3 合渠營　匀耕　gʷeŋ

㥥　群清 a3 合渠營　匀耕　gʷeŋ

咰# 生術 d3 合所律　匀質 1　sqhʷrid 原列質韵

唆# 心戈 a1 合蘇禾　允歌 3　slool

梭　心戈 a1 合蘇禾　允歌 3　slool

葰　心戈 b1 合蘇果　允歌 3　sloolʔ 汉县，见汉书

葰　生麻 b2 合沙瓦　允歌 3　sroolʔ 汉县

誜　生麻 c2 合所化　允歌 3　srools

脧　精灰 a1 合臧回　允微 2　ʔsluul 见老子

捘　精灰 c1 合子對　允微 2　ʔsluuls

荾# 心脂 a3 合息遺　允微 2　slul 集韵又同葰

葰　心脂 a3 合息遺　允微 2　slul

酸　心桓 a1 合素官　允元 3　sloon

狻　心桓 a1 合素官　允元 3　sloon

痠　心桓 a1 合素官　允元 3　sloon 见素问

鋑# 精仙 a3 合子泉　允元 3　ʔslon 古同鐫

朘　精仙 a3 合子泉　允元 3　ʔslon 见汉书

悛　清仙 a3 合此縁　允元 3　shlon

吮　從仙 b3 合徂兗　允元 3　zlonʔ/ɦljonʔ>

菤# 群仙 b3b 合渠篆　允元 3　gronʔ

沇　以仙 b3 合以轉　允元 3　lonʔ 同渷

抁# 以仙 b3 合以轉　允元 3　lonʔ

駺　以仙 b3 合以轉　允元 3　lonʔ 见尔雅

兖　以仙 b3 合以轉　允元 3　lonʔ 见尔雅，说文作沇，此沇异构，集韵作兗

荛 以仙 b3 合以轉 允元 3 lonʔ 见尔雅
涗[#] 以仙 b3 合以轉 允元 3 lonʔ 禹贡、说文作沇
兖 以仙 b3 合以轉[*] 允元 3 lonʔ 广韵作兖
焌 精魂 c1 合子寸 允文 2 ʔsluuns
捘 精魂 c1 合子寸 允文 2 ʔsluuns
吮 船諄 b3 合食尹 允文 2 ɦljunʔ
允 以諄 b3 合余準 允文 2 lunʔ 说文以声
狁 以諄 b3 合余準 允文 2 lunʔ
駿 以諄 b3 合余準 允文 2 lunʔ 见尔雅
玧[#] 以諄 b3 合余準 允文 2 lunʔ 又说文同璊
俊 精諄 c3 合子峻 允文 2 ʔsluns 同儁
晙 精諄 c3 合子峻 允文 2 ʔsluns
餕 精諄 c3 合子峻 允文 2 ʔsluns
畯 精諄 c3 合子峻 允文 2 ʔsluns
駿 精諄 c3 合子峻 允文 2 ʔsluns
焌 精諄 c3 合子峻 允文 2 ʔsluns
竣 清諄 a3 合七倫 允文 2 shlun
皴[#] 清諄 a3 合七倫 允文 2 shlun
逡 清諄 a3 合七倫 允文 2 shlun
踆 清諄 a3 合七倫 允文 2 shlun
夋 清諄 a3 合七倫 允文 2 shlun
捘 清諄 a3 合七倫 允文 2 shlun
埈[#] 心諄 c3 合私閏 允文 2 sluns 同陖
陖 心諄 c3 合私閏 允文 2 sluns
鵔 心諄 c3 合私閏 允文 2 sluns 见史记，说文作鵕
晙 心諄 c3 合私閏 允文 2 sluns
浚 心諄 c3 合私閏 允文 2 sluns
峻 心諄 c3 合私閏 允文 2 sluns
焌 清術 d3 合倉聿 允物 2 shlud
孕 以蒸 c3 開以證 孕蒸 lɯŋs

Z

帀 精合 d1 開子答 帀緝 3 ʔsuub
沞[#] 精合 d1 開子答 帀緝 3 ʔsuub
鉔[#] 精合 d1 開子答 帀緝 3 ʔsuub
迊 精合 d1 開子答 帀緝 3 ʔsuub 同帀，已见金文
匝 精合 d1 開子答 帀緝 3 ʔsuub 帀通行体，见六韬，广韵、集韵作迊
咂 精合 d1 開子答 帀緝 3 ʔsuub 原作呞
師[#] 從合 d1 開徂合 帀緝 3 zuub
砸[+] 從曷 d1 開才割[+] 帀月 1 zaad 手册作攃今字
拶[#] 精曷 d1 開姊末 拶月 1 ʔslaad 原列末韵，右为列省声
雥 從合 d1 開徂合 雥緝 3 zuub
灾 精咍 a1 開祖才 災之 ʔsɯɯ 说文同烖
災 精咍 a1 開祖才 災之 ʔslɯɯ 烖籀文
𢦏 精咍 a1 開祖才 𢦏之 ʔslɯɯ 说文从戈才声
栽 精咍 a1 開祖才 𢦏之 ʔslɯɯ
哉 精咍 a1 開祖才 𢦏之 ʔslɯɯ/ʔsɯɯ
烖 精咍 a1 開祖才 𢦏之 ʔslɯɯ
載 精咍 b1 開作亥 𢦏之 ʔslɯɯʔ
載 精咍 c1 開作代 𢦏之 ʔslɯɯs
渽 精咍 a1 開祖才 𢦏之 ʔsɯɯ
䐶[#] 精咍 a1 開祖才 𢦏之 ʔsɯɯ
䐶[#] 清咍 a1 開倉才 𢦏之 shɯɯ

滋# 從咍 a1 開昨哉　𢦏之　zɯɯ 余校本改滋
裁　從咍 a1 開昨哉　𢦏之　zlɯɯ
載　從咍 c1 開昨代　𢦏之　zlɯɯs
裁　從咍 c1 開昨代　𢦏之　zlɯɯs
截　從咍 c1 開昨代　𢦏之　zlɯɯs
栽　從咍 c1 開昨代　𢦏之　zlɯɯs
戠　清支 c3 開七賜　𢦏支　shles
截　清之 c3 開七吏　𢦏之　shɯs
戴　莊之 c3 開側吏　𢦏之　ʔsrɯs
宰　精咍 b1 開作亥　宰之　ʔsɯɯʔ
縡　精咍 b1 開作亥　宰之　ʔsɯɯʔ
縡　精咍 c1 開作代　宰之　ʔsɯɯs
梓　精之 b3 開即里　宰之　ʔsɯʔ 说文宰省声
滓　莊之 b3 開阻史　宰之　ʔsrɯʔ
再　精咍 c1 開作代　再之　ʔsɯɯs
洅　精灰 b1 合子罪　再之　ʔsɯɯʔ
昝# 精覃 b1 開子感　昝侵3　ʔsuumʔ 疑由朁分化
贊　精寒 c1 開則旰　贊元1　ʔsaans
趲# 精寒 c1 開則旰　贊元1　ʔsaans
讚　精寒 c1 開則旰　贊元1　ʔsaans
酇　精寒 c1 開則旰　贊元1　ʔsaans 南阳县在今湖北老河口当地音此(李蓝)
饡　精寒 c1 開則旰　贊元1　ʔsaans
瓚　精寒 c1 開則旰　贊元1　ʔsaans
襸# 精寒 c1 開則旰　贊元1　ʔsaans
攢# 精寒 c1 開則旰　贊元1　ʔsaans
瓚　從寒 b1 開藏旱　贊元1　zaanʔ
襸# 從寒 b1 開藏旱　贊元1　zaanʔ
趲# 從寒 b1 開藏旱　贊元1　zaanʔ
穳# 從寒 c1 開徂贊　贊元1　zaans
囋# 從寒 c1 開徂贊　贊元1　zaans 徂由祖校改，巾箱本等不误
鑽　精桓 a1 合借官　贊元3　ʔsoon
劗　精桓 a1 合借官　贊元3　ʔsoon 见淮南子
纘　精桓 b1 合作管　贊元3　ʔsoonʔ
攢　精桓 b1 合作管　贊元3　ʔsoonʔ
儹　精桓 b1 合作管　贊元3　ʔsoonʔ
酇　精桓 b1 合作管　贊元3　ʔsoonʔ
欑　精桓 b1 合祖管*　贊元3　ʔsoonʔ 见考工记郑注
籫　精桓 b1 合作管　贊元3　ʔsoonʔ 读若纂
鑽　精桓 c1 合子筭　贊元3　ʔsoons
欑　從桓 a1 合在丸　贊元3　zoon
酇　從桓 a1 合在丸　贊元3　zoon 河南永城当地音此(李蓝)
巑　從桓 a1 合在丸　贊元3　zoon
襸# 從桓 a1 合在丸　贊元3　zoon
穳# 從桓 a1 合在丸　贊元3　zoon
劗　從桓 a1 合在丸　贊元3　zoon 见淮南子
攢　從桓 c1 合在玩　贊元3　zoons 见墨子
囋　從曷 d1 開才割　贊月1　zaad 见荀子
髒# 精唐 b1 開子朗　葬陽　ʔsaaŋʔ
葬　精唐 c1 開則浪　葬陽　ʔsaaŋs
早　精豪 b1 開子晧　早幽1　ʔsuuʔ
草　清豪 b1 開采老　早幽1　shuuʔ 说文作艸
愺　清豪 b1 開采老　早幽1　shuuʔ 见汉赋
騲　清豪 b1 開采老　早幽1　shuuʔ 草分化字
皁　從豪 b1 開昨早　早幽1　zuuʔ 说文作草，此由早加撇转注分化

皂 從豪 b1 開昨早 早幽1 zuuʔ 皁字注俗体，折笔以转注分化

蚤 精豪 b1 開子晧 蚤幽1 ʔsuuʔ

慅 清豪 b1 開采老 蚤幽1 shuuʔ

騷 心豪 a1 開蘇遭 蚤幽1 suu

搔 心豪 a1 開蘇遭 蚤幽1 suu

鰠 心豪 a1 開蘇遭 蚤幽1 suu 见山海经

溞 心豪 a1 開蘇遭 蚤幽1 suu 见尔雅

颾# 心豪 a1 開蘇遭 蚤幽1 suu 集韵同颼

慅 心豪 a1 開蘇遭 蚤幽1 suu

瘙 心豪 c1 開蘇到 蚤幽1 suus 见莟颉篇

琗 莊肴 b2 開側絞 蚤幽1 ʔsruuʔ

慅 心尤 b3 開息有 蚤幽1 suʔ 见礼记

鱶 清錫 d4 開倉歷 蚤覺2 shuɯɯwG

棗 精豪 b1 開子晧 棗幽1 ʔsuuʔ

藻 精豪 b1 開子晧 喿宵1 ʔsaawʔ 说文同薻

澡 精豪 b1 開子晧 喿宵1 ʔslaawʔ

璪 精豪 b1 開子晧 喿宵1 ʔsaawʔ

繰 精豪 b1 開子晧 喿宵1 ʔsaawʔ

躁 精豪 c1 開則到 喿宵1 ʔsaaws

趮 精豪 c1 開則到 喿宵1 ʔsaaws

操 清豪 a1 開七刀 喿宵1 shaaw

幧 清豪 a1 開七刀 喿宵1 shaaw 见方言

懆 清豪 b1 開采老 喿宵1 shaawʔ

鄵 清豪 c1 開七到 喿宵1 shaaws 见春秋

操 清豪 c1 開七到 喿宵1 shaaws

鏁# 從豪 a1 開昨勞 喿宵1 zaaw

臊 心豪 a1 開蘇遭 喿宵1 saaw 后通作騷

繅 心豪 a1 開蘇遭 喿宵1 saaw 俗同繰，见国语

鱢 心豪 a1 開蘇遭 喿宵1 saaw

燥 心豪 b1 開蘇老 喿宵1 saawʔ

燥 心豪 c1 開先到 喿宵1 saaws

噪 心豪 c1 開蘇到 喿宵1 saaws 同譟，皆喿转注字

鱢# 心豪 c1 開蘇到 喿宵1 saaws

喿 心豪 c1 開蘇到 喿宵1 saaws 转注作噪

譟 心豪 c1 開蘇到 喿宵1 saaws

臊+ 心豪 c1 開蘇到+ 喿宵1 saaws 手册所列新分化字

繰# 清宵 a3 開千遥* 喿宵1 shaw 幓字注通作缲

鍫# 清宵 a3 開七遥 喿宵1 shaw 同鍫，本作喿、斛

幧 清宵 a3 開七遥 喿宵1 shaw 见方言

剿 精宵 b3 開子小 喿宵1 ʔsawʔ 同劋，说文作剿

剿 精蕭 b4 開子了 喿宵2 ʔseewʔ

橾 心侯 b1 開蘇后 喿宵3 soowʔ>原误操，依余校改

橾 生虞 a3 合山芻 喿宵3 srow>O 读若藪

廁 初之 c3 開初吏 則代 shrɯgs

則 精德 d1 開子德 則職 ʔsɯɯg

賊 從德 d1 開昨則 則職 zɯɯg

鰂 從德 d1 開昨則 則職 zɯɯg 同鱡

鱡# 從德 d1 開昨則 則職 zɯɯg 说文作鰂，通作賊

蠈 從德 d1 開昨則 則職 zɯɯg 见潛夫论，尔雅作賊

側 莊職 d3 開阻力 則職 ʔsrɯg

萴　莊職 d3 開阻力　則職　ʔsrɯg
測　初職 d3 開初力　則職　shrɯg
惻　初職 d3 開初力　則職　shrɯg
廁　初職 d3 開察色　則職　shrɯg
崱　崇職 d3 開士力　則職　zrɯg 见汉赋
萴　崇職 d3 開士力　則職　zrɯg
仄　莊職 d3 開阻力　仄職　ʔsrɯg
昃　莊職 d3 開阻力　仄職　ʔsrɯg 原下从矢，集韵又作此，说文作𣅼
夨　莊職 d3 開阻力　夨職　ʔsrɯg
稄# 莊職 d3 開阻力　稄職　ʔsrɯg 又从昃，疑为稷省讹
溍　莊臻 a3 開側詵　曾文 1　ʔsrɯn 注：诗作溱
繒　精登 a1 開咨騰*　曾蒸　ʔsɯɯŋ
增　精登 a1 開作縢　曾蒸　ʔsɯɯŋ
憎　精登 a1 開作縢　曾蒸　ʔsɯɯŋ
磳　精登 a1 開作縢　曾蒸　ʔsɯɯŋ 见刘安招隐士
曾　精登 a1 開作縢　曾蒸　ʔsɯɯŋ 朱芳圃云为甑初文，非形声字
矰　精登 a1 開作縢　曾蒸　ʔsɯɯŋ
罾　精登 a1 開作縢　曾蒸　ʔsɯɯŋ
熷　精登 a1 開作縢　曾蒸　ʔsɯɯŋ 说文作䉙
竲　精登 a1 開作縢　曾蒸　ʔsɯɯŋ
橧　精登 a1 開作縢　曾蒸　ʔsɯɯŋ
譄　精登 a1 開作縢　曾蒸　ʔsɯɯŋ
增　精登 c1 開子鄧　曾蒸　ʔsɯɯŋs
蹭　清登 c1 開千鄧　曾蒸　shɯɯŋs
曾　從登 a1 開昨棱　曾蒸　zɯɯŋ
層　從登 a1 開昨棱　曾蒸　zɯɯŋ
贈　從登 c1 開昨亘　曾蒸　zɯɯŋs
僧　心登 a1 開蘇增　曾蒸　sɯɯŋ 梵译僧伽 saṁgha 省称
鬙# 心登 a1 開蘇增　曾蒸　sɯɯŋ
甑　精蒸 c3 開子孕　曾蒸　ʔsɯŋs 曾转注分化字
繒　從蒸 a3 開疾陵　曾蒸　zɯŋ
鄫　從蒸 a3 開疾陵　曾蒸　zɯŋ
驓　從蒸 a3 開疾陵　曾蒸　zɯŋ
橧　從蒸 a3 開疾陵　曾蒸　zɯŋ
竲　從蒸 a3 開疾陵　曾蒸　zɯŋ
嶒　從蒸 a3 開疾陵　曾蒸　zɯŋ
磳　崇蒸 a3 開仕兢　曾蒸　zɯŋ 见刘安招隐士
噌　初耕 a2 開楚耕　曾蒸　shrɯɯŋ
鏳# 崇耕 a2 開士耕　曾蒸　zrɯɯŋ 士由七校改
鍘+ 崇鎋 d2 開查鎋+　鍘月 1　zraad 鏩晚起字，篇海士戛切
作　精歌 c1 開則箇　乍暮　<ʔsaags
鮓　莊麻 b2 開側下　乍魚　ʔsraaʔ 见释名
痄# 莊麻 b2 開側下　乍魚　ʔsraaʔ
厏# 莊麻 b2 開側下　乍魚　ʔsraaʔ
詐　莊麻 c2 開側駕　乍暮　ʔsraags
咋# 莊麻 c2 開側駕　乍暮　ʔsraags
笮　莊麻 c2 開側駕　乍暮　ʔsraags
榨# 莊麻 c2 開側駕　乍暮　ʔsraags 广雅作笮
炸+ 莊麻 c2 開陟駕+　乍暮　ʔr'aags 灹晚起字
乍　崇麻 c2 開鋤駕　乍暮　zraags 曾宪通云甲金文象以耒起土，为耕作字初文
厏# 崇麻 b2 開士下　乍魚　zraaʔ
拃# 莊刪 b2 開側板　乍元 1　ʔsraanʔ
作　精模 c1 合臧祚　乍暮　ʔsaags 祚原误衤旁，巾箱本不误
酢　清模 c1 合倉故　乍暮　shaags 醋

字注：说文作酢

祚 從模c1合昨誤 乍暮 zaags

胙 從模c1合昨誤 乍暮 zaags

阼 從模c1合昨誤 乍暮 zaags

飵 從模c1合昨誤 乍暮 zaags

秨 從模c1合昨誤 乍暮 zaags 读若昨

炸+ 崇洽d2開士洽+ 乍盍2 zreeb 手册作煠今字

作 精鐸d1開則落 乍鐸 ʔsaag 乍转注字

迮 精鐸d1開則落 乍鐸 ʔsaag

柞 精鐸d1開則落 乍鐸 ʔsaag

昨 從鐸d1開在各 乍鐸 zaag

怍 從鐸d1開在各 乍鐸 zaag

柞 從鐸d1開在各 乍鐸 zaag

酢 從鐸d1開在各 乍鐸 zaag

砟 從鐸d1開在各 乍鐸 zaag 见曹操气出唱

莋 從鐸d1開在各 乍鐸 zaag 见史记

笮 從鐸d1開在各 乍鐸 zaag

岝♯ 從鐸d1開在各 乍鐸 zaag

飵 從鐸d1開在各 乍鐸 zaag

秨 從鐸d1開在各 乍鐸 zaag 读若昨

鈼♯ 從鐸d1開在各 乍鐸 zaag

筰 從鐸d1開在各 乍鐸 zaag 又同笮

葃♯ 從鐸d1開在各 乍鐸 zaag

舴♯ 知陌d2開陟格 乍鐸 ʔr'aag

窄 莊陌d2開側伯 乍鐸 ʔsraag

笮 莊陌d2開側伯 乍鐸 ʔsraag

蚱♯ 莊陌d2開側伯 乍鐸 ʔsraag 蚱蟬，后又代蚝

迮 莊陌d2開側伯 乍鐸 ʔsraag

舴♯ 莊陌d2開側伯 乍鐸 ʔsraag

齚 崇陌d2開鋤陌 乍鐸 zraag 见释名

咋♯ 崇陌d2開鋤陌 乍鐸 zraag

泎♯ 崇陌d2開鋤陌 乍鐸 zraag 古作灂

岞♯ 崇陌d2開鋤陌 乍鐸 zraag

咋 莊麥d2開側革 乍錫 ʔsreeg 见周礼郑注

葃♯ 崇麥d2開士革 乍錫 zreeg

葃♯ 從昔d3開秦昔 乍鐸 zag

产2 章鹽a3開職廉 产談1 tjam 与瞻同源

頕♯ 端談a1開都甘 占談1 taam

黏 匣談a1開胡甘 占談1 ɦlaam

炶♯ 匣談a1開胡甘 占談1 ɦlaam 同黏

詀♯ 知咸a2開竹咸 占談2 rteem<ʔr'eem

站♯ 知咸c2開陟陷 占談2 rteems

詀♯ 澄咸c2開佇陷 占談2 rdeems

櫼 生咸a2開所咸 占談2 sreem 后作杉

黏 泥鹽a3開女廉 占談2 nem

粘♯ 泥鹽a3開女廉 占談2 nem

枮 心鹽a3開息廉 占談2 slem

霑 知鹽a3開張廉 占談2 tem

沾 知鹽a3開張廉 占談2 tem

覘 知鹽c3開丑豔 占談2 tems

覘 徹鹽a3開丑廉 占談2 them

鉆 徹鹽a3開丑廉 占談2 them 巨淹切注：说文又敕淹切

占 章鹽a3開職廉 占談2 tjem<ʔljem

颭 章鹽b3開占琰 占談2 tjemʔ 见刘歆赋

佔⁺　章鹽 c3 開章豔⁺　占談 2　tjems 占分化新字
占　章鹽 c3 開章豔　占談 2　tjems
苫　書鹽 a3 開失廉　占談 2　hljem
痁　書鹽 a3 開失廉　占談 2　hljem
苫　書鹽 c3 開舒贍　占談 2　hljems
炶　書鹽 c3 開舒贍　占談 2　hljems
蛅　日鹽 a3 開汝鹽　占談 2　njem
鉆　群鹽 a3b 開巨淹　占談 2　grem
阽　以鹽 a3 開余廉　占談 2　lem
敁♯　端添 a4 開丁兼　占談 2　teem
佔♯　端添 a4 開丁兼　占談 2　teem
詀♯　端添 a4 開丁兼　占談 2　teem<ʔl'eem
掂⁺　端添 a4 開丁兼⁺　占侵 2　tiim 敁晚起分化字
點　端添 b4 開多忝　占談 2　teemʔ
玷　端添 b4 開多忝　占談 2　teemʔ
店♯　端添 c4 開都念　占侵 2　tiims
坫　端添 c4 開都念　占侵 2　tiims
沾　端添 c4 開都念　占談 2　teems
痁　端添 c4 開都念　占談 2　teems
玷　端添 c4 開都念　占談 2　teems
沾　透添 a4 開他兼　占談 2　theem
黇　透添 a4 開他兼　占談 2　theem
黏　透添 c4 開他念　占談 2　hl'eems
㓠♯　定添 b4 開徒玷　占談 2　deemʔ 玉篇同㡋
拈　泥添 a4 開奴兼　占談 2　neem
鲇　泥添 a4 開奴兼　占談 2　neem
砧　知侵 a3 開知林　占侵 2　tim<ʔl'ɯm 同碪，见汉赋
枮♯　知侵 a3 開知林　占侵 2　tim<ʔl'ɯm 同椹
坫♯　知侵 a3 開知林　占侵 2　tim
詀♯　昌葉 d3 開叱涉　占盍 2　thjeb
笘　端帖 d4 開丁愜　占盍 2　teeb
跕♯　端帖 d4 開丁愜　占盍 2　teeb
貼♯　透帖 d4 開他協　占盍 2　theeb
帖　透帖 d4 開他協　占盍 2　theeb
怗　透帖 d4 開他協　占盍 2　theeb
鉆♯　透帖 d4 開他協　占盍 2　theeb
跕　透帖 d4 開他協　占盍 2　theeb 见史记
呫　透帖 d4 開他協　占盍 2　theeb
甔　端覃 a1 開丁含　詹談 3　toom
擔　端談 a1 開都甘　詹談 1　taam 见国语，说文作儋
儋　端談 a1 開都甘　詹談 1　taam<ʔl'aam 后作擔
聸　端談 a1 開都甘　詹談 1　taam
甔　端談 a1 開都甘　詹談 1　taam
膽　端談 b1 開都敢　詹談 1　taamʔ
黵　端談 b1 開都敢　詹談 1　taamʔ
擔　端談 c1 開都濫　詹談 1　taams
甔　端談 c1 開都濫　詹談 1　taams
澹　定談 a1 開徒甘　詹談 1　daam
澹　定談 b1 開徒敢　詹談 1　daamʔ
憺　定談 b1 開徒敢　詹談 1　daamʔ
憺　定談 c1 開徒濫　詹談 1　daams
澹　定談 c1 開徒濫　詹談 1　daams
瞻　章鹽 a3 開職廉　詹談 1　tjam
詹　章鹽 a3 開職廉　詹談 1　tjam 段注云当产声
蟾　章鹽 a3 開職廉　詹談 1　tjam
噡　章鹽 a3 開職廉　詹談 1　tjam 詹转注见荀子
譫　章鹽 a3 開之廉　詹談 1　tjam 詹

转注
譫 章鹽 b3 開止染* 詹談1 tjam?
幨 昌鹽 a3 開處占 詹談1 thjam
襜 昌鹽 a3 開處占 詹談1 thjam
幨# 昌鹽 c3 開昌豔 詹談1 thjams
襜# 昌鹽 c3 開昌豔 詹談1 thjams
同幨
韂# 昌鹽 c3 開昌豔 詹談1 thjams
蟾 禪鹽 a3 開視占 詹談1 djam
贍 禪鹽 c3 開時豔 詹談1 djams
檐 以鹽 a3 開余廉 詹談1 lam
簷 以鹽 a3 開余廉 詹談1 lam 同檐,见释名
磹# 透添 a4 開他兼 詹談2 theem
磹# 透添 c4 開他念 詹談2 theems
譫 定盍 d1 開徒盍 詹盍1 daab
譫 章盍 d1 開章盍 詹盍1 tjaab
碾 泥仙 b3 開尼展* 展元2 nden?
輾分化字
碾 泥仙 c3 開女箭 展元2 ndens 輾转注见通俗文
輾 泥仙 c3 開女箭 展元2 ndens
展 知仙 b3 開知演 展元2 ten?
輾 知仙 b3 開知演 展元2 ten?
搌# 知仙 b3 開知演 展元2 ten?
展 知仙 c3 開陟扇 展元2 tens 原从古体四工,集韵或体作此
搌# 知仙 c3 開陟扇* 展元2 tens
搌# 徹仙 b3 開丑善 展元2 then?
慚 從談 a1 開昨甘 斬談1 zaam
同慙
慙 從談 a1 開昨甘 斬談1 zaam
鏨 從談 a1 開昨甘 斬談1 zaam
槧 從談 b1 開才敢 斬談1 zaam?
鏨 從談 b1 開才敢 斬談1 zaam?
暫 從談 c1 開藏濫 斬談1 zaams
鏨 從談 c1 開藏濫 斬談1 zaams
蹔# 從談 c1 開藏濫 斬談1 zaams
同暫,见列子
斬 莊咸 b2 開側減 斬談2 ?sreem?
獑 崇咸 a2 開士咸 斬談2 zeem 见张衡赋
鏨 崇咸 a2 開士咸 斬談2 zeem
嶄# 崇咸 b2 開士減 斬談2 zreem?
覱# 精銜 c2 開子鑑 斬談1 ?sraams
四声韵谱改債懺切
摲 初銜 c2 開楚鑒 斬談1 shraams
嶄 崇銜 a2 開鋤銜 斬談1 zaam 见招隐士作嶃
獑 崇銜 a2 開鋤銜 斬談1 zaam 见张衡赋
漸 精鹽 a3 開子廉 斬談1 ?sam
槧 清鹽 a3 開七廉 斬談1 sham
塹 清鹽 c3 開七豔 斬談1 shams
同壍,出说文
槧 清鹽 c3 開七豔 斬談1 shams
壍 清鹽 c3 開七豔 斬談1 shams
见墨子,说文作塹
壍# 清鹽 c3 開七豔 斬談1 shams
螹 從鹽 a3 開昨鹽 斬談1 zam
漸 從鹽 b3 開慈染 斬談1 zam?
蔪 從鹽 b3 開慈染 斬談1 zam?
鏨 從鹽 b3 開慈染 斬談1 zam?
螹 從鹽 b3 開慈染 斬談1 zam?
槧 從鹽 b3 開慈染 斬談1 zam?
蘸 莊咸 c2 開莊陷 蘸谈2 ?sreems
见大招王注
章 章陽 a3 開諸良 章陽 kjaŋ
樟 章陽 a3 開諸良 章陽 kjaŋ 见战国策

彰　章陽 a3 開諸良　章陽　kjaŋ
漳　章陽 a3 開諸良　章陽　kjaŋ
鄣　章陽 a3 開諸良　章陽　kjaŋ
璋　章陽 a3 開諸良　章陽　kjaŋ
嫜# 章陽 a3 開諸良* 　章陽　kjaŋ 古作妐，由姑妐元音顺同化
獐　章陽 a3 開諸良　章陽　kjaŋ 同麞，见吕氏春秋
慞# 章陽 a3 開諸良　章陽　kjaŋ
墇　章陽 a3 開諸良　章陽　kjaŋ 通作障
障　章陽 a3 開諸良　章陽　kjaŋ
麞　章陽 a3 開諸良　章陽　kjaŋ
蔁　章陽 a3 開諸良　章陽　kjaŋ
暲# 章陽 a3 開諸良　章陽　kjaŋ
障　章陽 c3 開之亮　章陽　kjaŋs
嶂　章陽 c3 開之亮　章陽　kjaŋs
瘴# 章陽 c3 開之亮　章陽　kjaŋs
墇　章陽 c3 開之亮　章陽　kjaŋs 通作障
仉　章陽 b3 開諸兩　仉陽　tjaŋʔ
丈　澄陽 b3 開直兩　丈陽　daŋʔ
杖　澄陽 b3 開直兩　丈陽　daŋʔ
仗　澄陽 b3 開直兩　丈陽　daŋʔ
仗　澄陽 c3 開直亮　丈陽　daŋs
釗　章宵 a3 開止遥　釗宵2　kljew 以削刓铜器芒角会意，非刀声
釗　見蕭 a4 開古堯　釗宵2　kleew
挑　透豪 a1 開土刀　兆宵1　lhaaw
洮　透豪 a1 開土刀　兆宵1　lhaaw
桃　定豪 a1 開徒刀　兆宵1　l'aaw
逃　定豪 a1 開徒刀　兆宵1　l'aaw
洮　定豪 a1 開徒刀* 　兆宵1　l'aaw 淅
咷　定豪 a1 開徒刀　兆宵1　l'aaw
鼗　定豪 a1 開徒刀　兆宵1　l'aaw 说文同鞀，鼓在上
鞉　定豪 a1 開徒刀　兆宵1　l'aaw 同鼗
駣　定豪 a1 開徒刀　兆宵1　l'aaw
駣　定豪 b1 開徒晧　兆宵1　l'aawʔ
駣　定豪 c1 開大到　兆宵1　l'aaws
斛　清宵 a3 開千遥* 　兆宵2　slhew 斛正体
朓　徹宵 c3 開丑召　兆宵2　lhews 肉旁：祭
晁　澄宵 a3 開直遥　兆宵2　l'ew 见汉书
兆　澄宵 b3 開治小　兆宵2　l'ewʔ
旐　澄宵 b3 開治小　兆宵2　l'ewʔ
狣　澄宵 b3 開治小　兆宵2　l'ewʔ
鮡　澄宵 b3 開治小　兆宵2　l'ewʔ
駣　澄宵 b3 開治小　兆宵2　l'ewʔ
垗　澄宵 b3 開治小　兆宵2　l'ewʔ
姚　以宵 a3 開餘昭　兆宵2　lew
珧　以宵 a3 開餘昭　兆宵2　lew
銚　以宵 a3 開餘昭　兆宵2　lew
恌　以宵 a3 開餘昭　兆宵2　lew 同愮
洮　以宵 a3 開餘昭　兆宵2　lew
烑　以宵 a3 開餘昭　兆宵2　lew 见淮南子
鮡# 以宵 a3 開餘昭　兆宵2　lew
筄　以宵 c3 開弋照　兆宵2　lews
艞# 以宵 c3 開弋照　兆宵2　lews 集韵与从兆同
挑　透蕭 a4 開吐彫　兆宵2　lheew
佻　透蕭 a4 開吐彫　兆宵2　lheew
祧　透蕭 a4 開吐彫　兆宵2　lheew
銚　透蕭 a4 開吐彫　兆宵2　lheew
朓　透蕭 a4 開吐彫　兆宵2　lheew

恌 透蕭 a4 開吐彫 兆宵2 lheew

庣 透蕭 a4 開吐彫 兆宵2 lheew

趒 透蕭 a4 開吐彫 兆宵2 lheew

聎# 透蕭 a4 開吐彫 兆宵2 lheew

朓 透蕭 b4 開土了 兆宵2 lheewʔ

眺 透蕭 c4 開他弔 兆宵2 lheews

覜 透蕭 c4 開他弔 兆宵2 lheews

趒 透蕭 c4 開他弔 兆宵2 lheews

咷 透蕭 c4 開他弔 兆宵2 lheews

頫 透蕭 c4 開他弔 兆宵2 lheews

絩 透蕭 c4 開他弔 兆宵2 lheews

跳 透蕭 c4 開他弔 兆宵2 lheews＜khl'-(汉越语 khieu)

跳 定蕭 a4 開徒聊 兆宵2 l'eew

佻 定蕭 a4 開徒聊 兆宵2 l'eew

趒 定蕭 a4 開徒聊 兆宵2 l'eew

鮡 定蕭 a4 開徒聊 兆宵2 l'eew

挑 定蕭 b4 開徒了 兆宵2 l'eewʔ

窕 定蕭 b4 開徒了 兆宵2 l'eewʔ

誂 定蕭 b4 開徒了 兆宵2 l'eewʔ

銚 定蕭 c4 開徒弔 兆宵2 l'eews

頫 非虞 b3 合方矩 兆侯 poʔ训读俯

肁 澄宵 b3 開治小 肁宵1 dawʔ

肇 澄宵 b3 開治小 肁宵1 dawʔ

咤 知麻 a2 開陟加 乇魚 ʔr'aa

咤 知麻 c2 開陟駕 乇暮 ʔr'aags同说文吒

吒 知麻 c2 開陟駕 乇暮 ʔr'aags

炨# 知麻 c2 開陟駕 乇暮 ʔr'aags后作炸

矺# 知麻 c2 開陟駕 乇暮 ʔr'aags都榼切，注又切

奼 知麻 c2 開陟駕 乇暮 ʔr'aags＞tr-

奼 徹麻 b2 開丑下 乇魚 hr'aaʔ

侘 徹麻 a2 開敕加 乇魚 hr'aa

詫 徹麻 c2 開丑亞 乇暮 hr'aags

侘 徹麻 c2 開丑亞 乇暮 hr'aags

秅 澄麻 a2 開宅加 乇魚 r'aa

秅 端模 c1 合當故 乇暮 ʔl'aags＞t-

奼 端模 c1 合當故 乇暮 ʔl'aags＞t-

秺 端模 c1 合當故 乇暮 ʔl'aags同秅，见汉书

矺# 端盇 d1 開都榼 乇盇1 ʔl'aab

亳 並鐸 d1 開傍各 乇鐸 blaag

矺 端鐸 d1 開當各* 乇鐸 ʔl'aag

托# 透鐸 d1 開闥各* 乇鐸 lhaag同拓

託 透鐸 d1 開他各 乇鐸 lhaag

魠 透鐸 d1 開他各 乇鐸 lhaag

馲 透鐸 d1 開他各 乇鐸 lhaag见方言

侂 透鐸 d1 開他各 乇鐸 lhaag

飥 透鐸 d1 開他各 乇鐸 lhaag见方言

矺 透鐸 d1 開他各 乇鐸 lhaag见仪礼郑注

仛 定鐸 d1 開徒落 乇鐸 l'aag

馲 來鐸 d1 開盧各 乇鐸 raag见方言

虴# 知陌 d2 開陟格 乇鐸 ʔr'aag＜pr'

馲# 知陌 d2 開陟格 乇鐸 ʔr'aag

頊 知陌 d2 開陟格 乇鐸 ʔr'aag

杔# 知陌 d2 開陟格 乇鐸 ʔr'aag

乇 知陌 d2 開陟格* 乇鐸 ʔr'aag象草拓展根叶，尔雅攫(集韵从瞿)橐作'橐'

宅　澄陌 d2 開場伯　乇鐸　r'aag
厇# 知麥 d2 開陟革　乇錫　ʔr'eeg
矺　知麥 d2 開陟革　乇錫　ʔr'eeg
晢　章祭 c3 開征例　折祭 2　ʔljeds
狾　章祭 c3 開征例　折祭 2　ʔljeds
誓　禪祭 c3 開時制　折祭 2　ɦljeds>dj
逝　禪祭 c3 開時制　折祭 2　ɦljeds>dj
銴　禪祭 c3 開時制　折祭 2　ɢljeds>dj
折　定齊 a4 開杜奚　折歌 2　l'eel
娎　曉蕭 c4 開火弔　折宵 2　hleews
哳　知鎋 d2 開陟鎋　折月 2　ʔr'aad<eed 见宋玉九辩
蜇# 邪薛 d3 合似絕*　折月 3　sɢʷled
哲　知薛 d3 開陟列　折月 2　ʔl'ed
蜇　知薛 d3 開陟列　折月 2　ʔl'ed
悊　知薛 d3 開陟列　折月 2　ʔl'ed 说文同哲
嚞　知薛 d3 開陟列　折月 2　ted 古文哲
喆　知薛 d3 開陟列　折月 2　ted 同哲
晢　徹薛 d3 開丑列　折月 2　lhed
折　章薛 d3 開旨熱　折月 2　ʔljed>tj
浙　章薛 d3 開旨熱　折月 2　ʔljed
晢　章薛 d3 開旨熱　折月 2　ʔljed
晣　章薛 d3 開旨熱　折月 2　ʔljed
折　禪薛 d3 開常列　折月 2　ɦljed>dj
抵# 曉薛 d3b 開許列　折月 2　hred
娎　曉薛 d3b 開許列　折月 2　qhred
晢　透錫 d4 開他歷　折錫　lheeg
銴　以祭 c3 合以芮　折祭 3　ɢʷleds
讋　章葉 d3 開之涉　讋盍 3　ʔljob
觰# 端麻 b2 開都賈　者魚　rtaaʔ
觰　知麻 a2 開陟加　者魚　rtaa
諸　章麻 a3 開正奢　者魚　tjaa
者　章麻 b3 開章也　者魚　tjaaʔ 说文古旅声。甲金文象足印小坎积水，为瀦初文，用詹鄞鑫说
堵　章麻 b3 開章也　者魚　tjaaʔ
赭　章麻 b3 開章也　者魚　tjaaʔ
撦# 昌麻 b3 開昌者　者魚　lhjaaʔ 后作扯
扯+ 昌麻 b3 開昌者+ 者魚　thjaaʔ 撦晚起字
闍　禪麻 a3 開視遮　者魚　djaa
奢　書麻 a3 開式車　者魚　hljaa
鍺# 端戈 b1 合丁果　者歌 3　toolʔ 集韵删鍺增从隋字，疑者声来自书讹
都　端模 a1 合當孤　者魚　taa
闍　端模 a1 合當孤　者魚　taa
醏# 端模 a1 合當孤　者魚　taa
覩　端模 b1 合當古　者魚　taaʔ 古文睹
睹　端模 b1 合當古　者魚　taaʔ 同覩
暏　端模 b1 合當古　者魚　taaʔ
賭　端模 b1 合當古　者魚　taaʔ
堵　端模 b1 合當古　者魚　taaʔ
帾　端模 b1 合當古　者魚　taaʔ 见荀子
楮　端模 b1 合當古　者魚　taaʔ
屠　定模 a1 合同都　者魚　daa
瘏　定模 a1 合同都　者魚　daa
廜　定模 a1 合同都　者魚　daa 见通俗文
鷵　定模 a1 合同都　者魚　daa 见尔雅
緒　邪魚 b3 合徐吕　者魚　ljaʔ
豬　知魚 a3 合陟魚　者魚　ta
猪# 知魚 a3 合陟魚　者魚　ta 俗豬字
瀦　知魚 a3 合陟魚　者魚　ta 者转注字
藸　知魚 a3 合陟魚　者魚　ta
櫫　知魚 a3 合陟魚　者魚　ta 见周

礼郑注
褚 知魚 b3 合丁吕 者魚 taʔ
著 知魚 b3 合丁吕 者魚 taʔ
著 知魚 c3 合陟慮 者魚 tas
箸 知魚 c3 合陟慮 者魚 tas 同著
褚 徹魚 b3 合丑吕 者魚 thaʔ
楮 徹魚 b3 合丑吕 者魚 thaʔ
著 澄魚 a3 合直魚 者魚 da
屠 澄魚 a3 合直魚 者魚 da
儲 澄魚 a3 合直魚 者魚 da
躇 澄魚 a3 合直魚 者魚 da
藸 澄魚 a3 合直魚 者魚 da
箸 澄魚 c3 合遅倨 者魚 das
諸 章魚 a3 合章魚 者魚 tja
櫧 章魚 a3 合章魚 者魚 tja 见山海经
藷 章魚 a3 合章魚 者魚 tja
蠩# 章魚 a3 合章魚 者魚 tja
煮+ 章魚 b3 合章与 者魚 tjaʔ 鬻今体
渚 章魚 b3 合章与 者魚 tjaʔ
鬻 章魚 b3 合章与 者魚 tjaʔ
陼 章魚 b3 合章与 者魚 tjaʔ 通作渚
翥 章魚 c3 合章恕 者魚 tjas
署 禪魚 c3 合常恕 者魚 djas
薯# 禪魚 c3 合常恕 者魚 djas 俗藷字
曙 禪魚 c3 合常恕 者魚 djas
藷 禪魚 c3 合常恕 者魚 djas
書 書魚 a3 合傷魚 者魚 hlja
暑 書魚 b3 合舒吕 者魚 hljaʔ
著 知藥 d3 開張略 者鐸 tag
鍺 知藥 d3 開張略 者鐸 tag 见尔雅，说文作櫡
摢# 知藥 d3 開張略 者鐸 tag 广雅从箸
櫡 知藥 d3 開張略 者鐸 tag
著 澄藥 d3 開直略 者鐸 dag
踂 泥葉 d3 開尼輒 耴盍2 ndeb 见穀梁传
輒 知葉 d3 開陟葉 耴盍2 teb
耴 知葉 d3 開陟葉 耴盍2 teb
鮿 知葉 d3 開陟葉 耴盍2 teb 集韵干鱼义，见汉书
偵 知庚 c2 開猪孟 貞陽 rtaaŋs
幀# 知庚 c2 開猪孟 貞蒸 rtɯɯŋs>
原作幁，集韵或体作此晚起字
湞 澄耕 a2 開宅耕 貞耕 rdeeŋ
貞 知清 a3 開陟盈 貞耕 teŋ 说文鼎省声，甲文原假借鼎字
楨 知清 a3 開陟盈 貞耕 teŋ
禎 知清 a3 開陟盈 貞耕 teŋ
湞 知清 a3 開陟盈 貞耕 teŋ
偵 徹清 a3 開丑貞 貞耕 theŋ
赬 徹清 a3 開丑貞 貞耕 theŋ
遉 徹清 c3 開丑鄭 貞耕 theŋs 见鹖冠子，通作偵
偵 徹清 c3 開丑鄭 貞耕 theŋs
寘 章支 c3 開支義 真歌2 tjels
寊 精脂 a3 開即夷 真脂1 ʔljil
轃 溪山 a2 開丘閑* 真真1 khriin
顚# 影山 a2 開烏閑 真真1 ʔriin
顛 端先 a4 開都年 真真1 tiin<ʔl'iin
滇 端先 a4 開都年 真真1 tiin
巔 端先 a4 開都年 真真1 tiin
槙 端先 a4 開都年 真真1 tiin 颠分化字
瘨 端先 a4 開都年 真真1 tiin
傎 端先 a4 開都年 真真1 tiin 见穀

梁传
蹎　端先 a4 開都年　真真1　tiin
厧#　端先 a4 開都年　真真1　tiin
巔　端先 a4 開都年　真真1　tiin
癲　端先 a4 開都年　真真1　tiin 同瘨，见难经
瑱　透先 c4 開他甸　真真1　thiins
顛　透先 c4 開他甸*　真真1　thiins 同瑱
滇　透先 c4 開他甸　真真1　thiins
填　定先 a4 開徒年　真真1　diin 真转注字
寘　定先 a4 開徒年　真真1　diin 真转注字
闐　定先 a4 開徒年　真真1　diin
磌　定先 a4 開徒年　真真1　diin 见班固赋
鷏　定先 a4 開徒年　真真1　diin
嗔　定先 a4 開徒年　真真1　diin
滇　定先 a4 開徒年　真真1　diin
搷　定先 a4 開徒年　真真1　diin
闐　定先 c4 開堂練　真真1　diins
填　定先 c4 開堂練　真真1　diins
寘　定先 c4 開堂練　真真1　diins 同填
鎮　知真 a3 開陟鄰　真真1　tin
填　知真 a3 開陟鄰　真真1　tin 真转注字
鎮　知真 c3 開陟刃　真真1　tins
瑱　知真 c3 開陟刃　真真1　tins
填　知真 c3 開陟刃　真真1　tins
縝　徹真 a3 開丑人　真真1　thin
眞　章真 a3 開職鄰　真真1　tjin<klj-原側鄰切，依韵目改。金文象以匕充填鼎实，为填初文，充实引申指真实不虛。东汉支讖译 kimn-为真
禛　章真 a3 開職鄰　真真1　tjin 由側鄰切校改
稹　章真 a3 開職鄰　真真1　tjin<ʔlj-由側鄰切校改
磌　章真 a3 開職鄰　真真1　tjin 由側鄰切校改，见班固赋
蒖#　章真 a3 開職鄰　真真1　tjin 由側鄰切校改
縝　章真 b3 開章忍　真真1　tjinʔ<ʔlj-
稹　章真 b3 開章忍　真真1　tjinʔ<ʔlj-
鬒　章真 b3 開章忍　真真1　tjinʔ<ʔlj-
槙#　章真 b3 開章忍　真真1　tjinʔ
黰　章真 b3 開章忍　真真1　tjinʔ<ʔlj-
嗔　昌真 a3 開昌真　真真1　thjin 同瞋
瞋　昌真 a3 開昌真　真真1　thjin
謓　昌真 a3 開昌真　真真1　thjin 同瞋
縝　昌真 a3 開昌真　真真1　thjin
慎　禪真 c3 開時刃　真真1　djins
沴　來齊 c4 開郎計　疹微1　rɯɯls
趁#　泥仙 b3 開尼展　疹元1　nlanʔ 庄子作跈
紾　知仙 b3 開知演　疹元1　ʔl'anʔ>t
跈　泥先 b4 開乃殄　疹文1　nlɯɯnʔ 见庄子
殄　定先 b4 開徒典　疹文1　l'ɯɯnʔ
跈　定先 b4 開徒典　疹文1　l'ɯɯnʔ 又乃殄切见庄子
抮　曉先 b4 開呼典　疹文1　hlɯɯnʔ 见淮南子
駗　來真 a3 開力珍　疹文1　rɯn

珍　知真 a3 開陟鄰　疹文1　ʔl'ɯn>t

趁#　徹真 c3 開丑刃　疹文1　lhɯns

趁　澄真 a3 開直珍　疹文1　l'ɯn 集韵义同说文

診　澄真 c3 開直刃　疹文1　l'ɯns

眕　章真 a3 開職鄰　疹文1　kljɯn>tj 由側鄰切校改

診　章真 b3 開章忍　疹文1　kljɯnʔ>tj

疹　章真 b3 開章忍　疹文1　kljɯnʔ>tj 胗籀文。金文无疒,人下非彡,为三点,象身出疹点或热病滴汗

眕　章真 b3 開章忍　疹文1　kljɯnʔ>tj

軫　章真 b3 開章忍　疹文1　kljɯnʔ>tj

胗　章真 b3 開章忍　疹文1　kljɯnʔ>tj

紾　章真 b3 開章忍　疹文1　kljɯnʔ>tj

袗　章真 b3 開章忍　疹文1　kljɯnʔ>tj

昣　章真 b3 開章忍　疹文1　kljɯnʔ>tj

駗　章真 b3 開章忍　疹文1　kljɯnʔ>tj

袗　章真 c3 開章刃　疹文1　kljɯns>tj

胗　見真 b3a 開居忍　疹文1　klɯnʔ

飻　透屑 d4 開他結　疹物1　rhɯɯd 说文餮字

餮　透屑 d4 開他結　疹物1　rhɯɯd 说文作飻

黱　定咍 c1 開徒耐　朕之　l'ɯɯs 说文黛字

朕　澄侵 b3 開直稔　朕侵1　l'ɯmʔ

𦩍#　澄侵 b3 開直稔　朕侵1　l'ɯmʔ

䑣　澄侵 b3 開直稔　朕侵1　l'ɯmʔ

栚　澄侵 b3 開直稔　朕侵1　l'ɯmʔ 方言从朕

眹　澄真 b3 開直引　朕文1　l'ɯnʔ 见周礼郑注,庄子通朕

騰　定登 a1 開徒登　朕蒸　l'ɯɯŋ

滕　定登 a1 開徒登　朕蒸　l'ɯɯŋ

縢　定登 a1 開徒登　朕蒸　l'ɯɯŋ

儯#　定登 a1 開徒登　朕蒸　l'ɯɯŋ

幐　定登 a1 開徒登　朕蒸　l'ɯɯŋ

螣　定登 a1 開徒登　朕蒸　l'ɯɯŋ

藤　定登 a1 開徒登　朕蒸　l'ɯɯŋ

謄　定登 a1 開徒登　朕蒸　l'ɯɯŋ

䲢　定登 a1 開徒登　朕蒸　l'ɯɯŋ 见山海经

膡#　定登 a1 開徒登　朕蒸　l'ɯɯŋ 原作滕而左作目,依校本,王韵、集韵不误

籐#　定登 a1 開徒登*　朕蒸　l'ɯɯŋ

幐　定登 c1 開徒亘　朕蒸　l'ɯɯŋs

勝　書蒸 a3 開識蒸　朕蒸　hljɯŋ

勝　書蒸 c3 開詩證　朕蒸　hljɯŋs

膡#　書蒸 c3 開詩證　朕蒸　hljɯŋs

蕂　書蒸 c3 開詩證　朕蒸　hljɯŋs

榺　書蒸 c3 開詩證　朕蒸　hljɯŋs

塍　船蒸 a3 開食陵　朕蒸　ɦljɯŋ

媵　船蒸 c3 開實證　朕蒸　ɦljɯŋs

賸　船蒸 c3 開實證　朕蒸　ɦljɯŋs

媵　以蒸 c3 開以證　朕蒸　lɯŋs

賸　以蒸 c3 開以證　朕蒸　lɯŋs

膡#　以蒸 c3 開以證　朕蒸　lɯŋs

螣　定德 d1 開徒得　朕職　l'ɯɯg

琤　初庚 a2 開楚庚　争陽　shraaŋ

峥　崇庚 a2 開助庚　争陽　zraaŋ

鬇#　崇庚 a2 開助庚　争陽　zraaŋ

争　莊耕 a2 開側莖　争耕　ʔsreeŋ

筝　莊耕 a2 開側莖　争耕　ʔsreeŋ

狰　莊耕 a2 開側莖　争耕　ʔsreeŋ 见山海经

埩　莊耕 a2 開側莖　争耕　ʔsreeŋ

諍　莊耕 c2 開側迸　争耕　ʔsreeŋs
淨♯ 初耕 a2 開楚耕　争耕　shreeŋ
錚　初耕 a2 開楚耕　争耕　shreeŋ
棦　初耕 a2 開楚耕　争耕　shreeŋ 见汉简
琤　初耕 a2 開楚耕　争耕　shreeŋ
崢　崇耕 a2 開士耕　争耕　zreeŋ 士由七校改
埩　崇耕 a2 開士耕　争耕　zreeŋ 士由七校改，说文作淨
鬇♯ 崇耕 a2 開士耕　争耕　zreeŋ 士由七校改
竫　從清 b3 開疾郢　争耕　zreŋʔ
睁♯ 從清 b3 開疾郢　争耕　zeŋʔ
狰♯ 從清 b3 開疾郢　争耕　zeŋʔ
浄　從清 c3 開疾政　争耕　zeŋs 见墨子，说文静声
徵　知之 b3 開陟里　徵之　tɯʔ
徵　知蒸 a3 開陟陵　徵蒸　tɯŋ
癥　知蒸 a3 開陟陵　徵蒸　tɯŋ 见史记
澂　澄蒸 a3 開直陵　徵蒸　dɯŋ
懲　澄蒸 a3 開直陵　徵蒸　dɯŋ
綻　澄山 c2 開丈莧　正元 2　rdeens 同袒，见礼记
淀♯ 定先 c4 開堂練　正元 2　deens
靛♯ 定先 c4 開堂練*　正元 2　deens
症+ 章蒸 c3 開諸應+ 正蒸　tjɯŋs 證晚起分化字
竀　徹庚 a2 開丑庚　正耕　rthaaŋ<eeŋ
竀　徹清 a3 開丑貞　正耕　theŋ
征　章清 a3 開諸盈　正耕　tjeŋ 正转注字
怔　章清 a3 開諸盈　正耕　tjeŋ 见潜夫论，方言作佂
正　章清 a3 開諸盈　正耕　tjeŋ 甲文从止丁声，征初文
鉦　章清 a3 開諸盈　正耕　tjeŋ
䳒　章清 a3 開諸盈　正耕　tjeŋ 原注引方言
眐　章清 a3 開諸盈　正耕　tjeŋ 见楚辞哀时命
佂　章清 a3 開諸盈　正耕　tjeŋ 见方言
整　章清 b3 開之郢　正耕　tjeŋʔ
政　章清 c3 開之盛　正耕　tjeŋs
正　章清 c3 開之盛　正耕　tjeŋs
証　章清 c3 開之盛　正耕　tjeŋs
䳒♯ 章清 c3 開之盛　正耕　tjeŋs
定　端青 c4 開丁定　正耕　teeŋs 见诗
顁　端青 c4 開丁定　正耕　teeŋs
錠　端青 c4 開丁定　正耕　teeŋs
錠+ 定青 b4 開徒鼎+ 正耕　deeŋʔ 宋来借作鋌字
掟♯ 定青 c4 開徒徑　正耕　deeŋs
錠　定青 c4 開徒徑　正耕　deeŋs
定　定青 c4 開徒徑　正耕　deeŋs 小徐正声
之　章之 a3 開止而　之之　tjɯ
芝　章之 a3 開止而　之之　tjɯ
志　章之 c3 開職吏　之之　tjɯs 说文之声
痣　章之 c3 開職吏　之之　tjɯs
娡　章之 c3 開職吏　之之　tjɯs
誌　章之 c3 開職吏　之之　tjɯs
蚩　昌之 a3 開赤之　之之　thjɯ
妛♯ 昌之 a3 開赤之　之之　thjɯ
嗤　昌之 a3 開赤之　之之　thjɯ
媸♯ 昌之 a3 開赤之　之之　thjɯ
峕　禪之 a3 開市之　之之　djɯ 時古文
泜　澄脂 b3 開直几　之脂 2　diʔ

支 章支 a3 開章移 支支 kje
枝 章支 a3 開章移 支支 kje 支字转注
肢 章支 a3 開章移 支支 kje
汥 章支 a3 開章移 支支 kje
衼♯ 章支 a3 開章移 支支 kje>tj 袛衼译 saṁghāti，同于僧伽
馶 章支 a3 開章移 支支 kje
鳷 章支 a3 開章移 支支 kje 见上林赋
忮 章支 c3 開支義 支支 kjes
伎 章支 c3 開支義 支支 kjes
豉 禪支 c3 開是義 支支 gjes
翅 書支 c3 開施智 支支 qhjes 说文作翄
翄 書支 c3 開施智 支支 qhjes 后作翅
翨♯ 書支 c3 開施智 支支 qhjes
妓 見支 a3b 開居宜 支支 kre
庋 見支 b3b 開居綺 支支 kreʔ 见礼记郑注
馶 見支 c3a 開居企 支支 kes
跂 溪支 b3a 開丘弭 支支 kheʔ 切语同跬，集韵改遣爾切
跂 溪支 c3a 開去智 支支 khes
蚑 溪支 c3a 開去智 支支 khes
吱♯ 溪支 c3a 開去智 支支 khes
岐 群支 a3a 開巨支 支支 ge
歧 群支 a3a 開巨支 支支 ge
馶 群支 a3a 開巨支 支支 ge
蚑 群支 a3a 開巨支 支支 ge
翄 群支 a3a 開巨支 支支 ge
汥 群支 a3a 開巨支 支支 ge
跂 群支 a3a 開巨支 支支 ge
伎 群支 a3a 開巨支 支支 ge
鬾 群支 a3b 開渠羈 支支 gre
技 群支 b3b 開渠綺 支支 greʔ
妓 群支 b3b 開渠綺 支支 greʔ
伎 群支 b3b 開渠綺 支支 greʔ
芰 群支 c3b 開奇寄 支支 gres 说文或作茤
鬾 群支 c3b 開奇寄 支支 gres
汥♯ 群支 c3b 開奇寄 支支 gres
庋 見支 b3b 合過委 支支 kʷreʔ 见礼记郑注
攱 見支 b3b 合過委 支支 kʷreʔ 庋分化字，见通俗文
庪 見支 b3b 合過委 支支 kʷreʔ
攱 見支 c3b 合詭僞 支支 kʷres 庋分化字
頍 溪支 b3a 合丘弭 支支 khʷeʔ 切语同开口企，集韵改犬縈切
屐 群陌 d3 開奇逆 支錫 <greg
卮 章支 a3 開章移 卮支 tje
梔 章支 a3 開章移 卮支 tje
隻 章昔 d3 開之石 隻錫 tjaag
識 章之 c3 開職吏 戠代 tjɯgs 戠转注字
幟 章之 c3 開職吏 戠代 tjɯgs
織 章之 c3 開職吏 戠代 tjɯgs
熾 昌之 c3 開昌志 戠代 thjɯgs
幟 昌之 c3 開昌志 戠代 thjɯgs
幟 書之 c3 開式吏 戠代 hljɯgs
樴 定德 d1 開徒得 戠職 dɯɯg
織 章職 d3 開之翼 戠職 tjɯg
職 章職 d3 開之翼 戠職 tjɯg
軄♯ 章職 d3 開之翼 戠職 tjɯg 同職
戠 章職 d3 開之翼 戠職 tjɯg<ʔljɯg 甲金文象以刻刀辛在戈上刻标记，为识初文，从张雪明说
膱 章職 d3 開之翼 戠職 tjɯg 左原

误目，依校正，集韵不误

蠘　章職 d3 開之翼　戠職　tjɯg 见方言

樴　章職 d3 開之翼　戠職　tjɯg

識　書職 d3 開賞職　戠職　hljɯg

臸　日質 d3 開人質　臸質2　njig 又如一合音

臸　章之 a3 開止而　臸之　tjɯ 与之同源

置　知之 c3 開陟吏　直代　tɯgs

值　澄之 c3 開直吏　直代　dɯgs

植　澄之 c3 開直吏　直代　dɯgs

埴　昌之 c3 開昌志　直代　thjɯgs

悳　端德 d1 開多則　直職　tɯɯg 德古文

德　端德 d1 開多則　直職　tɯɯg

稙　知職 d3 開竹力　直職　tɯg

淔　徹職 d3 開恥力　直職　thɯg

直　澄職 d3 開除力　直職　dɯg 金文象目测枉材以取直而会意

犆　澄職 d3 開除力　直職　dɯg

值　澄職 d3 開逐力　直職　dɯg

殖　禪職 d3 開常職　直職　djɯg

植　禪職 d3 開常職　直職　djɯg

埴　禪職 d3 開常職　直職　djɯg

騺　知脂 c3 開陟利　執位2　tibs

摯　章脂 c3 開脂利　執位2　tjibs

贄　章脂 c3 開脂利　執位2　tjibs

鷙　章脂 c3 開脂利　執位2　tjibs

墊　端添 c4 開都念　執侵2　tiims

慹　章葉 d3 開之涉　執盍2　tjeb

謺　章葉 d3 開之涉　執盍2　tjeb

褺　定帖 d4 開徒協　執緝2　diib

墊　定帖 d4 開徒協　執緝2　diib

慹　泥帖 d4 開奴協　執緝2　ndiib

蓻　精緝 d3 開子入　執緝2　stib

慹　從緝 d3 開秦入　執緝2　sdib

縶　知緝 d3 開陟立　執緝2　tib

褺　徹緝 d3 開丑入　執緝2　thib 见伤寒论

蟄　澄緝 d3 開直立　執緝2　dib

執　章緝 d3 開之入　執緝2　tjib 甲金文象梏人双手，幸象梏非声

慹　章緝 d3 開之入　執緝2　tjib

瓡　章緝 d3 開之入　執緝2　tjib 古地名，见汉书

馽　知緝 d3 開陟立　馽緝2　tib 下原讹二竖，说文、集韵一竖

夂2　知脂 b3 開豬几　夂脂1　tilʔ

祉　徹之 b3 開敕里　止之　thɯʔ<khl'

址　章之 b3 開諸市　止之　tjɯʔ<kj

止　章之 b3 開諸市　止之　tjɯʔ<kj 趾初文

趾　章之 b3 開諸市　止之　tjɯʔ<kj 趾转注字

芷　章之 b3 開諸市　止之　tjɯʔ<kj

沚　章之 b3 開諸市　止之　tjɯʔ<kj

阯　章之 b3 開諸市　止之　tjɯʔ<kj

齒　昌之 b3 開昌里　止之　thjɯʔ<khj

紕#　昌之 b3 開昌里　止之　khjɯʔ 集韵右作止

只　章支 a3 開章移　只支　klje

胑　章支 a3 開章移　只支　klje 同肢

疻　章支 a3 開章移　只支　klje

只　章支 b3 開諸氏　只支　kljeʔ

軹　章支 b3 開諸氏　只支　kljeʔ

咫　章支 b3 開諸氏　只支　kljeʔ

枳　章支 b3 開諸氏　只支　kljeʔ

抧 章支 b3 開諸氏 只支 kljeʔ

伿 章支 c3 開支義 只支 kljes

枳 見支 b3a 開居帋 只支 kleʔ

伿 以支 c3 開以豉 只支 les

疻 章脂 a3 開旨夷 只脂2 klji

齞 疑先 b4 開研峴 只元2 ŋleenʔ

稽 見齊 a4 開古奚 旨脂2 kii

稽 溪齊 b4 開康禮 旨脂2 khiiʔ

詣 疑齊 c4 開五計 旨脂2 ŋgiis

栺 疑齊 c4 開五計 旨脂2 ŋgiis 枍栺汉宫

榰 章支 a3 開章移 旨支 kje

脂 章脂 a3 開旨夷 旨脂2 kji

栺# 章脂 a3 開旨夷 旨脂2 kji

鴲 章脂 a3 開旨夷 旨脂2 kji

指 章脂 b3 開職雉 旨脂2 kjiʔ

旨 章脂 b3 開職雉 旨脂2 kjiʔ 甲文象匕在口表甘美,非匕声

恉 章脂 b3 開職雉 旨脂2 kjiʔ

鴲 章脂 c3 開脂利 旨脂2 kjis

嗜 禪脂 c3 開常利 旨脂2 gjis

蓍 書脂 a3 開式脂 旨脂2 qhji

鰭 群脂 a3b 開渠脂 旨脂2 gri

耆 群脂 a3b 開渠脂 旨脂2 gri

鮨 群脂 a3b 開渠脂 旨脂2 gri

鬐 群脂 a3b 開渠脂 旨脂2 gri

黹 知脂 b3 開豬几 黹脂2 tiʔ

致 知脂 c3 開陟利 至至2 tigs

輊 知脂 c3 開陟利 至至2 tigs

駤# 知脂 c3 開陟利 至至2 tigs

跮 徹脂 c3 開丑利 至至2 thigs 见史记

荎 澄脂 a3 開直尼 至脂2 di

緻 澄脂 c3 開直利 至至2 digs

至 章脂 c3 開脂利 至至2 tjigs

鵄# 昌脂 a3 開處脂 至脂2 thji 同鴟

胵 昌脂 a3 開處脂 至脂2 thji

痓 昌脂 c3 開充自 至至2 thjigs

咥 曉脂 c3b 開虛器* 至至2 hrigs 又广韵徒結切,注火至切

窒 端屑 d4 開丁結 至質2 tiig

蛭 端屑 d4 開丁結 至質2 tiig

咥# 端屑 d4 開丁結 至質2 tiig

垤 定屑 d4 開徒結 至質2 diig

耋 定屑 d4 開徒結 至質2 diig 见尔雅

姪 定屑 d4 開徒結 至質2 diig

絰 定屑 d4 開徒結 至質2 diig

咥 定屑 d4 開徒結 至質2 diig

荎 定屑 d4 開徒結 至質2 diig

恎# 定屑 d4 開徒結 至質2 diig

蛭 端質 d3 開丁悉 至質2 tig 集韵并入陟栗切

窒 知質 d3 開陟栗 至質2 tig

挃 知質 d3 開陟栗 至質2 tig

庢 知質 d3 開陟栗 至質2 tig

銍 知質 d3 開陟栗 至質2 tig

秷# 知質 d3 開陟栗 至質2 tig 说文作挃

螲 知質 d3 開陟栗 至質2 tig 见方言

咥 徹質 d3 開丑栗 至質2 thig

跮# 徹質 d3 開丑栗 至質2 thig

侄+ 澄質 d3 開直一+ 至質2 dig 姪今字

姪 澄質 d3 開直一 至質2 dig

桎 章質 d3 開之日 至質2 tjig

蛭 章質 d3 開之日 至質2 tjig

郅 章質 d3 開之日 至質2 tjig

晊 章質 d3 開之日 至質2 tjig

銍 章質 d3 開之日 至質2 tjig

侄　章質 d3 開之日　至質 2　tjig 已见金文

室　書質 d3 開式質　至質 2　hlig 甲文或作矢声，又或加横于其上，则一原为指示符号，非至字

豸　澄佳 b2 開宅買　豸支　rdeeʔ

豸　澄支 b3 開池爾　豸支　deʔ

制　章祭 c3 開征例　制祭 2　kjeds

淛# 章祭 c3 開征例　制祭 2　kjeds 说文作浙

製　章祭 c3 開征例　制祭 2　kjeds

掣　昌祭 c3 開尺制　制祭 2　khjeds

瘈　昌祭 c3 開尺制　制祭 2　khjeds 见山海经

猘　見祭 c3b 開居例　制祭 2　kreds 见吕氏春秋

掣　昌薛 d3 開昌列　制月 2　khjed

炙　章麻 c3 開之夜　炙暮　tjaags

炙　章昔 d3 開之石　炙鐸　tjaag

陟　知職 d3 開竹力　陟職　tɯg

騭　章質 d3 開之日　陟質 2　tjig 读若郅，与特同源

稚　澄脂 c3 開直利　稚脂 1　l'ils 说文作稺，此疑雉省声

嚏# 端齊 c4 開都計　疐質 2　tiigs 嚔俗字

疐　端齊 c4 開都計　疐至 2　tiigs

嚔　端齊 c4 開都計　疐至 2　tiigs

疐　知脂 c3 開陟利　疐至 2　tigs

懥　知脂 c3 開陟利　疐至 2　tigs

懥　章脂 c3 開脂利　疐至 2　tjigs

廌　澄佳 b2 開宅買　廌支　r'eeʔ

廌　澄支 b3 開池爾　廌支　r'eʔ

質　知脂 c3 開陟利　質至 1　tids

躓　知脂 c3 開陟利　質至 1　tids

懫　知脂 c3 開陟利　質至 1　tids

礩　章脂 c3 開脂利　質至 1　tjids 见淮南子

質　章質 d3 開之日　質質 1　tjid 金文本从折声

櫍# 章質 d3 開之日　質質 1　tjid 鑕分化字

劕# 章質 d3 開之日　質質 1　tjid 周礼作質

鑕　章質 d3 開之日　質質 1　tjid 见公羊传

懫　章質 d3 開之日　質質 1　tjid

礩　章質 d3 開之日　質質 1　tjid 见淮南子

中　知東 a3 合陟弓　中終　tuŋ

忠　知東 a3 合陟弓　中終　tuŋ

衷　知東 a3 合陟弓　中終　tuŋ

中　知東 c3 合陟仲　中終　tuŋs

衷　知東 c3 合陟仲　中終　tuŋs

忡　徹東 a3 合敕中　中終　thuŋ

浺# 徹東 a3 合敕中　中終　thuŋ

盅　徹東 a3 合敕中　中終　thuŋ 后作沖，虚也

种　澄東 a3 合直弓　中終　duŋ

沖　澄東 a3 合直弓　中終　duŋ

盅　澄東 a3 合直弓　中終　duŋ

翀# 澄東 a3 合直弓　中終　duŋ

仲　澄東 c3 合直衆　中終　duŋs

盅+ 章鍾 a3 合職容+ 中東　tjoŋ 鍾今字

撞　澄江 a2 開宅江　重東　rdooŋ

幢　澄江 a2 開宅江　重東　rdooŋ 见韩非子

橦　澄江 a2 開宅江　重東　rdooŋ 集韵文同说文

噇# 澄江 a2 開宅江　重東　rdooŋ

髗# 澄江 a2 開宅江 重東 rdooŋ
撞 澄江 c2 開直絳 重東 rdooŋs
艟# 澄江 c2 開直絳 重東 rdooŋs
憧# 澄江 c2 開直絳 重東 rdooŋs
幢 澄江 c2 開直絳 重東 rdooŋs 见方言
畽 透桓 b1 合吐緩 重元3 thoonʔ
畽 透魂 b1 合他衮 重文2 thuunʔ
董 端東 b1 合多動 重東 tooŋʔ
蕫 端東 b1 合多動 重東 tooŋʔ
箽# 端東 b1 合多動 重東 tooŋʔ
懂# 端東 b1 合多動 重東 tooŋʔ 右原从董，今字见韵会，覩動切
湩 端東 c1 合多貢 重東 tooŋs
曈 透東 a1 合他紅 重東 thooŋ
曈 透東 b1 合他孔 重東 thooŋʔ
童 定東 a1 合徒紅 重東 dooŋ 说文重省声
僮 定東 a1 合徒紅 重東 dooŋ
瞳 定東 a1 合徒紅 重東 dooŋ
罿 定東 a1 合徒紅 重東 dooŋ
橦 定東 a1 合徒紅 重東 dooŋ 见尔雅，通作童
潼 定東 a1 合徒紅 重東 dooŋ
曈 定東 a1 合徒紅 重東 dooŋ
橦# 定東 a1 合徒紅 重東 dooŋ
蕫 定東 a1 合徒紅 重東 dooŋ
穜 定東 a1 合徒紅 重東 dooŋ
動 定東 b1 合徒揔 重東 dooŋʔ
慟 定東 c1 合徒弄 重東 dooŋs
湩# 端冬 b1 合都鵃 重終 tuuŋʔ
埵# 知鍾 c3 合竹用 重東 toŋs
諥# 知鍾 c3 合竹用 重東 toŋs
湩 知鍾 c3 合竹用 重東 toŋs
蹱# 徹鍾 a3 合丑凶 重東 thoŋ 龍鍾字分化
蹱# 徹鍾 c3 合丑用 重東 thoŋs
重 澄鍾 a3 合直容 重東 doŋ
緟 澄鍾 a3 合直容 重東 doŋ
蝩# 澄鍾 a3 合直容 重東 doŋ
穜 澄鍾 a3 合直容 重東 doŋ
褈# 澄鍾 a3 合直容 重東 doŋ 通作重
重 澄鍾 b3 合直隴 重東 doŋʔ 東转注字，金文从禾東从土，为種(植)初文
重 澄鍾 c3 合柱用 重東 doŋs
緟 澄鍾 c3 合柱用 重東 doŋs 通作重
鐘 章鍾 a3 合職容 重東 tjoŋ
鍾 章鍾 a3 合職容 重東 tjoŋ
鐘 章鍾 a3 合職容 重東 tjoŋ
蹱 章鍾 a3 合職容 重東 tjoŋ 龍鍾字分化
橦# 章鍾 a3 合職容 重東 tjoŋ
籦 章鍾 a3 合職容 重東 tjoŋ 见汉赋
種 章鍾 b3 合之隴 重東 tjoŋʔ
腫 章鍾 b3 合之隴 重東 tjoŋʔ
踵 章鍾 b3 合之隴 重東 tjoŋʔ
歱 章鍾 b3 合之隴 重東 tjoŋʔ
喠# 章鍾 b3 合之隴 重東 tjoŋʔ
種 章鍾 c3 合之用 重東 tjoŋs 重转注字
偅# 章鍾 c3 合之用 重東 tjoŋs 龍鍾分化字
衝 昌鍾 a3 合尺容 重東 thjoŋ 说文作衝，通作此
罿 昌鍾 a3 合尺容 重東 thjoŋ
憧 昌鍾 a3 合尺容 重東 thjoŋ
艟# 昌鍾 a3 合尺容 重東 thjoŋ 释名作衝
潼# 昌鍾 a3 合尺容 重東 thjoŋ 通

作衝

褈# 昌鍾 a3 合尺容　重東　thjoŋ

喠# 昌鍾 b3 合充隴　重東　thjoŋʔ

揰# 昌鍾 c3 合昌用*　重東　thjoŋs

尰 禪鍾 b3 合時冗　重東　djoŋʔ 见诗

潨 從東 a1 合徂紅　衆東　zlooŋ

潨 從冬 a1 合藏宗　衆終　zluuŋ

衆 章東 a3 合職戎　衆終　tjuŋ

潨 章東 a3 合職戎　衆終　tjuŋ

衆 章東 c3 合之仲　衆終　tjuŋs 甲文象日下三人，金文或改日下，表众人在监督下劳作

洲 章尤 a3 開職流　州幽1　tju 州字转注

州 章尤 a3 開職流　州幽1　tju

㴇 章尤 a3 開職流　州幽1　tju

酬 禪尤 a3 開市流　州幽1　dju

詶 禪尤 a3 開市流　州幽1　dju 通作酬

詶 禪尤 c3 開承呪　州幽1　djus

㴇 章屋 d3 合之六　州覺1　tjug

鵃 知肴 a2 開陟交　舟幽2　rtɯɯw

鵃 章宵 a3 開止遥　舟幽3　tjiw

輈 知尤 a3 開張流　舟幽2　tɯw

侜 知尤 a3 開張流　舟幽2　tɯw

𦨣# 知尤 a3 開張流　舟幽2　tɯw

舟 章尤 a3 開職流　舟幽2　tjɯw

裯 端豪 a1 開都牢　周幽2　tuuw

啁# 端豪 a1 開都勞*　周幽2　tuuw 嘐啁，今作嘮叨

裯 端豪 b1 開都晧　周幽1　tuuwʔ

綢 透豪 a1 開土刀　周幽2　thuuw 通作韜

翢 透豪 a1 開土刀　周幽2　thuuw

錭 定豪 a1 開徒刀　周幽2　duuw

翢 定豪 a1 開徒刀　周幽2　duuw

啁 知肴 a2 開陟交　周幽2　rtɯɯw

雕 端蕭 a4 開都聊　周幽2　tɯɯw

凋 端蕭 a4 開都聊　周幽2　tɯɯw

琱 端蕭 a4 開都聊　周幽2　tɯɯw

鯛 端蕭 a4 開都聊　周幽2　tɯɯw

鵰 端蕭 a4 開都聊　周幽2　tɯɯw 籀文雕

彫 端蕭 a4 開都聊　周幽2　tɯɯw

奝# 端蕭 a4 開都聊　周幽2　tɯɯw

調 定蕭 a4 開徒聊　周幽2　dɯɯw

蜩 定蕭 a4 開徒聊　周幽2　dɯɯw

調 定蕭 c4 開徒弔　周幽2　dɯɯws

啁 知尤 a3 開張流　周幽2　tɯw

調 知尤 a3 開張流　周幽2　tɯw

惆 徹尤 a3 開丑鳩　周幽2　thɯw

婤 徹尤 a3 開丑鳩　周幽2　thɯw

綢 澄尤 a3 開直由　周幽2　dɯw

稠 澄尤 a3 開直由　周幽2　dɯw

裯 澄尤 a3 開直由　周幽2　dɯw

椆 澄尤 a3 開直由　周幽2　dɯw

周 章尤 a3 開職流　周幽2　tjɯw 甲金文象田间稼密，为稠初文

輖 章尤 a3 開職流　周幽2　tjɯw

賙 章尤 a3 開職流　周幽2　tjɯw

郮# 章尤 a3 開職流　周幽2　tjɯw

婤 章尤 a3 開職流　周幽2　tjɯw

晭# 章尤 b3 開之九　周幽2　tjɯwʔ 集韵与睭同

椆 章尤 c3 開職救　周幽2　tjɯws

裯 澄虞 a3 合直誅　周侯　do

倜 透錫 d4 開他歷　周覺2　thɯɯwG

粥 章屋 d3 合之六　粥覺1　kljug/ʔljug 潮州 kiok

鬻 以屋 d3 合余六　粥覺1　lug

粥 以屋 d3 合余六 粥覺1 lug同鬻
盩 知尤 a3 開張流 盩幽1 tu
肘 知尤 b3 開陟柳 肘幽1 tuʔ<t-kuʔ/kl'uʔ甲金文象手臂下加指示符，后再加形旁转注
疛 知尤 b3 開陟柳 肘幽1 tuʔ
紂 澄尤 b3 開除柳 肘幽1 duʔ
葤# 澄尤 b3 開除柳 肘幽1 duʔ
疛 澄尤 c3 開直祐 肘幽1 dus
酎 澄尤 c3 開直祐 肘幽1 l'us
婦 奉尤 b3 開房久 帚之1 bɯʔ
帚 章尤 b3 開之九 帚幽1 pjuʔ
箒 章尤 b3 開之九 帚幽1 pjuʔ俗帚字，见汉书
鯞 章尤 b3 開之九 帚幽1 pjuʔ见尔雅
晝 知尤 c3 開陟救 晝幽1 tus
咮 知尤 a3 開張流 朱幽1 tu又都豆切同噣 toos
咮 知尤 c3 開陟救 朱幽1 tus
株 知虞 a3 合陟輸 朱侯 to朱转注字
誅 知虞 a3 合陟輸 朱侯 to
邾 知虞 a3 合陟輸 朱侯 to
鼄 知虞 a3 合陟輸 朱侯 to
跦 知虞 a3 合陟輸 朱侯 to
袾 知虞 a3 合陟輸 朱侯 to
鴸 知虞 a3 合陟輸 朱侯 to
蛛 知虞 a3 合陟輸 朱侯 to说文同鼄
殊 知虞 a3 合陟輸 朱侯 to原作列，周校为殊，与其或体殶合
咮 知虞 c3 合中句 朱侯 tos
趎 澄虞 a3 合直誅 朱侯 do
珠 章虞 a3 合章俱 朱侯 tjo
朱 章虞 a3 合章俱 朱侯 tjo甲金文木中加划表树干(本戴侗说)，株初文
侏 章虞 a3 合章俱 朱侯 tjo
絑 章虞 a3 合章俱 朱侯 tjo
袾 章虞 a3 合章俱 朱侯 tjo原误从禾旁，依校改
咮 章虞 a3 合章俱 朱侯 tjo
鴸 章虞 a3 合章俱 朱侯 tjo
鮢# 章虞 a3 合章俱 朱侯 tjo
硃# 章虞 a3 合章俱 朱侯 tjo朱分化字
袾 章虞 c3 合之戍 朱侯 tjos
姝 昌虞 a3 合昌朱 朱侯 thjo
袾 昌虞 a3 合昌朱 朱侯 thjo
殊 禪虞 a3 合市朱 朱侯 djo
銖 禪虞 a3 合市朱 朱侯 djo
茱 禪虞 a3 合市朱 朱侯 djo
洙 禪虞 a3 合市朱 朱侯 djo
陎# 禪虞 a3 合市朱 朱侯 djo
竺 端屋 d1 合丁木 竹屋 <tuug
竺 端沃 d1 合冬毒 竹覺1 tuug后作篤
篤 端沃 d1 合冬毒 竹覺1 tuug
竹 知屋 d3 合張六 竹覺1 tug
竺 知屋 d3 合張六 竹覺1 tug天竺译 hinduka
筑 知屋 d3 合張六 竹覺1 tug
築 知屋 d3 合張六 竹覺1 tug说文筑声
茿 知屋 d3 合張六 竹覺1 tug说文筑省声，尔雅作蓄
筑 澄屋 d3 合直六 竹覺1 dug汉县
篴 定錫 d4 開徒歷 逐覺2 l'ɯɯwG同笛，见周礼
蓫 徹屋 d3 合丑六 逐覺2 lhɯwG
逐 澄屋 d3 合直六 逐覺2 l'ɯwG
鱁 澄屋 d3 合直六 逐覺2 l'ɯwG

见尔雅
蓫　澄屋 d3 合直六　逐覺 2　l'ɯwɢ
篴# 澄屋 d3 合直六　逐覺 2　l'ɯwɢ
蓫　曉屋 d3 合許竹　逐幽 2　hlɯwɢ 同说文堇，见诗
丶　知虞 b3 合知庾　丶侯　toʔ
鲑# 透侯 b1 開天口　主侯　thooʔ
妵　透侯 b1 開天口　主侯　thooʔ
黈　透侯 b1 開天口　主侯　thooʔ
蘣# 透侯 b1 開天口　主侯　thooʔ
罜　定屋 d1 合徒谷　主屋　doog
拄　知虞 b3 合知庾　主侯　toʔ
柱　知虞 b3 合知庾　主侯　toʔ
駐　知虞 c3 合中句　主侯　tos
註　知虞 c3 合中句　主侯　tos
鉒　知虞 c3 合中句　主侯　tos 见淮南子
䟿# 知虞 c3 合中句　主侯　tos 駐分化字
住　知虞 c3 合中句　主侯　tos
柱　澄虞 b3 合直主　主侯　doʔ
跓　澄虞 b3 合直主　主侯　doʔ 见九思
䇡# 澄虞 b3 合直主　主侯　doʔ 柱分化字
住　澄虞 c3 合持遇　主侯　dos
主　章虞 b3 合之庾　主侯　tjoʔ
麈　章虞 b3 合之庾　主侯　tjoʔ
宔　章虞 b3 合之庾　主侯　tjoʔ
炷　章虞 b3 合之庾　主侯　tjoʔ 主字转注
注　章虞 c3 合之戍　主侯　tjos
疰# 章虞 c3 合之戍　主侯　tjos 注分化字
罜　章虞 c3 合之戍　主侯　tjos
註　章虞 c3 合之戍　主侯　tjos
炷　章虞 c3 合之戍　主侯　tjos
蛀# 章虞 c3 合之戍　主侯　tjos
霔# 章虞 c3 合之戍　主侯　tjos 通作澍
貯　知魚 b3 合丁吕　宁魚　taʔ 宁转注字
詝# 知魚 b3 合丁吕　宁魚　taʔ
柠　徹魚 b3 合丑吕　宁魚　thaʔ 说文同楮
宁　澄魚 a3 合直魚　宁魚　da
伫　澄魚 b3 合直吕　宁魚　daʔ
泞　澄魚 b3 合直吕　宁魚　daʔ 同伫
苎　澄魚 b3 合直吕　宁魚　daʔ 同苧，又为紵后起字
紵　澄魚 b3 合直吕　宁魚　daʔ
羜　澄魚 b3 合直吕　宁魚　daʔ
宁　澄魚 b3 合直吕　宁魚　daʔ
眝　澄魚 b3 合直吕　宁魚　daʔ
壴　知虞 c3 合中句　壴侯　tos
廚　澄虞 a3 合直誅　壴侯　do 后又转注为櫥
躕　澄虞 a3 合直誅　壴侯　do
櫥# 澄虞 a3 合直誅　壴侯　do 廚分化字
幮# 澄虞 a3 合直誅　壴侯　do
樹　禪虞 b3 合臣庾　壴侯　djoʔ
澍　章虞 c3 合之戍　壴侯　tjos
尌　禪虞 c3 合常句　壴侯　djos
樹　禪虞 c3 合常句　壴侯　djos
澍　禪虞 c3 合常句　壴侯　djos
祝　章尤 c3 開職救　祝奥 1　tjugs 见诗，说文作詶，后作呪
呪　章尤 c3 開職救　祝幽 1　tjugs 祝分化字，见易林
咒# 章尤 c3 開職救*　祝幽 1　tjugs 同呪
祝　章屋 d3 合之六　祝覺 1　tjug
柷　章屋 d3 合之六　祝覺 1　tjug

祝 昌屋 d3 合昌六 祝覺1 thjug
彛 章虞 c3 合之戍 彛侯 tjogs
抓 莊肴 a2 開側交 爪幽1 ʔsruu 见枚乘书,北音后混撾
爪 莊肴 b2 開側絞 爪幽1 ʔsruuʔ
笊# 莊肴 b2 開側絞 爪幽1 ʔsruuʔ
抓 莊肴 b2 開側絞 爪幽1 ʔsruuʔ 见枚乘书,爪字转注
找+ 莊肴 b2 開側絞+ 爪幽1 ʔsruuʔ 抓分化字
抓# 莊肴 c2 開側教 爪幽1 ʔsruus
笊# 莊肴 c2 開側教 爪幽1 ʔsruus
鏄 端桓 a1 合多官 專元3 toon
團 定桓 a1 合度官 專元3 doon
摶 定桓 a1 合度官 專元3 doon
篿 定桓 a1 合度官 專元3 doon
慱 定桓 a1 合度官 專元3 doon
剸 定桓 a1 合度官 專元3 doon
鄟 定桓 a1 合度官 專元3 doon
漙 定桓 a1 合度官 專元3 doon 见诗
鷒 定桓 a1 合度官 專元3 doon
轉 知仙 b3 合陟兖 專元3 tonʔ
轉 知仙 c3 合知戀 專元3 tons
傳 知仙 c3 合知戀 專元3 tons
囀 知仙 c3 合知戀 專元3 tons 见繁钦笺賤
傳 澄仙 a3 合直攣 專元3 don
摶 澄仙 b3 合持兖 專元3 donʔ
縛 澄仙 b3 合持兖 專元3 donʔ 同摶,原从叀,又注此或体
傳 澄仙 c3 合直戀 專元3 dons
縛 澄仙 c3 合柱戀 專元3 dons 原从叀,此见周礼、左传,集韵同摶
專 章仙 a3 合職緣 專元3 tjon
磚+ 章仙 a3 合職緣+ 專元3 tjon 塼后起或体
甎# 章仙 a3 合職緣 專元3 tjon 古作塼
塼 章仙 a3 合朱遄* 專元3 tjon 同甎,见汉帛书相马经
篿 章仙 a3 合職緣 專元3 tjon
嫥 章仙 a3 合職緣 專元3 tjon
膞 章仙 a3 合職緣 專元3 tjon
鱄 章仙 a3 合職緣 專元3 tjon
鷒 章仙 a3 合職緣 專元3 tjon
鄟 章仙 a3 合職緣 專元3 tjon
剸 章仙 b3 合旨兖 專元3 tjonʔ
鱄 章仙 b3 合旨兖 專元3 tjonʔ
竱 章仙 b3 合旨兖 專元3 tjonʔ
膞 章仙 b3 合旨兖 專元3 tjonʔ
剸 章仙 c3 合之囀 專元3 tjons
膞 禪仙 b3 合市兖 專元3 djonʔ
鄟 禪仙 b3 合市兖 專元3 djonʔ
蓴 禪諄 a3 合常倫 專文2 djun
孨 莊仙 c3 合莊眷 孨元2 skʷrens
孱 崇仙 a3 開士連 孨元2 sgren
孨 章仙 b3 合旨兖 孨元2 kʷjenʔ
蜼 以尤 c3 開余救 隹幽1 lus 训读为狖
堆 端灰 a1 合都回 隹微2 tuul 见史记
嵟 端灰 a1 合都回 隹微2 tuul
碓 端灰 c1 合都隊 隹微2 tuuls
推 透灰 a1 合他回 隹微2 thuul
蓷 透灰 a1 合他回 隹微2 thuul
隓 定灰 b1 合徒猥 隹微2 duulʔ
魋 定灰 a1 合杜回 隹微2 duul
摧 精灰 b1 合子罪 隹微2 stuulʔ 见扬雄赋
崔 清灰 a1 合倉回 隹微2 shluul

蜼　來脂 b3 合力軌　隹微2　rulʔ

雅♯　來脂 b3 合力軌　隹微2　rulʔ 同蜼

椎　澄脂 a3 合直追　隹微2　dul

顀　澄脂 a3 合直追　隹微2　dul

隹　章脂 a3 合職追　隹微2　tjul

錐　章脂 a3 合職追　隹微2　tjul

萑　章脂 a3 合職追　隹微2　tjul

騅　章脂 a3 合職追　隹微2　tjul

鵻2　章脂 a3 合職追　隹微2　tjul

蓷　昌脂 a3 合尺隹　隹微2　thjul

推　昌脂 a3 合尺隹　隹微2　thjul 由叉隹切校正

誰　禪脂 a3 合視隹　隹微2　djul

脽　禪脂 a3 合視隹　隹微2　djul

蜼　以脂 c3 合以醉　隹微2　luls 说文音惟季切

碓♯　端灰 a1 合都回　追微2　tuul

埻♯　端灰 a1 合都回　追微2　tuul 同碓，魏志通堆

頧　端灰 a1 合都回　追微2　tuul 礼记作追

鴭♯　端灰 a1 合都回　追微2　tuul

鎚♯　端灰 a1 合都回　追微2　tuul

搥　端灰 a1 合都回　追微2　tuul 见法言

頧♯　端灰 b1 合都罪　追微2　tuulʔ

焞♯　透灰 a1 合他回　追微2　thuul

縋　澄支 c3 合馳僞　追歌3　dols

膇　澄支 c3 合馳僞　追歌3　dols

槌　澄支 c3 合馳僞　追歌3　dols

追　知脂 a3 合陟隹　追微2　tul 甲金文以師旅奔走追击会意，本非形声字

槌　澄脂 a3 合直追　追微2　dul 见论衡，说文作椎

鎚♯　澄脂 a3 合直追　追微2　dul 广雅做錘

棰♯　澄脂 a3 合直追　追微2　dul 俗槌字

鎚♯　澄脂 c3 合直類　追微2　duls

巋　溪脂 a3b 合丘追　追微2　khrul

蘬　溪脂 a3b 合丘追　追微2　khrul

巋　溪脂 b3b 合丘軌　追微2　khrulʔ

蘬　溪脂 b3b 合丘軌　追微2　khrulʔ

歸　見微 a3 合舉韋　追微2　klul/k-tul

蘬　溪微 a3 合丘韋　追微2　khlul

卂2♯　知祭 c3 合陟衛　卂2 祭3　tods

悼　定豪 c1 開徒到　卓豹1　daawɢs

淖　泥肴 c2 開奴教　卓豹1　rnaawɢs

罩　知肴 c2 開都教　卓豹1　rtaawɢs

鵫　知肴 c2 開都教　卓豹2　rteewɢs 见尔雅

趠♯　徹肴 c2 開丑教　卓豹1　rthaawɢs

踔　徹肴 c2 開丑教　卓豹1　rthaawɢs 卓转注字

棹　澄肴 c2 開直教　卓豹2　rdeewɢs 见曹操令，九歌作櫂

鋽♯　透蕭 c4 開他弔　卓豹2　theewɢs

掉　定蕭 b4 開徒了　卓宵2　deewʔ

掉　定蕭 c4 開徒弔　卓豹2　deewɢs 见左传

逴　徹藥 d3 開丑略　卓藥1　thawɢ 卓转注字

焯　章藥 d3 開之若　卓藥2　tjewɢ

綽　昌藥 d3 開昌約　卓藥2　thjewɢ

婥　昌藥 d3 開昌約　卓藥2　thjewɢ 庄子作綽

繛　昌藥 d3 開昌約　卓藥2　thjewɢ 綽古文

掉　泥覺 d2 開女角　卓藥2　rneewɢ

卓 知覺 d2 開竹角 卓藥1 rtaawG
甲文象猿腾跃出畢，高飞远遁，后转注为踔、逴、趠

桌 知覺 d2 開竹角 卓藥1 rtaawG
卓古文，又今义亦卓晚起分化字

倬 知覺 d2 開竹角 卓藥1 rtaawG

啅# 知覺 d2 開竹角 卓藥2 rteewG

晫# 知覺 d2 開竹角 卓藥2 rteewG

踔 徹覺 d2 開敕角 卓藥1 rthaawG
卓转注字

趠 徹覺 d2 開敕角 卓藥1 rthaawG
卓转注字

逴 徹覺 d2 開敕角 卓藥1 rthaawG
卓转注字

暭# 徹覺 d2 開敕角 卓藥2 rtheewG

鵫 澄覺 d2 開直角 卓藥2 rdeewG
见尔雅

蝃 端齊 c4 開都計 叕隊1 tuɯds

欼# 初之 b3 開初紀 叕之 shrɯʔ集韵右从巳为正体，应为巳声从啜省之字，本非叕声

綴 知祭 c3 合陟衛 叕祭3 tods

醊 知祭 c3 合陟衛 叕祭3 tods

畷 知祭 c3 合陟衛 叕祭3 tods

啜 知祭 c3 合陟衛 叕祭3 tods

餟 知祭 c3 合陟衛 叕祭3 tods

腏 知祭 c3 合陟衛 叕祭3 tods

錣 知祭 c3 合陟衛 叕祭3 tods 见淮南子

輟 知祭 c3 合陟衛 叕祭3 tods

啜 禪祭 c3 合嘗芮 叕祭3 djods

娺 知脂 a3 合陟隹 叕微3 tul

窡 知黠 d2 合丁滑 叕月2 <rtood

娺 知黠 d2 合丁滑 叕月2 <rtood

鵽 知黠 d2 合丁滑 叕月2 <rtood

鵽 知鎋 d2 合丁刮 叕月3 rtood

窡 知鎋 d2 合丁刮 叕月3 rtood

錣 知鎋 d2 合丁刮 叕月3 rtood 见韩非子

掇 端末 d1 合丁括 叕月3 tood

剟 端末 d1 合丁括 叕月3 tood

鵽 端末 d1 合丁括 叕月3 tood

腏 端末 d1 合丁括 叕月3 tood

裰# 端末 d1 合丁括 叕月3 tood

敠# 端末 d1 合丁括 叕月3 tood

敠# 清薛 d3 合七絕 叕月3 shlod

輟 知薛 d3 合陟劣 叕月3 tod

畷 知薛 d3 合陟劣 叕月3 tod

惙 知薛 d3 合陟劣 叕月3 tod

餟 知薛 d3 合陟劣 叕月3 tod

罬 知薛 d3 合陟劣 叕月3 tod

剟 知薛 d3 合陟劣 叕月3 tod

醊 知薛 d3 合陟劣 叕月3 tod

啜# 知薛 d3 合陟劣 叕月3 tod

綴 知薛 d3 合陟劣 叕月3 tod 叕转注字

掇 知薛 d3 合陟劣 叕月3 tod

腏 知薛 d3 合陟劣 叕月3 tod

叕 知薛 d3 合陟劣 叕月3 tod 綴初文

蝃 章薛 d3 合職悅 叕月3 tjod

啜 昌薛 d3 合昌悅 叕月3 thjod

歠 昌薛 d3 合昌悅 叕月3 thjod

啜 禪薛 d3 合殊雪 叕月3 djod 殊由姝校正

罬 見薛 d3b 合紀劣 叕月3 krod<k-tod

逫# 知術 d3 合竹律 叕物2 tud

斲 知覺 d2 開竹角 斲屋 rtoog

輜# 莊之 a3 開側持 甾之 ʔsrɯ

淄 莊之 a3 開側持 甾之 ʔsrɯ

錙 莊之 a3 開側持 甾之 ʔsrɯ

緇 莊之 a3 開側持 甾之 ʔsrɯ

甾 莊之 a3 開側持 甾之 ʔsrɯ 同菑

菑 莊之 a3 開側持 甾之 ʔsrɯ

鶅 莊之 a3 開側持 甾之 ʔsrɯ

椔 莊之 a3 開側持 甾之 ʔsrɯ

鯔# 莊之 a3 開側持 甾之 ʔsrɯ

椔 莊之 c3 開側吏 甾之 ʔsrɯs

鶅 莊之 c3 開側吏 甾之 ʔsrɯs

輜 初之 a3 開楚持 甾之 shrɯ

菑 精咍 a1 開祖才 甾之 ʔsɯɯ 同巛,注中或体

菑 精咍 a1 開將來* 甾之 ʔsɯɯ 同栽、灾

糍+ 從脂 a3 開疾資+ 兹脂2 zi 餈晚起字

茲 精之 a3 開子之 兹之 ʔsɯ

滋 精之 a3 開子之 兹之 ʔsɯ

孳 精之 a3 開子之 兹之 ʔsɯ/ʔslɯ

嵫 精之 a3 開子之 兹之 ʔsɯ

嗞 精之 a3 開子之 兹之 ʔsɯ

鎡 精之 a3 開子之 兹之 ʔsɯ

鰦 精之 a3 開子之 兹之 ʔsɯ

鶿 精之 a3 開子之 兹之 ʔsɯ 说文作鷀

稵# 精之 a3 開子之 兹之 ʔsɯ

螆# 清之 c3 開七吏 兹之 shɯs 同截

慈 從之 a3 開疾之 兹之 zɯ/zlɯ

鷀 從之 a3 開疾之 兹之 zɯ 鶿注异体

鶿 從之 a3 開疾之 兹之 zɯ 说文作鷀

茲 從之 a3 開疾之 兹之 zɯ

磁 從之 a3 開牆之* 兹之 zɯ 同礠,见山海经

礠# 從之 a3 開疾之 兹之 zlɯ

濨# 從之 a3 開疾之 兹之 zlɯ

孳 從之 c3 開疾置 兹之 zɯs

稵# 精幽 a3 開子幽 兹幽2 ʔsɯw

孜 精之 a3 開子之 子之 ʔslɯ

仔 精之 a3 開子之 子之 ʔslɯ

孖# 精之 a3 開子之 子之 ʔslɯ

子 精之 b3 開即里 子之 ʔslɯʔ/ʔljɯʔ>

仔 精之 b3 開即里 子之 ʔslɯʔ

虸# 精之 b3 開即里 子之 ʔslɯʔ

耔 精之 b3 開即里 子之 ʔslɯʔ

秄 精之 b3 開即里 子之 ʔslɯʔ

杍 精之 b3 開即里 子之 ʔslɯʔ 书梓材释文异文

籽+ 精之 b3 開即里+ 子之 ʔslɯʔ 子晚起分化字

字 從之 c3 開疾置 子之 zlɯs/ɦljɯs>子分化字

荢 從之 c3 開疾置 子之 zlɯs

芓 從之 c3 開疾置 子之 zlɯs 同荢

孖# 從之 c3 開疾置 子之 zlɯs

牸 從之 c3 開疾置 子之 zlɯs

李 來之 b3 開良士 子之 rɯʔ

姊 精脂 b3 開將几 秭脂2 ʔsiʔ

秭 精脂 b3 開將几 秭脂2 ʔsiʔ 依曶鼎金文右上为中朿,下粗笔象封堆,即表禾积义,转注加禾为秭

趀 清脂 a3 開取私 秭脂2 shi 读若資

笫 莊脂 b3 開側几 秭脂2 ʔsriʔ 阻史切,注又切

笫 莊之 b3 開阻史 秭之 ʔsrɯʔ

胏 莊之 b3 開阻史 秭之 ʔsrɯʔ

柹 崇之 b3 開鉏里 秭之 zrɯʔ

柿 崇之 b3 開士史* 秭之 zrɯʔ 见

礼记,柹字注俗作柿(手册直代柹列)
眉 晓皆 c2 開许介 自至1 qhriids
又同肩
郎 匣齊 a4 開胡雞 自脂1 gliil
詯 曉灰 c1 合荒内 自微1 qh^w lɯɯls
读若睞
詯 匣灰 c1 合胡對 自微1 g^w lɯɯls
自 從脂 c3 開疾二 自至1 ɦljids>z-
洎 見脂 c3b 開几利 自至1 krids
洎 群脂 c3b 開其冀 自至1 grids
其由具依北宋本等校改
臮 群脂 c3b 開其冀 自至1 grids
其由具校改
垍 群脂 c3b 開其冀 自至1 grids
其由具校改
淙 崇江 a2 開士江 宗終 zruuŋ
鬃# 崇江 a2 開士江 宗終 zruuŋ
漴# 崇江 c2 開士絳 宗終 zruuŋs
淙 生江 c2 開色絳 宗終 sruuŋs
鬉+ 精東 a1 合子紅+ 宗東 ʔsooŋ 騣后起别体,广韵、集韵只作騣
粽# 精東 c1 合作弄 宗東 ʔsooŋs 俗糉字
宗 精冬 a1 合作冬 宗終 ʔsuuŋ
倧# 精冬 a1 合作冬 宗終 ʔsuuŋ
綜 精冬 c1 合子宋 宗終 ʔsuuŋs
錝 精冬 c1 合子宋 宗終 ʔsuuŋs
賨 從冬 a1 合藏宗 宗終 zuuŋ
琮 從冬 a1 合藏宗 宗終 zuuŋ
悰 從冬 a1 合藏宗 宗終 zuuŋ
淙 從冬 a1 合藏宗 宗終 zuuŋ
鬃# 從冬 a1 合藏宗 宗終 zuuŋ
誴# 從冬 a1 合藏宗 宗終 zuuŋ
誴# 從冬 a1 合藏宗 宗終 zuuŋ
崇 崇東 a3 合鋤弓 宗終 zruŋ
宻 崇東 a3 合鋤弓 宗終 zruŋ
踪+ 精鍾 a3 合即容+ 宗東 ʔsoŋ 蹤后起字
走 精侯 b1 開子苟 走侯 ʔsooʔ
走 精侯 c1 開則候 走侯 ʔsoos
奏 精侯 c1 開則候 奏侯 ʔsoos
凑+ 清侯 c1 開倉奏+ 奏侯 shoos 湊今字
腠 清侯 c1 開倉奏 奏侯 shoos
輳 清侯 c1 開倉奏 奏侯 shoos
楱 清侯 c1 開倉奏 奏侯 shoos 见上林赋
湊 清侯 c1 開倉奏 奏侯 shoos
楱# 從侯 c1 開才奏 奏侯 zoos
足 精虞 c3 合子句 足竇 ʔsogs 见论语
莡# 清鐸 d1 開倉各 足藥1 shaawɢ
捉 莊覺 d2 開側角 足屋 ʔsroog
齪 初覺 d2 開測角 足屋 shroog
注:开孔具。集韵以此为正,注齷齪迫也,见张衡赋
娖 初覺 d2 開測角 足屋 zroog
浞 崇覺 d2 開士角 足屋 zroog
鋜# 崇覺 d2 開士角 足屋 zroog
后作鐲
趗 清屋 d1 合千木 足屋 shoog 见张衡赋
珿 初屋 d3 合初六 足覺1 shrug
齪 初屋 d3 合初六 足覺1 shrug 原作蹜,见汉书,此见史记
足 精燭 d3 合即玉 足屋 ʔsog
哫 精燭 d3 合即玉 足屋 ʔsog 见楚辞卜居
促 清燭 d3 合七玉 足屋 shog
趗# 清燭 d3 合七玉 足屋 shog 促分化字

晬　精灰 c1 合子對　卒隊 2　?suuds 见灵枢
裈　精灰 c1 合子對　卒隊 2　?suuds
綷　精灰 c1 合子對　卒隊 2　?suuds
淬　清灰 c1 合七内　卒隊 2　shuuds 七由士校改
啐　清灰 c1 合七内　卒隊 2　shuuds 七由士校改
倅　清灰 c1 合七内　卒隊 2　shuuds 七由士校改
焠　清灰 c1 合七内　卒隊 2　shuuds 七由士校改
碎　心灰 c1 合蘇内　卒隊 2　suuds
誶　心灰 c1 合蘇内　卒隊 2　suuds
啐　心灰 c1 合蘇内　卒隊 2　suuds
啐　初夬 c2 合倉夬　卒祭 3　shroods
濢　精脂 b3 合遵誄　卒微 2　?sul?
噿#　精脂 b3 合遵誄　卒微 2　?sul?
臎#　精脂 b3 合遵誄　卒微 2　?sul?
醉　精脂 c3 合將遂　卒隊 2　?suds
翠　清脂 c3 合七醉　卒隊 2　shuds
濢　清脂 c3 合七醉　卒隊 2　shuds
臎#　清脂 c3 合七醉　卒隊 2　shuds
悴　從脂 c3 合秦醉　卒隊 2　zuds
萃　從脂 c3 合秦醉　卒隊 2　zuds
瘁　從脂 c3 合秦醉　卒隊 2　zuds
顇　從脂 c3 合秦醉　卒隊 2　zuds
粹　心脂 c3 合雖遂　卒隊 2　suds
誶　心脂 c3 合雖遂　卒隊 2　suds
睟　心脂 c3 合雖遂　卒隊 2　suds 见孟子
賥　心脂 c3 合雖遂　卒隊 2　suds 见韩非子
卒　精没 d1 合臧沒　卒物 2　?suud
倅　精没 d1 合臧沒　卒物 2　?suud
稡#　精没 d1 合臧沒　卒物 2　?suud
猝　清没 d1 合倉沒　卒物 2　shuud
卒　清没 d1 合倉沒　卒物 2　shuud
椊　從没 d1 合昨沒　卒物 2　zuud
捽　從没 d1 合昨沒　卒物 2　zuud
崪#　從没 d1 合昨沒　卒物 2　zuud
窣　心没 d1 合蘇骨　卒物 2　suud
卒　精術 d3 合子聿　卒物 2　?sud 裘锡圭、康殷皆云金文象衣加划，表衣缝制完结
啐　精術 d3 合子聿　卒物 2　?sud
崒　從術 d3 合慈卹　卒物 2　zud
踤　從術 d3 合慈卹　卒物 2　zud
誶　從術 d3 合慈卹　卒物 2　zud
捽　從術 d3 合慈卹　卒物 2　zud
鋅#　精沃 d1 合將毒　卒覺 1　?suug
蔟　清侯 c1 開倉奏　族竇　shoogs
嗾　清侯 c1 開倉奏　族竇　shoogs
嗾　心侯 b1 開蘇后　族侯　soo?
嗾　心侯 c1 開蘇奏　族竇　soogs
鷟　崇覺 d2 開士角　族屋　zroog
鏃　精屋 d1 合作木　族屋　?soog
瘯　清屋 d1 合千木　族屋　shoog 见左传
蔟　清屋 d1 合千木　族屋　shoog
簇#　清屋 d1 合千木　族屋　shoog
族　從屋 d1 合昨木　族屋　zoog 甲文或从二矢，象令旗麾矢蔟集，或矢下有口表标的，为蔟初文，说文训镞，则与甲文从㫃二矢脱节
罪　從灰 b1 合徂賄　罪微 2　zuul? 同辠
辠　從灰 b1 合徂賄　罪微 2　zuul?
擢#　崇皆 a2 合仕懷　罪微 2　zruul 注倒损，出方言
尊　精魂 a1 合祖昆　尊文 2　?suun
樽　精魂 a1 合祖昆　尊文 2　?suun 同

尊，见易
鐏　精魂 a1 合祖昆　尊文 2　ʔsuun 同尊，见晏子春秋
嶟# 精魂 a1 合祖昆　尊文 2　ʔsuun
繜　精魂 a1 合祖昆　尊文 2　ʔsuun
撙　精魂 b1 合兹損　尊文 2　ʔsuunʔ
噂　精魂 b1 合兹損　尊文 2　ʔsuunʔ
譐　精魂 b1 合兹損　尊文 2　ʔsuunʔ 同噂，见新书
僔　精魂 b1 合兹損　尊文 2　ʔsuunʔ
蹲　從魂 a1 合徂尊　尊文 2　zuun
鱒　從魂 b1 合才本　尊文 2　zuunʔ
鱒　從魂 c1 合徂悶　尊文 2　zuuns
鐏　從魂 c1 合徂悶　尊文 2　zuuns
遵　精諄 a3 合將倫　尊文 2　ʔsun
嶟# 精諄 a3 合將倫　尊文 2　ʔsun
鷷　精諄 a3 合將倫　尊文 2　ʔsun 见尔雅
墫　清諄 a3 合七倫　尊文 2　shun
遵# 清諄 a3 合七倫　尊文 2　shun
鷷　從諄 a3 合昨旬　尊文 2　zun 见尔雅
ナ　精歌 b1 開臧可　ナ歌 1　ʔsaalʔ 后作左
左　精歌 b1 開臧可　左歌 1　ʔsaalʔ
佐　精歌 c1 開則箇　左歌 1　ʔsaals
左　精歌 c1 開則箇　左歌 1　ʔsaals
祚　精歌 c1 開則箇　左歌 1　ʔslaals 见方言
蹉　清歌 a1 開七何　左歌 1　shaal 古作差池
瑳　清歌 a1 開七何　左歌 1　shaal
搓# 清歌 a1 開七何　左歌 1　shaal
磋　清歌 a1 開七何　左歌 1　shaal
溠　清歌 a1 開七何　左歌 1　shaal
傞　清歌 a1 開七何　左歌 1　shaal
瑳　清歌 b1 開千可　左歌 1　shaalʔ
醝　從歌 a1 開昨何　左歌 1　zaal
瘥　從歌 a1 開昨何　左歌 1　zaal
鹺　從歌 a1 開昨何　左歌 1　zaal
嵯　從歌 a1 開才何*　左歌 1　zaal 亦作嵳
嵳　從歌 a1 開昨何　左歌 1　zaal
蒫　從歌 a1 開昨何　左歌 1　zaal
艖　從歌 a1 開昨何　左歌 1　zaal
蠤　從歌 a1 開昨何　左歌 1　zaal
傞　心歌 a1 開素何　左歌 1　saal
縒　心歌 b1 開蘇可　左歌 1　saalʔ
褨# 心歌 b1 開蘇可　左歌 1　saalʔ
差　初麻 a2 開初牙　左歌 1　shraal
差# 初麻 c2 開楚嫁*　左歌 1　shraals
鎈# 初麻 a2 開初牙　左歌 1　shraal
艖　初麻 a2 開初牙　左歌 1　shraal 见方言
溠　莊麻 a2 開側加　左歌 1　sraal
溠　莊麻 c2 開側駕　左歌 1　ʔsraals
槎　崇麻 a2 開鉏加　左歌 1　zraal
槎　崇麻 b2 開士下　左歌 1　zraalʔ 又同楂
嗟# 精麻 a3 開子邪　左歌 1　ʔsjaal
瘥　精麻 a3 開子邪　左歌 1　ʔsjaal
蒫　精麻 a3 開子邪　左歌 1　ʔsjaal
差　初皆 a2 開楚皆　左歌 2　shreel 金文上从來，本指以手拣麦子分等次，左亦声
差　初佳 a2 開楚佳　左歌 2　shreel>
差　初佳 c2 開楚懈　左歌 2　shreels> 见方言，后作瘥
瘥　初佳 c2 開楚懈　左歌 2　shreels>
髊　從支 c3 開疾智　左歌 1　zals 见吕氏春秋
差　初支 a3 開楚宜　左歌 1　shral 见

孟子

嵯　初支 a3 開楚宜　左歌1　shral

縒　初支 a3 開楚宜　左歌1　shral

齹　初支 a3 開楚宜　左歌1　shral 齒原在左，士宜切，注又音

齹　崇支 a3 開士宜　左歌1　zral

荖　精脂 a3 開即夷　左微1　ʔsɯl

縒　清鐸 d1 開倉各　左鐸　shaag

脞# 清戈 a3 開醋伽　坐歌1　shal

侳　精戈 a3 開子䏧　坐歌3　ʔsal/ʔsools 王韵子過反

挫　精戈 c1 合則臥　坐歌3　ʔsools

夎　精戈 c1 合則臥　坐歌3　ʔsools

侳　精戈 c1 合則臥　坐歌3　ʔsools

遳# 清戈 a1 合七戈　坐歌3　shool

脞　清戈 b1 合倉果　坐歌3　shoolʔ 见书

銼　清戈 c1 合麤臥　坐歌3　shools

剉　清戈 c1 合麤臥　坐歌3　shools

莝　清戈 c1 合麤臥　坐歌3　shools

趖　心戈 a1 合蘇禾　坐歌3　sool

矬　從戈 a1 合昨禾　坐歌3　zool

痤　從戈 a1 合昨禾　坐歌3　zool

銼　從戈 a1 合昨禾　坐歌3　zool

睉　從戈 a1 合昨禾　坐歌3　zool

坐　從戈 b1 合徂果　坐歌3　zoolʔ

坐　從戈 c1 合徂臥　坐歌3　zools

座　從戈 c1 合徂臥　坐歌3　zools

髽　莊麻 a2 合莊華　坐歌3　ʔsrool

銼　從屋 d1 合昨木　坐屋　zoog

做# 精模 c1 合臧祚*　作暮　ʔsaags 作字注俗体，作(广韵臧祚切)之晚起字

鑿　精鐸 d1 開則落　丵藥3　ʔsoowG

糳　精鐸 d1 開則落　丵藥3　ʔsoowG

鑿　從鐸 d1 開在各　丵藥3　zoowG

鑿　從鐸 d1 開在各　丵藥3　zoowG

鑿　從屋 d1 合昨木　丵屋　zoowG

丵　崇覺 d2 開士角　丵藥3　zroowG 与叢同根

艐　溪歌 c1 開口箇　㚇歌1　khaals 此由舟斂足会意擱浅，非形声

堫　初江 a2 開楚江　㚇東　shrooŋ

葼　精東 a1 合子紅　㚇東　ʔsooŋ

豵　精東 a1 合子紅　㚇東　ʔsooŋ

嵸　精東 a1 合子紅　㚇東　ʔsooŋ

猣　精東 a1 合子紅　㚇東　ʔsooŋ 见尔雅

鯼# 精東 a1 合子紅　㚇東　ʔsooŋ

椶　精東 a1 合子紅　㚇東　ʔsooŋ

騣　精東 a1 合子紅　㚇東　ʔsooŋ

艐　精東 a1 合子紅　㚇東　ʔsooŋ

蝬# 精東 a1 合子紅　㚇東　ʔsooŋ

堫　精東 a1 合子紅　㚇東　ʔsooŋ

㚇　精東 a1 合子紅　㚇東　ʔsooŋ 见尔雅，说文无羽旁：鸟飞斂足，非凶声

緵　精東 a1 合子紅　㚇東　ʔsooŋ 见史记

稯　精東 a1 合子紅　㚇東　ʔsooŋ

鬉# 精東 a1 合子紅　㚇東　ʔsooŋ

豵　精東 b1 合作孔　㚇東　ʔsooŋʔ

猣　精東 b1 合作孔　㚇東　ʔsooŋʔ 见尔雅

㚇　精東 b1 合作孔　㚇東　ʔsooŋʔ 见尔雅

糉# 精東 c1 合作弄　㚇東　ʔsooŋs 俗作粽

鯼# 精東 c1 合作弄　㚇東　ʔsooŋs

緵　精東 c1 合作弄　㚇東　ʔsooŋs 见尔雅

本表参考书

本表除参考《汉语大字典》和所附古音字表及清儒说解外，还参考以下文献：

陈独秀.字义类例[M].上海：亚东图书馆，1925.

陈独秀.小学识字教本(1939—1942 遗稿)[M].成都：巴蜀书社，1995.

陈复华，何九盈.古韵通晓[M].北京：中国社会科学出版社，1987.

陈梦家.殷虚卜辞综述[M].北京：中华书局，1988.

丁声树.古今字音对照手册[M].北京：科学出版社，1958.

董同龢.上古音韵表稿[M].石印本."中研院"史语所.1944.李庄[1948《史语所集刊》18 册重刊]

冯　时.叔夨考[M]//晋侯墓地出土青铜器国际学术研讨会论文集.上海：上海书画出版社，2002.

高本汉.修订汉文典[M].潘悟云等，译.上海：上海辞书出版社，1997.

高鸿缙.中国字例[M].台北：三民书局，1960.

高　明.古文字类编[M].北京：中华书局，1980.

高　明.中国古文字学通论[M]，北京大学出版社，1996.

郭沫若.郭沫若全集・考古编[M].北京：科学出版社.

郭锡良.汉字古音手册[M].北京：北京大学出版社，1986.

康　殷.文字源流浅说[M].北京：荣宝斋，1979.

李孝定.甲骨文字集释[J].台北："中研院"史语所专刊之五十，1970.

李珍华，周长楫.汉字古今音表[M].北京：中华书局，1993.

梁僧宝.四声韵谱[M].古籍出版社，1955.

刘　翔等.商周古文字读本[M].北京：语文出版社，1989.

龙宇纯.中国文字学[M].台北：五四书店.

罗福颐.三代吉金文存释文[M].香港：问学社，1983.

马叙伦.说文解字六书疏正，上海：上海书店，1985.

裘锡圭.文字学概要[M].北京：商务印书馆，1988.

裘锡圭.释殷墟卜辞中的"卒"和"律"[J].中原文物，1990(3).

权少文.说文古韵二十八部声系[M].兰州：，甘肃人民出版社，1987.

容　庚.金文编[M].北京：科学出版社，1959.

沈兼士.广韵声系[M].北京：中华书局，1958.

唐　兰.殷虚文字记[M].北京：中华书局，1981.

唐　兰.古文字学导论(增订本)[M].济南：齐鲁书社，1981.

唐　兰.唐兰先生金文论集[M].北京：紫禁城出版社，1995.

唐作藩.上古音手册[M].南京：江苏人民出版社，1982.

王国维.观堂集林[M].北京：中华书局，1959.

王　力.同源字典[M].北京：中华书局，1982.

王　力.王力古汉语字典[M].北京：中华书局，2000.

王文耀.简明金文字典[M].上海：上海辞书出版社，1998.

向　熹.《诗经》古今音手册[M].天津：南开大学出版社，1988.

徐中舒.甲骨文字典[M].成都：四川辞书出版社，1989.

杨树达.积微居小学金石论丛[M].北京：中华书局，1983.

杨树达.积微居小学述林[M].北京：中华书局，1983.

俞　敏.后汉三国梵汉对音谱[M].//中国语言学论文选，东京：光生馆，1984.

于豪亮.于豪亮学术文存[M].北京：中华书局，1985.

于省吾.甲骨文字释林[M].北京：中华书局，1979.

于省吾.甲骨文字诂林[M].北京：中华书局，1996.

余迺永.新校互注宋本广韵(增订本)[M].上海：上海辞书出版社，2000.

曾宪通."作"字探源——兼谈耒字的流变[M]//古文字研究第十九辑.北京：中华书局，1992.

詹鄞鑫.汉字说略[M].沈阳：辽宁教育出版社，1991.

詹鄞鑫.释甲骨文字"者"字[M]//语言文字学刊第一辑.上海：汉语大词典出版社，1998.

张　儒，刘毓庆.汉字通用声素研究[M].太原：山西古籍出版社，2001.

张雪明."螅"字的本义及其他[J]//江汉语言学丛刊(一).湖北省语言学会，1979.

赵　诚.甲骨文简明词典[M].北京：中华书局，1988.

中国科学院考古所.甲骨文编[M].北京：中华书局，1965.

周宝宏.古文字杂记七则[M]//汉语汉字研究论集.北京：中华书局，2004.

周法高等.金文诂林[M].香港:香港中文大学，1975.

周法高等.新编上古音韵表[M].台北:三民书局，1973.

周祖谟.广韵校本[M].北京：中华书局，1960.

朱芳圃.殷周文字释丛[M].北京：中华书局，1962.

第五表　藏缅柬泰文字字母转写表

（专用于对梵文顶音的字母未列）

辅音表

藏文	ཀ	ཁ	ག	གྷ	ང	ཅ	ཆ	ཇ	ཇྷ	ཉ	ཙ	ཚ	ཛ	ཞ	ཟ	ཤ	ས
缅文	က	ခ	ဂ	ဃ	င	စ	ဆ	ဇ	ဈ	ဉ	စ	ဆ	ဇ			ၐ	သ
柬文	ក	ខ	គ	ឃ	ង	ច	ឆ	ជ	ឈ	ញ							ស
泰文	ก	ข	ค	ฆ	ง	จ	ฉ	ช	ฌ	ญ					ซ	ศ	ส
转写	k	kh	g	gh	ng [ŋ]	c	ch	dj	djh	nj	ts	tsh	dz	zj	z	sj	s

注：c、ch 藏文转写为 tj、thj，缅文 ts、tsh、dz 读[s、sh、z]，s 读[θ/tθ]。

藏文		ཏ	ཐ	ད	དྷ	ན		པ	ཕ	བ	བྷ	མ	ཡ	ར	ལ	ཝ			ཧ	འ
缅文		တ	ထ	ဒ	ဓ	န		ပ	ဖ	ဗ	ဘ	မ	ယ	ရ	လ	ဝ			ဟ	
柬文	ដ	ត	ថ	ទ	ធ	ន	ប	ប៉	ផ	ព	ភ	ម	យ	រ	ល	វ			ហ	
泰文	ด	ต	ถ	ท	ธ	น	บ	ป	ผ	พ	ภ	ม	ย	ร	ล	ว	ฝ	ฟ	ห	อ
转写	’d [ʔd]	t	th	d	dh	n	’b [ʔb]	p	ph	b	bh	m	j	r	l	w	pf	bv	h	’/ɦ

元音表

藏文	ཨ	ཨཱ	ཨི	ཨཱི	ཨུ	ཨཱུ	ཨེ		ཨཻ	ཨོ	ཨཽ					
缅文	အ	အာ	ဣ	ဤ	ဥ	ဦ	ဧ			ဩ	ဪ				အို	
柬文	អ	អា	ឥ	ឦ	ឧ	ឩ	ឯ		ឰ	ឱ	ឳ					
泰文	อะ	อา	อิ	อี	อุ	อู	เอ	เออ	ไอ	โอ	เอา	อ	อึ	อื		ใอ
转写	a	aa	i	ii	u	uu	e	ə	ai	o	au	ɔ	ü [ɯ]	üü [ɯɯ]	oɯ	aü [aɯ]

注：泰文不标元音时读 o，e 前字母双写读 ε。缅文 i、u、e 列的是专用大写，通常小写作：

အိ	အီ	အု	အူ	အေ	အဲ
i	ii	u	uu	e	ε

柬文也如此，但小写符号与泰文相似。

缅文့调转写-’，း调转写-h。泰文 1 调转写-h，2 调转写 ’。

参 考 文 献

奥德里古. HAUDRICOURT，A. G. 越南语声调的起源[J].Del'origine des Tons en Vietnamien，Journal Asiatique 242，1954.冯蒸译文载《民族语文研究情报资料集》7.

奥德里古. 怎样拟测上古汉语[J].Comment Reconstruire le Chinois Archaique，Word 10. 2－3：351－364，1954.马学进译文刊《幼狮》43 卷 2 期.

白一平 BAZXTER，William H. 对汉语上古音的一些建议[M].Some Proposals on Old Chinese Phonology. In Frans Van Coetsem and Linda R. Waugh，eds. Contrinbutions to historical linguistics：issues and materials Leiden：E. J. Brill，1980.

白一平.上古汉语* sr-的发展[J].语言研究，1983(1).

白一平.汉语上古音手册[M].A Handbook of Old Chinese Phonology，Trends in Linguistics—s.&m.64，Mouton de Gruyter，Berlin / New York，1992.

白一平.上古汉语，试改版 1. 1[C]. Old Chinese，Version 1.1. (beta test version)，paper read at the 28th Conference on Sino-Tibetan Languages and Linguistics，Chrlottesville，Virginia，1995.

包拟古.BODMAN，Nicholas C. 原始汉语和汉藏语[M].(N. C. Bodman：Proto-Chinese and Sino-Tibetan，Contributions to Historical Linguistics，ed. by Frans van Coetsem and Linda R. Wangh. Leiden E.J Brill 1980)潘悟云、冯蒸，译.北京：中华书局，1995.

本尼迪克特(白保罗). BENEDICT，Paul. K. 汉藏语言概论[M]. Sino-Tibetan：A Conspectus.剑桥大学出版社，1972.乐赛月、罗美珍译本，中国社会科学院民族研究所，1984.

本尼迪克特(白保罗). 汉藏语新探[J].ST：Another Look，JAOS 96 卷 2 号：1976：167—197.

陈爱文，于平.并列双音词的字序[J].中国语文，1979(2)：101—105.

陈复华，何九盈.古韵通晓[M].北京：中国社会科学出版社，1987.

陈国庆.柬埔寨语佤语前置音演变初探[J].民族语文,1999(4)：32—37.

陈国庆.克木语研究[M].北京：民族出版社,2002.

陈洁雯.CHAN, Marjorie K. M. 上古音复声母：粤方言一个半音节的字所提供的佐证[J].方言,1984(4).

陈慧英,白宛如.广州音和北京音的比较[M]//方言和普通话丛刊(一),北京：中华书局,1958.

陈其光.苗汉同源字谱[M]//汉语与少数民族语关系研究.北京：中央民族学院学报增刊,1990.

陈章太,李如龙.闽语研究[M].北京：语文出版社,1991.

邓方贵,盘承乾.从瑶语论证上古汉语复辅音问题[M]//汉语与少数民族语关系研究.北京：中央民族学院学报增刊,1990.

丁邦新. 魏晋音韵研究[M]. Chinese Phonology of the Wei-chin Period: Reconstruction of the Finals as Reflected in Poetry,"中研院"史语所专刊之六十五,1975.

丁邦新.论语、孟子及诗经中并列语成分之间的声调关系[J].历史语言研究集刊47本1分,1975.

丁邦新.汉语上古音中的*g、*gw、*ɣ、*ɣw[J]. Monumenta Serica,33,1977.

丁邦新.上古汉语的音节结构[J].历史语言研究所集刊50本4分，1979：717—739.

丁邦新.上古阴声字具辅音韵尾说补正[J].台湾师大国文学报,1987(16).

丁邦新.汉语上古音的元音问题[M]//中国境内语言暨语言学(二)历史语言学."中研院"历史语言研究所,1994：21—36.

丁邦新.丁邦新语言学论文集[M].北京：商务印书馆,1998.

董同龢.上古音韵表稿[M]."中研院"历史语言研究所石印,李庄[1948重刊于《历史语言研究所集刊》18册],1944.

敦林格.DENLINGER, Paul B.汉语里的长短元音[J].Long and Short Vowels in Chinese, Toung Pao vol.62.1-3,1976.

冯　蒸.汉语音韵学论文集[M].北京：首都师范大学出版社,1997.

富励士.FOREST, R. A. D. 上古汉语塞尾韵母[J].Les Occlusives Finales en Chinois Archaique, BSLP 55,1960.

富励士. 高本汉上古声母商榷[J]. A Reconsideration of the Initials of Karlgren's Archaic Chinese, TP51,1964.

富励士.高本汉上古声母商榷(同题另一文)[J]. TP53,1967.

高本汉.KARLGREN, Bernhard. 汉语词族[M].Word families in Chinese. Belletin Of the Museum of Far Eastern Antiquities 5 [张世禄译《汉语词类》,上海商务印书馆,1937],1933.

高本汉.汉文典[M].Grammata Serica(中日文字形声论).Reprinted from BMFEA,1940.

高本汉.中上古汉语音韵纲要[M].Compendium of Phonetics in Ancient and Archaic Chinese, BMFEA,1954.

高本汉.修订汉文典[M].Gramata Serica Recensa, BMFEA, Vol.29.潘悟云等,译.上海:上海辞书出版社,1997.

龚煌城.上古汉语后期喉牙音声母的第一次腭化(英文)[C].第二届国际汉语语言学会议论文,1993—1995.

龚煌城.汉藏语言的韵母系统(英文)[J]. The system of finals in Sino-Tibetan. The Ancestry of the Chinese Language,JCL 1995 Monograph Series 8: 41-92,1995.

龚煌城.汉藏语研究论文集[M].语言暨语言学专刊丙种之二(下),台北:“中研院”语言学研究所,1995.

龚煌城,梅祖麟.上古音对谈录[M]//中国境内语言暨语言学(1).1992:665—719.

郭锡良.汉字古音手册[M].北京:北京大学出版社,1986.

何九盈.上古元音构拟问题[M]//纪念王力先生百年诞辰学术论文集.北京:商务印书馆,2002:23—33.

何九盈.音韵丛稿[M].北京:商务印书馆,2002.

胡平生,韩自强.阜阳汉简诗经研究[M].上海:上海古籍出版社,1998.

华 侃.多方言复辅音声母和辅音韵尾的演变情况[J].西北民族学院学报,1982(1).

黄布凡等.藏缅语族语言词汇[M].北京:中央民族学院出版社,1992.

黄家教,崔荣昌.韶关方言新派老派的主要差异[J].中国语文,1983(2):99—108.

黄 侃.黄侃论学杂著[M].上海:上海古籍出版社,1980.

黄典诚.关于上古汉语高元音的探讨[J].厦门大学学报,1980(1).

金理新.上古汉语音系[M].合肥:黄山书社,2002.

金 鹏.藏语拉萨日喀则昌都话的比较[M].北京:科学出版社,1958.

柯蔚南.W. S. Coblin.汉藏语系词汇比较手册[M].华裔学志丛书 18,1986.

李葆嘉.当代中国音韵学[M].广州:广东教育出版社,1998.

李 荣.切韵音系[M].北京:科学出版社,1956.

李方桂.龙州土语[M].历史语言研究所单刊之十六,上海：商务印书馆,1930/1947.

李方桂.藏文前缀音对于声母的影响(英文)[J].历史语言研究所集刊4本2分,1933：135-157.冯蒸,译.[M]//汉语音韵学论文集.北京：首都师范大学出版社,1987.

李方桂.论中国上古音的*i̯wəng,*i̯wək,*i̯wəg(英文)[J].历史语言研究所集刊5本：1953：65-74.冯蒸,译[J].语言4卷.

李方桂.《武鸣土语》[J].历史语言研究所单刊甲种之十九,1956.

李方桂.上古音研究[J].新竹"清华学报"新9卷1—2期合刊,1971.

李方桂.几个上古声母问题[J]."中研院"所出纪念论文集,1976.[上两篇同见于1980年《上古音研究》,商务印书馆北京]

李学勤.论"硕人"铭神兽镜[J].文史,(30)：47-50;缀古集[M].上海：上海古籍出版社,1998：175—180.

梁敏,张均如.侗台语族概论[M].北京：中国社会科学出版社,1996.

林向荣.嘉戎语研究[M].成都：四川民族出版社,1993.

林语堂.语言学论丛[M].上海：开明书店,1933.

刘广和.西晋译经对音的晋语声母系统[M]//中国语言学报(10).北京：商务印书馆,2001.

陆锡兴."硕人"镜考[M]//学术集林(17).上海：上海远东出版社,2000：34—342.

陆志韦.古音说略[M]//陆志韦语言学著作集(一).北京：中华书局,1985.

罗常培.唐五代西北方音[M].历史语言研究所单刊甲种12,1933.

罗常培.临川音系[M].历史语言研究所单刊甲17,商务印书馆,1940.

罗常培.语言与文化[M].北京大学出版,1950.

罗常培.贡山俅语初探[J].北京大学国学季刊7卷.1952,7(3).

罗常培,周祖谟.汉魏晋南北朝韵部演变研究[M].北京：科学出版社,1958.

罗福颐.汉鲁诗镜考释[J].文物,1980(6).

马提索夫.MATISOFF, Jamees A. 东南亚语言的声调发生学关系,辅音类型和声调[M].Tonogenesis in Southeast Asia, Consonant types and tone. Larry M. Hyman, Ed. Los Angeles: University of California, 1973: 71-95.

马学良,罗季光.我国汉藏语系语言元音的长短[J].中国语文,1962(5).

马学良,罗季光.切韵纯四等韵的主要元音[J].中国语文,1965(12).

毛宗武等.瑶族语言简志[M].北京：民族出版社,1982.

梅祖麟.中古汉语的声调与上声的起源[J].HJAS30,1970.

梅祖麟.四声别义中的时间层次[J].中国语文,1980(6).

梅祖麟.古代楚方言中“夕”字的词义和语源[J].方言,1981(3).

梅祖麟.跟见系字谐声的照三系字[J].中国语言学报 1982(1):114—126.

梅祖麟,龚煌城.上古音对谈录[M].中国境内语言暨语言学(1).1992:665—719.

潘悟云.非喻四归定说[J].温州师专学报,1984(1).

潘悟云.谐声现象的重新解释[J].温州师院学报,1987(4).

潘悟云.上古收-p-m 诸部[J].温州师院学报,1992(1).

潘悟云.喉音考[J].民族语文,1997(5).

潘悟云.汉藏语中的次要音节[M]//中国语言学的新拓展.香港:香港城市大学出版社,1999.

潘悟云.汉语历史音韵学[M].上海:上海教育出版社,2000.

潘悟云.流音考[M]//东方语言与文化 1 辑.上海:东方出版中心,2002.

平山久雄.汉语声调起源窥探[J].语言研究 1991(1).(总 20 期)

平山久雄.安然《悉昙藏》里关于唐代声调的记载———调值问题[M]//纪念王力先生百年诞辰学术论文集.北京:商务印书馆,2002:16—22.

珀内尔.PURNEL, H. C.“优勉”瑶民间歌谣的韵律结构[M]//瑶族研究论文集(1986 瑶族研究国际研讨会).北京:民族出版社,1988.

蒲立本.PULLEYBLANK,E. G. 上古汉语的辅音系统[J].The Consonant System Of Chinese, Asia Major 9,1962.潘悟云,徐文堪,译.北京:中华书局,1999.

蒲立本.关于汉语词族一些新假设[J].Some new hypotheses concerning word families in Chines, JCL 1:111 - 25,1973.

蒲立本.上古汉语的韵尾辅音[J].The Final Consonants of Old Chinese, Monumenta Serica, 33,1977—1978.

瞿霭堂.藏语韵母研究[M].西宁:青海民族出版社,1991.

瞿霭堂.藏族的语言和文字[M].北京:中国藏学出版社,1996.

沙加尔.SAGART, Laurent. 论去声[J].On the Departing tone, JCL14. 1,1986:91 - 112.

沙加尔.论汉语与南岛语的亲属关系证据[J].Chinese and Austronesian: evidence for agenetic relationship,JCL21,1993:1 - 62.

沙加尔.上古汉语的词根[M].The Roots of Old Chinese, Current Issues in Linguistic Theory 184,John Benjamins Publishing Co., Amsterdam,1999.

邵荣芬.切韵研究[M].北京:中国社会科学出版社,1982.

邵荣芬.匣母字上古一分为二试析[J].语言研究,1991(1).

邵荣芬.匣母字上古一分为二再证[M]//中国语言学报第七期.北京：语文出版社，1995.

斯塔罗斯金. STAROSTIN, S. A. 古代汉语音系的构拟[M]. Rekonstrukcija Drevnekitajskoj Fonologicheskoj Sistemy, Moscow, Nauka, 1989.

沈兼士.广韵声系[M].北京：辅仁大学，1945/北京：中华书局，1985.

孙宏开.独龙语简志[M].北京：民族出版社，1982.

藤堂明保.Akiyashu TODOO.中国语音韵论[M].东京：江南书院，1957.

藤堂明保.汉字语源词典 [M]，东京：学灯社，1965.

汪大年.缅甸语中辅音韵尾的历史演变[J].民族语文，1983(2).

王　均.广西龙胜"红瑶"的优念话[M]//罗常培纪念论文集.北京：商务印书馆，1984.

王　力.汉语史稿[M].北京：科学出版社，1957/1980.

王　力.汉语音韵[M].北京：中华书局，1963.

王　力.同源字论[J].中国语文，1978(1).

王　力.汉语语音史[M].北京：中国社会科学出版社，1985.

王辅世.苗语方言声韵母比较[J].中国社科院民族研究所油印本，1979.

王辅世.苗语古音构拟[J].东京：亚非语言文化研究所，1994.

王辅世，毛宗武.苗瑶语古音构拟[M].北京：中国社会科学出版社，1995.

王敬骝.论佤语"街"和傣语"街"的同源关系[J].民族调查研究，1985(4).(又收入《佤语研究》，云南民族出版社 1994).

王敬骝，陈相木.傣语声调考[J].民族语文研究丛刊，云南省民族研究所油印，1983.

王均等.壮侗语族语言简志[M].北京：民族出版社，1984.

威莱弯・哈尼莎塔莱塔/杨光远译石家语[M]//南开语言学刊第 2 期，天津：南开大学出版社，2003.

吴宗济.武鸣壮语中汉语借字的音韵系统[M]//语言研究第 3 期，北京：科学出版社，1958.

夏德.HIRTH, F. 讫止周末的中国古代史[M]. The Ancient History of China, to the end of the Chou Dynasty. p.65－67, New York, 1908/1923.

新谷忠彦，杨昭.海南岛门语分类词汇集[M].东京：亚非语言文化研究所，1990.

邢公畹.红河上游的傣雅语[M].北京：语文出版社，1989.

邢公畹.关于汉语南岛语的发生学关系问题———L. 沙加尔《汉语南岛语同源论》述评补证[J].民族语文，1991(3)(4)(5).

邢公畹.苗语语义学比较法试探研究[J].民族语文,1995(6).
邢公畹.汉台语比较手册[M].北京：商务印书馆,1999.
宣德五等.朝鲜语方言调查报告[M].延边：延边人民出版社,1991.
薛斯勒(许思莱).SCHUESSLER,A. 上古汉语的-l 尾[J].Final-l in Archaic Chinese,JCL.2.1,1974：78 - 87.
薛斯勒.上古汉语的 R 和 L 音[J]. R and L in Archaic Chinese,JCL 2.2, 1974：186 - 199.
雅洪托夫.YAKHONTOV, S.E.上古汉语的春花元音[M]//汉语史论集.唐作藩,胡双宝选编.北京：北京大学出版社,1986.
颜其香,周植志.中国孟高棉语族语言与南亚语系[M].北京：中央民族大学出版社,1995.
杨福绵.反映在上古汉语多音字中的原始汉语前缀[J].汉字研究(1),1991.
杨剑桥.汉语现代音韵学[M].上海：复旦大学出版社,1996.
易家乐.EGEROD, S. 泰语方言学研究 Studies in Thai Dalectology[J]. AO ⅩⅩⅥ (1—2),1961.有张均如译文,刊《民族语文研究情报资料集》3,中国社会科学院民族所,1984.
余嘉锡.世说新语笺疏[M].北京：中华书局,1983.(写于 1937—1953)
俞　敏.后汉三国梵汉对音谱[M]//中国语言学论文选.东京：光生馆,1984.
余廼永.上古音系研究[M].香港：香港中文大学出版社,1985.
余廼永.新校互注宋本广韵(增订本)[M].上海：上海辞书出版社,2000.
喻世长.用谐声关系拟测上古声母系统[M]//音韵学研究(第一辑).北京：中华书局,1984.
袁家骅等. 汉语方言概要(第二版)[M].北京：文字改革出版社,1960/1983.
曾宪通."作"字探源——兼谈耒字的流变[J].古文字研究 19 辑,1992：408 - 421.
曾晓渝.见母的上古音值[J].中国语文,2003(2).
张　琨.CHANG, Kun. 汉藏语系的"铁" *qhleks 字[J]. Sino-Tibetaniron：* qhleks. JAOS 92. 冯蒸,译.[M]//汉语音韵论文集.北京：首都师范大学出版社,1997：639 - 670.
张　琨.汉语音韵史论文集[M].台北：联经出版公司,1987.
张成材.商县(张家塬)方言单音词汇释[J].方言,1983(4).
张均如.壮侗语族塞擦音的产生和发展[J].民族语文,1983(1).
张永言."轻吕"和"乌育"[J].语言研究,1983(2).

赵秉璇,竺家宁.古汉语复声母论文集[M].北京：北京语言文化大学出版社,1998.

赵元任.现代吴语的研究[M].北京：清华学校研究院丛书第 4 种,1928.

赵元任.广西瑶歌记音[M].历史语言研究所单刊甲种之一,1930.

赵元任.语言问题[M].北京：商务印书馆,1980.(原著于 1959)

郑仁甲.论三等韵的 Ï 介音——兼论重纽[M]//音韵学研究(第 3 辑).北京：中华书局,1994.

郑贻青.回辉话研究[M].上海：上海远东出版社,1997.

郑张尚芳.汉语上古音系表解[J]//语言 4 卷.北京：首都师范大学出版社,2003.(浙江语言学会首届年会论文,1981.1982 年修改油印)

郑张尚芳.温州方言歌韵读音的分化和历史层次[J].语言研究,1983(2).

郑张尚芳.上古音构拟小议[J]//语言学论丛(14 辑).北京：商务印书馆 1984.(1983 年北京大学上古音讨论会书面发言)

郑张尚芳.上古韵母系统和四等、介音、声调的发源问题[J].温州师院学报,1987(4).(中国人民大学复印报刊资料 1988《语言文字学》1 期)

郑张尚芳.上古汉语的 s-头[J].温州师院学报,1990(4).

郑张尚芳.上古入声韵尾的清浊问题[J].语言研究,1990(1)：67—74.

郑张尚芳.Decipherment of Yue-Ren-Ge 越人歌的解读[J].《东方语言学报》(CLAO)20 卷 2 期,巴黎,1991;有孙琳、石锋译文,见《语言研究论丛》第 7 辑,语文出版社 1997.

郑张尚芳.切韵 j 声母与 i 韵尾的来源问题[M]//纪念王力先生九十诞辰文集.济南：山东教育出版社,1992.

郑张尚芳.敦煌《藏汉对照词语》残卷考辨订误[J].民族语文,1992(4).

郑张尚芳.汉语方言语音现象的历史解释三题[J].首届国际语言学会议论文,新加坡国立大学,1992C(修订稿刊 2001《语言》2 卷,首都师范大学出版社).

郑张尚芳.汉语声调平仄分与上声去声的起源[J].语言研究,1994 年增刊.

郑张尚芳.方言异常现象在地理分布上的密集和稀散[M]//余志鸿,主编.现代语言学———理论建设的新思考.北京：语文出版社,1994.

郑张尚芳.上古声母系统 [C].第四届国际汉语语言学会议暨第七届北美中国语言学会议论文,美国威斯康星大学,1995.

郑张尚芳.重纽的来源及其反映[M]//声韵论丛第六辑.台北：学生书局 1995.(十三届中国声韵学研讨会论文,台湾师范大学)

郑张尚芳.汉语与亲属语同源根词及附缀成分比较上的择对问题[J].中国语言学报(JCL)单刊 8 号. The Ancestry of the Chinese Language, edited by W.S-Y.

Wan，1995.

郑张尚芳.汉语介音的来源分析[J].语言研究，1996 增刊.

郑张尚芳.《蒙古字韵》所代表的音系及八思巴字一些转写问题[M]//李新魁教授纪念文集.北京：中华书局，1998.

郑张尚芳.上古音研究十年回顾与展望(一)[J].古汉语研究，1998(4)：11—17.

郑张尚芳.上古音研究十年回顾与展望(二)[J].古汉语研究，1999(1)：8—17.

郑张尚芳.汉语塞擦音声母的来源[M]//汉语现状与历史的研究.北京：中国社会科学出版社，1999.

郑张尚芳.汉语的同源异形词和异源共形词[M]//汉语词源研究(第一辑).长春：吉林教育出版社，2001：179—197.（1999 首届汉语词源学研讨会论文）

郑张尚芳.汉语方言异常音读的分层及滞古层次分析[M]//南北是非：汉语方言的差异与变化(第三届国际汉学会议论文集).台北："中研院"语言学研究所，2002.

中国社会科学院民族所.藏缅语语音和词汇[M].北京：中国社会科学出版社，1991.

周法高.论上古音和切韵音[J].香港中文大学《中国文化研究所学报》1970：3.2 期.

周法高.中国音韵学论文集[M].香港：香港中文大学出版社，1984.

周流溪.上古汉语的声调和韵系新拟[J].语言研究，2000(4).

周流溪.上古汉语音系新论[J].古汉语研究，2001(2).

周祖谟.汉语音韵论文集[M].北京：商务印书馆，1957.

周祖谟.关于唐代方言中四声读法的一些资料[M]//问学集.北京：中华书局，1958.

周祖谟.广韵校本[M].北京：中华书局，1960.

周祖谟.汉语骈列的词语与四声[M]//文字音韵训诂论集.北京：北京大学出版社，2000.

竺家宁.古汉语复声母研究[J].中国文化大学中文研究所博士论文，1981.

本书外文刊名缩写

AM 全亚季刊 Asia Major

AO 东方学报(荷兰、丹麦、挪威东方学联合会) Acta Orientalia

BEFEO 远东法文学院院报 Bulletin de L'Ecole Française d'Extrême-Orient (河内)

BMFEA 远东古物博物馆集刊 Bulletin of the Museum of Far Eastern Antiquities

（斯德哥尔摩）

BSLP 巴黎地理学会集刊 Belletin de la Societe de Linguistique de Paris

CLAO 东方语言学报（法国高等社会科学研究院）

GHA Göteborgs Högskolas Årsskrift（哥德堡）

HJAS 哈佛亚洲研究杂志 Harvard Journal of Asiatic Studies

JA 亚洲杂志 Journal Asiatique

JAOS 美国东方学会学报 Journal of the American Oriental Society（纽黑文）

JCL 中国语言学报 Journal of the Chinese Linguistic（伯克利）

JRAS 皇家亚洲学会杂志 Journal of the Royal Asiatic Society（伦敦）

MS 华裔学志 Monumenta Serica（德）

MSOS 东亚语言研究会报告 Mitteilungen des Seminars für Orientalishe Sprachen（柏林大学外国专科）

OL 东方文学报 Orientalische Literaturzeitung

OS 瑞典东方学 Orientalia Suecana

TP 通报 Toung Pao

ZDMG 德国东方学会杂志 Zeitschrift der Deutschen Morgenländischen Gesellschaft

附录一　上古喉冠 l 声母的腭化

上古音声母系统里，周代原以边音 l 表示喻四“以”母，至汉代发生腭化，读为舌面边音 ʎ 后向中古 j 发展。逢 l 带垫介音 j 时，ʎj 摩擦加强，再变为 ʑ，则向中古邪母 z 发展。“以、邪”两母，在中古音系里都表现为三等，但上古却来自不同的结构，喻四“以”母为单纯边音声母来源，原为洪音，“邪”母为带 j 垫音的复声母结构来源，原先就是细音。

当 l 前面带喉冠音 h-、ɦ-时，以母则转化为“书”母和“船”母。在 1981《汉语上古音系表解》里我就把它们处理成 l 直接腭化：hʎ＞hj＞书，ɦʎ＞ɦj＞船，这在音理上也很容易理解。后来为了与 hnj（恕手）、hŋj（烧势）、hmj（少）变书母相统一，把 hl、ɦl 也加垫音 j 写成 hlj、ɦlj，觉得这样章组一律来自 Cj，有利于系统化。

但这样做了后，对有些变化的说明却会产生扞格，比如“引”lin/“申”hljin，“葉”leb/hljeb/世 hljebs，为什么原出一源，加 h-冠时都凭空多了个 j 呢。所以又补加了一项例外变化：在 i 元音前时，hl、ɦl 也可腭化为书母、船母，而 hlj、ɦlj 则转心（信）、从（自）。但这只能排除部分出现较多的脂真质部例字，其他部仍然有问题。经仔细考虑比较，觉得原先的直接腭化设想更有意义。

把喉冠 l 定为以 l 为基辅音，那么其性质自然与其他 Cl 结构中 l 为垫音相区别，其演变也自然会有所不同。作为基辅音的 l 汉代向 ʎ 发展时，应是涵盖着带 h、ɦ 冠音部分一起演变的。并且还应包含另外一个喉冠音 ʔ-。

这样，喉冠 hl-、ɦl-、ʔl-中古都直接腭化为三等声母“书、船”母和“章”母字，可比较以下的以母对书、船母字例：

la 余予：hla 舒暑庶，ɦla 蜍墅署｜laŋ 暘：hlaŋ 伤｜lan 延：hlan 埏

leg 易：hleg 適、ɦle’ 舓、ɦled 舌｜leŋ’ 郢：hleŋs 聖｜葉 leb/hleb：

世 hlebs

lo 俞：hlo 输|lon 沿：ɦlon 船|lod 悦：hlod 说

li 夷：hli 尸|lig 佚：hlig 失|lin' 引：hlin 伸、ɦlin 神

lɯ 怡：hlɯ' 始、ɦlɯ 俟|lɯg 弋：hlɯg 式|lɯŋ 蝇媵：hlɯŋ 胜、ɦlɯŋ 绳賸

lun' 允：ɦlun' 吮|lug 儥：ɦlog 赎|lu、lum 冘：hlum' 沈

这样其变化看起来要自然得多了。注意因腭化后一般都归中古三等，使得原上古长元音多数混同三等短元音，不再分别。但低元音 a 中古除短元音归鱼韵外，长元音仍保留低元音不高化而入麻三（入声归昔），于是仍可分出一类 aa，如：

laa 邪野：ʔlaa 遮者旅声|hlaa 舍奢赊|ɦlaa 佘射

laal' 也：hlaal 施|ɦlaal 蛇

laag 亦懌射无～：hlaag 释|ɦlaag 麝

ʔl 母形成的章母字虽然较少，也有"ʔla 庶～氏、ʔlaag 祐、ʔlem 占、ʔlal 侈、ʔlan 餰、ʔlɯg 畝、ʔlin 真、ʔlum' 枕、ʔlug 粥"等。

如此一来，原来《上古音系》ʔl、hl、ɦl 所标"影晓云（匣）"母字则应相应改换作 ql-、qhl-、ɢl-，如鱼部"la[鱼]余予、laa[麻]邪野"相对的洪音应改对：

qla—qlaa 諲|qhla 虚 qhlaa 虎|ɢwla 雩 ɢwlaa 鄠

依此，有些字"咍 qhlɯɯ，畜 qhlug-qhl'ug（彻母），希 qhlɯl-郗 qhl'ɯl（彻母）"改换后似乎谐声解释要稍逊于旧构。但也不一定，如"畜"拟 qhlug 后，对于《緐书缶》通"孝"qhruus《孟子・梁惠王》通"好 qhuus"来说，却就比 hlug 要更好解释些。"向"改 qhlaŋs，便可与"鄉嚮"合流。

另有一些词根来自来母字 r 的，还可以改换为 hr、ɦr、ʔr，比如"協"从"劦"声，从荔读来母即可拟之为 ɦreeb（喉冠后之 r 属于基辅音，后变 l，自然不像垫音 r 那样会引起声母卷舌二等化）。

细音 lj 因至中古变 z 邪母而加入精组细音，则 ʔlj 可依例因变 ʔz 而对精组之精母，hlj、ɦlj 同样因变 hz、ɦz 而对心母、从母细音。这样

以鱼韵为例，“lja 徐屿 ljaa 斜邪谢”就可对 hlja 蕱（相居切），ɦljaa 鍦（慈夜切）了。

由喉冠 l 后加 j 既随邪母归精、心、从三母，则可解决好些精组与 l 母通谐的难点：

酒（子酉切）ʔlju'：由酉 lu' 转注分化

椒（即消切）ʔljiw：与寂 zlunɯwɢ 同为叔 hljɯwɢ 声

進（即刃切）ʔljins：说文閵 rins 省声

賮（即夷切）ʔljil：真 ʔlin 声

剶（子泉切）ʔljon：彖 lhoon 声

枲（息里切）hljɯ：台 lɯ 声

司（息兹切）hljɯ：与嗣 ljɯs 谐声

螔虒（息移切）hlje：螔又读弋支切 le

信（息晋切）hljins：通“申伸身”hlin（《孟子·尽心下》用“圣”代替“仁义礼智信”的“信”）

死（息姊切）hlji'：通屍 hli

四（息利切）hljids：与呬（虚器切）hrids“转注”

肆（息利切）hljɯds：隶（羊至切）lɯds 声

笑（《集韵》仙妙切）hljoɯs：（壮语 riu'，武鸣 ɣiu'，龙州 hu'）

佯（在良切）ɦljaŋ：羊 laŋ 声

吮（徂兖切）ɦljon'：允 lun' 声

自（疾二切）ɦljids：谐眉（许介切）qhriids，与鼻 blids 呬 hrids 同源（有可能“息”也来自 hljɯg，故《说文》云“自亦声”）

我们还可以依此解决著名难题：甲文地支的双子问题，“巳”字写成“子”字，而“子”另写成近兒字形。我们理解“巳”“子”古同义，“巳”许慎说即象“包”（胞）字中子形，但两字形音却俱有较大差异，为何“巳子”可以互换，一直令人疑惑。笔者多年前曾有旧稿《子巳探源》注意了这一问题，只为拟音始终未洽而未公开发表，只在友人间交流。现在经上面的重新安排，原来上古读法是：

邪母“巳”ljɯ'——精母“子”ʔljɯ'——从母“字”（养育孩子）ɦljɯs

则自然就看出三字的词根同为 ljɯ，明显同源（也同源于壮语“子”lɯk、泰文“子”luuk），“子巳”互换是基于词源同根。词源同根和词根同音，那正是一切古音转注、通假、谐声的基础。

参考文献

李方桂.上古音研究[M].北京：商务印书馆，1980.

梁敏、张均如.侗台语族概论[M].北京：中国社会科学出版社，1996.

梅祖麟.古代楚方言中“夕”字的词义和语源[J].方言，1981(3).

郑张尚芳.汉语上古音系表解[J].浙江语言学会首届年会论文.(1982 修改油印，2003 刊《语言》4 卷，首都师范大学出版社)

郑张尚芳.上古音系[M].上海：上海教育出版社，2003.

——《语言研究》2013 年 2 期

附录二　上古韵类与分韵字表

1　韵尾的分类

上古音系有十个韵尾：（A）浊塞音韵尾 b、d、g，再加上药部的 wɢ<ɢ 则为 4 个“入声韵”韵尾，（B）鼻音韵尾 m、n、ŋ 共 3 个“阳声韵”韵尾，（C）流音韵尾 l 在“歌微脂”三部，上古后期变腭通音尾 j。-j 加上唇通音韵尾 w，以及喉通音的零位韵尾 ø，旧都称“阴声韵”，则理论上有 3 个“阴声韵”韵尾。三类十个韵尾可与 i、ɯ、u、e、a、o 六元音构成词根的韵基，此外再加两个变上声去声的后附尾-ʔ、-s，共计有 12 个韵尾，但要注意，后附尾不是构成韵基的成分。

2　A 类收喉各部韵类及分韵字表

按韵尾部位可把上古韵部分为 A. 收喉、B. 收唇、C. 收舌三类，现分述各部韵母所包含的中古韵类，可从中看出它们之间的发展关系，及彼此间严整的分等对应规律。下面以三节列表显示了上古韵类分布总的面貌，凡有字的都标出例字，无字或字太僻的留空，这些空格值得再研究是否发生过更早的音变（例如谷读如峪 log 应来自长元音 loog）。

表头列上古韵部的拟音和韵部名，韵部内依韵类再分的，用小字列出韵类名，带 s 的去声分部则直列分部名，又用小字再列韵类名（如谈部分“谈、兼、凡”，元部分“寒、仙、算”；至部本身属于质部的去声分部，也分“谧、闭”两小部）。

每部按元音长短及声母有无 r 垫音列等（只舌音带-r 是汉代的，其前是 rt），少数部的长元音更有带 j 垫音而分列的。这些韵及长元音与 l（以母）结合的，中古也变三等韵，构成分等上长元音只对一二等的例外。0 表声母无 r、j 垫音，但不排除有 l 垫音。

表心列中古韵类，后用小字注出代表字例（例字多从王力《汉语史稿》选取并加调整补充，也参考了周法高上古音韵表，逢同音同谐声的字较多时则常只选列一二字，/号后所列是其有参考意义的别体。注意例字中有的是只取在该韵的异读，如幽流长音 L 的“陶鸎”）。

韵类依声母有分异的，前面用大写字母表示所见声母类别：

W 表示声母属于唇音与唇化音（注意由于唇化音只见于见系，同谐声如有精组字当为 skw 式声母），K 表喉牙唇音，皆为钝音声母；T 表舌齿音，R 表庄组，L 表以母，皆为锐音声母。非入声来源的韵类以平声兼赅上、去入声来源的另列-s 下。

中古韵类后小 3 表该韵的三等，A 指重纽四等、B 指重纽三等。注意 u、ug 中含有 uw、uwG 来源，而 i、iŋ、ig 后期将与 il、in、id 合并，它们间多有纠葛是不奇怪的。

根据本表的韵类分布，未列的字从其中古韵类反切，结合声符指向，也就可以推知它的上古韵母读法。

韵 介音		oŋ 东	og 屋	ogs 窦	o 侯
0 长		东琫搼蓬蒙幪，工公贡空孔控红洪鸿閧烘翁滃瓮甕，东董栋通桶痛同童動洞聋弄，椶揔總緵囱悤叢送	屋卜樸攴僕木鶩，縠穀谷哭斛嗀㲉屋，秃讀覿/儥獨录禄鹿，鏃蔟族速餗 沃鏷僕	候瞀，彀，鬥鬭噣窦瀆讀豆槈，奏湊嗾漱	侯剖掊部蔀，溝钩狗覯摳口寇侯厚后候蚼後謳欧偶，兜斗偷頭豆窬逗婁漏陋，掫緅走鲰嗾 模菩部
	L	锺容	烛谷/峪	遇裕	虞窳
r-长		江邦庞蚌棓龙，江講虹腔项㗅巷，惷幢撞噥，窗双	觉剥璞朴瞀，角珏㱿嶨确岳獄渥，斲啄濁镯，捉娕浞数	效斠	肴㷟譳绉捔
0 短		锺封蜂捧逢奉俸，恭龔廾拱孓鞏恐邛共凶匈邕雍颙，冢重浓醲龙窿宠容庸甬用，纵枞从耸竦松讼诵颂	烛菶梮曲局玉獄顼，斸豕亍躅绿浴欲，足促趣数	遇赴讣務霧騖，壴，趣	虞柎府付拊符腐俯侮，驹俱句屦区驱煦具酗妪禺愚遇，株蛛拄味驻貙厨柱住缕屡俞臾愈諛喻，娵趨取聚须需　鱼饫
j-短		锺锺鐘種踵衝舂茸秾冗	烛烛昪觸蜀属束赎辱，续俗	遇昪觸赎，续	虞朱咮主注姝殊殳豎樹输戍儒乳孺
r-短	R		屋珿	遇数	虞刍雏菆ᶜ数

		aŋ阳	ag铎	ags暮	a鱼
0长		唐岡康亢杭行印盎，當黨汤儻堂唐宕囊曩廊狼朗，臧葬倉藏桑喪顙	铎各胳恪壑郝貉涸咢噩鄂恶，託柝橐蘀度鐸诺洛烙，作错昨索	暮固婟恶，蠹度路赂，作错阼祚诉溯	模姑辜蛊股枯苦库胡互呼虎乌隖吾五午晤浒，都睹土吐兔徒圖屠塗奴弩盧鲁鹵虜，租祖粗殂蘇素
	w	唐榜谤滂旁芒忙莽荒怳，光廣曠黄皇晃汪	铎博膊粕泊薄亳莫幕漠瘼，郭廓鞹霍镬矱蠖臒	暮莫慕墓募，護	模逋補布圃鋪普怖蒲簿哺步谟莽憮膴，孤鼓顧刳狐壶户戽污吴误
	L		昔亦奕腋液射绎译	祃$_3$ 夜射	麻$_3$ 耶野冶
j-长		清饧(徐盈切)	昔跖蹠炙隻赤尺斥石释奭螫，席夕，借籍昔腊舄	祃$_3$ 蔗柘炙射麝赦，借藉谢	麻$_3$ 遮者车闍社奢赊舍贳若，譇罝姐且些寫卸斜邪
r-长		庚庚羹更阬行衡杏亨，瞠撑棖，鎗/鐺	陌格骼客垎额赫，乇磔坼宅澤擇，窄笮栅齚 觉朔	祃吒诧，诈乍	麻家葭贾叚斝嫁價瑕下夏罅哑牙衙雅讶，奼荼拏，查嗄鲊
	W	庚祊烹彭盲盟猛孟，觵礦横喤　耕泯萌	陌百迫魄白帛蓦陌貊，虢謋漷獲擭	祃霸怕，亚，吒	麻巴豝把靶葩杷蟆马骂，瓜寡夸跨華譁窪
0短		阳疆姜繈羌强香鄉享向央仰，张帐伥畅鬯长场肠丈杖良梁凉两谅亮娘釀量羊陽扬養恙羕，将奬醬搶爿牆匠襄相想	藥脚却噱臄，著掠略，鹊舄	御著，蜡(七虑切)	鱼居车舉據袪墟去渠豦巨遽虚於鱼语圉御许，猪樗攄褚除宁貯箸女廬旅吕慮余與舁予譽，苴咀蛆睢胥絮
	W	阳方放舫芳纺访房防亡网妄望，獷誆诳匡狂枉贶况王往枉	藥缚，矍攫钁蒦彠	遇傅篚賻	虞夫膚斧甫敷扶凫父釜辅抚赋無蕪巫毋舞武，矩踽齲瞿懼吁雩栩于宇羽雨禹芋迂虞娱麌
j-短		阳章掌障昌敞唱常上尚商傷赏餉攘壤讓，祥庠详翔象	藥斫謶鵅箬若	御蹠庶	鱼诸煮渚處墅署書暑鼠黍如汝恕杵，徐序鱮敍
r-短	R	阳莊妝壯創牀戕狀霜爽	藥斮		鱼菹阻俎诅楚锄助梳所疏
	K	庚$_3$ 京景竟卿慶黥競影迎	陌$_3$ 戟丮隙劇虩逆		支戲(於戲)
	W	庚$_3$ 兵丙柄秉病明皿，憬囧兄永詠	陌$_3$ 碧欂，擭		

		eŋ 耕	eg 锡	egs 赐	e 支
0 长		青经刭径謦磬馨型陘婞胫,丁鼎聽亭廷定寧佞靈零令,青星醒	锡擊覡鷁鬩,嫡逖惕剔敵狄歷,績锡析	霁繫繼係縊,帝禘	齐鸡笄溪启奚醯兮倪麑睨羿,鞮题蹏遞,嘶撕壻
	W	青僔苹萍屏冥暝,坰扃炅炯褧縈/苘詗炯迥荧荥萤莹	锡壁劈僻甓冖觅,狊鶪闃砉	霁嬖薜	齐鼙,圭桂奎襀攜纗觿畦烓
r-长		耕耕耿硁茎幸莺罂櫻嫈,丁嫇泠,争筝诤铮峥	麦隔翮覈厄搤,摘谪疒,责策册啧	卦隘,债责	佳佳街解鞵䑰蟹懈娃哇崖涯,搋廌豸,柴
	W	耕迸怦抨,轰訇輷謍	麦擘檗脈,画劃 陌砉	卦派,画	佳捭牌稗買賣,卦蛙纗嫿
0 短		清贞楨檉骋逞裎呈程领令郢盈赢嬴,精晶旌井清请凊情静阱净省性姓	昔彳躑擲擿易,脊積刺磧瘠	寘易,刺渍赐	支知智褫篪豸廌,訾髭紫雌此疵斯虒
	K	清颈劲轻痉婴瘿	昔益嗌	寘 A 縊	支 A 枳企跂歧忮
	W	清并饼聘名,倾顷縈/苘瓊茕营茔颖颍檾	昔甓辟僻闢,役疫	寘 A 臂譬避	支 A 卑俾脾陴婢弭,跬觿孈恚纗
j-短		清征整正成盛聲聖	昔適(之石、施隻切)	寘啻	支支纸忮枳只氏舐豉翅兒,卮禔匙是
r-短	R	庚$_3$ 生省眚峥			支齜跐
	K	庚$_3$ 荆驚警儆敬擎	陌$_3$ 屐		支 B 技妓伎芰
	W	庚$_3$ 平鸣命,荣莹	昔$_3$ 碧		支 B 碑

* 徙规声字入 el。

		uŋ 终	ug 觉	ugs 奥	u 幽流
0 长		冬雺,冬统彤农脓,宗综淙賨愺宋	沃娼瑁,檤梏牿酷鹄嚳鷽,督笃毒,裻	号报帽冒,告诰靠奥纛,竈	豪褒寶保鸨袍抱,羔皋咎鼛尻考嗥皓颢夰昊好媪翱,岛蹈讨陶焘道稻嶹/猺夒堖牢醪老,遭枣早蚤草曹皁造骚嫂掃 侯裒楙懋贸戊茂袤,叟
	L				宵陶窯舀鸐
j-长			药禚糕		宵 A 顤窔

续表

		uŋ终	ug觉	ugs奥	u幽流
r-长		江淬绛降	觉雹鲍鳆,觉学	效觉窖觳	肴包饱脬泡匏鲍茅 卯窌,膠搅巧哮孝,爪
0短		东$_3$ 中忡沖蟲仲隆融 肜,嵩娀　锺浓	屋$_3$ 竹筑畜逐衄恧六 陸育毓粥昱,蹴鼀 夙宿	宥畫畜,僦就鹫宿	尤盩肘丑疇纣纽糅 流留劉柳翏游吕酉诱 貁,遒酒囚懵羞秀
0短	K	东$_3$ 豐蘴酆,宫躬窮	屋$_3$ 腹蝮覆復鳆馥目 穆睦,匊鞠鞠畜隩 烛旭勖	宥鍑覆復,畜	尤缶浮阜牟矛鍪,鸠 龟九韭救究粮求臼舅 咎休朽嘼嗅憂麀 虞孚俘郛
j-短		东$_3$ 终螽众充戎 锺秾	屋$_3$ 祝粥孰塾肉	宥祝咒肉	尤州帚醜雠受壽售 首守狩獸柔
r-短	R	东$_3$ 崇	屋$_3$ 矗缩谡	宥簉	尤邹騶掫绉簉謅骤 搜溲瘦
r-短	K				幽阉觩烋

		ŋɯ蒸	ɯg職	ɯgs代	ɯ之
0长		登緪肯恒,登等腾鄧 能棱,曾憎層贈	德刻克劾,得德忒特 勒肋,则贼塞	代劾阂,戴贷代,塞	咍该改孩亥礙醢埃, 等胎臺待乃耐態來 赉,哉灾宰崽再载猜 偲采才裁在鰓鰓
0长	w	登崩朋棚瞢薨,肱弘	德北匐僰踣墨冒,國 或惑 德黑	队背邶瑁,擱	灰杯胚醅陪倍媒每 悔,悝恢灰贿蚘 咍海毐
0长	L				咍佁
j-长					咍茝
r-长		耕橙	麦革核	怪戒械	皆痎骸駭,榸,豺崽
r-长	W	耕繃弸薨、宏泓	麦麦,馘聝蝈	怪怪	皆埋霾
0短		蒸兢矜競興應膺凝, 徵懲澄陵凌蝇孕塍, 甑缯	职棘亟極嶷億,陟敕 饬直匿力翼弋翊,即 稷息	志亟意,徵置值	之姬箕己记欺起其 跽忌疑熙喜矣,癡笞 耻胎持峙治釐里李吏 怡圯以,兹子梓慈思 司枲笥
0短	W	东$_3$ 冯夢,弓穹雄	屋$_3$ 福辐服箙伏牧, 郁彧	宥富副伏,囿	尤不否醅涪箁妇负 谋,龟鬮久灸丘裘舊 牛郵尤有右又侑美 侯裒音掊箁母畝某 牡莓 *

续表

		ŋɯ蒸	ɯg职	ɯgs代	ɯ之
j-短		蒸蒸拯丞，證稱乘绳升勝仍	职織殖寔式識饰食	志熾識试弑異，飤	之之止志蚩齿時市侍诗始而耳，辭词已似耜嗣寺
r-短	R	蒸殑	職仄側测色啬穑	志厕	之甾胾滓颸士史使駛事俟漦
	W	蒸冰凴	職逼皕愊愎，洫侐閾域	至B備	脂B鄙痞丕嚭，龟洧 真敏

* 之部三等唇音未增生介音而变入侯韵，如“母”应与“父”一样读三等。又龟有异读，居追为 kwrɯ、居求为 kwɯ，后者汉代变 kwu 而入幽部。

		iŋ真黾 *	ig质节	igs至谧	i脂豕 **
0长		先坚賢，田畋奠甸年	屑噎蠮，跌鐵垤迭瓞涅，節	霁殪曀豷，疐嚏	齐稽乩/卟诣医翳殹，體薤礼醴，泲
	W	先骈胼玭瓆暝，蠲	屑苾，血穴		齐梐螕批媲陛迷米
r-长		山黾，臤慳掔	黠戛		皆淮
0短		真臣，陳陣，辛新	质窒咥姪秩暱栗溢，即漆膝	至致轾懥	脂秕比妣庇毗膍比枇坒，嵴屎雉膩履彝，资恣姊秭第次茨死 之醫
	K	真A紧印	质A壹一　職抑	至A豷	脂A吚
	W	真A黾	质A必蜜谧 術鴪，恤卹	至A媢，侐	脂孀唯惟维滩鸗，雖睢　支弭
j-短		真抯臣茝腎頣弞	质桎騭室失佚日衵	至至懥痓谥	脂脂旨胵嗜尸屍蓍豕矢屎水二貳，兕 支榰
r-短	K	真B臤嚚	质B宓密，乙	至B閟祕毖，懿撎饐	脂B美，耆鳍鬐屎
	R	臻莘溍	栉栉瑟虱		脂师狮

* 黾有武幸、武尽二切。耕部的“令青奠”等声字更古也读真 2 黾类 iŋ，上古一段时期应有两读。青声字读 i 元音，“倩”-iin 与盼-ɯɯn 叶韵、“猜”-ɯɯ 与青谐声等现象才能解释。

** 真质至脂各部各分为两韵类(小部)：真部[1 因 2 黾]，质部[1 七 2 节]，至分部[1 闭 2 谧]，脂部[1 齐 2 豕]。此节所列为第 2 类，第 1 类在第 4 节收舌韵表中。

《诗经》脂部中有常与微部合韵的，此类字当归 il；凡是只跟脂部字叶韵或与《切韵》之支韵通变的，才列入“脂 2”豕类 i，如“秭第医豕二死屎”等。比较藏文：死 sji、礼 ri-mo(供献敬奉)、二 gnjis，屎：门巴 khi、浪速 khjik，豕：僜、珞巴 li，佤、布朗语作 lik。

3　B类收唇各部韵类及分韵字表

各部韵类皆三分：药部[1 乐 2 约 3 沃]，其去声豹分部[1 悼 2 耀 3 暴]。宵部[1 高 2 尧 3 夭]。觉部 uw＝u，以 ug 为 1：[1 觉 2 肃 3 迅]，其去声奥分部[1 奥 2 啸 3 弔]。幽部[1 流 2 攸 3 叫]。

谈部[1 谈 2 兼 3 凡]，盍部[1 盍 2 夹 3 乏]，其去声盖分部[1 盖 2 荔 3 会]。

侵部[1 音 2 添 3 枕]，缉部[1 涩 2 揖 3 纳]，其去声内分部[1 莅 2 挚 3 内]。

		owG 药沃	owGS 豹暴	ow 宵夭
0 长		沃襮爆，熇嚣隺沃鋈，泺 屋瀑泺暴曝瀑，熇，泺，鏊	号暴曝瀑，盗	豪芺夭，臑
	L		遇鸌	
r-长		觉曝，榷確，荦	效爆	肴吠
0 短		药爚龠瀹	笑諭	宵笑
r-短				宵 B殍莩，橇妖夭
	R			虞籍

		awG 药乐	awGS 豹悼	aw 宵高
0 长		铎襮爆，鹤，乐，鑿鑿	号悼	豪藨麃毛旄耄秏/耗，刀倒到弢桃燚劳潦橑痨饕，澡藻躁操缲噪，高稿缟杲藃犒豪鎬蒿崤号號嚣敖傲挠
r-长		觉驳旄，卓踔荦，鷇墝滈嚣乐	效罩踔淖闹，较乐	肴麃，教敲嗃爻肴崤，摷巢勦呶
0 短		药逴擽藥，虐謔	笑療	宵超肇召洮
j-短		药烁鑠		宵招昭沼弨照弨韶绍邵
r-短				宵 B表，嚣枵鴞

		ewG 药约	ewGS 豹耀	ew 宵尧
0 长		锡的* 趯翟糴溺砾栎跞，激敫覈檄	啸钓糶藋掉溺/尿，激敫竅	萧貂挑朓苕窕掉褭嬝膋燎僚料，枭浇钊缴皎徼皛幺邀尧晓，杳窅，箾

续表

		ewG 药约	ewGS 豹耀	ew 宵尧
r-长		觉驳邈，戳擢濯搦，篛葯，稍	效豹貌，櫂棹，犨	肴貓窅，嘲鐃撓橈，钞梢筲稍，交狡绞效皦磽
0 短		药芍躍，爵燋雀爝嚼削	笑耀，爝釂鞘	宵朝兆趙燎缭姚谣摇鹞，焦醮悄俏谯消小肖笑
	K	药屩蹻敫约葯	笑 A 约	宵 A 飙杓熛標飘票螵缥镳漂剽瓢瞟摽眇淼藐妙，翘腰要
j-短		药酌灼炤绰勺芍妁弱	笑炤	宵钊烧少饶荛绕
r-短	K		笑 B 蹻鱎	宵 B 镳麃苗描貓廟，驕矯蹻喬嶠

* 宵药四等唇音皆缺字，从谐声看是窜入舌音端组，杓有唇舌两读，“标的”音义同源，可能是高元音 ew 唇尾与唇音声母产生异化引起的。我们把此类音都直接拟为 pew 或 plew，而不视为流音塞化或带 t-冠音。

uwG＝ug 督	uwgs＝ugs 竈	uw＝u 島嫂咎九孚

		ɯwG 觉肃	ɯwGS 奥啸	ɯw 幽攸
0 长		锡倜迪笛滌覿踧惄，戚慼鼙寂	啸嘯	萧雕鸟莜條鞗调聊寥，萧儵筱篠 豪櫜鼕榣
	L			宵繇
r-长				肴膠坳，啁
0 短		屋逐轴戮勠，肃	宥宙胄，繡	尤㑳抽瘳绸紬鏐熮翏繇攸由柚卣，秋湫修 侯牡
j-短		屋俶淑叔儵倏		尤舟周收手，袖褎
r-短	K			幽彪缪谬，樛纠虬璆蟉幽呦黝幼
	w			脂 B 轨宄簋晷逵馗頯 *
	R			尤愁

		iwG 觉惄	iwGS 奥弔	iw 幽叫
0 长		锡迅惄	啸弔	萧叫顥窈，熮
r-长				肴拗

续表

		iwG 觉惄	iwGS 奥弔	iw 幽叫
0 短				宵椒愀菽,熮髎
	K			宵 A 髟,顤攸
j-短		药穛禚		宵擾櫌
r-短	K			宵 B 嬀

* “轨”入 ɯw 而不入 iw,是由于至汉代其韵尾 w 因异化脱落后即变之部,说明其元音是 ɯ。以后变化跟龟 kwrɯ 相同。

		om 谈凡	ob 盍乏	obs 盖会
0 长		谈啗埯,黪鬖　覃坎臽庵晻,萏 东芃	盍䈪,卅	泰芾沛旆,檜儈劊會 繪薈
r-长		衔黬,芟彡衫縿　咸陷臽萭 江戇	狎霅　洽眨	夬獪噲
0 短	K	凡泛氾汎凡帆犯範鋄,欠淹俺 严腌　锺要	乏乏　业腌	废肺
		盐谄阎錟,燂燂潛彡	葉妡	祭蝻
j-短		盐撏染,焊	葉摺霅讋歙	祭芮枘蜹
r-短	K	盐 B 砭贬窆,赣芡淹奄阉掩俺	葉 B 腌	

		am 谈谈	ab 盍盍	abs 蓋蓋
0 长		谈甘敢瞰邯酣譀揜	盍嗑磕溘盍闔	泰蓋磕
	T	谈儋聃膽荽谈郯淡啖藍覽濫,慚鏨暂	盍耷狧遢鳎/鰈蹋闒臘鑞	
j-长			盍譫	麻3 貰
r-长		衔监鑑衔檻譀巉,攕	狎甲匣狎呷譀鸭,霅	
0 短	W	凡氾犯範	乏法,猲	
		盐斂鹽琰黶,僉	葉獵鬣	
	K	严剑脅嚴儼	业劫怯笈衱脅業	
j-短		盐詹瞻襜蟾赡闪剡髯冉苒	葉涉喦	

续表

		am 谈谈	ab 盍盍	abs 盖盖
r-短	K	盐 B 檢瞼箝黔鈐儉險炎弇湺嬚撿验广	葉 B 笈饁	
	W		葉 B 曄爆	

		em 谈兼	eb 盍夹	ebs 盖荔
0 长		添兼缣谦嗛嫌蒹,點玷銛恬拈鮎	帖頰愜劦協俠,聑帖牒蝶籋 苶,浹燮屧	霁荔珕
r-长		咸鬑槏,斩醶攕	洽夹狭,喋,臿插歃萐啑霎 狎壓,翜	
0 短		盐沾覘黏廉,殲籤塹纖綅銛	葉輒聶籋踂葉,楫接睫妾捷	祭泄抴勩　寘荔
	K	盐 A 厭魘	葉 A 靨擪	
j-短		盐占苫陕	葉辄慑讋摄葉	祭迣世齛贳
r-短	K	盐 B 嵰	葉 B 駉	祭 B 瘞
	R	盐讖	葉霎萐	

		um 侵枕	ub 缉纳	ubs 内内
0 长		覃赣灨竷龕戡堪函涵,耽默贪探潭覃禫 曇禫南男婪岚壈,簪噆参骖惨黲糁 谈三	合浩鸽蛤合歆,答嗒沓遝龘 龖纳衲軜摺,噆帀雪雜卅	队對退内
r-长		咸函,湛,掺	洽祫跲洽,劄	
0 短	W	东3 风枫讽芃凰		未芾
		侵揕琛湛闯沉鸩臨冘鐔鷣蟫,殑鶩	缉譶熠,集習騽	
j-短		侵斟针枕谌忱甚葚沈深瀋,鶩蕈寻	缉汁斟拾十入廿,襲	
r-短	K	侵 B 品	缉 B 给翕歙熠騽	
	R	侵簪譖参滲		

		ɯm 侵音	ɯb 缉涩	ɯbs 内莅
0 长		覃弇感淦绀含撼憾媕諳暗	合溘鞥媕濕，飒靸馺	
	T	添唸簟念，僭	帖叠鍂敜	霁涖
r-长		咸緘減喊咸鹹欿妗黯韽喦碞，淦、毚讒饞	洽浥	
0 短	W	东3 梵，熊		
		侵椹郴朕栿紝赁林淋凛廪淫，沁心	缉立笠粒沓	至莅涖
	K	侵 A 愔	缉 A 挹	
j-短		侵箴壬紝稔任諗淰	缉溼/濕，隰	
r-短	K	侵 B 稟，今金锦禁钦衾禽琴凛噤歆音陰饮窨吟碞	缉 B 急级汲泣湆及吸邑悒浥岌	至位
	R	侵岑涔森	缉涩（与濇同根）	

		im 侵添	ib 缉揖	ibs 内摯
0 长		添墊坫添忝甜	帖帖墊褺	
r-长		咸詀		
0 短		侵砧，祲浸綅侵寝	缉縶霫蟄，咠葺缉辑	至鷙
	K		缉 A 揖	
j-短			缉執	至摯鷙贄
r-短	K		缉 B 鵖皀	
	R	侵駸讖罧瘁	缉戢蕺濈	

* 舌音声母后有 ɯ>i 现象，故入中古四等韵，凡不作这类变化的覃合、屋韵字，其元音只能是 u 或 o，参看：塔来自梵文 stūpa 或巴利 thūba 的缩译；古汉越语：南 nom 南人，墰 tum 瓮，纳 nop，沓 ʔdup 双重的；泰文：男 hnumh 男青年，萏 tuum 含苞，墰 tumh 缸，搭 top 拍打，藏文：三 gsum，贪 rlom，簪 sdom-pa 束、总拢，墰 dum 小盆，纳 nub 沉入，缅文：潭 thum̃h。

** 夅声及蒸韵朕声仍作收-ŋ 安排，不归收唇。“降”对藏文 ɦkhruŋs 降生、壮语 roŋ² 都收 ŋ。

*** “葉”本“世”的转注字，《诗 · 长发》“昔在中葉”即中世。可比较僜语、独龙语、景颇语葉 lap、越南语 lá，藏语世代 rabs。“澀”本作“濇”，又所力切 srɯg。

4　C 类收舌各部韵类及分韵字表

各部韵类三分：

元部[1 寒 2 仙 3 算]，月部[1 曷 2 灭 3 脱]，其祭分部[1 泰 2 敝 3 兑]，歌部[1 麻 2 丽 3 戈]。文部[1 欣 2 因 3 谆]，物部[1 迄 2 七 3 术]，其队分部[1 气 2 闭 3 队]，微部[1 衣 2 齐 3 畏]。

		on 元算	od 月脱	ods 祭兑	ol 歌戈
0 长		桓曼鞔漫幔，端短湍疃彖團断段鸾卵溴烦惯亂，纘纂鑽竄爨欑攢酸狻算蒜，官冠觀管贯裸盥宽款萑莧歡貛讙逭剜婠腕盌刓玩	末祓市茇跋拔，咄掇脱奪柮捋，柮撮，檜括栝适阔活掮	泰(沛旆)軷，祋蜕兑奪酹頪，最蕞，外	戈朶鬌揣妥唾惰挼螺/羸蠡，挫脞剉坐蓑梭唆莎琐惢，戈果裹過科顆课火夥禾和祸涡倭踒货
r-长		删蛮慢，關丱串惯豢患弯绾顽，奻，撰馔栓孿	鍩刮刖，竅，刷 黠拔，婠，竅娺	夬话，嘬啐 怪拜	麻騧娲剐踝，樬撾，髽 佳娲蜗呙諣
0 短	K	元畚蔓晚挽，圈蜷勸券圈壡/埍叩冤鸳宛夗怨元阮	月髮坺，孓厥蕨阙橛掘鷢月刖軏	废(肺杮)吠，喙	支隳隓，撱
	T	仙轉椽傳篆傳聯孪脔恋缘沿兖掾，朘镌悛痊诠筌全隽選	薛叕辍惙劣埒鋝阅悦，蕝脆/膬绝雪	祭缀啜畷锐，蕝毳帨脆/膬	支箠諈锤鬌綞諉羸垒累，惢髓随
j-短		仙專穿川舛喘遄船耎輭/软蝡	薛拙啜说焫/爇蜹	祭赘啜喙税说帨蜹	支捶惴吹垂箠睡瑞蘂
r-短	K	仙 B 变弁卞免俛冕娩，卷桊眷圈鬈拳權圈倦员圆院嬛	薛 B 蹶	祭 B 鳜蹶	支 B 诡跪萎委危
	R	仙撰馔栓	薛茁斀锊	祭毳竁	支揣衰

		an 元寒	ad 月曷	ads 祭泰	al 歌麻
0 长		寒干乾幹刊侃看寒旱翰鼾厂罕安案豻岸暵漢	曷割葛渴曷褐喝遏蘗辥栫	泰丐愒轄害蔼艾	歌歌柯哿个轲可河何贺呵阿俄我饿
	T	寒单丹亶旦坦炭檀但弹歎難蘭孏爛灘歎，赞餐粲戔残珊散	曷怛靼闥撻達剌獭，巀蹵	泰带泰大柰赖籁厲，蔡杀	歌多它拖紽佗鼍那儺羅砢，左磋瘥醝娑獻
	w	桓般半潘拌判盤伴叛畔瞞满，奂焕桓瓛丸纨缓澣换肒	末撥末秣，豁濊斡	泰贝茷沫，巜涣噦翽濊	戈波簸播颇破婆鄱摩麽磨，讹卧货
	L				麻3 也
j-长					麻3 蛇，嗟瘥

续表

		an 元寒	ad 月曷	ads 祭泰	al 歌麻
r-长		删姦菅諫晏颜雁贗,豩,赧,栈删潸汕　山斕	鎋瞎轄牽鬠,刹	夬僁,犗餲	麻加枷驾間,爹,鲝差槎叉沙
	w	删班斑颁板攀阪,擐還宦豩		夬败邁勱蠆,夬快	麻麻,化瓦
0短	K	元鞬蹇建健轩騫憲獻焉偃堰言甗巘	月讦揭竭碣歇蝎謁钀	废乂刈	戈3 迦伽茄
	w	元番反贩幡烦樊燔繁/緐饭萬,煖/喧咺楥爰袁園遠原愿願	月發伐罚襪,狘戉越粤曰噦	废废,顪薉穢	戈3 瘸
		仙鱣邅蕆廛纏懸延衍,碫燹,宣旋	薛耿中	祭滞懘厲例,歲	支池籬詈移迆匜,髊
j-短		仙旃餰饘戰颤阐硟单蝉禅善缮羶鳝,涎羡	薛鞋鞨	祭忕	支觶眵侈施
r-短	K	仙B蹇搴愆籫乾虔键件焉蔫閼堰彦唁甗	薛B揭讦朅愒竭碣楬桀傑钀	祭B劂憩揭偈	支B羁寄攲绮奇錡羲戲猗倚儀宜蟻義谊
	w	仙B湲圜嬽	薛B噦	祭B劌衛䜾	支B陂彼披皮被縻靡麾,嬀虧毁燬烜爲伪
	R	仙栈	薛(椴)		支差

		en 元仙	ed 月灭	eds 祭敝	el 歌丽
0长		先肩豣茧见现顯蚬燕嚥宴研砚,奠淀撚莲练,箋溅前霰	屑督竊截楔,潔挈锲覈齧臬	霁蓟紒契甈,蝷蒂(蔕)杕,擦	齐磾祢孎離驪鱺蠡欐丽
	w	先邊编遍片骈辮瞑矈丏眄节麪,涓畎犬懸缳寰縣敻削弲肙	屑擎鼈蔑,诀决缺抉	霁攜,慧嘒	齐婺
j-长					齐移鬩　脂地
r-长		山绽嗞,琖鏟孱孱栈山產,间简柬闲苋	黠察殺,扴楔鬜	怪褹,瘵祭鎩蔡,丰介芥界	佳孋,籭躧矖
	w	山辦瓣,幻嬛	黠八捌,揠乞	怪躗	佳罷,拐
0短	T	仙展辇连延演,煎翦戬箭遷浅钱践贱仙鲜癣跿獮綫/線	薛哲徹辙澈列裂烈拽,蠽离薛褻	祭彘滞例曳裔,祭際	支螭離蠡罹麗驪邐貤,嫡玺徙
	w	仙泉璿,绢狷蜎儇蠉嬛翾悁肙鳶捐	薛雪,缺	祭嘒彗槥睿叡	支规窥芛
	K	仙A鞭褊篇扁偏便緜櫋缅愐沔面,甄遣譴	薛A鼈瞥滅烕,孑	祭A蔽敝弊袂,藝	支A彌瀰鸍

续表

		en 元仙	ed 月灭	eds 祭敝	el 歌丽
j-短		仙扇然,涎羡	薛折瘛舌设熱茶,凖	祭制瘌瘛筮逝誓勢	支寘鸝尔迩
r-短	K	仙 B 辨辩,焉躽	薛 B 别,蘖孽	祭 B 猘甈	支 B 羆罷
	R	山孱栈	薛槸	祭瘵鎩	支釃屣

		un 文谆	ud 物術	uds 队队	ul 微畏
0 长		魂畚奞悗,敦顿暾涒屯豚臀盾遯钝論綸蜦,尊撙村忖寸存踆蹲鱒孫飧巽遜,损,昆褌鲧衮坤壼困浑混圂温揾梱髡	没勃艴没忽,突訥,卒猝捽窣,骨汩窟圣搰扫兀杌揾	队孛悖,隊酹,倅淬碎,凷/塊	灰浼,堆敦碓推隤魋捼餒雷磊儡耒,脧崔漼摧罪蓑,瓌瑰傀魁回樏潰隈偎猥磑嵬桅虺 戈火(又)
r-长		山窀,綸鰥	黠拔,滑猾,聉窡貀,茁	怪怪蒯塊/壝喟顡	皆箕蕢墤槐懷壞崴
0 短	K	文君军攈群郡熏荤训晕運緼愠	物孓屈掘崛鬱蔚菀	未彙胃渭蜎尉慰	微歸鬼贵魏辉威畏
	T	谆窀迍椿楯倫淪輪允,遵儁俊晙逡踆浚峻	術茁黜怵术律率聿,卒踤戌	至墜類,醉翠瘁萃粹祟遂隧燧	脂追椎槌纍壘耒诔遗,綏睢荽
j-短		谆谆肫春蠢纯盾鹑舜脣吮顺瞤閏潤,循巡驯	術出術述	至出	脂隹骓谁蕤纍蜼,雌
r-短	K	真 B 麇囷帬窘菌殒隕	质 B 筆,汩	至 B 喟駋	脂 B 赍卉,騩愧歸夔匱蕢臾魄
	R		術率蟀	至帅率	脂榱衰

		ɯn 文欣	ɯd 物迄	ɯds 队气	ɯl 微衣
0 长		痕吞,根跟艮墾齦痕很恨恩垠	没纥齕麧	代𧽯逮,概溉慨嘅溉愛	咍剴開凱塏哀
	w	魂奔贲本喷盆笨猹门璊悗亹懣闷昏婚阍,魂	没勃艴没忽	队配妃妹昧沬	灰輩朏裴枚玫黴,詯匯
	T	先典腆殄殿跈,荐薦茜先跣铣	屑饕戾唳,屑*	霁蝃棣隸戾唳悷沴	齐蜦沴,西洗细
r-长		山颁扮盼,艱艱限眼殷	黠𩌏	怪𩌏,屆𩌏薤瀣	皆排徘,乖匯,俙

续表

		ɯn 文欣	ɯd 物迄	ɯds 队气	ɯl 微衣
0 短	K	欣斤筋巹谨靳螼勤芹近欣焮殷隱垠圻鄞断狺	迄讫吃乞仡忔汔	未既暨氣气餼毅	微幾饑蟣畿祈旂圻希稀豨衣沂螘豈
	w	文分饙粉糞奮芬岔焚墳憤文蚊/蟁闻吻刎抆问紊璺絻，云韻	物弗拂艴佛勿物，霽	未沸费怫未味	微非飛扉匪诽妃菲朏肥痱翡微尾亹徽卉，諱韋圍偉緯
	T	真珍疢趁麎纫麐吝	质佾	至肆隶殔隸	脂絺輾
j-短		真振畛疹诊震辰晨娠蜃哂忍刃			
r-短	K	真B邠/豳彬贫闽旻敏闵缗，巾胗堇饉僅银鄞誾狺垠慭堇釁/衅	质B弼，曁	至B辔魅，器暨塈	脂B悲圯，美媺娓，冀覬
	R	臻诜姺駪	栉齜		

		in 真因	id 质七	ids 至闭	il 脂齐
0 长		先堅牽賢弦蚿炫咽烟/煙，颠天瑱填滇阗電憐，蠑千芊汛	屑结拮颉袺襭纥齕，切	霁计髻，替	齐郎，低氐底柢梯睇涕鬀稊弟第泥禰犂黎，齎济妻齊劑犀棲
	L	仙演			
	W	先编扁眠，畎犬绚眴玄眩衒泫渊	屑谲鐍阕瞲	霁闭，惠蕙譓嘒	齐睽
r-长		山臤黫/顛	黠秸/楷戛/揩袺劼黠轧，劀	怪届屃	皆皆鍇階揩楷稭谐，淮，齋侪
0 短	T	真镇瑱絪鄰麟蔺寅引螾蚓胤，津進晋缙親秦盡燼信讯迅汛	质逸，疾七戌	至质躓昵利肆，自嫉四柶泗	脂胝遲稚/稺尼怩梨夷荑，齎齋私
	K	真A堙禋因洇姻/媚	质A吉诘佶	至A棄	脂A咦伊
	W	真A賓殯繽頻瀕顰蘋髕牝民泯 谆均钧，匀尹，洵询筍隼濬旬殉	质A畢韠匹 术A橘繘僪矞遹	至A畀痹鼻寐，季悸，穗彗	脂A匕疕，癸葵揆睢，睢
j-短		真真甄稹嗔慎腎申绅身神人仁	质质叱實	至质礩鑕	脂祇砥鸱示视
	W	谆準眴			
r-短	K	真B珉岷愍，筠	质B佶姞乙/鳦	至B濞贔，洎垍屃劓	脂B仳眉郿湄媚，饥几祁，戣帷
	R	臻臻榛蓁榛鲦榇龇桑甡			

∗ 李方桂认为 ən、ət 一类韵母在舌齿音后的后世元音要 uə 化，我们则看到舌齿声母 ɯ>i/-n-d-l，短音入真质脂，长音入先屑齐。“屑”与佾同谐声而有先结、苏骨二切，在我们是 ɯ、u 邻元音问题。

附录三　上古诗歌标音示例——《关雎》

下面以《诗经》首篇《关雎》为例，标其上古音如下，此诗韵脚正好四声俱备，拟音不标调，但韵尾已点明它可能伴随的声调音高（上声收-ʔ伴高升调，注意去声稍后韵尾-s、-gs读-h，而-bs并-ds读-s伴降调）：

［平33］　关 kroon-关 kroon 雎 sha-鸠 ku
在 zlɯɯʔ 河 gaal 之 tjɯ 洲 tju
窈 qiiwʔ-窕 l'eewʔ 淑 ɦljɯwɢ 女 naʔ
君 klun-子 ʔslɯʔ 好 qhuuʔ 逑 gu

［平33］　参 shrum-差 shral 荇 graaŋ-菜 shɯɯs
左 ʔslaalʔ-右 ɢwɯʔ 流 ru 之 tjɯ
窈 qiiwʔ-窕 l'eewʔ 淑 ɦljɯwɢ 女 naʔ
寤 ŋaas-寐 mids 求 gu 之 tjɯ

［入3］　求 gu 之 tjɯ 不 pɯ 得 tɯɯg
寤 ŋaas-寐 mids 思 snɯ 服 bɯg
悠 luw 哉 ʔsɯɯ 悠 luw 哉 ʔsɯɯ
辗 tenʔ-转 tonʔ 反 panʔ-侧 ʔsrɯg

［上35］　参 shrum-差 shral 荇 graaŋ-菜 shɯɯs
左 ʔslaalʔ-右 ɢwɯʔ 采 shɯɯʔ 之 tjɯ
窈 qiiwʔ-窕 l'eewʔ 淑 ɦljɯwɢ 女 naʔ
琴 grɯm 瑟 srig 友 ɢwɯʔ 之 tjɯ

［去41］　参 shrum-差 shral 荇 graaŋ-菜 shɯɯs
左 ʔslaalʔ-右 ɢwɯʔ 芼 maaws 之 tjɯ
窈 qiiwʔ-窕 l'eewʔ 淑 ɦljɯwɢ 女 naʔ
钟 tjoŋ 鼓 kwaaʔ 乐 ŋraawɢs 之 tjɯ

后　　记

学习和研究古音五十年了，终于写出这本小书，算是一个初步的小结。而这一成果不但包含了自己多年的汗水，也包含了许多前辈的关爱和期望，同辈、晚辈的支持和帮助。

我 1933 年 8 月 9 日生于浙江温州市东郊永中镇（当时称永嘉县永强区寺前街），原名郑祥芳，温州话祥尚同音，故笔名尚芳；解放初上高中，方改依父母姓，双姓郑张。由于我的母语温州话中保留了很多的古音韵特点，例如韵母方面鱼虞有别，鍾与东冬、支与之脂有别，效摄四等皆有别，歌韵字很多读 ai，上声读紧喉等等，为了理解它们的来因，我很早就对古音韵感兴趣。幸亏温州图书馆前身是有名的籀园图书馆，新旧藏书都非常丰富，像赵元任先生的《现代吴语的研究》和王力先生的《中国音韵学》（1957 年改名《汉语音韵学》），高中时我就在那里读到了，这令我心醉神驰于语言学的天地里。可惜因为历史的原因，1954 年我未能如愿考上语言学科，只好借去北京学地球物理勘探的机会，拜访求教于慕名已久的袁家骅、王力、李荣等先生，请先生们为我的自学指迷答疑。幸而先生们觉得我的自学已有一定的基础，也愿意花费时间施以栽培。

1955 年我在东安市场旧书店买到张世禄先生 1937 年译的高本汉《汉语词类》（Word Families in Chinese，“词类”宜译为词族）。高氏作为一个外国人，在汉语音韵研究上取得这么高的学术成就，不但对汉语古音做了构拟，而且还研究字的词族关系，并且准备以此作为进行汉藏语言比较的基础。又说有许多结果只能等将来汉藏语的研究成果来确定。读了这本书，我很激动，这又使身为中国人的我涌起一种奋发的冲动。我们对自己母语的研究，对汉语史的研究不应落后于国外，在古音研究上，我们不能只是消极等待外国人的汉藏语言比较成果出来后再来推进，而应当从现在做起，自己动手开展比较研究。于是我开始就当时所能见到的各兄弟语言材料进行摘录，做比较的准备，1960年还写了评罗常培独龙语研究的4万多字的《读〈贡山俅语初探〉》，寄给民族语言研究所王辅世、金鹏、罗季光等先生，受到他们的好评和鼓励。

1957年王力先生《汉语史稿》上册出版了，我非常兴奋地投入学习。学习时也产生不少疑问，尤其是王先生在正文和注中直言不讳地指出的52条“不规则变化”，经重新排比，我觉得好像四分之三是可以归为规则变化的，比如只要在之职蒸三部加设二等，就可把“埋、怪、骸、革麦、戒、宏”6条规则化，把重纽三等字另外自列成等，就可把“龟、丕、悲、备、器”5条规则化，把元部分出仙部，则“间、产、遣、辨”等条也就规则化了。

由于这时我已离开地质部，在家乡办一所公社民办中学，教务繁忙，只有在深夜抽空搞这块“自留地”，时间很少。经再三排比上古各元音在每韵部里等和韵的分布，三年才形成一个七元音的拟音系统。于是试图从系统性出发，对《汉语史稿》上古拟音中一些空当和不规则音变提出修改建议，从1960年底开始写，原计划涉及较广，四易其稿，终于集中要点，写了一篇八九千字的《〈汉语史稿〉语音部分商榷书》致王力先生。主要提了七点建议：(1) 入声收浊塞尾，以利后世-d变-l尾现象的解释；(2) 歌部改收i尾作ai，减一ɑ音位，又可作为歌部跟脂微皆属作为收舌类阴声韵的分界标志，对解释方言-i和亲属语-l、-r有利；(3) 系统内主元音无i不妥，应改以脂真质部为i元音；(4) 幽宵两部作复元音太早，应和侯部一样作单元音，建议改为宵o、侯ɔ，指出汉至六朝梵译幽部尚对u，作əu则要出现əu＞u＞əu的不利变化；(5) 把二等、重纽B的区别设为上古的同类区别，把那些不规则变化改为规则变化；(6) 由a元音的“谈盍元月歌”各部分出与支部同元音e[ɛ]的“盐叶仙薛尔”；(7) 喻四拟不送气d，没有g、b相配，不成系列，也不能解释何以只有三等，后世变化又大异于浊塞音，可改ð。1961年5月22日写完后，还心怀惴惴，不敢冒昧直接寄王先生，于是寄给袁家骅先生请他先看，如他认为可以，再为我转给王先生质难。不想王先生收看后竟非常热情地回信，对我歌部拟ai的建议加以肯定，说

喻四拟 ð 也“新颖可喜”，这给了我很大的鼓舞。以后我继续写信或者面访，经常和先生联系商讨，问难献议，蒙先生不弃，视我为可相切磋的忘年之交。关于喻四，1960 年我原曾拟 rj，以后又拟过 ɹ 和 ʎ，先生说 ʎ 和他的新构思正不谋而合。关于韵母拟音，王先生 1963 年在新著《汉语音韵》中就改歌为 ai，以后在 1980 年《音韵学初步》中改幽、宵、侯为 u、o、ɔ，都说明先生用博大的胸怀考虑了我的建议。但在 1979 年，我却又从四等韵的分布着眼，已改从王先生的构拟，把宵部全部及幽部的一部分拟成-u尾。这说明先生同我都无成见，惟善是从。王先生对我的研究非常支持，他生前还说过，等我的古音著作成书时很乐意为我写序，可惜我成书太晚，现在只能以此遥致先生在天之灵，寄托我的思念了。

在感念前辈的关怀方面还要特别提到吕叔湘先生和王辅世先生。

20 世纪 60 至 70 年代，我在困难的情况下进行自学和研究时，吕叔湘先生不但资助我研究温州方言，也支持我的古音研究。他不仅把自己藏的高本汉的《中国音韵学研究》长期借我使用（悟云夫妇还抄录了此书），又把珍藏的董同龢《上古音韵表稿》（四川李庄石印原版，只印百本）赠送给我，并且还不辞辛劳抽空去旧书店搜寻高氏的《中日汉字形声论》（即《汉文典》）《中文分析字典》等书，买到后一一题字陆续寄赠给我，鼓励我的研究。就在他和李荣先生的支持勉励下，我方于 1980 年考入中国社会科学院语言所。

王辅世先生不但长期勉励我专心研究，又为我提供民族语言比较的材料。在“文革”的艰难日子里，他还一直和我交流语言研究的资料和心得，给我有力的支持，有一次来信竟写了 19 页，这要耗费他多少宝贵时间啊！

现在这些深切关怀我的前辈都已作古，不能看到此书的出版了。我谨以此献上，告慰他们的在天之灵。

在“文革”十年中，我从设于杭州大学的浙江省方言调查组被赶到温州渔业机械厂当工人。后来两派工人陷入武斗，工厂长时间停工，几位同好乘此空闲聚在一起随我学习方言音韵，其中就有潘悟云、金升荣两位先生。他们都帮我做了不少工作，抄写了不少文献资料。悟云在帮我排上古音表时就提出，依照我给王力先生所提，a、ɑ 只在开尾韵对立，所以在音位上是不经济、不可信的，那么，o、ɔ只在收喉三部对立，同样不足取。听取了他的意见，我取消了ɔ元音，把宵部o改为带尾的au、eu，而把o只拟给侯部。因而形成了现在的六元音系统。他以后又在许多相关论著中首先采用我的古音拟音系统来论述（有些同行就是先从他那里接触到我的系统的），但在使用中他又陆续提出：-i、-u尾更早还是采用-l、-w尾为妥，喉音更早应为小舌音。这些我都采纳了，所以我现在的古音系统也可称为"郑张—潘系统"。而我的最早的那篇三万字的古音论文《上古音系表解》，则是升荣帮我刻印的（不过他后来的方向在戏曲音韵学方面，同一学习圈子里还有杨乾明先生，其方向则在方言方面）。

本书的基础是1981年《上古音系表解》，1982年～1984年《上古音构拟小议》，1987年《上古韵母系统和四等、介音、声调的发源问题》，1991年《上古声母系统及演变规律》，1995年《上古声母系统》这些论文。1996年我在北京语言大学文化学院任兼职教授时，把它们初步整理成《上古音系纲要》，打印为讲义。又承法国沙加尔教授花费心力把这一讲义译成英文：The Phonological System of Old Chinese，2000年作为CLAO专刊5号在巴黎出版，向西方同行介绍了我的新说。2002年我在南开大学任兼职教授时打印过这一讲义的修订本，现在这本书则是在这一修订本的基础上进一步扩展而成的。

本书所附的古音字表使用了潘悟云中古音软件，沈建民同志在帮助输入我的校订和拟音上花了大量时间，张维佳同志帮助完成字表的最后排序和校改，在此并致谢意。

感谢这套丛书编委会、上海教育出版社的一再督促与宽限，感谢编辑夏军、梁玉玲同志的大力帮助。

最后，非常感谢杨剑桥先生为给本书仔细审订所付出的辛劳。此外周及徐同志也提出了不少修订意见，冯蒸的博士生林海鹰校读全稿，吾儿郑任钊在撰写博士论文的紧张阶段还抽时间帮我处理书稿的电子文本、校核字表，都很辛苦，一并道劳。

郑张尚芳

2003年于北京

再版后叙

《上古音系》出版倏忽已经十年了，多蒙读者关爱，出版社决定再版，很是令人高兴。因原版有不少失误，一直耿耿于怀，现在终于有机会得以订正，至为欣慰。问题主要是由作者疏失引致。由于该书是由80年代、90年代几篇论文和讲义综合后写成的，原来对一些韵部的小分部（代表韵类）编次，及某些拟音，先后就有差异或改动，以致在正文不同章次和字表中所标，就有不少不一致之处，统稿时没有处理好，很是惭愧。

字表收的字较多，分散编次后合起来时校核也不严，原表竟漏列好几个常用字，如“侮鈍奪讖壥”等，甚至误置声符或韵部，如“麋”入米声，“爾美”误置脂部。

又如原72页的“上古韵母表”元音排列是 a、e、o，ɯ、u、i，因此按顺序“侵緝”中 u 编 2、而 i 编 3。当时考虑的是 ɯ、u 音更近，但 ɯ、u、i 次序实际与 a、e、o 的先平唇后圆唇顺序是矛盾不一的。所以191页排列“收唇韵类表”时又改为 1 ɯ、2 i、3 u。193页“收舌韵类表”初依 in、id、il 作“文物微”部的一部分处理，所以 i 列 2、而 u 列 3，但这部分最终抽改为“真質脂”的部分（与其合部），u 元音又复归 2。这些考虑的改变，反映在不同时期所编的字表里，没有注意整合统一，结果出现大量的“侵緝”“文物微”小部编号混乱的现象，真是太过疏忽不当了。

此次再版对《上古音系》正文、字表其他附录等作了全面勘正。但是肯定还有疏漏的，这里向关心此书、发来勘正的同志衷心致谢，并希望仍能继续给予帮助。

作者十年来对上古音系继续研究，有的反映在后编的《汉语上古音系概要》中（见2011广西民族出版社《汉藏语同源词研究四》），主要成果有上古韵表，在声母上的新成果是对喉冠 l 声母腭化系统的改换处理（见《语言研究》33 卷 2 期 2013：书船及部分章母原拟喉冠 hlj、ɦlj 及 ʔlj，因 l 后来腭化变 ʎ-j，故可以去 j，而 hlj、ɦlj、ʔlj 则随 lj 变邪而变“心从精”，归于精组），现在将之作为附录。新见是否可行，尚待请教于同好，所以尚未反映于正文、字表之中，热望读者不吝指教为幸。

感谢丛书编委会、上海教育出版社编辑同志的大力帮助，他们对此书悉心校核，力求完美，费了很多心力。

2013 年于北京霞光里

图书在版编目(CIP)数据

上古音系/郑张尚芳著. —2版.-上海：上海
教育出版社，2018.9（2023.2重印）
ISBN 978-7-5444-8423-7

Ⅰ. ①上… Ⅱ. ①郑… Ⅲ. ①汉语-上古音-研究
Ⅳ. ①H111

中国版本图书馆 CIP 数据核字(2018)第 203496 号

责任编辑　徐川山
封面设计　陆　弦

上古音系(第二版)
郑张尚芳 著

出版发行　上海教育出版社有限公司
官　　网　www.seph.com.cn
地　　址　上海市闵行区号景路159弄C座
邮　　编　201101
印　　刷　上海展强印刷有限公司
开　　本　965×635　1/16　印张 40.5　插页 5
字　　数　580 千字
版　　次　2019 年 2 月第 1 版
印　　次　2023 年 2 月第 2 次印刷
书　　号　ISBN 978-7-5444-8423-7/H·0280
定　　价　124.00 元

如发现质量问题，读者可向本社调换　电话：021-64373213